# Real 실전 업

## 완벽한 실전 대비 문제

- 두 가지 이상의 개념을 사용하여 해결하는 문제, 고난도 문제 등을 제공하여 문제 해결 능력 및 실전 감각을 키울 수 있도록 하였습니다.
- 문항별로 해당 유형을 링크하여 어떤 유형의 문제인지 알 수 있도록 하였습니다.

## 창의력 + 문제

각 강당 한 문제씩 **창의력 +** 문제를 제공하여 학생들의 사고력 및 창의력을 극대화 시키고, 다각화된 수학 문제를 접하여 문제 해결 능력을 강화할 수 있도록 하였습니다.

## 서술형 문제

서술형 답안지 작성 시 꼭 써야 하는 개념 및 공식을 '핵심 개념 및 공식'으로 제시하여 서술형 답안 작성에 도움을 줄 수 있도록 하였습니다.

# 정답 및 해설

## 첨삭 풀이

선생님의 첨삭을 추가하여 한층 더 자세하고 친절한 풀이를 제공하였습니다.

## ● 다른 풀이 ●

일반적인 풀이 방법 이외에 서로 다른 아이디어를 이용한 풀이를 제공하여 문제를 다각도에서 볼 수 있게 하였습니다.

## 해설 속 칠판

실제 수업 시 선생님이 다루는 추가적인 내용을 '해설 속 칠판'으로 제공하여 학교 수업과 같은 친숙함을 더했습니다.

## 선생님 톡톡

선생님이 직접 전하는 실전에서 유용한 팁 또는 주의 사항 등을 제시하였습니다.

## One Point Lesson

'Real 실전 업' 문제 풀이는 'One Point Lesson'을 제공함으로써 문제 풀이의 핵심 전략을 짚어 주었습니다.

# 차례

# 메가스터디
# 문제기본서

## 미적분

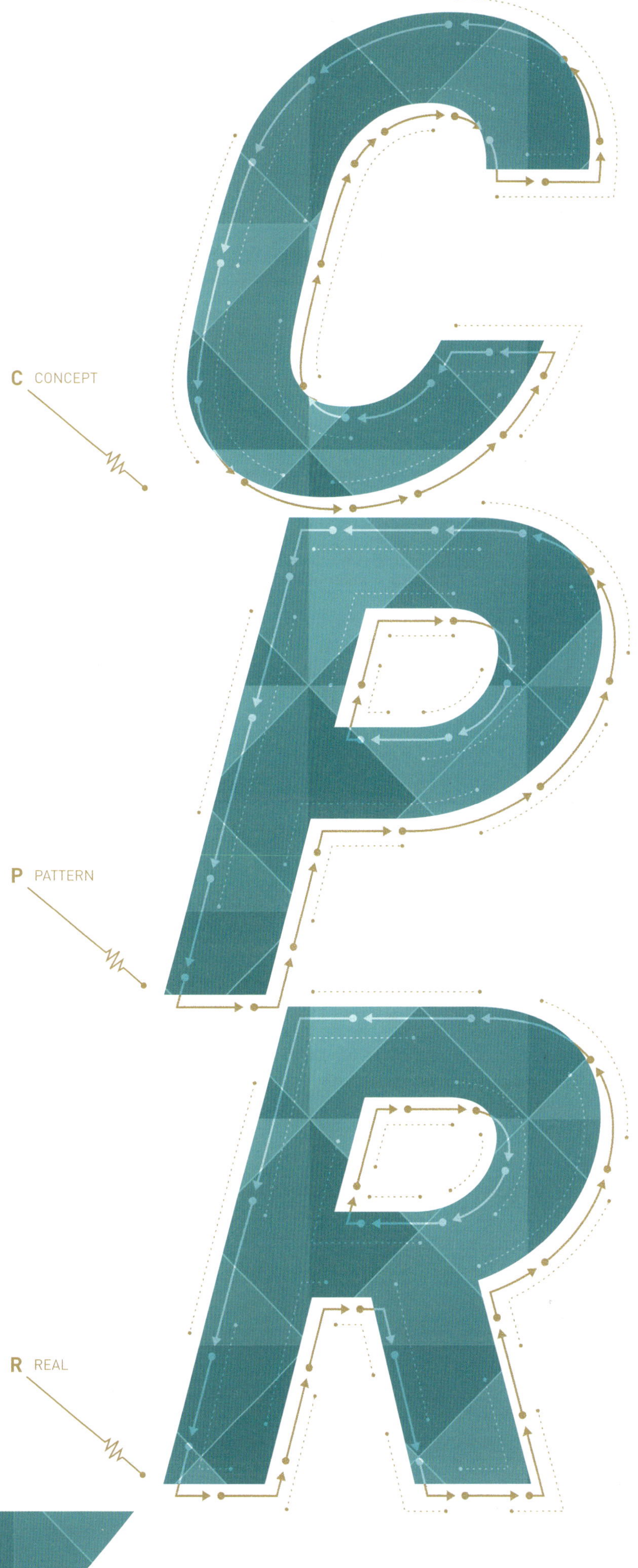

# 이 책의 구성 및 특징

## 핵심 개념 정리

교과서의 핵심 개념을 분석하여 한 번에 학습할 수 있는 분량으로 나누어 제공함으로써 학습량에 대한 부담을 줄였습니다.

## 개념 확인 문제

개념 바로 아래에 각각의 개념을 적용하여 해결할 수 있는 확인 문제를 제공하여 개념에 대한 이해를 확인할 수 있도록 하였습니다.

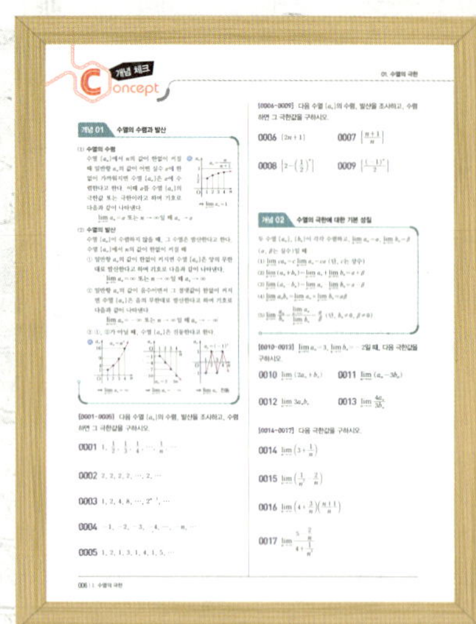

**교과서를 분석한 3단계 시스템**

현재 교과서 흐름인 '예제 - 유제 - 변형 문제'의 3단계 체제를 도입하여 각각의 유형을 1쪽 5문제 '대표 예제 - 유제 - 변형 - 활용1 - 활용2'로 구성함으로써 각각의 유형을 완벽하게 마스터할 수 있도록 하였습니다.

## CPR만의 유형명 및 해결 전략

내용적으로 같은 개념 또는 접근성으로 유형을 분류하고, 각각의 유형에 따른 실전 풀이 방법 또는 해결 전략 등을 제시하여 유형 학습에 도움이 될 수 있도록 하였습니다.

## 대표 예제 한 번 더

대표 예제의 쌍둥이 문제를 한 번 더 풀어 봄으로써 유형에 대한 이해력과 문제 해결 능력을 높일 수 있도록 하였습니다.

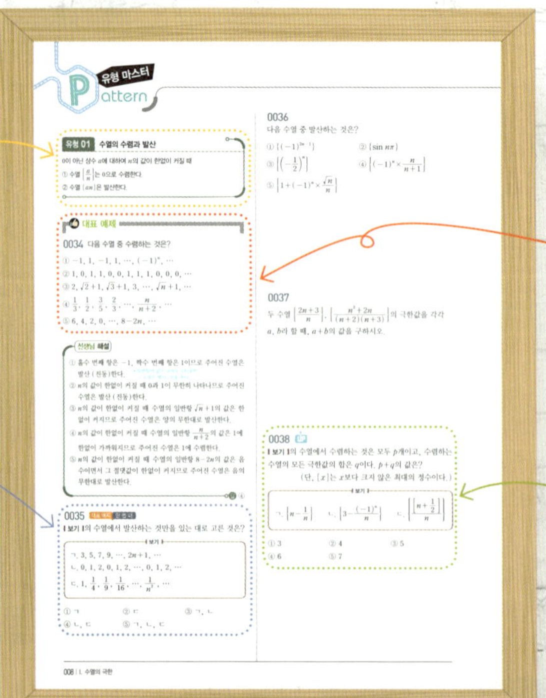

## 선생님과 함께 푸는 대표 예제

현직 선생님의 첨삭과 코멘트를 포함한 대표 예제 해설을 제공하여 대표 예제의 중요성 및 출제 의도를 파악할 수 있도록 하였습니다.

## UP

다소 어렵지만 자주 나오는 문제를 **UP**으로 나타내었습니다.

# I. 수열의 극한

## 개념 01 수열의 수렴과 발산

**(1) 수열의 수렴**

수열 $\{a_n\}$에서 $n$의 값이 한없이 커질 때 일반항 $a_n$의 값이 어떤 실수 $\alpha$에 한없이 가까워지면 수열 $\{a_n\}$은 $\alpha$에 수렴한다고 한다. 이때 $\alpha$를 수열 $\{a_n\}$의 극한값 또는 극한이라고 하며 기호로 다음과 같이 나타낸다.

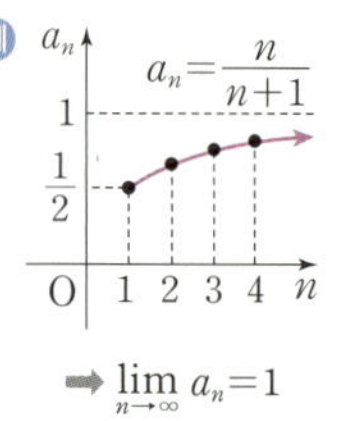


$$\lim_{n \to \infty} a_n = \alpha \text{ 또는 } n \to \infty \text{일 때 } a_n \to \alpha$$

**(2) 수열의 발산**

수열 $\{a_n\}$이 수렴하지 않을 때, 그 수열은 발산한다고 한다. 수열 $\{a_n\}$에서 $n$의 값이 한없이 커질 때

① 일반항 $a_n$의 값이 한없이 커지면 수열 $\{a_n\}$은 양의 무한대로 발산한다고 하며 기호로 다음과 같이 나타낸다.

$$\lim_{n \to \infty} a_n = \infty \text{ 또는 } n \to \infty \text{일 때 } a_n \to \infty$$

② 일반항 $a_n$의 값이 음수이면서 그 절댓값이 한없이 커지면 수열 $\{a_n\}$은 음의 무한대로 발산한다고 하며 기호로 다음과 같이 나타낸다.

$$\lim_{n \to \infty} a_n = -\infty \text{ 또는 } n \to \infty \text{일 때 } a_n \to -\infty$$

③ ①, ②가 아닐 때, 수열 $\{a_n\}$은 진동한다고 한다.

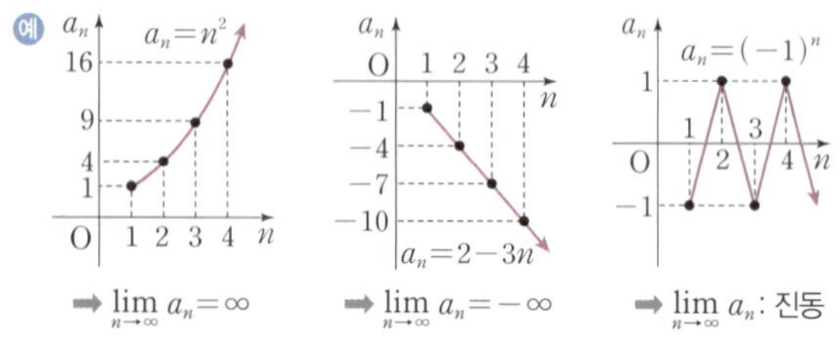


[0001~0005] 다음 수열 $\{a_n\}$의 수렴, 발산을 조사하고, 수렴하면 그 극한값을 구하시오.

**0001** $1, \dfrac{1}{2}, \dfrac{1}{3}, \dfrac{1}{4}, \cdots, \dfrac{1}{n}, \cdots$

**0002** $2, 2, 2, 2, \cdots, 2, \cdots$

**0003** $1, 2, 4, 8, \cdots, 2^{n-1}, \cdots$

**0004** $-1, -2, -3, -4, \cdots, -n, \cdots$

**0005** $1, 2, 1, 3, 1, 4, 1, 5, \cdots$

[0006~0009] 다음 수열 $\{a_n\}$의 수렴, 발산을 조사하고, 수렴하면 그 극한값을 구하시오.

**0006** $\{2n+1\}$

**0007** $\left\{\dfrac{n+1}{n}\right\}$

**0008** $\left\{2 - \left(\dfrac{1}{2}\right)^n\right\}$

**0009** $\left\{\dfrac{(-1)^n}{2}\right\}$

## 개념 02 수열의 극한에 대한 기본 성질

두 수열 $\{a_n\}$, $\{b_n\}$이 각각 수렴하고, $\lim\limits_{n \to \infty} a_n = \alpha$, $\lim\limits_{n \to \infty} b_n = \beta$ ($\alpha$, $\beta$는 실수)일 때

(1) $\lim\limits_{n \to \infty} ca_n = c \lim\limits_{n \to \infty} a_n = c\alpha$ (단, $c$는 상수)

(2) $\lim\limits_{n \to \infty} (a_n + b_n) = \lim\limits_{n \to \infty} a_n + \lim\limits_{n \to \infty} b_n = \alpha + \beta$

(3) $\lim\limits_{n \to \infty} (a_n - b_n) = \lim\limits_{n \to \infty} a_n - \lim\limits_{n \to \infty} b_n = \alpha - \beta$

(4) $\lim\limits_{n \to \infty} a_n b_n = \lim\limits_{n \to \infty} a_n \times \lim\limits_{n \to \infty} b_n = \alpha\beta$

(5) $\lim\limits_{n \to \infty} \dfrac{a_n}{b_n} = \dfrac{\lim\limits_{n \to \infty} a_n}{\lim\limits_{n \to \infty} b_n} = \dfrac{\alpha}{\beta}$ (단, $b_n \neq 0$, $\beta \neq 0$)

[0010~0013] $\lim\limits_{n \to \infty} a_n = 3$, $\lim\limits_{n \to \infty} b_n = -2$일 때, 다음 극한값을 구하시오.

**0010** $\lim\limits_{n \to \infty} (2a_n + b_n)$

**0011** $\lim\limits_{n \to \infty} (a_n - 3b_n)$

**0012** $\lim\limits_{n \to \infty} 3a_n b_n$

**0013** $\lim\limits_{n \to \infty} \dfrac{4a_n}{3b_n}$

[0014~0017] 다음 극한값을 구하시오.

**0014** $\lim\limits_{n \to \infty} \left(3 + \dfrac{1}{n}\right)$

**0015** $\lim\limits_{n \to \infty} \left(\dfrac{1}{n^2} - \dfrac{2}{n}\right)$

**0016** $\lim\limits_{n \to \infty} \left(4 + \dfrac{3}{n}\right)\left(\dfrac{n+1}{n}\right)$

**0017** $\lim\limits_{n \to \infty} \dfrac{5 - \dfrac{2}{n}}{4 + \dfrac{1}{n^2}}$

## 개념 03  수열의 극한값의 계산

(1) $\dfrac{\infty}{\infty}$ 꼴

분모의 최고차항으로 분자, 분모를 각각 나눈다.

참고 ① (분자의 차수)=(분모의 차수)
➡ 극한값은 분자, 분모의 최고차항의 계수의 비
② (분자의 차수)<(분모의 차수)
➡ 극한값은 0
③ (분자의 차수)>(분모의 차수)
➡ 극한값은 없다. (발산)

(2) $\infty-\infty$ 꼴

① 다항식이면 최고차항으로 묶는다.
② 분자 또는 분모에 무리식이 있으면 근호를 포함한 쪽을 유리화한다.

[0018~0020] 다음 극한을 조사하고, 극한이 존재하면 그 극한값을 구하시오.

**0018** $\displaystyle\lim_{n\to\infty}\dfrac{5n-3}{2n+3}$

**0019** $\displaystyle\lim_{n\to\infty}\dfrac{n-4}{n^2+1}$

**0020** $\displaystyle\lim_{n\to\infty}\dfrac{n^2+1}{3n-4}$

[0021~0022] 다음 극한을 조사하고, 극한이 존재하면 그 극한값을 구하시오.

**0021** $\displaystyle\lim_{n\to\infty}(n^2-4n+5)$

**0022** $\displaystyle\lim_{n\to\infty}(10n-3n^2)$

[0023~0024] 다음 극한을 조사하고, 극한이 존재하면 그 극한값을 구하시오.

**0023** $\displaystyle\lim_{n\to\infty}(\sqrt{n^2+n}-n)$

**0024** $\displaystyle\lim_{n\to\infty}\dfrac{2}{\sqrt{n+3}-\sqrt{n}}$

## 개념 04  수열의 극한의 대소 관계

두 수열 $\{a_n\}$, $\{b_n\}$이 각각 수렴하고 $\displaystyle\lim_{n\to\infty}a_n=\alpha$, $\displaystyle\lim_{n\to\infty}b_n=\beta$ ($\alpha$, $\beta$는 실수)일 때
(1) 모든 자연수 $n$에 대하여 $a_n\leq b_n$이면 $\alpha\leq\beta$이다.
(2) 수열 $\{c_n\}$이 모든 자연수 $n$에 대하여
$a_n\leq c_n\leq b_n$이고 $\alpha=\beta$이면 $\displaystyle\lim_{n\to\infty}c_n=\alpha$이다.

**0025** 수열 $\{a_n\}$이 모든 자연수 $n$에 대하여

$$\dfrac{3n-3}{n+3}\leq a_n\leq\dfrac{3n+2}{n+1}$$

를 만족시킬 때, $\displaystyle\lim_{n\to\infty}a_n$의 값을 구하시오.

## 개념 05  등비수열 $\{r^n\}$의 수렴과 발산

(1) $r>1$일 때, $\displaystyle\lim_{n\to\infty}r^n=\infty$ (발산)
(2) $r=1$일 때, $\displaystyle\lim_{n\to\infty}r^n=1$ (수렴)
(3) $-1<r<1$일 때, $\displaystyle\lim_{n\to\infty}r^n=0$ (수렴)
(4) $r\leq-1$일 때, 수열 $\{r^n\}$은 진동한다. (발산)

등비수열 $\{r^n\}$이 수렴할 조건
➡ $-1<r\leq1$

[0026~0029] 다음 등비수열의 수렴, 발산을 조사하고, 수렴하면 그 극한값을 구하시오.

**0026** $\left\{\left(\dfrac{2}{3}\right)^n\right\}$   **0027** $\left\{\tan^n\dfrac{\pi}{4}\right\}$

**0028** $\left\{\left(-\dfrac{3}{2}\right)^n\right\}$   **0029** $\left\{\dfrac{(-2)^n}{5^n}\right\}$

[0030~0031] 다음 등비수열이 수렴하기 위한 실수 $r$의 값의 범위를 구하시오.

**0030** $1,\ 2r,\ 4r^2,\ 8r^3,\ \cdots$

**0031** $1,\ r-2,\ (r-2)^2,\ (r-2)^3,\ \cdots$

[0032~0033] 다음 등비수열이 수렴하기 위한 실수 $r$의 값의 범위를 구하시오.

**0032** $\{(3-r)^{n-1}\}$   **0033** $\left\{\left(\dfrac{r}{4}\right)^n\right\}$

## 유형 01  수열의 수렴과 발산

0이 아닌 상수 $a$에 대하여 $n$의 값이 한없이 커질 때

① 수열 $\left\{\dfrac{a}{n}\right\}$는 0으로 수렴한다.

② 수열 $\{an\}$은 발산한다.

### 👍 대표 예제

**0034** 다음 수열 중 수렴하는 것은?

① $-1,\ 1,\ -1,\ 1,\ \cdots,\ (-1)^n,\ \cdots$

② $1,\ 0,\ 1,\ 1,\ 0,\ 0,\ 1,\ 1,\ 1,\ 0,\ 0,\ 0,\ \cdots$

③ $2,\ \sqrt{2}+1,\ \sqrt{3}+1,\ 3,\ \cdots,\ \sqrt{n}+1,\ \cdots$

④ $\dfrac{1}{3},\ \dfrac{1}{2},\ \dfrac{3}{5},\ \dfrac{2}{3},\ \cdots,\ \dfrac{n}{n+2},\ \cdots$

⑤ $6,\ 4,\ 2,\ 0,\ \cdots,\ 8-2n,\ \cdots$

**선생님 해설**

① 홀수 번째 항은 $-1$, 짝수 번째 항은 1이므로 주어진 수열은 발산 (진동)한다. ▸ 일반항의 값이 교대로 나타내면 그 수열은 발산 (진동)한다.

② $n$의 값이 한없이 커질 때 0과 1이 무한히 나타나므로 주어진 수열은 발산 (진동)한다.

③ $n$의 값이 한없이 커질 때 수열의 일반항 $\sqrt{n}+1$의 값은 한없이 커지므로 주어진 수열은 양의 무한대로 발산한다.

④ $n$의 값이 한없이 커질 때 수열의 일반항 $\dfrac{n}{n+2}$의 값은 1에 한없이 가까워지므로 주어진 수열은 1에 수렴한다.

⑤ $n$의 값이 한없이 커질 때 수열의 일반항 $8-2n$의 값은 음수이면서 그 절댓값이 한없이 커지므로 주어진 수열은 음의 무한대로 발산한다.

**답** ④

**0035** 대표 예제 한 번 더

| 보기 |의 수열에서 발산하는 것만을 있는 대로 고른 것은?

**보기**

ㄱ. $3,\ 5,\ 7,\ 9,\ \cdots,\ 2n+1,\ \cdots$

ㄴ. $0,\ 1,\ 2,\ 0,\ 1,\ 2,\ \cdots,\ 0,\ 1,\ 2,\ \cdots$

ㄷ. $1,\ \dfrac{1}{4},\ \dfrac{1}{9},\ \dfrac{1}{16},\ \cdots,\ \dfrac{1}{n^2},\ \cdots$

① ㄱ　　　　② ㄷ　　　　③ ㄱ, ㄴ

④ ㄴ, ㄷ　　　⑤ ㄱ, ㄴ, ㄷ

**0036**

다음 수열 중 발산하는 것은?

① $\{(-1)^{2n-1}\}$ 　　　② $\{\sin n\pi\}$

③ $\left\{\left(-\dfrac{1}{2}\right)^n\right\}$ 　　　④ $\left\{(-1)^n \times \dfrac{n}{n+1}\right\}$

⑤ $\left\{1+(-1)^n \times \dfrac{\sqrt{n}}{n}\right\}$

**0037**

두 수열 $\left\{\dfrac{2n+3}{n}\right\}$, $\left\{\dfrac{n^2+2n}{(n+2)(n+3)}\right\}$의 극한값을 각각 $a$, $b$라 할 때, $a+b$의 값을 구하시오.

**0038**

| 보기 |의 수열에서 수렴하는 것은 모두 $p$개이고, 수렴하는 수열의 모든 극한값의 합은 $q$이다. $p+q$의 값은?

(단, $[x]$는 $x$보다 크지 않은 최대의 정수이다.)

**보기**

ㄱ. $\left\{n-\dfrac{1}{n}\right\}$ 　　ㄴ. $\left\{3-\dfrac{(-1)^n}{n}\right\}$ 　　ㄷ. $\left\{\dfrac{\left[n+\dfrac{1}{2}\right]}{n}\right\}$

① 3　　　　② 4　　　　③ 5

④ 6　　　　⑤ 7

## 유형 02  수열의 극한에 대한 기본 성질

두 수열 $\{a_n\}$, $\{b_n\}$에 대한 식이 각각 주어졌을 때, 두 수열 $\{a_n\}$, $\{b_n\}$으로 이루어진 수열의 극한값은 다음과 같은 순서로 구한다.
❶ 구하는 수열의 식을 변형하여 수렴하는 두 수열에 대한 식으로 나타낸다.
❷ 수열의 극한에 대한 기본 성질을 이용한다.

### 👍 대표 예제

**0039** 두 수열 $\{a_n\}$, $\{b_n\}$에 대하여 $\lim\limits_{n \to \infty} a_n = -3$, $\lim\limits_{n \to \infty} b_n = 4$ 일 때, $\lim\limits_{n \to \infty} \dfrac{2a_n - b_n}{a_n + b_n}$ 의 값은?

① $-10$      ② $-8$      ③ $-6$
④ $-4$      ⑤ $-2$

**선생님 해설**

$$\lim_{n \to \infty} \frac{2a_n - b_n}{a_n + b_n} = \frac{\lim\limits_{n \to \infty}(2a_n - b_n)}{\lim\limits_{n \to \infty}(a_n + b_n)}$$

$$= \frac{2\lim\limits_{n \to \infty} a_n - \lim\limits_{n \to \infty} b_n}{\lim\limits_{n \to \infty} a_n + \lim\limits_{n \to \infty} b_n}$$

$$= \frac{2 \cdot (-3) - 4}{-3 + 4} = -10$$

수열의 극한에 대한 기본 성질을 이용할 때에는 반드시 식을 이루는 각 수열의 극한값이 존재하는지 먼저 확인해야 해.

답 ①

**0040** [대표 예제] [한 번 더]
두 수열 $\{a_n\}$, $\{b_n\}$에 대하여 $\lim\limits_{n \to \infty} a_n = 2$, $\lim\limits_{n \to \infty} b_n = 3$일 때, $\lim\limits_{n \to \infty} \dfrac{3a_n b_n}{4a_n - 2b_n}$ 의 값은?

① 6      ② 7      ③ 8
④ 9      ⑤ 10

## 0041

수열
$$\{a_n\} : 3, \ \frac{5}{2}, \ \frac{9}{4}, \ \frac{17}{8}, \ \frac{33}{16}, \ \cdots, \ 2 + \left(\frac{1}{2}\right)^{n-1}, \ \cdots$$
에 대하여 $\lim\limits_{n \to \infty}(a_n^2 - 4a_n)$의 값은?

① $-5$      ② $-4$      ③ $-3$
④ $-2$      ⑤ $-1$

## 0042

두 수열 $\{a_n\}$, $\{b_n\}$에 대하여
$$\lim_{n \to \infty}(4a_n + b_n) = 3, \quad \lim_{n \to \infty}(a_n - 2b_n) = 12$$
일 때, $\lim\limits_{n \to \infty} a_n b_n$의 값은?

① $-10$      ② $-5$      ③ $0$
④ $5$      ⑤ $10$

## 0043

두 수열 $\{a_n\}$, $\{b_n\}$에 대하여
$$a_n = 4 + \frac{7}{n}, \ b_n = 3 - \frac{2}{n^2}$$
이다. $\lim\limits_{n \to \infty} \dfrac{ka_n + 2b_n}{a_n b_n} = \dfrac{3}{2}$ 일 때, 상수 $k$의 값은?

① 2      ② 3      ③ 4
④ 5      ⑤ 6

## 유형 03 $\lim\limits_{n\to\infty} a_n = \lim\limits_{n\to\infty} a_{n+1} = \alpha$를 이용한 극한의 계산

수열 $\{a_n\}$이 수렴하고 $\lim\limits_{n\to\infty} a_n = \alpha$ ($\alpha$는 실수)이면

$$\lim_{n\to\infty} a_{n+1} = \lim_{n\to\infty} a_{n+2} = \cdots = \lim_{n\to\infty} a_{2n} = \cdots = \alpha$$

**참고** 수열 $\{a_{n+1}\}$이 수렴하고 $\lim\limits_{n\to\infty} a_{n+1} = \alpha$ ($\alpha$는 실수)이면 $\lim\limits_{n\to\infty} a_n = \alpha$이다.

### 👍 대표 예제

**0044** 수렴하는 수열 $\{a_n\}$에 대하여

$$\lim_{n\to\infty} \frac{2a_{n+1}+9}{a_n+2} = 3$$

일 때, $\lim\limits_{n\to\infty} a_n$의 값은?

① 1  ② 3  ③ 5
④ 7  ⑤ 9

**선생님 해설**

$\lim\limits_{n\to\infty} a_n = \alpha$ ($\alpha$는 실수)라 하면 ← 수열 $\{a_n\}$이 수렴하므로

$\lim\limits_{n\to\infty} a_{n+1} = \alpha$

즉, $\lim\limits_{n\to\infty} \dfrac{2a_{n+1}+9}{a_n+2} = 3$에서

$\dfrac{2\alpha+9}{\alpha+2} = 3$ ← $\dfrac{2\lim a_{n+1} + \lim 9}{\lim a_n + \lim 2}$

$2\alpha+9 = 3\alpha+6$ ∴ $\alpha = 3$

∴ $\lim\limits_{n\to\infty} a_n = 3$

◦ **답** ②

**0045** 대표 예제 | 한 번 더

수렴하는 수열 $\{a_n\}$에 대하여

$$\lim_{n\to\infty} \frac{2a_{n+2}+a_n}{a_{n+1}-3} = 12$$

일 때, $\lim\limits_{n\to\infty} a_n$의 값은?

① $-4$  ② $-2$  ③ 0
④ 2  ⑤ 4

**0046**

수열 $\{a_n\}$에 대하여

$$\lim_{n\to\infty} a_{n+1} = k, \quad \lim_{n\to\infty} \frac{5a_n a_{2n}+4}{3a_{2n+1}} = 4$$

일 때, $\lim\limits_{n\to\infty} a_n$의 값은? (단, $k$는 자연수이다.)

① 2  ② 4  ③ 6
④ 8  ⑤ 10

**0047**

0이 아닌 실수로 수렴하는 수열 $\{a_n\}$에 대하여 두 수열

$$\left\{\frac{a_{2n}}{2n}\right\}, \quad \left\{\frac{a_{2n}(a_{n+2}-3)}{a_n+2a_{n+1}}\right\}$$

이 같은 값으로 수렴한다고 할 때, $\lim\limits_{n\to\infty} a_n$의 값은?

① 3  ② 4  ③ 5
④ 6  ⑤ 7

**0048**

수열 $\{a_n\}$에 대하여 $\lim\limits_{n\to\infty} a_{2n} = 4$일 때, **|보기|**에서 옳은 것만을 있는 대로 고른 것은?

| 보기 |

ㄱ. $\lim\limits_{n\to\infty} a_n = 4$

ㄴ. $\lim\limits_{n\to\infty} a_{4n} = 4$

ㄷ. $\lim\limits_{n\to\infty} (a_{2n}+a_{2n+2}) = 8$

① ㄱ  ② ㄷ  ③ ㄱ, ㄴ
④ ㄴ, ㄷ  ⑤ ㄱ, ㄴ, ㄷ

## 유형 04 $\dfrac{\infty}{\infty}$ 꼴의 극한

분모의 최고차항으로 분자, 분모를 각각 나누어 $\displaystyle\lim_{n\to\infty}\dfrac{1}{n}=0$임을 이용한다.

### 👍 대표 예제

**0049** ┃보기┃에서 옳은 것만을 있는 대로 고른 것은?

┤ 보기 ├

ㄱ. $\displaystyle\lim_{n\to\infty}\dfrac{3n^2+1}{(n+3)(n+1)}=\infty$

ㄴ. $\displaystyle\lim_{n\to\infty}\dfrac{\sqrt{4n+2}+\sqrt{n-1}}{\sqrt{n}+\sqrt{n+1}}=\dfrac{3}{2}$

ㄷ. $\displaystyle\lim_{n\to\infty}\dfrac{3n^2-3}{n^2(n+1)-n^3}=-3$

① ㄱ      ② ㄴ      ③ ㄱ, ㄷ
④ ㄴ, ㄷ      ⑤ ㄱ, ㄴ, ㄷ

**선생님 해설**

ㄱ. $\displaystyle\lim_{n\to\infty}\dfrac{3n^2+1}{(n+3)(n+1)}=\lim_{n\to\infty}\dfrac{3n^2+1}{n^2+4n+3}$

분모의 최고차항인 $n^2$으로 분자, 분모를 각각 나눈다.

$=\displaystyle\lim_{n\to\infty}\dfrac{3+\dfrac{1}{n^2}}{1+\dfrac{4}{n}+\dfrac{3}{n^2}}$

$=\dfrac{3}{1}=3$ (거짓)

ㄴ. $\displaystyle\lim_{n\to\infty}\dfrac{\sqrt{4n+2}+\sqrt{n-1}}{\sqrt{n}+\sqrt{n+1}}=\lim_{n\to\infty}\dfrac{\sqrt{4+\dfrac{2}{n}}+\sqrt{1-\dfrac{1}{n}}}{1+\sqrt{1+\dfrac{1}{n}}}$

$\sqrt{n}$으로 분자, 분모를 각각 나눈다.

$=\dfrac{2+1}{1+1}=\dfrac{3}{2}$ (참)

ㄷ. $\displaystyle\lim_{n\to\infty}\dfrac{3n^2-3}{n^2(n+1)-n^3}=\lim_{n\to\infty}\dfrac{3n^2-3}{n^2}$

$=\displaystyle\lim_{n\to\infty}\left(3-\dfrac{3}{n^2}\right)$

$=\dfrac{3}{1}=3$ (거짓)

따라서 옳은 것은 ㄴ이다.

ㄴ처럼 분모에 근호를 포함한 경우, 다항식처럼 차수를 따질 수는 없지만 근호 안의 최고차항이 $n$이므로 분자, 분모를 각각 $\sqrt{n}$으로 나누어 구할 수 있어.

**답** ②

**0050** 대표 예제 ┃ 한 번 더

┃보기┃에서 옳은 것만을 있는 대로 고른 것은?

┤ 보기 ├

ㄱ. $\displaystyle\lim_{n\to\infty}\dfrac{n^2+n+1}{n+3}=1$

ㄴ. $\displaystyle\lim_{n\to\infty}\dfrac{\sqrt{4n^2+3}}{n}=2$

ㄷ. $\displaystyle\lim_{n\to\infty}\dfrac{n(2n+1)^2}{(2n-1)^3}=\dfrac{1}{2}$

① ㄱ      ② ㄷ      ③ ㄱ, ㄴ
④ ㄴ, ㄷ      ⑤ ㄱ, ㄴ, ㄷ

**0051**

$\displaystyle\lim_{n\to\infty}n\left(1-\dfrac{1}{2}\right)\left(1-\dfrac{1}{3}\right)\left(1-\dfrac{1}{4}\right)\cdots\left(1-\dfrac{1}{n+1}\right)$의 값을 구하시오.

**0052**

$\displaystyle\lim_{n\to\infty}\dfrac{(n+1)+(n+2)+(n+3)+\cdots+2n}{n^2}$의 값은?

① $\dfrac{1}{2}$      ② $1$      ③ $\dfrac{3}{2}$

④ $2$      ⑤ $\dfrac{5}{2}$

**0053**

첫째항이 2, 공차가 3인 등차수열 $\{a_n\}$의 첫째항부터 제$n$항까지의 합을 $S_n$이라 할 때, $\displaystyle\lim_{n\to\infty}\dfrac{S_n}{na_n}$의 값을 구하시오.

### 유형 05  $\dfrac{\infty}{\infty}$ 꼴의 극한에서 미정계수의 결정

$\lim\limits_{n\to\infty} a_n=\infty$, $\lim\limits_{n\to\infty} b_n=\infty$이고, $\lim\limits_{n\to\infty}\dfrac{a_n}{b_n}=\alpha$ ($\alpha$는 실수)일 때

① $\alpha=0$이면
  ➡ ($a_n$의 차수) < ($b_n$의 차수)
② $\alpha\neq0$이면
  ➡ • ($a_n$의 차수) = ($b_n$의 차수)
     • 최고차항의 계수의 비가 $\alpha$이다.

### 👍 대표 예제

**0054** $\lim\limits_{n\to\infty}\dfrac{an^2+bn+3}{n+2}=5$일 때, 두 상수 $a$, $b$에 대하여 $a+b$의 값은?

① $-3$      ② $-1$      ③ $1$
④ $3$      ⑤ $5$

**선생님 해설**

$a\neq0$이면 $\lim\limits_{n\to\infty}\dfrac{an^2+bn+3}{n+2}=\infty$ (또는 $-\infty$)이므로 $a=0$

주어진 조건에서 극한값이 5이다.

즉, $\lim\limits_{n\to\infty}\dfrac{an^2+bn+3}{n+2}=5$에서

$\lim\limits_{n\to\infty}\dfrac{bn+3}{n+2}=\lim\limits_{n\to\infty}\dfrac{b+\dfrac{3}{n}}{1+\dfrac{2}{n}}=\dfrac{b}{1}=5$

$\therefore b=5$

$\therefore a+b=0+5=5$

> 먼저 분자, 분모의 최고차항의 계수인 $a$에 대하여 알아봐야 해. $a$의 값에 따라 극한값이 달라지거든.

**답** ⑤

**0055** 대표 예제 한 번 더

$\lim\limits_{n\to\infty}\dfrac{bn+3}{(a-2b)n^2+n+2}=9$일 때, 두 상수 $a$, $b$에 대하여 $a-b$의 값은?

① $6$      ② $7$      ③ $8$
④ $9$      ⑤ $10$

**0056** $\lim\limits_{n\to\infty}\dfrac{n^2+4n-1}{(2a-b)n^3+2n^2+1}=\dfrac{1}{2}$일 때, $\lim\limits_{n\to\infty}\dfrac{an+b}{2bn+a}$의 값은? (단, $ab\neq0$)

① $\dfrac{1}{4}$      ② $\dfrac{1}{2}$      ③ $1$
④ $2$      ⑤ $4$

**0057** $\lim\limits_{n\to\infty}\dfrac{an-2}{n+2}=3$, $\lim\limits_{n\to\infty}\dfrac{(2n-1)(3n+1)}{bn^2+2}=a$일 때, 두 상수 $a$, $b$에 대하여 $a+b$의 값은?

① $3$      ② $4$      ③ $5$
④ $6$      ⑤ $7$

**0058** $\lim\limits_{n\to\infty}\dfrac{an^2+bn+1}{\sqrt{4n^2+3n}+(a+1)n}=-2$일 때, 두 상수 $a$, $b$에 대하여 $a-b$의 값은?

① $2$      ② $4$      ③ $6$
④ $8$      ⑤ $10$

## 유형 06  $\infty-\infty$ 꼴의 극한

① 분자에 근호를 포함한 경우

$$\Rightarrow \lim_{n\to\infty} \left(\sqrt{f(n)}-\sqrt{g(n)}\right)=\lim_{n\to\infty}\frac{f(n)-g(n)}{\sqrt{f(n)}+\sqrt{g(n)}}$$

② 분모에 근호를 포함한 경우

$$\Rightarrow \lim_{n\to\infty}\frac{1}{\sqrt{f(n)}-\sqrt{g(n)}}=\lim_{n\to\infty}\frac{\sqrt{f(n)}+\sqrt{g(n)}}{f(n)-g(n)}$$

### 👍 대표 예제

**0059** $\lim_{n\to\infty}\left(2n-\sqrt{4n^2+8n-1}\right)$의 값은?

① $-4$  　　② $-3$  　　③ $-2$

④ $-1$  　　⑤ $0$

**선생님 해설**

$$\lim_{n\to\infty}\left(2n-\sqrt{4n^2+8n-1}\right)$$
$$=\lim_{n\to\infty}\frac{\left(2n-\sqrt{4n^2+8n-1}\right)\left(2n+\sqrt{4n^2+8n-1}\right)}{2n+\sqrt{4n^2+8n-1}}$$
$$=\lim_{n\to\infty}\frac{-8n+1}{2n+\sqrt{4n^2+8n-1}}$$
$$=\lim_{n\to\infty}\frac{-8+\dfrac{1}{n}}{2+\sqrt{4+\dfrac{8}{n}-\dfrac{1}{n^2}}}$$
$$=\frac{-8}{2+2}=-2$$

분자에 근호가 있으면 분자를 유리화,
분모에 근호가 있으면 분모를 유리화!

**답** ③

**0060**  대표 예제 | 한 번 더

$\lim_{n\to\infty}\left(\sqrt{n^2+2n+3}-\sqrt{n^2-2n+3}\right)$의 값은?

① $\dfrac{1}{2}$  　　② $1$  　　③ $\dfrac{3}{2}$

④ $2$  　　⑤ $\dfrac{5}{2}$

**0061**

$\lim_{n\to\infty}\dfrac{3}{\sqrt{n^2+2n}-\sqrt{n^2+1}}$의 값은?

① $3$  　　② $4$  　　③ $5$

④ $6$  　　⑤ $7$

**0062**

자연수 $n$에 대하여 $\sqrt{n^2+n+1}$의 소수 부분을 $a_n$이라 할 때, $\lim_{n\to\infty}\dfrac{1}{a_n}$의 값은?

① $0$  　　② $1$  　　③ $2$

④ $3$  　　⑤ $4$

**0063**

자연수 $n$에 대하여 $5\times 2^{n-1}$의 약수의 개수를 $a_n$, $3^{n-1}4^n$의 약수의 개수를 $b_n$이라 할 때, $\lim_{n\to\infty}\left(a_n-\sqrt{2b_n}\right)$의 값은?

① $-4$  　　② $-2$  　　③ $-1$

④ $-\dfrac{1}{2}$  　　⑤ $-\dfrac{1}{4}$

### 유형 07  ∞ − ∞ 꼴의 극한에서 미정계수의 결정

∞ − ∞ 꼴의 극한에서 미정계수는 다음과 같은 순서로 구한다.
❶ 분자, 분모 중 무리식이 있으면 근호를 포함한 쪽을 유리화한다.
❷ 0이 아닌 실수 $\alpha$로 수렴하면 분자, 분모의 최고차항의 계수의 비가 $\alpha$임을 이용한다.

## 👍 대표 예제

**0064** $\lim\limits_{n\to\infty}(\sqrt{n^2+an}-n)=4$일 때, 상수 $a$의 값은?

① 8   ② 9   ③ 10
④ 11   ⑤ 12

**선생님 해설**

$$\lim_{n\to\infty}(\sqrt{n^2+an}-n)=\lim_{n\to\infty}\frac{(\sqrt{n^2+an}-n)(\sqrt{n^2+an}+n)}{\sqrt{n^2+an}+n}$$
$$=\lim_{n\to\infty}\frac{an}{\sqrt{n^2+an}+n}$$
$$=\lim_{n\to\infty}\frac{a}{\sqrt{1+\dfrac{a}{n}}+1}$$
$$=\frac{a}{1+1}=\frac{a}{2}=4$$

에서
$a=8$

**답** ①

**0065** 대표 예제 한 번 더

$\lim\limits_{n\to\infty}\dfrac{6}{\sqrt{n^2+an+1}-n}=3$일 때, 양수 $a$의 값은?

① 2   ② 3   ③ 4
④ 5   ⑤ 6

**0066**

$\lim\limits_{n\to\infty}\{an+b-\sqrt{4n(n+1)}\}=1$일 때, 두 상수 $a$, $b$에 대하여 $a+b$의 값은?

① 0   ② 2   ③ 4
④ 6   ⑤ 8

**0067**

두 양수 $a$, $b$에 대하여
$$\lim_{n\to\infty}(\sqrt{9n^2+n+1}-an)=\frac{1}{b}$$
일 때, $a+b$의 값은?

① 6   ② 7   ③ 8
④ 9   ⑤ 10

**0068**

두 자연수 $a$, $b$에 대하여
$$\lim_{n\to\infty}(\sqrt{2n^4+3n^3+an^2+1}-\sqrt{2n^4+bn^3+5n^2})=k$$
일 때, $ab$의 값은? (단, $k$는 정수이다.)

① 12   ② 15   ③ 18
④ 21   ⑤ 24

## 유형 08 　치환을 이용한 극한값의 계산

$a_n$으로 이루어진 식 $f(a_n)$에 대하여 $\lim\limits_{n\to\infty} f(a_n)=k$ ($k$는 실수)일 때, $\lim\limits_{n\to\infty} a_n$의 값은 다음과 같은 순서로 구한다.

❶ $f(a_n)=b_n$이라 하고, $a_n$을 $b_n$에 대한 식으로 나타낸다.
❷ $\lim\limits_{n\to\infty} b_n=k$임을 이용하여 $\lim\limits_{n\to\infty} a_n$의 값을 구한다.

### 🖒 대표 예제

**0069** 수열 $\{a_n\}$이 $\lim\limits_{n\to\infty} \dfrac{a_n+6}{2a_n-3}=2$를 만족시킬 때, $\lim\limits_{n\to\infty} a_n$의 값은?

① 3　　　　　② 4　　　　　③ 5
④ 6　　　　　⑤ 7

**선생님 해설**

$b_n=\dfrac{a_n+6}{2a_n-3}$이라 하면

$b_n(2a_n-3)=a_n+6$

$(2b_n-1)a_n=3b_n+6$

$\therefore a_n=\dfrac{3b_n+6}{2b_n-1}$

이때 $\lim\limits_{n\to\infty} b_n=2$이므로

$\lim\limits_{n\to\infty} a_n=\lim\limits_{n\to\infty}\dfrac{3b_n+6}{2b_n-1}=\dfrac{3\cdot2+6}{2\cdot2-1}=4$

> **유형 03**처럼 $\lim\limits_{n\to\infty} a_n=\alpha$ ($\alpha$는 실수)라 하고 푸는 학생들이 있어.
> 그런데 이렇게 풀면 안 돼!
> 수열 $\{a_n\}$이 수렴하는지 모르거든.
> 특히, 서술형 문제에서는 감점요인이니까 주의하도록!

**답** ②

**0070** 　대표 예제 　한 번 더

수열 $\{a_n\}$이 $\lim\limits_{n\to\infty} \dfrac{3a_n-2}{10-a_n}=4$를 만족시킬 때, $\lim\limits_{n\to\infty} a_n$의 값은?

① 6　　　　　② 7　　　　　③ 8
④ 9　　　　　⑤ 10

**0071**

수열 $\{a_n\}$이 $\lim\limits_{n\to\infty} (2n-3)a_n=4$를 만족시킬 때, $\lim\limits_{n\to\infty} \dfrac{4n+1}{n^2 a_n}$의 값은?

① 2　　　　　② 4　　　　　③ 6
④ 8　　　　　⑤ 10

**0072**

두 수열 $\{a_n\}$, $\{b_n\}$이

$$\lim_{n\to\infty} (2n-1)a_n=6, \quad \lim_{n\to\infty}\dfrac{3n^2-2n+1}{b_n}=3$$

을 만족시킬 때, $\lim\limits_{n\to\infty} \dfrac{a_n b_n}{3n-1}$의 값을 구하시오.

**0073**

두 수열 $\{a_n\}$, $\{b_n\}$이 다음 조건을 만족시킨다.

> (가) $\lim\limits_{n\to\infty} a_n=\infty$
> (나) $\lim\limits_{n\to\infty} (a_n+b_n)=3$

$\lim\limits_{n\to\infty} \dfrac{2a_n+3b_n}{3a_n-2b_n}$의 값은?

① $-\dfrac{1}{10}$　　　② $-\dfrac{1}{5}$　　　③ $-\dfrac{2}{5}$
④ $-\dfrac{4}{5}$　　　⑤ $-\dfrac{8}{5}$

## 유형 09 수열의 극한의 대소 관계

두 수열 $\{a_n\}$, $\{b_n\}$이 각각 수렴하고 $\lim\limits_{n\to\infty} a_n=\alpha$, $\lim\limits_{n\to\infty} b_n=\beta$ ($\alpha$, $\beta$는 실수)일 때

① 모든 자연수 $n$에 대하여 $a_n\le b_n$이면
$$\alpha\le\beta$$

② 수열 $\{c_n\}$이 모든 자연수 $n$에 대하여 $a_n\le c_n\le b_n$이고 $\alpha=\beta$이면
$$\lim\limits_{n\to\infty} c_n=\alpha$$

> 참고 $a_n<c_n<b_n$이고 $\alpha=\beta$이어도 $\lim\limits_{n\to\infty} c_n=\alpha$가 성립한다.

### 👍 대표 예제

**0074** 수열 $\{a_n\}$이 모든 자연수 $n$에 대하여
$$(3n+1)(2n-1)<(n^2+1)a_n<(2n+1)(3n+4)$$
를 만족시킬 때, $\lim\limits_{n\to\infty} a_n$의 값을 구하시오.

> **선생님 해설**
>
> $(3n+1)(2n-1)<(n^2+1)a_n<(2n+1)(3n+4)$에서
> $$\frac{(3n+1)(2n-1)}{n^2+1}<a_n<\frac{(2n+1)(3n+4)}{n^2+1}$$
> 이때
> $$\lim_{n\to\infty}\frac{(3n+1)(2n-1)}{n^2+1}=\lim_{n\to\infty}\frac{6n^2-n-1}{n^2+1}=6,$$
> $$\lim_{n\to\infty}\frac{(2n+1)(3n+4)}{n^2+1}=\lim_{n\to\infty}\frac{6n^2+11n+4}{n^2+1}=6$$
> 이므로 수열의 극한의 대소 관계에 의하여
> $$\lim_{n\to\infty} a_n=6$$

이 유형은 대표 예제와 같이 직접 극한을 구하기 어려운 수열 $\{a_n\}$을 극한을 구하기 쉬운 다른 수열 사이에 끼워 넣어 극한을 구한다고 해서 '샌드위치 정리'라고 하기도 해.

**답** 6

**0075** [대표 예제] [한 번 더]

수열 $\{a_n\}$이 모든 자연수 $n$에 대하여
$$3n+2<a_n-2n<3n+\frac{1}{n}+2$$
를 만족시킬 때, $\lim\limits_{n\to\infty} \dfrac{a_n}{n}$의 값은?

① 3      ② 4      ③ 5
④ 6      ⑤ 7

**0076**

정수로 수렴하는 수열 $\{a_n\}$이 모든 자연수 $n$에 대하여
$$\sqrt{n^2+n}-n<a_n<\sqrt{n^2+3n}-n$$
을 만족시킬 때, $\lim\limits_{n\to\infty} a_n$의 값을 구하시오.

**0077**

$\lim\limits_{n\to\infty} \dfrac{2n+\sin n}{n}$의 값은?

① 0      ② 1      ③ 2
④ 3      ⑤ 4

**0078**

수열 $\{a_n\}$이 모든 자연수 $n$에 대하여 다음 조건을 만족시킨다.

> (가) $\dfrac{a_n}{5n+1}>5n+11$
>
> (나) $\dfrac{a_n}{(n+3)(25n+6)}<1$

$\lim\limits_{n\to\infty} \dfrac{n^2}{a_n}$의 값은?

① $\dfrac{1}{30}$      ② $\dfrac{1}{25}$      ③ $\dfrac{1}{20}$
④ $\dfrac{1}{15}$      ⑤ $\dfrac{1}{10}$

01. 수열의 극한

## 유형 10  수열의 극한에 대한 명제의 참과 거짓

① 주어진 명제에서 수렴하는 수열을 파악한다.
② 수렴하는 수열에 대해서만 수열의 극한의 기본 성질을 이용할 수 있다.
③ 반례를 찾을 때는 먼저 분모가 0이 되는 경우나 진동하는 경우를 찾아 본다.

### 👍 대표 예제

**0079** 두 수열 $\{a_n\}$, $\{b_n\}$에 대하여 ┃보기┃에서 옳은 것만을 있는 대로 고른 것은?

┃보기┃

ㄱ. $\lim\limits_{n\to\infty} a_n=0$, $\lim\limits_{n\to\infty} b_n=\infty$이면 $\lim\limits_{n\to\infty} a_n b_n=0$이다.

ㄴ. $a_n<b_n$이고 $\lim\limits_{n\to\infty} a_n=\infty$이면 $\lim\limits_{n\to\infty} b_n=\infty$이다.

ㄷ. $\lim\limits_{n\to\infty} a_n=\infty$이고 $\lim\limits_{n\to\infty} (a_n-b_n)=k$ ($k$는 실수)이면 $\lim\limits_{n\to\infty}\dfrac{a_n}{b_n}=1$이다.

① ㄱ  　② ㄷ  　③ ㄱ, ㄴ

④ ㄴ, ㄷ  　⑤ ㄱ, ㄴ, ㄷ

**선생님 해설**

ㄱ. [반례] $a_n=\dfrac{1}{n}$, $b_n=n^2$이라 하면

$\lim\limits_{n\to\infty} a_n=0$, $\lim\limits_{n\to\infty} b_n=\infty$이지만

$\lim\limits_{n\to\infty} a_n b_n=\lim\limits_{n\to\infty}\dfrac{1}{n}\cdot n^2=\lim\limits_{n\to\infty} n=\infty$ (거짓)

ㄴ. $\lim\limits_{n\to\infty} a_n=\infty$이므로 $n$의 값이 한없이 커질 때 $a_n$의 값도 한없이 커진다.

이때 $a_n<b_n$이므로 $n$의 값이 한없이 커질 때 $b_n$의 값도 한없이 커진다.

$\therefore \lim\limits_{n\to\infty} b_n=\infty$ (참)

ㄷ. $\lim\limits_{n\to\infty} a_n=\infty$, $\lim\limits_{n\to\infty} (a_n-b_n)=k$이므로

$\lim\limits_{n\to\infty}\dfrac{a_n-b_n}{a_n}=0$

$\lim\limits_{n\to\infty}\left(1-\dfrac{b_n}{a_n}\right)=0$

$\therefore \lim\limits_{n\to\infty}\dfrac{b_n}{a_n}=1$

$\therefore \lim\limits_{n\to\infty}\dfrac{a_n}{b_n}=1$ (참)

따라서 옳은 것은 ㄴ, ㄷ이다.

> 수열의 극한의 대소 관계는 수렴하는 수열에만 사용할 수 있으므로 ㄴ의 설명에 주의하자.

**답** ④

---

**0080** [대표 예제] [한 번 더]

두 수열 $\{a_n\}$, $\{b_n\}$에 대하여 ┃보기┃에서 옳은 것만을 있는 대로 고른 것은?

┃보기┃

ㄱ. $\lim\limits_{n\to\infty} a_n=\infty$, $\lim\limits_{n\to\infty} b_n=\infty$이면 $\lim\limits_{n\to\infty}\dfrac{a_n}{b_n}=1$이다.

ㄴ. 두 수열 $\{a_n-b_n\}$, $\{a_n+b_n\}$이 모두 수렴하면 두 수열 $\{a_n\}$, $\{b_n\}$도 모두 수렴한다.

ㄷ. 두 수열 $\{a_n\}$, $\{b_n\}$이 모두 수렴하고 $\lim\limits_{n\to\infty} a_n b_n=0$이면 $\lim\limits_{n\to\infty} a_n=0$ 또는 $\lim\limits_{n\to\infty} b_n=0$이다.

① ㄱ  　② ㄴ  　③ ㄱ, ㄷ

④ ㄴ, ㄷ  　⑤ ㄱ, ㄴ, ㄷ

**0081** 두 수열 $\{a_n\}$, $\{b_n\}$에 대하여 ┃보기┃에서 옳은 것만을 있는 대로 고른 것은?

┃보기┃

ㄱ. 수열 $\{a_n\}$이 발산하고 수열 $\left\{\dfrac{a_n}{b_n}\right\}$이 수렴하면 $\lim\limits_{n\to\infty} b_n=\infty$이다.

ㄴ. 두 수열 $\{a_n\}$, $\{b_n\}$이 모두 수렴하고 $\lim\limits_{n\to\infty} a_n\leq\lim\limits_{n\to\infty} b_n$이면 $a_n<b_n$이다.

ㄷ. 두 수열 $\{a_n\}$, $\{a_n b_n\}$이 모두 수렴하고 $a_n>1$이면 수열 $\{b_n\}$도 수렴한다.

① ㄱ  　② ㄷ  　③ ㄱ, ㄴ

④ ㄴ, ㄷ  　⑤ ㄱ, ㄴ, ㄷ

**0082** 두 수열 $\{a_n\}$, $\{b_n\}$에 대하여 ┃보기┃에서 옳은 것만을 있는 대로 고른 것은?

┃보기┃

ㄱ. $\lim\limits_{n\to\infty} |a_n|=0$이면 수열 $\{a_n\}$은 수렴한다.

ㄴ. $a_n>0$, $\lim\limits_{n\to\infty} a_n{}^2=a^2$ ($a$는 실수)이면 $\lim\limits_{n\to\infty} a_n=|a|$이다.

ㄷ. $\lim\limits_{n\to\infty} (a_{n+1}-a_n)=0$이면 수열 $\{a_n\}$은 수렴한다.

① ㄱ  　② ㄷ  　③ ㄱ, ㄴ

④ ㄴ, ㄷ  　⑤ ㄱ, ㄴ, ㄷ

### 유형 11   등비수열 꼴을 포함한 수열의 극한

수열의 일반항이 $\left\{\dfrac{c^n+d^n}{a^n+b^n}\right\}$ ($a$, $b$, $c$, $d$는 실수) 꼴인 극한값은 다음과 같은 순서로 구한다.

❶ $|a|>|b|$이면 $a^n$, $|a|<|b|$이면 $b^n$으로 분자, 분모를 각각 나눈다.

❷ $|r|<1$이면 $\lim\limits_{n\to\infty} r^n=0$임을 이용하여 극한값을 구한다.

#### 👍 대표 예제

**0083**   $\lim\limits_{n\to\infty}\dfrac{2^{n+1}-3^n}{2^n+3^{n+1}}$ 의 값은?

① $-1$      ② $-\dfrac{1}{3}$      ③ $0$

④ $\dfrac{1}{3}$      ⑤ $1$

**선생님 해설**

$$\lim_{n\to\infty}\frac{2^{n+1}-3^n}{2^n+3^{n+1}}=\lim_{n\to\infty}\frac{2\cdot2^n-3^n}{2^n+3\cdot3^n}$$

$2<3$이므로 $3^n$으로 분자, 분모를 각각 나눈다.

$$=\lim_{n\to\infty}\frac{2\cdot\left(\dfrac{2}{3}\right)^n-1}{\left(\dfrac{2}{3}\right)^n+3}$$

$$=-\frac{1}{3}$$

답 ②

**0084**   대표 예제 한 번 더

$\lim\limits_{n\to\infty}\dfrac{3^n-4^n}{4^{n-1}+2^{n+2}}$ 의 값은?

① $-5$      ② $-4$      ③ $-3$

④ $-2$      ⑤ $-1$

**0085**

첫째항이 7이고, 공비가 6인 등비수열 $\{a_n\}$에 대하여

$\lim\limits_{n\to\infty}\dfrac{a_n-5^{n+1}}{2^n(3^{n+1}-6)}$ 의 값은?

① $\dfrac{1}{3}$      ② $\dfrac{7}{18}$      ③ $\dfrac{4}{9}$

④ $\dfrac{1}{2}$      ⑤ $\dfrac{5}{9}$

**0086**

수렴하는 수열 $\{a_n\}$에 대하여

$$\lim_{n\to\infty}\frac{2^{2n}-3^{n+1}\times a_n}{4^{n+1}\times a_n+(-3)^{n-1}}=\frac{1}{3}$$

일 때, $\lim\limits_{n\to\infty} a_n$의 값은?

① $\dfrac{1}{4}$      ② $\dfrac{1}{2}$      ③ $\dfrac{3}{4}$

④ $1$      ⑤ $\dfrac{5}{4}$

**0087**

이차방정식 $4x^2-24x-13=0$의 두 실근을 $\alpha$, $\beta$라 할 때,

$\lim\limits_{n\to\infty}\dfrac{(\alpha+\beta)^{n+1}+(\alpha-\beta)^{n+1}}{(\alpha+\beta)^n-(\alpha-\beta)^n}$ 의 값은? (단, $\alpha>\beta$)

① $-7$      ② $-6$      ③ $-5$

④ $-4$      ⑤ $-3$

## 유형 12  등비수열과 수열의 합을 이용한 수열의 극한

등비수열과 수열의 합을 이용한 수열의 극한값은 다음과 같은 순서로 구한다.

❶ $a_n$ 또는 $S_n$을 구한다.

❷ $|r| < 1$이면 $\lim\limits_{n \to \infty} r^n = 0$임을 이용하여 극한값을 구한다.

### 👍 대표 예제

**0088** 수열 $\{a_n\}$의 일반항이 $a_n = 2 \times 3^{n-1}$이고, 첫째항부터 제$n$항까지의 합을 $S_n$이라 할 때, $\lim\limits_{n \to \infty} \dfrac{a_n}{S_n + 2a_n}$의 값은?

① $\dfrac{2}{7}$    ② $\dfrac{3}{7}$    ③ $\dfrac{4}{7}$

④ $\dfrac{5}{7}$    ⑤ $\dfrac{6}{7}$

**선생님 해설**

수열 $\{a_n\}$은 첫째항이 2이고, 공비가 3인 등비수열이므로

$$S_n = \frac{2(3^n - 1)}{3 - 1} = 3^n - 1 \qquad \leftarrow a_n = 2 \times 3^{n-1} \text{에서 알 수 있다.}$$

$$\therefore \lim_{n \to \infty} \frac{a_n}{S_n + 2a_n}$$

$$= \lim_{n \to \infty} \frac{2 \times 3^{n-1}}{3^n - 1 + 4 \times 3^{n-1}} = \lim_{n \to \infty} \frac{\frac{2}{3} \times 3^n}{3^n - 1 + \frac{4}{3} \times 3^n}$$

$$= \lim_{n \to \infty} \frac{\frac{2}{3}}{1 - \left(\frac{1}{3}\right)^n + \frac{4}{3}} = \frac{\frac{2}{3}}{1 + \frac{4}{3}} = \frac{2}{7}$$

**답** ①

**0089**  대표 예제  한 번 더

첫째항과 공비가 모두 5인 등비수열 $\{a_n\}$의 첫째항부터 제$n$항까지의 합을 $S_n$이라 할 때, $\lim\limits_{n \to \infty} \dfrac{2a_n + 3}{S_n}$의 값은?

① $\dfrac{6}{5}$    ② $\dfrac{7}{5}$    ③ $\dfrac{8}{5}$

④ $\dfrac{9}{5}$    ⑤ $2$

**0090**

수열 $\{a_n\}$의 첫째항부터 제$n$항까지의 합 $S_n$이 $S_n = \dfrac{1}{3^n} - \dfrac{1}{5^n}$일 때, $\lim\limits_{n \to \infty} \dfrac{S_n}{a_n}$의 값은?

① $-\dfrac{3}{2}$    ② $-\dfrac{1}{2}$    ③ $\dfrac{1}{2}$

④ $\dfrac{3}{2}$    ⑤ $\dfrac{5}{2}$

**0091**

수열 $\{a_n\}$의 첫째항부터 제$n$항까지의 합 $S_n$이 $S_n = n^2 \times 2^n$일 때, $\lim\limits_{n \to \infty} \dfrac{S_{n+1}}{a_n}$의 값은?

① $-4$    ② $-2$    ③ $1$

④ $2$    ⑤ $4$

**0092**

등비수열 $\{a_n\}$의 첫째항부터 제$n$항까지의 합 $S_n$에 대하여 $S_5 = -22$, $S_{10} = 682$일 때, $\lim\limits_{n \to \infty} \dfrac{a_{2n}}{S_n^2}$의 값은?

① $\dfrac{3}{2}$    ② $\dfrac{7}{4}$    ③ $2$

④ $\dfrac{9}{4}$    ⑤ $\dfrac{5}{2}$

### 유형 13  등비수열의 수렴 조건

① 등비수열 $\{r^n\}$이 수렴하기 위한 필요충분조건은
$$-1 < r \le 1$$
② 등비수열 $\{ar^{n-1}\}$이 수렴하기 위한 필요충분조건은
$$a = 0 \ \text{또는} \ -1 < r \le 1$$

#### 👍 대표 예제

**0093** 등비수열 $\left\{\left(\dfrac{2x-3}{5}\right)^n\right\}$이 수렴하도록 하는 모든 정수 $x$의 개수는?

① 3  ② 4  ③ 5
④ 6  ⑤ 7

**선생님 해설**

주어진 등비수열의 공비가 $\dfrac{2x-3}{5}$이므로 이 등비수열이 수렴하려면

$$-1 < \frac{2x-3}{5} \le 1$$
$$-5 < 2x-3 \le 5, \quad -2 < 2x \le 8$$
$$\therefore \ -1 < x \le 4$$

따라서 구하는 모든 정수 $x$의 개수는
0, 1, 2, 3, 4의 5

답 ③

**0094** 대표 예제 한 번 더

등비수열 $\left\{\left(\dfrac{8-x}{3}\right)^n\right\}$이 수렴하도록 하는 정수 $x$의 최댓값은?

① 6  ② 7  ③ 8
④ 9  ⑤ 10

**0095**

등비수열 $\{(\log_2 x)^{2n}\}$이 수렴하도록 하는 $x$의 최댓값을 $M$, 최솟값을 $m$이라 할 때, $M+m$의 값은?

① 1  ② $\dfrac{3}{2}$  ③ 2
④ $\dfrac{5}{2}$  ⑤ 3

**0096**

수열 $\{a_n\}$의 일반항이
$$a_n = (x-2)\left(\frac{x^2-4x-6}{6}\right)^{n-1}$$
일 때, 수열 $\{a_n\}$이 수렴하도록 하는 모든 정수 $x$의 값의 합은?

① 10  ② 12  ③ 14
④ 16  ⑤ 18

**0097**

두 수열 $\{a_n\}$, $\{b_n\}$의 일반항이 각각
$$a_n = (2\sin x - 1)^{n-1}, \quad b_n = \left(\frac{1}{2} + \cos x\right)^{n-1}$$
일 때, 두 수열 $\{a_n\}$, $\{b_n\}$이 모두 수렴하도록 하는 $x$의 값의 범위는? (단, $0 < x \le 2\pi$)

① $0 < x \le \dfrac{\pi}{6}$  ② $\dfrac{\pi}{6} < x \le \dfrac{2}{3}\pi$  ③ $\dfrac{\pi}{3} \le x < \pi$
④ $\dfrac{\pi}{2} \le x \le \dfrac{7}{6}\pi$  ⑤ $\dfrac{\pi}{3} \le x \le \dfrac{5}{3}\pi$

## 유형 14 $r^n$을 포함한 수열의 극한

$r^n$을 포함한 수열의 극한은 다음 4가지 경우로 나누어 생각한다.

① $|r|>1$일 때, $\lim\limits_{n\to\infty}\dfrac{1}{r^n}=0$임을 이용한다.

② $r=1$일 때, 주어진 식에 $r=1$을 대입한다.

③ $|r|<1$일 때, $\lim\limits_{n\to\infty}r^n=0$임을 이용한다.

④ $r=-1$일 때, 주어진 식에 $r=-1$을 대입한다.

### 👍 대표 예제

**0098** $\lim\limits_{n\to\infty}\dfrac{5r^n-3}{2r^n+1}$ 의 값은 $|r|>1$일 때 $a$, $r=1$일 때 $b$, $|r|<1$일 때 $c$이다. $abc$의 값을 구하시오.

#### 선생님 해설

( i ) $|r|>1$일 때

$r^n$으로 분자, 분모를 각각 나눈다.

$$\lim_{n\to\infty}\frac{5r^n-3}{2r^n+1}=\lim_{n\to\infty}\frac{5-\dfrac{3}{r^n}}{2+\dfrac{1}{r^n}}=\frac{5}{2} \qquad \therefore a=\frac{5}{2}$$

( ii ) $r=1$일 때

$$\lim_{n\to\infty}\frac{5\cdot1-3}{2\cdot1+1}=\frac{2}{3} \qquad \therefore b=\frac{2}{3}$$

( iii ) $-1<r<1$일 때

$$\lim_{n\to\infty}\frac{5r^n-3}{2r^n+1}=\frac{-3}{1}=-3 \qquad \therefore c=-3$$

$$\therefore abc=\frac{5}{2}\cdot\frac{2}{3}\cdot(-3)=-5$$

**답** $-5$

**0099** 대표 예제 한 번 더

수열 $\left\{\dfrac{r^n+4}{r^{n-1}+2}\right\}$ 가 수렴할 때, 극한값이 될 수 있는 것을

**보기**에서 있는 대로 고른 것은?

| 보기 |

ㄱ. 1    ㄴ. $\dfrac{5}{3}$    ㄷ. 2

① ㄱ  　② ㄷ  　③ ㄱ, ㄴ

④ ㄴ, ㄷ  　⑤ ㄱ, ㄴ, ㄷ

## 0100

$|r|\leq1$일 때, 수열 $\left\{\dfrac{3r^{2n}+a}{r^{2n}+1}\right\}$가 $r$의 값에 관계없이 오직 하나의 극한값을 갖도록 하는 상수 $a$의 값은?

① $-1$  　② $0$  　③ $1$

④ $2$  　⑤ $3$

## 0101

$r>0$일 때, $\lim\limits_{n\to\infty}\dfrac{r^{n+1}+3r+2}{r^n+1}=3$을 만족시키는 모든 $r$의 값의 합은?

① $3$  　② $\dfrac{10}{3}$  　③ $\dfrac{11}{3}$

④ $4$  　⑤ $\dfrac{13}{3}$

## 0102 UP

수열 $\left\{\dfrac{6^n+r^n}{6^n+r^{n+1}}\right\}$의 극한값이 자연수가 되도록 하는 정수 $r$의 개수는?

① $10$  　② $11$  　③ $12$

④ $13$  　⑤ $14$

### 유형 15  귀납적으로 정의된 수열의 극한

① 수열 $\{a_n\}$이
- $a_{n+1}=a_n+d$ ($d$는 상수)를 만족시킬 때
  ➡ 수열 $\{a_n\}$은 일반항이 $a_n=a_1+(n-1)d$인 등차수열이다.
- $a_{n+1}=ra_n$ ($r$는 상수)을 만족시킬 때
  ➡ 수열 $\{a_n\}$은 일반항이 $a_n=a_1\cdot r^{n-1}$인 등비수열이다.

② 수열 $\{a_n\}$이 수렴하면
$$\lim_{n\to\infty}a_n=\lim_{n\to\infty}a_{n+1}=\lim_{n\to\infty}a_{n+2}=\cdots=\alpha \ (\alpha\text{는 실수})$$
임을 이용한다.

## 👍 대표 예제

**0103** 수열 $\{a_n\}$이
$$a_1=3,\ a_{n+1}=a_n+2 \ (n=1,\ 2,\ 3,\ \cdots)$$
를 만족시킬 때, $\displaystyle\lim_{n\to\infty}\left(\dfrac{n}{a_n}+\dfrac{a_{2n}}{n}\right)$의 값은?

① 3　　　　② $\dfrac{7}{2}$　　　　③ 4

④ $\dfrac{9}{2}$　　　　⑤ 5

**선생님 해설**

수열 $\{a_n\}$은 첫째항이 3, 공차가 2인 등차수열이므로
$$a_n=3+(n-1)\cdot 2=2n+1$$
$$\therefore \lim_{n\to\infty}\left(\frac{n}{a_n}+\frac{a_{2n}}{n}\right)=\lim_{n\to\infty}\left(\frac{n}{2n+1}+\frac{4n+1}{n}\right)$$

　$\quad a_{2n}=2\cdot 2n+1=4n+1$

$$=\frac{1}{2}+4=\frac{9}{2}$$

**답** ④

**0104** 대표 예제 한 번 더
수열 $\{a_n\}$이
$$a_1=3,\ a_{n+1}=3a_n \ (n=1,\ 2,\ 3,\ \cdots)$$
을 만족시킬 때, $\displaystyle\lim_{n\to\infty}\left(\dfrac{2^n-1}{a_n}+\dfrac{a_{n+1}}{3^n+1}\right)$의 값은?

① $\dfrac{3}{2}$　　　　② 2　　　　③ $\dfrac{5}{2}$

④ 3　　　　⑤ $\dfrac{7}{2}$

**0105**
수렴하는 수열 $\{a_n\}$이
$$a_{n+2}=\frac{1}{3}a_{n+1}+\frac{1}{2}a_n+3 \ (n=1,\ 2,\ 3,\ \cdots)$$
을 만족시킬 때, $\displaystyle\lim_{n\to\infty}a_n$의 값은?

① 10　　　　② 12　　　　③ 14

④ 16　　　　⑤ 18

**0106**
모든 자연수 $n$에 대하여 $a_n>1$인 수열 $\{a_n\}$이 자연수에 수렴하고
$$a_{n+1}=-\frac{2}{a_n}+\frac{9}{2} \ (n=1,\ 2,\ 3,\ \cdots)$$
를 만족시킬 때, $\displaystyle\lim_{n\to\infty}a_n$의 값은?

① 3　　　　② 4　　　　③ 5

④ 6　　　　⑤ 7

**0107**
수열 $\{a_n\}$이
$$0<a_{n+1}<\frac{1}{3}a_n \ (n=1,\ 2,\ 3,\ \cdots)$$
을 만족시킬 때, $\displaystyle\lim_{n\to\infty}\frac{2^n\times a_n+2^{n-1}}{2^{n+1}+3}$의 값은?

① $\dfrac{1}{4}$　　　　② $\dfrac{1}{2}$　　　　③ $\dfrac{3}{4}$

④ 1　　　　⑤ $\dfrac{5}{4}$

## 유형 16  $x^n$을 포함한 수열의 극한으로 정의된 함수

$x^n$을 포함한 수열의 극한으로 정의된 함수 $f(x)$는 다음과 같은 순서로 구한다.

❶ $|x|>1$, $x=1$, $|x|<1$, $x=-1$일 때로 나누어 함수 $f(x)$를 구한다.

❷ $|x|>1$이면 $\lim\limits_{n\to\infty}\dfrac{1}{x^n}=0$, $|x|<1$이면 $\lim\limits_{n\to\infty}x^n=0$임을 이용한다.

### 👍 대표 예제

**0108** 함수 $f(x)=\lim\limits_{n\to\infty}\dfrac{x^{2n+1}-x+1}{x^{2n}+2}$에 대하여 $f(-2)+f\left(-\dfrac{1}{3}\right)+f(1)+f(3)$의 값을 구하시오.

**선생님 해설**

(i) $|x|>1$일 때

$$f(x)=\lim_{n\to\infty}\frac{x^{2n+1}-x+1}{x^{2n}+2}=\lim_{n\to\infty}\frac{x-\dfrac{1}{x^{2n-1}}+\dfrac{1}{x^{2n}}}{1+\dfrac{2}{x^{2n}}}=x$$

(ii) $x=1$일 때

$$f(x)=\lim_{n\to\infty}\frac{1-1+1}{1+2}=\frac{1}{3}$$

(iii) $|x|<1$일 때

$$f(x)=\lim_{n\to\infty}\frac{x^{2n+1}-x+1}{x^{2n}+2}=\frac{-x+1}{2}$$

(iv) $x=-1$일 때

$$f(x)=\lim_{n\to\infty}\frac{-1+1+1}{1+2}=\frac{1}{3}$$

(i)~(iv)에서

$$f(x)=\begin{cases} x & (|x|>1) \\ \dfrac{1}{3} & (|x|=1) \\ \dfrac{-x+1}{2} & (|x|<1) \end{cases}$$

이 문제는 $x$에 $-2$, $-\dfrac{1}{3}$, $1$, $3$을 대입해서 답을 구할 수도 있지만 구간을 나눠서 함수 $f(x)$를 구하는 것이 중요하니까 힘들더라도 구간을 나눠서 구해 보자.

$$\therefore f(-2)+f\left(-\frac{1}{3}\right)+f(1)+f(3)=-2+\frac{2}{3}+\frac{1}{3}+3=2$$

답 2

$\dfrac{-\left(-\dfrac{1}{3}\right)+1}{2}=\dfrac{2}{3}$

**0109**  대표 예제 | 한 번 더

열린구간 $(0,\infty)$에서 정의된 함수 $f(x)=\lim\limits_{n\to\infty}\dfrac{3x^{n+1}-1}{x^n+x}$에 대하여 $f\left(\dfrac{1}{2}\right)-f(1)+f(2)$의 값을 구하시오.

**0110**

함수 $f(x)=\lim\limits_{n\to\infty}\dfrac{x^{n+1}+x-1}{x^n+1}$에 대하여 함수 $y=f(x)$의 그래프는? (단, $x\neq-1$)

① 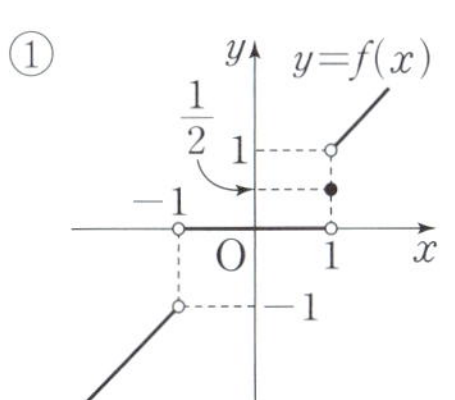

② 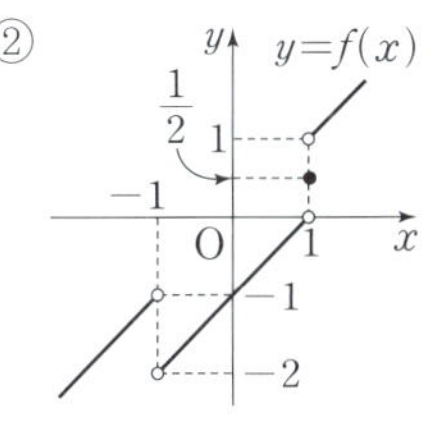

③ 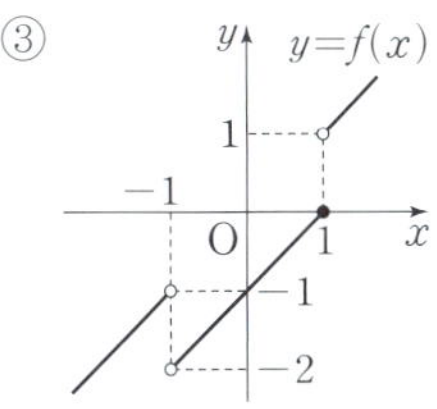

④ 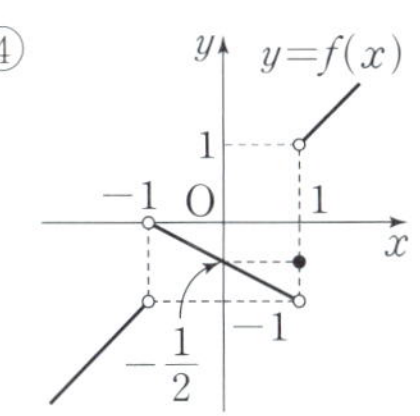

⑤ 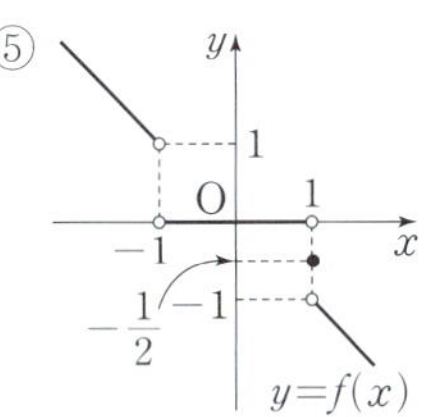

**0111**

닫힌구간 $[-1,2]$에서 정의된 함수

$$f(x)=\lim_{n\to\infty}\frac{2x^{2n+1}-x^2+2}{x^{2n}+1}$$

가 $x=a$에서 최댓값 $M$, $x=b$에서 최솟값 $m$을 갖는다. $a+b+M+m$의 값은?

① $\dfrac{5}{2}$    ② $3$    ③ $\dfrac{7}{2}$

④ $4$    ⑤ $\dfrac{9}{2}$

**0112**

함수 $f(x)=\lim\limits_{n\to\infty}\dfrac{a|x|^n+bx+2}{|x|^n+1}$가 $x=1$에서 극한값이 존재할 때, 두 상수 $a$, $b$에 대하여 $a-b$의 값을 구하시오.

## 유형 17  좌표평면에서의 수열의 극한

좌표평면에서의 수열의 극한값은 다음과 같은 순서로 구한다.
❶ 점의 좌표, 도형의 길이 등을 $n$에 대한 식으로 나타낸다.
❷ ❶에서 구한 $n$에 대한 식의 극한값을 구한다.

### 👍 대표 예제

**0113** 그림과 같이 자연수 $n$에 대하여 원점을 지나고 기울기가 $\dfrac{1}{n}$인 직선이 곡선 $y=x^2$과 만나는 점 중에서 원점이 아닌 점을 $P_n$이라 하자. 점 $P_n$을 지나고 점 $P_n$에서의 접선에 수직인 직선의 $y$절편을 $a_n$이라 할 때, $\lim\limits_{n\to\infty} a_n$의 값은?

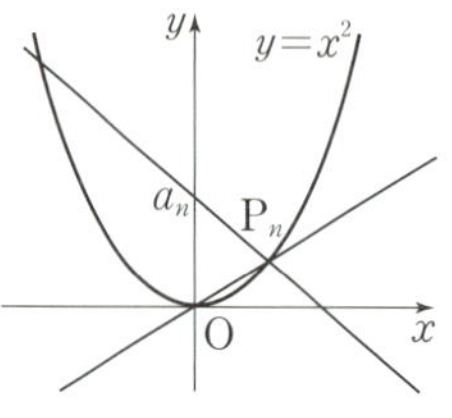

① $\dfrac{1}{4}$  ② $\dfrac{1}{2}$  ③ $\dfrac{3}{4}$

④ $1$  ⑤ $\dfrac{5}{4}$

**선생님 해설**

원점을 지나고 기울기가 $\dfrac{1}{n}$인 직선의 방정식은 $y=\dfrac{1}{n}x$이므로 점 $P_n$의 $x$좌표는

$$\dfrac{1}{n}x=x^2 \quad \therefore x=\dfrac{1}{n} \ (\because x\neq 0)$$

$\therefore P_n\left(\dfrac{1}{n},\ \dfrac{1}{n^2}\right)$    • 점 $P_n$은 원점이 아니므로

한편, $y=x^2$에서 $y'=2x$

즉, 점 $P_n$에서의 접선의 기울기는 $\dfrac{2}{n}$이므로 점 $P_n$에서의 접선에 수직인 직선의 방정식은

$$y-\dfrac{1}{n^2}=-\dfrac{n}{2}\left(x-\dfrac{1}{n}\right)$$
   • $\dfrac{2}{n}\cdot\left(-\dfrac{n}{2}\right)=-1$이므로

$$\therefore y=-\dfrac{n}{2}x+\dfrac{1}{2}+\dfrac{1}{n^2}$$

위의 직선의 $y$절편은 $\dfrac{1}{2}+\dfrac{1}{n^2}$이므로

$$a_n=\dfrac{1}{2}+\dfrac{1}{n^2}$$

$$\therefore \lim\limits_{n\to\infty} a_n=\lim\limits_{n\to\infty}\left(\dfrac{1}{2}+\dfrac{1}{n^2}\right)=\dfrac{1}{2}$$

> 주어진 조건을 이용하여 구하는 수열의 일반항을 $n$에 대한 식으로 나타내는 것이 가장 중요해.
> 이 유형의 문제는 다양해서 많은 문제로 연습을 하는 것이 좋아.

**답** ②

---

**0114** 〔대표 예제〕〔한 번 더〕

그림과 같이 자연수 $n$에 대하여 곡선 $y=4x^2$ 위의 점 $P_n(n,\ 4n^2)$에서의 접선이 $y$축과 만나는 점을 $Q_n$이라 하자. $\lim\limits_{n\to\infty}(\overline{OP_n}-\overline{OQ_n})$의 값은?

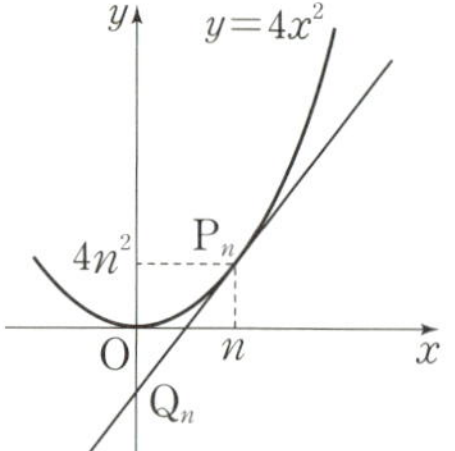

① $\dfrac{1}{8}$  ② $\dfrac{3}{8}$

③ $\dfrac{5}{8}$  ④ $\dfrac{7}{8}$

⑤ $\dfrac{9}{8}$

**0115**

함수 $f(x)=\sqrt{nx+1}$ ($n$은 자연수)에 대하여 그림과 같이 원 $x^2+y^2=9$와 곡선 $y=f(x)$의 교점의 $x$좌표를 $x_n$이라 할 때, $\lim\limits_{n\to\infty}\{f(1)\}^2 x_n$의 값은?

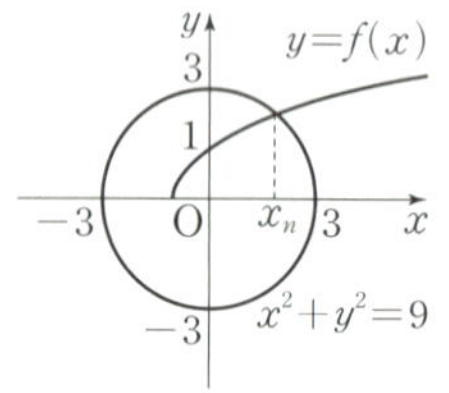

① $8$  ② $9$  ③ $10$

④ $11$  ⑤ $12$

**0116**

그림과 같이 자연수 $n$에 대하여 직선 $y=\dfrac{4}{3}x$ 위에 $x$좌표가 $n$인 점 $P_n$이 있다. 점 $P_n$을 중심으로 하고 점 $(2,\ 1)$을 지나는 원 $O_n$ 위의 점에서 원점 $O$까지의 거리의 최댓값을 $M_n$, 최솟값을 $m_n$이라 할 때, $\lim\limits_{n\to\infty}\dfrac{M_n m_n}{n}=\dfrac{q}{p}$이다. $p+q$의 값을 구하시오.
(단, $p$와 $q$는 서로소인 자연수이다.)

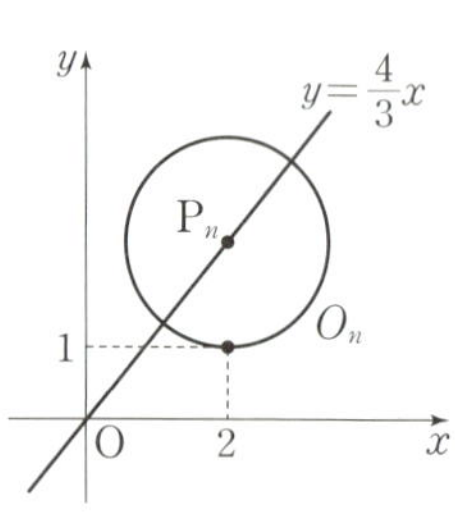

## 유형 18  수열의 극한의 활용

규칙성을 갖는 상황 또는 도형이 주어졌을 때의 극한값은 다음과 같은 순서로 구한다.

❶ 일반항 $a_n$을 구하거나 $a_{n+1}$과 $a_n$ 사이의 관계식을 구한다.
❷ 수열의 극한에 대한 기본 성질을 이용하여 극한값을 구한다.

### 👍 대표 예제

**0117** 어느 수족관에서는 매일 아침 8시에 4톤의 물을 추가하고 수족관 내의 물의 양을 측정한다. 수족관 내의 물은 24시간 동안 전체 양의 $\dfrac{1}{10}$이 유실된다. 어느 날 8시에 수족관에 물을 추가하고 측정한 물의 양이 100톤이고, 이로부터 $n$일 후 같은 시간에 측정한 물의 양을 $a_n$톤이라 하자. 수열 $\{a_n\}$이 수렴한다고 할 때, $\lim\limits_{n \to \infty} (a_1 - a_n)$의 값을 구하시오.

**선생님 해설**

주어진 조건에서 $a_1 = \dfrac{9}{10} \cdot 100 + 4 = 94$이고

$a_{n+1} = \dfrac{9}{10} a_n + 4$   ······ ㉠   ← 수열 $\{a_n\}$이 수렴하므로

이때 $\lim\limits_{n \to \infty} a_n = \alpha$ ($\alpha$는 실수)라 하면

$\lim\limits_{n \to \infty} a_{n+1} = \alpha$이므로 ㉠에서

$\lim\limits_{n \to \infty} a_{n+1} = \lim\limits_{n \to \infty} \left( \dfrac{9}{10} a_n + 4 \right)$

$\alpha = \dfrac{9}{10} \alpha + 4$,   $\dfrac{\alpha}{10} = 4$    ∴ $\alpha = 40$

∴ $\lim\limits_{n \to \infty} (a_1 - a_n) = 94 - 40 = 54$

**답 54**

**0118** `대표 예제` `한 번 더`

일주일 동안 2 cm만큼 자라는 식물이 있다. 이 식물을 매주 월요일 아침 6시에 현재 길이의 $\dfrac{2}{5}$만 남도록 자른 후 길이를 측정한다. 어느 월요일 아침 6시에 이 식물의 길이를 측정하고, $n$주 후 월요일 아침 6시에 측정한 식물의 길이를 $a_n$ cm라 하자. 수열 $\{a_n\}$이 수렴한다고 할 때, $\lim\limits_{n \to \infty} a_n$의 값은?

① $\dfrac{2}{3}$   ② $1$   ③ $\dfrac{4}{3}$

④ $\dfrac{5}{3}$   ⑤ $2$

**0119** 두 학생 A, B가 각각 충분히 큰 물통에 물을 220 mL씩 가지고 있다. 이때 A의 물통의 물의 $\dfrac{2}{3}$를 B의 물통에 넣고, B의 물통의 물의 $\dfrac{3}{4}$을 A의 물통에 넣는다. 이와 같은 과정을 한없이 반복할 때, A가 가지고 있는 물의 양은 $a$ mL에 한없이 가까워진다고 한다. 상수 $a$의 값은?

① 320   ② 340   ③ 360
④ 380   ⑤ 400

**0120** 그림과 같이 길이가 1인 막대를 이용하여 정사각형을 만들어 나가려고 한다.

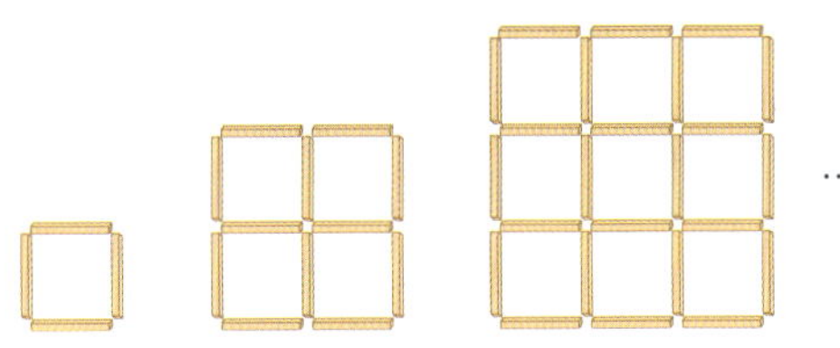

한 변의 길이가 $n$인 정사각형에서 한 변의 길이가 1인 정사각형의 개수를 $a_n$, 길이가 1인 막대의 개수를 $b_n$이라 할 때, $\lim\limits_{n \to \infty} \dfrac{b_n}{a_n}$의 값을 구하시오.

**0121** 그림과 같이 자연수 $n$에 대하여 반지름의 길이가 $n$인 원에 넓이가 $2n$인 직사각형 $A_nB_nC_nD_n$이 내접하고 있다. $\lim\limits_{n \to \infty} \overline{B_nC_n}$의 값을 구하시오.

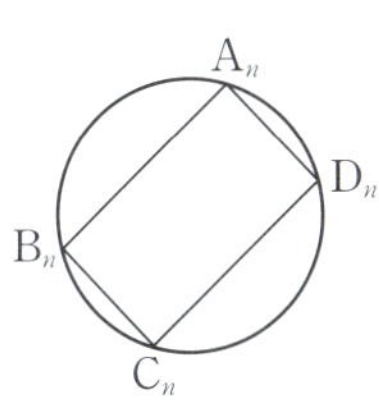

(단, $\overline{A_nB_n} \geq \overline{B_nC_n}$)

## 0122

· 유형 09 + 유형 15 ·

양수 $k$에 수렴하는 수열 $\{a_n\}$이

$$a_n + \frac{12}{a_{n+1}} \leq 8 \ (n=1, 2, 3, \cdots)$$

을 만족시킬 때, $k$의 최댓값을 $M$, 최솟값을 $m$이라 하자. $Mm$의 값은?

① 12      ② 14      ③ 16

④ 18      ⑤ 20

## 0123

· 유형 06 ·

자연수 $n$에 대하여 이차방정식 $x^2-nx-n=0$의 두 근 $\alpha_n$, $\beta_n$ $(\alpha_n \geq \beta_n)$을 $n$번째 항으로 하는 두 수열 $\{\alpha_n\}$, $\{\beta_n\}$이 있다. $\displaystyle\lim_{n\to\infty}(\alpha_n\beta_n+\alpha_n-\beta_n)$의 값은?

① $-2$      ② $-1$      ③ 0

④ 1      ⑤ 2

## 0124

· 유형 13 ·

등비수열 $\{r^n\}$이 수렴할 때, **보기**의 수열에서 항상 수렴하는 것만을 있는 대로 고른 것은?

---보기---

ㄱ. $\{(-r)^n\}$      ㄴ. $\{r^{3n}\}$      ㄷ. $\left\{\left(\dfrac{1}{2-r}\right)^n\right\}$

---

① ㄱ      ② ㄷ      ③ ㄱ, ㄴ

④ ㄴ, ㄷ      ⑤ ㄱ, ㄴ, ㄷ

## 0125

· 유형 04 + 유형 15 ·

자연수 $n$에 대하여 수열 $\{a_n\}$이

$$a_{n+1}=a_n+2\sqrt{n}$$

을 만족시킬 때, $\displaystyle\lim_{n\to\infty}\frac{a_{n+2}-a_n}{\sqrt{2n+1}}$의 값은?

① $-2\sqrt{2}$      ② $-\sqrt{2}$      ③ 0

④ $\sqrt{2}$      ⑤ $2\sqrt{2}$

## 0126 `사고력`

· 유형 08 ·

모든 항이 0이 아닌 두 수열 $\{a_n\}$, $\{b_n\}$이 다음 조건을 만족시킨다.

> (가) $a_n=b_n+\sin n$
> (나) $\displaystyle\lim_{n\to\infty}b_n=-\infty$

$\displaystyle\lim_{n\to\infty}\frac{a_n+2b_n}{b_n+2}$의 값을 구하시오.

## 0127

· 유형 06 ·

자연수 $k$와 0이 아닌 상수 $a$에 대하여

$$\lim_{n\to\infty}\frac{\sqrt{2n^6-n^2}-n^3}{n^k}=a$$

일 때, $k+a$의 값은?

① $1-\sqrt{2}$      ② $\sqrt{2}$      ③ $1+\sqrt{2}$

④ $2+\sqrt{2}$      ⑤ $3+\sqrt{2}$

## 0128 `사고력`
• 유형 18 •

함수 $f(x)=\sqrt{x+k}$ $(k>0)$에 대하여 수열 $\{a_n\}$을
$a_1=f(k),$
$a_2=(f\circ f)(k),$
$a_3=(f\circ f\circ f)(k),$
$\vdots$
$a_n=\underbrace{(f\circ f\circ\cdots\circ f)}_{n\text{개}}(k),$
$\vdots$

라 하자. $\lim\limits_{n\to\infty}a_n=3$일 때, 실수 $k$의 값을 구하시오.

## 0129
• 유형 11 •

두 수열 $\{a_n\}$, $\{b_n\}$의 일반항이 각각 $a_n=2^n$, $b_n=3^n$일 때, **보기**의 수열에서 항상 수렴하는 것만을 있는 대로 고른 것은?

┤ 보기 ├

ㄱ. $\left\{\dfrac{a_n b_n}{5^n}\right\}$

ㄴ. $\left\{\dfrac{a_n+b_n}{10^{\frac{n}{2}}}\right\}$

ㄷ. $\left\{(a_n+b_n)\left(\dfrac{1}{a_n}+\dfrac{1}{b_n}\right)\right\}$

① ㄴ      ② ㄷ      ③ ㄱ, ㄷ
④ ㄴ, ㄷ      ⑤ ㄱ, ㄴ, ㄷ

## 0130
• 유형 07 •

최고차항의 계수가 4인 두 이차함수 $f(x)$, $g(x)$에 대하여 함수 $y=f(x)$의 그래프를 $x$축의 방향으로 $k$만큼 평행이동한 그래프가 함수 $y=g(x)$의 그래프와 일치한다. 함수 $y=f(x)$의 그래프의 대칭축이 직선 $x=0$이고,

$\lim\limits_{n\to\infty}\dfrac{8}{\sqrt{f(n)}-\sqrt{g(n)}}=1$일 때, 실수 $k$의 값은?

① 2      ② 4      ③ 6
④ 8      ⑤ 10

## 0131
• 유형 05 •

두 실수 $a$, $b$가 다음 조건을 만족시킬 때, $a+b$의 최솟값은?

(가) $\lim\limits_{n\to\infty}\dfrac{\sqrt{36n^2-6n}}{an^2-n+1}=b-3$

(나) $\lim\limits_{n\to\infty}\dfrac{an(n-1)-3n^2}{n^2+1}=b$

① $-3$      ② $-1$      ③ 1
④ 3      ⑤ 5

## 0132
• 유형 10 •

두 수열 $\{a_n\}$, $\{b_n\}$에 대하여 **보기**에서 옳은 것만을 있는 대로 고른 것은?

┤ 보기 ├

ㄱ. $\lim\limits_{n\to\infty}(a_n{}^2+b_n{}^2)=0$이면 두 수열 $\{a_n\}$, $\{b_n\}$은 모두 수렴한다.

ㄴ. 모든 자연수 $n$에 대하여 $|a_{n+1}-a_n|\leq\left(\dfrac{1}{2}\right)^n$, $2a_{n+1}=a_n+a_{n+2}$이면 수열 $\{a_n\}$은 수렴한다.

ㄷ. 수열 $\{a_n+b_n\}$이 수렴하고 수열 $\{a_n\}$이 발산하면 수열 $\left\{\dfrac{b_n}{a_n}\right\}$은 수렴한다. (단, $a_n\neq0$)

① ㄱ      ② ㄷ      ③ ㄱ, ㄴ
④ ㄴ, ㄷ      ⑤ ㄱ, ㄴ, ㄷ

## 0133
• 유형 16 •

자연수 전체의 집합을 정의역으로 하는 함수

$$f(x)=\lim\limits_{n\to\infty}\dfrac{x^n+3^{n+1}}{3^{n-1}-x^n}$$

에 대하여 $\sum\limits_{k=1}^{10}f(k)$의 값을 구하시오.

## 0134

· 유형 14 ·

수열 $\{a_n\}$의 일반항이 $a_n = \dfrac{\left(\dfrac{r^2}{4}\right)^n - r^{n+1} + 2}{r^n + 1}$ 일 때,

┃보기┃에서 옳은 것만을 있는 대로 고른 것은? (단, $r > 0$)

┤ 보기 ├

ㄱ. $r < 1$일 때, 수열 $\{a_n\}$은 2로 수렴한다.

ㄴ. $r > 2$일 때, 수열 $\{a_n\}$은 발산한다.

ㄷ. $1 < r \le 2$일 때, 수열 $\{a_n\}$이 $-2$로 수렴하도록 하는 $r$의 값이 존재한다.

① ㄱ      ② ㄴ      ③ ㄱ, ㄷ

④ ㄴ, ㄷ      ⑤ ㄱ, ㄴ, ㄷ

## 0135

· 유형 06 ·

자연수 $n$에 대하여 $x$에 대한 방정식

$$x^3 + (2n+1)x^2 - 2nx - 4n = 0$$

의 실근 중 최댓값을 $a_n$이라 할 때, $\displaystyle\lim_{n\to\infty} a_n$의 값을 구하시오.

## 0136

· 유형 12 ·

수열

$$3,\ 33,\ 333,\ 3333,\ \cdots$$

의 일반항을 $a_n$, 첫째항부터 제$n$항까지의 합을 $S_n$이라 할 때,

$\displaystyle\lim_{n\to\infty} \dfrac{S_n + \dfrac{n}{3}}{a_n + 1}$의 값은?

① $\dfrac{2}{3}$      ② $\dfrac{7}{9}$      ③ $\dfrac{8}{9}$

④ $1$      ⑤ $\dfrac{10}{9}$

## 0137

· 유형 05 ·

두 실수 $a$, $b$에 대하여

$$\lim_{n\to\infty} \dfrac{an^2 - n + 1}{bn^2 + n} = \dfrac{2-b}{a} \quad (\text{단, } a \ne 0)$$

일 때, $(a-1)^2 + (b+1)^2$의 최솟값은?

① $6 - 2\sqrt{5}$      ② $\sqrt{5} - 1$      ③ $\sqrt{5}$

④ $\sqrt{5} + 1$      ⑤ $6 + 2\sqrt{5}$

## 0138 사고력

· 유형 13 ·

자연수 $m$에 대하여 수열 $\left\{ \left| \dfrac{x-6}{m} \right|^n + \left( \dfrac{x-1}{4} \right)^n \right\}$이 수렴하도록 하는 $x$의 집합을 $A_m$이라 하자. $n(A_m) = 1$일 때, $m$의 값을 구하시오.

## 0139 창의력＋

· 유형 17 ·

이차함수 $f(x) = -\dfrac{n}{9}(x-3)^2 + n$의 그래프와 $x$축으로 둘러싸인 영역의 경계 및 내부에 있는 점 중에서 $x$좌표, $y$좌표가 모두 자연수인 점의 개수를 $a_n$이라 하자. $\displaystyle\lim_{n\to\infty} \dfrac{a_n}{n}$의 값은?

① $\dfrac{32}{9}$      ② $\dfrac{35}{9}$      ③ $\dfrac{38}{9}$

④ $\dfrac{41}{9}$      ⑤ $\dfrac{44}{9}$

## 서술형 문제

### 0140 · 유형 11 ·

$\lim\limits_{n \to \infty} \dfrac{a \times 2^{2n+1} + 3^n}{2 \times 3^n + 4^n} = 10$ 일 때, 상수 $a$의 값을 구하시오.

☑ 필요 개념 및 공식
☐ 등비수열의 극한　　　☐ 수열의 극한에 대한 기본 성질

### 0141 · 유형 09 ·

$\lim\limits_{n \to \infty} \left\{ \dfrac{100}{n+100} \times \left[ \dfrac{n}{4} \right] \right\}$의 값을 구하시오.

(단, $[x]$는 $x$보다 크지 않은 최대의 정수이다.)

☑ 필요 개념 및 공식
☐ 수열의 극한에 대한 기본 성질　　　☐ 수열의 극한의 대소 관계

### 0142 · 유형 04 ·

$\lim\limits_{n \to \infty} \dfrac{(n+2)+(n+4)+(n+6)+\cdots+3n}{1+2+3+\cdots+n}$ 의 값을 구하시오.

☑ 필요 개념 및 공식
☐ 자연수의 거듭제곱의 합　　　☐ $\dfrac{\infty}{\infty}$ 꼴의 극한

### 0143 · 유형 16 ·

함수 $f(x) = \lim\limits_{n \to \infty} \dfrac{x^{n-1} - 4x^{2n} + 5}{x^n + 1}$에 대하여 $\sum\limits_{k=1}^{20} f\left( \dfrac{1}{k} \right)$의 값을 구하시오.

☑ 필요 개념 및 공식
☐ 등비수열의 극한

### 0144 · 유형 17 ·

자연수 $n$에 대하여 점 $P(2^n, 0)$에서 직선 $y = x + 3^{n-1}$에 내린 수선의 발을 $H(a_n, b_n)$이라 할 때, $\lim\limits_{n \to \infty} \dfrac{a_n}{b_n}$의 값을 구하시오.

☑ 필요 개념 및 공식
☐ 두 직선의 위치 관계　　　☐ 등비수열의 극한

### 0145 · 유형 14 ·

수열 $\left\{ \dfrac{r^{n-1} - 4}{r^n + 4} \right\}$가 정수로 수렴하도록 하는 실수 $r$의 최솟값을 구하시오.

☑ 필요 개념 및 공식
☐ 수열의 극한에 대한 기본 성질　　　☐ 등비수열의 극한

## 개념 01  급수의 수렴과 발산

(1) **급수**: 수열 $\{a_n\}$의 각 항을 차례대로 덧셈 기호 $+$를 사용
하여 연결한 식

$$a_1+a_2+a_3+\cdots+a_n+\cdots$$

을 급수라 하고, 이것을 기호 $\sum$를 사용하여 $\sum\limits_{n=1}^{\infty} a_n$과 같이
나타낸다.

(2) **부분합**: 급수 $\sum\limits_{n=1}^{\infty} a_n$에서 첫째항부터 제$n$항까지의 합

$$S_n=a_1+a_2+a_3+\cdots+a_n=\sum_{k=1}^{n} a_k$$

를 이 급수의 제$n$항까지의 부분합이라 한다.

(3) **급수의 합**: 급수 $\sum\limits_{n=1}^{\infty} a_n$의 부분합으로 이루어진 수열 $\{S_n\}$이
일정한 값 $S$에 수렴할 때, 즉

$$\lim_{n\to\infty} S_n=\lim_{n\to\infty}\sum_{k=1}^{n} a_k=S$$

일 때, 급수 $\sum\limits_{n=1}^{\infty} a_n$은 $S$에 수렴한다고 한다.
이때 $S$를 급수의 합이라 한다.

> **참고** 급수 $\sum\limits_{n=1}^{\infty} a_n$의 부분합으로 이루어진 수열 $\{S_n\}$이 발산할 때, 이 급수는
> 발산한다고 한다.

[0146~0149] 수열 $\{a_n\}$의 첫째항부터 제$n$항까지의 합 $S_n$이
다음과 같을 때, 급수 $\sum\limits_{n=1}^{\infty} a_n$의 수렴, 발산을 조사하고, 수렴하면
그 합을 구하시오.

**0146** $S_n=\dfrac{2n-1}{3n+1}$

**0147** $S_n=3-n$

**0148** $S_n=3+\dfrac{(-1)^n}{n}$

**0149** $S_n=2^n$

[0150~0151] 다음 급수의 수렴, 발산을 조사하고, 수렴하면
그 합을 구하시오.

**0150** $1+3+5+\cdots+(2n-1)+\cdots$

**0151** $1+\dfrac{1}{2}+\dfrac{1}{4}+\cdots+\left(\dfrac{1}{2}\right)^{n-1}+\cdots$

[0152~0153] 다음 급수의 수렴, 발산을 조사하고, 수렴하면
그 합을 구하시오.

**0152** $\sum\limits_{n=1}^{\infty} n^2$

**0153** $\sum\limits_{n=1}^{\infty}\left(\dfrac{1}{\sqrt{n}}-\dfrac{1}{\sqrt{n+1}}\right)$

## 개념 02  급수와 수열의 극한값 사이의 관계

(1) 급수 $\sum\limits_{n=1}^{\infty} a_n$이 수렴하면 $\lim\limits_{n\to\infty} a_n=0$이다.

(2) $\lim\limits_{n\to\infty} a_n\neq0$이면 급수 $\sum\limits_{n=1}^{\infty} a_n$은 발산한다.

> **참고** 일반적으로 (1)의 역은 성립하지 않는다.
> 즉, $\lim\limits_{n\to\infty} a_n=0$이라고 해서 급수 $\sum\limits_{n=1}^{\infty} a_n$이 반드시 수렴하는 것은 아니다.

[0154~0155] 다음 급수가 발산함을 보이시오.

**0154** $1+(-1)+1+(-1)+\cdots+(-1)^{n+1}+\cdots$

**0155** $\dfrac{1}{2}+\dfrac{2}{3}+\dfrac{3}{4}+\cdots+\dfrac{n}{n+1}+\cdots$

[0156~0157] 다음 급수가 발산함을 보이시오.

**0156** $\sum\limits_{n=1}^{\infty}\dfrac{n+2}{3n-1}$

**0157** $\sum\limits_{n=1}^{\infty}\dfrac{3^n}{3^{n+1}-1}$

## 개념 03  급수의 성질

두 급수 $\sum\limits_{n=1}^{\infty} a_n$, $\sum\limits_{n=1}^{\infty} b_n$이 각각 수렴할 때

(1) $\sum\limits_{n=1}^{\infty} ca_n=c\sum\limits_{n=1}^{\infty} a_n$ (단, $c$는 상수)

(2) $\sum\limits_{n=1}^{\infty} (a_n+b_n)=\sum\limits_{n=1}^{\infty} a_n+\sum\limits_{n=1}^{\infty} b_n$

(3) $\sum\limits_{n=1}^{\infty} (a_n-b_n)=\sum\limits_{n=1}^{\infty} a_n-\sum\limits_{n=1}^{\infty} b_n$

**[0158~0161]** $\sum\limits_{n=1}^{\infty} a_n = 2$, $\sum\limits_{n=1}^{\infty} b_n = -3$일 때, 다음 급수의 합을 구하시오.

**0158** $\sum\limits_{n=1}^{\infty} (a_n + b_n)$

**0159** $\sum\limits_{n=1}^{\infty} (a_n - b_n)$

**0160** $\sum\limits_{n=1}^{\infty} \left(\dfrac{a_n}{2} + b_n\right)$

**0161** $\sum\limits_{n=1}^{\infty} (a_n - 2b_n)$

---

**개념 04  등비급수의 수렴과 발산**

(1) **등비급수** : 첫째항이 $a$ $(a \neq 0)$, 공비가 $r$인 등비수열 $\{ar^{n-1}\}$의 각 항의 합으로 이루어진 급수

$$\sum_{n=1}^{\infty} ar^{n-1} = a + ar + ar^2 + \cdots + ar^{n-1} + \cdots$$

을 첫째항이 $a$, 공비가 $r$인 등비급수라 한다.

(2) **등비급수의 수렴과 발산**

등비급수 $\sum\limits_{n=1}^{\infty} ar^{n-1}$ $(a \neq 0)$은

① $|r| < 1$일 때, 수렴하고 그 합은 $\dfrac{a}{1-r}$이다.

② $|r| \geq 1$일 때, 발산한다.

**참고** 등비급수 $\sum\limits_{n=1}^{\infty} ar^{n-1}$에서 $a=0$이면 각 항이 0이므로 $\sum\limits_{n=1}^{\infty} ar^{n-1} = 0$이다.

**[0162~0165]** 다음 등비급수의 수렴, 발산을 조사하고, 수렴하면 그 합을 구하시오.

**0162** $1 + \dfrac{1}{4} + \dfrac{1}{16} + \dfrac{1}{64} + \cdots$

**0163** $\sqrt{2} - 2 + 2\sqrt{2} - 4 + \cdots$

**0164** $0.1 + 0.1 + 0.1 + 0.1 + \cdots$

**0165** $1 + (1 - \sqrt{2}) + (1 - \sqrt{2})^2 + (1 - \sqrt{2})^3 + \cdots$

**[0166~0167]** 다음 등비급수가 수렴하도록 하는 실수 $x$의 값의 범위를 구하시오.

**0166** $1 + \dfrac{x}{2} + \left(\dfrac{x}{2}\right)^2 + \left(\dfrac{x}{2}\right)^3 + \cdots$

**0167** $2 + 2(x-2) + 2(x-2)^2 + 2(x-2)^3 + \cdots$

**[0168~0169]** 다음 등비급수가 수렴하도록 하는 실수 $x$의 값의 범위를 구하시오.

**0168** $\sum\limits_{n=1}^{\infty} (2x)^{n-1}$

**0169** $\sum\limits_{n=1}^{\infty} (3-x)^{n-1}$

---

**개념 05  등비급수의 활용**

(1) **순환소수와 등비급수**
- ❶ 순환소수를 등비급수로 나타낸다.
- ❷ 첫째항 $a$와 공비 $r$를 각각 구한다.
- ❸ 등비급수의 합 $S = \dfrac{a}{1-r}$를 이용한다.

(2) **도형과 등비급수**
- ❶ 반복되는 도형의 규칙성을 파악하여 첫째항 $a$와 공비 $r$를 각각 구한다.
- ❷ 등비급수의 합 $S = \dfrac{a}{1-r}$를 이용한다.

**0170** 다음은 등비급수를 이용하여 순환소수 $0.\dot{1}\dot{2}$의 값을 구하는 과정이다.

$$0.\dot{1}\dot{2} = 0.12 + 0.0012 + 0.000012 + \cdots$$
$$= \frac{12}{100} + \frac{12}{10000} + \frac{12}{1000000} + \cdots$$
$$= \frac{12}{10^2} + \frac{12}{10^4} + \frac{12}{10^6} + \cdots$$

즉, $0.\dot{1}\dot{2}$는 첫째항이 $\dfrac{12}{100}$이고 공비가 $\boxed{\text{(가)}}$인 등비급수의 합과 같으므로

$$0.\dot{1}\dot{2} = \frac{\dfrac{12}{100}}{1 - \boxed{\text{(가)}}} = \boxed{\text{(나)}}$$

위의 과정에서 (가), (나)에 알맞은 것을 써넣으시오.

**[0171~0172]** 등비급수를 이용하여 다음 순환소수를 분수로 나타내시오.

**0171** $0.\dot{1}2\dot{5}$

**0172** $1.\dot{3}$

### 유형 01  여러 가지 급수의 합

① 부분분수를 포함한 급수의 합은 다음과 같은 순서로 구한다.

❶ $\dfrac{1}{AB}=\dfrac{1}{B-A}\left(\dfrac{1}{A}-\dfrac{1}{B}\right)$임을 이용하여 부분합 $S_n$을 구한다.

❷ 부분합의 극한값 $\displaystyle\lim_{n\to\infty}S_n$을 구한다.

② 항의 부호가 교대로 바뀌는 급수

홀수 번째 항까지의 부분합을 $S_{2n-1}$, 짝수 번째 항까지의 부분합을 $S_{2n}$이라 할 때

• $\displaystyle\lim_{n\to\infty}S_{2n-1}=\lim_{n\to\infty}S_{2n}=\alpha$ ($\alpha$는 실수)이면 주어진 급수는 수렴하고, 그 합은 $\alpha$이다.

• $\displaystyle\lim_{n\to\infty}S_{2n-1}\neq\lim_{n\to\infty}S_{2n}$이면 주어진 급수는 발산한다.

### 🖐 대표 예제

**0173** 급수 $\displaystyle\sum_{n=1}^{\infty}\dfrac{2}{n(n+1)}$의 합을 구하시오.

**[선생님 해설]**

주어진 급수의 제$n$항까지의 부분합을 $S_n$이라 하면

$$S_n=\sum_{k=1}^{n}\dfrac{2}{k(k+1)}=2\sum_{k=1}^{n}\left(\dfrac{1}{k}-\dfrac{1}{k+1}\right)$$

$$=2\left\{\left(1-\dfrac{1}{2}\right)+\left(\dfrac{1}{2}-\dfrac{1}{3}\right)+\left(\dfrac{1}{3}-\dfrac{1}{4}\right)+\cdots\right.$$

$$\left.+\left(\dfrac{1}{n}-\dfrac{1}{n+1}\right)\right\}$$

$$=2\left(1-\dfrac{1}{n+1}\right)$$

$$\therefore\ \lim_{n\to\infty}S_n=\lim_{n\to\infty}2\left(1-\dfrac{1}{n+1}\right)=2$$

$$\therefore\ \sum_{n=1}^{\infty}\dfrac{2}{n(n+1)}=2$$



**답** 2

**0174**  대표 예제  한 번 더

급수 $\dfrac{1}{2^2-1}+\dfrac{1}{4^2-1}+\dfrac{1}{6^2-1}+\dfrac{1}{8^2-1}+\cdots$의 합은?

① $\dfrac{1}{4}$ ② $\dfrac{1}{2}$ ③ 1

④ 2 ⑤ 4

## 0175

$\displaystyle\sum_{n=1}^{\infty}\dfrac{2an+a}{1^2+2^2+3^2+\cdots+n^2}=12$일 때, 상수 $a$의 값은?

① $\dfrac{1}{3}$ ② $\dfrac{1}{2}$ ③ 1

④ 2 ⑤ 3

## 0176

| 보기 |의 급수에서 수렴하는 것만을 있는 대로 고른 것은?

┌─────── 보기 ───────┐

ㄱ. $\left(\dfrac{1}{3}-\dfrac{2}{5}\right)+\left(\dfrac{2}{5}-\dfrac{3}{7}\right)+\left(\dfrac{3}{7}-\dfrac{4}{9}\right)+\cdots$

ㄴ. $1-\dfrac{1}{2}+\dfrac{1}{2}-\dfrac{1}{3}+\dfrac{1}{3}-\dfrac{1}{4}+\cdots$

ㄷ. $1-2+3-4+5-6+\cdots$

└──────────────────┘

① ㄱ ② ㄷ ③ ㄱ, ㄴ

④ ㄴ, ㄷ ⑤ ㄱ, ㄴ, ㄷ

## 0177

| 보기 |의 수열 $\{a_n\}$에 대하여 급수

$$a_1+a_2-a_2-a_3+a_3+a_4-a_4-a_5+\cdots$$

가 수렴하는 것만을 있는 대로 고른 것은?

┌─────── 보기 ───────┐

ㄱ. $a_n=\dfrac{n-1}{n^2}$

ㄴ. $a_n=(-1)^n\dfrac{2n}{n+1}$

ㄷ. $a_n=\sqrt{2n^2+n}-\sqrt{2n^2-n}$

└──────────────────┘

① ㄱ ② ㄴ ③ ㄱ, ㄴ

④ ㄴ, ㄷ ⑤ ㄱ, ㄴ, ㄷ

## 유형 02  급수와 수열의 극한값 사이의 관계

① 급수 $\sum\limits_{n=1}^{\infty} a_n$이 수렴하면 $\lim\limits_{n\to\infty} a_n = 0$이다.

② $\lim\limits_{n\to\infty} a_n \neq 0$이면 급수 $\sum\limits_{n=1}^{\infty} a_n$은 발산한다.

대우

### 👍 대표 예제

**0178** 수열 $\{a_n\}$에 대하여 $\sum\limits_{n=1}^{\infty} a_n = 3$일 때,

$\lim\limits_{n\to\infty} \dfrac{3na_n - 4n}{na_n - 2n + 1}$ 의 값은?

① $\dfrac{1}{2}$  ② $1$  ③ $\dfrac{3}{2}$

④ $2$  ⑤ $\dfrac{5}{2}$

**선생님 해설**

주어진 급수가 수렴하므로

$\lim\limits_{n\to\infty} a_n = 0$   $\sum\limits_{n=1}^{\infty} a_n = 3$이므로

$\therefore \lim\limits_{n\to\infty} \dfrac{3na_n - 4n}{na_n - 2n + 1} = \lim\limits_{n\to\infty} \dfrac{3a_n - 4}{a_n - 2 + \dfrac{1}{n}}$

$= \dfrac{-4}{-2} = 2$

이 유형에서 급수가 수렴하는 값은 중요하지 않아.
급수가 수렴하는지 수렴하지 않는지가 중요하지!
그래서 $\sum\limits_{n=1}^{\infty} a_n = 4$, $\sum\limits_{n=1}^{\infty} a_n = 5$, … 이어도 답은 같아.

답 ④

**0179**  대표 예제  한 번 더

수열 $\{a_n\}$에 대하여 급수 $\sum\limits_{n=1}^{\infty} \left(\dfrac{a_n}{n} - 3\right)$이 수렴할 때,

$\lim\limits_{n\to\infty} \dfrac{3n - 2a_n}{a_n - 4n}$ 의 값은?

① $-3$  ② $-1$  ③ $1$

④ $3$  ⑤ $5$

## 0180

두 수열 $\{a_n\}$, $\{b_n\}$에 대하여 두 급수 $\sum\limits_{n=1}^{\infty} \left(\dfrac{a_n}{n+1} - 5\right)$,

$\sum\limits_{n=1}^{\infty} \left(\dfrac{n}{2b_n} + 1\right)$이 모두 수렴할 때, $\lim\limits_{n\to\infty} \left(\dfrac{a_n}{b_n} + 3\right)$의 값은?

① $-7$  ② $-4$  ③ $-1$

④ $2$  ⑤ $5$

## 0181

수열 $\{a_n\}$에 대하여

$$\sum\limits_{n=1}^{\infty} a_n = 4, \quad \sum\limits_{k=1}^{n} a_k = S_n$$

일 때, $\lim\limits_{n\to\infty} \dfrac{2S_n - 5a_n}{3a_n + 1}$ 의 값은?

① $8$  ② $9$  ③ $10$

④ $11$  ⑤ $12$

## 0182  UP

수열 $\{a_n\}$에 대하여 급수 $\sum\limits_{n=1}^{\infty} \left(a_n + \dfrac{n^2}{3n+1}\right)$이 수렴할 때,

$\lim\limits_{n\to\infty} (\sqrt{n^2 + 3} - n)a_n$의 값은?

① $-\dfrac{1}{2}$  ② $0$  ③ $\dfrac{1}{2}$

④ $1$  ⑤ $\dfrac{3}{2}$

### 유형 03  급수의 성질을 이용한 계산

두 급수 $\sum\limits_{n=1}^{\infty} a_n$, $\sum\limits_{n=1}^{\infty} b_n$이 각각 수렴할 때

$$\sum_{n=1}^{\infty} (pa_n+qb_n)=p\sum_{n=1}^{\infty} a_n+q\sum_{n=1}^{\infty} b_n \ (단, \ p, \ q는 \ 상수)$$

#### 👍 대표 예제

**0183** 두 급수 $\sum\limits_{n=1}^{\infty} a_n$, $\sum\limits_{n=1}^{\infty} b_n$이 모두 수렴하고

$$\sum_{n=1}^{\infty} (a_n+2b_n)=7, \ \sum_{n=1}^{\infty} (3a_n-2b_n)=5$$

일 때, $\sum\limits_{n=1}^{\infty} (a_n+b_n)$의 값을 구하시오.

**선생님 해설**

$\sum\limits_{n=1}^{\infty} a_n=\alpha$, $\sum\limits_{n=1}^{\infty} b_n=\beta$ ($\alpha$, $\beta$는 실수)라 하면 ──▶ 두 급수가 모두 수렴하므로

$\sum\limits_{n=1}^{\infty} (a_n+2b_n)=7$에서

$\sum\limits_{n=1}^{\infty} a_n+2\sum\limits_{n=1}^{\infty} b_n=7$

$\therefore \ \alpha+2\beta=7 \qquad \cdots\cdots \ \unicode{x24D8}$

또한, $\sum\limits_{n=1}^{\infty} (3a_n-2b_n)=5$에서

$3\sum\limits_{n=1}^{\infty} a_n-2\sum\limits_{n=1}^{\infty} b_n=5$

$\therefore \ 3\alpha-2\beta=5 \qquad \cdots\cdots \ \unicode{x24D9}$



$\unicode{x24D8}$, $\unicode{x24D9}$을 연립하여 풀면

$\alpha=3$, $\beta=2$

$\therefore \ \sum\limits_{n=1}^{\infty} (a_n+b_n)=\sum\limits_{n=1}^{\infty} a_n+\sum\limits_{n=1}^{\infty} b_n$

$\qquad\qquad\qquad =\alpha+\beta=3+2=5$

**답** 5

**0184** 대표 예제 한 번 더

두 급수 $\sum\limits_{n=1}^{\infty} a_n$, $\sum\limits_{n=1}^{\infty} b_n$에 대하여

$$\sum_{n=1}^{\infty} a_n=4, \ \sum_{n=1}^{\infty} (5a_n-4b_n)=8$$

일 때, $\sum\limits_{n=1}^{\infty} b_n$의 값은?

① 3 ② 4 ③ 5
④ 6 ⑤ 7

**0185**

두 급수 $\sum\limits_{n=1}^{\infty} a_n$, $\sum\limits_{n=1}^{\infty} b_n$이 모두 수렴하고

$$\sum_{n=1}^{\infty} (a_n+3b_n)=\sum_{n=1}^{\infty} (-2a_n+9b_n), \ \left(\sum_{n=1}^{\infty} a_n\right)\left(\sum_{n=1}^{\infty} b_n\right)=8$$

일 때, $\sum\limits_{n=1}^{\infty} a_n$의 값은? $\left(단, \ \sum\limits_{n=1}^{\infty} a_n>0\right)$

① 2 ② 4 ③ 6
④ 8 ⑤ 10

**0186**

두 급수 $\sum\limits_{n=1}^{\infty} a_n$, $\sum\limits_{n=1}^{\infty} b_n$이 모두 수렴하고

$$\sum_{n=1}^{\infty} (ka_n+b_n)=5, \ \sum_{n=1}^{\infty} (a_n+kb_n)=8$$

이다. $\sum\limits_{n=1}^{\infty} (a_n+b_n)$의 값이 정수일 때, 자연수 $k$의 값은?

① 11 ② 12 ③ 13
④ 14 ⑤ 15

**0187**

두 수열 $\{a_n\}$, $\{b_n\}$에 대하여

$$\sum_{n=1}^{\infty} (a_n-b_n)=4, \ b_n=\sqrt{\frac{n+3}{n}}-\sqrt{\frac{n+4}{n+1}}$$

일 때, $\sum\limits_{n=1}^{\infty} a_n$의 값을 구하시오.

## 유형 04  등비급수의 합

등비급수 $\sum\limits_{n=1}^{\infty} ar^{n-1}$에 대하여

① $a=0$일 때

   $r$의 값에 관계없이 주어진 급수의 합은 0이다.

② $a\neq 0$일 때

   • $|r|<1$이면 주어진 급수의 합은 $\dfrac{a}{1-r}$이다.

   • $|r|\geq 1$이면 주어진 급수는 발산한다.

### 👍 대표 예제

**0188** 급수 $\sum\limits_{n=1}^{\infty} \dfrac{2^n-3^n}{4^n}$의 합은?

① $-5$　　　　② $-2$　　　　③ $1$

④ $4$　　　　⑤ $7$

**선생님 해설**

$$\sum_{n=1}^{\infty} \frac{2^n-3^n}{4^n}=\sum_{n=1}^{\infty}\left\{\left(\frac{1}{2}\right)^n-\left(\frac{3}{4}\right)^n\right\}$$

$$=\frac{\dfrac{1}{2}}{1-\dfrac{1}{2}}-\frac{\dfrac{3}{4}}{1-\dfrac{3}{4}}$$

$$=1-3=-2$$

두 등비급수 $\sum\limits_{n=1}^{\infty}\left(\dfrac{1}{2}\right)^n$, $\sum\limits_{n=1}^{\infty}\left(\dfrac{3}{4}\right)^n$이 모두 수렴하므로



**답** ②

**0189** 　대표 예제　한 번 더

급수 $\sum\limits_{n=1}^{\infty} \dfrac{2^{2n+1}-4}{5^n}$의 합은?

① $3$　　　　② $4$　　　　③ $5$

④ $6$　　　　⑤ $7$

**0190**

급수 $\dfrac{2}{3}+\dfrac{4}{3^2}+\dfrac{2}{3^3}+\dfrac{4}{3^4}+\dfrac{2}{3^5}+\dfrac{4}{3^6}+\cdots$의 합은?

① $\dfrac{5}{4}$　　　　② $\dfrac{3}{2}$　　　　③ $\dfrac{7}{4}$

④ $2$　　　　⑤ $\dfrac{9}{4}$

**0191**

자연수 $n$에 대하여 $x^{n+1}-2x^n$을 $4x+3$으로 나누었을 때의 나머지를 $a_n$이라 할 때, 급수 $\sum\limits_{n=1}^{\infty} a_n$의 합은?

① $\dfrac{25}{28}$　　　　② $\dfrac{27}{28}$　　　　③ $\dfrac{29}{28}$

④ $\dfrac{31}{28}$　　　　⑤ $\dfrac{33}{28}$

**0192**

이차방정식 $9x^2-9x+1=0$의 두 실근을 $\alpha$, $\beta$라 할 때, 급수 $\sum\limits_{n=1}^{\infty} (\alpha^n+\beta^n)$의 합은?

① $6$　　　　② $7$　　　　③ $8$

④ $9$　　　　⑤ $10$

### 유형 05 합이 주어진 등비급수

① $\sum\limits_{n=1}^{\infty} ar^{n-1}=\alpha$ ($\alpha$는 실수)이면 $\dfrac{a}{1-r}=\alpha$를 이용한다.

② 수열 $\{a_n\}$에 대하여

$$\sum_{n=1}^{\infty} a_n\text{이 등비급수} \Longleftrightarrow \sum_{n=1}^{\infty} a_n{}^{k}\text{이 등비급수 (단, }k\text{는 자연수)}$$

#### 🔹 대표 예제

**0193** 등비급수 $3+x+\dfrac{x^2}{3}+\dfrac{x^3}{3^2}+\dfrac{x^4}{3^3}+\cdots$의 합이 4일 때, $x$의 값은?

① $\dfrac{1}{4}$  　② $\dfrac{1}{2}$  　③ $\dfrac{3}{4}$

④ 1  　⑤ $\dfrac{5}{4}$

##### 선생님 해설

주어진 등비급수는 첫째항이 3, 공비가 $\dfrac{x}{3}$이고, 그 합이 4이 므로

$$\dfrac{3}{1-\dfrac{x}{3}}=4$$

$$4-\dfrac{4}{3}x=3,\ \dfrac{4}{3}x=1$$

$$\therefore\ x=\dfrac{3}{4}$$

> **유형 04**와 비슷하지?
> 두 유형 모두 등비급수의 합을 이용하는 거니까 등비급수의 합 공식을 정확히 알아야 해.

답 ③

**0194** 대표 예제 한 번 더

급수 $\sum\limits_{n=1}^{\infty}(3x-1)x^{n-1}$의 합이 3일 때, $x$의 값은?

① $\dfrac{1}{3}$  　② $\dfrac{2}{3}$  　③ 1

④ $\dfrac{4}{3}$  　⑤ $\dfrac{5}{3}$

**0195**

$\sum\limits_{n=1}^{\infty}\dfrac{2^{n+k}-3^n}{6^n}=2^{9-k}-1$일 때, 상수 $k$의 값은?

① 3  　② 4  　③ 5

④ 6  　⑤ 7

**0196**

등비수열 $\{a_n\}$이 $\sum\limits_{n=1}^{\infty}a_n=6$, $\sum\limits_{n=1}^{\infty}a_n{}^2=72$를 만족시킬 때, $\sum\limits_{n=1}^{\infty}2^n a_n$의 값은?

① $\dfrac{42}{5}$  　② $\dfrac{44}{5}$  　③ $\dfrac{46}{5}$

④ $\dfrac{48}{5}$  　⑤ 10

**0197**

모든 항이 양수인 두 등비수열 $\{a_n\}$, $\{b_n\}$이 다음 조건을 만족시킨다.

> (가) $\{a_n\}$, $\{b_n\}$의 공비는 각각 $\dfrac{1}{2}$, $\dfrac{7}{8}$이다.
>
> (나) $\sum\limits_{n=1}^{\infty}(a_n+b_n)=12$

급수 $\sum\limits_{n=1}^{\infty}a_n b_n$의 최댓값을 구하시오.

## 유형 06 등비급수의 수렴 조건

① 등비급수 $\sum\limits_{n=1}^{\infty} r^n$의 수렴 조건

$$-1 < r < 1$$

② 등비급수 $\sum\limits_{n=1}^{\infty} ar^{n-1}$의 수렴 조건

$$a = 0 \ \text{또는} \ -1 < r < 1$$

### 👍 대표 예제

**0198** 등비급수

$$1 + \frac{x-3}{4} + \left(\frac{x-3}{4}\right)^2 + \left(\frac{x-3}{4}\right)^3 + \cdots$$

이 수렴하기 위한 모든 정수 $x$의 개수는?

① 6      ② 7      ③ 8

④ 9      ⑤ 10

#### 선생님 해설

주어진 등비급수의 첫째항이 1이고, 공비가 $\dfrac{x-3}{4}$이므로 이

등비급수가 수렴하려면

$$-1 < \frac{x-3}{4} < 1$$

$$-4 < x-3 < 4$$

$$\therefore \ -1 < x < 7$$

따라서 구하는 모든 정수 $x$의 개수는

$0, 1, 2, \cdots, 6$의 7

● 답 ②

**0199** `대표 예제` `한 번 더`

급수 $\sum\limits_{n=1}^{\infty} (x+3)\left(\dfrac{x-2}{3}\right)^{n-1}$ 이 수렴하기 위한 모든 정수 $x$의 값의 합은?

① 3      ② 4      ③ 5

④ 6      ⑤ 7

---

**0200**

두 급수 $\sum\limits_{n=1}^{\infty} (2-x)(2x-2)^{n-1}$, $\sum\limits_{n=1}^{\infty} (x^2-3x+1)^n$이 모두 수렴하도록 하는 실수 $x$의 값의 범위는?

① $0 < x < 1$      ② $\dfrac{1}{2} < x < 1$      ③ $\dfrac{3}{4} < x < \dfrac{5}{4}$

④ $1 < x < \dfrac{3}{2}$      ⑤ $2 < x < 3$

**0201**

등비급수 $\sum\limits_{n=1}^{\infty} r^n$이 수렴할 때, **보기**의 급수에서 항상 수렴하는 것만을 있는 대로 고른 것은?

(단, $[x]$는 $x$보다 크지 않은 최대의 정수이다.)

| 보기 |

$$\text{ㄱ.} \ \sum_{n=1}^{\infty} r^{2n} \qquad \text{ㄴ.} \ \sum_{n=1}^{\infty} (\cos r)^n \qquad \text{ㄷ.} \ \sum_{n=1}^{\infty} \left[\frac{1}{2} - r^2\right]^n$$

① ㄱ      ② ㄴ      ③ ㄱ, ㄷ

④ ㄴ, ㄷ      ⑤ ㄱ, ㄴ, ㄷ

**0202**

실수 $x$에 대한 두 조건 $p$, $q$가 다음과 같다.

$p$ : 급수 $\sum\limits_{n=1}^{\infty} (x-4)\left(\dfrac{3-2x}{3}\right)^{n-1}$ 이 수렴한다.

$q$ : 수열 $\left\{\left(\dfrac{x-2}{a}\right)^{n-1}\right\}$이 수렴한다.

$p$가 $q$이기 위한 충분조건일 때, 자연수 $a$의 최솟값을 구하시오.

## 유형 07  급수에 대한 명제의 참과 거짓

① 급수와 수열의 극한값 사이의 관계, 급수의 성질, 등비급수의 수렴
  조건 등을 이용하여 명제의 참, 거짓을 판별한다.
② 거짓인 경우 반례를 찾는 것이 가장 확실한 방법이다.

### 대표 예제

**0203** 두 수열 $\{a_n\}$, $\{b_n\}$에 대하여 **│보기│**에서 옳은 것만을
있는 대로 고른 것은?

│보기│

ㄱ. 두 급수 $\sum\limits_{n=1}^{\infty} a_n$, $\sum\limits_{n=1}^{\infty} (a_n+b_n)$이 모두 수렴하면 급수
  $\sum\limits_{n=1}^{\infty} b_n$도 수렴한다.

ㄴ. 두 급수 $\sum\limits_{n=1}^{\infty} a_n$, $\sum\limits_{n=1}^{\infty} b_n$이 모두 수렴하면 $\lim\limits_{n\to\infty} a_n b_n = 0$
  이다.

ㄷ. 두 급수 $\sum\limits_{n=1}^{\infty} a_n$, $\sum\limits_{n=1}^{\infty} a_n b_n$이 모두 수렴하면 급수 $\sum\limits_{n=1}^{\infty} b_n$도
  수렴한다.

① ㄱ  　　② ㄷ  　　③ ㄱ, ㄴ

④ ㄴ, ㄷ  　　⑤ ㄱ, ㄴ, ㄷ

**선생님 해설**

두 급수가 모두 수렴하므로

ㄱ. $\sum\limits_{n=1}^{\infty} a_n = a$, $\sum\limits_{n=1}^{\infty} (a_n+b_n) = b$ ($a$, $b$는 실수)라 하면

$\sum\limits_{n=1}^{\infty} b_n = \sum\limits_{n=1}^{\infty} \{(a_n+b_n)-a_n\} = \sum\limits_{n=1}^{\infty} (a_n+b_n) - \sum\limits_{n=1}^{\infty} a_n = b-a$

이므로 급수 $\sum\limits_{n=1}^{\infty} b_n$은 수렴한다. (참)

ㄴ. 두 급수 $\sum\limits_{n=1}^{\infty} a_n$, $\sum\limits_{n=1}^{\infty} b_n$이 모두 수렴하므로

$\lim\limits_{n\to\infty} a_n = 0$, $\lim\limits_{n\to\infty} b_n = 0$

$\therefore \lim\limits_{n\to\infty} a_n b_n = \lim\limits_{n\to\infty} a_n \cdot \lim\limits_{n\to\infty} b_n = 0 \cdot 0 = 0$ (참)

ㄷ. [반례] $a_n = 0$, $b_n = (-1)^n$이라 하면

$\sum\limits_{n=1}^{\infty} a_n = 0$, $\sum\limits_{n=1}^{\infty} a_n b_n = 0$으로 모두 수렴하지만

$\sum\limits_{n=1}^{\infty} b_n = \sum\limits_{n=1}^{\infty} (-1)^n$이므로 급수 $\sum\limits_{n=1}^{\infty} b_n$은 발산 (진동)한다.

$\lim\limits_{n\to\infty} (-1)^n \neq 0$
　　　　　　　　　　　　　　　　　　　　　　(거짓)

따라서 옳은 것은 ㄱ, ㄴ이다.

> 급수 $\sum\limits_{n=1}^{\infty} a_n$에 대한 반례를 찾을 때는 먼저 수열 $\{a_n\}$이 발산 (진동)하거나
> $a_n = c$ ($c$는 상수)일 때를 생각해 봐. 반례가 되는 경우가 많거든.

**답** ③

**0204** 두 수열 $\{a_n\}$, $\{b_n\}$에 대하여 **│보기│**에서 옳은 것만을 있는
대로 고르시오.

│보기│

ㄱ. $\lim\limits_{n\to\infty} a_n = 0$이면 급수 $\sum\limits_{n=1}^{\infty} a_n$은 수렴한다.

ㄴ. 급수 $\sum\limits_{n=1}^{\infty} a_n$이 수렴하고, 수열 $\{b_n\}$이 수렴하면
  $\lim\limits_{n\to\infty} a_n b_n = 0$이다.

ㄷ. $\lim\limits_{n\to\infty} a_n \neq 0$, $\lim\limits_{n\to\infty} b_n \neq 0$이면 급수 $\sum\limits_{n=1}^{\infty} a_n b_n$은 발산한다.

**0205** 두 수열 $\{a_n\}$, $\{b_n\}$에 대하여 **│보기│**에서 옳은 것만을 있는
대로 고른 것은?

│보기│

ㄱ. 두 급수 $\sum\limits_{n=1}^{\infty} a_n$, $\sum\limits_{n=1}^{\infty} b_n$이 모두 발산하면 $\sum\limits_{n=1}^{\infty} (a_n+b_n)$도
  발산한다.

ㄴ. $\sum\limits_{n=1}^{\infty} a_n b_n = 1$, $\lim\limits_{n\to\infty} a_n = 1$이면 $\lim\limits_{n\to\infty} b_n = 0$이다.

ㄷ. 급수 $\sum\limits_{n=1}^{\infty} a_n$이 수렴하면 급수 $\sum\limits_{n=1}^{\infty} (a_{2n-1}+a_{2n})$도 수렴
  한다.

① ㄱ  　　② ㄴ  　　③ ㄱ, ㄷ

④ ㄴ, ㄷ  　　⑤ ㄱ, ㄴ, ㄷ

**0206** 두 등비수열 $\{a_n\}$, $\{b_n\}$에 대하여 **│보기│**에서 옳은 것만을
있는 대로 고르시오.

│보기│

ㄱ. 두 급수 $\sum\limits_{n=1}^{\infty} a_n$, $\sum\limits_{n=1}^{\infty} b_n$이 모두 수렴하면 급수 $\sum\limits_{n=1}^{\infty} a_n b_n$도
  수렴한다.

ㄴ. 두 급수 $\sum\limits_{n=1}^{\infty} a_n b_n$, $\sum\limits_{n=1}^{\infty} \dfrac{a_n}{b_n}$이 모두 수렴하면 급수 $\sum\limits_{n=1}^{\infty} a_n$도
  수렴한다. (단, $b_n \neq 0$)

ㄷ. 급수 $\sum\limits_{n=1}^{\infty} a_n b_n$과 수열 $\{b_n\}$이 모두 수렴하면 급수 $\sum\limits_{n=1}^{\infty} b_n$도
  수렴한다.

## 유형 08  $S_n$을 이용한 급수의 합

① 일반항을 구해야 하는 경우
  ➡ $a_1=S_1$, $a_n=S_n-S_{n-1}$ $(n\geq2)$임을 이용한다.
② 일반항을 구하지 않아도 되는 경우
  ➡ $\sum\limits_{n=1}^{\infty}a_n=\lim\limits_{n\to\infty}S_n$임을 이용한다.

 대표 예제

**0207** 수열 $\{a_n\}$의 첫째항부터 제$n$항까지의 합 $S_n$이

$S_n=2^{n+1}-n-2$일 때, 급수 $\sum\limits_{n=1}^{\infty}\dfrac{2}{a_n+1}$의 합을 구하시오.

선생님 **해설**

(ⅰ) $n=1$일 때, $a_1=S_1=2^2-1-2=1$

(ⅱ) $n\geq2$일 때

$\begin{aligned}
a_n&=S_n-S_{n-1}\\
&=(2^{n+1}-n-2)-\{2^{n-1+1}-(n-1)-2\}\\
&=(2\cdot2^n-n-2)-(2^n-n-1)\\
&=2^n-1 \quad\cdots\cdots\ ㉠
\end{aligned}$

$2^n$으로 나타낸다.

이때 $a_1=1$은 ㉠에 $n=1$을 대입한 것과 같으므로

$a_n=2^n-1$ $(n\geq1)$

$\begin{aligned}
\therefore \sum_{n=1}^{\infty}\dfrac{2}{a_n+1}&=\sum_{n=1}^{\infty}\dfrac{2}{2^n-1+1}\\
&=\sum_{n=1}^{\infty}\dfrac{2}{2^n}=\sum_{n=1}^{\infty}\left(\dfrac{1}{2}\right)^{n-1}\\
&=\dfrac{1}{1-\dfrac{1}{2}}=2
\end{aligned}$

○**답** 2

**0208** 대표 예제 | 한 번 더

수열 $\{a_n\}$의 첫째항부터 제$n$항까지의 합 $S_n$이

$S_n=\dfrac{3n^2+3n}{2}$일 때, 급수 $\sum\limits_{n=1}^{\infty}\dfrac{3}{a_na_{n+1}}$의 합은?

① $\dfrac{1}{3}$   ② $\dfrac{2}{3}$   ③ 1

④ $\dfrac{4}{3}$   ⑤ $\dfrac{5}{3}$

**0209**

수열 $\{a_n\}$의 첫째항부터 제$n$항까지의 합 $S_n$이

$S_n=\dfrac{12n^2-3n+1}{2n^2+n-1}$일 때, 급수 $\sum\limits_{n=2}^{\infty}a_n$의 합은?

① 1   ② 3   ③ 5

④ 7   ⑤ 9

**0210**

수열 $\{a_n\}$의 첫째항부터 제$n$항까지의 합을 $S_n$이라 하면 $n\geq2$인 모든 자연수 $n$에 대하여

$$S_n+a_n=\dfrac{1}{2}S_{n-1}+\dfrac{5}{12}\left(\dfrac{2}{3}\right)^{n-1}+2$$

이다. 급수 $\sum\limits_{n=1}^{\infty}a_n$이 수렴할 때, 그 합은?

① 3   ② 4   ③ 5

④ 6   ⑤ 7

**0211**

수열 $\{a_n\}$의 첫째항부터 제$n$항까지의 합 $S_n$이

$S_n=\dfrac{5n+4}{2n+1}$일 때, 급수 $\sum\limits_{n=1}^{\infty}(a_n+a_{n+1})$의 합을 구하시오.

① 일반항을 구할 수 있는 경우
- $a_{n+1}=a_n+d$ ($d$는 상수)를 만족시킬 때
  ➡ 수열 $\{a_n\}$의 일반항은 $a_n=a_1+(n-1)d$
- $a_{n+1}=ra_n$ ($r$는 상수)을 만족시킬 때
  ➡ 수열 $\{a_n\}$의 일반항은 $a_n=a_1 r^{n-1}$
② 일반항을 구할 수 없는 경우
  ➡ 부분합 $S_n$을 구한다.

### 👍 대표 예제

**0212** 수열 $\{a_n\}$이
$$a_1=1,\ a_{n+1}=a_n-2\ (n=1,\ 2,\ 3,\ \cdots)$$
로 정의될 때, 급수 $\displaystyle\sum_{n=1}^{\infty}3^{a_n}$의 합은?

① $3$ ② $\dfrac{25}{8}$ ③ $\dfrac{13}{4}$

④ $\dfrac{27}{8}$ ⑤ $\dfrac{7}{2}$

**선생님 해설**

수열 $\{a_n\}$은 첫째항이 1, 공차가 $-2$인 등차수열이므로
$$a_n=1+(n-1)\cdot(-2)=-2n+3 \quad \bullet\ a_{n+1}=a_n-2$$이므로
$$\therefore \sum_{n=1}^{\infty}3^{a_n}=\sum_{n=1}^{\infty}3^{-2n+3}$$
$$=\sum_{n=1}^{\infty}27\left(\frac{1}{9}\right)^n$$
$$=\frac{3}{1-\frac{1}{9}}=\frac{27}{8}$$

답 ④

**0213** 대표 예제 | 한 번 더
수열 $\{a_n\}$이
$$a_1=2,\ a_{n+1}=5a_n\ (n=1,\ 2,\ 3,\ \cdots)$$
으로 정의될 때, 급수 $\displaystyle\sum_{n=1}^{\infty}\dfrac{2^n}{a_n}$의 합은?

① $\dfrac{1}{3}$ ② $\dfrac{2}{3}$ ③ $1$

④ $\dfrac{4}{3}$ ⑤ $\dfrac{5}{3}$

**0214**
수열 $\{a_n\}$이
$$a_1=\frac{1}{15},\ a_n a_{n+1}=\left(\frac{4}{9}\right)^n\ (n=1,\ 2,\ 3,\ \cdots)$$
으로 정의될 때, 급수 $\displaystyle\sum_{n=1}^{\infty}a_{2n}$의 합은?

① $11$ ② $12$ ③ $13$

④ $14$ ⑤ $15$

**0215**
수열 $\{a_n\}$이
$$a_1=\frac{4}{3},\ a_{n+1}=ra_n\ (n=1,\ 2,\ 3,\ \cdots)$$
으로 정의된다. $\displaystyle\sum_{n=1}^{\infty}a_n=\sum_{n=1}^{\infty}a_n^{\,2}$일 때, 급수 $\displaystyle\sum_{n=1}^{\infty}\left(\dfrac{a_n}{4}\right)^3$의 합은?
$$(\text{단},\ r\neq1)$$

① $\dfrac{1}{26}$ ② $\dfrac{1}{13}$ ③ $\dfrac{3}{26}$

④ $\dfrac{2}{13}$ ⑤ $\dfrac{5}{26}$

**0216** UP
수열 $\{a_n\}$이
$$a_1=\frac{1}{4},\ a_2=1,\ a_{n+2}=na_n+a_{n+1}\ (n=1,\ 2,\ 3,\ \cdots)$$
로 정의될 때, 급수 $\displaystyle\sum_{n=1}^{\infty}\dfrac{na_n}{a_{n+1}a_{n+2}}$의 합은?

① $1$ ② $3$ ③ $5$

④ $7$ ⑤ $9$

## 유형 10  등비급수와 순환소수

순환소수는 다음과 같은 순서로 분수로 나타낸다.
❶ 주어진 순환소수를 순환마디에 따라 분수의 합으로 나타낸다.
❷ 첫째항과 공비를 구하여 등비급수의 합을 구한다.

### 👍 대표 예제

**0217** 첫째항이 $0.\dot{4}$, 공비가 $0.\dot{7}$인 등비급수의 합은?

① 1　　　　② 2　　　　③ 3
④ 4　　　　⑤ 5

#### 선생님 해설

$$0.\dot{4}=0.4+0.04+0.004+\cdots=4\left(\frac{1}{10}+\frac{1}{100}+\frac{1}{1000}+\cdots\right)$$

$$=\sum_{n=1}^{\infty}4\left(\frac{1}{10}\right)^n=\frac{\frac{4}{10}}{1-\frac{1}{10}}=\frac{4}{9}$$

$$0.\dot{7}=0.7+0.07+0.007+\cdots=7\left(\frac{1}{10}+\frac{1}{100}+\frac{1}{1000}+\cdots\right)$$

$$=\sum_{n=1}^{\infty}7\left(\frac{1}{10}\right)^n=\frac{\frac{7}{10}}{1-\frac{1}{10}}=\frac{7}{9}$$

따라서 첫째항이 $\frac{4}{9}$, 공비가 $\frac{7}{9}$인 등비급수의 합은

$$\frac{\frac{4}{9}}{1-\frac{7}{9}}=2$$

중학교 때 배운 순환소수를 분수로 나타내는 방법보다 어렵게 느껴질 수 있어.
그래도 등비급수를 이용하는 방법을 알고 있어야 해. 원리를 이해하는 것이 중요할 뿐 아니라 학교 시험에 서술형 문제로 나올 수 있거든.

**답** ②

**0218** 대표 예제 | 한 번 더

등비수열 $\{a_n\}$에 대하여 $a_1=0.\dot{2}$, $a_2=0.\dot{1}\dot{0}$일 때, 급수 $\sum\limits_{n=1}^{\infty}a_n$의 합은?

① $\dfrac{1}{3}$　　　② $\dfrac{11}{27}$　　　③ $\dfrac{13}{27}$
④ $\dfrac{5}{9}$　　　⑤ $\dfrac{17}{27}$

**0219**

첫째항이 $0.\dot{x}$, 공비가 $0.3\dot{x}$인 등비수열 $\{a_n\}$에 대하여 $\sum\limits_{n=1}^{\infty}a_n=\dfrac{22}{21}$일 때, 한 자리의 자연수 $x$의 값은? (단, $x\neq3$)

① 6　　　　② 7　　　　③ 8
④ 9　　　　⑤ 10

**0220**

자연수 $n$에 대하여 $3^n+2$를 5로 나누었을 때의 나머지를 $a_n$이라 할 때, 급수 $\sum\limits_{n=1}^{\infty}\dfrac{a_n}{10^n}$의 합은?

① $0.01\dot{4}\dot{3}$　　② $0.04\dot{1}\dot{3}$　　③ $0.04\dot{3}\dot{1}$
④ $0.1\dot{0}4\dot{3}$　　⑤ $0.1\dot{4}0\dot{3}$

**0221**

$\dfrac{6}{11}$을 소수로 나타낼 때, 소수점 아래 $n$번째 자리의 숫자를 $a_n$이라 하자. 수열 $\{a_n\}$에 대하여 급수 $\sum\limits_{n=1}^{\infty}\left(\dfrac{k}{a_n}\right)^n$의 합이 존재하도록 하는 모든 정수 $k$의 개수는?

① 3　　　　② 4　　　　③ 6
④ 7　　　　⑤ 8

## 유형 11   등비급수를 활용한 좌표의 극한

좌표평면에서 움직이는 점이 한없이 가까워지는 점의 좌표는 $x$좌표, $y$좌표를 각각 등비급수로 나타내어 구한다.

### 🖐 대표 예제

**0222** 그림과 같이 자연수 $n$에 대하여 점 $\mathrm{P}_n$이

$\overline{\mathrm{OP}_1}=5$, $\overline{\mathrm{P}_1\mathrm{P}_2}=\dfrac{2}{3}\overline{\mathrm{OP}_1}$,

$\overline{\mathrm{P}_2\mathrm{P}_3}=\dfrac{2}{3}\overline{\mathrm{P}_1\mathrm{P}_2}$, $\cdots$,

$\angle \mathrm{OP}_1\mathrm{P}_2=\angle \mathrm{P}_1\mathrm{P}_2\mathrm{P}_3=\cdots=90°$

를 만족시킬 때, 점 $\mathrm{P}_n$이 한없이 가까워지는 점의 좌표는? (단, O는 원점이다.)

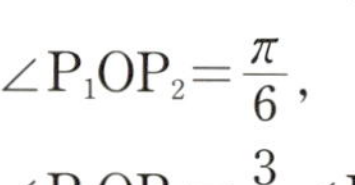

① $(5, 2)$ ② $(6, 3)$ ③ $(7, 4)$
④ $(8, 5)$ ⑤ $(9, 6)$



점 $\mathrm{P}_n$이 한없이 가까워지는 점의 좌표를 $(x, y)$라 하면

$x=\overline{\mathrm{OP}_1}+\overline{\mathrm{P}_2\mathrm{P}_3}+\overline{\mathrm{P}_4\mathrm{P}_5}+\cdots$  • 첫째항이 5, 공비가 $\left(\dfrac{2}{3}\right)^2$인 등비급수의 합

$=5+5\cdot\left(\dfrac{2}{3}\right)^2+5\cdot\left(\dfrac{2}{3}\right)^4+\cdots=\dfrac{5}{1-\dfrac{4}{9}}=9$

$y=\overline{\mathrm{P}_1\mathrm{P}_2}+\overline{\mathrm{P}_3\mathrm{P}_4}+\overline{\mathrm{P}_5\mathrm{P}_6}+\cdots$  • 첫째항이 $\dfrac{10}{3}$, 공비가 $\left(\dfrac{2}{3}\right)^2$인 등비급수의 합

$=5\cdot\dfrac{2}{3}+5\cdot\left(\dfrac{2}{3}\right)^3+5\cdot\left(\dfrac{2}{3}\right)^5+\cdots=\dfrac{\dfrac{10}{3}}{1-\dfrac{4}{9}}=6$

따라서 구하는 점의 좌표는 $(9, 6)$이다.

답 ⑤

**0223** 

그림과 같이 자연수 $n$에 대하여 점 $\mathrm{P}_n$이

$\overline{\mathrm{OP}_1}=3$, $\overline{\mathrm{P}_1\mathrm{P}_2}=\dfrac{1}{2}\overline{\mathrm{OP}_1}$,

$\overline{\mathrm{P}_2\mathrm{P}_3}=\dfrac{1}{2}\overline{\mathrm{P}_1\mathrm{P}_2}$, $\cdots$,

$\angle \mathrm{OP}_1\mathrm{P}_2=\angle \mathrm{P}_1\mathrm{P}_2\mathrm{P}_3=\cdots=90°$

를 만족시킬 때, 점 $\mathrm{P}_n$이 한없이 가까워지는 점을 P라 하자.
직선 OP의 기울기는? (단, O는 원점이다.)

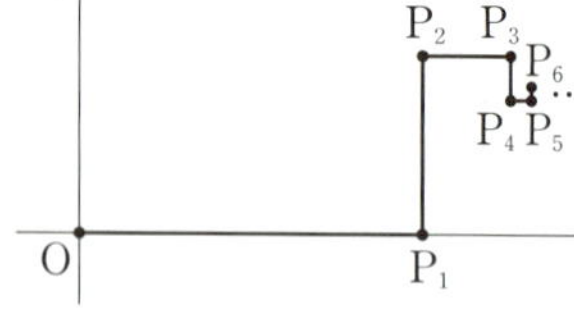

① $\dfrac{1}{10}$ ② $\dfrac{1}{5}$ ③ $\dfrac{3}{10}$
④ $\dfrac{2}{5}$ ⑤ $\dfrac{1}{2}$

**0224** 그림과 같이 자연수 $n$에 대하여 중심이 원점 O이고 반지름의 길이가 2인 원 위의 점 $\mathrm{P}_n$이

$\angle \mathrm{P}_1\mathrm{OP}_2=\dfrac{\pi}{6}$,

$\angle \mathrm{P}_2\mathrm{OP}_3=\dfrac{3}{4}\angle \mathrm{P}_1\mathrm{OP}_2$,

$\angle \mathrm{P}_3\mathrm{OP}_4=\dfrac{3}{4}\angle \mathrm{P}_2\mathrm{OP}_3$, $\cdots$

을 만족시킨다. $\mathrm{P}_1(2, 0)$일 때, 점 $\mathrm{P}_n$이 한없이 가까워지는 점의 좌표를 $(x, y)$라 하자. $xy$의 값은?

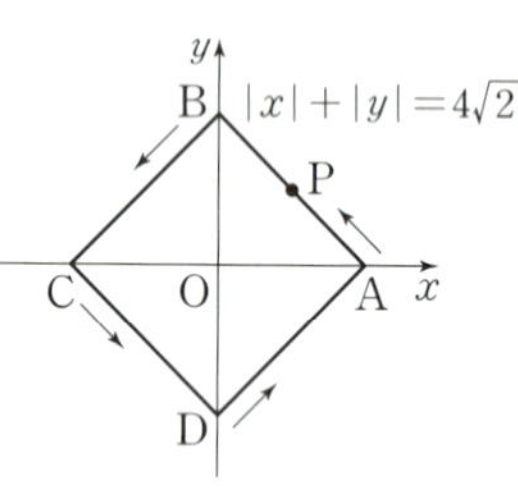

① $-2$ ② $-\sqrt{3}$ ③ $0$
④ $\sqrt{3}$ ⑤ $2$

**0225** 그림과 같이 점 P가 점 A에서 출발하여 화살표 방향으로 방정식 $|x|+|y|=4\sqrt{2}$가 나타내는 사각형 ABCD의 변을 따라 이동한다. 처음 이동 거리가 4이고, 그 이후에는 이전 이동 거리의 $\dfrac{8}{9}$씩 이동한다고 할 때, 점 P가 한없이 가까워지는 점의 좌표는?

① $(4\sqrt{2}, 0)$ ② $(2\sqrt{2}, 2\sqrt{2})$ ③ $(0, 4\sqrt{2})$
④ $(-2\sqrt{2}, 2\sqrt{2})$ ⑤ $(-4\sqrt{2}, 0)$

**0226** 그림과 같이 자연수 $n$에 대하여 점 $\mathrm{P}_n$이 $\overline{\mathrm{OP}_1}=4$, $\overline{\mathrm{P}_1\mathrm{P}_2}=\dfrac{\sqrt{2}}{2}\overline{\mathrm{OP}_1}$,

$\overline{\mathrm{P}_2\mathrm{P}_3}=\dfrac{\sqrt{2}}{2}\overline{\mathrm{P}_1\mathrm{P}_2}$, $\cdots$,

$\angle \mathrm{OP}_1\mathrm{P}_2=\angle \mathrm{P}_1\mathrm{P}_2\mathrm{P}_3=\cdots=45°$

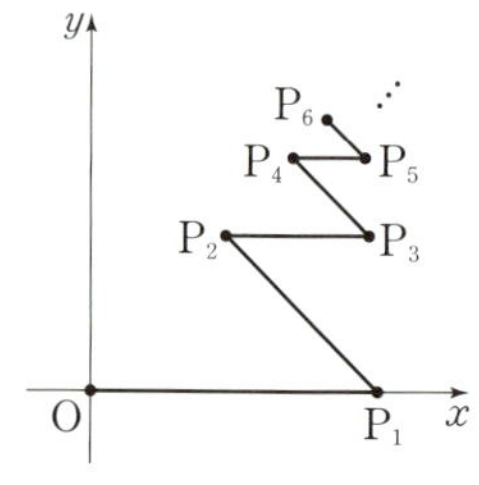

를 만족시킬 때, 점 $\mathrm{P}_n$이 한없이 가까워지는 점의 좌표를 $(x, y)$라 하자. $x+y$의 값을 구하시오. (단, O는 원점이다.)

## 유형 12  등비급수를 활용한 길이의 극한

등비급수를 활용한 길이의 극한은 다음과 같은 순서로 구한다.
❶ 도형의 길이가 줄어들거나 늘어나는 일정한 규칙을 찾는다.
❷ ❶에서 구한 규칙이 등비급수이면 첫째항 $a$와 공비 $r$를 각각 구한다.
❸ 등비급수의 합 $\dfrac{a}{1-r}$를 이용한다.

### 👍 대표 예제

**0227** 어떤 공을 땅에 떨어뜨리면 그 공은 직전에 낙하한 높이의 $\dfrac{3}{5}$만큼 수직으로 튀어 오른다고 한다. 20 m 높이에서 이 공을 땅에 떨어뜨렸을 때, 공이 정지할 때까지 움직인 거리는?

① 60 m  ② 70 m  ③ 80 m
④ 90 m  ⑤ 100 m

**선생님 해설**

처음으로 땅에 닿은 공이 한 번 튀어 오르고 내릴 때마다 움직인 거리는

$$2 \cdot 20 \cdot \dfrac{3}{5}\,(\mathrm{m}),\ 2 \cdot 20 \cdot \left(\dfrac{3}{5}\right)^2 (\mathrm{m}),\ 2 \cdot 20 \cdot \left(\dfrac{3}{5}\right)^3 (\mathrm{m}),\ \cdots$$

따라서 구하는 거리는
    → 튀어 오른 만큼 내려가므로 2를 곱해준다.

$$20 + 2 \cdot 20 \cdot \dfrac{3}{5} + 2 \cdot 20 \cdot \left(\dfrac{3}{5}\right)^2 + 2 \cdot 20 \cdot \left(\dfrac{3}{5}\right)^3 + \cdots$$
$$= 20 + \dfrac{24}{1 - \dfrac{3}{5}} = 80\,(\mathrm{m})$$

→ 첫째항이 24, 공비가 $\dfrac{3}{5}$인 등비급수의 합
→ 처음 공을 떨어뜨린 높이

**답** ③

**0228** 대표 예제 한 번 더

그림과 같이 천장의 지점 O에 끈으로 매달려 있는 추를 지점 A에서 놓으면 지점 P까지 30 cm를 이동하고 같은 방향으로 이동한 거리의 $\dfrac{2}{3}$만큼 더 이동한다. 이후 방향을 바꾸어 마찬가지로 지점 P까지 이동한 후 이동한 거리의 $\dfrac{2}{3}$만큼 더 이동한다. 이와 같은 과정을 한없이 반복할 때, 이 추가 멈출 때까지 움직인 거리는?

(단, 직선 OP는 천장에 수직이다.)

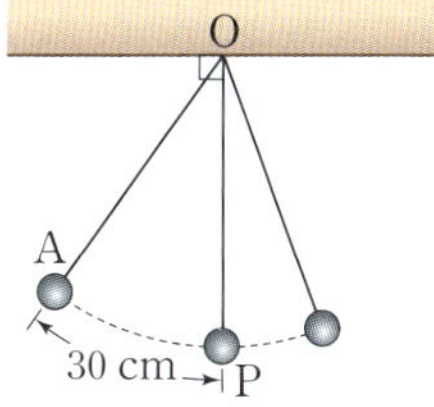


① 120 cm  ② 130 cm  ③ 140 cm
④ 150 cm  ⑤ 160 cm

**0229**

그림과 같이 $\overline{\mathrm{OP_1}}=5$, $\overline{\mathrm{OP_2}}=4$, $\angle \mathrm{OP_2P_1}=90°$인 직각삼각형 $\mathrm{OP_2P_1}$이 있다. 점 $\mathrm{P_2}$에서 선분 $\mathrm{OP_1}$에 내린 수선의 발을 $\mathrm{P_3}$, 점 $\mathrm{P_3}$에서 선분 $\mathrm{OP_2}$에 내린 수선의 발을 $\mathrm{P_4}$라 하자. 이와 같은 과정을 한없이 반복할 때, $\overline{\mathrm{P_1P_2}} + \overline{\mathrm{P_2P_3}} + \overline{\mathrm{P_3P_4}} + \cdots$의 값을 구하시오.

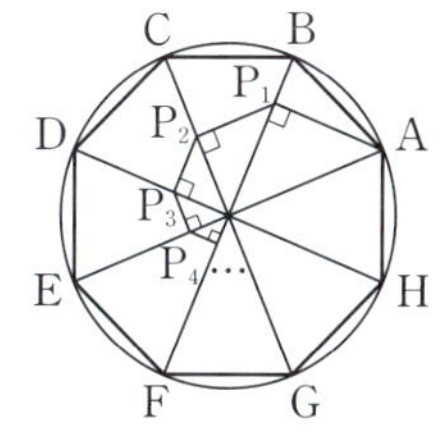

**0230**

그림과 같이 반지름의 길이가 6인 원에 내접하는 정팔각형 ABCDEFGH가 있다. 점 A에서 대각선 BF에 내린 수선의 발을 $\mathrm{P_1}$, 점 $\mathrm{P_1}$에서 대각선 CG에 내린 수선의 발을 $\mathrm{P_2}$, 점 $\mathrm{P_2}$에서 대각선 DH에 내린 수선의 발을 $\mathrm{P_3}$이라 하자. 이와 같은 과정을 한없이 반복할 때, $\overline{\mathrm{AP_1}} + \overline{\mathrm{P_1P_2}} + \overline{\mathrm{P_2P_3}} + \overline{\mathrm{P_3P_4}} + \cdots$의 값은?

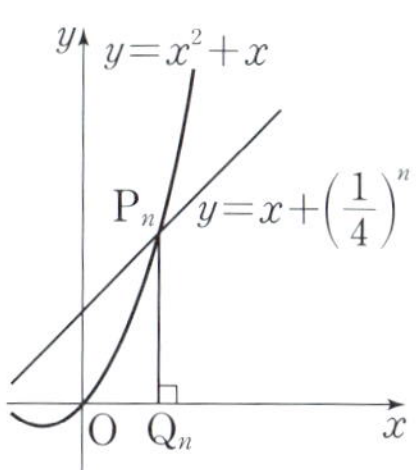

① $5 + 4\sqrt{2}$  ② $5 + 5\sqrt{2}$  ③ $5 + 6\sqrt{2}$
④ $6 + 5\sqrt{2}$  ⑤ $6 + 6\sqrt{2}$

**0231**

그림과 같이 자연수 $n$에 대하여 곡선 $y = x^2 + x$와 직선 $y = x + \left(\dfrac{1}{4}\right)^n$이 제1사분면에서 만나는 점을 $\mathrm{P}_n$, 점 $\mathrm{P}_n$에서 $x$축에 내린 수선의 발을 $\mathrm{Q}_n$이라 할 때, $\displaystyle\sum_{n=1}^{\infty} \overline{\mathrm{P}_n\mathrm{Q}_n}$의 값은?

① $\dfrac{2}{3}$  ② $1$  ③ $\dfrac{4}{3}$
④ $\dfrac{5}{3}$  ⑤ $2$

## 유형 13   등비급수를 활용한 넓이의 극한

등비급수를 활용한 넓이의 극한은 다음과 같은 순서로 구한다.
❶ 도형의 넓이가 줄어들거나 늘어나는 일정한 규칙을 찾는다.
❷ ❶에서 구한 규칙이 등비급수이면 첫째항 $a$와 공비 $r$를 각각 구한다.
❸ 등비급수의 합 $\dfrac{a}{1-r}$를 이용한다.

### 👍 대표 예제

**0232** 그림과 같이 넓이가 10인 직사각형을 가로로 삼등분하고, 그중 가장 왼쪽에 있는 직사각형을 칠한다. 나머지 직사각형 중 가장 오른쪽에 있는 직사각형을 가로로 삼등분하고, 그중 가장 왼쪽에 있는 직사각형을 칠한다. 이와 같은 작업을 한없이 반복할 때, 색칠한 직사각형의 넓이의 합을 구하시오.

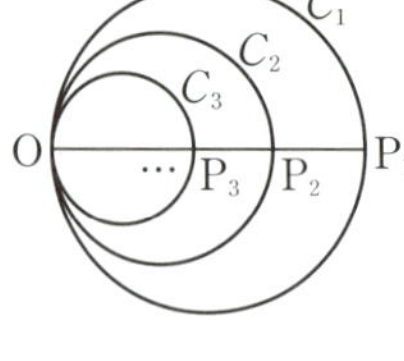

**선생님 해설**

$n$번째 작업 후에 새로 색칠된 도형의 넓이를 $a_n$이라 하면
$$a_1=10\cdot\frac{1}{3},\quad a_2=10\cdot\left(\frac{1}{3}\right)^2,\quad a_3=10\cdot\left(\frac{1}{3}\right)^3,\ \cdots$$
$$\therefore\ a_n=10\left(\frac{1}{3}\right)^n \longrightarrow \text{첫째항이 } \tfrac{10}{3} \cdot \text{공비가 } \tfrac{1}{3} \text{인 등비수열}$$
따라서 구하는 넓이는
$$\sum_{n=1}^{\infty} a_n=\sum_{n=1}^{\infty}10\left(\frac{1}{3}\right)^n=\frac{\frac{10}{3}}{1-\frac{1}{3}}=5$$

답 5

**0233** 대표 예제 한 번 더
그림과 같이 길이가 10인 선분 $\mathrm{OP_1}$을 지름으로 하는 원 $C_1$이 있다. 선분 $\mathrm{OP_1}$을 $2:1$로 내분하는 점 $\mathrm{P_2}$에 대하여 선분 $\mathrm{OP_2}$를 지름으로 하는 원을 $C_2$, 선분 $\mathrm{OP_2}$를 $2:1$로 내분하는 점 $\mathrm{P_3}$에 대하여 선분 $\mathrm{OP_3}$을 지름으로 하는 원을 $C_3$이라 하자. 이와 같은 과정을 한없이 반복할 때, 원 $C_n$의 넓이를 $S_n$이라 하자. $\displaystyle\sum_{n=1}^{\infty} S_n$의 값은?

① $33\pi$     ② $36\pi$     ③ $39\pi$
④ $42\pi$     ⑤ $45\pi$

**0234**
그림과 같이 $\overline{\mathrm{OP_1}}=4$, $\overline{\mathrm{OP_2}}=3$, $\angle\mathrm{P_1OP_2}=60°$인 삼각형 $\mathrm{OP_1P_2}$가 있다. 자연수 $n$에 대하여 점 $\mathrm{P_{2n+1}}$은 선분 $\mathrm{OP_{2n-1}}$의 중점이고, 점 $\mathrm{P_{2n+2}}$는 점 $\mathrm{P_{2n+1}}$을 지나고 직선 $\mathrm{P_1P_2}$에 평행한 직선과 선분 $\mathrm{OP_2}$의 교점이다. 삼각형 $\mathrm{P_{2n+1}P_{2n}P_{2n-1}}$의 넓이를 $S_n$이라 할 때, $\displaystyle\sum_{n=1}^{\infty} S_n$의 값은?

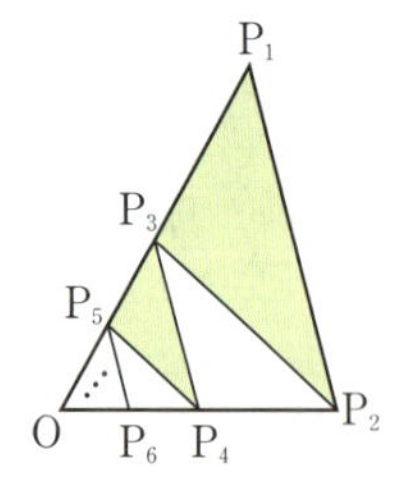

① $2$     ② $\sqrt{6}$     ③ $\sqrt{10}$
④ $2\sqrt{2}$     ⑤ $2\sqrt{3}$

**0235**
그림과 같이 한 변의 길이가 8인 정사각형을 두 대각선으로 사등분하여 위쪽의 삼각형에 색칠한다. 아래쪽 삼각형에 내접하는 정사각형을 그리고 다시 두 대각선으로 사등분하여 위쪽 삼각형을 색칠한다. 이와 같은 작업을 한없이 반복할 때, 색칠한 도형의 넓이의 합을 구하시오.

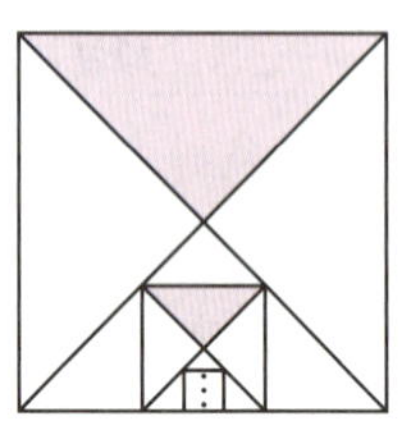

**0236**
그림과 같이 반지름의 길이가 2인 사분원 $\mathrm{OX_1Y_1}$이 있다. 호 $\mathrm{X_1Y_1}$의 이등분점 $\mathrm{A_1}$, 선분 $\mathrm{OY_1}$ 위의 점 $\mathrm{B_1}$, 선분 $\mathrm{OX_1}$ 위의 점 $\mathrm{C_1}$로 만들어진 정삼각형 $\mathrm{A_1B_1C_1}$의 넓이를 $S_1$이라 하자. 점 $\mathrm{O}$를 중심으로 하고 선분 $\mathrm{B_1C_1}$에 외접하는 사분원 $\mathrm{OX_2Y_2}$에 대하여 호 $\mathrm{X_2Y_2}$의 이등분점 $\mathrm{A_2}$, 선분 $\mathrm{OY_2}$ 위의 점 $\mathrm{B_2}$, 선분 $\mathrm{OX_2}$ 위의 점 $\mathrm{C_2}$로 만들어진 정삼각형 $\mathrm{A_2B_2C_2}$의 넓이를 $S_2$라 하자. 이와 같은 과정을 한없이 반복할 때, $\displaystyle\sum_{n=1}^{\infty} S_n=p+q\sqrt{3}$이다. $p-q$의 값을 구하시오.

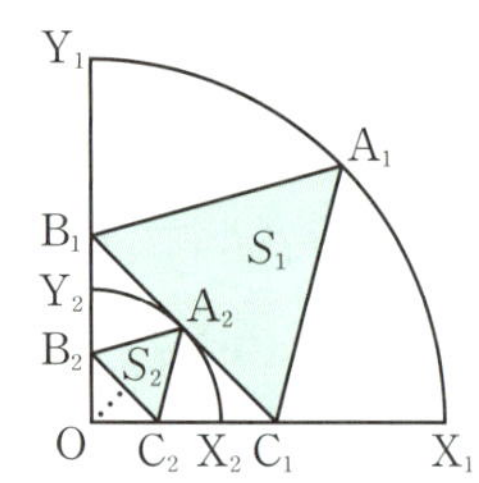

(단, $p$와 $q$는 유리수이다.)

## 유형 14 등비급수의 실생활에의 활용

매년 일정한 비율로 증가하거나 감소하는 실생활의 문제는 다음과 같은 순서로 구한다.
❶ 첫째항 $a$와 공비 $r$를 각각 구한다.
❷ 등비급수의 합 $\dfrac{a}{1-r}$를 이용한다.

### 🖐 대표 예제

**0237** 어떤 기업의 올해 석유 생산량은 200만 톤이다. 이 기업의 석유 생산량은 매해 10 %씩 감소하고, 그 해 생산한 석유의 20 %를 해외로 수출한다. 이와 같은 추세가 한없이 지속될 때, 내년부터 이 기업에서 해외로 수출하는 석유의 총량은?

① 330만 톤     ② 340만 톤     ③ 350만 톤
④ 360만 톤     ⑤ 370만 톤

#### 선생님 해설

$n$년 후 해외로 수출하는 석유의 양을 $a_n$만 톤이라 하면
→ 1년 후 생산한 석유의 양
$a_1 = 200 \times (1-0.1) \times 0.2 = 40 \times 0.9$
$a_n = 200 \times (1-0.1)^n \times 0.2 = 40 \times 0.9^n$ → 첫째항이 36, 공비가 0.9인 등비수열
따라서 구하는 석유의 총량은

$$\sum_{n=1}^{\infty} a_n = \sum_{n=1}^{\infty} (40 \times 0.9^n) = \frac{36}{1-0.9} = 360(\text{만 톤})$$

이런 문제는 간단한 듯해도 식을 세우기가 어렵게 느껴질 때가 많아. 위의 해설과 같이 $n$년 후, $n$번째 등 특정 시점의 양을 먼저 구한다고 생각하면 식을 세우기가 훨씬 쉬울 거야.

**답** ④

**0238** 대표 예제 한 번 더
어느 회사는 매달 판매된 플라스틱의 80 %를 수거하고, 그중 50 %를 새롭게 재활용한다. 재활용한 플라스틱의 80 %는 다시 수거하고, 그중 50 %는 다시 재활용한다. 처음 판매한 150톤의 플라스틱에 대하여 이와 같은 과정을 한없이 반복할 때, 재활용하는 플라스틱의 총량은?

① 80톤     ② 90톤     ③ 100톤
④ 110톤     ⑤ 120톤

**0239**
300억 원의 기금을 보유하고 있는 장학 재단에서 매년 초에 기금을 운용하여 연말까지 10 %의 이익을 내고 매년 말에 기금과 이익을 합한 금액의 30 %를 장학금으로 지급하려고 한다. 장학금으로 지급하고 남은 금액을 기금으로 하여 이와 같은 방식으로 한없이 기금을 운영하여 장학금을 지급할 때, 지급하는 장학금의 총액은?

(단, 천만의 자리에서 반올림한다.)

① 약 428억 원     ② 약 429억 원     ③ 약 430억 원
④ 약 431억 원     ⑤ 약 432억 원

**0240**
어느 도시의 인공 저수지의 물은 하루에 8 %씩 유실되어 하루에 $a \, \text{m}^3$의 물을 새로 공급한다. 안정적인 저수지 환경을 위해서는 최소한 $12000 \, \text{m}^3$의 물이 유지되어야 할 때, $a$의 최솟값을 구하시오.

**0241**
A, B가 일정한 부피의 액체 괴물을 서로 번갈아 가져가는 놀이를 하고 있다. 처음 A가 전체 액체 괴물의 $\dfrac{1}{4}$을 가져가면 B가 남은 액체 괴물의 $\dfrac{3}{7}$을 가져간다. 다시 A가 남은 액체 괴물의 $\dfrac{1}{4}$을 가져가고, B가 남은 액체 괴물의 $\dfrac{3}{7}$을 가져간다. 이와 같은 과정을 한없이 반복한다고 할 때, A가 가져간 액체 괴물의 부피는 B가 가져간 액체 괴물의 부피의 몇 배인가?

① $\dfrac{4}{9}$배     ② $\dfrac{5}{9}$배     ③ $\dfrac{2}{3}$배
④ $\dfrac{7}{9}$배     ⑤ $\dfrac{8}{9}$배

## 0242

· 유형 01 + 유형 02 ·

**| 보기 |**의 급수에서 발산하는 것만을 있는 대로 고른 것은?

| 보기 |

ㄱ. $\displaystyle\sum_{n=1}^{\infty} \frac{2n-1}{n}$  ㄴ. $\displaystyle\sum_{n=1}^{\infty} \log_2\left(\frac{n+1}{n}\right)$

ㄷ. $\displaystyle\sum_{n=1}^{\infty} \frac{1}{n^2+3n+2}$  ㄹ. $\displaystyle\sum_{n=1}^{\infty} \frac{\sqrt{2n}-\sqrt{n}}{\sqrt{n+1}}$

① ㄱ, ㄴ  ② ㄱ, ㄷ  ③ ㄷ, ㄹ
④ ㄱ, ㄴ, ㄹ  ⑤ ㄴ, ㄷ, ㄹ

## 0243

· 유형 05 ·

$\displaystyle\sum_{n=1}^{\infty} \tan^n x = 3$일 때, 급수 $\displaystyle\sum_{n=1}^{\infty} \cos^{n-1} x$의 합은?

$$\left(\text{단, } 0<x<\frac{\pi}{2}\right)$$

① 3  ② 4  ③ 5
④ 6  ⑤ 7

## 0244

· 유형 01 ·

함수 $f(x)=3x^3+\dfrac{3}{2}x^2-2x+3$에 대하여 곡선 $y=f(x)$의 $x=n$에서의 접선의 기울기를 $a_n$이라 할 때, 급수 $\displaystyle\sum_{n=1}^{\infty} \frac{1}{a_n}$의 합은?

① $\dfrac{1}{6}$  ② $\dfrac{1}{2}$  ③ $\dfrac{5}{6}$
④ $\dfrac{7}{6}$  ⑤ $\dfrac{3}{2}$

## 0245

· 유형 04 ·

급수 $\displaystyle\sum_{n=1}^{\infty} \left(\frac{1}{2}\right)^{n-1} \sin\frac{n}{2}\pi$의 합은?

① $\dfrac{1}{5}$  ② $\dfrac{2}{5}$  ③ $\dfrac{3}{5}$
④ $\dfrac{4}{5}$  ⑤ 1

## 0246

· 유형 04 ·

집합 $\left\{x \,\middle|\, -1<x<\dfrac{2}{3}\right\}$를 정의역으로 하는 함수 $f(x)=\displaystyle\sum_{n=1}^{\infty} 3x^n$의 치역이 $\{y \mid a<y<b\}$일 때, 두 상수 $a$, $b$에 대하여 $ab$의 값은?

① $-12$  ② $-11$  ③ $-10$
④ $-9$  ⑤ $-8$

## 0247　사고력

· 유형 09 ·

수열 $\{a_n\}$이

$$a_1=-1, \quad a_{n+1}=a_n+6 \quad (n=1, 2, 3, \cdots)$$

으로 정의될 때, 급수 $\displaystyle\sum_{n=1}^{\infty} \left[\frac{20}{a_n}\right]$의 합은?

(단, $[x]$는 $x$보다 크지 않은 최대의 정수이다.)

① $-14$  ② $-13$  ③ $-12$
④ $-11$  ⑤ $-10$

## 0248 · 유형 04 ·

급수

$$\log_{\frac{1}{2}} \sqrt{2} + \log_2 \sqrt{\sqrt{2}} + \log_{\frac{1}{2}} \sqrt{\sqrt{\sqrt{2}}} + \log_2 \sqrt{\sqrt{\sqrt{\sqrt{2}}}} + \cdots$$

의 합은?

① $-\dfrac{5}{3}$  　② $-\dfrac{4}{3}$  　③ $-1$

④ $-\dfrac{2}{3}$  　⑤ $-\dfrac{1}{3}$

## 0249 · 유형 06 ·

| 보기 |의 급수에서 수렴하는 것만을 있는 대로 고른 것은?

(단, $[x]$는 $x$보다 크지 않은 최대의 정수이다.)

┤ 보기 ├

ㄱ. $\displaystyle\sum_{n=1}^{\infty} \left( \dfrac{\sqrt{3}+\sqrt{6}}{4} \right)^{n-1}$

ㄴ. $\displaystyle\sum_{n=1}^{\infty} \left( \dfrac{\log_9 15}{\log_3 4} \right)^{n}$

ㄷ. $\displaystyle\sum_{n=1}^{\infty} \left[ \sqrt{5}-2 \right]^{n}$

① ㄱ  　② ㄴ  　③ ㄱ, ㄴ

④ ㄴ, ㄷ  　⑤ ㄱ, ㄴ, ㄷ

## 0250 · 유형 10 ·

수열 $\{a_n\}$이

$$0.1\dot{5}a_1 + (0.1\dot{5})^2 a_2 + \cdots + (0.1\dot{5})^n a_n = \dfrac{1}{2} - \dfrac{1}{2}\left(\dfrac{1}{3}\right)^n$$

을 만족시킬 때, 급수 $\displaystyle\sum_{n=1}^{\infty} \dfrac{1}{a_n}$의 합은?

① $\dfrac{1}{6}$  　② $\dfrac{1}{3}$  　③ $\dfrac{1}{2}$

④ $\dfrac{2}{3}$  　⑤ $\dfrac{5}{6}$

## 0251 · 유형 01 ·

수열 $\{a_n\}$의 일반항이 $a_n = \dfrac{(a-3)n+b}{2n+1}$일 때, 급수

$\displaystyle\sum_{n=1}^{\infty} b_n$을

$$\sum_{n=1}^{\infty} b_n = a_1 - a_2 + a_2 - a_3 + a_3 - a_4 + a_4 - a_5 + \cdots$$

라 하자. $\displaystyle\sum_{n=1}^{\infty} b_n = \dfrac{5}{3}$일 때, 두 상수 $a$, $b$에 대하여 $ab$의

값을 구하시오.

## 0252 사고력 · 유형 14 ·

어떤 연금 회사의 상품은 연초 가입할 때 일시금으로 $a$백 만 원을 예치하면 1년 동안 5 %의 수익을 내어 연말에 원 금과 수익의 20 %를 연금으로 지급한다. 후년에는 연금을 지급하고 남은 금액을 원금으로 하여 1년 동안 5 %의 수익 을 내어 연말에 연금과 수익의 20 %를 연금으로 지급한다. 매년 이와 같이 연금을 지급받아 연금 총액의 극한값이 5억 원 이상이 되도록 할 때, 최초에 내야 하는 자연수 $a$의 최 솟값은?

① 377  　② 378  　③ 379

④ 380  　⑤ 381

## 0253 · 유형 01 + 유형 05 ·

각 항이 모두 자연수인 등차수열 $\{a_n\}$에 대하여

$$\sum_{n=1}^{\infty} \dfrac{1}{a_n a_{n+1}} = \dfrac{1}{2}, \quad \sum_{n=1}^{\infty} k^{a_n} = \dfrac{3}{8}$$

일 때, 유리수 $k$의 값은?

① $\dfrac{1}{6}$  　② $\dfrac{1}{3}$  　③ $\dfrac{1}{2}$

④ $\dfrac{2}{3}$  　⑤ $\dfrac{5}{6}$

## 0254 · 유형 08 ·

수열 $\{a_n\}$의 첫째항부터 제$n$항까지의 합 $S_n$이
$S_n=k-15\left(\dfrac{2}{3}\right)^n$이다. $\displaystyle\sum_{n=2}^{\infty}(S_n-S_{n-1})-\sum_{n=1}^{\infty}a_n=k$일 때, 급수 $\displaystyle\sum_{n=1}^{\infty}a_n^{\,2}$의 합을 구하시오. (단, $k$는 실수이다.)

## 0255 · 유형 02 + 유형 09 ·

수열 $\{a_n\}$이 다음 조건을 만족시킨다.

> (가) $n\geq2$일 때, $a_n=k-3+\left(\dfrac{2}{3}\right)^{n-1}$
>
> (나) $\displaystyle\sum_{n=1}^{\infty}a_n=2k$

급수 $\displaystyle\sum_{n=1}^{\infty}\left(\dfrac{1}{2}\right)^n a_n$의 합은? (단, $k$는 실수이다.)

① $\dfrac{9}{4}$  ② $\dfrac{5}{2}$  ③ $\dfrac{11}{4}$

④ $3$  ⑤ $\dfrac{13}{4}$

## 0256 · 유형 12 ·

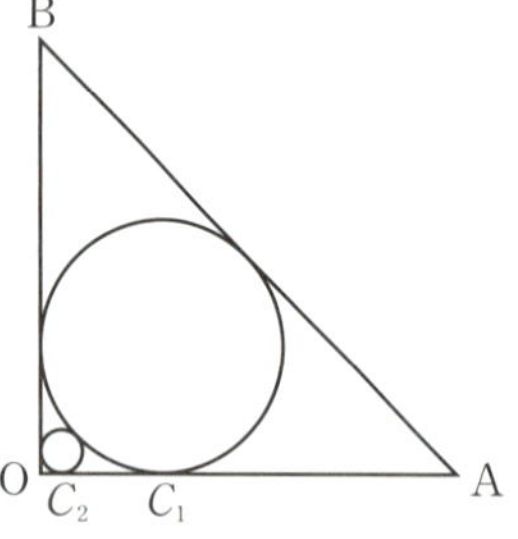


그림과 같이 빗변의 길이가 2인 직각이등변삼각형 OAB에 내접하는 원을 $C_1$이라 하자. 원 $C_1$과 한 점에서 만나고 두 변 OA, OB에 동시에 접하는 원을 $C_2$, 원 $C_2$와 한 점에서 만나고 두 변 OA, OB에 동시에 접하는 원을 $C_3$이라 하자. 이와 같은 과정을 한없이 반복할 때, 원 $C_n$의 둘레의 길이를 $l_n$이라 하자. $\displaystyle\sum_{n=1}^{\infty}l_n$의 값은?

① $\dfrac{3}{4}\pi$  ② $\pi$  ③ $\dfrac{5}{4}\pi$

④ $\dfrac{3}{2}\pi$  ⑤ $\dfrac{7}{4}\pi$

## 0257 · 유형 02 + 유형 08 ·

첫째항이 3인 수열 $\{a_n\}$이 다음 조건을 만족시킨다.

> (가) 급수 $\displaystyle\sum_{n=1}^{\infty}a_n$이 수렴한다.
>
> (나) $\displaystyle\sum_{n=1}^{\infty}(a_n+a_{n+1})=17$

급수 $\displaystyle\sum_{n=1}^{\infty}a_n$의 합을 구하시오.

## 0258 사고력 · 유형 07 ·

두 수열 $\{a_n\}$, $\{b_n\}$에 대하여 **보기**에서 옳은 것만을 있는 대로 고른 것은?

> ─── 보기 ───
>
> ㄱ. 두 급수 $\displaystyle\sum_{n=1}^{\infty}a_n$, $\displaystyle\sum_{n=1}^{\infty}b_n$이 수렴하고, $\displaystyle\sum_{n=1}^{\infty}a_n<\sum_{n=1}^{\infty}b_n$이면 $a_n<b_n$이다.
>
> ㄴ. 두 급수 $\displaystyle\sum_{n=1}^{\infty}b_n$, $\displaystyle\sum_{n=1}^{\infty}\dfrac{a_n}{b_n}$이 모두 수렴하면 급수 $\displaystyle\sum_{n=1}^{\infty}(a_n-a_{n+1})$은 수렴한다.
>
> ㄷ. 두 수열 $\{a_n\}$, $\{b_n\}$이 등비수열이고 급수 $\displaystyle\sum_{n=1}^{\infty}(|a_n|+|b_n|)$이 수렴하면 두 급수 $\displaystyle\sum_{n=1}^{\infty}a_n$, $\displaystyle\sum_{n=1}^{\infty}b_n$은 모두 수렴한다.

① ㄱ  ② ㄷ  ③ ㄱ, ㄴ

④ ㄴ, ㄷ  ⑤ ㄱ, ㄴ, ㄷ

## 0259 창의력 · 유형 01 + 유형 12 ·

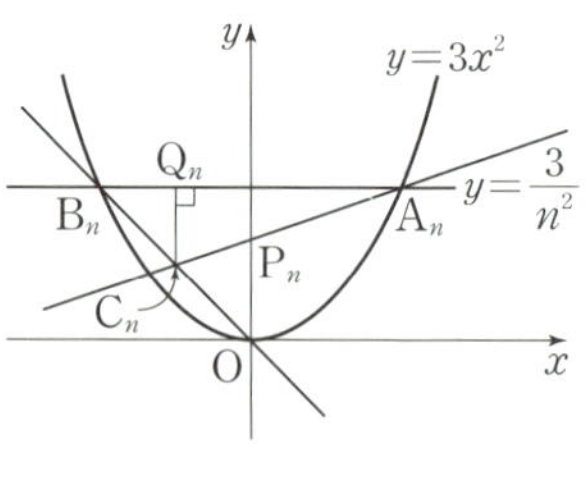


그림과 같이 자연수 $n$에 대하여 좌표평면에서 곡선 $y=3x^2$과 직선 $y=\dfrac{3}{n^2}$이 만나는 두 점을 각각 $A_n$, $B_n$이라 할 때, 점 $P_n\left(0,\,\dfrac{2}{n^2}\right)$에 대하여 직선 $A_nP_n$이 직선 $OB_n$과 만나는 점을 $C_n$이라 하자. 점 $C_n$에서 선분 $A_nB_n$에 내린 수선의 발을 $Q_n$이라 할 때, $\displaystyle\sum_{n=1}^{\infty}\left\{\dfrac{\overline{C_nQ_n}}{\overline{B_nC_n}}\times\dfrac{\sqrt{n^2+9}}{n(n+2)}\right\}$의 값을 구하시오.

## 서술형 문제

### 0260
• 유형 01 •

급수 $\displaystyle\sum_{n=1}^{\infty} \dfrac{1}{\sqrt{2n+1}+\sqrt{2n-1}}$ 의 수렴, 발산을 조사하고, 수렴하면 그 합을 구하시오.

✓ **필요 개념 및 공식**
☐ 수열의 극한 　　　☐ 부분합

### 0261
• 유형 06 •

급수 $\displaystyle\sum_{n=1}^{\infty} \{\log_{15}(x+1)+\log_{15}(x-1)\}^{n-1}$ 이 수렴하도록 하는 모든 정수 $x$의 값의 합을 구하시오.

✓ **필요 개념 및 공식**
☐ 진수의 조건 　　☐ 로그함수를 포함한 부등식 　　☐ 등비급수의 수렴 조건

### 0262
• 유형 02 •

수열 $\{a_n\}$에 대하여 급수 $\displaystyle\sum_{n=1}^{\infty} \dfrac{a_n-3}{a_n+2}$ 이 수렴할 때, $\displaystyle\lim_{n\to\infty} a_n$ 의 값을 구하시오.

✓ **필요 개념 및 공식**
☐ 수열의 극한에 대한 기본 성질 　　☐ 급수와 수열의 극한 사이의 관계

### 0263
• 유형 05 •

수열 $\{a_n\}$에 대하여

$$\sum_{n=1}^{\infty}(7a_n-k)=2, \quad \sum_{n=1}^{\infty}\left(\lim_{m\to\infty} a_m\right)^n=\dfrac{k}{2}$$

를 만족시키는 실수 $k$의 값을 모두 구하시오.

✓ **필요 개념 및 공식**
☐ 급수와 수열의 극한 사이의 관계 　　☐ 등비급수의 합

### 0264
• 유형 08 •

수열 $\{a_n\}$의 첫째항부터 제$n$항까지의 합 $S_n$이

$$S_n=\dfrac{2n^2+\cos n}{n^2}$$ 일 때,

$$\lim_{n\to\infty} \dfrac{2(a_1+a_2+a_3+\cdots+a_n)+a_{n+1}+a_{n+2}+\cdots+a_{2n}}{4-a_{2n}}$$

의 값을 구하시오.

✓ **필요 개념 및 공식**
☐ 수열의 극한의 대소 관계 　　☐ 급수와 수열의 극한 사이의 관계

### 0265
• 유형 11 •

그림과 같이 좌표평면에 선분 OA가 $x$축 위에 있고 $\overline{OA}=\overline{AB}=40$, $\angle OAB=120°$ 인 삼각형 OAB가 있다. 자연수 $n$에 대하여 삼각형 OAB의 변 위에 있는 점 $P_n$이 다음 조건을 만족시킨다.

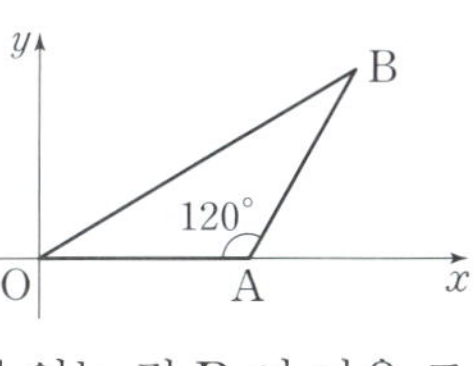

> (가) $P_1(0,\,0)$, $P_2(27,\,0)$
> (나) $\overline{P_{n+1}P_{n+2}}=\dfrac{1}{3}\,\overline{P_nP_{n+1}}$ $(n=1,\,2,\,3,\,\cdots)$
> (다) 점 $P_{n+2}$는 선분 $P_nP_{n+1}$ 위에 있지 않다.

점 $P_n$이 한없이 가까워지는 점 P의 좌표를 구하시오.

(단, O는 원점이다.)

✓ **필요 개념 및 공식**
☐ 등비급수의 합 　　☐ 삼각함수의 값

선생님

# 에필로그

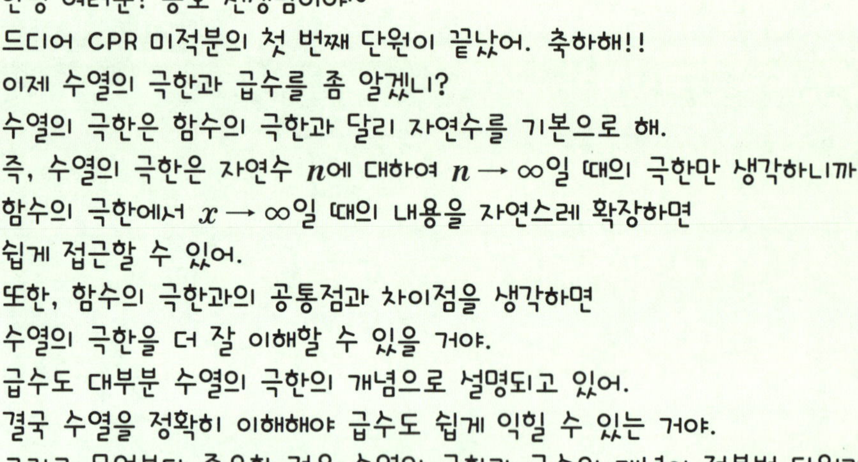

안녕 여러분! 승호 선생님이야~
드디어 CPR 미적분의 첫 번째 단원이 끝났어. 축하해!!
이제 수열의 극한과 급수를 좀 알겠니?
수열의 극한은 함수의 극한과 달리 자연수를 기본으로 해.
즉, 수열의 극한은 자연수 $n$에 대하여 $n \to \infty$일 때의 극한만 생각하니까
함수의 극한에서 $x \to \infty$일 때의 내용을 자연스레 확장하면
쉽게 접근할 수 있어.
또한, 함수의 극한과의 공통점과 차이점을 생각하면
수열의 극한을 더 잘 이해할 수 있을 거야.
급수도 대부분 수열의 극한의 개념으로 설명되고 있어.
결국 수열을 정확히 이해해야 급수도 쉽게 익힐 수 있는 거야.
그리고 무엇보다 중요한 것은 수열의 극한과 급수의 개념이 적분법 단원과
연결되기 때문에 정확히 이해하고 정리하는 것이 필요해.
그럼 계속해서 파이팅!

안녕? 주식 샘이야!
자연 계열의 학과로 진학할 학생들에게 가장 중요한 과목인
미적분의 첫 단원 수열의 극한을 끝낸 것을 축하해!
우리는
'수열 $\{a_n\}$에서 $n$의 값이 한없이 커질 때 일반항 $a_n$의 값이
어떤 실수 $\alpha$에 한없이 가까워지면 수열 $\{a_n\}$은 $\alpha$에 수렴한다.'
라고 배웠어.
그런데 여기에서 '한없이'라는 단어가 비수학적으로 느껴지지 않니?
이러한 비수학적 용어가 사용된 것은 극한을 엄밀하게 정의하면
더 어려운 개념이 사용되기 때문이지.
그래서 '한없이'라는 표현으로 에둘러 나타낸 거야.
고등학교 교육과정에서는 수렴하는 수열의 결과물인 극한값을
주로 학습하게 돼.
극한에 대하여 더 정확하게 알고 싶다면, 대학교에서~~
우린 이제 남은 미분법과 적분법 단원을 정복하러 가야겠지?
Go~ Go~

# Ⅱ. 미분법

## 개념 01  지수함수의 극한

지수함수 $y=a^x$ $(a>0,\ a\neq1)$에서

(1) $a>0$일 때
$$\lim_{x\to\infty} a^x=\infty,\quad \lim_{x\to-\infty} a^x=0$$

(2) $0<a<1$일 때
$$\lim_{x\to\infty} a^x=0,\quad \lim_{x\to-\infty} a^x=\infty$$

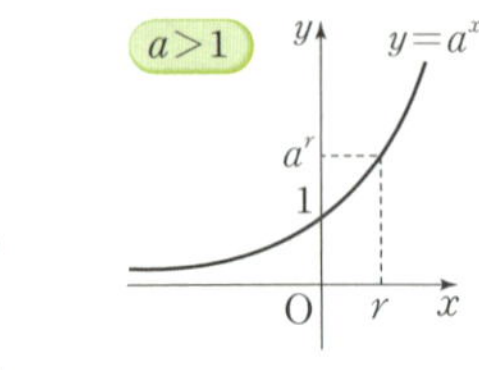 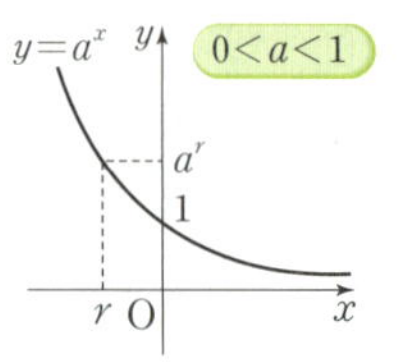

[0266~0273] 다음 극한을 조사하시오.

**0266** $\displaystyle\lim_{x\to\infty}\frac{2^x}{3^x}$

**0267** $\displaystyle\lim_{x\to\infty}\frac{2^x}{5^{2x}}$

**0268** $\displaystyle\lim_{x\to\infty}\frac{3^{x+1}}{2+3^x}$

**0269** $\displaystyle\lim_{x\to-\infty}\frac{3\times5^x}{4\times2^{2x}}$

**0270** $\displaystyle\lim_{x\to-\infty}\frac{2^x-2^{-x}}{2^x+2^{-x}}$

**0271** $\displaystyle\lim_{x\to\infty}(4^x-3^x)$

**0272** $\displaystyle\lim_{x\to0}\left\{\left(\frac{1}{8}\right)^x+3\right\}$

**0273** $\displaystyle\lim_{x\to2}\frac{5^x}{2^{x+1}+3^x}$

## 개념 02  로그함수의 극한

로그함수 $y=\log_a x$ $(a>0,\ a\neq1)$에서

(1) $a>1$일 때
$$\lim_{x\to0+}\log_a x=-\infty,\quad \lim_{x\to\infty}\log_a x=\infty$$

(2) $0<a<1$일 때
$$\lim_{x\to0+}\log_a x=\infty,\quad \lim_{x\to\infty}\log_a x=-\infty$$

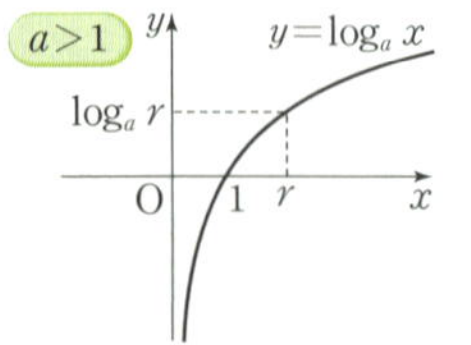 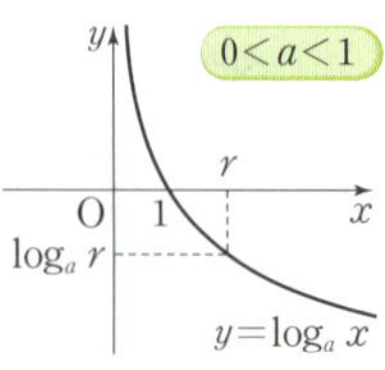

참고 함수 $f(x)$에서 실수 $r$에 대하여 $\displaystyle\lim_{x\to r}f(x)$가 존재하고 $f(x)>0$,
$\displaystyle\lim_{x\to r}f(x)>0$이면
$$\lim_{x\to r}\{\log_a f(x)\}=\log_a\left\{\lim_{x\to r}f(x)\right\}\ (\text{단},\ a>0,\ a\neq1)$$

[0274~0281] 다음 극한을 조사하시오.

**0274** $\displaystyle\lim_{x\to0+}\log_3 x$

**0275** $\displaystyle\lim_{x\to0+}\log_{\frac{1}{2}} 5x$

**0276** $\displaystyle\lim_{x\to\infty}\log 4x$

**0277** $\displaystyle\lim_{x\to\infty}\log\frac{1}{x}$

**0278** $\displaystyle\lim_{x\to\infty}\log_2(x^3+7)$

**0279** $\displaystyle\lim_{x\to\infty}\{\log_4(4x+2)-\log_4 x\}$

**0280** $\displaystyle\lim_{x\to2+}\log_{\frac{1}{3}}(x-2)$

**0281** $\displaystyle\lim_{x\to27}\log_3 x$

## 개념 03  무리수 $e$와 자연로그

(1) 무리수 $e$
$$e=\lim_{x\to0}(1+x)^{\frac{1}{x}}=\lim_{x\to\infty}\left(1+\frac{1}{x}\right)^x\ (e=2.718\cdots)$$

(2) 자연로그
무리수 $e$를 밑으로 하는 로그 $\log_e x$를 $x$의 자연로그라 하고, 간단히 $\ln x$와 같이 나타낸다.

참고 무리수 $e$를 밑으로 하는 지수함수 $y=e^x$과 로그함수 $y=\ln x$는 서로 역함수 관계에 있다.
$$\Rightarrow y=e^x \Longleftrightarrow x=\ln y$$

(3) $e$의 정의를 이용한 지수함수와 로그함수의 극한
$a>0,\ a\neq1$일 때

① $\displaystyle\lim_{x\to0}\frac{\ln(1+x)}{x}=1$

② $\displaystyle\lim_{x\to0}\frac{e^x-1}{x}=1$

③ $\displaystyle\lim_{x\to0}\frac{\log_a(1+x)}{x}=\frac{1}{\ln a}$

④ $\displaystyle\lim_{x\to0}\frac{a^x-1}{x}=\ln a$

[0282~0285] 다음 극한값을 구하시오.

**0282** $\displaystyle\lim_{x\to0}(1+3x)^{\frac{1}{3x}}$

**0283** $\displaystyle\lim_{x\to\infty}\left(1+\frac{3}{x}\right)^{\frac{x}{3}}$

**0284** $\displaystyle\lim_{x\to0}(1+x)^{-\frac{1}{x}}$

**0285** $\displaystyle\lim_{x\to\infty}\left(1+\frac{1}{5x}\right)^{6x}$

[0286~0289] 다음 등식을 만족시키는 $x$의 값을 구하시오.

**0286** $\ln x = 3$

**0287** $\ln x = -\dfrac{1}{3}$

**0288** $e^x = 2$

**0289** $e^{4x} = \dfrac{1}{16}$

[0290~0293] 다음 값을 구하시오.

**0290** $\ln e^{-3}$

**0291** $\ln \sqrt[4]{e}$

**0292** $\ln \dfrac{1}{\sqrt[3]{e}}$

**0293** $\dfrac{1}{\log_{10} e} - \dfrac{1}{\log_2 e}$

[0294~0299] 다음 극한값을 구하시오.

**0294** $\displaystyle\lim_{x \to 0} \dfrac{\ln(1+3x)}{x}$

**0295** $\displaystyle\lim_{x \to 0} \dfrac{\ln(1+x)^4}{x}$

**0296** $\displaystyle\lim_{x \to 0} \dfrac{e^{2x}-1}{x}$

**0297** $\displaystyle\lim_{x \to 0} \dfrac{e^{5x}-e^{2x}}{x}$

**0298** $\displaystyle\lim_{x \to 0} \dfrac{\log_4(1+2x)}{x}$

**0299** $\displaystyle\lim_{x \to 0} \dfrac{3^x-1}{3x}$

---

**개념 04**　　**지수함수의 도함수**

(1) $y = e^x$이면 $y' = e^x$

(2) $y = a^x \ (a>0,\ a \neq 1)$이면 $y' = a^x \ln a$

> 참고 $y' = \displaystyle\lim_{h \to 0} \dfrac{a^{x+h}-a^x}{h} = \lim_{h \to 0} \dfrac{a^x(a^h-1)}{h}$
> $= a^x \displaystyle\lim_{h \to 0} \dfrac{a^h-1}{h} = a^x \ln a$

[0300~0303] 다음 함수를 미분하시오.

**0300** $y = 4e^x$　　　　**0301** $y = e^{x+3}$

**0302** $y = (x-2)e^x$　　　　**0303** $y = x^3 e^x$

[0304~0307] 다음 함수를 미분하시오.

**0304** $y = 5^x$　　　　**0305** $y = 3 \times 7^x$

**0306** $y = 2^{3x+2}$　　　　**0307** $y = x \times 3^x$

---

**개념 05**　　**로그함수의 도함수**

(1) $y = \ln x$이면 $y' = \dfrac{1}{x}$

(2) $y = \log_a x \ (a>0,\ a \neq 1)$이면 $y' = \dfrac{1}{x \ln a}$

> 참고 $\log_a x = \dfrac{\log_e x}{\log_e a} = \dfrac{\ln x}{\ln a}$ 이므로
> $y' = \left(\dfrac{\ln x}{\ln a}\right)' = \dfrac{1}{\ln a}(\ln x)' = \dfrac{1}{\ln a} \cdot \dfrac{1}{x} = \dfrac{1}{x \ln a}$

[0308~0311] 다음 함수를 미분하시오.

**0308** $y = \ln 5x$　　　　**0309** $y = \ln x^4$

**0310** $y = x^2 \ln 3x$　　　　**0311** $y = e^x \ln x$

[0312~0315] 다음 함수를 미분하시오.

**0312** $y = 5 \log x + x$　　　　**0313** $y = \log_2 7x$

**0314** $y = x \log_4 x$　　　　**0315** $y = (\log_5 x)^2$

## 유형 01  지수함수의 극한

지수함수의 극한은 다음과 같은 순서로 구한다.
❶ 주어진 식을 변형한다.

- $\dfrac{\infty}{\infty}$ 꼴이면 분모에서 밑이 가장 큰 항으로 분모, 분자를 나눈다.
- $\infty-\infty$ 꼴이면 밑이 가장 큰 항으로 묶는다.

❷ $a>1$이면 $\displaystyle\lim_{x\to\infty}\left(\dfrac{1}{a}\right)^x=0$, $0<a<1$이면 $\displaystyle\lim_{x\to\infty}a^x=0$임을 이용하여 극한값을 구한다.

### 👍 대표 예제

**0316** $\displaystyle\lim_{x\to\infty}\dfrac{4^x-3^{x+1}}{4^{x+1}+3^x}$ 의 값은?

① $\dfrac{1}{4}$    ② $\dfrac{1}{3}$    ③ $1$

④ $3$    ⑤ $4$

**선생님 해설**

분모, 분자를 $4^x$으로 나눈다.

$$\lim_{x\to\infty}\dfrac{4^x-3^{x+1}}{4^{x+1}+3^x}=\lim_{x\to\infty}\dfrac{1-3\cdot\left(\dfrac{3}{4}\right)^x}{4+\left(\dfrac{3}{4}\right)^x}$$

$$=\dfrac{1-0}{4+0}=\dfrac{1}{4}$$

수학 Ⅱ의 01. 함수의 극한에서 배운 함수의 극한값의 계산 기억하니?! 다항함수가 지수함수로 바뀌었을 뿐 풀이 과정은 비슷해!

답 ①

**0317** 대표 예제 한 번 더

$\displaystyle\lim_{x\to\infty}\dfrac{2^{x+2}+2^{-x}}{2^{1-x}+2^x}$ 의 값은?

① $\dfrac{1}{4}$    ② $\dfrac{1}{2}$    ③ $1$

④ $2$    ⑤ $4$

**0318**

$\displaystyle\lim_{x\to\infty}(5^{x+1}-2^x)^{\frac{1}{x}}$의 값은?

① $2$    ② $4$    ③ $5$

④ $10$    ⑤ $25$

**0319**

$$\lim_{x\to\infty}\dfrac{k\times 5^{x+1}+\dfrac{1}{k}\times 5^{x-1}}{5^{x-2}+5}=50$$일 때, 상수 $k$의 값은?

(단, $k\neq 0$)

① $\dfrac{1}{25}$    ② $\dfrac{1}{5}$    ③ $1$

④ $5$    ⑤ $25$

**0320**

$\displaystyle\lim_{x\to-\infty}\dfrac{3^x-2x^2+2}{3x^2+1}$ 의 값은?

① $-1$    ② $-\dfrac{2}{3}$    ③ $0$

④ $\dfrac{2}{3}$    ⑤ $1$

## 유형 02 로그함수의 극한

로그함수의 극한은 다음과 같은 순서로 구한다.
❶ 주어진 식을 로그의 성질을 이용하여 $\lim\limits_{x \to \infty}\{\log_a f(x)\}$ 꼴로 변형한다.

❷ $\lim\limits_{x \to \infty}\{\log_a f(x)\}=\log_a\left\{\lim\limits_{x \to \infty} f(x)\right\}$ 임을 이용하여 극한값을 구한다. (단, $a>0$, $a\neq1$, $f(x)>0$, $\lim\limits_{x \to \infty} f(x)>0$)

### 👍 대표 예제

**0321** $\lim\limits_{x \to 3}\{\log_2|x^2+2x-15|-\log_2|x-3|\}$의 값은?

① 1　　　　② $\dfrac{3}{2}$　　　　③ 2

④ $\dfrac{5}{2}$　　　　⑤ 3

**선생님 해설**

$\lim\limits_{x \to 3}\{\log_2|x^2+2x-15|-\log_2|x-3|\}$

$=\lim\limits_{x \to 3}\log_2\left|\dfrac{x^2+2x-15}{x-3}\right|=\lim\limits_{x \to 3}\log_2\left|\dfrac{(x+5)(x-3)}{x-3}\right|$

$=\lim\limits_{x \to 3}\log_2|x+5|=\log_2\left(\lim\limits_{x \to 3}|x+5|\right)$

$=\log_2 8=3$

> **해설 속 칠판** 로그의 성질
>
> $a>0$, $a\neq1$, $M>0$, $N>0$일 때
> (1) $\log_a M+\log_a N=\log_a MN$
> (2) $\log_a M-\log_a N=\log_a\dfrac{M}{N}$
> (3) $\log_a M^k=k\log_a M$ (단, $k$는 실수)

**답** ⑤

**0322** 대표 예제 한 번 더
$\lim\limits_{x \to \infty}(\log_3 6x-\log_3\sqrt{4x^2+x}\,)$의 값은?

① 1　　　　② $\sqrt{2}$　　　　③ $\sqrt{3}$

④ 2　　　　⑤ $\sqrt{5}$

## 0323

$\lim\limits_{x \to \infty}\dfrac{\log_3 x-4}{\log_2 x+1}$ 의 값은?

① 0　　　　② $\log_3 2$　　　　③ 1

④ $\log_2 3$　　　　⑤ 2

## 0324

$\lim\limits_{x \to \infty}\dfrac{1}{x}\log_2(4^x+3^x)$의 값은?

① 1　　　　② 2　　　　③ 3

④ 4　　　　⑤ 5

## 0325

함수 $f(x)=\log_3 x$에 대하여 $\lim\limits_{x \to \infty}\dfrac{f(x^3)}{f(3x)-f\left(\dfrac{1}{x}\right)}$의 값은?

① $\dfrac{3}{2}$　　　　② 2　　　　③ $\dfrac{5}{2}$

④ 3　　　　⑤ $\dfrac{7}{2}$

### 유형 03  $\lim_{x\to 0}(1+x)^{\frac{1}{x}}$ 꼴의 극한

① $\lim_{x\to 0}(1+x)^{\frac{1}{x}}=e$

➡ $\lim_{x\to 0}(1+ax)^{\frac{b}{x}}=\lim_{x\to 0}\{(1+ax)^{\frac{1}{ax}}\}^{ab}=e^{ab}$

(단, $a$, $b$는 0이 아닌 상수이다.)

② $\lim_{x\to\infty}\left(1+\frac{1}{x}\right)^{x}=e$

➡ $\lim_{x\to\infty}\left(1+\frac{1}{ax}\right)^{bx}=\lim_{x\to\infty}\left\{\left(1+\frac{1}{ax}\right)^{ax}\right\}^{\frac{b}{a}}=e^{\frac{b}{a}}$

(단, $a$, $b$는 0이 아닌 상수이다.)

#### 👍 대표 예제

**0326** $\lim_{x\to 0}(1+ax)^{\frac{4}{x}}=e^{8}$일 때, 상수 $a$의 값은?

① 2 　　　② 4 　　　③ 6

④ 8 　　　⑤ 10

**선생님 해설**

$\lim_{x\to 0}(1+ax)^{\frac{4}{x}}=\lim_{x\to 0}\{(1+ax)^{\frac{1}{ax}}\}^{4a}=e^{4a}$

즉, $e^{4a}=e^{8}$이므로

$4a=8$ 　　∴ $a=2$

 $\lim_{\bullet\to 0}(1+\bullet)^{\frac{1}{\bullet}}$ 또는 $\lim_{\blacksquare\to\infty}\left(1+\frac{1}{\blacksquare}\right)^{\blacksquare}$ 꼴의 문제는 무리수 $e$의 정의를 이용해!

답 ①

**0327** 〔대표 예제〕〔한 번 더〕

$\lim_{x\to\infty}\left(1+\frac{a}{x}\right)^{2x}=e$일 때, 상수 $a$의 값은?

① $\dfrac{1}{4}$ 　　　② $\dfrac{1}{2}$ 　　　③ 1

④ 2 　　　⑤ 4

**0328**

$\lim_{n\to\infty}\left\{\dfrac{1}{2}\left(1+\dfrac{1}{n}\right)\left(1+\dfrac{1}{n+1}\right)\left(1+\dfrac{1}{n+2}\right)\cdots\left(1+\dfrac{1}{2n}\right)\right\}^{n}$ 의 값은?

① 1 　　　② $\sqrt{e}$ 　　　③ $e$

④ $e^{2}$ 　　　⑤ $e^{4}$

**0329**

$\lim_{x\to 1}x^{\frac{k}{1-x}}=e^{2}$일 때, 상수 $k$의 값은?

① $-2$ 　　　② $-\dfrac{1}{2}$ 　　　③ $\dfrac{1}{2}$

④ 1 　　　⑤ 2

**0330**

두 양수 $p$, $q$에 대하여 $\lim_{x\to\infty}\left(\dfrac{x+q}{x-p}\right)^{x}$의 값은?

① $e^{p}$ 　　　② $e^{q}$ 　　　③ $e^{q-p}$

④ $e^{p-q}$ 　　　⑤ $e^{p+q}$

## 유형 04 $\displaystyle\lim_{x \to 0} \frac{\ln(1+x)}{x}$ 꼴의 극한

$$\lim_{x \to 0} \frac{\ln(1+x)}{x} = 1$$

$$\Rightarrow \lim_{x \to 0} \frac{\ln(1+ax)}{bx} = \lim_{x \to 0} \frac{\ln(1+ax)}{ax} \times \frac{a}{b} = \frac{a}{b}$$

(단, $a$, $b$는 0이 아닌 상수이다.)

### 👍 대표 예제

**0331** $\displaystyle\lim_{x \to 0} \frac{4x}{\ln(1+2x)}$ 의 값은?

① $\dfrac{1}{4}$  ② $\dfrac{1}{2}$  ③ $1$

④ $2$  ⑤ $4$

**선생님 해설**

$$\lim_{x \to 0} \frac{4x}{\ln(1+2x)} = \lim_{x \to 0} \frac{2x}{\ln(1+2x)} \cdot 2$$
$$= \lim_{x \to 0} \frac{1}{\dfrac{\ln(1+2x)}{2x}} \cdot 2$$
$$= \frac{1}{1} \cdot 2 = 2$$

$\displaystyle\lim_{\bullet \to 0} \frac{\ln(1+\bullet)}{\bullet}$ 와 같이 ●끼리 같아지도록 변형해야 해~

○ 답 ④

**0332** 대표 예제 | 한 번 더

$\displaystyle\lim_{x \to 0} \frac{\ln(1+5x)}{\ln(1+2x)}$ 의 값은?

① $\dfrac{1}{5}$  ② $\dfrac{2}{5}$  ③ $1$

④ $2$  ⑤ $\dfrac{5}{2}$

**0333**

$\displaystyle\lim_{x \to 1} \frac{\ln x}{x^2-1}$ 의 값은?

① $0$  ② $\dfrac{1}{2}$  ③ $1$

④ $\dfrac{3}{2}$  ⑤ $2$

**0334**

함수 $f(x) = e^{3x+1}$ 의 역함수를 $g(x)$라 할 때,

$\displaystyle\lim_{x \to 0+} \frac{g(ex+e)}{f(g(x))}$ 의 값은?

① $-3$  ② $-\dfrac{1}{3}$  ③ $\dfrac{1}{3}$

④ $1$  ⑤ $3$

**0335**

$\displaystyle\lim_{x \to 0} \frac{1}{x} \ln \frac{2x+3}{x+3}$ 의 값은?

① $\dfrac{1}{3}$  ② $\dfrac{1}{2}$  ③ $1$

④ $\dfrac{3}{2}$  ⑤ $3$

## 유형 05   $\lim\limits_{x\to 0}\dfrac{e^x-1}{x}$ 꼴의 극한

$$\lim_{x\to 0}\frac{e^x-1}{x}=1$$

$$\Rightarrow \lim_{x\to 0}\frac{e^{ax}-1}{x}=\lim_{x\to 0}\frac{e^{ax}-1}{ax}\times a=a$$

(단, $a$는 0이 아닌 상수이다.)

### 👍 대표 예제

**0336** $\lim\limits_{x\to 0}\dfrac{x^2-2x}{e^{2x}-1}$ 의 값은?

① $-2$      ② $-1$      ③ $0$

④ $1$      ⑤ $2$

**선생님 해설**

$$\lim_{x\to 0}\frac{x^2-2x}{e^{2x}-1}=\lim_{x\to 0}\frac{x(x-2)}{e^{2x}-1}$$
$$=\lim_{x\to 0}\frac{2x}{e^{2x}-1}\cdot\frac{x-2}{2}$$
$$=\lim_{x\to 0}\frac{1}{\dfrac{e^{2x}-1}{2x}}\cdot\frac{x-2}{2}$$
$$=\frac{1}{1}\cdot(-1)=-1$$

**답** ②

**0337** `대표 예제` `한 번 더`

$\lim\limits_{x\to 0}\dfrac{(e^{2x}-1)\ln(x+1)}{x^2}$ 의 값은?

① $1$      ② $\dfrac{3}{2}$      ③ $2$

④ $\dfrac{5}{2}$      ⑤ $3$

**0338**

$\lim\limits_{x\to 0}\dfrac{e^{-x}-\sqrt{e^x}}{x}$ 의 값은?

① $-\dfrac{3}{2}$      ② $-1$      ③ $-\dfrac{1}{2}$

④ $\dfrac{1}{2}$      ⑤ $1$

**0339**

$\lim\limits_{x\to 1}\dfrac{e^{x-1}-x}{x-1}$ 의 값은?

① $-e$      ② $-1$      ③ $0$

④ $1$      ⑤ $e$

**0340**

$\lim\limits_{x\to 0}\dfrac{\sum\limits_{k=1}^{n}\ln(1+kx)}{e^{3x}-1}=22$ 를 만족시키는 자연수 $n$의 값을 구하시오.

## 유형 06   $\lim\limits_{x\to 0}\dfrac{\log_a(1+x)}{x}$ 꼴의 극한

$$\lim_{x\to 0}\frac{\log_a(1+x)}{x}=\frac{1}{\ln a}$$

$$\Rightarrow \lim_{x\to 0}\frac{\log_a(1+bx)}{x}=\lim_{x\to 0}\frac{\log_a(1+bx)}{bx}\times b=\frac{b}{\ln a}$$

(단, $b$는 0이 아닌 상수이다.)

### 👍 대표 예제

**0341**   $\lim\limits_{x\to 0}\dfrac{\log_3(1+3x)}{6x}$ 의 값은?

① $\dfrac{1}{6\ln 3}$     ② $\dfrac{1}{2\ln 3}$     ③ $1$

④ $\ln 3$     ⑤ $3\ln 3$

**선생님 해설**

$$\lim_{x\to 0}\frac{\log_3(1+3x)}{6x}=\lim_{x\to 0}\frac{\log_3(1+3x)}{3x}\cdot\frac{1}{2}$$
$$=\frac{1}{\ln 3}\cdot\frac{1}{2}=\frac{1}{2\ln 3}$$

$\lim\limits_{\bullet\to 0}\dfrac{\log_a(1+\bullet)}{\bullet}$ 와 같이 ●끼리 같아지도록 변형해야 해~

**답** ②

**0342** 대표 예제 한 번 더

$\lim\limits_{x\to 0}\dfrac{\log_2(1+4x)}{\log_4(1+2x)}$ 의 값은?

① $\dfrac{1}{4}$     ② $\dfrac{1}{2}$     ③ $1$

④ $2$     ⑤ $4$

**0343**

$\lim\limits_{x\to\infty} x\log_4\left(1+\dfrac{2}{x}\right)$ 의 값은?

① $\dfrac{1}{2\ln 2}$     ② $\dfrac{1}{\ln 2}$     ③ $\dfrac{2}{\ln 3}$

④ $\ln 2$     ⑤ $2\ln 2$

**0344**

$\lim\limits_{x\to 1}\dfrac{\log_2 x}{x^4-1}$ 의 값은?

① $\dfrac{1}{4\ln 2}$     ② $\dfrac{1}{2\ln 2}$     ③ $\dfrac{1}{\ln 2}$

④ $\ln 2$     ⑤ $2\ln 2$

**0345**

$\lim\limits_{x\to 0}\dfrac{\log_2(9-x)-\log_{\sqrt{2}}3}{2x}$ 의 값은?

① $-\dfrac{1}{18\ln 2}$     ② $-\dfrac{1}{9\ln 2}$     ③ $-\dfrac{1}{3\ln 2}$

④ $-\dfrac{1}{2\ln 2}$     ⑤ $-\dfrac{1}{\ln 2}$

## 유형 07   $\lim\limits_{x\to 0}\dfrac{a^{x}-1}{x}$ 꼴의 극한

$a>0$, $a\neq 1$일 때

$$\lim_{x\to 0}\frac{a^{x}-1}{x}=\ln a$$

$$\rightarrow \lim_{x\to 0}\frac{a^{bx}-1}{x}=\lim_{x\to 0}\frac{a^{bx}-1}{bx}\times b=b\ln a$$

(단, $b$는 0이 아닌 상수이다.)

### 👍 대표 예제

**0346**   $\lim\limits_{x\to 0}\dfrac{2^{x}-e^{x}}{x}$ 의 값은?

① $\ln 2-1$      ② $1-\ln 2$      ③ $\dfrac{1}{\ln 2}$

④ $\ln 2$      ⑤ $2\ln 2$

**선생님 해설**

$$\lim_{x\to 0}\frac{2^{x}-e^{x}}{x}=\lim_{x\to 0}\frac{2^{x}-1-(e^{x}-1)}{x}$$
$$=\lim_{x\to 0}\left(\frac{2^{x}-1}{x}-\frac{e^{x}-1}{x}\right)$$
$$=\ln 2-1$$

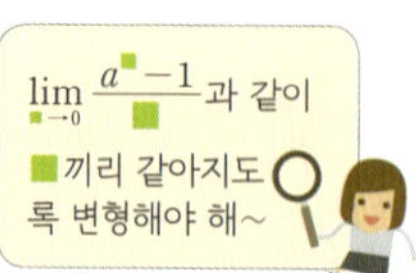


답 ①

**0347**   대표 예제   한 번 더

$\lim\limits_{x\to 0}\dfrac{\ln(1+2x)}{1-2^{3x}}$ 의 값은?

① $-\dfrac{3}{2\ln 2}$      ② $-\dfrac{2}{\ln 3}$      ③ $-\dfrac{1}{\ln 2}$

④ $-\dfrac{2}{3\ln 2}$      ⑤ $-\dfrac{1}{\ln 3}$

**0348**

$\lim\limits_{x\to 1}\dfrac{9^{x-1}-1}{x^{2}-1}$ 의 값은?

① $\dfrac{1}{2\ln 3}$      ② $\dfrac{1}{\ln 3}$      ③ $1$

④ $\ln 3$      ⑤ $2\ln 3$

**0349**

$\lim\limits_{x\to 0}\dfrac{f(x)}{2^{x}-1}=2$일 때, $\lim\limits_{x\to 0}\dfrac{x\ln(1+2x)}{\{f(x)\}^{2}}$ 의 값은?

① $\dfrac{1}{2(\ln 2)^{2}}$      ② $\dfrac{1}{2\ln 2}$      ③ $2$

④ $2\ln 2$      ⑤ $2(\ln 2)^{2}$

**0350** 🔼

$\lim\limits_{x\to 1}\dfrac{\ln\{\log_{2}(x+1)\}}{x-1}$ 의 값은?

① $\dfrac{1}{2\ln 2}$      ② $\dfrac{1}{\ln 2}$      ③ $\dfrac{\ln 2}{2}$

④ $2$      ⑤ $e$

| 유형 08 | 지수함수와 로그함수의 극한을 이용한 미정계수의 결정 |

두 함수 $f(x)$, $g(x)$에 대하여 $\lim\limits_{x \to a} \dfrac{f(x)}{g(x)} = \alpha$ ($\alpha$는 실수)일 때
① $\lim\limits_{x \to a} g(x) = 0$이면 $\lim\limits_{x \to a} f(x) = 0$이다.
② $\lim\limits_{x \to a} f(x) = 0$이고 $a \neq 0$이면 $\lim\limits_{x \to a} g(x) = 0$이다.

### 👍 대표 예제

**0351** $\lim\limits_{x \to 0} \dfrac{e^{2x} - a}{bx} = \dfrac{1}{2}$을 만족시키는 두 상수 $a$, $b$에 대하여 $a + b$의 값은?

① 1      ② 3      ③ 5
④ 7      ⑤ 9

**선생님 해설**

$x \to 0$일 때 (분모) $\to 0$이고 극한값이 존재하므로 (분자) $\to 0$이다.
즉, $\lim\limits_{x \to 0} (e^{2x} - a) = 0$이므로
$1 - a = 0$   $\therefore a = 1$
$a = 1$을 주어진 식에 대입하면
$$\lim\limits_{x \to 0} \dfrac{e^{2x} - 1}{bx} = \lim\limits_{x \to 0} \dfrac{e^{2x} - 1}{2x} \cdot \dfrac{2}{b}$$
$$= 1 \cdot \dfrac{2}{b} = \dfrac{1}{2}$$
$\therefore b = 4$
$\therefore a + b = 1 + 4 = 5$

**답** ③

**0352** [대표 예제] [한 번 더]

$\lim\limits_{x \to 0} \dfrac{\log_2 (x+1) + a}{x^2 + bx} = \dfrac{1}{2 \ln 2}$을 만족시키는 두 상수 $a$, $b$에 대하여 $a + b$의 값은?

① $-2$      ② $-1$      ③ 0
④ 1      ⑤ 2

**0353**

$\lim\limits_{x \to 0} \dfrac{\ln (x+a) - b}{x} = e$를 만족시키는 두 상수 $a$, $b$에 대하여 $ab$의 값은?

① $-e$      ② $-\dfrac{1}{e}$      ③ 1
④ $\dfrac{1}{e}$      ⑤ $e$

**0354**

$\lim\limits_{x \to 0} \dfrac{\left(\dfrac{a}{2}\right)^x + b}{\log_a (x+1)} = 2(\ln 2)^2$을 만족시키는 두 상수 $a$, $b$에 대하여 $ab$의 값은? (단, $0 < a < 1$)

① $-\dfrac{1}{8}$      ② $-\dfrac{1}{4}$      ③ $-\dfrac{1}{2}$
④ $\dfrac{1}{2}$      ⑤ $\dfrac{1}{4}$

**0355**

$\lim\limits_{x \to 1} \dfrac{\ln (2-x)}{1 - e^{ax+b}} = 3$이 성립할 때, 두 상수 $a$, $b$에 대하여 $|ab|$의 값은?

① $\dfrac{1}{9}$      ② $\dfrac{1}{3}$      ③ 1
④ 3      ⑤ 9

### 유형 09  지수함수와 로그함수의 극한의 도형에의 활용

도형에 대한 지수함수와 로그함수의 극한의 활용 문제는 다음과 같은 순서로 구한다.
❶ 구하는 선분의 길이 또는 도형의 넓이를 지수함수 또는 로그함수에 대한 식으로 나타낸다.
❷ 함수의 극한의 성질을 이용하여 극한값을 구한다.

#### 👍 대표 예제

**0356** 그림과 같이 곡선 $y=e^x-1$ 위의 점 $P(t,\ e^t-1)$이 제1사분면에 있다. $x$축 위의 점 $A(1,\ 0)$에 대하여 삼각형 OAP 의 넓이를 $S(t)$라 할 때, $\lim\limits_{t\to 0}\dfrac{S(t)}{t}$의 값은? (단, O는 원점이다.)

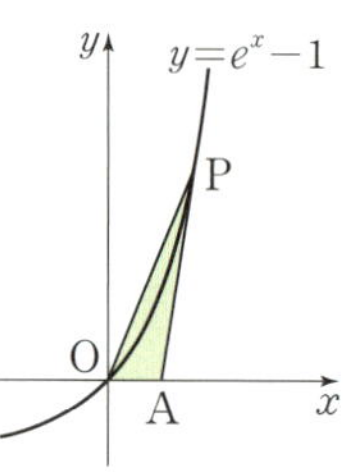

① $\dfrac{1}{4}$  ② $\dfrac{1}{2}$  ③ $1$

④ $2$  ⑤ $4$

**선생님 해설**

점 P에서 $x$축에 내린 수선의 발을 H라 하면
$$S(t)=\frac{1}{2}\cdot\overline{\text{OA}}\cdot\overline{\text{PH}}=\frac{1}{2}\cdot 1\cdot(e^t-1)$$
$$=\frac{e^t-1}{2}$$
$$\therefore \lim_{t\to 0}\frac{S(t)}{t}=\lim_{t\to 0}\frac{e^t-1}{2t}=\lim_{t\to 0}\frac{e^t-1}{t}\cdot\frac{1}{2}$$
$$=1\cdot\frac{1}{2}=\frac{1}{2}$$

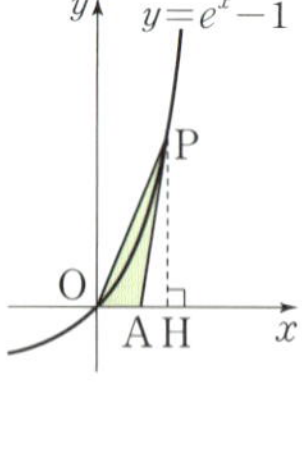

**답** ②

**0357** 그림과 같이 곡선 $y=\ln(x+1)$과 두 직선 $x=t$, $x=2t\ (t>0)$가 만나는 점을 각각 P, Q라 할 때, $\lim\limits_{t\to 0+}\dfrac{\overline{\text{OQ}}}{\overline{\text{OP}}}$의 값은? (단, O는 원점이다.)

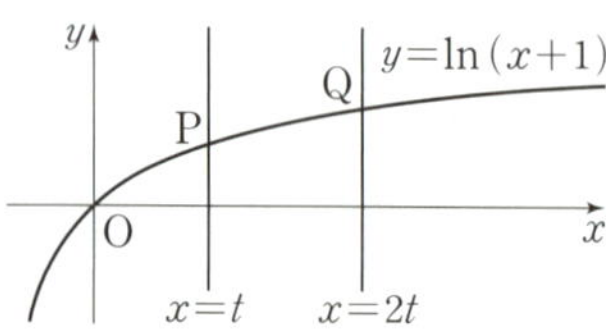

① $\dfrac{1}{4}$  ② $\dfrac{1}{2}$  ③ $1$

④ $2$  ⑤ $4$

**0358** 그림과 같이 두 함수 $y=\log_2 x$, $y=\log_4 x$의 그래프와 직선 $y=t\ (t>0)$의 교점을 각각 A, B라 하자. 삼각형 OAB의 넓이를 $S(t)$라 할 때, $\lim\limits_{t\to 0+}\dfrac{S(t)}{t^2}$의 값은? (단, O는 원점이다.)

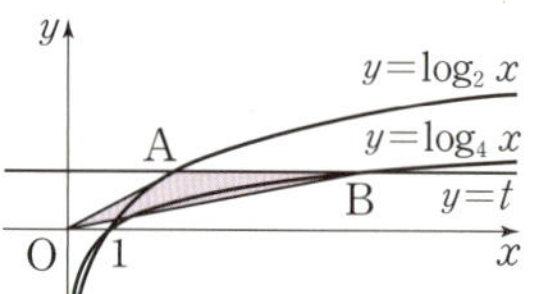

① $\dfrac{\ln 2}{4}$  ② $\dfrac{\ln 2}{2}$  ③ $\ln 2$

④ $2\ln 2$  ⑤ $4\ln 2$

**0359** 그림과 같이 함수 $y=\dfrac{3}{4}\ln(x+2)$의 그래프 위의 두 점 $A(-1,\ 0)$, $B\left(t,\ \dfrac{3}{4}\ln(t+2)\right)(t>-1)$에 대하여 선분 AB를 지름으로 하는 원을 그릴 때, 원과 $x$축이 만나는 두 점 중 A가 아닌 점을 P라 하자. $\lim\limits_{t\to -1+}\dfrac{\overline{\text{BP}}}{\overline{\text{AP}}}=\dfrac{q}{p}$일 때, $p^2+q^2$의 값을 구하시오. (단, $p$와 $q$는 서로소인 자연수이다.)

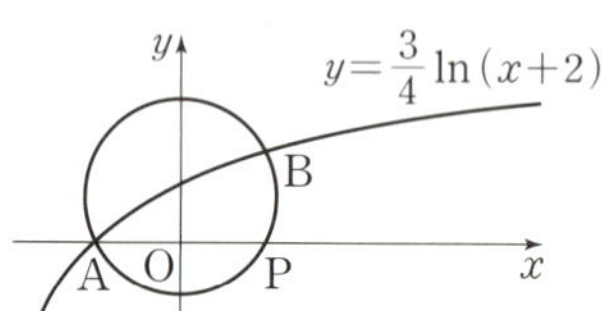

**0360** 그림과 같이 함수 $y=|3-\ln x|$의 그래프가 직선 $y=t$와 만나는 서로 다른 두 점을 각각 P, Q라 하자. 선분 PQ의 길이를 $l(t)$라 할 때, $\lim\limits_{t\to 0+}\dfrac{l(t)}{t}$의 값은? (단, $t>0$)

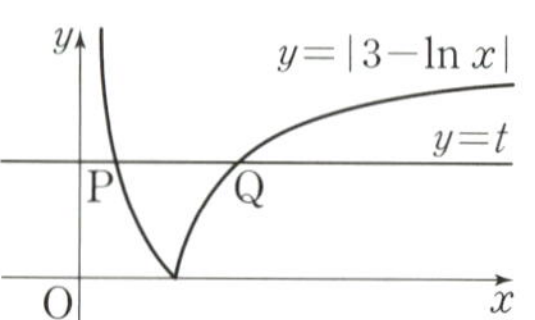

① $e^2$  ② $e^3$  ③ $2e$

④ $2e^2$  ⑤ $2e^3$

**유형 10** 지수함수와 로그함수의 연속과 미정계수의 결정

함수 $f(x)=\begin{cases} g(x) & (x\neq a) \\ k & (x=a) \end{cases}$ 가 모든 실수 $x$에서 연속이면

$$\lim_{x\to a} g(x)=k$$

(단, 함수 $g(x)$는 $x\neq a$인 모든 실수 $x$에서 연속이고 $k$는 상수이다.)

### 👍 대표 예제

**0361** 함수 $f(x)=\begin{cases} \dfrac{e^{x+a}-1}{2x} & (x\neq 0) \\ b & (x=0) \end{cases}$ 가 $x=0$에서 연속일

때, 두 상수 $a$, $b$에 대하여 $a+2b$의 값은?

① 0 　　　　② 1 　　　　③ 2

④ 3 　　　　⑤ 4

**선생님 해설**

함수 $f(x)$가 $x=0$에서 연속이면 $\lim\limits_{x\to 0} f(x)=f(0)$이므로

$\lim\limits_{x\to 0} \dfrac{e^{x+a}-1}{2x}=b$ ...... ㉠

$x\to 0$일 때 (분모) $\to 0$이고 극한값이 존재하므로 (분자) $\to 0$ 이다.

즉, $\lim\limits_{x\to 0}(e^{x+a}-1)=0$이므로 $e^a-1=0$

$e^a=1$ ∴ $a=0$

$a=0$을 ㉠에 대입하면

$b=\lim\limits_{x\to 0}\dfrac{e^x-1}{2x}=\lim\limits_{x\to 0}\dfrac{e^x-1}{x}\cdot\dfrac{1}{2}$

$=1\cdot\dfrac{1}{2}=\dfrac{1}{2}$

함수의 그래프가 끊어지지 않고 이어져 있기 위한 조건을 생각해 봐!

∴ $a+2b=0+2\cdot\dfrac{1}{2}=1$

**답** ②

**0362** 대표 예제 | 한 번 더

함수 $f(x)=\begin{cases} \dfrac{\ln(1+kx)}{3x} & (x>0) \\ |x-1| & (x\leq 0) \end{cases}$ 이 $x=0$에서 연속일 때,

상수 $k$의 값은?

① $-3$ 　　　　② $-1$ 　　　　③ 1

④ 3 　　　　⑤ 9

**0363**

함수 $f(x)=\begin{cases} \dfrac{a^x+b^x-2}{x} & (x\neq 0) \\ \ln 6 & (x=0) \end{cases}$ 이 실수 전체의 집합에

서 연속이 되도록 하는 두 자연수 $a$, $b$의 순서쌍 $(a,\ b)$의 개수를 구하시오.

**0364**

$x>2$인 모든 실수 $x$에서 연속인 함수 $f(x)$가

$$(x^2-9)f(x)=\ln(x-2)$$

를 만족시킬 때, $12f(3)$의 값은?

① 2 　　　　② 4 　　　　③ 6

④ 8 　　　　⑤ 10

**0365**

두 함수 $f(x)=3^x+3^{-x}$, $g(x)=\begin{cases} 2x-2 & (x\geq 2) \\ mx & (x<2) \end{cases}$ 에 대하

여 함수 $(f\circ g)(x)$가 실수 전체의 집합에서 연속이 되도록 하는 모든 실수 $m$의 값을 $\alpha$, $\beta$라 할 때, $e^{\beta-\alpha}$의 값은?

(단, $\alpha<\beta$)

① 1 　　　　② 2 　　　　③ $e$

④ $2e$ 　　　　⑤ $e^2$

### 유형 11   지수함수의 도함수

① $y=e^x$이면 $y'=e^x$
② $y=a^x$ $(a>0,\ a\neq1)$이면 $y'=a^x \ln a$

#### 🖑 대표 예제

**0366** 함수 $f(x)=(x^2+a)e^x$에 대하여 $f'(1)=e$일 때, 상수 $a$의 값은?

① $-2$          ② $-1$          ③ $0$
④ $1$          ⑤ $2$

**선생님 해설**

$f'(x)=2xe^x+(x^2+a)e^x=(x^2+2x+a)e^x$이므로
$f'(1)=(a+3)e$
즉, $(a+3)e=e$이므로
$a+3=1$    ∴ $a=-2$

곱의 미분법과 지수함수의 도함수를 이용해!

답 ①

**0367** 대표 예제 | 한 번 더
함수 $f(x)=(m-x)3^x$에 대하여 $f'(0)=-\ln 3e$일 때, 상수 $m$의 값은?

① $-5$          ② $-4$          ③ $-3$
④ $-2$          ⑤ $-1$

**0368**
함수 $f(x)=4^x-2^x$에 대하여 곡선 $y=f(x)$ 위의 점 $(1, f(1))$에서의 접선의 기울기는?

① $3\ln 2$          ② $4\ln 2$          ③ $5\ln 2$
④ $6\ln 2$          ⑤ $7\ln 2$

**0369**
함수 $f(x)=2^x$에 대하여
$$\lim_{h \to 0} \frac{f(a+h)-f(a-2h)}{h}=6\ln 2$$
일 때, 상수 $a$의 값은?

① $-2$          ② $-1$          ③ $0$
④ $1$          ⑤ $2$

**0370**
미분가능한 함수 $f(x)$에 대하여
$$\lim_{x \to 1} \frac{e^x f(x)-1}{x-1}=2$$
일 때, $f'(1)$의 값은?

① $\dfrac{1}{e}$          ② $\dfrac{2}{e}$          ③ $\dfrac{3}{e}$
④ $\dfrac{4}{e}$          ⑤ $\dfrac{5}{e}$

## 유형 12  로그함수의 도함수

① $y=\ln x$이면 $y'=\dfrac{1}{x}$

② $y=\log_a x\,(a>0,\ a\neq1)$이면 $y'=\dfrac{1}{x\ln a}$

### 👍 대표 예제

**0371** 함수 $f(x)=(x+k)\ln x$에 대하여 $f'(1)=4$일 때, 상수 $k$의 값은?

① 1        ② 3        ③ 5

④ 7        ⑤ 9

**선생님 해설**

$f'(x)=1\cdot\ln x+(x+k)\cdot\dfrac{1}{x}=\ln x+1+\dfrac{k}{x}$이므로

$f'(1)=\ln 1+1+k=k+1$

즉, $k+1=4$이므로    $\ln 1=0$이므로

$k=3$

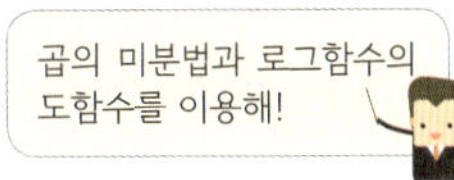


**답** ②

**0372** [대표 예제] [한 번 더]

함수 $f(x)=(4-x^2)\log_2 x$에 대하여 $f'(4)=\dfrac{p}{\ln 2}+q$를 만족시키는 $pq$의 값을 구하시오. (단, $p$, $q$는 유리수이다.)

**0373**

함수 $f(x)=x\ln x$에 대하여

$$\lim_{h\to0}\frac{f(a+h)-f(a-h)}{h}=2$$

일 때, 상수 $a$의 값은?

① $-e$        ② $-\dfrac{1}{e}$        ③ $\dfrac{1}{e}$

④ 1        ⑤ $e$

**0374**

함수 $f(x)=\log_2 5x$에 대하여 $\displaystyle\lim_{x\to2}\dfrac{x^2-4}{f(x)-f(2)}$의 값은?

① $2\ln 2$        ② $4\ln 2$        ③ $6\ln 2$

④ $8\ln 2$        ⑤ $10\ln 2$

**0375**

미분가능한 함수 $f(x)$에 대하여 함수 $g(x)$를

$$g(x)=f(x)\ln x$$

라 하자. $\displaystyle\lim_{x\to e}\dfrac{f(x)+4}{x-e}=\dfrac{1}{e}$일 때, $g'(e)$의 값은?

① $-\dfrac{5}{e}$        ② $-\dfrac{4}{e}$        ③ $-\dfrac{3}{e}$

④ $-\dfrac{2}{e}$        ⑤ $-\dfrac{1}{e}$

**유형 13** 지수함수와 로그함수의 도함수를 이용한 함수의 미분가능성

두 함수 $g(x)$, $h(x)$에 대하여 함수 $f(x)=\begin{cases} g(x) & (x \geq a) \\ h(x) & (x<a) \end{cases}$가

$x=a$에서 미분가능하면
① 함수 $f(x)$가 $x=a$에서 연속이다.
$\Rightarrow \lim\limits_{x \to a-} h(x) = g(a)$
② 함수 $f(x)$가 $x=a$에서 미분가능하다.
$\Rightarrow \lim\limits_{x \to a+} g'(x) = \lim\limits_{x \to a-} h'(x)$

## 👍 대표 예제

**0376** 함수 $f(x)=\begin{cases} a \ln x & (x>1) \\ x+b & (x \leq 1) \end{cases}$가 $x=1$에서 미분가능

하도록 하는 두 상수 $a$, $b$에 대하여 $a+b$의 값은?

① $-2$      ② $-1$      ③ $0$
④ $1$      ⑤ $2$

### 선생님 해설

함수 $f(x)$가 $x=1$에서 미분가능하려면 $x=1$에서 연속이어야 하므로
$\lim\limits_{x \to 1+} a \ln x = \lim\limits_{x \to 1-} (x+b) = f(1)$
$0 = 1+b$    $\therefore b = -1$
또한, 함수 $f(x)$가 $x=1$에서 미분가능하려면 $f'(1)$이 존재해야 하므로

$\lim\limits_{h \to 0+} \dfrac{f(1+h)-f(1)}{h} = \lim\limits_{h \to 0+} \dfrac{a \ln(1+h)-0}{h}$  $\bullet f(1)=1+b=0$이므로
$\qquad = a \lim\limits_{h \to 0+} \dfrac{\ln(1+h)}{h}$
$\qquad = a \cdot 1 = a$

$\lim\limits_{h \to 0-} \dfrac{f(1+h)-f(1)}{h} = \lim\limits_{h \to 0-} \dfrac{(1+h+b)-(1+b)}{h} = 1$

에서 $a=1$
$\therefore a+b = 1+(-1) = 0$

● 다른 풀이 ●

함수 $f(x)$가 $x=1$에서 미분가능하려면 $f'(1)$이 존재해야 하므로

$f'(x)=\begin{cases} \dfrac{a}{x} & (x>1) \\ 1 & (x<1) \end{cases}$

에서 $\lim\limits_{x \to 1+} \dfrac{a}{x} = \lim\limits_{x \to 1-} 1$    $\therefore a=1$

답 ③

---

**0377** 대표 예제 한 번 더

함수 $f(x)=\begin{cases} e^x+a & (x>0) \\ bx & (x \leq 0) \end{cases}$가 $x=0$에서 미분가능하도록

하는 두 상수 $a$, $b$에 대하여 $a^2+b^2$의 값은?

① $1$      ② $2$      ③ $5$
④ $8$      ⑤ $10$

**0378**

함수 $f(x)=\begin{cases} ae^{x-1} & (x \geq 1) \\ \ln bx & (0<x<1) \end{cases}$가 $x=1$에서 미분가능할

때, 두 상수 $a$, $b$에 대하여 $ab$의 값은? (단, $b>0$)

① $e-2$      ② $e-1$      ③ $e$
④ $e+1$      ⑤ $e+2$

**0379**

함수 $f(x)=\begin{cases} \ln x + 2a & (x \geq 1) \\ bx^2+ax & (x<1) \end{cases}$가 모든 실수 $x$에서 미분

가능할 때, $f'(a)$의 값은? (단, $a$, $b$는 상수이다.)

① $\dfrac{1}{9}$      ② $\dfrac{1}{3}$      ③ $\dfrac{5}{9}$
④ $\dfrac{7}{9}$      ⑤ $1$

**0380**

함수 $f(x)=\begin{cases} a^x & (x \geq e) \\ \log_a x & (0<x<e) \end{cases}$가 양의 실수 전체의 집합

에서 미분가능할 때, 실수 $a$의 값은? (단, $a>1$)

① $e^{\frac{1}{3}}$      ② $e^{\frac{1}{e}}$      ③ $e^{\frac{1}{2}}$
④ $e$      ⑤ $e^2$

## 0381

· 유형 03 ·

$\displaystyle\lim_{n\to\infty}\left(1+\dfrac{4}{n}+\dfrac{4}{n^2}\right)^{4n}$ 의 값은?

① $e$    ② $e^2$    ③ $e^4$

④ $e^8$    ⑤ $e^{16}$

## 0382

· 유형 08 + 유형 12 ·

함수 $f(x)=a+b\log_3 x$에 대하여 $\displaystyle\lim_{x\to1}\dfrac{f(x)}{x-1}=\dfrac{3}{\ln 3}$ 일 때, $f(9)$의 값은? (단, $a$, $b$는 상수이다.)

① 1    ② 3    ③ 6

④ 9    ⑤ 12

## 0383

· 유형 06 + 유형 07 ·

1보다 작은 양수 $a$에 대하여

$$\lim_{x\to0}\dfrac{a^x-1}{\log_a(1+4x)}=(\ln 3)^2$$

일 때, $a$의 값은?

① $\dfrac{1}{9}$    ② $\dfrac{1}{3}$    ③ $\dfrac{4}{9}$

④ $\dfrac{1}{2}$    ⑤ $\dfrac{2}{3}$

## 0384

· 유형 01 + 유형 02 ·

$\displaystyle\lim_{x\to\infty}\dfrac{\left(\dfrac{1}{4}\right)^x+\log_{\frac{1}{3}} x}{\left(\dfrac{1}{2}\right)^x+\log_{\frac{1}{9}} x}$ 의 값은?

① $\dfrac{1}{3}$    ② $\dfrac{1}{2}$    ③ 1

④ $\dfrac{3}{2}$    ⑤ 2

## 0385

· 유형 03 ·

함수 $f(x)=\left(\dfrac{1}{x+2}\right)^{\frac{x+2}{x+1}}$ $(x>-1)$에 대하여

$\displaystyle\lim_{x\to3}f(2-x)+\lim_{x\to-1}f(x)$의 값은?

① $\dfrac{1}{e}$    ② $\dfrac{2}{e}$    ③ $\dfrac{3}{e}$

④ $e$    ⑤ $e^2$

## 0386　사고력

· 유형 03 + 유형 07 ·

양의 실수 $a$, $b$, $c$, $d$에 대하여 $\displaystyle\lim_{x\to0}\left(\dfrac{a^x+b^x+c^x+d^x}{4}\right)^{\frac{1}{x}}$ 의 값은?

① $\sqrt[4]{abcd}$    ② $\sqrt[3]{abcd}$    ③ $\sqrt{abcd}$

④ $\sqrt[4]{(abcd)^3}$    ⑤ $\sqrt[3]{(abcd)^2}$

## 0387
· 유형 04 ·

수열 $\{a_n\}$이 $a_n=\ln\left(1-\dfrac{1}{n^2}\right)$ $(n=2,\ 3,\ 4,\ \cdots)$을 만족시

킬 때, 수열 $\{b_n\}$을 $b_n=\displaystyle\sum_{k=n}^{2n}a_k$라 하자. $\displaystyle\lim_{n\to\infty}\dfrac{6n^2}{n+1}b_n$의 값은?

① $-3$      ② $-2$      ③ $-1$

④ $\dfrac{1}{e}$      ⑤ $\dfrac{1}{e^2}$

## 0388
· 유형 09 ·

그림과 같이 함수 $y=\log_2 x$의 그래프 위의 두 점 $A(1,\ 0)$, $B(t,\ \log_2 t)$ $(t>1)$에 대하여 점 $A$를 지나면서 $y$축에 평행한 직선과 점 $B$를 지나면서 $x$축에 평행한 직선이 만나는 점을 $C$라 하자. 선분 $BC$를 지름으로 하는 원의 넓이를 $S_1$, 삼각형 $ABC$의 넓이를 $S_2$라 할 때, $\displaystyle\lim_{t\to1}\dfrac{S_1}{S_2}$의 값은?

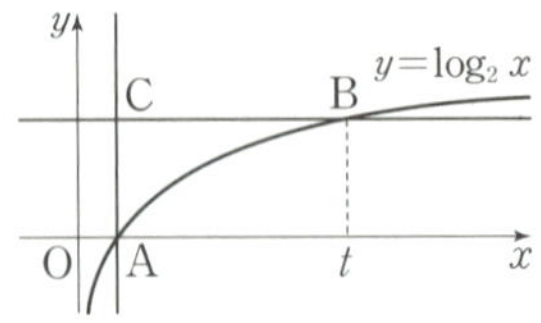

① $\pi$      ② $\dfrac{\pi\ln 2}{2}$      ③ $\pi\ln 2$

④ $\dfrac{3\pi\ln 2}{2}$      ⑤ $2\pi\ln 2$

## 0389
· 유형 04 + 유형 05 + 유형 07 ·

함수 $f(x)$에 대하여 **보기**에서 옳은 것만을 있는 대로 고른 것은?

┤ 보기 ├

ㄱ. $\displaystyle\lim_{x\to0}\dfrac{\ln(1+x)}{f(x)}=1$이면 $\displaystyle\lim_{x\to0}\dfrac{f(x)}{e^x-1}=1$이다.

ㄴ. $\displaystyle\lim_{x\to0}\dfrac{e^{2x}-1}{f(x)}=1$이면 $\displaystyle\lim_{x\to0}\dfrac{4^x-1}{f(x)}=2\ln 2$이다.

ㄷ. $f(x)=\displaystyle\lim_{n\to\infty}n(\sqrt[n]{x}-1)$ $(x>0)$이면

$\displaystyle\lim_{x\to0}\dfrac{f(x+1)}{x}=1$이다.

① ㄱ      ② ㄴ      ③ ㄷ

④ ㄱ, ㄴ      ⑤ ㄱ, ㄷ

## 0390
**사고력**
· 유형 13 ·

$0<a<1$인 상수 $a$에 대하여 곡선 $y=\log_a x$와 직선 $y=x$가 만나는 점의 $x$좌표를 $b$라 하자.

함수 $f(x)=\begin{cases}\log_a x & (x\geq b)\\ a^x & (x<b)\end{cases}$이 실수 전체의 집합에서 미분

가능할 때, $\dfrac{a}{b}$의 값은?

① $e^{1-e}$      ② $e^{-e}$      ③ $e^{1+e}$

④ $e^e$      ⑤ $e^{2e}$

## 0391
· 유형 10 ·

함수 $f(x)=\begin{cases}\dfrac{1}{\ln(x+1)} & (x\neq0)\\ 1 & (x=0)\end{cases}$에 대하여 **보기**에서

옳은 것만을 있는 대로 고른 것은?

┤ 보기 ├

ㄱ. 함수 $xf(x)$는 $x=0$에서 연속이다.

ㄴ. 함수 $x^2 f(x)$는 $x=0$에서 연속이다.

ㄷ. 함수 $f(xf(x))$는 $x=0$에서 연속이다.

① ㄱ      ② ㄴ      ③ ㄷ

④ ㄴ, ㄷ      ⑤ ㄱ, ㄴ, ㄷ

## 0392
**창의력+**
· 유형 13 ·

함수 $f(x)$가 다음 조건을 만족시킨다.

(가) 함수 $f(x)$는 $x=1$에서 미분가능하다.

(나) $\displaystyle\lim_{x\to1}\dfrac{\ln(x-1)^2\times f(x)}{\ln x}=2$

$f(1)+f'(1)$의 값은?

① $0$      ② $\ln 2$      ③ $1$

④ $2$      ⑤ $e$

## 0393

• 유형 06 •

함수 $f(x)$에 대하여 $\lim\limits_{x \to 0} \{f(x)\log_2(1+2x)\}=1$일 때,

$\lim\limits_{x \to \frac{\pi}{2}} \left\{(\pi-2x)f\left(x-\dfrac{\pi}{2}\right)\right\}$의 값을 구하시오.

☑ **필요 개념 및 공식**

☐ 무리수 $e$의 정의를 이용한 로그함수의 극한

## 0394

• 유형 04 + 유형 05 •

함수 $f(x)$가 $x>-\dfrac{1}{3}$인 모든 실수 $x$에 대하여 부등식

$$\ln(1+3x) \le f(x) \le e^{3x}-1$$

을 만족시킬 때, $\lim\limits_{x \to 0} \dfrac{f(x)}{x}$의 값을 구하시오.

☑ **필요 개념 및 공식**

☐ 함수의 극한의 대소 관계  ☐ 무리수 $e$의 정의를 이용한 지수함수와 로그함수의 극한

## 0395

• 유형 08 •

$\lim\limits_{x \to 0} \dfrac{2-\sqrt{ax+b}}{e^x-1}=2$를 만족시키는 두 상수 $a$, $b$에 대하여 $b-a$의 값을 구하시오.

☑ **필요 개념 및 공식**

☐ 무리식의 유리화  ☐ 무리수 $e$의 정의를 이용한 지수함수의 극한

## 0396

• 유형 12 •

자연수 $n$에 대하여 $f(n)=\lim\limits_{x \to 1} \dfrac{x^n \ln x}{x^n-1}$라 할 때,

$\sum\limits_{n=1}^{\infty} f(n)f(n+2)=\dfrac{q}{p}$이다. $p+q$의 값을 구하시오.

(단, $p$와 $q$는 서로소인 자연수이다.)

☑ **필요 개념 및 공식**

☐ 미분계수의 정의  ☐ 부분분수로의 변형

## 0397

• 유형 01 •

$\lim\limits_{x \to \infty} \dfrac{a^{x+2}+2a^x-2^x}{a^{x+1}-a^x+2^{x+1}}=6$을 만족시키는 상수 $a$의 값을 구하시오. (단, $a>1$)

☑ **필요 개념 및 공식**

☐ 지수함수의 극한

## 0398

• 유형 11 •

실수 전체의 집합에서 미분가능한 두 함수 $f(x)$, $g(x)$가 다음 조건을 만족시킨다.

> (가) $f(x)+(x+1)g(x)=2e^x+5x$
>
> (나) $\lim\limits_{x \to 0} \dfrac{g(x)}{x^2}=2$

$f'(0)$의 값을 구하시오.

☑ **필요 개념 및 공식**

☐ 지수함수의 도함수  ☐ 미분계수의 정의

## 개념 01   csc $\theta$, sec $\theta$, cot $\theta$의 뜻과 삼각함수 사이의 관계

(1) csc $\theta$, sec $\theta$, cot $\theta$의 뜻

동경 OP가 나타내는 일반각의 크기 $\theta$에 대하여

$$\csc \theta = \frac{r}{y} \ (y \neq 0),$$

$$\sec \theta = \frac{r}{x} \ (x \neq 0),$$

$$\cot \theta = \frac{x}{y} \ (y \neq 0)$$

로 정의되는 함수를 차례대로 $\theta$의 코시컨트함수, 시컨트함수, 코탄젠트함수라 한다.

> 참고   삼각함수의 정의에서 다음이 성립함을 알 수 있다.
>
> $$\csc \theta = \frac{1}{\sin \theta}, \ \sec \theta = \frac{1}{\cos \theta}, \ \cot \theta = \frac{1}{\tan \theta}$$

(2) csc $\theta$, sec $\theta$, cot $\theta$와 삼각함수 사이의 관계

각 $\theta$에 대하여 다음 관계가 성립한다.

① $1 + \tan^2 \theta = \sec^2 \theta$

② $1 + \cot^2 \theta = \csc^2 \theta$

[0399~0401] 원점 O와 점 P$(3, -4)$에 대하여 동경 OP가 나타내는 각을 $\theta$라 할 때, 다음 값을 구하시오.

**0399** $\csc \theta$

**0400** $\sec \theta$

**0401** $\cot \theta$

[0402~0405] 각 $\theta$의 크기가 다음과 같을 때, csc $\theta$, sec $\theta$, cot $\theta$의 값을 차례대로 구하시오.

**0402** $\dfrac{\pi}{3}$       **0403** $\dfrac{5}{6}\pi$

**0404** $\dfrac{5}{4}\pi$       **0405** $\dfrac{5}{3}\pi$

**0406** $\theta$가 제1사분면의 각이고 $\tan \theta = \dfrac{1}{2}$일 때, csc $\theta$, sec $\theta$의 값을 차례대로 구하시오.

[0407~0408] 다음 식을 간단히 하시오.

**0407** $(1 + \sec \theta)(1 + \csc \theta)(1 - \sec \theta)(1 - \csc \theta)$

**0408** $\dfrac{\sin \theta}{\csc \theta - \cot \theta} + \dfrac{\sin \theta}{\csc \theta + \cot \theta}$

## 개념 02   삼각함수의 덧셈정리

(1) $\sin(\alpha + \beta) = \sin \alpha \cos \beta + \cos \alpha \sin \beta$
    $\sin(\alpha - \beta) = \sin \alpha \cos \beta - \cos \alpha \sin \beta$

(2) $\cos(\alpha + \beta) = \cos \alpha \cos \beta - \sin \alpha \sin \beta$
    $\cos(\alpha - \beta) = \cos \alpha \cos \beta + \sin \alpha \sin \beta$

(3) $\tan(\alpha + \beta) = \dfrac{\tan \alpha + \tan \beta}{1 - \tan \alpha \tan \beta}$

    $\tan(\alpha - \beta) = \dfrac{\tan \alpha - \tan \beta}{1 + \tan \alpha \tan \beta}$

[0409~0414] 다음 삼각함수의 값을 구하시오.

**0409** $\sin 75°$       **0410** $\cos 105°$

**0411** $\tan 15°$       **0412** $\sin \dfrac{\pi}{12}$

**0413** $\cos \dfrac{5}{12}\pi$       **0414** $\tan \dfrac{7}{12}\pi$

[0415~0417] 다음 식의 값을 구하시오.

**0415** $\sin 15° \cos 30° + \cos 15° \sin 30°$

**0416** $\cos 70° \cos 25° + \sin 70° \sin 25°$

**0417** $\dfrac{\tan 10° + \tan 50°}{1 - \tan 10° \tan 50°}$

[0418~0420] $0 < \alpha < \dfrac{\pi}{2}$, $0 < \beta < \dfrac{\pi}{2}$이고 $\sin \alpha = \dfrac{3}{5}$, $\sin \beta = \dfrac{5}{13}$일 때, 다음 값을 구하시오.

**0418** $\sin(\alpha + \beta)$

**0419** $\cos(\alpha - \beta)$

**0420** $\tan(\alpha + \beta)$

## 개념 03　삼각함수의 극한

(1) 삼각함수의 극한

① 실수 $a$에 대하여
$$\lim_{x \to a} \sin x = \sin a, \quad \lim_{x \to a} \cos x = \cos a$$

② $a \neq n\pi + \dfrac{\pi}{2}$ ($n$은 정수)인 실수 $a$에 대하여
$$\lim_{x \to a} \tan x = \tan a$$

[참고] $\lim\limits_{x \to \infty} \sin x$, $\lim\limits_{x \to \infty} \cos x$, $\lim\limits_{x \to \infty} \tan x$, $\lim\limits_{x \to \frac{\pi}{2}} \tan x$는 발산한다.

특히, $\lim\limits_{x \to \frac{\pi}{2}+} \tan x = -\infty$, $\lim\limits_{x \to \frac{\pi}{2}-} \tan x = \infty$로 발산한다.

(2) 함수 $\dfrac{\sin x}{x}$의 극한

$x$의 단위가 라디안일 때

① $\lim\limits_{x \to 0} \dfrac{\sin x}{x} = 1$

② $\lim\limits_{x \to 0} \dfrac{\tan x}{x} = 1$

[참고] $\lim\limits_{x \to 0} \dfrac{\cos x}{x}$는 발산한다.

[참고] ① $\lim\limits_{x \to 0} \dfrac{\sin ax}{bx} = \lim\limits_{x \to 0} \dfrac{\sin ax}{ax} \cdot \dfrac{a}{b} = 1 \cdot \dfrac{a}{b} = \dfrac{a}{b}$

(단, $a$, $b$는 0이 아닌 상수이다.)

② $\lim\limits_{x \to 0} \dfrac{\tan ax}{bx} = \lim\limits_{x \to 0} \dfrac{\tan ax}{ax} \cdot \dfrac{a}{b} = 1 \cdot \dfrac{a}{b} = \dfrac{a}{b}$

(단, $a$, $b$는 0이 아닌 상수이다.)

[0421~0424] 다음 극한값을 구하시오.

**0421** $\lim\limits_{x \to \frac{\pi}{3}} \sin x$ 　　**0422** $\lim\limits_{x \to \frac{\pi}{6}} 3 \cos 2x$

**0423** $\lim\limits_{x \to \frac{\pi}{4}} (-4 \tan 3x)$ 　　**0424** $\lim\limits_{x \to \frac{\pi}{4}} \dfrac{3 \sin 2x}{\tan 3x}$

[0425~0428] 다음 극한값을 구하시오.

**0425** $\lim\limits_{x \to 0} \dfrac{\sin x}{\tan x}$

**0426** $\lim\limits_{x \to \frac{\pi}{2}} \tan x \cos x$

**0427** $\lim\limits_{x \to 0} \dfrac{\sin^2 x}{1 - \cos x}$

**0428** $\lim\limits_{x \to \frac{3}{2}\pi} \dfrac{\sin x + 1}{\cos^2 x}$

[0429~0436] 다음 극한값을 구하시오.

**0429** $\lim\limits_{x \to 0} \dfrac{\sin 3x}{x}$ 　　**0430** $\lim\limits_{x \to 0} \dfrac{\tan 2x}{3x}$

**0431** $\lim\limits_{x \to 0} \dfrac{\sin 2x + 4x}{3x}$ 　　**0432** $\lim\limits_{x \to 0} \dfrac{\sin 4x}{\sin x}$

**0433** $\lim\limits_{x \to 0} \dfrac{\sin 2x - 2 \tan x}{3x}$

**0434** $\lim\limits_{x \to 0} \dfrac{\sin 2x + \tan 3x}{\sin x}$

**0435** $\lim\limits_{x \to 0} \dfrac{\sin x^{\circ}}{x}$

**0436** $\lim\limits_{x \to 0} \dfrac{\sin^2 x}{\tan^2 2x}$

[0437~0438] 다음 극한값을 구하시오.

**0437** $\lim\limits_{x \to \infty} x \sin \dfrac{1}{x}$

**0438** $\lim\limits_{x \to \frac{\pi}{4}} \dfrac{\tan \left( x - \dfrac{\pi}{4} \right)}{4x - \pi}$

## 개념 04　삼각함수의 도함수

(1) $y = \sin x$이면 $y' = \cos x$
(2) $y = \cos x$이면 $y' = -\sin x$

[참고] $y = \sin x$, $y = \cos x$는 실수 전체의 집합에서 미분가능하다.

[0439~0442] 다음 함수를 미분하시오.

**0439** $2 \sin x$ 　　**0440** $y = 3 \cos x - 2x$

**0441** $y = -\sin x + e^x$ 　　**0442** $y = 4 \sin x - 2 \cos x$

[0443~0446] 다음 함수를 미분하시오.

**0443** $y = x \cos x$ 　　**0444** $y = e^x \sin x$

**0445** $y = 2 \sin x \cos x$ 　　**0446** $y = \sin^2 x$

## 유형 01　csc $\theta$, sec $\theta$, cot $\theta$의 뜻과 삼각함수 사이의 관계

① $\csc\theta=\dfrac{1}{\sin\theta}$, $\sec\theta=\dfrac{1}{\cos\theta}$, $\cot\theta=\dfrac{1}{\tan\theta}$

② $1+\tan^2\theta=\sec^2\theta$, $1+\cot^2\theta=\csc^2\theta$

### 👍 대표 예제

**0447** $\theta$가 제2사분면의 각이고 $\csc\theta=2$일 때, $\tan\theta-\cot\theta$의 값은?

① $\dfrac{\sqrt{3}}{3}$　　　② $\dfrac{2\sqrt{3}}{3}$　　　③ $\sqrt{3}$

④ $\dfrac{4\sqrt{3}}{3}$　　　⑤ $\dfrac{5\sqrt{3}}{3}$

**선생님 해설**

$1+\cot^2\theta=\csc^2\theta$이므로

$\cot^2\theta=\csc^2\theta-1$

　　　　$=2^2-1=3$

이때 $\theta$가 제2사분면의 각이므로

$\cot\theta<0$　———▶ $\theta$가 제2사분면의 각일 때 $\tan\theta<0$이므로

∴ $\cot\theta=-\sqrt{3}$

따라서 $\tan\theta=\dfrac{1}{\cot\theta}=-\dfrac{\sqrt{3}}{3}$이므로

$\tan\theta-\cot\theta=-\dfrac{\sqrt{3}}{3}-(-\sqrt{3})=\dfrac{2\sqrt{3}}{3}$

답 ②

**0448** 대표 예제 ｜ 한 번 더

$\sec\theta=\sqrt{3}$일 때, $\tan^2\theta-\csc^2\theta$의 값은?

① $\dfrac{1}{2}$　　　② $1$　　　③ $\dfrac{3}{2}$

④ $2$　　　⑤ $\dfrac{5}{2}$

**0449**

$\tan\theta+\cot\theta=5$일 때, $\csc^2\theta+\sec^2\theta$의 값은?

① $5$　　　② $10$　　　③ $15$

④ $20$　　　⑤ $25$

**0450**

$\dfrac{\tan\theta+1}{\tan\theta-1}=3+2\sqrt{2}$일 때, $\csc\theta(\sec\theta-\cos\theta)$의 값은?

① $\dfrac{\sqrt{2}}{4}$　　　② $\dfrac{\sqrt{2}}{2}$　　　③ $1$

④ $\sqrt{2}$　　　⑤ $2\sqrt{2}$

**0451**

이차방정식 $8x^2-4x-3=0$의 두 근이 $\sin\theta$, $\cos\theta$일 때, $\tan^2\theta+\cot^2\theta$의 값은?

① $\dfrac{34}{9}$　　　② $\dfrac{37}{9}$　　　③ $\dfrac{40}{9}$

④ $\dfrac{43}{9}$　　　⑤ $\dfrac{46}{9}$

## 유형 02  삼각함수의 덧셈정리

① $\sin(\alpha+\beta)=\sin\alpha\cos\beta+\cos\alpha\sin\beta$
$\sin(\alpha-\beta)=\sin\alpha\cos\beta-\cos\alpha\sin\beta$

② $\cos(\alpha+\beta)=\cos\alpha\cos\beta-\sin\alpha\sin\beta$
$\cos(\alpha-\beta)=\cos\alpha\cos\beta+\sin\alpha\sin\beta$

③ $\tan(\alpha+\beta)=\dfrac{\tan\alpha+\tan\beta}{1-\tan\alpha\tan\beta}$

$\tan(\alpha-\beta)=\dfrac{\tan\alpha-\tan\beta}{1+\tan\alpha\tan\beta}$

### 👍 대표 예제

**0452** $\sin\alpha=\dfrac{1}{3}$, $\sin(\alpha+\beta)=\dfrac{\sqrt{5}}{3}$일 때, $\sin\beta$의 값은?

$$\left(\text{단, } 0<\alpha<\frac{\pi}{2},\ 0<\alpha+\beta<\frac{\pi}{2}\right)$$

① $\dfrac{\sqrt{10}-2}{9}$    ② $\dfrac{\sqrt{10}-1}{9}$    ③ $\dfrac{2\sqrt{10}-3}{9}$

④ $\dfrac{2\sqrt{10}-2}{9}$    ⑤ $\dfrac{2\sqrt{10}-1}{9}$

**선생님 해설**

$\sin\alpha=\dfrac{1}{3}$이므로  ● $0<\alpha<\dfrac{\pi}{2}$이므로 $\cos\alpha>0$

$\cos\alpha=\sqrt{1-\sin^2\alpha}=\sqrt{1-\left(\dfrac{1}{3}\right)^2}=\dfrac{2\sqrt{2}}{3}$

또한, $\sin(\alpha+\beta)=\dfrac{\sqrt{5}}{3}$에서  ● $0<\alpha+\beta<\dfrac{\pi}{2}$이므로 $\cos(\alpha+\beta)>0$

$\cos(\alpha+\beta)=\sqrt{1-\sin^2(\alpha+\beta)}=\sqrt{1-\left(\dfrac{\sqrt{5}}{3}\right)^2}=\dfrac{2}{3}$

$\therefore\ \sin\beta=\sin\{(\alpha+\beta)-\alpha\}$

$\qquad=\sin(\alpha+\beta)\cos\alpha-\cos(\alpha+\beta)\sin\alpha$

$\qquad=\dfrac{\sqrt{5}}{3}\cdot\dfrac{2\sqrt{2}}{3}-\dfrac{2}{3}\cdot\dfrac{1}{3}$

$\qquad=\dfrac{2\sqrt{10}-2}{9}$

**답** ④

**0453**  대표 예제 | 한 번 더

$\tan\left(\alpha-\dfrac{\pi}{6}\right)=\dfrac{4}{\sqrt{3}}$일 때, $\tan\alpha$의 값은?

① $-5\sqrt{3}$    ② $-4\sqrt{3}$    ③ $-3\sqrt{3}$

④ $-2\sqrt{3}$    ⑤ $-\sqrt{3}$

**0454**

다음 중 $\tan\dfrac{\pi}{5}+\cot\dfrac{2}{5}\pi$의 값과 같은 것은?

① $\csc\dfrac{\pi}{5}$    ② $\sec\dfrac{\pi}{5}$    ③ $\cot\dfrac{\pi}{5}$

④ $\csc\dfrac{2}{5}\pi$    ⑤ $\sec\dfrac{2}{5}\pi$

**0455**

$\sin\alpha+\cos\beta=\sqrt{2}$, $\sin\beta+\cos\alpha=\dfrac{\sqrt{6}}{2}$일 때,

$\sin(\alpha+\beta)$의 값은?

① $\dfrac{3}{8}$    ② $\dfrac{1}{2}$    ③ $\dfrac{5}{8}$

④ $\dfrac{3}{4}$    ⑤ $\dfrac{7}{8}$

**0456**

$0<x<\dfrac{\pi}{2}$에서 정의된 함수 $f(x)=\tan x$의 역함수 $f^{-1}(x)$

에 대하여 $f^{-1}\left(\dfrac{1}{3}\right)+f^{-1}\left(\dfrac{1}{4}\right)=\theta$일 때, $f(\theta)$의 값은?

① $\dfrac{6}{11}$    ② $\dfrac{7}{11}$    ③ $\dfrac{8}{11}$

④ $\dfrac{9}{11}$    ⑤ $\dfrac{10}{11}$

### 유형 03  두 각의 크기가 같은 삼각함수의 덧셈정리

① 삼각함수의 덧셈정리 $\sin(\alpha+\beta)$, $\cos(\alpha+\beta)$, $\tan(\alpha+\beta)$에서 $\beta$ 대신 $\alpha$를 대입하여

$$\sin 2\alpha = 2\sin\alpha\cos\alpha$$
$$\cos 2\alpha = \cos^2\alpha - \sin^2\alpha = 2\cos^2\alpha - 1 = 1 - 2\sin^2\alpha$$
$$\tan 2\alpha = \frac{2\tan\alpha}{1-\tan^2\alpha}$$

임을 알 수 있다.

② ①을 이용하여

$$\sin^2\frac{\alpha}{2} = \frac{1-\cos\alpha}{2},\ \cos^2\frac{\alpha}{2} = \frac{1+\cos\alpha}{2},\ \tan^2\frac{\alpha}{2} = \frac{1-\cos\alpha}{1+\cos\alpha}$$

임을 알 수 있다.

 **대표 예제**

**0457**  $\sin\theta + \cos\theta = \dfrac{1}{2}$일 때, $\sin 2\theta$의 값은?

① $-\dfrac{3}{4}$  ② $-\dfrac{1}{4}$  ③ $0$

④ $\dfrac{1}{4}$  ⑤ $\dfrac{3}{4}$

**선생님 해설**

$\sin\theta + \cos\theta = \dfrac{1}{2}$의 양변을 제곱하면

$$\sin^2\theta + 2\sin\theta\cos\theta + \cos^2\theta = \frac{1}{4}$$
$$1 + 2\sin\theta\cos\theta = \frac{1}{4} \quad \text{← } \sin^2\theta + \cos^2\theta = 1\text{이므로}$$
$$\therefore\ 2\sin\theta\cos\theta = -\frac{3}{4}$$
$$\therefore\ \sin 2\theta = 2\sin\theta\cos\theta = -\frac{3}{4}$$

**답** ①

**0458**  $\sin\theta + 2\cos\theta = 0$일 때, $\tan 2\theta$의 값은?

① $\dfrac{1}{3}$  ② $\dfrac{2}{3}$  ③ $1$

④ $\dfrac{4}{3}$  ⑤ $\dfrac{5}{3}$

**0459**  $\tan\theta = \dfrac{3}{4}$이고 $\theta$가 제1사분면의 각일 때, $\sin\dfrac{\theta}{2}$의 값은?

① $\dfrac{\sqrt{5}}{10}$  ② $\dfrac{\sqrt{10}}{10}$  ③ $\dfrac{\sqrt{15}}{10}$

④ $\dfrac{\sqrt{5}}{5}$  ⑤ $\dfrac{1}{2}$

**0460**  $2\cos 2\theta = 5\cos\theta + 4$일 때, $\tan^2\theta$의 값은?

① $\dfrac{2}{3}$  ② $\dfrac{7}{9}$  ③ $\dfrac{8}{9}$

④ $1$  ⑤ $\dfrac{10}{9}$

**0461**  함수 $y = \cos x - 4\sin\dfrac{x}{2} + 1$의 최솟값은?

① $-4$  ② $-2$  ③ $0$

④ $2$  ⑤ $4$

이차방정식 $ax^2+bx+c=0$의 두 근이 $\alpha$, $\beta$일 때

$$\alpha+\beta=-\frac{b}{a},\ \alpha\beta=\frac{c}{a}\quad\longrightarrow\text{이차방정식의 근과 계수의 관계}$$

임을 이용하여 삼각함수에 대한 식을 세운다.

 **대표 예제**

**0462** 이차방정식 $x^2-6x+3=0$의 두 근이 $\tan\alpha$, $\tan\beta$일 때, $\tan(\alpha+\beta)$의 값은?

① $-5$ ② $-4$ ③ $-3$
④ $-2$ ⑤ $-1$

선생님 **해설**

이차방정식의 근과 계수의 관계에 의하여
$\tan\alpha+\tan\beta=6$, $\tan\alpha\tan\beta=3$

$$\therefore\ \tan(\alpha+\beta)=\frac{\tan\alpha+\tan\beta}{1-\tan\alpha\tan\beta}$$
$$=\frac{6}{1-3}=-3$$

답 ③

**0463**　대표 예제 한 번 더

이차방정식 $x^2-2x-5=0$의 두 근이 $\cot\alpha$, $\cot\beta$일 때, $\cot(\alpha+\beta)$의 값은?

① $-3$ ② $-2$ ③ $-1$
④ $-\dfrac{1}{2}$ ⑤ $-\dfrac{1}{3}$

**0464**

이차방정식 $x^2-kx-1=0$의 두 근이 $\tan\alpha$, $\tan\beta$이고 $\tan(\alpha+\beta)=2$일 때, 상수 $k$의 값은?

① $2$ ② $4$ ③ $6$
④ $8$ ⑤ $10$

**0465**

이차방정식 $x^2-3x+1=0$의 두 근이 $\tan\alpha$, $\tan\beta$일 때, $\tan(\alpha-\beta)$의 값은? (단, $\tan\alpha>\tan\beta$)

① $\dfrac{\sqrt{3}}{2}$ ② $\dfrac{\sqrt{5}}{2}$ ③ $\sqrt{3}$
④ $\sqrt{5}$ ⑤ $2\sqrt{5}$

**0466** 

$x$에 대한 이차방정식 $x^2-x\cos\theta+\sin\theta=0$의 두 근이 $\tan\alpha$, $\tan\beta$이고 $\tan(\alpha+\beta)=\dfrac{1}{2}$일 때, $\sin\theta$의 값은?

① $-1$ ② $-\dfrac{4}{5}$ ③ $-\dfrac{3}{5}$
④ $-\dfrac{2}{5}$ ⑤ $-\dfrac{1}{5}$

## 유형 05  두 직선이 이루는 예각의 크기

① 직선 $y=mx+n$이 $x$축의 양의 방향과 이루는 각의 크기를 $\theta$라 하면
$$\tan\theta=m$$
② 두 직선 $l$, $m$이 $x$축의 양의 방향과 이루는 각의 크기가 각각 $\alpha$, $\beta$일 때, 두 직선 $l$, $m$이 이루는 예각의 크기를 $\theta$라 하면
$$\tan\theta=|\tan(\alpha-\beta)|=\left|\frac{\tan\alpha-\tan\beta}{1+\tan\alpha\tan\beta}\right|$$

### 👍 대표 예제

**0467** 두 직선 $y=2x+3$, $y=-x-1$이 이루는 예각의 크기를 $\theta$라 할 때, $\tan\theta$의 값은?

① $1$  ② $\dfrac{3}{2}$  ③ $2$

④ $\dfrac{5}{2}$  ⑤ $3$

**선생님 해설**

두 직선 $y=2x+3$, $y=-x-1$이 $x$축의 양의 방향과 이루는 각의 크기를 각각 $\alpha$, $\beta$라 하면
$\tan\alpha=2$, $\tan\beta=-1$
$$\therefore \tan\theta=|\tan(\alpha-\beta)|=\left|\frac{\tan\alpha-\tan\beta}{1+\tan\alpha\tan\beta}\right|$$
$$=\left|\frac{2-(-1)}{1+2\cdot(-1)}\right|=\left|\frac{3}{-1}\right|=3$$

**답** ⑤

**0468**  대표 예제 | 한 번 더

두 직선 $y=\dfrac{1}{2}x+1$, $y=2x-2$가 이루는 예각의 크기를 $\theta$라 할 때, $\sec\theta$의 값은?

① $\dfrac{5}{4}$  ② $\dfrac{3}{2}$  ③ $\dfrac{7}{4}$

④ $2$  ⑤ $\dfrac{9}{4}$

**0469**

두 직선 $8x-2y+3=0$, $5x+3y-4=0$이 이루는 예각의 크기는?

① $\dfrac{\pi}{12}$  ② $\dfrac{\pi}{6}$  ③ $\dfrac{\pi}{4}$

④ $\dfrac{\pi}{3}$  ⑤ $\dfrac{5}{12}\pi$

**0470**

두 직선 $mx-y+1=0$, $3x-y-3=0$이 이루는 예각의 크기가 $\dfrac{\pi}{4}$가 되도록 하는 모든 상수 $m$의 값의 합은?

① $-2$  ② $-\dfrac{3}{2}$  ③ $-1$

④ $1$  ⑤ $\dfrac{3}{2}$

**0471**

두 일차함수 $f(x)=4x+2$, $g(x)=-\dfrac{1}{2}x-3$의 역함수 $y=f^{-1}(x)$, $y=g^{-1}(x)$의 그래프가 이루는 예각의 크기를 $\theta$라 할 때, $\sec^2\theta$의 값은?

① $\dfrac{75}{4}$  ② $20$  ③ $\dfrac{85}{4}$

④ $\dfrac{45}{2}$  ⑤ $\dfrac{95}{4}$

 **삼각함수의 덧셈정리의 도형에의 활용**

주어진 도형에서 삼각함수로 표현할 수 있는 적당한 각을 $\alpha$, $\beta$라 하고 구하고자 하는 각을 $\alpha$와 $\beta$에 대한 삼각함수로 나타내어 삼각함수의 덧셈정리를 이용한다.

### 👍 대표 예제

**0472** 그림과 같이 $\overline{AB}=\overline{DE}=3$, $\overline{BC}=\overline{AD}=4$인 두 직각삼각형 ABC, ADE가 있다. $\angle CAE=\theta$라 할 때, $\sin\theta$의 값은?

(단, 점 B는 선분 AD 위에 있다.)

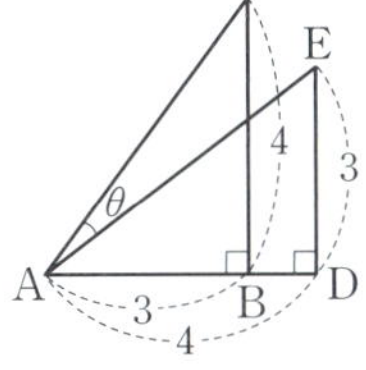

① $\dfrac{3}{25}$   ② $\dfrac{4}{25}$   ③ $\dfrac{1}{5}$

④ $\dfrac{6}{25}$   ⑤ $\dfrac{7}{25}$

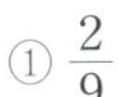 선생님 **해설**

$\overline{AC}=\sqrt{3^2+4^2}=5$, $\overline{AE}=\sqrt{4^2+3^2}=5$이므로

$\angle CAB=\alpha$, $\angle EAD=\beta$라 하면

$\sin\alpha=\dfrac{4}{5}$, $\cos\alpha=\dfrac{3}{5}$, $\sin\beta=\dfrac{3}{5}$, $\cos\beta=\dfrac{4}{5}$

$\theta=\alpha-\beta$이므로

$\sin\theta=\sin(\alpha-\beta)=\sin\alpha\cos\beta-\cos\alpha\sin\beta$

$\qquad=\dfrac{4}{5}\cdot\dfrac{4}{5}-\dfrac{3}{5}\cdot\dfrac{3}{5}=\dfrac{7}{25}$

답 ⑤

**0473**

그림과 같이 정사각형 ABCD에서 선분 BC의 중점을 M이라 하고 $\angle CAM=\theta$라 할 때, $\tan\theta$의 값은?

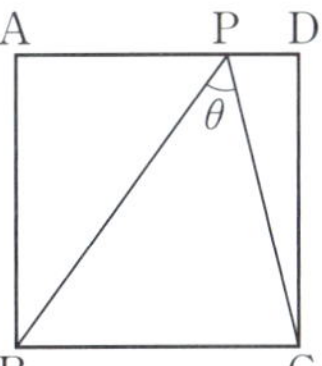

① $\dfrac{2}{9}$   ② $\dfrac{1}{3}$

③ $\dfrac{4}{9}$   ④ $\dfrac{5}{9}$

⑤ $\dfrac{2}{3}$

**0474**

그림과 같이 삼각형 ABC의 꼭짓점 A에서 변 BC에 내린 수선의 발을 H라 하고, $\angle BAC=\theta$라 하자. $\tan\theta=3$이고 $\overline{AH}=3$, $\overline{CH}=1$일 때, 선분 BH의 길이는?

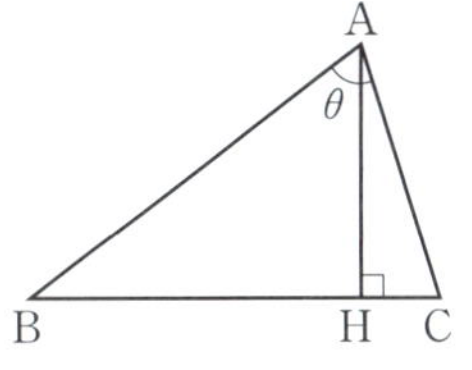

① 4   ② $\dfrac{13}{3}$   ③ $\dfrac{14}{3}$

④ 5   ⑤ $\dfrac{16}{3}$

**0475**

그림과 같이 정사각형 ABCD에서 $\overline{AD}$를 $3:1$로 내분하는 점을 P라 하자. $\angle BPC=\theta$라 할 때, $\cos\theta$의 값은?

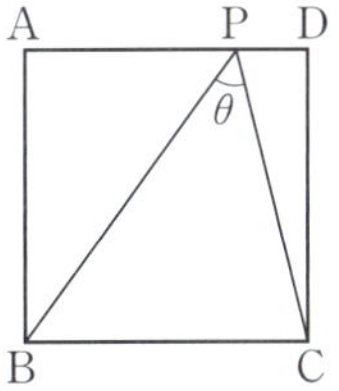

① $\dfrac{9\sqrt{17}}{85}$   ② $\dfrac{2\sqrt{17}}{17}$

③ $\dfrac{11\sqrt{17}}{85}$   ④ $\dfrac{12\sqrt{17}}{85}$

⑤ $\dfrac{13\sqrt{17}}{85}$

**0476**

그림과 같이 원 $x^2+y^2=1$과 양수 $a$에 대하여 직선 $y=ax$가 원과 만나는 점 중 제1사분면의 점을 P, 직선 $y=-ax$가 원과 만나는 점 중 제2사분면의 점을 Q라 하자. $\angle POQ=\theta$라 할 때, $\cos\theta=\dfrac{3}{5}$이다. 양수 $a$의 값은?

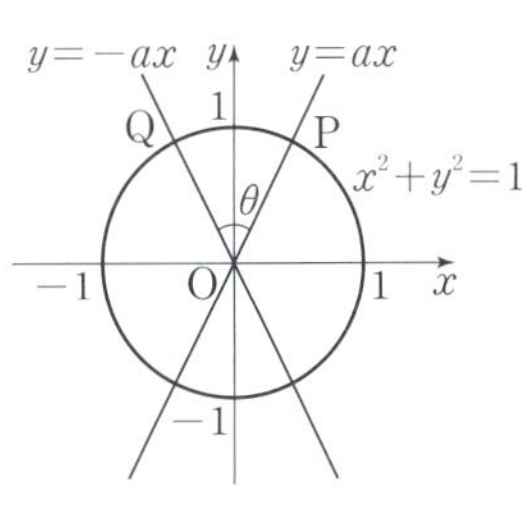

(단, O는 원점이다.)

① $\dfrac{1}{2}$   ② $1$   ③ $\dfrac{3}{2}$

④ $2$   ⑤ $\dfrac{5}{2}$

## 유형 07 · 삼각함수의 덧셈정리의 $a \sin \theta + b \cos \theta$ 꼴에의 활용

$a \sin \theta + b \cos \theta$ 꼴의 삼각함수는 다음과 같이 나타낼 수 있다.

(단, $a \neq 0$, $b \neq 0$)

① $a \sin \theta + b \cos \theta = \sqrt{a^2+b^2} \sin(\theta+\alpha)$

$$\left(\text{단, } \sin \alpha = \frac{b}{\sqrt{a^2+b^2}}, \cos \alpha = \frac{a}{\sqrt{a^2+b^2}}\right)$$

② $a \sin \theta + b \cos \theta = \sqrt{a^2+b^2} \cos(\theta-\beta)$

$$\left(\text{단, } \cos \beta = \frac{b}{\sqrt{a^2+b^2}}, \sin \beta = \frac{a}{\sqrt{a^2+b^2}}\right)$$

**참고** 함수 $y = a \sin \theta + b \cos \theta$의 주기는 $2\pi$, 최댓값은 $\sqrt{a^2+b^2}$, 최솟값은 $-\sqrt{a^2+b^2}$이다. (단, $a \neq 0$, $b \neq 0$)

### 👍 대표 예제

**0477** 다음 중 $\sin \theta + \cos \theta$와 항상 같은 것은?

① $\sqrt{2} \sin\left(\theta + \dfrac{\pi}{4}\right)$  ② $\sqrt{2} \sin\left(\theta - \dfrac{\pi}{4}\right)$

③ $\sqrt{2} \sin\left(\theta + \dfrac{\pi}{2}\right)$  ④ $\sqrt{3} \sin\left(\theta + \dfrac{\pi}{4}\right)$

⑤ $\sqrt{3} \sin\left(\theta - \dfrac{\pi}{4}\right)$

**선생님 해설**

$\sqrt{1^2 + 1^2} = \sqrt{2}$이므로

$$\begin{aligned} \sin \theta + \cos \theta &= \sqrt{2}\left(\frac{1}{\sqrt{2}} \sin \theta + \frac{1}{\sqrt{2}} \cos \theta\right) \\ &= \sqrt{2}\left(\cos \frac{\pi}{4} \sin \theta + \sin \frac{\pi}{4} \cos \theta\right) \\ &= \sqrt{2}\left(\sin \theta \cos \frac{\pi}{4} + \cos \theta \sin \frac{\pi}{4}\right) \\ &= \sqrt{2} \sin\left(\theta + \frac{\pi}{4}\right) \end{aligned}$$

$$\begin{aligned} &= \sqrt{2}\left(\sin \frac{\pi}{4} \sin \theta + \cos \frac{\pi}{4} \cos \theta\right) \\ &= \sqrt{2}\left(\cos \theta \cos \frac{\pi}{4} + \sin \theta \sin \frac{\pi}{4}\right) \\ &= \sqrt{2} \cos\left(\theta - \frac{\pi}{4}\right) \end{aligned}$$

와 같이 나타낼 수도 있다.

$\sin \theta$의 계수와 $\cos \theta$의 계수의 제곱의 합의 제곱근($\sqrt{a^2+b^2}$)으로 묶는 게 핵심이야.

**답** ①

**0478** | 대표 예제 | 한 번 더 |

다음 중 $\sin \theta + \sqrt{3} \cos \theta$를 $r \cos(\theta-\beta)$ 꼴로 나타낸 것은? (단, $r > 0$, $0 \leq \beta < 2\pi$)

① $2 \cos\left(\theta - \dfrac{\pi}{3}\right)$  ② $2 \cos\left(\theta - \dfrac{\pi}{4}\right)$

③ $2 \cos\left(\theta - \dfrac{\pi}{6}\right)$  ④ $4 \cos\left(\theta - \dfrac{\pi}{3}\right)$

⑤ $4 \cos\left(\theta - \dfrac{\pi}{6}\right)$

**0479**

$4a \sin \theta + 3a \cos \theta \leq 10$을 만족시키는 양수 $a$의 최댓값은?

① $\dfrac{5}{4}$  ② $\dfrac{3}{2}$  ③ $\dfrac{7}{4}$

④ $2$  ⑤ $\dfrac{9}{4}$

**0480**

함수 $y = \sin x + 2 \sin\left(x + \dfrac{\pi}{3}\right)$의 최댓값을 $M$, 최솟값을 $m$이라 할 때, $Mm$의 값은?

① $-7$  ② $-6$  ③ $-5$

④ $-4$  ⑤ $-3$

**0481**

함수 $y = \sqrt{3} \sin x + \cos x + 3$에 대하여 | 보기 |에서 옳은 것만을 있는 대로 고른 것은?

| 보기 |

ㄱ. 주기는 $2\pi$이다.

ㄴ. 최댓값은 $2$, 최솟값은 $-2$이다.

ㄷ. 그래프는 함수 $y = 2 \cos x$의 그래프를 $x$축의 방향으로 $\dfrac{\pi}{3}$만큼, $y$축의 방향으로 $3$만큼 평행이동한 것과 일치한다.

① ㄱ  ② ㄴ  ③ ㄱ, ㄷ

④ ㄴ, ㄷ  ⑤ ㄱ, ㄴ, ㄷ

 **삼각함수의 극한**

삼각함수 사이의 관계를 이용하여 주어진 식을 간단히 정리한 후 값을
대입하여 극한값을 구한다.

## 👍 대표 예제

**0482** $\lim\limits_{x \to \frac{\pi}{4}} \dfrac{\tan^2 x - 1}{\sin x - \cos x}$ 의 값은?

① $\dfrac{\sqrt{2}}{4}$      ② $\dfrac{1}{2}$      ③ $1$

④ $2$      ⑤ $2\sqrt{2}$

**선생님 해설**

$$\lim_{x \to \frac{\pi}{4}} \frac{\tan^2 x - 1}{\sin x - \cos x} = \lim_{x \to \frac{\pi}{4}} \frac{(\tan x + 1)(\tan x - 1)}{\cos x\left(\dfrac{\sin x}{\cos x} - 1\right)}$$

$$= \lim_{x \to \frac{\pi}{4}} \frac{(\tan x + 1)(\tan x - 1)}{\cos x(\tan x - 1)}$$

$$= \lim_{x \to \frac{\pi}{4}} \frac{\tan x + 1}{\cos x}$$

0이 되는 인수 $(\tan x - 1)$을 소거

$$= \frac{1 + 1}{\dfrac{\sqrt{2}}{2}} = 2\sqrt{2}$$

$\dfrac{0}{0}$ 꼴의 함수의 극한값을 구할 때와 마찬가지로 인수분해한 후 극한값이 0인 인수를 약분해!

**답** ⑤

**0483** 대표 예제 | 한 번 더

$\lim\limits_{x \to \frac{\pi}{2}} (\tan x - \sec x)$ 의 값은?

① $-1$      ② $-\dfrac{1}{2}$      ③ $0$

④ $\dfrac{1}{2}$      ⑤ $1$

**0484**

$\lim\limits_{x \to \frac{\pi}{2}} \dfrac{2\cos x - \sin 2x}{\cos^3 x}$ 의 값은?

① $\dfrac{1}{2}$      ② $1$      ③ $\dfrac{3}{2}$

④ $2$      ⑤ $\dfrac{5}{2}$

**0485**

$\lim\limits_{x \to \frac{\pi}{4}} \dfrac{\tan 2x(1 - \tan x)}{2}$ 의 값은?

① $-1$      ② $-\dfrac{1}{2}$      ③ $0$

④ $\dfrac{1}{2}$      ⑤ $1$

**0486** 🔼 UP

$\lim\limits_{x \to 0} \dfrac{\sec x - 1}{\sec 2x - 1}$ 의 값은?

① $\dfrac{1}{4}$      ② $\dfrac{1}{2}$      ③ $1$

④ $2$      ⑤ $4$

### 유형 09 $\lim\limits_{x\to 0}\dfrac{\sin x}{x}$ 꼴의 극한

① $\lim\limits_{x\to 0}\dfrac{\sin x}{x}=1$

   $\Rightarrow \lim\limits_{x\to 0}\dfrac{\sin ax}{bx}=\lim\limits_{x\to 0}\dfrac{\sin ax}{ax}\cdot\dfrac{a}{b}=1\cdot\dfrac{a}{b}=\dfrac{a}{b}$

                (단, $a$, $b$는 0이 아닌 상수이다.)

② $\lim\limits_{x\to 0}\dfrac{\tan x}{x}=1$

   $\Rightarrow \lim\limits_{x\to 0}\dfrac{\tan ax}{bx}=\lim\limits_{x\to 0}\dfrac{\tan ax}{ax}\cdot\dfrac{a}{b}=1\cdot\dfrac{a}{b}=\dfrac{a}{b}$

                (단, $a$, $b$는 0이 아닌 상수이다.)

#### 👍 대표 예제

**0487** $\lim\limits_{x\to 0}\dfrac{\sin x+\sin 4x+\sin 9x+\sin 16x}{5x}$의 값은?

① 3      ② 4      ③ 5

④ 6      ⑤ 7

**선생님 해설**

$\lim\limits_{x\to 0}\dfrac{\sin x+\sin 4x+\sin 9x+\sin 16x}{5x}$

$=\lim\limits_{x\to 0}\left(\dfrac{\sin x}{5x}+\dfrac{\sin 4x}{5x}+\dfrac{\sin 9x}{5x}+\dfrac{\sin 16x}{5x}\right)$

$=\lim\limits_{x\to 0}\left(\dfrac{\sin x}{x}\cdot\dfrac{1}{5}+\dfrac{\sin 4x}{4x}\cdot\dfrac{4}{5}+\dfrac{\sin 9x}{9x}\cdot\dfrac{9}{5}\right.$

$\left.\qquad\qquad+\dfrac{\sin 16x}{16x}\cdot\dfrac{16}{5}\right)$

$=1\cdot\dfrac{1}{5}+1\cdot\dfrac{4}{5}+1\cdot\dfrac{9}{5}+1\cdot\dfrac{16}{5}=6$

> $\dfrac{0}{0}$ 꼴의 삼각함수의 극한은 $\lim\limits_{■\to 0}\dfrac{\sin ●}{●}$ 또는 $\lim\limits_{■\to 0}\dfrac{\tan ■}{■}$ 를 이용할 수 있도록 ●는 ●끼리, ■는 ■끼리 같아지도록 식을 변형해야 해.

답 ④

**0488** 대표 예제 한 번 더

$\lim\limits_{x\to 0}\dfrac{\sin 3x}{x+\tan 2x}$의 값은?

① 1      ② $\dfrac{3}{2}$      ③ 2

④ $\dfrac{5}{2}$      ⑤ 3

**0489**

$\lim\limits_{x\to 0}\dfrac{\sin 2x}{x^{\circ}}$의 값은?

① $\dfrac{\pi}{360}$      ② $\dfrac{\pi}{180}$      ③ 2

④ $\dfrac{180}{\pi}$      ⑤ $\dfrac{360}{\pi}$

**0490**

$\lim\limits_{x\to 0}\dfrac{\sin(\sin 4x)}{2\sin 3x}$의 값은?

① $\dfrac{1}{3}$      ② $\dfrac{2}{3}$      ③ 1

④ $\dfrac{4}{3}$      ⑤ $\dfrac{5}{3}$

**0491**

함수 $f(x)=x^2-x$에 대하여 $\lim\limits_{x\to 0}\dfrac{f(\sin x)}{\sin f(x)}$의 값은?

① $-2$      ② $-1$      ③ 0

④ 1      ⑤ 2

**유형 10** $\lim\limits_{x\to 0}\dfrac{1-\cos x}{x}$ 꼴의 극한

$\lim\limits_{x\to 0}\dfrac{1-\cos x}{x}$ 꼴의 삼각함수의 극한은 분자, 분모에 $1+\cos x$를 각각 곱한 후 삼각함수 사이의 관계를 이용하여 극한값을 구한다.

$\cdot \sin^2 x + \cos^2 x = 1$

### 👍 대표 예제

**0492** $\lim\limits_{x\to 0}\dfrac{1-\cos x}{x^2}$ 의 값은?

① $\dfrac{1}{4}$      ② $\dfrac{1}{2}$      ③ $1$

④ $2$      ⑤ $4$

**선생님 해설**

$$\lim_{x\to 0}\frac{1-\cos x}{x^2}=\lim_{x\to 0}\frac{(1-\cos x)(1+\cos x)}{x^2(1+\cos x)}$$

$\sin^2 x + \cos^2 x = 1$에서 $1-\cos^2 x = \sin^2 x$

$$=\lim_{x\to 0}\frac{1-\cos^2 x}{x^2(1+\cos x)}=\lim_{x\to 0}\frac{\sin^2 x}{x^2(1+\cos x)}$$
$$=\lim_{x\to 0}\frac{\sin^2 x}{x^2}\cdot\frac{1}{1+\cos x}$$
$$=1^2\cdot\frac{1}{1+1}$$
$$=\frac{1}{2}$$

$\lim\limits_{x\to 0}\dfrac{\cos x}{x}$ 는 발산함에 주의해!

답 ②

**0493** 대표 예제 한 번 더

$\lim\limits_{x\to 0}\dfrac{x\tan 2x}{1-\cos x}$ 의 값은?

① $0$      ② $2$      ③ $4$

④ $6$      ⑤ $8$

**0494**

$\lim\limits_{x\to 0}\dfrac{\cot x-\csc x}{x}$ 의 값은?

① $-\dfrac{1}{2}$      ② $-\dfrac{1}{4}$      ③ $0$

④ $\dfrac{1}{4}$      ⑤ $\dfrac{1}{2}$

**0495**

$\lim\limits_{x\to 0}\dfrac{\cos^2 x+2\cos x-3}{x^2}$ 의 값은?

① $-3$      ② $-2$      ③ $-1$

④ $0$      ⑤ $1$

**0496**

$\lim\limits_{x\to 0}\dfrac{2\sin x-\sin 2x}{\sin^3 x}$ 의 값은?

① $\dfrac{1}{6}$      ② $\dfrac{1}{4}$      ③ $\dfrac{1}{2}$

④ $1$      ⑤ $2$

### 유형 11  치환을 이용한 삼각함수의 극한

$x \to a$ $(a \neq 0)$ 또는 $x \to \infty$인 경우 $t \to 0$이 되도록 적당한 식을 $t$로 치환하여 주어진 식을 변형한 후 극한값을 구한다.

참고 $x \to a$이면 $x - a = t$로 치환하고, $x \to \infty$이면 $\dfrac{1}{x} = t$로 치환한다.

👍 **대표 예제**

**0497** $\displaystyle\lim_{x \to \frac{\pi}{2}} \dfrac{\cos x}{x - \dfrac{\pi}{2}}$의 값은?

① $-2$ ② $-1$ ③ $0$
④ $1$ ⑤ $2$

선생님 **해설**

$x - \dfrac{\pi}{2} = t$라 하면 $x \to \dfrac{\pi}{2}$일 때 $t \to 0$이므로

$\displaystyle\lim_{x \to \frac{\pi}{2}} \dfrac{\cos x}{x - \dfrac{\pi}{2}} = \lim_{t \to 0} \dfrac{\cos\left(\dfrac{\pi}{2} + t\right)}{t}$  ◀ $x - \dfrac{\pi}{2} = t$에서 $x = \dfrac{\pi}{2} + t$이므로

$\qquad\qquad = \displaystyle\lim_{t \to 0} \dfrac{-\sin t}{t} = -\lim_{t \to 0} \dfrac{\sin t}{t}$

$\qquad\qquad = -1$

삼각함수를 포함한 함수의 극한은 $\displaystyle\lim_{x \to 0} \dfrac{\sin x}{x} = 1$, $\displaystyle\lim_{x \to 0} \dfrac{\tan x}{x} = 1$을 이용할 수 있도록 식을 변형하는 것이 핵심이야! 특히 $t$로 치환할 때 $t \to 0$이 되게끔 치환하면 해결의 실마리가 보이는 경우가 많아~

답 ②

**0498**  대표 예제  한 번 더
$\displaystyle\lim_{x \to \frac{\pi}{2}} (\pi - 2x) \tan x$의 값은?

① $0$ ② $\dfrac{1}{2}$ ③ $1$
④ $\dfrac{3}{2}$ ⑤ $2$

**0499**
$\displaystyle\lim_{x \to \infty} x \cos\left(\dfrac{2}{x} - \dfrac{\pi}{2}\right)$의 값은?

① $\dfrac{1}{4}$ ② $\dfrac{1}{2}$ ③ $1$
④ $2$ ⑤ $4$

**0500**
$\displaystyle\lim_{x \to 1} \dfrac{\sin(\sin \pi x)}{x - 1}$의 값은?

① $-2\pi$ ② $-\pi$ ③ $0$
④ $\pi$ ⑤ $2\pi$

**0501**
$\displaystyle\lim_{x \to \frac{\pi}{4}} \dfrac{\sin x - \cos x}{\pi - 4x}$의 값은?

① $-\dfrac{\sqrt{2}}{4}$ ② $-\dfrac{1}{2}$ ③ $-\dfrac{\sqrt{2}}{2}$
④ $-1$ ⑤ $-\sqrt{2}$

## 유형 12 　삼각함수의 극한을 이용한 미정계수의 결정

두 함수 $f(x)$, $g(x)$에 대하여 $\lim\limits_{x \to a} \dfrac{f(x)}{g(x)} = \alpha$ ($\alpha$는 실수)일 때

① $\lim\limits_{x \to a} g(x) = 0$이면 $\lim\limits_{x \to a} f(x) = 0$이다.

② $\lim\limits_{x \to a} f(x) = 0$이고 $\alpha \neq 0$이면 $\lim\limits_{x \to a} g(x) = 0$이다.

### 👍 대표 예제

**0502** $\lim\limits_{x \to 2} \dfrac{\sin(x-2)}{ax-4} = b$일 때, 두 상수 $a$, $b$에 대하여 $a+b$의 값은? (단, $b \neq 0$)

① $\dfrac{1}{2}$ 　　　② $1$ 　　　③ $\dfrac{3}{2}$

④ $2$ 　　　⑤ $\dfrac{5}{2}$

> **선생님 해설**
>
> $x \to 2$일 때 (분자) $\to 0$이고 0이 아닌 극한값이 존재하므로 (분모) $\to 0$이다.
>
> 즉, $\lim\limits_{x \to 2}(ax-4) = 0$이므로
>
> $2a-4 = 0$ 　　∴ $a = 2$
>
> $a = 2$를 주어진 식에 대입하면
>
> $b = \lim\limits_{x \to 2} \dfrac{\sin(x-2)}{2x-4} = \lim\limits_{x \to 2} \dfrac{\sin(x-2)}{2(x-2)}$ 　　$\cdots\cdots$ ㉠
>
> $x-2 = t$라 하면 $x \to 2$일 때 $t \to 0$이므로 ㉠에서
>
> $b = \lim\limits_{t \to 0} \dfrac{\sin t}{2t} = \lim\limits_{t \to 0} \dfrac{\sin t}{t} \cdot \dfrac{1}{2} = 1 \cdot \dfrac{1}{2} = \dfrac{1}{2}$
>
> ∴ $a+b = 2 + \dfrac{1}{2} = \dfrac{5}{2}$
>
> ○**답** ⑤

**0503** 　대표 예제 | 한 번 더

$\lim\limits_{x \to -1} \dfrac{\tan(x+a)}{3x+3} = b$일 때, 두 상수 $a$, $b$에 대하여 $\dfrac{a}{b}$의 값은? $\left(단, -\dfrac{\pi}{2} < a < \dfrac{\pi}{2}\right)$

① $\dfrac{1}{3}$ 　　　② $\dfrac{1}{2}$ 　　　③ $1$

④ $2$ 　　　⑤ $3$

**0504**

$\lim\limits_{x \to 0} \dfrac{a - b\cos x}{x^2} = 2$를 만족시키는 두 상수 $a$, $b$에 대하여 $a+b$의 값은?

① $2$ 　　　② $4$ 　　　③ $6$

④ $8$ 　　　⑤ $10$

**0505**

$\lim\limits_{x \to \frac{\pi}{4}} \dfrac{\cos 2x}{\sin(a-4x)} = b$를 만족시키는 두 상수 $a$, $b$에 대하여 $ab$의 값은? (단, $0 < a < 2\pi$, $b \neq 0$)

① $\dfrac{\pi}{2}$ 　　　② $\pi$ 　　　③ $\dfrac{3}{2}\pi$

④ $2\pi$ 　　　⑤ $\dfrac{5}{2}\pi$

**0506**

일차함수 $f(x)$에 대하여 $\lim\limits_{x \to \frac{\pi}{2}} \dfrac{\sin\left(\dfrac{\pi}{2} + x\right)}{f(x)} = \dfrac{1}{3}$이 성립할 때, $f(k) = \pi$를 만족시키는 상수 $k$의 값은?

① $\dfrac{\pi}{6}$ 　　　② $\dfrac{\pi}{5}$ 　　　③ $\dfrac{\pi}{4}$

④ $\dfrac{\pi}{3}$ 　　　⑤ $\dfrac{\pi}{2}$

### 유형 13 삼각함수의 연속과 미정계수의 결정

함수 $f(x) = \begin{cases} g(x) & (x \neq a) \\ k & (x = a) \end{cases}$ 가 모든 실수 $x$에서 연속이면

$$\lim_{x \to a} g(x) = k$$

(단, 함수 $g(x)$는 $x \neq a$인 모든 실수 $x$에서 연속이고 $k$는 상수이다.)

#### 👍 대표 예제

**0507** 함수 $f(x) = \begin{cases} \dfrac{\sin 2x}{x} & (x \neq 0) \\ k & (x = 0) \end{cases}$ 가 실수 전체의 집합

에서 연속이 되도록 하는 상수 $k$의 값은?

① $\dfrac{1}{4}$      ② $\dfrac{1}{2}$      ③ $1$

④ $2$      ⑤ $4$

**선생님 해설**

함수 $f(x)$가 실수 전체의 집합에서 연속이려면 $x=0$에서 연속
이어야 하므로

$$\lim_{x \to 0} f(x) = f(0)$$

$$\lim_{x \to 0} f(x) = \lim_{x \to 0} \frac{\sin 2x}{x} = \lim_{x \to 0} \frac{\sin 2x}{2x} \cdot 2$$
$$= 1 \cdot 2 = 2$$

$f(0) = k$

$\therefore k = 2$



답 ④

**0508** 대표 예제 한 번 더

함수 $f(x) = \begin{cases} \dfrac{\sin\left(\dfrac{x}{2} - 1\right)\pi}{2x - 4} & (x \neq 2) \\ k & (x = 2) \end{cases}$ 가 $x=2$에서 연속

이 되도록 하는 상수 $k$의 값은?

① $\dfrac{\pi}{8}$      ② $\dfrac{\pi}{4}$      ③ $\dfrac{3}{8}\pi$

④ $\dfrac{\pi}{2}$      ⑤ $\dfrac{5}{8}\pi$

**0509**

등식 $(x - \pi)f(x) = \tan 4x$를 만족시키는 함수 $f(x)$가
$x = \pi$에서 연속일 때, $f(\pi)$의 값은?

① $2$      ② $\dfrac{5}{2}$      ③ $3$

④ $\dfrac{7}{2}$      ⑤ $4$

**0510**

함수 $f(x) = \begin{cases} \dfrac{a - \cos 2x}{x^2} & (x \neq 0) \\ b & (x = 0) \end{cases}$ 가 $x = 0$에서 연속이

되도록 하는 두 상수 $a$, $b$에 대하여 $a + b$의 값은?

① $1$      ② $3$      ③ $5$

④ $7$      ⑤ $9$

**0511**

함수 $f(x) = \begin{cases} \dfrac{2 - a \cos 3x}{b \sin^2 x} & (x \neq 0) \\ 3 & (x = 0) \end{cases}$ 이 구간 $\left(-\dfrac{\pi}{2}, \dfrac{\pi}{2}\right)$

에서 연속이 되도록 하는 두 상수 $a$, $b$에 대하여 $a^2 + b^2$의
값은?

① $10$      ② $13$      ③ $18$

④ $25$      ⑤ $32$

### 유형 14  삼각함수의 극한의 도형에의 활용

오른쪽 그림과 같이 $\angle A=\theta$, $\angle B=\dfrac{\pi}{2}$인 직각삼각형 ABC에서 다음을 이용하여 선분의 길이를 삼각함수로 나타낸 후 극한값을 구한다.

① $\overline{AB}=\overline{AC}\cos\theta$
② $\overline{BC}=\overline{AC}\sin\theta=\overline{AB}\tan\theta$

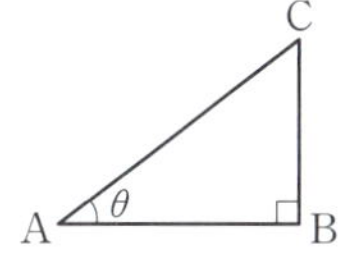

### 👍 대표 예제

**0512** 그림과 같이 $\angle A=\dfrac{\pi}{2}$, $\overline{AB}=1$인 직각삼각형 ABC의 꼭짓점 A에서 변 BC에 내린 수선의 발을 H, $\angle B=\theta$라 할 때, $\displaystyle\lim_{\theta\to 0}\dfrac{\overline{CH}}{\theta^2}$의 값은?

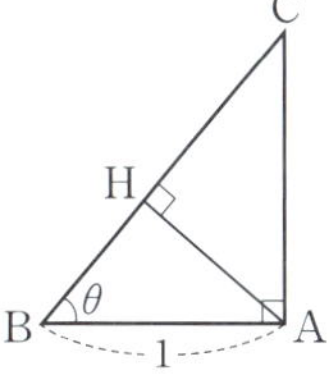

① $\dfrac{1}{4}$ 　　② $\dfrac{1}{2}$ 　　③ 1

④ 2 　　⑤ 4

**선생님 해설**

삼각형 ABC에서 $\overline{AB}=\overline{BC}\cos\theta$이므로

$1=\overline{BC}\cos\theta$ 　$\therefore \overline{BC}=\dfrac{1}{\cos\theta}$

삼각형 ABH에서 $\overline{BH}=\overline{AB}\cos\theta=\cos\theta$이므로

$\overline{CH}=\overline{BC}-\overline{BH}=\dfrac{1}{\cos\theta}-\cos\theta$

$\therefore \displaystyle\lim_{\theta\to 0}\dfrac{\overline{CH}}{\theta^2}=\lim_{\theta\to 0}\dfrac{\dfrac{1}{\cos\theta}-\cos\theta}{\theta^2}=\lim_{\theta\to 0}\dfrac{1-\cos^2\theta}{\theta^2\cos\theta}$

$=\displaystyle\lim_{\theta\to 0}\dfrac{\sin^2\theta}{\theta^2\cos\theta}=\lim_{\theta\to 0}\dfrac{\sin^2\theta}{\theta^2}\cdot\dfrac{1}{\cos\theta}$

$=1^2\cdot\dfrac{1}{1}=1$

**답** ③

**0513** [대표 예제] [한 번 더]

그림과 같이 반지름의 길이가 8이고 중심각의 크기가 $\dfrac{\pi}{2}$인 부채꼴 OAB가 있다. 호 AB 위의 한 점 P에서 반지름 OA에 내린 수선의 발을 H라 하고, $\angle POH=\theta$라 할 때, $\displaystyle\lim_{\theta\to 0+}\dfrac{\overline{AH}}{\theta^2}$의 값은?

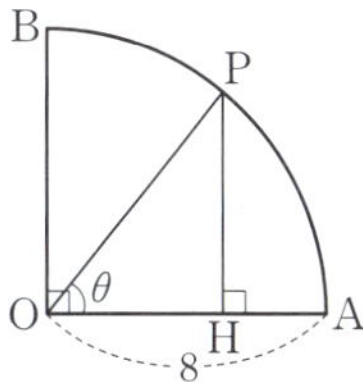

① 2 　　② 4 　　③ 6

④ 8 　　⑤ 10

**0514**

그림과 같이 $\angle B=4\theta$, $\angle C=5\theta$인 삼각형 ABC에 대하여 $\displaystyle\lim_{\theta\to 0+}\dfrac{\overline{AB}}{\overline{AC}}$의 값은?

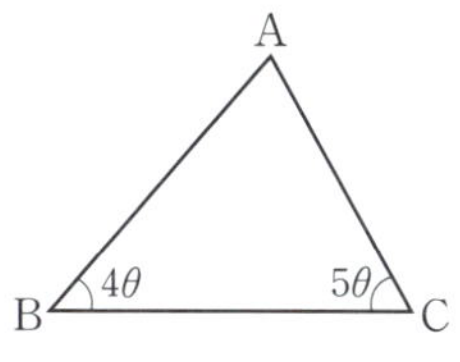

① $\dfrac{2}{5}$ 　　② $\dfrac{4}{5}$ 　　③ 1

④ $\dfrac{5}{4}$ 　　⑤ $\dfrac{5}{2}$

**0515**

그림과 같이 선분 AB를 지름으로 하는 원 위를 움직이는 점 P에 대하여 $\angle PAB=\theta$라 하고, 삼각형 AOP의 넓이를 $S_1$, 부채꼴 OPB의 넓이를 $S_2$라 할 때, $\displaystyle\lim_{\theta\to 0+}\dfrac{S_1}{S_2}$의 값은?

（단, O는 선분 AB의 중점이다.）

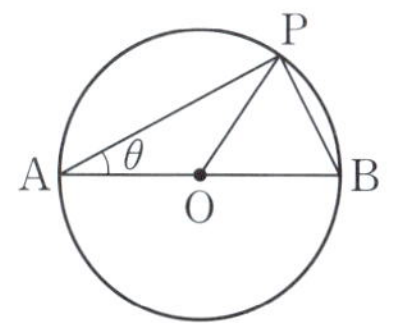

① $\dfrac{1}{2}$ 　　② $\dfrac{3}{4}$ 　　③ 1

④ $\dfrac{5}{4}$ 　　⑤ $\dfrac{3}{2}$

**0516** 🔼UP

그림과 같이 $\overline{AB}=\overline{AC}$, $\overline{BC}=2$이고 $\angle B=\theta$인 이등변삼각형 ABC에 내접하는 원의 중심을 O라 하자. 삼각형 ABC의 내접원이 변 AB와 만나는 점을 P, 변 AC와 만나는 점을 Q라 하고, 부채꼴 OPQ의 넓이를 $S(\theta)$라 할 때, $\displaystyle\lim_{\theta\to 0+}\dfrac{S(\theta)}{\theta^3}$의 값은?

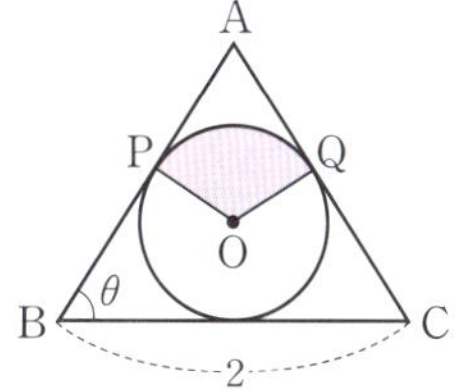

① $\dfrac{1}{5}$ 　　② $\dfrac{1}{4}$ 　　③ $\dfrac{1}{3}$

④ $\dfrac{1}{2}$ 　　⑤ 1

## 유형 15  삼각함수의 도함수

① $y=\sin x$이면 $y'=\cos x$
② $y=\cos x$이면 $y'=-\sin x$

### 👍 대표 예제

**0517** 함수 $f(x)=e^x(\sin x+\cos x)$에 대하여 $f'(0)$의 값은?

① $-2$      ② $-1$      ③ $0$
④ $1$      ⑤ $2$

**선생님 해설**

$$f'(x)=e^x(\sin x+\cos x)+e^x(\cos x-\sin x)$$
$$=2e^x\cos x$$
이므로
$$f'(0)=2\cdot1\cdot1=2$$

곱의 미분법과 삼각함수의 도함수를 이용해!

**답 ⑤**

**0518** 대표 예제 | 한 번 더

함수 $f(x)=\cos^2 x-x\sin x$에 대하여 $f'\left(\dfrac{\pi}{2}\right)$의 값은?

① $-2$      ② $-1$      ③ $0$
④ $1$      ⑤ $2$

**0519**

함수 $f(x)=5\sin x\cos x+x$에 대하여 $f'(\alpha)=\dfrac{7}{2}$을 만족시키는 $\alpha$의 값은? $\left(\text{단, } 0\le\alpha\le\dfrac{\pi}{2}\right)$

① $\dfrac{\pi}{12}$      ② $\dfrac{\pi}{8}$      ③ $\dfrac{\pi}{6}$
④ $\dfrac{\pi}{4}$      ⑤ $\dfrac{\pi}{3}$

**0520**

함수 $f(x)=(x^2+x)\cos x$에 대하여 $\displaystyle\lim_{h\to0}\dfrac{f(\pi+h)-f(\pi-2h)}{h}$의 값은?

① $-6\pi-6$      ② $-6\pi-3$      ③ $-3\pi-6$
④ $-3\pi-3$      ⑤ $3\pi-6$

**0521** 🔼

함수 $f(x)=\sin x+2\cos x$에 대하여

$$\lim_{x\to0}\dfrac{f\left(\dfrac{\pi}{2}+\sin x\right)-f\left(\dfrac{\pi}{2}-\sin x\right)}{x}$$의 값은?

① $-4$      ② $-2$      ③ $0$
④ $2$      ⑤ $4$

## 유형 16  삼각함수의 도함수를 이용한 함수의 미분가능성

두 함수 $g(x)$, $h(x)$에 대하여 함수 $f(x)=\begin{cases} g(x) & (x\geq a) \\ h(x) & (x<a) \end{cases}$ 가

$x=a$에서 미분가능하면

① 함수 $f(x)$가 $x=a$에서 연속이다.

  ➡ $\displaystyle\lim_{x\to a-}h(x)=g(a)$

② 함수 $f(x)$가 $x=a$에서 미분가능하다.

  ➡ $\displaystyle\lim_{x\to a+}g'(x)=\lim_{x\to a-}h'(x)$

### 👍 대표 예제

**0522** 함수 $f(x)=\begin{cases} \sin x+1 & (x\geq 0) \\ ax+b & (x<0) \end{cases}$ 가 $x=0$에서 미분가

능하도록 하는 두 상수 $a$, $b$에 대하여 $a+b$의 값은?

① 0          ② 2          ③ 4
④ 6          ⑤ 8

#### 선생님 해설

함수 $f(x)$가 $x=0$에서 미분가능하려면 $x=0$에서 연속이어야
하므로

$\displaystyle\lim_{x\to 0+}(\sin x+1)=\lim_{x\to 0-}(ax+b)=f(0)$

$\therefore\ b=1$

또한, 함수 $f(x)$가 $x=0$에서 미분가능하려면 $f'(0)$이 존재해
야 하므로

$\displaystyle\lim_{h\to 0+}\frac{f(0+h)-f(0)}{h}=\lim_{h\to 0+}\frac{(\sin h+1)-1}{h}=1,$

$\displaystyle\lim_{h\to 0-}\frac{f(0+h)-f(0)}{h}=\lim_{h\to 0-}\frac{(ah+1)-1}{h}=a\ (\because\ b=1)$

에서 $a=1$

$\therefore\ a+b=1+1=2$

● 다른 풀이 ●

함수 $f(x)$가 $x=0$에서 미분가능하려면 $f'(0)$이 존재해야 하
므로

$f'(x)=\begin{cases} \cos x & (x>0) \\ a & (x<0) \end{cases}$

에서 $\displaystyle\lim_{x\to 0+}\cos x=\lim_{x\to 0-}a$    $\therefore\ a=1$

 **답** ②

**0523** [대표 예제] [한 번 더]

함수 $f(x)=\begin{cases} x\cos x+a & \left(x\geq \dfrac{\pi}{2}\right) \\ b\cos x+3 & \left(x< \dfrac{\pi}{2}\right) \end{cases}$ 이 $x=\dfrac{\pi}{2}$ 에서 미분

가능하도록 하는 두 상수 $a$, $b$에 대하여 $ab$의 값은?

① $\dfrac{\pi}{2}$          ② $\pi$          ③ $\dfrac{3}{2}\pi$

④ $2\pi$          ⑤ $\dfrac{5}{2}\pi$

**0524**

함수 $f(x)=\begin{cases} x^2+ax+b & (x\geq 0) \\ (x+1)\sin x+2 & (x<0) \end{cases}$ 가 모든 실수 $x$에

서 미분가능하도록 하는 두 상수 $a$, $b$에 대하여 $a^2+b^2$의
값을 구하시오.

**0525**

함수 $f(x)=\begin{cases} a\sin x+b\cos x & (x\geq \pi) \\ e^{x-\pi} & (x<\pi) \end{cases}$ 이 모든 실수 $x$에

서 미분가능할 때, $f\left(\dfrac{7}{6}\pi\right)$의 값은? (단, $a$, $b$는 상수이다.)

① $\dfrac{1-\sqrt{3}}{2}$          ② $\dfrac{1-\sqrt{3}}{4}$          ③ $\dfrac{1+\sqrt{3}}{4}$

④ $\dfrac{1+\sqrt{3}}{2}$          ⑤ $1+\sqrt{3}$

**0526**

함수 $f(x)=\begin{cases} 2\sin x+3 & (x\geq a) \\ b & (x<a) \end{cases}$ 가 실수 전체의 집합에

서 미분가능할 때, 두 상수 $a$, $b$에 대하여 $ab$의 값은?

(단, $0<a<\pi$)

① $\dfrac{\pi}{2}$          ② $\pi$          ③ $\dfrac{3}{2}\pi$

④ $2\pi$          ⑤ $\dfrac{5}{2}\pi$

## 0527 · 유형 09 ·

$\lim\limits_{x\to 0}\dfrac{x(2^x-1)}{\tan x \sin x}$ 의 값은?

① 0       ② $\ln 2$      ③ 1

④ $2\ln 2$      ⑤ 2

## 0528 · 유형 01 ·

$\theta$ 가 제1사분면의 각이고 $\csc\theta\sec\theta=3$일 때, $\tan\theta+\cot\theta$ 의 값은?

① 3      ② $\dfrac{7}{2}$      ③ 4

④ $\dfrac{9}{2}$      ⑤ 5

## 0529 · 유형 12 ·

$\lim\limits_{x\to 0}\dfrac{\ln(2x+a)}{\sin bx}=\dfrac{1}{5}$ 을 만족시키는 두 상수 $a$, $b$에 대하여 $a+b$의 값은? (단, $b\neq 0$)

① 8      ② 9      ③ 10

④ 11      ⑤ 12

## 0530 · 유형 09 ·

자연수 $n$에 대하여

$$f(n)=\lim_{x\to 0}\frac{\sin x+\sin 2x+\sin 3x+\cdots+\sin nx}{x}$$

일 때, $\displaystyle\sum_{n=1}^{15}\dfrac{1}{f(n)}$ 의 값은?

① $\dfrac{13}{8}$      ② $\dfrac{7}{4}$      ③ $\dfrac{15}{8}$

④ 2      ⑤ $\dfrac{17}{8}$

## 0531 · 유형 15 ·

함수 $f(x)=e^x\sin x$에 대하여 구간 $(0, 4\pi)$에서 $f'(x)=0$ 을 만족시키는 모든 $x$의 값의 합은?

① $5\pi$      ② $6\pi$      ③ $7\pi$

④ $8\pi$      ⑤ $9\pi$

## 0532 사고력 · 유형 03 + 유형 05 ·

그림과 같이 원점 O와 $x$축의 양의 방향 위의 점 A, 제1사분면 위의 두 점 B, C에 대하여 사각형 OABC는 마름모이다. 직선 OC의 기울기가 $\dfrac{12}{5}$일 때, 직선 OB의 기울기는?

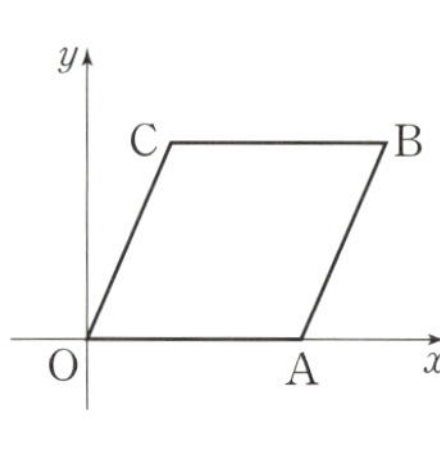

① $\dfrac{1}{6}$      ② $\dfrac{1}{3}$      ③ $\dfrac{1}{2}$

④ $\dfrac{2}{3}$      ⑤ $\dfrac{5}{6}$

## 0533



0이 아닌 상수 $a$에 대하여 $\sin(x+y)=\dfrac{1}{a}$,

$\sin(x-y)=\dfrac{5}{a}$일 때, $\dfrac{\tan x}{\tan y}$의 값은? (단, $\tan y \neq 0$)

① $-3$    ② $-\dfrac{3}{2}$    ③ $0$

④ $\dfrac{3}{2}$    ⑤ $3$

## 0534



그림과 같이 선분 AB를 지름으로 하는

원 위의 점 C에 대하여 $\angle AOC=\dfrac{\pi}{6}$이다.

점 A에서 선분 OC에 내린 수선의 발을

D라 하고 $\angle OBD=\theta$라 할 때, $\tan\theta$

의 값은?

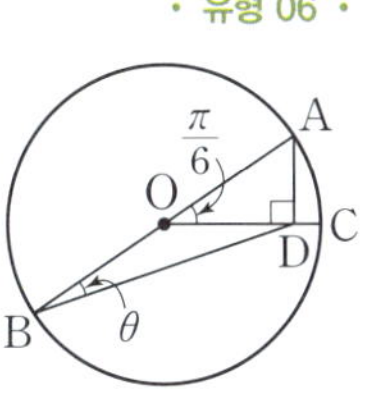

① $\dfrac{\sqrt{3}}{7}$    ② $\dfrac{\sqrt{3}}{6}$    ③ $\dfrac{\sqrt{3}}{5}$

④ $\dfrac{\sqrt{3}}{4}$    ⑤ $\dfrac{\sqrt{3}}{3}$

## 0535



그림과 같이 $\overline{B_1C}=1$, $\angle B_1A_1C=\dfrac{\pi}{2}$인 직각삼각형 $A_1B_1C$

에 대하여 $\angle A_1B_1C=\theta$라 하자. 꼭짓점 $A_1$에서 $\overline{B_1C}$에 내

린 수선의 발을 $B_2$, 점 $B_2$에서 $\overline{A_1C}$에 내린 수선의 발을

$A_2$, 점 $A_2$에서 $\overline{B_1C}$에 내린 수선의 발을 $B_3$이라 하고 이와

같은 방법으로 계속해서 $A_n$, $B_n$을 정하자. $l(\theta)=\sum\limits_{n=1}^{\infty}\overline{A_nB_n}$

이라 할 때, $\lim\limits_{\theta\to\frac{\pi}{2}} l(\theta)\cot\theta$의 값을 구하시오.

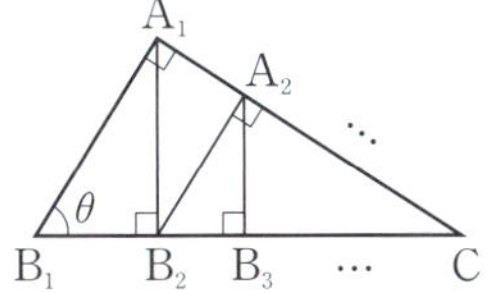

## 0536



함수 $f(x)=\begin{cases} \dfrac{\sin ax}{2x+\tan x} & (x>0) \\ b & (x=0) \\ \dfrac{e^{3x}-1}{x} & (x<0) \end{cases}$ 이 $x=0$에서 연속이

되도록 하는 두 상수 $a$, $b$에 대하여 $a+b$의 값을 구하시오.

## 0537



그림과 같이 반지름의 길이가 $r$인 원에

내접하는 정$n$각형의 한 변을 선분 AB,

원의 중심을 O라 할 때, 삼각형 OAB의

넓이를 $S(n)$이라 하자. 다음은

$\lim\limits_{n\to\infty} nS(n)=\pi r^2$임을 보이는 과정이다.

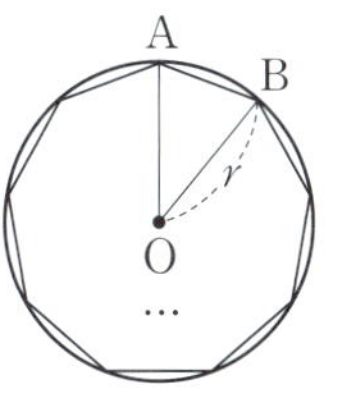

> 호 AB는 원의 둘레를 $n$등분하므로
>
> $$\angle AOB=\boxed{\text{(가)}}$$
>
> 선분 AB의 중점을 M이라 하면
>
> $$\overline{OM}=\boxed{\text{(나)}}$$
>
> 또한, $\overline{MA}=r\sin\dfrac{\pi}{n}$에서 $\overline{AB}=2r\sin\dfrac{\pi}{n}$이므로
>
> $$S(n)=\boxed{\text{(다)}}$$
>
> 따라서 $\dfrac{1}{n}=t$라 하면 $n\to\infty$일 때 $t\to 0+$이므로
>
> $$\lim\limits_{n\to\infty} nS(n)=\lim\limits_{t\to 0+}\dfrac{r^2\sin 2\pi t}{2t}=\pi r^2$$

위의 과정에서 (가), (나), (다)에 알맞은 것은?

| | (가) | (나) | (다) |
|---|---|---|---|
| ① | $\dfrac{\pi}{n}$ | $r\sin\dfrac{\pi}{n}$ | $\dfrac{1}{2}r^2\sin\dfrac{\pi}{n}$ |
| ② | $\dfrac{\pi}{n}$ | $r\cos\dfrac{\pi}{n}$ | $\dfrac{1}{2}r^2\sin\dfrac{\pi}{n}$ |
| ③ | $\dfrac{2\pi}{n}$ | $r\sin\dfrac{\pi}{n}$ | $\dfrac{1}{2}r^2\sin\dfrac{2}{n}\pi$ |
| ④ | $\dfrac{2\pi}{n}$ | $r\cos\dfrac{\pi}{n}$ | $\dfrac{1}{2}r^2\sin\dfrac{\pi}{n}$ |
| ⑤ | $\dfrac{2\pi}{n}$ | $r\cos\dfrac{\pi}{n}$ | $\dfrac{1}{2}r^2\sin\dfrac{2}{n}\pi$ |

## 0538 · 유형 12 ·

$0<x<\dfrac{\pi}{2}$에 대하여 $S(x)=\displaystyle\sum_{n=1}^{\infty}\cos^n x$일 때, 이차함수 $f(x)$가 $\displaystyle\lim_{x\to 0}f(x)S(x)=2$를 만족시킨다. 이때 $f(2)$의 값은?

① 0  ② 2  ③ 4
④ 6  ⑤ 8

## 0539 · 유형 15 ·

함수 $f(x)=\displaystyle\lim_{t\to x}\dfrac{t\sin x-x\sin t}{t-x}$에 대하여 $f'\!\left(\dfrac{\pi}{2}\right)$의 값은?

① $\dfrac{\pi}{4}$  ② $\dfrac{\pi}{2}$  ③ $\dfrac{3}{4}\pi$
④ $\pi$  ⑤ $\dfrac{5}{4}\pi$

## 0540 사고력 · 유형 02 ·

좌표평면 위의 두 점 $A(3,\,0)$, $B(5,\,0)$과 $y$축 위의 점 $P(0,\,t)$에 대하여 $\angle APB$의 크기가 최대일 때, $t^2$의 값은?

① 14  ② 15  ③ 16
④ 17  ⑤ 18

## 0541 · 유형 11 ·

$\displaystyle\lim_{x\to\frac{\pi}{4}}\dfrac{\ln(\cos x)-\ln(\sin x)}{\cos x-\sin x}$의 값은?

① $\dfrac{\sqrt{2}}{4}$  ② $\dfrac{1}{2}$  ③ $\dfrac{\sqrt{2}}{2}$
④ 1  ⑤ $\sqrt{2}$

## 0542 · 유형 14 ·

그림과 같이 길이가 2인 선분 $AB$를 지름으로 하고 중심이 $O$인 반원이 있다. 호 $AB$ 위를 움직이는 점 $P$에 대하여 $\angle POB=\theta$일 때, 삼각형 $PAO$에 내접하는 원의 넓이를 $f(\theta)$, 호 $PB$의 길이를 $g(\theta)$라 하자. $\displaystyle\lim_{\theta\to 0+}\dfrac{f(\theta)}{\{g(\theta)\}^2}$의 값은? (단, $0<\theta<\pi$)

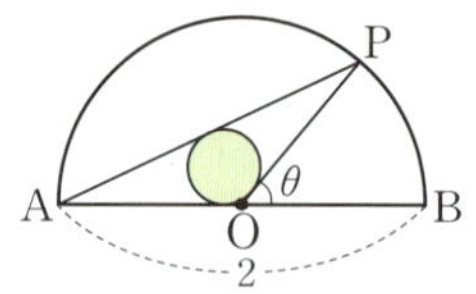

① $\dfrac{\pi}{16}$  ② $\dfrac{\pi}{8}$  ③ $\dfrac{\pi}{4}$
④ $\dfrac{\pi}{2}$  ⑤ $\pi$

## 0543 창의력 · 유형 02 + 유형 09 ·

$0<t<5$인 실수 $t$에 대하여 좌표평면 위를 움직이는 두 점 $P(t,\,2)$, $Q(t,\,0)$과 두 점 $A(5,\,5)$, $B(5,\,a)$가 있다. $\angle APB=f(t)$, $\angle AQB=g(t)$에 대하여 $\tan f(0)=\dfrac{5}{14}$일 때, $\displaystyle\lim_{t\to 5-}\dfrac{f(t)}{g(t)}$의 값을 구하시오. (단, $2<a<5$)

## 0544
· 유형 08 ·

$\displaystyle\lim_{x\to 0} x \sin \dfrac{1}{x}$의 값을 구하시오.

**필요 개념 및 공식**
☐ 함수의 극한의 대소 관계

## 0545
· 유형 07 ·

그림과 같이 길이가 8인 선분 AB 를 지름으로 하는 반원이 있다. 호 AB 위를 움직이는 점 P에 대하여 $\overline{\text{AP}}+\overline{\text{BP}}$의 최댓값을 구하시오.

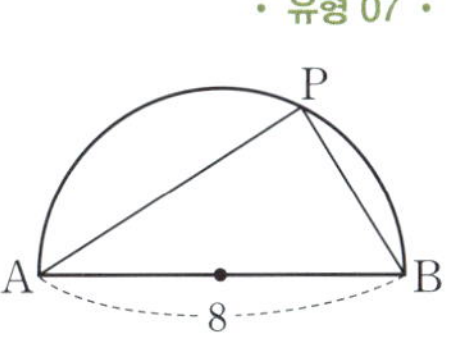

**필요 개념 및 공식**
☐ 원주각의 성질　　　　☐ 삼각함수의 덧셈정리

## 0546
· 유형 10 ·

$\displaystyle\lim_{x\to 0} \dfrac{x^n}{\tan x - \sin x}$이 0이 아닌 값으로 수렴할 때, 자연수 $n$의 값과 그때의 극한값을 각각 구하시오.

**필요 개념 및 공식**
☐ 삼각함수의 극한　　　　☐ 삼각함수 사이의 관계

## 0547
· 유형 03 ·

$x$에 대한 방정식 $\sin^2 x + 4\cos^2 \dfrac{x}{2} = k$가 실근을 갖도록 하는 실수 $k$의 값의 범위를 구하시오.

**필요 개념 및 공식**
☐ 삼각함수　　☐ 삼각함수의 덧셈정리　　☐ 사잇값의 정리

## 0548
· 유형 16 ·

실수 전체의 집합에서 미분가능한 함수 $f(x)$는 다음 조건을 만족시킨다.

(가) $x>0$일 때, $f(x)=a(\cos x + x\sin x)+2x$
(나) $x_2 < x_1 < 0$인 모든 실수 $x_1$, $x_2$에 대하여
$$\dfrac{f(x_2)-f(x_1)}{x_2-x_1}=b$$

$f(0)=-2$일 때, $f(ab)$의 값을 구하시오.

（단, $a$, $b$는 상수이다.）

**필요 개념 및 공식**
☐ 미분가능성과 연속성　　　　☐ 평균변화율

## 0549
· 유형 14 ·

그림과 같이 $x$축 위의 한 점 A와 제1사분면 위의 점 B에 대하여 $\angle\text{ABO}=\dfrac{\pi}{2}$, $\angle\text{BOA}=\theta$, $\overline{\text{OB}}=1$이다. 두 점 A, B를 지나고 $x$축에 접하는 원의 넓이를 $S(\theta)$라 할 때, $\displaystyle\lim_{\theta\to 0+} \dfrac{S(\theta)}{\theta^2}$의 값을 구하시오. （단, O는 원점이다.）

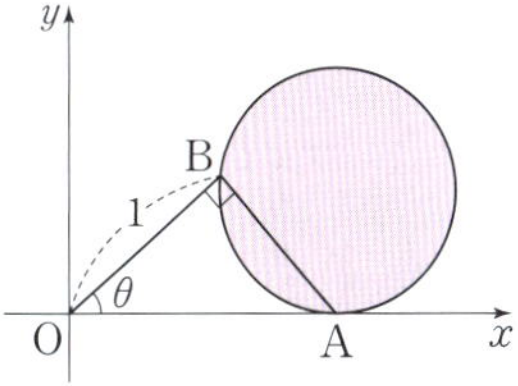

**필요 개념 및 공식**
☐ 삼각함수의 극한　　　　☐ 원의 접선과 현이 이루는 각

## 개념 체크 Concept

### 개념 01 함수의 몫의 미분법

(1) **함수의 몫의 미분법**
두 함수 $f(x)$, $g(x)$ $(g(x)\neq0)$가 미분가능할 때

① $y=\dfrac{1}{g(x)}$이면 $y'=-\dfrac{g'(x)}{\{g(x)\}^2}$

② $y=\dfrac{f(x)}{g(x)}$이면 $y'=\dfrac{f'(x)g(x)-f(x)g'(x)}{\{g(x)\}^2}$

(2) **함수 $y=x^n$ ($n$은 정수)의 도함수**
$n$이 정수일 때, $y=x^n$이면 $y'=nx^{n-1}$

(3) **삼각함수의 도함수**

① $y=\tan x$이면 $y'=\sec^2 x$

② $y=\sec x$이면 $y'=\sec x \tan x$

③ $y=\csc x$이면 $y'=-\csc x \cot x$

④ $y=\cot x$이면 $y'=-\csc^2 x$

### 개념 02 합성함수의 미분법

(1) **합성함수의 미분법**
두 함수 $y=f(u)$, $u=g(x)$가 미분가능할 때
합성함수 $y=f(g(x))$의 도함수는

$$\frac{dy}{dx}=\frac{dy}{du}\cdot\frac{du}{dx} \text{ 또는 } y'=f'(g(x))g'(x)$$

(2) **로그함수의 도함수**

① $y=\ln|x|$이면 $y'=\dfrac{1}{x}$

② $y=\log_a|x|$이면 $y'=\dfrac{1}{x\ln a}$ (단, $a>0$, $a\neq1$)

**참고** 미분가능한 함수 $f(x)$ $(f(x)\neq0)$에 대하여

① $y=\ln|f(x)|$이면 $y'=\dfrac{f'(x)}{f(x)}$

② $y=\log_a|f(x)|$이면 $y'=\dfrac{f'(x)}{f(x)\ln a}$ (단, $a>0$, $a\neq1$)

(3) **함수 $y=x^n$ ($n$은 실수)의 도함수**
$n$이 실수일 때, $y=x^n$이면 $y'=nx^{n-1}$ (단, $x>0$)

---

[0550~0557] 다음 함수를 미분하시오.

**0550** $y=\dfrac{1}{x-1}$

**0551** $y=\dfrac{1}{x^2+x}$

**0552** $y=\dfrac{1}{e^x+1}$

**0553** $y=\dfrac{1}{\sin x+x}$

**0554** $y=\dfrac{2x}{x+1}$

**0555** $y=\dfrac{x^2+1}{3x-1}$

**0556** $y=\dfrac{\ln x}{2x+1}$

**0557** $y=\dfrac{e^x}{\sin x-2}$

[0558~0561] 다음 함수를 미분하시오.

**0558** $y=x^{-2}$

**0559** $y=3x(x^{-3}-x^{-1})$

**0560** $y=\dfrac{1}{x^3}$

**0561** $y=\dfrac{2-x^2}{x^5}$

[0562~0563] 다음 함수를 미분하시오.

**0562** $y=\tan x-2\sec x$

**0563** $y=-\csc x-3\cot x$

[0564~0571] 다음 함수를 미분하시오.

**0564** $y=(2x-1)^3$

**0565** $y=(x^2+3x)^3(x^3-2)$

**0566** $y=\dfrac{2x}{(x-3)^3}$

**0567** $y=\left(x+\dfrac{1}{x}\right)^3$

**0568** $y=e^{-2x^2+x+1}$

**0569** $y=2^{\sin x+1}$

**0570** $y=\sin^5 x$

**0571** $y=\sec(4x+1)$

[0572~0575] 다음 함수를 미분하시오.

**0572** $y=x\ln|x|$

**0573** $y=3x+2\log_3 x$

**0574** $y=\ln(3x^2+2)$

**0575** $y=\ln(\cos x)$

[0576~0579] 다음 함수를 미분하시오.

**0576** $y=x^{-\frac{3}{5}}$

**0577** $y=x^{\sqrt{2}}$

**0578** $y=\dfrac{1}{\sqrt[3]{x^2}}$

**0579** $y=\sqrt{2x^2-1}$

## 개념 03　매개변수로 나타낸 함수의 미분법

두 함수 $x=f(t)$, $y=g(t)$가 $t$에 대하여 미분가능하고 $f'(t)\neq0$이면

$$\frac{dy}{dx}=\frac{\dfrac{dy}{dt}}{\dfrac{dx}{dt}}=\frac{g'(t)}{f'(t)}$$

[0580~0581] 다음 매개변수로 나타낸 함수에서 $x$, $y$ 사이의 관계식을 구하시오.

**0580** $x=t+1$, $y=t^2$

**0581** $x=\cos\theta$, $y=\sin\theta+1$

[0582~0584] 다음 매개변수로 나타낸 함수에서 $\dfrac{dy}{dx}$를 구하시오.

**0582** $x=t-3$, $y=2t^2-2$

**0583** $x=e^t$, $y=\ln t$

**0584** $x=\sin t$, $y=-2\cos t$

## 개념 04　음함수의 미분법

(1) **음함수**: $x$의 함수 $y$가 방정식 $f(x,\ y)=0$ 꼴로 주어질 때, $y$를 $x$의 음함수 표현이라 한다.

(2) **음함수의 미분법**: $x$의 함수 $y$가 음함수 $f(x,\ y)=0$ 꼴로 주어질 때, $y$를 $x$의 함수로 보고 각 항을 $x$에 대하여 미분하여 $\dfrac{dy}{dx}$를 구한다.

**0585** 다음은 $x^2+2y^3=3$에서 $\dfrac{dy}{dx}$를 구하는 과정이다.

$x^2+2y^3=3$의 양변을 $x$에 대하여 미분하면

$$\frac{d}{dx}(x^2)+\frac{d}{dx}(2y^3)=\frac{d}{dx}(3)$$

$$\boxed{(가)}+\boxed{(나)}\frac{dy}{dx}=0$$

$$\therefore\ \frac{dy}{dx}=\boxed{(다)}\ (단,\ y\neq0)$$

위의 과정에서 (가), (나), (다)에 알맞은 것을 써넣으시오.

[0586~0591] 다음 음함수에서 $\dfrac{dy}{dx}$를 구하시오.

**0586** $x^2+y^2=1$

**0587** $xy=2$

**0588** $x^2+2xy-y^2+3=0$

**0589** $x\sin y+y\cos x=1$

**0590** $\dfrac{y}{x^2}+x=0$

**0591** $\ln|y|=e^x$

## 개념 05　역함수의 미분법

미분가능한 함수 $f(x)$의 역함수 $f^{-1}(x)$가 존재하고 미분가능할 때, $y=f^{-1}(x)$의 도함수는

$$(f^{-1})'(x)=\frac{1}{f'(y)}\ (단,\ f'(y)\neq0)$$

$$또는\ \frac{dy}{dx}=\frac{1}{\dfrac{dx}{dy}}\left(단,\ \frac{dx}{dy}\neq0\right)$$

[0592~0593] 역함수의 미분법을 이용하여 다음 함수에서 $\dfrac{dy}{dx}$를 $x$에 대한 식으로 나타내시오.

**0592** $x=y^4\ (y>0)$

**0593** $y=\sqrt[3]{x-2}\ (x>2)$

## 개념 06　이계도함수

미분가능한 함수 $f(x)$의 도함수 $f'(x)$가 미분가능할 때 $f'(x)$의 도함수는

$$\frac{d}{dx}f'(x)=\lim_{\Delta x\to0}\frac{f'(x+\Delta x)-f'(x)}{\Delta x}$$

이를 함수 $f(x)$의 이계도함수라 하고 기호로 $f''(x)$, $y''$, $\dfrac{d^2y}{dx^2}$, $\dfrac{d^2}{dx^2}f(x)$와 같이 나타낸다.

[0594~0601] 다음 함수의 이계도함수를 구하시오.

**0594** $y=x^3+3x^2-2x$

**0595** $y=(x+2)^4$

**0596** $y=\dfrac{1}{x+1}$

**0597** $y=e^{2x}$

**0598** $y=\ln x$

**0599** $y=\cos3x$

**0600** $y=xe^x$

**0601** $y=x^2\sin x$

### 유형 01  $\dfrac{1}{g(x)}$ 꼴의 함수의 몫의 미분법

① 함수 $g(x)$가 미분가능할 때
$$\left\{\dfrac{1}{g(x)}\right\}'=-\dfrac{g'(x)}{\{g(x)\}^2}\ (\text{단},\ g(x)\neq 0)$$
② $y=\dfrac{1}{x^k}$ ($k$는 자연수) 꼴의 함수의 도함수는 $y=x^n$ ($n$은 정수)
꼴로 변형한 후 $y'=(x^n)'=nx^{n-1}$임을 이용하면 더 편리하다.

#### 👍 대표 예제

**0602** 함수 $f(x)=\dfrac{1}{x^2+3x+1}$에 대하여 $f'(1)$의 값은?

① $-\dfrac{1}{5}$  ② $-\dfrac{1}{4}$  ③ $-\dfrac{1}{3}$

④ $-\dfrac{1}{2}$  ⑤ $-1$

**선생님 해설**

$f'(x)=-\dfrac{(x^2+3x+1)'}{(x^2+3x+1)^2}=-\dfrac{2x+3}{(x^2+3x+1)^2}$이므로

$f'(1)=-\dfrac{2\cdot 1+3}{(1^2+3\cdot 1+1)^2}=-\dfrac{1}{5}$

**답** ①

**0603**  대표 예제 한 번 더

함수 $f(x)=\dfrac{1}{\sin x-\cos x}+x$에 대하여 $f'\!\left(\dfrac{\pi}{2}\right)$의 값은?

① $-1$  ② $-\dfrac{1}{2}$  ③ $0$

④ $\dfrac{1}{2}$  ⑤ $1$

**0604**

함수 $f(x)=\dfrac{1}{x-2}+\ln x$에 대하여 방정식 $f'(x)=0$을 만족시키는 모든 실수 $x$의 값의 합은?

① $3$  ② $\dfrac{7}{2}$  ③ $4$

④ $\dfrac{9}{2}$  ⑤ $5$

**0605**

함수 $f(x)=\dfrac{1}{x}+\dfrac{1}{x^2}+\dfrac{1}{x^3}+\dfrac{1}{x^4}+\dfrac{1}{x^5}$에 대하여 $f'(1)$의 값은?

① $-6$  ② $-9$  ③ $-12$

④ $-15$  ⑤ $-18$

**0606**

미분가능한 함수 $f(x)$에 대하여 $f(0)=1$, $f'(0)=2$이다. $g(x)=\dfrac{1}{1+e^x f(x)}$일 때, $g'(0)$의 값은?

① $-\dfrac{1}{4}$  ② $-\dfrac{1}{2}$  ③ $-\dfrac{3}{4}$

④ $-1$  ⑤ $-\dfrac{5}{4}$

## 유형 02 $\dfrac{f(x)}{g(x)}$ 꼴의 함수의 몫의 미분법

① 두 함수 $f(x)$, $g(x)$가 미분가능할 때
$$\left\{\dfrac{f(x)}{g(x)}\right\}'=\dfrac{f'(x)g(x)-f(x)g'(x)}{\{g(x)\}^2} \ (단, \ g(x)\neq0)$$
② 다항함수 $f(x)$에 대하여 $y=\dfrac{f(x)}{x^k}$ ($k$는 자연수) 꼴의 함수의 도함수는 $f(x)$의 각 항을 $x^k$으로 나누어 $y=x^n$ ($n$은 정수) 꼴로 변형한 후 $y'=(x^n)'=nx^{n-1}$임을 이용하면 더 편리하다.

### 🖐 대표 예제

**0607** 함수 $f(x)=\dfrac{2x}{x+1}+\dfrac{2x}{x-1}$ 에 대하여 $f'(0)$의 값은?

① $-2$　　　② $-1$　　　③ $0$
④ $1$　　　⑤ $2$

(선생님 해설)

$$f'(x)=\dfrac{(2x)'(x+1)-2x(x+1)'}{(x+1)^2}$$
$$+\dfrac{(2x)'(x-1)-2x(x-1)'}{(x-1)^2}$$
$$=\dfrac{2(x+1)-2x}{(x+1)^2}+\dfrac{2(x-1)-2x}{(x-1)^2}$$
$$=\dfrac{2}{(x+1)^2}-\dfrac{2}{(x-1)^2}$$

이므로 $f'(0)=\dfrac{2}{1^2}-\dfrac{2}{(-1)^2}=0$

● 다른 풀이 ●

$$f(x)=\dfrac{2x}{x+1}+\dfrac{2x}{x-1}=\dfrac{2x(x-1)+2x(x+1)}{(x+1)(x-1)}=\dfrac{4x^2}{x^2-1}$$

이므로

$$f'(x)=\dfrac{(4x^2)'(x^2-1)-4x^2(x^2-1)'}{(x^2-1)^2}$$
$$=\dfrac{8x(x^2-1)-4x^2\cdot2x}{(x^2-1)^2}=-\dfrac{8x}{(x^2-1)^2}$$

$\therefore f'(0)=0$

답 ③

**0608** 대표 예제　한 번 더

함수 $f(x)=\dfrac{2x+1}{x^2-x+1}$ 에 대하여 $\displaystyle\lim_{h\to0}\dfrac{f(h)-f(0)}{h}$의 값은?

① $3$　　　② $4$　　　③ $5$
④ $6$　　　⑤ $7$

**0609**

함수 $f(x)=\dfrac{x^3-2x^2+4x-3}{x^5}$ 에 대하여 $f'(-1)$의 값은?

① $30$　　　② $33$　　　③ $36$
④ $39$　　　⑤ $42$

**0610**

열린구간 $(-\pi,\ \pi)$에서 정의된 함수 $f(x)=\dfrac{\cos^2 x}{1+\cos x}$에 대하여 방정식 $f'(x)=0$을 만족시키는 서로 다른 실근의 개수는?

① $2$　　　② $3$　　　③ $4$
④ $5$　　　⑤ $6$

**0611**

미분가능한 함수 $f(x)$에 대하여 $f(1)=e$, $f'(1)=-2e$이다. $g(x)=\dfrac{e^x}{e^x+xf(x)}$일 때, $g'(1)$의 값은?

① $-\dfrac{1}{2}$　　　② $-\dfrac{1}{4}$　　　③ $0$
④ $\dfrac{1}{4}$　　　⑤ $\dfrac{1}{2}$

### 유형 03  삼각함수의 도함수

① $(\tan x)' = \sec^2 x$
② $(\sec x)' = \sec x \tan x$
③ $(\csc x)' = -\csc x \cot x$
④ $(\cot x)' = -\csc^2 x$

### 🖐 대표 예제

**0612** 함수 $f(x) = \tan x \sec x$에 대하여 $f'\left(\dfrac{\pi}{4}\right)$의 값은?

① $\sqrt{2}$　　　② $2\sqrt{2}$　　　③ $3\sqrt{2}$
④ $4\sqrt{2}$　　　⑤ $5\sqrt{2}$

선생님 해설

$$f'(x) = (\tan x)' \sec x + \tan x (\sec x)'$$
$$= \sec^2 x \sec x + \tan x \sec x \tan x$$
$$= \sec x (\sec^2 x + \tan^2 x)$$
이므로 $f'\left(\dfrac{\pi}{4}\right) = \sqrt{2} \cdot \{(\sqrt{2})^2 + 1^2\} = 3\sqrt{2}$

답 ③

**0613** 대표 예제 한 번 더

함수 $f(x) = -\cos x \cot x$에 대하여 $f'\left(\dfrac{\pi}{6}\right)$의 값은?

① $\dfrac{\sqrt{3}}{2}$　　② $\dfrac{3\sqrt{3}}{2}$　　③ $\dfrac{5\sqrt{3}}{2}$
④ $\dfrac{7\sqrt{3}}{2}$　　⑤ $\dfrac{9\sqrt{3}}{2}$

**0614**

함수 $f(x) = a \tan x + b \cot x$에 대하여

$$f\left(\frac{\pi}{3}\right) = 4\sqrt{3}, \quad f'\left(\frac{\pi}{6}\right) = -8$$

일 때, $a+b$의 값은? (단, $a$, $b$는 상수이다.)

① 6　　　　② 7　　　　③ 8
④ 9　　　　⑤ 10

**0615**

함수 $f(x) = \dfrac{\sec x}{\csc x - \cos x}$에 대하여 $f'\left(\dfrac{5}{4}\pi\right)$의 값은?

① 4　　　　② 6　　　　③ 8
④ 10　　　⑤ 12

**0616**

함수 $f(x) = \dfrac{1}{e^x \tan x + \sec x}$에 대하여

$$\lim_{h \to 0} \frac{f(h) - f(-2h)}{h}$$의 값은?

① $-6$　　　② $-3$　　　③ 0
④ 3　　　　⑤ 6

## 유형 04  합성함수의 미분법

두 함수 $y=f(u)$, $u=g(x)$가 미분가능할 때, 합성함수
$y=f(g(x))$의 도함수는

$$\frac{dy}{dx}=\frac{dy}{du}\cdot\frac{du}{dx} \text{ 또는 } y'=f'(g(x))g'(x)$$

밖의 식을 미분 · 안의 식을 또 미분

### 👍 대표 예제

**0617** 미분가능한 함수 $f(x)$가 $f(1)=1$, $f'(1)=2$를 만족시킬 때, 함수 $y=\{f(x)\}^4$의 $x=1$에서의 미분계수는?

① 4　　　　② 5　　　　③ 6

④ 7　　　　⑤ 8

선생님 **해설**

미분한다.

$y'=4\{f(x)\}^3 f'(x)$이므로 $x=1$에서의 미분계수는
$4\{f(1)\}^3 f'(1)=4\cdot1^3\cdot2=8$

합성함수의 미분법은 미분법에서 가장 중요한 내용이야.
충분히 연습해서 자연스럽게 사용할 수 있어야 해.

**답** ⑤

**0618** 대표 예제 한 번 더
미분가능한 함수 $f(x)$가 $f(0)=-2$, $f'(0)=3$을 만족시킬 때, 함수 $g(x)=\{1+f(x)\}^3$에 대하여 $g'(0)$의 값은?

① 7　　　　② 8　　　　③ 9

④ 10　　　　⑤ 11

**0619**
미분가능한 두 함수 $f(x)$, $g(x)$가
$$f(2)=1, f'(2)=2, g'(1)=3$$
을 만족시킬 때, 함수 $y=g(\{f(x)\}^2)$의 $x=2$에서의 미분계수는?

① 6　　　　② 8　　　　③ 10

④ 12　　　　⑤ 14

**0620**
미분가능한 두 함수 $f(x)$, $g(x)$가
$$f(0)=-1, f'(0)=3, g(-1)=5, g'(-1)=4$$
를 만족시킬 때, $\displaystyle\lim_{x\to0}\frac{g(f(x))-5}{x}$의 값은?

① 3　　　　② 6　　　　③ 9

④ 12　　　　⑤ 15

**0621**
미분가능한 두 함수 $f(x)$, $g(x)$가
$$\lim_{x\to-1}\frac{f(x)-1}{x+1}=-2,\ \lim_{x\to1}\frac{g(x)+4}{x-1}=-4$$
를 만족시킬 때, 함수 $h(x)=g(f(x))$에 대하여
$h(-1)+h'(-1)$의 값은?

① 2　　　　② 4　　　　③ 6

④ 8　　　　⑤ 10

**유형 05** 합성함수의 미분법을 이용한 유리함수의 도함수

① 유리함수 $f(x)$에 대하여
$$(\{f(x)\}^n)' = n\{f(x)\}^{n-1}f'(x) \quad (\text{단, } n\text{은 정수이다.})$$
② 함수 $y = f(ax+b)$에 대하여
$$y' = af'(ax+b) \quad (\text{단, } a, b\text{는 상수이다.})$$

### 대표 예제

**0622** 함수 $f(x) = x^4 - 2x^2 - 4x$에 대하여 함수 $y = f(3x-1)$의 $x=1$에서의 미분계수는?

① 36     ② 42     ③ 48
④ 54     ⑤ 60

**선생님 해설**

$y' = 3f'(3x-1)$이므로 $x=1$에서의 미분계수는
$3f'(3\cdot1-1) = 3f'(2)$
이때 $f'(x) = 4x^3 - 4x - 4$이므로
$f'(2) = 4\cdot2^3 - 4\cdot2 - 4 = 20$
$\therefore 3f'(2) = 3\cdot20 = 60$

답 ⑤

**0623** 함수 $f(x) = \left(\dfrac{x^2}{2x+1}\right)^3$에 대하여 $f'(1)$의 값은?

① $\dfrac{1}{27}$     ② $\dfrac{2}{27}$     ③ $\dfrac{1}{9}$
④ $\dfrac{4}{27}$     ⑤ $\dfrac{5}{27}$

**0624** 함수 $f(x) = (x^2 + ax + 1)^4$에 대하여 $f'(0) = 4$일 때, $f'(-1)$의 값은? (단, $a$는 상수이다.)

① $-4$     ② $-2$     ③ 0
④ 2     ⑤ 4

**0625** 두 함수 $f(x) = \dfrac{x^2+2}{x+1}$, $g(x) = x^3 - 2x^2 + 1$에 대하여 $h(x) = (g \circ f)(x)$일 때, $h'(0)$의 값은?

① $-12$     ② $-10$     ③ $-8$
④ $-6$     ⑤ $-4$

**0626** 실수 전체의 집합에서 미분가능한 함수 $f(x)$와 함수 $g(x) = x^3 + 3x$에 대하여 $f(g(x)) = 2x^3 - 4$일 때, $f'(-4)$의 값은?

① 1     ② 3     ③ 5
④ 7     ⑤ 9

### 유형 06  합성함수의 미분법을 이용한 지수함수, 삼각함수의 도함수

① $\{e^{f(x)}\}'=e^{f(x)}f'(x)$
② $\{\sin f(x)\}'=\cos f(x)\cdot f'(x)$
  $\{\cos f(x)\}'=-\sin f(x)\cdot f'(x)$
③ $\{\sin^{n} f(x)\}'=n\sin^{n-1} f(x)\cdot\cos f(x)\cdot f'(x)$
  $\{\cos^{n} f(x)\}'=n\cos^{n-1} f(x)\cdot\{-\sin f(x)\}\cdot f'(x)$

### 👍 대표 예제

**0627** 함수 $f(x)=e^{3x^2+2x-1}$에 대하여 $f'(-1)$의 값은?

① $-4$　　　② $-3$　　　③ $-2$
④ $-1$　　　⑤ $0$

**선생님 해설**

$f'(x)=e^{3x^2+2x-1}(3x^2+2x-1)'=(6x+2)e^{3x^2+2x-1}$이므로
$f'(-1)=\{6\cdot(-1)+2\}\cdot e^0=-4$

**답** ①

**0628**  대표 예제 · 한 번 더

함수 $y=\sin^2(2x+\pi)$의 $x=\dfrac{\pi}{4}$에서의 미분계수는?

① $-2$　　　② $-1$　　　③ $0$
④ $1$　　　⑤ $2$

**0629**

함수 $f(x)=\dfrac{e^{3x}}{1+\cos 4x}$에 대하여 $f(0)+f'(0)$의 값은?

① $\dfrac{1}{2}$　　　② $1$　　　③ $\dfrac{3}{2}$
④ $2$　　　⑤ $\dfrac{5}{2}$

**0630**

모든 실수 $x$에 대하여
$$(\cos^4 x\sin 4x)'=4\cos^3 x\cos ax$$
를 만족시키는 양수 $a$의 값은?

① $1$　　　② $3$　　　③ $5$
④ $7$　　　⑤ $9$

**0631**

두 함수 $f(x)=2^x$, $g(x)=\sin(x^2-x)$에 대하여
$h(x)=(f\circ g)(x)$일 때, $\displaystyle\lim_{x\to 0}\dfrac{h(1+x)-h(1-x)}{x}$의 값은?

① $\ln 2$　　　② $\dfrac{3\ln 2}{2}$　　　③ $2\ln 2$
④ $\dfrac{5\ln 2}{2}$　　　⑤ $3\ln 2$

## 유형 07  합성함수의 미분법을 이용한 로그함수의 도함수

미분가능한 함수 $f(x)$ $(f(x)\neq 0)$에 대하여 $a>0$, $a\neq 1$일 때

① $(\ln |x|)'=\dfrac{1}{x}$   절댓값 기호가 없어진다.

② $(\log_a |x|)'=\dfrac{1}{x \ln a}$

③ $(\ln |f(x)|)'=\dfrac{f'(x)}{f(x)}$

④ $(\log_a |f(x)|)'=\dfrac{f'(x)}{f(x) \ln a}$

### 📋 대표 예제

**0632** 함수 $y=\ln \dfrac{1}{x^4}$의 $x=2$에서의 미분계수는?

① $-2$       ② $-1$       ③ $0$

④ $1$       ⑤ $2$

**선생님 해설**

$y=\ln \dfrac{1}{x^4}=-4 \ln |x|$이므로 $y'=-\dfrac{4}{x}$

따라서 $x=2$에서의 미분계수는

$-\dfrac{4}{2}=-2$

답 ①

**0633** 【대표 예제】 【한 번 더】

함수 $f(x)=\ln |\cos x|$에 대하여 $f'\left(\dfrac{\pi}{3}\right)$의 값은?

① $-\sqrt{3}$       ② $-\dfrac{\sqrt{3}}{3}$       ③ $0$

④ $\dfrac{\sqrt{3}}{3}$       ⑤ $\sqrt{3}$

**0634**

$0<x<\dfrac{\pi}{2}$에서 정의된 함수 $f(x)=\ln (\tan^2 ax)$의 도함수

가 $f'(x)=\dfrac{8}{\sin 4x}$일 때, 자연수 $a$의 값은?

① $2$       ② $4$       ③ $6$

④ $8$       ⑤ $10$

**0635**

함수 $y=\log_2 \sqrt{\dfrac{1+\sin x}{1-\sin x}}$의 $x=\dfrac{\pi}{4}$에서의 미분계수는?

① $0$       ② $\dfrac{\sqrt{2}}{4 \ln 2}$       ③ $\dfrac{\sqrt{2}}{2 \ln 2}$

④ $\dfrac{3\sqrt{2}}{4 \ln 2}$       ⑤ $\dfrac{\sqrt{2}}{\ln 2}$

**0636**

함수 $f(x)=\ln |x^2-4|$에 대하여 $\displaystyle\sum_{n=3}^{\infty} \dfrac{f'(n)}{n}$의 값은?

① $\dfrac{23}{24}$       ② $1$       ③ $\dfrac{25}{24}$

④ $\dfrac{13}{12}$       ⑤ $\dfrac{9}{8}$

## 유형 08  로그를 이용한 복잡한 함수의 도함수

① 분모 또는 분자가 인수분해할 수 있는 다항식으로 이루어진 함수
$y=\dfrac{f(x)}{g(x)}$ 꼴의 미분은 다음과 같은 순서로 한다.

❶ 주어진 식의 양변의 절댓값에 자연로그를 취한다.

➡ $\ln|y|=\ln|f(x)|-\ln|g(x)|$

❷ ❶에서 구한 식의 양변을 $x$에 대하여 미분한다.

➡ $\dfrac{y'}{y}=\dfrac{f'(x)}{f(x)}-\dfrac{g'(x)}{g(x)}$

❸ ❷에서 구한 식을 $y'$에 대하여 정리한다.

➡ $y'=y\left\{\dfrac{f'(x)}{f(x)}-\dfrac{g'(x)}{g(x)}\right\}$

② 밑과 지수에 모두 미지수가 있는 지수함수 $y=\{f(x)\}^{g(x)}$ 꼴의 미분은 다음과 같은 순서로 한다.

❶ 주어진 식의 양변의 절댓값에 자연로그를 취한다.

➡ $\ln|y|=g(x)\ln|f(x)|$

❷ ❶에서 구한 식의 양변을 $x$에 대하여 미분한다.

➡ $\dfrac{y'}{y}=g'(x)\ln|f(x)|+g(x)\cdot\dfrac{f'(x)}{f(x)}$

❸ ❷에서 구한 식을 $y'$에 대하여 정리한다.

➡ $y'=y\left\{g'(x)\ln|f(x)|+g(x)\cdot\dfrac{f'(x)}{f(x)}\right\}$

### 👍 대표 예제

**0637** 함수 $y=\dfrac{x^2}{(x-1)^3(x+1)}$ 의 $x=2$에서의 미분계수는?

① $-\dfrac{28}{9}$  ② $-\dfrac{26}{9}$  ③ $-\dfrac{8}{3}$

④ $-\dfrac{22}{9}$  ⑤ $-\dfrac{20}{9}$

**선생님 해설**

$y=\dfrac{x^2}{(x-1)^3(x+1)}$ 의 양변의 절댓값에 자연로그를 취하면

$\ln|y|=2\ln|x|-3\ln|x-1|-\ln|x+1|$

위의 식의 양변을 $x$에 대하여 미분하면

$\dfrac{y'}{y}=\dfrac{2}{x}-\dfrac{3}{x-1}-\dfrac{1}{x+1}$

함수의 몫의 미분법보다 로그를 이용하는 풀이가 더 수월해. 접근 방법을 빠르게 판단하는 것이 중요해.

$\therefore\ y'=y\left(\dfrac{2}{x}-\dfrac{3}{x-1}-\dfrac{1}{x+1}\right)$

$\qquad =\dfrac{x^2}{(x-1)^3(x+1)}\left(\dfrac{2}{x}-\dfrac{3}{x-1}-\dfrac{1}{x+1}\right)$

따라서 $x=2$에서의 미분계수는

$\dfrac{2^2}{(2-1)^3\cdot(2+1)}\cdot\left(\dfrac{2}{2}-\dfrac{3}{2-1}-\dfrac{1}{2+1}\right)=\dfrac{4}{3}\cdot\left(-\dfrac{7}{3}\right)=-\dfrac{28}{9}$

**답** ①

함수의 몫의 미분법을 이용할 수도 있다.

$y'=\dfrac{2x(x-1)^3(x+1)-x^2\{3(x-1)^2(x+1)+(x-1)^3\}}{\{(x-1)^3(x+1)\}^2}$

$=\dfrac{-2x(x-1)^2(x^2+x+1)}{(x-1)^6(x+1)^2}=\dfrac{-2x(x^2+x+1)}{(x-1)^4(x+1)^2}$

---

**0638** 함수 $y=x^x$의 도함수는?

① $y'=\ln|x|$  ② $y'=x\ln|x|$

③ $y'=x(\ln|x|+1)$  ④ $y'=x^x\ln|x|$

⑤ $y'=x^x(\ln|x|+1)$

**0639** 함수 $f(x)=(\sin x)^{\cos x}$에 대하여 $f'\left(\dfrac{\pi}{2}\right)$의 값은?

① $-e$  ② $-1$  ③ $0$

④ $1$  ⑤ $e$

**0640** 함수 $f(x)=\dfrac{e^x x^3(x-1)^2}{(x-2)^3}$ 에 대하여 $f'(a)=-\dfrac{8}{27e}$ 일 때, $a$의 값은? (단, $a$는 음의 유리수이다.)

① $-\dfrac{1}{2}$  ② $-1$  ③ $-\dfrac{3}{2}$

④ $-2$  ⑤ $-\dfrac{5}{2}$

**0641** 두 함수 $f(x)=x^{\ln x}$, $g(x)=\tan x$에 대하여 함수

$y=(f\circ g)(x)$의 $x=\dfrac{\pi}{4}$에서의 미분계수를 구하시오.

### 유형 09  $y=x^n$ ($n$은 실수)의 도함수

$n$이 실수일 때, $y=x^n$이면 $y'=nx^{n-1}$ (단, $x>0$)

#### 🖒 대표 예제

**0642** 함수 $y=\sqrt{2x-1}$의 $x=1$에서의 미분계수는?

① $\dfrac{1}{2}$      ② $1$      ③ $\dfrac{3}{2}$

④ $2$      ⑤ $\dfrac{5}{2}$

**선생님 해설**

$y=\sqrt{2x-1}=(2x-1)^{\frac{1}{2}}$이므로

$y'=\dfrac{1}{2}(2x-1)^{-\frac{1}{2}}\cdot 2=(2x-1)^{-\frac{1}{2}}=\dfrac{1}{\sqrt{2x-1}}$

따라서 $x=1$에서의 미분계수는

$\dfrac{1}{\sqrt{2\cdot 1-1}}=1$



답 ②

**0643** 대표 예제 한 번 더

함수 $f(x)=(2x^2+1)^{\frac{3}{2}}$에 대하여 $f'(2)$의 값은?

① $28$      ② $32$      ③ $36$

④ $40$      ⑤ $44$

**0644**

함수 $y=(x+\sqrt{ax+1}\,)^2$의 $x=0$에서의 미분계수가 5일 때, 상수 $a$의 값은?

① $\dfrac{3}{2}$      ② $2$      ③ $\dfrac{5}{2}$

④ $3$      ⑤ $\dfrac{7}{2}$

**0645**

함수 $f(x)=\dfrac{\sin x}{\sqrt{1+\tan x}}$에 대하여 $f'\left(\dfrac{\pi}{4}\right)$의 값은?

① $1$      ② $\dfrac{1}{2}$      ③ $\dfrac{1}{3}$

④ $\dfrac{1}{4}$      ⑤ $\dfrac{1}{5}$

**0646**

미분가능한 함수 $f(x)$에 대하여 $f'(2)=a$이다. 함수 $y=f(\sqrt[3]{e^{x-1}+7}\,)$의 $x=1$에서의 미분계수가 정수가 되도록 하는 자연수 $a$의 최솟값은?

① $4$      ② $6$      ③ $8$

④ $10$      ⑤ $12$

**유형 10** 매개변수로 나타낸 함수의 미분법

두 함수 $x=f(t)$, $y=g(t)$가 $t$에 대하여 미분가능하고 $f'(t)\neq0$이면

$$\frac{dy}{dx}=\frac{\dfrac{dy}{dt}}{\dfrac{dx}{dt}}=\frac{g'(t)}{f'(t)}$$

### 👍 대표 예제

**0647** 매개변수 $t$로 나타낸 함수

$$x=t^2-t+2, \ y=t\ln t+t^2$$

의 $t=1$에서의 $\dfrac{dy}{dx}$의 값은?

① 1  ② 3  ③ 5
④ 7  ⑤ 9

**선생님 해설**

$\dfrac{dx}{dt}=2t-1$, $\dfrac{dy}{dt}=\ln t+t\cdot\dfrac{1}{t}+2t=\ln t+2t+1$이므로

$$\frac{dy}{dx}=\frac{\dfrac{dy}{dt}}{\dfrac{dx}{dt}}=\frac{\ln t+2t+1}{2t-1} \ (단, \ 2t-1\neq0)$$

따라서 $t=1$에서의 $\dfrac{dy}{dx}$의 값은

$$\frac{0+2\cdot1+1}{2\cdot1-1}=3$$

● **답** ②

**0648** 대표 예제 한 번 더

매개변수 $\theta$로 나타낸 함수

$$x=\sin^2\theta, \ y=2\cos\theta+1$$

의 $\theta=\dfrac{\pi}{3}$에서의 $\dfrac{dy}{dx}$의 값은?

① $-2$  ② $-1$  ③ 0
④ 1  ⑤ 2

**0649**

매개변수 $t$로 나타낸 함수

$$x=at^2+2t+3, \ y=6t-1$$

의 $t=2$에서의 $\dfrac{dy}{dx}$의 값이 $\dfrac{1}{3}$일 때, 상수 $a$의 값은?

① 2  ② 3  ③ 4
④ 5  ⑤ 6

**0650**

매개변수 $t$로 나타낸 곡선

$$x=-t+3\sin t, \ y=t-\cos t$$

가 $t=\dfrac{\pi}{2}$일 때 점 $(a, b)$를 지나고, 이때의 $\dfrac{dy}{dx}$의 값이 $c$이다. $a+b+c$의 값은?

① 1  ② 2  ③ 4
④ 6  ⑤ 8

**0651** UP

매개변수 $t$로 나타낸 함수

$$x=2e^t-1, \ y=te^t+\ln(t+1)$$

을 $y=f(x)$로 나타낼 때, $\displaystyle\lim_{h\to0}\frac{f(1+h)-f(1)}{h}$의 값은?

① $\dfrac{1}{2}$  ② 1  ③ $\dfrac{3}{2}$
④ 2  ⑤ $\dfrac{5}{2}$

### 유형 11  음함수의 미분법

$x$의 함수 $y$가 음함수 $f(x,\ y)=0$ 꼴로 주어질 때, $y$를 $x$의 함수로 보고 각 항을 $x$에 대하여 미분하여 $\dfrac{dy}{dx}$ 를 구한다.

$\Rightarrow \dfrac{d}{dx}(x^n)=nx^{n-1},\ \dfrac{d}{dx}(y^n)=ny^{n-1}\dfrac{dy}{dx}$ (단, $n$은 실수이다.)

### 📌 대표 예제

**0652** 곡선 $x^3+y^3-2xy+4=0$ 위의 점 $(-1,\ -1)$에서의 $\dfrac{dy}{dx}$의 값은?

① $-1$  ② $-2$  ③ $-3$
④ $-4$  ⑤ $-5$

**선생님 해설**

$x^3+y^3-2xy+4=0$의 양변을 $x$에 대하여 미분하면

$3x^2+3y^2\dfrac{dy}{dx}-2y-2x\dfrac{dy}{dx}=0$

$(3y^2-2x)\dfrac{dy}{dx}=2y-3x^2$

$\therefore \dfrac{dy}{dx}=\dfrac{2y-3x^2}{3y^2-2x}$ (단, $3y^2-2x\neq0$)

위의 식에 $x=-1$, $y=-1$을 대입하면

$\dfrac{dy}{dx}=\dfrac{2\cdot(-1)-3\cdot(-1)^2}{3\cdot(-1)^2-2\cdot(-1)}=-1$

$y$를 하나의 함수, 즉 $y=f(x)$라 생각하고 양변을 $x$에 대하여 미분하면 $\dfrac{dy}{dx}=f'(x)$이므로 $y$에 대한 항을 미분할 때에는 $\dfrac{dy}{dx}$가 붙는 거야.

**답** ①

**0653** 대표 예제 한 번 더
곡선 $x^2\sin y+y^2\cos x-x=-1$ 위의 점 $(1,\ 0)$에서의 $\dfrac{dy}{dx}$의 값은?

① $-1$  ② $-\dfrac{1}{2}$  ③ $0$
④ $\dfrac{1}{2}$  ⑤ $1$

**0654** 함수 $e^{x+y}+e^{x-y}=2$에서 $\dfrac{dy}{dx}$를 $y$에 대한 식으로 나타낸 것은?

① $\dfrac{dy}{dx}=\dfrac{e^y+e^{-y}}{e^y-e^{-y}}$  ② $\dfrac{dy}{dx}=-\dfrac{e^y+e^{-y}}{e^y-e^{-y}}$

③ $\dfrac{dy}{dx}=\dfrac{e^y-e^{-y}}{e^y+e^{-y}}$  ④ $\dfrac{dy}{dx}=-\dfrac{e^y-e^{-y}}{e^y+e^{-y}}$

⑤ $\dfrac{dy}{dx}=\dfrac{1}{e^y-e^{-y}}$

**0655** 곡선 $ax=y+\sin xy$ 위의 점 $\left(2,\ \dfrac{\pi}{2}\right)$에서의 $\dfrac{dy}{dx}$의 값은?
(단, $a$는 상수이다.)

① $-\dfrac{\pi}{4}$  ② $-\dfrac{\pi}{2}$  ③ $-\dfrac{3}{4}\pi$
④ $-\pi$  ⑤ $-\dfrac{5}{4}\pi$

**0656** 곡선 $x^2-y^2+axy+b=0$ 위의 점 $(1,\ 1)$에서의 $\dfrac{dy}{dx}$의 값이 3일 때, $a^2+b^2$의 값은? (단, $a$, $b$는 상수이다.)

① $1$  ② $2$  ③ $4$
④ $5$  ⑤ $8$

**유형 12** 매개변수로 나타낸 함수와 음함수의 접선의 기울기

① 매개변수 $t$로 나타낸 곡선 $x=f(t)$, $y=g(t)$ 위의 점 $(a, b)$에서의 접선의 기울기는 다음과 같은 순서로 구한다.

❶ $\dfrac{dy}{dx}=\dfrac{g'(t)}{f'(t)}$ 를 구한다.

❷ $a=f(t)$, $b=g(t)$를 만족시키는 $t$의 값을 구한다.

❸ ❷에서 구한 $t$의 값을 ❶에서 구한 식에 대입하여 $\dfrac{dy}{dx}$의 값, 즉 접선의 기울기를 구한다.

② 곡선 $f(x, y)=0$ 위의 점 $(a, b)$에서의 접선의 기울기는 음함수의 미분법을 이용하여 구한 $\dfrac{dy}{dx}$에 $x=a$, $y=b$를 대입하여 구한다.

## 👍 대표 예제

**0657** 곡선 $\sin(x+y)-\sin(x-y)=1$ 위의 점 $\left(\dfrac{\pi}{4}, \dfrac{\pi}{4}\right)$에서의 접선의 기울기는?

① $-2$  ② $-1$  ③ $0$
④ $1$  ⑤ $2$

**선생님 해설**

$\sin(x+y)-\sin(x-y)=1$의 양변을 $x$에 대하여 미분하면

$\cos(x+y)\cdot\left(1+\dfrac{dy}{dx}\right)-\cos(x-y)\cdot\left(1-\dfrac{dy}{dx}\right)=0$

$\{\cos(x+y)+\cos(x-y)\}\dfrac{dy}{dx}=-\cos(x+y)+\cos(x-y)$

$\therefore \dfrac{dy}{dx}=\dfrac{-\cos(x+y)+\cos(x-y)}{\cos(x+y)+\cos(x-y)}$

（단, $\cos(x+y)+\cos(x-y)\neq0$）

따라서 점 $\left(\dfrac{\pi}{4}, \dfrac{\pi}{4}\right)$에서의 접선의 기울기는

$\dfrac{-\cos\dfrac{\pi}{2}+\cos 0}{\cos\dfrac{\pi}{2}+\cos 0}=\dfrac{0+1}{0+1}=1$

 **답** ④

**0658**

매개변수 $t$로 나타낸 곡선

$$x=3t-2,\ y=t\ln t+2e^{t-1}$$

위의 점 $(1, 2)$에서의 접선의 기울기는?

① $\dfrac{1}{3}$  ② $\dfrac{2}{3}$  ③ $1$
④ $\dfrac{4}{3}$  ⑤ $\dfrac{5}{3}$

**0659**

곡선 $2x^2-xy+y^2=4$ 위의 점 $(1, a)$에서의 접선의 기울기는? (단, $a>0$)

① $-\dfrac{5}{3}$  ② $-\dfrac{4}{3}$  ③ $-1$
④ $-\dfrac{2}{3}$  ⑤ $-\dfrac{1}{3}$

**0660**

곡선 $x+2y+a\sqrt{x}+b\sqrt{y}+1=0$ 위의 점 $(1, 1)$에서의 접선의 기울기가 3일 때, $a-b$의 값은?

（단, $a$, $b$는 상수이다.）

① $3$  ② $4$  ③ $5$
④ $6$  ⑤ $7$

**0661**

매개변수 $\theta$ $(0\leq\theta<2\pi)$로 나타낸 곡선

$$x=\tan\theta,\ y=2\sec\theta$$

위의 점 $(a, b)$에서의 접선의 기울기가 $\sqrt{2}$일 때, $ab$의 값은? (단, $a>0$, $b>0$)

① $\dfrac{\sqrt{2}}{2}$  ② $1$  ③ $\sqrt{2}$
④ $2$  ⑤ $2\sqrt{2}$

## 유형 13  역함수의 미분법

즉, $y$를 $x$에 대하여 미분하기 어려운 경우를 말한다.

① $x=f(y)$ 꼴로 주어진 함수에서 $\dfrac{dy}{dx}$를 구할 때에는 $x$를 $y$에 대하여 미분한 후 역함수의 미분법을 이용한다.

$$\Rightarrow \frac{dy}{dx}=\frac{1}{\dfrac{dx}{dy}}\ \left(\text{단, } \frac{dx}{dy}\neq 0\right)$$

② 미분가능한 함수 $f(x)$의 역함수 $f^{-1}(x)$가 존재하고 미분가능할 때, $f^{-1}(b)=a$이면

$$\Rightarrow (f^{-1})'(b)=\frac{1}{f'(a)}\ \left(\text{단, } f'(a)\neq 0\right)$$

### 🔵 대표 예제

**0662** 함수 $x=\sin y\ \left(-\dfrac{\pi}{2}<y<\dfrac{\pi}{2}\right)$에서 $x=\dfrac{\sqrt{2}}{2}$일 때의 $\dfrac{dy}{dx}$의 값은?

① $-\sqrt{2}$      ② $-\dfrac{\sqrt{2}}{2}$      ③ $0$

④ $\dfrac{\sqrt{2}}{2}$      ⑤ $\sqrt{2}$

**선생님 해설**

$x=\sin y$의 양변을 $y$에 대하여 미분하면

$$\frac{dx}{dy}=\cos y \qquad \therefore \frac{dy}{dx}=\frac{1}{\dfrac{dx}{dy}}=\frac{1}{\cos y}$$

$x=\sin y$에서 $x=\dfrac{\sqrt{2}}{2}$일 때

$$\frac{\sqrt{2}}{2}=\sin y \qquad \therefore y=\frac{\pi}{4}\ \left(\because -\frac{\pi}{2}<y<\frac{\pi}{2}\right)$$

따라서 $x=\dfrac{\sqrt{2}}{2}$일 때의 $\dfrac{dy}{dx}$의 값은

$$\frac{1}{\cos\dfrac{\pi}{4}}=\frac{1}{\dfrac{1}{\sqrt{2}}}=\sqrt{2}$$

$\dfrac{dy}{dx}=\dfrac{1}{\dfrac{dx}{dy}}$에서 $\dfrac{dx}{dy}$는 $y$에 대한 식이므로 조건을 만족시키는 $y$의 값을 찾아야 해.

**답 ⑤**

**0663** 【대표 예제】【한 번 더】

$y>-\dfrac{3}{2}$에서 정의된 함수 $x=\sqrt{y^2+3y+5}+1$에 대하여 $x=4$일 때의 $\dfrac{dy}{dx}$의 값은?

① $\dfrac{2}{5}$      ② $\dfrac{3}{5}$      ③ $\dfrac{4}{5}$

④ $1$      ⑤ $\dfrac{6}{5}$

**0664**

함수 $f(x)=x^2-2x+3\ (x>2)$의 역함수를 $g(x)$라 할 때, $g'(6)$의 값은?

① $\dfrac{1}{5}$      ② $\dfrac{1}{4}$      ③ $\dfrac{1}{3}$

④ $\dfrac{1}{2}$      ⑤ $1$

**0665**

함수 $f(x)=\dfrac{e^x-e^{-x}}{2}$의 역함수를 $g(x)$라 할 때, $\displaystyle\lim_{h\to 0}\frac{g(h)-g(-h)}{h}$의 값은?

① $\dfrac{1}{2}$      ② $1$      ③ $\dfrac{3}{2}$

④ $2$      ⑤ $\dfrac{5}{2}$

**0666**

$-1<x<1$에서 정의된 함수 $f(x)=\dfrac{x}{1-x^2}$의 역함수를 $g(x)$라 할 때, 함수 $y=f(x)+g(x)$의 그래프 위의 $x=0$인 점에서의 접선의 기울기는?

① $-2$      ② $-1$      ③ $1$

④ $2$      ⑤ $3$

## 유형 14　이계도함수

미분가능한 함수 $f(x)$의 도함수 $f'(x)$가 미분가능할 때, $f'(x)$의 도함수는

$$f''(x)=\lim_{\Delta x\to 0}\frac{f'(x+\Delta x)-f'(x)}{\Delta x}$$

### 👍 대표 예제

**0667** 함수 $f(x)=xe^x$에 대하여 $f''(1)$의 값은?

① $e$　　　　② $2e$　　　　③ $3e$

④ $4e$　　　　⑤ $5e$

**선생님 해설**

• 미분가능하다.

$f'(x)=e^x+xe^x=(x+1)e^x$이므로

$f''(x)=e^x+(x+1)e^x=(x+2)e^x$

$\therefore f''(1)=3e$

**답 ③**

**0668** 대표 예제 | 한 번 더

함수 $f(x)=(\ln x)^2$에 대하여 $\displaystyle\lim_{h\to 0}\frac{f'(1+h)}{h}$의 값은?

① 5　　　　② 4　　　　③ 3

④ 2　　　　⑤ 1

**0669**

함수 $f(x)=a\ln x+2x^3+bx+1$에 대하여 $f'(1)=3$, $f''(1)=10$일 때, $f(2)$의 값은? (단, $a$, $b$는 상수이다.)

① $\ln 2+3$　　② $\ln 2+5$　　③ $\ln 2+7$

④ $2\ln 2+5$　　⑤ $2\ln 2+7$

**0670**

함수 $f(x)=e^x\sin x$에 대하여 $x=\alpha$가 방정식 $f''(x)=0$의 해일 때, $\sin\alpha$의 값은? (단, $0<\alpha<\pi$)

① $0$　　　　② $\dfrac{1}{2}$　　　　③ $\dfrac{\sqrt{2}}{2}$

④ $\dfrac{\sqrt{3}}{2}$　　　　⑤ $1$

**0671**

함수 $f(x)=\dfrac{x}{e^x}+x^2$에 대하여 함수 $y=f'(f(x))$의 $x=0$에서의 미분계수는?

① $-2$　　　　② $-1$　　　　③ $0$

④ $1$　　　　⑤ $2$

## 0672

· 유형 02 ·

함수 $f(x)=\dfrac{2x^3-5}{2(x-2)^2}$에 대하여 방정식 $f'(x)=0$을 만족시키는 서로 다른 모든 실근의 합은?

① 5      ② 6      ③ 7

④ 8      ⑤ 9

## 0673

· 유형 10 ·

매개변수 $t$로 나타낸 함수

$$x=\frac{2t}{t^2+1},\ y=\frac{t+1}{t^2+1}$$

에 대하여 $\displaystyle\lim_{t\to\infty}\dfrac{dy}{dx}$의 값은?

① 0      ② $\dfrac{1}{2}$      ③ 1

④ $\dfrac{3}{2}$      ⑤ 2

## 0674

· 유형 14 ·

함수 $y=\sin(4x+2)$에 대하여 등식 $ky''+y=0$이 $x$의 값에 관계없이 항상 성립할 때, 상수 $k$의 값은?

① $\dfrac{1}{16}$      ② $\dfrac{1}{8}$      ③ $\dfrac{1}{4}$

④ $\dfrac{1}{2}$      ⑤ 1

## 0675

· 유형 05 ·

다항식 $(2x^3-x)^5$을 $(x-1)^2$으로 나누었을 때의 나머지를 $R(x)$라 할 때, $R(2)$의 값은?

① 24      ② 25      ③ 26

④ 27      ⑤ 28

## 0676

· 유형 06 ·

모든 실수 $x$에서 연속인 함수 $f(x)$가

$$(x-1)f(x)=e^{x^2+2x-3}-1$$

을 만족시킬 때, $f(1)$의 값을 구하시오.

## 0677

· 유형 13 ·

함수 $f(x)=\ln(\tan x)\ \left(0<x<\dfrac{\pi}{2}\right)$의 역함수를 $g(x)$라 할 때, $\displaystyle\lim_{h\to0}\dfrac{g(8h)-\dfrac{\pi}{4}}{h}$의 값은?

① 5      ② 4      ③ 3

④ 2      ⑤ 1

## 0678



함수 $f(x)=\sin \pi x+\cos \pi x$에 대하여

$\lim\limits_{x \to 0} \dfrac{f(e^{2x})-f(e^x)}{x}$의 값은?

① $-2\pi$　　　　② $-\pi$　　　　③ $0$

④ $\pi$　　　　　⑤ $2\pi$

## 0679



수열 $\{a_n\}$에 대하여 함수 $f(x)=\dfrac{\ln x}{x^n}\ (x>0)$가

$f''(e^{a_n})=0$을 만족시킬 때, $\sum\limits_{n=1}^{\infty} \dfrac{a_n}{2n+1}$의 값을 구하시오.

## 0680



$\lim\limits_{h \to 0} \dfrac{1}{h} \ln \dfrac{e^h+e^{2h}+e^{3h}+\cdots+e^{8h}}{8}$의 값은?

① $\dfrac{3}{2}$　　　　② $\dfrac{5}{2}$　　　　③ $\dfrac{7}{2}$

④ $\dfrac{9}{2}$　　　　⑤ $\dfrac{11}{2}$

## 0681



미분가능한 함수 $f(x)$에 대하여 $\lim\limits_{x \to 0} \dfrac{f(x)-1}{x}=2$이다.

$g(x)=\dfrac{1}{\sin x+\cos x \cdot f(x)}$일 때, $\lim\limits_{x \to 0} \dfrac{g(x)-1}{x}$의 값은?

① $-1$　　　　② $-2$　　　　③ $-3$

④ $-4$　　　　⑤ $-5$

## 0682



좌표평면에서 곡선 $x^2-xy+2y^2=14$ 위의 서로 다른 두 점 P, Q에서의 접선의 기울기가 모두 1일 때, 선분 PQ의 길이는?

① $\sqrt{10}$　　　　② $2\sqrt{10}$　　　　③ $3\sqrt{10}$

④ $4\sqrt{10}$　　　　⑤ $5\sqrt{10}$

## 0683



미분가능한 함수 $f(x)$가 다음 조건을 만족시킨다.

> (가) $f(2)=4,\ f'(2)=3$
> (나) $f(x)+f(6-x)=6$

함수 $y=f\left(\dfrac{xf(x)}{2}\right)$의 $x=4$에서의 미분계수를 구하시오.

## 0684 · 유형 13 ·

양의 실수 전체의 집합에서 정의된 함수
$f(x)=x^3+3x^2+5$의 역함수를 $g(x)$라 할 때,
$\displaystyle\sum_{n=1}^{\infty} g'(n^3+3n^2+5)$의 값은?

① $\dfrac{1}{12}$  ② $\dfrac{1}{10}$  ③ $\dfrac{1}{8}$

④ $\dfrac{1}{6}$  ⑤ $\dfrac{1}{4}$

## 0685 사고력 · 유형 04 ·

모든 실수 $x$에 대하여 $f(x)>0$인 이차함수 $f(x)$가 있다. 함수 $g(x)=\{f(ax+b)\}^2$이 모든 실수 $x$에 대하여 $g(x)=g(-x)$를 만족시킬 때, **보기**에서 옳은 것만을 있는 대로 고른 것은? (단, $a$, $b$는 0이 아닌 상수이다.)

──┤ 보기 ├──

ㄱ. 함수 $y=f(x)$의 그래프는 직선 $x=b$에 대하여 대칭이다.
ㄴ. $g(0)=4$일 때, 함수 $f(x)$의 최솟값은 2이다.
ㄷ. $g'(0)=0$

① ㄱ  ② ㄴ  ③ ㄱ, ㄴ

④ ㄴ, ㄷ  ⑤ ㄱ, ㄴ, ㄷ

## 0686 · 유형 12 ·

매개변수 $\theta$ $(0\le\theta<\pi)$로 나타낸 곡선

$$x=-2\sin^2\theta+3\cos\theta, \quad y=a\cos^2\theta+b\sin\frac{\theta}{2}$$

가 원점을 지나고, 이때의 접선의 기울기가 1이다. $a+b$의 값을 구하시오. (단, $a$, $b$는 상수이다.)

## 0687 · 유형 02 ·

함수 $f(x)=(x^2+a)e^x$에 대하여 함수 $g(x)$가 다음 조건을 만족시킨다.

> (가) $g(x)=\dfrac{f(x)}{f(x)+2}$
> (나) $g'(0)=-2,\ g'(1)=ke$

$f'(2)$의 값은? (단, $f(x)\ne-2$이고 $a$, $k$는 유리수이다.)

① $6e^2$  ② $7e^2$  ③ $8e^2$

④ $9e^2$  ⑤ $10e^2$

## 0688 사고력 · 유형 02 + 유형 07 ·

$x>-1$에서 정의된 함수 $f(x)=\ln(1+x)^{\frac{1}{x}}$ $(x\ne0)$이 자연수 $n$에 대하여 다음 조건을 만족시킨다.

> (가) $f_1(x)=f(x),\ f_{n+1}(x)=f(\ln f_n(x))$
> (나) 함수 $f_n(x)$는 $x>-1$인 모든 실수 $x$에서 연속이다.
> (다) 함수 $f_n(x)$는 $x>-1$인 모든 실수 $x$에서 미분가능하고, 함수 $f_n'(x)$는 $x>-1$인 모든 실수 $x$에서 연속이다.

$a_n=f_n'(0)$이라 할 때, $\displaystyle\sum_{n=1}^{\infty} a_n^{\,2}$의 값을 구하시오.

## 0689 창의력 ✛ · 유형 11 + 유형 13 + 유형 14 ·

실수 전체의 집합에서 이계도함수를 갖고 역함수가 존재하는 함수 $f(x)$가

$$\lim_{x\to1}\frac{f(x)-3}{x-1}=-3, \quad \lim_{x\to1}\frac{f'(x)+f(x)}{x-1}=3$$

을 만족시킨다. 함수 $f(x)$의 역함수를 $g(x)$라 할 때, $\dfrac{10\,g(3)}{g''(3)-g'(3)}$의 값을 구하시오.

## 0690
· 유형 02 + 유형 03 ·

함수 $y=\tan x$에 대하여 $y'=\sec^2 x$임을 보이시오.

> ☑ **필요 개념 및 공식**
> ☐ 함수의 몫의 미분법　　　　☐ 삼각함수의 도함수

## 0691
· 유형 08 ·

함수 $y=\dfrac{x^{\sin x}}{e^x}$의 $x=\dfrac{\pi}{2}$에서의 미분계수를 구하시오.

> ☑ **필요 개념 및 공식**
> ☐ 로그함수의 도함수　　　　☐ 삼각함수의 도함수

## 0692
· 유형 11 ·

곡선 $3x^2-2xy+y^2=6$ 위의 점 $(a, b)$에서의 $\dfrac{dy}{dx}$의 값이 2일 때, $ab$의 값을 구하시오.

## 0693
· 유형 13 ·

함수 $f(x)$의 역함수 $g(x)$가 미분가능하고

$\displaystyle\lim_{x\to2}\dfrac{x-2}{g(x)-2}=3$을 만족시킬 때, $f'(2)$의 값을 구하시오.

> ☑ **필요 개념 및 공식**
> ☐ 수렴하는 분수함수의 극한　　　　☐ 미분계수의 정의
> ☐ 역함수의 성질　　　　☐ 역함수의 미분법

## 0694
· 유형 10 ·

함수 $f(t)=t^3+1$에 대하여 매개변수 $t$로 나타낸 곡선 $x=f(t)$, $y=f^{-1}(t)$ 위의 $x=9$인 점에서의 $\dfrac{dy}{dx}$의 값을 구하시오.

## 0695
· 유형 06 + 유형 12 ·

그림과 같이 높이가 2 m인 천장에 길이가 1 m인 실이 매달려 있고, 그 끝에 추가 묶여 있다. 이 추를 지면에 수직인 직선과 이루는 각의

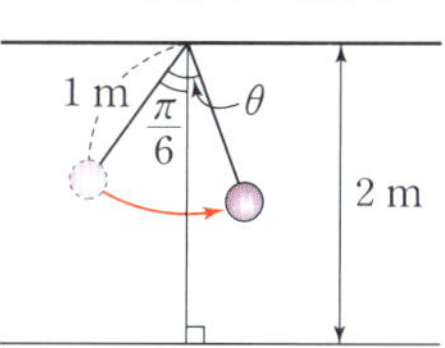


크기가 $\dfrac{\pi}{6}$인 지점에서 출발시키고, 추가 출발선과 이루는 각의 크기를 $\theta$라 할 때, $t\ (0\le t\le4)$초 후에 식

$\theta=\dfrac{\pi}{108}(6t^2-t^3)$이 성립한다. $t=3$일 때의 지면에서부터 추의 높이의 변화율을 $a$, 추의 진행 경로가 그리는 곡선의 접선의 기울기를 $b$라 하자. $a$, $b$의 값을 각각 구하시오.

(단, 추의 크기는 고려하지 않는다.)

> ☑ **필요 개념 및 공식**
> ☐ 삼각함수의 정의와 덧셈정리　　　　☐ 삼각함수의 도함수
> ☐ 합성함수의 미분법　　　　☐ 매개변수로 나타낸 함수의 미분법

## 개념 01　접선의 방정식

(1) **접선의 방정식**

함수 $f(x)$가 $x=a$에서 미분가능할 때, 곡선 $y=f(x)$ 위의 점 $(a, f(a))$에서의 접선의 방정식은
$$y-f(a)=f'(a)(x-a)$$

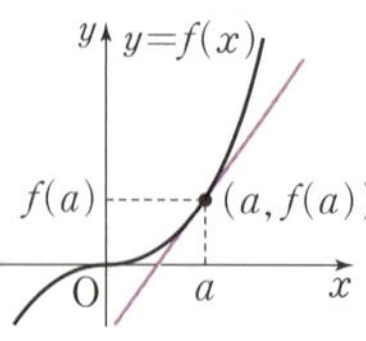

(2) **접선의 방정식 구하기**

① 곡선 $y=f(x)$ 위의 점 $(a, f(a))$에서의 접선의 방정식
　❶ 접선의 기울기 $f'(a)$를 구한다.
　❷ $f'(a)$를 $y-f(a)=f'(a)(x-a)$에 대입한다.
② 곡선 $y=f(x)$에 접하고 기울기가 $m$인 접선의 방정식
　❶ 접점의 좌표를 $(t, f(t))$라 한다.
　❷ $f'(t)=m$임을 이용하여 $t$의 값을 구한다.
　❸ $t$의 값을 $y-f(t)=m(x-t)$에 대입한다.
③ 곡선 $y=f(x)$ 밖의 한 점 $(x_1, y_1)$에서 곡선에 그은 접선의 방정식
　❶ 접점의 좌표를 $(t, f(t))$라 한다.
　❷ 접선의 기울기 $f'(t)$를 구한다.
　❸ $y-f(t)=f'(t)(x-t)$에 점 $(x_1, y_1)$의 좌표를 대입하여 $t$의 값을 구한다. → 점 $(x_1, y_1)$이 접선 위에 있으므로
　❹ $t$의 값을 $y-f(t)=f'(t)(x-t)$에 대입한다.

[0696~0700] 다음 곡선 위의 주어진 점에서의 접선의 방정식을 구하시오.

**0696** $y=\dfrac{1}{4x-3}$, $(1, 1)$　**0697** $y=\sqrt{x+3}$, $(1, 2)$

**0698** $y=e^{x-1}$, $(2, e)$　　**0699** $y=\ln 5x$, $(1, \ln 5)$

**0700** $y=\sin 2x$, $\left(\dfrac{\pi}{8}, \dfrac{\sqrt{2}}{2}\right)$

[0701~0704] 다음 직선의 방정식을 구하시오.

**0701** 곡선 $y=x\sqrt{x}$에 접하고 기울기가 3인 직선

**0702** 곡선 $y=e^{2x}$에 접하고 기울기가 2인 직선

**0703** 곡선 $y=\ln(x+1)$에 접하고 기울기가 $\dfrac{1}{3}$인 직선

**0704** 곡선 $y=\cos x \, (0<x<\pi)$에 접하고 기울기가 $-1$인 직선

[0705~0707] 다음 곡선에 대하여 주어진 점에서 곡선에 그은 접선의 방정식을 구하시오.

**0705** $y=\dfrac{1}{x-1}$, $(3, 0)$　**0706** $y=3e^x$, $(0, 0)$

**0707** $y=\log_5 x$, $(0, 0)$

## 개념 02　매개변수로 나타낸 곡선의 접선의 방정식

매개변수로 나타낸 곡선 $x=f(t)$, $y=g(t)$에서 $t=a$에 대응하는 점에서의 접선의 방정식은 다음과 같은 순서로 구한다.

❶ $\dfrac{dy}{dx}=\dfrac{g'(t)}{f'(t)}$ 를 구한다. ・$=\dfrac{\frac{dy}{dt}}{\frac{dx}{dt}}$

❷ $f(a)$, $g(a)$, $\dfrac{g'(a)}{f'(a)}$ 의 값을 각각 구한다.

❸ ❷에서 구한 값을 $y-g(a)=\dfrac{g'(a)}{f'(a)}\{x-f(a)\}$에 대입한다.

**0708** 매개변수 $t$로 나타낸 곡선 $x=t-\dfrac{1}{t}$, $y=t^2$에 대하여 다음 물음에 답하시오.

(1) $\dfrac{dy}{dx}$를 구하시오.

(2) $t=-1$일 때, $x$, $y$의 값을 각각 구하시오.

(3) $t=-1$에 대응하는 점에서의 접선의 방정식을 구하시오.

## 개념 03　음함수로 나타낸 곡선의 접선의 방정식

곡선 $f(x, y)=0$ 위의 점 P에서의 접선의 방정식은 다음과 같은 순서로 구한다.

❶ 음함수의 미분법을 이용하여 $\dfrac{dy}{dx}$를 구한다.

❷ ❶에서 구한 $\dfrac{dy}{dx}$에 점 P의 좌표를 대입하여 접선의 기울기를 구한다.

❸ ❷에서 구한 기울기와 점 P의 좌표를 이용하여 접선의 방정식을 구한다.

**0709** 곡선 $\dfrac{x^2}{4}+y^2=1$에 대하여 다음 물음에 답하시오.

(1) $\dfrac{dy}{dx}$를 구하시오.

(2) 점 $\left(\sqrt{2}, \dfrac{\sqrt{2}}{2}\right)$에서의 접선의 기울기를 구하시오.

(3) 점 $\left(\sqrt{2}, \dfrac{\sqrt{2}}{2}\right)$에서의 접선의 방정식을 구하시오.

## 유형 01  곡선 위의 점에서의 접선의 방정식

곡선 $y=f(x)$ 위의 점 $(a,\ f(a))$에서의 접선의 방정식은 다음과 같은 순서로 구한다.
❶ 접선의 기울기 $f'(a)$를 구한다.
❷ $f'(a)$를 $y-f(a)=f'(a)(x-a)$에 대입한다.

### 👍 대표 예제

**0710** 곡선 $y=x^2e^x$ 위의 점 $(1,\ e)$에서의 접선의 방정식이 $y=ax+b$일 때, $a-b$의 값은? (단, $a$, $b$는 상수이다.)

① $e$      ② $2e$      ③ $3e$
④ $4e$      ⑤ $5e$

#### 선생님 해설

$f(x)=x^2e^x$이라 하면
$f'(x)=2xe^x+x^2e^x=(x^2+2x)e^x$
점 $(1,\ e)$에서의 접선의 기울기는 $f'(1)=3e$이므로
접선의 방정식은
$y-e=3e(x-1)$
$\therefore\ y=3ex-2e$
따라서 $a=3e$, $b=-2e$이므로
$a-b=3e-(-2e)=5e$

> 수학Ⅱ의 04. 접선의 방정식과 함수만 바뀌었을 뿐 접선의 방정식을 구하는 방법은 똑같아!

답 ⑤

**0711** 대표 예제 한 번 더

곡선 $y=\dfrac{1}{x-2}$ 위의 점 $(3,\ 1)$에서의 접선이 점 $(0,\ k)$를 지날 때, $k$의 값은?

① $-4$      ② $-2$      ③ $0$
④ $2$      ⑤ $4$

**0712**

곡선 $f(x)=\sqrt{5x^2-1}$ 위의 점 $(1,\ f(1))$에서의 접선의 $y$절편은?

① $-1$      ② $-\dfrac{1}{2}$      ③ $0$
④ $\dfrac{1}{2}$      ⑤ $1$

**0713**

곡선 $y=\sqrt{k-\sin\pi x}$ 위의 점 $(1,\ 2)$에서의 접선의 방정식을 $y=f(x)$라 할 때, $f(k)$의 값은? (단, $k$는 상수이다.)

① $\dfrac{\pi}{4}+1$      ② $\dfrac{\pi}{2}+1$      ③ $\dfrac{\pi}{2}+2$
④ $\dfrac{3}{4}\pi+1$      ⑤ $\dfrac{3}{4}\pi+2$

**0714**

곡선 $y=\sin(\ln x)+2$ 위의 점 $(1,\ 2)$에서의 접선을 $l$이라 할 때, 원점과 직선 $l$ 사이의 거리는?

① $\dfrac{1}{2}$      ② $\dfrac{\sqrt{2}}{2}$      ③ $1$
④ $\sqrt{2}$      ⑤ $2$

## 유형 02  기울기가 주어진 접선의 방정식

곡선 $y=f(x)$에 접하고 기울기가 $m$인 접선의 방정식은 다음과 같은 순서로 구한다.
❶ 접점의 좌표를 $(t,\ f(t))$라 한다.
❷ $f'(t)=m$임을 이용하여 $t$의 값을 구한다.
❸ $t$의 값을 $y-f(t)=m(x-t)$에 대입한다.
이때 기울기가 $m$인 접선은 두 개 이상 존재할 수 있음에 주의한다.

### 🖐 대표 예제

**0715** 곡선 $y=x+x\ln x$에 접하고 직선 $3x-y+1=0$에 평행한 직선의 방정식이 $y=ax+b$일 때, $ab$의 값은?

(단, $a,\ b$는 상수이다.)

① $-3e$      ② $-e$      ③ $1$

④ $e$      ⑤ $3e$

**선생님 해설**

$3x-y+1=0$에서 $y=3x+1$이므로 이 직선에 평행한 직선의 기울기는 $3$이다.

$f(x)=x+x\ln x$라 하면

$f'(x)=1+\ln x+x\cdot\dfrac{1}{x}=2+\ln x$

접점의 좌표를 $(t,\ t+t\ln t)$라 하면 접선의 기울기가 $3$이므로 $f'(t)=2+\ln t=3$, $\ln t=1$  $\therefore t=e$

즉, 접점의 좌표는 $(e,\ 2e)$이므로 접선의 방정식은

$y-2e=3(x-e)$

$\therefore y=3x-e$

따라서 $a=3$, $b=-e$이므로

$ab=3\cdot(-e)=-3e$

> 접선의 방정식을 구하려면 접점의 좌표와 접선의 기울기를 알아야 해. 그런데 기울기가 주어졌다? 그럼, 접점의 좌표를 구하면 되겠지!

답 ①

**0716**  대표 예제  한 번 더

곡선 $y=2\cos x+1\ (0\le x\le 2\pi)$에 접하고 직선 $x+2y-1=0$에 수직인 직선의 $y$절편은?

① $1-4\pi$      ② $1-3\pi$      ③ $1-2\pi$

④ $1-\pi$      ⑤ $1$

**0717**

곡선 $f(x)=\dfrac{ax}{x+1}$ 위의 점 $(2,\ f(2))$에서의 접선의 방정식이 $y=\dfrac{1}{3}x+b$일 때, $ab$의 값은? (단, $a,\ b$는 상수이다.)

① $\dfrac{1}{4}$      ② $\dfrac{1}{2}$      ③ $1$

④ $2$      ⑤ $4$

**0718**

직선 $y=2ex$를 $y$축의 방향으로 $k$만큼 평행이동한 직선이 곡선 $y=e^{2x-1}$에 접하도록 하는 상수 $k$의 값은?

① $-2e$      ② $-e$      ③ $e$

④ $2e$      ⑤ $3e$

**0719**  UP

$x>0$에서 정의된 함수 $f(x)=\sqrt{3x^4-\dfrac{2}{3}x^2+p}$에 대하여 곡선 $y=f(x)$가 직선 $y=\dfrac{1}{3}$에 접할 때, 상수 $p$의 값은?

① $\dfrac{1}{9}$      ② $\dfrac{4}{27}$      ③ $\dfrac{5}{27}$

④ $\dfrac{2}{9}$      ⑤ $\dfrac{7}{27}$

## 유형 03 곡선 밖의 한 점에서 곡선에 그은 접선의 방정식

곡선 $y=f(x)$ 밖의 한 점 $(x_1, y_1)$에서 곡선에 그은 접선의 방정식은 다음과 같은 순서로 구한다.

❶ 접점의 좌표를 $(t, f(t))$라 한다.
❷ 접선의 기울기 $f'(t)$를 구한다.
❸ $y-f(t)=f'(t)(x-t)$에 점 $(x_1, y_1)$의 좌표를 대입하여 $t$의 값을 구한다.
　　　　　$x=x_1,\ y=y_1$을 대입한다.
❹ $t$의 값을 $y-f(t)=f'(t)(x-t)$에 대입한다.

이때 곡선 밖의 한 점에서 그은 접선은 두 개 이상 존재할 수 있음에 주의한다.

### 👍 대표 예제

**0720** 원점에서 곡선 $y=\sqrt{x-2}$에 그은 접선의 방정식이 $y=mx$일 때, 상수 $m$의 값은?

① $\dfrac{\sqrt{2}}{5}$　　　② $\dfrac{\sqrt{2}}{4}$　　　③ $\dfrac{\sqrt{2}}{3}$

④ $\dfrac{\sqrt{2}}{2}$　　　⑤ $\sqrt{2}$

**선생님 해설**

$f(x)=\sqrt{x-2}$라 하면 $f'(x)=\dfrac{1}{2\sqrt{x-2}}$

접점의 좌표를 $(t, \sqrt{t-2})$라 하면 이 점에서의 접선의 기울기는

$f'(t)=\dfrac{1}{2\sqrt{t-2}}$이므로 접선의 방정식은

$y-\sqrt{t-2}=\dfrac{1}{2\sqrt{t-2}}(x-t)$ 　　…… ㉠

이 직선이 원점을 지나므로

$-\sqrt{t-2}=\dfrac{1}{2\sqrt{t-2}}\cdot(-t),\ 2(t-2)=t$ 　　∴ $t=4$

$t=4$를 ㉠에 대입하면

$y-\sqrt{2}=\dfrac{1}{2\sqrt{2}}(x-4)$ 　　∴ $y=\dfrac{\sqrt{2}}{4}x$ 　　∴ $m=\dfrac{\sqrt{2}}{4}$

> 주어진 점이 곡선 위의 점인지 아닌지에 따라 접선의 방정식을 구하는 방법이 달라지니까 먼저 주어진 점의 좌표를 곡선의 방정식에 대입해서 곡선 위의 점인지 아닌지를 확인해 봐!

**답** ②

**0721** [대표 예제] [한 번 더]
점 $(2, 0)$에서 곡선 $y=e^{2-x}$에 그은 접선의 방정식이 $y=ax+b$일 때, $a-b$의 값은? (단, $a$, $b$는 상수이다.)

① $-9e$　　　② $-7e$　　　③ $-5e$

④ $-3e$　　　⑤ $-e$

**0722**
점 $(1, 3)$에서 곡선 $y=\ln x+a$에 그은 접선의 기울기가 4일 때, 상수 $a$의 값은?

① $\ln 2$　　　② $\ln 3$　　　③ $2\ln 2$

④ $\ln 5$　　　⑤ $\ln 6$

**0723**
원점에서 곡선 $y=\dfrac{k}{x+2}$에 그은 접선의 방정식이 $y=2x$일 때, 상수 $k$의 값은?

① $-2$　　　② $-1$　　　③ $1$

④ $2$　　　⑤ $3$

**0724**
점 $(2, 0)$에서 곡선 $y=(x-1)e^x$에 그은 두 접선의 기울기의 곱은?

① $e$　　　② $e^2$　　　③ $2e^2$

④ $e^3$　　　⑤ $2e^3$

### 유형 04  매개변수로 나타낸 곡선의 접선의 방정식

매개변수로 나타낸 곡선 $x=f(t)$, $y=g(t)$에서 $t=a$에 대응하는 점에서의 접선의 방정식은 다음과 같은 순서로 구한다.

❶ $\dfrac{dy}{dx}=\dfrac{\dfrac{dy}{dt}}{\dfrac{dx}{dt}}=\dfrac{g'(t)}{f'(t)}$ 를 구한다.

❷ $f(a)$, $g(a)$, $\dfrac{g'(a)}{f'(a)}$ 의 값을 각각 구한다.

❸ ❷에서 구한 값을 $y-g(a)=\dfrac{g'(a)}{f'(a)}\{x-f(a)\}$에 대입한다.

## 👍 대표 예제

**0725** 매개변수 $t$로 나타낸 곡선 $x=t^2-t$, $y=t+\dfrac{1}{t}$에서 $t=2$에 대응하는 점에서의 접선의 $y$절편은?

① $\dfrac{1}{2}$ ② $1$ ③ $\dfrac{3}{2}$

④ $2$ ⑤ $\dfrac{5}{2}$

**선생님 해설**

$\dfrac{dx}{dt}=2t-1$, $\dfrac{dy}{dt}=1-\dfrac{1}{t^2}$이므로

$\dfrac{dy}{dx}=\dfrac{\dfrac{dy}{dt}}{\dfrac{dx}{dt}}=\dfrac{1-\dfrac{1}{t^2}}{2t-1}=\dfrac{t^2-1}{t^2(2t-1)}\ \left(\text{단},\ t\neq 0,\ t\neq\dfrac{1}{2}\right)$

$t=2$일 때

$x=2^2-2=2$, $y=2+\dfrac{1}{2}=\dfrac{5}{2}$, $\dfrac{dy}{dx}=\dfrac{2^2-1}{2^2(2\cdot 2-1)}=\dfrac{1}{4}$

이므로 접선의 방정식은

$y-\dfrac{5}{2}=\dfrac{1}{4}(x-2)$

$\therefore y=\dfrac{1}{4}x+2$

따라서 접선의 $y$절편은 2이다.



답 ④

**0726** 대표 예제 한 번 더

매개변수 $t$로 나타낸 곡선 $x=\dfrac{e^t+e^{-t}}{2}$, $y=\dfrac{e^t-e^{-t}}{2}$에 대하여 $t=\ln 2$에 대응하는 점에서의 접선의 방정식이 $y=ax+b$일 때, $ab$의 값은? (단, $a$, $b$는 상수이다.)

① $-\dfrac{20}{9}$ ② $-\dfrac{16}{9}$ ③ $-\dfrac{4}{3}$

④ $-\dfrac{8}{9}$ ⑤ $-\dfrac{4}{9}$

**0727**

매개변수 $\theta$로 나타낸 함수 $x=1+2\cos\theta$, $y=\sin\theta$의 그래프 위의 점 $\left(0,\ -\dfrac{\sqrt{3}}{2}\right)$에서의 접선이 점 $(-6,\ a)$를 지날 때, $a$의 값은? (단, $0\leq\theta<2\pi$)

① $0$ ② $\dfrac{1}{2}$ ③ $\dfrac{\sqrt{2}}{2}$

④ $\dfrac{\sqrt{3}}{2}$ ⑤ $1$

**0728**

매개변수 $t\ (t\geq 0)$로 나타낸 곡선 $x=\dfrac{t}{t^2+1}$, $y=\dfrac{t^2-1}{t^2+1}$에 대하여 $t=k$에 대응하는 곡선 위의 점에서의 접선의 $y$절편이 3이다. 접점의 $x$좌표를 $a$라 할 때, $ak$의 값은?

① $\dfrac{1}{3}$ ② $\dfrac{2}{3}$ ③ $1$

④ $\dfrac{4}{3}$ ⑤ $\dfrac{5}{3}$

**0729**

함수 $y=f(x)$를 매개변수 $t\ (t>0)$로 나타내면
$$\begin{cases} x=t^2+e \\ y=t^2+at\ln t \end{cases}$$
이고, 곡선 $y=f(x)$ 위의 점 $(2e,\ f(2e))$에서의 접선의 방정식이 $y=\dfrac{7}{4}x+b$일 때, $\dfrac{b}{a}$의 값은?

(단, $a$, $b$는 상수이다.)

① $-2e$ ② $-2\sqrt{e}$ ③ $-e$

④ $-\sqrt{e}$ ⑤ $-1$

## 유형 05 음함수로 나타낸 곡선의 접선의 방정식

곡선 $f(x,\ y)=0$ 위의 점 P에서의 접선의 방정식은 다음과 같은 순서로 구한다.

❶ 음함수의 미분법을 이용하여 $\dfrac{dy}{dx}$ 를 구한다.

❷ ❶에서 구한 $\dfrac{dy}{dx}$ 에 점 P의 좌표를 대입하여 접선의 기울기를 구한다.

❸ ❷에서 구한 기울기와 점 P의 좌표를 이용하여 접선의 방정식을 구한다.

### 👍 대표 예제

**0730** 곡선 $x^2+y^2-4xy+11=0$ 위의 점 $(2,\ 3)$에서의 접선의 $y$절편은?

① 8      ② 9      ③ 10
④ 11      ⑤ 12

선생님 해설

$x^2+y^2-4xy+11=0$의 양변을 $x$에 대하여 미분하면

$2x+2y\dfrac{dy}{dx}-4y-4x\dfrac{dy}{dx}=0$

$(4x-2y)\dfrac{dy}{dx}=2x-4y$

$\therefore \dfrac{dy}{dx}=\dfrac{2x-4y}{4x-2y}=\dfrac{x-2y}{2x-y}$ (단, $2x-y\neq0$)

즉, 점 $(2,\ 3)$에서의 접선의 기울기는

$\dfrac{dy}{dx}=\dfrac{2-2\cdot3}{2\cdot2-3}=-4$

이므로 접선의 방정식은

$y-3=-4(x-2)$    $\therefore y=-4x+11$

따라서 접선의 $y$절편은 11이다.

답 ④

**0731** 대표 예제 한 번 더

곡선 $x^2y-4=0$ 위의 점 $(1,\ 4)$에서의 접선의 $x$절편은?

① $\dfrac{1}{2}$      ② 1      ③ $\dfrac{3}{2}$

④ 2      ⑤ $\dfrac{5}{2}$

**0732**

곡선 $y^2=10-3xy$ 위의 점 $(-1,\ 5)$에서의 접선이 점 $\left(p,\ \dfrac{5}{7}\right)$를 지날 때, $p$의 값은?

① $\dfrac{1}{7}$      ② $\dfrac{3}{7}$      ③ $\dfrac{5}{7}$

④ 1      ⑤ $\dfrac{9}{7}$

**0733**

곡선 $e^x-e^y=y-1$ 위의 점 $(1,\ 1)$에서의 접선의 방정식이 $y=ax+b$일 때, 두 상수 $a,\ b$에 대하여 $\dfrac{a}{b}$의 값은?

① $\dfrac{1}{e^2}$      ② $\dfrac{1}{e}$      ③ 1

④ $e$      ⑤ $e^2$

**0734**

곡선 $\dfrac{1}{3}y^3-3y^2+11y-2x=0$ 위의 점에서의 접선 중 기울기가 최대인 접선을 $l$이라 하자. 접선 $l$의 $y$절편은?

① $-5$      ② $-\dfrac{9}{2}$      ③ $-4$

④ $-\dfrac{7}{2}$      ⑤ $-3$

### 유형 06 · 접선과 수직인 직선의 방정식

곡선 $y=f(x)$ 위의 점 $(a, f(a))$를 지나고 이 점에서의 접선과 수직인 직선의 방정식은

$$y-f(a)=-\frac{1}{f'(a)}(x-a) \ (\text{단}, \ f'(a)\neq 0)$$

기울기가 각각 $m_1$, $m_2$인 두 직선이
서로 수직이면 $m_1 m_2 = -1$이다.

### 👍 대표 예제

**0735** 곡선 $f(x)=x\sin x$ 위의 점 $\left(\dfrac{\pi}{2}, \dfrac{\pi}{2}\right)$를 지나고 이 점에서의 접선과 수직인 직선의 $y$절편은?

① $0$    ② $\dfrac{\pi}{2}$    ③ $\pi$

④ $\dfrac{3}{2}\pi$    ⑤ $2\pi$

**선생님 해설**

$f(x)=x\sin x$에서 $f'(x)=\sin x+x\cos x$

점 $\left(\dfrac{\pi}{2}, \dfrac{\pi}{2}\right)$에서의 접선의 기울기가 $f'\left(\dfrac{\pi}{2}\right)=1$이므로 이 점에서의 접선과 수직인 직선의 기울기는 $-1$이다.

즉, 점 $\left(\dfrac{\pi}{2}, \dfrac{\pi}{2}\right)$를 지나고 기울기가 $-1$인 직선의 방정식은

$$y-\frac{\pi}{2}=-\left(x-\frac{\pi}{2}\right) \quad \therefore y=-x+\pi$$

따라서 구하는 직선의 $y$절편은 $\pi$이다.

**답** ③

**0736** 대표 예제 | 한 번 더

곡선 $y=\dfrac{x+1}{x^2+1}$ 위의 점 $(1, 1)$을 지나고 이 점에서의 접선과 수직인 직선의 방정식이 $ax+by-1=0$일 때, $a-b$의 값은? (단, $a$, $b$는 상수이다.)

① $1$    ② $3$    ③ $5$
④ $7$    ⑤ $9$

**0737**

곡선 $x^3+ax-y^3=b$ 위의 점 $P(2, -1)$에서의 접선이 점 $P$를 지나는 직선 $x+3y+1=0$과 수직일 때, $a^2+b^2$의 값을 구하시오. (단, $a$, $b$는 상수이다.)

**0738**

매개변수 $t \ (0\leq t\leq \pi)$로 나타낸 곡선 $x=e^{-t}\cos t$, $y=e^{-t}\sin t$ 위의 점을 지나고 이 점에서의 접선과 수직인 직선 $l$의 기울기가 $-1$이다. 직선 $l$이 점 $(a, 0)$을 지날 때, $a$의 값은?

① $e^{-\pi}$    ② $e^{-\frac{\pi}{2}}$    ③ $1$

④ $e^{\frac{\pi}{2}}$    ⑤ $e^{\pi}$

**0739**

곡선 $y=e^{2x}-2x$ 위의 점 $(t, e^{2t}-2t)$를 지나고 이 점에서의 접선과 수직인 직선의 $y$절편을 $g(t)$라 할 때, $\lim\limits_{t\to 0} g(t)$의 값은?

① $\dfrac{1}{4}$    ② $\dfrac{1}{2}$    ③ $\dfrac{3}{4}$

④ $1$    ⑤ $\dfrac{5}{4}$

### 유형 07   곡선 밖의 한 점에서 그은 접선의 개수

곡선 $y=f(x)$ 밖의 한 점에서 곡선에 그은 접선의 개수는 다음과 같은 순서로 구한다.
❶ 접점의 좌표를 $(t, f(t))$라 하고 접선의 방정식을 세운다.
❷ 곡선 밖의 점의 좌표를 접선의 방정식에 대입하여 $t$에 대한 방정식을 만든다.
❸ ❷에서 구한 방정식의 실근 $t$의 개수를 이용하여 접선의 개수를 구한다.

#### 👍 대표 예제

**0740**   원점에서 곡선 $y=\ln x$에 그을 수 있는 접선의 개수는?

① 0          ② 1          ③ 2
④ 3          ⑤ 4

#### 선생님 해설

$f(x)=\ln x$라 하면 $f'(x)=\dfrac{1}{x}$

접점의 좌표를 $(t, \ln t)$라 하면 이 점에서의 접선의 기울기는

$f'(t)=\dfrac{1}{t}$이므로 접선의 방정식은

$y-\ln t=\dfrac{1}{t}(x-t)$

> 곡선 밖의 한 점에서 곡선에 그은 접선의 개수는 접점의 $x$좌표에 대한 방정식의 실근의 개수와 같아!

이 직선이 원점을 지나므로

$-\ln t=-1 \qquad \therefore t=e$

따라서 접점의 개수가 1이므로 원점에서 그을 수 있는 접선의 개수는 1이다.

답 ②

**0741**   대표 예제   한 번 더

점 $(1, -2)$에서 곡선 $y=\dfrac{2-x}{x}$에 그을 수 있는 접선의 개수는?

① 0          ② 1          ③ 2
④ 3          ⑤ 4

**0742**

곡선 $y=f(x)$를 매개변수 $t$ $(t>0)$로 나타내면

$\begin{cases} x=\sqrt{t+1} \\ y=\sqrt{t+1} \end{cases}$ 이다. 원점에서 곡선 $y=f(x)$에 그을 수 있는 접선의 개수는?

① 0          ② 1          ③ 2
④ 3          ⑤ 4

**0743**

점 $(k, 0)$에서 곡선 $y=xe^x$에 그은 접선이 존재하지 않도록 하는 정수 $k$의 최댓값은? (단, $k\neq0$)

① $-5$          ② $-4$          ③ $-3$
④ $-2$          ⑤ $-1$

**0744**

점 $(1, 0)$에서 곡선 $y=x^2 e^{ax}$에 그은 접선이 2개가 존재하도록 하는 모든 실수 $a$의 값의 합은?

① $-10$          ② $-8$          ③ $-6$
④ $-4$          ⑤ $-2$

### 유형 08  곡선 $y=f(x)$의 접선의 방정식의 활용

곡선 $y=f(x)$에 대하여 **유형 01 곡선 위의 점에서의 접선의 방정식**, **유형 02 기울기가 주어진 접선의 방정식**, **유형 03 곡선 밖의 한 점에서 곡선에 그은 접선의 방정식**을 이용하여 접선의 방정식을 구한 후 문제에 주어진 상황에 맞게 값을 구한다.

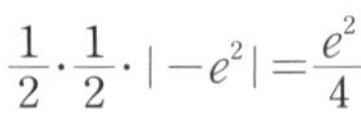 **대표 예제**

**0745** 곡선 $y=e^{2x}$ 위의 점 $(1,\ e^2)$에서의 접선과 $x$축, $y$축으로 둘러싸인 도형의 넓이는?

① $\dfrac{e}{6}$  ② $\dfrac{e}{4}$  ③ $\dfrac{e}{2}$

④ $\dfrac{e^2}{4}$  ⑤ $\dfrac{e^2}{2}$

**선생님 해설**

$f(x)=e^{2x}$이라 하면 $f'(x)=2e^{2x}$
점 $(1,\ e^2)$에서의 접선의 기울기는 $f'(1)=2e^2$이므로 접선의 방정식은
$y-e^2=2e^2(x-1)$  $\therefore y=2e^2x-e^2$
따라서 접선의 $x$절편이 $\dfrac{1}{2}$, $y$절편이 $-e^2$이므로 구하는 도형의 넓이는
$\dfrac{1}{2}\cdot\dfrac{1}{2}\cdot|-e^2|=\dfrac{e^2}{4}$

> 접선을 좌표평면 위에 그려서 넓이를 구해야 하는 도형을 파악해 보자!

**답** ④

**0746** 대표 예제 · 한 번 더
곡선 $y=2\sin x$ 위의 점 $(0,\ 0)$에서의 접선과 점 $(2,\ 0)$ 사이의 거리는?

① $\dfrac{\sqrt{5}}{5}$  ② $\dfrac{2\sqrt{5}}{5}$  ③ $\dfrac{3\sqrt{5}}{5}$

④ $\dfrac{4\sqrt{5}}{5}$  ⑤ $\sqrt{5}$

**0747** 점 $(4,\ 0)$에서 곡선 $y=\dfrac{x}{x-1}$에 그은 두 접선의 접점을 각각 P, Q라 하자. 선분 PQ의 길이는?

① $2\sqrt{3}$  ② $\dfrac{5\sqrt{5}}{3}$  ③ $\dfrac{8\sqrt{2}}{3}$

④ $4$  ⑤ $\dfrac{4\sqrt{10}}{3}$

**0748** 곡선 $y=2x^2-\ln x$에 접하고 기울기가 3인 직선이 $x$축, $y$축과 만나는 점을 각각 P, Q라 할 때, 삼각형 OPQ의 넓이는? (단, O는 원점이다.)

① $\dfrac{1}{6}$  ② $\dfrac{1}{3}$  ③ $\dfrac{1}{2}$

④ $\dfrac{2}{3}$  ⑤ $\dfrac{5}{6}$

**0749** 점 $A\left(\dfrac{1}{2},\ 0\right)$에서 곡선 $f(x)=\ln(2x-1)$에 그은 접선 $l$의 접점을 B, 점 B를 지나고 접선 $l$에 수직인 직선이 $x$축과 만나는 점을 C라 할 때, 삼각형 ABC의 넓이는?

① $\dfrac{e}{4}+\dfrac{1}{e}$  ② $\dfrac{e}{4}+\dfrac{2}{e}$  ③ $\dfrac{e}{4}+\dfrac{4}{e}$

④ $\dfrac{e}{2}+\dfrac{1}{e}$  ⑤ $\dfrac{e}{2}+\dfrac{2}{e}$

**유형 09** 매개변수로 나타낸 곡선의 접선의 방정식의 활용

매개변수로 나타낸 곡선에 대하여 **유형 04 매개변수로 나타낸 곡선의 접선의 방정식**을 이용하여 접선의 방정식을 구한 후 문제에 주어진 상황에 맞게 값을 구한다.

### 👍 대표 예제

**0750** 매개변수 $t$로 나타낸 곡선 $x=2\cos t$, $y=\sin t$에서 $t=\dfrac{\pi}{4}$에 대응하는 점에서의 접선과 $x$축, $y$축으로 둘러싸인 도형의 넓이는?

① $\dfrac{\sqrt{2}}{2}$  ② $1$  ③ $\sqrt{2}$

④ $2$  ⑤ $2\sqrt{2}$

**선생님 해설**

$\dfrac{dx}{dt}=-2\sin t$, $\dfrac{dy}{dt}=\cos t$이므로

$\dfrac{dy}{dx}=\dfrac{\dfrac{dy}{dt}}{\dfrac{dx}{dt}}=-\dfrac{\cos t}{2\sin t}$ (단, $\sin t\neq 0$)

$t=\dfrac{\pi}{4}$일 때

$x=2\cdot\dfrac{\sqrt{2}}{2}=\sqrt{2}$, $y=\dfrac{\sqrt{2}}{2}$, $\dfrac{dy}{dx}=-\dfrac{\dfrac{\sqrt{2}}{2}}{2\cdot\dfrac{\sqrt{2}}{2}}=-\dfrac{1}{2}$

이므로 접선의 방정식은

$y-\dfrac{\sqrt{2}}{2}=-\dfrac{1}{2}(x-\sqrt{2})$  $\therefore\ y=-\dfrac{1}{2}x+\sqrt{2}$

따라서 접선의 $x$절편이 $2\sqrt{2}$, $y$절편이 $\sqrt{2}$이므로 구하는 도형의 넓이는

$\dfrac{1}{2}\cdot 2\sqrt{2}\cdot\sqrt{2}=2$

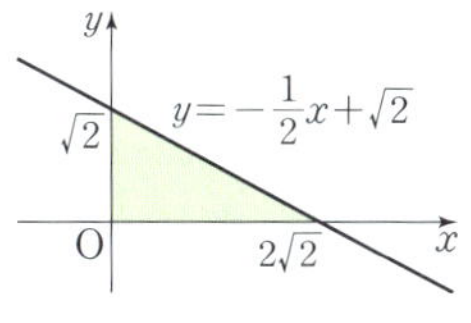


○ **답** ④

**0751** 대표 예제 | 한 번 더

매개변수 $t$ $(t>0)$로 나타낸 곡선 $x=t^2+3t$, $y=t^3-3t^2-2t+5$ 위의 점 $(4,\,1)$에서의 접선과 $x$축, $y$축으로 둘러싸인 도형의 넓이는?

① $\dfrac{23}{2}$  ② $12$  ③ $\dfrac{25}{2}$

④ $13$  ⑤ $\dfrac{27}{2}$

**0752**

매개변수 $\theta$로 나타낸 곡선 $x=1-\cos\theta$, $y=\theta-\sin\theta$에서 $\theta=\dfrac{\pi}{2}$에 대응하는 점에서의 접선과 점 $(2,\,0)$ 사이의 거리는?

① $\dfrac{\sqrt{2}}{4}\pi$  ② $\dfrac{\sqrt{2}}{3}\pi$  ③ $\dfrac{\pi}{2}$

④ $\dfrac{\sqrt{2}}{2}\pi$  ⑤ $\dfrac{\sqrt{3}}{2}\pi$

**0753**

매개변수 $t$ $(t>0)$로 나타낸 곡선 $x=1+\ln t$, $y=\dfrac{t^2-1}{2t}$ 위의 한 점 P에서의 접선의 기울기가 1인 직선을 $l$이라 하고, 점 P를 지나고 직선 $l$에 수직인 직선을 $m$이라 하자. 이때 두 직선 $l$, $m$과 $y$축으로 둘러싸인 도형의 넓이는?

① $\dfrac{1}{2}$  ② $1$  ③ $\dfrac{3}{2}$

④ $2$  ⑤ $\dfrac{5}{2}$

**0754**

매개변수 $\theta$로 나타낸 곡선 $x=\cos\theta+\theta\sin\theta$, $y=\sin\theta-\theta\cos\theta$에서 $\theta=\dfrac{\pi}{4}$에 대응하는 점 P에서의 접선이 $x$축과 만나는 점을 Q라 하자. 원점 O에 대하여 삼각형 OPQ의 넓이가 $\dfrac{a\pi+b\pi^2}{32}$일 때, $a+b$의 값을 구하시오. (단, $a$, $b$는 정수이다.)

**유형 10** 음함수로 나타낸 곡선의 접선의 방정식의 활용

곡선 $f(x, y)=0$에 대하여 **유형 05 음함수로 나타낸 곡선의 접선의 방정식**을 이용하여 접선의 방정식을 구한 후 문제에 주어진 상황에 맞게 값을 구한다.

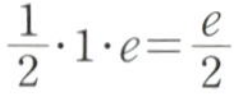 **대표 예제**

**0755** 곡선 $e^x+e^y=e+1$ 위의 점 $(1, 0)$에서의 접선과 $x$축, $y$축으로 둘러싸인 도형의 넓이는?

① $\dfrac{e}{2}$    ② $e$    ③ $\dfrac{3}{2}e$

④ $2e$    ⑤ $\dfrac{5}{2}e$

**선생님 해설**

$e^x+e^y=e+1$의 양변을 $x$에 대하여 미분하면

$e^x+e^y\dfrac{dy}{dx}=0$   $\therefore \dfrac{dy}{dx}=-\dfrac{e^x}{e^y}$

즉, 점 $(1, 0)$에서의 접선의 기울기는

$\dfrac{dy}{dx}=-e$

이므로 접선의 방정식은

$y=-e(x-1)$   $\therefore y=-ex+e$

따라서 접선의 $x$절편이 1, $y$절편이 $e$이므로 구하는 도형의 넓이는

$\dfrac{1}{2}\cdot 1\cdot e=\dfrac{e}{2}$

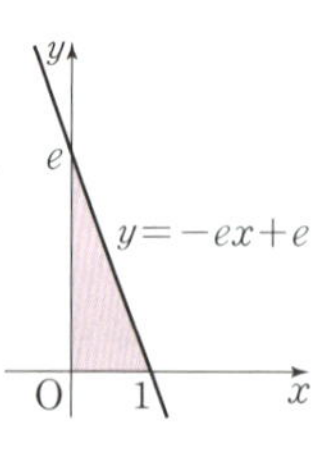


**답** ①

**0756** 대표 예제 한 번 더

곡선 $x^3+y^3-9xy+19=0$ 위의 점 $(2, 3)$에서의 접선과 $x$축, $y$축으로 둘러싸인 도형의 넓이는?

① $\dfrac{1}{30}$    ② $\dfrac{1}{25}$    ③ $\dfrac{1}{20}$

④ $\dfrac{1}{15}$    ⑤ $\dfrac{1}{10}$

**0757** 곡선 $xy^3-8y=0$ 위의 점 $(2, 2)$에서의 접선과 원점 사이의 거리는?

① $\dfrac{3\sqrt{5}}{5}$    ② $\dfrac{4\sqrt{5}}{5}$    ③ $\sqrt{5}$

④ $\dfrac{6\sqrt{5}}{5}$    ⑤ $\dfrac{7\sqrt{5}}{5}$

**0758** 두 곡선 $a^2x^2+b^2y^2=1$, $x^2-y^2=4$는 점 $P(2\sqrt{2}, 2)$에서 만난다. 점 $P$에서의 두 곡선의 접선이 서로 수직일 때, $b^2-a^2$의 값은? (단, $a>0$, $b>0$)

① $\dfrac{1}{32}$    ② $\dfrac{1}{16}$    ③ $\dfrac{1}{8}$

④ $\dfrac{1}{4}$    ⑤ $\dfrac{1}{2}$

**0759** 곡선 $x^2-2y^2+6=0$ 위의 점 $P(a, b)$에서의 접선이 $x$축, $y$축과 만나는 점을 각각 Q, R라 하자. 선분 QR의 길이가 2가 되도록 하는 $a$, $b$에 대하여 $ab$의 값은?

(단, 점 P는 제1사분면 위에 있다.)

① $3\sqrt{3}$    ② $4\sqrt{3}$    ③ $5\sqrt{3}$

④ $6\sqrt{3}$    ⑤ $7\sqrt{3}$

## 유형 11  두 곡선과 접선

① 두 곡선 $y=f(x)$, $y=g(x)$가 $x=t$인 점에서 공통인 접선을 가지면
  · $x=t$인 점에서 두 곡선이 만난다.
    ➡ $f(t)=g(t)$
  · $x=t$인 점에서의 두 곡선의 접선의 기울기가 같다.
    ➡ $f'(t)=g'(t)$
  이때 두 곡선이 $x=t$인 점에서 접한다고 한다.
② 곡선 $y=f(x)$ 위의 점 $(a, f(a))$에서의 접선과 곡선 $y=g(x)$
  위의 점 $(b, g(b))$에서의 접선이 서로 일치하면 두 접선의 방정식
    $$y-f(a)=f'(a)(x-a), \quad y-g(b)=g'(b)(x-b)$$
  를 연립한다. (단, $a\neq b$)

### 👍 대표 예제

**0760** 두 곡선 $y=\dfrac{a}{x}$, $y=\ln bx$가 $x=e^2$인 점에서 공통인

접선을 가질 때, $\dfrac{a}{b}$의 값은? (단, $a$, $b$는 상수이다.)

① $-e^5$      ② $-e^4$      ③ $-e^3$
④ $-e^2$      ⑤ $-e$

**선생님 해설**

$f(x)=\dfrac{a}{x}$, $g(x)=\ln bx$라 하면

$f'(x)=-\dfrac{a}{x^2}$, $g'(x)=\dfrac{1}{x}$   <sub>$g(x)=\ln bx=\ln b+\ln x$이므로</sub>

두 곡선이 $x=e^2$인 점에서 공통인 접선을 가지므로

$f(e^2)=g(e^2)$에서 $\dfrac{a}{e^2}=\ln be^2$      …… ㉠

$f'(e^2)=g'(e^2)$에서 $-\dfrac{a}{e^4}=\dfrac{1}{e^2}$    $\therefore a=-e^2$

$a=-e^2$을 ㉠에 대입하면

$-1=\ln be^2$, $be^2=e^{-1}=\dfrac{1}{e}$    $\therefore b=\dfrac{1}{e^3}$

$\therefore \dfrac{a}{b}=\dfrac{-e^2}{\dfrac{1}{e^3}}=-e^5$

**답** ①

**0761** [대표 예제] [한 번 더]

두 곡선 $y=a-\sin x$, $y=\cos^2 x$가 $x=t\left(0<t<\dfrac{\pi}{2}\right)$인

점에서 공통인 접선을 가질 때, 상수 $a$의 값은?

① $\dfrac{1}{2}$      ② $\dfrac{3}{4}$      ③ $1$
④ $\dfrac{5}{4}$      ⑤ $\dfrac{3}{2}$

**0762**

곡선 $y=e^x$ 위의 점 $(1, e)$에서의 접선이 곡선 $y=\sqrt{2x-k}$
에 접할 때, 실수 $k$의 값은?

① $\dfrac{1}{e^2}$      ② $\dfrac{1}{e}$      ③ $1$
④ $e$      ⑤ $e^2$

**0763**

$0<x<\pi$에서 두 곡선 $y=3\sin^2 x+2$, $y=\cos x+a$가
한 점에서 만나고, 그 점에서의 두 곡선의 접선이 일치할
때, 상수 $a$의 값을 $\dfrac{q}{p}$라 하자. $p+q$의 값을 구하시오.

(단, $p$와 $q$는 서로소인 자연수이다.)

**0764**

두 곡선 $y=e^{2x}$, $y=2e^{x-1}$에 동시에 접하는 접선의 방정식
이 $y=ax+b$일 때, 두 상수 $a$, $b$에 대하여 $e(a+b)$의 값
을 구하시오.

## 0765
· 유형 01 ·

함수 $f(x)=\sqrt{x^3+3x}$ 의 역함수를 $g(x)$ 라 하자. 곡선 $y=g(x)$ 위의 점 $(2, g(2))$ 에서의 접선의 방정식이 $y=ax+b$ 일 때, $a-b$ 의 값은? (단, $a$, $b$ 는 상수이다.)

① $\dfrac{1}{3}$      ② $\dfrac{2}{3}$      ③ $1$

④ $\dfrac{4}{3}$      ⑤ $\dfrac{5}{3}$

## 0766
· 유형 02 + 유형 06 ·

$x>0$ 에서 정의된 함수 $f(x)=\dfrac{2x-1}{x}$ 에 대하여 곡선 $y=f(x)$ 위의 점 P에서의 기울기가 1인 접선을 $l$ 이라 하자. 점 P를 지나고 직선 $l$ 과 수직인 직선이 $y$ 축과 만나는 점을 Q라 할 때, 선분 PQ의 길이는?

① $1$      ② $\sqrt{2}$      ③ $\sqrt{3}$

④ $2$      ⑤ $\sqrt{5}$

## 0767
· 유형 08 ·

곡선 $f(x)=\dfrac{2}{x}-1$ 위의 두 점 P$(1, 1)$, Q$(t, f(t))$ 에서의 두 접선이 이루는 예각의 크기가 $45°$ 일 때, 상수 $t$ 의 값은? (단, $t>1$)

① $\sqrt{2}$      ② $\sqrt{3}$      ③ $2$

④ $\sqrt{5}$      ⑤ $\sqrt{6}$

## 0768
· 유형 10 ·

곡선 $\sqrt{x}+\sqrt{y}=2$ $(x>0, y>0)$ 위의 점 $(p, q)$ 에서의 접선이 $x$ 축, $y$ 축과 만나는 점을 각각 A, B라 할 때, 삼각형 OAB의 넓이의 최댓값은? (단, O는 원점이다.)

① $\dfrac{1}{4}$      ② $\dfrac{1}{2}$      ③ $1$

④ $2$      ⑤ $4$

## 0769
· 유형 07 ·

원점에서 곡선 $y=(x+k)e^{-x}$ 에 적어도 한 개의 접선을 그을 수 있도록 하는 자연수 $k$ 의 최솟값을 구하시오.

## 0770 사고력
· 유형 04 ·

함수 $f(x)=x^3+3x+1$ 의 역함수를 $g(x)$ 라 하자. 매개변수 $t$ 로 나타낸 곡선 $x=f(t)$, $y=g(t)$ 에 대하여 $t=1$ 에서의 접선의 $y$ 절편은?

① $-\dfrac{7}{9}$      ② $-\dfrac{11}{18}$      ③ $-\dfrac{4}{9}$

④ $-\dfrac{5}{18}$      ⑤ $-\dfrac{1}{9}$

## 0771 · 유형 03 ·

점 $(-1,\ 0)$에서 곡선 $y=xe^{-(x+k)}$에 그은 두 접선의 기울기의 곱이 $\dfrac{1}{e^3}$일 때, 상수 $k$의 값은?

① $\dfrac{1}{3}$　　② $\dfrac{1}{2}$　　③ $1$

④ $2$　　⑤ $3$

## 0772 · 유형 09 ·

매개변수 $\theta\left(0<\theta<\dfrac{\pi}{2}\right)$로 나타낸 곡선 $x=2\cos^3\theta$, $y=2\sin^3\theta$ 위의 점 P에 대하여 원점과 점 P에서의 접선 사이의 거리는 $\theta=\alpha$일 때 최대이다. $\dfrac{60\alpha}{\pi}$의 값을 구하시오.

## 0773 창의력+ · 유형 11 ·

실수 $a$에 대하여 $0$이 아닌 실수 전체의 집합에서 정의된 함수

$$f(x)=\begin{cases}-x^2-4x+a & (x<0)\\[2mm]\ln\dfrac{\sqrt{e}}{x} & (x>0)\end{cases}$$

가 있다. 실수 $t$에 대하여 직선 $3x+y=t$와 함수 $y=f(x)$의 그래프가 만나는 점의 개수를 $g(t)$라 하자. 함수 $g(t)$가 $t=a$에서만 불연속일 때, $f\left(-\dfrac{1}{2}\right)+g(1)$의 값은?

① $\ln 2e^3$　　② $\ln 3e^3$　　③ $\ln 2e^4$

④ $\ln 3e^4$　　⑤ $\ln 3e^5$

---

### 서술형 문제

## 0774 · 유형 03 ·

원점에서 곡선 $y=\ln x^2$에 그은 접선의 방정식을 모두 구하시오.

**✓ 필요 개념 및 공식**

| □ 로그함수의 도함수 | □ 곡선 밖의 한 점에서 곡선에 그은 접선의 방정식 |
| --- | --- |

## 0775 · 유형 08 ·

$x\geq 0$에서 정의된 함수 $y=\dfrac{2x}{x^2+2}$의 그래프 위의 점과 직선 $2x-9y+9=0$ 사이의 거리의 최솟값을 구하시오.

**✓ 필요 개념 및 공식**

| □ 기울기가 주어진 접선의 방정식 | □ 점과 직선 사이의 거리 |
| --- | --- |

## 0776 · 유형 05 ·

곡선 $x^2-xy+y^2=k$ 위의 서로 다른 두 점 P$(1,\ p)$, Q$(1,\ q)$에서의 접선의 방정식을 각각 $y=ax+b$, $y=cx+d$라 하자. $|a-c|=3$일 때, 선분 PQ의 길이를 구하시오. (단, $a$, $b$, $c$, $d$, $k$는 상수이다.)

**✓ 필요 개념 및 공식**

| □ 음함수의 미분법 | □ 이차방정식의 근과 계수의 관계 |
| --- | --- |

## 개념 01  함수의 증가와 감소

(1) **함수의 증가와 감소**: 함수 $f(x)$가 어떤 구간에 속하는 임의의 두 수 $x_1$, $x_2$에 대하여
　① $x_1<x_2$일 때 $f(x_1)<f(x_2)$이면 함수 $f(x)$는 이 구간에서 증가한다고 한다.
　② $x_1<x_2$일 때 $f(x_1)>f(x_2)$이면 함수 $f(x)$는 이 구간에서 감소한다고 한다.

(2) **함수의 증가와 감소의 판정**: 함수 $f(x)$가 어떤 열린구간에서 미분가능하고, 이 구간의 모든 $x$에 대하여
　① $f'(x)>0$이면 함수 $f(x)$는 이 구간에서 증가한다.
　② $f'(x)<0$이면 함수 $f(x)$는 이 구간에서 감소한다.

**[0777~0784]** 다음 함수의 증가와 감소를 조사하시오.

**0777** $f(x)=\dfrac{1}{x^2+1}$

**0778** $f(x)=x\sqrt[3]{x}$

**0779** $f(x)=\sqrt{x^2-x+1}$

**0780** $f(x)=x+\dfrac{1}{x}$

**0781** $f(x)=e^x-ex$

**0782** $f(x)=e^{x^2-2x}+1$

**0783** $f(x)=\ln x-x$

**0784** $f(x)=\ln(x^2+1)$

**[0785~0786]** 주어진 구간에서 다음 함수의 증가와 감소를 조사하시오.

**0785** $f(x)=x+2\sin x\ (0\le x\le\pi)$

**0786** $f(x)=1+\sin^3 x\ (0\le x\le\pi)$

## 개념 02  함수의 극대와 극소

(1) **함수의 극대와 극소**: 함수 $f(x)$에서 $x=a$를 포함하는 어떤 열린구간에 속하는 모든 $x$에 대하여
　① $f(x)\le f(a)$일 때 함수 $f(x)$는 $x=a$에서 극대라 하고, $f(a)$를 극댓값이라 한다.
　② $f(x)\ge f(a)$일 때 함수 $f(x)$는 $x=a$에서 극소라 하고, $f(a)$를 극솟값이라 한다.
　이때 극댓값과 극솟값을 통틀어 극값이라 한다.
　**참고** 상수함수 $f(x)=c$는 $c$를 극댓값이자 극솟값으로 갖는다.

(2) **도함수를 이용한 함수의 극대와 극소의 판정**: 미분가능한 함수 $f(x)$에 대하여 $f'(a)=0$이고 $x=a$의 좌우에서
　① $f'(x)$의 부호가 양에서 음으로 바뀌면 함수 $f(x)$는 $x=a$에서 극대이고, 극댓값 $f(a)$를 갖는다.
　② $f'(x)$의 부호가 음에서 양으로 바뀌면 함수 $f(x)$는 $x=a$에서 극소이고, 극솟값 $f(a)$를 갖는다.
　**참고** $f'(a)=0$이어도 $x=a$의 좌우에서 $f'(x)$의 부호가 바뀌지 않으면 $f(a)$는 극값이 아니다.

(3) **이계도함수를 이용한 함수의 극대와 극소의 판정**: 이계도함수를 갖는 함수 $f(x)$에 대하여 $f'(a)=0$일 때
　① $f''(a)<0$이면 함수 $f(x)$는 $x=a$에서 극대이고, 극댓값 $f(a)$를 갖는다.
　② $f''(a)>0$이면 함수 $f(x)$는 $x=a$에서 극소이고, 극솟값 $f(a)$를 갖는다.
　**참고** 위의 역이 항상 성립하는 것은 아니며, $f''(a)=0$이면 함수 $f(x)$가 $x=a$에서 극값을 갖는지 판정할 수 없다.

**[0787~0788]** 다음 함수의 극값을 구하고 함수의 증가와 감소를 조사하여 극댓값인지 극솟값인지 말하시오.

**0787** $f(x)=(x-1)e^x$

**0788** $f(x)=\dfrac{\sqrt{x}}{x^2+3}$

**[0789~0792]** 다음 함수의 극값을 구하고 이계도함수를 이용하여 극댓값인지 극솟값인지 말하시오.

**0789** $f(x)=x+\dfrac{4}{x^2}$

**0790** $f(x)=\dfrac{1}{\sqrt{x^2+1}}$

**0791** $f(x)=x\ln x-x$

**0792** $f(x)=\sin x\ (0\le x\le\pi)$

## 개념 03 　곡선의 오목과 볼록

이계도함수를 갖는 함수 $f(x)$가 어떤 구간에서
(1) $f''(x)>0$이면 곡선 $y=f(x)$는 이 구간에서 아래로 볼록하다.
(2) $f''(x)<0$이면 곡선 $y=f(x)$는 이 구간에서 위로 볼록하다.

참고 (1) $f''(x)>0$이면 곡선 $y=f(x)$의 접선의 기울기인 $f'(x)$는 증가하므로 이 구간에서 곡선 $y=f(x)$는 아래로 볼록하다.

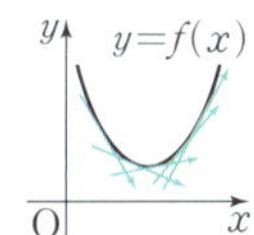

(2) $f''(x)<0$이면 곡선 $y=f(x)$의 접선의 기울기인 $f'(x)$는 감소하므로 이 구간에서 곡선 $y=f(x)$는 위로 볼록하다.

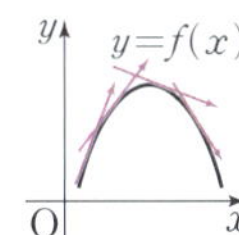

[0793~0798] 다음 곡선의 오목과 볼록을 조사하시오.

**0793** $y=x^4+x^2$

**0794** $y=\dfrac{1}{x^2}\ (x>0)$

**0795** $y=\sqrt{1-x^2}\ (-1<x<1)$

**0796** $y=e^x$

**0797** $y=\ln x$

**0798** $y=\sin x\ (0<x<\pi)$

## 개념 04 　변곡점

(1) **변곡점**: 곡선 $y=f(x)$ 위의 점 $(a,\ f(a))$에 대하여 $x=a$의 좌우에서 곡선의 모양이 아래로 볼록에서 위로 볼록으로 바뀌거나 위로 볼록에서 아래로 볼록으로 바뀔 때, 이 점을 곡선 $y=f(x)$의 변곡점이라 한다.
(2) **변곡점의 판정**: 함수 $f(x)$에서 $f''(a)=0$이고 $x=a$의 좌우에서 $f''(x)$의 부호가 바뀌면 점 $(a,\ f(a))$는 곡선 $y=f(x)$의 변곡점이다.

참고 $f''(a)=0$이라고 해서 점 $(a,\ f(a))$가 항상 곡선 $y=f(x)$의 변곡점인 것은 아니다. 예를 들어, 함수 $f(x)=x^4$은 $f''(x)=12x^2$에서 $f''(0)=0$이지만 $x=0$의 좌우에서 $f''(x)$의 부호가 바뀌지 않으므로 점 $(0,\ 0)$은 곡선 $y=f(x)$의 변곡점이 아니다.

[0799~0801] 다음 곡선의 변곡점의 좌표를 구하시오.

**0799** $y=x^3+x$

**0800** $y=\ln(x^2+4)\ (x>0)$

**0801** $f(x)=\cos x+1\ (0\leq x\leq\pi)$

## 개념 05 　함수의 그래프

함수 $y=f(x)$의 그래프의 개형은 다음을 조사하여 그린다.
(1) 함수 $f(x)$의 정의역과 치역
(2) 곡선 $y=f(x)$의 대칭성과 주기
(3) 곡선 $y=f(x)$와 좌표축의 교점
(4) 함수 $f(x)$의 증가와 감소, 극대와 극소
(5) 곡선 $y=f(x)$의 오목과 볼록, 변곡점
(6) $\lim\limits_{x\to\infty}f(x),\ \lim\limits_{x\to-\infty}f(x)$, 점근선

[0802~0804] 다음 함수의 그래프의 개형을 그리시오.

**0802** $f(x)=4x\sqrt{x}-x^2$

**0803** $f(x)=e^{-x^2}$

**0804** $f(x)=\cos^4 x\ (0\leq x\leq\pi)$

## 개념 06 　함수의 최대와 최소

함수 $f(x)$가 닫힌구간 $[a,\ b]$에서 연속일 때, 최댓값과 최솟값은 다음과 같은 순서로 구한다.
❶ 주어진 구간에서 $f(x)$의 극댓값과 극솟값을 구한다.
❷ 주어진 구간의 양 끝 점에서의 함숫값 $f(a),\ f(b)$를 구한다.
❸ ❶, ❷에서 구한 극댓값, 극솟값, $f(a),\ f(b)$ 중에서 가장 큰 값이 최댓값이고, 가장 작은 값이 최솟값이다.

[0805~0807] 주어진 구간에서 다음 함수의 최댓값과 최솟값을 구하시오.

**0805** $f(x)=\dfrac{4}{x}+x$　　　$[1,\ 4]$

**0806** $f(x)=(x-3)\sqrt{x}$　$[0,\ 4]$

**0807** $f(x)=(\ln x)^2$　　　$\left[\dfrac{1}{e},\ e\right]$

---

### 유형 01  함수의 증가와 감소

어떤 열린구간에서 미분가능한 함수 $f(x)$의 증가와 감소는 다음과 같은 순서로 조사한다.
❶ 도함수 $f'(x)$를 구한다.
❷ $f'(x)=0$인 $x$의 값 $a$를 구한다.
❸ ❷에서 구한 $a$에 대하여 $x=a$의 좌우에서 $f'(x)$의 부호를 조사하여 함수 $f(x)$의 증가와 감소를 표로 나타낸다. 이때
 $f'(x)>0$이면 함수 $f(x)$는 이 구간에서 증가하고
 $f'(x)<0$이면 함수 $f(x)$는 이 구간에서 감소한다.

#### 대표 예제

**0808**  함수 $f(x)=\dfrac{x-1}{x^2+3}$이 증가하는 구간이 $[a,\ b]$일 때, $b-a$의 값은?

① 2  　　② 4  　　③ 6
④ 8  　　⑤ 10

선생님 해설

$f(x)=\dfrac{x-1}{x^2+3}$에서

$f'(x)=\dfrac{x^2+3-(x-1)\cdot 2x}{(x^2+3)^2}=\dfrac{-x^2+2x+3}{(x^2+3)^2}$

$\qquad =-\dfrac{(x+1)(x-3)}{(x^2+3)^2}$

$f'(x)=0$에서 $x=-1$ 또는 $x=3$
함수 $f(x)$의 증가와 감소를 표로 나타내면 다음과 같다.

| $x$ | $\cdots$ | $-1$ | $\cdots$ | $3$ | $\cdots$ |
|---|---|---|---|---|---|
| $f'(x)$ | $-$ | $0$ | $+$ | $0$ | $-$ |
| $f(x)$ | $\searrow$ | | $\nearrow$ | | $\searrow$ |

따라서 함수 $f(x)$는 닫힌구간 $[-1,\ 3]$에서 증가하므로
$a=-1$, $b=3$
$\therefore\ b-a=3-(-1)=4$

각 구간의 특정한 값을 $f'$에 대입하여 부호를 확인할 수 있다.

> 닫힌구간 $[a,\ b]$에서 연속인 함수 $f(x)$가 열린구간 $(a,\ b)$에서 증가(감소)하면 최대·최소 정리에 의하여 $f(a)$가 최솟값(최댓값), $f(b)$가 최댓값(최솟값)이므로 함수 $f(x)$는 닫힌구간 $[a,\ b]$에서도 증가(감소)해. 즉, $f'(x)=0$인 $x$의 값은 증가하는 구간과 감소하는 구간에 모두 포함될 수 있어!

답 ②

---

**0809**  대표 예제  한 번 더

$x\geq 0$에서 정의된 함수 $f(x)=2x\sqrt{x}\,(x-1)$이 $\alpha\leq x\leq\beta$에서만 감소하고 나머지 구간에서는 증가할 때, $\beta-\alpha$의 값은?

① $\dfrac{1}{5}$  　　② $\dfrac{2}{5}$  　　③ $\dfrac{3}{5}$

④ $\dfrac{4}{5}$  　　⑤ $1$

**0810**  함수 $f(x)=x^2+(1-x)e^x$이 닫힌구간 $[0,\ k]$에서 증가할 때, $e^k$의 최댓값은?

① $\dfrac{1}{2}$  　　② $1$  　　③ $\dfrac{3}{2}$

④ $2$  　　⑤ $\dfrac{5}{2}$

**0811**  함수 $f(x)=x^2-a\ln x$가 구간 $(0,\ 3]$에서 감소하고 구간 $[3,\ \infty)$에서 증가할 때, 양수 $a$의 값을 구하시오.

**0812**  $0\leq x\leq 12$에서 정의된 함수

$$f(x)=\frac{\pi}{12}x-\cos\left(\frac{\pi}{6}x\right)$$

가 닫힌구간 $A$에서만 감소할 때, $A$에 포함되는 모든 정수 $x$의 값의 합을 구하시오.

## 유형 02  함수가 증가 또는 감소하기 위한 조건

① 미분가능한 함수 $f(x)$가 실수 전체의 집합에서
  · 증가하면 모든 실수 $x$에 대하여 $f'(x)\geq0$
  · 감소하면 모든 실수 $x$에 대하여 $f'(x)\leq0$
② 닫힌구간 $[a,\,b]$에서 연속인 함수 $f(x)$가 열린구간 $(a,\,b)$에서 미분가능하고 구간 $[a,\,b]$에서
  · 증가하면 구간 $(a,\,b)$의 모든 실수 $x$에 대하여 $f'(x)\geq0$
  · 감소하면 구간 $(a,\,b)$의 모든 실수 $x$에 대하여 $f'(x)\leq0$

### 👍 대표 예제

**0813** 함수 $f(x)=(x^2-4x+k)e^x$이 실수 전체의 집합에서 증가하도록 하는 실수 $k$의 최솟값은?

① 1  ② 3  ③ 5
④ 7  ⑤ 9

#### 선생님 해설

$f(x)=(x^2-4x+k)e^x$에서
$f'(x)=(2x-4)e^x+(x^2-4x+k)e^x=(x^2-2x-4+k)e^x$
이때 $e^x>0$이므로 함수 $f(x)$가 실수 전체의 집합에서 증가하려면 모든 실수 $x$에 대하여 $f'(x)\geq0$, 즉 $x^2-2x-4+k\geq0$
이어야 한다.
이차방정식 $x^2-2x-4+k=0$의 판별식을 $D$라 하면 $D\leq0$이
어야 하므로
$$\frac{D}{4}=(-1)^2-1\cdot(-4+k)\leq0$$
$5-k\leq0$  $\therefore k\geq5$
따라서 실수 $k$의 최솟값은 5이다.

> 함수 $f(x)$의 도함수 $f'(x)$에 포함된 이차식의 부호를 이용하여 $f(x)$의 증가·감소를 파악하는 문제도 많으므로 고등 수학에서 배운 내용도 다시 복습해 두자.

답 ③

**0814** 대표 예제 한 번 더
함수 $f(x)=ax-\sin 3x$가 구간 $(-\infty,\,\infty)$에서 감소하도록 하는 실수 $a$의 최댓값은?

① $-5$  ② $-4$  ③ $-3$
④ $-2$  ⑤ $-1$

**0815**
함수 $f(x)=2ax\sqrt{x}-(3a+1)x+1$이 닫힌구간 $[4,\,9]$에서 증가하도록 하는 양수 $a$의 최솟값은?

① $\dfrac{1}{6}$  ② $\dfrac{1}{3}$  ③ $\dfrac{1}{2}$
④ $\dfrac{2}{3}$  ⑤ $\dfrac{5}{6}$

**0816**
함수 $f(x)=\dfrac{ax^2+12}{x}$가 닫힌구간 $[1,\,2]$에서 감소하도록 하는 실수 $a$의 최댓값은?

① 3  ② 4  ③ 5
④ 6  ⑤ 7

**0817** 🆙
함수 $f(x)=2\ln\dfrac{1}{x}-x^2+ax$가 구간 $(0,\,\infty)$에서 감소하도록 하는 실수 $a$의 최댓값을 구하시오.

### 유형 03   유리함수와 무리함수의 극대·극소

① 유리함수 또는 무리함수 $f(x)$의 극값은 다음과 같은 순서로 구한다.
　❶ 도함수 $f'(x)$를 구한다.
　❷ 유리함수 또는 무리함수의 정의역에 유의하여 $f'(x)=0$인 $x$의 값 $a$를 구한다. ·유리함수는 (분모)≠0이고 무리함수는 (근호 안의 식)≥0이다.
　❸ ❷에서 구한 $a$에 대하여 $x=a$의 좌우에서 $f'(x)$의 부호를 조사하여 함수 $f(x)$의 증가와 감소를 표로 나타내고, 극값을 구한다. 이때 $f'(x)$의 부호가 양에서 음으로 바뀌면 함수 $f(x)$는 $x=a$에서 극대이고, $f'(x)$의 부호가 음에서 양으로 바뀌면 함수 $f(x)$는 $x=a$에서 극소이다.

② 유리함수 $y=\dfrac{f(x)}{g(x)}$의 도함수는

$$y'=\dfrac{f'(x)g(x)-f(x)g'(x)}{\{g(x)\}^2}\ (단,\ g(x)\neq 0)$$

무리함수 $y=\sqrt{f(x)}$의 도함수는

$$y'=\dfrac{f'(x)}{2\sqrt{f(x)}}\ (단,\ f(x)>0)$$

#### 👍 대표 예제

**0818** $x>0$에서 정의된 함수 $f(x)=\dfrac{x^3-x+1}{x^2}$이 $x=a$에서 극솟값 $b$를 가질 때, $a+b$의 값은?

① 0　　　② 1　　　③ 2
④ 3　　　⑤ 4

**선생님 해설**

$f(x)=\dfrac{x^3-x+1}{x^2}$에서

$f'(x)=\dfrac{(3x^2-1)\cdot x^2-(x^3-x+1)\cdot 2x}{x^4}$

$\quad=\dfrac{x^3+x-2}{x^3}=\dfrac{(x-1)(x^2+x+2)}{x^3}$

$f'(x)=0$에서 $x=1$

$x>0$에서 함수 $f(x)$의 증가와 감소를 표로 나타내면 다음과 같다.

| $x$ | $(0)$ | $\cdots$ | $1$ | $\cdots$ |
|-----|-------|----------|-----|----------|
| $f'(x)$ | | $-$ | $0$ | $+$ |
| $f(x)$ | | $\searrow$ | $1$ | $\nearrow$ |

따라서 함수 $f(x)$는 $x=1$에서 극솟값 $f(1)=1$을 가지므로
$a=1,\ b=1$
$\therefore a+b=1+1=2$



답 ③

---

**0819** [대표 예제] [한 번 더]
함수 $f(x)=4\sqrt{x}-x$가 $x=a$에서 극댓값 $b$를 가질 때, $a+b$의 값은?

① 2　　　② 4　　　③ 6
④ 8　　　⑤ 10

**0820**
두 함수 $f(x)=\dfrac{2x-5}{x^2}$, $g(x)=\dfrac{2}{x-2\sqrt{x-a}}$가 모두 $x=b$에서 극값을 가질 때, $a+b$의 값은?
（단, $a$는 상수이다.）

① 1　　　② 3　　　③ 5
④ 7　　　⑤ 9

**0821**
함수 $f(x)=x+\sqrt{a-x^2}$이 $x=b$에서 극값 2를 가질 때, $a+b$의 값을 구하시오. （단, $a$는 $a>0$인 상수이다.）

**0822**
함수 $f(x)=\dfrac{ax^2-8x+b}{x^2+1}$가 $x=1$에서 극솟값 0을 가질 때, $f(x)$의 극댓값을 구하시오. （단, $a,\ b$는 상수이다.）

## 유형 04  지수함수와 로그함수의 극대·극소

① 지수함수 또는 로그함수 $f(x)$의 극값은 다음과 같은 순서로 구한다.
   ❶ 도함수 $f'(x)$를 구한다. → 로그함수는 (진수)$>0$이다.
   ❷ 로그함수는 정의역에 유의하여 $f'(x)=0$인 $x$의 값 $a$를 구한다.
   ❸ ❷에서 구한 $a$에 대하여 $x=a$의 좌우에서 $f'(x)$의 부호를 조사하여 함수 $f(x)$의 증가와 감소를 표로 나타내고, 극값을 구한다. 이때 $f'(x)$의 부호가 양에서 음으로 바뀌면 함수 $f(x)$는 $x=a$에서 극대이고, $f'(x)$의 부호가 음에서 양으로 바뀌면 함수 $f(x)$는 $x=a$에서 극소이다.
② 지수함수 $y=e^{f(x)}$의 도함수는 $y'=e^{f(x)}f'(x)$
   로그함수 $y=\ln|f(x)|$의 도함수는 $y'=\dfrac{f'(x)}{f(x)}$

### 🙂 대표 예제

**0823** 함수 $f(x)=\dfrac{1}{2}x+\ln\dfrac{1}{x^2+3}$은 $x=a$에서 극대, $x=b$에서 극소이다. $2a+b$의 값은?

① 1　　　　② 3　　　　③ 5
④ 7　　　　⑤ 9

**선생님 해설**

$f(x)=\dfrac{1}{2}x+\ln\dfrac{1}{x^2+3}=\dfrac{1}{2}x-\ln(x^2+3)$에서

$f'(x)=\dfrac{1}{2}-\dfrac{2x}{x^2+3}=\dfrac{x^2-4x+3}{2(x^2+3)}=\dfrac{(x-1)(x-3)}{2(x^2+3)}$

$f'(x)=0$에서 $x=1$ 또는 $x=3$

함수 $f(x)$의 증가와 감소를 표로 나타내면 다음과 같다.

| $x$ | $\cdots$ | 1 | $\cdots$ | 3 | $\cdots$ |
|---|---|---|---|---|---|
| $f'(x)$ | $+$ | 0 | $-$ | 0 | $+$ |
| $f(x)$ | ↗ | 극대 | ↘ | 극소 | ↗ |

따라서 함수 $f(x)$는 $x=1$에서 극대이고, $x=3$에서 극소이므로 $a=1$, $b=3$

$\therefore 2a+b=2\cdot1+3=5$

답 ③

**0824** 대표 예제 | 한 번 더
함수 $f(x)=(x-1)^2e^{x+1}+1$의 극댓값과 극솟값의 합은?

① 2　　　　② 4　　　　③ 6
④ 8　　　　⑤ 10

**0825**
함수 $f(x)=ax^2+bx-5\ln x$가 $x=\dfrac{1}{2}$, $x=\dfrac{5}{2}$에서 극값을 가질 때, $f(2)$의 값은? (단, $a$, $b$는 상수이다.)

① $16-5\ln 2$　　② $15-5\ln 2$　　③ $14-5\ln 2$
④ $13-5\ln 2$　　⑤ $12-5\ln 2$

**0826**
함수 $f(x)=ax-\dfrac{b}{x}-4\ln x+2$가 $x=1$에서 극댓값 0을 갖는다. 함수 $f(x)$의 극솟값이 $p-4\ln q$일 때, $p+q$의 값은? (단, $a$, $b$는 상수이고 $p$, $q$는 유리수이다.)

① 4　　　　② 5　　　　③ 6
④ 7　　　　⑤ 8

**0827**
두 함수 $f(x)=\dfrac{\ln ex}{ex}$, $g(x)=(ax-1)e^{x^2-4x}$이 모두 $x=b$에서 극댓값을 갖고 $g(x)$가 $x=c$에서 극솟값을 가질 때, $abc$의 값을 구하시오. (단, $a$는 상수이다.)

### 유형 05　삼각함수의 극대·극소

① 삼각함수 $f(x)$의 극값은 다음과 같은 순서로 구한다.
  ❶ 도함수 $f'(x)$를 구한다.
  ❷ 삼각함수의 정의역 및 주기에 유의하여 $f'(x)=0$인 $x$의 값 $a$ 를 구한다.
  ❸ ❷에서 구한 $a$에 대하여 $x=a$의 좌우에서 $f'(x)$의 부호를 조사 하여 함수 $f(x)$의 증가와 감소를 표로 나타내고, 극값을 구한다. 이때 $f'(x)$의 부호가 양에서 음으로 바뀌면 함수 $f(x)$는 $x=a$ 에서 극대이고, $f'(x)$의 부호가 음에서 양으로 바뀌면 함수 $f(x)$는 $x=a$에서 극소이다.
② 삼각함수의 도함수는 다음과 같다.
  · $y=\sin f(x)$이면 $y'=\cos f(x)\cdot f'(x)$
  · $y=\cos f(x)$이면 $y'=-\sin f(x)\cdot f'(x)$
  · $y=\tan f(x)$이면 $y'=\sec^2 f(x)\cdot f'(x)$
  · $y=\sec f(x)$이면 $y'=\sec f(x)\tan f(x)\cdot f'(x)$
  · $y=\csc f(x)$이면 $y'=-\csc f(x)\cot f(x)\cdot f'(x)$
  · $y=\cot f(x)$이면 $y'=-\csc^2 f(x)\cdot f'(x)$

 대표 예제

**0828** $0<x<2\pi$에서 정의된 함수 $f(x)=\cos 2x-4\cos x$ 가 $x=a$에서 극댓값 $b$를 가질 때, $ab$의 값은?

① $3\pi$　　　　② $\dfrac{7}{2}\pi$　　　　③ $4\pi$

④ $\dfrac{9}{2}\pi$　　　　⑤ $5\pi$

**선생님 해설**

$f(x)=\cos 2x-4\cos x$에서
$f'(x)=-2\sin 2x+4\sin x$
$\qquad=-4\sin x\cos x+4\sin x$
$\qquad=4\sin x(1-\cos x)$
$f'(x)=0$에서 $\sin x=0$ 또는 $\cos x=1$
$\therefore x=\pi\ (\because 0<x<2\pi)$
$0<x<2\pi$에서 함수 $f(x)$의 증가와 감소를 표로 나타내면 다음과 같다.

| $x$ | $(0)$ | $\cdots$ | $\pi$ | $\cdots$ | $(2\pi)$ |
|---|---|---|---|---|---|
| $f'(x)$ | | $+$ | $0$ | $-$ | |
| $f(x)$ | | ↗ | $5$ | ↘ | |

따라서 함수 $f(x)$는 $x=\pi$에서 극댓값 $f(\pi)=5$를 가지므로
$a=\pi$, $b=5$
$\therefore ab=5\pi$

답 ⑤

**0829** 대표 예제 한 번 더

열린구간 $(0,\ 2\pi)$에서 정의된 함수
$$f(x)=4\sin x+\cos 2x+1$$
의 극댓값과 극솟값의 합은?

① $-2$　　　　② $-1$　　　　③ $0$
④ $1$　　　　⑤ $2$

**0830**

함수 $f(x)=a\sin x+b\cos 2x$가 $x=\dfrac{\pi}{6}$에서 극값 $3$을 가 질 때, $ab$의 값은? (단, $a$, $b$는 상수이다.)

① $2$　　　　② $4$　　　　③ $6$
④ $8$　　　　⑤ $10$

**0831**

$0<x<\dfrac{3}{4}\pi$에서 정의된 함수
$$f(x)=a\cos^2 2x-a\cos 2x$$
가 극댓값 $3$과 극솟값 $b$를 가질 때, $a+b$의 값은?
(단, $a$는 $a>0$인 상수이다.)

① $1$　　　　② $\dfrac{9}{8}$　　　　③ $\dfrac{5}{4}$
④ $\dfrac{11}{8}$　　　　⑤ $\dfrac{3}{2}$

**0832**

열린구간 $\left(-\dfrac{\pi}{2},\ \dfrac{\pi}{2}\right)$에서 정의된 함수
$$f(x)=3\tan x-12x$$
의 극댓값을 $\alpha$, 극솟값을 $\beta$라 할 때, $\alpha-\beta=a\pi-b\sqrt{3}$이 다. $a+b$의 값을 구하시오. (단, $a$, $b$는 유리수이다.)

**유형 06** **극값을 가질 조건**

상수함수가 아닌 함수 $f(x)$가 미분가능할 때
① $f(x)$가 극값을 갖는다.
　➡ 함수 $f(x)$가 정의된 구간에서 $f'(x)=0$의 실근이 존재하고,
　　그 좌우에서 $f'(x)$의 부호가 바뀐다.
② $f(x)$가 극값을 갖지 않는다.
　➡ 함수 $f(x)$가 정의된 구간의 모든 실수 $x$에 대하여 $f'(x)\geq0$
　　또는 $f'(x)\leq0$이다.

### 대표 예제

**0833** 함수 $f(x)=(x^2+nx+10)e^x$이 극값을 갖도록 하는
자연수 $n$의 최솟값은?

① 4　　　　　② 5　　　　　③ 6
④ 7　　　　　⑤ 8

**선생님 해설**

$f(x)=(x^2+nx+10)e^x$에서
$f'(x)=(2x+n)e^x+(x^2+nx+10)e^x$
$\quad\quad=\{x^2+(n+2)x+n+10\}e^x$
$f'(x)=0$에서 $x^2+(n+2)x+n+10=0$　……　㉠
함수 $f(x)$가 극값을 가지려면 $f'(x)=0$을 만족시키는 실수 $x$
의 좌우에서 $f'(x)$의 부호가 바뀌어야 한다.
즉, 이차방정식 ㉠의 판별식을 $D$라 하면 $D>0$이어야 하므로
$D=(n+2)^2-4\cdot1\cdot(n+10)>0$, $n^2-36>0$
$(n+6)(n-6)>0$　　∴ $n<-6$ 또는 $n>6$
따라서 자연수 $n$의 최솟값은 7이다.

*$D<0$이면 실근이 없고 $D=0$이면 $f'(x)=0$을 만족시키는 실수 $x$의 좌우에서 $f'(x)$의 부호가 바뀌지 않는다.*

 ● 답 ④

**0834** [대표 예제] [한 번 더]

함수 $f(x)=\ln(4x^2+1)+kx$가 극값을 갖도록 하는 실수
$k$의 값의 범위는?

① $-3\leq k<2$　　② $-3<k<2$　　③ $-2\leq k\leq2$
④ $-2<k\leq2$　　⑤ $-2<k<2$

**0835**

함수 $f(x)=\sin4x+ax-1$이 극값을 갖도록 하는 정수
$a$의 개수는?

① 1　　　　　② 3　　　　　③ 5
④ 7　　　　　⑤ 9

**0836**

함수 $f(x)=(2x+a)e^{x^2+3x}$이 극값을 갖지 않도록 하는 실
수 $a$의 값의 범위가 $\alpha\leq a\leq\beta$일 때, $\alpha^2+\beta^2$의 값은?

① 28　　　　　② 31　　　　　③ 34
④ 37　　　　　⑤ 40

**0837**

열린구간 $(0,\ 2)$에서 정의된 함수 $f(x)=\dfrac{ax+4}{\sqrt{3x^2+4}}$가 극
값을 갖지 않도록 하는 양수 $a$의 최솟값을 구하시오.

## 유형 07  곡선의 오목과 볼록

이계도함수를 갖는 함수 $f(x)$가 어떤 구간에서
① $f''(x)>0$이면 곡선 $y=f(x)$는 이 구간에서 아래로 볼록하다.
② $f''(x)<0$이면 곡선 $y=f(x)$는 이 구간에서 위로 볼록하다.

### 👍 대표 예제

**0838** 곡선 $y=\ln x+\dfrac{4}{x}$가 열린구간 $(0,\ a)$에서 아래로 볼록하다. $a$의 최댓값은?

① 2
② 4
③ 6
④ 8
⑤ 10

**선생님 해설**

$f(x)=\ln x+\dfrac{4}{x}$라 하면 $x>0$이고

$f'(x)=\dfrac{1}{x}-\dfrac{4}{x^2}$, $f''(x)=-\dfrac{1}{x^2}+\dfrac{8}{x^3}=\dfrac{8-x}{x^3}$

$x>0$에서 곡선 $y=f(x)$가 아래로 볼록하려면 $f''(x)>0$이어야 하므로

$8-x>0$    $\therefore 0<x<8\ (\because x>0)$

따라서 $a$의 최댓값은 8이다.

**답** ④

**0839**  대표 예제  한 번 더

함수 $f(x)=e^{-x}(x^2-2x+2)$에 대하여 곡선 $y=f(x)$가 위로 볼록한 부분의 $x$의 값의 범위는 $a<x<b$이다. $a+b$의 값은?

① 6
② 7
③ 8
④ 9
⑤ 10

**0840**

양의 실수 전체의 집합에서 정의된 함수
$$f(x)=x^2+8x-(8x+6)\ln x$$
에 대하여 곡선 $y=f(x)$가 열린구간 $(a,\ b)$에서 위로 볼록할 때, $a$의 최솟값과 $b$의 최댓값의 합은?

① 0
② 1
③ 2
④ 4
⑤ 6

**0841**

열린구간 $(0,\ 2\pi)$에서 정의된 함수
$$f(x)=\sin 2x+8\cos x-2x$$
에 대하여 곡선 $y=f(x)$가 아래로 볼록한 구간이 $(a,\ b)$일 때, $\dfrac{b}{a}$의 값은?

① 3
② $\dfrac{7}{2}$
③ 4
④ $\dfrac{9}{2}$
⑤ 5

**0842**

곡선 $y=(ax^2-1)e^{2x}$이 실수 전체의 집합에서 위로 볼록할 때, 실수 $a$의 최솟값은?

① $-2$
② $-1$
③ 0
④ 1
⑤ 2

## 유형 08 변곡점

① 이계도함수를 갖는 함수 $f(x)$가
 (ⅰ) $f''(a)=0$
 (ⅱ) $x=a$의 좌우에서 $f''(x)$의 부호가 바뀐다.
 ➡ 점 $(a,\ f(a))$는 곡선 $y=f(x)$의 변곡점이다.
② 이계도함수를 갖는 함수 $f(x)$에 대하여 점 $(a,\ f(a))$가 곡선 $y=f(x)$의 변곡점이면 $f''(a)=0$이다.

### 👍 대표 예제

**0843** 함수 $f(x)=e^{-2x^2+4x}$에 대하여 곡선 $y=f(x)$의 변곡점의 $x$좌표가 $\alpha$, $\beta$일 때, $\beta-\alpha$의 값은? (단, $\alpha<\beta$)

① $\dfrac{1}{2}$　　　② $1$　　　③ $\dfrac{3}{2}$

④ $2$　　　⑤ $\dfrac{5}{2}$

**선생님 해설**

$f(x)=e^{-2x^2+4x}$에서
$f'(x)=(-4x+4)e^{-2x^2+4x}$
$f''(x)=-4e^{-2x^2+4x}+(-4x+4)^2e^{-2x^2+4x}$
$\quad=4(4x^2-8x+3)e^{-2x^2+4x}$
$\quad=4(2x-1)(2x-3)e^{-2x^2+4x}$

$f''(x)=0$에서 $x=\dfrac{1}{2}$ 또는 $x=\dfrac{3}{2}$

이때 $x=\dfrac{1}{2}$, $x=\dfrac{3}{2}$의 좌우에서 $f''(x)$의 부호가 바뀌므로 곡선 $y=f(x)$의 두 변곡점의 $x$좌표는 $\dfrac{1}{2}$, $\dfrac{3}{2}$이다.

따라서 $\alpha=\dfrac{1}{2}$, $\beta=\dfrac{3}{2}$이므로

$\beta-\alpha=\dfrac{3}{2}-\dfrac{1}{2}=1$

**답** ②

**0844** 대표 예제 한 번 더

곡선 $y=\dfrac{2}{x^2}-\dfrac{15}{x}-18\ln x$의 모든 변곡점의 $x$좌표의 합은?

① $\dfrac{5}{3}$　　　② $\dfrac{11}{6}$　　　③ $2$

④ $\dfrac{13}{6}$　　　⑤ $\dfrac{7}{3}$

**0845**

열린구간 $(0,\ 2\pi)$에서 정의된 함수 $f(x)=x-\sin 2x$에 대하여 곡선 $y=f(x)$의 변곡점의 개수는?

① $1$　　　② $2$　　　③ $3$

④ $4$　　　⑤ $5$

**0846**

곡선 $y=\ln(x^2-2x+5)$의 두 변곡점 사이의 거리는?

① $\sqrt{15}$　　　② $4$　　　③ $\sqrt{17}$

④ $3\sqrt{2}$　　　⑤ $\sqrt{19}$

**0847**

곡선 $y=\dfrac{x^2}{x^2+3}$은 두 개의 변곡점을 갖는다. 두 변곡점을 각각 A, B라 할 때, 삼각형 OAB의 넓이는 $\dfrac{q}{p}$이다. $p+q$의 값을 구하시오.

（단, O는 원점이고, $p$와 $q$는 서로소인 자연수이다.）

### 유형 09  변곡점을 이용한 미정계수의 결정

이계도함수를 갖는 함수 $f(x)$에 대하여
① 함수 $f(x)$가 $x=x_1$에서 극값 $y_1$을 갖는다.
　➡ $f(x_1)=y_1,\ f'(x_1)=0$
② 곡선 $y=f(x)$의 변곡점의 좌표가 $(x_2,\ y_2)$이다.
　➡ $f(x_2)=y_2,\ f''(x_2)=0$

#### 🖐 대표 예제

**0848** 곡선 $y=x^4-ax\sqrt{x}$의 변곡점의 좌표가 $(1,\ b)$일 때, $a-b$의 값은? (단, $a$는 상수이다.)

① 31　　　　② 33　　　　③ 35
④ 37　　　　⑤ 39

**선생님 해설**

$f(x)=x^4-ax\sqrt{x}=x^4-ax^{\frac{3}{2}}$이라 하면
$f'(x)=4x^3-\dfrac{3}{2}ax^{\frac{1}{2}}=4x^3-\dfrac{3}{2}a\sqrt{x}$
$f''(x)=12x^2-\dfrac{3}{4}ax^{-\frac{1}{2}}=12x^2-\dfrac{3a}{4\sqrt{x}}$
곡선 $y=f(x)$의 변곡점의 좌표가 $(1,\ b)$이므로
$f''(1)=0$에서 $12-\dfrac{3}{4}a=0$　∴ $a=16$
즉, $f(x)=x^4-16x\sqrt{x}$이므로
$f(1)=b$에서 $1-16=b$　∴ $b=-15$
∴ $a-b=16-(-15)=31$

답 ①

**0849** 〔대표 예제〕〔한 번 더〕

$x>0$에서 정의된 함수 $f(x)=\dfrac{x^3-a}{x^2+2}$에 대하여 곡선 $y=f(x)$가 열린구간 $(0,\ 1)$에서 아래로 볼록하고 구간 $(1,\ \infty)$에서 위로 볼록할 때, 상수 $a$의 값은?

① 10　　　　② 11　　　　③ 12
④ 13　　　　⑤ 14

**0850**

함수 $f(x)=ax^2+bx+\ln x$가 $x=\dfrac{1}{4}$에서 극댓값을 갖고 곡선 $y=f(x)$의 변곡점의 $x$좌표가 $\dfrac{1}{2}$일 때, $f(x)$의 극솟값은? (단, $a,\ b$는 상수이다.)

① $-5$　　　　② $-4$　　　　③ $-3$
④ $-2$　　　　⑤ $-1$

**0851**

함수 $f(x)=a\sin x+b\cos x+cx$가 $x=\dfrac{\pi}{2}$에서 극솟값을 갖고 곡선 $y=f(x)$의 변곡점의 좌표가 $\left(\dfrac{\pi}{4},\ \dfrac{\pi}{4}\right)$일 때, $a-b+c$의 값은? (단, $a,\ b,\ c$는 상수이다.)

① $-3$　　　　② $-2$　　　　③ $-1$
④ $1$　　　　⑤ $2$

**0852**

함수 $f(x)=(ax+b)e^{ax+c}\ (a\neq0)$이 $x=3$에서 극값을 갖고 곡선 $y=f(x)$의 변곡점의 좌표가 $(1,\ -2)$일 때, $a-b-c$의 값은? (단, $a,\ b,\ c$는 상수이다.)

① $\dfrac{3}{2}$　　　　② $2$　　　　③ $\dfrac{5}{2}$
④ $3$　　　　⑤ $\dfrac{7}{2}$

## 유형 10  도함수를 이용한 그래프의 해석

① 함수 $f(x)$의 $x=a$에서의 미분계수 $f'(a)$는 곡선 $y=f(x)$ 위의 점 $(a, f(a))$에서의 접선의 기울기와 같다.
즉, 함수 $f'(x)$의 도함수 $f''(x)$의 부호의 변화는 함수 $y=f'(x)$의 그래프 위의 점에서의 접선의 기울기의 변화로 추론한다. $\longrightarrow f''(x)>0$
② 함수 $f(x)$의 도함수 $f'(x)$가 증가하는 구간에서 함수 $y=f(x)$의 그래프는 아래로 볼록하고, $f'(x)$가 감소하는 구간에서 함수 $y=f(x)$의 그래프는 위로 볼록하다. $\longrightarrow f''(x)<0$
③ 함수 $f(x)$에 대하여 $f''(a)=0$이고 $x=a$의 좌우에서 $f''(x)$의 부호가 바뀌면 점 $(a, f(a))$는 곡선 $y=f(x)$의 변곡점이다.

### 👍 대표 예제

**0853** 닫힌구간 $[a, f]$에서 연속이고 열린구간 $(a, f)$에서 미분가능하며 이계도함수를 갖는 함수 $f(x)$의 도함수 $y=f'(x)$의 그래프가 그림과 같다. 다음 중 함수 $y=f(x)$의 그래프의 모양이 위로 볼록한 구간은?

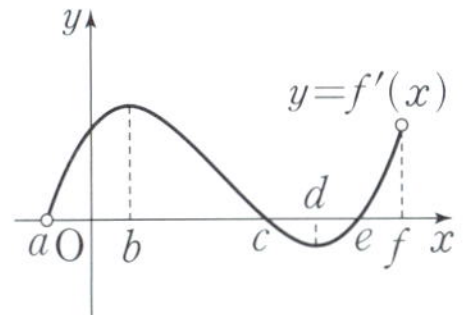

① $(a, b)$　　② $(0, c)$　　③ $(b, d)$
④ $(c, e)$　　⑤ $(d, f)$



함수 $f'(x)$는 $x=b$에서 극대, $x=d$에서 극소이므로
$f''(b)=0$, $f''(d)=0 \longrightarrow$ 함수 $f'(x)$의 도함수가 $f''(x)$이므로
열린구간 $(a, f)$에서 함수 $f'(x)$의 증가와 감소를 이용하여 $f''(x)$의 부호를 표로 나타내면 다음과 같다.

| $x$ | $(a)$ | $\cdots$ | $b$ | $\cdots$ | $c$ | $\cdots$ | $d$ | $\cdots$ | $e$ | $\cdots$ | $(f)$ |
|---|---|---|---|---|---|---|---|---|---|---|---|
| $f'(x)$ | | ↗ | | ↘ | | ↘ | | ↗ | | ↗ | |
| $f''(x)$ | | $+$ | $0$ | $-$ | $-$ | $-$ | $0$ | $+$ | $+$ | $+$ | |

함수 $y=f(x)$의 그래프의 모양이 위로 볼록하려면 $f''(x)<0$이어야 하므로 구하는 구간은 $(b, d)$이다.

답 ③

---

**0854** 대표 예제 | 한 번 더

열린구간 $(-3, 5)$에서 정의된 미분가능한 함수 $f(x)$의 도함수 $y=f'(x)$의 그래프가 그림과 같다. 함수 $y=f(x)$의 그래프의 모양이 아래로 볼록한 구간이 $(a, b)$일 때, $a^2+b^2$의 값은?

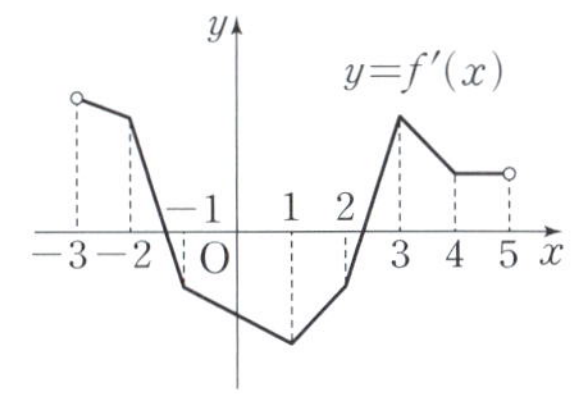

① 2　　　　② 5　　　　③ 8
④ 10　　　⑤ 13

**0855** 실수 전체의 집합에서 연속인 함수 $f(x)$의 도함수 $y=f'(x)$의 그래프가 그림과 같다. 곡선 $y=f(x)$의 변곡점의 개수를 구하시오.

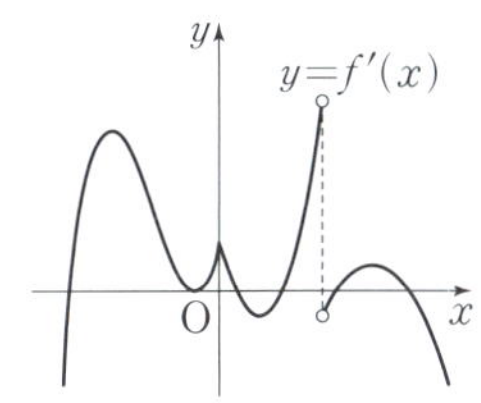

**0856** 실수 전체의 집합에서 미분가능하고 이계도함수를 갖는 함수 $f(x)$의 도함수 $y=f'(x)$의 그래프가 그림과 같다. 함수 $f(x)$가 극값을 갖는 $x$의 개수를 $\alpha$, 곡선 $y=f(x)$의 변곡점의 개수를 $\beta$라 할 때, $\alpha+\beta$의 값을 구하시오.

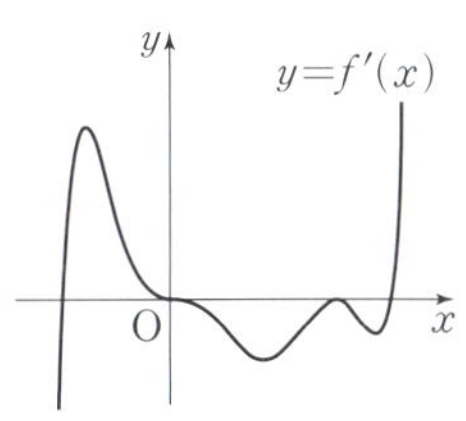

### 유형 11  함수의 그래프의 개형

함수 $f(x)$의 정의역과 치역, 증가와 감소, 극대와 극소, 곡선 $y=f(x)$의 대칭성과 주기, 좌표축과의 교점, 오목과 볼록, 변곡점, 점근선 등을 조사하여 함수 $y=f(x)$의 그래프의 개형을 그린다.

#### 대표 예제

**0857** 함수 $f(x)=1-\dfrac{4}{x}+\dfrac{3}{x^2}$에 대한 설명으로 옳지 <u>않은</u> 것은?

① 함수 $f(x)$의 정의역은 $\{x\,|\,x$는 $0$이 아닌 실수$\}$이다.

② 곡선 $y=f(x)$는 $x$축과 서로 다른 두 점에서만 만난다.

③ 함수 $f(x)$는 극댓값을 갖는다.

④ 곡선 $y=f(x)$의 변곡점은 1개이다.

⑤ 곡선 $y=f(x)$는 $x<0$에서 아래로 볼록하다.

**선생님 해설**

$f(x)=1-\dfrac{4}{x}+\dfrac{3}{x^2}=1-4x^{-1}+3x^{-2}$에서 $x\neq0$이고

$f'(x)=4x^{-2}-6x^{-3}=\dfrac{4}{x^2}-\dfrac{6}{x^3}=\dfrac{2(2x-3)}{x^3}$

$f''(x)=-8x^{-3}+18x^{-4}=-\dfrac{8}{x^3}+\dfrac{18}{x^4}=-\dfrac{2(4x-9)}{x^4}$

$f'(x)=0$에서 $x=\dfrac{3}{2}$, $f''(x)=0$에서 $x=\dfrac{9}{4}$

$x\neq0$에서 함수 $f(x)$의 증가와 감소, 곡선 $y=f(x)$의 오목과 볼록을 표로 나타내면 다음과 같다.

| $x$ | $\cdots$ | $(0)$ | $\cdots$ | $\dfrac{3}{2}$ | $\cdots$ | $\dfrac{9}{4}$ | $\cdots$ |
|---|---|---|---|---|---|---|---|
| $f'(x)$ | $+$ |  | $-$ | $0$ | $+$ | $+$ | $+$ |
| $f''(x)$ | $+$ |  | $+$ | $+$ | $+$ | $0$ | $-$ |
| $f(x)$ | ↗ |  | ↘ | $-\dfrac{1}{3}$ | ↗ | $-\dfrac{5}{27}$ | ↗ |

이때 $\lim\limits_{x\to0+}f(x)=\infty$, $\lim\limits_{x\to0-}f(x)=\infty$, $\lim\limits_{x\to\infty}f(x)=1$,
$\lim\limits_{x\to-\infty}f(x)=1$이므로 점근선은 $y$축, 직선 $y=1$이다.
즉, 곡선 $y=f(x)$는 오른쪽 그림과 같다.

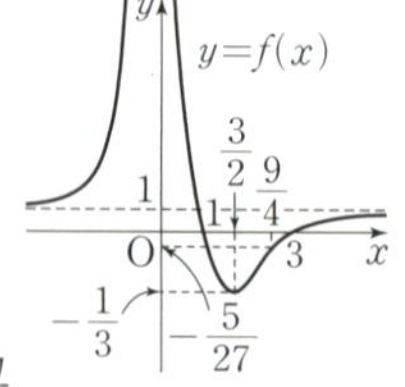


① 함수 $f(x)$의 정의역은
$\{x\,|\,x$는 $0$이 아닌 실수$\}$이다.

② 곡선 $y=f(x)$는 $x$축과 두 점 $(1,\,0)$, $(3,\,0)$에서만 만난다.

③ 함수 $f(x)$는 $x=\dfrac{3}{2}$에서 극솟값을 갖고 극댓값은 갖지 않는다.

④ 곡선 $y=f(x)$의 변곡점의 개수는 $\left(\dfrac{9}{4},\,-\dfrac{5}{27}\right)$의 1이다.

⑤ $x<0$에서 $f''(x)>0$이므로 곡선 $y=f(x)$는 아래로 볼록하다.

**답** ③

---

**0858**  대표 예제  한 번 더

$x>0$에서 정의된 함수 $f(x)=x+16x^{-\frac{1}{2}}-12$에 대하여 | 보기 |에서 옳은 것만을 있는 대로 고른 것은?

┤ 보기 ├

ㄱ. 함수 $f(x)$는 $x=4$에서 극값을 갖는다.

ㄴ. 곡선 $y=f(x)$는 $x$축에 접한다.

ㄷ. 곡선 $y=f(x)$는 구간 $(0,\,\infty)$에서 아래로 볼록하다.

① ㄱ　　　② ㄱ, ㄴ　　　③ ㄱ, ㄷ

④ ㄴ, ㄷ　　　⑤ ㄱ, ㄴ, ㄷ

**0859**

함수 $f(x)=\ln\left(\sqrt{x}+\dfrac{a}{\sqrt{x}}\right)$가 $x=2$에서 극값을 가질 때, | 보기 |에서 옳은 것만을 있는 대로 고른 것은?

(단, $a$는 $a>0$인 상수이다.)

┤ 보기 ├

ㄱ. $f(1)=f(4)$

ㄴ. 함수 $f(x)$는 극솟값을 갖는다.

ㄷ. 곡선 $y=f(x)$의 변곡점이 존재하지 않는다.

① ㄱ　　　② ㄷ　　　③ ㄱ, ㄴ

④ ㄴ, ㄷ　　　⑤ ㄱ, ㄴ, ㄷ

**0860**  UP

함수 $f(x)=e^{x-a}+e^{-x+a}+b$에 대하여 곡선 $y=f(x)$가 점 $(3,\,0)$에서 $x$축에 접할 때, | 보기 |에서 옳은 것만을 있는 대로 고른 것은? (단, $a$, $b$는 상수이다.)

┤ 보기 ├

ㄱ. $a+b=1$

ㄴ. 함수 $f(x)$는 극댓값을 갖는다.

ㄷ. 곡선 $y=f(x)$는 구간 $(-\infty,\,\infty)$에서 아래로 볼록하다.

① ㄱ　　　② ㄱ, ㄴ　　　③ ㄱ, ㄷ

④ ㄴ, ㄷ　　　⑤ ㄱ, ㄴ, ㄷ

## 유형 12  유리함수와 무리함수의 최대·최소

유리함수 또는 무리함수 $f(x)$가 닫힌구간 $[a,\ b]$에서 연속일 때, 최 댓값과 최솟값은 다음과 같은 순서로 구한다.
❶ 유리함수 또는 무리함수의 정의역에 유의하여 주어진 구간에서 $f(x)$의 극댓값과 극솟값을 구한다. → 유리함수는 (분모)≠0이고 무리함수는 (근호 안의 식)≥0이다.
❷ 주어진 구간의 양 끝 점에서의 함숫값 $f(a)$, $f(b)$를 각각 구한다.
❸ ❶, ❷에서 구한 극댓값, 극솟값, $f(a)$, $f(b)$ 중에서 가장 큰 값 이 최댓값이고, 가장 작은 값이 최솟값이다.

### 🔵 대표 예제

**0861** 함수 $f(x)=x\sqrt{8-x^2}$이 $x=k$에서 최댓값 $M$을 가질 때, $k+M$의 값은?

① 2    ② 4    ③ 6
④ 8    ⑤ 10

**선생님 해설**

$f(x)=x\sqrt{8-x^2}$에서 $8-x^2\geq0$이므로 $-2\sqrt{2}\leq x\leq2\sqrt{2}$이고

$f'(x)=\sqrt{8-x^2}+x\cdot\dfrac{-2x}{2\sqrt{8-x^2}}=\dfrac{8-2x^2}{\sqrt{8-x^2}}$

$\qquad=\dfrac{-2(x+2)(x-2)}{\sqrt{8-x^2}}$

$f'(x)=0$에서 $x=-2$ 또는 $x=2$

$-2\sqrt{2}\leq x\leq2\sqrt{2}$에서 함수 $f(x)$의 증가와 감소를 표로 나타 내면 다음과 같다.

| $x$ | $-2\sqrt{2}$ | $\cdots$ | $-2$ | $\cdots$ | $2$ | $\cdots$ | $2\sqrt{2}$ |
|---|---|---|---|---|---|---|---|
| $f'(x)$ | | $-$ | $0$ | $+$ | $0$ | $-$ | |
| $f(x)$ | $0$ | ↘ | $-4$ | ↗ | $4$ | ↘ | $0$ |

따라서 함수 $f(x)$는 $x=2$에서 최댓값 $4$를 가지므로
$k=2$, $M=4$
$\therefore k+M=2+4=6$

● **답** ③

**0862** 대표 예제 한 번 더
닫힌구간 $[-1,\ 3]$에서 정의된 함수

$$f(x)=\dfrac{-x^2+4x+2}{x^2+1}$$

가 $x=a$에서 최댓값 $M$, $x=b$에서 최솟값 $m$을 가질 때, $a+b+M+m$의 값을 구하시오.

**0863**
함수 $f(x)=(x^2-5)\sqrt{x^2+x+1}\ (0\leq x\leq3)$의 최댓값을 $M$, 최솟값을 $m$이라 할 때, $\dfrac{1}{16}(M^2+m^2)$의 값은?

① 10    ② 12    ③ 14
④ 16    ⑤ 18

**0864**
함수 $f(x)=\sqrt{2x}+\sqrt{6-x}$의 최댓값과 최솟값의 곱은?

① $6\sqrt{2}$    ② $6\sqrt{3}$    ③ $12$
④ $6\sqrt{5}$    ⑤ $6\sqrt{6}$

**0865**
$-3\leq x\leq3$에서 함수 $f(x)=\dfrac{ax}{x^2+x+4}$의 최솟값이 $-1$ 일 때, $f(x)$의 최댓값은? (단, $a$는 $a>0$인 상수이다.)

① $\dfrac{3}{5}$    ② $\dfrac{7}{10}$    ③ $\dfrac{4}{5}$
④ $\dfrac{9}{10}$    ⑤ $1$

### 유형 13 지수함수와 로그함수의 최대·최소

지수함수 또는 로그함수 $f(x)$가 닫힌구간 $[a, b]$에서 연속일 때, 최댓값과 최솟값은 다음과 같은 순서로 구한다.

❶ 로그함수는 정의역에 유의하여 주어진 구간에서 $f(x)$의 극댓값과 극솟값을 구한다. → 로그함수는 (진수)>0이다.

❷ 주어진 구간의 양 끝 점에서의 함숫값 $f(a)$, $f(b)$를 각각 구한다.

❸ ❶, ❷에서 구한 극댓값, 극솟값, $f(a)$, $f(b)$ 중에서 가장 큰 값이 최댓값이고, 가장 작은 값이 최솟값이다.

#### 👍 대표 예제

**0866** 닫힌구간 $[0, 3]$에서 정의된 함수 $f(x)=x^2e^{-x+2}$이 $x=a$에서 최댓값 $b$를 가질 때, $a+b$의 값은?

① 2  　　② 4  　　③ 6
④ 8  　　⑤ 10

**선생님 해설**

$f(x)=x^2e^{-x+2}$에서
$f'(x)=2xe^{-x+2}-x^2e^{-x+2}=x(2-x)e^{-x+2}$
$f'(x)=0$에서 $x=0$ 또는 $x=2$
닫힌구간 $[0, 3]$에서 함수 $f(x)$의 증가와 감소를 표로 나타내면 다음과 같다.

| $x$ | 0 | $\cdots$ | 2 | $\cdots$ | 3 |
|---|---|---|---|---|---|
| $f'(x)$ | 0 | $+$ | 0 | $-$ | |
| $f(x)$ | 0 | $\nearrow$ | 4 | $\searrow$ | $\dfrac{9}{e}$ |

따라서 함수 $f(x)$는 $x=2$에서 최댓값 $4$를 가지므로
$a=2$, $b=4$
$\therefore a+b=2+4=6$

답 ③

**0867** 대표 예제 한 번 더

함수 $f(x)=x^2(2\ln x-1)$ $\left(\dfrac{1}{e}\leq x\leq e\right)$의 최댓값과 최솟값의 합은?

① $e-1$  　　② $e+1$  　　③ $e^2-1$
④ $e^2+1$  　　⑤ $e^2+2$

**0868**

함수 $f(x)=e^x-e^{2x}+1$의 최댓값은?

① $\dfrac{3}{4}$  　　② $\dfrac{7}{8}$  　　③ 1
④ $\dfrac{9}{8}$  　　⑤ $\dfrac{5}{4}$

**0869**

함수 $f(x)=e^{x^2+ax+b}$이 $x=2$에서 최솟값 $1$을 가질 때, 두 상수 $a$, $b$에 대하여 $b-a$의 값은?

① 5  　　② 6  　　③ 7
④ 8  　　⑤ 9

**0870**

닫힌구간 $[0, 3]$에서 정의된 함수
$$f(x)=\ln(x^2+a)-bx$$
가 $x=0$에서 최댓값, $x=1$에서 최솟값을 갖는다. 함수 $f(x)$가 열린구간 $(0, 3)$에서 오직 하나의 극값을 갖고 $\lim\limits_{x\to 3-}f'(x)=0$일 때, $a+b$의 값은?

(단, $a$, $b$는 $a>0$, $b>0$인 상수이다.)

① $\dfrac{5}{2}$  　　② 3  　　③ $\dfrac{7}{2}$
④ 4  　　⑤ $\dfrac{9}{2}$

## 유형 14  삼각함수의 최대·최소

삼각함수 $f(x)$가 닫힌구간 $[a, b]$에서 연속일 때, 최댓값과 최솟값은 다음과 같은 순서로 구한다.

❶ 삼각함수의 정의역 및 주기에 유의하여 주어진 구간에서 $f(x)$의 극댓값과 극솟값을 구한다.

❷ 주어진 구간의 양 끝 점에서의 함숫값 $f(a)$, $f(b)$를 각각 구한다.

❸ ❶, ❷에서 구한 극댓값, 극솟값, $f(a)$, $f(b)$ 중에서 가장 큰 값이 최댓값이고, 가장 작은 값이 최솟값이다.

### 👍 대표 예제

**0871**  닫힌구간 $[0, \pi]$에서 함수 $f(x)=2\cos x+\cos 2x$의 최댓값과 최솟값의 합은?

① $\dfrac{1}{2}$    ② $1$    ③ $\dfrac{3}{2}$

④ $2$    ⑤ $\dfrac{5}{2}$

**선생님 해설**

$f(x)=2\cos x+\cos 2x$에서

$f'(x)=-2\sin x-2\sin 2x=-2\sin x-4\sin x\cos x$
$\qquad=-2\sin x(1+2\cos x)$

$f'(x)=0$에서 $\sin x=0$ 또는 $\cos x=-\dfrac{1}{2}$

$\therefore x=0$ 또는 $x=\dfrac{2}{3}\pi$ 또는 $x=\pi$ $(\because 0\leq x\leq\pi)$

닫힌구간 $[0, \pi]$에서 함수 $f(x)$의 증가와 감소를 표로 나타내면 다음과 같다.

| $x$ | $0$ | $\cdots$ | $\dfrac{2}{3}\pi$ | $\cdots$ | $\pi$ |
|---|---|---|---|---|---|
| $f'(x)$ | $0$ | $-$ | $0$ | $+$ | $0$ |
| $f(x)$ | $3$ | $\searrow$ | $-\dfrac{3}{2}$ | $\nearrow$ | $-1$ |

따라서 함수 $f(x)$는 $x=0$에서 최댓값 $3$, $x=\dfrac{2}{3}\pi$에서 최솟값 $-\dfrac{3}{2}$을 가지므로 최댓값과 최솟값의 합은

$3+\left(-\dfrac{3}{2}\right)=\dfrac{3}{2}$

○ **답** ③

**0872**  대표 예제 한 번 더

닫힌구간 $[0, \pi]$에서 함수 $f(x)=2\sin x+\sin 2x$의 최댓값과 최솟값의 차는?

① $\dfrac{\sqrt{3}}{2}$    ② $\sqrt{3}$    ③ $\dfrac{3\sqrt{3}}{2}$

④ $2\sqrt{3}$    ⑤ $\dfrac{5\sqrt{3}}{2}$

**0873**

$-\pi\leq x\leq\pi$에서 함수 $f(x)=\dfrac{\sin x}{\cos x-2}$의 최댓값과 최솟값을 각각 $M$, $m$이라 할 때, $M^2+m^2$의 값은?

① $\dfrac{2}{3}$    ② $1$    ③ $\dfrac{4}{3}$

④ $\dfrac{5}{3}$    ⑤ $2$

**0874**

닫힌구간 $[0, \pi]$에서 정의된 함수
$$f(x)=2x\sin 2x+\cos 2x+k$$
의 최솟값이 $0$일 때, $f(x)$의 최댓값은? (단, $k$는 상수이다.)

① $\dfrac{\pi}{2}$    ② $\pi$    ③ $\dfrac{3}{2}\pi$

④ $2\pi$    ⑤ $\dfrac{5}{2}\pi$

**0875** 🔼

$0<x<\dfrac{\pi}{2a}$에서 미분가능한 함수
$$f(x)=\sqrt{2}\sec ax-\tan ax+3$$
이 $x=\dfrac{\pi}{2}$에서 최솟값 $b$를 가질 때, $\dfrac{b}{a}$의 값을 구하시오.

$($단, $a>0)$

**유형 15** 치환을 이용한 함수의 최대·최소

함수 $f(x)$의 식에 공통부분이 있을 때, 최댓값과 최솟값은 다음과 같은 순서로 구한다.
❶ 공통부분을 $t$라 하고 $x$의 값의 범위에 따른 $t$의 값의 범위를 구한다.
❷ 함수 $f(x)$를 $t$에 대한 함수 $g(t)$로 나타낸다.
❸ ❶에서 구한 $t$의 값의 범위에서 함수 $g(t)$의 최댓값과 최솟값을 구한다.

### 🤍 대표 예제

**0876** 함수 $f(x)=8^x-4^x-2^x+4$의 최솟값은?

① 2      ② 3      ③ 4
④ 5      ⑤ 6

**선생님 해설**

$f(x)=8^x-4^x-2^x+4=(2^x)^3-(2^x)^2-2^x+4$

$2^x=t$라 하면 $t>0$이고, 함수 $f(x)$를 $t$에 대한 함수 $g(t)$로 나타내면 $g(t)=t^3-t^2-t+4$

$\therefore g'(t)=3t^2-2t-1=(3t+1)(t-1)$

$g'(t)=0$에서 $t=1$ $(\because t>0)$

$t>0$에서 함수 $g(t)$의 증가와 감소를 표로 나타내면 다음과 같다.

| $t$ | $(0)$ | $\cdots$ | $1$ | $\cdots$ |
|---|---|---|---|---|
| $g'(t)$ | | $-$ | $0$ | $+$ |
| $g(t)$ | | $\searrow$ | $3$ | $\nearrow$ |

따라서 함수 $g(t)$는 $t=1$에서 최솟값 3을 갖는다.

> 같은 모양이 반복되는 경우, 치환을 이용하면 더욱 쉽게 해결할 수 있어. 이때 치환한 문자의 범위에 주의하자.

**답** ②

**0877** 대표 예제 한 번 더
함수 $f(x)=\sin^3 x+3\cos^2 x$의 최댓값을 $M$, 최솟값을 $m$이라 할 때, $M-m$의 값은?

① 3      ② 4      ③ 5
④ 6      ⑤ 7

**0878**
함수 $f(x)=\sqrt{1-x^2}-3\sqrt{1-x^2}(1-x^2)$의 최댓값은?

① $\dfrac{1}{9}$      ② $\dfrac{2}{9}$      ③ $\dfrac{1}{3}$
④ $\dfrac{4}{9}$      ⑤ $\dfrac{5}{9}$

**0879**
함수
$$f(x)=\frac{1}{x^2+1}-\frac{1}{x^4+2x^2+1}-\frac{1}{(x^2+1)(x^4+2x^2+1)}$$
의 최댓값은?

① $\dfrac{1}{27}$      ② $\dfrac{1}{9}$      ③ $\dfrac{5}{27}$
④ $\dfrac{7}{27}$      ⑤ $\dfrac{1}{3}$

**0880** 
함수
$$f(x)=(e^x+e^{-x})(e^{2x}-6e^x-6e^{-x}+e^{-2x}+2)$$
의 최솟값을 $m$이라 할 때, $|m|$의 값을 구하시오.

## 유형 16  최대·최소의 활용

선분의 길이, 평면도형의 넓이, 입체도형의 부피의 최댓값 또는 최솟값은 다음과 같은 순서로 구한다.

❶ 다음을 이용하여 구하려는 것을 한 문자에 대한 함수로 나타낸다.
- 두 점 사이의 거리 공식
- 평면도형의 넓이를 구하는 공식
- 입체도형의 부피를 구하는 공식
- 피타고라스 정리

❷ 도함수를 이용하여 함수의 최댓값 또는 최솟값을 구한다.
❸ 구한 답이 문제의 조건에 맞는지 확인한다.

변수의 제한 조건이 있으면 변수의 범위를 정한다.
예를 들어, $x$가 길이이면 $x>0$을 만족시켜야 한다.

### 🖐 대표 예제

**0881** 그림과 같이 곡선

$y=\dfrac{1}{x^2+1}$ 위의 점 P에서 $x$축에 내린 수선의 발을 Q라 하고, 점 P를 지나고 $x$축과 평행한 직선이 곡선

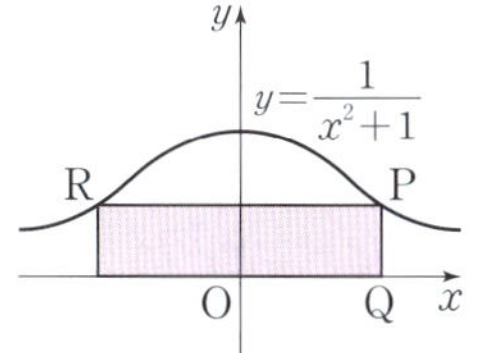

$y=\dfrac{1}{x^2+1}$ 과 만나는 점 중 P가 아닌 점을 R라 하자. 두 선분 PQ, PR를 이웃하는 두 변으로 하는 직사각형의 넓이의 최댓값은? (단, 점 P는 제1사분면 위의 점이다.)

① $\dfrac{1}{2}$　　　② $1$　　　③ $\dfrac{3}{2}$

④ $2$　　　⑤ $\dfrac{5}{2}$

### 선생님 해설

곡선 $y=\dfrac{1}{x^2+1}$ 위의 점이므로

점 P의 좌표를 $\left(t,\ \dfrac{1}{t^2+1}\right)$ $(t>0)$이라 하면

$\overline{PQ}=\dfrac{1}{t^2+1}$, $\overline{PR}=2t$

직사각형의 넓이를 $S(t)$라 하면

$S(t)=2t\cdot\dfrac{1}{t^2+1}=\dfrac{2t}{t^2+1}$

$S'(t)=\dfrac{2(t^2+1)-2t\cdot 2t}{(t^2+1)^2}=\dfrac{-2t^2+2}{(t^2+1)^2}=\dfrac{-2(t+1)(t-1)}{(t^2+1)^2}$

$S'(t)=0$에서 $t=1$ $(\because t>0)$

$t>0$에서 함수 $S(t)$의 증가와 감소를 표로 나타내면 다음과 같다.

| $t$ | $(0)$ | $\cdots$ | $1$ | $\cdots$ |
|---|---|---|---|---|
| $S'(t)$ | | $+$ | $0$ | $-$ |
| $S(t)$ | | ↗ | $1$ | ↘ |

따라서 함수 $S(t)$는 $t=1$에서 최댓값 1을 가지므로 직사각형의 넓이의 최댓값은 1이다.

**답** ②

## 0882

좌표평면 위의 점 A$(1,\ 1)$과 곡선 $y=e^{2x}$ 위의 점 P에 대하여 삼각형 OAP의 넓이의 최솟값은?

(단, O는 원점이다.)

① $\dfrac{1}{4}+\dfrac{1}{4}\ln 2$　　② $\dfrac{1}{4}+\dfrac{1}{2}\ln 2$　　③ $\dfrac{1}{2}+\dfrac{1}{4}\ln 2$

④ $\dfrac{1}{2}+\dfrac{1}{2}\ln 2$　　⑤ $\dfrac{1}{2}+\ln 2$

## 0883

그림과 같이 한 변의 길이가 $a$인 정사각형 ABCD를 밑면으로 하는 정사각뿔 O－ABCD가 있다. $\overline{OA}=3\sqrt{3}$이고 정사각뿔의 부피는 $a=k$일 때 최댓값을 갖는다. $k$의 값을 구하시오.

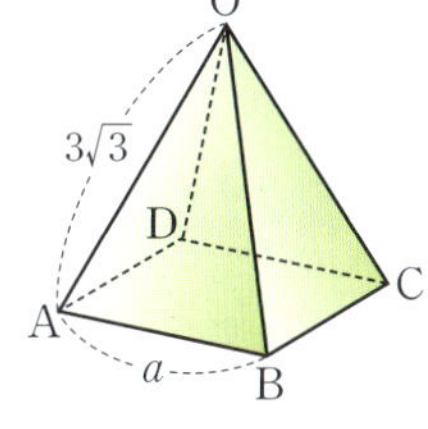

## 0884

그림과 같이 길이가 4인 선분 AB를 지름으로 하는 반원이 있다. 반원의 중심 O와 호 AB 위의 점 P에 대하여 점 B를 지나고 직선 OP에 수직인 직선이 호 AB와 만나는 점을 Q라 하자. 선분 OB의 중점을 M이라 할 때, 삼각형 POB의 넓이와 삼각형 QMB의 넓이의 합의 최댓값은? $\left(\text{단},\ 0<\angle POB<\dfrac{\pi}{2}\right)$

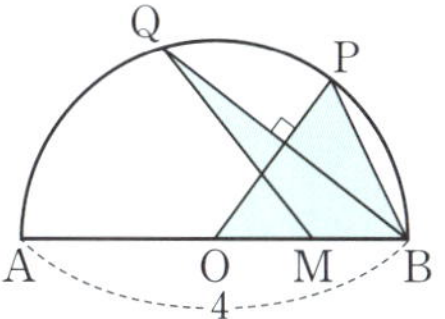

① $\sqrt{3}$　　　② $\dfrac{7\sqrt{3}}{6}$　　　③ $\dfrac{4\sqrt{3}}{3}$

④ $\dfrac{3\sqrt{3}}{2}$　　　⑤ $\dfrac{5\sqrt{3}}{3}$

## 0885
· 유형 04 + 유형 05 ·

$0<x<2\pi$에서 정의된 함수
$$f(x)=e^{-x}(\sin x+\cos x-1)$$
의 극댓값과 극솟값의 곱은?

① $-\dfrac{1}{4e^{\pi}}$  ② $-\dfrac{1}{2e^{\pi}}$  ③ $-\dfrac{1}{e^{\pi}}$

④ $-\dfrac{2}{e^{\pi}}$  ⑤ $-\dfrac{4}{e^{\pi}}$

## 0886
· 유형 02 ·

$x>0$에서 정의된 함수 $f(x)=x^2-(a-2)x-\dfrac{a}{x}$가 감소하는 구간이 존재하지 않도록 하는 정수 $a$의 개수를 구하시오.

## 0887
· 유형 08 ·

열린구간 $(0,\ 2\pi)$에서 정의된 함수
$$f(x)=\cos^3 x-3\cos x$$
에 대하여 곡선 $y=f(x)$의 변곡점의 개수를 구하시오.

## 0888
· 유형 04 + 유형 13 ·

닫힌구간 $\left[\dfrac{1}{2},\ \dfrac{3}{2}\right]$에서 정의된 함수 $f(x)=xe^{2x^2+ax+b}$이 $x=1$에서 극값 1을 갖는다. 함수 $f(x)$의 최댓값을 $M$이라 할 때, $30M$의 값을 구하시오. (단, $a,\ b$는 상수이다.)

## 0889
· 유형 04 + 유형 13 ·

닫힌구간 $[1,\ e^3]$에서 정의된 함수 $f(x)=ax-bx\ln x^2$이 열린구간 $(1,\ e^3)$에서 극값을 갖고 $f(x)$의 최댓값은 $4e^n$, 최솟값은 $0$이다. 이때 $a+b+n$의 값을 구하시오.
 (단, $a,\ b$는 $a>0,\ b>0$인 유리수이고 $n$은 자연수이다.)

## 0890
· 유형 14 ·

$0<x<\dfrac{\pi}{2}$에서 정의된 함수 $f(x)=5a\csc x-4a\cot x$가 $x=k$에서 최솟값 1을 가질 때, $a\times\cos k$의 값은?
 (단, $a$는 $a>0$인 상수이다.)

① $\dfrac{2}{15}$  ② $\dfrac{4}{15}$  ③ $\dfrac{2}{5}$

④ $\dfrac{8}{15}$  ⑤ $\dfrac{2}{3}$

## 0891



다항함수 $f(x)$의 도함수 $y=f'(x)$의 그래프가 그림과 같다. 함수 $y=f(x)$의 그래프가 원점을 지날 때, 두 집합

$$A=\{x\,|\,f(x)=0\},$$
$$B=\{x\,|\,\text{곡선 } y=f(x)\text{의 변곡점의 } x\text{좌표}\}$$

에 대하여 $n(A\cup B)$의 값을 구하시오.

(단, 곡선 $y=f'(x)$는 $x$축과 2개의 점에서만 만난다.)

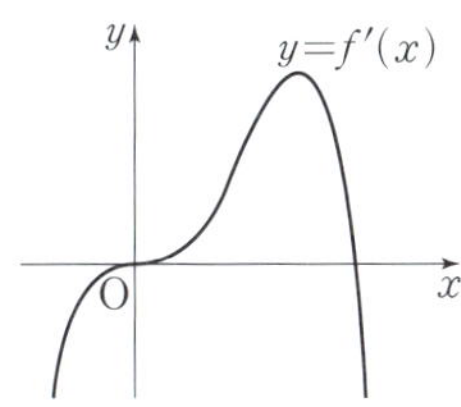


## 0892



실수 전체의 집합에서 정의된 함수

$$f(x)=\frac{x^2-2x}{x^4-4x^3+3x^2+2x+1}$$

의 최댓값과 최솟값의 합은?

① $\dfrac{1}{6}$      ② $\dfrac{1}{3}$      ③ $\dfrac{1}{2}$

④ $\dfrac{2}{3}$      ⑤ $\dfrac{5}{6}$

## 0893



열린구간 $(0,\,2\pi)$에서 함수 $f(x)=x+a\cos x$의 극솟값이 0일 때, $f(x)$의 극댓값은? (단, $a$는 $a>1$인 상수이다.)

① $\dfrac{\pi}{4}$      ② $\dfrac{\pi}{2}$      ③ $\pi$

④ $2\pi$      ⑤ $4\pi$

## 0894



그림과 같이 곡선 $y=3\sin x\ (0<x<\pi)$와 $x$축으로 둘러싸인 부분에 내접하는 직사각형 ABCD의 둘레의 길이가 최대일 때, 선분 AB의 길이는?

(단, 직사각형의 각 변은 $x$축 또는 $y$축과 평행하다.)

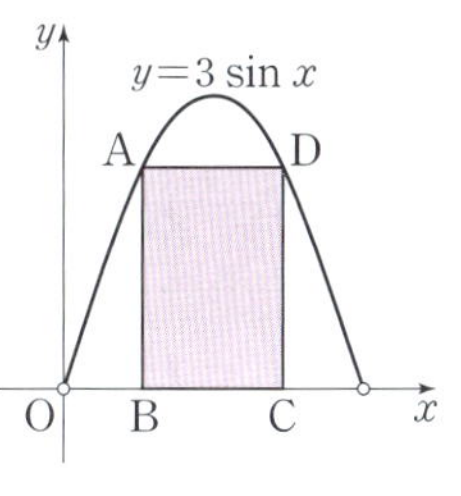


① $1$      ② $\sqrt{2}$      ③ $\sqrt{3}$

④ $2$      ⑤ $\sqrt{5}$

## 0895



함수 $f(x)=x-\dfrac{a^2}{x}+4\ln x^2$이 극댓값과 극솟값을 모두 갖도록 하는 정수 $a$의 개수를 구하시오.

## 0896



열린구간 $(-1,\,3)$에서 정의된 함수 $f(x)$의 도함수 $y=f'(x)$의 그래프가 그림과 같다. 함수 $f'(x)$가 $-1<x<3$인 모든 실수 $x$에 대하여 미분가능할 때, **보기**에서 옳은 것만을 있는 대로 고른 것은?

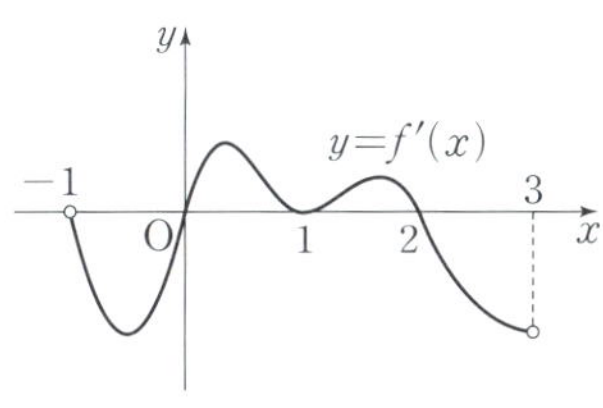


┤ 보기 ├

ㄱ. 함수 $f(x)$는 열린구간 $(0,\,2)$에서 증가한다.

ㄴ. 곡선 $y=f(x)$는 열린구간 $(2,\,3)$에서 위로 볼록하다.

ㄷ. 점 $(1,\,f(1))$은 곡선 $y=f(x)$의 변곡점이다.

① ㄱ      ② ㄴ      ③ ㄱ, ㄴ

④ ㄴ, ㄷ      ⑤ ㄱ, ㄴ, ㄷ

## 0897

· 유형 02 ·

함수 $f(x)=ae^{-x}+bx$가 다음 조건을 만족시키도록 하는 실수 $b$의 최댓값과 최솟값을 각각 $M$, $m$이라 할 때, $M \times m$의 값은? (단, $a$는 상수이다.)

> (가) 함수 $y=f(x)$의 그래프가 점 $(0, 2)$를 지난다.
> (나) 함수 $f(x)$는 구간 $(-\infty, 0)$에서 감소하고
>    열린구간 $(1, 2)$에서 증가한다.

① $\dfrac{1}{e}$ ② $\dfrac{2}{e}$ ③ $\dfrac{4}{e}$

④ $2e$ ⑤ $4e$

## 0898

· 유형 15 ·

실수 전체의 집합에서 정의된 함수 $f(x)=x+\dfrac{16}{x+3}$과 닫힌구간 $[0, 2\pi]$에서 정의된 함수 $g(x)=2\cos^3 x+1$에 대하여 합성함수 $(f \circ g)(x)$의 최댓값과 최솟값을 각각 $M$, $m$이라 하자. $M-m$의 값을 구하시오.

## 0899

**사고력**

· 유형 05 ·

함수 $f(x)=\sin 2x \cos^2 x$에 대하여 집합 $A$를 다음과 같이 정의하자.

$$A=\{k \mid k는\ 함수\ f(x)가\ 극값을\ 갖는\ x의\ 값\}$$

집합 $B=\{x \mid 0<x<2\pi\}$에 대하여 $n(A \cap B)$의 값을 구하시오.

## 0900

· 유형 04 ·

함수 $f(x)=x \ln x$에 대하여 함수

$$g(x)=f(1+x)+f(2-x)\ (-1<x<2)$$

가 극솟값 $k$를 갖는다. $e^k=\dfrac{q}{p}$일 때, $p+q$의 값을 구하시오. (단, $p$와 $q$는 서로소인 자연수이다.)

## 0901

· 유형 07 ·

함수 $f(x)=\dfrac{a}{x^2}-\dfrac{a}{x}-6\ln x$가 열린구간 $(2, 4)$의 임의의 서로 다른 두 실수 $x_1$, $x_2$에 대하여 부등식

$$\frac{f(x_1)+f(x_2)}{2}>f\left(\frac{x_1+x_2}{2}\right)$$

를 만족시킬 때, 실수 $a$의 최댓값과 최솟값의 차를 구하시오.

## 0902

**창의력＋**

· 유형 03 ·

$x \neq 0$에서 정의된 함수 $f(x)=\dfrac{(x+1)^n}{x^2}$에 대하여 $f(x)$가 극값을 갖는 실수 $x$의 개수를 $a_n$이라 하자. $\displaystyle\sum_{k=1}^{m} a_k=33$, $\displaystyle\sum_{k=1}^{l} a_k=41$을 만족시키는 두 자연수 $m$, $l$에 대하여 $m+l$의 값을 구하시오. (단, $n$은 자연수이다.)

## 서술형 문제

### 0903
• 유형 09 •

곡선 $y=\dfrac{ax^2+3x-1}{x^2}$ $(x>0)$의 변곡점에서의 접선이 원점을 지날 때, 상수 $a$의 값을 구하시오.

☑ **필요 개념 및 공식**
- ☐ 함수의 몫의 미분법
- ☐ 변곡점
- ☐ 곡선 위의 점에서의 접선의 방정식

### 0904
• 유형 02 •

실수 전체의 집합에서 정의된 함수
$$f(x)=(2x^2+2x+1)e^{ax}$$
의 역함수가 존재하도록 하는 실수 $a$의 값의 범위를 구하시오.

☑ **필요 개념 및 공식**
- ☐ 곱의 미분법
- ☐ 지수함수의 도함수
- ☐ 함수가 증가 또는 감소하기 위한 조건

### 0905
• 유형 05 •

$\dfrac{\pi}{6}<x<\dfrac{7}{6}\pi$에서 정의된 함수 $f(x)=\cos(\sin x)$의 증가와 감소를 표로 나타내고 극댓값과 극솟값을 각각 구하시오.

☑ **필요 개념 및 공식**
- ☐ 합성함수의 미분법
- ☐ 삼각함수의 도함수
- ☐ 삼각함수를 포함한 방정식
- ☐ 함수의 증가와 감소
- ☐ 함수의 극대와 극소

### 0906
• 유형 03 •

구간 $(-2,\ \infty)$에서 정의된 함수
$$f(x)=\sqrt{(x-1)^2(x+2)}$$
가 $x=a$에서 극댓값 $b$, $x=c$에서 극솟값 $d$를 가질 때, $a$, $b$, $c$, $d$의 값을 각각 구하시오.

☑ **필요 개념 및 공식**
- ☐ 곱의 미분법
- ☐ 무리함수의 도함수
- ☐ 절댓값 기호를 포함한 식의 그래프
- ☐ 함수의 극대와 극소

### 0907
• 유형 16 •

그림과 같이 좌표평면 위의 두 점 $\mathrm{A}\left(\dfrac{1}{2},\ 0\right)$, $\mathrm{B}(4,\ 0)$과 곡선 $y=\sqrt{\ln x}$ $(x>1)$ 위의 점 P에 대하여 $\overline{\mathrm{AP}}^2+\overline{\mathrm{BP}}^2$은 점 P의 $x$좌표가 $k$일 때 최솟값 $m$을 갖는다고 한다. 이때 $k$, $m$의 값을 각각 구하시오.

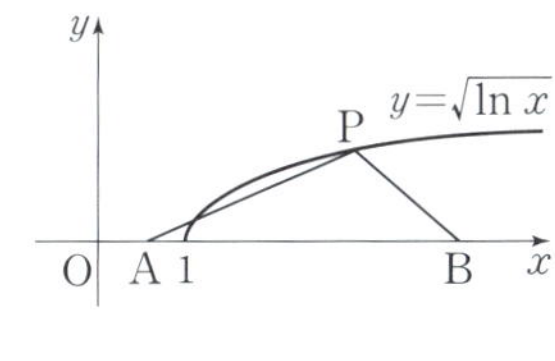


☑ **필요 개념 및 공식**
- ☐ 두 점 사이의 거리 공식
- ☐ 로그함수의 도함수
- ☐ 함수의 최대와 최소

### 0908
• 유형 07 •

함수 $f(x)=(x^2+ax-2a)e^x$이 다음 조건을 만족시키도록 하는 실수 $a$의 값의 범위를 구하시오.

> 임의의 두 실수 $x$, $t$에 대하여 부등식
> $$f(x)\geq xf'(t)-tf'(t)+f(t)$$
> 가 항상 성립한다.

☑ **필요 개념 및 공식**
- ☐ 평균변화율과 미분계수
- ☐ 지수함수의 도함수
- ☐ 곡선의 오목과 볼록

## 개념 01 방정식에의 활용

(1) 방정식 $f(x)=0$의 서로 다른 실근의 개수는 함수 $y=f(x)$의 그래프와 $x$축의 교점의 개수와 같다.
(2) 방정식 $f(x)=g(x)$의 서로 다른 실근의 개수는 두 함수 $y=f(x)$, $y=g(x)$의 그래프의 교점의 개수와 같다.

[0909~0912] 다음 방정식의 서로 다른 실근의 개수를 구하시오.

**0909** $x-\sqrt{x}-1=0$

**0910** $x+\dfrac{1}{x}-3=0$

**0911** $x+\sin x=1$

**0912** $\ln x=x-2$

## 개념 02 부등식에의 활용

어떤 구간에서 함수 $f(x)$의 최솟값이 $a$이면 그 구간에서 $f(x) \ge a$이다.

(1) 어떤 구간에서 부등식 $f(x) \ge 0$이 성립함을 보이려면
➡ 그 구간에서 $(f(x)$의 최솟값$) \ge 0$임을 보인다.
(2) 어떤 구간에서 부등식 $f(x) \ge g(x)$가 성립함을 보이려면
➡ $h(x)=f(x)-g(x)$라 하고 그 구간에서
$(h(x)$의 최솟값$) \ge 0$임을 보인다.

**0913** 다음은 구간 $(1, \infty)$에서 부등식 $x \ge \ln(x-1)$이 성립함을 증명하는 과정이다.

$x \ge \ln(x-1)$에서 $x-\ln(x-1) \ge 0$

$f(x)=\boxed{\text{(가)}}$ 이라 하면 $f'(x)=1-\dfrac{1}{x-1}=\dfrac{x-2}{x-1}$

$f'(x)=0$에서 $x=\boxed{\text{(나)}}$

구간 $(1, \infty)$에서 함수 $f(x)$의 증가와 감소를 표로 나타내면 다음과 같다.

| $x$ | $(1)$ | $\cdots$ | $\boxed{\text{(나)}}$ | $\cdots$ |
|---|---|---|---|---|
| $f'(x)$ | | $-$ | $0$ | $+$ |
| $f(x)$ | | $\searrow$ | $\boxed{\text{(다)}}$ | $\nearrow$ |

함수 $f(x)$는 $x=\boxed{\text{(나)}}$ 에서 최솟값 $\boxed{\text{(다)}}$ 를 가지므로

$f(x) \ge \boxed{\text{(다)}}$  $\therefore$ $x-\ln(x-1) \ge 0$

따라서 구간 $(1, \infty)$에서 부등식 $x \ge \ln(x-1)$이 성립한다.

위의 과정에서 (가), (나), (다)에 알맞은 것을 써넣으시오.

**0914** 모든 실수 $x$에 대하여 부등식 $e^x > x$가 성립함을 보이시오.

## 개념 03 속도와 가속도

(1) **직선 운동에서의 속도와 가속도**
수직선 위를 움직이는 점 P의 시각 $t$에서의 위치 $x$가 $x=f(t)$일 때, 시각 $t$에서의 점 P의 속도 $v$와 가속도 $a$는
$$v=\frac{dx}{dt}=f'(t), \quad a=\frac{dv}{dt}=f''(t)$$

(2) **평면 운동에서의 속도와 가속도**
좌표평면 위를 움직이는 점 P의 시각 $t$에서의 위치 $(x, y)$가 $x=f(t)$, $y=g(t)$일 때, 시각 $t$에서의 점 P의 속도와 가속도는
① 속도 : $\left(\dfrac{dx}{dt}, \dfrac{dy}{dt}\right)$, 즉 $(f'(t), g'(t))$
② 가속도 : $\left(\dfrac{d^2x}{dt^2}, \dfrac{d^2y}{dt^2}\right)$, 즉 $(f''(t), g''(t))$

**참고** ① 속력: $\sqrt{\{f'(t)\}^2+\{g'(t)\}^2}$
② 가속도의 크기: $\sqrt{\{f''(t)\}^2+\{g''(t)\}^2}$

**0915** 수직선 위를 움직이는 점 P의 시각 $t$에서의 위치 $x$가 $x=e^{-t}-1$일 때, 다음을 구하시오.

(1) $t=2$에서의 점 P의 속도와 속력

(2) $t=2$에서의 점 P의 가속도와 가속도의 크기

**0916** 좌표평면 위를 움직이는 점 P의 시각 $t$에서의 위치 $(x, y)$가 $x=t^2+2t-1$, $y=t^2-t+3$일 때, 다음을 구하시오.

(1) $t=1$에서의 점 P의 속도와 속력

(2) $t=1$에서의 점 P의 가속도와 가속도의 크기

**0917** 좌표평면 위를 움직이는 점 P의 시각 $t$에서의 위치 $(x, y)$가 $x=2\sin t+1$, $y=2\cos t$일 때, 다음을 구하시오.

(1) $t=\dfrac{\pi}{2}$에서의 점 P의 속도와 속력

(2) $t=\dfrac{\pi}{2}$에서의 점 P의 가속도와 가속도의 크기

### 유형 01 방정식 $f(x)=k$의 실근의 개수

방정식 $f(x)=k$의 서로 다른 실근의 개수는 함수 $y=f(x)$의 그래프와 직선 $y=k$의 교점의 개수와 같다.

#### 대표 예제

**0918** 방정식 $\dfrac{4x}{x^2-2x+4}=k$가 오직 한 개의 실근을 갖도록 하는 양수 $k$의 값은?

① 2       ② 3       ③ 4

④ 5       ⑤ 6

**선생님 해설**

방정식 $\dfrac{4x}{x^2-2x+4}=k$가 오직 한 개의 실근을 가지려면 곡선 $y=\dfrac{4x}{x^2-2x+4}$와 직선 $y=k$가 한 점에서 만나야 한다.

$f(x)=\dfrac{4x}{x^2-2x+4}$라 하면

$$f'(x)=\dfrac{4\{1\cdot(x^2-2x+4)-x(2x-2)\}}{(x^2-2x+4)^2}$$

$$=\dfrac{-4(x^2-4)}{(x^2-2x+4)^2}=\dfrac{-4(x+2)(x-2)}{(x^2-2x+4)^2}$$

$f'(x)=0$에서 $x=-2$ 또는 $x=2$

함수 $f(x)$의 증가와 감소를 표로 나타내면 다음과 같다.

| $x$ | $\cdots$ | $-2$ | $\cdots$ | $2$ | $\cdots$ |
|---|---|---|---|---|---|
| $f'(x)$ | $-$ | $0$ | $+$ | $0$ | $-$ |
| $f(x)$ | $\searrow$ | $-\dfrac{2}{3}$ | $\nearrow$ | $2$ | $\searrow$ |

이때 $\lim\limits_{x\to\infty}f(x)=0$, $\lim\limits_{x\to-\infty}f(x)=0$ 이므로 함수 $y=f(x)$의 그래프는 오른쪽 그림과 같다. $\dfrac{(분자의\ 차수)}{<(분모의\ 차수)이므로}$

따라서 곡선 $y=f(x)$와 직선 $y=k$ 가 한 점에서 만나도록 하는 양수 $k$ 의 값은 2이다.

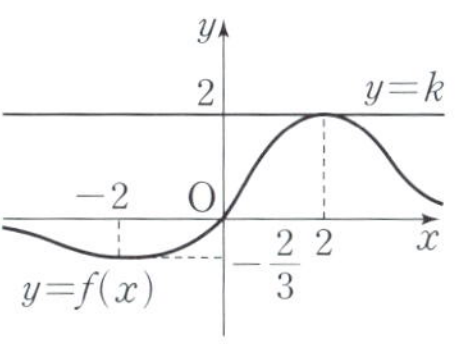
함수 $f(x)$를 정한 후 **07. 함수의 그래프**에서 배운 내용을 토대로 함수 $y=f(x)$의 그래프를 그려서 $y=f(x)$의 그래프와 직선 $y=k$의 교점의 개수를 구하면 돼.

**답** ①

**0919** 대표 예제 · 한 번 더

방정식 $\dfrac{e^x+e^{-x}}{2}=k$가 오직 한 개의 실근을 갖도록 하는 상수 $k$의 값을 구하시오.

---

**0920**

방정식 $\ln x-x-n+10=0$이 서로 다른 두 실근을 갖도록 하는 자연수 $n$의 개수는?

① 6       ② 7       ③ 8

④ 9       ⑤ 10

**0921**

$0\leq x\leq 2\pi$에서 방정식 $x+2\cos x=2k$가 서로 다른 세 실근을 갖도록 하는 실수 $k$의 값의 범위가 $\alpha\leq k<\beta$일 때, $\alpha\beta$의 값은?

① $\dfrac{\pi}{12}+\dfrac{1}{2}$    ② $\dfrac{\pi}{12}+1$    ③ $\dfrac{\pi}{12}+\dfrac{\sqrt{3}}{2}$

④ $\dfrac{\pi}{6}+\dfrac{1}{2}$    ⑤ $\dfrac{\pi}{6}+\dfrac{\sqrt{3}}{2}$

**0922**

$x$에 대한 방정식 $x\ln x+a-1=0$에 대하여 **│보기│**에서 옳은 것만을 있는 대로 고른 것은? $\left(\text{단, }\lim\limits_{x\to 0+}x\ln x=0\right)$

┤ 보기 ├

ㄱ. $a=0$일 때, 방정식이 서로 다른 두 실근을 갖는다.

ㄴ. $a=1$일 때, 방정식이 오직 한 개의 실근을 갖는다.

ㄷ. 방정식이 실근을 갖지 않도록 하는 정수 $a$의 최솟값은 2이다.

① ㄱ       ② ㄴ       ③ ㄱ, ㄷ

④ ㄴ, ㄷ      ⑤ ㄱ, ㄴ, ㄷ

## 유형 02 방정식 $f(x)=g(x)$의 실근의 개수

방정식 $f(x)=g(x)$의 서로 다른 실근의 개수는 두 함수 $y=f(x)$, $y=g(x)$의 그래프의 교점의 개수와 같다.

### 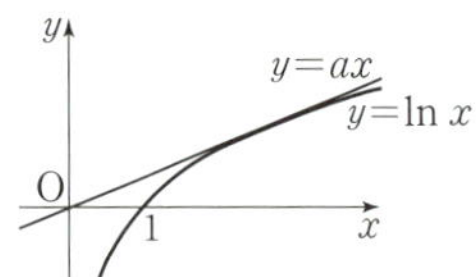 대표 예제

**0923** 방정식 $\ln x=ax$가 오직 한 개의 실근을 갖도록 하는 양수 $a$의 값을 구하시오.

**선생님 해설**

방정식 $\ln x=ax$가 오직 한 개의 실근을 가지려면 오른쪽 그림과 같이 두 곡선 $y=\ln x$, $y=ax$가 한 점에서 만나야 한다.

$f(x)=\ln x$, $g(x)=ax$라 하면

$$f'(x)=\frac{1}{x}, \quad g'(x)=a$$

곡선 $y=f(x)$와 직선 $y=g(x)$가 접할 때의 접점의 $x$좌표를 $t$라 하면

$f(t)=g(t)$에서 $\ln t=at$ $\cdots\cdots$ ㉠

$f'(t)=g'(t)$에서 $\frac{1}{t}=a$ $\cdots\cdots$ ㉡

㉠, ㉡을 연립하면 $\ln t=\frac{1}{t}\cdot t=1$ $\quad\therefore t=e$ $\quad\therefore a=\frac{1}{e}$

($t=e$를 ㉡에 대입하면 $\frac{1}{e}=a$)

● **다른 풀이** ●

$\ln x=ax$에서 $x>0$이므로 양변을 $x$로 나누면 $\frac{\ln x}{x}=a$

방정식 $\frac{\ln x}{x}=a$가 오직 한 개의 실근을 가지려면 곡선 $y=\frac{\ln x}{x}$와 직선 $y=a$가 한 점에서 만나야 한다.

$f(x)=\frac{\ln x}{x}$라 하면 $f'(x)=\frac{1-\ln x}{x^2}$

$f'(x)=0$에서 $\ln x=1$ $\quad\therefore x=e$

$x>0$에서 함수 $f(x)$의 증가와 감소를 표로 나타내면 다음과 같다.

| $x$ | $(0)$ | $\cdots$ | $e$ | $\cdots$ |
|---|---|---|---|---|
| $f'(x)$ | | $+$ | $0$ | $-$ |
| $f(x)$ | | ↗ | $\frac{1}{e}$ | ↘ |

이때 $\lim\limits_{x\to 0+}f(x)=-\infty$, $\lim\limits_{x\to\infty}f(x)=0$이므로 함수 $y=f(x)$의 그래프는 오른쪽 그림과 같다.

따라서 곡선 $y=f(x)$와 직선 $y=a$가 한 점에서 만나도록 하는 양수 $a$의 값은 $\frac{1}{e}$이다.

**답** $\frac{1}{e}$

---

**0924** 대표 예제 한 번 더

방정식 $e^{2x}=kx$가 오직 한 개의 실근을 갖도록 하는 양수 $k$의 값은?

① $\frac{1}{2e}$ ② $\frac{1}{e}$ ③ $1$

④ $e$ ⑤ $2e$

**0925**

$-\frac{\pi}{4}\leq x\leq\frac{\pi}{4}$에서 방정식 $\sin 4x=kx$가 서로 다른 세 실근을 갖도록 하는 정수 $k$의 개수를 구하시오.

**0926**

방정식 $2\sqrt{x-1}=ax^2\,(a>0)$이 서로 다른 두 실근을 갖도록 하는 실수 $a$의 값의 범위가 $0<a<\alpha$일 때, $\alpha$의 값은?

① $\frac{\sqrt{3}}{8}$ ② $\frac{\sqrt{3}}{4}$ ③ $\frac{3\sqrt{3}}{8}$

④ $\frac{\sqrt{3}}{2}$ ⑤ $\frac{5\sqrt{3}}{8}$

**0927**

$x$에 대한 방정식 $\log_a x=x^2\,(a>1)$에 대하여 **보기**에서 옳은 것만을 있는 대로 고른 것은?

**보기**

ㄱ. 주어진 방정식이 오직 한 개의 실근을 가질 때, $x=\sqrt{e}$이다.

ㄴ. $a=e$일 때, 주어진 방정식은 실근을 갖지 않는다.

ㄷ. 주어진 방정식이 서로 다른 두 실근을 갖도록 하는 정수 $a$는 존재하지 않는다.

① ㄱ ② ㄷ ③ ㄱ, ㄴ

④ ㄴ, ㄷ ⑤ ㄱ, ㄴ, ㄷ

**유형 03** **치환을 이용한 방정식의 실근의 개수**

방정식 $f(g(x))=k$의 서로 다른 실근의 개수는 다음과 같은 순서로 구한다.

❶ $g(x)=t$라 하고 $x$의 값의 범위에 따른 $t$의 값의 범위를 구한다.

❷ ❶에서 구한 $t$의 값의 범위에서 방정식 $f(t)=k$의 서로 다른 실근 $t$를 구한다.

❸ ❷에서 구한 각각의 $t$에 대하여 방정식 $g(x)=t$의 서로 다른 실근의 개수를 구한다.

### 👍 대표 예제

**0928** 두 함수 $f(x)=\dfrac{1}{x^2+1}$, $g(x)=\ln x$에 대하여 방정식 $f(g(x))=\dfrac{1}{2}$의 서로 다른 실근의 개수는?

① 1 　　　② 2 　　　③ 3

④ 4 　　　⑤ 5

**선생님 해설**

$f(g(x))=\dfrac{1}{2}$에서 $g(x)=t$라 하면 $t$는 모든 실수이고,
$\quad\rightarrow t=\ln x$

$f(t)=\dfrac{1}{2}$이다.

방정식 $f(t)=\dfrac{1}{2}$의 서로 다른 실근의 개수는 곡선 $y=f(t)$와 직선 $y=\dfrac{1}{2}$의 교점의 개수와 같다.

$f(t)=\dfrac{1}{t^2+1}$에서 $f'(t)=-\dfrac{2t}{(t^2+1)^2}$

$f'(t)=0$에서 $t=0$

함수 $f(t)$의 증가와 감소를 표로 나타내면 다음과 같다.

| $t$ | $\cdots$ | $0$ | $\cdots$ |
|---|---|---|---|
| $f'(t)$ | $+$ | $0$ | $-$ |
| $f(t)$ | $\nearrow$ | $1$ | $\searrow$ |

이때 $\lim\limits_{t\to\infty} f(t)=0$, $\lim\limits_{t\to-\infty} f(t)=0$ 이므로 함수 $y=f(t)$의 그래프는 오른쪽 그림과 같다.

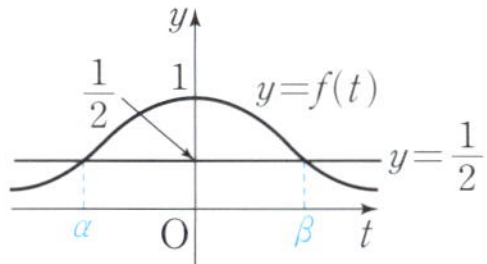


즉, 방정식 $f(t)=\dfrac{1}{2}$의 서로 다른 실근의 개수는 2이므로 두 실근을 $\alpha$, $\beta$라 하고, 두 방정식 $g(x)=\alpha$, $g(x)=\beta$의 서로 다른 실근의 개수를 각각 구하면 된다.
$\quad\rightarrow x>0$에서 $g'(x)=\frac{1}{x}>0$이므로 함수 $g(x)$는 증가한다. 즉, 일대일대응이다.

함수 $g(x)$가 일대일대응이므로 방정식 $g(x)=\alpha$, $g(x)=\beta$는 각각 1개의 실근을 갖는다.

따라서 방정식 $g(x)=t$의 서로 다른 실근의 개수는 2이므로 주어진 방정식의 서로 다른 실근의 개수도 2이다.

 **답** ②

---

**0929** 대표 예제 한 번 더

두 함수 $f(x)=e^x+e^{-x}$, $g(x)=e^x$에 대하여 방정식 $f(g(x))=3$의 서로 다른 실근의 개수는?

① 0 　　　② 1 　　　③ 2

④ 3 　　　⑤ 4

**0930**

함수 $f(x)=x^2-4x+4$에 대하여 방정식 $\ln\{f(x)+4\}=f(x)$의 서로 다른 모든 실근의 합은?

① 2 　　　② 4 　　　③ 6

④ 8 　　　⑤ 10

**0931**

방정식 $2\sin(x^2+1)=x^2+1$의 서로 다른 실근의 개수를 구하시오.

**0932** 🆙

방정식 $(x^2-3)^2=4e^{x^2-5}$의 서로 다른 실근의 개수를 구하시오. (단, $\lim\limits_{x\to\infty} x^2 e^{-x}=0$)

### 유형 04  부등식 $f(x)\geq k$가 성립하도록 하는 미정계수의 결정

① 어떤 구간에서 부등식 $f(x)\geq k$가 성립함을 보이려면
  ➡ 그 구간에서 $(f(x)$의 최솟값$)\geq k$임을 보인다.
② 어떤 구간에서 부등식 $f(x)\leq k$가 성립함을 보이려면
  ➡ 그 구간에서 $(f(x)$의 최댓값$)\leq k$임을 보인다.

#### 👍 대표 예제

**0933** 모든 실수 $x$에 대하여 부등식 $xe^x\geq k$가 성립할 때, 실수 $k$의 최댓값은?

① $-\dfrac{2}{e}$    ② $-\dfrac{1}{e}$    ③ $0$

④ $e$    ⑤ $2e$

**선생님 해설**

$f(x)=xe^x$이라 하면
$f'(x)=e^x+xe^x=(x+1)e^x$
$f'(x)=0$에서 $x=-1$
함수 $f(x)$의 증가와 감소를 표로 나타내면 다음과 같다.

| $x$ | $\cdots$ | $-1$ | $\cdots$ |
|---|---|---|---|
| $f'(x)$ | $-$ | $0$ | $+$ |
| $f(x)$ | $\searrow$ | $-\dfrac{1}{e}$ | $\nearrow$ |

함수 $f(x)$는 $x=-1$에서 최솟값 $-\dfrac{1}{e}$을 가지므로 모든 실수 $x$에 대하여 부등식 $f(x)\geq k$가 성립하려면

$k\leq -\dfrac{1}{e}$

따라서 실수 $k$의 최댓값은 $-\dfrac{1}{e}$이다.

답 ②

**0934** `대표 예제` `한 번 더`
$x>0$인 모든 실수 $x$에 대하여 부등식 $\ln x-x+2\leq a$가 성립할 때, 실수 $a$의 최솟값은?

① $\dfrac{1}{2}$    ② $1$    ③ $\dfrac{3}{2}$

④ $2$    ⑤ $\dfrac{5}{2}$

**0935**
$x\leq 1$인 모든 실수 $x$에 대하여 부등식 $(x-1)^2e^x<n$을 만족시키는 자연수 $n$의 최솟값은?

① $2$    ② $3$    ③ $4$

④ $5$    ⑤ $6$

**0936**
$\dfrac{1}{e}\leq x\leq e^2$인 모든 실수 $x$에 대하여 부등식 $\left|\dfrac{\ln x}{x}\right|\leq k$가 성립할 때, 실수 $k$의 최솟값은?

① $\dfrac{1}{e^2}$    ② $\dfrac{1}{e}$    ③ $1$

④ $e$    ⑤ $e^2$

**0937**
$0\leq x\leq \dfrac{\pi}{2}$인 모든 실수 $x$에 대하여 부등식

$$a\leq 2\sin 2x+\cos 4x\leq b$$

가 성립한다. $b-a$의 최솟값은? (단, $a$, $b$는 실수이다.)

① $\dfrac{1}{4}$    ② $\dfrac{3}{8}$    ③ $\dfrac{1}{2}$

④ $\dfrac{5}{8}$    ⑤ $\dfrac{3}{4}$

## 유형 05  부등식 $f(x) \geq g(x)$가 성립하도록 하는 미정계수의 결정

어떤 구간에서 부등식 $f(x) \geq g(x)$가 성립하려면 그 구간에서 함수 $y=f(x)$의 그래프가 함수 $y=g(x)$의 그래프보다 위쪽에 있거나 두 함수의 그래프가 접해야 한다.

### 🖒 대표 예제

**0938**  모든 실수 $x$에 대하여 부등식 $e^x \geq ax$를 만족시키는 실수 $a$의 최댓값은?

① $\dfrac{1}{e}$  ② $\dfrac{\sqrt{e}}{e}$  ③ $1$

④ $\sqrt{e}$  ⑤ $e$

**선생님 해설**

모든 실수 $x$에 대하여 부등식 $e^x \geq ax$를 만족시키려면 오른쪽 그림과 같이 곡선 $y=e^x$이 직선 $y=ax$보다 위쪽에 있거나 곡선과 직선이 접해야 한다.

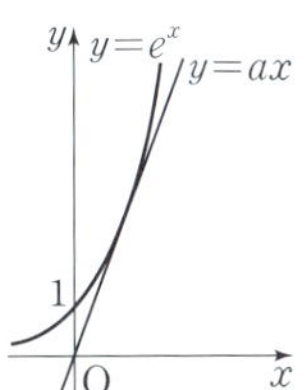

$f(x)=e^x$, $g(x)=ax$라 하면
$f'(x)=e^x$, $g'(x)=a$
곡선 $y=f(x)$와 직선 $y=g(x)$가 접할 때의 접점의 $x$좌표를 $t$라 하면
$f(t)=g(t)$에서 $e^t=at$ ……… ㉠
$f'(t)=g'(t)$에서 $e^t=a$ ……… ㉡
㉠, ㉡을 연립하면
$e^t=e^t t$  ∴ $t=1$
∴ $a=e$  $\quad$ $t=1$을 ㉡에 대입하면 $e=a$
즉, 모든 실수 $x$에 대하여 부등식 $f(x) \geq g(x)$를 만족시키려면
$0 \leq a \leq e$
따라서 실수 $a$의 최댓값은 $e$이다.

> 이 유형의 문제는 **유형 04**와 달리 주어진 함수식에 미정계수가 곱해져 있어서 단순한 이항을 통해 미정계수를 분리해 낼 수 없는 경우가 대부분이야. 따라서 이런 문제는 미정계수가 변함에 따라 함수의 그래프의 모양이 바뀜을 이용하여 부등식의 해를 구하는 것이 더 수월해.

**답** ⑤

**0939**  `대표 예제` `한 번 더`

$x>0$인 모든 실수 $x$에 대하여 부등식 $x \ln x + 1 \geq ax$를 만족시키는 실수 $a$의 최댓값은? $\left(\text{단, } \lim\limits_{x \to 0+} x \ln x = 0\right)$

① $\dfrac{1}{e}$  ② $\dfrac{1}{2}$  ③ $1$

④ $e$  ⑤ $e+1$

**0940**

$0<x<\pi$일 때, 부등식 $\sin 2x < ax$를 만족시키는 실수 $a$의 최솟값은?

① $\dfrac{1}{2}$  ② $1$  ③ $\dfrac{3}{2}$

④ $2$  ⑤ $\dfrac{5}{2}$

**0941**

$x \geq 0$인 모든 실수 $x$에 대하여 부등식 $\sin x \leq ke^x$이 성립하도록 하는 실수 $k$의 값의 범위가 $k \geq ae^{-\frac{\pi}{4}}$이다. 상수 $a$의 값은?

① $\dfrac{\sqrt{2}}{4}$  ② $\dfrac{\sqrt{2}}{3}$  ③ $\dfrac{\sqrt{2}}{2}$

④ $\sqrt{2}$  ⑤ $2\sqrt{2}$

**0942**

$x>0$인 모든 실수 $x$에 대하여 부등식 $\sqrt{x} \geq \dfrac{1}{4} \ln x^n$을 만족시키는 모든 자연수 $n$의 값의 합을 구하시오.

## 유형 06   부등식의 증명

어떤 구간에서 부등식 $f(x) \geq g(x)$가 성립함을 보이려면
➡ $h(x)=f(x)-g(x)$라 하고 그 구간에서 $(h(x)$의 최솟값$) \geq 0$임을 보인다.

### 👍 대표 예제

**0943** 다음은 $x>0$인 모든 실수 $x$에 대하여 부등식 $x^2 \geq 2 \ln x$가 성립함을 증명하는 과정이다.

> $x^2 \geq 2 \ln x$에서 $x^2 - 2 \ln x \geq 0$
>
> $f(x)=$ (가) 라 하면 $f'(x)=\dfrac{2(x+1)(x-1)}{x}$
>
> $f'(x)=0$에서 $x=$ (나) $(\because x>0)$
>
> $x>0$에서 함수 $f(x)$의 증가와 감소를 표로 나타내면 다음과 같다.
>
> | $x$ | $(0)$ | $\cdots$ | (나) | $\cdots$ |
> |---|---|---|---|---|
> | $f'(x)$ | | $-$ | $0$ | $+$ |
> | $f(x)$ | | $\searrow$ | (다) | $\nearrow$ |
>
> 함수 $f(x)$는 $x=$ (나) 에서 최솟값 (다) 을 가지므로
>
> $f(x) \geq$ (다) $\qquad \therefore x^2 - 2 \ln x \geq 0$
>
> 따라서 $x>0$인 모든 실수 $x$에 대하여 부등식 $x^2 \geq 2 \ln x$가 성립한다.

위의 과정에서 (가), (나), (다)에 알맞은 것을 써넣으시오.

**선생님 해설**

$x^2 \geq 2 \ln x$에서 $x^2 - 2 \ln x \geq 0$

$f(x)=$ $\boxed{x^2 - 2 \ln x}$ 라 하면

$f'(x)=2x-\dfrac{2}{x}=\dfrac{2(x^2-1)}{x}=\dfrac{2(x+1)(x-1)}{x}$

$f'(x)=0$에서 $x=\boxed{1}$ $(\because x>0)$

$x>0$에서 함수 $f(x)$의 증가와 감소를 표로 나타내면 다음과 같다.

| $x$ | $(0)$ | $\cdots$ | $\boxed{1}$ | $\cdots$ |
|---|---|---|---|---|
| $f'(x)$ | | $-$ | $0$ | $+$ |
| $f(x)$ | | $\searrow$ | $\boxed{1}$ | $\nearrow$ |

함수 $f(x)$는 $x=\boxed{1}$에서 최솟값 $\boxed{1}$을 가지므로

$f(x) \geq \boxed{1}$ $\qquad \therefore x^2 - 2 \ln x \geq 0$

따라서 $x>0$인 모든 실수 $x$에 대하여 부등식 $x^2 \geq 2 \ln x$가 성립한다.

**답** (가) $x^2 - 2 \ln x$   (나) $1$   (다) $1$

**0944** 대표 예제 한 번 더

다음은 모든 실수 $x$에 대하여 부등식 $xe^{2x} \geq x$가 성립함을 증명하는 과정이다.

> $xe^{2x} \geq x$에서 $xe^{2x} - x \geq 0$
>
> $f(x)=xe^{2x}-x$라 하면 $f'(x)=$ (가)
>
> $f'(x)=0$에서 $x=$ (나)
>
> 함수 $f(x)$의 증가와 감소를 표로 나타내면 다음과 같다.
>
> | $x$ | $\cdots$ | (나) | $\cdots$ |
> |---|---|---|---|
> | $f'(x)$ | $-$ | $0$ | $+$ |
> | $f(x)$ | $\searrow$ | $0$ | $\nearrow$ |
>
> 함수 $f(x)$는 $x=$ (나) 에서 (다) $0$을 가지므로
>
> $f(x) \geq 0$ $\qquad \therefore xe^{2x} - x \geq 0$
>
> 따라서 모든 실수 $x$에 대하여 부등식 $xe^{2x} \geq x$가 성립한다.

위의 과정에서 (가), (나), (다)에 알맞은 것은?

|   | (가) | (나) | (다) |
|---|---|---|---|
| ① | $(1+2x)e^{2x}-1$ | $0$ | 최솟값 |
| ② | $(1+2x)e^{2x}-1$ | $1$ | 최댓값 |
| ③ | $(2+x)e^{2x}-1$ | $0$ | 최댓값 |
| ④ | $(2+x)e^{2x}-1$ | $0$ | 최솟값 |
| ⑤ | $(2+x)e^{2x}-1$ | $1$ | 최솟값 |

**0945**

다음은 $x \geq 0$인 모든 실수 $x$에 대하여 부등식 $3x \geq \sin 3x$가 성립함을 증명하는 과정이다.

> $3x \geq \sin 3x$에서 $3x - \sin 3x \geq 0$
>
> $f(x)=$ (가) 라 하면 $f'(x)=3-3\cos 3x$
>
> 이때 $-$ (나) $\leq 3 \cos 3x \leq$ (나) 이므로
>
> $0 \leq 3 - 3 \cos 3x \leq 6$
>
> 즉, $f'(x) \geq 0$이므로 함수 $f(x)$는 $x \geq 0$인 모든 실수 $x$에서 증가한다.
>
> 함수 $f(x)$는 $x=$ (다) 에서 최솟값 $0$을 가지므로
>
> $f(x) \geq 0$ $\qquad \therefore 3x - \sin 3x \geq 0$
>
> 따라서 $x \geq 0$인 모든 실수 $x$에 대하여 부등식 $3x \geq \sin 3x$가 성립한다.

위의 과정에서 (가)에 알맞은 식을 $g(x)$, (나), (다)에 알맞은 수를 각각 $a$, $b$라 할 때, $g(a\pi+b)$의 값을 구하시오.

## 유형 07  직선 운동에서의 속도와 가속도

수직선 위를 움직이는 점 P의 시각 $t$에서의 위치 $x$가 $x=f(t)$일 때, 시각 $t$에서의 점 P의 속도와 가속도는
① 속도: $f'(t)$, 속력: $|f'(t)|$
② 가속도: $f''(t)$, 가속도의 크기: $|f''(t)|$

### 👍 대표 예제

**0946** 수직선 위를 움직이는 점 P의 시각 $t$에서의 위치 $x$가 $x=te^{-3t}$이다. 점 P가 출발한 후 정지할 때, 점 P의 위치는?

① $\dfrac{1}{6e}$      ② $\dfrac{1}{5e}$      ③ $\dfrac{1}{4e}$

④ $\dfrac{1}{3e}$      ⑤ $\dfrac{1}{2e}$

#### 선생님 해설

점 P의 시각 $t$에서의 속도를 $v$라 하면
$$v=\dfrac{dx}{dt}=e^{-3t}-3te^{-3t}=(1-3t)e^{-3t}$$
점 P는 $v=0$일 때 정지하므로
$$(1-3t)e^{-3t}=0,\ 1-3t=0 \qquad \therefore\ t=\dfrac{1}{3}$$
따라서 $t=\dfrac{1}{3}$에서의 점 P의 위치는
$$\dfrac{1}{3}\cdot e^{-3\cdot\frac{1}{3}}=\dfrac{1}{3e}$$

(위치)$'=$(속도),
(속도)$'=$(가속도)
임을 다시 한번 기억하자.

답 ④

**0947**  대표 예제  한 번 더

수직선 위를 움직이는 점 P의 시각 $t\ (0\leq t\leq 2\pi)$에서의 위치 $x$가 $x=4\sin t+t^2$이다. 점 P의 가속도가 $-2$일 때, 속도는?

① $\pi$      ② $\sqrt{3}+\pi$      ③ $2+\pi$

④ $2\pi$      ⑤ $\sqrt{3}+2\pi$

**0948** 수직선 위를 움직이는 점 P의 시각 $t\ (0\leq t\leq 4)$에서의 속도 $v(t)$가 $v(t)=\ln(t^2-2t+2)-\ln 2$이다. 점 P의 속력이 최대일 때의 시각은?

① $\dfrac{1}{4}$      ② $\dfrac{1}{2}$      ③ $1$

④ $2$      ⑤ $4$

**0949** 수직선 위를 움직이는 점 P의 시각 $t\ (0<t<\pi)$에서의 위치 $x$가 $x=\cos 2t+2\cos t-3$이다. 점 P의 속도가 $0$일 때, 가속도의 크기는?

① $\sqrt{3}$      ② $\sqrt{5}$      ③ $\sqrt{7}$

④ $3$      ⑤ $\sqrt{11}$

**0950** ⬆️

수직선 위를 움직이는 점 P의 시각 $t\ (0\leq t\leq e)$에서의 속도 $v(t)$가
$$v(t)=\begin{cases} 0 & (t=0) \\ -2t\ln t & (0<t\leq e) \end{cases}$$
일 때, |보기|에서 옳은 것만을 있는 대로 고른 것은?
$$\left(\text{단, }\lim_{t\to 0+} t\ln t=0\right)$$

┤ 보기 ├

ㄱ. 점 P의 속도의 최댓값은 $\dfrac{2}{e}$이다.

ㄴ. 점 P의 속도의 최댓값과 속력의 최댓값은 서로 같다.

ㄷ. 점 P의 가속도는 감소한다.

① ㄱ      ② ㄴ      ③ ㄱ, ㄷ

④ ㄴ, ㄷ      ⑤ ㄱ, ㄴ, ㄷ

### 유형 08  평면 운동에서의 속도

좌표평면 위를 움직이는 점 P의 시각 $t$에서의 위치 $(x, y)$가 $x=f(t)$, $y=g(t)$일 때, 시각 $t$에서의 점 P의 속도와 속력은
① 속도: $(f'(t), g'(t))$
② 속력: $\sqrt{\{f'(t)\}^2+\{g'(t)\}^2}$

#### 👍 대표 예제

**0951**  좌표평면 위를 움직이는 점 P의 시각 $t$에서의 위치 $(x, y)$가 $x=t^3$, $y=2t^2$이다. 점 P의 속도의 $x$좌표가 27일 때, 속도의 $y$좌표는?

① 10  ② 12  ③ 14
④ 16  ⑤ 18

**선생님 해설**

$\dfrac{dx}{dt}=3t^2$, $\dfrac{dy}{dt}=4t$이므로 시각 $t$에서의 점 P의 속도는
$(3t^2, 4t)$
점 P의 속도의 $x$좌표가 27이므로
$3t^2=27$, $t^2=9$    $\therefore t=3$ $(\because t>0)$
따라서 $t=3$에서의 점 P의 속도의 $y$좌표는
$4\cdot3=12$

답 ②

**0952** [대표 예제] [한 번 더]
좌표평면 위를 움직이는 점 P의 시각 $t$에서의 위치 $(x, y)$가 $x=2\sqrt{t}$, $y=2\sqrt{2t}+1$이다. 점 P의 속력이 3일 때의 시각은?

① $\dfrac{1}{2}$  ② 1  ③ $\dfrac{3}{2}$
④ 2  ⑤ $\dfrac{5}{2}$

**0953**
좌표평면 위를 움직이는 점 P의 시각 $t$에서의 위치 $(x, y)$가 $x=t\ln t+3t$, $y=ate^{t-1}$이다. 시각 $t=b$에서의 점 P의 속도가 $(4, 4)$일 때, $a+b$의 값은? (단, $a$, $b$는 상수이다.)

① 3  ② 4  ③ 5
④ 6  ⑤ 7

**0954**
좌표평면 위를 움직이는 점 P의 시각 $t$에서의 위치 $(x, y)$가 $x=\sin t+1$, $y=\cos t+t$일 때, 점 P의 속력의 최댓값은?

① 2  ② 3  ③ 4
④ 5  ⑤ 6

**0955**
좌표평면 위를 움직이는 점 P의 시각 $t$ $(0<t<\pi)$에서의 위치 $(x, y)$가 $x=at\sin t$, $y=\tan 2t+2$이다. 점 P의 위치가 $(\pi, 2)$일 때, 속력은?

① 2  ② $\sqrt{5}$  ③ $\sqrt{6}$
④ $\sqrt{7}$  ⑤ $2\sqrt{2}$

## 유형 09  평면 운동에서의 가속도

좌표평면 위를 움직이는 점 P의 시각 $t$에서의 위치 $(x, y)$가 $x=f(t)$, $y=g(t)$일 때, 시각 $t$에서의 점 P의 가속도와 가속도의 크기는
① 가속도: $(f''(t), g''(t))$
② 가속도의 크기: $\sqrt{\{f''(t)\}^2+\{g''(t)\}^2}$

### 🔖 대표 예제

**0956** 좌표평면 위를 움직이는 점 P의 시각 $t$에서의 위치 $(x, y)$가 $x=t^3-\dfrac{9}{2}t^2$, $y=t^3-6t^2$이다. 점 P의 속도가 $(-6, -9)$일 때, 가속도는?

① $(-9, -12)$  ② $(-7, -10)$  ③ $(-5, -8)$
④ $(-3, -6)$  ⑤ $(-1, -4)$

**선생님 해설**

$\dfrac{dx}{dt}=3t^2-9t$, $\dfrac{dy}{dt}=3t^2-12t$이므로 시각 $t$에서의 점 P의 속도는 $(3t^2-9t, 3t^2-12t)$

점 P의 속도가 $(-6, -9)$이므로

$3t^2-9t=-6$에서 $3t^2-9t+6=0$

$3(t-1)(t-2)=0$  ∴ $t=1$ 또는 $t=2$  …… ㉠

$3t^2-12t=-9$에서 $3t^2-12t+9=0$

$3(t-1)(t-3)=0$  ∴ $t=1$ 또는 $t=3$  …… ㉡

㉠, ㉡에서 $t=1$

$\dfrac{d^2x}{dt^2}=6t-9$, $\dfrac{d^2y}{dt^2}=6t-12$이므로 시각 $t$에서의 점 P의 가속도는 $(6t-9, 6t-12)$

따라서 $t=1$에서의 점 P의 가속도는
$(6\cdot1-9, 6\cdot1-12)$, 즉 $(-3, -6)$

**답** ④

**0957** 대표 예제 | 한 번 더

좌표평면 위를 움직이는 점 P의 시각 $t$에서의 위치 $(x, y)$가 $x=\dfrac{8}{3}t\sqrt{t}$, $y=t^2$이다. 점 P의 가속도의 크기가 $\sqrt{5}$일 때의 시각은?

① 2  ② 3  ③ 4
④ 5  ⑤ 6

**0958** 좌표평면 위를 움직이는 점 P의 시각 $t\left(0<t<\dfrac{2}{3}\pi\right)$에서의 위치 $(x, y)$가 $x=a\cos 2t$, $y=\sin 3t-2t^2$이다. 시각 $t=b$에서의 점 P의 가속도가 $(12, 5)$일 때, $ab$의 값은?

(단, $a$, $b$는 상수이다.)

① $\pi$  ② $\dfrac{3}{2}\pi$  ③ $2\pi$
④ $\dfrac{5}{2}\pi$  ⑤ $3\pi$

**0959** 좌표평면 위를 움직이는 점 P의 시각 $t$에서의 위치 $(x, y)$가 $x=e^{-t}-\dfrac{1}{2}t^2+3t$, $y=e^{-t}+4t+1$이다. 점 P의 가속도의 크기의 최솟값은?

① $\dfrac{\sqrt{2}}{2}$  ② $\sqrt{2}$  ③ $\dfrac{3\sqrt{2}}{2}$
④ $2\sqrt{2}$  ⑤ $\dfrac{5\sqrt{2}}{2}$

**0960** 좌표평면 위를 움직이는 점 P의 시각 $t\left(t>\dfrac{1}{3}\right)$에서의 위치 $(x, y)$가 $x=ate^{bt}$, $y=\ln(t^2+1)$이다. 점 P의 위치의 $x$좌표가 $6e$일 때의 속도가 $\left(4e, \dfrac{3}{5}\right)$이고, 이때의 가속도의 $x$좌표는 $ke$이다. 자연수 $k$의 값을 구하시오.

(단, $a$, $b$는 상수이다.)

### 유형 10  속도와 가속도의 실생활에의 활용

① 직선 운동에서의 속도와 가속도의 실생활에의 활용
- 수직선 위를 움직이는 물체의 시각 $t$에서의 속도를 $v$라 할 때, 물체가 운동 방향을 바꾸는 시각 또는 운동을 정지하는 시각은
  ➡ $v=0$일 때의 $t$
- 지면과 수직으로 던져 올린 물체의 시각 $t$에서의 속도를 $v$라 할 때, 물체가 최고 지점에 도달하는 시각은
  ➡ $v=0$일 때의 $t$

② 평면 운동에서의 속도와 가속도의 실생활에의 활용
- 좌표평면 위를 움직이는 물체의 시각 $t$에서의 위치 $(x, y)$가 $x=f(t)$, $y=g(t)$일 때, 물체가 최고 높이에 도달하는 시각은
  ➡ $\dfrac{dy}{dt}=0$일 때의 $t$

> $y$좌표가 최대일 때이므로 극대인 경우를 찾는다.

### 👍 대표 예제

**0961** 도로 위의 한 지점에서 동쪽 방향으로 달리는 자동차의 $t$초 후의 위치를 $f(t)$라 하면 $f(t)=\sin^2 t+t$이다. 이 자동차가 출발한 후 처음으로 정지할 때, 자동차의 위치는?

(단, 거리의 단위는 m이다.)

① $\dfrac{1}{2}+\dfrac{\pi}{4}$  ② $\dfrac{1}{2}+\dfrac{\pi}{2}$  ③ $\dfrac{1}{2}+\dfrac{3}{4}\pi$

④ $\dfrac{1}{2}+\pi$  ⑤ $\dfrac{1}{2}+\dfrac{5}{4}\pi$

**선생님 해설**

자동차의 시각 $t$에서의 속도를 $v$라 하면
$v=f'(t)=2\sin t\cos t+1=\sin 2t+1$
자동차는 $v=0$일 때 정지하므로

$\sin 2t+1=0$, $\sin 2t=-1$ $\therefore t=\dfrac{3}{4}\pi,\ \dfrac{7}{4}\pi,\ \dfrac{11}{4}\pi,\ \cdots$ (단, $t \geq 0$이므로)

따라서 자동차가 출발한 후 처음으로 정지할 때의 시각은 $\dfrac{3}{4}\pi$이므로 이때의 자동차의 위치는

$\left(\sin\dfrac{3}{4}\pi\right)^2+\dfrac{3}{4}\pi=\left(\dfrac{\sqrt{2}}{2}\right)^2+\dfrac{3}{4}\pi=\dfrac{1}{2}+\dfrac{3}{4}\pi$

답 ③

**0962** 대표 예제 한 번 더

해수면에서 출발하여 해저로 잠수하는 스쿠버 다이버의 $t$분 후의 깊이를 $f(t)$라 하면 $f(t)=\ln 3-\ln(\cos t+2)$이다. 이 스쿠버 다이버가 출발한 후 처음으로 가속도가 0이 될 때, 스쿠버 다이버의 깊이는? (단, 깊이의 단위는 m이다.)

① $0$  ② $\ln\dfrac{3}{2}$  ③ $\ln 2$

④ $\ln\dfrac{5}{2}$  ⑤ $\ln 3$

**0963**

지면의 한 지점에서 연을 날리려고 한다. 바람을 타고 일정한 방향으로 날고 있는 연의 $t$초 후의 위치를 좌표평면 위에 점 P$(x, y)$로 나타낼 때

$$x=2\sqrt{t},\quad y=2\ln(t+1)$$

인 관계가 성립한다. 이 연이 지면의 출발점으로부터 $2\sqrt{3}$만큼 떨어진 지점의 수직 방향에 있을 때, 연의 속력은?

(단, 거리의 단위는 m이다.)

① $\dfrac{\sqrt{2}}{2}$  ② $\dfrac{\sqrt{21}}{6}$  ③ $\dfrac{\sqrt{6}}{3}$

④ $\dfrac{\sqrt{3}}{2}$  ⑤ $\dfrac{\sqrt{30}}{6}$

**0964**

지면의 한 지점에서 지면과 $\theta\left(0<\theta<\dfrac{\pi}{2}\right)$의 각을 이루는 방향으로 초속 20 m의 속력으로 쏘아 올린 공의 $t\ (0\leq t\leq 2\sin\theta)$초 후의 위치를 좌표평면 위에 점 P$(x, y)$로 나타낼 때

$$x=20t\cos\theta,\quad y=20t\sin\theta-5t^2$$

인 관계가 성립한다. 이 공의 최고 높이가 15 m일 때의 속력을 $a$ m/s라 할 때, $a$의 값을 구하시오.

**0965** 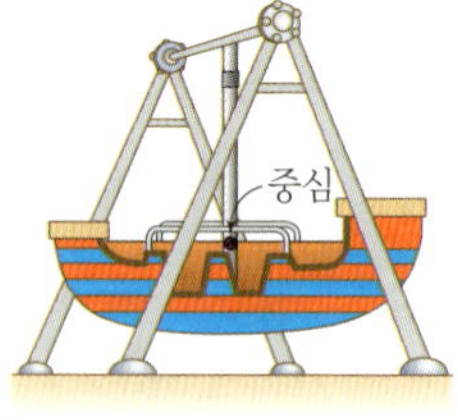

그림과 같이 어느 놀이공원에 있는 바이킹의 기둥과 배의 몸체가 만나는 한 부분을 바이킹의 중심이라 하자. 이 바이킹의 중심의 $t$초 후의 위치를 좌표평면 위에 점 P$(x, y)$로 나타낼 때



$$x=9\sin\left(\dfrac{\pi}{3}\sin t\right),\quad y=9-9\cos\left(\dfrac{\pi}{3}\sin t\right)$$

인 관계가 성립한다. 이 바이킹의 중심의 속력이 $3\pi$일 때, 가속도의 크기를 구하시오. (단, 속력의 단위는 m/s이다.)

● 정답 및 해설 136쪽

## 0966
· 유형 05 ·

함수 $f(x)=2x-a\sin 2x$에 대하여 두 조건 $p$, $q$가

$$p:x\geq 0,\ q:f(x)\geq 0$$

이다. $p$가 $q$이기 위한 충분조건일 때, 양수 $a$의 값의 범위는?

① $0<a\leq 1$ ② $0<a\leq\dfrac{3}{2}$ ③ $0<a\leq 2$

④ $0<a\leq\dfrac{5}{2}$ ⑤ $0<a\leq 3$

## 0967
· 유형 09 ·

좌표평면 위를 움직이는 점 P의 시각 $t$ $(0\leq t\leq\pi)$에서의 위치 $(x,\,y)$가

$$x=2\cos t+t,\ y=\sin 2t-t$$

이다. 점 P의 위치의 $x$좌표가 최대일 때의 점 P의 가속도의 크기를 $a_1$, $y$좌표가 최소일 때의 점 P의 가속도의 크기를 $a_2$라 할 때, $a_1a_2$의 값은?

① 11 ② 12 ③ 13
④ 14 ⑤ 15

## 0968
· 유형 04 ·

모든 실수 $x$에 대하여 부등식 $xe^{ax}+1\geq 0$이 성립할 때, 실수 $a$의 최솟값은? (단, $a<0$일 때, $\displaystyle\lim_{x\to-\infty}xe^{ax}=-\infty$이다.)

① $\dfrac{1}{2e}$ ② $\dfrac{1}{e}$ ③ $1$

④ $e$ ⑤ $2e$

## 0969
· 유형 02 ·

곡선 $y=e^x$ 위의 점 $(1,\,e)$에서의 접선의 방정식을 $y=f(x)$라 할 때, 방정식 $f(x)=2\sqrt{x-k}$가 서로 다른 두 실근을 갖도록 하는 실수 $k$의 값의 범위는?

① $0\leq k<\dfrac{1}{e^2}$ ② $0\leq k<\dfrac{2}{e^2}$ ③ $0\leq k<\dfrac{1}{e}$

④ $0\leq k<\dfrac{2}{e}$ ⑤ $0\leq k<\dfrac{3}{e}$

## 0970
· 유형 02 ·

두 방정식 $\ln\sqrt{x}=kx$와 $e^{2x}=kx$가 모두 실근을 갖지 않도록 하는 정수 $k$의 개수는?

① 2 ② 3 ③ 4
④ 5 ⑤ 6

## 0971
· 유형 02 + 유형 03 ·

방정식 $4\pi\cos x^2=x^2$의 서로 다른 실근의 개수는?

① 2 ② 4 ③ 6
④ 8 ⑤ 10

## 0972 · 유형 05 ·

두 함수 $f(x)$, $g(x)$가 $f(x)=xe^x$, $g(x)=\sin x-k$일 때, 임의의 두 실수 $x_1$, $x_2$에 대하여 부등식 $f(x_1)\geq g(x_2)$가 성립하도록 하는 실수 $k$의 최솟값은?

① $1-e$  ② $1-\dfrac{1}{e}$  ③ $1$

④ $1+\dfrac{1}{e}$  ⑤ $1+e$

## 0973 · 유형 01 + 유형 02 ·

방정식 $(x-1)^3=kx^2$이 서로 다른 세 실근을 갖도록 하는 정수 $k$의 최댓값은?

① $-5$  ② $-6$  ③ $-7$

④ $-8$  ⑤ $-9$

## 0974 · 유형 01 ·

함수 $f(x)=|x^2-3|e^x$과 실수 $t$에 대하여 방정식 $f(x)=t$의 서로 다른 실근의 개수를 $g(t)$라 하자. 함수 $g(t)$의 불연속인 점의 개수를 구하시오. (단, $\displaystyle\lim_{x\to-\infty}x^2e^x=0$)

## 0975 사고력 · 유형 07 ·

수직선 위를 움직이는 점 P의 시각 $t$에서의 위치 $x(t)$가

$$x(t)=\begin{cases} e^{t-2}+1 & (0\leq t<2) \\ a\ln(t^2-4t+5)+t & (t\geq 2) \end{cases}$$

이다. 점 P가 출발한 후 운동 방향을 바꾸지 않을 때, 실수 $a$의 최솟값은?

① $-2$  ② $-1$  ③ $0$

④ $1$  ⑤ $2$

## 0976 · 유형 01 ·

함수 $f(x)=x^2+8x+k$에 대하여 $g(x)=f(f(x))$라 하자. 방정식 $g'(x)=8$을 만족시키는 서로 다른 실근의 개수가 $2$가 되도록 하는 실수 $k$의 값은? (단, $x\neq-4$)

① $9$  ② $10$  ③ $11$

④ $12$  ⑤ $13$

## 0977 창의력＋ · 유형 02 ·

세 상수 $a$, $b$, $k$와 두 함수 $f(x)=kx^2a^{-x}$, $g(x)=e^{x-\sqrt{e}}+b$에 대하여 함수 $h(x)$를

$$h(x)=\begin{cases} f(x) & (f(x)\geq g(x)) \\ g(x) & (f(x)<g(x)) \end{cases}$$

라 정의하자. 방정식 $h(x)=f(x)$의 양의 실근이 $x=\alpha$로 오직 한 개이고, 곡선 $y=h(x)$ 위의 점 $(\alpha,\ a)$에서의 접선의 기울기는 $1$이다. 이때 $\dfrac{1}{\ln a}-b$의 값을 구하시오.

(단, $a>1$, $k>0$이고 $\displaystyle\lim_{x\to\infty}x^2a^{-x}=0$이다.)

## 0978 · 유형 06 ·

$x \neq 0$인 모든 실수 $x$에 대하여 부등식 $\ln |x| < x^2 - \dfrac{1}{2}$이 성립함을 보이시오.

필요 개념 및 공식
□ 로그함수의 도함수　　　□ 함수의 최대와 최소

## 0979 · 유형 08 ·

좌표평면 위를 움직이는 점 P의 시각 $t$에서의 위치 $(x, y)$가 $x = t^2 - 2t + 2$, $y = \dfrac{2}{3} t\sqrt{t} + 2\sqrt{t}$ 이다. 점 P의 속력이 2일 때의 시각과 속도를 각각 구하시오.

## 0980 · 유형 10 ·

그림과 같이 좌표평면 위에 중심이 원점 O이고 반지름의 길이가 3인 원이 있다. 점 A$(3, 0)$에서 출발하여 이 원 위를 움직이는 점 P의 시각 $t$에서의 위치를 $(x, y)$라 하자. 선분 OP가 $x$축의 양의 방향과 이루는 각의 크기가 매초 $\theta$만큼 커질 때, $x$와 $y$를 $t$에 대한 식으로 나타내고 시각 $t$에서의 점 P의 속력과 가속도의 크기를 각각 구하시오.

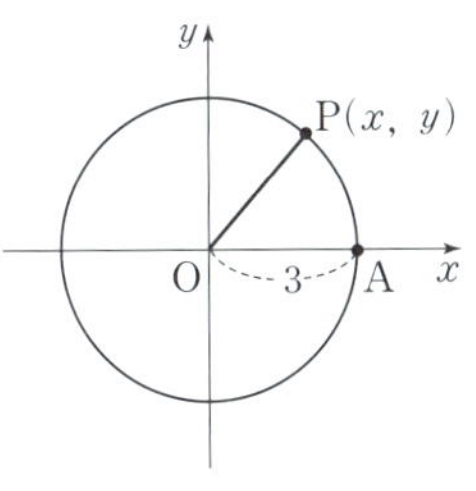

필요 개념 및 공식
□ 삼각함수의 정의　　　□ 삼각함수 사이의 관계
□ 평면 운동에서의 속력과 가속도의 크기

## 0981 · 유형 01 ·

함수 $f(x) = kx^2 + 4 \cos x$에 대하여 방정식 $f''(x) = 0$의 실근이 존재하도록 하는 실수 $k$의 집합을 $A$, 곡선 $y = f(x)$가 변곡점을 갖도록 하는 실수 $k$의 집합을 $B$라 하자. 집합 $A - B$를 구하시오.

필요 개념 및 공식
□ 이계도함수　　　□ 방정식의 실근의 개수　　　□ 변곡점의 판정

## 0982 · 유형 02 ·

함수 $f(x) = \dfrac{\ln |x|}{x}$와 자연수 $n$에 대하여 방정식 $f(x) = \dfrac{1}{n}x$의 서로 다른 실근의 개수를 $a_n$이라 하자. $\displaystyle\sum_{n=1}^{8} a_n$의 값을 구하시오. $\left(단,\ \displaystyle\lim_{x \to \infty} \dfrac{\ln x}{x} = 0\right)$

필요 개념 및 공식
□ 방정식의 실근의 개수　　　□ 함수의 그래프　　　□ $\sum$의 정의

## 0983 · 유형 04 ·

함수 $f(x) = x^2 e^{-x}$에 대하여 매개변수 $t\ (t > 0)$로 나타낸 곡선 위의 점 $(x, y)$가

$$x = f'(t),\quad y = f(t) - tf'(t)$$

일 때, 이 곡선 위의 점에서의 접선과 $x$축 및 $y$축으로 둘러싸인 도형의 넓이를 $S(t)$라 하자. $t > 0$인 모든 실수 $t$에 대하여 부등식 $S(t) \leq k$를 만족시키는 실수 $k$의 최솟값을 구하시오.

필요 개념 및 공식
□ 매개변수로 나타낸 함수의 미분법　　　□ 접선의 방정식
□ 함수의 최대와 최소

선생님 에필로그

안녕 여러분~ 서지완 선생님이에요.ㅎㅎ
수학의 꽃이라 불리는 미적분 과목에서 미분법, 어땠어요?
수학Ⅱ에서 공부했던 다항함수의 미분법보다 매우 어려웠죠?ㅎㅎ
선생님도 학창 시절에 미분법을 많이 어려워했어요.
그래서 뉴턴과 라이프니츠를 원망했었죠.ㅎㅎ 이 둘만 아니었어도~
그래도 그때의 역경을 이겨내고 지금 이렇게 여러분과 함께하고 있어요.
그럼 선생님이랑 하나하나 되짚으면서 다시 한번 떠올려 볼까요?
지수함수와 로그함수의 미분법, 삼각함수의 미분법, 함수의 몫의 미분법,
합성함수의 미분법, 매개변수로 나타낸 함수의 미분법,
음함수의 미분법, 역함수의 미분법, 이계도함수. 다 기억나죠?
익숙해질 때까지는 미분법의 이름들을 외치면서
개념을 떠올리는 연습을 해봐요.
이제 적분법만을 남겨두고 있어요.
마지막까지 최선을 다하여 수학의 꽃인 미적분을 여러분의 것으로
만들어 보아요! 아자!

여러분~ 안녕^^ 미분법 단원을 집필한 김한결 샘이야.
우리는 수학Ⅱ 과목에서 미분과 적분의 개념을 배우고 왔어.
그런데 미적분 과목에서 배운 미분법은 차원이 다르지?
미분법은 그 존재만으로도 수학적 가치가 어마어마한 단원이야.
여러분이 자연 계열이나 공학 계열에 진학할 경우 기본이 되는 단원이지.
실제로 수학을 전공한 선생님보다도 공학 계열에 진학한 사람들이
미분법을 더 많이 사용하거든.
그리고 가장 중요한 것은 수능에서 고난도 문제의 단골손님이라는 거야.
내신에서의 중요성은 말하지 않아도 여러분이 더 잘 알고 있지?^^
특히, 합성함수의 미분법, 역함수의 미분법이 고난도 문제와 접목되는
경우가 많으니까 많은 문제를 풀어 연습하도록 하자.
미분법 자체만으로도 중요하지만 적분법 또한 미분법 못지않게
중요한 단원이야.
그러면 조금만 더 힘내서 적분법도 아름답게 마무리해 보자!
파이팅^^

# III. 적분법

---

**개념 01**    함수 $y=x^n$ ($n$은 실수)의 부정적분

(1) $n\neq-1$일 때
$$\int x^n\,dx=\frac{1}{n+1}x^{n+1}+C$$
> **참고** 일반적으로 부정적분에서 적분상수는 $C$로 나타낸다.

(2) $n=-1$일 때
$$\int x^{-1}\,dx=\int \frac{1}{x}\,dx=\ln|x|+C$$

[0984~0987] 다음 부정적분을 구하시오.

**0984** $\displaystyle\int x^{\frac{3}{4}}\,dx$      **0985** $\displaystyle\int \frac{2}{x^3}\,dx$

**0986** $\displaystyle\int \sqrt[5]{x^4}\,dx$      **0987** $\displaystyle\int x^{-4}\,dx$

[0988~0991] 다음 부정적분을 구하시오.

**0988** $\displaystyle\int \left(\sqrt{x}+\frac{5}{x^2}\right)dx$

**0989** $\displaystyle\int \left(x-\frac{1}{x}+\frac{1}{x^4}\right)dx$

**0990** $\displaystyle\int \frac{4x+3}{x^2}\,dx$

**0991** $\displaystyle\int \left(\frac{3}{x}+\frac{1}{x\sqrt{x}}\right)dx$

[0992~0993] 다음 부정적분을 구하시오.

**0992** $\displaystyle\int \left(x+\frac{1}{x}\right)^2 dx$      **0993** $\displaystyle\int \frac{(\sqrt{x}+1)^2}{x^2}\,dx$

---

**개념 02**    지수함수의 부정적분

(1) $\displaystyle\int e^x\,dx=e^x+C$

(2) $\displaystyle\int a^x\,dx=\frac{a^x}{\ln a}+C$ (단, $a>0$, $a\neq1$)

---

[0994~0999] 다음 부정적분을 구하시오.

**0994** $\displaystyle\int 3e^x\,dx$      **0995** $\displaystyle\int e^{x-2}\,dx$

**0996** $\displaystyle\int 2\cdot3^x\,dx$      **0997** $\displaystyle\int 4^{2x}\,dx$

**0998** $\displaystyle\int (e^{x+3}+6^{x-1})\,dx$    **0999** $\displaystyle\int (3^x-1)^2\,dx$

---

**개념 03**    삼각함수의 부정적분

(1) $\displaystyle\int \sin x\,dx=-\cos x+C$

(2) $\displaystyle\int \cos x\,dx=\sin x+C$

(3) $\displaystyle\int \sec^2 x\,dx=\tan x+C$

(4) $\displaystyle\int \csc^2 x\,dx=-\cot x+C$

(5) $\displaystyle\int \sec x\tan x\,dx=\sec x+C$

(6) $\displaystyle\int \csc x\cot x\,dx=-\csc x+C$

[1000~1003] 다음 부정적분을 구하시오.

**1000** $\displaystyle\int (3\sin x-2\cos x)\,dx$

**1001** $\displaystyle\int 4\sec^2 x\,dx$

**1002** $\displaystyle\int \sec x(\sec x+\tan x)\,dx$

**1003** $\displaystyle\int \frac{3+2\sin^2 x}{\sin^2 x}\,dx$

[1004~1007] 다음 부정적분을 구하시오.

**1004** $\displaystyle\int (2+\tan x)\cos x\,dx$

**1005** $\displaystyle\int (1+\sec^3 x)\cos x\,dx$

**1006** $\displaystyle\int \cot^2 x\,dx$

**1007** $\displaystyle\int \frac{\cos^2 x}{1-\sin x}\,dx$

---

## 개념 04  치환적분법  $\int f(x)\,dx=F(x)+C$이면

$$\int f(ax+b)\,dx=\frac{1}{a}F(ax+b)+C \ (단,\ a\neq0)$$

**(1) 치환적분법**

미분가능한 함수 $g(t)$에 대하여 $x=g(t)$라 하면

$$\int f(x)\,dx=\int f(g(t))g'(t)\,dt$$

이와 같이 한 변수를 다른 변수로 바꾸어 적분하는 방법을 치환적분법이라 한다.

참고 치환적분법으로 구한 부정적분은 그 결과를 처음의 변수로 바꾸어 나타낸다.

**(2)** $\displaystyle\int \frac{f'(x)}{f(x)}\,dx$ 꼴의 부정적분

$$\int \frac{f'(x)}{f(x)}\,dx=\ln|f(x)|+C \longrightarrow \text{분자가 분모의 도함수인 경우에 이용한다.}$$

[1008~1011] 다음 부정적분을 구하시오.

**1008** $\displaystyle\int (3x+2)^5\,dx$

**1009** $\displaystyle\int \sin(3+4x)\,dx$

**1010** $\displaystyle\int \sqrt{2-x}\,dx$

**1011** $\displaystyle\int e^{6x+1}\,dx$

[1012~1015] 다음 부정적분을 구하시오.

**1012** $\displaystyle\int \frac{4x^3}{\sqrt{x^4+2}}\,dx$

**1013** $\displaystyle\int x^3 e^{x^4}\,dx$

**1014** $\displaystyle\int \frac{\ln x}{x}\,dx$

**1015** $\displaystyle\int \sin x\cos^2 x\,dx$

[1016~1017] 다음 부정적분을 구하시오.

**1016** $\displaystyle\int \frac{3x^2-2}{x^3-2x+5}\,dx$

**1017** $\displaystyle\int \frac{\cos x}{\sin x}\,dx$

## 개념 05  유리함수의 부정적분

**(1) 분모가 인수분해되고, (분자의 차수)<(분모의 차수)인 경우**

➡ 부분분수로 변형하여 부정적분을 구한다.

참고 ① $\dfrac{1}{(x+a)(x+b)}=\dfrac{1}{b-a}\left(\dfrac{1}{x+a}-\dfrac{1}{x+b}\right)$ (단, $a\neq b$)

② $\dfrac{px+q}{(x+a)(x+b)}=\dfrac{A}{x+a}+\dfrac{B}{x+b}$ · $x$에 대한 항등식임을 이용하여 $A,\ B$의 값을 구한다.

**(2) (분자의 차수)≥(분모의 차수)인 경우**

➡ 분자를 분모로 나누어 몫과 나머지의 꼴로 나타낸 후 부정적분을 구한다.

[1018~1021] 다음 부정적분을 구하시오.

**1018** $\displaystyle\int \frac{1}{x^2+3x}\,dx$

**1019** $\displaystyle\int \frac{2x-1}{(x+1)(x-2)}\,dx$

**1020** $\displaystyle\int \frac{x+3}{x+1}\,dx$

**1021** $\displaystyle\int \frac{x^2+5}{x-2}\,dx$

## 개념 06  부분적분법

두 함수 $f(x),\ g(x)$가 미분가능할 때

$$\int f(x)g'(x)\,dx=f(x)g(x)-\int f'(x)g(x)\,dx$$

이와 같이 적분하는 방법을 부분적분법이라 한다.

참고 부분적분법을 이용할 때 미분한 결과가 간단해지는 것을 $f(x)$로, 적분하기 쉬운 것을 $g'(x)$로 놓으면 계산이 편리하다. 이때 로그함수, 다항함수, 삼각함수, 지수함수 순서로 $f(x)$를 택하면 편리하다.

[1022~1025] 다음 부정적분을 구하시오.

**1022** $\displaystyle\int xe^{x+1}\,dx$

**1023** $\displaystyle\int \ln x\,dx$

**1024** $\displaystyle\int x^2\ln x\,dx$

**1025** $\displaystyle\int (x-3)\cos x\,dx$

① $n \neq -1$일 때

$$\int x^n\, dx = \frac{1}{n+1} x^{n+1} + C$$

② $n = -1$일 때

$$\int \frac{1}{x}\, dx = \ln |x| + C$$

### 🖐 대표 예제

**1026** 함수 $f(x) = \displaystyle\int \frac{x^4 - 1}{x^2}\, dx$에 대하여 $f(1) = 0$일 때, $f(3)$의 값은?

① 2 　　　　② 4 　　　　③ 6

④ 8 　　　　⑤ 10

**선생님 해설**

$$f(x) = \int \frac{x^4 - 1}{x^2}\, dx = \int \left( x^2 - \frac{1}{x^2} \right) dx$$
$$= \int (x^2 - x^{-2})\, dx = \frac{1}{3} x^3 + x^{-1} + C$$
$$= \frac{1}{3} x^3 + \frac{1}{x} + C$$

$f(1) = 0$이므로 $\dfrac{1}{3} + 1 + C = 0$ 　　 $\therefore C = -\dfrac{4}{3}$

따라서 $f(x) = \dfrac{1}{3} x^3 + \dfrac{1}{x} - \dfrac{4}{3}$이므로

$$f(3) = \frac{1}{3} \cdot 3^3 + \frac{1}{3} - \frac{4}{3} = 8$$

> 함수 $y = x^n$은 $n \neq -1$일 때와 $n = -1$일 때의 부정적분을 구하는 방법이 다르므로 주의해야 해.

**답** ④

**1027** 　대표 예제　한 번 더

함수 $f(x) = \left( x + \dfrac{1}{x^2} \right)^2$의 한 부정적분 $F(x)$에 대하여

$F(e) = \dfrac{1}{3} \left( e^3 - \dfrac{1}{e^3} \right)$일 때, $F(1)$의 값은?

① $-2$ 　　　　② $-1$ 　　　　③ 0

④ 1 　　　　⑤ 2

**1028**

$x > 0$에서 정의된 함수 $f(x)$에 대하여 곡선 $y = f(x)$ 위의 임의의 점 $(x,\ f(x))$에서의 접선의 기울기가 $\dfrac{x^2 + \sqrt{x}}{x}$ 이고 이 곡선이 점 $\left( 1,\ \dfrac{3}{2} \right)$을 지날 때, $f(4)$의 값은?

① 3 　　　　② 5 　　　　③ 7

④ 9 　　　　⑤ 11

**1029**

두 함수 $f(x)$, $g(x)$의 도함수가 각각

$$f'(x) = \frac{x^2}{x^2 + x},\ g'(x) = \frac{1}{x^2 + x}$$

이고 $f(1) = g(1) + 1$일 때, $g(e) - f(e)$의 값은?

① $-e$ 　　　　② $-e + 1$ 　　　　③ 1

④ $e$ 　　　　⑤ $e + 1$

**1030**

$x > 0$에서 미분가능한 함수 $f(x)$의 한 부정적분 $F(x)$에 대하여

$$F(x) = xf(x) + x^3 + 2 \ln x$$

를 만족시킨다. $f(1) = 0$일 때, $f(2)$의 값은?

① $-\dfrac{11}{2}$ 　　　　② $-5$ 　　　　③ $-\dfrac{9}{2}$

④ $-4$ 　　　　⑤ $-\dfrac{7}{2}$

### 유형 02  지수함수의 부정적분

① $\int e^x \, dx = e^x + C$

② $\int a^x \, dx = \dfrac{a^x}{\ln a} + C$ (단, $a>0$, $a\neq 1$)

#### 👍 대표 예제

**1031** 함수 $f(x)=\int \dfrac{e^{2x}-1}{e^x-1} \, dx$에 대하여 $f(0)=0$일 때, $f(1)$의 값은?

① $e-2$  　　② $e-1$  　　③ $e$

④ $e+1$  　　⑤ $e+2$

**선생님 해설**

$f(x)=\int \dfrac{e^{2x}-1}{e^x-1} \, dx$

$\quad =\int \dfrac{(e^x+1)(e^x-1)}{e^x-1} \, dx$

$\quad =\int (e^x+1) \, dx$

$\quad =e^x+x+C$

$f(0)=0$이므로 $1+C=0$

$\therefore C=-1$

따라서 $f(x)=e^x+x-1$이므로

$f(1)=e+1-1=e$

**답** ③

**1032**  대표 예제  한 번 더

$x>0$에서 미분가능한 함수 $f(x)$에 대하여

$f'(x)=e^x+\sqrt{x}$이고 $f(1)=\dfrac{2}{3}$일 때, $f(0)$의 값은?

① $1-e$  　　② $2-e$  　　③ $e$

④ $1+e$  　　⑤ $2+e$

**1033**

함수 $f(x)=\int (2^x+1)(4^x-2^x+1) \, dx$에 대하여

$f(0)=\dfrac{1}{3\ln 2}$이다. $f(-1)=\dfrac{1}{m\ln 2}+n$일 때, $m+n$의 값을 구하시오. (단, $m$, $n$은 유리수이다.)

**1034**

$x\neq 0$에서 미분가능한 함수 $f(x)$가

$$\lim_{h\to 0} \dfrac{f(x)-f(x+h)}{h}=\dfrac{1-x\cdot 3^x}{x}$$

을 만족시킨다. $f(1)=\dfrac{3}{\ln 3}$일 때, $f(-1)$의 값은?

① $\dfrac{1}{5\ln 3}$  　　② $\dfrac{1}{3\ln 3}$  　　③ $\dfrac{1}{\ln 3}$

④ $\ln 3$  　　⑤ $3\ln 3$

**1035**

함수 $f(x)=\int 2^{-x+1} \, dx$에 대하여 $f(2)=-\dfrac{1}{2\ln 2}$일 때, $\displaystyle\sum_{n=1}^{\infty} f(n)$의 값은?

① $-\dfrac{3}{\ln 2}$  　　② $-\dfrac{2}{\ln 2}$  　　③ $-\dfrac{1}{\ln 2}$

④ $\dfrac{1}{\ln 2}$  　　⑤ $\dfrac{2}{\ln 2}$

### 유형 03  삼각함수의 부정적분

① $\displaystyle\int \sin x\,dx=-\cos x+C$  ② $\displaystyle\int \cos x\,dx=\sin x+C$

③ $\displaystyle\int \sec^2 x\,dx=\tan x+C$  ④ $\displaystyle\int \csc^2 x\,dx=-\cot x+C$

⑤ $\displaystyle\int \sec x \tan x\,dx=\sec x+C$

⑥ $\displaystyle\int \csc x \cot x\,dx=-\csc x+C$

### 🖐 대표 예제

**1036** 함수 $f(x)=\displaystyle\int \dfrac{\sin^2 x}{1+\cos x}\,dx$에 대하여 $f(\pi)=0$일 때, $f(2\pi)$의 값은?

① $-2\pi$    ② $-\pi$    ③ $0$

④ $\pi$    ⑤ $2\pi$

**선생님 해설**

$f(x)=\displaystyle\int \dfrac{\sin^2 x}{1+\cos x}\,dx$  

$\quad\sin^2 x+\cos^2 x=1$에서 $\sin^2 x=1-\cos^2 x$

$\quad=\displaystyle\int \dfrac{1-\cos^2 x}{1+\cos x}\,dx$

$\quad=\displaystyle\int \dfrac{(1+\cos x)(1-\cos x)}{1+\cos x}\,dx$

$\quad=\displaystyle\int (1-\cos x)\,dx$

$\quad=x-\sin x+C$

$f(\pi)=0$이므로 $\pi+C=0$

$\therefore C=-\pi$

따라서 $f(x)=x-\sin x-\pi$이므로

$f(2\pi)=2\pi-\pi=\pi$

> 삼각함수의 부정적분을 이용할 수 있도록 주어진 식을 변형하는 것이 중요해.

**답** ④

**1037** 대표 예제 한 번 더

함수 $f(x)=1-\tan^2 x$의 한 부정적분 $F(x)$에 대하여 $F(0)=\dfrac{\pi}{2}$일 때, $F\left(\dfrac{\pi}{4}\right)$의 값은?

① $\pi-2$    ② $\pi-1$    ③ $\pi$

④ $\pi+1$    ⑤ $\pi+2$

**1038**

함수 $f(x)$의 도함수가 $f'(x)=2\cos x$이고 함수 $f(x)$의 최솟값이 3일 때, $f(x)$의 최댓값은?

① $4$    ② $5$    ③ $6$

④ $7$    ⑤ $8$

**1039**

$0<x<\dfrac{\pi}{2}$에서 미분가능한 함수 $f(x)$가

$$\lim_{h\to 0}\frac{f(x+h)-f(x+2h)}{h\cos x}=\tan x-2$$

를 만족시킬 때, $f\left(\dfrac{\pi}{3}\right)-f\left(\dfrac{\pi}{6}\right)$의 값은?

① $\dfrac{\sqrt{2}-1}{2}$    ② $\dfrac{\sqrt{3}-1}{2}$    ③ $\dfrac{\sqrt{2}}{2}$

④ $\dfrac{\sqrt{2}+1}{2}$    ⑤ $\dfrac{\sqrt{3}+1}{2}$

**1040** 🆙

$-\dfrac{\pi}{2}<x<\dfrac{\pi}{2}$에서 정의된 함수 $f(x)$가

$$\frac{d}{dx}\{f(x)\sin x\}=\frac{1}{1+\sin x}$$

을 만족시킨다. $f\left(\dfrac{\pi}{3}\right)=2$일 때, $f\left(-\dfrac{\pi}{6}\right)$의 값은?

① $\sqrt{3}-4$    ② $2\sqrt{3}-4$    ③ $\sqrt{3}-2$

④ $2\sqrt{3}-2$    ⑤ $2\sqrt{3}+2$

## 유형 04  유리함수의 부정적분의 치환적분법

부정적분 $\int f'(x)\{f(x)\}^n\,dx$에서

$f(x)=t$라 하면 $\dfrac{dt}{dx}=f'(x)$이므로

$$\int f'(x)\{f(x)\}^n\,dx=\int t^n\,dt$$

### 👍 대표 예제

**1041** 함수 $f(x)=\displaystyle\int (2x-1)(x^2-x+1)^4\,dx$에 대하여 $f(0)=1$일 때, $f(1)$의 값은?

① $\dfrac{1}{5}$　　　　② $\dfrac{2}{5}$　　　　③ $\dfrac{3}{5}$

④ $\dfrac{4}{5}$　　　　⑤ $1$

**선생님 해설**

$x^2-x+1=t$라 하면 $\dfrac{dt}{dx}=2x-1$이므로

$f(x)=\displaystyle\int (2x-1)(x^2-x+1)^4\,dx=\int t^4\,dt$

$\qquad=\dfrac{1}{5}t^5+C=\dfrac{1}{5}(x^2-x+1)^5+C$

$f(0)=1$이므로 $\dfrac{1}{5}+C=1$　　$\therefore C=\dfrac{4}{5}$

따라서 $f(x)=\dfrac{1}{5}(x^2-x+1)^5+\dfrac{4}{5}$이므로

$f(1)=\dfrac{1}{5}(1-1+1)^5+\dfrac{4}{5}=1$

답 ⑤

**1042** 대표 예제 한 번 더

함수 $f(x)=\displaystyle\int \dfrac{3x^2+1}{(x^3+x+1)^2}\,dx$에 대하여 $f(0)=3$일 때, $f(-1)$의 값은?

① $1$　　　　② $2$　　　　③ $3$

④ $4$　　　　⑤ $5$

**1043**

함수 $f(x)=\displaystyle\int \dfrac{1}{(3x-1)^5}\,dx$에 대하여 $f(1)-f(0)$의 값은?

① $\dfrac{1}{64}$　　　　② $\dfrac{3}{64}$　　　　③ $\dfrac{5}{64}$

④ $\dfrac{7}{64}$　　　　⑤ $\dfrac{9}{64}$

**1044**

함수 $f(x)=(ax-3)^4$의 한 부정적분 $F(x)$에 대하여 $F(x)$의 최고차항의 계수가 5일 때, 양수 $a$의 값은?

① $\dfrac{\sqrt{5}}{5}$　　　　② $1$　　　　③ $\sqrt{5}$

④ $5$　　　　⑤ $25$

**1045**

미분가능한 함수 $f(x)$에 대하여
$$f'(x)=(x-1)(x^2-2x-3)^2$$
이고 함수 $f(x)$의 극솟값이 $\dfrac{1}{3}$일 때, $f(0)$의 값은?

① $\dfrac{11}{2}$　　　　② $\dfrac{13}{2}$　　　　③ $\dfrac{15}{2}$

④ $\dfrac{17}{2}$　　　　⑤ $\dfrac{19}{2}$

### 유형 05 무리함수의 부정적분의 치환적분법

부정적분 $\int f'(x)\sqrt{f(x)}\,dx$ 또는 $\int \dfrac{f'(x)}{\sqrt{f(x)}}\,dx$에서

$f(x)=t$라 하면 $\dfrac{dt}{dx}=f'(x)$이므로

$$\int f'(x)\sqrt{f(x)}\,dx=\int \sqrt{t}\,dt,$$

$$\int \dfrac{f'(x)}{\sqrt{f(x)}}\,dx=\int \dfrac{1}{\sqrt{t}}\,dt$$

### 👍 대표 예제

**1046** 함수 $f(x)=\displaystyle\int 16x\sqrt{1-4x^2}\,dx$에 대하여 $f(0)=-1$

일 때, $f\left(\dfrac{\sqrt{3}}{4}\right)$의 값은?

① $\dfrac{1}{8}$ ② $\dfrac{1}{6}$ ③ $\dfrac{1}{4}$

④ $\dfrac{1}{2}$ ⑤ $1$

**선생님 해설**

$1-4x^2=t$라 하면 $\dfrac{dt}{dx}=-8x$이므로

$$f(x)=\int 16x\sqrt{1-4x^2}\,dx=\int \sqrt{t}\cdot(-2)\,dt$$

$$=-2\int t^{\frac{1}{2}}\,dt=-\dfrac{4}{3}t^{\frac{3}{2}}+C$$

$$=-\dfrac{4}{3}t\sqrt{t}+C=-\dfrac{4}{3}(1-4x^2)\sqrt{1-4x^2}+C$$

$f(0)=-1$이므로 $-\dfrac{4}{3}+C=-1$ $\therefore C=\dfrac{1}{3}$

따라서 $f(x)=-\dfrac{4}{3}(1-4x^2)\sqrt{1-4x^2}+\dfrac{1}{3}$이므로

$$f\left(\dfrac{\sqrt{3}}{4}\right)=-\dfrac{4}{3}\left\{1-4\cdot\left(\dfrac{\sqrt{3}}{4}\right)^2\right\}\sqrt{1-4\cdot\left(\dfrac{\sqrt{3}}{4}\right)^2}+\dfrac{1}{3}=\dfrac{1}{6}$$

**답** ②

**1047** 대표 예제 한 번 더

함수 $f(x)=\dfrac{x}{\sqrt{4-x^2}}$의 한 부정적분 $F(x)$에 대하여

$F(0)=0$일 때, $F(2)$의 값을 구하시오.

**1048**

함수 $f(x)=\displaystyle\int \dfrac{e^{2x}}{\sqrt{e^x+1}}\,dx$에 대하여 $f(0)=-\dfrac{2\sqrt{2}}{3}$이고

방정식 $f(x)=0$의 실근이 $\ln k$일 때, 실수 $k$의 값을 구하시오.

**1049**

$x>-1$에서 정의된 미분가능한 함수 $f(x)$의 한 부정적분을 $F(x)$라 할 때

$$F(x)=(x+1)f(x)-\sqrt[3]{x+1}$$

을 만족시킨다. $f(0)=-\dfrac{1}{2}$일 때, $f(7)$의 값은?

① $-2$ ② $-1$ ③ $-\dfrac{1}{2}$

④ $-\dfrac{1}{4}$ ⑤ $-\dfrac{1}{8}$

**1050**

함수 $f(x)=\displaystyle\int \dfrac{x}{\sqrt{x^2+1}-\sqrt{x^2-1}}\,dx$에 대하여 곡선

$y=f(x)$가 점 $(1,\sqrt{2})$를 지날 때, $f(\sqrt{3})$의 값은?

① $1+\sqrt{2}$ ② $\dfrac{4}{3}+\sqrt{2}$ ③ $\dfrac{5}{3}+\sqrt{2}$

④ $2+\sqrt{2}$ ⑤ $\dfrac{7}{3}+\sqrt{2}$

**유형 06** **지수함수의 부정적분의 치환적분법**

① 부정적분 $\int f'(x)e^{f(x)}\,dx$에서

$f(x)=t$라 하면 $\dfrac{dt}{dx}=f'(x)$이므로 $\int f'(x)e^{f(x)}\,dx=\int e^t\,dt$

② 부정적분 $\int f(e^x)e^x\,dx$에서

$e^x=t$라 하면 $\dfrac{dt}{dx}=e^x$이므로 $\int f(e^x)e^x\,dx=\int f(t)\,dt$

👍 **대표 예제**

**1051** 함수 $f(x)=\displaystyle\int 4x\cdot 2^{x^2-1}\,dx$에 대하여 $f(0)=\dfrac{1}{\ln 2}$일 때, $f(1)$의 값은?

① $-\dfrac{2}{\ln 2}$      ② $-\dfrac{1}{\ln 2}$      ③ $\dfrac{2}{\ln 2}$

④ $\dfrac{4}{\ln 2}$      ⑤ $\dfrac{8}{\ln 2}$

**선생님 해설**

$x^2-1=t$라 하면 $\dfrac{dt}{dx}=2x$이므로

$f(x)=\displaystyle\int 4x\cdot 2^{x^2-1}\,dx=\int 2^t\cdot 2\,dt$

$=2\cdot\dfrac{2^t}{\ln 2}+C=2\cdot\dfrac{2^{x^2-1}}{\ln 2}+C=\dfrac{2^{x^2}}{\ln 2}+C$

$f(0)=\dfrac{1}{\ln 2}$이므로 $\dfrac{1}{\ln 2}+C=\dfrac{1}{\ln 2}$    $\therefore C=0$

따라서 $f(x)=\dfrac{2^{x^2}}{\ln 2}$이므로 $f(1)=\dfrac{2}{\ln 2}$

**답** ③

**1052** 대표 예제 한 번 더

함수 $f(x)=\displaystyle\int \dfrac{e^{\frac{2}{x}}}{x^2}\,dx$에 대하여 $f(2)-f(1)$의 값은?

① $\dfrac{e-\sqrt{e}}{4}$      ② $\dfrac{e^2-e}{4}$      ③ $\dfrac{e-\sqrt{e}}{2}$

④ $\dfrac{e^2-e}{2}$      ⑤ $e^2-e$

**1053**

미분가능한 함수 $f(x)$에 대하여 $f'(x)=e^x(e^x-1)^4$이고 곡선 $y=f(x)$가 원점을 지날 때, $f(\ln 2)$의 값은?

① $\dfrac{1}{6}$      ② $\dfrac{1}{5}$      ③ $\dfrac{1}{4}$

④ $\dfrac{1}{3}$      ⑤ $\dfrac{1}{2}$

**1054**

$x>0$에서 미분가능한 함수 $f(x)$에 대하여 $f'(x)=\dfrac{e^{\sqrt{x}}}{\sqrt{x}}$이고 $f(1)=e$일 때, $f(4)$의 값은?

① $2e-1$      ② $2e+1$      ③ $2e^2-e$

④ $2e^2-1$      ⑤ $2e^2+e$

**1055** 🔼

실수 전체의 집합에서 연속인 함수 $f(x)$에 대하여

$$f'(x)=\begin{cases} xe^{x^2} & (x>0) \\ \dfrac{x}{a} & (x<0) \end{cases}$$

이고, 곡선 $y=f(x)$ 위의 $x=-1$인 점에서의 접선의 기울기와 $x=1$인 점에서의 접선의 기울기가 서로 같을 때, $f(-1)-f(1)$의 값은?

① $\dfrac{1}{2}-e$      ② $1-e$      ③ $\dfrac{3}{2}-e$

④ $\dfrac{1}{2}+e$      ⑤ $1+e$

### 유형 07 로그함수의 부정적분의 치환적분법

부정적분 $\int \dfrac{f(\ln x)}{x} dx$ 에서

$\ln x = t$ 라 하면 $\dfrac{dt}{dx} = \dfrac{1}{x}$ 이므로

$$\int \dfrac{f(\ln x)}{x} dx = \int f(t) dt$$

### 🖐 대표 예제

**1056** 함수 $f(x) = \int \dfrac{(\ln x)^3}{x} dx$ 에 대하여 $f(1) = 1$ 일 때, $f(e^2)$ 의 값은?

① 1      ② 2      ③ 3

④ 4      ⑤ 5

**선생님 해설**

$\ln x = t$ 라 하면 $\dfrac{dt}{dx} = \dfrac{1}{x}$ 이므로

$f(x) = \int \dfrac{(\ln x)^3}{x} dx = \int t^3 dt$

$\quad = \dfrac{1}{4} t^4 + C = \dfrac{1}{4}(\ln x)^4 + C$

$f(1) = 1$ 이므로 $C = 1$

따라서 $f(x) = \dfrac{1}{4}(\ln x)^4 + 1$ 이므로

$f(e^2) = \dfrac{1}{4} \cdot 2^4 + 1 = 5$

**답 ⑤**

**1057** 대표 예제 한 번 더

함수 $f(x) = \dfrac{\cos(\ln x)}{x}$ 의 한 부정적분 $F(x)$ 에 대하여

$F(1) = 0$ 일 때, $F(e^{\frac{\pi}{3}})$ 의 값은?

① 0      ② $\dfrac{1}{2}$      ③ $\dfrac{\sqrt{2}}{2}$

④ $\dfrac{\sqrt{3}}{2}$      ⑤ 1

**1058** 함수 $f(x)$ 가

$$\lim_{h \to 0} \dfrac{f(x+h) - f(x)}{2h} = \dfrac{1}{x\sqrt{\ln x + 5}}$$

을 만족시킨다. $f\left(\dfrac{1}{e}\right) = 8$ 일 때, $f(e)$ 의 값은?

① 8      ② $4\sqrt{5}$      ③ $4\sqrt{6}$

④ $4\sqrt{7}$      ⑤ $8\sqrt{2}$

**1059** 함수 $f(x) = \int \dfrac{\ln(\sin x)}{\tan x} dx$ 에 대하여 $f\left(\dfrac{\pi}{6}\right) - f\left(\dfrac{\pi}{2}\right)$ 의 값은?

① $\dfrac{1}{8}(\ln 2)^2$      ② $\dfrac{1}{8}\ln 2$      ③ $\dfrac{1}{4}(\ln 2)^2$

④ $\dfrac{1}{4}\ln 2$      ⑤ $\dfrac{1}{2}(\ln 2)^2$

**1060** 미분가능한 함수 $f(x)$ 가

$$(x^2 + 1)f'(x) = x \ln(x^2 + 1)$$

을 만족시킨다. $f(0) = 0$ 일 때, 방정식 $f(x) = \dfrac{1}{4}$ 을 만족시키는 모든 실수 $x$ 의 값의 곱은?

① $-1 - e$      ② $-e$      ③ $1 - e$

④ $1 + e$      ⑤ $2 + e$

## 유형 08  삼각함수의 부정적분의 치환적분법

부정적분 $\int f(\sin x)\cos x\, dx$에서

$\sin x = t$라 하면 $\dfrac{dt}{dx} = \cos x$이므로

$$\int f(\sin x)\cos x\, dx = \int f(t)\, dt$$

**참고** 두 실수 $a\,(a \neq 0)$, $b$에 대하여

① $\int \sin(ax+b)\, dx = -\dfrac{1}{a}\cos(ax+b) + C$

② $\int \cos(ax+b)\, dx = \dfrac{1}{a}\sin(ax+b) + C$

### 👍 대표 예제

**1061** 함수 $f(x) = \int \cos^2 x \sin^3 x\, dx$에 대하여 $f(0) = \dfrac{1}{5}$

일 때, $f\left(\dfrac{\pi}{2}\right)$의 값은?

① $\dfrac{1}{6}$  ② $\dfrac{1}{5}$  ③ $\dfrac{1}{4}$

④ $\dfrac{1}{3}$  ⑤ $\dfrac{1}{2}$

**선생님 해설**

$$f(x) = \int \cos^2 x \sin^3 x\, dx$$
$$= \int \cos^2 x \cdot \sin^2 x \cdot \sin x\, dx$$
$$= \int \cos^2 x (1 - \cos^2 x) \sin x\, dx$$

*$\sin^2 x + \cos^2 x = 1$에서 $\sin^2 x = 1 - \cos^2 x$*

$\cos x = t$라 하면 $\dfrac{dt}{dx} = -\sin x$이므로

$$f(x) = \int \cos^2 x (1 - \cos^2 x) \sin x\, dx$$
$$= \int t^2 (1 - t^2) \cdot (-1)\, dt = \int (t^4 - t^2)\, dt$$
$$= \frac{1}{5}t^5 - \frac{1}{3}t^3 + C = \frac{1}{5}\cos^5 x - \frac{1}{3}\cos^3 x + C$$

$f(0) = \dfrac{1}{5}$이므로 $\dfrac{1}{5} - \dfrac{1}{3} + C = \dfrac{1}{5}$

$\therefore C = \dfrac{1}{3}$

따라서 $f(x) = \dfrac{1}{5}\cos^5 x - \dfrac{1}{3}\cos^3 x + \dfrac{1}{3}$이므로

$f\left(\dfrac{\pi}{2}\right) = \dfrac{1}{3}$

**답** ④

**1062** 대표 예제 한 번 더

함수 $f(x) = \int (1 + \sin 2x)^3 \cos 2x\, dx$에 대하여

$f(0) = \dfrac{1}{8}$일 때, $f\left(\dfrac{\pi}{4}\right)$의 값을 구하시오.

**1063**

정의역이 $\left\{x \mid -\dfrac{\pi}{2} < x < \dfrac{\pi}{2}\right\}$인 함수 $f(x) = \tan x$에 대하여 함수 $g(x)$가

$$g(x) = \int e^{f(x)}\left[\{f(x)\}^2 + 1\right] dx, \ g(0) = 1$$

을 만족시킬 때, 방정식 $\ln g(x) = 1$의 실근은?

① $-\dfrac{\pi}{4}$  ② $-\dfrac{\pi}{6}$  ③ $\dfrac{\pi}{6}$

④ $\dfrac{\pi}{4}$  ⑤ $\dfrac{\pi}{3}$

**1064**

미분가능한 함수 $f(x)$에 대하여 $f'(x) = \dfrac{\cos^3 x}{1 - \sin x}$이고 $f(\pi) = 1$이다. 함수 $f\left(-\dfrac{\pi}{6}\right)$의 값은?

① $\dfrac{3}{8}$  ② $\dfrac{1}{2}$  ③ $\dfrac{5}{8}$

④ $\dfrac{3}{4}$  ⑤ $\dfrac{7}{8}$

**1065**

$0 < x < \pi$에서 미분가능한 함수

$$f(x) = \int \sin^3 2x \cos 2x\, dx + \int \cos^3 2x \sin 2x\, dx$$

에 대하여 $f\left(\dfrac{\pi}{2}\right) = 0$이고 함수 $g(x)$를 $g(x) = \ln f(x)$라 할 때, $g'\left(\dfrac{\pi}{8}\right)$의 값을 구하시오.

## 유형 09 $\dfrac{f'(x)}{f(x)}$ 꼴의 부정적분의 치환적분법

$f(x)=t$라 하면 $\dfrac{dt}{dx}=f'(x)$이므로

$$\int \frac{f'(x)}{f(x)}\,dx=\int \frac{1}{t}\,dt=\ln|t|+C=\ln|f(x)|+C$$

### 👍 대표 예제

**1066** 함수 $f(x)=\displaystyle\int \frac{4x+8}{x^2+4x+5}\,dx$에 대하여 $f(0)=3\ln 5$일 때, $f(-2)$의 값은?

① $\ln 5$      ② $\ln 10$      ③ $\ln 15$
④ $\ln 20$      ⑤ $2\ln 5$

**선생님 해설**

$(x^2+4x+5)'=2x+4$이므로

$f(x)=\displaystyle\int \frac{4x+8}{x^2+4x+5}\,dx$

$\qquad =2\displaystyle\int \frac{2x+4}{x^2+4x+5}\,dx$

$\qquad =2\displaystyle\int \frac{(x^2+4x+5)'}{x^2+4x+5}\,dx$

$\qquad =2\ln(x^2+4x+5)+C \ (\because x^2+4x+5>0)$

$f(0)=3\ln 5$이므로 $2\ln 5+C=3\ln 5$

$\therefore C=\ln 5$

따라서 $f(x)=2\ln(x^2+4x+5)+\ln 5$이므로

$f(-2)=2\ln\{(-2)^2+4\cdot(-2)+5\}+\ln 5=\ln 5$

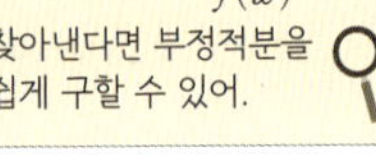


**답** ①

**1067** 대표 예제 | 한 번 더

미분가능한 함수 $f(x)$에 대하여 $f'(x)=\dfrac{2^x \ln 8}{2^x+1}$이고 $f(0)=6\ln 2$일 때, $f(-1)$의 값은?

① $2\ln 2$      ② $3\ln 2$      ③ $2\ln 3$
④ $3\ln 3$      ⑤ $4\ln 3$

**1068**

열린구간 $\left(-\dfrac{\pi}{2},\ \dfrac{\pi}{2}\right)$에서 정의된 함수 $f(x)$에 대하여 곡선 $y=f(x)$ 위의 임의의 점 $(x,\ f(x))$에서의 접선의 기울기가 $\tan x$이고 이 곡선이 원점을 지날 때, $f\left(\dfrac{\pi}{4}\right)$의 값은?

① $-\ln 2$      ② $-\dfrac{1}{2}\ln 2$      ③ $0$
④ $\dfrac{1}{2}\ln 2$      ⑤ $\ln 2$

**1069**

미분가능한 함수 $f(x)$에 대하여 $f'(x)=\dfrac{e^x-e^{-x}}{e^x+e^{-x}}$이고 $f(x)$의 최솟값이 $\ln 4$일 때, $f(\ln 2)$의 값은?

① $\ln 5$      ② $\ln 6$      ③ $\ln 7$
④ $2\ln 2$      ⑤ $2\ln 3$

**1070**

미분가능한 함수 $f(x)$가 임의의 두 실수 $x,\ y$에 대하여
$$f(x+y)=3f(x)f(y)$$
를 만족시킨다. 모든 실수 $x$에 대하여 $f(x)>0$이고 $f'(0)=\dfrac{5}{3}$일 때, $f(\ln 3)$의 값은?

① $1$      ② $3$      ③ $9$
④ $27$      ⑤ $81$

## 유형 10  부분분수를 이용한 부정적분

분모가 인수분해되고, (분자의 차수)<(분모의 차수)일 때
➡ 분모를 인수분해한 후, 부분분수로 변형하여 부정적분을 구한다.

① $\dfrac{1}{(x+a)(x+b)}=\dfrac{1}{b-a}\left(\dfrac{1}{x+a}-\dfrac{1}{x+b}\right)$ (단, $a\neq b$)

② $\dfrac{px+q}{(x+a)(x+b)}=\dfrac{A}{x+a}+\dfrac{B}{x+b}$

### 🖐 대표 예제

**1071** 등식 $\displaystyle\int \dfrac{1}{x(x+2)}\,dx=p\ln\left|\dfrac{x+q}{x+r}\right|+C$가 성립하도록 하는 세 상수 $p$, $q$, $r$에 대하여 $p+q+r$의 값은?

(단, $C$는 적분상수이다.)

① $\dfrac{2}{3}$      ② $1$      ③ $2$

④ $\dfrac{5}{2}$      ⑤ $3$

**선생님 해설**

$\dfrac{1}{x(x+2)}=\dfrac{1}{2}\left(\dfrac{1}{x}-\dfrac{1}{x+2}\right)$이므로

$\displaystyle\int \dfrac{1}{x(x+2)}\,dx=\dfrac{1}{2}\int\left(\dfrac{1}{x}-\dfrac{1}{x+2}\right)dx$

$\qquad\qquad\qquad=\dfrac{1}{2}(\ln|x|-\ln|x+2|)+C$

$\qquad\qquad\qquad=\dfrac{1}{2}\ln\left|\dfrac{x}{x+2}\right|+C$

따라서 $p=\dfrac{1}{2}$, $q=0$, $r=2$이므로

$p+q+r=\dfrac{1}{2}+0+2=\dfrac{5}{2}$

답 ④

**1072**  `대표 예제` `한 번 더`

함수 $f(x)=\displaystyle\int \dfrac{3}{x^2+x-2}\,dx$에 대하여 $f(2)-f(-1)$의 값은?

① $-4\ln 2$    ② $-3\ln 2$    ③ $-2\ln 2$

④ $2\ln 2$    ⑤ $3\ln 2$

**1073**

함수 $f(x)=\displaystyle\int \dfrac{2x}{(x+1)(x+3)}\,dx$에 대하여 $f(0)=3\ln 3$일 때, $f(-5)$의 값은?

① $\ln 2$      ② $\ln 3$      ③ $\ln 4$

④ $\ln 5$      ⑤ $\ln 6$

**1074**

함수 $f(x)$에 대하여 $f'(x)=\dfrac{x}{4-x^2}$이고 곡선 $y=f(x)$가 원점을 지날 때, $f(6)$의 값은?

① $-\dfrac{3}{2}\ln 2$    ② $-\ln 2$    ③ $-\dfrac{1}{2}\ln 2$

④ $\dfrac{1}{2}\ln 2$    ⑤ $\dfrac{3}{2}\ln 2$

**1075**

함수 $f(x)$가 다음 조건을 만족시킨다.

> (가) $f(2)=0$
>
> (나) $\displaystyle\lim_{h\to 0}\dfrac{f(x+h)-f(x)}{2h}=\dfrac{x+7}{x^2+2x-3}$

$f(-4)$의 값은?

① $6\ln 2$    ② $7\ln 2$    ③ $4\ln 5$

④ $5\ln 5$    ⑤ $6\ln 5$

### 유형 11  몫과 나머지를 이용한 부정적분

(분자의 차수) ≥ (분모의 차수)일 때
➡ 분자를 분모로 나누어 몫과 나머지의 꼴로 변형한 후 부정적분을 구한다.

#### 👍 대표 예제

**1076**  함수 $f(x)=\displaystyle\int \dfrac{2x+5}{x+1}\,dx$에 대하여 $f(0)=1$일 때, $f(e-1)$의 값은?

① $e+1$      ② $e+2$      ③ $2e+1$
④ $2e+2$      ⑤ $2e+3$

**선생님 해설**

$\dfrac{2x+5}{x+1}=\dfrac{2(x+1)+3}{x+1}=2+\dfrac{3}{x+1}$ 이므로

$$f(x)=\int \dfrac{2x+5}{x+1}\,dx$$
$$=\int\left(2+\dfrac{3}{x+1}\right)dx$$
$$=2x+3\ln|x+1|+C$$

$f(0)=1$이므로 $0+0+C=1$    $\therefore C=1$

따라서 $f(x)=2x+3\ln|x+1|+1$이므로

$f(e-1)=2(e-1)+3+1=2e+2$

> (다항식)÷(다항식)의 계산은 수학(상) 01. 다항식의 연산의 **유형 13**에서 이미 학습했어. 나눗셈을 통해 몫과 나머지를 구한 후 주어진 식을 정리하면 돼~.

답 ④

**1077**  대표 예제 | 한 번 더

곡선 $y=f(x)$ 위의 임의의 점 $(x,\ f(x))$에서의 접선의 기울기가 $\dfrac{3x^2+2x+3}{x^2+1}$이고 이 곡선이 원점을 지날 때, $f(2)$의 값은?

① $3+\ln 5$      ② $4+\ln 5$      ③ $5+\ln 5$
④ $6+\ln 5$      ⑤ $7+\ln 5$

**1078**

함수 $f(x)=\dfrac{2x+1}{x-1}$의 역함수를 $g(x)$라 하고, $g(x)$의 한 부정적분을 $G(x)$라 하자. $G(6)=2G(0)$일 때, $G(1)$의 값은?

① 3      ② 4      ③ 5
④ 6      ⑤ 7

**1079**

함수 $f(x)$에 대하여 $f'(x)=\dfrac{3x^2+2x+1}{x+1}$이고 $f(3)-f(1)=p+q\ln 2$일 때, 두 유리수 $p,\ q$에 대하여 $p+q$의 값은?

① 3      ② 6      ③ 9
④ 12      ⑤ 15

**1080**

함수 $f(x)=\displaystyle\int \dfrac{x^3+x^2+kx}{x^2-1}\,dx$에 대하여 $f(0)=0$일 때, $f(2)=4+\ln 3$이 되도록 하는 상수 $k$의 값을 구하시오.

### 유형 12 부분적분법

피적분함수가 두 함수의 곱의 꼴로 되어 있고 치환적분법을 이용할 수 없을 때, 부분적분법을 이용하여 부정적분을 구한다.

$$\int f(x)g'(x)\,dx=f(x)g(x)-\int f'(x)g(x)\,dx$$

### 👍 대표 예제

**1081** 함수 $f(x)=\displaystyle\int x\sin 2x\,dx$에 대하여 $f(0)=\pi$일 때, $f(-\pi)$의 값은?

① $0$ 　　　　② $\dfrac{\pi}{2}$ 　　　　③ $\pi$

④ $\dfrac{3}{2}\pi$ 　　　　⑤ $2\pi$

**선생님 해설**

$u(x)=x$, $v'(x)=\sin 2x$라 하면

$u'(x)=1$, $v(x)=-\dfrac{1}{2}\cos 2x$이므로

> $x$와 $\sin 2x$ 중 $x$를 미분한 결과가 더 간단하니까 $u(x)=x$라 한 거야.

$f(x)=\displaystyle\int x\sin 2x\,dx$

$\qquad=-\dfrac{1}{2}x\cos 2x+\displaystyle\int\dfrac{1}{2}\cos 2x\,dx$

$\qquad=-\dfrac{1}{2}x\cos 2x+\dfrac{1}{4}\sin 2x+C$

$f(0)=\pi$이므로 $0+0+C=\pi$ 　　∴ $C=\pi$

따라서 $f(x)=-\dfrac{1}{2}x\cos 2x+\dfrac{1}{4}\sin 2x+\pi$이므로

$f(-\pi)=\dfrac{\pi}{2}+0+\pi=\dfrac{3}{2}\pi$

**답** ④

**1082** 〔대표 예제〕〔한 번 더〕

함수 $f(x)=(x+1)e^{2x}$의 한 부정적분 $F(x)$에 대하여

$F(-1)=-\dfrac{1}{4e^2}$일 때, $F(1)$의 값은?

① $\dfrac{1}{4}e^2$ 　　　② $\dfrac{1}{2}e^2$ 　　　③ $\dfrac{3}{4}e^2$

④ $e^2$ 　　　⑤ $\dfrac{5}{4}e^2$ .

**1083**

미분가능한 함수 $f(x)$에 대하여 $f'(x)=xe^{-x}$이고 $f(-1)=2$일 때, 함수 $f(x)$의 최솟값은?

① $-3$ 　　　　② $-2$ 　　　　③ $-1$

④ $0$ 　　　　⑤ $1$

**1084**

$x>0$에서 미분가능한 함수 $f(x)$의 한 부정적분 $F(x)$에 대하여

$$F(x)=xf(x)-x^2\ln x,\ F(1)=1$$

을 만족시킬 때, $f(e)$의 값은?

① $e-2$ 　　　② $e-1$ 　　　③ $e$

④ $e+1$ 　　　⑤ $e+2$

**1085**

$-2\le x\le 3$에서 정의된 미분가능한 함수 $f(x)$가 다음 조건을 만족시킬 때, $f(x)$의 최댓값은?

> (가) $f'(x)=x^3e^{x^2}$
>
> (나) 함수 $f(x)$의 최솟값은 $\dfrac{1}{2}$이다.

① $2e^7+1$ 　　　② $2e^9+1$ 　　　③ $4e^7+1$

④ $4e^9+1$ 　　　⑤ $4e^{11}+1$

### 유형 13 부분적분법
: 부분적분법을 2번 적용하는 경우

부분적분법을 한 번 적용하여 부정적분을 구할 수 없을 때에는 부분적분법을 한 번 더 적용한다.

#### 🖐 대표 예제

**1086** 함수 $f(x)=\displaystyle\int x^2 e^x\,dx$에 대하여 $f(0)=2$일 때, $f(1)$의 값은?

① $e$　　　　② $2e$　　　　③ $e^2$

④ $3e$　　　　⑤ $2e^2$

**선생님 해설**

$u(x)=x^2$, $v'(x)=e^x$이라 하면 $u'(x)=2x$, $v(x)=e^x$이므로

$$f(x)=\int x^2 e^x\,dx=x^2 e^x-\int 2xe^x\,dx$$
$$=x^2 e^x-2\int xe^x\,dx \quad\cdots\cdots\ \text{㉠}$$

$\displaystyle\int xe^x\,dx$에서 $s(x)=x$, $t'(x)=e^x$이라 하면

$s'(x)=1$, $t(x)=e^x$이므로

$$\int xe^x\,dx=xe^x-\int e^x\,dx \quad\cdots\cdots\ \text{㉡}$$

㉡을 ㉠에 대입하면

$$f(x)=x^2 e^x-2\Big(xe^x-\int e^x\,dx\Big)=x^2 e^x-2xe^x+2\int e^x\,dx$$
$$=x^2 e^x-2xe^x+2e^x+C=(x^2-2x+2)e^x+C$$

$f(0)=2$이므로 $2+C=2$

$\therefore C=0$

따라서 $f(x)=(x^2-2x+2)e^x$이므로
$f(1)=(1-2+2)e=e$

㉡을 ㉠에 대입하여 계산한 결과에 적분상수 $C$가 생기는 것을 꼭 기억하자.

**답** ①

**1087** 대표 예제 한 번 더

함수 $f(x)=x^2\sin x$의 한 부정적분 $F(x)$에 대하여
$F\left(\dfrac{\pi}{2}\right)=\pi$일 때, $F(\pi)$의 값은?

① $\pi^2$　　　　② $\pi^2+1$　　　　③ $\pi^2-1$

④ $\pi^2+2$　　　　⑤ $\pi^2-2$

**1088**

함수 $f(x)=\displaystyle\int e^x\cos x\,dx$에 대하여 $f(0)=\dfrac{1}{2}$일 때, $f(\pi)$의 값은?

① $-\dfrac{1}{2}e^{2\pi}$　　　② $-\dfrac{1}{2}e^{\pi}$　　　③ $\dfrac{1}{2}e^{\pi}$

④ $\dfrac{1}{2}e^{2\pi}$　　　⑤ $e^{2\pi}$

**1089**

함수 $f(x)=\displaystyle\int (x^2+x)e^{-x}\,dx$에 대하여 $f(0)=-3$일 때, 방정식 $f(x)=xe^{-x}$의 모든 실근의 합은?

① $-5$　　　　② $-4$　　　　③ $-3$

④ $-2$　　　　⑤ $-1$

**1090**

두 다항함수 $f(x)$, $g(x)$와 상수 $p$에 대하여
$$\int x(\ln x)^2\,dx=f(x)(\ln x)^2+g(x)\ln x+px^2+C$$
를 만족시킬 때, $f(p)-g(p)$의 값은?
（단, $C$는 적분상수이다.）

① $\dfrac{1}{64}$　　　② $\dfrac{1}{32}$　　　③ $\dfrac{1}{16}$

④ $\dfrac{1}{8}$　　　⑤ $\dfrac{1}{4}$

## 1091 · 유형 03 ·

$-\dfrac{\pi}{2}<x<\dfrac{\pi}{2}$에서 정의된 미분가능한 함수 $f(x)$에 대하여

$f'(x)=\dfrac{1}{1+\cos 2x}$이고 $f(0)=\dfrac{1}{2}$일 때, $f\left(\dfrac{\pi}{4}\right)$의 값은?

① $\dfrac{1}{2}$　　　② $\dfrac{\sqrt{2}}{2}$　　　③ $\dfrac{\sqrt{3}}{2}$

④ $1$　　　⑤ $\sqrt{2}$

## 1092 · 유형 02 ·

미분가능한 함수 $f(x)$가 $e^x\{f(x)+f'(x)\}=e^x+e^{-x}$을 만족시킨다. $f(1)=1$일 때, $f(-1)$의 값은?

① $1-e^2$　　　② $2-e^2$　　　③ $1-e$

④ $2-e$　　　⑤ $3-e$

## 1093 · 유형 06 ·

열린구간 $(0,\ e^2)$에서 미분가능한 함수

$f(x)=\displaystyle\int e^x(e^x-2)^3\,dx$에 대하여 $f(\ln 3)=0$일 때,

함수 $f(x)$의 최솟값은?

① $-\dfrac{1}{2}$　　　② $-\dfrac{1}{3}$　　　③ $-\dfrac{1}{4}$

④ $-\dfrac{1}{5}$　　　⑤ $-\dfrac{1}{6}$

## 1094 · 유형 09 ·

$x>0$에서 정의된 미분가능한 함수 $f(x)$가 모든 실수 $x$에 대하여 $f(x)>0$이고

$$x^2 f(2x)=\int x^2 f'(2x)\,dx$$

를 만족시킨다. $f(1)=e$일 때, $f(e)$의 값은?

① $\dfrac{1}{e^5}$　　　② $\dfrac{1}{e^4}$　　　③ $\dfrac{1}{e^3}$

④ $\dfrac{1}{e^2}$　　　⑤ $\dfrac{1}{e}$

## 1095 사고력 · 유형 07 ·

$x\geq 1$에서 정의된 함수 $f(x)$가 다음 조건을 만족시킨다.

> (가) $f(1)=0$
>
> (나) $f(x)=\displaystyle\int \dfrac{\sin(\ln x)}{x}\,dx$

방정식 $f(x)=0$의 실근을 작은 것부터 차례대로 $\alpha_1$, $\alpha_2$, $\alpha_3$, $\cdots$이라 할 때, $\alpha_m\alpha_{m+1}\alpha_{m+2}\alpha_{m+3}=e^{60\pi}$을 만족시키는 자연수 $m$의 값을 구하시오.

## 1096 · 유형 10 ·

곡선 $y=f(x)$ 위의 임의의 점 $(x,\ f(x))$에서의 접선의 기울기가 $\dfrac{1}{1+e^{-x}}$이고 이 곡선이 점 $(0,\ \ln 2)$를 지날 때, $f(\ln 2)$의 값은?

① $0$　　　② $\ln 2$　　　③ $\ln 3$

④ $\ln 4$　　　⑤ $\ln 5$

## 1097
• 유형 12 •

2 이상의 자연수 $n$에 대하여 $I_n(x)=\int \sin^n x\,dx$라 할 때, $nI_n(x)-(n-1)I_{n-2}(x)$와 같은 것은?

(단, $C$는 적분상수이다.)

① $-\sin^{n-2} x \cos^2 x + C$  ② $-\sin^{n-2} x \cos x + C$

③ $-\sin^{n-1} x \cos x + C$  ④ $\sin^{n-2} x \cos x + C$

⑤ $\sin^{n-1} x \cos x + C$

## 1098
• 유형 13 •

실수 전체의 집합에서 미분가능한 함수 $f(x)$가 모든 실수 $x$에 대하여

$$f(x)+f'(x)=1+\sin x, \quad f(0)=\frac{1}{2}$$

을 만족시킨다. $g(x)=e^x f(x)$라 할 때, $f(\pi)$의 값은?

① $\dfrac{1}{2}$  ② $1$  ③ $\dfrac{3}{2}$

④ $2$  ⑤ $\dfrac{5}{2}$

## 1099
• 유형 05 •

실수 전체의 집합에서 미분가능한 함수 $f(x)$가 다음 조건을 만족시킬 때, $k+f\left(-\dfrac{3}{2}\right)$의 값은? (단, $k$는 상수이다.)

> (가) $\displaystyle\lim_{x\to 0}\frac{f(x)}{x}=2$
>
> (나) $f(x)=\displaystyle\int (x^2+1)\sqrt[3]{x^3+3x+k}\,dx$

① $\dfrac{255}{64}$  ② $\dfrac{257}{64}$  ③ $\dfrac{259}{64}$

④ $\dfrac{261}{64}$  ⑤ $\dfrac{263}{64}$

## 1100
• 유형 02 •

실수 전체의 집합에서 연속이고 $x=-1$에서 미분가능한 함수 $f(x)$에 대하여

$$f'(x)=\begin{cases}\dfrac{1}{2}e^{x+a} & (|x|>1)\\[2mm] 3x^2-2 & (|x|<1)\end{cases}$$

이다. $f(2)=e^3$일 때, $f(3)\{f(-5)-1\}$의 값은?

(단, $a$는 상수이다.)

① $1-e^4$  ② $1-e^2$  ③ $1+e^2$

④ $1+e^4$  ⑤ $1+e^6$

## 1101 사고력
• 유형 08 •

$0<x<2$에서 미분가능한 함수 $f(x)$가 다음 조건을 만족시킬 때, 곡선 $y=f(x)$ 위의 점 $\left(\dfrac{3}{2}, f\left(\dfrac{3}{2}\right)\right)$에서의 접선의 $y$절편은?

> (가) $f\left(\dfrac{1}{2}\right)=\dfrac{\pi}{3}$
>
> (나) 함수 $y=f(x)$의 치역은 $\{y\,|\,0<y<\pi\}$이다.
>
> (다) $f'(x)=\csc f(x)$

① $-2+\dfrac{\pi}{3}$  ② $-\sqrt{3}+\dfrac{\pi}{3}$  ③ $-1+\dfrac{\pi}{3}$

④ $-\sqrt{3}+\dfrac{2}{3}\pi$  ⑤ $-1+\dfrac{2}{3}\pi$

## 1102 창의력+
• 유형 09 •

$x>-1$에서 정의된 두 함수 $f(x)$, $g(x)$가 다음 조건을 만족시킬 때, $f(\ln 2)$의 값을 구하시오.

> (가) 함수 $f(x)$의 이계도함수가 존재하고,
> $$f'(x)=g(x), \quad f''(x)=f(x)$$
>
> (나) $f(0)=20$, $g(0)=16$
>
> (다) $f(x)>g(x)>0$

## 서술형 문제

### 1103
· 유형 06 ·

함수 $f(x)=\dfrac{\ln x+3}{2}$ 의 역함수를 $g(x)$라 하고, $g(x)$의 한 부정적분을 $G(x)$라 하자. $G(2)=e$일 때, $G(0)=\dfrac{e^a+e^b}{2}$ 을 만족시키는 두 정수 $a$, $b$ $(a<b)$에 대하여 $a^2+b^2$의 값을 구하시오.

☑ **필요 개념 및 공식**
☐ 함수 $f(x)$의 역함수 구하기　　☐ 치환적분법

### 1104
· 유형 11 + 유형 12 ·

함수 $f(x)=\displaystyle\int 2x\ln(x+1)\,dx$에 대하여 $f(0)=2f(1)$ 이고 $f(2)=p\ln 3+q$일 때, 두 유리수 $p$, $q$에 대하여 $p+q$ 의 값을 구하시오.

☑ **필요 개념 및 공식**
☐ 부분적분법

### 1105
· 유형 03 ·

실수 전체의 집합에서 연속인 함수 $f(x)$에 대하여

$$f'(x)=\begin{cases} k+\sin x & (x>0) \\ 1 & (x<0) \end{cases}$$

이고 $f(-1)=f(\pi)$일 때, 상수 $k$의 값을 구하시오.

☑ **필요 개념 및 공식**
☐ 구간에 따라 다르게 정의된 함수의 연속

### 1106
· 유형 01 ·

$x\geq 0$에서 정의된 연속함수

$$f(x)=\lim_{n\to\infty}\frac{2x^{n+1}-ax^{n-1}+\sqrt{x}}{x^n+1}$$

에 대하여 $g(x)=\displaystyle\int f(x)\,dx$라 하자. 함수 $g(x)$가 $x\geq 0$에서 연속이고 $g(e)=e^2$일 때, $12g\!\left(\dfrac{1}{4}\right)$의 값을 구하시오.

☑ **필요 개념 및 공식**
☐ 수열의 극한으로 정의된 함수　　☐ 함수 $y=x^n$ ($n$은 실수)의 부정적분

### 1107
· 유형 05 ·

$x>-\dfrac{1}{2}$에서 정의된 미분가능한 함수 $f(x)$에 대하여

$$f'(x)=\sqrt{\frac{1}{4f(x)+8}},\ f\!\left(\frac{5}{6}\right)=-1$$

이고, 함수 $f(x)$의 역함수를 $g(x)$라 하면 $g(x)$는 미분가능하다. $f(4)+g(2)=\dfrac{q}{p}$일 때, $p+q$의 값을 구하시오.
(단, $p$와 $q$는 서로소인 자연수이다.)

☑ **필요 개념 및 공식**
☐ 역함수의 미분법　　☐ 치환적분법

### 1108
· 유형 08 ·

$x<2$에서 정의된 연속함수 $f(x)$에 대하여 $f(-1)=-1$ 이고

$$f'(x)=\begin{cases} -3x^2-6x & (x<0) \\ -\pi\sin \pi x & (0<x<2) \end{cases}$$

이다. 방정식 $f(x)=k$의 서로 다른 실근의 개수가 4가 되도록 하는 모든 실수 $k$의 값의 범위가 $\alpha<k<\beta$일 때, $\beta-\alpha$의 값을 구하시오.

☑ **필요 개념 및 공식**
☐ 구간에 따라 다르게 정의된 함수의 연속　　☐ 방정식 $f(x)=k$의 실근의 개수

개념 체크
Concept

---

**개념 01**    정적분의 뜻과 성질

(1) 정적분

① 닫힌구간 $[a, b]$에서 연속인 함수 $f(x)$의 한 부정적분을 $F(x)$라 할 때, $f(x)$의 $a$에서 $b$까지의 정적분은
$$\int_a^b f(x)\,dx = \Big[F(x)\Big]_a^b = F(b) - F(a)$$

② $\int_a^a f(x)\,dx = 0$,   $\int_a^b f(x)\,dx = -\int_b^a f(x)\,dx$

(2) 정적분의 성질

두 함수 $f(x)$, $g(x)$가 세 실수 $a$, $b$, $c$를 포함하는 구간에서 연속일 때

① $\int_a^b kf(x)\,dx = k\int_a^b f(x)\,dx$ (단, $k$는 상수)

② $\int_a^b \{f(x) \pm g(x)\}\,dx = \int_a^b f(x)\,dx \pm \int_a^b g(x)\,dx$
(복부호동순)

③ $\int_a^c f(x)\,dx + \int_c^b f(x)\,dx = \int_a^b f(x)\,dx$

참고 $a$, $b$, $c$의 대소에 관계없이 성립한다.

---

[1109~1116] 다음 정적분의 값을 구하시오.

**1109** $\int_1^e \dfrac{1}{x}\,dx$      **1110** $\int_{\frac{1}{2}}^1 \dfrac{1}{x^2}\,dx$

**1111** $\int_1^4 \sqrt{x}\,dx$      **1112** $\int_1^4 \dfrac{1}{\sqrt{x}}\,dx$

**1113** $\int_0^1 e^x\,dx$      **1114** $\int_0^2 3^x\,dx$

**1115** $\int_0^{\frac{\pi}{2}} \cos x\,dx$      **1116** $\int_0^{\frac{\pi}{4}} \sec^2 x\,dx$

[1117~1119] 다음 정적분의 값을 구하시오.

**1117** $\int_0^1 \sqrt{x}\,(2\sqrt{x} - 1)\,dx$

**1118** $\int_1^2 \dfrac{x+1}{x^2}\,dx$

**1119** $\int_0^{\frac{\pi}{4}} \tan^2 x\,dx$

---

[1120~1123] 다음 정적분의 값을 구하시오.

**1120** $\int_{-1}^2 (e^x + x)\,dx + \int_{-1}^2 (e^x - x)\,dx$

**1121** $\int_0^{\frac{\pi}{2}} (\sin x + 1)^2\,dx + \int_{\frac{\pi}{2}}^0 (\sin x - 1)^2\,dx$

**1122** $\int_1^2 \left(\dfrac{1}{\sqrt{x}} - 1\right)\,dx + \int_2^4 \left(\dfrac{1}{\sqrt{x}} - 1\right)\,dx$

**1123** $\int_{\frac{1}{2}}^3 (x^{-1} + 1)\,dx - \int_2^3 (x^{-1} + 1)\,dx$

---

**개념 02**    여러 가지 성질을 갖는 함수의 정적분

(1) 대칭성을 갖는 함수의 정적분

함수 $f(x)$가 닫힌구간 $[-a, a]$에서 연속일 때, 이 구간의 모든 실수 $x$에 대하여

① $f(-x) = f(x)$, 즉 함수 $y = f(x)$의 그래프가 $y$축에 대하여 대칭이면
$$\int_{-a}^a f(x)\,dx = 2\int_0^a f(x)\,dx$$

② $f(-x) = -f(x)$, 즉 함수 $y = f(x)$의 그래프가 원점에 대하여 대칭이면
$$\int_{-a}^a f(x)\,dx = 0$$

(2) 주기함수의 정적분

주기가 $p$인 연속함수 $f(x)$에 대하여    $f(x+p) = f(x)$

① $\int_a^b f(x)\,dx = \int_{a+p}^{b+p} f(x)\,dx$

② $\int_a^{a+p} f(x)\,dx = \int_b^{b+p} f(x)\,dx$

---

[1124~1125] 다음 정적분의 값을 구하시오.

**1124** $\int_{-1}^1 (e^x + e^{-x})\,dx$

**1125** $\int_{-\frac{\pi}{2}}^{\frac{\pi}{2}} (\cos x + \sin x)\,dx$

[1126~1127] 다음 정적분의 값을 구하시오.

**1126** $\int_0^{6\pi} |\sin x|\,dx$

**1127** $\int_0^{10\pi} (1 - |\cos x|)\,dx$

---

## 개념 03  치환적분법을 이용한 정적분

(1) 닫힌구간 $[a, b]$에서 연속인 함수 $f(x)$에 대하여 미분가능한 함수 $x=g(t)$의 도함수 $g'(t)$가 닫힌구간 $[\alpha, \beta]$에서 연속이고 $a=g(\alpha)$, $b=g(\beta)$이면

$$\int_a^b f(x)\,dx = \int_\alpha^\beta f(g(t))g'(t)\,dt$$

참고  $\int_a^\beta f(g(x))g'(x)\,dx$ 꼴의 정적분은 $g(x)=t$라 하면

$$\int_a^\beta f(g(x))g'(x)\,dx = \int_{g(a)}^{g(\beta)} f(t)\,dt$$

(2) 삼각함수를 이용한 치환적분법

① $\sqrt{a^2-x^2}\ (a>0)$ 꼴을 포함하는 함수의 정적분

➡ $x=a\sin\theta\left(-\dfrac{\pi}{2}\le\theta\le\dfrac{\pi}{2}\right)$로 치환

② $\dfrac{1}{x^2+a^2}\ (a>0)$ 꼴을 포함하는 함수의 정적분

➡ $x=a\tan\theta\left(-\dfrac{\pi}{2}<\theta<\dfrac{\pi}{2}\right)$로 치환

[1128~1131] 다음 정적분의 값을 구하시오.

**1128** $\displaystyle\int_0^2 (x-1)^4\,dx$

**1129** $\displaystyle\int_{-2}^7 \sqrt{x+2}\,dx$

**1130** $\displaystyle\int_{-1}^2 2x(x^2-1)^2\,dx$

**1131** $\displaystyle\int_1^{\sqrt{7}} \dfrac{x}{x^2+2}\,dx$

[1132~1135] 다음 정적분의 값을 구하시오.

**1132** $\displaystyle\int_1^{e^2} \dfrac{\ln x}{x}\,dx$

**1133** $\displaystyle\int_0^{\ln 3} \dfrac{e^x}{e^x+1}\,dx$

**1134** $\displaystyle\int_0^{\frac{\pi}{2}} \sin x\cos x\,dx$

**1135** $\displaystyle\int_0^{\frac{\pi}{3}} \tan x\,dx$

**1136** 다음은 $\displaystyle\int_0^1 \dfrac{1}{\sqrt{1-x^2}}\,dx$의 값을 구하는 과정이다.

$x=\sin\theta\left(-\dfrac{\pi}{2}\le\theta\le\dfrac{\pi}{2}\right)$라 하면 $\dfrac{dx}{d\theta}=\boxed{\text{(가)}}$이고,

$x=0$일 때 $\theta=\boxed{\text{(나)}}$, $x=1$일 때 $\theta=\boxed{\text{(다)}}$이므로

$$\int_0^1 \dfrac{1}{\sqrt{1-x^2}}\,dx = \int_{\boxed{\text{(나)}}}^{\boxed{\text{(다)}}}\left(\dfrac{1}{\sqrt{1-\sin^2\theta}}\times\boxed{\text{(가)}}\right)d\theta = \dfrac{\pi}{2}$$

위의 과정에서 (가), (나), (다)에 알맞은 것을 써넣으시오.

## 개념 04  부분적분법을 이용한 정적분



닫힌구간 $[a, b]$에서 두 함수 $f(x)$, $g(x)$가 미분가능하고 $f'(x)$, $g'(x)$가 연속일 때

$$\int_a^b f(x)g'(x)\,dx = \Big[f(x)g(x)\Big]_a^b - \int_a^b f'(x)g(x)\,dx$$

[1137~1140] 다음 정적분의 값을 구하시오.

**1137** $\displaystyle\int_0^1 xe^x\,dx$

**1138** $\displaystyle\int_1^2 x\ln x\,dx$

**1139** $\displaystyle\int_0^{\frac{\pi}{2}} (x+1)\sin x\,dx$

**1140** $\displaystyle\int_1^e \ln x\,dx$

## 개념 05  정적분으로 표현된 함수

(1) 정적분으로 표현된 함수의 미분

① $\dfrac{d}{dx}\displaystyle\int_a^x f(t)\,dt = f(x)$ (단, $a$는 실수)

② $\dfrac{d}{dx}\displaystyle\int_x^{x+a} f(t)\,dt = f(x+a)-f(x)$ (단, $a$는 실수)

(2) 정적분으로 표현된 함수의 극한

① $\displaystyle\lim_{x\to 0}\dfrac{1}{x}\int_a^{x+a} f(t)\,dt = f(a)$

② $\displaystyle\lim_{x\to a}\dfrac{1}{x-a}\int_a^x f(t)\,dt = f(a)$

[1141~1143] 임의의 실수 $x$에 대하여 다음 등식이 성립할 때, 함수 $f(x)$를 구하시오.

**1141** $\displaystyle\int_0^x f(t)\,dt = e^x - 2x - 1$

**1142** $\displaystyle\int_0^x f(t)\,dt = \cos x - \dfrac{1}{x+1}$

**1143** $\displaystyle\int_0^{x-1} f(t)\,dt = x\ln x - 2x + 2\ (x\ge 1)$

[1144~1145] 다음 극한값을 구하시오.

**1144** $\displaystyle\lim_{x\to 1}\dfrac{1}{x-1}\int_1^x (\cos\pi t + 2t)\,dt$

**1145** $\displaystyle\lim_{x\to 0}\dfrac{1}{x}\int_2^{x+2}\left(3^t - \dfrac{4}{t}\right)dt$

## 유형 01 여러 가지 함수의 정적분

정적분의 성질과 09. 여러 가지 함수의 부정적분에서 배운 다양한 함수의 부정적분을 이용하여 정적분의 값을 구한다.

① $\displaystyle\int_a^b f(x)\,dx = -\int_b^a f(x)\,dx$

② $\displaystyle\int_a^b k f(x)\,dx = k\int_a^b f(x)\,dx$ (단, $k$는 상수)

③ $\displaystyle\int_a^b \{f(x)\pm g(x)\}\,dx = \int_a^b f(x)\,dx \pm \int_a^b g(x)\,dx$

(복부호동순)

④ $\displaystyle\int_a^b f(x)\,dx = \int_a^c f(x)\,dx + \int_c^b f(x)\,dx$

### 👍 대표 예제

**1146** 정적분 $\displaystyle\int_0^1 \frac{1}{4-x^2}\,dx$의 값은?

① $\dfrac{1}{4}\ln 2$  ② $\dfrac{1}{4}\ln 3$  ③ $\dfrac{1}{2}\ln 2$

④ $\dfrac{1}{2}\ln 3$  ⑤ $\ln 3$

---

**선생님 해설**  부분분수로의 변형

$\dfrac{1}{4-x^2} = \dfrac{-1}{(x-2)(x+2)} = \dfrac{1}{4}\left(\dfrac{1}{x+2} - \dfrac{1}{x-2}\right)$ 이므로

$\displaystyle\int_0^1 \frac{1}{4-x^2}\,dx = \frac{1}{4}\int_0^1 \left(\frac{1}{x+2} - \frac{1}{x-2}\right)dx$

$\qquad\qquad\qquad = \dfrac{1}{4}\Big[\ln|x+2| - \ln|x-2|\Big]_0^1$

$\qquad\qquad\qquad = \dfrac{1}{4}(\ln 3 - 0) = \dfrac{1}{4}\ln 3$

분모가 인수분해되고 (분자의 차수)<(분모의 차수)일 때에는 부분분수로 변형하여 적분하는 것 기억하지? 

**답** ②

**1147** 대표 예제 한 번 더

정적분 $\displaystyle\int_0^2 \frac{x^2}{x+1}\,dx$의 값은?

① $\ln 2$  ② $\ln 3$  ③ $2\ln 2$

④ $3\ln 2$  ⑤ $2\ln 3$

---

**1148**

$\displaystyle\int_0^1 (ax+\sqrt{x})^2\,dx + \int_1^0 (ax-\sqrt{x})^2\,dx = 8$ 일 때, 상수 $a$의 값은?

① 1  ② 2  ③ 3

④ 4  ⑤ 5

**1149**

$\displaystyle\int_0^a \frac{e^{2x}}{e^x+1}\,dx + \int_a^b \frac{1}{e^x+1}\,dx - \int_0^b \frac{1}{e^x+1}\,dx = \frac{1}{e}$ 일 때, $a$의 값은? (단, $a$, $b$는 유리수이다.)

① $-1$  ② $-\dfrac{1}{2}$  ③ $0$

④ $\dfrac{1}{2}$  ⑤ $1$

**1150**

정적분 $\displaystyle\int_{\frac{\pi}{3}}^{\frac{\pi}{2}} \csc x\,dx - \int_{\frac{\pi}{3}}^{\frac{\pi}{2}} \cos x\cot x\,dx$의 값은?

① $\dfrac{1}{2}$  ② $\dfrac{\sqrt{2}}{2}$  ③ $\dfrac{\sqrt{3}}{2}$

④ $1$  ⑤ $\sqrt{2}$

 **절댓값 기호를 포함한 함수의 정적분**

절댓값 기호를 포함한 함수의 정적분은 다음과 같은 순서로 구한다.

❶ 절댓값 기호 안의 식의 값이 0이 되는 $x$의 값을 기준으로 함수를 나타낸다.

$$\Rightarrow |f(x)|=\begin{cases} f(x) & (f(x)\geq 0) \\ -f(x) & (f(x)\leq 0) \end{cases}$$

❷ ❶에서 구한 절댓값 기호 안의 식이 0이 되는 $x$의 값을 기준으로 적분 구간을 나눈다.

$$\int_a^b |f(x)|\,dx=\int_a^c \{-f(x)\}\,dx+\int_c^b f(x)\,dx$$

### 👍 대표 예제

**1151** 정적분 $\displaystyle\int_0^\pi |2\cos x-1|\,dx$의 값은?

① $\sqrt{3}+\dfrac{\pi}{6}$  ② $\sqrt{3}+\dfrac{\pi}{3}$  ③ $2\sqrt{3}+\dfrac{\pi}{6}$

④ $2\sqrt{3}+\dfrac{\pi}{3}$  ⑤ $4\sqrt{3}+\dfrac{\pi}{3}$

선생님 **해설**

$$|2\cos x-1|=\begin{cases} 2\cos x-1 & \left(0\leq x\leq \dfrac{\pi}{3}\right) \\ -2\cos x+1 & \left(\dfrac{\pi}{3}\leq x\leq \pi\right) \end{cases} \text{이므로}$$

$$\int_0^\pi |2\cos x-1|\,dx$$

$$=\int_0^{\frac{\pi}{3}} (2\cos x-1)\,dx+\int_{\frac{\pi}{3}}^\pi (-2\cos x+1)\,dx$$

$$=\Big[2\sin x-x\Big]_0^{\frac{\pi}{3}}+\Big[-2\sin x+x\Big]_{\frac{\pi}{3}}^\pi$$

$x=\dfrac{\pi}{3}$를 기준으로 함수식이 다르다.

$$=\left\{\left(\sqrt{3}-\dfrac{\pi}{3}\right)-0\right\}+\left\{\pi-\left(-\sqrt{3}+\dfrac{\pi}{3}\right)\right\}=2\sqrt{3}+\dfrac{\pi}{3}$$

답 ④

**1152** 대표 예제 한 번 더

정적분 $\displaystyle\int_0^\pi |\sin x+\cos x|\,dx$의 값은?

① $\dfrac{\sqrt{2}}{2}$  ② $\sqrt{2}$  ③ $\dfrac{3\sqrt{2}}{2}$

④ $2\sqrt{2}$  ⑤ $\dfrac{5\sqrt{2}}{2}$

**1153**

$\displaystyle\int_{-1}^1 \sqrt{e^{2x}-2e^x+1}\,dx=ae+\dfrac{b}{e}+c$일 때, $a+b+c$의 값은? (단, $a$, $b$, $c$는 유리수이다.)

① $-2$  ② $-1$  ③ $0$

④ $1$  ⑤ $2$

**1154**

정적분 $\displaystyle\int_0^2 \left|\dfrac{x-1}{x+1}\right|\,dx$의 값은?

① $2\ln 2-\ln 3$  ② $4\ln 2-2\ln 3$

③ $4\ln 2-\ln 3$  ④ $8\ln 2-2\ln 3$

⑤ $8\ln 2-\ln 3$

**1155**

정적분 $\displaystyle\int_1^9 |x\sqrt{x}-8|\,dx$의 값을 구하시오.

### 유형 03  대칭성을 갖는 함수의 정적분

모든 실수 $x$에 대하여

① $f(-x)=f(x)$일 때, $\displaystyle\int_{-a}^{a} f(x)\,dx=2\int_{0}^{a} f(x)\,dx$

② $f(-x)=-f(x)$일 때, $\displaystyle\int_{-a}^{a} f(x)\,dx=0$

#### 👍 대표 예제

**1156** 정적분 $\displaystyle\int_{-\pi}^{\pi} (\sin x+\sin |x|)\,dx$의 값은?

① 1          ② 2          ③ 3
④ 4          ⑤ 5

**선생님 해설**

$f(x)=\sin x$, $g(x)=\sin |x|$라 하면 $-\pi\leq x\leq\pi$에서

$f(-x)=\sin(-x)=-\sin x=-f(x)$,  → 원점에 대하여 대칭

$g(-x)=\sin |-x|=\sin |x|=g(x)$  → $y$축에 대하여 대칭

이므로

$$\int_{-\pi}^{\pi} (\sin x+\sin |x|)\,dx=\int_{-\pi}^{\pi} \sin x\,dx+\int_{-\pi}^{\pi} \sin |x|\,dx$$
$$=2\int_{0}^{\pi} \sin |x|\,dx$$
$$=2\int_{0}^{\pi} \sin x\,dx$$
$$=2\Big[-\cos x\Big]_{0}^{\pi}$$
$$=2\{1-(-1)\}=4$$

> **유형 03**은 적분 구간의 위끝과 아래끝의 절댓값이 같고 부호가 반대일 때 쉽게 계산할 수 있는 방법이야.

답 ④

**1157** 대표 예제 한 번 더

정적분 $\displaystyle\int_{-1}^{1} \frac{(x+1)(x-1)}{(x+2)(x-2)}\,dx$의 값은?

① $2-\dfrac{3}{2}\ln 3$      ② $2-\dfrac{3}{4}\ln 3$      ③ $4-3\ln 3$

④ $4-\dfrac{3}{2}\ln 3$      ⑤ $4-\dfrac{3}{4}\ln 3$

**1158** 정적분 $\displaystyle\int_{-1}^{1} (2e^{2x}+e^{x}-e^{-x}+2e^{-2x})\,dx$의 값은?

① $e-\dfrac{1}{e}$          ② $2e-\dfrac{2}{e}$          ③ $e^{2}-\dfrac{1}{e^{2}}$

④ $2e^{2}-\dfrac{2}{e^{2}}$          ⑤ $4e^{2}-\dfrac{4}{e^{2}}$

**1159** 함수

$$f(x)=\sum_{n=1}^{10} \{(2n-1)\sin x+2n\cos x\}$$

에 대하여 정적분 $\displaystyle\int_{-\frac{\pi}{2}}^{\frac{\pi}{2}} f(x)\,dx$의 값을 구하시오.

**1160** $\displaystyle\int_{-a}^{a} (x+1)\sqrt{|x|}\,dx=36$을 만족시키는 양수 $a$의 값은?

① 1          ② 3          ③ 9
④ 27          ⑤ 81

## 유형 04  주기함수의 정적분

함수 $f(x)$가 정의되는 구간의 모든 실수 $x$에 대하여
$f(x+p)=f(x)$이면 (단, $n$은 정수)

① $\displaystyle\int_a^b f(x)\,dx=\int_{a+np}^{b+np} f(x)\,dx$

② $\displaystyle\int_a^{a+np} f(x)\,dx=\int_b^{b+np} f(x)\,dx$

### 👍 대표 예제

**1161** 함수 $f(x)=\dfrac{x-x^2}{x+1}$ $(0\le x\le 1)$이 모든 실수 $x$에 대

하여 $f(x+1)=f(x)$를 만족시킬 때, $\displaystyle\int_{-1}^3 f(x)\,dx=a+b\ln 2$

이다. $a-b$의 값을 구하시오. (단, $a$, $b$는 유리수이다.)

**선생님 해설**

$f(x+1)=f(x)$에서 $f(x)$는 주기가 1인 주기함수이므로

$$\int_{-1}^0 f(x)\,dx=\int_0^1 f(x)\,dx=\int_1^2 f(x)\,dx=\int_2^3 f(x)\,dx$$

이때 $\dfrac{x-x^2}{x+1}=\dfrac{(2-x)(x+1)-2}{x+1}=2-x-\dfrac{2}{x+1}$이므로

$$\int_{-1}^3 f(x)\,dx=4\int_0^1 f(x)\,dx$$
$$=4\int_0^1\left(2-x-\dfrac{2}{x+1}\right)dx$$
$$=4\left[2x-\dfrac{1}{2}x^2-2\ln|x+1|\right]_0^1$$
$$=4\left\{\left(\dfrac{3}{2}-2\ln 2\right)-0\right\}=6-8\ln 2$$

따라서 $a=6$, $b=-8$이므로
$a-b=6-(-8)=14$

○ **답** 14

**1162** 대표 예제 한 번 더

함수 $f(x)=2^x+\left(\dfrac{1}{2}\right)^x$ $(-1\le x\le 1)$이 모든 실수 $x$에 대

하여 $f(x+2)=f(x)$를 만족시킬 때, $\displaystyle\int_0^6 f(x)\,dx=\dfrac{k}{\ln 2}$

이다. 상수 $k$의 값을 구하시오.

**1163**

$\displaystyle\int_{-\pi}^{k\pi}(|\sin x|+|\cos x|)\,dx=36$을 만족시키는 정수 $k$의

값은?

① 6 　　② 7 　　③ 8
④ 9 　　⑤ 10

**1164**

함수 $f(x)$가

$$f(x)=\begin{cases} \sqrt{x} & (0\le x<1) \\ 2-x & (1\le x\le 2) \end{cases}$$

이고 모든 실수 $x$에 대하여 $f(x-1)=f(x+1)$을 만족시

킬 때, 정적분 $\displaystyle\int_0^{2n} f(x)\,dx$의 값이 정수가 되도록 하는 가장

작은 자연수 $n$의 값은?

① 6 　　② 7 　　③ 8
④ 9 　　⑤ 10

**1165** ⬆

실수 전체의 집합에서 미분가능한 함수 $f(x)$가 모든 실수

$x$에 대하여
$$f(-x)=f(x),\ f(x+4\pi)=f(x)$$
를 만족시키고, $0\le x\le 2\pi$에서 $f(x)=ax-\sin x$일 때,

$\displaystyle\int_{-2\pi}^{8\pi} f(x)\,dx=k\pi^2$이다. 상수 $k$의 값을 구하시오.

(단, $a$는 상수이다.)

### 유형 05 $\{f(x)\}^n$ ($n$은 자연수) 꼴을 포함한 함수의 정적분의 치환적분법

정적분 $\int_a^b f'(x)\{f(x)\}^n\,dx$에서

$f(x)=t$라 하면 $\dfrac{dt}{dx}=f'(x)$이므로

$$\int_a^b f'(x)\{f(x)\}^n\,dx=\int_{f(a)}^{f(b)} t^n\,dt$$

### 👍 대표 예제

**1166** 정적분 $\int_9^{19}\left(\dfrac{x+1}{10}\right)^9 dx$의 값은?

① 1021    ② 1023    ③ 1025
④ 1027    ⑤ 1029

**선생님 해설**

$\dfrac{x+1}{10}=t$라 하면 $\dfrac{dt}{dx}=\dfrac{1}{10}$이고,

$x=9$일 때 $t=1$, $x=19$일 때 $t=2$이므로

$$\int_9^{19}\left(\dfrac{x+1}{10}\right)^9 dx=\int_1^2 t^9\cdot 10\,dt$$
$$=10\left[\dfrac{1}{10}t^{10}\right]_1^2$$
$$=10\left(\dfrac{512}{5}-\dfrac{1}{10}\right)=1023$$

**답** ②

**1167** 대표 예제 | 한 번 더

정적분 $\int_0^1 \dfrac{12}{4x^2+4x+1}\,dx$의 값은?

① 1    ② 2    ③ 3
④ 4    ⑤ 5

**1168**

$\int_0^1 \dfrac{ax}{(2x^2+1)^5}\,dx=\dfrac{5}{9}$일 때, 상수 $a$의 값은?

① 1    ② 3    ③ 5
④ 7    ⑤ 9

**1169**

정적분 $\int_0^1 \dfrac{x+1}{(2x+1)^3}\,dx$의 값은?

① $\dfrac{1}{18}$    ② $\dfrac{1}{9}$    ③ $\dfrac{1}{6}$
④ $\dfrac{2}{9}$    ⑤ $\dfrac{5}{18}$

**1170** UP

$\int_0^1 \dfrac{(1-x)^n}{(1+x)^{n+2}}\,dx=\dfrac{1}{60}$을 만족시키는 자연수 $n$의 값을 구하시오.

## 유형 06  유리함수, 무리함수의 정적분의 치환적분법

① 유리함수의 정적분의 치환적분법

정적분 $\displaystyle\int_a^b \frac{g(x)f'(x)}{f(x)}\,dx$에서

$f(x)=t$라 하면 $\dfrac{dt}{dx}=f'(x)$이므로

$$\int_a^b \frac{g(x)f'(x)}{f(x)}\,dx=\int_{f(a)}^{f(b)} \frac{h(t)}{t}\,dt$$

(단, $h(t)$는 $g(x)$를 $t$로 나타낸 함수이다.)

② 무리함수의 정적분의 치환적분법

정적분 $\displaystyle\int_a^b f'(x)\sqrt{f(x)}\,dx$ 또는 $\displaystyle\int_a^b \frac{f'(x)}{\sqrt{f(x)}}\,dx$에서

$f(x)=t$라 하면 $\dfrac{dt}{dx}=f'(x)$이므로

$$\int_a^b f'(x)\sqrt{f(x)}\,dx=\int_{f(a)}^{f(b)} \sqrt{t}\,dt,$$

$$\int_a^b \frac{f'(x)}{\sqrt{f(x)}}\,dx=\int_{f(a)}^{f(b)} \frac{1}{\sqrt{t}}\,dt$$

 **대표 예제**

**1171** 정적분 $\displaystyle\int_1^9 \frac{1}{x+\sqrt{x}}\,dx$의 값은?

① $\ln 2$　　　② $\ln 3$　　　③ $2\ln 2$
④ $\ln 5$　　　⑤ $\ln 6$

**선생님 해설**

$$\int_1^9 \frac{1}{x+\sqrt{x}}\,dx=\int_1^9 \frac{1}{\sqrt{x}(\sqrt{x}+1)}\,dx$$

이때 $\sqrt{x}+1=t$라 하면 $\dfrac{dt}{dx}=\dfrac{1}{2\sqrt{x}}$이고,

$x=1$일 때 $t=2$, $x=9$일 때 $t=4$이므로

$$\int_1^9 \frac{1}{\sqrt{x}(\sqrt{x}+1)}\,dx=\int_2^4 \frac{1}{t}\cdot 2\,dt=2\Big[\ln|t|\Big]_2^4$$
$$=2(\ln 4-\ln 2)=2\ln 2$$

**답** ③

**1172** 대표 예제 한 번 더

정적분 $\displaystyle\int_0^1 \frac{4x^3}{x^2+1}\,dx$의 값은?

① $1-2\ln 2$　　　② $1-\ln 2$　　　③ $2-2\ln 2$
④ $2-\ln 2$　　　⑤ $3-2\ln 2$

## 1173

$\displaystyle\int_0^3 \frac{3x}{\sqrt{x^2+1}}\,dx=a+b\sqrt{10}$일 때, $b-a$의 값은?

(단, $a$, $b$는 유리수이다.)

① $2$　　　② $4$　　　③ $6$
④ $8$　　　⑤ $10$

## 1174

$\displaystyle\int_0^{a^2} \frac{1}{x(\sqrt{x}+2)+\sqrt{x}}\,dx=\frac{5}{3}$를 만족시키는 양수 $a$의 값은?

① $1$　　　② $2$　　　③ $3$
④ $4$　　　⑤ $5$

## 1175 UP

$\displaystyle\int_1^a \frac{1}{x^3+x}\,dx=\ln\frac{4}{3}$를 만족시키는 상수 $a$에 대하여 $a^2$의 값을 구하시오.

### 유형 07  지수함수, 로그함수의 정적분의 치환적분법

① 지수함수의 정적분의 치환적분법

정적분 $\int_a^b f'(x)e^{f(x)}\,dx$에서

$f(x)=t$라 하면 $\dfrac{dt}{dx}=f'(x)$이므로

$$\int_a^b f'(x)e^{f(x)}\,dx=\int_{f(a)}^{f(b)} e^t\,dt$$

② 로그함수의 정적분의 치환적분법

정적분 $\int_a^b \dfrac{f(\ln x)}{x}\,dx$에서

$\ln x=t$라 하면 $\dfrac{dt}{dx}=\dfrac{1}{x}$이므로

$$\int_a^b \dfrac{f(\ln x)}{x}\,dx=\int_{\ln a}^{\ln b} f(t)\,dt$$

👍 **대표 예제**

**1176** 정적분 $\int_e^{e^2} \dfrac{1}{x\ln x}\,dx$의 값은?

① $\ln 2$      ② $\ln 3$      ③ $2\ln 2$

④ $\ln 5$      ⑤ $\ln 6$

**선생님 해설**

$\ln x=t$라 하면 $\dfrac{dt}{dx}=\dfrac{1}{x}$이고,

$x=e$일 때 $t=1$, $x=e^2$일 때 $t=2$이므로

$$\begin{aligned}
\int_e^{e^2} \dfrac{1}{x\ln x}\,dx &=\int_1^2 \dfrac{1}{t}\,dt\\
&=\Big[\ln|t|\Big]_1^2\\
&=\ln 2-0=\ln 2
\end{aligned}$$

답 ①

**1177** 대표 예제 한 번 더

정적분 $\int_1^e \dfrac{\ln x}{x\ln x+x}\,dx$의 값은?

① $1-2\ln 2$      ② $1-\ln 2$      ③ $2-2\ln 2$

④ $2-\ln 2$      ⑤ $4-\ln 2$

**1178**

$\int_1^a \dfrac{e^{\sqrt{x}-1}}{\sqrt{x}}\,dx=2e^2-2$를 만족시키는 양수 $a$의 값을 구하시오.

**1179**

함수 $f(x)=2x^2-4x$에 대하여 정적분

$$\int_0^1 xe^{f(x)}\,dx-\int_0^1 e^{f(x)}\,dx$$

의 값은?

① $\dfrac{1-2e^2}{4e^2}$      ② $\dfrac{1-e^2}{4e^2}$      ③ $\dfrac{1-2e^2}{2e^2}$

④ $\dfrac{1-e^2}{2e^2}$      ⑤ $\dfrac{1-e^2}{e^2}$

**1180** UP

정적분 $\int_0^1 \dfrac{1}{e^x+1}\,dx$의 값은?

① $\ln\dfrac{e}{2e+1}$      ② $\ln\dfrac{2e}{2e+1}$      ③ $\ln\dfrac{e}{e+1}$

④ $\ln\dfrac{2e}{e+1}$      ⑤ $\ln\dfrac{4e}{e+1}$

## 유형 08  삼각함수의 정적분의 치환적분법

정적분 $\displaystyle\int_a^b f(\sin x)\cos x\,dx$에서

$\sin x=t$라 하면 $\dfrac{dt}{dx}=\cos x$이므로

$$\int_a^b f(\sin x)\cos x\,dx=\int_{\sin a}^{\sin b} f(t)\,dt$$

### 👍 대표 예제

**1181** 정적분 $\displaystyle\int_0^{\frac{\pi}{2}} (1-\cos^3 x)\sin x\,dx$의 값은?

① $\dfrac{1}{4}$  ② $\dfrac{1}{2}$  ③ $\dfrac{3}{4}$

④ $1$  ⑤ $\dfrac{5}{4}$

**선생님 해설**

$\cos x=t$라 하면 $\dfrac{dt}{dx}=-\sin x$이고,

$x=0$일 때 $t=1$, $x=\dfrac{\pi}{2}$일 때 $t=0$이므로

$$\int_0^{\frac{\pi}{2}} (1-\cos^3 x)\sin x\,dx=\int_1^0 (1-t^3)\cdot(-1)\,dt$$
$$=\int_0^1 (1-t^3)\,dt$$
$$=\left[t-\frac{1}{4}t^4\right]_0^1$$
$$=1-\frac{1}{4}=\frac{3}{4}$$

답 ③

**1182** 〔대표 예제 | 한 번 더〕

정적분 $\displaystyle\int_0^{\frac{\pi}{4}} \sec^4 x \tan x\,dx$의 값은?

① $\dfrac{1}{2}$  ② $\dfrac{2}{3}$  ③ $\dfrac{3}{4}$

④ $\dfrac{4}{5}$  ⑤ $\dfrac{5}{6}$

**1183**

정적분 $\displaystyle\int_0^{\frac{\pi}{2}} \cos^3 x\,dx$의 값은?

① $\dfrac{1}{6}$  ② $\dfrac{1}{3}$  ③ $\dfrac{1}{2}$

④ $\dfrac{2}{3}$  ⑤ $\dfrac{5}{6}$

**1184**

$\displaystyle\int_0^{\frac{\pi}{2}} \dfrac{\sin 2x}{\sqrt{2-\cos^2 x}}\,dx=a+b\sqrt{2}$일 때, $a^2+b^2$의 값을 구하시오. (단, $a$, $b$는 유리수이다.)

**1185**

정적분 $\displaystyle\int_0^{\frac{\pi}{6}} \dfrac{\cos x \cos 2x}{1-\sin^2 x}\,dx$의 값은?

① $1-\dfrac{1}{2}\ln 3$  ② $1-\dfrac{1}{4}\ln 3$  ③ $2-\dfrac{1}{2}\ln 3$

④ $2-\dfrac{1}{4}\ln 3$  ⑤ $3-\dfrac{1}{2}\ln 3$

### 유형 09  $\dfrac{f'(x)}{f(x)}$ 꼴의 정적분의 치환적분법

정적분 $\displaystyle\int_a^b \dfrac{f'(x)}{f(x)}\,dx$에서 치환적분법에 의하여

$$\int_a^b \dfrac{f'(x)}{f(x)}\,dx=\Big[\ln |f(x)|\Big]_a^b$$

└ 분모의 도함수가 분자에 있을 때 이용한다.

#### 👍 대표 예제

**1186** 정적분 $\displaystyle\int_0^1 \dfrac{e^x-e^{-x}}{e^x+e^{-x}}\,dx$의 값은?

① $\ln \dfrac{e^2+1}{2e}$   ② $\ln \dfrac{2e^2+1}{2e}$   ③ $\ln \dfrac{e^2+1}{e}$

④ $\ln \dfrac{2e^2+1}{e}$   ⑤ $\ln \dfrac{4e^2+1}{2e}$

**선생님 해설**

$(e^x+e^{-x})'=e^x-e^{-x}$이므로

$$\int_0^1 \dfrac{e^x-e^{-x}}{e^x+e^{-x}}\,dx=\int_0^1 \dfrac{(e^x+e^{-x})'}{e^x+e^{-x}}\,dx$$
$$=\Big[\ln |e^x+e^{-x}|\Big]_0^1$$
$$=\ln (e+e^{-1})-\ln 2$$
$$=\ln \dfrac{e^2+1}{2e}$$

답 ①

**1187**  대표 예제 한 번 더

정적분 $\displaystyle\int_0^4 \dfrac{3\sqrt{x}}{2x\sqrt{x}+2}\,dx$의 값은?

① $\ln 2$   ② $\ln 3$   ③ $2\ln 2$

④ $2\ln 3$   ⑤ $4\ln 2$

**1188**

$\displaystyle\int_1^7 \dfrac{2x}{x^2+a}\,dx=2\ln 3$일 때, 양수 $a$의 값은?

① $1$   ② $2$   ③ $3$

④ $4$   ⑤ $5$

**1189**

정적분 $\displaystyle\int_0^{\frac{\pi}{3}} \dfrac{\sin 2x}{1-\sin^2 x}\,dx$의 값은?

① $0$   ② $\ln 2$   ③ $\ln 3$

④ $2\ln 2$   ⑤ $\ln 5$

**1190** UP

$\displaystyle\int_{\frac{\pi}{6}}^{\frac{\pi}{3}} \dfrac{1}{\sin x \cos x}\,dx=k$일 때, $e^k$의 값은?

① $1$   ② $2$   ③ $3$

④ $4$   ⑤ $5$

## 유형 10  삼각함수를 이용한 치환적분법

① $\sqrt{a^2-x^2}\ (a>0)$ 꼴을 포함하는 함수의 정적분

➡ $x=a\sin\theta\left(-\dfrac{\pi}{2}\le\theta\le\dfrac{\pi}{2}\right)$로 치환한 후

$\sin^2\theta+\cos^2\theta=1$임을 이용한다.

② $\dfrac{1}{x^2+a^2}\ (a>0)$ 꼴을 포함하는 함수의 정적분

➡ $x=a\tan\theta\left(-\dfrac{\pi}{2}<\theta<\dfrac{\pi}{2}\right)$로 치환한 후

$1+\tan^2\theta=\sec^2\theta$임을 이용한다.

### 👍 대표 예제

**1191** 정적분 $\displaystyle\int_0^1\sqrt{4-x^2}\,dx$의 값은?

① $\dfrac{\pi}{6}+\dfrac{\sqrt{3}}{4}$  ② $\dfrac{\pi}{6}+\dfrac{\sqrt{3}}{2}$  ③ $\dfrac{\pi}{3}+\dfrac{\sqrt{3}}{4}$

④ $\dfrac{\pi}{3}+\dfrac{\sqrt{3}}{2}$  ⑤ $\dfrac{\pi}{2}+\dfrac{\sqrt{3}}{4}$

**선생님 해설**

$x=2\sin\theta\left(-\dfrac{\pi}{2}\le\theta\le\dfrac{\pi}{2}\right)$라 하면 $\dfrac{dx}{d\theta}=2\cos\theta$이고,

$x=0$일 때 $\theta=0$, $x=1$일 때 $\theta=\dfrac{\pi}{6}$이므로

$$\int_0^1\sqrt{4-x^2}\,dx=\int_0^{\frac{\pi}{6}}\sqrt{4(1-\sin^2\theta)}\cdot2\cos\theta\,d\theta$$

$\quad\left(\substack{\sin^2\theta+\cos^2\theta=1\text{에서}\\ 1-\sin^2\theta=\cos^2\theta}\right)$

$$=\int_0^{\frac{\pi}{6}}\sqrt{4\cos^2\theta}\cdot2\cos\theta\,d\theta$$

$$=4\int_0^{\frac{\pi}{6}}\cos^2\theta\,d\theta$$

$\quad\left(\substack{0\le\theta\le\frac{\pi}{6}\text{에서}\\ \cos\theta\ge0}\right)$

이때 $\cos2\theta=2\cos^2\theta-1$에서 $\cos^2\theta=\dfrac{1+\cos2\theta}{2}$이므로

$$4\int_0^{\frac{\pi}{6}}\cos^2\theta\,d\theta=4\int_0^{\frac{\pi}{6}}\dfrac{1+\cos2\theta}{2}\,d\theta$$

$$=2\int_0^{\frac{\pi}{6}}(1+\cos2\theta)\,d\theta$$

$$=2\left[\theta+\dfrac{1}{2}\sin2\theta\right]_0^{\frac{\pi}{6}}$$

$$=2\left\{\left(\dfrac{\pi}{6}+\dfrac{\sqrt{3}}{4}\right)-0\right\}=\dfrac{\pi}{3}+\dfrac{\sqrt{3}}{2}$$

**답 ④**

**1192** [대표 예제] [한 번 더]

$\displaystyle\int_2^{2\sqrt{2}}\dfrac{8+x}{\sqrt{8-x^2}}\,dx=a+b\pi$일 때, $a+b$의 값은?

(단, $a$, $b$는 유리수이다.)

① 2  ② 4  ③ 6

④ 8  ⑤ 10

**1193**

정적분 $\displaystyle\int_{-1}^1\dfrac{1}{x^2+1}\,dx$의 값은?

① $\dfrac{\pi}{4}$  ② $\dfrac{\pi}{2}$  ③ $\dfrac{3}{4}\pi$

④ $\pi$  ⑤ $\dfrac{5}{4}\pi$

**1194**

정적분 $\displaystyle\int_0^2\sqrt{4x-x^2}\,dx$의 값은?

① $\dfrac{\pi}{4}$  ② $\dfrac{\pi}{2}$  ③ $\pi$

④ $2\pi$  ⑤ $4\pi$

**1195**

$\displaystyle\int_0^{\frac{\sqrt{3}}{3}}\dfrac{1}{\sqrt{1+x^2}}\,dx=\ln k$를 만족시키는 상수 $k$에 대하여 $k^2$의 값을 구하시오.

### 유형 11 정적분의 부분적분법

닫힌구간 $[a,\,b]$에서 두 함수 $f(x)$, $g(x)$가 미분가능하고 $f'(x)$, $g'(x)$가 연속일 때

$$\int_a^b f(x)g'(x)\,dx=\Big[f(x)g(x)\Big]_a^b-\int_a^b f'(x)g(x)\,dx$$

#### 👍 대표 예제

**1196** 정적분 $\displaystyle\int_0^1 (1-x)e^{-x}\,dx$의 값은?

① $\dfrac{2}{e}$  ② $\dfrac{1}{e}$  ③ $1$

④ $e$  ⑤ $2e$

**선생님 해설**

$f(x)=1-x$, $g'(x)=e^{-x}$이라 하면
$f'(x)=-1$, $g(x)=-e^{-x}$이므로

$$\int_0^1 (1-x)e^{-x}\,dx=\Big[-(1-x)e^{-x}\Big]_0^1-\int_0^1 e^{-x}\,dx$$

$$=\{0-(-1)\}-\int_0^1 e^{-x}\,dx$$

$$=1-\Big[-e^{-x}\Big]_0^1$$

$$=1-(-e^{-1}+1)=\dfrac{1}{e}$$

> $1-x$와 $e^{-x}$ 중 $1-x$를 미분한 결과가 더 간단하니까 $f(x)=1-x$라 한 거야.

**답** ②

**1197** [대표 예제] [한 번 더]

정적분 $\displaystyle\int_0^{\frac{\pi}{2}} x\cos 2x\,dx$의 값은?

① $-1$  ② $-\dfrac{1}{2}$  ③ $0$

④ $\dfrac{1}{2}$  ⑤ $1$

**1198**

정적분 $\displaystyle\int_0^{\frac{\pi}{4}} \dfrac{x}{1-\sin^2 x}\,dx$의 값은?

① $\dfrac{\pi}{4}-\ln 2$  ② $\dfrac{\pi}{4}-\dfrac{1}{2}\ln 2$  ③ $\dfrac{\pi}{4}-\dfrac{1}{4}\ln 2$

④ $\dfrac{\pi}{2}-\ln 2$  ⑤ $\dfrac{\pi}{2}-\dfrac{1}{2}\ln 2$

**1199**

$\displaystyle\int_1^4 \dfrac{\ln x}{\sqrt{x}}\,dx=a+b\ln 2$일 때, 두 유리수 $a$, $b$에 대하여 $a+b$의 값은?

① $1$  ② $2$  ③ $3$

④ $4$  ⑤ $5$

**1200**

정적분 $\displaystyle\int_{-2}^2 e^{\sqrt{x+2}}\,dx$의 값은?

① $e^2+1$  ② $e^2+2$  ③ $2e^2+2$

④ $e^2+3$  ⑤ $2e^2+3$

 **정적분의 부분적분법**
**: 부분적분법을 2번 적용하는 경우**

부분적분법을 한 번 적용하여 정적분의 값을 구할 수 없을 때에는 부분적분법을 한 번 더 적용한다.

 **대표 예제**

**1201** 정적분 $\displaystyle\int_0^{\frac{\pi}{2}} x^2 \cos x \, dx$의 값은?

① $\dfrac{\pi}{4}-2$  ② $\dfrac{\pi}{2}-2$  ③ $\dfrac{\pi^2}{4}-2$

④ $\dfrac{\pi^2}{2}-2$  ⑤ $\pi^2-2$

**선생님 해설**

$f(x)=x^2$, $g'(x)=\cos x$라 하면
$f'(x)=2x$, $g(x)=\sin x$이므로

$$\int_0^{\frac{\pi}{2}} x^2 \cos x \, dx = \left[ x^2 \sin x \right]_0^{\frac{\pi}{2}} - \int_0^{\frac{\pi}{2}} 2x \sin x \, dx$$

$$= \left( \frac{\pi^2}{4}-0 \right) - 2\int_0^{\frac{\pi}{2}} x \sin x \, dx$$

$$= \frac{\pi^2}{4} - 2\int_0^{\frac{\pi}{2}} x \sin x \, dx \quad \cdots\cdots \ \ominus$$

$\displaystyle\int_0^{\frac{\pi}{2}} x \sin x \, dx$에서 $u(x)=x$, $v'(x)=\sin x$라 하면
$u'(x)=1$, $v(x)=-\cos x$이므로

$$\int_0^{\frac{\pi}{2}} x \sin x \, dx = \left[ -x \cos x \right]_0^{\frac{\pi}{2}} + \int_0^{\frac{\pi}{2}} \cos x \, dx$$

$$= (0-0) + \left[ \sin x \right]_0^{\frac{\pi}{2}}$$

$$= 0 + (1-0) = 1 \quad \cdots\cdots \ \ominus$$

$\ominus$을 $\ominus$에 대입하면

$$\int_0^{\frac{\pi}{2}} x^2 \cos x \, dx = \frac{\pi^2}{4} - 2\cdot1 = \frac{\pi^2}{4}-2$$

**답** ③

**1202** 대표 예제 한 번 더

정적분 $\displaystyle\int_{-1}^{0} (x^2+1)e^{-x} \, dx$의 값은?

① $e-3$  ② $e-2$  ③ $2e-3$

④ $2e-2$  ⑤ $3e-3$

**1203**

정적분 $\displaystyle\int_1^{e} (\ln x)^2 \, dx$의 값은?

① $-e-1$  ② $-e$  ③ $e-2$

④ $e-1$  ⑤ $e$

**1204**

$\displaystyle\int_0^{\pi} e^x \sin x \, dx = a+be^{\pi}$일 때, $a+b$의 값은?

(단, $a$, $b$는 유리수이다.)

① $-1$  ② $-\dfrac{1}{2}$  ③ $0$

④ $\dfrac{1}{2}$  ⑤ $1$

**1205**

$\displaystyle\int_0^{4} \sqrt{x}\, e^{\sqrt{x}} \, dx = ae^2+b$일 때, $a-b$의 값을 구하시오.

(단, $a$, $b$는 유리수이다.)

## 유형 13   $\int_a^b f(t)\,dt$ 꼴을 포함한 함수 $f(x)$

함수 $f(x)$가 $f(x)=g(x)+\int_a^b f(t)\,dt$ ($a$, $b$는 상수) 꼴로 주어진 경우 다음과 같은 순서로 함수 $f(x)$를 구한다.

❶ $\int_a^b f(t)\,dt=k$ ($k$는 상수)로 놓는다.

❷ $f(x)=g(x)+k$에서 $\int_a^b f(t)\,dt=\int_a^b \{g(t)+k\}\,dt=k$를 이용하여 $k$의 값을 구한다.

❸ $k$의 값을 $f(x)=g(x)+k$에 대입하여 함수 $f(x)$를 구한다.

### 🖐 대표 예제

**1206** $x\neq 0$에서 정의된 함수 $f(x)$가

$$f(x)=\frac{1}{x^2}+\int_{\frac{1}{2}}^{1} f(t)\,dt$$

를 만족시킬 때, $f(-1)$의 값을 구하시오.

**선생님 해설**

$\int_{\frac{1}{2}}^{1} f(t)\,dt=k$ ($k$는 상수)라 하면

$f(x)=\dfrac{1}{x^2}+k$이므로

$\displaystyle\int_{\frac{1}{2}}^{1}\left(\frac{1}{t^2}+k\right)dt=\left[-\frac{1}{t}+kt\right]_{\frac{1}{2}}^{1}$

$\qquad\qquad\qquad =(-1+k)-\left(-2+\frac{k}{2}\right)$

$\qquad\qquad\qquad =\dfrac{k}{2}+1=k$

에서 $\dfrac{k}{2}=1$   $\therefore k=2$

따라서 $f(x)=\dfrac{1}{x^2}+2$이므로 $f(-1)=1+2=3$

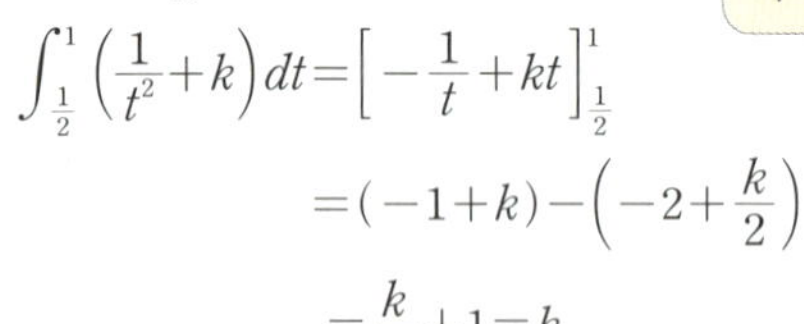


**답** 3

**1207** 대표 예제 한 번 더

$x\le 1$에서 정의된 함수 $f(x)$가

$$f(x)=\sqrt{1-x}-\int_0^1 f(t)\,dt$$

를 만족시킬 때, $f(-3)$의 값은?

① 1      ② $\dfrac{7}{6}$      ③ $\dfrac{4}{3}$

④ $\dfrac{3}{2}$      ⑤ $\dfrac{5}{3}$

---

**1208**

함수 $f(x)$가

$$f(x)=4\sin 2x+\cos 2x\int_0^{\frac{\pi}{4}} f(t)\,dt$$

를 만족시킬 때, $f\!\left(\dfrac{\pi}{8}\right)$의 값은?

① $\sqrt{2}$      ② $2\sqrt{2}$      ③ $3\sqrt{2}$

④ $4\sqrt{2}$      ⑤ $5\sqrt{2}$

**1209**

함수 $f(x)$가

$$f(x)=e^x+\int_0^1 e^{-t} f(t)\,dt$$

를 만족시킬 때, $f(1)$의 값은?

① $e$      ② $2e$      ③ $3e$

④ $4e$      ⑤ $5e$

**1210**

$x>0$에서 정의된 함수 $f(x)$가

$$f(x)=\ln x-\int_1^e \frac{f(t)}{x}\,dt$$

를 만족시킬 때, $f(2)$의 값은?

① $\ln 2-4$      ② $\ln 2-2$      ③ $\ln 2-1$

④ $\ln 2-\dfrac{1}{2}$      ⑤ $\ln 2-\dfrac{1}{4}$

**유형 14** $\int_a^x f(t)\,dt$ 꼴을 포함한 함수 $f(x)$

$\int_a^x f(t)\,dt=g(x)$ ($a$는 상수) 꼴로 주어진 경우 다음과 같은 순서로 함수 $f(x)$를 구한다.

❶ 양변에 $x=a$를 대입하여 미정계수 또는 조건을 구한다.

$$\Rightarrow \int_a^a f(t)\,dt=g(a) \qquad \therefore g(a)=0$$

❷ 양변을 $x$에 대하여 미분하여 함수 $f(x)$를 구한다.

$$\Rightarrow f(x)=g'(x)$$

### 👍 대표 예제

**1211** $x\neq0$인 모든 실수 $x$에 대하여 미분가능한 함수 $f(x)$가

$$\int_2^x f(t)\,dt=8-\frac{a}{x}$$

를 만족시킬 때, $f(2)$의 값을 구하시오. (단, $a$는 상수이다.)

**선생님 해설**

주어진 식의 양변에 $x=2$를 대입하면 → 좌변이 0이 되므로

$$0=8-\frac{a}{2} \qquad \therefore a=16$$

$$\therefore \int_2^x f(t)\,dt=8-\frac{16}{x}$$

위의 식의 양변을 $x$에 대하여 미분하면

$$f(x)=\frac{16}{x^2}$$

$$\therefore f(2)=\frac{16}{2^2}=4$$

$\int_a^x f(t)\,dt$ 꼴은 $x$에 대한 함수이므로 $x$에 대하여 미분할 수 있어. 그리고 $x=a$일 때, 즉 적분 구간의 위끝과 아래끝이 서로 같을 때 이 값이 0이라는 것을 이용할 수 있어.

◗ 답 4

**1212** 대표 예제 한 번 더

실수 전체의 집합에서 미분가능한 함수 $f(x)$가

$$\int_\pi^x f(t)\,dt=a\sin 2x+bx-2\pi$$

를 만족시킨다. $f(0)=0$일 때, $f\left(\dfrac{\pi}{6}\right)$의 값은?

(단, $a$, $b$는 상수이다.)

① $-2$     ② $-1$     ③ $0$

④ $1$     ⑤ $2$

**1213**

실수 전체의 집합에서 미분가능한 함수 $f(x)$가

$$e^x f(x)=2x+\int_0^x e^t f(t)\,dt$$

를 만족시킬 때, $f(1)$의 값은?

① $-\dfrac{2}{e}+2$    ② $-\dfrac{1}{e}+2$    ③ $-e+2$

④ $e+2$    ⑤ $2e+2$

**1214**

$x>1$에서 미분가능한 함수 $f(x)$가

$$(x-1)f(x)=3x+\int_2^x f(t)\,dt$$

를 만족시킬 때, $\displaystyle\int_2^{e+1} f(x)\,dx$의 값은?

① $3e-6$    ② $3e-3$    ③ $6e-6$

④ $6e-3$    ⑤ $9e-3$

**1215**

실수 전체의 집합에서 미분가능한 함수 $f(x)$가

$$xf(x)=x^2 e^{-x}+\int_1^x f(t)\,dt$$

를 만족시킬 때, $f(0)$의 값은?

① $-2+\dfrac{1}{e}$    ② $-2+\dfrac{2}{e}$    ③ $-1+\dfrac{1}{e}$

④ $-1+\dfrac{2}{e}$    ⑤ $-1+\dfrac{3}{e}$

## 유형 15 $\displaystyle\int_a^x (x-t)f(t)\,dt$ 꼴을 포함한 함수 $f(x)$

$\displaystyle\int_a^x (x-t)f(t)\,dt=g(x)$ ($a$는 상수) 꼴로 주어진 경우 다음과 같은 순서로 함수 $f(x)$를 구한다.

❶ 양변에 $x=a$를 대입하여 미정계수 또는 조건을 구한다.

$\Rightarrow \displaystyle\int_a^a (a-t)f(t)\,dt=g(a) \qquad \therefore g(a)=0$

❷ 등식의 좌변을 $\displaystyle\int_a^x (x-t)f(t)\,dt=x\int_a^x f(t)\,dt-\int_a^x tf(t)\,dt$로 변형한 후 양변을 $x$에 대하여 미분한다.

$\Rightarrow \left\{\displaystyle\int_a^x f(t)\,dt+xf(x)\right\}-xf(x)=\int_a^x f(t)\,dt=g'(x)$

❸ ❷에서 구한 식의 양변을 $x$에 대하여 미분하여 함수 $f(x)$를 구한다.

### 🖒 대표 예제

**1216** $x\neq 0$에서 미분가능한 함수 $f(x)$가

$$\int_{\frac{1}{2}}^x (x-t)f(t)\,dt=\frac{a}{x}+bx-2$$

를 만족시킬 때, $f\!\left(\dfrac{1}{2}\right)$의 값을 구하시오. (단, $a$, $b$는 상수이다.)

**선생님 해설**

주어진 식의 양변에 $x=\dfrac{1}{2}$을 대입하면 → 좌변이 0이 되므로

$0=2a+\dfrac{b}{2}-2 \qquad \therefore 4a+b=4 \quad \cdots\cdots\ \text{㉠}$

이때 $\displaystyle\int_{\frac{1}{2}}^x (x-t)f(t)\,dt=\frac{a}{x}+bx-2$에서 → 적분변수가 $t$이므로 피적분함수를 $t$에 대한 식으로 나타낸다.

$x\displaystyle\int_{\frac{1}{2}}^x f(t)\,dt-\int_{\frac{1}{2}}^x tf(t)\,dt=\frac{a}{x}+bx-2$

위의 식의 양변을 $x$에 대하여 미분하면

$\left\{\displaystyle\int_{\frac{1}{2}}^x f(t)\,dt+xf(x)\right\}-xf(x)=-\frac{a}{x^2}+b$

$\therefore \displaystyle\int_{\frac{1}{2}}^x f(t)\,dt=-\frac{a}{x^2}+b$

위의 식의 양변에 $x=\dfrac{1}{2}$을 대입하면 → 좌변이 0이 되므로

$0=-4a+b \qquad \therefore 4a-b=0 \quad \cdots\cdots\ \text{㉡}$

㉠, ㉡을 연립하여 풀면 $a=\dfrac{1}{2}$, $b=2$

$\therefore \displaystyle\int_{\frac{1}{2}}^x f(t)\,dt=-\frac{1}{2x^2}+2$

위의 식의 양변을 $x$에 대하여 미분하면 $f(x)=\dfrac{1}{x^3}$

$\therefore f\!\left(\dfrac{1}{2}\right)=2^3=8$

**답** 8

**1217** 대표 예제 한 번 더

$x>0$에서 미분가능한 함수 $f(x)$가

$$\int_1^x (x-t)f(t)\,dt=ax\sqrt{x}+bx+1$$

을 만족시킬 때, $\displaystyle\int_4^9 f(x)\,dx$의 값을 구하시오.

(단, $a$, $b$는 상수이다.)

**1218**

양의 실수 전체의 집합에서 정의된 함수 $f(x)$가

$$\int_4^x (x-t)f'(t)\,dt=ax\sqrt{x}+bx-3a\sqrt{x}+28$$

을 만족시킨다. $f(1)=1$일 때, $f(4)$의 값은?

① 2        ② 4        ③ 6

④ 8        ⑤ 10

**1219**

모든 실수 $x$에 대하여 미분가능한 함수 $f(x)$가

$$\int_a^x (x-t)f(t)\,dt=\cos x+bx^2-2abx+a^2b+1$$

을 만족시킨다. $\displaystyle\int_0^\pi f(x)\,dx=2\pi$일 때, $f(a)$의 값을 구하시오. (단, $0<a<2\pi$)

**1220**

모든 실수 $x$에 대하여 미분가능한 함수 $f(x)$가 다음 조건을 만족시킨다.

(가) $f(2a)=4e^a$

(나) $\displaystyle\int_a^x (x-t)f(t)\,dt=(x-a)(e^{x-a}-b)$

$\displaystyle\int_a^{2a} f(x)\,dx=p+qe^a$일 때, $p+q$의 값을 구하시오.

(단, $a$, $b$는 상수이고, $p$, $q$는 유리수이다.)

**유형 16**  **정적분으로 정의된 함수의 극대·극소**

함수 $f(x)=\int_a^x g(t)\,dt$ ($a$는 상수)의 극값은 다음과 같은 순서로 구한다.

❶ 양변을 $x$에 대하여 미분한다. ➡ $f'(x)=g(x)$
❷ $f'(x)=0$의 해를 구하여 함수 $f(x)$의 증가와 감소를 표로 나타낸다. ← 즉, $g(x)=0$
❸ 함수 $f(x)$의 극값을 구한다.

### 👍 대표 예제

**1221**  $x>0$에서 미분가능한 함수 $f(x)=\int_3^x \left(t+\dfrac{8}{t}-6\right)dt$ 의 극댓값과 극솟값을 각각 $M$, $m$이라 할 때, $M-m$의 값은?

① $6-8\ln 2$  ② $6-4\ln 2$  ③ $6-2\ln 2$
④ $12-8\ln 2$  ⑤ $12-4\ln 2$

**선생님 해설**

양변을 $x$에 대하여 미분한다.

$f(x)=\int_3^x \left(t+\dfrac{8}{t}-6\right)dt$에서 $f'(x)=x+\dfrac{8}{x}-6$

$f'(x)=0$에서 $x+\dfrac{8}{x}-6=0$

$x^2-6x+8=0,\ (x-2)(x-4)=0$

$\therefore x=2$ 또는 $x=4$

$x>0$에서 함수 $f(x)$의 증가와 감소를 표로 나타내면 다음과 같다.

| $x$ | (0) | $\cdots$ | 2 | $\cdots$ | 4 | $\cdots$ |
|---|---|---|---|---|---|---|
| $f'(x)$ | | $+$ | $0$ | $-$ | $0$ | $+$ |
| $f(x)$ | | ↗ | 극대 | ↘ | 극소 | ↗ |

함수 $f(x)$는 $x=2$에서 극댓값을 가지고, $x=4$에서 극솟값을 가지므로

$M=f(2),\ m=f(4)$

$\therefore M-m=f(2)-f(4)$

$$=\int_3^2 \left(t+\frac{8}{t}-6\right)dt-\int_3^4 \left(t+\frac{8}{t}-6\right)dt$$

$$=\int_3^2 \left(t+\frac{8}{t}-6\right)dt+\int_4^3 \left(t+\frac{8}{t}-6\right)dt$$

$$=\int_4^2 \left(t+\frac{8}{t}-6\right)dt$$

$$=\left[\frac{1}{2}t^2+8\ln|t|-6t\right]_4^2$$

$$=(-10+8\ln 2)-(-16+8\ln 4)=6-8\ln 2$$

> $f(2)$의 값과 $f(4)$의 값을 각각 구한 뒤 $f(2)-f(4)$의 값을 구해도 되지만 정적분의 성질을 이용하면 더 쉽게 계산할 수 있어~.

**답** ①

**1222**  대표 예제  한 번 더

$0\le x\le\pi$에서 정의된 함수 $f(x)=\int_0^x (2\sin 2\theta-1)\,d\theta$의 극댓값과 극솟값을 각각 $M$, $m$이라 할 때, $M-m$의 값은?

① $1-\dfrac{\pi}{4}$  ② $1-\dfrac{\pi}{6}$  ③ $\sqrt{3}-\dfrac{\pi}{3}$

④ $\sqrt{3}-\dfrac{\pi}{4}$  ⑤ $\sqrt{3}-\dfrac{\pi}{6}$

**1223**

함수 $f(x)=\int_0^x (t^2-3t+k)e^t\,dt$가 $x=2$에서 극솟값을 갖고 극댓값과 극솟값의 합이 $ae^2+be+c$일 때, $a+b-c$ 의 값을 구하시오.

(단, $k$는 상수이고, $a$, $b$, $c$는 유리수이다.)

**1224**

양의 실수 전체의 집합에서 정의된 함수

$f(x)=\int_a^x (6\sqrt{t}-2t-4)\,dt$의 극솟값이 $0$일 때, 함수 $f(x)$의 극댓값을 구하시오. (단, $a$는 상수이다.)

**1225**

$x>0$에서 정의된 함수

$$f(x)=\int_1^x \{2t^{-2}-(2a+1)t^{-3}+at^{-4}\}\,dt$$

의 극솟값이 $-\dfrac{5}{18}$일 때, 함수 $f(x)$의 극댓값은?

$$\left(\text{단, } 0<a<\frac{1}{2}\right)$$

① $-\dfrac{1}{4}$  ② $-\dfrac{2}{9}$  ③ $-\dfrac{1}{6}$

④ $-\dfrac{1}{9}$  ⑤ $-\dfrac{1}{18}$

### 유형 17  정적분으로 정의된 함수의 최대·최소

정적분으로 정의된 함수 $f(x)$의 최대·최소는 다음과 같은 순서로 구한다.

❶ 양변을 $x$에 대하여 미분하여 $f'(x)$를 구한다.

❷ $f'(x)=0$의 해를 구하여 함수 $f(x)$의 증가와 감소를 표로 나타낸다.

❸ 함수 $f(x)$의 최대·최소를 구한다.

#### 🖐 대표 예제

**1226** 닫힌구간 $[0,\,2]$에서 함수

$$f(x)=\int_0^x \frac{1-t}{t^2-2t+2}\,dt$$

의 최댓값은?

① $\dfrac{1}{2}\ln 2$  ② $\ln 2$  ③ $\dfrac{3}{2}\ln 2$

④ $2\ln 2$  ⑤ $\dfrac{5}{2}\ln 2$

**선생님 해설**

주어진 식의 양변을 $x$에 대하여 미분하면

$$f'(x)=\frac{1-x}{x^2-2x+2}$$

$f'(x)=0$에서 $x=1$ $(\because x^2-2x+2>0)$

닫힌구간 $[0,\,2]$에서 함수 $f(x)$의 증가와 감소를 표로 나타내면 다음과 같다.

| $x$ | $0$ | $\cdots$ | $1$ | $\cdots$ | $2$ |
|---|---|---|---|---|---|
| $f'(x)$ | | $+$ | $0$ | $-$ | |
| $f(x)$ | $f(0)$ | ↗ | $f(1)$ | ↘ | $f(2)$ |

$f(0)$, $f(2)$의 값을 구하지 않아도 닫힌구간 $[0,\,2]$에서 함수 $f(x)$가 극댓값만 가지므로 함수 $f(x)$의 최댓값은 $f(1)$이다.

따라서 함수 $f(x)$는 $x=1$에서 극대이면서 최대이므로 최댓값은

$$f(1)=\int_0^1 \frac{1-t}{t^2-2t+2}\,dt=-\frac{1}{2}\int_0^1 \frac{2t-2}{t^2-2t+2}\,dt$$
$$=-\frac{1}{2}\Big[\ln|t^2-2t+2|\Big]_0^1=-\frac{1}{2}(0-\ln 2)=\frac{1}{2}\ln 2$$

**답 ①**

**1227** [대표 예제] [한 번 더]

$-1\le x\le 1$에서 함수 $f(x)=\displaystyle\int_{-1}^x te^{t+1}\,dt$의 최댓값과 최솟값의 합은?

① $2-2e$  ② $4-2e$  ③ $2-e$

④ $4-e$  ⑤ $6-2e$

**1228**

닫힌구간 $[1,\,6]$에서 함수

$$f(x)=\int_a^x \left(1-\frac{4}{t^2}\right)dt$$

의 최솟값이 $0$이다. 함수 $f(x)$의 최댓값을 $M$이라 할 때, $a+M$의 값은? (단, $a$는 상수이다.)

① $\dfrac{13}{3}$  ② $\dfrac{9}{2}$  ③ $\dfrac{14}{3}$

④ $\dfrac{29}{6}$  ⑤ $5$

**1229**

$0<x\le a$에서 함수 $f(x)=\displaystyle\int_b^x \frac{t-1}{\sqrt{t}}\,dt$의 최댓값과 최솟값이 각각 $12$, $-\dfrac{4}{3}$일 때, 두 상수 $a$, $b$에 대하여 $ab$의 값을 구하시오. (단, $a>1$, $b>0$)

**1230**

$0<x\le 3$에서 함수

$$f(x)=\int_2^x 4t\ln\frac{1}{t}\,dt$$

의 최댓값과 최솟값의 차는? $\left(\text{단, } \lim_{x\to 0+} f(x)>0\right)$

① $8\ln 3-8$  ② $8\ln 3-4$  ③ $18\ln 3-8$

④ $18\ln 3-4$  ⑤ $18\ln 3-2$

**유형 18**   **정적분으로 정의된 함수의 극한**

함수 $f(x)$의 한 부정적분을 $F(x)$라 할 때

① $\displaystyle\lim_{x\to 0}\frac{1}{x}\int_a^{x+a} f(t)\,dt=\lim_{x\to 0}\frac{F(x+a)-F(a)}{x}=f(a)$

② $\displaystyle\lim_{x\to a}\frac{1}{x-a}\int_a^{x} f(t)\,dt=\lim_{x\to a}\frac{F(x)-F(a)}{x-a}=f(a)$

### 👍 대표 예제

**1231**   $\displaystyle\lim_{x\to 0}\frac{1}{x}\int_2^{2+2x} te^{t-1}\,dt$의 값은?

① $e$        ② $2e$        ③ $3e$

④ $4e$        ⑤ $5e$

**선생님 해설**

$f(x)=xe^{x-1}$, $F'(x)=f(x)$라 하면

$\displaystyle\lim_{x\to 0}\frac{1}{x}\int_2^{2+2x} te^{t-1}\,dt$

$\displaystyle=\lim_{x\to 0}\frac{1}{x}\int_2^{2+2x} f(t)\,dt$

$\displaystyle=\lim_{x\to 0}\frac{F(2+2x)-F(2)}{x}$

$\displaystyle=\lim_{x\to 0}\frac{F(2+2x)-F(2)}{2x}\cdot 2$

$=2F'(2)=2f(2)$

$=2\cdot 2e^{2-1}=4e$

> 정적분으로 정의된 함수의 극한이 $\dfrac{0}{0}$ 꼴인 경우 미분계수의 정의와 정적분의 정의를 이용하여 해결할 수 있어.

**답** ④

**1232**   **대표 예제** **한 번 더**

$\displaystyle\lim_{x\to e}\frac{1}{x-e}\int_{e^2}^{x^2} \sqrt{t}\,\ln t\,dt$의 값은?

① $e$        ② $2e$        ③ $e^2$

④ $2e^2$        ⑤ $4e^2$

**1233**

$\displaystyle\lim_{x\to 0}\frac{1}{x}\int_{-x}^{2x}\left(1+\frac{1}{3}\cos t\right)dt$의 값을 구하시오.

**1234**

함수 $f(x)=x+\dfrac{a}{x}$에 대하여

$$\lim_{x\to 0}\frac{1}{x}\int_{1-x}^{1+x} f(t)\,dt=1$$

을 만족시킬 때, 상수 $a$의 값은?

① $-1$        ② $-\dfrac{1}{2}$        ③ $-\dfrac{1}{4}$

④ $\dfrac{1}{4}$        ⑤ $\dfrac{1}{2}$

**1235**

열린구간 $\left(-\dfrac{\pi}{2},\ \dfrac{\pi}{2}\right)$에서 정의된 함수

$$f(x)=\int_0^x \frac{1+\sin^2\theta}{1-\sin^2\theta}\,d\theta$$

가 $\displaystyle\lim_{x\to \frac{\pi}{3}}\frac{1}{3x-\pi}\int_{\frac{\pi}{3}}^{x} f(t)\,dt=a\sqrt{3}+b\pi$를 만족시킬 때, $\left|\dfrac{a}{b}\right|$의 값을 구하시오. (단, $a$, $b$는 유리수이다.)

## 1236

• 유형 01 + 유형 09 •

정적분 $\displaystyle\int_0^1 \frac{2x^3+3x}{x^2+1}\,dx$의 값은?

① $1+\dfrac{1}{4}\ln 2$　　② $1+\dfrac{1}{2}\ln 2$　　③ $1+\ln 2$

④ $2+\dfrac{1}{4}\ln 2$　　⑤ $2+\dfrac{1}{2}\ln 2$

## 1237

• 유형 11 •

정적분 $\displaystyle\int_1^e \frac{\ln x}{x^2}\,dx$의 값은?

① $\dfrac{1}{2}-\dfrac{2}{e}$　　② $1-\dfrac{2}{e}$　　③ $1-\dfrac{1}{e}$

④ $2-\dfrac{2}{e}$　　⑤ $2-\dfrac{1}{e}$

## 1238

• 유형 06 •

$\displaystyle\int_0^4 \frac{x^3}{\sqrt{x^2+2}}\,dx=\dfrac{q}{p}\sqrt{2}$일 때, $p+q$의 값은?

(단, $p$와 $q$는 서로소인 자연수이다.)

① 41　　② 43　　③ 45

④ 47　　⑤ 49

## 1239

• 유형 03 + 유형 04 •

함수 $f(x)$가 다음 조건을 만족시킨다.

> (가) $f(x)=|e^x-e^{-x}|$ $(-1\le x\le 1)$
> (나) 모든 실수 $x$에 대하여 $f(x)=f(x+2)$이다.

$\displaystyle\int_{-3}^9 f(x)\,dx=ae+be^{-1}+c$를 만족시키는 세 유리수 $a$, $b$, $c$에 대하여 $a+b-c$의 값은?

① 12　　② 24　　③ 36

④ 48　　⑤ 60

## 1240

• 유형 08 + 유형 10 •

$\displaystyle\int_0^{\frac{\pi}{3}} \frac{\cos x}{1+4\sin^2 x}\,dx=\alpha$일 때, $\sin \alpha$의 값은?

① $-1$　　② $-\dfrac{\sqrt{3}}{2}$　　③ $-\dfrac{1}{2}$

④ $\dfrac{1}{2}$　　⑤ $\dfrac{\sqrt{3}}{2}$

## 1241

• 유형 08 + 유형 11 •

$\displaystyle\int_0^{\frac{\pi}{4}} e^x(\sin x-\cos x)\,dx=k$라 할 때, 정적분

$$\int_0^{\frac{\pi}{2}} e^{\frac{x}{2}}\left(\sin \frac{x}{2}+\cos \frac{x}{2}\right)dx$$

의 값을 $k$로 나타낸 것은?

① $e^{\frac{\pi}{4}}-1+k$　　② $\sqrt{2}e^{\frac{\pi}{4}}-1+k$

③ $2e^{\frac{\pi}{4}}-1+k$　　④ $2\sqrt{2}e^{\frac{\pi}{4}}-2+2k$

⑤ $4e^{\frac{\pi}{4}}-2+2k$

## 1242

· 유형 11 + 유형 17 ·

함수 $f(x)=\displaystyle\int_{e+1}^{x} 4t \ln (t-1)\,dt$의 최솟값이 $a+be^c$일 때, $abc$의 값을 구하시오. (단, $a$, $b$, $c$는 유리수이다.)

## 1243

· 유형 07 ·

함수 $f(x)=e^{\frac{x}{2}}$이

$$\int_{0}^{a} f(x+2f(x))\,dx=b(e^2-e)$$

를 만족시킬 때, 0이 아닌 두 상수 $a$, $b$에 대하여 $ab$의 값은?

① $2\ln 2$      ② $2\ln 3$      ③ $4\ln 2$
④ $2\ln 5$      ⑤ $4\ln 3$

## 1244

· 유형 07 + 유형 11 ·

두 함수

$$f(x)=\int_{a}^{x} \frac{1}{1+t^2}\,dt, \quad g(x)=x \ln (1+x^2)$$

에 대하여 $\displaystyle\int_{0}^{1} f(x)g'(x)\,dx=0$일 때, $f(1)$의 값은?

① $\dfrac{1}{5}\ln 2$      ② $\dfrac{1}{4}\ln 2$      ③ $\dfrac{1}{3}\ln 2$
④ $\dfrac{1}{2}\ln 2$      ⑤ $\ln 2$

## 1245

· 유형 18 ·

함수 $f(x)=3e^{2x}$에 대하여

$$\lim_{x \to 0} \frac{1}{x}\int_{3}^{f(x)} t\sqrt{2t+3}\,dt$$

의 값을 구하시오.

## 1246　사고력

· 유형 03 + 유형 11 + 유형 12 ·

자연수 $n$에 대하여 함수 $f(n)$이

$$f(n)=\frac{1}{2}\int_{-1}^{1} x^n(e^x-e^{-x})\,dx$$

일 때, ┃보기┃에서 옳은 것만을 있는 대로 고른 것은?

┃보기┃

ㄱ. $f(1)=\dfrac{2}{e}$

ㄴ. $f(2n)=0$

ㄷ. 3 이상의 홀수 $m$에 대하여
$$f(m)=(1-m)e+\frac{1+m}{e}+m(m-1)f(m-2)$$
이다.

① ㄱ      ② ㄱ, ㄴ      ③ ㄱ, ㄷ
④ ㄴ, ㄷ      ⑤ ㄱ, ㄴ, ㄷ

## 1247

· 유형 06 + 유형 11 ·

함수 $f(x)$의 도함수 $f'(x)$가

$$\int_{0}^{1} x^2 f'(x\sqrt{x})\,dx=\frac{1}{6}$$

을 만족시킨다. $f(0)=1$, $\displaystyle\int_{0}^{1} f'(x)\,dx=1$일 때, 정적분 $\displaystyle\int_{0}^{1} 4f(x)\,dx$의 값을 구하시오.

## 1248

· 유형 07 + 유형 12 ·

$\displaystyle\int_1^9 \sqrt{x}\,e^{\sqrt{x}+1}\,dx = ae^2 + be^4$을 만족시키는 두 유리수 $a$, $b$에 대하여 $|a-b|$의 값은?

① 3  ② 6  ③ 9
④ 12  ⑤ 15

## 1249

· 유형 08 ·

$\displaystyle\int_{\frac{\pi}{6}}^{\frac{\pi}{3}} \frac{1-\cos 2x}{\sin 2x - \cos 2x + 1}\,dx = \frac{q}{p}\pi$일 때, $p+q$의 값을 구하시오. (단, $p$와 $q$는 서로소인 자연수이다.)

## 1250

· 유형 01 + 유형 06 + 유형 08 ·

실수 전체의 집합에서 연속인 함수 $f(x)$가 모든 실수 $x$에 대하여

$$f(x)+f(-x)=\tan\frac{\pi}{6}x \sin\frac{\pi}{6}x$$

를 만족시킬 때, 정적분 $\displaystyle\int_{-1}^{1} f(x)\,dx$의 값은?

① $\dfrac{3\ln 3 - 6}{\pi}$  ② $\dfrac{3\ln 3 - 3}{\pi}$  ③ $\dfrac{6\ln 3 - 6}{\pi}$
④ $\dfrac{6\ln 3 - 3}{\pi}$  ⑤ $\dfrac{9\ln 3 - 6}{\pi}$

## 1251

· 유형 12 + 유형 16 ·

함수 $f(x)=\displaystyle\int_1^x t(t-k)e^t\,dt\ (k>0)$의 극댓값과 극솟값의 차가 4일 때, 극댓값과 극솟값의 합이 $a+be$이다. $a^2+b^2$의 값을 구하시오.

(단, $a$, $b$, $k$는 0이 아닌 유리수이다.)

## 1252 창의력+

· 유형 15 ·

$f'(x)$가 실수 전체의 집합에서 연속인 함수 $f(x)$가

$$\int_\pi^x (x+t)f(t)\,dt = a\sin 2x + bx\cos 2x + 2x + 2\pi$$

를 만족시킨다. $\displaystyle\int_0^\pi f(x)\,dx=0$일 때, $f'(0)$의 값을 구하시오.

## 1253 사고력

· 유형 14 ·

실수 전체의 집합에서 이계도함수를 갖는 함수 $f(x)$가 모든 실수 $x$에 대하여

$$f(x)=2+a\int_1^{\frac{x}{2}+1} e^t f(t)\,dt$$

를 만족시킨다. $f'(0)=f'(-2)=3$일 때, $\dfrac{f''(-2)}{a}$의 값은? (단, $a$는 상수이다.)

① $\dfrac{13}{12}$  ② $\dfrac{7}{6}$  ③ $\dfrac{5}{4}$
④ $\dfrac{4}{3}$  ⑤ $\dfrac{17}{12}$

## 1254

• 유형 08 •

정적분 $\int_0^{\frac{\pi}{3}} \sec x \, dx$의 값을 구하시오.

☑ 필요 개념 및 공식
☐ 삼각함수의 정적분의 치환적분법

## 1255

• 유형 01 + 유형 09 •

정적분 $\int_1^2 \dfrac{2x-1}{x^2+x} \, dx$의 값을 구하시오.

☑ 필요 개념 및 공식
☐ $\dfrac{1}{AB}=\dfrac{1}{B-A}\left(\dfrac{1}{A}-\dfrac{1}{B}\right)$ (단, $A \neq B$)  ☐ $\dfrac{f'(x)}{f(x)}$ 꼴의 정적분

## 1256

• 유형 02 + 유형 06 •

함수 $f(x)=x(x-3)^2$에 대하여 정적분

$$\int_0^3 |f'(x)|\sqrt{f(x)} \, dx$$

의 값을 구하시오.

☑ 필요 개념 및 공식
☐ 절댓값 기호를 포함한 함수의 정적분  ☐ 무리함수의 정적분의 치환적분법

## 1257

• 유형 13 •

$x \neq 0$에서 정의된 함수 $f(x)$가

$$f(x)=\frac{6}{x^3}+8\int_{\frac{1}{2}}^1 (3x-t)f(t)\, dt$$

를 만족시킬 때, $f(-1)$의 값을 구하시오.

☑ 필요 개념 및 공식
☐ $\int_a^b f(t)\, dt$ 꼴을 포함한 함수 $f(x)$

## 1258

• 유형 08 + 유형 14 •

실수 전체의 집합에서 미분가능한 함수 $f(x)$가 모든 실수 $x$에 대하여

$$f(x)\cos x = 2\sin^2 x \cos^2 x - \int_0^x f(t)\sin t \, dt$$

를 만족시킬 때, $f\left(\dfrac{\pi}{3}\right)$의 값을 구하시오.

☑ 필요 개념 및 공식
☐ 삼각함수의 정적분의 치환적분법  ☐ $\int_a^x f(t)\, dt$ 꼴을 포함한 함수 $f(x)$

## 1259

• 유형 07 + 유형 12 •

정적분 $\int_1^{e^{\frac{\pi}{4}}} \sin(\ln x^2) \, dx$의 값을 구하시오.

☑ 필요 개념 및 공식
☐ 로그함수의 치환적분법  ☐ 부분적분법을 2번 적용하는 정적분

### 개념 01  구분구적법

어떤 도형의 넓이나 부피를 구할 때, 주어진 도형을 여러 개의 기본 도형으로 잘게 나누어 기본 도형의 넓이나 부피의 합을 구한 후 그 합의 극한값을 이용하여 주어진 도형의 넓이나 부피를 구하는 방법을 구분구적법이라 한다.

**참고** 기본 도형은 직사각형, 이등변삼각형, 원기둥, 직육면체 등과 같이 넓이 또는 부피를 쉽게 구할 수 있는 도형으로 정한다.

**1260** 다음은 반지름의 길이가 1인 원의 넓이를 구분구적법을 이용하여 구하는 과정이다.

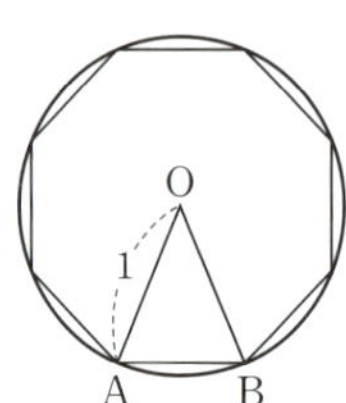

오른쪽 그림과 같이 반지름의 길이가 1인 원에 내접하는 정$n$각형은 이등변삼각형 OAB와 합동인 $n$개의 이등변삼각형으로 나눌 수 있다.

$\angle \mathrm{AOB} = \boxed{(가)}$ 이므로

삼각형 OAB의 넓이는 $\dfrac{1}{2} \sin \boxed{(가)}$ 이다.

따라서 정$n$각형의 넓이를 $S_n$이라 하면

$$S_n = \frac{n}{2} \sin \boxed{(가)}$$

이때 $\displaystyle\lim_{n\to\infty} \dfrac{\sin \dfrac{1}{n}}{\dfrac{1}{n}} = \boxed{(나)}$ 이므로 구하는 원의 넓이를 $S$

라 하면

$$S = \lim_{n\to\infty} S_n = \pi$$

위의 과정에서 (가), (나)에 알맞은 것을 써넣으시오.

### 개념 02  정적분과 급수의 합 사이의 관계

함수 $f(x)$가 닫힌구간 $[a,\ b]$에서 연속일 때

$$\int_a^b f(x)\,dx = \lim_{n\to\infty} \sum_{k=1}^{n} f(x_k)\,\Delta x$$

$$\left( 단,\ \Delta x = \frac{b-a}{n},\ x_k = a + k\Delta x \right)$$

**참고** ·$\displaystyle\lim_{n\to\infty} \sum_{k=1}^{n} f\left(\frac{k}{n}\right)\frac{1}{n} = \int_0^1 f(x)\,dx$

·$\displaystyle\lim_{n\to\infty} \sum_{k=1}^{n} f\left(\frac{p}{n}k\right)\frac{p}{n} = \int_0^p f(x)\,dx$

·$\displaystyle\lim_{n\to\infty} \sum_{k=1}^{n} f\left(a+\frac{b-a}{n}k\right)\frac{b-a}{n} = \int_a^b f(x)\,dx$

·$\displaystyle\lim_{n\to\infty} \sum_{k=1}^{n} f\left(a+\frac{p}{n}k\right)\frac{p}{n} = \int_a^{a+p} f(x)\,dx = \int_0^p f(x+a)\,dx$

[1261~1262] 함수 $f(x) = x^2$에 대하여 정적분을 이용하여 다음 극한값을 구하시오.

**1261** $\displaystyle\lim_{n\to\infty} \sum_{k=1}^{n} f\left(\frac{k}{n}\right)\frac{1}{n}$

**1262** $\displaystyle\lim_{n\to\infty} \sum_{k=1}^{n} f\left(1+\frac{2k}{n}\right)\frac{2}{n}$

[1263~1264] 정적분을 이용하여 다음 극한값을 구하시오.

**1263** $\displaystyle\lim_{n\to\infty} \frac{1}{n^5}(1^4 + 2^4 + 3^4 + \cdots + n^4)$

**1264** $\displaystyle\lim_{n\to\infty} \dfrac{\pi \sin\dfrac{\pi}{n} + \pi \sin\dfrac{2}{n}\pi + \pi \sin\dfrac{3}{n}\pi + \cdots + \pi \sin\dfrac{n}{n}\pi}{n}$

### 개념 03  곡선과 좌표축 사이의 넓이

(1) 함수 $f(x)$가 닫힌구간 $[a,\ b]$에서 연속일 때, 곡선 $y=f(x)$와 $x$축 및 두 직선 $x=a$, $x=b$로 둘러싸인 도형의 넓이 $S$는

$$S = \int_a^b |f(x)|\,dx$$

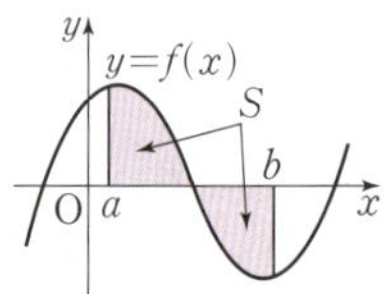

**참고** 닫힌구간 $[a,\ b]$에서 함수 $f(x)$의 값이 양수인 구간과 음수인 구간으로 나누어 넓이를 구한다.

(2) 함수 $g(y)$가 닫힌구간 $[c,\ d]$에서 연속일 때, 곡선 $x=g(y)$와 $y$축 및 두 직선 $y=c$, $y=d$로 둘러싸인 도형의 넓이 $S$는

$$S = \int_c^d |g(y)|\,dy$$

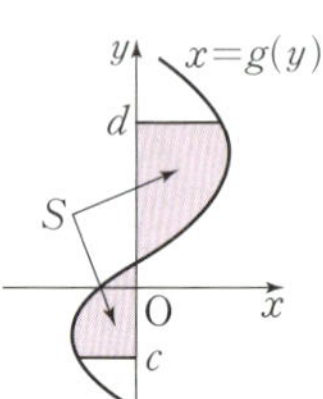

[1265~1266] 다음 곡선과 직선으로 둘러싸인 도형의 넓이를 구하시오.

**1265** $y = \dfrac{1}{x}$, $x$축, $x=1$, $x=2$

**1266** $y = \sin x\ (0 \le x \le 2\pi)$, $x$축, $x=0$, $x=2\pi$

[1267~1268] 다음 곡선과 직선으로 둘러싸인 도형의 넓이를 구하시오.

**1267** $y = \ln x$, $y$축, $y=0$, $y=1$

**1268** $y = -\sqrt{\dfrac{x}{3}}$, $y$축, $y=-2$

## 개념 04  두 곡선 사이의 넓이

두 함수 $f(x)$, $g(x)$가 닫힌구간 $[a, b]$에서 연속일 때, 두 곡선 $y=f(x)$, $y=g(x)$와 두 직선 $x=a$, $x=b$로 둘러싸인 도형의 넓이 $S$는

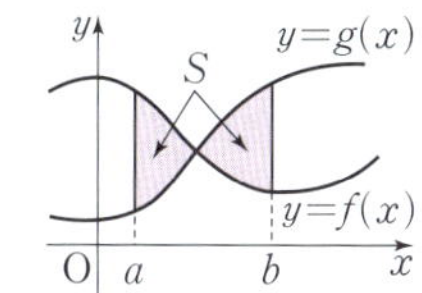

$$S=\int_a^b |f(x)-g(x)|\,dx$$

참고 두 함수 $f(y)$, $g(y)$가 닫힌구간 $[c, d]$에서 연속일 때, 두 곡선 $x=f(y)$, $x=g(y)$와 두 직선 $y=c$, $y=d$로 둘러싸인 도형의 넓이 $S$는
$$S=\int_c^d |f(y)-g(y)|\,dy$$

**1269** 두 곡선 $y=e^x$, $y=e^{-x}$과 두 직선 $x=-\ln 2$, $x=\ln 3$으로 둘러싸인 도형의 넓이를 구하시오.

**1270** 두 곡선 $y=x^2$, $y=\sqrt{x}$로 둘러싸인 도형의 넓이를 구하시오.

## 개념 05  입체도형의 부피

닫힌구간 $[a, b]$의 임의의 점 $x$에서 $x$축에 수직인 평면으로 자른 단면의 넓이가 $S(x)$인 입체도형의 부피 $V$는

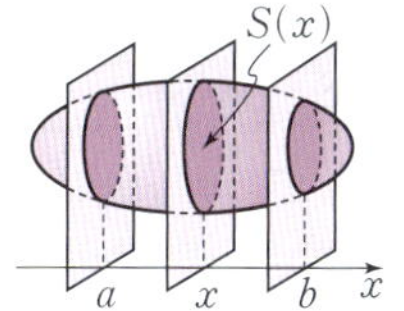

$$V=\int_a^b S(x)\,dx$$

(단, $S(x)$는 닫힌구간 $[a, b]$에서 연속이다.)

**1271** 다음은 밑면의 넓이가 $a$, 높이가 $h$인 사각뿔의 부피가 $\dfrac{1}{3}ah$임을 보이는 과정이다.

오른쪽 그림과 같이 사각뿔의 꼭짓점 O에서 밑면 ABCD에 내린 수선의 발을 H라 하자. 꼭짓점 O로부터의 거리가 $x$인 지점에서 밑면에 평행한 평면으로 자른 단면의 넓이를 $S(x)$라 하면

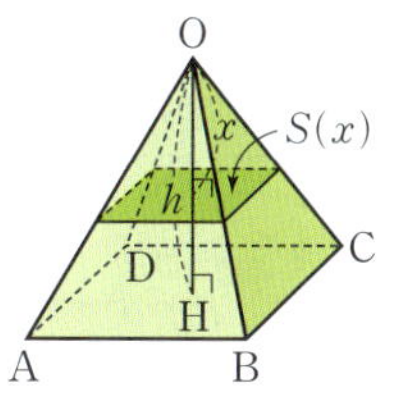

$$S(x) : a = \boxed{\text{(가)}} : h^2$$

$$\therefore S(x)=\frac{a}{h^2}\times \boxed{\text{(가)}}$$

따라서 구하는 사각뿔의 부피를 $V$라 하면

$$V=\int_0^{\boxed{\text{(나)}}} S(x)\,dx=\frac{1}{3}ah$$

위의 과정에서 (가), (나)에 알맞은 것을 써넣으시오.

## 개념 06  속도와 거리

(1) 수직선 위를 움직이는 점 P의 시각 $t$에서의 속도가 $v(t)$이고, 시각 $t=t_0$에서의 위치가 $x_0$일 때, 시각 $t$에서의 점 P의 위치를 $x$, 시각 $t=a$에서 $t=b$까지 점 P가 움직인 거리를 $s$라 하면

$$x=x_0+\int_{t_0}^t v(t)\,dt, \quad s=\int_a^b |v(t)|\,dt$$

참고 시각 $t=a$에서 $t=b$까지 점 P의 위치의 변화량은 $\int_a^b v(t)\,dt$

(2) 좌표평면 위를 움직이는 점 P의 시각 $t$에서의 위치 $(x, y)$가 $x=f(t)$, $y=g(t)$일 때, 시각 $t=a$에서 $t=b$까지 점 P가 움직인 거리 $s$는

$$s=\int_a^b \sqrt{\left(\frac{dx}{dt}\right)^2+\left(\frac{dy}{dt}\right)^2}\,dt$$
$$=\int_a^b \sqrt{\{f'(t)\}^2+\{g'(t)\}^2}\,dt$$

(3) 곡선의 길이

① 매개변수로 나타낸 곡선 $x=f(t)$, $y=g(t)$의 겹치는 부분이 없을 때, $t=a$에서 $t=b$까지의 곡선의 길이 $l$은

$$l=\int_a^b \sqrt{\left(\frac{dx}{dt}\right)^2+\left(\frac{dy}{dt}\right)^2}\,dt$$
$$=\int_a^b \sqrt{\{f'(t)\}^2+\{g'(t)\}^2}\,dt$$

② $x=a$에서 $x=b$까지의 곡선 $y=f(x)$의 길이 $l$은
$$l=\int_a^b \sqrt{1+\{f'(x)\}^2}\,dx$$

**[1272~1274]** 원점을 출발하여 수직선 위를 움직이는 점 P의 시각 $t$에서의 속도가 $v(t)=\sin 2t$일 때, 다음을 구하시오.

**1272** 시각 $t=\dfrac{\pi}{6}$에서의 점 P의 위치

**1273** 시각 $t=0$에서 $t=\dfrac{\pi}{2}$까지 점 P의 위치의 변화량

**1274** 시각 $t=0$에서 $t=\dfrac{\pi}{3}$까지 점 P가 움직인 거리

**1275** 좌표평면 위를 움직이는 점 P의 시각 $t$에서의 위치 $(x, y)$가 $x=t$, $y=\sqrt{3}t$일 때, 시각 $t=0$에서 $t=2$까지 점 P가 움직인 거리를 구하시오.

**[1276~1277]** 다음 곡선의 길이를 구하시오.

**1276** $t=0$에서 $t=1$까지의 곡선 $x=t^2$, $y=3-t^2$의 길이

**1277** $x=1$에서 $x=2$까지의 곡선 $y=\dfrac{1}{2}x^2-\dfrac{1}{4}\ln x$의 길이

### 유형 01  구분구적법

구분구적법을 이용한 넓이 또는 부피는 다음과 같은 순서로 구한다.
❶ 주어진 도형을 $n$개의 기본 도형 또는 기둥으로 분할한다.
❷ $n$개의 기본 도형의 넓이의 합 $S_n$ 또는 $n$개의 기둥의 부피의 합 $V_n$ 을 구한다.
❸ $\lim\limits_{n\to\infty} S_n$ 또는 $\lim\limits_{n\to\infty} V_n$의 값을 구한다.

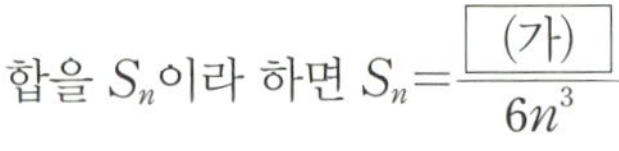

#### 대표 예제

**1278** 다음은 곡선 $y=x^2$과 $x$축 및 직선 $x=1$로 둘러싸인 도형의 넓이 $S$를 구분구적법을 이용하여 구하는 과정이다.

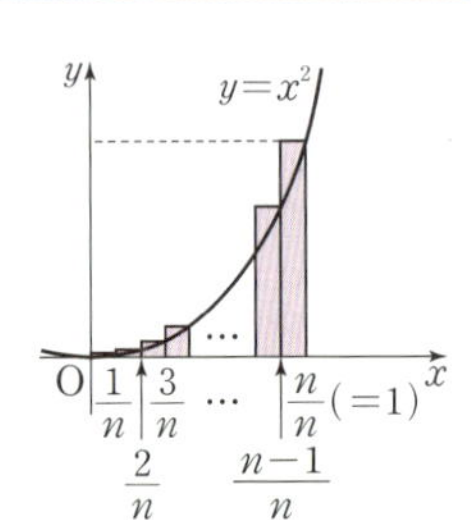

그림과 같이 닫힌구간 $[0,\ 1]$을 $n$등분하면 양 끝 점과 각 분점의 $x$좌표는 차례대로

$$0,\ \frac{1}{n},\ \frac{2}{n},\ \cdots,\ \frac{n}{n}\,(=1)$$

이므로 $n$개의 직사각형의 넓이의 합을 $S_n$이라 하면 $S_n=\dfrac{\boxed{\text{(가)}}}{6n^3}$

$$\therefore S=\lim_{n\to\infty} S_n=\boxed{\text{(나)}}$$

위의 과정에서 (가)에 알맞은 식을 $f(n)$, (나)에 알맞은 수를 $a$라 할 때, $a\times f(4)$의 값은?

① 60　　　　② 61　　　　③ 62
④ 63　　　　⑤ 64



$S_n$은 밑변의 길이가 $\dfrac{1}{n}$, 높이가 각각 $\left(\dfrac{1}{n}\right)^2$, $\left(\dfrac{2}{n}\right)^2$, $\left(\dfrac{3}{n}\right)^2$,

$\cdots$, $\left(\dfrac{n}{n}\right)^2$인 $n$개의 직사각형의 넓이의 합이므로

$$S_n=\frac{1}{n}\left(\frac{1}{n}\right)^2+\frac{1}{n}\left(\frac{2}{n}\right)^2+\frac{1}{n}\left(\frac{3}{n}\right)^2+\cdots+\frac{1}{n}\left(\frac{n}{n}\right)^2$$

$$=\sum_{k=1}^{n}\frac{1}{n}\left(\frac{k}{n}\right)^2=\frac{1}{n^3}\sum_{k=1}^{n}k^2=\frac{n(n+1)(2n+1)}{6n^3}$$

$$\therefore S=\lim_{n\to\infty}S_n=\lim_{n\to\infty}\frac{n(n+1)(2n+1)}{6n^3}=\boxed{\frac{1}{3}}$$

따라서 $f(n)=n(n+1)(2n+1)$, $a=\dfrac{1}{3}$이므로

$$a\times f(4)=\frac{1}{3}\times 4\times 5\times 9=60$$

$\sum$이 $k$에 대한 식이므로 $n$은 상수처럼 생각한다.

답 ①

---

**1279**  〔대표 예제〕〔한 번 더〕

다음은 곡선 $y=x^3+1$과 $x$축 및 두 직선 $x=0$, $x=1$로 둘러싸인 도형의 넓이 $S$를 구분구적법을 이용하여 구하는 과정이다.

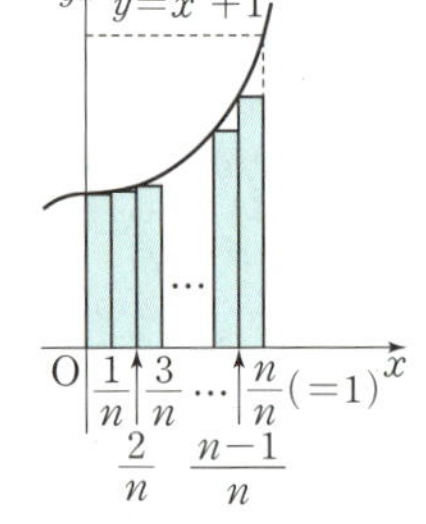

그림과 같이 닫힌구간 $[0,\ 1]$을 $n$등분하면 양 끝 점과 각 분점의 $x$좌표는 차례대로

$$0,\ \frac{1}{n},\ \frac{2}{n},\ \cdots,\ \frac{n}{n}\,(=1)$$

이므로 $n$개의 직사각형의 넓이의 합을 $S_n$이라 하면

$$S_n=\sum_{k=1}^{n}\frac{1}{n}\left\{1+\left(\frac{\boxed{\text{(가)}}}{n}\right)^3\right\}=1+\boxed{\text{(나)}}$$

$$\therefore S=\lim_{n\to\infty} S_n=\frac{5}{4}$$

위의 과정에서 (가), (나)에 알맞은 식을 각각 $f(k)$, $g(n)$ 이라 할 때, $\dfrac{f(10)}{g(4)}$의 값은?

① 62　　　　② 64　　　　③ 66
④ 68　　　　⑤ 70

## 1280

다음은 밑면의 반지름의 길이가 $r$이고 높이가 $h$인 원뿔의 부피 $V$를 구분구적법을 이용하여 구하는 과정이다.

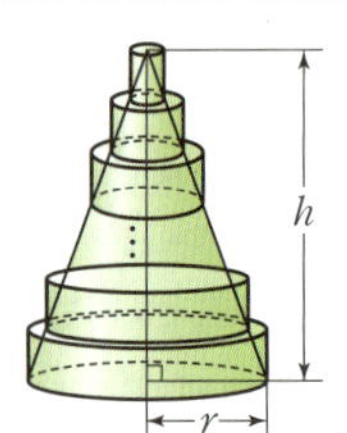

그림과 같이 원뿔의 높이를 $n$등분하여 각 분점을 지나고 밑면에 평행한 평면으로 원뿔을 자른 단면의 반지름의 길이는 위에서부터 차례대로

$$\frac{r}{n},\ \frac{2r}{n},\ \frac{3r}{n},\ \cdots,\ \frac{\boxed{\text{(가)}}\times r}{n}$$

이고 높이가 $\boxed{\text{(나)}}\times h$이므로 $n$개의 원기둥의 부피의 합을 $V_n$이라 하면

$$V_n=\frac{\pi r^2 h}{n^3}\times\boxed{\text{(다)}}$$

$$\therefore V=\lim_{n\to\infty} V_n=\frac{1}{3}\pi r^2 h$$

위의 과정에서 (가), (나), (다)에 알맞은 식을 각각 $f(n)$, $g(n)$, $u(n)$이라 할 때, $f(2)\times g(3)\times u(4)$의 값은?

① 14　　　　② 16　　　　③ 18
④ 20　　　　⑤ 22

## 유형 02 정적분과 급수의 합 사이의 관계

정적분과 급수의 합 사이의 관계

$$\int_a^b f(x)\,dx = \lim_{n \to \infty} \sum_{k=1}^{n} f(x_k)\,\varDelta x$$

$$\left(\text{단, } \varDelta x = \frac{b-a}{n}, \ x_k = a + k\varDelta x\right)$$

를 이용하여 급수의 합을 구할 때에는 다음과 같은 순서로 구한다.

❶ 주어진 급수를 적당한 함수 $f(x)$에 대하여

$$\lim_{n \to \infty} \sum_{k=1}^{n} f\!\left(a + \frac{b-a}{n}k\right)\frac{b-a}{n} \text{ 꼴로 변형한다. 이때 } k\text{의 계수인}$$

$\dfrac{b-a}{n}$가 곱해지도록 한다.

❷ $\displaystyle\lim_{n \to \infty} \sum_{k=1}^{n} f\!\left(a + \frac{b-a}{n}k\right)\frac{b-a}{n} = \int_a^b f(x)\,dx$임을 이용하여 급수
의 합을 구한다.

###  대표 예제

**1281** $\displaystyle\lim_{n \to \infty} \sum_{k=1}^{n}\left(1 + \frac{2k}{n}\right)^3 \frac{4}{n}$의 값은?

① 38      ② 40      ③ 42

④ 44      ⑤ 46

> **선생님 해설**
>
> $$\lim_{n \to \infty} \sum_{k=1}^{n}\left(1 + \frac{2k}{n}\right)^3 \frac{4}{n} = 2\lim_{n \to \infty} \sum_{k=1}^{n}\left(1 + \frac{2k}{n}\right)^3 \frac{2}{n}$$
>
> 이때 $f(x) = x^3$, $a = 1$, $b = 3$으로 놓으면
>
> $$\varDelta x = \frac{b-a}{n} = \frac{2}{n}, \ x_k = a + k\varDelta x = 1 + \frac{2k}{n}\text{이므로}$$
>
> 정적분과 급수의 합 사이의 관계에 의하여
>
> $$2\lim_{n \to \infty} \sum_{k=1}^{n}\left(1 + \frac{2k}{n}\right)^3 \frac{2}{n} = 2\int_1^3 f(x)\,dx = 2\int_1^3 x^3\,dx$$
> $$= 2\left[\frac{1}{4}x^4\right]_1^3 = 2\left(\frac{81}{4} - \frac{1}{4}\right) = 40$$
>
> **답** ②

**1282** 대표 예제 한 번 더

$\displaystyle\lim_{n \to \infty} \sum_{k=1}^{n} \frac{2}{n+2k}$의 값은?

① $\ln 2$      ② $\ln 3$      ③ $\ln 4$

④ $\ln 5$      ⑤ $\ln 6$

## 1283

$\displaystyle\lim_{n \to \infty} \sum_{k=1}^{n}\left\{\left(\frac{k}{n}\right)^2 - 2\left(1 + \frac{k}{n}\right) + 4\right\}\frac{1}{n}$의 값은?

① $\dfrac{1}{3}$      ② $\dfrac{2}{3}$      ③ 1

④ $\dfrac{4}{3}$      ⑤ $\dfrac{5}{3}$

## 1284

함수 $f(x) = x \sin \dfrac{\pi}{2} x$에 대하여

$$\lim_{n \to \infty} \frac{1}{n} \sum_{k=1}^{n} f'\!\left(\frac{3k}{n}\right)$$

의 값은?

① $-2$      ② $-1$      ③ 0

④ 1      ⑤ 2

## 1285

$\displaystyle\lim_{n \to \infty} \sum_{k=1}^{n} \frac{|e^{\frac{2k}{n}} - e|}{n} = \frac{1}{2}e^2 + pe + q$일 때, $q - p$의 값은?

(단, $p$, $q$는 유리수이다.)

① $\dfrac{1}{2}$      ② 1      ③ $\dfrac{3}{2}$

④ 2      ⑤ $\dfrac{5}{2}$

### 유형 03  곡선과 좌표축 사이의 넓이

① 곡선 $y=f(x)$와 $x$축 및 두 직선 $x=a$, $x=b$로 둘러싸인 도형의 넓이 $S$는
$$S=\int_a^b |f(x)|\,dx$$

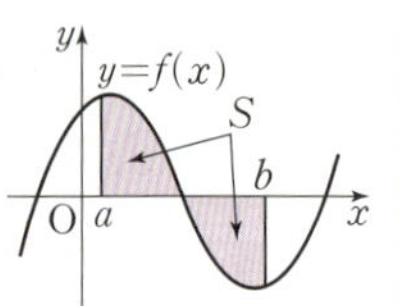

② 곡선 $x=g(y)$와 $y$축 및 두 직선 $y=c$, $y=d$로 둘러싸인 도형의 넓이 $S$는
$$S=\int_c^d |g(y)|\,dy$$

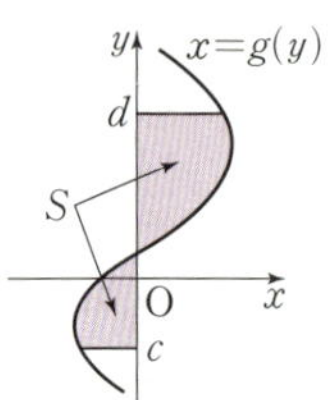

### 👍 대표 예제

**1286** 그림과 같이 곡선 $y=\dfrac{2x}{x^2+1}$와 $x$축 및 두 직선 $x=-1$, $x=1$로 둘러싸인 도형의 넓이는?

① $\dfrac{1}{2}\ln 2$    ② $\ln 2$

③ $\dfrac{3}{2}\ln 2$    ④ $2\ln 2$

⑤ $\dfrac{5}{2}\ln 2$

**선생님 해설**

• 닫힌구간 $[-1,\,0]$에서 $y\le 0$이고, 닫힌구간 $[0,\,1]$에서 $y\ge 0$이므로

$$\int_{-1}^{1}\left|\frac{2x}{x^2+1}\right|dx=\int_{-1}^{0}\left(-\frac{2x}{x^2+1}\right)dx+\int_{0}^{1}\frac{2x}{x^2+1}\,dx$$
$$=\Big[-\ln(x^2+1)\Big]_{-1}^{0}+\Big[\ln(x^2+1)\Big]_{0}^{1}$$
$$=\{0-(-\ln 2)\}+(\ln 2-0)=2\ln 2$$

답 ④

**1287**  대표 예제 | 한 번 더

그림과 같이 곡선 $y=\dfrac{4}{x^2-4}\ (x>2)$와 $x$축 및 두 직선 $x=3$, $x=6$으로 둘러싸인 도형의 넓이가 $\ln k$일 때, 양수 $k$의 값은?

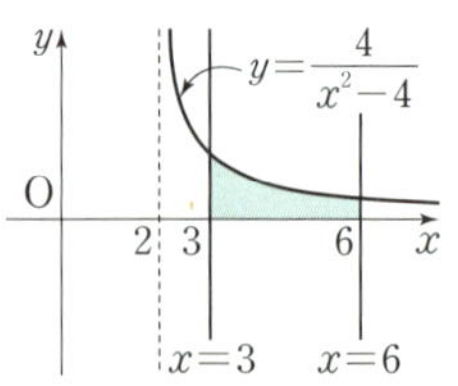

① $1$    ② $\dfrac{3}{2}$    ③ $2$

④ $\dfrac{5}{2}$    ⑤ $3$

**1288**

곡선 $y=x^2-2x+2\ (x\le 1)$와 $y$축 및 두 직선 $y=1$, $y=5$로 둘러싸인 도형의 넓이는?

① $\dfrac{1}{2}$    ② $1$    ③ $\dfrac{3}{2}$

④ $2$    ⑤ $\dfrac{5}{2}$

**1289**

곡선 $y=ax-2a\sqrt{x}$와 $x$축으로 둘러싸인 도형의 넓이가 $16$일 때, 양수 $a$의 값은?

① $4$    ② $5$    ③ $6$

④ $7$    ⑤ $8$

**1290**

곡선 $y=\dfrac{\ln x}{x}$와 $x$축 및 두 직선 $x=\dfrac{1}{e}$, $x=e$로 둘러싸인 도형의 넓이는?

① $\dfrac{1}{e}$    ② $1$    ③ $e$

④ $e^2$    ⑤ $e^3$

## 유형 04  곡선과 직선으로 둘러싸인 도형의 넓이

곡선과 직선으로 둘러싸인 도형의 넓이는 다음과 같은 순서로 구한다.
❶ 곡선과 직선의 교점의 $x$좌표를 구하여 적분 구간 $[a, b]$를 정한다.
❷ 곡선과 직선을 그려 위치 관계를 파악한다.
❸ 정적분을 이용하여 넓이 $S$를 구한다.

$$S=\int_a^b |f(x)-g(x)|\, dx$$

$$|f(x)-g(x)|=\begin{cases} f(x)-g(x) & (f(x)\geq g(x)) \\ -f(x)+g(x) & (f(x)<g(x)) \end{cases}$$

### 👍 대표 예제

**1291** 곡선 $y=\dfrac{5}{x}$와 직선 $y=-x+6$으로 둘러싸인 도형의 넓이는?

① $10-5\ln 5$　　② $11-5\ln 5$　　③ $12-5\ln 5$

④ $13-5\ln 5$　　⑤ $14-5\ln 5$

#### 선생님 해설

곡선 $y=\dfrac{5}{x}$와 직선 $y=-x+6$의 교점의 $x$좌표는

$\dfrac{5}{x}=-x+6$에서 $5=-x^2+6x$

$x^2-6x+5=0,\ (x-1)(x-5)=0$

$\therefore x=1$ 또는 $x=5$

따라서 구하는 도형의 넓이를 $S$라 하면

$S=\int_1^5 \left| \dfrac{5}{x}-(-x+6) \right| dx$

$=\int_1^5 \left\{ -\dfrac{5}{x}+(-x+6) \right\} dx$

$=\int_1^5 \left( -\dfrac{5}{x}-x+6 \right) dx$

$=\left[ -5\ln|x|-\dfrac{1}{2}x^2+6x \right]_1^5$

$=\left( -5\ln 5+\dfrac{35}{2} \right)-\dfrac{11}{2}=12-5\ln 5$

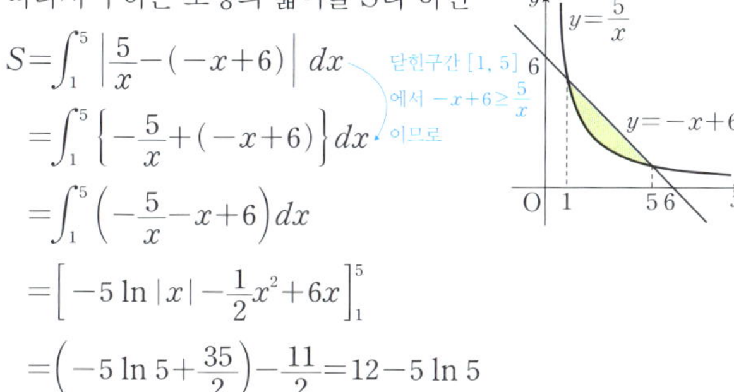


답 ③

**1292** 대표 예제 한 번 더
곡선 $y=x\sqrt{x}$와 직선 $y=x$로 둘러싸인 도형의 넓이는?

① $\dfrac{1}{10}$　　② $\dfrac{1}{5}$　　③ $\dfrac{3}{10}$

④ $\dfrac{2}{5}$　　⑤ $\dfrac{1}{2}$

## 1293

곡선 $y=(x+1)e^x$과 직선 $y=x+1$로 둘러싸인 도형의 넓이는?

① $\dfrac{1}{2}-\dfrac{5}{4e}$　　② $\dfrac{1}{2}-\dfrac{1}{e}$　　③ $\dfrac{1}{2}-\dfrac{3}{4e}$

④ $\dfrac{1}{2}-\dfrac{1}{2e}$　　⑤ $\dfrac{1}{2}-\dfrac{1}{4e}$

## 1294

곡선 $y=\ln x$와 원점에서 이 곡선에 그은 접선 및 $x$축으로 둘러싸인 도형의 넓이가 $pe+q$일 때, $10|pq|$의 값은?
(단, $p$, $q$는 유리수이다.)

① 3　　② 4　　③ 5

④ 6　　⑤ 7

## 1295

곡선 $y=(x-4)e^x$과 원점에서 이 곡선에 그은 접선 및 $y$축으로 둘러싸인 도형의 넓이는?

① $e^2-7$　　② $e^2-6$　　③ $e^2-5$

④ $e^2-4$　　⑤ $e^2-3$

### 유형 05  두 곡선으로 둘러싸인 도형의 넓이

두 곡선으로 둘러싸인 도형의 넓이는 다음과 같은 순서로 구한다.
❶ 두 곡선의 교점의 $x$좌표를 구하여 적분 구간 $[a,\ b]$를 정한다.
❷ 두 곡선을 그려 위치 관계를 파악한다.
❸ 정적분을 이용하여 넓이 $S$를 구한다.

$$S=\int_a^b |f(x)-g(x)|\,dx$$

$$|f(x)-g(x)|=\begin{cases} f(x)-g(x) & (f(x)\geq g(x)) \\ -f(x)+g(x) & (f(x)<g(x)) \end{cases}$$

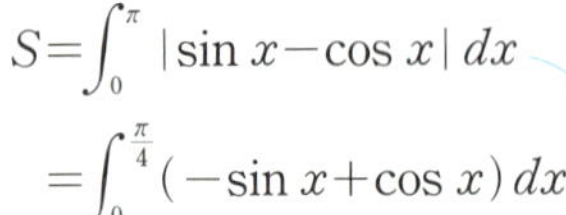 대표 예제

**1296** 두 곡선 $y=\sin x$, $y=\cos x$ 및 두 직선 $x=0$, $x=\pi$
로 둘러싸인 도형의 넓이는?

① $\dfrac{\sqrt{2}}{2}$  ② $\sqrt{2}$  ③ $\dfrac{3}{2}\sqrt{2}$

④ $2\sqrt{2}$  ⑤ $\dfrac{5}{2}\sqrt{2}$

**선생님 해설**

두 곡선 $y=\sin x$, $y=\cos x$의 교점의 $x$좌표는
$\sin x=\cos x$, 즉 $\tan x=1$이므로
$x=\dfrac{\pi}{4}$ $(\because 0\leq x\leq \pi)$
따라서 구하는 도형의 넓이를 $S$라
하면
$$S=\int_0^\pi |\sin x-\cos x|\,dx$$
$$=\int_0^{\frac{\pi}{4}} (-\sin x+\cos x)\,dx$$
$$+\int_{\frac{\pi}{4}}^{\pi} (\sin x-\cos x)\,dx$$
$$=\Big[\cos x+\sin x\Big]_0^{\frac{\pi}{4}}+\Big[-\cos x-\sin x\Big]_{\frac{\pi}{4}}^{\pi}$$
$$=(\sqrt{2}-1)+\{1-(-\sqrt{2})\}=2\sqrt{2}$$

닫힌구간 $\left[0,\ \dfrac{\pi}{4}\right]$에서
$\cos x\geq \sin x$이고,
닫힌구간 $\left[\dfrac{\pi}{4},\ \pi\right]$에서
$\sin x\geq \cos x$이므로

**답** ④

**1297** 대표 예제 한 번 더
두 곡선 $y=\dfrac{2}{x}$, $y=\sqrt{x+3}$ 및 직선 $x=6$으로 둘러싸인 도
형의 넓이는?

① $\dfrac{38}{3}-2\ln 6$  ② $\dfrac{38}{3}-\dfrac{5}{3}\ln 6$  ③ $\dfrac{38}{3}-\dfrac{4}{3}\ln 6$

④ $\dfrac{38}{3}-\ln 6$  ⑤ $\dfrac{38}{3}-\dfrac{2}{3}\ln 6$

**1298**
$0\leq x\leq \dfrac{\pi}{2}$에서 정의된 두 곡선

$$y=\sin 2x,\ y=\cos x$$

로 둘러싸인 도형의 넓이는?

① $\dfrac{1}{8}$  ② $\dfrac{1}{4}$  ③ $\dfrac{3}{8}$

④ $\dfrac{1}{2}$  ⑤ $\dfrac{5}{8}$

**1299**
두 곡선 $y=xe^x$, $y=x^2-x$ 및 직선 $x=1$로 둘러싸인 도
형의 넓이는?

① $\dfrac{2}{3}$  ② $\dfrac{5}{6}$  ③ $1$

④ $\dfrac{7}{6}$  ⑤ $\dfrac{4}{3}$

**1300**
두 곡선 $y=\ln x$, $y=\dfrac{2-2x}{x}$ $(x>0)$ 및 두 직선 $y=-1$,
$y=2$로 둘러싸인 도형의 넓이가 $e^2+\dfrac{1}{e}+k$일 때, 상수 $k$의
값은?

① $-2$  ② $-1$  ③ $0$

④ $1$  ⑤ $2$

## 유형 06  두 곡선 사이의 넓이의 활용

① 두 도형의 넓이가 같은 경우

- 곡선 $y=f(x)$와 $x$축으로 둘러싸인 두 도형의 넓이를 각각 $S_1$, $S_2$라 할 때, $S_1=S_2$이면

$$\int_\alpha^\gamma f(x)\,dx=0$$

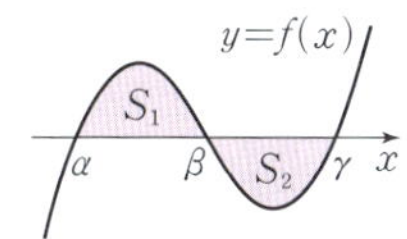

- 두 곡선 $y=f(x)$, $y=g(x)$로 둘러싸인 두 도형의 넓이를 각각 $S_1$, $S_2$라 할 때, $S_1=S_2$이면

$$\int_\alpha^\gamma \{f(x)-g(x)\}\,dx=0$$

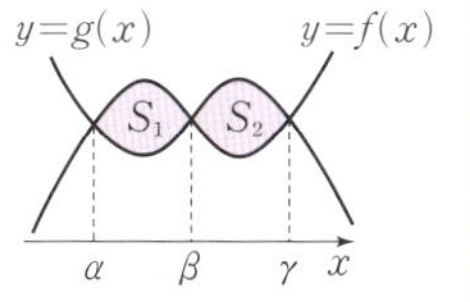

② 곡선으로 둘러싸인 도형의 넓이를 이등분하는 경우

곡선 $y=f(x)$와 $x$축으로 둘러싸인 도형의 넓이 $S$가 곡선 $y=g(x)$에 의하여 이등분되면

$$\int_0^a \{f(x)-g(x)\}\,dx=\frac{1}{2}S$$

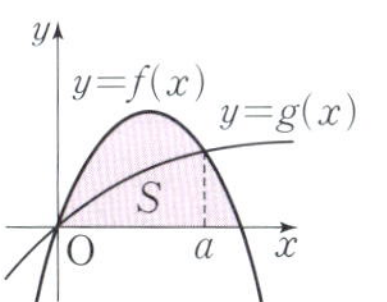

### 👍 대표 예제

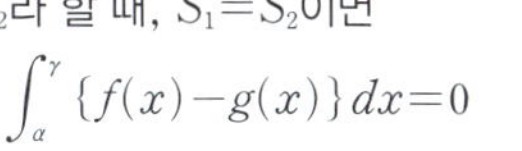

**1301** 그림과 같이 곡선 $y=\sqrt{2x}$ 와 두 직선 $y=ax$, $x=2$로 둘러싸인 두 도형의 넓이를 각각 $S_1$, $S_2$라 하자. $S_1=S_2$일 때, 양수 $a$의 값은?

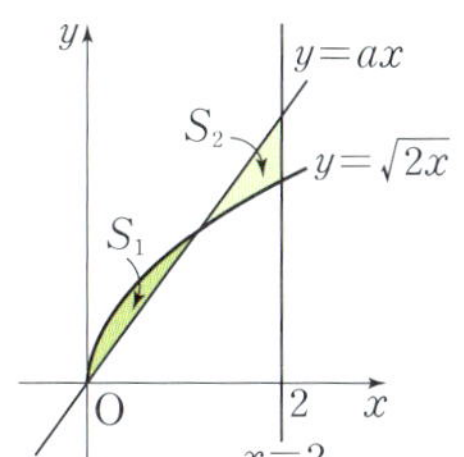

① $\dfrac{1}{3}$   ② $\dfrac{2}{3}$

③ $1$   ④ $\dfrac{4}{3}$

⑤ $\dfrac{5}{3}$

**선생님 해설**

$S_1=S_2$이므로 $\displaystyle\int_0^2 (\sqrt{2x}-ax)\,dx=0$이다. 즉,

$$\int_0^2 (\sqrt{2x}-ax)\,dx=\left[\frac{1}{3}(2x)^{\frac{3}{2}}-\frac{a}{2}x^2\right]_0^2=\left(\frac{8}{3}-2a\right)-0=0$$

에서 $\dfrac{8}{3}-2a=0$

$\therefore a=\dfrac{4}{3}$

**답** ④

---

**1302**  대표 예제  한 번 더

그림과 같이 곡선 $y=e^x$과 직선 $y=-2x+k$ 및 두 직선 $x=0$, $x=1$로 둘러싸인 두 도형의 넓이를 각각 $S_1$, $S_2$라 하자. $S_1=S_2$일 때, 양수 $k$의 값은?

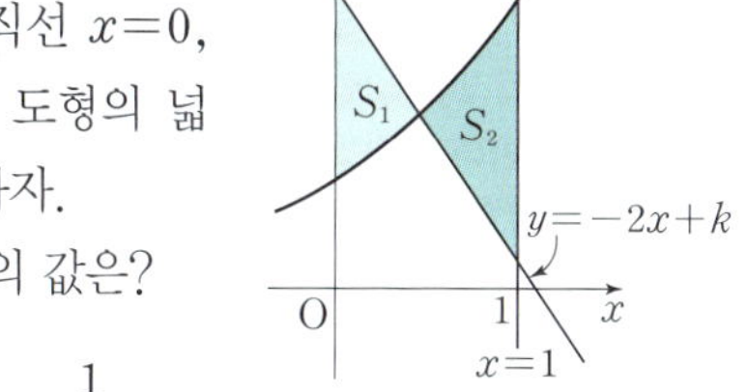

① $\dfrac{1}{2}e-1$   ② $\dfrac{1}{2}e-\dfrac{1}{2}$

③ $e-1$   ④ $e-\dfrac{1}{2}$

⑤ $e$

---

**1303**

곡선 $y=\dfrac{1}{x}$과 $x$축 및 두 직선 $x=\dfrac{1}{3}$, $x=12$로 둘러싸인 도형의 넓이가 직선 $x=k$에 의하여 이등분될 때, 상수 $k$의 값을 구하시오. $\left(\text{단, } \dfrac{1}{3}<k<12\right)$

---

**1304**

곡선 $y=\ln x^2+2$와 $x$축 및 두 직선 $x=1$, $x=e$로 둘러싸인 도형의 넓이를 곡선 $y=k\ln\sqrt{x}$가 이등분할 때, 상수 $k$의 값은? (단, $0<k<8$)

① $\dfrac{e}{2}$   ② $e$   ③ $\dfrac{3}{2}e$

④ $2e$   ⑤ $\dfrac{5}{2}e$

---

**1305**  UP

$0\le x\le\dfrac{\pi}{2}$에서 곡선 $y=\sin x$와 두 직선 $y=0$, $x=\dfrac{\pi}{2}$로 둘러싸인 도형의 넓이를 곡선 $y=a\cos x$가 이등분할 때, $4a$의 값을 구하시오. (단, $a>0$)

**유형 07** 함수와 그 역함수의 정적분

어떤 구간에서 증가하는 함수 $f(x)$와 그 역함수 $f^{-1}(x)$에 대하여
① 두 곡선 $y=f(x)$, $y=f^{-1}(x)$의 교점의 $x$좌표가 각각 $\alpha$, $\beta$일 때, 두 곡선으로 둘러싸인 도형의 넓이 $S$는

$$S=\int_{\alpha}^{\beta} |f(x)-f^{-1}(x)|\, dx$$
$$=2\int_{\alpha}^{\beta} |x-f(x)|\, dx$$

② 곡선 $y=f(x)$와 $x$축 및 두 직선 $x=a$, $x=b$로 둘러싸인 도형의 넓이 $S_1$은 곡선 $y=f^{-1}(x)$와 $y$축 및 두 직선 $y=a$, $y=b$로 둘러싸인 도형의 넓이 $S_2$와 같다. 즉,

$$S_2=S_1=\int_{a}^{b} |f(x)|\, dx$$

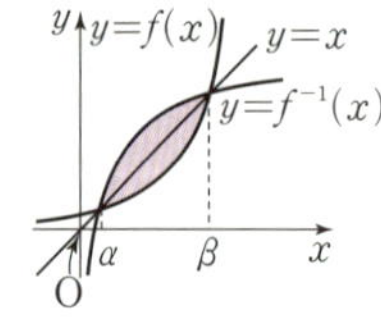

👍 **대표 예제**

**1306** 함수 $f(x)=\sqrt{4x-3}$의 역함수를 $g(x)$라 할 때, 두 곡선 $y=f(x)$, $y=g(x)$로 둘러싸인 도형의 넓이는?

① $\dfrac{1}{3}$      ② $\dfrac{2}{3}$      ③ $1$

④ $\dfrac{4}{3}$      ⑤ $\dfrac{5}{3}$

**선생님 해설**

오른쪽 그림과 같이 함수 $f(x)$가 닫힌구간 $[1,\,3]$에서 증가하고, 두 곡선 $y=f(x)$, $y=g(x)$는 직선 $y=x$에 대하여 대칭이므로 두 곡선의 교점의 $x$좌표는 곡선 $y=f(x)$와 직선 $y=x$의 교점의 $x$좌표와 같다. 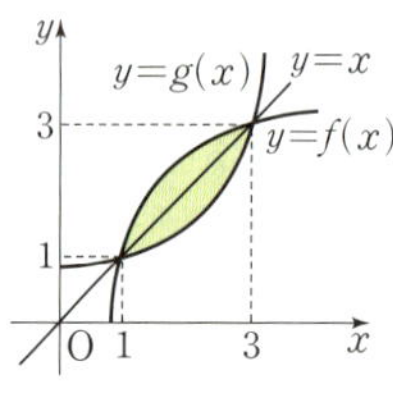

즉, $\sqrt{4x-3}=x$에서 $4x-3=x^2$
$x^2-4x+3=0$, $(x-1)(x-3)=0$
$\therefore x=1$ 또는 $x=3$

이때 두 곡선 $y=f(x)$, $y=g(x)$로 둘러싸인 도형의 넓이는 곡선 $y=f(x)$와 직선 $y=x$로 둘러싸인 도형의 넓이의 2배와 같으므로 구하는 도형의 넓이를 $S$라 하면

$$S=2\int_{1}^{3} |x-\sqrt{4x-3}|\, dx=2\int_{1}^{3} (-x+\sqrt{4x-3})\, dx$$
$$=2\left[-\frac{1}{2}x^2+\frac{1}{6}(4x-3)^{\frac{3}{2}}\right]_{1}^{3}=2\left\{0-\left(-\frac{1}{3}\right)\right\}=\frac{2}{3}$$

답 ②

---

**1307** 대표 예제 | 한 번 더

함수 $f(x)=-\dfrac{4}{x+1}+4$ $(x\geq 0)$의 역함수를 $g(x)$라 할 때, 두 곡선 $y=f(x)$, $y=g(x)$로 둘러싸인 도형의 넓이는?

① $13-16\ln 2$    ② $14-16\ln 2$    ③ $15-16\ln 2$

④ $17-16\ln 2$    ⑤ $18-16\ln 2$

**1308**

함수 $f(x)=\ln(x+1)$의 역함수를 $g(x)$라 할 때, 두 곡선 $y=f(x)$, $y=g(x)$ 및 두 직선 $x=1$, $y=1$로 둘러싸인 도형의 넓이가 $3-\ln k$일 때, 양수 $k$의 값을 구하시오.

**1309**

함수 $f(x)=\sin\dfrac{\pi}{2}x$ $(0\leq x\leq 1)$의 역함수를 $y=g(x)$라 할 때, 곡선 $y=g(x)$와 $x$축 및 직선 $x=1$로 둘러싸인 도형의 넓이는?

① $1-\dfrac{2}{\pi}$    ② $1-\dfrac{5}{3\pi}$    ③ $1-\dfrac{4}{3\pi}$

④ $1-\dfrac{1}{\pi}$    ⑤ $1-\dfrac{2}{3\pi}$

**1310**

함수 $f(x)=(x+1)e^x$ $(x\geq 0)$의 역함수를 $g(x)$라 할 때, 정적분 $\displaystyle\int_{0}^{1} f(x)\, dx+\int_{1}^{2e} g(x)\, dx$의 값은?

① $\dfrac{5}{4}e$    ② $\dfrac{3}{2}e$    ③ $\dfrac{7}{4}e$

④ $2e$    ⑤ $\dfrac{9}{4}e$

## 유형 08 입체도형의 부피 : 단면의 넓이가 주어진 경우

① 밑면으로부터의 높이가 $x$인 곳에서 밑면과 평행한 평면으로 자른 단면의 넓이가 $S(x)$인 입체도형에서 밑면으로부터 높이가 $a$일 때의 부피 $V$는
$$V=\int_0^a S(x)\,dx$$

② 닫힌구간 $[a,\ b]$에서 $x$좌표가 $x$인 점을 지나고 $x$축에 수직인 평면으로 자른 단면의 넓이가 $S(x)$인 입체도형의 부피 $V$는
$$V=\int_a^b S(x)\,dx$$

###  대표 예제

**1311** 그림과 같은 모양의 그릇에 들어 있는 물의 깊이가 $x$ cm일 때의 수면의 넓이가 $\left(e^x+e^{\frac{x}{2}}\right)$ cm²이다. 이 그릇에 들어 있는 물의 깊이가 $\ln 4$ cm일 때, 물의 부피는?

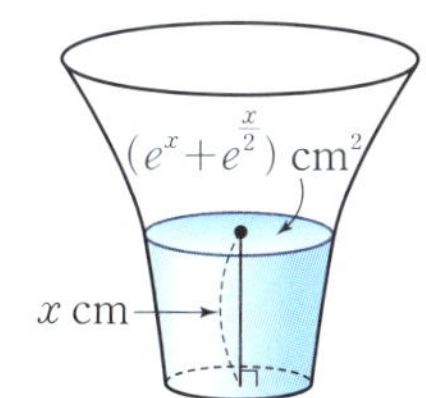

① 2 cm³ ② 3 cm³ ③ 4 cm³
④ 5 cm³ ⑤ 6 cm³

**선생님 해설**

• (수면의 넓이)＝(단면의 넓이)

수면의 넓이를 $S(x)$ cm²라 하면 $S(x)=e^x+e^{\frac{x}{2}}$이므로 구하는 부피를 $V$라 하면

$$V=\int_0^{\ln 4} S(x)\,dx=\int_0^{\ln 4}\left(e^x+e^{\frac{x}{2}}\right)dx$$
$$=\left[e^x+2e^{\frac{x}{2}}\right]_0^{\ln 4}=8-3=5\ (\text{cm}^3)$$

**답** ④

**1312** 대표 예제 한 번 더

그림과 같은 모양의 입체도형을 밑면으로부터의 높이가 $x$인 지점에서 밑면과 평행한 평면으로 자른 단면의 넓이가 $\dfrac{x}{x^2+1}$이다. 이 입체도형의 높이가 5일 때의 부피가 $\ln k$일 때, 양수 $k$의 값은?

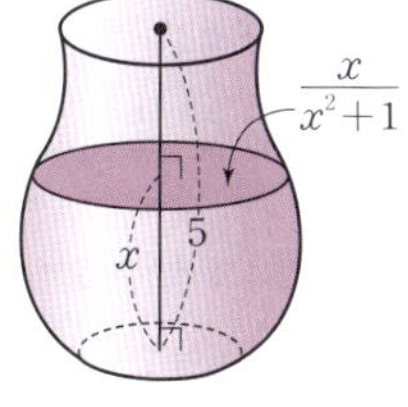

① $2\sqrt{6}$ ② 5 ③ $\sqrt{26}$
④ $3\sqrt{3}$ ⑤ $2\sqrt{7}$

## 1313

그림과 같이 높이가 8 cm인 물통에 담긴 물의 깊이가 $x$ cm일 때의 수면의 넓이가 $\dfrac{1}{9-x}$ cm²이다. 이 물통에 물을 가득 채우고 물의 양의 $\dfrac{1}{2}$만큼을 덜어냈을 때, 수면의 높이는?

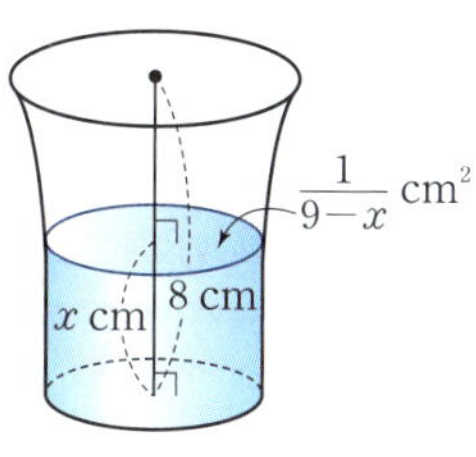

① 2 cm ② 3 cm ③ 4 cm
④ 5 cm ⑤ 6 cm

## 1314

닫힌구간 $[0,\ 4]$에서 $x$좌표가 $t$인 점을 지나고 $x$축에 수직인 평면으로 자른 단면의 넓이가 $3\sqrt{at+1}$인 입체도형의 부피가 26일 때, 양수 $a$의 값은?

① 1 ② 2 ③ 3
④ 4 ⑤ 5

## 1315

그림과 같이 높이가 $\dfrac{\pi}{2}$ cm인 용기에 물을 담으면 깊이가 $x$ cm일 때의 물의 부피가
$$V(x)=\{(2x+a)\sin x+b-2\}\ \text{cm}^3$$
이다. 물의 깊이가 $\dfrac{\pi}{4}$ cm일 때의 수면의 넓이가 $\sqrt{2\pi}$ cm²일 때, $(a+b)b$의 값은? (단, $a$, $b$는 상수이다.)

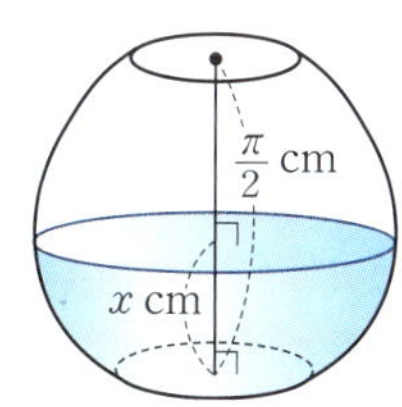

① $\pi$ ② $2\pi$ ③ $3\pi$
④ $4\pi$ ⑤ $5\pi$

### 유형 09  입체도형의 부피
: 단면의 넓이가 주어지지 않은 경우

단면의 넓이 $S(x)$가 주어지지 않은 경우 단면의 넓이를 식으로 나타낸 후 **유형 08 입체도형의 부피: 단면의 넓이가 주어진 경우**와 같은 방법으로 문제를 해결한다.

---

### 👍 대표 예제

**1316** 그림과 같은 모양의 컵에 담긴 물의 깊이가 $x$ cm일 때, 수면은 한 변의 길이가 $\sqrt{2x+4}$ cm인 정사각형이다. 이 컵의 높이가 5 cm일 때, 컵의 부피는?

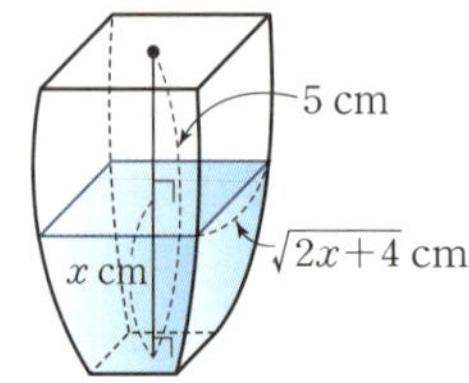

① $35\ \text{cm}^3$  ② $40\ \text{cm}^3$  ③ $45\ \text{cm}^3$

④ $50\ \text{cm}^3$  ⑤ $60\ \text{cm}^3$

**선생님 해설**

물의 깊이가 $x$ cm일 때의 수면의 넓이를 $S(x)$ cm$^2$라 하면
$$S(x)=(\sqrt{2x+4})^2=2x+4 \quad \text{(수면의 넓이)}=\text{(단면의 넓이)}$$
따라서 구하는 부피를 $V$라 하면
$$V=\int_0^5 S(x)\,dx=\int_0^5 (2x+4)\,dx$$
$$=\Big[x^2+4x\Big]_0^5=45-0=45\ (\text{cm}^3)$$

답 ③

**1317** 대표 예제 한 번 더

그림과 같이 높이가 $\ln 9$인 입체도형을 밑면으로부터의 높이가 $x$인 지점에서 밑면과 평행한 평면으로 자른 단면은 한 변의 길이가 $2e^{\frac{x}{4}}$인 정삼각형이다. 이 입체도형의 부피는?

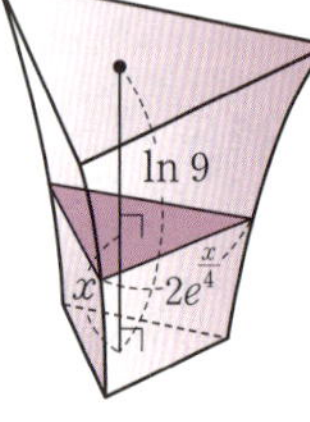

① $\dfrac{7}{2}\sqrt{3}$  ② $4\sqrt{3}$  ③ $\dfrac{9}{2}\sqrt{3}$

④ $5\sqrt{3}$  ⑤ $\dfrac{11}{2}\sqrt{3}$

---

**1318** 대표 예제 한 번 더

그림과 같이 곡선 $y=2\sin x\sqrt{\sin x}\ (0\le x\le\pi)$와 $x$축으로 둘러싸인 도형을 밑면으로 하는 입체도형이 있다. 이 입체도형을 $x$축에 수직인 평면으로 자른 단면이 항상 반원일 때, 이 입체도형의 부피는?

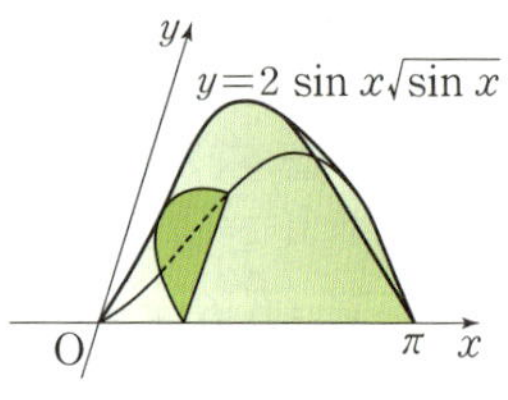

① $\dfrac{\pi}{3}$  ② $\dfrac{2}{3}\pi$  ③ $\pi$

④ $\dfrac{4}{3}\pi$  ⑤ $\dfrac{5}{3}\pi$

**1319** 그림과 같이 반지름의 길이가 3인 원을 밑면으로 하는 입체도형의 밑면의 어떤 한 지름에 수직인 평면으로 자른 단면이 항상 직각이등변삼각형일 때, 이 입체도형의 부피는?

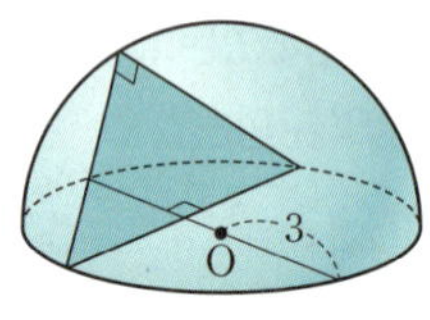

(단, 직각이등변삼각형의 빗변은 밑면에 포함된다.)

① 28  ② 30  ③ 32

④ 34  ⑤ 36

**1320** 🔼 그림과 같이 높이가 6인 입체도형을 밑면으로부터의 높이가 $t$인 지점에서 밑면에 평행한 평면으로 자른 단면이 다음 조건을 만족시킨다.

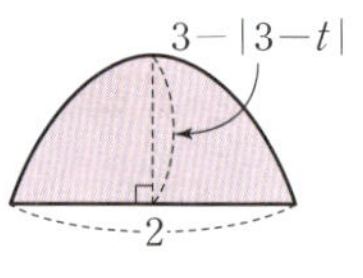

(가) 단면은 그림과 같이 포물선과 그 포물선의 대칭축에 수직인 선분으로 둘러싸인 도형이다.

(나) 선분은 길이가 2이고, 포물선의 꼭짓점으로부터 $3-|3-t|$만큼 떨어져 있다.

이 입체도형의 부피는?

① 12  ② 13  ③ 14

④ 15  ⑤ 16

**유형 10** **직선 위에서 움직인 거리**

수직선 위를 움직이는 점 P의 시각 $t$에서의 속도가 $v(t)$이고, 시각
$t=t_0$에서의 위치가 $x_0$일 때
① 시각 $t$에서의 점 P의 위치 $x$는
$$x=x_0+\int_{t_0}^{t} v(t)\,dt$$
② 시각 $t=a$에서 $t=b$까지 점 P가 움직인 거리 $s$는
$$s=\int_{a}^{b} |v(t)|\,dt$$

👍 **대표 예제**

**1321** 수직선 위를 움직이는 점 P의 시각 $t$에서의 속도가
$v(t)=\dfrac{t-3}{t^2-6t+10}$이다. 시각 $t=0$에서의 점 P의 위치가
$\ln\sqrt{10}$일 때, 점 P가 원점을 지날 때의 시각은?

① 1      ② 3      ③ 5
④ 7      ⑤ 9

**선생님 해설**

점 P가 원점을 지날 때의 시각을 $k$라 하면
$$0=\ln\sqrt{10}+\int_{0}^{k}\frac{t-3}{t^2-6t+10}\,dt$$
→ $t=0$에서의 점 P의 위치가 $\ln\sqrt{10}$이므로
$$\int_{0}^{k}\frac{t-3}{t^2-6t+10}\,dt=-\ln\sqrt{10}$$
$$\frac{1}{2}\int_{0}^{k}\frac{2t-6}{t^2-6t+10}\,dt=-\frac{1}{2}\ln 10$$
$$\Big[\ln|t^2-6t+10|\Big]_{0}^{k}=-\ln 10$$
$$\ln|k^2-6k+10|-\ln 10=-\ln 10$$
$$\ln|k^2-6k+10|=0,\ \ln|(k-3)^2+1|=0$$
$$(k-3)^2+1=1,\ (k-3)^2=0$$
$$\therefore k=3$$

**답** ②

**1322** 수직선 위를 움직이는 점 P의 시각 $t$에서의 속도가
$v(t)=4-\sqrt{\dfrac{2}{3}t}$일 때, 점 P가 점 A에서 출발하여 점 A
로 다시 돌아오는 시각은?

① 51      ② 52      ③ 53
④ 54      ⑤ 55

**1323**
원점을 출발하여 수직선 위를 움직이는 점 P의 시각 $t$에서의
속도가 $v(t)=\cos 3t$일 때, $0<t\le6$에서 점 P가 원점을
지나는 횟수는?

① 1      ② 2      ③ 3
④ 4      ⑤ 5

**1324**
수직선 위를 움직이는 점 P의 시각 $t$에서의 속도가
$v(t)=(3-t)e^t$이다. 시각 $t=0$에서의 점 P의 위치가 4일
때, 점 P가 원점을 지날 때까지 움직인 거리는?

① $2e^3-7$      ② $2e^3-6$      ③ $2e^3-5$
④ $2e^3-4$      ⑤ $2e^3-3$

**1325**
원점을 출발하여 수직선 위를 움직이는 점 P의 시각 $t$에서
의 속도 $v(t)$가 다음 조건을 만족시킨다.

> (가) $0\le t\le2$에서 $v(t)=t-1$
> (나) $v(t+2)=v(t)$

시각 $t=3$에서 $t=k$까지 점 P가 움직인 거리가 3일 때, 양
수 $k$의 값은?

① 6      ② 7      ③ 8
④ 9      ⑤ 10

## 유형 11  평면 위에서 움직인 거리

좌표평면 위를 움직이는 점 P의 시각 $t$에서의 위치 $(x,y)$가 $x=f(t)$, $y=g(t)$일 때, 시각 $t=a$에서 $t=b$까지 점 P가 움직인 거리 $s$는

$$s=\int_a^b \sqrt{\left(\frac{dx}{dt}\right)^2+\left(\frac{dy}{dt}\right)^2}\,dt=\int_a^b \sqrt{\{f'(t)\}^2+\{g'(t)\}^2}\,dt$$

### 👍 대표 예제

**1326** 좌표평면 위를 움직이는 점 P의 시각 $t$에서의 위치 $(x,y)$가

$$x=2\sin t+\sqrt{5}\cos t,\ y=2\cos t-\sqrt{5}\sin t$$

일 때, 시각 $t=0$에서 $t=2\pi$까지 점 P가 움직인 거리는?

① $3\pi$ ② $4\pi$ ③ $5\pi$
④ $6\pi$ ⑤ $7\pi$

**선생님 해설**

$\dfrac{dx}{dt}=2\cos t-\sqrt{5}\sin t,\ \dfrac{dy}{dt}=-2\sin t-\sqrt{5}\cos t$이므로 구하는 거리를 $s$라 하면

$$s=\int_0^{2\pi}\sqrt{(2\cos t-\sqrt{5}\sin t)^2+(-2\sin t-\sqrt{5}\cos t)^2}\,dt$$
$$=\int_0^{2\pi}\sqrt{9(\sin^2 t+\cos^2 t)}\,dt$$
$$=\int_0^{2\pi}3\,dt=\Big[3t\Big]_0^{2\pi}$$
$$=6\pi-0=6\pi$$

답 ④

**1327** 〔대표 예제〕〔한 번 더〕
좌표평면 위를 움직이는 점 P의 시각 $t$에서의 위치 $(x,y)$가

$$x=e^t-t,\ y=4e^{\frac{t}{2}}$$

일 때, 시각 $t=0$에서 $t=1$까지 점 P가 움직인 거리는?

① $e-1$ ② $e-\dfrac{1}{2}$ ③ $e$
④ $e+\dfrac{1}{2}$ ⑤ $e+1$

**1328**
좌표평면 위를 움직이는 점 P의 시각 $t$에서의 위치 $(x,y)$가

$$x=\left(t+\frac{1}{2}\right)\sqrt{2t+1},\ y=t\sqrt{t}$$

일 때, 시각 $t=0$에서 $t=a$까지 점 P가 움직인 거리가 21이 되도록 하는 양수 $a$의 값은?

① 1 ② 2 ③ 3
④ 4 ⑤ 5

**1329**
좌표평면 위를 움직이는 점 P의 시각 $t$에서의 위치 $(x,y)$가

$$x=\frac{a}{2}t^2,\ y=\frac{a}{3}t^3$$

일 때, 시각 $t=0$에서 $t=2\sqrt{2}$까지 점 P가 움직인 거리가 104가 되도록 하는 양수 $a$의 값은?

① 12 ② 13 ③ 14
④ 15 ⑤ 16

**1330**
좌표평면 위를 움직이는 점 P의 시각 $t$에서의 위치 $(x,y)$가

$$x=\sin^2 t,\ y=\frac{1}{2}\cos 2t$$

일 때, 점 P가 원점을 출발하여 처음으로 속력이 0이 될 때까지 움직인 거리는?

① $\dfrac{\sqrt{2}}{2}$ ② 1 ③ $\sqrt{2}$
④ 2 ⑤ $2\sqrt{2}$

## 유형 12  곡선의 길이

① 매개변수로 나타낸 곡선 $x=f(t)$, $y=g(t)$의 겹치는 부분이 없을 때, $t=a$에서 $t=b$까지의 곡선의 길이 $l$은

$$l=\int_a^b \sqrt{\left(\frac{dx}{dt}\right)^2+\left(\frac{dy}{dt}\right)^2}\,dt=\int_a^b \sqrt{\{f'(t)\}^2+\{g'(t)\}^2}\,dt$$

② $x=a$에서 $x=b$까지의 곡선 $y=f(x)$의 길이 $l$은

$$l=\int_a^b \sqrt{1+\{f'(x)\}^2}\,dx$$

### 👍 대표 예제

**1331**  $t=0$에서 $t=\ln 2$까지의 곡선

$$x=e^{3t}\sin 4t,\ y=e^{3t}\cos 4t$$

의 길이는?

① $11$ 　　　② $\dfrac{34}{3}$ 　　　③ $\dfrac{35}{3}$

④ $12$ 　　　⑤ $\dfrac{37}{3}$

**선생님 해설**

$\dfrac{dx}{dt}=e^{3t}(3\sin 4t+4\cos 4t)$, $\dfrac{dy}{dt}=e^{3t}(3\cos 4t-4\sin 4t)$

이므로 구하는 곡선의 길이를 $l$이라 하면

$$l=\int_0^{\ln 2}\sqrt{\{e^{3t}(3\sin 4t+4\cos 4t)\}^2+\{e^{3t}(3\cos 4t-4\sin 4t)\}^2}\,dt$$

$$=\int_0^{\ln 2}\sqrt{25e^{6t}(\sin^2 4t+\cos^2 4t)}\,dt$$

$$=\int_0^{\ln 2}\sqrt{25e^{6t}}\,dt=\int_0^{\ln 2}5e^{3t}\,dt$$

$$=\left[\frac{5}{3}e^{3t}\right]_0^{\ln 2}=\frac{40}{3}-\frac{5}{3}=\frac{35}{3}$$

**답** ③

**1332**  대표 예제  한 번 더

$t=1$에서 $t=2$까지의 곡선 $x=\ln t$, $y=\dfrac{1}{2}\left(t+\dfrac{1}{t}\right)$의 길이는?

① $\dfrac{1}{4}$ 　　　② $\dfrac{1}{2}$ 　　　③ $\dfrac{3}{4}$

④ $1$ 　　　⑤ $\dfrac{5}{4}$

**1333**

$x=0$에서 $x=a$까지의 곡선 $y=\dfrac{2}{3}x\sqrt{x}$의 길이가 42일 때, 양수 $a$의 값은?

① $11$ 　　　② $12$ 　　　③ $13$

④ $14$ 　　　⑤ $15$

**1334**

닫힌구간 $[0,\ a]$에서 곡선 $y=\displaystyle\int_0^x \sqrt{t^2+2t}\,dt$의 길이가 12일 때, 양수 $a$의 값은?

① $1$ 　　　② $2$ 　　　③ $3$

④ $4$ 　　　⑤ $5$

**1335**

곡선

$$x=k\left(\sin t+\frac{1}{3}\cos 3t\right),\ y=k\left(\cos t+\frac{1}{3}\sin 3t\right)$$

에 대하여 $t=0$에서 $t=\pi$까지의 곡선의 길이가 5일 때, $t=0$에서 $t=2\pi$까지의 곡선의 길이를 구하시오.

(단, $k>0$)

## 1336
· 유형 02 ·

$$\lim_{n \to \infty} \frac{\ln\left(1+\frac{1}{n}\right)\left(1+\frac{2}{n}\right)\left(1+\frac{3}{n}\right)\cdots\left(1+\frac{2n}{n}\right)}{n}$$의 값은?

① $3\ln 3 - \dfrac{5}{2}$    ② $3\ln 3 - 2$    ③ $3\ln 3 - \dfrac{3}{2}$

④ $3\ln 3 - 1$    ⑤ $3\ln 3 - \dfrac{1}{2}$

## 1337
· 유형 03 ·

곡선 $y = \sin x + \cos x$와 $x$축 및 두 직선 $x=0$, $x=\pi$로 둘러싸인 도형의 넓이는?

① $\dfrac{\sqrt{2}}{2}$    ② $\sqrt{2}$    ③ $\dfrac{3}{2}\sqrt{2}$

④ $2\sqrt{2}$    ⑤ $\dfrac{5}{2}\sqrt{2}$

## 1338
· 유형 06 ·

미분가능한 함수 $f(x)$에 대하여 $f(0)=0$, $f(2)=2$이고 그림과 같이 곡선 $y=f(x)$와 $x$축 및 직선 $x=2$로 둘러싸인 두 도형의 넓이를 각각 $S_1$, $S_2$라 하자. $S_1=S_2$일 때,

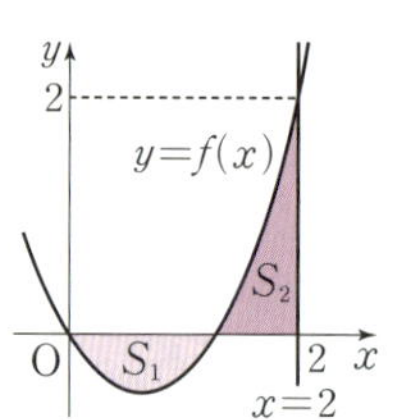


$\displaystyle\int_0^2 (x+1)f'(x)\,dx$의 값은?

① $-6$    ② $3$    ③ $0$

④ $3$    ⑤ $6$

## 1339
· 유형 06 ·

$y=\ln(x+1)+1$과 $x$축 및 두 직선 $x=0$, $x=1$로 둘러싸인 도형의 넓이가 직선 $y=(\ln k)x+1$에 의하여 이등분될 때, 양수 $k$의 값은?

① $\dfrac{1}{e^2}$    ② $\dfrac{2}{e^2}$    ③ $\dfrac{3}{e^2}$

④ $\dfrac{4}{e^2}$    ⑤ $\dfrac{5}{e^2}$

## 1340
· 유형 10 ·

원점을 출발하여 수직선 위를 움직이는 점 P의 시각 $t$에서의 속도가 $v(t)=(t^2-2)e^t$이다. 점 P가 원점으로 다시 돌아올 때까지 움직인 거리가 $(p\sqrt{2}+q)e^{\sqrt{2}}$일 때, $p-q$의 값을 구하시오. (단, $p$, $q$는 유리수이다.)

## 1341
· 유형 08 ·

$x \geq 0$에서 연속인 함수 $f(x)$에 대하여 높이가 3인 두 입체도형 $T_1$, $T_2$의 밑면으로부터 높이가 $x$인 지점에서 밑면과 평행한 평면으로 자른 단면의 넓이 $S_1(x)$, $S_2(x)$가 각각

$$S_1(x)=f(x), \quad S_2(x)=(3x-3)f(x^2-2x)$$

이다. 두 입체도형 $T_1$, $T_2$의 부피를 각각 $V_1$, $V_2$라 할 때, $\dfrac{V_1}{V_2}$의 값은?

① $\dfrac{2}{3}$    ② $\dfrac{4}{3}$    ③ $2$

④ $\dfrac{8}{3}$    ⑤ $\dfrac{10}{3}$

## 1342
· 유형 03 ·

실수 전체의 집합에서 연속인 함수 $f(x)$가 다음 조건을 만족시킨다.

(가) $f(0)>0$
(나) 방정식 $f(x)=0$의 실근이 존재하지 않는다.

곡선 $y=f(x)$와 $x$축, $y$축 및 직선 $x=t$ $(t>0)$로 둘러싸인 도형의 넓이를 $F(t)$라 할 때, $F(1)=3$, $F(4)=7$이다.

$\displaystyle\int_{-1}^{2}\dfrac{xf(x^2)}{2}\,dx$의 값은?

① 1     ② 2     ③ 4
④ 8     ⑤ 16

## 1343
· 유형 11 ·

좌표평면 위를 움직이는 점 P의 시각 $t$에서의 위치 $(x, y)$가
$$x=\sin(\sin t),\ y=\cos(\sin t)$$
이다. 점 P가 점 $(0, 1)$을 출발한 후 처음으로 점 $(0, 1)$로 다시 돌아올 때까지 움직인 거리는?

① 2     ② 3     ③ 4
④ 5     ⑤ 6

## 1344
· 유형 05 ·

두 곡선 $y=\left|\dfrac{6}{x}-2\right|$, $y=-x^2+8x-11$로 둘러싸인 도형의 넓이가 $k+6\ln\dfrac{4}{3}$일 때, 상수 $k$의 값은?

① 10     ② $\dfrac{31}{3}$     ③ $\dfrac{32}{3}$
④ 11     ⑤ $\dfrac{34}{3}$

## 1345
· 유형 04 + 유형 07 ·

곡선 $y=\dfrac{4}{x}$ $(x>0)$와 두 직선 $y=kx$, $y=\dfrac{1}{k}x$로 둘러싸인 도형의 넓이가 8일 때, 상수 $k$의 값은? (단, $k>1$)

① $e$     ② $2e$     ③ $e^2$
④ $3e$     ⑤ $2e^2$

## 1346 사고력
· 유형 12 ·

양의 실수 전체의 집합에서 연속이고 $x>0$에서 미분가능한 함수 $f(x)$가 다음 조건을 만족시킨다.

(가) 곡선 $y=f(x)$는 원점을 지난다.
(나) $x\geq0$에서 함수 $f(x)$는 증가한다.

$0\leq x\leq t$에서 곡선 $y=f(x)$의 길이 $s(t)$에 대하여
$$s'(t)=2t^2+2t+\dfrac{1}{2(2t+1)^2}+\dfrac{1}{2}$$
일 때, $f(1)$의 값은?

① 1     ② 2     ③ 3
④ 4     ⑤ 5

## 1347 창의력+
· 유형 02 ·

좌표평면에서 곡선 $y=\sin\dfrac{\pi}{3}x$ 위의 점 $\mathrm{P}_k\left(\dfrac{k}{n},\ \sin\dfrac{k\pi}{3n}\right)$에서의 접선과 $y$축이 만나는 점을 $\mathrm{Q}_k$라 할 때,
$$\lim_{n\to\infty}\dfrac{1}{n}\sum_{k=1}^{n}\overline{\mathrm{OQ}_k}=\dfrac{3}{\pi}+a$$
이다. 상수 $a$의 값은?

(단, O는 원점이고, $k$는 $1\leq k\leq n$인 자연수이다.)

① $-\dfrac{\sqrt{3}}{2}$     ② $-\dfrac{1}{2}$     ③ 0
④ $\dfrac{1}{2}$     ⑤ $\dfrac{\sqrt{3}}{2}$

**서술형 문제**

## 1348
· 유형 02 ·

급수의 합을 이용하여 정적분 $\int_0^2 (-x^3)\,dx$의 값을 구하시오.

| ☑ 필요 개념 및 공식 | |
|---|---|
| ☐ 정적분과 급수의 합 사이의 관계 | ☐ 자연수의 거듭제곱의 합 |

## 1349
· 유형 05 ·

닫힌구간 $[0,\ \pi]$에서 두 곡선 $y=\sin x+2$, $y=-\cos 2x$와 두 직선 $x=0$, $x=\pi$로 둘러싸인 도형의 넓이를 구하시오.

| ☑ 필요 개념 및 공식 | |
|---|---|
| ☐ 삼각함수의 그래프 | ☐ 두 곡선으로 둘러싸인 도형의 넓이 |

## 1350
· 유형 12 ·

다항함수 $f(x)$가 다음 조건을 만족시킬 때, $f(2)$의 값을 구하시오.

> (가) $f(0)=0$, $f(4)=3$
>
> (나) $\int_0^4 \sqrt{1+\{f'(x)\}^2}\,dx \leq 5$

| ☑ 필요 개념 및 공식 | |
|---|---|
| ☐ 곡선의 길이 | |

## 1351
· 유형 03 ·

자연수 $n$에 대하여 곡선 $y=\ln x$와 $y$축 및 두 직선 $y=\dfrac{1}{n+1}$, $y=\dfrac{1}{n}$로 둘러싸인 도형의 넓이를 $S_n$이라 할 때, $\lim\limits_{n\to\infty} n^2 S_n$의 값을 구하시오.

| ☑ 필요 개념 및 공식 | |
|---|---|
| ☐ 지수함수의 그래프 | ☐ 지수함수의 극한 |
| ☐ 곡선과 직선으로 둘러싸인 도형의 넓이 | |

## 1352
· 유형 07 ·

닫힌구간 $\left[0,\ \dfrac{\pi}{2}\right]$에서 함수 $f(x)=x\sin x$의 그래프가 그림과 같다. $f(x)$의 역함수를 $g(x)$라 할 때, $\int_0^{\frac{\pi}{2}} g(x)\,dx$의 값을 구하시오.

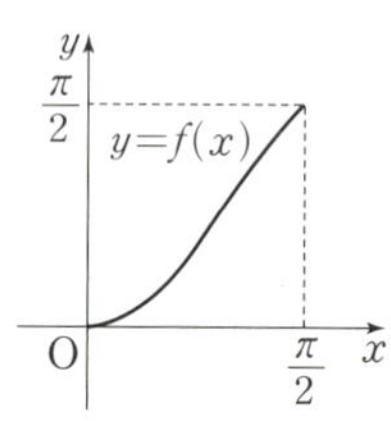


| ☑ 필요 개념 및 공식 | |
|---|---|
| ☐ 함수와 역함수의 그래프의 관계 | ☐ 부분적분법 |

## 1353
· 유형 09 ·

그림과 같이 밑면의 반지름의 길이가 2, 높이가 1인 원기둥이 있다. 이 원기둥을 밑면의 중심을 지나고 밑면과 45°의 각을 이루는 평면으로 자를 때 생기는 입체도형 중 작은 쪽의 입체도형의 부피를 구하시오.

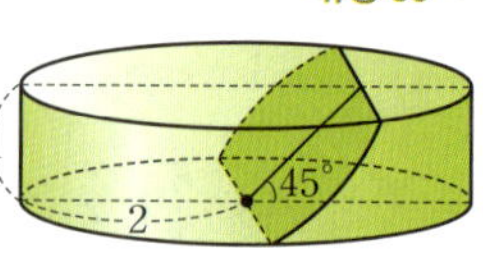


| ☑ 필요 개념 및 공식 | |
|---|---|
| ☐ 원의 방정식 | ☐ 입체도형의 부피 |

하이~!!

CPR 시리즈로 여러분과 함께 하는 저자 박윤근 샘입니다.

양도 많고, 계산도 많고, 이해할 것도 암기할 것도 많았던 CPR 미적분의 마지막 페이지를
넘기는 여러분들에게

"완전 엄청 수고했어!!!"

라는 격려의 말을 드려요^^

미적분은 많은 수학자가 수학의 꽃이라 부르는 중요한 영역이죠.

특히, 적분법에서 배운 여러 가지 함수의 적분, 치환적분법, 부분적분법 등 다양한
적분 방법을 이용하면 곡선으로 둘러싸인 도형의 넓이와 입체도형의 부피를
구할 수 있기 때문에 학교 내신 시험뿐만 아니라 수능에서도 반드시 출제되는 영역입니다.

미분법과 적분법을 내 것으로 만들기 위해서는 많은 문제를 풀어 봐야 해요.

미분법과 적분법의 문제는 광범위하거든요.

새롭게 배우는 것도 중요하지만 아는 것을 자주 사용하고 익혀서 온전히 내 것으로
만드는 것이 더 중요하잖아요!?

"배운 것을 잊지 않고 내 것으로 만들기 위한 노력!!!"

기본적인 문제의 연습과 정확한 개념의 이해를 위해서

기본 개념부터 '사고력', '창의력 ➕', '서술형 문제' 등의 코너까지
모든 것이 담겨 있는 CPR 미적분을 다시 한번 풀어 보는 것도 강추!!

자신도 모르는 사이에 엄청난 수학 실력자가 되어 있을 것이라고 확신합니다^^

CPR 미적분을 끝낸 여러분의 건승을 기원하면서
더욱더 행복한 고등학교 생활이 펼쳐지기를 바랄게요!! 안녕!!^^

MEMO

메가스터디 문제기본서
CPR
미적분

메가스터디 문제기본서
CPR
미적분

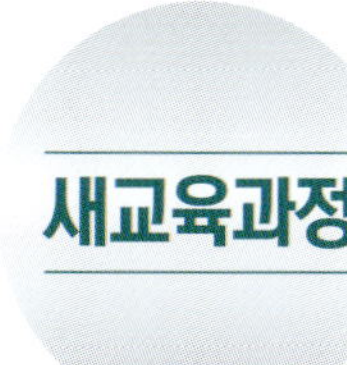

새교육과정

메가스터디

# 문제기본서

C CONCEPT

P PATTERN

R REAL

## 미적분

## 정답 및 해설

메가스터디BOOKS

메가스터디 문제기본서
CPR
미적분

Speed Check
빠른정답



## 01 수열의 극한

| | |
|---|---|
| 0001 수렴, 0 | 0002 수렴, 2 |
| 0003 발산 ($\infty$) | 0004 발산 ($-\infty$) |
| 0005 발산 (진동) | 0006 발산 ($\infty$) |
| 0007 수렴, 1 | 0008 수렴, 2 |

| | | | |
|---|---|---|---|
| 0009 발산 (진동) | 0010 4 | 0011 9 | 0012 $-18$ |
| 0013 $-2$ | 0014 3 | 0015 0 | 0016 4 | 0017 $\dfrac{5}{4}$ |

0018 수렴, $\dfrac{5}{2}$ 　　0019 수렴, 0 　　0020 발산

0021 발산 　0022 발산 　0023 수렴, $\dfrac{1}{2}$ 　0024 발산

0025 3 　0026 수렴, 0 　0027 수렴, 1

0028 발산 　0029 수렴, 0 　0030 $-\dfrac{1}{2}<r\leq\dfrac{1}{2}$

0031 $1<r\leq3$ 　0032 $2\leq r<4$

0033 $-4<r\leq4$

| | | | | |
|---|---|---|---|---|
| 0034 ④ | 0035 ③ | 0036 ④ | 0037 3 | 0038 ④ |
| 0039 ① | 0040 ④ | 0041 ② | 0042 ① | 0043 ② |
| 0044 ② | 0045 ⑤ | 0046 ① | 0047 ① | 0048 ④ |
| 0049 ② | 0050 ④ | 0051 1 | 0052 ③ | 0053 $\dfrac{1}{2}$ |
| 0054 ⑤ | 0055 ④ | 0056 ① | 0057 ③ | 0058 ③ |
| 0059 ③ | 0060 ④ | 0061 ① | 0062 ③ | 0063 ④ |
| 0064 ① | 0065 ③ | 0066 ③ | 0067 ④ | 0068 ② |
| 0069 ② | 0070 ① | 0071 ① | 0072 1 | 0073 ② |
| 0074 6 | 0075 ③ | 0076 1 | 0077 ③ | 0078 ② |
| 0079 ④ | 0080 ④ | 0081 ② | 0082 ③ | 0083 ② |
| 0084 ② | 0085 ② | 0086 ③ | 0087 ① | 0088 ① |
| 0089 ③ | 0090 ② | 0091 ⑤ | 0092 ④ | 0093 ③ |
| 0094 ⑤ | 0095 ④ | 0096 ① | 0097 ③ | 0098 $-5$ |
| 0099 ④ | 0100 ⑤ | 0101 ⑤ | 0102 ② | 0103 ④ |
| 0104 ④ | 0105 ⑤ | 0106 ② | 0107 ① | 0108 2 |
| 0109 3 | 0110 ② | 0111 ⑤ | 0112 2 | 0113 ② |
| 0114 ① | 0115 ① | 0116 23 | 0117 54 | 0118 ③ |
| 0119 ③ | 0120 2 | 0121 1 | | |

| | | | | |
|---|---|---|---|---|
| 0122 ① | 0123 ⑤ | 0124 ④ | 0125 ⑤ | 0126 3 |
| 0127 ④ | 0128 6 | 0129 ① | 0130 ② | 0131 ① |
| 0132 ③ | 0133 5 | 0134 ③ | 0135 2 | 0136 ⑤ |
| 0137 ① | 0138 1 | 0139 ② | 0140 5 | 0141 25 |
| 0142 4 | 0143 96 | 0144 $-1$ | 0145 $-1$ | |

## 02 급수

0146 수렴, $\dfrac{2}{3}$ 　　0147 발산 　0148 수렴, 3

0149 발산 　0150 발산 　0151 수렴, 2 　　0152 발산

1133 $\ln 2$　　1134 $\dfrac{1}{2}$　　1135 $\ln 2$

1136 (가) $\cos\theta$　(나) 0　(다) $\dfrac{\pi}{2}$　　1137 1

1138 $2\ln 2-\dfrac{3}{4}$　　1139 2　　1140 1

1141 $f(x)=e^{x}-2$　　1142 $f(x)=-\sin x+\dfrac{1}{(x+1)^{2}}$

1143 $f(x)=\ln(x+1)-1$　　1144 1　　1145 7

1146 ②　　1147 ②　　1148 ⑤　　1149 ①　　1150 ①
1151 ④　　1152 ④　　1153 ③　　1154 ②　　1155 56
1156 ④　　1157 ①　　1158 ④　　1159 220　　1160 ③
1161 14　　1162 9　　1163 ③　　1164 ①　　1165 10
1166 ②　　1167 ④　　1168 ⑤　　1169 ⑤　　1170 29
1171 ③　　1173 ③　　1173 ③　　1174 ⑤　　1175 8
1176 ①　　1177 ②　　1178 9　　1179 ②　　1180 ④
1181 ③　　1182 ③　　1183 ④　　1184 8　　1185 ①
1186 ①　　1187 ④　　1188 ⑤　　1189 ④　　1190 ③
1191 ④　　1192 ②　　1193 ②　　1194 ③　　1195 3
1196 ②　　1197 ②　　1198 ②　　1199 ④　　1200 ③
1201 ③　　1202 ③　　1203 ③　　1204 ⑤　　1205 8
1206 3　　1207 ⑤　　1208 ④　　1209 ②　　1210 ⑤
1211 4　　1212 ④　　1213 ①　　1214 ④　　1215 ③
1216 8　　1217 3　　1218 ⑤　　1219 3　　1220 2
1221 ①　　1222 ③　　1223 18　　1224 1　　1225 ②
1226 ①　　1227 ④　　1228 ③　　1229 27　　1230 ③
1231 ④　　1232 ⑤　　1233 4　　1234 ②　　1235 6

1236 ②　　1237 ②　　1238 ②　　1239 ④　　1240 ④
1241 ④　　1242 10　　1243 ③　　1244 ②　　1245 54
1246 ⑤　　1247 7　　1248 ④　　1249 13　　1250 ②
1251 20　　1252 8　　1253 ③　　1254 $\ln(2+\sqrt{3})$
1255 $3\ln 3-4\ln 2$　　1256 $\dfrac{32}{3}$　　1257 96　　1258 $\dfrac{1}{3}$

1259 $\dfrac{e^{\frac{\pi}{4}}+2}{5}$

1288 ④　　1289 ③　　1290 ②　　1291 ③　　1292 ①
1293 ②　　1294 ③　　1295 ③　　1296 ④　　1297 ①
1298 ②　　1299 ④　　1300 ①　　1301 ④　　1302 ⑤
1303 2　　1304 ④　　1305 3　　1306 ②　　1307 ③
1308 16　　1309 ①　　1310 ④　　1311 ④　　1312 ③
1313 ⑤　　1314 ②　　1315 ③　　1316 ④　　1317 ②
1318 ②　　1319 ⑤　　1320 ③　　1321 ②　　1322 ④
1323 ⑤　　1324 ④　　1325 ④　　1326 ④　　1327 ③
1328 ⑤　　1329 ①　　1330 ③　　1331 ③　　1332 ③
1333 ⑤　　1334 ④　　1335 10

1336 ②　　1337 ④　　1338 ⑤　　1339 ④　　1340 8
1341 ①　　1342 ①　　1343 ①　　1344 ③　　1345 ③
1346 ②　　1347 ①　　1348 $-4$　　1349 $2+2\pi$　　1350 $\dfrac{3}{2}$
1351 1　　1352 $\dfrac{\pi^{2}}{4}-1$　　1353 $\dfrac{4}{3}\pi+\dfrac{16}{3}-3\sqrt{3}$

 **11** **정적분의 활용** 

1260 (가) $\dfrac{2\pi}{n}$　(나) 1　　1261 $\dfrac{1}{3}$　　1262 $\dfrac{26}{3}$　　1263 $\dfrac{1}{5}$
1264 2　　1265 $\ln 2$　　1266 4　　1267 $e-1$　　1268 8
1269 $\dfrac{11}{6}$　　1270 $\dfrac{1}{3}$　　1271 (가) $x^{2}$　(나) $h$　　1272 $\dfrac{1}{4}$
1273 1　　1274 $\dfrac{3}{4}$　　1275 4　　1276 $\sqrt{2}$

1277 $\dfrac{3}{2}+\dfrac{1}{4}\ln 2$

1278 ①　　1279 ②　　1280 ④　　1281 ②　　1282 ②
1283 ④　　1284 ②　　1285 ③　　1286 ④　　1287 ④

0153 수렴, 1          0154 해설 참조
0155 해설 참조          0156 해설 참조
0157 해설 참조          0158 $-1$     0159 5     0160 $-2$

0161 8     0162 수렴, $\dfrac{4}{3}$          0163 발산     0164 발산

0165 수렴, $\dfrac{\sqrt{2}}{2}$          0166 $-2 < x < 2$

0167 $1 < x < 3$          0168 $-\dfrac{1}{2} < x < \dfrac{1}{2}$

0169 $2 < x < 4$          0170 (가) $\dfrac{1}{100}$     (나) $\dfrac{4}{33}$

0171 $\dfrac{125}{999}$     0172 $\dfrac{4}{3}$

0173 2     0174 ②     0175 ④     0176 ③     0177 ①
0178 ④     0179 ④     0180 ①     0181 ①     0182 ①
0183 5     0184 ①     0185 ②     0186 ②     0187 ⑤
0188 ②     0189 ⑤     0190 ①     0191 ⑤     0192 ②
0193 ③     0194 ②     0195 ③     0196 ④     0197 4
0198 ②     0199 ⑤     0200 ②     0201 ①     0202 2
0203 ③     0204 ㄴ     0205 ④     0206 ㄱ, ㄴ     0207 2
0208 ①     0209 ①     0210 ②     0211 2     0212 ④
0213 ⑤     0214 ②     0215 ②     0216 ①     0217 ②
0218 ②     0219 ①     0220 ①     0221 ④     0222 ⑤
0223 ③     0224 ②     0225 ②     0226 8     0227 ③
0228 ④     0229 15     0230 ⑤     0231 ③     0232 5
0233 ⑤     0234 ⑤     0235 18     0236 12     0237 ④
0238 ③     0239 ③     0240 960     0241 ④

0242 ④     0243 ③     0244 ①     0245 ④     0246 ④
0247 ①     0248 ⑤     0249 ④     0250 ⑤     0251 15
0252 ⑤     0253 ②     0254 45     0255 ①     0256 ②
0257 10     0258 ④     0259 $\dfrac{9}{4}$     0260 발산     0261 5

0262 3     0263 $k=0$ 또는 $k=5$     0264 1

0265 $\mathrm{P}\left(\dfrac{161}{4}, \dfrac{\sqrt{3}}{4}\right)$

---

## 03   지수함수와 로그함수의 미분

0266 0     0267 0     0268 3     0269 0     0270 $-1$
0271 $\infty$     0272 4     0273 $\dfrac{25}{17}$     0274 $-\infty$     0275 $\infty$
0276 $\infty$     0277 $-\infty$     0278 $\infty$     0279 1     0280 $\infty$
0281 3     0282 $e$     0283 $e$     0284 $\dfrac{1}{e}$     0285 $e^{\frac{6}{5}}$
0286 $e^3$     0287 $\dfrac{1}{\sqrt[3]{e}}$     0288 $\ln 2$     0289 $-\ln 2$     0290 $-3$
0291 $\dfrac{1}{4}$     0292 $-\dfrac{1}{3}$     0293 $\ln 5$     0294 3     0295 4
0296 2     0297 3     0298 $\dfrac{1}{\ln 2}$     0299 $\dfrac{\ln 3}{3}$

---

0300 $y' = 4e^x$          0301 $y' = e^{x+3}$
0302 $y' = (x-1)e^x$          0303 $y' = x^2(x+3)e^x$
0304 $y' = 5^x \ln 5$          0305 $y' = 3 \times 7^x \ln 7$
0306 $y' = 12 \times 2^{3x} \ln 2$          0307 $y' = 3^x(1 + x \ln 3)$
0308 $y' = \dfrac{1}{x}$          0309 $y' = \dfrac{4}{x}$
0310 $y' = x(2 \ln 3x + 1)$     0311 $y' = e^x\left(\ln x + \dfrac{1}{x}\right)$
0312 $y' = \dfrac{5}{x \ln 10} + 1$     0313 $y' = \dfrac{1}{x \ln 2}$
0314 $y' = \log_4 x + \dfrac{1}{2 \ln 2}$          0315 $y' = \dfrac{2 \log_5 x}{x \ln 5}$

0316 ①     0317 ⑤     0318 ③     0319 ②     0320 ②
0321 ⑤     0322 ①     0323 ②     0324 ②     0325 ①
0326 ①     0327 ②     0328 ②     0329 ①     0330 ⑤
0331 ④     0332 ②     0333 ②     0334 ③     0335 ①
0336 ②     0337 ③     0338 ①     0339 ③     0340 11
0341 ④     0342 ⑤     0343 ②     0344 ④     0345 ②
0346 ①     0347 ④     0348 ②     0349 ①     0350 ①
0351 ③     0352 ⑤     0353 ②     0354 ③     0355 ①
0356 ④     0357 ④     0358 ②     0359 25     0360 ⑤
0361 ②     0362 ④     0363 4     0364 ①     0365 ⑤
0366 ①     0367 ⑤     0368 ④     0369 ④     0370 ①
0371 ②     0372 48     0373 ④     0374 ④     0375 ③
0376 ③     0377 ②     0378 ④     0379 ③     0380 ②

0381 ⑤     0382 ②     0383 ①     0384 ⑤     0385 ②
0386 ①     0387 ①     0388 ②     0389 ⑤     0390 ①
0391 ②     0392 ①     0393 $-\ln 2$  0394 3     0395 12
0396 7     0397 4     0398 7

---

## 04   삼각함수의 미분

0399 $-\dfrac{5}{4}$     0400 $\dfrac{5}{3}$     0401 $-\dfrac{3}{4}$     0402 $\dfrac{2\sqrt{3}}{3}, 2, \dfrac{\sqrt{3}}{3}$

0403 $2, -\dfrac{2\sqrt{3}}{3}, -\sqrt{3}$     0404 $-\sqrt{2}, -\sqrt{2}, 1$

0405 $-\dfrac{2\sqrt{3}}{3}, 2, -\dfrac{\sqrt{3}}{3}$     0406 $\sqrt{5}, \dfrac{\sqrt{5}}{2}$          0407 1

0408 2     0409 $\dfrac{\sqrt{2}+\sqrt{6}}{4}$          0410 $\dfrac{\sqrt{2}-\sqrt{6}}{4}$

0411 $2-\sqrt{3}$  0412 $\dfrac{\sqrt{6}-\sqrt{2}}{4}$          0413 $\dfrac{\sqrt{6}-\sqrt{2}}{4}$

0414 $-2-\sqrt{3}$          0415 $\dfrac{\sqrt{2}}{2}$     0416 $\dfrac{\sqrt{2}}{2}$     0417 $\sqrt{3}$

0418 $\dfrac{56}{65}$     0419 $\dfrac{63}{65}$     0420 $\dfrac{56}{33}$     0421 $\dfrac{\sqrt{3}}{2}$     0422 $\dfrac{3}{2}$

0423 4     0424 $-3$     0425 1     0426 1     0427 2

0428 $\dfrac{1}{2}$     0429 3     0430 $\dfrac{2}{3}$     0431 2     0432 4

0433 0     0434 5     0435 $\dfrac{\pi}{180}$     0436 $\dfrac{1}{4}$     0437 1

0909 1　　0910 2　　0911 1　　0912 2

0913 (가) $x-\ln(x-1)$　(나) 2　(다) 2

0914 해설 참조

0915 (1) 속도: $-e^{-2}$, 속력: $e^{-2}$
　　(2) 가속도: $e^{-2}$, 가속도의 크기: $e^{-2}$

0916 (1) 속도: $(4, 1)$, 속력: $\sqrt{17}$
　　(2) 가속도: $(2, 2)$, 가속도의 크기: $2\sqrt{2}$

0917 (1) 속도: $(0, -2)$, 속력: 2
　　(2) 가속도: $(-2, 0)$, 가속도의 크기: 2

0918 ①　0919 1　0920 ③　0921 ③　0922 ④

0923 $\dfrac{1}{e}$　0924 ⑤　0925 4　0926 ③　0927 ⑤

0928 ②　0929 ②　0930 ②　0931 2　0932 4

0933 ②　0934 ②　0935 ①　0936 ④　0937 ③

0938 ⑤　0939 ③　0940 ④　0941 ③　0942 15

0943 (가) $x^2-2\ln x$　(나) 1　(다) 1　0944 ①　0945 $9\pi$

0946 ④　0947 ①　0948 ⑤　0949 ④　0950 ③

0951 ②　0952 ②　0953 ①　0954 ①　0955 ⑤

0956 ④　0957 ③　0958 ②　0959 ①　0960 2

0961 ③　0962 ③　0963 ②　0964 10　0965 $\pi^2$

0966 ①　0967 ⑤　0968 ④　0969 ①　0970 ④

0971 ⑤　0972 ④　0973 ③　0974 3　0975 ②

0976 ①　0977 1　0978 해설 참조

0979 시각: 1, 속도: $(0, 2)$

0980 $x=3\cos\theta t$, $y=3\sin\theta t$, 속력: $3\theta$, 가속도의 크기: $3\theta^2$

0981 $\{-2, 2\}$　　0982 12　　0983 $\dfrac{27}{16e^3}$



0984 $\dfrac{4}{7}x\sqrt[4]{x^3}+C$　　0985 $-\dfrac{1}{x^2}+C$

0986 $\dfrac{5}{9}x\sqrt[5]{x^4}+C$　　0987 $-\dfrac{1}{3x^3}+C$

0988 $\dfrac{2}{3}x\sqrt{x}-\dfrac{5}{x}+C$　　0989 $\dfrac{1}{2}x^2-\ln|x|-\dfrac{1}{3x^3}+C$

0990 $4\ln|x|-\dfrac{3}{x}+C$　　0991 $3\ln|x|-\dfrac{2}{\sqrt{x}}+C$

0992 $\dfrac{1}{3}x^3+2x-\dfrac{1}{x}+C$　0993 $\ln|x|-\dfrac{4}{\sqrt{x}}-\dfrac{1}{x}+C$

0994 $3e^x+C$　　　　0995 $e^{x-2}+C$

0996 $\dfrac{2\cdot 3^x}{\ln 3}+C$　　0997 $\dfrac{16^x}{\ln 16}+C$

0998 $e^{x+3}+\dfrac{6^{x-1}}{\ln 6}+C$　0999 $\dfrac{9^x}{\ln 9}-\dfrac{2\cdot 3^x}{\ln 3}+x+C$

1000 $-3\cos x-2\sin x+C$　　　1001 $4\tan x+C$

1002 $\tan x+\sec x+C$　1003 $-3\cot x+2x+C$

1004 $2\sin x-\cos x+C$　1005 $\sin x+\tan x+C$

1006 $-\cot x-x+C$　　1007 $x-\cos x+C$

1008 $\dfrac{1}{18}(3x+2)^6+C$　1009 $-\dfrac{1}{4}\cos(3+4x)+C$

1010 $-\dfrac{2}{3}(2-x)\sqrt{2-x}+C$　　　1011 $\dfrac{1}{6}e^{6x+1}+C$

1012 $2\sqrt{x^4+2}+C$　1013 $\dfrac{1}{4}e^{x^4}+C$

1014 $\dfrac{1}{2}(\ln x)^2+C$　1015 $-\dfrac{1}{3}\cos^3 x+C$

1016 $\ln|x^3-2x+5|+C$　　　1017 $\ln|\sin x|+C$

1018 $\dfrac{1}{3}\ln\left|\dfrac{x}{x+3}\right|+C$　1019 $\ln|x+1|+\ln|x-2|+C$

1020 $x+2\ln|x+1|+C$

1021 $\dfrac{1}{2}x^2+2x+9\ln|x-2|+C$　1022 $xe^{x+1}-e^{x+1}+C$

1023 $x\ln x-x+C$　　1024 $\dfrac{1}{3}x^3\ln x-\dfrac{1}{9}x^3+C$

1025 $(x-3)\sin x+\cos x+C$

1026 ④　1027 ①　1028 ⑤　1029 ②　1030 ①

1031 ③　1032 ①　1033 23　1034 ②　1035 ②

1036 ④　1037 ①　1038 ④　1039 ①　1040 ②

1041 ⑤　1042 ⑤　1043 ①　1044 ③　1045 ②

1046 ②　1047 2　1048 2　1049 ⑤　1050 ②

1051 ③　1053 ④　1053 ②　1054 ④　1055 ①

1056 ⑤　1057 ④　1058 ②　1059 ⑤　1060 ③

1061 ④　1062 2　1063 ④　1064 ③　1065 4

1066 ①　1067 ④　1068 ④　1069 ①　1070 ⑤

1071 ④　1072 ②　1073 ③　1074 ①　1075 ⑤

1076 ④　1077 ④　1078 ⑤　1079 ④　1080 2

1081 ④　1082 ③　1083 ③　1084 ⑤　1085 ④

1086 ①　1087 ⑤　1088 ③　1089 ②　1090 ③

1091 ④　1092 ②　1093 ③　1094 ③　1095 7

1096 ③　1097 ③　1098 ③　1099 ②　1100 ⑤

1101 ④　1102 37　1103 10　1104 2　1105 $-\dfrac{3}{\pi}$

1106 17　1107 137　1108 2



1109 1　　1110 1　　1111 $\dfrac{14}{3}$　1112 2　　1113 $e-1$

1114 $\dfrac{8}{\ln 3}$　1115 1　　1116 1　　1117 $\dfrac{1}{3}$

1118 $\ln 2+\dfrac{1}{2}$　　1119 $1-\dfrac{\pi}{4}$　1120 $2e^2-\dfrac{2}{e}$

1121 4　　1122 $-1$　1123 $2\ln 2+\dfrac{3}{2}$　　1124 $2e-\dfrac{2}{e}$

1125 2　　1126 12　1127 $10\pi-20$　　1128 $\dfrac{2}{5}$

1129 18　1130 9　1131 $\dfrac{1}{2}\ln 3$　　1132 2

**0682** ②    **0683** 21    **0684** ⑤    **0685** ⑤    **0686** 2

**0687** ②    **0688** $\dfrac{1}{3}$    **0689** 18    **0690** 해설 참조

**0691** $e^{-\frac{\pi}{2}}\left(1-\dfrac{\pi}{2}\right)$    **0692** $-1$    **0693** 3    **0694** $\dfrac{1}{36}$

**0695** $a=\dfrac{\sqrt{6}-\sqrt{2}}{48}\pi,\ b=2-\sqrt{3}$

## 06 접선의 방정식

**0696** $y=-4x+5$    **0697** $y=\dfrac{1}{4}x+\dfrac{7}{4}$

**0698** $y=ex-e$    **0699** $y=x-1+\ln 5$

**0700** $y=\sqrt{2}\,x-\dfrac{\sqrt{2}}{8}\pi+\dfrac{\sqrt{2}}{2}$    **0701** $y=3x-4$

**0702** $y=2x+1$    **0703** $y=\dfrac{1}{3}x-\dfrac{2}{3}+\ln 3$

**0704** $y=-x+\dfrac{\pi}{2}$    **0705** $y=-x+3$

**0706** $y=3ex$    **0707** $y=\dfrac{1}{e\ln 5}x$

**0708** (1) $\dfrac{dy}{dx}=\dfrac{2t^3}{t^2+1}$    (2) $x=0,\ y=1$    (3) $y=-x+1$

**0709** (1) $\dfrac{dy}{dx}=-\dfrac{x}{4y}$ (단, $y\neq0$)    (2) $-\dfrac{1}{2}$    (3) $y=-\dfrac{1}{2}x+\sqrt{2}$

**0710** ⑤    **0711** ⑤    **0712** ②    **0713** ⑤    **0714** ②
**0715** ①    **0716** ②    **0717** ⑤    **0718** ②    **0719** ②
**0720** ②    **0721** ④    **0722** ③    **0723** ①    **0724** ④
**0725** ④    **0726** ①    **0727** ④    **0728** ②    **0729** ②
**0730** ④    **0731** ③    **0732** ④    **0733** ④    **0734** ②
**0735** ③    **0736** ②    **0737** 18    **0738** ②    **0739** ⑤
**0740** ②    **0741** ③    **0742** ②    **0743** ⑤    **0744** ③
**0745** ④    **0746** ④    **0747** ⑤    **0748** ①    **0749** ①
**0750** ④    **0751** ③    **0752** ①    **0753** ②    **0754** 3
**0755** ①    **0756** ①    **0757** ④    **0758** ②    **0759** ④
**0760** ①    **0761** ④    **0762** ①    **0763** 73    **0764** 4

**0765** ③    **0766** ②    **0767** ⑤    **0768** ④    **0769** 4
**0770** ④    **0771** ④    **0772** 15    **0773** ④

**0774** $y=\dfrac{2}{e}x,\ y=-\dfrac{2}{e}x$  **0775** $\dfrac{\sqrt{85}}{17}$  **0776** 1

## 07 함수의 그래프

**0777** 구간 $(-\infty,\,0]$에서 증가, 구간 $[0,\,\infty)$에서 감소
**0778** 구간 $(-\infty,\,0]$에서 감소, 구간 $[0,\,\infty)$에서 증가

**0779** 구간 $\left(-\infty,\,\dfrac{1}{2}\right]$에서 감소, 구간 $\left[\dfrac{1}{2},\,\infty\right)$에서 증가
**0780** 구간 $(-\infty,\,-1],\ [1,\,\infty)$에서 증가,
   구간 $[-1,\,0),\ (0,\,1]$에서 감소
**0781** 구간 $(-\infty,\,1]$에서 감소, 구간 $[1,\,\infty)$에서 증가
**0782** 구간 $(-\infty,\,1]$에서 감소, 구간 $[1,\,\infty)$에서 증가
**0783** 구간 $(0,\,1]$에서 증가, 구간 $[1,\,\infty)$에서 감소
**0784** 구간 $(-\infty,\,0]$에서 감소, 구간 $[0,\,\infty)$에서 증가

**0785** 닫힌구간 $\left[0,\,\dfrac{2}{3}\pi\right]$에서 증가,
   닫힌구간 $\left[\dfrac{2}{3}\pi,\,\pi\right]$에서 감소

**0786** 닫힌구간 $\left[0,\,\dfrac{\pi}{2}\right]$에서 증가, 닫힌구간 $\left[\dfrac{\pi}{2},\,\pi\right]$에서 감소

**0787** 극솟값: $-1$    **0788** 극댓값: $\dfrac{1}{4}$

**0789** 극솟값: 3    **0790** 극댓값: 1

**0791** 극솟값: $-1$    **0792** 극댓값: 1

**0793** 아래로 볼록    **0794** 아래로 볼록
**0795** 위로 볼록    **0796** 아래로 볼록
**0797** 위로 볼록    **0798** 위로 볼록    **0799** $(0,\,0)$

**0800** $(2,\,3\ln 2)$    **0801** $\left(\dfrac{\pi}{2},\,1\right)$

**0802** 해설 참조    **0803** 해설 참조
**0804** 해설 참조    **0805** 최댓값: 5, 최솟값: 4
**0806** 최댓값: 2, 최솟값: $-2$
**0807** 최댓값: 1, 최솟값: 0

**0808** ②    **0809** ③    **0810** ④    **0811** 18    **0812** 45
**0813** ③    **0814** ③    **0815** ②    **0816** ①    **0817** 4
**0818** ③    **0819** ④    **0820** ⑤    **0821** 3    **0822** 8
**0823** ③    **0824** ③    **0825** ①    **0826** ④    **0827** 3
**0828** ③    **0829** ③    **0830** ②    **0831** ②    **0832** 14
**0833** ④    **0834** ⑤    **0835** ④    **0836** ③    **0837** 6
**0838** ④    **0839** ①    **0840** ④    **0841** ①    **0842** ①
**0843** ②    **0844** ①    **0845** ②    **0846** ②    **0847** 5
**0848** ①    **0849** ①    **0850** ③    **0851** ②    **0852** ⑤
**0853** ③    **0854** ④    **0855** 5    **0856** 7    **0857** ③
**0858** ④    **0859** ③    **0860** ③    **0861** ②    **0862** 1
**0863** ④    **0864** ②    **0865** ①    **0866** ③    **0867** ③
**0868** ⑤    **0869** ④    **0870** ③    **0871** ③    **0872** ②
**0873** ④    **0874** ④    **0875** 8    **0876** ②    **0877** ②
**0878** ②    **0879** ③    **0880** 32    **0881** ②    **0882** ①
**0883** 6    **0884** ④

**0885** ②    **0886** 9    **0887** 2    **0888** 45    **0889** 16
**0890** ②    **0891** 3    **0892** ④    **0893** ③    **0894** ⑤
**0895** 6    **0896** ⑤    **0897** ③    **0898** 2    **0899** 4
**0900** 35    **0901** 60    **0902** 51    **0903** $-3$
**0904** $a\leq-2$ 또는 $a\geq2$    **0905** 해설 참조
**0906** $a=-1,\ b=2,\ c=1,\ d=0$
**0907** $k=2,\ m=\dfrac{25}{4}+\ln 4$
**0908** $-4-2\sqrt{2}\leq a\leq-4+2\sqrt{2}$

0438 $\frac{1}{4}$    0439 $y'=2\cos x$    0440 $y'=-3\sin x-2$

0441 $y'=-\cos x+e^x$    0442 $y'=4\cos x+2\sin x$

0443 $y'=\cos x-x\sin x$

0444 $y'=e^x(\sin x+\cos x)$

0445 $y'=2(\cos^2 x-\sin^2 x)$

0446 $y'=2\sin x\cos x$

| | | | | |
|---|---|---|---|---|
| 0447 ② | 0448 ① | 0449 ⑤ | 0450 ④ | 0451 ⑤ |
| 0452 ④ | 0453 ① | 0454 ④ | 0455 ④ | 0456 ② |
| 0457 ① | 0458 ④ | 0459 ② | 0460 ② | 0461 ① |
| 0462 ③ | 0463 ① | 0464 ② | 0465 ② | 0466 ③ |
| 0467 ⑤ | 0468 ① | 0469 ③ | 0470 ② | 0471 ③ |
| 0472 ⑤ | 0473 ② | 0474 ① | 0475 ⑤ | 0476 ④ |
| 0477 ① | 0478 ③ | 0479 ④ | 0480 ① | 0481 ③ |
| 0482 ⑤ | 0483 ③ | 0484 ② | 0485 ④ | 0486 ① |
| 0487 ④ | 0488 ① | 0489 ⑤ | 0490 ② | 0491 ④ |
| 0492 ② | 0493 ③ | 0494 ① | 0495 ② | 0496 ④ |
| 0497 ② | 0498 ⑤ | 0499 ④ | 0500 ② | 0501 ① |
| 0502 ⑤ | 0503 ⑤ | 0504 ④ | 0505 ① | 0506 ① |
| 0507 ④ | 0508 ② | 0509 ⑤ | 0510 ② | 0511 ② |
| 0512 ③ | 0513 ② | 0514 ④ | 0515 ① | 0516 ② |
| 0517 ⑤ | 0518 ② | 0519 ③ | 0520 ② | 0521 ① |
| 0522 ② | 0523 ③ | 0524 5 | 0525 ④ | 0526 ⑤ |

| | | | | |
|---|---|---|---|---|
| 0527 ② | 0528 ① | 0529 ④ | 0530 ③ | 0531 ⑤ |
| 0532 ④ | 0533 ② | 0534 ① | 0535 1 | 0536 12 |
| 0537 ⑤ | 0538 ③ | 0539 ② | 0540 ② | 0541 ⑤ |
| 0542 ① | 0543 5 | 0544 0 | 0545 $8\sqrt{2}$ | |
| 0546 $n=3$, 극한값: 2 | | 0547 $0\le k\le 4$ | | 0548 $-10$ |
| 0549 $\frac{\pi}{4}$ | | | | |



0550 $y'=-\dfrac{1}{(x-1)^2}$    0551 $y'=-\dfrac{2x+1}{(x^2+x)^2}$

0552 $y'=-\dfrac{e^x}{(e^x+1)^2}$    0553 $y'=-\dfrac{\cos x+1}{(\sin x+x)^2}$

0554 $y'=\dfrac{2}{(x+1)^2}$    0555 $y'=\dfrac{3x^2-2x-3}{(3x-1)^2}$

0556 $y'=\dfrac{2x(1-\ln x)+1}{x(2x+1)^2}$

0557 $y'=\dfrac{e^x(\sin x-\cos x-2)}{(\sin x-2)^2}$

0558 $y'=-2x^{-3}$    0559 $y'=-6x^{-3}$

0560 $y'=-3x^{-4}$    0561 $y'=-10x^{-6}+3x^{-4}$

0562 $y'=\sec x(\sec x-2\tan x)$

0563 $y'=\csc x(3\csc x+\cot x)$    0564 $y'=6(2x-1)^2$

0565 $y'=3x^2(x+3)^2(3x^4+6x^3-4x-6)$

0566 $y'=-\dfrac{2(2x+3)}{(x-3)^4}$    0567 $y'=3\left(x+\dfrac{1}{x}\right)^2\left(1-\dfrac{1}{x^2}\right)$

0568 $y'=(-4x+1)e^{-2x^2+x+1}$

0569 $y'=\ln 2\cdot 2^{\sin x+1}\cos x$    0570 $y'=5\sin^4 x\cos x$

0571 $y'=4\sec(4x+1)\tan(4x+1)$    0572 $y'=\ln|x|+1$

0573 $y'=3+\dfrac{2}{x\ln 3}$    0574 $y'=\dfrac{6x}{3x^2+2}$

0575 $y'=-\tan x$    0576 $y'=-\dfrac{3}{5}x^{-\frac{8}{5}}$

0577 $y'=\sqrt{2}x^{\sqrt{2}-1}$    0578 $y'=-\dfrac{2}{3}x^{-\frac{5}{3}}$

0579 $y'=\dfrac{2x}{\sqrt{2x^2-1}}$    0580 $y=(x-1)^2$

0581 $x^2+(y-1)^2=1$    0582 $\dfrac{dy}{dx}=4t$

0583 $\dfrac{dy}{dx}=\dfrac{1}{te^t}$    0584 $\dfrac{dy}{dx}=2\tan t$ (단, $\cos t\ne 0$)

0585 (가) $2x$   (나) $6y^2$   (다) $-\dfrac{x}{3y^2}$

0586 $\dfrac{dy}{dx}=-\dfrac{x}{y}$ (단, $y\ne 0$)

0587 $\dfrac{dy}{dx}=-\dfrac{y}{x}$ (단, $x\ne 0$)

0588 $\dfrac{dy}{dx}=-\dfrac{x+y}{x-y}$ (단, $x-y\ne 0$)

0589 $\dfrac{dy}{dx}=\dfrac{y\sin x-\sin y}{x\cos y+\cos x}$ (단, $x\cos y+\cos x\ne 0$)

0590 $\dfrac{dy}{dx}=\dfrac{2y}{x}-x^2$ (단, $x\ne 0$)    0591 $\dfrac{dy}{dx}=e^x y$

0592 $\dfrac{dy}{dx}=\dfrac{1}{4\sqrt[4]{x^3}}$    0593 $\dfrac{dy}{dx}=\dfrac{1}{3\sqrt[3]{(x-2)^2}}$

0594 $y''=6x+6$    0595 $y''=12(x+2)^2$

0596 $y''=\dfrac{2}{(x+1)^3}$    0597 $y''=4e^{2x}$

0598 $y''=-\dfrac{1}{x^2}$    0599 $y''=-9\cos 3x$

0600 $y''=(x+2)e^x$    0601 $y''=(2-x^2)\sin x+4x\cos x$

| | | | | |
|---|---|---|---|---|
| 0602 ① | 0603 ③ | 0604 ⑤ | 0605 ④ | 0606 ③ |
| 0607 ③ | 0608 ① | 0609 ④ | 0610 ② | 0611 ⑤ |
| 0612 ③ | 0613 ③ | 0614 ① | 0615 ① | 0616 ② |
| 0617 ⑤ | 0618 ③ | 0619 ④ | 0620 ④ | 0621 ② |
| 0622 ⑤ | 0623 ④ | 0624 ① | 0625 ③ | 0626 ① |
| 0627 ① | 0628 ③ | 0629 ④ | 0630 ③ | 0631 ① |
| 0632 ① | 0633 ① | 0634 ① | 0635 ⑤ | 0636 ③ |
| 0637 ① | 0638 ⑤ | 0639 ③ | 0640 ② | 0641 0 |
| 0642 ② | 0643 ③ | 0644 ④ | 0645 ④ | 0646 ⑤ |
| 0647 ② | 0648 ① | 0649 ④ | 0650 ④ | 0651 ② |
| 0652 ① | 0653 ⑤ | 0654 ② | 0655 ③ | 0656 ② |
| 0657 ④ | 0658 ③ | 0659 ④ | 0660 ④ | 0661 ⑤ |
| 0662 ⑤ | 0663 ⑤ | 0664 ② | 0665 ⑤ | 0666 ④ |
| 0667 ③ | 0668 ④ | 0669 ⑤ | 0670 ⑤ | 0671 ③ |

| | | | | |
|---|---|---|---|---|
| 0672 ② | 0673 ② | 0674 ① | 0675 ③ | 0676 4 |
| 0677 ② | 0678 ② | 0679 1 | 0680 ④ | 0681 ③ |

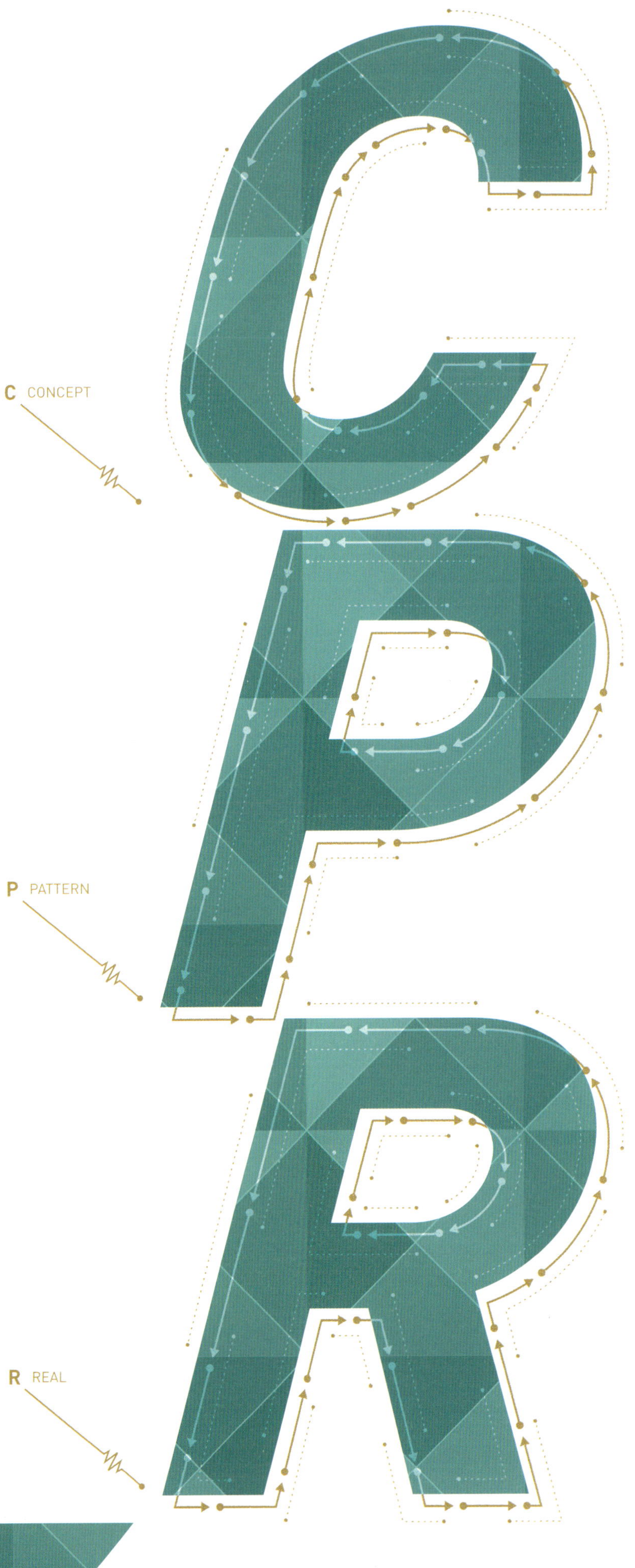

메가스터디
# 문제기본서

미적분
## 정답 및 해설

## 01 수열의 극한

**0001** 답 수렴, 0

오른쪽 그래프에서 $n$의 값이 한없이 커질 때 수열 $\{a_n\}$의 일반항 $\dfrac{1}{n}$의 값은 0에 한없이 가까워지므로 주어진 수열은 0에 수렴한다.

**0002** 답 수렴, 2

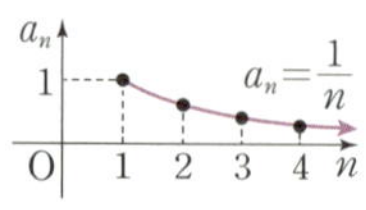

오른쪽 그래프에서 $n$의 값이 한없이 커질 때 수열 $\{a_n\}$의 일반항 2의 값은 항상 2 이므로 주어진 수열은 2에 수렴한다.

**0003** 답 발산 $(\infty)$

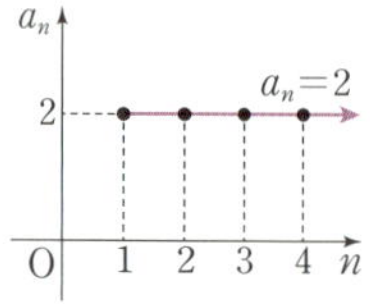

오른쪽 그래프에서 $n$의 값이 한없이 커질 때 수열 $\{a_n\}$의 일반항 $2^{n-1}$의 값은 한없이 커지 므로 주어진 수열은 양의 무한대로 발산한다.

**0004** 답 발산 $(-\infty)$

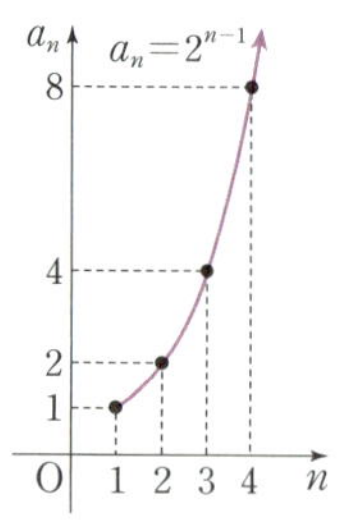

오른쪽 그래프에서 $n$의 값이 한없이 커질 때 수열 $\{a_n\}$의 일반항 $-n$의 값은 음수 이면서 그 절댓값이 한없이 커지므로 주어 진 수열은 음의 무한대로 발산한다.

**0005** 답 발산 (진동)

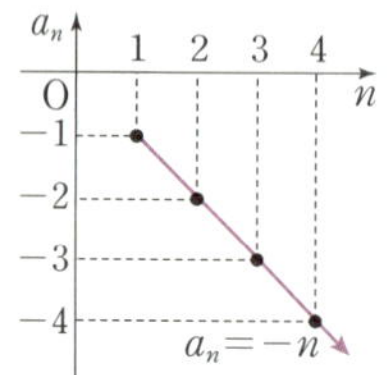

오른쪽 그래프에서 $n$의 값이 한없이 커 질 때 수열 $\{a_n\}$은 수렴하지도 않고 양의 무한대나 음의 무한대로 발산하지도 않 으므로 주어진 수열은 발산 (진동)한다.

**0006** 답 발산 $(\infty)$

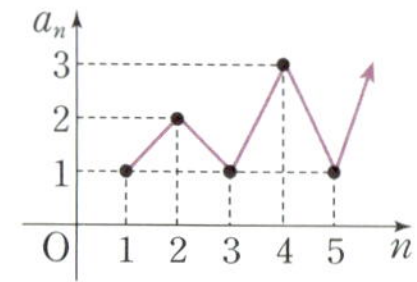

오른쪽 그래프에서 $n$의 값이 한없이 커질 때 수열 $\{a_n\}$의 일반항 $2n+1$의 값은 한없이 커 지므로 주어진 수열은 양의 무한대로 발산한 다.

**0007** 답 수렴, 1

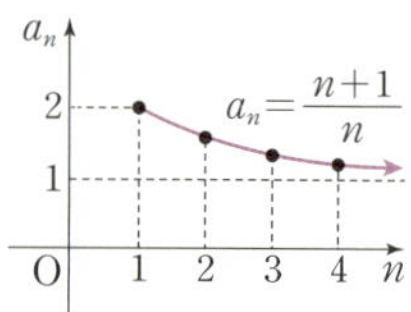

오른쪽 그래프에서 $n$의 값이 한없이 커질 때 수열 $\{a_n\}$의 일반항 $\dfrac{n+1}{n}$의 값은 1에 한없이 가까워지므로 주어진 수열은 1에 수렴한다.

**0008** 답 수렴, 2

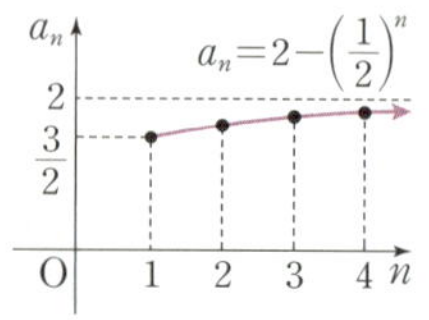

오른쪽 그래프에서 $n$의 값이 한없이 커질 때 수열 $\{a_n\}$의 일반항 $2-\left(\dfrac{1}{2}\right)^n$의 값은 2에 한없이 가까워지므로 주어진 수열은 2에 수렴한다.

**0009** 답 발산 (진동)

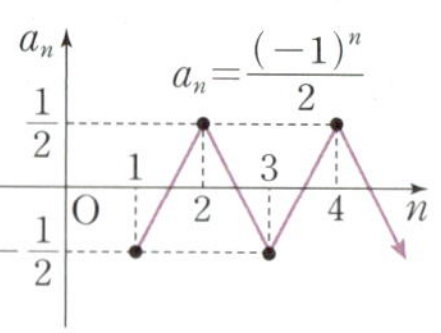

오른쪽 그래프에서 $n$의 값이 한없이 커 질 때 수열 $\{a_n\}$의 일반항 $\dfrac{(-1)^n}{2}$의 값은 수렴하지도 않고 양의 무한대나 음의 무한대로 발산하지도 않으므로 주어진 수열은 발산 (진동)한다.

**0010** 답 4

$$\lim_{n\to\infty}(2a_n+b_n)=\lim_{n\to\infty}2a_n+\lim_{n\to\infty}b_n$$
$$=2\lim_{n\to\infty}a_n+\lim_{n\to\infty}b_n$$
$$=2\cdot3+(-2)=4$$

**0011** 답 9

$$\lim_{n\to\infty}(a_n-3b_n)=\lim_{n\to\infty}a_n-\lim_{n\to\infty}3b_n$$
$$=\lim_{n\to\infty}a_n-3\lim_{n\to\infty}b_n$$
$$=3-3\cdot(-2)=9$$

**0012** 답 $-18$

$$\lim_{n\to\infty}3a_nb_n=\lim_{n\to\infty}3a_n\cdot\lim_{n\to\infty}b_n$$
$$=3\lim_{n\to\infty}a_n\cdot\lim_{n\to\infty}b_n$$
$$=3\cdot3\cdot(-2)=-18$$

**0013** 답 $-2$

$$\lim_{n\to\infty}\frac{4a_n}{3b_n}=\frac{\lim\limits_{n\to\infty}4a_n}{\lim\limits_{n\to\infty}3b_n}$$
$$=\frac{4\lim\limits_{n\to\infty}a_n}{3\lim\limits_{n\to\infty}b_n}$$
$$=\frac{4\cdot3}{3\cdot(-2)}=-2$$

**0014** 답 3

$$\lim_{n\to\infty}\left(3+\frac{1}{n}\right)=\lim_{n\to\infty}3+\lim_{n\to\infty}\frac{1}{n}$$
$$=3+0=3$$

## 0015　답 0

$$\lim_{n\to\infty}\left(\frac{1}{n^2}-\frac{2}{n}\right)=\lim_{n\to\infty}\frac{1}{n^2}-\lim_{n\to\infty}\frac{2}{n}$$
$$=\lim_{n\to\infty}\frac{1}{n^2}-2\lim_{n\to\infty}\frac{1}{n}$$
$$=0-2\cdot 0=0$$

## 0016　답 4

$$\lim_{n\to\infty}\left(4+\frac{3}{n}\right)\left(\frac{n+1}{n}\right)=\lim_{n\to\infty}\left(4+\frac{3}{n}\right)\left(1+\frac{1}{n}\right)$$
$$=\lim_{n\to\infty}\left(4+\frac{3}{n}\right)\cdot\lim_{n\to\infty}\left(1+\frac{1}{n}\right)$$
$$=4\cdot 1=4$$

## 0017　답 $\dfrac{5}{4}$

$$\lim_{n\to\infty}\frac{5-\dfrac{2}{n}}{4+\dfrac{1}{n^2}}=\frac{\lim\limits_{n\to\infty}\left(5-\dfrac{2}{n}\right)}{\lim\limits_{n\to\infty}\left(4+\dfrac{1}{n^2}\right)}=\frac{5}{4}$$

## 0018　답 수렴, $\dfrac{5}{2}$

$$\lim_{n\to\infty}\frac{5n-3}{2n+3}=\lim_{n\to\infty}\frac{5-\dfrac{3}{n}}{2+\dfrac{3}{n}}$$
$$=\frac{\lim\limits_{n\to\infty}\left(5-\dfrac{3}{n}\right)}{\lim\limits_{n\to\infty}\left(2+\dfrac{3}{n}\right)}$$
$$=\frac{5-0}{2+0}=\frac{5}{2}$$

● 다른 풀이 ●

(분자의 차수)=(분모의 차수)이므로 극한값을 분자, 분모의 최고차항의 계수의 비로 구할 수 있다.

$$\therefore \lim_{n\to\infty}\frac{5n-3}{2n+3}=\frac{5}{2}$$

## 0019　답 수렴, 0

$$\lim_{n\to\infty}\frac{n-4}{n^2+1}=\lim_{n\to\infty}\frac{\dfrac{1}{n}-\dfrac{4}{n^2}}{1+\dfrac{1}{n^2}}$$
$$=\frac{\lim\limits_{n\to\infty}\left(\dfrac{1}{n}-\dfrac{4}{n^2}\right)}{\lim\limits_{n\to\infty}\left(1+\dfrac{1}{n^2}\right)}$$
$$=\frac{0-0}{1+0}=0$$

● 다른 풀이 ●

(분자의 차수)<(분모의 차수)이므로 극한값은 0이다.

## 0020　답 발산

$$\lim_{n\to\infty}\frac{n^2+1}{3n-4}=\lim_{n\to\infty}\frac{n+\dfrac{1}{n}}{3-\dfrac{4}{n}}=\infty$$

● 다른 풀이 ●

(분자의 차수)>(분모의 차수)이므로 극한값은 없다. (발산)

## 0021　답 발산

$$\lim_{n\to\infty}(n^2-4n+5)=\lim_{n\to\infty}n^2\left(1-\frac{4}{n}+\frac{5}{n^2}\right)$$
$$=\infty$$

## 0022　답 발산

$$\lim_{n\to\infty}(10n-3n^2)=\lim_{n\to\infty}(-3n^2)\left(1-\frac{10}{3n}\right)$$
$$=-\infty$$

## 0023　답 수렴, $\dfrac{1}{2}$

$$\lim_{n\to\infty}(\sqrt{n^2+n}-n)=\lim_{n\to\infty}\frac{(\sqrt{n^2+n}-n)(\sqrt{n^2+n}+n)}{\sqrt{n^2+n}+n}$$
$$=\lim_{n\to\infty}\frac{n}{\sqrt{n^2+n}+n}$$
$$=\lim_{n\to\infty}\frac{1}{\sqrt{1+\dfrac{1}{n}}+1}$$
$$=\frac{1}{\sqrt{1+0}+1}=\frac{1}{2}$$

## 0024　답 발산

$$\lim_{n\to\infty}\frac{2}{\sqrt{n+3}-\sqrt{n}}=\lim_{n\to\infty}\frac{2(\sqrt{n+3}+\sqrt{n})}{(\sqrt{n+3}-\sqrt{n})(\sqrt{n+3}+\sqrt{n})}$$
$$=\lim_{n\to\infty}\frac{2(\sqrt{n+3}+\sqrt{n})}{3}$$
$$=\infty$$

## 0025　답 3

$\dfrac{3n-3}{n+3}\le a_n\le\dfrac{3n+2}{n+1}$에서

$\lim\limits_{n\to\infty}\dfrac{3n-3}{n+3}=3$, $\lim\limits_{n\to\infty}\dfrac{3n+2}{n+1}=3$이므로 수열의 극한의 대소 관계에 의하여

$$\lim_{n\to\infty}a_n=3$$

## 0026　답 수렴, 0

주어진 등비수열의 공비는 $\dfrac{2}{3}$이다.

이때 $-1<\dfrac{2}{3}<1$이므로 이 등비수열은 0에 수렴한다.

## 0027　답 수렴, 1

주어진 등비수열의 공비는 $\tan\dfrac{\pi}{4}=1$이다.

즉, 이 등비수열은 1에 수렴한다.

## 0028　답 발산

주어진 등비수열의 공비는 $-\dfrac{3}{2}$이다.

이때 $-\dfrac{3}{2}<-1$이므로 이 등비수열은 발산한다.

## 0029 답 수렴, 0

$\left\{\dfrac{(-2)^n}{5^n}\right\}$에서 $\left\{\left(-\dfrac{2}{5}\right)^n\right\}$

즉, 주어진 등비수열의 공비는 $-\dfrac{2}{5}$이다.

이때 $-1<-\dfrac{2}{5}<1$이므로 이 등비수열은 0에 수렴한다.

## 0030 답 $-\dfrac{1}{2}<r\leq\dfrac{1}{2}$

주어진 등비수열의 공비가 $2r$이므로 이 등비수열이 수렴하려면
$-1<2r\leq1$

$\therefore -\dfrac{1}{2}<r\leq\dfrac{1}{2}$

## 0031 답 $1<r\leq3$

주어진 등비수열의 공비가 $r-2$이므로 이 등비수열이 수렴하려면
$-1<r-2\leq1$

$\therefore 1<r\leq3$

## 0032 답 $2\leq r<4$

주어진 등비수열의 공비가 $3-r$이므로 이 등비수열이 수렴하려면
$-1<3-r\leq1,\ -4<-r\leq-2$

$\therefore 2\leq r<4$

## 0033 답 $-4<r\leq4$

주어진 등비수열의 공비가 $\dfrac{r}{4}$이므로 이 등비수열이 수렴하려면
$-1<\dfrac{r}{4}\leq1$

$\therefore -4<r\leq4$

본문 008~025쪽

## 0034 답 ④

## 0035 답 ③

ㄱ. $n$의 값이 한없이 커질 때 수열의 일반항 $2n+1$의 값은 한없이 커지므로 주어진 수열은 양의 무한대로 발산한다.

ㄴ. 자연수 $k$에 대하여 $(3k-2)$번째 항은 0, $(3k-1)$번째 항은 1, $3k$번째 항은 2이므로 주어진 수열은 발산 (진동)한다.

ㄷ. $n$의 값이 한없이 커질 때 수열의 일반항 $\dfrac{1}{n^2}$의 값은 0에 한없이 가까워지므로 주어진 수열은 0에 수렴한다.

따라서 발산하는 수열은 ㄱ, ㄴ이다.

## 0036 답 ④

① 주어진 수열은 $-1,\ -1,\ -1,\ \cdots$이므로 주어진 수열은 $-1$에 수렴한다.

② 주어진 수열은 $0,\ 0,\ 0,\ \cdots$이므로 주어진 수열은 0에 수렴한다.
( $\sin\pi=0,\ \sin2\pi=0,\ \sin3\pi=0,\ \cdots$ )

③ 주어진 수열은 $-\dfrac{1}{2},\ \dfrac{1}{4},\ -\dfrac{1}{8},\ \dfrac{1}{16},\ \cdots$이고, $n$의 값이 한없이 커질 때 수열의 일반항 $\left(-\dfrac{1}{2}\right)^n$의 값은 0에 한없이 가까워지므로 주어진 수열은 0에 수렴한다.

④ 주어진 수열은 $-\dfrac{1}{2},\ \dfrac{2}{3},\ -\dfrac{3}{4},\ \dfrac{4}{5},\ -\dfrac{5}{6},\ \dfrac{6}{7},\ \cdots$, 즉 홀수 번째 항은 $-\dfrac{1}{2},\ -\dfrac{3}{4},\ -\dfrac{5}{6},\ \cdots$이므로 $n$의 값이 한없이 커질 때 $-1$에 가까워지고, 짝수 번째 항은 $\dfrac{2}{3},\ \dfrac{4}{5},\ \dfrac{6}{7},\ \cdots$이므로 $n$의 값이 한없이 커질 때 1에 가까워진다.
따라서 주어진 수열은 발산 (진동)한다. ( 분자를 상수로 고정시키면 수의 변화를 알아보기 쉽다. )

⑤ $1+(-1)^n\times\dfrac{\sqrt{n}}{n}=1+(-1)^n\times\dfrac{1}{\sqrt{n}}$에서 주어진 수열은 $1-\dfrac{1}{1},\ 1+\dfrac{1}{\sqrt{2}},\ 1-\dfrac{1}{\sqrt{3}},\ 1+\dfrac{1}{2},\ \cdots$이고, $n$의 값이 한없이 커질 때 수열의 일반항 $1+(-1)^n\times\dfrac{1}{\sqrt{n}}$의 값은 1에 한없이 가까워지므로 주어진 수열은 1에 수렴한다.

## 0037 답 3

$\dfrac{2n+3}{n}=2+\dfrac{3}{n}$이므로 수열 $\left\{\dfrac{2n+3}{n}\right\}$, 즉 수열 $\left\{2+\dfrac{3}{n}\right\}$은 $2+3,\ 2+\dfrac{3}{2},\ 2+1,\ 2+\dfrac{3}{4},\ \cdots$이다.

즉, $n$의 값이 한없이 커질 때 수열의 일반항 $2+\dfrac{3}{n}$의 값은 2에 한없이 가까워지므로 이 수열은 2에 수렴한다.

$\therefore a=2$

또한,
$$\dfrac{n^2+2n}{(n+2)(n+3)}=\dfrac{n(n+2)}{(n+2)(n+3)}=\dfrac{n}{n+3}=1-\dfrac{3}{n+3}$$

이므로 수열 $\left\{\dfrac{n^2+2n}{(n+2)(n+3)}\right\}$, 즉 수열 $\left\{1-\dfrac{3}{n+3}\right\}$은 $\dfrac{1}{4},\ \dfrac{2}{5},\ \dfrac{1}{2},\ \dfrac{4}{7},\ \cdots$이다.

즉, $n$의 값이 한없이 커질 때 수열의 일반항 $1-\dfrac{3}{n+3}$의 값은 1에 한없이 가까워지므로 이 수열은 1에 수렴한다.

$\therefore b=1$

$\therefore a+b=2+1=3$

## 0038 답 ④

ㄱ. 주어진 수열은 $1-1,\ 2-\dfrac{1}{2},\ 3-\dfrac{1}{3},\ \cdots$이고, $n$의 값이 한없이 커질 때 수열의 일반항 $n-\dfrac{1}{n}$의 값은 한없이 커지므로 주어진 수열은 양의 무한대로 발산한다.

ㄴ. 주어진 수열은 $3+1,\ 3-\dfrac{1}{2},\ 3+\dfrac{1}{3},\ \cdots$이고, $n$의 값이 한없이 커질 때 수열의 일반항 $3-\dfrac{(-1)^n}{n}$의 값은 3에 한없이 가까워지므로 주어진 수열은 3에 수렴한다.

ㄷ. 모든 자연수 $n$에 대하여 $\left[n+\dfrac{1}{2}\right]=n$이므로

$$\frac{\left[n+\dfrac{1}{2}\right]}{n}=\frac{n}{n}=1$$

즉, 주어진 수열은 1, 1, 1, …이므로 1에 수렴한다.

따라서 수렴하는 수열은 ㄴ, ㄷ이고, 수열의 극한값은 각각 3, 1
이므로

$p=2,\ q=3+1=4$

$\therefore\ p+q=2+4=6$

## 0039　답 ①

## 0040　답 ④

$$\lim_{n\to\infty}\frac{3a_nb_n}{4a_n-2b_n}=\frac{\displaystyle\lim_{n\to\infty}3a_nb_n}{\displaystyle\lim_{n\to\infty}(4a_n-2b_n)}$$

$$=\frac{3\displaystyle\lim_{n\to\infty}a_n\cdot\lim_{n\to\infty}b_n}{4\displaystyle\lim_{n\to\infty}a_n-2\lim_{n\to\infty}b_n}$$

$$=\frac{3\cdot2\cdot3}{4\cdot2-2\cdot3}=9$$

## 0041　답 ②

$n$의 값이 한없이 커질 때 수열 $\{a_n\}$의 일반항 $2+\left(\dfrac{1}{2}\right)^{n-1}$의 값은
2에 한없이 가까워지므로 주어진 수열은 2에 수렴한다.

$\therefore\ \displaystyle\lim_{n\to\infty}a_n=2$

$\therefore\ \displaystyle\lim_{n\to\infty}(a_n^{\,2}-4a_n)=\lim_{n\to\infty}a_n(a_n-4)$

$$=\lim_{n\to\infty}a_n\cdot\lim_{n\to\infty}(a_n-4)$$

$$=\lim_{n\to\infty}a_n\cdot\left(\lim_{n\to\infty}a_n-\lim_{n\to\infty}4\right)$$

$$=2\cdot(2-4)=-4$$

## 0042　답 ①

$$\lim_{n\to\infty}a_n=\lim_{n\to\infty}\frac{2(4a_n+b_n)+(a_n-2b_n)}{9}$$

$$=\frac{2\displaystyle\lim_{n\to\infty}(4a_n+b_n)+\lim_{n\to\infty}(a_n-2b_n)}{\displaystyle\lim_{n\to\infty}9}$$

$$=\frac{2\cdot3+12}{9}=2$$

$$\lim_{n\to\infty}b_n=\lim_{n\to\infty}\frac{(4a_n+b_n)-4(a_n-2b_n)}{9}$$

$$=\frac{\displaystyle\lim_{n\to\infty}(4a_n+b_n)-4\lim_{n\to\infty}(a_n-2b_n)}{\displaystyle\lim_{n\to\infty}9}$$

$$=\frac{3-4\cdot12}{9}=-5$$

$\therefore\ \displaystyle\lim_{n\to\infty}a_nb_n=\lim_{n\to\infty}a_n\cdot\lim_{n\to\infty}b_n$

$$=2\cdot(-5)=-10$$

● **다른 풀이** ●

$$\lim_{n\to\infty}b_n=\lim_{n\to\infty}\{(4a_n+b_n)-4a_n\}$$

$$=\lim_{n\to\infty}(4a_n+b_n)-4\lim_{n\to\infty}a_n$$

$$=3-4\cdot2=-5$$



$\displaystyle\lim_{n\to\infty}a_n=\lim_{n\to\infty}\dfrac{2(4a_n+b_n)+(a_n-2b_n)}{9}$ 으로 나타내는 것이 어렵다고
생각할 수 있어.
두 수열 $\{4a_n+b_n\}$, $\{a_n-2b_n\}$이 수렴하니까 두 식 $4a_n+b_n$, $a_n-2b_n$
을 이용하여 $a_n$을 만들어야 해.
즉, $p(4a_n+b_n)+q(a_n-2b_n)=a_n$이 되는 실수 $p$, $q$의 값을 구하면 되겠지?
$(4p+q)a_n+(p-2q)b_n=a_n$에서
$4p+q=1,\ p-2q=0$　$\therefore\ p=\dfrac{2}{9},\ q=\dfrac{1}{9}$

생각보다 쉽지? 그러면 $\displaystyle\lim_{n\to\infty}b_n=\lim_{n\to\infty}\dfrac{(4a_n+b_n)-4(a_n-2b_n)}{9}$이 어떻
게 나타내어졌는지도 알 수 있겠지?!

## 0043　답 ②

$a_n=4+\dfrac{7}{n}$, $b_n=3-\dfrac{2}{n^2}$에서

$\displaystyle\lim_{n\to\infty}a_n=\lim_{n\to\infty}\left(4+\dfrac{7}{n}\right)=4$, $\displaystyle\lim_{n\to\infty}b_n=\lim_{n\to\infty}\left(3-\dfrac{2}{n^2}\right)=3$

이므로

$$\lim_{n\to\infty}\frac{ka_n+2b_n}{a_nb_n}=\frac{\displaystyle\lim_{n\to\infty}(ka_n+2b_n)}{\displaystyle\lim_{n\to\infty}a_nb_n}$$

$$=\frac{k\displaystyle\lim_{n\to\infty}a_n+2\lim_{n\to\infty}b_n}{\displaystyle\lim_{n\to\infty}a_n\cdot\lim_{n\to\infty}b_n}$$

$$=\frac{k\cdot4+2\cdot3}{4\cdot3}=\frac{2k+3}{6}$$

$$=\frac{3}{2}$$

에서 $2k+3=9$

$2k=6$

$\therefore\ k=3$

## 0044　답 ②

## 0045　답 ⑤

$\displaystyle\lim_{n\to\infty}a_n=\alpha$ ($\alpha$는 실수)라 하면　→ 수열 $\{a_n\}$이 수렴하므로

$\displaystyle\lim_{n\to\infty}a_{n+1}=\alpha$, $\displaystyle\lim_{n\to\infty}a_{n+2}=\alpha$

즉, $\displaystyle\lim_{n\to\infty}\dfrac{2a_{n+2}+a_n}{a_{n+1}-3}=12$에서

$\dfrac{2\alpha+\alpha}{\alpha-3}=12$

$3\alpha=12\alpha-36$

$9\alpha=36$　$\therefore\ \alpha=4$

$\therefore\ \displaystyle\lim_{n\to\infty}a_n=4$

## 0046　답 ①

$\displaystyle\lim_{n\to\infty}a_{n+1}=k$이므로

$\displaystyle\lim_{n\to\infty}a_n=k$, $\displaystyle\lim_{n\to\infty}a_{2n}=k$, $\displaystyle\lim_{n\to\infty}a_{2n+1}=k$

즉, $\displaystyle\lim_{n\to\infty}\dfrac{5a_na_{2n}+4}{3a_{2n+1}}=4$에서

$\dfrac{5k\cdot k+4}{3k}=4$

$5k^2+4=12k$, $5k^2-12k+4=0$

$(5k-2)(k-2)=0$　$\therefore\ k=2\ (\because k$는 자연수$)$

$\therefore\ \displaystyle\lim_{n\to\infty}a_n=2$

## 0047 답 ①

$\lim\limits_{n\to\infty} a_n = \alpha \ (\alpha \neq 0)$라 하면 → 수열 $\{a_n\}$이 0이 아닌 실수로 수렴하므로

$\lim\limits_{n\to\infty} a_{n+1} = \alpha,\ \lim\limits_{n\to\infty} a_{n+2} = \alpha,\ \lim\limits_{n\to\infty} a_{2n} = \alpha$

이때

$$\lim_{n\to\infty} \frac{a_{2n}}{2n} = 0 \cdot \alpha = 0 \qquad \cdots\cdots\ \text{㉠}$$

또한, → $\lim \dfrac{1}{2n} \cdot \lim a_{2n}$

$$\lim_{n\to\infty} \frac{a_{2n}(a_{n+2}-3)}{a_n+2a_{n+1}} = \frac{\alpha(\alpha-3)}{\alpha+2\alpha} = \frac{\alpha-3}{3} \qquad \cdots\cdots\ \text{㉡}$$

㉠=㉡에서 → $\dfrac{\lim a_{2n}(\lim a_{n+2} - \lim 3)}{\lim a_n + 2\lim a_{n+1}}$

$$0 = \frac{\alpha-3}{3} \qquad \therefore \alpha = 3$$

$$\therefore \lim_{n\to\infty} a_n = 3$$

## 0048 답 ④

ㄱ. [반례] $\{a_n\} : 0, 4, 0, 4, 0, 4, 0, 4, \cdots$라 하면

$\lim\limits_{n\to\infty} a_{2n} = 4$이지만 수열 $\{a_n\}$은 발산 (진동)한다. (거짓)

ㄴ. 수열 $\{b_n\}$에 대하여 $b_n = a_{2n}$이라 하면 $\lim\limits_{n\to\infty} b_n = 4$이므로

$\lim\limits_{n\to\infty} b_{2n} = 4$

$\therefore \lim\limits_{n\to\infty} a_{4n} = \lim\limits_{n\to\infty} b_{2n} = 4$ (참)

ㄷ. 수열 $\{b_n\}$에 대하여 $b_n = a_{2n}$이라 하면 $\lim\limits_{n\to\infty} b_n = 4$이므로

$\lim\limits_{n\to\infty} b_{n+1} = 4$

$\therefore \lim\limits_{n\to\infty} (a_{2n} + a_{2n+2}) = \lim\limits_{n\to\infty} (b_n + b_{n+1})$

$\qquad\qquad\qquad\qquad = 4 + 4 = 8$ (참)

따라서 옳은 것은 ㄴ, ㄷ이다.

**선생님 톡톡**

ㄱ에서 알 수 있듯이 수열 $\{a_n\}$이 수렴하면 자연수 $k$에 대하여 수열 $\{a_{n+k}\}$와 수열 $\{a_{kn}\}$은 모두 수렴하지만 그 역은 성립하지 않는다는 것을 주의하고, 반례와 함께 기억해 두자.

## 0049 답 ②

## 0050 답 ④

→ 분모의 최고차항인 $n$으로 분자, 분모를 각각 나눈다.

ㄱ. $\lim\limits_{n\to\infty} \dfrac{n^2+n+1}{n+3} = \lim\limits_{n\to\infty} \dfrac{n+1+\dfrac{1}{n}}{1+\dfrac{3}{n}} = \infty$ (거짓)

ㄴ. $\lim\limits_{n\to\infty} \dfrac{\sqrt{4n^2+3}}{n} = \lim\limits_{n\to\infty} \dfrac{\sqrt{4+\dfrac{3}{n^2}}}{1}$ → 분모의 최고차항인 $n$으로 분자, 분모를 각각 나눈다.

$\qquad = \dfrac{2}{1} = 2$ (참)

ㄷ. $\lim\limits_{n\to\infty} \dfrac{n(2n+1)^2}{(2n-1)^3} = \lim\limits_{n\to\infty} \dfrac{4n^3+4n^2+n}{8n^3-12n^2+6n-1}$ → 분모의 최고차항인 $n^3$으로 분자, 분모를 각각 나눈다.

$\qquad = \lim\limits_{n\to\infty} \dfrac{4+\dfrac{4}{n}+\dfrac{1}{n^2}}{8-\dfrac{12}{n}+\dfrac{6}{n^2}-\dfrac{1}{n^3}}$

$\qquad = \dfrac{4}{8} = \dfrac{1}{2}$ (참)

따라서 옳은 것은 ㄴ, ㄷ이다.

## 0051 답 1

$\lim\limits_{n\to\infty} n\left(1-\dfrac{1}{2}\right)\left(1-\dfrac{1}{3}\right)\left(1-\dfrac{1}{4}\right)\cdots\left(1-\dfrac{1}{n+1}\right)$

$= \lim\limits_{n\to\infty} n \cdot \dfrac{1}{2} \cdot \dfrac{2}{3} \cdot \dfrac{3}{4} \cdot \cdots \cdot \dfrac{n}{n+1}$

$= \lim\limits_{n\to\infty} \dfrac{n}{n+1}$ → 분모의 최고차항인 $n$으로 분자, 분모를 각각 나눈다.

$= \lim\limits_{n\to\infty} \dfrac{1}{1+\dfrac{1}{n}}$

$= 1$

## 0052 답 ③

$(n+1)+(n+2)+(n+3)+\cdots+2n = \sum\limits_{k=1}^{n} (n+k)$

$\qquad\qquad\qquad\qquad\qquad = \sum\limits_{k=1}^{n} n + \sum\limits_{k=1}^{n} k$

$\qquad\qquad\qquad\qquad\qquad = n^2 + \dfrac{n(n+1)}{2}$

$\qquad\qquad\qquad\qquad\qquad = \dfrac{3n^2+n}{2}$

이므로

$\lim\limits_{n\to\infty} \dfrac{(n+1)+(n+2)+(n+3)+\cdots+2n}{n^2} = \lim\limits_{n\to\infty} \dfrac{\dfrac{3n^2+n}{2}}{n^2}$

$\qquad\qquad = \lim\limits_{n\to\infty} \dfrac{3n^2+n}{2n^2}$ ← 분모의 최고차항인 $n^2$으로 분자, 분모를 각각 나눈다.

$\qquad\qquad = \lim\limits_{n\to\infty} \dfrac{3+\dfrac{1}{n}}{2}$

$\qquad\qquad = \dfrac{3}{2}$

**해설 속 칠판  자연수의 거듭제곱의 합**

(1) $\sum\limits_{k=1}^{n} k = 1+2+3+\cdots+n = \dfrac{n(n+1)}{2}$

(2) $\sum\limits_{k=1}^{n} k^2 = 1^2+2^2+3^2+\cdots+n^2 = \dfrac{n(n+1)(2n+1)}{6}$

(3) $\sum\limits_{k=1}^{n} k^3 = 1^3+2^3+3^3+\cdots+n^3 = \left\{\dfrac{n(n+1)}{2}\right\}^2$

## 0053 답 $\dfrac{1}{2}$

등차수열 $\{a_n\}$의 첫째항이 2, 공차가 3이므로

$a_n = 2 + (n-1) \cdot 3 = 3n-1$

$S_n = \dfrac{n\{2\cdot2+(n-1)\cdot3\}}{2} = \dfrac{3n^2+n}{2}$

$\therefore \lim\limits_{n\to\infty} \dfrac{S_n}{na_n} = \lim\limits_{n\to\infty} \dfrac{\dfrac{3n^2+n}{2}}{n(3n-1)}$

$\qquad = \lim\limits_{n\to\infty} \dfrac{3n^2+n}{6n^2-2n}$ → 분모의 최고차항인 $n^2$으로 분자, 분모를 각각 나눈다.

$\qquad = \lim\limits_{n\to\infty} \dfrac{3+\dfrac{1}{n}}{6-\dfrac{2}{n}}$

$\qquad = \dfrac{3}{6} = \dfrac{1}{2}$

## 0054　답 ⑤

## 0055　답 ④

$a-2b\neq0$이면 $\displaystyle\lim_{n\to\infty}\frac{bn+3}{(a-2b)n^2+n+2}=0$이므로

$a-2b=0$ ······ ㉠

즉, $\displaystyle\lim_{n\to\infty}\frac{bn+3}{(a-2b)n^2+n+2}=9$에서

$$\lim_{n\to\infty}\frac{bn+3}{n+2}=\lim_{n\to\infty}\frac{b+\dfrac{3}{n}}{1+\dfrac{2}{n}}=\frac{b}{1}=9 \quad \therefore b=9$$

$b=9$를 ㉠에 대입하면

$a-2\cdot9=0 \quad \therefore a=18$

$\therefore a-b=18-9=9$

## 0056　답 ①

$2a-b\neq0$이면 $\displaystyle\lim_{n\to\infty}\frac{n^2+4n-1}{(2a-b)n^3+2n^2+1}=0$

이므로

$2a-b=0$ ······ ㉠

$$\therefore \lim_{n\to\infty}\frac{an+b}{2bn+a}=\lim_{n\to\infty}\frac{a+\dfrac{b}{n}}{2b+\dfrac{a}{n}}=\frac{a}{2b}$$

$$=\frac{a}{2\cdot2a} \ (\because ㉠)$$

$$=\frac{1}{4}$$

## 0057　답 ③

$$\lim_{n\to\infty}\frac{an-2}{n+2}=\lim_{n\to\infty}\frac{a-\dfrac{2}{n}}{1+\dfrac{2}{n}}=\frac{a}{1}=3 \quad \therefore a=3$$

따라서 $\displaystyle\lim_{n\to\infty}\frac{(2n-1)(3n+1)}{bn^2+2}=3$이므로

$$\lim_{n\to\infty}\frac{(2n-1)(3n+1)}{bn^2+2}=\lim_{n\to\infty}\frac{6n^2-n-1}{bn^2+2}$$

$$=\lim_{n\to\infty}\frac{6-\dfrac{1}{n}-\dfrac{1}{n^2}}{b+\dfrac{2}{n^2}}$$

$$=\frac{6}{b}=3$$

에서 $b=2$

$\therefore a+b=3+2=5$

## 0058　답 ③

$a\neq0$이면

$$\lim_{n\to\infty}\frac{an^2+bn+1}{\sqrt{4n^2+3n}+(a+1)n}=\lim_{n\to\infty}\frac{an+b+\dfrac{1}{n}}{\sqrt{4+\dfrac{3}{n}}+a+1}$$

$$=\infty \ (\text{또는} -\infty)$$

이므로 $a=0$

즉, $\displaystyle\lim_{n\to\infty}\frac{an^2+bn+1}{\sqrt{4n^2+3n}+(a+1)n}=-2$에서

$$\lim_{n\to\infty}\frac{bn+1}{\sqrt{4n^2+3n}+n}=\lim_{n\to\infty}\frac{b+\dfrac{1}{n}}{\sqrt{4+\dfrac{3}{n}}+1}$$

$$=\frac{b}{2+1}=\frac{b}{3}=-2$$

$\therefore b=-6$

$\therefore a-b=0-(-6)=6$

## 0059　답 ③

## 0060　답 ④

$$\lim_{n\to\infty}(\sqrt{n^2+2n+3}-\sqrt{n^2-2n+3})$$

$$=\lim_{n\to\infty}\frac{(\sqrt{n^2+2n+3}-\sqrt{n^2-2n+3})(\sqrt{n^2+2n+3}+\sqrt{n^2-2n+3})}{\sqrt{n^2+2n+3}+\sqrt{n^2-2n+3}}$$

$$=\lim_{n\to\infty}\frac{4n}{\sqrt{n^2+2n+3}+\sqrt{n^2-2n+3}}$$

$$=\lim_{n\to\infty}\frac{4}{\sqrt{1+\dfrac{2}{n}+\dfrac{3}{n^2}}+\sqrt{1-\dfrac{2}{n}+\dfrac{3}{n^2}}}$$

$$=\frac{4}{1+1}=2$$

## 0061　답 ①

$$\lim_{n\to\infty}\frac{3}{\sqrt{n^2+2n}-\sqrt{n^2+1}}$$

$$=\lim_{n\to\infty}\frac{3(\sqrt{n^2+2n}+\sqrt{n^2+1})}{(\sqrt{n^2+2n}-\sqrt{n^2+1})(\sqrt{n^2+2n}+\sqrt{n^2+1})}$$

$$=\lim_{n\to\infty}\frac{3(\sqrt{n^2+2n}+\sqrt{n^2+1})}{2n-1}$$

$$=\lim_{n\to\infty}\frac{3\left(\sqrt{1+\dfrac{2}{n}}+\sqrt{1+\dfrac{1}{n^2}}\right)}{2-\dfrac{1}{n}}$$

$$=\frac{3\cdot(1+1)}{2}=3$$

## 0062　답 ③

$n^2<n^2+n+1<n^2+2n+1$에서

$n<\sqrt{n^2+n+1}<n+1$

$$\therefore a_n=\sqrt{n^2+n+1}-n \qquad \rightarrow \sqrt{n^2+n+1}=(\text{자연수 부분})+(\text{소수 부분})\text{이므로}$$
$$\qquad\qquad\qquad\qquad\qquad\qquad (\text{소수 부분})=\sqrt{n^2+n+1}-(\text{자연수 부분})$$

$$\therefore \lim_{n\to\infty}\frac{1}{a_n}=\lim_{n\to\infty}\frac{1}{\sqrt{n^2+n+1}-n}$$
$$=\lim_{n\to\infty}\frac{\sqrt{n^2+n+1}+n}{(\sqrt{n^2+n+1}-n)(\sqrt{n^2+n+1}+n)}$$
$$=\lim_{n\to\infty}\frac{\sqrt{n^2+n+1}+n}{n+1}$$
$$=\lim_{n\to\infty}\frac{\sqrt{1+\dfrac{1}{n}+\dfrac{1}{n^2}}+1}{1+\dfrac{1}{n}}$$
$$=\frac{1+1}{1}=2$$

## 0063  답 ④

$2$, $5$가 소수이므로 $5\times 2^{n-1}$의 약수의 개수는 $2n$이다.
$$\therefore a_n=2n \qquad \rightarrow (1+1)(n-1+1)$$
$3^{n-1}4^n=2^{2n}3^{n-1}$이고 $2$, $3$이 소수이므로 $2^{2n}3^{n-1}$의 약수의 개수는
$(2n+1)n$이다. $\qquad \rightarrow (2n+1)(n-1+1)$
$$\therefore b_n=2n^2+n$$
$$\therefore \lim_{n\to\infty}(a_n-\sqrt{2b_n})$$
$$=\lim_{n\to\infty}(2n-\sqrt{4n^2+2n})$$
$$=\lim_{n\to\infty}\frac{(2n-\sqrt{4n^2+2n})(2n+\sqrt{4n^2+2n})}{2n+\sqrt{4n^2+2n}}$$
$$=\lim_{n\to\infty}\frac{-2n}{2n+\sqrt{4n^2+2n}}$$
$$=\lim_{n\to\infty}\frac{-2}{2+\sqrt{4+\dfrac{2}{n}}}$$
$$=\frac{-2}{2+2}=-\frac{1}{2}$$

> **해설 속 칠판  약수의 개수**
>
> 자연수 $N$이
> $$N=a^p\times b^q\times c^r \ (a,\ b,\ c\text{는 서로 다른 소수, } p,\ q,\ r\text{는 자연수})$$
> 꼴로 소인수분해될 때
> $$(N\text{의 약수의 개수})=(p+1)(q+1)(r+1)$$

## 0064  답 ①

## 0065  답 ③

$$\lim_{n\to\infty}\frac{6}{\sqrt{n^2+an+1}-n}$$
$$=\lim_{n\to\infty}\frac{6(\sqrt{n^2+an+1}+n)}{(\sqrt{n^2+an+1}-n)(\sqrt{n^2+an+1}+n)}$$
$$=\lim_{n\to\infty}\frac{6(\sqrt{n^2+an+1}+n)}{an+1}$$
$$=\lim_{n\to\infty}\frac{6\left(\sqrt{1+\dfrac{a}{n}+\dfrac{1}{n^2}}+1\right)}{a+\dfrac{1}{n}}$$
$$=\frac{6\cdot(1+1)}{a}=\frac{12}{a}=3$$
에서
$a=4$

## 0066  답 ③

$a\leq 0$이면 $\displaystyle\lim_{n\to\infty}\{an+b-\sqrt{4n(n+1)}\}=-\infty$이다.
이때 주어진 극한값이 존재하므로 $a>0$
$$\lim_{n\to\infty}\{an+b-\sqrt{4n(n+1)}\}$$
$$=\lim_{n\to\infty}(an+b-\sqrt{4n^2+4n})$$
$$=\lim_{n\to\infty}\frac{(an+b-\sqrt{4n^2+4n})(an+b+\sqrt{4n^2+4n})}{an+b+\sqrt{4n^2+4n}}$$
$$=\lim_{n\to\infty}\frac{(an+b)^2-(4n^2+4n)}{an+b+\sqrt{4n^2+4n}}$$
$$=\lim_{n\to\infty}\frac{(a^2-4)n^2+(2ab-4)n+b^2}{an+b+\sqrt{4n^2+4n}}$$
에서 $a^2-4=0 \qquad \rightarrow a^2-4\neq 0$이면 주어진 식의 극한값은 존재하지 않는다.
$$\therefore a=2 \ (\because a>0)$$
즉,
$$\lim_{n\to\infty}\frac{(4b-4)n+b^2}{2n+b+\sqrt{4n^2+4n}}=\lim_{n\to\infty}\frac{4b-4+\dfrac{b^2}{n}}{2+\dfrac{b}{n}+\sqrt{4+\dfrac{4}{n}}}$$
$$=\frac{4b-4}{2+2}=b-1=1$$
에서 $b=2$
$$\therefore a+b=2+2=4$$

## 0067  답 ④

주어진 식의 극한값이 존재하므로
$$\lim_{n\to\infty}(\sqrt{9n^2+n+1}-an)$$
$$=\lim_{n\to\infty}\frac{(\sqrt{9n^2+n+1}-an)(\sqrt{9n^2+n+1}+an)}{\sqrt{9n^2+n+1}+an}$$
$$=\lim_{n\to\infty}\frac{(9-a^2)n^2+n+1}{\sqrt{9n^2+n+1}+an}$$
에서 $9-a^2=0 \qquad \rightarrow 9-a^2\neq 0$이면 주어진 식의 극한값은 존재하지 않는다.
$$\therefore a=3 \ (\because a>0)$$
즉,
$$\lim_{n\to\infty}\frac{n+1}{\sqrt{9n^2+n+1}+3n}=\lim_{n\to\infty}\frac{1+\dfrac{1}{n}}{\sqrt{9+\dfrac{1}{n}+\dfrac{1}{n^2}}+3}$$
$$=\frac{1}{3+3}=\frac{1}{6}=\frac{1}{b}$$
에서 $b=6$
$$\therefore a+b=3+6=9$$

## 0068  답 ②

주어진 식의 극한값이 존재하므로
$$\lim_{n\to\infty}(\sqrt{2n^4+3n^3+an^2+1}-\sqrt{2n^4+bn^3+5n^2})$$
$$=\lim_{n\to\infty}\Big\{(\sqrt{2n^4+3n^3+an^2+1}-\sqrt{2n^4+bn^3+5n^2})$$
$$\qquad\qquad\times\frac{\sqrt{2n^4+3n^3+an^2+1}+\sqrt{2n^4+bn^3+5n^2}}{\sqrt{2n^4+3n^3+an^2+1}+\sqrt{2n^4+bn^3+5n^2}}\Big\}$$
$$=\lim_{n\to\infty}\frac{(3-b)n^3+(a-5)n^2+1}{\sqrt{2n^4+3n^3+an^2+1}+\sqrt{2n^4+bn^3+5n^2}}$$

에서 $3-b=0$  → $3-b\neq0$이면 주어진 식의 극한값은 존재하지 않는다.

$\therefore b=3$

즉,

$$\lim_{n\to\infty}\frac{(a-5)n^2+1}{\sqrt{2n^4+3n^3+an^2+1}+\sqrt{2n^4+3n^3+5n^2}}$$

$$=\lim_{n\to\infty}\frac{a-5+\dfrac{1}{n^2}}{\sqrt{2+\dfrac{3}{n}+\dfrac{a}{n^2}+\dfrac{1}{n^4}}+\sqrt{2+\dfrac{3}{n}+\dfrac{5}{n^2}}}$$

$$=\frac{a-5}{\sqrt{2}+\sqrt{2}}=\frac{a-5}{2\sqrt{2}}$$

$$=k$$

에서

$$k=\frac{\sqrt{2}(a-5)}{4}$$

이때 $k$가 정수, $a$는 자연수이므로

$a=5$

$\therefore ab=5\cdot3=15$

## 0069  답 ②

## 0070  답 ①

$b_n=\dfrac{3a_n-2}{10-a_n}$라 하면

$b_n(10-a_n)=3a_n-2,\ (b_n+3)a_n=10b_n+2$

$\therefore a_n=\dfrac{10b_n+2}{b_n+3}$

이때 $\lim\limits_{n\to\infty}b_n=4$이므로

$$\lim_{n\to\infty}a_n=\lim_{n\to\infty}\frac{10b_n+2}{b_n+3}=\frac{10\cdot4+2}{4+3}=6$$

## 0071  답 ①

$b_n=(2n-3)a_n$이라 하면

$a_n=\dfrac{b_n}{2n-3}$

이때 $\lim\limits_{n\to\infty}b_n=4$이므로

$$\lim_{n\to\infty}\frac{4n+1}{n^2a_n}=\lim_{n\to\infty}\left(\frac{4n+1}{n^2}\cdot\frac{2n-3}{b_n}\right)$$

$$=\lim_{n\to\infty}\left\{\frac{(4n+1)(2n-3)}{n^2}\cdot\frac{1}{b_n}\right\}$$

$$=\lim_{n\to\infty}\left(\frac{8n^2-10n-3}{n^2}\cdot\frac{1}{b_n}\right)$$

$$=\lim_{n\to\infty}\left\{\left(8-\frac{10}{n}-\frac{3}{n^2}\right)\cdot\frac{1}{b_n}\right\}$$

$$=8\cdot\frac{1}{4}=2$$

## 0072  답 1

$c_n=(2n-1)a_n$이라 하면

$a_n=\dfrac{c_n}{2n-1}$

또한, $d_n=\dfrac{3n^2-2n+1}{b_n}$이라 하면

$b_n=\dfrac{3n^2-2n+1}{d_n}$

이때 $\lim\limits_{n\to\infty}c_n=6,\ \lim\limits_{n\to\infty}d_n=3$이므로

$$\lim_{n\to\infty}\frac{a_nb_n}{3n-1}=\lim_{n\to\infty}\frac{\dfrac{c_n}{2n-1}\cdot\dfrac{3n^2-2n+1}{d_n}}{3n-1}$$

$$=\lim_{n\to\infty}\left\{\frac{3n^2-2n+1}{(2n-1)(3n-1)}\cdot\frac{c_n}{d_n}\right\}$$

$$=\lim_{n\to\infty}\left(\frac{3n^2-2n+1}{6n^2-5n+1}\cdot\frac{c_n}{d_n}\right)$$

$$=\lim_{n\to\infty}\left(\frac{3-\dfrac{2}{n}+\dfrac{1}{n^2}}{6-\dfrac{5}{n}+\dfrac{1}{n^2}}\cdot\frac{c_n}{d_n}\right)$$

$$=\frac{3}{6}\cdot\frac{6}{3}=1$$

## 0073  답 ②

$c_n=a_n+b_n$이라 하면

$\lim\limits_{n\to\infty}a_n=\infty,\ \lim\limits_{n\to\infty}c_n=3$이므로

$$\lim_{n\to\infty}\frac{c_n}{a_n}=0$$

$$\therefore \lim_{n\to\infty}\frac{2a_n+3b_n}{3a_n-2b_n}=\lim_{n\to\infty}\frac{3(a_n+b_n)-a_n}{-2(a_n+b_n)+5a_n}$$

$$=\lim_{n\to\infty}\frac{3c_n-a_n}{-2c_n+5a_n}$$  → $\lim\limits_{n\to\infty}c_n=3,\ \lim\limits_{n\to\infty}\dfrac{c_n}{a_n}=0$ 이므로 $a_n,\ c_n$으로 나타낸다.

$$=\lim_{n\to\infty}\frac{3\cdot\dfrac{c_n}{a_n}-1}{-2\cdot\dfrac{c_n}{a_n}+5}$$

$$=\frac{-1}{5}=-\frac{1}{5}$$

## 0074  답 6

## 0075  답 ③

$3n+2<a_n-2n<3n+\dfrac{1}{n}+2$에서

$5n+2<a_n<5n+\dfrac{1}{n}+2$

$\therefore 5+\dfrac{2}{n}<\dfrac{a_n}{n}<5+\dfrac{1}{n^2}+\dfrac{2}{n}$

이때 $\lim\limits_{n\to\infty}\left(5+\dfrac{2}{n}\right)=5,\ \lim\limits_{n\to\infty}\left(5+\dfrac{1}{n^2}+\dfrac{2}{n}\right)=5$이므로 수열의 극한의 대소 관계에 의하여

$$\lim_{n\to\infty}\frac{a_n}{n}=5$$

## 0076  답 1

$$\sqrt{n^2+n}-n=\frac{(\sqrt{n^2+n}-n)(\sqrt{n^2+n}+n)}{\sqrt{n^2+n}+n}=\frac{n}{\sqrt{n^2+n}+n}$$

$$\sqrt{n^2+3n}-n=\frac{(\sqrt{n^2+3n}-n)(\sqrt{n^2+3n}+n)}{\sqrt{n^2+3n}+n}$$

$$=\frac{3n}{\sqrt{n^2+3n}+n}$$

즉, $\sqrt{n^2+n}-n<a_n<\sqrt{n^2+3n}-n$에서

$$\frac{n}{\sqrt{n^2+n}+n}<a_n<\frac{3n}{\sqrt{n^2+3n}+n}$$

이때 $\lim\limits_{n\to\infty} a_n=k$ ($k$는 정수)라 하면

$\lim\limits_{n\to\infty}\dfrac{n}{\sqrt{n^2+n}+n}=\dfrac{1}{2}$, $\lim\limits_{n\to\infty}\dfrac{3n}{\sqrt{n^2+3n}+n}=\dfrac{3}{2}$이므로 수열의 극

한의 대소 관계에 의하여

$\dfrac{1}{2}\leq k\leq\dfrac{3}{2}$　　$\therefore k=1$ ($\because k$는 정수)

$\therefore \lim\limits_{n\to\infty} a_n=1$

## 0077　답 ③

모든 자연수 $n$에 대하여 $-1\leq\sin n\leq 1$이므로

$\dfrac{2n-1}{n}\leq\dfrac{2n+\sin n}{n}\leq\dfrac{2n+1}{n}$

이때 $\lim\limits_{n\to\infty}\dfrac{2n-1}{n}=2$, $\lim\limits_{n\to\infty}\dfrac{2n+1}{n}=2$이므로 수열의 극한의 대소

관계에 의하여

$\lim\limits_{n\to\infty}\dfrac{2n+\sin n}{n}=2$

## 0078　답 ②

$\dfrac{a_n}{5n+1}>5n+11$에서

$a_n>(5n+11)(5n+1)$

$\dfrac{a_n}{(n+3)(25n+6)}<1$에서

$a_n<(n+3)(25n+6)$

즉, $(5n+11)(5n+1)<a_n<(n+3)(25n+6)$이고

$\dfrac{1}{(n+3)(25n+6)}<\dfrac{1}{a_n}<\dfrac{1}{(5n+11)(5n+1)}$에서

$\dfrac{n^2}{(n+3)(25n+6)}<\dfrac{n^2}{a_n}<\dfrac{n^2}{(5n+11)(5n+1)}$

이때

$\lim\limits_{n\to\infty}\dfrac{n^2}{(n+3)(25n+6)}=\lim\limits_{n\to\infty}\dfrac{n^2}{25n^2+81n+18}=\dfrac{1}{25}$,

$\lim\limits_{n\to\infty}\dfrac{n^2}{(5n+11)(5n+1)}=\lim\limits_{n\to\infty}\dfrac{n^2}{25n^2+60n+11}=\dfrac{1}{25}$

이므로 수열의 극한의 대소 관계에 의하여

$\lim\limits_{n\to\infty}\dfrac{n^2}{a_n}=\dfrac{1}{25}$

## 0079　답 ④

## 0080　답 ④

ㄱ. [반례] $a_n=n$, $b_n=n^2$이라 하면

$\lim\limits_{n\to\infty} a_n=\infty$, $\lim\limits_{n\to\infty} b_n=\infty$이지만

$\lim\limits_{n\to\infty}\dfrac{a_n}{b_n}=\lim\limits_{n\to\infty}\dfrac{n}{n^2}=\lim\limits_{n\to\infty}\dfrac{1}{n}=0$ (거짓)

두 수열 $\{a_n-b_n\}$, $\{a_n+b_n\}$이 모두 수렴하므로

ㄴ. $\lim\limits_{n\to\infty}(a_n+b_n)=\alpha$, $\lim\limits_{n\to\infty}(a_n-b_n)=\beta$ ($\alpha$, $\beta$는 실수)라 하면

$\lim\limits_{n\to\infty} a_n=\lim\limits_{n\to\infty}\dfrac{(a_n+b_n)+(a_n-b_n)}{2}$

$=\dfrac{\alpha+\beta}{2}$

$\lim\limits_{n\to\infty} b_n=\lim\limits_{n\to\infty}\dfrac{(a_n+b_n)-(a_n-b_n)}{2}$

$=\dfrac{\alpha-\beta}{2}$

즉, 두 수열 $\{a_n\}$, $\{b_n\}$은 모두 수렴한다. (참)

ㄷ. $\lim\limits_{n\to\infty} a_n=\gamma$, $\lim\limits_{n\to\infty} b_n=\delta$ ($\gamma$, $\delta$는 실수)라 하면

$\lim\limits_{n\to\infty} a_n b_n=\lim\limits_{n\to\infty} a_n\cdot\lim\limits_{n\to\infty} b_n=\gamma\delta=0$에서

두 수열 $\{a_n\}$, $\{b_n\}$이 모두 수렴하므로

$\gamma=0$ 또는 $\delta=0$

$\therefore \lim\limits_{n\to\infty} a_n=0$ 또는 $\lim\limits_{n\to\infty} b_n=0$ (참)

따라서 옳은 것은 ㄴ, ㄷ이다.

## 0081　답 ②

ㄱ. [반례] $\{a_n\}$: 1, 2, 1, 2, 1, 2, $\cdots$,

$\{b_n\}$: 1, 2, 1, 2, 1, 2, $\cdots$

라 하면 수열 $\{a_n\}$은 발산 (진동)하고 $\lim\limits_{n\to\infty}\dfrac{a_n}{b_n}=\lim\limits_{n\to\infty} 1=1$

이지만 수열 $\{b_n\}$은 발산 (진동)한다. (거짓)

ㄴ. [반례] $\{a_n\}$: 1, 2, 2, 2, 2, $\cdots$,

$\{b_n\}$: 0, 3, 3, 3, 3, $\cdots$

이라 하면 $\lim\limits_{n\to\infty} a_n=2$, $\lim\limits_{n\to\infty} b_n=3$에서 $\lim\limits_{n\to\infty} a_n\leq\lim\limits_{n\to\infty} b_n$이지만

$a_1>b_1$이다. (거짓)

ㄷ. $\lim\limits_{n\to\infty} a_n=\alpha$ ($\alpha$는 실수)라 하면 수열의 극한의 대소 관계에 의하

여 $\alpha\geq 1$이다. 수열 $\{a_n\}$이 수렴하므로

$\therefore \alpha\neq 0$

이때 $\lim\limits_{n\to\infty} a_n b_n=\beta$ ($\beta$는 실수)라 하면

$\lim\limits_{n\to\infty} b_n=\lim\limits_{n\to\infty}\dfrac{a_n b_n}{a_n}=\dfrac{\beta}{\alpha}$

즉, 수열 $\{b_n\}$은 수렴한다. (참)

따라서 옳은 것은 ㄷ이다.

## 0082　답 ③

ㄱ. $-|a_n|\leq a_n\leq|a_n|$이므로

$\lim\limits_{n\to\infty}(-|a_n|)\leq\lim\limits_{n\to\infty} a_n\leq\lim\limits_{n\to\infty}|a_n|$

$0\leq\lim\limits_{n\to\infty} a_n\leq 0$　　$\therefore \lim\limits_{n\to\infty} a_n=0$

즉, 수열 $\{a_n\}$은 수렴한다. (참)

ㄴ. $\lim\limits_{n\to\infty} a_n=\lim\limits_{n\to\infty}|a_n|=\lim\limits_{n\to\infty}\sqrt{a_n^2}=\sqrt{\alpha^2}=|\alpha|$ (참)

ㄷ. [반례] $a_n=\sqrt{n}$이라 하면

$\lim\limits_{n\to\infty}(a_{n+1}-a_n)=\lim\limits_{n\to\infty}(\sqrt{n+1}-\sqrt{n})$

$=\lim\limits_{n\to\infty}\dfrac{1}{\sqrt{n+1}+\sqrt{n}}$

$=0$

즉, $\lim\limits_{n\to\infty}(a_{n+1}-a_n)=0$이지만 $\lim\limits_{n\to\infty} a_n=\infty$이다. (거짓)

따라서 옳은 것은 ㄱ, ㄴ이다.

## 0083　답 ②

## 0084　답 ②

$\lim\limits_{n\to\infty}\dfrac{3^n-4^n}{4^{n-1}+2^{n+2}}=\lim\limits_{n\to\infty}\dfrac{3^n-4^n}{\frac{1}{4}\cdot 4^n+4\cdot 2^n}$

$4>2$이므로 $4^n$으로 분자, 분모를 각각 나눈다.

$=\lim\limits_{n\to\infty}\dfrac{\left(\frac{3}{4}\right)^n-1}{\frac{1}{4}+4\cdot\left(\frac{1}{2}\right)^n}$

$=\dfrac{-1}{\frac{1}{4}}=-4$

## 0085  답 ②

등비수열 $\{a_n\}$의 첫째항이 $7$이고, 공비가 $6$이므로
$$a_n=7\cdot6^{n-1}$$

$$\therefore \lim_{n\to\infty}\frac{a_n-5^{n+1}}{2^n(3^{n+1}-6)}=\lim_{n\to\infty}\frac{7\cdot6^{n-1}-5\cdot5^n}{3\cdot6^n-6\cdot2^n}$$

$$=\lim_{n\to\infty}\frac{\dfrac{7}{6}-5\cdot\left(\dfrac{5}{6}\right)^n}{3-6\cdot\left(\dfrac{1}{3}\right)^n}$$



$$=\frac{\dfrac{7}{6}}{3}=\frac{7}{18}$$

> **해설 속 칠판** 등비수열의 일반항과 등비수열의 합
>
> (1) 등비수열의 일반항
> 첫째항이 $a$, 공비가 $r$인 등비수열의 일반항 $a_n$은
> $$a_n=ar^{n-1}\ (n=1,\,2,\,3,\,\cdots)$$
> (2) 등비수열의 합
> 첫째항이 $a$, 공비가 $r$인 등비수열의 첫째항부터 제$n$항까지의 합을 $S_n$
> 이라 하면
> ① $r\neq1$일 때, $S_n=\dfrac{a(1-r^n)}{1-r}=\dfrac{a(r^n-1)}{r-1}$
> ② $r=1$일 때, $S_n=na$

## 0086  답 ③

$\lim\limits_{n\to\infty}a_n=\alpha$ ($\alpha$는 실수)라 하면 — 수열 $\{a_n\}$이 수렴하므로

$$\lim_{n\to\infty}\frac{2^{2n}-3^{n+1}\times a_n}{4^{n+1}\times a_n+(-3)^{n-1}}=\lim_{n\to\infty}\frac{4^n-3\times3^n\times a_n}{4\times4^n\times a_n-\dfrac{1}{3}\times(-3)^n}$$



$$=\lim_{n\to\infty}\frac{1-3\times\left(\dfrac{3}{4}\right)^n\times a_n}{4\times a_n-\dfrac{1}{3}\times\left(-\dfrac{3}{4}\right)^n}$$

$$=\frac{1}{4\alpha}=\frac{1}{3}$$

에서 $4\alpha=3$

$$\therefore \alpha=\frac{3}{4}$$

## 0087  답 ①

$\alpha$, $\beta$가 이차방정식 $4x^2-24x-13=0$의 두 실근이므로 이차방정식의 근과 계수의 관계에 의하여

$\alpha+\beta=6$, $\alpha\beta=-\dfrac{13}{4}$이고,

$$(\alpha-\beta)^2=(\alpha+\beta)^2-4\alpha\beta$$
$$=6^2-4\cdot\left(-\frac{13}{4}\right)=49$$

$$\therefore \alpha-\beta=7\ (\because \alpha>\beta)$$

$$\therefore \lim_{n\to\infty}\frac{(\alpha+\beta)^{n+1}+(\alpha-\beta)^{n+1}}{(\alpha+\beta)^n-(\alpha-\beta)^n}=\lim_{n\to\infty}\frac{6^{n+1}+7^{n+1}}{6^n-7^n}$$

$$=\lim_{n\to\infty}\frac{6\cdot6^n+7\cdot7^n}{6^n-7^n}$$



$$=\lim_{n\to\infty}\frac{6\cdot\left(\dfrac{6}{7}\right)^n+7}{\left(\dfrac{6}{7}\right)^n-1}$$

$$=\frac{7}{-1}=-7$$

## 0088  답 ①

## 0089  답 ③

등비수열 $\{a_n\}$의 첫째항과 공비가 모두 $5$이므로
$$a_n=5\cdot5^{n-1}=5^n$$

$$S_n=\frac{5(5^n-1)}{5-1}=\frac{5}{4}(5^n-1)$$

$$\therefore \lim_{n\to\infty}\frac{2a_n+3}{S_n}=\lim_{n\to\infty}\frac{2\cdot5^n+3}{\dfrac{5}{4}(5^n-1)}$$

$$=\lim_{n\to\infty}\frac{8\cdot5^n+12}{5\cdot5^n-5}$$

$$=\lim_{n\to\infty}\frac{8+12\cdot\left(\dfrac{1}{5}\right)^n}{5-5\cdot\left(\dfrac{1}{5}\right)^n}$$

$$=\frac{8}{5}$$

## 0090  답 ②

$n\geq2$일 때

$$a_n=S_n-S_{n-1}$$
$$=\left(\frac{1}{3^n}-\frac{1}{5^n}\right)-\left(\frac{1}{3^{n-1}}-\frac{1}{5^{n-1}}\right)$$
$$=\left(\frac{1}{3^n}-\frac{1}{5^n}\right)-\left(\frac{3}{3^n}-\frac{5}{5^n}\right)$$
$$=\frac{4}{5^n}-\frac{2}{3^n}$$

$$\therefore \lim_{n\to\infty}\frac{S_n}{a_n}=\lim_{n\to\infty}\frac{\dfrac{1}{3^n}-\dfrac{1}{5^n}}{\dfrac{4}{5^n}-\dfrac{2}{3^n}}$$



$$=\lim_{n\to\infty}\frac{1-\left(\dfrac{3}{5}\right)^n}{4\cdot\left(\dfrac{3}{5}\right)^n-2}$$

$$=\frac{1}{-2}=-\frac{1}{2}$$

> **선생님 톡톡**
>
> 일반적으로 $a_n=S_n-S_{n-1}$의 관계를 이용하여 $a_n$을 구할 때에는 $n=1$
> 인 경우를 별도로 생각해줘야 해.
> 하지만 이 문제는 $n$이 한없이 커질 때의 극한값을 구하는 것이므로
> $n\geq2$인 경우만 생각해도 돼.

## 0091  답 ⑤

$n\geq2$일 때

$$a_n=S_n-S_{n-1}$$
$$=n^2\times2^n-(n-1)^2\times2^{n-1}$$
$$=2n^2\times2^{n-1}-(n-1)^2\times2^{n-1}$$
$$=(n^2+2n-1)\times2^{n-1}$$

$$\therefore \lim_{n\to\infty}\frac{S_{n+1}}{a_n}=\lim_{n\to\infty}\frac{(n+1)^2\times2^{n+1}}{(n^2+2n-1)\times2^{n-1}}$$

$$=\lim_{n\to\infty}\frac{4n^2+8n+4}{n^2+2n-1}$$

$$=4$$

## 0092  답 ④

등비수열 $\{a_n\}$의 첫째항을 $a$, 공비를 $r$라 하면

$$a_n = ar^{n-1},\ S_n = \frac{a(r^n-1)}{r-1}$$

$S_5 = -22$에서 $\dfrac{a(r^5-1)}{r-1} = -22$ $\quad$ …… ㉠

$S_{10} = 682$에서 $\dfrac{a(r^{10}-1)}{r-1} = 682$ $\quad$ …… ㉡

㉠을 ㉡에 대입하면

$$\frac{a(r^{10}-1)}{r-1} = \frac{a(r^5-1)(r^5+1)}{r-1}$$
$$= (-22)\cdot(r^5+1)$$
$$= 682$$

에서 $r^5+1 = -31$

$r^5 = -32$

$\therefore r = -2$

㉠에 $r = -2$를 대입하면

$$\frac{a(-32-1)}{-2-1} = -22,\ -11a = 22$$

$\therefore a = -2$

따라서 $a_n = (-2)^n$, $S_n = \dfrac{2}{3}\{(-2)^n - 1\}$이므로

$$\lim_{n\to\infty} \frac{a_{2n}}{S_n{}^2} = \lim_{n\to\infty} \frac{(-2)^{2n}}{\frac{4}{9}\{(-2)^n-1\}^2}$$

$$= \lim_{n\to\infty}\left\{\frac{9}{4}\cdot\frac{4^n}{4^n - 2\cdot(-2)^n + 1}\right\}$$

$$= \lim_{n\to\infty}\left\{\frac{9}{4}\cdot\frac{1}{1 - 2\cdot\left(-\frac{1}{2}\right)^n + \left(\frac{1}{4}\right)^n}\right\}$$

$$= \frac{9}{4}\cdot 1 = \frac{9}{4}$$

## 0093  답 ③

## 0094  답 ⑤

주어진 등비수열의 공비가 $\dfrac{8-x}{3}$이므로 이 등비수열이 수렴하려면

$$-1 < \frac{8-x}{3} \le 1$$
$$-3 < 8-x \le 3$$
$$-11 < -x \le -5$$
$$\therefore 5 \le x < 11$$

따라서 구하는 정수 $x$의 최댓값은 10이다.

## 0095  답 ④

주어진 등비수열의 공비가 $(\log_2 x)^2$이므로 이 등비수열이 수렴하려면

$$-1 < (\log_2 x)^2 \le 1$$
$$-1 \le \log_2 x \le 1 \ (\because (\log_2 x)^2 \ge 0)$$
$$\therefore \frac{1}{2} \le x \le 2 \quad {\scriptstyle \log_2 \frac{1}{2} \le \log_2 x \le \log_2 2}$$
$$\quad {\scriptstyle \text{이때 밑이 1보다 크므로 } \frac{1}{2} \le x \le 2}$$

따라서 $M = 2$, $m = \dfrac{1}{2}$이므로

$$M + m = 2 + \frac{1}{2} = \frac{5}{2}$$

## 0096  답 ①

수열 $\{a_n\}$은 첫째항이 $x-2$, 공비가 $\dfrac{x^2-4x-6}{6}$인 등비수열이다.

(i) $x = 2$일 때

수열 $\{a_n\}$은 $0,\ 0,\ 0,\ \cdots$이므로 수렴한다.

(ii) $x \ne 2$일 때

공비가 $\dfrac{x^2-4x-6}{6}$이므로 이 등비수열이 수렴하려면

$$-1 < \frac{x^2-4x-6}{6} \le 1$$

$\dfrac{x^2-4x-6}{6} > -1$에서

$x^2-4x > 0$, $x(x-4) > 0$

$\therefore x < 0$ 또는 $x > 4$ $\quad$ …… ㉠

$\dfrac{x^2-4x-6}{6} \le 1$에서

$x^2-4x-12 \le 0$, $(x+2)(x-6) \le 0$

$\therefore -2 \le x \le 6$ $\quad$ …… ㉡

㉠, ㉡에서

$-2 \le x < 0$ 또는 $4 < x \le 6$

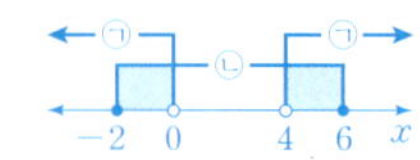

(i), (ii)에서 주어진 조건을 만족시키는 모든 정수 $x$의 값의 합은

$$2 + (-2) + (-1) + 5 + 6 = 10$$

## 0097  답 ③

수열 $\{a_n\}$은 공비가 $2\sin x - 1$인 등비수열이므로 수열 $\{a_n\}$이 수렴하려면

$$-1 < 2\sin x - 1 \le 1,\ 0 < 2\sin x \le 2$$
$$\therefore 0 < \sin x \le 1$$

오른쪽 그림과 같이 $0 < x \le 2\pi$에서 위의 부등식을 만족시키는 $x$의 값의 범위는

$$0 < x < \pi \quad \text{…… ㉠}$$

또한, 수열 $\{b_n\}$의 공비가 $\dfrac{1}{2} + \cos x$인 등비수열이므로 수열 $\{b_n\}$이 수렴하려면

$$-1 < \frac{1}{2} + \cos x \le 1,\ -\frac{3}{2} < \cos x \le \frac{1}{2}$$
$$\therefore \cos x \le \frac{1}{2} \quad {\scriptstyle \cos x\text{의 값은 항상 } -\frac{3}{2}\text{보다 크다.}}$$

오른쪽 그림과 같이 $0 < x \le 2\pi$에서 위의 부등식을 만족시키는 $x$의 값의 범위는

$$\frac{\pi}{3} \le x \le \frac{5}{3}\pi \quad \text{…… ㉡}$$

㉠, ㉡에서 구하는 $x$의 값의 범위는

$$\frac{\pi}{3} \le x < \pi$$

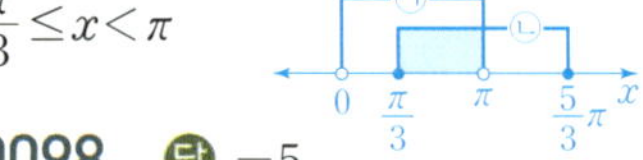

## 0098  답 $-5$

## 0099  답 ④

(i) $|r| > 1$일 때 $\quad {\scriptstyle \lim\limits_{n\to\infty}\frac{1}{r^n}=0\text{이면 }\lim\limits_{n\to\infty}\frac{1}{r^{n-1}}=0\text{이다.}}$

$$\lim_{n\to\infty} \frac{r^n + 4}{r^{n-1} + 2} = \lim_{n\to\infty} \frac{r + \dfrac{4}{r^{n-1}}}{1 + \dfrac{2}{r^{n-1}}} = r$$

(ii) $r=1$일 때

$$\lim_{n\to\infty}\frac{1+4}{1+2}=\frac{5}{3}$$

(iii) $-1<r<1$일 때

$$\lim_{n\to\infty}\frac{r^n+4}{r^{n-1}+2}=\frac{4}{2}=2$$

(iv) $r=-1$일 때

수열 $\left\{\dfrac{(-1)^n+4}{(-1)^{n-1}+2}\right\}$는 발산 (진동)한다. $\longrightarrow$ $n$이 홀수일 때 1, 짝수일 때 5

따라서 주어진 수열은 $r=\dfrac{5}{3}$ 또는 $r=1$일 때 $\dfrac{5}{3}$로 수렴하고, $r=2$ 또는 $-1<r<1$일 때 2로 수렴하므로 극한값이 될 수 있는 것은 ㄴ, ㄷ이다.

> **선생님 톡톡**
> 위의 문제와 같이 $r^n$을 포함한 수열의 극한은 $r$의 값의 범위에 따라 (i)과 같이 $r$에 대한 식이 될 수도 있고, (ii), (iii)과 같이 실수가 될 수도 있어.

## 0100  답 ⑤

(i) $r=1$일 때

$$\lim_{n\to\infty}\frac{3\cdot1+a}{1+1}=\frac{3+a}{2}$$

(ii) $-1<r<1$일 때

$$\lim_{n\to\infty}\frac{3r^{2n}+a}{r^{2n}+1}=a$$

(iii) $r=-1$일 때 $\longrightarrow r^{2n}=(-1)^{2n}=\{(-1)^2\}^n=1^n=1$

$$\lim_{n\to\infty}\frac{3r^{2n}+a}{r^{2n}+1}=\frac{3\cdot1+a}{1+1}=\frac{3+a}{2}$$

(i), (ii), (iii)에서

$$\frac{3+a}{2}=a$$

$$3+a=2a$$

$$\therefore a=3$$

## 0101  답 ⑤

(i) $r>1$일 때 $\quad$ • $\lim\limits_{n\to\infty}\dfrac{1}{r^n}=0$이면 $\lim\limits_{n\to\infty}\dfrac{1}{r^{n-1}}=0$이다.

$$\lim_{n\to\infty}\frac{r^{n+1}+3r+2}{r^n+1}=\lim_{n\to\infty}\frac{r+\dfrac{3}{r^{n-1}}+\dfrac{2}{r^n}}{1+\dfrac{1}{r^n}}=r$$

에서

$$r=3$$

(ii) $r=1$일 때

$$\lim_{n\to\infty}\frac{1+3\cdot1+2}{1+1}=3$$

즉, $r=1$일 때 주어진 조건을 만족시킨다.

(iii) $0<r<1$일 때

$$\lim_{n\to\infty}\frac{r^{n+1}+3r+2}{r^n+1}=3r+2$$

에서 $3r+2=3$

$$3r=1\qquad\therefore r=\frac{1}{3}$$

(i), (ii), (iii)에서

$$3+1+\frac{1}{3}=\frac{13}{3}$$

## 0102  답 ②

(i) $|r|>6$일 때 $\longrightarrow$ 수열의 일반항이 $6^n$을 포함하므로 $|r|>6$, $r=6$, $|r|<6$, $r=-6$일 때로 나누어 생각한다.

$\dfrac{6}{|r|}<1$이므로

$$\lim_{n\to\infty}\frac{6^n+r^n}{6^n+r^{n+1}}=\lim_{n\to\infty}\frac{\left(\dfrac{6}{r}\right)^n+1}{\left(\dfrac{6}{r}\right)^n+r}=\frac{1}{r}$$

그런데 $|r|>6$이므로 $\dfrac{1}{r}$은 자연수가 아니다.

즉, 조건을 만족시키는 자연수 $r$는 존재하지 않는다.

(ii) $r=6$일 때

$$\lim_{n\to\infty}\frac{6^n+6^n}{6^n+6^{n+1}}=\lim_{n\to\infty}\frac{6^n+6^n}{6^n+6\cdot6^n}=\frac{1+1}{1+6}=\frac{2}{7}$$

(iii) $|r|<6$일 때

$\dfrac{|r|}{6}<1$이므로

$$\lim_{n\to\infty}\frac{6^n+r^n}{6^n+r^{n+1}}=\lim_{n\to\infty}\frac{1+\left(\dfrac{r}{6}\right)^n}{1+r\cdot\left(\dfrac{r}{6}\right)^n}=1$$

(iv) $r=-6$일 때 $\quad$ • $n$이 홀수일 때 0, 짝수일 때 $-\dfrac{2}{5}$

$$\lim_{n\to\infty}\frac{6^n+(-6)^n}{6^n+(-6)^{n+1}}$$ 의 값은 발산 (진동)한다.

(i)~(iv)에서 주어진 수열의 극한값이 자연수가 되도록 하는 정수 $r$의 값의 범위는

$$|r|<6\qquad\therefore -6<r<6$$

따라서 구하는 정수 $r$의 개수는

$-5, -4, -3, \cdots, 5$의 11

## 0103  답 ④

## 0104  답 ④

수열 $\{a_n\}$은 첫째항이 3, 공비가 3인 등비수열이므로

$$a_n=3\cdot3^{n-1}=3^n$$

$$\therefore \lim_{n\to\infty}\left(\frac{2^n-1}{a_n}+\frac{a_{n+1}}{3^n+1}\right)=\lim_{n\to\infty}\left(\frac{2^n-1}{3^n}+\frac{3^{n+1}}{3^n+1}\right)$$

$$=\lim_{n\to\infty}\left\{\left(\frac{2}{3}\right)^n-\left(\frac{1}{3}\right)^n+\frac{3}{1+\left(\dfrac{1}{3}\right)^n}\right\}$$

$$=0-0+3=3$$

## 0105  답 ⑤

$\lim\limits_{n\to\infty}a_n=\alpha$ ($\alpha$는 실수)라 하면 $\longrightarrow$ 수열 $\{a_n\}$이 수렴하므로

$$\lim_{n\to\infty}a_{n+1}=\alpha,\ \lim_{n\to\infty}a_{n+2}=\alpha$$

이때 $a_{n+2}=\dfrac{1}{3}a_{n+1}+\dfrac{1}{2}a_n+3$에서

$$\lim_{n\to\infty}a_{n+2}=\lim_{n\to\infty}\left(\frac{1}{3}a_{n+1}+\frac{1}{2}a_n+3\right)$$

$$\alpha=\frac{1}{3}\alpha+\frac{1}{2}\alpha+3$$

$$\frac{1}{6}\alpha=3$$

$$\therefore \alpha=18$$

$$\therefore \lim_{n\to\infty}a_n=18$$

수렴하는 수열의 극한에서 앞의 몇 개의 항은 극한값에 영향을 미치지 않아. 이 문제의 풀이에서 알 수 있듯이 수열이 수렴한다는 사실만 알고 있다면 $a_1$, $a_2$를 모르더라도 극한값을 구할 수 있지.

## 0106　답 ②

$\lim\limits_{n\to\infty} a_n = \alpha$ ($\alpha$는 자연수)라 하면 → 수열 $\{a_n\}$이 자연수에 수렴하므로

$\lim\limits_{n\to\infty} a_{n+1} = \alpha$

이때 $a_{n+1} = -\dfrac{2}{a_n} + \dfrac{9}{2}$에서

$\lim\limits_{n\to\infty} a_{n+1} = \lim\limits_{n\to\infty}\left(-\dfrac{2}{a_n} + \dfrac{9}{2}\right)$

$\alpha = -\dfrac{2}{\alpha} + \dfrac{9}{2}$

$2\alpha^2 = -4 + 9\alpha$, $2\alpha^2 - 9\alpha + 4 = 0$

$(2\alpha - 1)(\alpha - 4) = 0$　∴ $\alpha = 4$ ($\because \alpha$는 자연수)

∴ $\lim\limits_{n\to\infty} a_n = 4$

## 0107　답 ①

$0 < a_{n+1} < \dfrac{1}{3} a_n$에서

$a_n < \dfrac{1}{3} a_{n-1}$

$a_n < \left(\dfrac{1}{3}\right)^2 a_{n-2}$　$a_{n-1} < \dfrac{1}{3} a_{n-2}$

$a_n < \left(\dfrac{1}{3}\right)^3 a_{n-3}$　$a_{n-2} < \dfrac{1}{3} a_{n-3}$

$\vdots$

$a_n < \left(\dfrac{1}{3}\right)^{n-1} a_1$

∴ $0 < a_n < \left(\dfrac{1}{3}\right)^{n-1} a_1$

이때 $\lim\limits_{n\to\infty} 0 = 0$, $\lim\limits_{n\to\infty}\left(\dfrac{1}{3}\right)^{n-1} a_1 = 0$이므로 수열의 극한의 대소 관계에 의하여

$\lim\limits_{n\to\infty} a_n = 0$

∴ $\lim\limits_{n\to\infty} \dfrac{2^n \times a_n + 2^{n-1}}{2^{n+1} + 3} = \lim\limits_{n\to\infty} \dfrac{a_n + \dfrac{1}{2}}{2 + \dfrac{3}{2^n}}$

$= \dfrac{\dfrac{1}{2}}{2} = \dfrac{1}{4}$

## 0108　답 2

## 0109　답 3

(i) $x > 1$일 때

$f(x) = \lim\limits_{n\to\infty} \dfrac{3x^{n+1} - 1}{x^n + x} = \lim\limits_{n\to\infty} \dfrac{3x - \dfrac{1}{x^n}}{1 + \dfrac{1}{x^{n-1}}} = 3x$

(ii) $x = 1$일 때

$f(x) = \lim\limits_{n\to\infty} \dfrac{3\cdot 1 - 1}{1 + 1} = 1$　→ $\lim\dfrac{1}{x^n} = 0$이면 $\lim\dfrac{1}{x^n} = 0$이다.

(iii) $0 < x < 1$일 때

$f(x) = \lim\limits_{n\to\infty} \dfrac{3x^{n+1} - 1}{x^n + x} = -\dfrac{1}{x}$

(i), (ii), (iii)에서

$f(x) = \begin{cases} 3x & (x > 1) \\ 1 & (x = 1) \\ -\dfrac{1}{x} & (0 < x < 1) \end{cases}$

∴ $f\left(\dfrac{1}{2}\right) - f(1) + f(2) = -2 - 1 + 6 = 3$

$-\dfrac{1}{\frac{1}{2}} = -2$　$3\cdot 2 = 6$

## 0110　답 ②

(i) $|x| > 1$일 때　$\lim\dfrac{1}{x^n} = 0$이면 $\lim\dfrac{1}{x^{n-1}} = 0$이다.

$f(x) = \lim\limits_{n\to\infty} \dfrac{x^{n+1} + x - 1}{x^n + 1} = \lim\limits_{n\to\infty} \dfrac{x + \dfrac{1}{x^{n-1}} - \dfrac{1}{x^n}}{1 + \dfrac{1}{x^n}} = x$

(ii) $x = 1$일 때

$f(x) = \lim\limits_{n\to\infty} \dfrac{1 + 1 - 1}{1 + 1} = \dfrac{1}{2}$

(iii) $|x| < 1$일 때

$f(x) = \lim\limits_{n\to\infty} \dfrac{x^{n+1} + x - 1}{x^n + 1} = x - 1$

(i), (ii), (iii)에서

$f(x) = \begin{cases} x & (|x| > 1) \\ \dfrac{1}{2} & (x = 1) \\ x - 1 & (|x| < 1) \end{cases}$

따라서 함수 $y = f(x)$의 그래프는 ②이다.

## 0111　답 ⑤

(i) $1 < x \le 2$일 때

$f(x) = \lim\limits_{n\to\infty} \dfrac{2x^{2n+1} - x^2 + 2}{x^{2n} + 1} = \lim\limits_{n\to\infty} \dfrac{2x - \dfrac{1}{x^{2n-2}} + \dfrac{2}{x^{2n}}}{1 + \dfrac{1}{x^{2n}}} = 2x$　→ $2 < 2x \le 4$

(ii) $x = 1$일 때

$f(x) = \lim\limits_{n\to\infty} \dfrac{2\cdot 1 - 1 + 2}{1 + 1} = \dfrac{3}{2}$

(iii) $-1 < x < 1$일 때

$f(x) = \lim\limits_{n\to\infty} \dfrac{2x^{2n+1} - x^2 + 2}{x^{2n} + 1} = -x^2 + 2$　→ $1 < -x^2 + 2 \le 2$

(iv) $x = -1$일 때

$f(x) = \lim\limits_{n\to\infty} \dfrac{2\cdot(-1) - 1 + 2}{1 + 1} = -\dfrac{1}{2}$

(i)~(iv)에서

$f(x) = \begin{cases} 2x & (1 < x \le 2) \\ \dfrac{3}{2} & (x = 1) \\ -x^2 + 2 & (-1 < x < 1) \\ -\dfrac{1}{2} & (x = -1) \end{cases}$

즉, 함수 $f(x)$는 $x = 2$에서 최댓값 4,

$x = -1$에서 최솟값 $-\dfrac{1}{2}$을 갖는다.

따라서 $a = 2$, $b = -1$, $M = 4$, $m = -\dfrac{1}{2}$이므로

$a + b + M + m = 2 + (-1) + 4 + \left(-\dfrac{1}{2}\right) = \dfrac{9}{2}$

## 0112 답 2

(i) $|x|>1$일 때 → $x<-1$, $x>1$이므로 $x=1$에서의 우극한을 구할 수 있다.

$$f(x)=\lim_{n\to\infty}\frac{a|x|^n+bx+2}{|x|^n+1}=\lim_{n\to\infty}\frac{a+\dfrac{bx}{|x|^n}+\dfrac{2}{|x|^n}}{1+\dfrac{1}{|x|^n}}=a$$

$$\therefore \lim_{x\to 1+}f(x)=a \qquad \cdots\cdots \text{㉠}$$

(ii) $|x|<1$일 때 → $-1<x<1$이므로 $x=1$에서의 좌극한을 구할 수 있다.

$$f(x)=\lim_{n\to\infty}\frac{a|x|^n+bx+2}{|x|^n+1}=bx+2$$

$$\therefore \lim_{x\to 1-}f(x)=b+2 \qquad \cdots\cdots \text{㉡}$$

이때 함수 $f(x)$가 $x=1$에서 극한값이 존재하므로
㉠=㉡에서
$a=b+2$
$\therefore a-b=2$


## 0113 답 ②


## 0114 답 ①

$$\overline{OP_n}=\sqrt{n^2+16n^4}$$

한편, $y=4x^2$에서

$$y'=8x$$

즉, 점 $P_n$에서의 접선의 기울기는 $8n$이므로 점 $P_n$에서의 접선의 방정식은

$$y-4n^2=8n(x-n)$$

$$\therefore y=8nx-4n^2$$

위의 직선의 $y$절편은 $-4n^2$이므로

$$Q_n(0, -4n^2)$$

$$\therefore \overline{OQ_n}=4n^2$$

$$\therefore \lim_{n\to\infty}(\overline{OP_n}-\overline{OQ_n})$$

$$=\lim_{n\to\infty}(\sqrt{n^2+16n^4}-4n^2)$$

$$=\lim_{n\to\infty}\frac{(\sqrt{n^2+16n^4}-4n^2)(\sqrt{n^2+16n^4}+4n^2)}{\sqrt{n^2+16n^4}+4n^2}$$

$$=\lim_{n\to\infty}\frac{n^2}{\sqrt{n^2+16n^4}+4n^2}$$

$$=\lim_{n\to\infty}\frac{1}{\sqrt{\dfrac{1}{n^2}+16}+4}$$

$$=\frac{1}{4+4}=\frac{1}{8}$$


## 0115 답 ①

$x^2+y^2=9$, $y=\sqrt{nx+1}$에서

$x^2+(\sqrt{nx+1})^2=9$, $x^2+nx-8=0$

$$\therefore x=\frac{-n\pm\sqrt{n^2+32}}{2}$$

이때 $x>0$이므로 → 원 $x^2+y^2=9$와 곡선 $y=f(x)$의 교점은 제1사분면 위에 있다.

$$x_n=\frac{-n+\sqrt{n^2+32}}{2}$$

또한, $f(1)=\sqrt{n+1}$이므로

$$\lim_{n\to\infty}\{f(1)\}^2x_n$$

$$=\lim_{n\to\infty}\left\{(n+1)\cdot\frac{-n+\sqrt{n^2+32}}{2}\right\}$$

$$=\lim_{n\to\infty}\left\{(n+1)\cdot\frac{(-n+\sqrt{n^2+32})(n+\sqrt{n^2+32})}{2(n+\sqrt{n^2+32})}\right\}$$

$$=\lim_{n\to\infty}\frac{16n+16}{n+\sqrt{n^2+32}}$$

$$=\lim_{n\to\infty}\frac{16+\dfrac{16}{n}}{1+\sqrt{1+\dfrac{32}{n^2}}}$$

$$=\frac{16}{1+1}=8$$


## 0116 답 23

원 $O_n$의 반지름의 길이를 $r_n$이라 하면

$$M_n=\overline{OP_n}+r_n, \quad m_n=\overline{OP_n}-r_n$$

이때 점 $P_n$의 좌표는 $\left(n, \dfrac{4}{3}n\right)$이므로

$$\overline{OP_n}=\sqrt{n^2+\frac{16}{9}n^2}=\frac{5}{3}n$$

$$r_n=\sqrt{(n-2)^2+\left(\frac{4}{3}n-1\right)^2}=\sqrt{\frac{25}{9}n^2-\frac{20}{3}n+5}$$

$$\therefore \lim_{n\to\infty}\frac{M_n m_n}{n}$$
→ 두 점 $P_n\left(n, \dfrac{4}{3}n\right)$, $(2, 1)$ 사이의 거리가 $r_n$이다.

$$=\lim_{n\to\infty}\frac{(\overline{OP_n}+r_n)(\overline{OP_n}-r_n)}{n}$$

$$=\lim_{n\to\infty}\frac{\left(\dfrac{5}{3}n+\sqrt{\dfrac{25}{9}n^2-\dfrac{20}{3}n+5}\right)\left(\dfrac{5}{3}n-\sqrt{\dfrac{25}{9}n^2-\dfrac{20}{3}n+5}\right)}{n}$$

$$=\lim_{n\to\infty}\frac{\dfrac{20}{3}n-5}{n}$$

$$=\frac{20}{3}$$

따라서 $p=3$, $q=20$이므로
$p+q=3+20=23$


## 0117 답 54


## 0118 답 ③

주어진 조건에서 $a_{n+1}=\dfrac{2}{5}(a_n+2)$이므로

$$a_{n+1}=\frac{2}{5}a_n+\frac{4}{5} \qquad \cdots\cdots \text{㉠}$$

이때 $\lim_{n\to\infty}a_n=\alpha$ ($\alpha$는 실수)라 하면 → 수열 $\{a_n\}$이 수렴하므로
$\lim_{n\to\infty}a_{n+1}=\alpha$이므로 ㉠에서

$$\lim_{n\to\infty}a_{n+1}=\lim_{n\to\infty}\left(\frac{2}{5}a_n+\frac{4}{5}\right)$$

$$\alpha=\frac{2}{5}\alpha+\frac{4}{5}, \quad \frac{3}{5}\alpha=\frac{4}{5} \qquad \therefore \alpha=\frac{4}{3}$$

$$\therefore \lim_{n\to\infty}a_n=\frac{4}{3}$$

## 0119 답 ③

두 학생이 $n$번 서로의 물통에 물을 넣은 후 A가 가지고 있는 물의 양을 $a_n$ mL, B가 가지고 있는 물의 양을 $b_n$ mL라 하면

$a_n+b_n=440$ → 전체 물의 양은 변하지 않는다.

주어진 조건에서 $a_{n+1}=\dfrac{1}{3}a_n+\dfrac{3}{4}\left(\dfrac{2}{3}a_n+b_n\right)$이므로

$a_{n+1}=\dfrac{1}{3}a_n+\dfrac{3}{4}\left(440-\dfrac{1}{3}a_n\right)$

$\quad\quad=\dfrac{1}{12}a_n+330$ ······ ㉠

이때 $\displaystyle\lim_{n\to\infty}a_n=\alpha$ ($\alpha$는 실수)라 하면 $\displaystyle\lim_{n\to\infty}a_{n+1}=\alpha$이므로 ㉠에서

$\displaystyle\lim_{n\to\infty}a_{n+1}=\lim_{n\to\infty}\left(\dfrac{1}{12}a_n+330\right)$

$\alpha=\dfrac{1}{12}\alpha+330$, $\dfrac{11}{12}\alpha=330$ $\quad\therefore\ \alpha=360$

따라서 $\displaystyle\lim_{n\to\infty}a_n=360$이므로 $a=360$이다.

## 0120 답 2

$a_1=1$, $a_2=4$, $a_3=9$, $\cdots$이므로

$a_n=n^2$

한편, 한 변의 길이가 $n$인 정사각형에서 길이가 1인 변은 $(n+1)$개의 행마다 각각 $n$개씩, $(n+1)$개의 열마다 각각 $n$개씩 있으므로

$b_n=(n+1)n+(n+1)n=2n^2+2n$

$\therefore\ \displaystyle\lim_{n\to\infty}\dfrac{b_n}{a_n}=\lim_{n\to\infty}\dfrac{2n^2+2n}{n^2}=2$

## 0121 답 1

지름에 대한 원주각의 크기는 90°이므로

직사각형 $A_nB_nC_nD_n$의 대각선의 길이는 원의 지름의 길이와 같다.

이때 $\overline{A_nB_n}=x_n$, $\overline{B_nC_n}=y_n$이라 하자.

직각삼각형 $A_nB_nC_n$에서

$x_n^{\,2}+y_n^{\,2}=(2n)^2$

$\therefore\ x_n^{\,2}+y_n^{\,2}=4n^2$ ······ ㉠

또한, 직사각형 $A_nB_nC_nD_n$의 넓이가 $2n$이므로

$x_ny_n=2n$ ······ ㉡

㉠$+2\times$㉡을 하면

$x_n^{\,2}+y_n^{\,2}+2x_ny_n=4n^2+4n$

$(x_n+y_n)^2=4n^2+4n$

$\therefore\ x_n+y_n=2\sqrt{n^2+n}$ $(\because\ x_n>0,\ y_n>0)$ ······ ㉢

㉠$-2\times$㉡에서

$x_n^{\,2}+y_n^{\,2}-2x_ny_n=4n^2-4n$

$(x_n-y_n)^2=4n^2-4n$

$\therefore\ x_n-y_n=2\sqrt{n^2-n}$ $(\because\ x_n\geq y_n)$ ······ ㉣

(㉢$-$㉣)$\div 2$를 하면

$y_n=\sqrt{n^2+n}-\sqrt{n^2-n}$

$\therefore\ \displaystyle\lim_{n\to\infty}\overline{B_nC_n}=\lim_{n\to\infty}y_n$

$\quad\quad=\displaystyle\lim_{n\to\infty}(\sqrt{n^2+n}-\sqrt{n^2-n})$

$\quad\quad=\displaystyle\lim_{n\to\infty}\dfrac{(\sqrt{n^2+n}-\sqrt{n^2-n})(\sqrt{n^2+n}+\sqrt{n^2-n})}{\sqrt{n^2+n}+\sqrt{n^2-n}}$

$\quad\quad=\displaystyle\lim_{n\to\infty}\dfrac{2n}{\sqrt{n^2+n}+\sqrt{n^2-n}}$

$\quad\quad=\displaystyle\lim_{n\to\infty}\dfrac{2}{\sqrt{1+\dfrac{1}{n}}+\sqrt{1-\dfrac{1}{n}}}=\dfrac{2}{1+1}=1$

---



(1) 한 원에서 한 호에 대한 원주각의 크기는 모두 같다.

$\Rightarrow\ \angle APB=\angle AQB=\angle ARB$

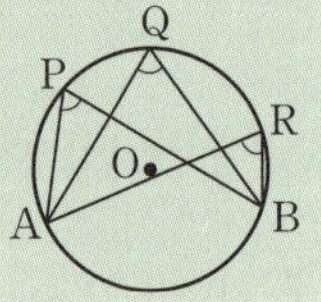

(2) 반원에 대한 원주각의 크기는 90°이다.

$\Rightarrow$ 선분 AB가 원의 지름이면

$\quad\ \angle APB=90°$

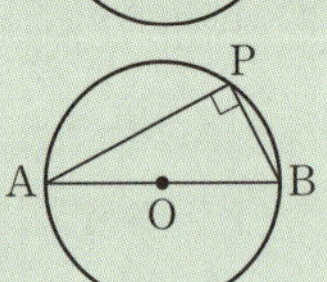

## 0122 답 ①

**One Point Lesson**

$\displaystyle\lim_{n\to\infty}a_n=\lim_{n\to\infty}a_{n+1}=\alpha$ ($\alpha$는 실수)임을 이용한다.

수열 $\{a_n\}$이 $k$에 수렴하므로

$\displaystyle\lim_{n\to\infty}a_n=k$, $\displaystyle\lim_{n\to\infty}a_{n+1}=k$

이때 $a_n+\dfrac{12}{a_{n+1}}\leq 8$에서

$\displaystyle\lim_{n\to\infty}\left(a_n+\dfrac{12}{a_{n+1}}\right)\leq\lim_{n\to\infty}8$

$k+\dfrac{12}{k}\leq 8$, $k^2-8k+12\leq 0$, $(k-2)(k-6)\leq 0$

$\therefore\ 2\leq k\leq 6$

따라서 $M=6$, $m=2$이므로

$Mm=6\cdot 2=12$

## 0123 답 ⑤

**One Point Lesson**

이차방정식의 근과 계수의 관계를 이용하여 $\alpha_n\beta_n+\alpha_n-\beta_n$을 $n$에 대한 식으로 나타낸다.

이차방정식의 근과 계수의 관계에 의하여

$\alpha_n+\beta_n=n$, $\alpha_n\beta_n=-n$

$\therefore\ \alpha_n-\beta_n=\sqrt{(\alpha_n+\beta_n)^2-4\alpha_n\beta_n}$ $(\because\ \alpha_n\geq\beta_n)$

$\quad\quad\quad=\sqrt{n^2+4n}$

$\therefore\ \displaystyle\lim_{n\to\infty}(\alpha_n\beta_n+\alpha_n-\beta_n)$

$\quad=\displaystyle\lim_{n\to\infty}(-n+\sqrt{n^2+4n})$

$\quad=\displaystyle\lim_{n\to\infty}\dfrac{(-n+\sqrt{n^2+4n})(-n-\sqrt{n^2+4n})}{-n-\sqrt{n^2+4n}}$

$\quad=\displaystyle\lim_{n\to\infty}\dfrac{-4n}{-n-\sqrt{n^2+4n}}$

$\quad=\displaystyle\lim_{n\to\infty}\dfrac{4n}{n+\sqrt{n^2+4n}}$

$\quad=\displaystyle\lim_{n\to\infty}\dfrac{4}{1+\sqrt{1+\dfrac{4}{n}}}=\dfrac{4}{1+1}=2$

## 0124 　답 ④



등비수열 $\{r^n\}$이 수렴하므로 $-1<r\le1$이다.

ㄱ. $r=1$일 때, 수열 $\{(-1)^n\}$은 발산 (진동)하므로 수열 $\{(-r)^n\}$
은 항상 수렴하지는 않는다.

ㄴ. 등비수열 $\{r^{3n}\}$의 공비는 $r^3$이고, $-1<r\le1$에서 $-1<r^3\le1$
이므로 수열 $\{r^{3n}\}$은 항상 수렴한다.

ㄷ. $-1<r\le1$에서
$$-1\le-r<1,\ 1\le2-r<3$$
$$\therefore\ \frac{1}{3}<\frac{1}{2-r}\le1$$
즉, 수열 $\left\{\left(\dfrac{1}{2-r}\right)^n\right\}$은 항상 수렴한다.

따라서 항상 수렴하는 수열은 ㄴ, ㄷ이다.


## 0125 　답 ⑤



$a_{n+1}=a_n+2\sqrt{n}$에서
$a_{n+2}=a_{n+1}+2\sqrt{n+1}$이므로
$a_{n+2}=a_n+2\sqrt{n}+2\sqrt{n+1}$
$$\therefore\ a_{n+2}-a_n=2\sqrt{n}+2\sqrt{n+1}$$
$$\therefore\ \lim_{n\to\infty}\frac{a_{n+2}-a_n}{\sqrt{2n+1}}=\lim_{n\to\infty}\frac{2\sqrt{n}+2\sqrt{n+1}}{\sqrt{2n+1}}$$
$$=\lim_{n\to\infty}\frac{2+2\sqrt{1+\dfrac{1}{n}}}{\sqrt{2+\dfrac{1}{n}}}$$
$$=\frac{2+2}{\sqrt{2}}=2\sqrt{2}$$


## 0126 　답 3



조건 (가)에서
$a_n-b_n=\sin n$
$c_n=a_n-b_n$이라 하면 $-1\le\sin n\le1$이므로
$-1\le c_n\le1$
조건 (나)에서 $\lim\limits_{n\to\infty}b_n=-\infty$이므로
$$\lim_{n\to\infty}\frac{c_n}{b_n}=0$$
$$\therefore\ \lim_{n\to\infty}\frac{a_n+2b_n}{b_n+2}=\lim_{n\to\infty}\frac{(a_n-b_n)+3b_n}{b_n+2}$$
$$=\lim_{n\to\infty}\frac{c_n+3b_n}{b_n+2}$$
$$=\lim_{n\to\infty}\frac{\dfrac{c_n}{b_n}+3}{1+\dfrac{2}{b_n}}$$
$$=\frac{3}{1}=3$$


## 0127 　답 ④



$$\lim_{n\to\infty}\frac{\sqrt{2n^6-n^2}-n^3}{n^k}=\lim_{n\to\infty}\frac{(\sqrt{2n^6-n^2}-n^3)(\sqrt{2n^6-n^2}+n^3)}{n^k(\sqrt{2n^6-n^2}+n^3)}$$
$$=\lim_{n\to\infty}\frac{n^6-n^2}{n^k(\sqrt{2n^6-n^2}+n^3)}$$
$$=\lim_{n\to\infty}\frac{1-\dfrac{1}{n^4}}{n^{k-3}\left(\sqrt{2-\dfrac{1}{n^4}}+1\right)}=a$$

이때 $a\ne0$이므로
$$k-3=0\quad\therefore\ k=3$$
$k>3$이면 극한값은 $0$,
$k<3$이면 극한값은 발산한다.
$$\therefore\ a=\lim_{n\to\infty}\frac{1-\dfrac{1}{n^4}}{\sqrt{2-\dfrac{1}{n^4}}+1}=\frac{1}{\sqrt{2}+1}=\sqrt{2}-1$$
$$\therefore\ k+a=3+\sqrt{2}-1=2+\sqrt{2}$$


## 0128 　답 6



$$a_{n+1}=(\underbrace{f\circ f\circ\cdots\circ f}_{(n+1)개})(k)$$
$$=f((\underbrace{f\circ f\circ\cdots\circ f}_{n개})(k))$$
이므로 $a_{n+1}=f(a_n)$
$$\therefore\ a_{n+1}=\sqrt{a_n+k}\quad\cdots\cdots\ \text{㉠}$$
이때 $\lim\limits_{n\to\infty}a_n=3$이므로 $\lim\limits_{n\to\infty}a_{n+1}=3$이고, ㉠에서
$$3=\sqrt{3+k}$$
$$9=3+k\quad\therefore\ k=6$$


## 0129 　답 ①



ㄱ. $\lim\limits_{n\to\infty}\dfrac{a_nb_n}{5^n}=\lim\limits_{n\to\infty}\dfrac{2^n3^n}{5^n}=\lim\limits_{n\to\infty}\left(\dfrac{6}{5}\right)^n=\infty$
$\dfrac{6}{5}>1$
즉, 수열 $\left\{\dfrac{a_nb_n}{5^n}\right\}$은 발산한다.

ㄴ. $\lim\limits_{n\to\infty}\dfrac{a_n+b_n}{10^{\frac{n}{2}}}=\lim\limits_{n\to\infty}\dfrac{2^n+3^n}{(\sqrt{10})^n}=\lim\limits_{n\to\infty}\left\{\left(\dfrac{2}{\sqrt{10}}\right)^n+\left(\dfrac{3}{\sqrt{10}}\right)^n\right\}=0$
즉, 수열 $\left\{\dfrac{a_n+b_n}{10^{\frac{n}{2}}}\right\}$은 수렴한다.
$-1<\dfrac{2}{\sqrt{10}}\le1,\ -1<\dfrac{3}{\sqrt{10}}\le1$

ㄷ. $\lim\limits_{n\to\infty}(a_n+b_n)\left(\dfrac{1}{a_n}+\dfrac{1}{b_n}\right)=\lim\limits_{n\to\infty}\left(2+\dfrac{b_n}{a_n}+\dfrac{a_n}{b_n}\right)$
$$=\lim_{n\to\infty}\left\{2+\left(\dfrac{3}{2}\right)^n+\left(\dfrac{2}{3}\right)^n\right\}=\infty$$
$\dfrac{3}{2}>1$
즉, 수열 $\left\{(a_n+b_n)\left(\dfrac{1}{a_n}+\dfrac{1}{b_n}\right)\right\}$은 발산한다.

따라서 항상 수렴하는 수열은 ㄴ이다.

## 0130 답 ②


함수 $y=f(x)$의 그래프를 $x$축의 방향으로 $k$만큼 평행이동하면 함수 $y=f(x-k)$의 그래프와 일치한다.

$f(x)=4x^2+a$ ($a$는 상수)라 하면
$g(x)=4(x-k)^2+a$
이때

$$\lim_{n\to\infty}\frac{8}{\sqrt{f(n)}-\sqrt{g(n)}}$$

$$=\lim_{n\to\infty}\frac{8}{\sqrt{4n^2+a}-\sqrt{4(n-k)^2+a}}$$

$$=\lim_{n\to\infty}\frac{8\{\sqrt{4n^2+a}+\sqrt{4(n-k)^2+a}\}}{(\sqrt{4n^2+a}-\sqrt{4(n-k)^2+a})(\sqrt{4n^2+a}+\sqrt{4(n-k)^2+a})}$$

$$=\lim_{n\to\infty}\frac{8\{\sqrt{4n^2+a}+\sqrt{4(n-k)^2+a}\}}{8nk-4k^2}$$

$$=\lim_{n\to\infty}\frac{8\left\{\sqrt{4+\dfrac{a}{n^2}}+\sqrt{4\left(1-\dfrac{k}{n}\right)^2+\dfrac{a}{n^2}}\right\}}{8k-\dfrac{4k^2}{n}}$$

$$=\frac{8\cdot(2+2)}{8k}=\frac{4}{k}=1$$

에서
$k=4$


## 0131 답 ①


조건 (가)의 극한값이 0일 때와 0이 아닐 때로 나누어 생각한다.

(i) $b=3$일 때

조건 (가)에서 $\lim\limits_{n\to\infty}\dfrac{\sqrt{36n^2-6n}}{an^2-n+1}=0$이므로

$a\neq0$ $\longrightarrow$ $a=0$이면 $\lim\dfrac{\sqrt{36n^2-6n}}{an^2-n+1}=\lim\dfrac{\sqrt{36-\frac{6}{n}}}{-1+\frac{1}{n}}=-6$

이때 조건 (나)에서 $\lim\limits_{n\to\infty}\dfrac{an(n-1)-3n^2}{n^2+1}=3$이므로

$$\lim_{n\to\infty}\frac{an(n-1)-3n^2}{n^2+1}=\lim_{n\to\infty}\frac{(a-3)n^2-an}{n^2+1}$$
$$=a-3=3$$

$\therefore a=6$

$\therefore a+b=6+3=9$

(ii) $b\neq3$일 때

$a\neq0$이면 조건 (가)에서 $\lim\limits_{n\to\infty}\dfrac{\sqrt{36n^2-6n}}{an^2-n+1}=0$이므로

$a=0$

이때 조건 (나)에서 $\lim\limits_{n\to\infty}\dfrac{-3n^2}{n^2+1}=-3$이므로

$b=-3$

$\therefore a+b=0+(-3)=-3$

(i), (ii)에서 $a+b$의 최솟값은 $-3$이다.


## 0132 답 ③


반례를 찾을 때에는 먼저 진동하는 경우를 생각한다.

ㄱ. $|a_n|=\sqrt{a_n{}^2}\leq\sqrt{a_n{}^2+b_n{}^2}$

$\therefore -\sqrt{a_n{}^2+b_n{}^2}\leq a_n\leq\sqrt{a_n{}^2+b_n{}^2}$

$\lim\limits_{n\to\infty}(a_n{}^2+b_n{}^2)=0$에서 $\lim\limits_{n\to\infty}\sqrt{a_n{}^2+b_n{}^2}=0$이므로 수열의 극한의 대소 관계에 의하여

$\lim\limits_{n\to\infty}a_n=0$

같은 방법으로

$\lim\limits_{n\to\infty}b_n=0$

즉, 두 수열 $\{a_n\}$, $\{b_n\}$은 모두 수렴한다. (참)

ㄴ. $2a_{n+1}=a_n+a_{n+2}$에서 수열 $\{a_n\}$은 등차수열이다.

$a_n=an+b$ ($a$, $b$는 상수)라 하면

$|a_{n+1}-a_n|=|\{a(n+1)+b\}-(an+b)|=|a|$

$\therefore 0\leq|a|\leq\left(\dfrac{1}{2}\right)^n$

이때 $\lim\limits_{n\to\infty}0=0$, $\lim\limits_{n\to\infty}\left(\dfrac{1}{2}\right)^n=0$이므로 수열의 극한의 대소 관계에 의하여 $\lim\limits_{n\to\infty}|a|=0$이고,

$|a|=0$

$\therefore a=0$

$\therefore a_n=b$

즉, 수열 $\{a_n\}$은 $b$로 수렴한다. (참)

ㄷ. [반례] $\{a_n\}$ : 1, 2, 1, 2, 1, 2, $\cdots$,
$\{b_n\}$ : 2, 1, 2, 1, 2, 1, $\cdots$
이라 하면 수열 $\{a_n+b_n\}$은 3으로 수렴하고, 수열 $\{a_n\}$은 발산 (진동)하지만 수열 $\left\{\dfrac{b_n}{a_n}\right\}$도 발산 (진동)한다. (거짓)

따라서 옳은 것은 ㄱ, ㄴ이다.


## 0133 답 5


3을 기준으로 $x$의 값의 범위를 나누어 생각한다.

(i) $x>3$일 때

$$f(x)=\lim_{n\to\infty}\frac{x^n+3^{n+1}}{3^{n-1}-x^n}=\lim_{n\to\infty}\frac{1+3\left(\dfrac{3}{x}\right)^n}{\dfrac{1}{3}\left(\dfrac{3}{x}\right)^n-1}=\frac{1}{-1}=-1$$

(ii) $x=3$일 때

$$f(x)=\lim_{n\to\infty}\frac{3^n+3^{n+1}}{3^{n-1}-3^n}=\lim_{n\to\infty}\frac{(1+3)3^n}{\left(\dfrac{1}{3}-1\right)3^n}=\frac{4}{-\dfrac{2}{3}}=-6$$

(iii) $x<3$일 때

$$f(x)=\lim_{n\to\infty}\frac{x^n+3^{n+1}}{3^{n-1}-x^n}=\lim_{n\to\infty}\frac{\left(\dfrac{x}{3}\right)^n+3}{\dfrac{1}{3}-\left(\dfrac{x}{3}\right)^n}=\frac{3}{\dfrac{1}{3}}=9$$

(i), (ii), (iii)에서

$$\sum_{k=1}^{10}f(k)=f(1)+f(2)+f(3)+\sum_{k=4}^{10}f(k)$$
$$=9+9+(-6)+7\cdot(-1)=5$$


## 0134 답 ③


주어진 $r$의 값의 범위에서 $\lim\limits_{n\to\infty}r^n$ 또는 $\lim\limits_{n\to\infty}\left(\dfrac{r^2}{4}\right)^n$의 값을 구해 본다.

ㄱ. $r<1$일 때

$0<\dfrac{r^2}{4}<\dfrac{1}{4}$이므로

$\displaystyle\lim_{n\to\infty}\left(\dfrac{r^2}{4}\right)^n=0$

$\therefore \displaystyle\lim_{n\to\infty}\dfrac{\left(\dfrac{r^2}{4}\right)^n-r^{n+1}+2}{r^n+1}=\dfrac{2}{1}=2$ (참)

ㄴ. [반례] $r=4$일 때 → $\dfrac{r^2}{4}=r$일 때를 생각해 본다.

$\displaystyle\lim_{n\to\infty}\dfrac{4^n-4^{n+1}+2}{4^n+1}=\lim_{n\to\infty}\dfrac{1-4+\dfrac{2}{4^n}}{1+\dfrac{1}{4^n}}=\dfrac{-3}{1}=-3$ (거짓)

ㄷ. $1<r\le2$일 때

$\dfrac{1}{4}<\dfrac{r}{4}\le\dfrac{1}{2}$이므로

$\displaystyle\lim_{n\to\infty}\left(\dfrac{r}{4}\right)^n=0$

• 분모, 분자를 $r^n$으로 각각 나눈다.

$\therefore \displaystyle\lim_{n\to\infty}\dfrac{\left(\dfrac{r^2}{4}\right)^n-r^{n+1}+2}{r^n+1}=\lim_{n\to\infty}\dfrac{\left(\dfrac{r}{4}\right)^n-r+\dfrac{2}{r^n}}{1+\dfrac{1}{r^n}}=-r$

즉, $r=2$일 때 수열 $\{a_n\}$은 $-2$로 수렴한다. (참)

따라서 옳은 것은 ㄱ, ㄷ이다.


## 0135  답 2



먼저 주어진 방정식을 인수분해하여 근을 구한다.

$x^3+(2n+1)x^2-2nx-4n=0$에서

$(x+1)(x^2+2nx-4n)=0$

$\therefore x=-1$ 또는 $x=-n-\sqrt{n^2+4n}$ 또는 $x=-n+\sqrt{n^2+4n}$

이때 $-n+\sqrt{n^2+4n}>-n+\sqrt{n^2}=-n+n=0$이므로

$a_n=-n+\sqrt{n^2+4n}$ → 나머지 두 근이 모두 음수이므로

$\therefore \displaystyle\lim_{n\to\infty}a_n=\lim_{n\to\infty}(-n+\sqrt{n^2+4n})$

$=\displaystyle\lim_{n\to\infty}\dfrac{(-n+\sqrt{n^2+4n})(-n-\sqrt{n^2+4n})}{-n-\sqrt{n^2+4n}}$

$=\displaystyle\lim_{n\to\infty}\dfrac{-4n}{-n-\sqrt{n^2+4n}}$

$=\displaystyle\lim_{n\to\infty}\dfrac{4n}{n+\sqrt{n^2+4n}}$

$=\displaystyle\lim_{n\to\infty}\dfrac{4}{1+\sqrt{1+\dfrac{4}{n}}}$

$=\dfrac{4}{1+1}=2$


## 0136  답 ⑤



수열 $\{a_n\}$의 일반항을 등비수열을 포함한 형태로 나타내어 본다.

주어진 수열은

$\dfrac{1}{3}\cdot(10-1),\ \dfrac{1}{3}\cdot(10^2-1),\ \dfrac{1}{3}\cdot(10^3-1),\ \dfrac{1}{3}\cdot(10^4-1),\ \cdots$

즉, 수열 $\{a_n\}$의 일반항 $a_n$은

$a_n=\dfrac{1}{3}(10^n-1)$

$\therefore S_n=\displaystyle\sum_{k=1}^{n}\dfrac{1}{3}(10^k-1)$ → $\dfrac{1}{3}\left(\sum_{k=1}^{n}10^k-\sum_{k=1}^{n}1\right)$

$=\dfrac{1}{3}\left\{\dfrac{10(10^n-1)}{10-1}-n\right\}$

$=\dfrac{10}{27}(10^n-1)-\dfrac{n}{3}$

$\therefore \displaystyle\lim_{n\to\infty}\dfrac{S_n+\dfrac{n}{3}}{a_n+1}=\lim_{n\to\infty}\dfrac{\dfrac{10}{27}(10^n-1)-\dfrac{n}{3}+\dfrac{n}{3}}{\dfrac{1}{3}(10^n-1)+1}$

$=\displaystyle\lim_{n\to\infty}\dfrac{10^{n+1}-10}{9\cdot10^n+18}=\lim_{n\to\infty}\dfrac{10-\dfrac{10}{10^n}}{9+\dfrac{18}{10^n}}=\dfrac{10}{9}$


## 0137  답 ①



$(a-1)^2+(b+1)^2$의 기하적 의미를 생각해 본다.

$a\neq0$이고, 주어진 식의 극한값이 존재하므로

$b\neq0,\ b\neq2$ → $b=0$이면 극한값이 발산한다. $b=2$이면 $a=0$이어야 한다.

이때

$\displaystyle\lim_{n\to\infty}\dfrac{an^2-n+1}{bn^2+n}=\dfrac{a}{b}$

$=\dfrac{2-b}{a}$

에서 $a^2=2b-b^2$ • 중심의 좌표가 $(0, 1)$이고, 반지름의 길이가 $1$인 원

$a^2+b^2-2b=0$ • 중심의 좌표가 $(1, -1)$이고, 반지름의 길이가 $k$인 원

$\therefore a^2+(b-1)^2=1$ (단, $a\neq0$, $b\neq0$, $b\neq2$)

이때 $(a-1)^2+(b+1)^2=k^2$ $(k>0)$

이라 하면 $k^2$의 값이 최소일 때는 $k$의 값이 최소일 때이고, $k$의 최솟값은 점 $(1,\ -1)$과 원 $a^2+(b-1)^2=1$ 위의 점 사이의 최단 거리와 같다.

두 점 $(0, 1)$, $(1, -1)$ 사이의 거리는

$\sqrt{(1-0)^2+(-1-1)^2}=\sqrt5$

이고, 원 $a^2+(b-1)^2=1$의 반지름의 길이는 $1$이므로

$\sqrt5-1\le k\le\sqrt5+1$

따라서 $(a-1)^2+(b+1)^2$의 최솟값은

$(\sqrt5-1)^2=6-2\sqrt5$


## 0138  답 1



$n(A_m)=1$의 의미를 알고, 두 등비수열 $\left\{\left|\dfrac{x-6}{m}\right|^n\right\}$, $\left\{\left(\dfrac{x-1}{4}\right)^n\right\}$이 수렴하는 범위와 어떤 관계가 있는지 추론해 본다.

수열 $\left\{\left|\dfrac{x-6}{m}\right|^n\right\}$은 각 항이 모두 양수이므로 수열

$\left\{\left|\dfrac{x-6}{m}\right|^n+\left(\dfrac{x-1}{4}\right)^n\right\}$이 수렴하려면 두 수열

$\left\{\left|\dfrac{x-6}{m}\right|^n\right\}$, $\left\{\left(\dfrac{x-1}{4}\right)^n\right\}$이 모두 수렴해야 한다.

이때 등비수열 $\left\{\left|\dfrac{x-6}{m}\right|^n\right\}$의 공비는 $\left|\dfrac{x-6}{m}\right|$이므로

수열 $\left\{\left|\dfrac{x-6}{m}\right|^n\right\}$이 수렴하도록 하는 $x$의 값의 범위는

$-1<\left|\dfrac{x-6}{m}\right|\leq 1 \rightarrow \left|\dfrac{x-6}{m}\right|\leq 1$

$-1\leq\dfrac{x-6}{m}\leq 1$

$\therefore -m+6\leq x\leq m+6 \quad\cdots\cdots\ \bigcirc$

또한, 등비수열 $\left\{\left(\dfrac{x-1}{4}\right)^n\right\}$의 공비는 $\dfrac{x-1}{4}$이므로

수열 $\left\{\left(\dfrac{x-1}{4}\right)^n\right\}$이 수렴하도록 하는 $x$의 값의 범위는

$-1<\dfrac{x-1}{4}\leq 1$

$-4<x-1\leq 4$

$\therefore -3<x\leq 5 \quad\cdots\cdots\ \bigcirc$

이때 주어진 수열이 수렴하도록 하는 $x$의 값의 범위는 $\bigcirc$, $\bigcirc$의 공통 범위와 같고, $n(A_m)=1$이므로

$-m+6=5$

$\bigcirc$, $\bigcirc$을 동시에 만족시키는 $x$의 값이 오직 한 개이다.

$\therefore m=1$

## 0139 답 ②

**One Point Lesson**

$x$좌표를 특정한 자연수로 고정하고, $y$좌표가 자연수인 점의 개수를 $n$에 대하여 나타내어 본다.

함수 $y=f(x)$의 그래프는 오른쪽 그림과 같이 두 점 $(0,0)$, $(6,0)$을 지난다.

$f(1)=\dfrac{5}{9}n$이므로 $x$좌표가 1일 때, $y$좌표가 자연수인 점의 개수는 $\left[\dfrac{5}{9}n\right]$이다.

(단, $[x]$는 $x$보다 크지 않은 최대의 정수이다.)

$f(2)=\dfrac{8}{9}n$이므로 $x$좌표가 2일 때, $y$좌표가 자연수인 점의 개수는 $\left[\dfrac{8}{9}n\right]$이다.

$f(3)=n$이므로 $x$좌표가 3일 때, $y$좌표가 자연수인 점의 개수는 $n$이다.

$f(1)=f(5), f(2)=f(4)$

이때 함수 $y=f(x)$의 그래프는 직선 $x=3$에 대하여 대칭이므로

$x$좌표가 4일 때, $y$좌표가 자연수인 점의 개수는 $\left[\dfrac{8}{9}n\right]$,

$x$좌표가 5일 때, $y$좌표가 자연수인 점의 개수는 $\left[\dfrac{5}{9}n\right]$이다.

$\therefore a_n=2\left[\dfrac{5}{9}n\right]+2\left[\dfrac{8}{9}n\right]+n$

또한, 임의의 실수 $x$에 대하여 $x-1<[x]\leq x$가 성립하므로

$\left(\dfrac{10}{9}n-2\right)+\left(\dfrac{16}{9}n-2\right)+n<a_n\leq\dfrac{10}{9}n+\dfrac{16}{9}n+n$

$\dfrac{35}{9}n-4<a_n\leq\dfrac{35}{9}n$

$\therefore \dfrac{35}{9}-\dfrac{4}{n}<\dfrac{a_n}{n}\leq\dfrac{35}{9}$

이때 $\displaystyle\lim_{n\to\infty}\left(\dfrac{35}{9}-\dfrac{4}{n}\right)=\dfrac{35}{9}$, $\displaystyle\lim_{n\to\infty}\dfrac{35}{9}=\dfrac{35}{9}$이므로 수열의 극한의 대소 관계에 의하여

$\displaystyle\lim_{n\to\infty}\dfrac{a_n}{n}=\dfrac{35}{9}$

## 0140 답 5

$\displaystyle\lim_{n\to\infty}\dfrac{a\times 2^{2n+1}+3^n}{2\times 3^n+4^n}=\lim_{n\to\infty}\dfrac{2a\times 4^n+3^n}{2\times 3^n+4^n}$

$=\displaystyle\lim_{n\to\infty}\dfrac{2a+\left(\dfrac{3}{4}\right)^n}{2\times\left(\dfrac{3}{4}\right)^n+1}$

$=2a$   ❶

$2a=10$에서

$a=5$   ❷

| 채점 기준 | 배점 비율 |
|---|---|
| ❶ $\displaystyle\lim_{n\to\infty}\dfrac{a\times 2^{2n+1}+3^n}{2\times 3^n+4^n}$을 간단히 하여 $a$에 대하여 나타내기 | 80% |
| ❷ 상수 $a$의 값 구하기 | 20% |

## 0141 답 25

$\dfrac{n}{4}-1<\left[\dfrac{n}{4}\right]\leq\dfrac{n}{4}$에서

$\dfrac{100}{n+100}\times\left(\dfrac{n}{4}-1\right)<\dfrac{100}{n+100}\times\left[\dfrac{n}{4}\right]\leq\dfrac{100}{n+100}\times\dfrac{n}{4}$

$\therefore \dfrac{25(n-4)}{n+100}<\dfrac{100}{n+100}\times\left[\dfrac{n}{4}\right]\leq\dfrac{25n}{n+100}$   ❶

이때 $\displaystyle\lim_{n\to\infty}\dfrac{25(n-4)}{n+100}=25$, $\displaystyle\lim_{n\to\infty}\dfrac{25n}{n+100}=25$이므로 수열의 극한의 대소 관계에 의하여

$\displaystyle\lim_{n\to\infty}\left\{\dfrac{100}{n+100}\times\left[\dfrac{n}{4}\right]\right\}=25$   ❷

| 채점 기준 | 배점 비율 |
|---|---|
| ❶ $\dfrac{100}{n+100}\times\left[\dfrac{n}{4}\right]$의 값의 범위 구하기 | 70% |
| ❷ 수열의 극한의 대소 관계를 이용하여 주어진 극한값 구하기 | 30% |

## 0142 답 4

$(n+2)+(n+4)+(n+6)+\cdots+3n=\displaystyle\sum_{k=1}^{n}(n+2k)$

$=n^2+2\cdot\dfrac{n(n+1)}{2}$

$=n(2n+1)$   ❶

$1+2+3+\cdots+n=\displaystyle\sum_{k=1}^{n}k=\dfrac{n(n+1)}{2}$   ❷

$\therefore \displaystyle\lim_{n\to\infty}\dfrac{(n+2)+(n+4)+(n+6)+\cdots+3n}{1+2+3+\cdots+n}$

$=\displaystyle\lim_{n\to\infty}\dfrac{n(2n+1)}{\dfrac{n(n+1)}{2}}$

$=\displaystyle\lim_{n\to\infty}\dfrac{4n+2}{n+1}=4$   ❸

| 채점 기준 | 배점 비율 |
|---|---|
| ❶ 분자를 $n$에 대하여 간단히 나타내기 | 20% |
| ❷ 분모를 $n$에 대하여 간단히 나타내기 | 20% |
| ❸ 극한값 구하기 | 60% |

# 0143  답 96

$1 \leq k \leq 20$에서 $\dfrac{1}{20} \leq \dfrac{1}{k} \leq 1$이므로

$x=1, |x|<1$일 때의 $f(x)$의 값을 각각 구하면 ❶

(ⅰ) $x=1$일 때

$$f(x)=\lim_{n \to \infty} \frac{1-4 \cdot 1+5}{1+1}=1$$

(ⅱ) $|x|<1$일 때

$$f(x)=\lim_{n \to \infty} \frac{x^{n-1}-4x^{2n}+5}{x^n+1}=5$$

(ⅰ), (ⅱ)에서

$$f(x)=\begin{cases} 1 & (x=1) \\ 5 & (|x|<1) \end{cases}$$ ❷

$$\therefore \sum_{k=1}^{20} f\left(\frac{1}{k}\right)=f(1)+\sum_{k=2}^{20} f\left(\frac{1}{k}\right)$$

$$=1+\sum_{k=2}^{20} 5=1+19 \cdot 5=96$$ ❸

| 채점 기준 | 배점 비율 |
| --- | --- |
| ❶ $\dfrac{1}{k}$의 값의 범위를 알고, $x$의 값의 범위 나누기 | 20% |
| ❷ $x$의 값의 범위에 따른 함수 $f(x)$의 값 구하기 | 50% |
| ❸ $\sum_{k=1}^{20} f\left(\dfrac{1}{k}\right)$의 값 구하기 | 30% |

# 0144  답 $-1$

직선 $y=x+3^{n-1}$에 수직인 직선의 기울기는 $-1$이므로 점 $P(2^n, 0)$을 지나고 직선 $y=x+3^{n-1}$에 수직인 직선의 방정식은

$$y-0=-(x-2^n)$$

$$\therefore y=-x+2^n$$ ❶

두 식 $y=x+3^{n-1}, y=-x+2^n$을 연립하여 풀면

$$x=\frac{2^n-3^{n-1}}{2}, \ y=\frac{2^n+3^{n-1}}{2}$$

$$\therefore \mathrm{H}\left(\frac{2^n-3^{n-1}}{2}, \frac{2^n+3^{n-1}}{2}\right)$$

$$\therefore a_n=\frac{2^n-3^{n-1}}{2}, \ b_n=\frac{2^n+3^{n-1}}{2}$$ ❷

$$\therefore \lim_{n \to \infty} \frac{a_n}{b_n}=\lim_{n \to \infty} \frac{\dfrac{2^n-3^{n-1}}{2}}{\dfrac{2^n+3^{n-1}}{2}}$$

$$=\lim_{n \to \infty} \frac{2^n-3^{n-1}}{2^n+3^{n-1}}$$

$$=\lim_{n \to \infty} \frac{2 \cdot \left(\dfrac{2}{3}\right)^{n-1}-1}{2 \cdot \left(\dfrac{2}{3}\right)^{n-1}+1}$$

$$=\frac{-1}{1}=-1$$ ❸

| 채점 기준 | 배점 비율 |
| --- | --- |
| ❶ 점 P를 지나고 직선 $y=x+3^{n-1}$에 수직인 직선의 방정식 구하기 | 30% |
| ❷ $a_n, b_n$을 각각 구하기 | 40% |
| ❸ $\lim_{n \to \infty} \dfrac{a_n}{b_n}$의 값 구하기 | 30% |

# 0145  답 $-1$

(ⅰ) $|r|>1$인 경우

$$\lim_{n \to \infty} \frac{r^{n-1}-4}{r^n+4}=\lim_{n \to \infty} \frac{\dfrac{1}{r}-\dfrac{4}{r^n}}{1+\dfrac{4}{r^n}}=\frac{1}{r}$$

(ⅱ) $r=1$인 경우

$$\lim_{n \to \infty} \frac{1-4}{1+4}=-\frac{3}{5}$$

(ⅲ) $|r|<1$인 경우

$$\lim_{n \to \infty} \frac{r^{n-1}-4}{r^n+4}=\frac{-4}{4}=-1$$

(ⅳ) $r=-1$인 경우

$n$이 홀수일 때

$$\lim_{n \to \infty} \frac{(-1)^{n-1}-4}{(-1)^n+4}=\frac{1-4}{-1+4}=-1$$

$n$이 짝수일 때

$$\lim_{n \to \infty} \frac{(-1)^{n-1}-4}{(-1)^n+4}=\frac{-1-4}{1+4}=-1$$

$$\therefore \lim_{n \to \infty} \frac{(-1)^{n-1}-4}{(-1)^n+4}=-1$$ ❶

(ⅰ)~(ⅳ)에서 수열 $\left\{\dfrac{r^{n-1}-4}{r^n+4}\right\}$가 정수로 수렴하도록 하는 $r$의 값의 범위는 $-1 \leq r<1$이므로 $r$의 최솟값은 $-1$이다. ❷

| 채점 기준 | 배점 비율 |
| --- | --- |
| ❶ $r$의 값의 범위를 나누어 수열의 극한값 구하기 | 80% |
| ❷ 실수 $r$의 최솟값 구하기 | 20% |

## 02 급수

**0146** 답 수렴, $\dfrac{2}{3}$

$\displaystyle\lim_{n\to\infty} S_n=\lim_{n\to\infty}\dfrac{2n-1}{3n+1}=\dfrac{2}{3}$

따라서 주어진 급수는 수렴하고, 급수의 합은 $\dfrac{2}{3}$이다.

**0147** 답 발산

$\displaystyle\lim_{n\to\infty} S_n=\lim_{n\to\infty}(3-n)=-\infty$

따라서 주어진 급수는 발산한다.

**0148** 답 수렴, 3

$\displaystyle\lim_{n\to\infty} S_n=\lim_{n\to\infty}\left\{3+\dfrac{(-1)^n}{n}\right\}=3$

따라서 주어진 급수는 수렴하고, 급수의 합은 3이다.

**0149** 답 발산

$\displaystyle\lim_{n\to\infty} S_n=\lim_{n\to\infty} 2^n=\infty$

따라서 주어진 급수는 발산한다.

**0150** 답 발산

주어진 급수의 제$n$항까지의 부분합을 $S_n$이라 하면

$S_n=\displaystyle\sum_{k=1}^{n}(2k-1)$

$\quad=2\cdot\dfrac{n(n+1)}{2}-n$

$\quad=n^2$

$\therefore \displaystyle\lim_{n\to\infty} S_n=\lim_{n\to\infty} n^2=\infty$

따라서 주어진 급수는 발산한다.

**0151** 답 수렴, 2

주어진 급수의 제$n$항까지의 부분합을 $S_n$이라 하면

$S_n=\displaystyle\sum_{k=1}^{n}\left(\dfrac{1}{2}\right)^{k-1}=\dfrac{1-\left(\frac{1}{2}\right)^n}{1-\frac{1}{2}}=2-\left(\dfrac{1}{2}\right)^{n-1}$

$\therefore \displaystyle\lim_{n\to\infty} S_n=\lim_{n\to\infty}\left\{2-\left(\dfrac{1}{2}\right)^{n-1}\right\}=2$

따라서 주어진 급수는 수렴하고, 급수의 합은 2이다.

**0152** 답 발산

주어진 급수의 제$n$항까지의 부분합을 $S_n$이라 하면

$S_n=\displaystyle\sum_{k=1}^{n} k^2=\dfrac{n(n+1)(2n+1)}{6}=\dfrac{2n^3+3n^2+n}{6}$

$\therefore \displaystyle\lim_{n\to\infty} S_n=\lim_{n\to\infty}\dfrac{2n^3+3n^2+n}{6}=\infty$

따라서 주어진 급수는 발산한다.

**0153** 답 수렴, 1

주어진 급수의 제$n$항까지의 부분합을 $S_n$이라 하면

$S_n=\displaystyle\sum_{k=1}^{n}\left(\dfrac{1}{\sqrt{k}}-\dfrac{1}{\sqrt{k+1}}\right)$

$\quad=\left(1-\dfrac{1}{\sqrt{2}}\right)+\left(\dfrac{1}{\sqrt{2}}-\dfrac{1}{\sqrt{3}}\right)+\left(\dfrac{1}{\sqrt{3}}-\dfrac{1}{\sqrt{4}}\right)+\cdots$

$\qquad\qquad\qquad\qquad\qquad +\left(\dfrac{1}{\sqrt{n}}-\dfrac{1}{\sqrt{n+1}}\right)$

$\quad=1-\dfrac{1}{\sqrt{n+1}}$

$\therefore \displaystyle\lim_{n\to\infty} S_n=\lim_{n\to\infty}\left(1-\dfrac{1}{\sqrt{n+1}}\right)=1$

따라서 주어진 급수는 수렴하고, 급수의 합은 1이다.

**0154** 답 해설 참조

주어진 급수의 제$n$번째 항을 $a_n$이라 하면

$a_n=(-1)^{n+1}$

이때 수열 $\{a_n\}$은 발산 (진동)하므로 $\displaystyle\lim_{n\to\infty} a_n\neq 0$이다.

따라서 주어진 급수는 발산한다.

**0155** 답 해설 참조

주어진 급수의 제$n$번째 항을 $a_n$이라 하면

$a_n=\dfrac{n}{n+1}$

$\therefore \displaystyle\lim_{n\to\infty}\dfrac{n}{n+1}=1\neq 0$

따라서 주어진 급수는 발산한다.

**0156** 답 해설 참조

주어진 급수의 제$n$번째 항을 $a_n$이라 하면

$a_n=\dfrac{n+2}{3n-1}$

$\therefore \displaystyle\lim_{n\to\infty}\dfrac{n+2}{3n-1}=\dfrac{1}{3}\neq 0$

따라서 주어진 급수는 발산한다.

**0157** 답 해설 참조

주어진 급수의 제$n$번째 항을 $a_n$이라 하면

$a_n=\dfrac{3^n}{3^{n+1}-1}$

$\displaystyle\lim_{n\to\infty}\dfrac{3^n}{3\cdot 3^n-1}=\lim_{n\to\infty}\dfrac{1}{3-\frac{1}{3^n}}=\dfrac{1}{3}$

$\therefore \displaystyle\lim_{n\to\infty}\dfrac{3^n}{3^{n+1}-1}=\dfrac{1}{3}\neq 0$

따라서 주어진 급수는 발산한다.

**0158** 답 $-1$

$\displaystyle\sum_{n=1}^{\infty}(a_n+b_n)=\sum_{n=1}^{\infty} a_n+\sum_{n=1}^{\infty} b_n$

$\qquad\qquad\qquad=2+(-3)=-1$

**0159** 답 5

$\displaystyle\sum_{n=1}^{\infty}(a_n-b_n)=\sum_{n=1}^{\infty} a_n-\sum_{n=1}^{\infty} b_n$

$\qquad\qquad\qquad=2-(-3)=5$

**0160**  답 $-2$

$$\sum_{n=1}^{\infty}\left(\frac{a_n}{2}+b_n\right)=\sum_{n=1}^{\infty}\frac{a_n}{2}+\sum_{n=1}^{\infty}b_n$$
$$=\frac{1}{2}\sum_{n=1}^{\infty}a_n+\sum_{n=1}^{\infty}b_n$$
$$=\frac{1}{2}\cdot 2+(-3)=-2$$

**0161**  답 $8$

$$\sum_{n=1}^{\infty}(a_n-2b_n)=\sum_{n=1}^{\infty}a_n-\sum_{n=1}^{\infty}2b_n$$
$$=\sum_{n=1}^{\infty}a_n-2\sum_{n=1}^{\infty}b_n$$
$$=2-2\cdot(-3)=8$$

**0162**  답 수렴, $\frac{4}{3}$

주어진 등비급수의 첫째항은 1, 공비는 $\frac{1}{4}$이다.

이때 $\left|\frac{1}{4}\right|<1$이므로 이 등비급수는 수렴하고, 그 합은

$$\frac{1}{1-\frac{1}{4}}=\frac{4}{3}$$

**0163**  답 발산

주어진 등비급수의 첫째항은 $\sqrt{2}$, 공비는 $-\sqrt{2}$이다.
이때 $|-\sqrt{2}|\geq 1$이므로 이 등비급수는 발산한다.

**0164**  답 발산

주어진 등비급수의 첫째항은 0.1, 공비는 1이다.
이때 $|1|\geq 1$이므로 이 등비급수는 발산한다.

**0165**  답 수렴, $\frac{\sqrt{2}}{2}$

주어진 등비급수의 첫째항은 1, 공비는 $1-\sqrt{2}$이다.
이때 $|1-\sqrt{2}|<1$이므로 이 등비급수는 수렴하고, 그 합은

$$\frac{1}{1-(1-\sqrt{2})}=\frac{1}{\sqrt{2}}=\frac{\sqrt{2}}{2}$$

**0166**  답 $-2<x<2$

주어진 등비급수의 공비가 $\frac{x}{2}$이므로 이 등비급수가 수렴하려면

$$-1<\frac{x}{2}<1$$
$$\therefore -2<x<2$$

**0167**  답 $1<x<3$

주어진 등비급수의 공비가 $x-2$이므로 이 등비급수가 수렴하려면

$$-1<x-2<1$$
$$\therefore 1<x<3$$

**0168**  답 $-\frac{1}{2}<x<\frac{1}{2}$

주어진 등비급수의 공비가 $2x$이므로 이 등비급수가 수렴하려면

$$-1<2x<1$$
$$\therefore -\frac{1}{2}<x<\frac{1}{2}$$

**0169**  답 $2<x<4$

주어진 등비급수의 공비가 $3-x$이므로 이 등비급수가 수렴하려면
$$-1<3-x<1,\ -4<-x<-2$$
$$\therefore 2<x<4$$

**0170**  답 (가) $\frac{1}{100}$  (나) $\frac{4}{33}$

$$0.\dot{1}\dot{2}=0.12+0.0012+0.000012+\cdots$$
$$=\frac{12}{100}+\frac{12}{10000}+\frac{12}{1000000}+\cdots$$
$$=\frac{12}{10^2}+\frac{12}{10^4}+\frac{12}{10^6}+\cdots$$

즉, $0.\dot{1}\dot{2}$는 첫째항이 $\frac{12}{100}$이고 공비가 $\boxed{\dfrac{1}{100}}$인 등비급수의 합과 같으므로

$$0.\dot{1}\dot{2}=\frac{\frac{12}{100}}{1-\boxed{\frac{1}{100}}}=\boxed{\frac{4}{33}}$$

**0171**  답 $\frac{125}{999}$

$$0.\dot{1}2\dot{5}=0.125+0.000125+0.000000125+\cdots$$
$$=\frac{125}{1000}+\frac{125}{1000000}+\frac{125}{1000000000}+\cdots$$
$$=\frac{125}{10^3}+\frac{125}{10^6}+\frac{125}{10^9}+\cdots$$

즉, $0.\dot{1}2\dot{5}$는 첫째항이 $\frac{125}{1000}$이고 공비가 $\frac{1}{1000}$인 등비급수의 합과 같으므로

$$0.\dot{1}2\dot{5}=\frac{\frac{125}{1000}}{1-\frac{1}{1000}}=\frac{125}{999}$$

**0172**  답 $\frac{4}{3}$

$$1.\dot{3}=1+0.3+0.03+0.003+\cdots$$
$$=1+\frac{3}{10}+\frac{3}{100}+\frac{3}{1000}+\cdots$$
$$=1+\frac{3}{10}+\frac{3}{10^2}+\frac{3}{10^3}+\cdots \qquad \cdots\cdots\ \text{㉠}$$

㉠에서 $\frac{3}{10}+\frac{3}{10^2}+\frac{3}{10^3}+\cdots$은 첫째항이 $\frac{3}{10}$이고 공비가 $\frac{1}{10}$

인 등비급수의 합과 같으므로

$$1.\dot{3}=1+\frac{3}{10}+\frac{3}{10^2}+\frac{3}{10^3}+\cdots$$
$$=1+\frac{\frac{3}{10}}{1-\frac{1}{10}}=1+\frac{1}{3}=\frac{4}{3}$$

본문 032~045쪽

**0173**  답 $2$

## 0174　답 ②

$$\frac{1}{2^2-1}+\frac{1}{4^2-1}+\frac{1}{6^2-1}+\frac{1}{8^2-1}+\cdots=\sum_{n=1}^{\infty}\frac{1}{(2n)^2-1}$$
$$=\sum_{n=1}^{\infty}\frac{1}{(2n-1)(2n+1)}$$

이때 주어진 급수의 제$n$항까지의 부분합을 $S_n$이라 하면

$$S_n=\sum_{k=1}^{n}\frac{1}{(2k-1)(2k+1)}$$
$$=\frac{1}{2}\sum_{k=1}^{n}\left(\frac{1}{2k-1}-\frac{1}{2k+1}\right)$$
$$=\frac{1}{2}\left\{\left(1-\frac{1}{3}\right)+\left(\frac{1}{3}-\frac{1}{5}\right)+\left(\frac{1}{5}-\frac{1}{7}\right)+\cdots\right.$$
$$\left.+\left(\frac{1}{2n-1}-\frac{1}{2n+1}\right)\right\}$$
$$=\frac{1}{2}\left(1-\frac{1}{2n+1}\right)$$

$$\therefore \lim_{n\to\infty}S_n=\lim_{n\to\infty}\frac{1}{2}\left(1-\frac{1}{2n+1}\right)=\frac{1}{2}$$

$$\therefore \frac{1}{2^2-1}+\frac{1}{4^2-1}+\frac{1}{6^2-1}+\frac{1}{8^2-1}+\cdots=\frac{1}{2}$$

## 0175　답 ④

$1^2+2^2+3^2+\cdots+n^2=\sum_{k=1}^{n}k^2=\dfrac{n(n+1)(2n+1)}{6}$이므로

$$\sum_{n=1}^{\infty}\frac{2an+a}{1^2+2^2+3^2+\cdots+n^2}=\sum_{n=1}^{\infty}\frac{a(2n+1)}{\dfrac{n(n+1)(2n+1)}{6}}$$
$$=\sum_{n=1}^{\infty}\frac{6a}{n(n+1)}$$

이때 주어진 급수의 제$n$항까지의 부분합을 $S_n$이라 하면

$$S_n=\sum_{k=1}^{n}\frac{6a}{k(k+1)}$$
$$=6a\sum_{k=1}^{n}\left(\frac{1}{k}-\frac{1}{k+1}\right)$$
$$=6a\left\{\left(1-\frac{1}{2}\right)+\left(\frac{1}{2}-\frac{1}{3}\right)+\left(\frac{1}{3}-\frac{1}{4}\right)+\cdots+\left(\frac{1}{n}-\frac{1}{n+1}\right)\right\}$$
$$=6a\left(1-\frac{1}{n+1}\right)$$

$$\therefore \lim_{n\to\infty}S_n=\lim_{n\to\infty}6a\left(1-\frac{1}{n+1}\right)=6a$$

$\sum_{n=1}^{\infty}\dfrac{2an+a}{1^2+2^2+3^2+\cdots+n^2}=12$이므로

$$6a=12$$
$$\therefore a=2$$

## 0176　답 ③

ㄱ. 주어진 급수의 제$n$항까지의 부분합을 $S_n$이라 하면

$$S_n=\left(\frac{1}{3}-\frac{2}{5}\right)+\left(\frac{2}{5}-\frac{3}{7}\right)+\left(\frac{3}{7}-\frac{4}{9}\right)+\cdots$$
$$+\left(\frac{n}{2n+1}-\frac{n+1}{2n+3}\right)$$
$$=\frac{1}{3}-\frac{n+1}{2n+3}$$

$$\therefore \lim_{n\to\infty}S_n=\lim_{n\to\infty}\left(\frac{1}{3}-\frac{n+1}{2n+3}\right)$$
$$=\frac{1}{3}-\frac{1}{2}=-\frac{1}{6}$$

즉, 주어진 급수는 수렴하고, 급수의 합은 $-\dfrac{1}{6}$이다.

ㄴ. 주어진 급수의 제$n$항까지의 부분합을 $S_n$이라 하면

$$S_1=1,\ S_2=\frac{1}{2},\ S_3=1,\ S_4=\frac{2}{3},\ S_5=1,\ S_6=\frac{3}{4},\ \cdots$$

$$\therefore S_{2n-1}=1,\ S_{2n}=\frac{n}{n+1}$$

즉, $\lim\limits_{n\to\infty}S_{2n-1}=\lim\limits_{n\to\infty}S_{2n}=1$이므로 주어진 급수는 수렴하고, 급수의 합은 1이다.

ㄷ. 주어진 급수의 제$n$항까지의 부분합을 $S_n$이라 하면

$$S_1=1,\ S_2=-1,\ S_3=2,\ S_4=-2,\ S_5=3,\ S_6=-3,\ \cdots$$

$$\therefore S_{2n-1}=n,\ S_{2n}=-n$$

즉, $\lim\limits_{n\to\infty}S_{2n-1}=\infty$, $\lim\limits_{n\to\infty}S_{2n}=-\infty$이므로 주어진 급수는 발산한다.

따라서 수렴하는 급수는 ㄱ, ㄴ이다.

## 0177　답 ①

주어진 급수의 제$n$항까지의 부분합을 $S_n$이라 하면

$S_1=a_1,\ S_2=a_1+a_2,\ S_3=a_1,\ S_4=a_1-a_3,\ S_5=a_1,$
$S_6=a_1+a_4,\ \cdots$

$$\therefore S_{2n-1}=a_1,\ S_{2n}=a_1+(-1)^{n+1}a_{n+1}$$

이때 주어진 급수가 수렴하려면 $\lim\limits_{n\to\infty}S_{2n-1}=\lim\limits_{n\to\infty}S_{2n}$이어야 하므로 $\lim\limits_{n\to\infty}a_n=0$이어야 한다. ($\lim\limits_{n\to\infty}a_n\neq0$이면 $\lim\limits_{n\to\infty}S_{2n}$은 발산한다.)

ㄱ. $\lim\limits_{n\to\infty}a_n=\lim\limits_{n\to\infty}\dfrac{n-1}{n^2}=0$

　　이므로 주어진 급수는 수렴한다.

ㄴ. 수열 $\{a_n\}$은 발산 (진동)하므로 주어진 급수는 발산한다.

ㄷ. $\lim\limits_{n\to\infty}a_n=\lim\limits_{n\to\infty}\left(\sqrt{2n^2+n}-\sqrt{2n^2-n}\right)$
$$=\lim_{n\to\infty}\frac{2n}{\sqrt{2n^2+n}+\sqrt{2n^2-n}}$$
$$=\frac{2}{\sqrt{2}+\sqrt{2}}=\frac{\sqrt{2}}{2}$$

　　이므로 주어진 급수는 발산한다.

따라서 수렴하는 수열은 ㄱ이다.

## 0178　답 ④

## 0179　답 ④

주어진 급수가 수렴하므로

$$\lim_{n\to\infty}\left(\frac{a_n}{n}-3\right)=0$$

$$\therefore \lim_{n\to\infty}\frac{a_n}{n}=3$$

$$\therefore \lim_{n\to\infty}\frac{3n-2a_n}{a_n-4n}=\lim_{n\to\infty}\frac{3-2\cdot\dfrac{a_n}{n}}{\dfrac{a_n}{n}-4}$$
$$=\frac{3-2\cdot3}{3-4}=3$$

## 0180　답 ①

급수 $\sum\limits_{n=1}^{\infty}\left(\dfrac{a_n}{n+1}-5\right)$가 수렴하므로

$$\lim_{n\to\infty}\left(\frac{a_n}{n+1}-5\right)=0 \qquad \therefore \lim_{n\to\infty}\frac{a_n}{n+1}=5$$

또한, 급수 $\sum\limits_{n=1}^{\infty}\left(\dfrac{n}{2b_n}+1\right)$이 수렴하므로

$$\lim_{n\to\infty}\left(\dfrac{n}{2b_n}+1\right)=0 \qquad \therefore \lim_{n\to\infty}\dfrac{n}{2b_n}=-1$$

$$\therefore \lim_{n\to\infty}\left(\dfrac{a_n}{b_n}+3\right)=\lim_{n\to\infty}\left(2\cdot\dfrac{a_n}{n+1}\cdot\dfrac{n+1}{n}\cdot\dfrac{n}{2b_n}+3\right)$$
$$=2\cdot5\cdot1\cdot(-1)+3=-7$$

$\dfrac{a_n}{n+1},\ \dfrac{n}{2b_n}$을 이용하여 $\dfrac{a_n}{b_n}$을 나타낸다.

## 0181  답 ①

주어진 급수가 수렴하므로 → $\sum\limits_{n=1}^{\infty}a_n=4$이므로

$$\lim_{n\to\infty}a_n=0$$

또한, 주어진 급수의 합이 4이므로

$$\lim_{n\to\infty}S_n=4$$

$$\therefore \lim_{n\to\infty}\dfrac{2S_n-5a_n}{3a_n+1}=\dfrac{2\cdot4}{1}=8$$

## 0182  답 ①

주어진 급수가 수렴하므로

$$\lim_{n\to\infty}\left(a_n+\dfrac{n^2}{3n+1}\right)=0$$

$\lim\limits_{n\to\infty}a_n$의 값을 구할 수 없으므로 $\lim\limits_{n\to\infty}\dfrac{a_n}{n}$의 값을 구한다.

$$\therefore \lim_{n\to\infty}\left(\dfrac{a_n}{n}+\dfrac{n}{3n+1}\right)=\lim_{n\to\infty}\left\{\left(a_n+\dfrac{n^2}{3n+1}\right)\cdot\dfrac{1}{n}\right\}$$
$$=0\cdot0=0$$

이때 $\lim\limits_{n\to\infty}\dfrac{n}{3n+1}=\dfrac{1}{3}$이므로

$$\lim_{n\to\infty}\dfrac{a_n}{n}=-\dfrac{1}{3}$$

$$\therefore \lim_{n\to\infty}\left(\sqrt{n^2+3}-n\right)a_n$$
$$=\lim_{n\to\infty}\left\{\dfrac{(\sqrt{n^2+3}-n)(\sqrt{n^2+3}+n)}{\sqrt{n^2+3}+n}\cdot a_n\right\}$$
$$=\lim_{n\to\infty}\left(\dfrac{3}{\sqrt{n^2+3}+n}\cdot a_n\right)=\lim_{n\to\infty}\left(\dfrac{3n}{\sqrt{n^2+3}+n}\cdot\dfrac{a_n}{n}\right)$$
$$=\dfrac{3}{1+1}\cdot\left(-\dfrac{1}{3}\right)=-\dfrac{1}{2}$$

## 0183  답 5

## 0184  답 ①

$5a_n-4b_n=c_n$이라 하면

$$\sum_{n=1}^{\infty}c_n=8$$

이때 두 급수 $\sum\limits_{n=1}^{\infty}a_n$, $\sum\limits_{n=1}^{\infty}c_n$이 모두 수렴하므로

$$\sum_{n=1}^{\infty}b_n=\sum_{n=1}^{\infty}\dfrac{5a_n-c_n}{4}$$
$$=\dfrac{5}{4}\sum_{n=1}^{\infty}a_n-\dfrac{1}{4}\sum_{n=1}^{\infty}c_n$$
$$=\dfrac{5}{4}\cdot4-\dfrac{1}{4}\cdot8=3$$

**선생님 톡톡**

대표 예제와 달리 이 문제에서는 급수 $\sum\limits_{n=1}^{\infty}b_n$의 수렴 여부를 알려주지 않았어. 그래서 $\sum\limits_{n=1}^{\infty}b_n=\beta$로 놓을 수 없어.
서술형 풀이 쓸 때 중요한 포인트겠지? 주의하자!

## 0185  답 ②

$\sum\limits_{n=1}^{\infty}a_n=\alpha$, $\sum\limits_{n=1}^{\infty}b_n=\beta$ ($\alpha$, $\beta$는 실수)라 하면

$$\sum_{n=1}^{\infty}(a_n+3b_n)=\sum_{n=1}^{\infty}(-2a_n+9b_n)$$에서

$$\sum_{n=1}^{\infty}a_n+3\sum_{n=1}^{\infty}b_n=-2\sum_{n=1}^{\infty}a_n+9\sum_{n=1}^{\infty}b_n$$

$$\alpha+3\beta=-2\alpha+9\beta,\ 3\alpha=6\beta$$

$$\therefore \alpha=2\beta$$

$$\left(\sum_{n=1}^{\infty}a_n\right)\left(\sum_{n=1}^{\infty}b_n\right)=8$$에서

$$\alpha\beta=8$$

$$\dfrac{\alpha^2}{2}=8\ (\because \alpha=2\beta),\ \alpha^2=16$$

$$\therefore \alpha=4\ (\because \alpha>0)$$

$$\therefore \sum_{n=1}^{\infty}a_n=4$$

## 0186  답 ②

$\sum\limits_{n=1}^{\infty}a_n=\alpha$, $\sum\limits_{n=1}^{\infty}b_n=\beta$ ($\alpha$, $\beta$는 실수)라 하면

$$\sum_{n=1}^{\infty}(ka_n+b_n)=5$$에서

$$k\sum_{n=1}^{\infty}a_n+\sum_{n=1}^{\infty}b_n=5 \qquad \therefore k\alpha+\beta=5 \quad \cdots\cdots ㉠$$

또한, $\sum\limits_{n=1}^{\infty}(a_n+kb_n)=8$에서

$$\sum_{n=1}^{\infty}a_n+k\sum_{n=1}^{\infty}b_n=8 \qquad \therefore \alpha+k\beta=8 \quad \cdots\cdots ㉡$$

㉠, ㉡을 변끼리 더하면

$$k\alpha+\beta+\alpha+k\beta=13$$

$$\therefore (k+1)(\alpha+\beta)=13$$

이때 $\sum\limits_{n=1}^{\infty}(a_n+b_n)=\sum\limits_{n=1}^{\infty}a_n+\sum\limits_{n=1}^{\infty}b_n=\alpha+\beta$에서

$\alpha+\beta$의 값은 정수이고, $k+1$의 값은 자연수이므로 → $k$가 자연수이므로

$$k+1=13,\ \alpha+\beta=1\ (\because k+1>1)$$

$$\therefore k=12$$ → 13은 소수이다.

## 0187  답 5

$b_n=\sqrt{\dfrac{n+3}{n}}-\sqrt{\dfrac{n+4}{n+1}}$이므로

급수 $\sum\limits_{n=1}^{\infty}b_n$의 제$n$항까지의 부분합을 $S_n$이라 하면

$$S_n=\sum_{k=1}^{n}\left(\sqrt{\dfrac{k+3}{k}}-\sqrt{\dfrac{k+4}{k+1}}\right)$$
$$=\left(\sqrt{4}-\sqrt{\dfrac{5}{2}}\right)+\left(\sqrt{\dfrac{5}{2}}-\sqrt{\dfrac{6}{3}}\right)+\left(\sqrt{\dfrac{6}{3}}-\sqrt{\dfrac{7}{4}}\right)+\cdots$$
$$+\left(\sqrt{\dfrac{n+3}{n}}-\sqrt{\dfrac{n+4}{n+1}}\right)$$
$$=2-\sqrt{\dfrac{n+4}{n+1}}$$

$$\therefore \sum_{n=1}^{\infty}b_n=\lim_{n\to\infty}S_n=\lim_{n\to\infty}\left(2-\sqrt{\dfrac{n+4}{n+1}}\right)=2-1=1$$

$$\therefore \sum_{n=1}^{\infty}a_n=\sum_{n=1}^{\infty}\{(a_n-b_n)+b_n\}$$

$\lim\limits_{n\to\infty}\sqrt{\dfrac{n+4}{n+1}}=\lim\limits_{n\to\infty}\sqrt{\dfrac{1+\frac{4}{n}}{1+\frac{1}{n}}}=1$

$$=\sum_{n=1}^{\infty}(a_n-b_n)+\sum_{n=1}^{\infty}b_n$$
$$=4+1=5$$

## 0188  답 ②

## 0189  답 ⑤

$$\sum_{n=1}^{\infty} \frac{2^{2n+1}-4}{5^n} = \sum_{n=1}^{\infty} \frac{2 \cdot 4^n - 4}{5^n}$$

$$= \sum_{n=1}^{\infty} \left\{ 2\left(\frac{4}{5}\right)^n - 4\left(\frac{1}{5}\right)^n \right\}$$

$$= \frac{\frac{8}{5}}{1-\frac{4}{5}} - \frac{\frac{4}{5}}{1-\frac{1}{5}} = 7$$

## 0190  답 ①

$$\frac{2}{3} + \frac{4}{3^2} + \frac{2}{3^3} + \frac{4}{3^4} + \frac{2}{3^5} + \frac{4}{3^6} + \cdots$$

$$= \left(\frac{2}{3} + \frac{2}{3^3} + \frac{2}{3^5} + \cdots\right) + \left(\frac{4}{3^2} + \frac{4}{3^4} + \frac{4}{3^6} + \cdots\right)$$

$$= \sum_{n=1}^{\infty} \left\{ \frac{2}{3} \cdot \left(\frac{1}{9}\right)^{n-1} \right\} + \sum_{n=1}^{\infty} \left\{ \frac{4}{9} \cdot \left(\frac{1}{9}\right)^{n-1} \right\}$$

$$= \frac{\frac{2}{3}}{1-\frac{1}{9}} + \frac{\frac{4}{9}}{1-\frac{1}{9}} = \frac{5}{4}$$

## 0191  답 ⑤

나머지정리에 의하여

$$a_n = \left(-\frac{3}{4}\right)^{n+1} - 2\left(-\frac{3}{4}\right)^n$$

$$\therefore \sum_{n=1}^{\infty} a_n = \sum_{n=1}^{\infty} \left\{ \left(-\frac{3}{4}\right)^{n+1} - 2\left(-\frac{3}{4}\right)^n \right\}$$

$$= \frac{\frac{9}{16}}{1-\left(-\frac{3}{4}\right)} - \frac{-\frac{3}{2}}{1-\left(-\frac{3}{4}\right)} = \frac{33}{28}$$

> **해설 속 칠판**  **나머지정리**
>
> (1) 다항식 $f(x)$를 일차식 $x-\alpha$로 나누었을 때의 나머지를 $R$라 하면
> $$R = f(\alpha)$$
> (2) 다항식 $f(x)$를 일차식 $\alpha x + \beta$로 나누었을 때의 나머지를 $R$라 하면
> $$R = f\left(-\frac{\beta}{\alpha}\right)$$

## 0192  답 ②

이차방정식 $9x^2 - 9x + 1 = 0$의 두 실근이 $\alpha$, $\beta$이므로 이차방정식의 근과 계수의 관계에 의하여

$$\alpha + \beta = 1, \quad \alpha\beta = \frac{1}{9}$$

즉, 두 근의 합이 1이고, 두 근의 곱이 양수이므로

$$0 < \alpha < 1, \quad 0 < \beta < 1$$

$$\therefore \sum_{n=1}^{\infty}(\alpha^n + \beta^n) = \frac{\alpha}{1-\alpha} + \frac{\beta}{1-\beta}$$

$$= \frac{\alpha + \beta - 2\alpha\beta}{1-(\alpha+\beta)+\alpha\beta}$$

$$= \frac{1 - 2 \cdot \frac{1}{9}}{1 - 1 + \frac{1}{9}} = 7$$

## 0193  답 ③

## 0194  답 ②

주어진 급수는 첫째항이 $3x-1$, 공비가 $x$인 등비급수이고, 그 합이 3이므로

$$\frac{3x-1}{1-x} = 3$$

$$3x - 1 = 3 - 3x, \quad 6x = 4$$

$$\therefore x = \frac{2}{3}$$

## 0195  답 ③

$$\sum_{n=1}^{\infty} \frac{2^{n+k}-3^n}{6^n} = \sum_{n=1}^{\infty} \frac{2^k \cdot 2^n - 3^n}{6^n}$$

$$= \sum_{n=1}^{\infty} \left\{ 2^k \left(\frac{1}{3}\right)^n - \left(\frac{1}{2}\right)^n \right\}$$

$$= \frac{\frac{2^k}{3}}{1-\frac{1}{3}} - \frac{\frac{1}{2}}{1-\frac{1}{2}}$$

$$= 2^{k-1} - 1$$

$$= 2^{9-k} - 1$$

에서 $2^{k-1} = 2^{9-k}$

$$k - 1 = 9 - k$$

$$2k = 10$$

$$\therefore k = 5$$

## 0196  답 ④

등비수열 $\{a_n\}$의 첫째항을 $a$, 공비를 $r$라 하면

$$a_n = ar^{n-1}$$

이때 수열 $\{a_n^2\}$의 일반항은

$$a_n^2 = a^2 r^{2n-2} = a^2 (r^2)^{n-1}$$

> 수열 $\{a_n\}$이 등비수열이면 수열 $\{a_n^2\}$도 등비수열이다.

이므로 첫째항이 $a^2$, 공비가 $r^2$인 등비수열이다.

$$\sum_{n=1}^{\infty} a_n = 6 \text{에서} \quad \frac{a}{1-r} = 6 \qquad \cdots\cdots ㉠$$

$$\sum_{n=1}^{\infty} a_n^2 = 72 \text{에서} \quad \frac{a^2}{1-r^2} = 72 \qquad \cdots\cdots ㉡$$

㉠을 ㉡에 대입하면

$$\frac{a^2}{1-r^2} = \frac{a}{1+r} \cdot \frac{a}{1-r} = \frac{a}{1+r} \cdot 6 = 72$$

$$\therefore \frac{a}{1+r} = 12 \qquad \cdots\cdots ㉢$$

㉠, ㉢을 연립하여 풀면

$$a = 8, \quad r = -\frac{1}{3}$$

$$\therefore a_n = 8\left(-\frac{1}{3}\right)^{n-1}$$

$$\therefore \sum_{n=1}^{\infty} 2^n a_n = \sum_{n=1}^{\infty} 2^n \cdot 8\left(-\frac{1}{3}\right)^{n-1}$$

$$= \sum_{n=1}^{\infty} 16\left(-\frac{2}{3}\right)^{n-1}$$

> $2 \cdot 2^{n-1} \cdot 8\left(-\frac{1}{3}\right)^{n-1} = 16\left(-\frac{2}{3}\right)^{n-1}$

$$= \frac{16}{1-\left(-\frac{2}{3}\right)} = \frac{48}{5}$$

## 0197  답 4

두 등비수열 $\{a_n\}$, $\{b_n\}$의 첫째항을 각각 $a$, $b$ $(a>0,\ b>0)$라 하면

$$\sum_{n=1}^{\infty}(a_n+b_n)=\sum_{n=1}^{\infty}\left\{a\left(\frac{1}{2}\right)^{n-1}+b\left(\frac{7}{8}\right)^{n-1}\right\}$$
$$=\frac{a}{1-\frac{1}{2}}+\frac{b}{1-\frac{7}{8}}$$
$$=2a+8b$$
$$=12$$

에서 $a+4b=6$ $\quad\cdots\cdots$ ㉠

$$\therefore \sum_{n=1}^{\infty}a_nb_n=\sum_{n=1}^{\infty}\left\{a\left(\frac{1}{2}\right)^{n-1}\cdot b\left(\frac{7}{8}\right)^{n-1}\right\}$$
$$=\sum_{n=1}^{\infty}ab\left(\frac{7}{16}\right)^{n-1}$$
$$=\frac{ab}{1-\frac{7}{16}}$$
$$=\frac{16}{9}ab \qquad \text{• } a, b\text{가 모두 양수이므로}$$

이때 ㉠에서 산술평균과 기하평균의 관계에 의하여
$$6=a+4b\geq2\sqrt{4ab}$$
$$\frac{3}{2}\geq\sqrt{ab}$$
$$\therefore ab\leq\frac{9}{4}\ \left(\text{단, 등호는 }a=4b,\ \text{즉 }a=3,\ b=\frac{3}{4}\text{일 때 성립}\right)$$
$$\therefore \sum_{n=1}^{\infty}a_nb_n=\frac{16}{9}ab$$
$$\leq\frac{16}{9}\cdot\frac{9}{4}=4$$

> **해설 속 칠판** **산술평균과 기하평균의 관계**
>
> $a>0,\ b>0$일 때
> $\quad a+b\geq2\sqrt{ab}$ (단, 등호는 $a=b$일 때 성립한다.)

## 0198 답 ②

## 0199 답 ⑤   • 첫째항이 0인 경우를 항상 확인한다.

주어진 급수는 첫째항이 $x+3$, 공비가 $\dfrac{x-2}{3}$인 등비급수이므로
이 등비급수가 수렴하려면
$$x+3=0 \text{ 또는 } -1<\frac{x-2}{3}<1$$
(i) $x+3=0$일 때
$$x=-3$$
(ii) $-1<\dfrac{x-2}{3}<1$일 때
$$-3<x-2<3$$
$$\therefore -1<x<5$$
(i), (ii)에서 주어진 급수가 수렴하기 위한 정수 $x$의 값은 $-3$, $0$,
$1$, $2$, $3$, $4$이므로 그 합은
$$-3+0+1+2+3+4=7$$

## 0200 답 ②   • 첫째항이 0인 경우를 항상 확인한다.

급수 $\displaystyle\sum_{n=1}^{\infty}(2-x)(2x-2)^{n-1}$은 첫째항이 $2-x$, 공비가 $2x-2$인
등비급수이므로 이 등비급수가 수렴하려면
$$2-x=0 \text{ 또는 } -1<2x-2<1$$
(i) $2-x=0$일 때
$$x=2$$

---

(ii) $-1<2x-2<1$일 때
$$1<2x<3$$
$$\therefore \frac{1}{2}<x<\frac{3}{2}$$
(i), (ii)에서 $\dfrac{1}{2}<x<\dfrac{3}{2}$ 또는 $x=2$ $\quad\cdots\cdots$ ㉠

한편, 급수 $\displaystyle\sum_{n=1}^{\infty}(x^2-3x+1)^n$은 공비가 $x^2-3x+1$인 등비급수이
므로 이 등비급수가 수렴하려면
$$-1<x^2-3x+1<1$$
(iii) $-1<x^2-3x+1$일 때
$$x^2-3x+2>0,\ (x-1)(x-2)>0$$
$$\therefore x<1 \text{ 또는 } x>2$$
(iv) $x^2-3x+1<1$일 때
$$x^2-3x<0,\ x(x-3)<0$$
$$\therefore 0<x<3$$
(iii), (iv)에서 $0<x<1$ 또는 $2<x<3$ $\quad\cdots\cdots$ ㉡
따라서 구하는 실수 $x$의 값의 범위는 ㉠, ㉡의 공통 범위와 같으
므로
$$\frac{1}{2}<x<1$$

## 0201 답 ①

등비급수 $\displaystyle\sum_{n=1}^{\infty}r^n$이 수렴하므로
$$-1<r<1$$
ㄱ. $-1<r<1$에서 $0\leq r^2<1$
    즉, 급수 $\displaystyle\sum_{n=1}^{\infty}r^{2n}=\sum_{n=1}^{\infty}(r^2)^n$은 수렴한다.

ㄴ. [반례] $r=0$일 때, 급수 $\displaystyle\sum_{n=1}^{\infty}(\cos r)^n=\sum_{n=1}^{\infty}1$은 발산한다.

ㄷ. [반례] $r=\dfrac{\sqrt{3}}{2}$일 때, 급수
$$\sum_{n=1}^{\infty}\left[\frac{1}{2}-r^2\right]^n=\sum_{n=1}^{\infty}\left[-\frac{1}{4}\right]^n=\sum_{n=1}^{\infty}(-1)^n$$
    은 발산한다.
따라서 항상 수렴하는 급수는 ㄱ이다.

## 0202 답 2

두 조건 $p$, $q$의 진리집합을 각각 $P$, $Q$라 하면 $p$가 $q$이기 위한 충
분조건이므로 $P\subset Q$이어야 한다.

조건 $p$에서 급수 $\displaystyle\sum_{n=1}^{\infty}(x-4)\left(\frac{3-2x}{3}\right)^{n-1}$은 첫째항이 $x-4$,

공비가 $\dfrac{3-2x}{3}$인 등비급수이므로 이 등비급수가 수렴하려면
$$x-4=0 \text{ 또는 } -1<\frac{3-2x}{3}<1$$
(i) $x-4=0$일 때
$$x=4$$
(ii) $-1<\dfrac{3-2x}{3}<1$일 때
$$-3<3-2x<3$$
$$-6<-2x<0$$
$$\therefore 0<x<3$$
(i), (ii)에서 $P=\{x\,|\,0<x<3 \text{ 또는 } x=4\}$

또한, 조건 $q$에서 수열 $\left\{\left(\dfrac{x-2}{a}\right)^{n-1}\right\}$이 수렴하므로

$-1<\dfrac{x-2}{a}\leq 1$

$-a<x-2\leq a\ (\because a>0)$

$\therefore -a+2<x\leq a+2$

$\therefore Q=\{x\,|\,-a+2<x\leq a+2\}$

이때 $P\subset Q$이어야 하므로

$-a+2\leq 0,\ 4\leq a+2$

$\therefore a\geq 2$

따라서 구하는 자연수 $a$의 최솟값은 2이다.


## 0203  답 ③


## 0204  답 ㄴ

ㄱ. [반례] $a_n=\sqrt{n+1}-\sqrt{n}$이라 하면

$$\lim_{n\to\infty}a_n=\lim_{n\to\infty}(\sqrt{n+1}-\sqrt{n})$$
$$=\lim_{n\to\infty}\dfrac{1}{\sqrt{n}+\sqrt{n+1}}=0$$

이지만

$$S_n=\sum_{k=1}^{n}a_k=\sum_{k=1}^{n}(\sqrt{k+1}-\sqrt{k})$$
$$=(\sqrt{2}-1)+(\sqrt{3}-\sqrt{2})+(\sqrt{4}-\sqrt{3})+\cdots$$
$$+(\sqrt{n+1}-\sqrt{n})$$
$$=-1+\sqrt{n+1}$$

즉, $\lim\limits_{n\to\infty}S_n=\infty$이므로 급수 $\sum\limits_{n=1}^{\infty}a_n$은 발산한다. (거짓)

ㄴ. 급수 $\sum\limits_{n=1}^{\infty}a_n$이 수렴하므로 $\lim\limits_{n\to\infty}a_n=0$

이때 $\lim\limits_{n\to\infty}b_n=k\ (k$는 실수$)$라 하면 → 수열 $\{b_n\}$이 수렴하므로

$\lim\limits_{n\to\infty}a_nb_n=\lim\limits_{n\to\infty}a_n\cdot\lim\limits_{n\to\infty}b_n=0\cdot k=0$ (참)

ㄷ. [반례] $\{a_n\}: 1, 0, 1, 0, 1, 0, \cdots$,

$\{b_n\}: 0, 1, 0, 1, 0, 1, \cdots$

이라 하면 두 수열 $\{a_n\}$, $\{b_n\}$은 모두 발산 (진동)하지만

$\sum\limits_{n=1}^{\infty}a_nb_n=0$이므로 급수 $\sum\limits_{n=1}^{\infty}a_nb_n$은 수렴한다. (거짓)

따라서 옳은 것은 ㄴ이다.


## 0205  답 ④

ㄱ. [반례] $a_n=1$, $b_n=-1$이라 하면

두 급수 $\sum\limits_{n=1}^{\infty}a_n$, $\sum\limits_{n=1}^{\infty}b_n$은 모두 발산하지만 $\sum\limits_{n=1}^{\infty}(a_n+b_n)=0$이므로

급수 $\sum\limits_{n=1}^{\infty}(a_n+b_n)$은 수렴한다. (거짓)

ㄴ. $\sum\limits_{n=1}^{\infty}a_nb_n=1$에서 $\lim\limits_{n\to\infty}a_nb_n=0$이므로 → $\sum\limits_{n=1}^{\infty}a_nb_n$이 수렴하므로

$$\lim_{n\to\infty}b_n=\lim_{n\to\infty}\left(a_nb_n\cdot\dfrac{1}{a_n}\right)$$
$$=\lim_{n\to\infty}a_nb_n\cdot\lim_{n\to\infty}\dfrac{1}{a_n}$$
$$=0\cdot\dfrac{1}{1}=0$$ (참)

ㄷ. 급수 $\sum\limits_{n=1}^{\infty}a_n$의 제$n$항까지의 부분합을 $S_n$, $\sum\limits_{n=1}^{\infty}a_n=S$라 하면

$\lim\limits_{n\to\infty}S_n=S$ $\quad\cdots\cdots$ ㉠

또한, 급수 $\sum\limits_{n=1}^{\infty}(a_{2n-1}+a_{2n})$의 제$n$항까지의 부분합을 $T_n$이라

하면

$$T_n=(a_1+a_2)+(a_3+a_4)+\cdots+(a_{2n-1}+a_{2n})=S_{2n}$$
$$\therefore \sum_{n=1}^{\infty}(a_{2n-1}+a_{2n})=\lim_{n\to\infty}T_n=\lim_{n\to\infty}S_{2n}=S\ (\because ㉠)$$

즉, 급수 $\sum\limits_{n=1}^{\infty}(a_{2n-1}+a_{2n})$은 수렴한다. (참)

따라서 옳은 것은 ㄴ, ㄷ이다.


## 0206  답 ㄱ, ㄴ

등비수열 $\{a_n\}$의 첫째항을 $a$, 공비를 $r_1$이라 하고, 등비수열 $\{b_n\}$의 첫째항을 $b$, 공비를 $r_2$라 하면

$a_n=ar_1^{n-1}$, $b_n=br_2^{n-1}$

ㄱ. 두 급수 $\sum\limits_{n=1}^{\infty}a_n$, $\sum\limits_{n=1}^{\infty}b_n$이 모두 수렴하므로

$-1<r_1<1,\ -1<r_2<1$ $\quad\cdots\cdots$ ㉠

한편, 급수 $\sum\limits_{n=1}^{\infty}a_nb_n$은 첫째항이 $ab$, 공비가 $r_1r_2$인 등비급수이

고, ㉠에서 $-1<r_1r_2<1$이므로 급수 $\sum\limits_{n=1}^{\infty}a_nb_n$은 수렴한다.

$\sum\limits_{n=1}^{\infty}a_nb_n=\sum\limits_{n=1}^{\infty}ar_1^{n-1}\cdot br_2^{n-1}=\sum\limits_{n=1}^{\infty}ab(r_1r_2)^{n-1}$ (참)

ㄴ. 급수 $\sum\limits_{n=1}^{\infty}a_nb_n$은 공비가 $r_1r_2$인 등비급수 $(\because$ ㄱ$)$이고,

급수 $\sum\limits_{n=1}^{\infty}\dfrac{a_n}{b_n}$ (단, $b\neq 0$)은 공비가 $\dfrac{r_1}{r_2}$ (단, $r_2\neq 0$)인 등비급수

이다.

$\sum\limits_{n=1}^{\infty}\dfrac{a_n}{b_n}=\sum\limits_{n=1}^{\infty}\dfrac{ar_1^{n-1}}{br_2^{n-1}}=\sum\limits_{n=1}^{\infty}\dfrac{a}{b}\left(\dfrac{r_1}{r_2}\right)^{n-1}$

두 급수 $\sum\limits_{n=1}^{\infty}a_nb_n$, $\sum\limits_{n=1}^{\infty}\dfrac{a_n}{b_n}$이 모두 수렴하므로

$|r_1r_2|<1$ $\quad\cdots\cdots$ ㉡

$\left|\dfrac{r_1}{r_2}\right|<1$ $\quad\cdots\cdots$ ㉢

㉡, ㉢에서

$|r_1r_2|\cdot\left|\dfrac{r_1}{r_2}\right|<1$이므로

$r_1^2<1$ $\quad\therefore -1<r_1<1$

즉, 급수 $\sum\limits_{n=1}^{\infty}a_n$은 수렴한다. (참)

ㄷ. [반례] $a=r_1=\dfrac{1}{2}$, $b=r_2=1$, 즉 $a_n=\left(\dfrac{1}{2}\right)^n$, $b_n=1$이라 하면

$\dfrac{\frac{1}{2}}{1-\frac{1}{2}}=1$ → 급수 $\sum\limits_{n=1}^{\infty}a_nb_n$과 수열 $\{b_n\}$이 모두 수렴하지만 급수 $\sum\limits_{n=1}^{\infty}b_n$은 발산한다. (거짓) ← $\lim\limits_{n\to\infty}b_n=1$ ← $\lim\limits_{n\to\infty}b_n\neq 0$

따라서 옳은 것은 ㄱ, ㄴ이다.


## 0207  답 2


## 0208  답 ①

(i) $n=1$일 때, $a_1=S_1=\dfrac{3+3}{2}=3$

(ii) $n\geq 2$일 때

$$a_n=S_n-S_{n-1}$$
$$=\dfrac{3n^2+3n}{2}-\dfrac{3(n-1)^2+3(n-1)}{2}$$
$$=3n \quad\cdots\cdots ㉠$$

이때 $a_1=3$은 ㉠에 $n=1$을 대입한 것과 같으므로

$a_n=3n\ (n\geq 1)$

$$\therefore \sum_{n=1}^{\infty} \frac{3}{a_n a_{n+1}} = \sum_{n=1}^{\infty} \frac{3}{3n(3n+3)}$$
$$= \frac{1}{3} \lim_{n\to\infty} \sum_{k=1}^{n} \frac{1}{k(k+1)}$$
$$= \frac{1}{3} \lim_{n\to\infty} \sum_{k=1}^{n} \left( \frac{1}{k} - \frac{1}{k+1} \right)$$
$$= \frac{1}{3} \lim_{n\to\infty} \left\{ \left(1 - \frac{1}{2}\right) + \left(\frac{1}{2} - \frac{1}{3}\right) + \left(\frac{1}{3} - \frac{1}{4}\right) + \cdots \right.$$
$$\left. + \left(\frac{1}{n} - \frac{1}{n+1}\right) \right\}$$
$$= \frac{1}{3} \lim_{n\to\infty} \left(1 - \frac{1}{n+1}\right)$$
$$= \frac{1}{3} \cdot 1 = \frac{1}{3}$$

## 0209  답 ①

$$a_1 = S_1 = \frac{12-3+1}{2+1-1} = 5$$
$$\therefore \sum_{n=2}^{\infty} a_n = -a_1 + \sum_{n=1}^{\infty} a_n$$
$$= -5 + \lim_{n\to\infty} \sum_{k=1}^{n} a_k$$
$$= -5 + \lim_{n\to\infty} S_n$$
$$= -5 + \lim_{n\to\infty} \frac{12n^2 - 3n + 1}{2n^2 + n - 1}$$
$$= -5 + 6 = 1$$

## 0210  답 ②

$\sum_{n=1}^{\infty} a_n = S$라 하면

$\lim_{n\to\infty} S_n = S$, $\lim_{n\to\infty} a_n = 0$

이때 $S_n + a_n = \dfrac{1}{2}S_{n-1} + \dfrac{5}{12}\left(\dfrac{2}{3}\right)^{n-1} + 2$에서

$$\lim_{n\to\infty}(S_n + a_n) = \lim_{n\to\infty}\left\{ \frac{1}{2}S_{n-1} + \frac{5}{12}\left(\frac{2}{3}\right)^{n-1} + 2 \right\}$$

$S = \dfrac{1}{2}S + 2$, $\dfrac{1}{2}S = 2$

$\therefore S = 4$

## 0211  답 2

$$a_1 = S_1 = \frac{5+4}{2+1} = 3$$

$\lim_{n\to\infty} S_n = \lim_{n\to\infty} \dfrac{5n+4}{2n+1} = \dfrac{5}{2}$에서 급수 $\sum_{n=1}^{\infty} a_n$이 수렴하므로

$\lim_{n\to\infty} a_n = 0$

이때 급수 $\sum_{n=1}^{\infty}(a_n + a_{n+1})$의 제$n$항까지의 부분합을 $T_n$이라 하면

$$T_n = \sum_{k=1}^{n}(a_k + a_{k+1})$$
$$= (a_1 + a_2) + (a_2 + a_3) + (a_3 + a_4) + \cdots + (a_n + a_{n+1})$$
$$= 2S_n - a_1 + a_{n+1}$$

에서

$$\lim_{n\to\infty} T_n = \lim_{n\to\infty}(2S_n - a_1 + a_{n+1})$$
$$= 2 \cdot \frac{5}{2} - 3 + 0 = 2$$

$\therefore \sum_{n=1}^{\infty}(a_n + a_{n+1}) = 2$

● 다른 풀이 ●

(i) $n=1$일 때, $a_1 = S_1 = 3$

(ii) $n \geq 2$일 때

$$a_n = S_n - S_{n-1}$$
$$= \frac{5n+4}{2n+1} - \frac{5n-1}{2n-1}$$

(i), (ii)에서 수열 $\{a_n\}$의 일반항은

$a_1 = 3$, $a_n = \dfrac{5n+4}{2n+1} - \dfrac{5n-1}{2n-1}$ $(n \geq 2)$

$\therefore \lim_{n\to\infty} a_n = \lim_{n\to\infty}\left(\dfrac{5n+4}{2n+1} - \dfrac{5n-1}{2n-1}\right) = \dfrac{5}{2} - \dfrac{5}{2} = 0$

## 0212  답 ④

## 0213  답 ⑤

수열 $\{a_n\}$은 첫째항이 2, 공비가 5인 등비수열이므로

$a_n = 2 \cdot 5^{n-1}$

$$\therefore \sum_{n=1}^{\infty} \frac{2^n}{a_n} = \sum_{n=1}^{\infty} \frac{2^n}{2 \cdot 5^{n-1}}$$
$$= \sum_{n=1}^{\infty} \left(\frac{2}{5}\right)^{n-1}$$
$$= \frac{1}{1 - \dfrac{2}{5}} = \frac{5}{3}$$

## 0214  답 ②

$a_n a_{n+1} = \left(\dfrac{4}{9}\right)^n$에서

$$\frac{a_{n+1}a_{n+2}}{a_n a_{n+1}} = \frac{\left(\dfrac{4}{9}\right)^{n+1}}{\left(\dfrac{4}{9}\right)^n}$$

$$\frac{a_{n+2}}{a_n} = \frac{4}{9}$$

$\therefore a_{n+2} = \dfrac{4}{9}a_n$

$a_1 = \dfrac{1}{15}$, $a_1 a_2 = \dfrac{4}{9}$이므로 $a_2 = \dfrac{20}{3}$

따라서 수열 $\{a_{2n}\}$은 첫째항이 $\dfrac{20}{3}$, 공비가 $\dfrac{4}{9}$인 등비수열이므로

$$\sum_{n=1}^{\infty} a_{2n} = \sum_{n=1}^{\infty} \frac{20}{3}\left(\frac{4}{9}\right)^{n-1}$$
$$= \frac{\dfrac{20}{3}}{1 - \dfrac{4}{9}} = 12$$

## 0215  답 ①

수열 $\{a_n\}$은 첫째항이 $\dfrac{4}{3}$, 공비가 $r$인 등비수열이므로

$a_n = \dfrac{4}{3}r^{n-1}$

$\therefore a_n^2 = \left(\dfrac{4}{3}r^{n-1}\right)^2 = \dfrac{16}{9}(r^2)^{n-1}$

이때 $\sum_{n=1}^{\infty} a_n = \sum_{n=1}^{\infty} a_n^2$에서

$\sum_{n=1}^{\infty} \dfrac{4}{3}r^{n-1} = \sum_{n=1}^{\infty} \dfrac{16}{9}(r^2)^{n-1}$

$$\frac{\frac{4}{3}}{1-r}=\frac{\frac{16}{9}}{1-r^2}, \quad 1=\frac{\frac{4}{3}}{1+r} \quad (\because r\neq1)$$

$$1+r=\frac{4}{3} \qquad \therefore r=\frac{1}{3}$$

$$\therefore a_n=\frac{4}{3}\left(\frac{1}{3}\right)^{n-1}$$

$$\therefore \sum_{n=1}^{\infty}\left(\frac{a_n}{4}\right)^3=\sum_{n=1}^{\infty}\left\{\left(\frac{1}{3}\right)^n\right\}^3=\sum_{n=1}^{\infty}\left(\frac{1}{27}\right)^n=\frac{\frac{1}{27}}{1-\frac{1}{27}}=\frac{1}{26}$$

## 0216 답 ①

$a_1=\frac{1}{4}$, $a_2=1$, $a_3=\frac{5}{4}$, $a_4=\frac{13}{4}$, $\cdots$이므로

$n\geq2$이면 $a_n\geq1$이다.

$a_{n+2}=na_n+a_{n+1}$에 $n=1,\ 2,\ \cdots$를 대입한다.

$$\therefore a_{n+2}=na_n+a_{n+1}$$
$$>n+1 \ (n=2,\ 3,\ 4,\ \cdots)$$

따라서 $\lim\limits_{n\to\infty}a_{n+2}=\infty$이므로

$a_{n+2}=na_n+a_{n+1}$에서 $na_n=a_{n+2}-a_{n+1}$

$$\sum_{n=1}^{\infty}\frac{na_n}{a_{n+1}a_{n+2}}=\sum_{n=1}^{\infty}\frac{a_{n+2}-a_{n+1}}{a_{n+1}a_{n+2}}=\sum_{n=1}^{\infty}\left(\frac{1}{a_{n+1}}-\frac{1}{a_{n+2}}\right)$$

$$=\lim_{n\to\infty}\sum_{k=1}^{n}\left(\frac{1}{a_{k+1}}-\frac{1}{a_{k+2}}\right)$$

$$=\lim_{n\to\infty}\left\{\left(\frac{1}{a_2}-\frac{1}{a_3}\right)+\left(\frac{1}{a_3}-\frac{1}{a_4}\right)+\left(\frac{1}{a_4}-\frac{1}{a_5}\right)+\cdots \right.$$
$$\left.+\left(\frac{1}{a_{n+1}}-\frac{1}{a_{n+2}}\right)\right\}$$

$$=\lim_{n\to\infty}\left(\frac{1}{a_2}-\frac{1}{a_{n+2}}\right)$$

$$=\frac{1}{a_2}\left(\because \lim_{n\to\infty}\frac{1}{a_{n+2}}=0\right)$$

$$=1$$

## 0217 답 ②

## 0218 답 ②

$$0.\dot{2}=0.2+0.02+0.002+\cdots$$
$$=2\left(\frac{1}{10}+\frac{1}{100}+\frac{1}{1000}+\cdots\right)$$
$$=\sum_{n=1}^{\infty}2\left(\frac{1}{10}\right)^n=\frac{\frac{2}{10}}{1-\frac{1}{10}}=\frac{2}{9}$$

$$0.\dot{1}\dot{0}=0.1+0.001+0.00001+\cdots$$
$$=\frac{1}{10}+\frac{1}{1000}+\frac{1}{100000}+\cdots$$
$$=\sum_{n=1}^{\infty}\frac{1}{10}\left(\frac{1}{100}\right)^{n-1}=\frac{\frac{1}{10}}{1-\frac{1}{100}}=\frac{10}{99}$$

따라서 $\dfrac{a_2}{a_1}=\dfrac{\frac{10}{99}}{\frac{2}{9}}=\dfrac{5}{11}$이므로 등비수열 $\{a_n\}$은 첫째항이 $\dfrac{2}{9}$,

공비가 $\dfrac{5}{11}$이다.

$$\therefore \sum_{n=1}^{\infty}a_n=\frac{\frac{2}{9}}{1-\frac{5}{11}}=\frac{11}{27}$$

## 0219 답 ①

$$0.\dot{x}=\frac{x}{10}+\frac{x}{100}+\frac{x}{1000}+\cdots$$
$$=\sum_{n=1}^{\infty}x\left(\frac{1}{10}\right)^n=\frac{\frac{x}{10}}{1-\frac{1}{10}}=\frac{x}{9}$$

$3x$로 나타내지 않도록 주의한다.

$$0.\dot{3}\dot{x}=\frac{30+x}{100}+\frac{30+x}{10000}+\frac{30+x}{1000000}+\cdots$$
$$=\sum_{n=1}^{\infty}(30+x)\left(\frac{1}{100}\right)^n=\frac{\frac{30+x}{100}}{1-\frac{1}{100}}=\frac{30+x}{99}$$

따라서 등비수열 $\{a_n\}$은 첫째항이 $\dfrac{x}{9}$, 공비가 $\dfrac{30+x}{99}$이므로

$$\sum_{n=1}^{\infty}a_n=\frac{\frac{x}{9}}{1-\frac{30+x}{99}}$$

$$=\frac{11x}{69-x}$$

$$=\frac{22}{21}$$

에서 $2(69-x)=21x$

$23x=138$

$$\therefore x=6$$

## 0220 답 ①

$b_n=3^n+2$라 하면

$b_1=3^1+2=5$이므로 $a_1=0$

$b_2=3^2+2=11$이므로 $a_2=1$

$b_3=3^3+2=29$이므로 $a_3=4$

$b_4=3^4+2=83$이므로 $a_4=3$

$b_5=3^5+2=245$이므로 $a_5=0$

$\vdots$

따라서 $a_{4k-3}=0$, $a_{4k-2}=1$, $a_{4k-1}=4$, $a_{4k}=3$ ($k$는 자연수)이므로

$$\sum_{n=1}^{\infty}\frac{a_n}{10^n}=\frac{0}{10}+\frac{1}{100}+\frac{4}{1000}+\frac{3}{10000}+\frac{0}{100000}+\cdots$$

$$=\frac{143}{10^4}+\frac{143}{10^8}+\frac{143}{10^{12}}+\cdots$$

$$=0.\dot{0}14\dot{3}$$

## 0221 답 ④

$\dfrac{6}{11}=0.545454\cdots$이므로

$$a_n=\begin{cases} 5 & (n\text{은 홀수}) \\ 4 & (n\text{은 짝수}) \end{cases}$$

$$\therefore \sum_{n=1}^{\infty}\left(\frac{k}{a_n}\right)^n=\frac{k}{5}+\left(\frac{k}{4}\right)^2+\left(\frac{k}{5}\right)^3+\left(\frac{k}{4}\right)^4+\cdots$$

$$=\left\{\frac{k}{5}+\left(\frac{k}{5}\right)^3+\left(\frac{k}{5}\right)^5+\cdots\right\}$$
$$+\left\{\left(\frac{k}{4}\right)^2+\left(\frac{k}{4}\right)^4+\left(\frac{k}{4}\right)^6+\cdots\right\}$$

$$=\sum_{n=1}^{\infty}\left(\frac{k}{5}\right)^{2n-1}+\sum_{n=1}^{\infty}\left(\frac{k}{4}\right)^{2n}$$

$$=\sum_{n=1}^{\infty}\frac{k}{5}\left(\frac{k^2}{25}\right)^{n-1}+\sum_{n=1}^{\infty}\left(\frac{k^2}{16}\right)^n$$

이때 두 급수 $\sum\limits_{n=1}^{\infty} \dfrac{k}{5}\left(\dfrac{k^2}{25}\right)^{n-1}$, $\sum\limits_{n=1}^{\infty}\left(\dfrac{k^2}{16}\right)^n$의 공비가 각각 $\dfrac{k^2}{25}$, $\dfrac{k^2}{16}$

이므로 주어진 급수의 합이 존재하기 위해서는

$$-1<\dfrac{k^2}{25}<1, \ -1<\dfrac{k^2}{16}<1에서$$

$$0\le\dfrac{k^2}{25}<1, \ 0\le\dfrac{k^2}{16}<1$$

$k\ne0$일 때, 두 등비급수의 첫째항이 서로 다르고 공비가 양수이므로 두 등비급수가 각각 수렴해야 한다.

(i) $0\le\dfrac{k^2}{25}<1$일 때

$\quad 0\le k^2<25$

$\quad \therefore -5<k<5$

(ii) $0\le\dfrac{k^2}{16}<1$일 때

$\quad 0\le k^2<16$

$\quad \therefore -4<k<4$

(i), (ii)에서 조건을 만족시키는 $k$의 값의 범위는 $-4<k<4$이므로 정수 $k$의 개수는

$-3, \ -2, \ -1, \ \cdots, \ 3$의 7

## 0222 답 ⑤

## 0223 답 ③

점 $P_n$이 한없이 가까워지는 점 $P$의 좌표를 $(x, y)$라 하면

$x=\overline{OP_1}+\overline{P_2P_3}+\overline{P_4P_5}+\cdots$

$\quad =3+3\cdot\left(\dfrac{1}{2}\right)^2+3\cdot\left(\dfrac{1}{2}\right)^4+\cdots$ → 첫째항이 3, 공비가 $\left(\dfrac{1}{2}\right)^2$인 등비급수의 합

$\quad =\dfrac{3}{1-\dfrac{1}{4}}=4$

$y=\overline{P_1P_2}-\overline{P_3P_4}+\overline{P_5P_6}-\overline{P_7P_8}+\cdots$

$\quad =3\cdot\dfrac{1}{2}-3\cdot\left(\dfrac{1}{2}\right)^3+3\cdot\left(\dfrac{1}{2}\right)^5-3\cdot\left(\dfrac{1}{2}\right)^7+\cdots$

$\quad =\dfrac{3}{2}+\dfrac{3}{2}\cdot\left(-\dfrac{1}{4}\right)+\dfrac{3}{2}\cdot\left(-\dfrac{1}{4}\right)^2+\dfrac{3}{2}\cdot\left(-\dfrac{1}{4}\right)^3+\cdots$

첫째항이 $\dfrac{3}{2}$, 공비가 $-\dfrac{1}{4}$인 등비급수의 합

$\quad =\dfrac{\dfrac{3}{2}}{1-\left(-\dfrac{1}{4}\right)}=\dfrac{6}{5}$

따라서 직선 OP의 기울기는

$\dfrac{\dfrac{6}{5}-0}{4-0}=\dfrac{3}{10}$ → 점 P의 좌표는 $P\left(4, \ \dfrac{6}{5}\right)$이다.

## 0224 답 ②

점 $P_n$이 한없이 가까워지는 점을 P라 하면

$\angle P_1OP=\angle P_1OP_2+\angle P_2OP_3+\angle P_3OP_4+\cdots$

$\quad =\dfrac{\pi}{6}+\dfrac{\pi}{6}\cdot\dfrac{3}{4}+\dfrac{\pi}{6}\cdot\left(\dfrac{3}{4}\right)^2+\cdots$ → 첫째항이 $\dfrac{\pi}{6}$, 공비가 $\dfrac{3}{4}$인 등비급수의 합

$\quad =\dfrac{\dfrac{\pi}{6}}{1-\dfrac{3}{4}}=\dfrac{2}{3}\pi$

이때 점 P는 원 위의 점이므로

$P\left(2\cos\dfrac{2}{3}\pi, \ 2\sin\dfrac{2}{3}\pi\right)$, 즉 $P(-1, \ \sqrt{3})$

따라서 $x=-1, \ y=\sqrt{3}$이므로

$xy=(-1)\cdot\sqrt{3}=-\sqrt{3}$

## 0225 답 ②

점 P가 움직인 총 거리는 → 첫째항이 4, 공비가 $\dfrac{8}{9}$인 등비급수의 합

$4+4\cdot\dfrac{8}{9}+4\cdot\left(\dfrac{8}{9}\right)^2+4\cdot\left(\dfrac{8}{9}\right)^3+\cdots=\dfrac{4}{1-\dfrac{8}{9}}=36$

$A(4\sqrt{2}, 0)$, $B(0, 4\sqrt{2})$, $C(-4\sqrt{2}, 0)$, $D(0, -4\sqrt{2})$이고, 사각형 ABCD의 한 변의 길이는 8이므로 $\sqrt{(4\sqrt{2})^2+(4\sqrt{2})^2}=8$

$36=4\cdot8+4$에서 점 P는 선분 AB의 중점에 한없이 가까워진다.

이때 두 점 A, B의 중점의 좌표는 $\left(\dfrac{4\sqrt{2}+0}{2}, \ \dfrac{0+4\sqrt{2}}{2}\right)$, 즉 $(2\sqrt{2}, 2\sqrt{2})$이므로 점 P가 한없이 가까워지는 점의 좌표는 $(2\sqrt{2}, 2\sqrt{2})$이다.

## 0226 답 8

점 $P_n$이 한없이 가까워지는 점의 좌표가 $(x, y)$이므로

$x=\overline{OP_1}-\dfrac{\sqrt{2}}{2}\overline{P_1P_2}+\overline{P_2P_3}-\dfrac{\sqrt{2}}{2}\overline{P_3P_4}+\overline{P_4P_5}-\dfrac{\sqrt{2}}{2}\overline{P_5P_6}+\cdots$

$\quad =(\overline{OP_1}+\overline{P_2P_3}+\overline{P_4P_5}+\cdots)-\dfrac{\sqrt{2}}{2}(\overline{P_1P_2}+\overline{P_3P_4}+\overline{P_5P_6}+\cdots)$

$\quad =\left\{4+4\cdot\left(\dfrac{\sqrt{2}}{2}\right)^2+4\cdot\left(\dfrac{\sqrt{2}}{2}\right)^4+\cdots\right\}$

$\qquad\qquad -\dfrac{\sqrt{2}}{2}\left\{2\sqrt{2}+2\sqrt{2}\cdot\left(\dfrac{\sqrt{2}}{2}\right)^2+2\sqrt{2}\cdot\left(\dfrac{\sqrt{2}}{2}\right)^4+\cdots\right\}$

$\quad =\left\{4+4\cdot\left(\dfrac{\sqrt{2}}{2}\right)^2+4\cdot\left(\dfrac{\sqrt{2}}{2}\right)^4+\cdots\right\}$

$\qquad\qquad -\left\{2+2\cdot\left(\dfrac{\sqrt{2}}{2}\right)^2+2\cdot\left(\dfrac{\sqrt{2}}{2}\right)^4+\cdots\right\}$

$\quad =2+2\cdot\left(\dfrac{\sqrt{2}}{2}\right)^2+2\cdot\left(\dfrac{\sqrt{2}}{2}\right)^4+\cdots$

$\quad =2+2\cdot\dfrac{1}{2}+2\cdot\left(\dfrac{1}{2}\right)^2+\cdots$ → 첫째항이 2, 공비가 $\dfrac{1}{2}$인 등비급수의 합

$\quad =\dfrac{2}{1-\dfrac{1}{2}}=4$

$y=\dfrac{\sqrt{2}}{2}\overline{P_1P_2}+\dfrac{\sqrt{2}}{2}\overline{P_3P_4}+\dfrac{\sqrt{2}}{2}\overline{P_5P_6}+\cdots$

$\quad =\dfrac{\sqrt{2}}{2}\left\{2\sqrt{2}+2\sqrt{2}\cdot\left(\dfrac{\sqrt{2}}{2}\right)^2+2\sqrt{2}\cdot\left(\dfrac{\sqrt{2}}{2}\right)^4+\cdots\right\}$

$\quad =2+2\cdot\dfrac{1}{2}+2\cdot\left(\dfrac{1}{2}\right)^2+\cdots$ → 첫째항이 2, 공비가 $\dfrac{1}{2}$인 등비급수의 합

$\quad =\dfrac{2}{1-\dfrac{1}{2}}=4$

$\therefore x+y=4+4=8$

## 0227 답 ③

## 0228 답 ④

추가 지점 P를 지나간 후 되돌아올 때마다 움직인 거리는

$2\cdot30\cdot\dfrac{2}{3}$ (cm), $2\cdot30\cdot\left(\dfrac{2}{3}\right)^2$ (cm), $2\cdot30\cdot\left(\dfrac{2}{3}\right)^3$ (cm), $\cdots$

→ 지점 P를 지나간 만큼 되돌아오므로 2를 곱해준다.

따라서 구하는 거리는

$30+2\cdot30\cdot\dfrac{2}{3}+2\cdot30\cdot\left(\dfrac{2}{3}\right)^2+2\cdot30\cdot\left(\dfrac{2}{3}\right)^3+\cdots$

$=30+\dfrac{40}{1-\dfrac{2}{3}}=150$ (cm) → 첫째항이 40, 공비가 $\dfrac{2}{3}$인 등비급수의 합

## 0229　답 15

두 삼각형 $\mathrm{OP}_n\mathrm{P}_{n+1}$, $\mathrm{OP}_{n+1}\mathrm{P}_{n+2}$는 닮음
(AA 닮음)이고
$\overline{\mathrm{OP}_n} : \overline{\mathrm{OP}_{n+1}} = 5k : 4k$ (단, $k \neq 0$)

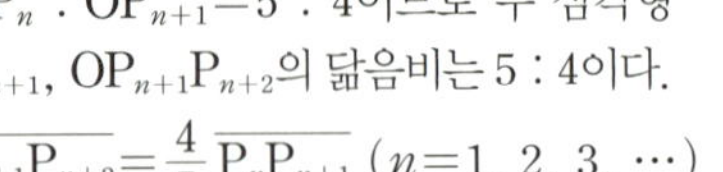

즉, $\overline{\mathrm{OP}_n} : \overline{\mathrm{OP}_{n+1}} = 5 : 4$이므로 두 삼각형
$\mathrm{OP}_n\mathrm{P}_{n+1}$, $\mathrm{OP}_{n+1}\mathrm{P}_{n+2}$의 닮음비는 $5 : 4$이다.

$$\therefore \overline{\mathrm{P}_{n+1}\mathrm{P}_{n+2}} = \frac{4}{5}\overline{\mathrm{P}_n\mathrm{P}_{n+1}} \ (n=1,\ 2,\ 3,\ \cdots)$$

이때 피타고라스 정리에 의하여
$\overline{\mathrm{P}_1\mathrm{P}_2} = \sqrt{5^2 - 4^2} = 3$이므로

$$\overline{\mathrm{P}_1\mathrm{P}_2} + \overline{\mathrm{P}_2\mathrm{P}_3} + \overline{\mathrm{P}_3\mathrm{P}_4} + \cdots = 3 + 3\cdot\frac{4}{5} + 3\cdot\left(\frac{4}{5}\right)^2 + \cdots$$
$$= \frac{3}{1-\frac{4}{5}} = 15$$

첫째항이 3, 공비가 $\frac{4}{5}$인 등비급수의 합

## 0230　답 ⑤

점 A를 $\mathrm{P}_0$이라 하고, 원의 중심을 O라 하자.
두 삼각형 $\mathrm{OP}_n\mathrm{P}_{n+1}$, $\mathrm{OP}_{n+1}\mathrm{P}_{n+2}$는
닮음 (AA 닮음)이고
$\overline{\mathrm{OP}_n} : \overline{\mathrm{OP}_{n+1}} = \sqrt{2}k : k$ (단, $k \neq 0$)

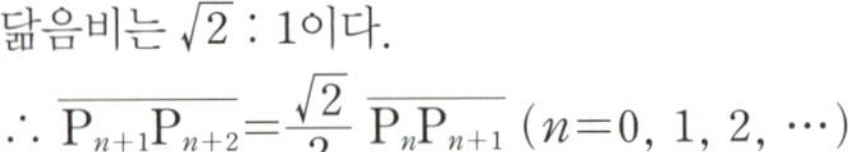

즉, $\overline{\mathrm{OP}_n} : \overline{\mathrm{OP}_{n+1}} = \sqrt{2} : 1$이므로
두 삼각형 $\mathrm{OP}_n\mathrm{P}_{n+1}$, $\mathrm{OP}_{n+1}\mathrm{P}_{n+2}$의
닮음비는 $\sqrt{2} : 1$이다.

$$\therefore \overline{\mathrm{P}_{n+1}\mathrm{P}_{n+2}} = \frac{\sqrt{2}}{2}\overline{\mathrm{P}_n\mathrm{P}_{n+1}} \ (n=0,\ 1,\ 2,\ \cdots)$$

이때 삼각형 $\mathrm{OP}_0\mathrm{P}_1$은 빗변의 길이가 6인 직각이등변삼각형이므로
$$\overline{\mathrm{P}_0\mathrm{P}_1} = 6 \cdot \frac{\sqrt{2}}{2} = 3\sqrt{2}$$

$$\therefore \overline{\mathrm{AP}_1} + \overline{\mathrm{P}_1\mathrm{P}_2} + \overline{\mathrm{P}_2\mathrm{P}_3} + \overline{\mathrm{P}_3\mathrm{P}_4} + \cdots$$
$$= \overline{\mathrm{P}_0\mathrm{P}_1} + \overline{\mathrm{P}_1\mathrm{P}_2} + \overline{\mathrm{P}_2\mathrm{P}_3} + \overline{\mathrm{P}_3\mathrm{P}_4} + \cdots$$
$$= 3\sqrt{2} + 3\sqrt{2}\cdot\frac{\sqrt{2}}{2} + 3\sqrt{2}\cdot\left(\frac{\sqrt{2}}{2}\right)^2 + 3\sqrt{2}\cdot\left(\frac{\sqrt{2}}{2}\right)^3 + \cdots$$
$$= \frac{3\sqrt{2}}{1-\frac{\sqrt{2}}{2}} = 6 + 6\sqrt{2}$$

첫째항이 $3\sqrt{2}$, 공비가 $\frac{\sqrt{2}}{2}$인 등비급수의 합

## 0231　답 ③

$x^2 + x = x + \left(\frac{1}{4}\right)^n$에서

$x^2 = \left(\frac{1}{4}\right)^n$

$\therefore x = \left(\frac{1}{2}\right)^n \ (\because x > 0)$

즉, $\mathrm{P}_n\left(\left(\frac{1}{2}\right)^n,\ \left(\frac{1}{2}\right)^n + \left(\frac{1}{4}\right)^n\right)$, $\mathrm{Q}_n\left(\left(\frac{1}{2}\right)^n,\ 0\right)$이므로

$$\overline{\mathrm{P}_n\mathrm{Q}_n} = \left(\frac{1}{2}\right)^n + \left(\frac{1}{4}\right)^n$$

$$\therefore \sum_{n=1}^{\infty}\overline{\mathrm{P}_n\mathrm{Q}_n} = \sum_{n=1}^{\infty}\left\{\left(\frac{1}{2}\right)^n + \left(\frac{1}{4}\right)^n\right\}$$
$$= \frac{\frac{1}{2}}{1-\frac{1}{2}} + \frac{\frac{1}{4}}{1-\frac{1}{4}} = \frac{4}{3}$$

## 0232　답 5

## 0233　답 ⑤

$\overline{\mathrm{OP}_{n+1}} : \overline{\mathrm{P}_{n+1}\mathrm{P}_n} = 2 : 1$이므로

$\overline{\mathrm{OP}_{n+1}} : \overline{\mathrm{OP}_n} = 2 : 3$

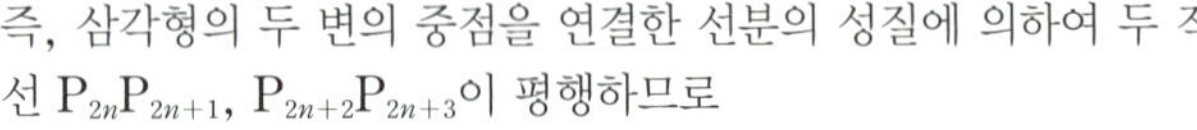

$$\overline{\mathrm{OP}_{n+1}} = \frac{2}{3}\overline{\mathrm{OP}_n} \ (n=1,\ 2,\ 3,\ \cdots)$$

즉, 두 원 $C_n$, $C_{n+1}$의 넓이의 비는
$1 : \frac{4}{9}$이고, $S_1 = 25\pi$이므로

$$S_n = 25\pi\left(\frac{4}{9}\right)^{n-1}$$

첫째항이 $25\pi$, 공비가 $\frac{4}{9}$인 등비수열

$$\therefore \sum_{n=1}^{\infty}S_n = \sum_{n=1}^{\infty}25\pi\left(\frac{4}{9}\right)^{n-1} = \frac{25\pi}{1-\frac{4}{9}} = 45\pi$$

## 0234　답 ⑤

두 직선 $\mathrm{P}_{2n-1}\mathrm{P}_{2n}$, $\mathrm{P}_{2n+1}\mathrm{P}_{2n+2}$가 평행하
므로
$$\angle\mathrm{P}_{2n+1}\mathrm{P}_{2n-1}\mathrm{P}_{2n} = \angle\mathrm{P}_{2n+3}\mathrm{P}_{2n+1}\mathrm{P}_{2n+2}$$
$$\cdots\cdots\ \ominus$$

이때 점 $\mathrm{P}_{2n+1}$이 선분 $\mathrm{OP}_{2n-1}$의 중점이고,
두 직선 $\mathrm{P}_{2n-1}\mathrm{P}_{2n}$, $\mathrm{P}_{2n+1}\mathrm{P}_{2n+2}$가 평행하
므로 점 $\mathrm{P}_{2n+2}$는 선분 $\mathrm{OP}_{2n}$의 중점이다.
즉, 삼각형의 두 변의 중점을 연결한 선분의 성질에 의하여 두 직
선 $\mathrm{P}_{2n}\mathrm{P}_{2n+1}$, $\mathrm{P}_{2n+2}\mathrm{P}_{2n+3}$이 평행하므로
$$\angle\mathrm{P}_{2n-1}\mathrm{P}_{2n+1}\mathrm{P}_{2n} = \angle\mathrm{P}_{2n+1}\mathrm{P}_{2n+3}\mathrm{P}_{2n+2}$$
$$\cdots\cdots\ \bigcirc\!\!\!\bigcirc$$

$\ominus$, $\bigcirc\!\!\!\bigcirc$에서 두 삼각형 $\mathrm{P}_{2n-1}\mathrm{P}_{2n}\mathrm{P}_{2n+1}$, $\mathrm{P}_{2n+1}\mathrm{P}_{2n+2}\mathrm{P}_{2n+3}$은 서로 닮
음 (AA 닮음)이고, 닮음비는 $2 : 1$이므로 넓이의 비는 $4 : 1$이다.

$$\therefore S_{n+1} = \frac{1}{4}S_n$$

이때 삼각형 $\mathrm{P}_1\mathrm{P}_2\mathrm{P}_3$의 넓이는 삼각형 $\mathrm{OP}_1\mathrm{P}_2$의 넓이의 $\frac{1}{2}$이므로

$$S_1 = \frac{1}{2}\cdot\left(\frac{1}{2}\cdot4\cdot3\cdot\sin 60°\right) = \frac{1}{2}\cdot\left(\frac{1}{2}\cdot4\cdot3\cdot\frac{\sqrt{3}}{2}\right) = \frac{3\sqrt{3}}{2}$$

따라서 수열 $\{S_n\}$은 첫째항이 $\frac{3\sqrt{3}}{2}$이고, 공비가 $\frac{1}{4}$인 등비수열이
므로

$$\sum_{n=1}^{\infty}S_n = \sum_{n=1}^{\infty}\frac{3\sqrt{3}}{2}\left(\frac{1}{4}\right)^{n-1} = \frac{\frac{3\sqrt{3}}{2}}{1-\frac{1}{4}} = 2\sqrt{3}$$

---

**해설 속 칠판**　삼각형의 두 변의 중점을 연결한 선분의 성질

삼각형 ABC에서
(1) $\overline{\mathrm{AM}} = \overline{\mathrm{MB}}$, $\overline{\mathrm{AN}} = \overline{\mathrm{NC}}$이면
$$\overline{\mathrm{MN}} /\!/ \overline{\mathrm{BC}},\ \overline{\mathrm{MN}} = \frac{1}{2}\overline{\mathrm{BC}}$$

(2) $\overline{\mathrm{AM}} = \overline{\mathrm{MB}}$, $\overline{\mathrm{MN}} /\!/ \overline{\mathrm{BC}}$이면
$$\overline{\mathrm{AN}} = \overline{\mathrm{NC}},\ \overline{\mathrm{MN}} = \frac{1}{2}\overline{\mathrm{BC}}$$

---

## 0235　답 18

오른쪽 그림과 같이 $n$번째 만들어진
정사각형을 $\mathrm{A}_n\mathrm{B}_n\mathrm{C}_n\mathrm{D}_n$, 두 대각선
의 교점을 $\mathrm{O}_n$, 넓이를 $S_n$이라 하자.
이때 두 삼각형 $\mathrm{A}_n\mathrm{A}_{n+1}\mathrm{D}_{n+1}$,
$\mathrm{B}_n\mathrm{B}_{n+1}\mathrm{C}_{n+1}$은 서로 합동
(ASA 합동)인 직각이등변삼각형이
므로

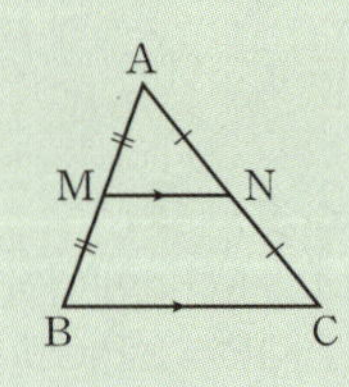

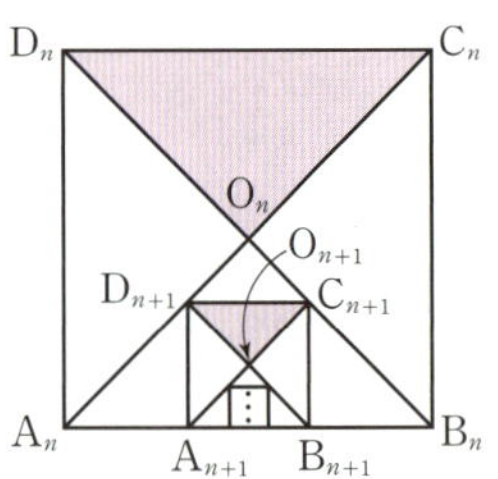

$$\overline{A_nA_{n+1}}=\overline{A_{n+1}D_{n+1}}=\overline{A_{n+1}B_{n+1}}=\overline{B_{n+1}C_{n+1}}=\overline{B_nB_{n+1}}$$
$$\therefore \overline{C_nD_n}:\overline{C_{n+1}D_{n+1}}=\overline{A_nB_n}:\overline{A_{n+1}B_{n+1}}=3:1$$
즉, 두 삼각형 $O_nC_nD_n$, $O_{n+1}C_{n+1}D_{n+1}$은 닮음비가 $3:1$이므로
넓이의 비는 $9:1$이다.

이때 $S_1=\dfrac{1}{4}\cdot 8\cdot 8=16$이므로

$$S_n=16\left(\dfrac{1}{9}\right)^{n-1}$$ → 첫째항이 16, 공비가 $\dfrac{1}{9}$인 등비수열

$$\therefore \sum_{n=1}^{\infty}S_n=\sum_{n=1}^{\infty}16\left(\dfrac{1}{9}\right)^{n-1}=\dfrac{16}{1-\dfrac{1}{9}}=18$$

## 0236 답 12

자연수 $n$에 대하여 사분원 $OX_nY_n$의 반지름의 길이를 $r_n$이라 하면 오른쪽 그림과 같이 삼각형 $OA_{n+1}C_n$이 직각이등변삼각형이므로
$$\overline{OA_{n+1}}=\overline{A_{n+1}C_n}=r_{n+1}$$
또한, 삼각형 $A_nA_{n+1}C_n$에서 · 직선 $B_nC_n$이 원에 접하므로 $B_nC_n\perp OA_{n+1}$
$$\overline{A_nA_{n+1}}=\overline{OA_n}-\overline{OA_{n+1}}$$
$$=r_n-r_{n+1}$$
이때 $\angle A_nC_nA_{n+1}=60°$이므로
$$\dfrac{\overline{A_nA_{n+1}}}{\overline{A_{n+1}C_n}}=\sqrt{3}$$
$$\dfrac{r_n-r_{n+1}}{r_{n+1}}=\sqrt{3},\ (\sqrt{3}+1)r_{n+1}=r_n$$
$$\therefore r_{n+1}=\dfrac{\sqrt{3}-1}{2}r_n$$
$r_1=2$, $r_2=\sqrt{3}-1$이므로 삼각형 $A_1B_1C_1$의 넓이 $S_1$은
$$S_1=\dfrac{1}{2}\cdot 2\cdot \overline{A_2C_1}\cdot \overline{A_1A_2}=(\sqrt{3}-1)(3-\sqrt{3})=4\sqrt{3}-6$$
따라서 수열 $\{S_n\}$은 첫째항이 $4\sqrt{3}-6$,
공비가 $\left(\dfrac{\sqrt{3}-1}{2}\right)^2=\dfrac{2-\sqrt{3}}{2}$인 등비수열이다.
$$\therefore \sum_{n=1}^{\infty}S_n=\dfrac{4\sqrt{3}-6}{1-\dfrac{2-\sqrt{3}}{2}}=\dfrac{8\sqrt{3}-12}{2-(2-\sqrt{3})}=8-4\sqrt{3}$$
따라서 $p=8$, $q=-4$이므로 $p-q=8-(-4)=12$

## 0237 답 ④

## 0238 답 ③

$n$번째 달에 재활용하는 플라스틱의 양을 $a_n$이라 하면
$$a_1=150\times 0.8\times 0.5=60$$
$$a_{n+1}=a_n\times 0.8\times 0.5=0.4a_n$$
따라서 수열 $\{a_n\}$은 첫째항이 60, 공비가 0.4인 등비수열이므로
재활용하는 플라스틱의 총량은
$$\sum_{n=1}^{\infty}a_n=\sum_{n=1}^{\infty}(60\times 0.4^{n-1})=\dfrac{60}{1-0.4}=100(톤)$$

## 0239 답 ③

$n$번째 지급하는 장학금의 액수를 $a_n$(억 원)이라 하면
$$a_1=300\times 1.1\times 0.3=99$$
(매년 남은 기금의 액수) : (그해 지불하는 장학금의 액수)$=7:3$
이므로

$$a_{n+1}=\left(\dfrac{7}{3}a_n\right)\times 1.1\times 0.3=0.77a_n$$
즉, 수열 $\{a_n\}$은 첫째항이 99, 공비가 0.77인 등비수열이므로
$$\sum_{n=1}^{\infty}a_n=\sum_{n=1}^{\infty}(99\times 0.77^{n-1})=\dfrac{99}{1-0.77}=430.4\times\times\times(억\ 원)$$
· 단위가 억이므로 이 부분이 천만의 자리이다.
따라서 구하는 장학금의 총액은 약 430억 원이다.

## 0240 답 960

오늘 물의 양을 $b\,\mathrm{m}^3$, 오늘부터 $n$일 후 물의 양을 $a_n\,\mathrm{m}^3$이라 하면
$$a_1=a+(1-0.08)b=a+0.92b$$
$$a_2=a+0.92\times(a+0.92b)=a+0.92a+0.92^2b$$
$$a_3=a+0.92\times(a+0.92a+0.92^2b)$$
$$=a+0.92a+0.92^2a+0.92^3b$$
$$\vdots$$
$$\therefore a_n=0.92^nb+\sum_{k=1}^{n}(a\times 0.92^{k-1})$$
$$\therefore \lim_{n\to\infty}a_n=\lim_{n\to\infty}\left\{0.92^nb+\sum_{k=1}^{n}(a\times 0.92^{k-1})\right\}$$
$$=0+\dfrac{a}{1-0.92}=\dfrac{25}{2}a$$
이때 $\dfrac{25}{2}a\geq 12000$에서
$$a\geq 960$$
따라서 구하는 $a$의 최솟값은 960이다.

## 0241 답 ④

전체 액체 괴물의 부피를 $x$라 하면 A, B가 가져가는 액체 괴물의
부피는 다음 표와 같다.

| 횟수 | A가 가져간<br>액체 괴물의 부피 | B가 가져간<br>액체 괴물의 부피 | 남은<br>액체 괴물의 부피 |
|---|---|---|---|
| 1 | $\dfrac{1}{4}x$ | | $\dfrac{3}{4}x$ |
| | | $\dfrac{3}{4}\cdot\dfrac{3}{7}x$ | $\dfrac{3}{7}x$ |
| 2 | $\dfrac{1}{4}\cdot\dfrac{3}{7}x$ | | $\dfrac{3}{4}\cdot\dfrac{3}{7}x$ |
| | | $\dfrac{3}{4}\cdot\left(\dfrac{3}{7}\right)^2x$ | $\left(\dfrac{3}{7}\right)^2x$ |
| 3 | $\dfrac{1}{4}\cdot\left(\dfrac{3}{7}\right)^2x$ | | $\dfrac{3}{4}\cdot\left(\dfrac{3}{7}\right)^2x$ |
| | | $\dfrac{3}{4}\cdot\left(\dfrac{3}{7}\right)^3x$ | $\left(\dfrac{3}{7}\right)^3x$ |
| $\vdots$ | | | |

즉, A가 가져간 액체 괴물의 부피는

$$\dfrac{1}{4}x+\dfrac{1}{4}\cdot\dfrac{3}{7}x+\dfrac{1}{4}\left(\dfrac{3}{7}\right)^2x+\cdots=\dfrac{\dfrac{1}{4}x}{1-\dfrac{3}{7}}=\dfrac{7}{16}x$$

B가 가져간 액체 괴물의 부피는

$$x-\dfrac{7}{16}x=\dfrac{9}{16}x$$ · (전체 액체 괴물의 부피)−(A가 가져간 액체 괴물의 부피)

따라서 A가 가져간 액체 괴물의 부피는 B가 가져간 액체 괴물의

부피의 $\dfrac{\dfrac{7}{16}x}{\dfrac{9}{16}x}=\dfrac{7}{9}$(배)이다.

## 0242　답 ④

> **One Point Lesson**
> $\lim\limits_{n\to\infty} a_n \neq 0$이면 급수 $\sum\limits_{n=1}^{\infty} a_n$은 발산한다.

ㄱ. $\lim\limits_{n\to\infty} \dfrac{2n-1}{n}=2\neq 0$이므로 주어진 급수는 발산한다.

ㄴ. 주어진 급수의 제$n$항까지의 부분합을 $S_n$이라 하면

$$S_n=\sum_{k=1}^{n} \log_2\left(\frac{k+1}{k}\right)$$

$$=\log_2 2+\log_2 \frac{3}{2}+\log_2 \frac{4}{3}+\cdots+\log_2 \frac{n+1}{n}$$

$$=\log_2\left(2\cdot\frac{3}{2}\cdot\frac{4}{3}\cdots\frac{n+1}{n}\right)$$

$$=\log_2 (n+1)$$

즉, $\lim\limits_{n\to\infty} S_n=\lim\limits_{n\to\infty}\log_2 (n+1)=\infty$이므로 주어진 급수는 발산한다.

ㄷ. 주어진 급수의 제$n$항까지의 부분합을 $T_n$이라 하면

$$T_n=\sum_{k=1}^{n} \frac{1}{k^2+3k+2}$$

$$=\sum_{k=1}^{n} \frac{1}{(k+1)(k+2)}$$

$$=\sum_{k=1}^{n}\left(\frac{1}{k+1}-\frac{1}{k+2}\right)$$

$$=\left(\frac{1}{2}-\frac{1}{3}\right)+\left(\frac{1}{3}-\frac{1}{4}\right)+\left(\frac{1}{4}-\frac{1}{5}\right)+\cdots$$
$$+\left(\frac{1}{n+1}-\frac{1}{n+2}\right)$$

$$=\frac{1}{2}-\frac{1}{n+2}$$

즉, $\lim\limits_{n\to\infty} T_n=\lim\limits_{n\to\infty}\left(\frac{1}{2}-\frac{1}{n+2}\right)=\frac{1}{2}$이므로 주어진 급수는 $\frac{1}{2}$에 수렴한다.

ㄹ. $\lim\limits_{n\to\infty} \dfrac{\sqrt{2n}-\sqrt{n}}{\sqrt{n+1}}=\sqrt{2}-1\neq 0$이므로 주어진 급수는 발산한다.

따라서 발산하는 급수는 ㄱ, ㄴ, ㄹ이다.

$\lim\limits_{n\to\infty}\dfrac{\sqrt{2}-\sqrt{1}}{\sqrt{1+\frac{1}{n}}}=\dfrac{\sqrt{2}-1}{1}=\sqrt{2}-1$

## 0243　답 ③

> **One Point Lesson**
> 주어진 조건에서 $\tan x$의 값을 구한 후 삼각함수의 성질을 이용하여 $\cos x$의 값을 구한다.

$\sum\limits_{n=1}^{\infty} \tan^n x=\dfrac{\tan x}{1-\tan x}=3$에서　$0<x<\frac{\pi}{2}$에서 $0<\tan x<1$이므로
$\tan x=3-3\tan x$, $4\tan x=3$

$\therefore \tan x=\dfrac{3}{4}$

이때 $0<x<\dfrac{\pi}{2}$이므로

$\cos x=\dfrac{4}{\sqrt{4^2+3^2}}=\dfrac{4}{5}$

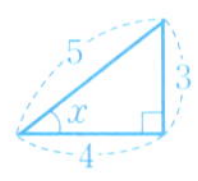

$\therefore \sum\limits_{n=1}^{\infty}\cos^{n-1} x=\sum\limits_{n=1}^{\infty}\left(\frac{4}{5}\right)^{n-1}=\dfrac{1}{1-\frac{4}{5}}=5$

첫째항이 1, 공비가 $\frac{4}{5}$인 등비급수의 합

## 0244　답 ①

> **One Point Lesson**
> 곡선 $y=f(x)$의 $x=n$에서의 접선의 기울기는 $f'(n)$이다.

$f(x)=3x^3+\dfrac{3}{2}x^2-2x+3$에서
$f'(x)=9x^2+3x-2$
$\therefore a_n=f(n)=9n^2+3n-2$

이때 급수 $\sum\limits_{n=1}^{\infty}\dfrac{1}{a_n}$의 제$n$항까지의 부분합을 $S_n$이라 하면

$$S_n=\sum_{k=1}^{n}\frac{1}{a_k}$$

$$=\sum_{k=1}^{n}\frac{1}{9k^2+3k-2}$$

$$=\sum_{k=1}^{n}\frac{1}{(3k-1)(3k+2)}$$

$$=\sum_{k=1}^{n}\frac{1}{3}\left(\frac{1}{3k-1}-\frac{1}{3k+2}\right)$$

$$=\frac{1}{3}\sum_{k=1}^{n}\left(\frac{1}{3k-1}-\frac{1}{3k+2}\right)$$

$$=\frac{1}{3}\left\{\left(\frac{1}{2}-\frac{1}{5}\right)+\left(\frac{1}{5}-\frac{1}{8}\right)+\left(\frac{1}{8}-\frac{1}{11}\right)+\cdots\right.$$
$$\left.+\left(\frac{1}{3n-1}-\frac{1}{3n+2}\right)\right\}$$

$$=\frac{1}{3}\left(\frac{1}{2}-\frac{1}{3n+2}\right)$$

$\therefore \lim\limits_{n\to\infty} S_n=\lim\limits_{n\to\infty}\frac{1}{3}\left(\frac{1}{2}-\frac{1}{3n+2}\right)=\frac{1}{3}\cdot\frac{1}{2}=\frac{1}{6}$

$\therefore \sum\limits_{n=1}^{\infty}\dfrac{1}{a_n}=\dfrac{1}{6}$

## 0245　답 ④

> **One Point Lesson**
> 함수 $\sin\dfrac{\pi}{2}x$는 주기가 4임을 알고, 주어진 급수의 항을 나열하여 규칙을 찾아본다.

$$\sum_{n=1}^{\infty}\left(\frac{1}{2}\right)^{n-1}\sin\frac{n}{2}\pi$$

$$=1\cdot 1+\frac{1}{2}\cdot 0+\left(\frac{1}{2}\right)^2\cdot(-1)+\left(\frac{1}{2}\right)^3\cdot 0+\left(\frac{1}{2}\right)^4\cdot 1$$
$$+\left(\frac{1}{2}\right)^5\cdot 0+\left(\frac{1}{2}\right)^6\cdot(-1)+\cdots$$

$$=1+\left(-\frac{1}{4}\right)+\frac{1}{16}+\left(-\frac{1}{64}\right)+\cdots$$

따라서 주어진 급수는 첫째항이 1, 공비가 $-\dfrac{1}{4}$인 등비급수이므로

$$\sum_{n=1}^{\infty}\left(\frac{1}{2}\right)^{n-1}\sin\frac{n}{2}\pi=\frac{1}{1-\left(-\frac{1}{4}\right)}=\frac{4}{5}$$

## 0246　답 ④

> **One Point Lesson**
> 급수의 합을 이용하여 함수 $f(x)$의 그래프의 개형을 추론한다.

급수 $\sum\limits_{n=1}^{\infty} 3x^n$은 첫째항이 $3x$, 공비가 $x$인 등비급수이다.

$$\therefore f(x)=\sum_{n=1}^{\infty} 3x^n=\frac{3x}{1-x}=-\frac{3}{x-1}-3$$

$-1<x<\dfrac{2}{3}$에서 함수 $y=f(x)$의 그래프는

오른쪽 그림과 같으므로 함수 $f(x)$의 치역은

$\left\{y\,\middle|\,-\dfrac{3}{2}<y<6\right\}$

따라서 $a=-\dfrac{3}{2}$, $b=6$이므로

$ab=\left(-\dfrac{3}{2}\right)\cdot 6=-9$

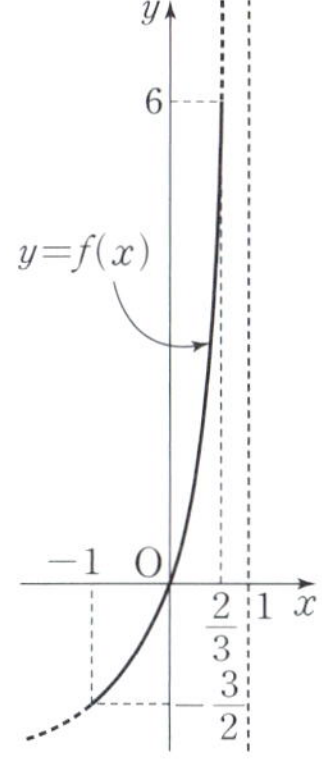

## 0247 답 ①



$a_n>20$이면 $\left[\dfrac{20}{a_n}\right]=0$이다.

수열 $\{a_n\}$은 첫째항이 $-1$, 공차가 6인 등차수열이므로

$a_n=(-1)+(n-1)\cdot 6=6n-7$   $a_{n+1}=a_n+6$이므로

(ⅰ) $n=1$일 때   $a_1=-1$

$\quad -20\leq\dfrac{20}{a_n}<-19$이므로 $\left[\dfrac{20}{a_n}\right]=-20$

(ⅱ) $n=2$일 때   $a_2=5$

$\quad 4\leq\dfrac{20}{a_n}<5$이므로 $\left[\dfrac{20}{a_n}\right]=4$

(ⅲ) $n=3,\ 4$일 때   $a_3=11,\ a_4=17$

$\quad 1\leq\dfrac{20}{a_n}<2$이므로 $\left[\dfrac{20}{a_n}\right]=1$

(ⅳ) $n\geq 5$일 때   $a_5\geq a_5=23$

$\quad 0\leq\dfrac{20}{a_n}<1$이므로 $\left[\dfrac{20}{a_n}\right]=0$

(ⅰ)$\sim$(ⅳ)에서

$\displaystyle\sum_{n=1}^{\infty}\left[\dfrac{20}{a_n}\right]=\sum_{n=1}^{4}\left[\dfrac{20}{a_n}\right]+\sum_{n=5}^{\infty}0=(-20)+4+2\cdot1=-14$

## 0248 답 ⑤



$\log_{a^m}b^n=\dfrac{n}{m}\log_a b$임을 이용한다.

$\sqrt{2}=2^{\frac{1}{2}}$

$\sqrt{\sqrt{2}}=\left(2^{\frac{1}{2}}\right)^{\frac{1}{2}}=2^{\frac{1}{4}}$

$\sqrt{\sqrt{\sqrt{2}}}=\left(2^{\frac{1}{4}}\right)^{\frac{1}{2}}=2^{\frac{1}{8}}$

$\qquad\vdots$

이므로

$\log_{\frac{1}{2}}\sqrt{2}+\log_2\sqrt{\sqrt{2}}+\log_{\frac{1}{2}}\sqrt{\sqrt{\sqrt{2}}}+\log_2\sqrt{\sqrt{\sqrt{\sqrt{2}}}}+\cdots$

$=\log_{\frac{1}{2}}2^{\frac{1}{2}}+\log_2 2^{\frac{1}{4}}+\log_{\frac{1}{2}}2^{\frac{1}{8}}+\log_2 2^{\frac{1}{16}}+\cdots$

$=\left(-\dfrac{1}{2}\right)+\dfrac{1}{4}+\left(-\dfrac{1}{8}\right)+\dfrac{1}{16}+\cdots$

$=\displaystyle\sum_{n=1}^{\infty}\left(-\dfrac{1}{2}\right)^{n}$   첫째항이 $-\dfrac{1}{2}$, 공비가 $-\dfrac{1}{2}$인 등비급수의 합

$=\dfrac{-\dfrac{1}{2}}{1-\left(-\dfrac{1}{2}\right)}=-\dfrac{1}{3}$

## 0249 답 ④



등비급수의 수렴, 발산은 첫째항이 0인지의 여부와 공비의 크기로 판정한다.

ㄱ. 주어진 등비급수는 첫째항이 1, 공비가 $\dfrac{\sqrt{3}+\sqrt{6}}{4}$이다.

$\quad\dfrac{\sqrt{3}+\sqrt{6}}{4}=\dfrac{\sqrt{3}(1+\sqrt{2})}{4}>\dfrac{1.7\times(1+1.4)}{4}>1$

$\quad$즉, 주어진 급수는 발산한다.

ㄴ. 주어진 등비급수는 첫째항과 공비가 모두 $\dfrac{\log_9 15}{\log_3 4}$이다.

$\quad\dfrac{\log_9 15}{\log_3 4}=\dfrac{\log_9 15}{\log_9 16}=\log_{16}15<1$

$\quad\therefore\ 0<\log_{16}15<1$

$\quad$즉, 주어진 급수는 수렴한다.

ㄷ. $2<\sqrt{5}<3$이므로

$\quad 0<\sqrt{5}-2<1$

$\quad\therefore\ [\sqrt{5}-2]=0$

$\quad$즉, 주어진 급수는 수렴한다.

따라서 수렴하는 급수는 ㄴ, ㄷ이다.

> **해설 속 칠판**　**로그의 밑의 변환**
>
> $a>0$, $a\neq 1$, $b>0$, $b\neq 1$, $N>0$일 때
>
> (1) $\log_a N=\dfrac{\log_b N}{\log_b a}$
>
> (2) $\log_a b=\dfrac{1}{\log_b a}$

## 0250 답 ⑤



등비급수를 이용하여 순환소수를 분수로 바꾸어 해결한다.

$0.\dot{1}\dot{5}=0.15+0.0015+0.000015+\cdots$

$\quad=\dfrac{15}{100}+\dfrac{15}{10000}+\dfrac{15}{1000000}+\cdots$

$\quad=\displaystyle\sum_{n=1}^{\infty}15\left(\dfrac{1}{100}\right)^{n}=\dfrac{\dfrac{15}{100}}{1-\dfrac{1}{100}}=\dfrac{5}{33}$

이때 $b_n=\left(\dfrac{5}{33}\right)^{n}a_n$이라 하면 주어진 식은

$b_1+b_2+\cdots+b_n=\dfrac{1}{2}-\dfrac{1}{2}\left(\dfrac{1}{3}\right)^{n}$

(ⅰ) $n=1$일 때

$\quad b_1=\dfrac{1}{2}-\dfrac{1}{2}\cdot\dfrac{1}{3}=\dfrac{1}{3}$

(ⅱ) $n\geq 2$일 때

$\quad b_n=\left\{\dfrac{1}{2}-\dfrac{1}{2}\left(\dfrac{1}{3}\right)^{n}\right\}-\left\{\dfrac{1}{2}-\dfrac{1}{2}\left(\dfrac{1}{3}\right)^{n-1}\right\}=\left(\dfrac{1}{3}\right)^{n}$   ……㉠

이때 $b_1=\dfrac{1}{3}$은 ㉠에 $n=1$을 대입한 것과 같으므로

$b_n=\left(\dfrac{1}{3}\right)^{n}$   $\left(\dfrac{1}{3}\right)^{n}=\left(\dfrac{5}{33}\right)^{n}a_n$

$\therefore\ a_n=\left(\dfrac{11}{5}\right)^{n}$   $\therefore\ a_n=\left(\dfrac{\frac{1}{3}}{\frac{5}{33}}\right)^{n}=\left(\dfrac{11}{5}\right)^{n}$

$\therefore\ \displaystyle\sum_{n=1}^{\infty}\dfrac{1}{a_n}=\sum_{n=1}^{\infty}\left(\dfrac{5}{11}\right)^{n}=\dfrac{\dfrac{5}{11}}{1-\dfrac{5}{11}}=\dfrac{5}{6}$

첫째항이 $\dfrac{5}{11}$, 공비가 $\dfrac{5}{11}$인 등비급수의 합

## 0251　답 15



급수 $\sum\limits_{n=1}^{\infty} b_n$의 제$n$항까지의 부분합을 $S_n$이라 하면

$S_1=a_1,\ S_2=a_1-a_2,\ S_3=a_1,\ S_4=a_1-a_3,\ S_5=a_1,$
$S_6=a_1-a_4,\ \cdots$

$\therefore\ S_{2n-1}=a_1,\ S_{2n}=a_1-a_{n+1}$

이때 급수 $\sum\limits_{n=1}^{\infty} b_n$이 수렴하므로 $\lim\limits_{n\to\infty} S_{2n-1}=\lim\limits_{n\to\infty} S_{2n}$이고

$\lim\limits_{n\to\infty} S_{2n-1}=\lim\limits_{n\to\infty} a_1=a_1,$

$\lim\limits_{n\to\infty} S_{2n}=\lim\limits_{n\to\infty}(a_1-a_{n+1})$

$\qquad\qquad=\lim\limits_{n\to\infty}\left\{a_1-\dfrac{(a-3)n+a+b-3}{2n+3}\right\}$

$\qquad\qquad=a_1-\dfrac{a-3}{2}$

이므로

$a_1=a_1-\dfrac{a-3}{2}\qquad\therefore\ a=3$

한편, $\sum\limits_{n=1}^{\infty} b_n=a_1=\dfrac{5}{3}$이고, $a_1=\dfrac{b}{2\cdot1+1}=\dfrac{b}{3}$이므로

$\dfrac{5}{3}=\dfrac{b}{3}\qquad\therefore\ b=5$

$\lim\limits_{n\to\infty}S_{2n-1}=\lim\limits_{n\to\infty}S_{2n}=a_1$이므로

$\therefore\ a\cdot b=3\cdot5=15$


## 0252　답 ⑤



$n$번째 지급되는 연금의 액수를 $a_n$백만 원이라 하면
$a_1=a\times1.05\times0.2=0.21a$
(매년 지급하는 연금의 액수) : (연금을 지급하고 남은 원금의 액수)
$=1:4$
이므로

지급한 연금의 액수가 $a_n$이므로 남은 원금의 액수는 $4a_n$이다.

$a_{n+1}=4a_n\times1.05\times0.2=0.84a_n$
즉, 수열 $\{a_n\}$은 첫째항이 $0.21a$, 공비가 $0.84$인 등비수열이다.
이때 연금의 총액의 극한값은

$\sum\limits_{n=1}^{\infty} a_n=\sum\limits_{n=1}^{\infty} 0.21a\left(\dfrac{84}{100}\right)^{n-1}$

$\qquad\quad=\dfrac{0.21a}{1-\dfrac{84}{100}}=\dfrac{21}{16}a$

연금의 총액의 극한값이 5억 원 이상이어야 하므로

$\dfrac{21}{16}a\geq500\qquad\therefore\ a\geq380.9\times\times\times$

따라서 구하는 자연수 $a$의 최솟값은 381이다.


## 0253　답 ②



등차수열 $\{a_n\}$의 일반항을 $a_n=an+b$ ($a$, $b$는 상수)라 하면 각 항이 모두 자연수이므로 공차 $a$도 자연수이다.

---

이때

$\sum\limits_{n=1}^{\infty}\dfrac{1}{a_na_{n+1}}=\sum\limits_{n=1}^{\infty}\dfrac{1}{(an+b)(an+a+b)}$

$\qquad=\lim\limits_{n\to\infty}\sum\limits_{k=1}^{n}\dfrac{1}{(ak+b)(ak+a+b)}$

$\qquad=\lim\limits_{n\to\infty}\dfrac{1}{a}\sum\limits_{k=1}^{n}\left(\dfrac{1}{ak+b}-\dfrac{1}{ak+a+b}\right)$

$\qquad=\lim\limits_{n\to\infty}\dfrac{1}{a}\left(\dfrac{1}{a+b}-\dfrac{1}{an+a+b}\right)$

$\qquad=\dfrac{1}{a(a+b)}$

$\qquad=\dfrac{1}{2}$

$\left(\dfrac{1}{a+b}-\dfrac{1}{2a+b}\right)+\left(\dfrac{1}{2a+b}-\dfrac{1}{3a+b}\right)$
$\quad+\left(\dfrac{1}{3a+b}-\dfrac{1}{4a+b}\right)+\cdots+\left(\dfrac{1}{an+b}-\dfrac{1}{an+a+b}\right)$
$\quad=\dfrac{1}{a+b}-\dfrac{1}{an+a+b}$

에서 $a(a+b)=2$
즉, $a=1,\ a+b=2$ 또는 $a=2,\ a+b=1$

(ⅰ) $a=1,\ a+b=2$인 경우
　$b=1$이므로 $a_n=n+1$

　이때 $\sum\limits_{n=1}^{\infty} k^{a_n}=\sum\limits_{n=1}^{\infty} k^{n+1}=\dfrac{k^2}{1-k}=\dfrac{3}{8}$에서

　$3-3k=8k^2,\ 8k^2+3k-3=0$

　$\therefore\ k=\dfrac{-3\pm\sqrt{105}}{16}$

　즉, $k$의 값은 유리수가 아니다.

(ⅱ) $a=2,\ a+b=1$인 경우
　$b=-1$이므로 $a_n=2n-1$

　이때 $\sum\limits_{n=1}^{\infty} k^{a_n}=\sum\limits_{n=1}^{\infty} k^{2n-1}=\sum\limits_{n=1}^{\infty} k(k^2)^{n-1}=\dfrac{k}{1-k^2}=\dfrac{3}{8}$에서

　$3-3k^2=8k,\ 3k^2+8k-3=0$

　$(k+3)(3k-1)=0$

　$\therefore\ k=\dfrac{1}{3}\ (\because\ -1<k<1)$ → $a>0$이므로 $|k|>1$이면 $\sum\limits_{n=1}^{\infty} k^{a_n}$은 발산한다.

(ⅰ), (ⅱ)에서 $k=\dfrac{1}{3}$


## 0254　답 45



$a_1=S_1=k-15\cdot\dfrac{2}{3}=k-10\qquad\cdots\cdots\ \text{㉠}$

$\sum\limits_{n=2}^{\infty}(S_n-S_{n-1})-\sum\limits_{n=2}^{\infty} a_n=\sum\limits_{n=1}^{\infty} a_n-\sum\limits_{n=1}^{\infty} a_n=-a_1=k$

이므로 ㉠에서
$k-10=-k$
$\therefore\ k=5$

(ⅰ) $n=1$일 때, $a_1=S_1=-5$

(ⅱ) $n\geq2$일 때

$a_n=S_n-S_{n-1}$

$\quad=\left\{5-15\left(\dfrac{2}{3}\right)^n\right\}-\left\{5-15\left(\dfrac{2}{3}\right)^{n-1}\right\}$

$\quad=15\left\{\left(\dfrac{2}{3}\right)^{n-1}-\dfrac{2}{3}\left(\dfrac{2}{3}\right)^{n-1}\right\}$

$\quad=15\cdot\dfrac{1}{3}\left(\dfrac{2}{3}\right)^{n-1}$

$\quad=5\left(\dfrac{2}{3}\right)^{n-1}$

---

(i), (ii)에서 수열 $\{a_n\}$의 일반항은

$a_1=-5,\ a_n=5\left(\dfrac{2}{3}\right)^{n-1}\ (n\geq2)$

$$\therefore \sum_{n=1}^{\infty}a_n{}^2=a_1{}^2+\sum_{n=2}^{\infty}a_n{}^2$$

$$=25+\sum_{n=2}^{\infty}25\left(\frac{4}{9}\right)^{n-1}$$

$$=25+\sum_{n=1}^{\infty}25\left(\frac{4}{9}\right)^{n}$$

$$=25+\frac{\dfrac{100}{9}}{1-\dfrac{4}{9}}=45$$

## 0255 답 ①



급수 $\displaystyle\sum_{n=1}^{\infty}a_n$이 수렴하므로 $\displaystyle\lim_{n\to\infty}a_n=0$이다.

조건 (나)에서 급수 $\displaystyle\sum_{n=1}^{\infty}a_n$이 수렴하므로 $\displaystyle\lim_{n\to\infty}a_n=0$이다.

즉, 조건 (가)에서 $\displaystyle\lim_{n\to\infty}\left\{k-3+\left(\frac{2}{3}\right)^{n-1}\right\}=0$이어야 하므로

$k=3$

$$\therefore a_n=\left(\frac{2}{3}\right)^{n-1}\ (n\geq2),\ \sum_{n=1}^{\infty}a_n=2\cdot3=6$$

이때

$$\sum_{n=1}^{\infty}a_n=a_1+\sum_{n=2}^{\infty}a_n$$

$$=a_1+\sum_{n=2}^{\infty}\left(\frac{2}{3}\right)^{n-1}$$

$$=a_1+\sum_{n=1}^{\infty}\left(\frac{2}{3}\right)^{n}$$

$$=a_1+\frac{\dfrac{2}{3}}{1-\dfrac{2}{3}}=a_1+2$$

$$=6$$

에서 $a_1=4$

$$\therefore \sum_{n=1}^{\infty}\left(\frac{1}{2}\right)^{n}a_n=\frac{a_1}{2}+\sum_{n=2}^{\infty}\left(\frac{1}{2}\right)^{n}a_n$$

$$=\frac{a_1}{2}+\sum_{n=2}^{\infty}\frac{1}{2}\left(\frac{1}{2}\right)^{n-1}\left(\frac{2}{3}\right)^{n-1}$$

$$=2+\sum_{n=1}^{\infty}\frac{1}{2}\left(\frac{1}{3}\right)^{n}$$

$$=2+\frac{\dfrac{1}{6}}{1-\dfrac{1}{3}}=\frac{9}{4}$$

## 0256 답 ②



내접원의 반지름의 길이를 이용하여 삼각형의 넓이를 나타낸다.

$\overline{AB}=2$이므로 $\overline{OA}=\overline{OB}=\sqrt{2}$ → 삼각형 OAB는 직각이등변삼각형이다.

자연수 $n$에 대하여 원 $C_n$의 반지름의 길이를 $r_n$이라 하면

$\dfrac{1}{2}\cdot\overline{OA}\cdot\overline{OB}=\dfrac{1}{2}\cdot(\overline{AB}+\overline{OA}+\overline{OB})\cdot r_1$에서

$\dfrac{1}{2}\cdot\sqrt{2}\cdot\sqrt{2}=\dfrac{1}{2}\cdot(2+2\sqrt{2})\cdot r_1$

$\therefore r_1=\sqrt{2}-1$

---

이때 오른쪽 그림과 같이 두 원 $C_{n+1}$, $C_n$의 반지름의 길이를 $r_{n+1},\ r_n$이라 하면

$(r_n+r_{n+1}):(r_n-r_{n+1})=\sqrt{2}:1$

이므로

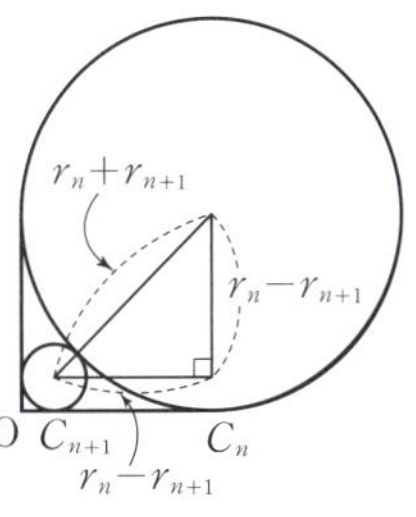

$\sqrt{2}\,r_n-\sqrt{2}\,r_{n+1}=r_n+r_{n+1}$

$(\sqrt{2}+1)r_{n+1}=(\sqrt{2}-1)r_n$

$\therefore r_{n+1}=(3-2\sqrt{2})r_n$

따라서 수열 $\{r_n\}$은 첫째항이 $\sqrt{2}-1$,

공비가 $3-2\sqrt{2}$인 등비수열이므로

$$\sum_{n=1}^{\infty}l_n=\sum_{n=1}^{\infty}2\pi r_n$$

$$=2\pi\sum_{n=1}^{\infty}(\sqrt{2}-1)(3-2\sqrt{2})^{n-1}$$

$$=2\pi\cdot\frac{\sqrt{2}-1}{1-(3-2\sqrt{2})}=\pi$$

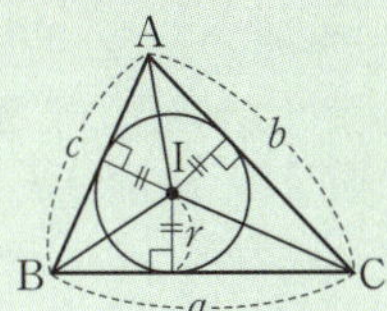

**삼각형의 내심을 이용한 삼각형의 넓이**

삼각형 ABC의 내접원의 반지름의 길이를 $r$라 하면

$$\triangle ABC=\frac{1}{2}r(a+b+c)$$

## 0257 답 10



급수 $\displaystyle\sum_{n=1}^{\infty}a_n$의 부분합을 이용하여 급수 $\displaystyle\sum_{n=1}^{\infty}a_{n+1}$의 합을 추론해 본다.

$\displaystyle\sum_{n=1}^{\infty}a_n=\alpha\ (\alpha는 실수)$라 하자.

급수 $\displaystyle\sum_{n=1}^{\infty}a_n$의 제$n$항까지의 부분합을 $S_n$이라 하면

$\displaystyle\lim_{n\to\infty}S_n=\alpha,\ \lim_{n\to\infty}S_{n+1}=\alpha$ ...... ㉠

또한, 급수 $\displaystyle\sum_{n=1}^{\infty}a_{n+1}$의 제$n$항까지의 부분합을 $T_n$이라 하면

$T_n=a_2+a_3+a_4+\cdots+a_{n+1}$

$\quad=S_{n+1}-a_1=S_{n+1}-3$

$\therefore \displaystyle\lim_{n\to\infty}T_n=\lim_{n\to\infty}(S_{n+1}-3)=\alpha-3\ (\because ㉠)$

이때 $\displaystyle\sum_{n=1}^{\infty}(a_n+a_{n+1})=17$에서

$\displaystyle\sum_{n=1}^{\infty}a_n+\sum_{n=1}^{\infty}a_{n+1}=17$

$\alpha+(\alpha-3)=17,\ 2\alpha=20$

$\therefore \alpha=10$

## 0258 답 ④



급수의 수렴, 발산은 부분합 $S_n$을 이용하여 판별한다.

ㄱ. [반례] $\{a_n\}:2,\ 2,\ 1,\ \dfrac{1}{2},\ \dfrac{1}{2^2},\ \dfrac{1}{2^3},\ \cdots,$

$\{b_n\}:1,\ 2,\ 3,\ \dfrac{1}{2},\ \dfrac{1}{2^2},\ \dfrac{1}{2^3},\ \cdots$

이라 하면

$$\sum_{n=1}^{\infty} a_n = 5 + \sum_{n=1}^{\infty}\left(\frac{1}{2}\right)^n = 6, \quad \sum_{n=1}^{\infty} b_n = 6 + \sum_{n=1}^{\infty}\left(\frac{1}{2}\right)^n = 7$$

에서 $\sum\limits_{n=1}^{\infty} a_n < \sum\limits_{n=1}^{\infty} b_n$ 이지만 $a_1 > b_1$ 이다. (거짓)

ㄴ. 두 급수 $\sum\limits_{n=1}^{\infty} b_n$, $\sum\limits_{n=1}^{\infty} \dfrac{a_n}{b_n}$ 이 모두 수렴하므로

$$\lim_{n\to\infty} b_n = 0, \quad \lim_{n\to\infty} \frac{a_n}{b_n} = 0 \text{에서}$$

$$\lim_{n\to\infty} a_n = \lim_{n\to\infty} b_n \cdot \frac{a_n}{b_n} = 0$$

$$\therefore \sum_{n=1}^{\infty} (a_n - a_{n+1})$$

$$= \lim_{n\to\infty} \sum_{k=1}^{n} (a_k - a_{k+1})$$

$$= \lim_{n\to\infty} \{(a_1 - a_2) + (a_2 - a_3) + (a_3 - a_4) + \cdots$$
$$+ (a_n - a_{n+1})\}$$

$$= \lim_{n\to\infty} (a_1 - a_{n+1})$$

$$= a_1 - 0 = a_1 \quad {\scriptstyle \lim\limits_{n\to\infty} a_n = 0 \text{이므로} \lim\limits_{n\to\infty} a_{n+1} = 0}$$

즉, 급수 $\sum\limits_{n=1}^{\infty}(a_n - a_{n+1})$ 은 수렴한다. (참)

ㄷ. 등비수열 $\{a_n\}$ 의 첫째항을 $a$, 공비를 $r_1$ 이라 하고, 등비수열 $\{b_n\}$ 의 첫째항을 $b$, 공비를 $r_2$ 라 하면

$$a_n = ar_1^{\,n-1}, \quad b_n = br_2^{\,n-1}$$

이때 급수 $\sum\limits_{n=1}^{\infty}(|a_n| + |b_n|)$ 이 수렴하므로

$$\lim_{n\to\infty}(|a_n| + |b_n|) = 0$$

$0 \le |a_n| \le |a_n| + |b_n|$ 이므로 $\lim\limits_{n\to\infty}|a_n| = 0$ 이고,

$-|a_n| \le a_n \le |a_n|$ 이므로 $\lim\limits_{n\to\infty} a_n = 0$

같은 방법으로 $\lim\limits_{n\to\infty} b_n = 0$

$\therefore a = 0$ 또는 $-1 < r_1 < 1$, $b = 0$ 또는 $-1 < r_2 < 1$

즉, 두 급수 $\sum\limits_{n=1}^{\infty} a_n$, $\sum\limits_{n=1}^{\infty} b_n$ 은 모두 수렴한다. (참)

따라서 옳은 것은 ㄴ, ㄷ이다.

## 0259 <sub></sub> 답 $\dfrac{9}{4}$

**One Point Lesson**
삼각형 $OA_nB_n$에서 점 $P_n$이 어떤 점인지 알아본다.

오른쪽 그림과 같이 직선 $y = \dfrac{3}{n^2}$ 과 $y$축이 만나는 점을 $H_n$이라 하자. 이등변삼각형 $OA_nB_n$에서 $y$축은 선분 $A_nB_n$의 수직이등분선이고, $H_n\left(0, \dfrac{3}{n^2}\right)$에 대하여

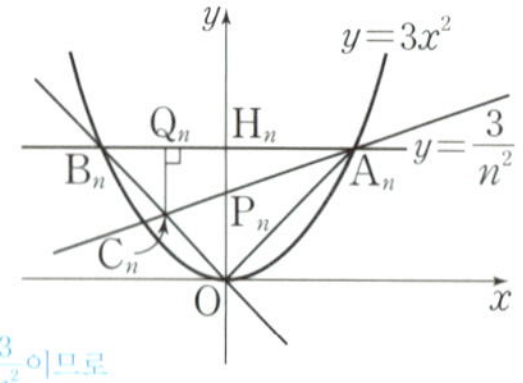

$\overline{OP_n} : \overline{P_nH_n} = 2 : 1$ 이므로 점 $P_n$은 삼각형 $OA_nB_n$의 무게중심이다.

$${\scriptstyle \overline{OP_n} = \frac{2}{n^2}, \ \overline{OH_n} = \frac{3}{n^2} \text{이므로}}$$

$$\therefore \overline{B_nC_n} = \frac{1}{2}\overline{OB_n} = \frac{1}{2}\overline{OA_n}$$

직각삼각형 $OA_nH_n$에서

$$\overline{OA_n} = \sqrt{\overline{OH_n}^2 + \overline{H_nA_n}^2} \quad {\scriptstyle \to 3x^2 = \frac{3}{n^2} \text{에서} x = \frac{1}{n} \ (\because x>0) \quad \therefore \overline{H_nA_n} = \frac{1}{n}}$$

$$= \sqrt{\left(\frac{3}{n^2}\right)^2 + \left(\frac{1}{n}\right)^2} = \frac{\sqrt{n^2+9}}{n^2}$$

$$\therefore \overline{B_nC_n} = \frac{1}{2}\overline{OA_n} = \frac{\sqrt{n^2+9}}{2n^2}$$

---

한편, 선분 $C_nQ_n$은 $y$축과 평행하므로 두 삼각형 $B_nOH_n$, $B_nC_nQ_n$은 서로 닮음 (AA 닮음)이고 닮음비가 $2 : 1$이다.

$$\therefore \overline{C_nQ_n} = \frac{1}{2}\overline{OH_n} = \frac{3}{2n^2}$$

$$\therefore \sum_{n=1}^{\infty}\left\{\frac{\overline{C_nQ_n}}{\overline{B_nC_n}} \times \frac{\sqrt{n^2+9}}{n(n+2)}\right\}$$

$$= \sum_{n=1}^{\infty}\left(\frac{\frac{3}{2n^2}}{\frac{\sqrt{n^2+9}}{2n^2}} \times \frac{\sqrt{n^2+9}}{n(n+2)}\right)$$

$$= 3\sum_{n=1}^{\infty}\frac{1}{n(n+2)}$$

$$= \frac{3}{2}\sum_{n=1}^{\infty}\left(\frac{1}{n} - \frac{1}{n+2}\right)$$

$$= \frac{3}{2}\lim_{n\to\infty}\sum_{k=1}^{n}\left(\frac{1}{k} - \frac{1}{k+2}\right)$$

$$= \frac{3}{2}\lim_{n\to\infty}\left\{\left(\frac{1}{1} - \frac{1}{3}\right) + \left(\frac{1}{2} - \frac{1}{4}\right) + \left(\frac{1}{3} - \frac{1}{5}\right) + \cdots \right.$$
$$\left. + \left(\frac{1}{n-1} - \frac{1}{n+1}\right) + \left(\frac{1}{n} - \frac{1}{n+2}\right)\right\}$$

$$= \frac{3}{2}\lim_{n\to\infty}\left(1 + \frac{1}{2} - \frac{1}{n+1} - \frac{1}{n+2}\right)$$

$$= \frac{3}{2} \times \left(1 + \frac{1}{2}\right) = \frac{9}{4}$$

## 0260 <sub></sub> 답 발산

$$\frac{1}{\sqrt{2n+1} + \sqrt{2n-1}}$$

$$= \frac{\sqrt{2n+1} - \sqrt{2n-1}}{(\sqrt{2n+1} + \sqrt{2n-1})(\sqrt{2n+1} - \sqrt{2n-1})}$$

$$= \frac{\sqrt{2n+1} - \sqrt{2n-1}}{2}$$

❶

이때 주어진 급수의 제$n$항까지의 부분합을 $S_n$이라 하면

$$S_n = \sum_{k=1}^{n}\frac{1}{\sqrt{2k+1} + \sqrt{2k-1}}$$

$$= \sum_{k=1}^{n}\frac{\sqrt{2k+1} - \sqrt{2k-1}}{2} = \frac{1}{2}\sum_{k=1}^{n}(\sqrt{2k+1} - \sqrt{2k-1})$$

$$= \frac{1}{2}\{(\sqrt{3} - 1) + (\sqrt{5} - \sqrt{3}) + (\sqrt{7} - \sqrt{5}) + \cdots$$
$$+ (\sqrt{2n+1} - \sqrt{2n-1})\}$$

$$= \frac{1}{2}(-1 + \sqrt{2n+1})$$

❷

따라서 $\lim\limits_{n\to\infty} S_n = \lim\limits_{n\to\infty}\dfrac{1}{2}(-1 + \sqrt{2n+1}) = \infty$ 이므로 주어진 급수는 발산한다.

❸

| 채점 기준 | 배점 비율 |
|---|---|
| ❶ 주어진 식의 분모를 유리화하기 | 20% |
| ❷ 주어진 급수의 부분합 구하기 | 50% |
| ❸ 주어진 급수의 수렴, 발산 조사하기 | 30% |

## 0261 <sub></sub> 답 5

진수의 조건에서
$x - 1 > 0$, $x + 1 > 0$이므로

$x>1,\ x>-1$

$\therefore\ x>1$

    ❶

이때

$$\sum_{n=1}^{\infty}\{\log_{15}(x+1)+\log_{15}(x-1)\}^{n-1}$$

$$=\sum_{n=1}^{\infty}\{\log_{15}(x+1)(x-1)\}^{n-1}$$

$$=\sum_{n=1}^{\infty}\{\log_{15}(x^2-1)\}^{n-1}$$

이므로 주어진 급수는 첫째항이 $1$, 공비가 $\log_{15}(x^2-1)$인 등비급수이다.

    ❷

즉, 주어진 급수가 수렴하려면

$-1<\log_{15}(x^2-1)<1$에서

$$\log_{15}\frac{1}{15}<\log_{15}(x^2-1)<\log_{15}15$$

$$\frac{1}{15}<x^2-1<15$$

$$\frac{16}{15}<x^2<16$$

$$\therefore\ \frac{4\sqrt{15}}{15}<x<4\ (\because\ x>1)$$

    ❸

따라서 위의 부등식을 만족시키는 정수 $x$의 값은 $2,\ 3$이므로 그 합은

$$2+3=5$$

    ❹

| 채점 기준 | 배점 비율 |
|---|---|
| ❶ 진수의 조건에서 $x$의 값의 범위 구하기 | 20% |
| ❷ 주어진 등비급수의 공비 구하기 | 30% |
| ❸ 조건을 만족시키는 $x$의 값의 범위 구하기 | 40% |
| ❹ 조건을 만족시키는 모든 정수 $x$의 값의 합 구하기 | 10% |

## 0262   답 3

$b_n=\dfrac{a_n-3}{a_n+2}$이라 하면

$$b_n=1-\frac{5}{a_n+2}$$

$$\frac{5}{a_n+2}=1-b_n$$

$$a_n+2=\frac{5}{1-b_n}$$

$$\therefore\ a_n=\frac{5}{1-b_n}-2$$

    ❶

이때 급수 $\displaystyle\sum_{n=1}^{\infty}\frac{a_n-3}{a_n+2}=\sum_{n=1}^{\infty}b_n$이 수렴하므로

$$\lim_{n\to\infty}b_n=0$$

    ❷

$$\therefore\ \lim_{n\to\infty}a_n=\lim_{n\to\infty}\left(\frac{5}{1-b_n}-2\right)$$

$$=5-2=3$$

    ❸

| 채점 기준 | 배점 비율 |
|---|---|
| ❶ $b_n=\dfrac{a_n-3}{a_n+2}$이라 하고, $a_n$을 $b_n$에 대하여 나타내기 | 50% |
| ❷ $\lim\limits_{n\to\infty}b_n$의 값 구하기 | 20% |
| ❸ $\lim\limits_{n\to\infty}a_n$의 값 구하기 | 30% |

## 0263   답 $k=0$ 또는 $k=5$

급수 $\displaystyle\sum_{n=1}^{\infty}(7a_n-k)$가 수렴하므로

$$\lim_{n\to\infty}(7a_n-k)=0$$

$$\therefore\ \lim_{n\to\infty}a_n=\frac{k}{7}$$

    ❶

이때 $\lim\limits_{n\to\infty}a_n=\dfrac{k}{7}$에서 $\lim\limits_{m\to\infty}a_m=\dfrac{k}{7}$이므로

$$\sum_{n=1}^{\infty}\left(\lim_{m\to\infty}a_m\right)^n=\sum_{n=1}^{\infty}\left(\frac{k}{7}\right)^n$$

$$=\frac{\dfrac{k}{7}}{1-\dfrac{k}{7}}$$

$$=\frac{k}{7-k}$$

$$=\frac{k}{2}$$

에서 $2k=7k-k^2$

$k^2-5k=0,\ k(k-5)=0$

$\therefore\ k=0$ 또는 $k=5$

    ❷

| 채점 기준 | 배점 비율 |
|---|---|
| ❶ $\lim\limits_{n\to\infty}a_n$의 값을 $k$에 대한 식으로 나타내기 | 30% |
| ❷ 조건을 만족시키는 모든 실수 $k$의 값 구하기 | 70% |

## 0264   답 1

$-1\le\cos n\le 1$이므로

$$\frac{2n^2-1}{n^2}\le\frac{2n^2+\cos n}{n^2}\le\frac{2n^2+1}{n^2}$$

이때 $\lim\limits_{n\to\infty}\dfrac{2n^2-1}{n^2}=2$, $\lim\limits_{n\to\infty}\dfrac{2n^2+1}{n^2}=2$이므로 수열의 극한의 대소 관계에 의하여

$$\lim_{n\to\infty}\frac{2n^2+\cos n}{n^2}=2$$

$$\therefore\ \lim_{n\to\infty}S_n=2$$

    ❶

즉, 급수 $\displaystyle\sum_{n=1}^{\infty}a_n$은 수렴하므로

$$\lim_{n\to\infty}a_n=0,\ \lim_{n\to\infty}a_{2n}=0$$

또한, 수열 $\{S_n\}$이 $2$로 수렴하므로

$$\lim_{n\to\infty}S_{2n}=2$$

    ❷

$$\therefore\ \lim_{n\to\infty}\frac{2(a_1+a_2+a_3+\cdots+a_n)+a_{n+1}+a_{n+2}+\cdots+a_{2n}}{4-a_{2n}}$$

$$=\lim_{n\to\infty}\frac{(a_1+a_2+a_3+\cdots+a_n)+(a_1+a_2+a_3+\cdots+a_{2n})}{4-a_{2n}}$$

$$=\lim_{n\to\infty}\frac{S_n+S_{2n}}{4-a_{2n}}$$

$$=\frac{2+2}{4-0}=1$$

    ❸

| 채점 기준 | 배점 비율 |
|---|---|
| ❶ $\lim\limits_{n\to\infty}S_n$의 값 구하기 | 30% |
| ❷ $\lim\limits_{n\to\infty}a_n$, $\lim\limits_{n\to\infty}a_{2n}$, $\lim\limits_{n\to\infty}S_{2n}$의 값 각각 구하기 | 30% |
| ❸ 주어진 극한값 구하기 | 40% |

이 문제를 $\lim\limits_{n\to\infty}(a_{n+1}+a_{n+2}+a_{n+3}+\cdots+a_{2n})=0$을 이용해서 풀면 안 돼.

즉,

'$\lim\limits_{n\to\infty}a_n=0$이면 $\lim\limits_{n\to\infty}(a_{n+1}+a_{n+2}+a_{n+3}+\cdots+a_{2n})=0$이다.'

는 틀린 명제야.

예를 들어, $a_n=\dfrac{1}{n}$이라 하면 $\lim\limits_{n\to\infty}a_n=0$이지만

$$\dfrac{1}{n+1}+\dfrac{1}{n+2}+\cdots+\dfrac{1}{2n}\geq\dfrac{1}{2n}\times n=\dfrac{1}{2}$$이므로

$$\lim\limits_{n\to\infty}(a_{n+1}+a_{n+2}+a_{n+3}+\cdots+a_{2n})\geq\dfrac{1}{2}$$

## 0265 　답 $P\left(\dfrac{161}{4},\dfrac{\sqrt{3}}{4}\right)$

조건 (가)에서 $\overline{P_1P_2}=27$이므로

$\overline{P_2P_3}=9$, $\overline{P_3P_4}=3$, $\overline{P_4P_5}=1$, $\overline{P_5P_6}=\dfrac{1}{3}$, $\overline{P_6P_7}=\left(\dfrac{1}{3}\right)^2$, $\cdots$

❶

이때 조건 (다)에 의하여 점 $P_n$의 $x$좌표는 두 변 OA, AB 위에서는 점점 증가하고, 변 OB 위에서는 점점 감소한다.

$\overline{P_1P_2}+\overline{P_2P_3}+\overline{P_3P_4}+\overline{P_4P_5}=27+9+3+1=40$,

$\overline{P_5P_6}+\overline{P_6P_7}+\overline{P_7P_8}+\cdots=\dfrac{1}{3}+\left(\dfrac{1}{3}\right)^2+\left(\dfrac{1}{3}\right)^3+\cdots$

$$=\dfrac{\dfrac{1}{3}}{1-\dfrac{1}{3}}=\dfrac{1}{2}$$

이므로 점 $P_n$은 $1\leq n\leq5$일 때는 선분 OA 위에 있고, $n\geq6$일 때는 선분 AB 위에 있다.

❷

점 $P_n$이 한없이 가까워지는 점 $P$의 좌표를 $(x,y)$라 하면

$$x=40+\cos60°\cdot\dfrac{1}{2}=40+\dfrac{1}{2}\cdot\dfrac{1}{2}=\dfrac{161}{4}$$

$$y=\sin60°\cdot\dfrac{1}{2}=\dfrac{\sqrt{3}}{2}\cdot\dfrac{1}{2}=\dfrac{\sqrt{3}}{4}$$

따라서 구하는 점 $P$의 좌표는 $P\left(\dfrac{161}{4},\dfrac{\sqrt{3}}{4}\right)$이다.

❸

| 채점 기준 | 배점 비율 |
|---|---|
| ❶ 선분 $P_nP_{n+1}$ $(n=1, 2, 3, \cdots)$의 길이 구하기 | 20% |
| ❷ $n$에 값에 따른 점 $P_n$의 위치 알기 | 50% |
| ❸ 점 $P$의 좌표 구하기 | 30% |

# 03　지수함수와 로그함수의 미분

## 개념 체크 Concept

본문 052~053쪽

### 0266 　답 0

$$\lim_{x\to\infty}\dfrac{2^x}{3^x}=\lim_{x\to\infty}\left(\dfrac{2}{3}\right)^x=0$$

### 0267 　답 0

$$\lim_{x\to\infty}\dfrac{2^x}{5^{2x}}=\lim_{x\to\infty}\left(\dfrac{2}{25}\right)^x=0$$

### 0268 　답 3

$$\lim_{x\to\infty}\dfrac{3^{x+1}}{2+3^x}=\lim_{x\to\infty}\dfrac{3}{2\cdot\left(\dfrac{1}{3}\right)^x+1}=\dfrac{3}{0+1}=3$$

분모, 분자를 $3^x$으로 나눈다.

### 0269 　답 0

$$\lim_{x\to-\infty}\dfrac{3\times5^x}{4\times2^{2x}}=\lim_{x\to-\infty}\dfrac{3}{4}\times\left(\dfrac{5}{4}\right)^x=0$$

### 0270 　답 $-1$　분모, 분자에 $2^x$을 곱한다.

$$\lim_{x\to-\infty}\dfrac{2^x-2^{-x}}{2^x+2^{-x}}=\lim_{x\to-\infty}\dfrac{2^{2x}-1}{2^{2x}+1}=\lim_{x\to-\infty}\dfrac{4^x-1}{4^x+1}$$

이때 $\lim\limits_{x\to-\infty}4^x=0$이므로 $\lim\limits_{x\to-\infty}\dfrac{4^x-1}{4^x+1}=\dfrac{0-1}{0+1}=-1$

### 0271 　답 $\infty$

$$\lim_{x\to\infty}(4^x-3^x)=\lim_{x\to\infty}4^x\left\{1-\left(\dfrac{3}{4}\right)^x\right\}$$

이때 $\lim\limits_{x\to\infty}\left\{1-\left(\dfrac{3}{4}\right)^x\right\}=1$이므로 $\lim\limits_{x\to\infty}4^x\left\{1-\left(\dfrac{3}{4}\right)^x\right\}=\infty$

### 0272 　답 4

$$\lim_{x\to0}\left\{\left(\dfrac{1}{8}\right)^x+3\right\}=1+3=4$$

### 0273 　답 $\dfrac{25}{17}$

$$\lim_{x\to2}\dfrac{5^x}{2^{x+1}+3^x}=\dfrac{5^2}{2^3+3^2}=\dfrac{25}{17}$$

### 0274 　답 $-\infty$

### 0275 　답 $\infty$

### 0276 　답 $\infty$

### 0277 　답 $-\infty$

$$\lim_{x\to\infty}\log\dfrac{1}{x}=\lim_{x\to\infty}(-\log x)=-\infty$$

## 0278 답 $\infty$

## 0279 답 $1$

$$\lim_{x \to \infty} \{\log_4 (4x+2) - \log_4 x\} = \lim_{x \to \infty} \left( \log_4 \frac{4x+2}{x} \right)$$
$$= \log_4 \left( \lim_{x \to \infty} \frac{4x+2}{x} \right)$$
$$= \log_4 \left( \lim_{x \to \infty} \frac{4 + \frac{2}{x}}{1} \right)$$
$$= \log_4 4 = 1$$



## 0280 답 $\infty$

$x-2=t$라 하면 $x \to 2+$일 때 $t \to 0+$이므로
$$\lim_{x \to 2+} \log_{\frac{1}{3}} (x-2) = \lim_{t \to 0+} \log_{\frac{1}{3}} t = \infty$$

## 0281 답 $3$

$$\lim_{x \to 27} \log_3 x = \log_3 27 = \log_3 3^3 = 3$$

## 0282 답 $e$

## 0283 답 $e$

## 0284 답 $\dfrac{1}{e}$

$$\lim_{x \to 0} (1+x)^{-\frac{1}{x}} = \lim_{x \to 0} \left\{ (1+x)^{\frac{1}{x}} \right\}^{-1} = e^{-1} = \frac{1}{e}$$

## 0285 답 $e^{\frac{6}{5}}$

$$\lim_{x \to \infty} \left( 1 + \frac{1}{5x} \right)^{6x} = \lim_{x \to \infty} \left\{ \left( 1 + \frac{1}{5x} \right)^{5x} \right\}^{\frac{6}{5}} = e^{\frac{6}{5}}$$

## 0286 답 $e^3$

## 0287 답 $\dfrac{1}{\sqrt[3]{e}}$

$\ln x = -\dfrac{1}{3}$에서 $x = e^{-\frac{1}{3}} = \dfrac{1}{\sqrt[3]{e}}$

## 0288 답 $\ln 2$

## 0289 답 $-\ln 2$

$e^{4x} = \dfrac{1}{16}$에서 $4x = \ln \dfrac{1}{16} = \ln 2^{-4} = -4 \ln 2$
$\therefore x = -\ln 2$



## 0290 답 $-3$

$\ln e^{-3} = -3 \ln e = -3$

## 0291 답 $\dfrac{1}{4}$

$\ln \sqrt[4]{e} = \ln e^{\frac{1}{4}} = \dfrac{1}{4} \ln e = \dfrac{1}{4}$

## 0292 답 $-\dfrac{1}{3}$

$\ln \dfrac{1}{\sqrt[3]{e}} = \ln e^{-\frac{1}{3}} = -\dfrac{1}{3} \ln e = -\dfrac{1}{3}$

## 0293 답 $\ln 5$

$$\frac{1}{\log_{10} e} - \frac{1}{\log_2 e} = \frac{1}{\dfrac{1}{\log_e 10}} - \frac{1}{\dfrac{1}{\log_e 2}}$$
$$= \ln 10 - \ln 2 = \ln \frac{10}{2} = \ln 5$$

## 0294 답 $3$

$$\lim_{x \to 0} \frac{\ln (1+3x)}{x} = \lim_{x \to 0} \frac{\ln (1+3x)}{3x} \cdot 3$$
$$= 1 \cdot 3 = 3$$

## 0295 답 $4$

$$\lim_{x \to 0} \frac{\ln (1+x)^4}{x} = \lim_{x \to 0} \frac{4 \ln (1+x)}{x} = 4 \lim_{x \to 0} \frac{\ln (1+x)}{x}$$
$$= 4 \cdot 1 = 4$$

## 0296 답 $2$

$$\lim_{x \to 0} \frac{e^{2x} - 1}{x} = \lim_{x \to 0} \frac{e^{2x} - 1}{2x} \cdot 2$$
$$= 1 \cdot 2 = 2$$

## 0297 답 $3$

$$\lim_{x \to 0} \frac{e^{5x} - e^{2x}}{x} = \lim_{x \to 0} \frac{e^{2x}(e^{3x} - 1)}{x} = \lim_{x \to 0} e^{2x} \cdot \frac{e^{3x} - 1}{3x} \cdot 3$$
$$= 1 \cdot 1 \cdot 3 = 3$$

## 0298 답 $\dfrac{1}{\ln 2}$

$$\lim_{x \to 0} \frac{\log_4 (1+2x)}{x} = \lim_{x \to 0} \frac{\log_4 (1+2x)}{2x} \cdot 2$$
$$= \frac{1}{\ln 4} \cdot 2 = \frac{1}{2 \ln 2} \cdot 2$$
$$= \frac{1}{\ln 2}$$

## 0299 답 $\dfrac{\ln 3}{3}$

$$\lim_{x \to 0} \frac{3^x - 1}{3x} = \lim_{x \to 0} \frac{3^x - 1}{x} \cdot \frac{1}{3}$$
$$= \ln 3 \cdot \frac{1}{3} = \frac{\ln 3}{3}$$

**0300** 답 $y'=4e^x$

**0301** 답 $y'=e^{x+3}$

$y=e^{x+3}=e^3\cdot e^x$이므로
$y'=e^3\cdot(e^x)'=e^3\cdot e^x=e^{x+3}$

**0302** 답 $y'=(x-1)e^x$

$y'=(x-2)'\cdot e^x+(x-2)\cdot(e^x)'$
$\quad=1\cdot e^x+(x-2)\cdot e^x$
$\quad=(x-1)e^x$



두 함수 $f(x)$, $g(x)$가 미분가능할 때, $y=f(x)g(x)$이면
$\quad y'=f'(x)g(x)+f(x)g'(x)$

**0303** 답 $y'=x^2(x+3)e^x$

$y'=(x^3)'\cdot e^x+x^3\cdot(e^x)'$
$\quad=3x^2\cdot e^x+x^3\cdot e^x$
$\quad=x^2(x+3)e^x$

**0304** 답 $y'=5^x\ln 5$

**0305** 답 $y'=3\times 7^x\ln 7$

$y'=3\times(7^x)'=3\times 7^x\ln 7$

**0306** 답 $y'=12\times 2^{3x}\ln 2$

$y=2^{3x+2}=4\times 8^x$이므로
$y'=4\times(8^x)'=4\times 8^x\ln 8$
$\quad=12\times 2^{3x}\ln 2$

**0307** 답 $y'=3^x(1+x\ln 3)$

$y'=(x)'\times 3^x+x\times(3^x)'$
$\quad=1\times 3^x+x\times 3^x\ln 3$
$\quad=3^x(1+x\ln 3)$

**0308** 답 $y'=\dfrac{1}{x}$

$y=\ln 5x=\ln 5+\ln x$이므로
$y'=\dfrac{1}{x}$

**0309** 답 $y'=\dfrac{4}{x}$

$y=\ln x^4=4\ln x$이므로
$y'=\dfrac{4}{x}$

**0310** 답 $y'=x(2\ln 3x+1)$

$y'=(x^2)'\cdot\ln 3x+x^2\cdot(\ln 3x)'$
$\quad=2x\cdot\ln 3x+x^2\cdot\dfrac{1}{x}$   $\cdot(\ln 3x)'=(\ln 3+\ln x)'=\dfrac{1}{x}$
$\quad=x(2\ln 3x+1)$

**0311** 답 $y'=e^x\left(\ln x+\dfrac{1}{x}\right)$

$y'=(e^x)'\cdot\ln x+e^x\cdot(\ln x)'$
$\quad=e^x\cdot\ln x+e^x\cdot\dfrac{1}{x}=e^x\left(\ln x+\dfrac{1}{x}\right)$

**0312** 답 $y'=\dfrac{5}{x\ln 10}+1$

**0313** 답 $y'=\dfrac{1}{x\ln 2}$

$y=\log_2 7x=\log_2 7+\log_2 x$이므로
$y'=\dfrac{1}{x\ln 2}$

**0314** 답 $y'=\log_4 x+\dfrac{1}{2\ln 2}$

$y'=(x)'\cdot\log_4 x+x\cdot(\log_4 x)'$
$\quad=1\cdot\log_4 x+x\cdot\dfrac{1}{x\ln 4}$
$\quad=\log_4 x+\dfrac{1}{2\ln 2}$

**0315** 답 $y'=\dfrac{2\log_5 x}{x\ln 5}$

$y=(\log_5 x)^2=(\log_5 x)(\log_5 x)$이므로
$y'=(\log_5 x)'\cdot\log_5 x+\log_5 x\cdot(\log_5 x)'$
$\quad=\dfrac{1}{x\ln 5}\cdot\log_5 x+\log_5 x\cdot\dfrac{1}{x\ln 5}$
$\quad=\dfrac{2\log_5 x}{x\ln 5}$

본문 054~066쪽

**0316** 답 ①

**0317** 답 ⑤

$\displaystyle\lim_{x\to\infty}\dfrac{2^{x+2}+2^{-x}}{2^{1-x}+2^x}=\lim_{x\to\infty}\dfrac{4\cdot 2^x+\left(\dfrac{1}{2}\right)^x}{2\cdot\left(\dfrac{1}{2}\right)^x+2^x}$

$\qquad\qquad=\lim_{x\to\infty}\dfrac{4+\left(\dfrac{1}{4}\right)^x}{2\cdot\left(\dfrac{1}{4}\right)^x+1}$   분모, 분자를 $2^x$으로 나눈다.

$\qquad\qquad=\dfrac{4+0}{0+1}=4$

**0318** 답 ③

$\displaystyle\lim_{x\to\infty}(5^{x+1}-2^x)^{\frac{1}{x}}=\lim_{x\to\infty}\left[5^x\left\{5-\left(\dfrac{2}{5}\right)^x\right\}\right]^{\frac{1}{x}}$

$\qquad\qquad=\lim_{x\to\infty}(5^x)^{\frac{1}{x}}\cdot\left\{5-\left(\dfrac{2}{5}\right)^x\right\}^{\frac{1}{x}}$

$\qquad\qquad=5\cdot 1=5$   $a\neq 0$일 때 $a^0=1$이므로

## 0319　답 ②

$$\lim_{x\to\infty}\frac{k\times 5^{x+1}+\dfrac{1}{k}\times 5^{x-1}}{5^{x-2}+5}=\lim_{x\to\infty}\frac{5k\times 5^{x}+\dfrac{1}{5k}\times 5^{x}}{\dfrac{1}{25}\times 5^{x}+5}$$

$$=\lim_{x\to\infty}\frac{5k+\dfrac{1}{5k}}{\dfrac{1}{25}+5\times\left(\dfrac{1}{5}\right)^{x}}$$

$$=\frac{5k+\dfrac{1}{5k}}{\dfrac{1}{25}+0}$$

$$=25\left(5k+\dfrac{1}{5k}\right)$$

즉, $25\left(5k+\dfrac{1}{5k}\right)=50$이므로 $5k+\dfrac{1}{5k}=2$

$25k^2-10k+1=0$, $(5k-1)^2=0$

$\therefore k=\dfrac{1}{5}$

분모, 분자를 $5^x$으로 나눈다.

## 0320　답 ②

$x=-t$라 하면 $x\to-\infty$일 때 $t\to\infty$이므로

$$\lim_{x\to-\infty}\frac{3^{x}-2x^2+2}{3x^2+1}=\lim_{t\to\infty}\frac{3^{-t}-2t^2+2}{3t^2+1}$$

$$=\lim_{t\to\infty}\frac{\dfrac{1}{3^{t}\cdot t^2}-2+\dfrac{2}{t^2}}{3+\dfrac{1}{t^2}}$$

$$=\frac{0-2+0}{3+0}=-\frac{2}{3}$$

분모의 최고차항 $t^2$으로 분모, 분자를 나눈다.



이 문제와 같이 $x\to-\infty$로 주어지면 $x=-t$로 치환해서 해결해.

## 0321　답 ⑤

## 0322　답 ①

$$\lim_{x\to\infty}\left(\log_3 6x-\log_3\sqrt{4x^2+x}\right)=\lim_{x\to\infty}\log_3\frac{6x}{\sqrt{4x^2+x}}$$

$$=\log_3\left(\lim_{x\to\infty}\frac{6x}{\sqrt{4x^2+x}}\right)$$

$$=\log_3\left(\lim_{x\to\infty}\frac{6}{\sqrt{4+\dfrac{1}{x}}}\right)$$

$$=\log_3 3=1$$

분모의 최고차항 $x$로 분모, 분자를 나눈다.

## 0323　답 ②

분모, 분자를 $\log_2 x$로 나눈다.

$$\lim_{x\to\infty}\frac{\log_3 x-4}{\log_2 x+1}=\lim_{x\to\infty}\frac{\dfrac{\log_3 x}{\log_2 x}-\dfrac{4}{\log_2 x}}{1+\dfrac{1}{\log_2 x}}$$

$$=\lim_{x\to\infty}\frac{\dfrac{\log_x 2}{\log_x 3}-\dfrac{4}{\log_2 x}}{1+\dfrac{1}{\log_2 x}}$$

$$=\frac{\log_3 2-0}{1+0}=\log_3 2$$

로그의 밑의 변환에 의하여
$\dfrac{\log_x 2}{\log_x 3}=\log_3 2$이므로

## 0324　답 ②

$$\lim_{x\to\infty}\frac{1}{x}\log_2(4^x+3^x)=\lim_{x\to\infty}\log_2(4^x+3^x)^{\frac{1}{x}}$$

$$=\lim_{x\to\infty}\log_2\left[4^x\left\{1+\left(\frac{3}{4}\right)^x\right\}\right]^{\frac{1}{x}}$$

$$=\log_2\left[\lim_{x\to\infty}(4^x)^{\frac{1}{x}}\cdot\left\{1+\left(\frac{3}{4}\right)^x\right\}^{\frac{1}{x}}\right]$$

$$=\log_2(4\cdot 1)=2$$

$a\neq 0$일 때 $a^0=1$이므로

## 0325　답 ①

$$\lim_{x\to\infty}\frac{f(x^3)}{f(3x)-f\left(\dfrac{1}{x}\right)}=\lim_{x\to\infty}\frac{\log_3 x^3}{\log_3 3x-\log_3\dfrac{1}{x}}$$

$$=\lim_{x\to\infty}\frac{3\log_3 x}{1+2\log_3 x}$$

$$=\lim_{x\to\infty}\frac{3}{\dfrac{1}{\log_3 x}+2}$$

$$=\frac{3}{0+2}=\frac{3}{2}$$

$\log_3 3x=1+\log_3 x$
$\log_3\dfrac{1}{x}=-\log_3 x$

## 0326　답 ①

## 0327　답 ②

$$\lim_{x\to\infty}\left(1+\frac{a}{x}\right)^{2x}=\lim_{x\to\infty}\left\{\left(1+\frac{a}{x}\right)^{\frac{x}{a}}\right\}^{2a}=e^{2a}$$

즉, $e^{2a}=e$이므로

$2a=1\qquad\therefore a=\dfrac{1}{2}$

## 0328　답 ②

$$\lim_{n\to\infty}\left\{\frac{1}{2}\left(1+\frac{1}{n}\right)\left(1+\frac{1}{n+1}\right)\left(1+\frac{1}{n+2}\right)\cdots\left(1+\frac{1}{2n}\right)\right\}^{n}$$

$$=\lim_{n\to\infty}\left(\frac{1}{2}\cdot\frac{n+1}{n}\cdot\frac{n+2}{n+1}\cdot\frac{n+3}{n+2}\cdot\cdots\cdot\frac{2n+1}{2n}\right)^{n}$$

$$=\lim_{n\to\infty}\left(\frac{2n+1}{2n}\right)^{n}$$

$$=\lim_{n\to\infty}\left(1+\frac{1}{2n}\right)^{n}$$

$$=\lim_{n\to\infty}\left\{\left(1+\frac{1}{2n}\right)^{2n}\right\}^{\frac{1}{2}}$$

$$=e^{\frac{1}{2}}=\sqrt{e}$$



$\lim\limits_{n\to\infty}\left(1+\dfrac{1}{2n}\right)^{2n}$에서 $n\to\infty$일 때 $2n\to\infty$이므로

$\lim\limits_{\blacksquare\to\infty}\left(1+\dfrac{1}{\blacksquare}\right)^{\blacksquare}=e$로 생각할 수 있어.

## 0329　답 ①

$x-1=t$라 하면 $x\to 1$일 때 $t\to 0$이므로

$$\lim_{x\to 1}x^{\frac{k}{1-x}}=\lim_{t\to 0}(1+t)^{-\frac{k}{t}}$$

$$=\lim_{t\to 0}\left\{(1+t)^{\frac{1}{t}}\right\}^{-k}$$

$$=e^{-k}$$

즉, $e^{-k}=e^2$이므로

$-k=2\qquad\therefore k=-2$

## 0330  답 ⑤

$$\lim_{x\to\infty}\left(\frac{x+q}{x-p}\right)^x=\lim_{x\to\infty}\left(\frac{1+\frac{q}{x}}{1-\frac{p}{x}}\right)^x$$

$$=\lim_{x\to\infty}\frac{\left(1+\frac{q}{x}\right)^x}{\left(1-\frac{p}{x}\right)^x}$$

$$=\lim_{x\to\infty}\frac{\left\{\left(1+\frac{q}{x}\right)^{\frac{x}{q}}\right\}^q}{\left\{\left(1-\frac{p}{x}\right)^{-\frac{x}{p}}\right\}^{-p}}$$

$$=\frac{e^q}{e^{-p}}=e^{q-(-p)}=e^{p+q}$$

● 다른 풀이 ●

$$\lim_{x\to\infty}\left(\frac{x+q}{x-p}\right)^x=\lim_{x\to\infty}\left(1+\frac{p+q}{x-p}\right)^x$$

$$=\lim_{x\to\infty}\left(1+\frac{p+q}{x-p}\right)^{\frac{x-p}{p+q}\cdot\frac{p+q}{x-p}\cdot x}$$

$$=\lim_{x\to\infty}e^{\frac{p+q}{x-p}\cdot x}$$

$$=\lim_{x\to\infty}e^{(p+q)\cdot\frac{x}{x-p}}$$

$$=e^{p+q}$$

## 0331  답 ④

## 0332  답 ⑤

$$\lim_{x\to0}\frac{\ln(1+5x)}{\ln(1+2x)}=\lim_{x\to0}\frac{\ln(1+5x)}{5x}\cdot\frac{2x}{\ln(1+2x)}\cdot\frac{5}{2}$$

$$=1\cdot1\cdot\frac{5}{2}=\frac{5}{2}$$

## 0333  답 ②

$x-1=t$라 하면 $x\to1$일 때 $t\to0$이므로

$$\lim_{x\to1}\frac{\ln x}{x^2-1}=\lim_{t\to0}\frac{\ln(t+1)}{(t+1)^2-1}$$

$$=\lim_{t\to0}\frac{\ln(t+1)}{t(t+2)}$$

$$=\lim_{t\to0}\frac{\ln(1+t)}{t}\cdot\frac{1}{t+2}$$

$$=1\cdot\frac{1}{2}=\frac{1}{2}$$

## 0334  답 ③

$y=e^{3x+1}$이라 하면

$\ln y=3x+1,\ 3x=\ln y-1$

$$\therefore x=\frac{\ln y-1}{3}$$

$x$와 $y$를 서로 바꾸면

$$y=\frac{\ln x-1}{3}$$

$$\therefore g(x)=\frac{\ln x-1}{3}$$

이때 $f(g(x))=x$이므로

$$\lim_{x\to0+}\frac{g(ex+e)}{f(g(x))}=\lim_{x\to0+}\frac{\frac{\ln(ex+e)-1}{3}}{x}$$

$$=\lim_{x\to0+}\frac{\ln e(x+1)-1}{3x}$$

$$=\lim_{x\to0+}\frac{1+\ln(x+1)-1}{3x}$$

$$=\lim_{x\to0+}\frac{\ln(x+1)}{3x}$$

$$=\lim_{x\to0+}\frac{\ln(1+x)}{x}\cdot\frac{1}{3}$$

$$=1\cdot\frac{1}{3}=\frac{1}{3}$$



함수 $f(x)$의 역함수 $g(x)$에 대하여
$(f\circ g)(x)=x$

## 0335  답 ①

$$\lim_{x\to0}\frac{1}{x}\ln\frac{2x+3}{x+3}=\lim_{x\to0}\frac{1}{x}\ln\frac{\frac{2}{3}x+1}{\frac{1}{3}x+1}$$

$$=\lim_{x\to0}\frac{1}{x}\left\{\ln\left(1+\frac{2}{3}x\right)-\ln\left(1+\frac{1}{3}x\right)\right\}$$

$$=\lim_{x\to0}\left\{\frac{\ln\left(1+\frac{2}{3}x\right)}{x}-\frac{\ln\left(1+\frac{1}{3}x\right)}{x}\right\}$$

$$=\lim_{x\to0}\left\{\frac{\ln\left(1+\frac{2}{3}x\right)}{\frac{2}{3}x}\cdot\frac{2}{3}-\frac{\ln\left(1+\frac{1}{3}x\right)}{\frac{1}{3}x}\cdot\frac{1}{3}\right\}$$

$$=1\cdot\frac{2}{3}-1\cdot\frac{1}{3}=\frac{1}{3}$$

## 0336  답 ②

## 0337  답 ③

$$\lim_{x\to0}\frac{(e^{2x}-1)\ln(x+1)}{x^2}=\lim_{x\to0}\frac{e^{2x}-1}{2x}\cdot\frac{\ln(1+x)}{x}\cdot2$$

$$=1\cdot1\cdot2=2$$

## 0338  답 ①

$$\lim_{x\to0}\frac{e^{-x}-\sqrt{e^x}}{x}=\lim_{x\to0}\frac{e^{-x}-e^{\frac{x}{2}}}{x}=\lim_{x\to0}\frac{(e^{-x}-1)-(e^{\frac{x}{2}}-1)}{x}$$

$$=\lim_{x\to0}\left\{\frac{e^{-x}-1}{-x}\cdot(-1)-\frac{e^{\frac{x}{2}}-1}{\frac{x}{2}}\cdot\frac{1}{2}\right\}$$

$$=1\cdot(-1)-1\cdot\frac{1}{2}=-\frac{3}{2}$$

## 0339  답 ③

$x-1=t$라 하면 $x\to1$일 때 $t\to0$이므로

$$\lim_{x\to1}\frac{e^{x-1}-x}{x-1}=\lim_{t\to0}\frac{e^t-(t+1)}{t}\quad\begin{array}{l}x-1=t에서\\x=t+1이므로\end{array}$$

$$=\lim_{t\to0}\left(\frac{e^t-1}{t}-1\right)$$

$$=1-1=0$$

## 0340  답 11

$$\lim_{x\to 0}\frac{\sum\limits_{k=1}^{n}\ln(1+kx)}{e^{3x}-1}$$

$$=\lim_{x\to 0}\frac{\ln(1+x)+\ln(1+2x)+\cdots+\ln(1+nx)}{e^{3x}-1}$$

$$=\lim_{x\to 0}\left\{\frac{\ln(1+x)}{x}+\frac{\ln(1+2x)}{2x}\cdot 2+\cdots+\frac{\ln(1+nx)}{nx}\cdot n\right\}$$
$$\cdot\frac{3x}{e^{3x}-1}\cdot\frac{1}{3}$$

$$=(1+1\cdot 2+\cdots+1\cdot n)\cdot 1\cdot\frac{1}{3}=\frac{n(n+1)}{6}$$

즉, $\dfrac{n(n+1)}{6}=22$이므로 $n^2+n-132=0$

$(n+12)(n-11)=0$     $\therefore n=11\ (\because n$은 자연수$)$

## 0341  답 ②

## 0342  답 ⑤

$$\lim_{x\to 0}\frac{\log_2(1+4x)}{\log_4(1+2x)}=\lim_{x\to 0}\frac{\log_2(1+4x)}{4x}\cdot\frac{2x}{\log_4(1+2x)}\cdot 2$$

$$=\frac{1}{\ln 2}\cdot\ln 4\cdot 2=\frac{1}{\ln 2}\cdot 2\ln 2\cdot 2=4$$

## 0343  답 ②

$\dfrac{1}{x}=t$라 하면 $x\to\infty$일 때 $t\to 0+$이므로

$$\lim_{x\to\infty}x\log_4\left(1+\frac{2}{x}\right)=\lim_{t\to 0+}\frac{\log_4(1+2t)}{t}=\lim_{t\to 0+}\frac{\log_4(1+2t)}{2t}\cdot 2$$

$$=\frac{2}{\ln 4}=\frac{1}{\ln 2}$$

## 0344  답 ①

$x-1=t$라 하면 $x\to 1$일 때 $t\to 0$이므로

$$\lim_{x\to 1}\frac{\log_2 x}{x^4-1}=\lim_{x\to 1}\frac{\log_2 x}{(x-1)(x+1)(x^2+1)}$$

$$=\lim_{t\to 0}\frac{\log_2(t+1)}{t(t+2)(t^2+2t+2)}$$

$$=\lim_{t\to 0}\frac{\log_2(1+t)}{t}\cdot\frac{1}{(t+2)(t^2+2t+2)}$$

$$=\frac{1}{\ln 2}\cdot\frac{1}{2\cdot 2}=\frac{1}{4\ln 2}$$

## 0345  답 ①

$$\lim_{x\to 0}\frac{\log_2(9-x)-\log_{\sqrt{2}}3}{2x}=\lim_{x\to 0}\frac{\log_2(9-x)-2\log_2 3}{2x}$$

$$=\lim_{x\to 0}\frac{\log_2(9-x)-\log_2 9}{2x}$$

$$=\lim_{x\to 0}\frac{\log_2\left(1-\dfrac{x}{9}\right)}{2x}$$

$$=\lim_{x\to 0}\frac{\log_2\left(1-\dfrac{x}{9}\right)}{-\dfrac{x}{9}}\cdot\left(-\frac{1}{18}\right)$$

$$=\frac{1}{\ln 2}\cdot\left(-\frac{1}{18}\right)=-\frac{1}{18\ln 2}$$

## 0346  답 ①

## 0347  답 ④

$$\lim_{x\to 0}\frac{\ln(1+2x)}{1-2^{3x}}=\lim_{x\to 0}\frac{\ln(1+2x)}{2x}\cdot\frac{3x}{2^{3x}-1}\cdot\left(-\frac{2}{3}\right)$$

$$=1\cdot\frac{1}{\ln 2}\cdot\left(-\frac{2}{3}\right)=-\frac{2}{3\ln 2}$$

## 0348  답 ④

$x-1=t$라 하면 $x\to 1$일 때 $t\to 0$이므로

$$\lim_{x\to 1}\frac{9^{x-1}-1}{x^2-1}=\lim_{x\to 1}\frac{9^{x-1}-1}{(x-1)(x+1)}=\lim_{t\to 0}\frac{9^t-1}{t}\cdot\frac{1}{t+2}$$

$$=\frac{\ln 9}{2}=\ln 3$$

## 0349  답 ①

$$\lim_{x\to 0}\frac{f(x)}{2^x-1}=2$$이므로

$$\lim_{x\to 0}\frac{x\ln(1+2x)}{\{f(x)\}^2}=\lim_{x\to 0}\frac{\ln(1+2x)}{2x}\cdot\left\{\frac{2^x-1}{f(x)}\right\}^2\cdot\left(\frac{x}{2^x-1}\right)^2\cdot 2$$

$$=1\cdot\left(\frac{1}{2}\right)^2\cdot\left(\frac{1}{\ln 2}\right)^2\cdot 2=\frac{1}{2(\ln 2)^2}$$

## 0350  답 ①

$x-1=t$라 하면 $x\to 1$일 때 $t\to 0$이므로

$$\lim_{x\to 1}\frac{\ln\{\log_2(x+1)\}}{x-1}=\lim_{t\to 0}\frac{\ln\{\log_2(t+2)\}}{t}$$

$\log_2(t+2)=1+s$라 하면 $t\to 0$일 때 $s\to 0$이므로

$$\lim_{t\to 0}\frac{\ln\{\log_2(t+2)\}}{t}=\lim_{s\to 0}\frac{\ln(1+s)}{2^{1+s}-2}=\lim_{s\to 0}\frac{\ln(1+s)}{2(2^s-1)}$$

$$=\lim_{s\to 0}\frac{\ln(1+s)}{s}\cdot\frac{s}{2^s-1}\cdot\frac{1}{2}$$

$$=1\cdot\frac{1}{\ln 2}\cdot\frac{1}{2}=\frac{1}{2\ln 2}$$

● 다른 풀이 ●

$x-1=t$라 하면 $x\to 1$일 때 $t\to 0$이므로

$$\lim_{x\to 1}\frac{\ln\{\log_2(x+1)\}}{x-1}$$

$$=\lim_{t\to 0}\frac{\ln\{\log_2(t+2)\}}{t}$$

$$=\lim_{t\to 0}\frac{\ln\left\{\log_2 2\left(\dfrac{t}{2}+1\right)\right\}}{t}$$

$$=\lim_{t\to 0}\frac{\ln\left\{1+\log_2\left(1+\dfrac{t}{2}\right)\right\}}{t}$$

$$=\lim_{t\to 0}\frac{\ln\left\{1+\log_2\left(1+\dfrac{t}{2}\right)\right\}}{\log_2\left(1+\dfrac{t}{2}\right)}\cdot\frac{\log_2\left(1+\dfrac{t}{2}\right)}{\dfrac{t}{2}}\cdot\frac{1}{2}$$

$$=1\cdot\frac{1}{\ln 2}\cdot\frac{1}{2}=\frac{1}{2\ln 2}$$

선생님 톡톡

위의 풀이에서 $\log_2(t+2)$를 $s$가 아닌 $1+s$로 치환하는 이유는 치환한 이후에 극한값을 구할 수 있도록 식을 변형하기 위해서야.

## 0351  답 ③

## 0352  답 ⑤

$x \to 0$일 때 (분모) $\to 0$이고 극한값이 존재하므로 (분자) $\to 0$
이다.

즉, $\displaystyle\lim_{x \to 0}\{\log_2(x+1)+a\}=0$이므로

$a=0$

$a=0$을 주어진 식에 대입하면

$$\lim_{x \to 0}\frac{\log_2(x+1)}{x^2+bx}=\lim_{x \to 0}\frac{\log_2(x+1)}{x(x+b)}$$

$$=\lim_{x \to 0}\frac{\log_2(1+x)}{x}\cdot\frac{1}{x+b}$$

$$=\frac{1}{\ln 2}\cdot\frac{1}{b}=\frac{1}{b\ln 2}=\frac{1}{2\ln 2}$$

$\therefore b=2$

$\therefore a+b=0+2=2$

## 0353  답 ②

$x \to 0$일 때 (분모) $\to 0$이고 극한값이 존재하므로 (분자) $\to 0$
이다.

즉, $\displaystyle\lim_{x \to 0}\{\ln(x+a)-b\}=0$이므로

$\ln a-b=0$  $\therefore b=\ln a$  $\cdots\cdots$ ㉠

㉠을 주어진 식에 대입하면

$$\lim_{x \to 0}\frac{\ln(x+a)-\ln a}{x}=\lim_{x \to 0}\frac{\ln\left(1+\dfrac{x}{a}\right)}{x}$$

$$=\lim_{x \to 0}\frac{\ln\left(1+\dfrac{x}{a}\right)}{\dfrac{x}{a}}\cdot\frac{1}{a}$$

$$=1\cdot\frac{1}{a}=\frac{1}{a}=e$$

$\therefore a=\dfrac{1}{e}$

$a=\dfrac{1}{e}$을 ㉠에 대입하면 $b=\ln\dfrac{1}{e}=\ln e^{-1}=-1$

$\therefore ab=\dfrac{1}{e}\cdot(-1)=-\dfrac{1}{e}$

## 0354  답 ③

$x \to 0$일 때 (분모) $\to 0$이고 극한값이 존재하므로 (분자) $\to 0$
이다.

즉, $\displaystyle\lim_{x \to 0}\left\{\left(\dfrac{a}{2}\right)^x+b\right\}=0$이므로

$1+b=0$  $\therefore b=-1$

$b=-1$을 주어진 식에 대입하면

$$\lim_{x \to 0}\frac{\left(\dfrac{a}{2}\right)^x-1}{\log_a(x+1)}=\lim_{x \to 0}\frac{\left(\dfrac{a}{2}\right)^x-1}{x}\cdot\frac{x}{\log_a(1+x)}$$

$$=\ln\frac{a}{2}\cdot\ln a=2(\ln 2)^2$$

즉, $(\ln a-\ln 2)\ln a=2(\ln 2)^2$에서

$(\ln a)^2-\ln 2\cdot\ln a-2(\ln 2)^2=0$

$(\ln a+\ln 2)(\ln a-2\ln 2)=0$

$\ln a=-\ln 2=\ln\dfrac{1}{2}$ 또는 $\ln a=2\ln 2=\ln 4$

$\therefore a=\dfrac{1}{2}\ (\because\ 0<a<1)$

$\therefore ab=\dfrac{1}{2}\cdot(-1)=-\dfrac{1}{2}$

## 0355  답 ①

$x \to 1$일 때 (분자) $\to 0$이고 0이 아닌 극한값이 존재하므로
(분모) $\to 0$이다.

즉, $\displaystyle\lim_{x \to 1}(1-e^{ax+b})=0$이므로

$1-e^{a+b}=0$, $e^{a+b}=1$

$a+b=0$  $\therefore b=-a$  $\cdots\cdots$ ㉠

$x-1=t$라 하면 $x \to 1$일 때 $t \to 0$이므로 ㉠을 주어진 식에 대입
하면

$$\lim_{x \to 1}\frac{\ln(2-x)}{1-e^{ax-a}}=\lim_{t \to 0}\frac{\ln(1-t)}{1-e^{at}}$$

$$=\lim_{t \to 0}\frac{\ln(1-t)}{-t}\cdot\frac{at}{e^{at}-1}\cdot\frac{1}{a}$$

$$=1\cdot 1\cdot\frac{1}{a}=\frac{1}{a}=3$$

$\therefore a=\dfrac{1}{3}$

$a=\dfrac{1}{3}$을 ㉠에 대입하면 $b=-\dfrac{1}{3}$

$\therefore |ab|=\left|\dfrac{1}{3}\cdot\left(-\dfrac{1}{3}\right)\right|=\dfrac{1}{9}$

> **해설 속 칠판**
>
> 두 함수 $f(x)$, $g(x)$에 대하여 $\displaystyle\lim_{x \to a}\dfrac{f(x)}{g(x)}=\alpha$ ($\alpha$는 0이 아닌 실수)일 때,
> $\displaystyle\lim_{x \to a}f(x)=0$이면 $\displaystyle\lim_{x \to a}g(x)=0$이다.
>
> [증명] $\displaystyle\lim_{x \to a}g(x)=\lim_{x \to a}\dfrac{1}{\dfrac{f(x)}{g(x)}}\cdot f(x)=\lim_{x \to a}\dfrac{1}{\dfrac{f(x)}{g(x)}}\cdot\lim_{x \to a}f(x)$
>
> $$=\frac{1}{\alpha}\cdot 0=0$$

## 0356  답 ②

## 0357  답 ④

$P(t, \ln(t+1))$, $Q(2t, \ln(2t+1))$이므로

$\overline{OP}=\sqrt{t^2+\{\ln(t+1)\}^2}$, $\overline{OQ}=\sqrt{4t^2+\{\ln(2t+1)\}^2}$

$$\therefore \lim_{t \to 0+}\frac{\overline{OQ}}{\overline{OP}}=\lim_{t \to 0+}\frac{\sqrt{4t^2+\{\ln(2t+1)\}^2}}{\sqrt{t^2+\{\ln(t+1)\}^2}}$$

$$=\lim_{t \to 0+}\frac{\sqrt{4+\left\{\dfrac{\ln(1+2t)}{2t}\right\}^2\cdot 4}}{\sqrt{1+\left\{\dfrac{\ln(1+t)}{t}\right\}^2}}$$

$$=\frac{\sqrt{4+1^2\cdot 4}}{\sqrt{1+1^2}}=2$$

## 0358  답 ②

두 함수 $y=\log_2 x$, $y=\log_4 x$의 그래프와 직선 $y=t\ (t>0)$의
교점 A, B의 $x$좌표는 각각 $2^t$, $4^t$이다.

$\therefore \overline{AB}=4^t-2^t$

따라서 $S(t)=\dfrac{1}{2}\cdot\overline{\text{AB}}\cdot t=\dfrac{t(4^t-2^t)}{2}$ 이므로

$$\lim_{t\to 0+}\frac{S(t)}{t^2}=\lim_{t\to 0+}\frac{4^t-2^t}{2t}$$
$$=\frac{1}{2}\lim_{t\to 0+}\left(\frac{4^t-1}{t}-\frac{2^t-1}{t}\right)$$
$$=\frac{1}{2}(\ln 4-\ln 2)=\frac{\ln 2}{2}$$

## 0359  답 25

선분 AB가 원의 지름이므로 삼각형 APB는 $\angle\text{APB}=90°$인 직각삼각형 이다.

즉, 점 B에서 $x$축에 내린 수선의 발이 점 P이므로 $\text{P}(t,\,0)$이고

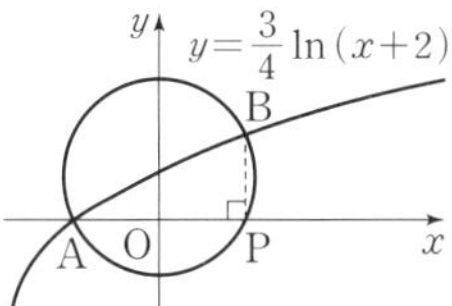


$\overline{\text{AP}}=t+1,\ \overline{\text{BP}}=\dfrac{3}{4}\ln(t+2)$

$t+1=s$라 하면 $t\to -1+$일 때 $s\to 0+$이므로

$$\lim_{t\to -1+}\frac{\overline{\text{BP}}}{\overline{\text{AP}}}=\lim_{t\to -1+}\frac{\dfrac{3}{4}\ln(t+2)}{t+1}$$
$$=\lim_{s\to 0+}\frac{\dfrac{3}{4}\ln(s+1)}{s}$$
$$=\frac{3}{4}\lim_{s\to 0+}\frac{\ln(1+s)}{s}$$
$$=\frac{3}{4}\cdot 1=\frac{3}{4}$$

따라서 $p=4,\ q=3$이므로
$p^2+q^2=4^2+3^2=25$

## 0360  답 ⑤

함수 $y=|3-\ln x|$의 그래프가 $x$축과 만나는 점의 $x$좌표는
$3-\ln x=0$에서 $\ln x=3$
$\therefore x=e^3$

$\therefore y=|3-\ln x|=\begin{cases}3-\ln x & (0<x<e^3)\\ \ln x-3 & (x\geq e^3)\end{cases}$

$3-\ln x=t$에서 $\ln x=-t+3$
$\therefore x=e^{-t+3}$  $\therefore \text{P}(e^{-t+3},\,t)$
$\ln x-3=t$에서 $\ln x=t+3$
$\therefore x=e^{t+3}$  $\therefore \text{Q}(e^{t+3},\,t)$
따라서 $l(t)=\overline{\text{PQ}}=e^{t+3}-e^{-t+3}$이므로

$$\lim_{t\to 0+}\frac{l(t)}{t}=\lim_{t\to 0+}\frac{e^{t+3}-e^{-t+3}}{t}$$
$$=\lim_{t\to 0+}\frac{e^3(e^t-e^{-t})}{t}$$
$$=e^3\lim_{t\to 0+}\left(\frac{e^t-1}{t}+\frac{e^{-t}-1}{-t}\right)$$
$$=e^3(1+1)=2e^3$$

## 0361  답 ②

## 0362  답 ④

함수 $f(x)$가 $x=0$에서 연속이면
$\lim\limits_{x\to 0+}f(x)=f(0)$

$$\lim_{x\to 0+}f(x)=\lim_{x\to 0+}\frac{\ln(1+kx)}{3x}$$
$$=\lim_{x\to 0+}\frac{\ln(1+kx)}{kx}\cdot\frac{k}{3}$$
$$=1\cdot\frac{k}{3}=\frac{k}{3}\quad\cdots\cdots\ ㉠$$

$f(0)=|0-1|=1\quad\cdots\cdots\ ㉡$

㉠, ㉡에서 $\dfrac{k}{3}=1$
$\therefore k=3$

## 0363  답 4

함수 $f(x)$가 실수 전체의 집합에서 연속이려면 $x=0$에서 연속이 어야 하므로
$\lim\limits_{x\to 0}f(x)=f(0)$

$$\lim_{x\to 0}f(x)=\lim_{x\to 0}\frac{a^x+b^x-2}{x}$$
$$=\lim_{x\to 0}\left(\frac{a^x-1}{x}+\frac{b^x-1}{x}\right)$$
$$=\ln a+\ln b$$
$$=\ln ab\quad\cdots\cdots\ ㉠$$

$f(0)=\ln 6\quad\cdots\cdots\ ㉡$

㉠, ㉡에서 $\ln ab=\ln 6$
$\therefore ab=6$

따라서 두 자연수 $a$, $b$의 순서쌍 $(a,\,b)$의 개수는
$(1,\,6),\,(2,\,3),\,(3,\,2),\,(6,\,1)$의 4이다.

## 0364  답 ①

$x\neq 3$일 때, $(x^2-9)f(x)=\ln(x-2)$에서
$f(x)=\dfrac{\ln(x-2)}{x^2-9}=\dfrac{\ln(x-2)}{(x-3)(x+3)}$

함수 $f(x)$가 $x>2$인 모든 실수 $x$에서 연속이므로 $x=3$에서도 연속이다. 즉,

$$f(3)=\lim_{x\to 3}f(x)=\lim_{x\to 3}\frac{\ln(x-2)}{(x-3)(x+3)}$$

이때 $x-3=t$라 하면 $x\to 3$일 때 $t\to 0$이므로

$$f(3)=\lim_{t\to 0}\frac{\ln(t+1)}{t(t+6)}$$
$$=\lim_{t\to 0}\frac{\ln(1+t)}{t}\cdot\frac{1}{t+6}$$
$$=1\cdot\frac{1}{6}=\frac{1}{6}$$

$\therefore 12f(3)=12\cdot\dfrac{1}{6}=2$

## 0365  답 ⑤

함수 $f(x)$는 실수 전체의 집합에서 연속이고, 함수 $g(x)$는 $x\neq 2$ 인 실수 $x$에서 연속이므로 함수 $(f\circ g)(x)$가 실수 전체의 집합 에서 연속이려면 $x=2$에서 연속이어야 한다. 즉,
$\lim\limits_{x\to 2+}(f\circ g)(x)=\lim\limits_{x\to 2-}(f\circ g)(x)=(f\circ g)(2)$

$$\lim_{x\to 2+}(f\circ g)(x)=\lim_{x\to 2+}f(g(x))$$
$$=\lim_{x\to 2+}(3^{2x-2}+3^{-2x+2})$$
$$=3^2+3^{-2}=\frac{82}{9}$$

$$\lim_{x\to2-}(f\circ g)(x)=\lim_{x\to2-}f(g(x))$$
$$=\lim_{x\to2-}(3^{mx}+3^{-mx})$$
$$=3^{2m}+3^{-2m}$$
$$(f\circ g)(2)=f(g(2))=f(2)$$
$$=3^2+3^{-2}=\frac{82}{9}$$

에서 $3^{2m}+3^{-2m}=\dfrac{82}{9}$

$3^{2m}=s\ (s>0)$라 하면

$s+\dfrac{1}{s}=\dfrac{82}{9},\ 9s^2-82s+9=0$

$(9s-1)(s-9)=0$ $\quad\therefore s=\dfrac{1}{9}$ 또는 $s=9$

$3^{2m}=\dfrac{1}{9}=3^{-2}$ 또는 $3^{2m}=9=3^2$이므로

$m=-1$ 또는 $m=1$

따라서 $\alpha=-1,\ \beta=1$이므로

$e^{\beta-\alpha}=e^{1-(-1)}=e^2$

## 0366 답 ①

## 0367 답 ⑤

$f'(x)=-3^x+(m-x)3^x\ln 3$이므로

$f'(0)=-1+m\ln 3$

즉, $-1+m\ln 3=-\ln 3e$이므로

$-1+m\ln 3=-(\ln 3+\ln e),\ -1+m\ln 3=-1-\ln 3$

$\therefore m=-1$

## 0368 답 ④

$f'(x)=4^x\ln 4-2^x\ln 2$이므로

$f'(1)=4\ln 4-2\ln 2=8\ln 2-2\ln 2=6\ln 2$

**해설 속 칠판 미분계수의 기하적 의미**

함수 $f(x)$의 $x=a$에서의 미분계수 $f'(a)$는 곡선 $y=f(x)$ 위의 점 $(a,\ f(a))$에서의 접선의 기울기와 같다.

## 0369 답 ④

함수 $f(x)$는 실수 전체의 집합에서 미분가능하므로

$$\lim_{h\to0}\frac{f(a+h)-f(a-2h)}{h}$$
$$=\lim_{h\to0}\frac{f(a+h)-f(a)+f(a)-f(a-2h)}{h}$$
$$=\lim_{h\to0}\left\{\frac{f(a+h)-f(a)}{h}+\frac{f(a-2h)-f(a)}{-2h}\cdot2\right\}$$
$$=f'(a)+2f'(a)=3f'(a)$$

$f'(x)=2^x\ln 2$이므로

$3f'(a)=3\cdot2^a\ln 2$

즉, $3\cdot2^a\ln 2=6\ln 2$이므로

$3\cdot2^a=6,\ 2^a=2$ $\quad\therefore a=1$

## 0370 답 ①

$x\to1$일 때 (분모) $\to0$이고 극한값이 존재하므로 (분자) $\to0$이다.

즉, $\lim_{x\to1}\{e^xf(x)-1\}=0$이므로

$ef(1)-1=0$ $\quad\therefore ef(1)=1$

이때 $g(x)=e^xf(x)$라 하면 $g(1)=ef(1)=1$이므로

$$\lim_{x\to1}\frac{e^xf(x)-1}{x-1}=\lim_{x\to1}\frac{g(x)-g(1)}{x-1}$$
$$=g'(1)=2$$

$g'(x)=e^xf(x)+e^xf'(x)$이므로

$g'(1)=ef(1)+ef'(1)=2,\ 1+ef'(1)=2$

$ef'(1)=1$ $\quad\therefore f'(1)=\dfrac{1}{e}$

## 0371 답 ②

## 0372 답 48

$f'(x)=-2x\log_2 x+(4-x^2)\dfrac{1}{x\ln 2}$이므로

$f'(4)=-8\log_2 4+(-12)\cdot\dfrac{1}{4\ln 2}$

$=-16-\dfrac{3}{\ln 2}$

따라서 $p=-3,\ q=-16$이므로

$pq=(-3)\cdot(-16)=48$

## 0373 답 ④

$$\lim_{h\to0}\frac{f(a+h)-f(a-h)}{h}$$
$$=\lim_{h\to0}\frac{f(a+h)-f(a)+f(a)-f(a-h)}{h}$$
$$=\lim_{h\to0}\left\{\frac{f(a+h)-f(a)}{h}+\frac{f(a-h)-f(a)}{-h}\right\}$$
$$=f'(a)+f'(a)=2f'(a)$$

$f'(x)=1\cdot\ln x+x\cdot\dfrac{1}{x}=\ln x+1$이므로

$2f'(a)=2(\ln a+1)$

즉, $2(\ln a+1)=2$이므로

$\ln a+1=1,\ \ln a=0$ $\quad\therefore a=1$

## 0374 답 ④

$$\lim_{x\to2}\frac{x^2-4}{f(x)-f(2)}=\lim_{x\to2}\frac{1}{\dfrac{f(x)-f(2)}{(x-2)(x+2)}}$$
$$=\lim_{x\to2}\frac{1}{\dfrac{f(x)-f(2)}{x-2}}\cdot(x+2)$$
$$=\frac{1}{f'(2)}\cdot4=\frac{4}{f'(2)}$$

$f(x)=\log_2 5x=\log_2 5+\log_2 x$에서 $f'(x)=\dfrac{1}{x\ln 2}$이므로

$\dfrac{4}{f'(2)}=\dfrac{4}{\dfrac{1}{2\ln 2}}=8\ln 2$

## 0375 답 ③

$\lim_{x\to e}\dfrac{f(x)+4}{x-e}=\dfrac{1}{e}$에서 $x\to e$일 때 (분모) $\to0$이고 극한값이 존재하므로 (분자) $\to0$이다.

즉, $\lim\limits_{x \to e}\{f(x)+4\}=0$이므로

$f(e)+4=0$    $\therefore f(e)=-4$

$\therefore \lim\limits_{x \to e}\dfrac{f(x)+4}{x-e}=\lim\limits_{x \to e}\dfrac{f(x)-f(e)}{x-e}$

$\qquad\qquad\qquad\quad =f'(e)=\dfrac{1}{e}$

이때 $g(x)=f(x)\ln x$에서

$g'(x)=f'(x)\ln x+f(x)\cdot\dfrac{1}{x}$

이므로

$g'(e)=f'(e)\cdot 1+f(e)\cdot\dfrac{1}{e}$

$\qquad =\dfrac{1}{e}+(-4)\cdot\dfrac{1}{e}=-\dfrac{3}{e}$

## 0376 답 ③

## 0377 답 ②

함수 $f(x)$가 $x=0$에서 미분가능하려면 $x=0$에서 연속이어야 하므로

$\lim\limits_{x \to 0+}(e^x+a)=\lim\limits_{x \to 0-}bx=f(0)$

$1+a=0$    $\therefore a=-1$

또한, 함수 $f(x)$가 $x=0$에서 미분가능하려면 $f'(0)$이 존재해야 하므로

$\lim\limits_{h \to 0+}\dfrac{f(0+h)-f(0)}{h}=\lim\limits_{h \to 0+}\dfrac{(e^h-1)-0}{h}=1,$

$\lim\limits_{h \to 0-}\dfrac{f(0+h)-f(0)}{h}=\lim\limits_{h \to 0-}\dfrac{bh-0}{h}=b$

에서 $b=1$

$\therefore a^2+b^2=(-1)^2+1^2=2$

● 다른 풀이 ●

함수 $f(x)$가 $x=0$에서 미분가능하려면 $f'(0)$이 존재해야 하므로

$f'(x)=\begin{cases} e^x & (x>0) \\ b & (x<0) \end{cases}$

에서 $\lim\limits_{x \to 0+}e^x=\lim\limits_{x \to 0-}b$    $\therefore b=1$

## 0378 답 ③

함수 $f(x)$가 $x=1$에서 미분가능하면 $x=1$에서 연속이므로

$\lim\limits_{x \to 1+}ae^{x-1}=\lim\limits_{x \to 1-}\ln bx=f(1)$

$\therefore a=\ln b$    $\cdots\cdots\ \ominus$

또한, 함수 $f(x)$가 $x=1$에서 미분가능하면 $f'(1)$이 존재하므로

$f'(x)=\begin{cases} ae^{x-1} & (x>1) \\ \dfrac{1}{x} & (0<x<1) \end{cases}$

• $0<x<1$일 때<br>$f(x)=\ln bx=\ln b+\ln x$이므로

에서 $\lim\limits_{x \to 1+}ae^{x-1}=\lim\limits_{x \to 1-}\dfrac{1}{x}$    $\therefore a=1$

$a=1$을 $\ominus$에 대입하면

$1=\ln b$    $\therefore b=e$

$\therefore ab=1\cdot e=e$

## 0379 답 ③

함수 $f(x)$가 모든 실수 $x$에서 미분가능하므로 $x=1$에서 미분가능하다.

---

함수 $f(x)$가 $x=1$에서 미분가능하면 $x=1$에서 연속이므로

$\lim\limits_{x \to 1+}(\ln x+2a)=\lim\limits_{x \to 1-}(bx^2+ax)=f(1)$

$2a=b+a$    $\therefore a=b$    $\cdots\cdots\ \ominus$

또한, 함수 $f(x)$가 $x=1$에서 미분가능하면 $f'(1)$이 존재하므로

$f'(x)=\begin{cases} \dfrac{1}{x} & (x>1) \\ 2bx+a & (x<1) \end{cases}$

에서 $\lim\limits_{x \to 1+}\dfrac{1}{x}=\lim\limits_{x \to 1-}(2bx+a)$    $\therefore 1=a+2b$    $\cdots\cdots\ \ominus$

$\ominus$, $\ominus$을 연립하여 풀면 $a=\dfrac{1}{3}$, $b=\dfrac{1}{3}$

따라서 $f'(x)=\begin{cases} \dfrac{1}{x} & (x\geq 1) \\ \dfrac{2}{3}x+\dfrac{1}{3} & (x<1) \end{cases}$ 이므로

$f'(a)=f'\left(\dfrac{1}{3}\right)=\dfrac{2}{3}\cdot\dfrac{1}{3}+\dfrac{1}{3}=\dfrac{5}{9}$

## 0380 답 ②

함수 $f(x)$가 양의 실수 전체의 집합에서 미분가능하므로 $x=e$에서 미분가능하다.

함수 $f(x)$가 $x=e$에서 미분가능하면 $x=e$에서 연속이므로

$\lim\limits_{x \to e+}a^x=\lim\limits_{x \to e-}\log_a x$    $\therefore a^e=\log_a e$    $\cdots\cdots\ \ominus$

또한, 함수 $f(x)$가 $x=e$에서 미분가능하면 $f'(e)$가 존재하므로

$f'(x)=\begin{cases} a^x\ln a & (x>e) \\ \dfrac{1}{x\ln a} & (0<x<e) \end{cases}$

에서 $\lim\limits_{x \to e+}a^x\ln a=\lim\limits_{x \to e-}\dfrac{1}{x\ln a}$

$a^e\ln a=\dfrac{1}{e\ln a}$    $\therefore a^e\ln a=\dfrac{1}{e}\log_a e$    $\cdots\cdots\ \ominus$

로그의 밑의 변환에 의하여

$\ominus$을 $\ominus$에 대입하면 $a^e\ln a=\dfrac{1}{e}\cdot a^e$

$\ln a=\dfrac{1}{e}$    $\therefore a=e^{\frac{1}{e}}$

본문 067~069쪽

## 0381 답 ⑤

**One Point Lesson**

$\lim\limits_{n \to \infty}\left(1+\dfrac{1}{n}\right)^n$ 꼴의 극한을 이용할 수 있도록 주어진 식을 변형한다.

$\lim\limits_{n \to \infty}\left(1+\dfrac{4}{n}+\dfrac{4}{n^2}\right)^{4n}=\lim\limits_{n \to \infty}\left\{\left(1+\dfrac{2}{n}\right)^2\right\}^{4n}$

$\qquad\qquad\qquad\qquad\quad =\lim\limits_{n \to \infty}\left\{\left(1+\dfrac{2}{n}\right)^{\frac{n}{2}}\right\}^{16}$

$\qquad\qquad\qquad\qquad\quad =e^{16}$

## 0382 답 ③

**One Point Lesson**

수렴하는 극한의 성질과 미분계수의 정의를 이용하여 미정계수 $a$, $b$의 값을 각각 구한다.

$\lim\limits_{x\to 1}\dfrac{f(x)}{x-1}=\dfrac{3}{\ln 3}$에서 $x\to 1$일 때 (분모) $\to 0$이고 극한값이

존재하므로 (분자) $\to 0$이다.

즉, $\lim\limits_{x\to 1}f(x)=0$이므로 $f(1)=0$ $\qquad$ ...... ㉠

함수 $f(x)$는 양의 실수 전체의 집합에서 연속이므로

$\lim\limits_{x\to 1}f(x)=f(1)$, $a+b\log_3 1=0$ $\qquad\therefore a=0$

또한,

$\lim\limits_{x\to 1}\dfrac{f(x)}{x-1}=\lim\limits_{x\to 1}\dfrac{f(x)-f(1)}{x-1}$ $(\because$ ㉠$)$

$\qquad\qquad\quad =f'(1)=\dfrac{3}{\ln 3}$

이고, $f(x)=b\log_3 x$에서 $f'(x)=\dfrac{b}{x\ln 3}$이므로

$\dfrac{b}{\ln 3}=\dfrac{3}{\ln 3}$ $\qquad\therefore b=3$

따라서 $f(x)=3\log_3 x$이므로

$f(9)=3\log_3 9=3\cdot 2=6$

## 0383 답 ①



$\lim\limits_{x\to 0}\dfrac{a^x-1}{x}$ 꼴과 $\lim\limits_{x\to 0}\dfrac{\log_a(1+x)}{x}$ 꼴의 극한을 이용할 수 있도록 주어진 식을 변형한다.

$\lim\limits_{x\to 0}\dfrac{a^x-1}{\log_a(1+4x)}=(\ln 3)^2$에서

$\lim\limits_{x\to 0}\dfrac{a^x-1}{x}\cdot\dfrac{4x}{\log_a(1+4x)}\cdot\dfrac{1}{4}=(\ln 3)^2$

$\ln a\cdot\ln a\cdot\dfrac{1}{4}=(\ln 3)^2$, $\left(\dfrac{\ln a}{2}\right)^2=(\ln 3)^2$

이때 $0<a<1$에서 $\ln a<0$이므로 $\dfrac{\ln a}{2}=-\ln 3$

$\ln a=-2\ln 3=\ln 3^{-2}=\ln\dfrac{1}{9}$ $\qquad\therefore a=\dfrac{1}{9}$

## 0384 답 ⑤



주어진 식의 분모에서 로그를 밑이 10인 상용로그로 변환하면 $\log x$가 양의 무한대로 발산하므로 분모, 분자를 각각 $\log x$로 나눈다.

$\lim\limits_{x\to\infty}\left(\dfrac{1}{4}\right)^x=0$, $\lim\limits_{x\to\infty}\left(\dfrac{1}{2}\right)^x=0$이고, $\lim\limits_{x\to\infty}\log x=\infty$이므로

$\lim\limits_{x\to\infty}\dfrac{\left(\dfrac{1}{4}\right)^x+\log_{\frac{1}{3}}x}{\left(\dfrac{1}{2}\right)^x+\log_{\frac{1}{9}}x}=\lim\limits_{x\to\infty}\dfrac{\left(\dfrac{1}{4}\right)^x+\dfrac{\log x}{\log\frac{1}{3}}}{\left(\dfrac{1}{2}\right)^x+\dfrac{\log x}{\log\frac{1}{9}}}$

$\qquad =\lim\limits_{x\to\infty}\dfrac{\dfrac{\left(\dfrac{1}{4}\right)^x}{\log x}+\dfrac{1}{\log\frac{1}{3}}}{\dfrac{\left(\dfrac{1}{2}\right)^x}{\log x}+\dfrac{1}{\log\frac{1}{9}}}$

$\qquad =\dfrac{0-\dfrac{1}{\log 3}}{0-\dfrac{1}{\log 9}}=2$

$\left(\because \dfrac{\frac{1}{\log 3}}{\frac{1}{\log 9}}=\dfrac{\log 9}{\log 3}=\dfrac{2\log 3}{\log 3}=2\right)$

## 0385 답 ②



$\lim\limits_{x\to\infty}\left(1+\dfrac{1}{x}\right)^x$ 꼴의 극한을 이용할 수 있도록 주어진 식을 변형한다.

$\lim\limits_{x\to 3}f(2-x)=\lim\limits_{x\to 3}\left(\dfrac{1}{2-x+2}\right)^{\frac{2-x+2}{2-x+1}}=\lim\limits_{x\to 3}\left(\dfrac{1}{4-x}\right)^{\frac{4-x}{3-x}}$

$\qquad =\lim\limits_{x\to 3}\left(\dfrac{4-x+x-3}{4-x}\right)^{\frac{4-x}{3-x}}$

$\qquad =\lim\limits_{x\to 3}\left(1+\dfrac{x-3}{4-x}\right)^{\frac{4-x}{x-3}\cdot(-1)}$ $\qquad$ ...... ㉠

$\dfrac{x-3}{4-x}=t$라 하면 $x\to 3$일 때 $t\to 0$이므로 ㉠에서

$\lim\limits_{t\to 0}\{(1+t)^{\frac{1}{t}}\}^{-1}=e^{-1}=\dfrac{1}{e}$

$\lim\limits_{x\to -1}f(x)=\lim\limits_{x\to -1}\left(\dfrac{1}{x+2}\right)^{\frac{x+2}{x+1}}$

$\qquad =\lim\limits_{x\to -1}\left(\dfrac{x+2-x-1}{x+2}\right)^{\frac{x+2}{x+1}}$

$\qquad =\lim\limits_{x\to -1}\left(1-\dfrac{x+1}{x+2}\right)^{\left(-\frac{x+2}{x+1}\right)\cdot(-1)}$ $\qquad$ ...... ㉡

$-\dfrac{x+1}{x+2}=s$라 하면 $x\to -1$일 때 $s\to 0$이므로 ㉡에서

$\lim\limits_{s\to 0}\{(1+s)^{\frac{1}{s}}\}^{-1}=e^{-1}=\dfrac{1}{e}$

$\therefore \lim\limits_{x\to 3}f(2-x)+\lim\limits_{x\to -1}f(x)=\dfrac{1}{e}+\dfrac{1}{e}=\dfrac{2}{e}$

## 0386 답 ①



$\lim\limits_{x\to 0}\dfrac{a^x-1}{x}$ 꼴의 극한을 이용할 수 있도록 주어진 식을 변형한다.

$\lim\limits_{x\to 0}\left(\dfrac{a^x+b^x+c^x+d^x}{4}\right)^{\frac{1}{x}}$

$=\lim\limits_{x\to 0}\left(1+\dfrac{a^x+b^x+c^x+d^x-4}{4}\right)^{\frac{4}{a^x+b^x+c^x+d^x-4}\cdot\frac{a^x+b^x+c^x+d^x-4}{4x}}$

$\dfrac{a^x+b^x+c^x+d^x-4}{4}=t$라 하면 $x\to 0$일 때 $t\to 0$이므로

$\lim\limits_{x\to 0}\left(1+\dfrac{a^x+b^x+c^x+d^x-4}{4}\right)^{\frac{4}{a^x+b^x+c^x+d^x-4}}$

$=\lim\limits_{t\to 0}(1+t)^{\frac{1}{t}}=e$

또한,

$\lim\limits_{x\to 0}\dfrac{a^x+b^x+c^x+d^x-4}{4x}$

$=\dfrac{1}{4}\lim\limits_{x\to 0}\left(\dfrac{a^x-1}{x}+\dfrac{b^x-1}{x}+\dfrac{c^x-1}{x}+\dfrac{d^x-1}{x}\right)$

$=\dfrac{1}{4}(\ln a+\ln b+\ln c+\ln d)$

$=\dfrac{1}{4}\ln abcd=\ln(abcd)^{\frac{1}{4}}$

이므로

$\lim\limits_{x\to 0}\left(\dfrac{a^x+b^x+c^x+d^x}{4}\right)^{\frac{1}{x}}=e^{\ln(abcd)^{\frac{1}{4}}}$

$\qquad =(abcd)^{\frac{1}{4}\ln e}$

$\qquad =\sqrt[4]{abcd}$

## 0387 답 ①


로그의 성질을 이용하여 수열 $\{b_n\}$의 일반항을 구한 후 주어진 극한값을 구한다.

$$b_n = \sum_{k=n}^{2n} a_k$$
$$= a_n + a_{n+1} + a_{n+2} + \cdots + a_{2n}$$
$$= \ln \frac{n^2-1}{n^2} + \ln \frac{(n+1)^2-1}{(n+1)^2} + \ln \frac{(n+2)^2-1}{(n+2)^2} + \cdots$$
$$\qquad\qquad + \ln \frac{(2n)^2-1}{(2n)^2}$$
$$= \ln \left\{ \frac{(n-1)(n+1)}{n^2} \cdot \frac{n(n+2)}{(n+1)^2} \cdot \frac{(n+1)(n+3)}{(n+2)^2} \cdots \right.$$
$$\left. \cdot \frac{(2n-1)(2n+1)}{(2n)^2} \right\}$$
$$= \ln \frac{(n-1)(2n+1)}{2n^2} = \ln \frac{2n^2-n-1}{2n^2}$$
$$= \ln \left( 1 - \frac{n+1}{2n^2} \right)$$

$-\dfrac{n+1}{2n^2} = t$라 하면 $n \to \infty$일 때 $t \to 0-$이므로

$$\lim_{n \to \infty} \frac{6n^2}{n+1} b_n = \lim_{n \to \infty} \frac{6n^2}{n+1} \ln \left( 1 - \frac{n+1}{2n^2} \right)$$
$$= \lim_{t \to 0-} \left\{ -\frac{3}{t} \ln (1+t) \right\}$$
$$= -3 \lim_{t \to 0-} \frac{\ln (1+t)}{t}$$
$$= -3 \cdot 1 = -3$$

● 다른 풀이 ●

$-\dfrac{n+1}{2n^2} = t$라 하면 $n \to \infty$일 때 $t \to 0-$이므로

$$\lim_{n \to \infty} \frac{6n^2}{n+1} b_n = \lim_{n \to \infty} \frac{6n^2}{n+1} \ln \left( 1 - \frac{n+1}{2n^2} \right)$$
$$= \lim_{t \to 0-} \left\{ -\frac{3}{t} \ln (1+t) \right\}$$
$$= -3 \lim_{t \to 0-} \ln (1+t)^{\frac{1}{t}}$$
$$= -3 \ln \left\{ \lim_{t \to 0-} (1+t)^{\frac{1}{t}} \right\}$$
$$= -3 \ln e = -3$$

## 0388 답 ②


삼각형의 넓이 $S_1$, $S_2$를 $t$에 대한 식으로 나타낸 후 극한값을 구한다.

$B(t, \log_2 t)$이므로
$\overline{BC} = t-1$, $\overline{AC} = \log_2 t$
즉,
$$S_1 = \pi \cdot \left( \frac{\overline{BC}}{2} \right)^2 = \pi \cdot \left( \frac{t-1}{2} \right)^2,$$
$$S_2 = \frac{1}{2} \cdot \overline{BC} \cdot \overline{AC} = \frac{(t-1) \log_2 t}{2}$$
이므로

$$\lim_{t \to 1} \frac{S_1}{S_2} = \lim_{t \to 1} \frac{\pi \cdot \left( \frac{t-1}{2} \right)^2}{\frac{(t-1) \log_2 t}{2}} = \lim_{t \to 1} \frac{\pi (t-1)}{2 \log_2 t} \qquad \cdots\cdots ㉠$$

$t-1 = s$라 하면 $t \to 1$일 때 $s \to 0$이므로 ㉠에서
$$\lim_{s \to 0} \frac{\pi s}{2 \log_2 (1+s)} = \frac{\pi}{2} \lim_{s \to 0} \frac{s}{\log_2 (1+s)}$$
$$= \frac{\pi}{2} \cdot \ln 2 = \frac{\pi \ln 2}{2}$$

## 0389 답 ⑤


무리수 $e$의 정의를 이용한 지수함수와 로그함수의 극한을 이용하여 주어진 극한값을 구한다.

ㄱ. $\lim\limits_{x \to 0} \dfrac{\ln (1+x)}{f(x)} = 1$이므로
$$\lim_{x \to 0} \frac{f(x)}{e^x-1} = \lim_{x \to 0} \frac{f(x)}{\ln (1+x)} \cdot \frac{\ln (1+x)}{x} \cdot \frac{x}{e^x-1}$$
$$= 1 \cdot 1 \cdot 1 = 1 \text{ (참)}$$

ㄴ. $\lim\limits_{x \to 0} \dfrac{e^{2x}-1}{f(x)} = 1$이므로
$$\lim_{x \to 0} \frac{4^x-1}{f(x)} = \lim_{x \to 0} \frac{4^x-1}{x} \cdot \frac{e^{2x}-1}{f(x)} \cdot \frac{2x}{e^{2x}-1} \cdot \frac{1}{2}$$
$$= \ln 4 \cdot 1 \cdot 1 \cdot \frac{1}{2} = \ln 2 \text{ (거짓)}$$

ㄷ. $\sqrt[n]{x} - 1 = t$라 하면 $\sqrt[n]{x} = t+1$ $\quad \therefore x = (t+1)^n$
위의 식의 양변에 자연로그를 취하면
$$\ln x = n \ln (t+1) \qquad \therefore n = \frac{\ln x}{\ln (t+1)}$$

$n \to \infty$일 때 $t \to 0$이므로
$$f(x) = \lim_{n \to \infty} n(\sqrt[n]{x} - 1) \qquad \lim_{n \to \infty}(\sqrt[n]{x}-1) = \lim_{n \to \infty}(x^{\frac{1}{n}}-1) = 1-1 = 0$$
$$= \lim_{t \to 0} \frac{\ln x}{\ln (t+1)} \cdot t$$
$$= \lim_{t \to 0} \ln x \cdot \frac{t}{\ln (1+t)}$$
$$= \ln x \cdot 1 = \ln x$$
$$\therefore \lim_{x \to 0} \frac{f(x+1)}{x} = \lim_{x \to 0} \frac{\ln (x+1)}{x} = 1 \text{ (참)}$$
따라서 옳은 것은 ㄱ, ㄷ이다.

## 0390 답 ①


미분가능한 두 함수 $g(x)$, $h(x)$에 대하여 함수 $f(x) = \begin{cases} g(x) & (x \geq k) \\ h(x) & (x < k) \end{cases}$
가 $x=k$에서 미분가능하려면 $g'(k) = h'(k)$이어야 한다.

두 함수 $y = \log_a x$, $y = a^x$은 서로 역함수 관계이므로 두 곡선 $y = \log_a x$, $y = a^x$은 직선 $y = x$에 대하여 대칭이다.

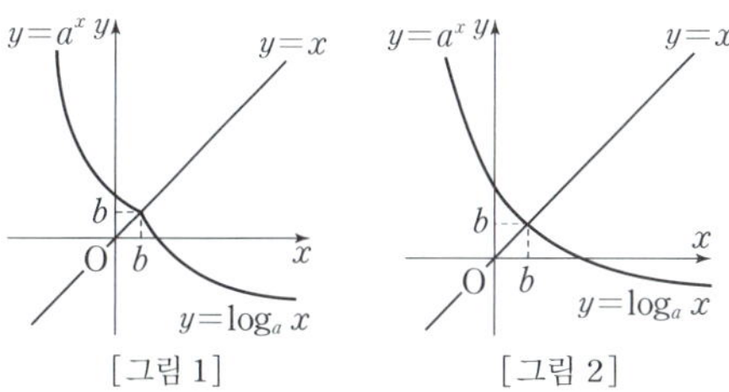

[그림 1]      [그림 2]

이때 함수 $f(x)$가 실수 전체의 집합에서 미분가능하면 $x=b$에서 미분가능하므로 [그림 2]와 같이 $x=b$에서 곡선 $y=f(x)$의 접선의 기울기가 $-1$이어야 한다.

$$f'(x)=\begin{cases}\dfrac{1}{x\ln a} & (x>b)\\[2mm] a^x\ln a & (x<b)\end{cases}\text{이므로}$$

$$\lim_{x\to b+}\frac{1}{x\ln a}=-1\text{에서 }\frac{1}{b\ln a}=-1$$

$$b\ln a=-1,\ \ln a^b=-1\qquad\therefore a^b=\frac{1}{e}\qquad\cdots\cdots\ \unicode{x326F}$$

$$\lim_{x\to b-}a^x\ln a=-1\text{에서 }a^b\ln a=-1\qquad\cdots\cdots\ \unicode{x326A}$$

㉠을 ㉡에 대입하면 $\dfrac{1}{e}\ln a=-1$

$$\ln a=-e\qquad\therefore a=e^{-e}$$

$a=e^{-e}$을 ㉠에 대입하면

$$e^{-be}=\frac{1}{e}=e^{-1}\qquad\therefore b=\frac{1}{e}$$

$$\therefore \frac{a}{b}=\frac{e^{-e}}{\frac{1}{e}}=e^{-e}\cdot e=e^{1-e}$$

## 0391 답 ②



| 보기 |의 함수에 대하여 $x=0$에서의 극한값을 구한다.

ㄱ. $xf(x)=\begin{cases}\dfrac{x}{\ln(x+1)} & (x\neq0)\\[1mm] x & (x=0)\end{cases}$ 이므로

$\displaystyle\lim_{x\to0}xf(x)=\lim_{x\to0}\frac{x}{\ln(x+1)}=1\qquad\cdots\cdots\ \unicode{x326F}$

$0\cdot f(0)=0$

즉, $\displaystyle\lim_{x\to0}xf(x)\neq0\cdot f(0)$이므로 함수 $xf(x)$는 $x=0$에서 불연속이다. (거짓)

ㄴ. $x^2f(x)=\begin{cases}\dfrac{x^2}{\ln(x+1)} & (x\neq0)\\[1mm] x^2 & (x=0)\end{cases}$ 이므로

$\displaystyle\lim_{x\to0}x^2f(x)=\lim_{x\to0}\frac{x}{\ln(x+1)}\cdot x=1\cdot0=0$

$0^2\cdot f(0)=0^2=0$

즉, $\displaystyle\lim_{x\to0}x^2f(x)=0^2\cdot f(0)$이므로 함수 $x^2f(x)$는 $x=0$에서 연속이다. (참)

ㄷ. $xf(x)=t$라 하면 ㉠에서 $x\to0$일 때 $t\to1$이므로

$\displaystyle\lim_{x\to0}f(xf(x))=\lim_{t\to1}f(t)=\lim_{t\to1}\frac{1}{\ln(t+1)}=\frac{1}{\ln2}$

$f(0\cdot f(0))=f(0)=1$

즉, $\displaystyle\lim_{x\to0}f(xf(x))\neq f(0\cdot f(0))$이므로 함수 $f(xf(x))$는 $x=0$에서 불연속이다. (거짓)

따라서 옳은 것은 ㄴ이다.

## 0392 답 ①



$\displaystyle\lim_{x\to a}f(x)=\infty$이면 $\displaystyle\lim_{x\to a}\frac{1}{f(x)}=0$이다.

조건 (가)에서 함수 $f(x)$는 $x=1$에서 미분가능하므로 $x=1$에서 연속이다.

또한, $\displaystyle\lim_{x\to1}\ln x=0,\ \lim_{x\to1}\ln(x-1)^2=-\infty$이므로

$\displaystyle\lim_{x\to1}\frac{\ln x}{\ln(x-1)^2}=0,\ \lim_{x\to1}\frac{1}{\ln(x-1)^2}=0$

조건 (나)에서 $\displaystyle\lim_{x\to1}\frac{\ln(x-1)^2\times f(x)}{\ln x}=2$이므로

$$\begin{aligned}f(1)&=\lim_{x\to1}f(x)\\&=\lim_{x\to1}\frac{\ln(x-1)^2\times f(x)}{\ln x}\times\frac{\ln x}{\ln(x-1)^2}\\&=2\times0=0\end{aligned}$$

$$\begin{aligned}\therefore f'(1)&=\lim_{x\to1}\frac{f(x)-f(1)}{x-1}\\&=\lim_{x\to1}\frac{f(x)}{x-1}\\&=\lim_{x\to1}\frac{\ln(x-1)^2\times f(x)}{\ln x}\times\frac{\ln x}{x-1}\times\frac{1}{\ln(x-1)^2}\end{aligned}$$

$$\cdots\cdots\ \unicode{x326F}$$

$\displaystyle\lim_{x\to1}\frac{\ln x}{x-1}$에서 $g(x)=\ln x$라 하면 $g'(x)=\dfrac{1}{x}$이므로

$\displaystyle\lim_{x\to1}\frac{\ln x}{x-1}=\lim_{x\to1}\frac{g(x)-g(1)}{x-1}$　・$g(1)=0$이므로

$\qquad\qquad\quad=g'(1)=1$

따라서 ㉠에서 $f'(1)=2\times1\times0=0$

$\therefore f(1)+f'(1)=0+0=0$

## 0393 답 $-\ln2$

$x-\dfrac{\pi}{2}=t$라 하면 $x\to\dfrac{\pi}{2}$일 때 $t\to0$

❶

$$\begin{aligned}\therefore\ &\lim_{x\to\frac{\pi}{2}}\left\{(\pi-2x)f\left(x-\frac{\pi}{2}\right)\right\}\\&=\lim_{t\to0}\{-2tf(t)\}\\&=-\lim_{t\to0}\left\{f(t)\log_2(1+2t)\cdot\frac{2t}{\log_2(1+2t)}\right\}\\&=-\lim_{t\to0}\{f(t)\log_2(1+2t)\}\cdot\lim_{t\to0}\frac{2t}{\log_2(1+2t)}\\&=-1\cdot\ln2=-\ln2\end{aligned}$$

❷

| 채점 기준 | 배점 비율 |
|---|---|
| ❶ $x-\dfrac{\pi}{2}=t$로 치환하기 | 20% |
| ❷ $\displaystyle\lim_{x\to\frac{\pi}{2}}\left\{(\pi-2x)f\left(x-\frac{\pi}{2}\right)\right\}$의 값 구하기 | 80% |

## 0394 답 3

$\ln(1+3x)\leq f(x)\leq e^{3x}-1$에서

(i) $x>0$일 때

$$\frac{\ln(1+3x)}{x}\leq\frac{f(x)}{x}\leq\frac{e^{3x}-1}{x}$$

$\displaystyle\lim_{x\to0+}\frac{\ln(1+3x)}{x}=\lim_{x\to0+}\frac{\ln(1+3x)}{3x}\cdot3=1\cdot3=3,$

$\displaystyle\lim_{x\to0+}\frac{e^{3x}-1}{x}=\lim_{x\to0+}\frac{e^{3x}-1}{3x}\cdot3=1\cdot3=3$

이므로 함수의 극한의 대소 관계에 의하여

$$\lim_{x\to0+}\frac{f(x)}{x}=3$$

❶

(ii) $-\dfrac{1}{3}<x<0$일 때

$$\frac{e^{3x}-1}{x}\leq\frac{f(x)}{x}\leq\frac{\ln(1+3x)}{x}$$

(ⅰ)과 마찬가지로 $\lim\limits_{x\to 0-}\dfrac{e^{3x}-1}{x}=3$, $\lim\limits_{x\to 0-}\dfrac{\ln(1+3x)}{x}=3$이므로

$$\lim_{x\to 0-}\frac{f(x)}{x}=3$$

❷

(ⅰ), (ⅱ)에서 $\lim\limits_{x\to 0}\dfrac{f(x)}{x}=3$

❸

| 채점 기준 | 배점 비율 |
|---|---|
| ❶ $\lim\limits_{x\to 0+}\dfrac{f(x)}{x}$의 값 구하기 | 40% |
| ❷ $\lim\limits_{x\to 0-}\dfrac{f(x)}{x}$의 값 구하기 | 40% |
| ❸ $\lim\limits_{x\to 0}\dfrac{f(x)}{x}$의 값 구하기 | 20% |

## 0395  답 12

$x\to 0$일 때 (분모) $\to 0$이고 극한값이 존재하므로 (분자) $\to 0$이다.

즉, $\lim\limits_{x\to 0}(2-\sqrt{ax+b})=0$이므로

$$2-\sqrt{b}=0 \qquad \therefore b=4$$

❶

$b=4$를 주어진 식에 대입하면

$$\begin{aligned}
\lim_{x\to 0}\frac{2-\sqrt{ax+4}}{e^x-1}&=\lim_{x\to 0}\frac{(2-\sqrt{ax+4})(2+\sqrt{ax+4})}{(e^x-1)(2+\sqrt{ax+4})}\\
&=\lim_{x\to 0}\frac{-ax}{(e^x-1)(2+\sqrt{ax+4})}\\
&=\lim_{x\to 0}\frac{x}{e^x-1}\cdot\frac{-a}{2+\sqrt{ax+4}}\\
&=1\cdot\left(-\frac{a}{2+2}\right)\\
&=-\frac{a}{4}
\end{aligned}$$

즉, $-\dfrac{a}{4}=2$이므로 $a=-8$

❷

$$\therefore b-a=4-(-8)=12$$

❸

| 채점 기준 | 배점 비율 |
|---|---|
| ❶ $b$의 값 구하기 | 30% |
| ❷ $a$의 값 구하기 | 50% |
| ❸ $b-a$의 값 구하기 | 20% |

## 0396  답 7

$x^n-1=(x-1)(x^{n-1}+x^{n-2}+x^{n-3}+\cdots+1)$이므로

$$\begin{aligned}
f(n)&=\lim_{x\to 1}\frac{x^n\ln x}{x^n-1}\\
&=\lim_{x\to 1}\frac{\ln x}{x-1}\cdot\frac{x^n}{x^{n-1}+x^{n-2}+x^{n-3}+\cdots+1} \quad\cdots\cdots\text{㉠}
\end{aligned}$$

$\lim\limits_{x\to 1}\dfrac{\ln x}{x-1}$에서 $g(x)=\ln x$라 하면 $g'(x)=\dfrac{1}{x}$이므로

$$\lim_{x\to 1}\frac{\ln x}{x-1}=\lim_{x\to 1}\frac{g(x)-g(1)}{x-1}=g'(1)=1 \quad\cdots\cdots\text{㉡}$$

( $g(1)=0$이므로 )

㉡을 ㉠에 대입하면

$$f(n)=1\cdot\frac{1}{n}=\frac{1}{n}$$

❶

$$\therefore \sum_{n=1}^{\infty}f(n)f(n+2)$$

$$\begin{aligned}
&=\sum_{n=1}^{\infty}\frac{1}{n}\cdot\frac{1}{n+2}\\
&=\sum_{n=1}^{\infty}\frac{1}{n(n+2)}\\
&=\lim_{n\to\infty}\sum_{k=1}^{n}\frac{1}{2}\left(\frac{1}{k}-\frac{1}{k+2}\right)\\
&=\frac{1}{2}\lim_{n\to\infty}\left\{\left(\frac{1}{1}-\frac{1}{3}\right)+\left(\frac{1}{2}-\frac{1}{4}\right)+\left(\frac{1}{3}-\frac{1}{5}\right)+\cdots\right.\\
&\qquad\qquad\qquad\qquad\left.+\left(\frac{1}{n}-\frac{1}{n+2}\right)\right\}\\
&=\lim_{n\to\infty}\frac{1}{2}\left(1+\frac{1}{2}-\frac{1}{n+1}-\frac{1}{n+2}\right)\\
&=\frac{1}{2}\cdot\frac{3}{2}=\frac{3}{4}
\end{aligned}$$

❷

따라서 $p=4$, $q=3$이므로

$$p+q=4+3=7$$

❸

| 채점 기준 | 배점 비율 |
|---|---|
| ❶ $f(n)$ 구하기 | 50% |
| ❷ $\sum\limits_{n=1}^{\infty}f(n)f(n+2)$의 값 구하기 | 40% |
| ❸ $p+q$의 값 구하기 | 10% |

## 0397  답 4

$$\lim_{x\to\infty}\frac{a^{x+2}+2a^x-2^x}{a^{x+1}-a^x+2^{x+1}}=\lim_{x\to\infty}\frac{(a^2+2)a^x-2^x}{(a-1)a^x+2\cdot 2^x}$$

(ⅰ) $1<a<2$일 때  분모, 분자를 $2^x$으로 나눈다.

$$\lim_{x\to\infty}\frac{(a^2+2)a^x-2^x}{(a-1)a^x+2\cdot 2^x}=\lim_{x\to\infty}\frac{(a^2+2)\cdot\left(\dfrac{a}{2}\right)^x-1}{(a-1)\cdot\left(\dfrac{a}{2}\right)^x+2}=-\frac{1}{2}$$

$\lim\limits_{x\to\infty}\dfrac{a^{x+2}+2a^x-2^x}{a^{x+1}-a^x+2^{x+1}}=6$이어야 하므로 조건을 만족시키지 않는다.

❶

(ⅱ) $a=2$일 때

$$\lim_{x\to\infty}\frac{(a^2+2)a^x-2^x}{(a-1)a^x+2\cdot 2^x}=\lim_{x\to\infty}\frac{5\cdot 2^x}{3\cdot 2^x}=\frac{5}{3}$$

$\lim\limits_{x\to\infty}\dfrac{a^{x+2}+2a^x-2^x}{a^{x+1}-a^x+2^{x+1}}=6$이어야 하므로 조건을 만족시키지 않는다.

❷

(ⅲ) $a>2$일 때  분모, 분자를 $a^x$으로 나눈다.

$$\lim_{x\to\infty}\frac{(a^2+2)a^x-2^x}{(a-1)a^x+2\cdot 2^x}=\lim_{x\to\infty}\frac{a^2+2-\left(\dfrac{2}{a}\right)^x}{a-1+2\cdot\left(\dfrac{2}{a}\right)^x}=\frac{a^2+2}{a-1}$$

즉, $\dfrac{a^2+2}{a-1}=6$이어야 하므로

$$a^2+2=6a-6, \quad a^2-6a+8=0$$
$$(a-2)(a-4)=0 \qquad \therefore a=4\ (\because a>2)$$

(ⅰ), (ⅱ), (ⅲ)에서 $a=4$

❸

| 채점 기준 | 배점 비율 |
|---|---|
| ❶ $1<a<2$일 때, 주어진 조건을 만족시키지 않음을 보이기 | 30% |
| ❷ $a=2$일 때, 주어진 조건을 만족시키지 않음을 보이기 | 30% |
| ❸ $a>2$일 때, $a$의 값 구하기 | 40% |

## 0398　답 7

조건 (나)에서 $x \to 0$일 때 (분모) $\to 0$이고 극한값이 존재하므로 (분자) $\to 0$이다.

$$\therefore \lim_{x \to 0} g(x) = 0$$

이때 함수 $g(x)$는 실수 전체의 집합에서 미분가능하므로 실수 전체의 집합에서 연속이다.

$$\therefore g(0) = 0$$

❶

조건 (가)의 양변을 $x$에 대하여 미분하면

$$f'(x) + g(x) + (x+1)g'(x) = 2e^x + 5$$

위의 식의 양변에 $x=0$을 대입하면

$$f'(0) + g(0) + g'(0) = 7$$

$g(0) = 0$이므로

$$f'(0) + g'(0) = 7 \quad \cdots\cdots \ \bigcirc$$

❷

한편, 조건 (나)에서

$$g'(0) = \lim_{x \to 0} \frac{g(x) - g(0)}{x - 0} = \lim_{x \to 0} \frac{g(x)}{x}$$

$$= \lim_{x \to 0} \frac{g(x)}{x^2} \cdot x = 2 \cdot 0 = 0$$

이므로 $\bigcirc$에서

$$f'(0) = 7$$

❸

| 채점 기준 | 배점 비율 |
|---|---|
| ❶ 조건 (나)를 이용하여 $g(0)$의 값 구하기 | 40% |
| ❷ 조건 (가)를 이용하여 $f'(0) + g'(0)$의 값 구하기 | 40% |
| ❸ $f'(0)$의 값 구하기 | 20% |

---

## 04　삼각함수의 미분

## 0399　답 $-\dfrac{5}{4}$

$r = \overline{\mathrm{OP}} = \sqrt{3^2 + (-4)^2} = 5$이므로

$$\csc \theta = \frac{5}{-4} = -\frac{5}{4}$$

## 0400　답 $\dfrac{5}{3}$

$$\sec \theta = \frac{5}{3}$$

## 0401　답 $-\dfrac{3}{4}$

$$\cot \theta = \frac{3}{-4} = -\frac{3}{4}$$

## 0402　답 $\dfrac{2\sqrt{3}}{3},\ 2,\ \dfrac{\sqrt{3}}{3}$

$$\csc \frac{\pi}{3} = \frac{1}{\sin \frac{\pi}{3}} = \frac{1}{\frac{\sqrt{3}}{2}} = \frac{2\sqrt{3}}{3}$$

$$\sec \frac{\pi}{3} = \frac{1}{\cos \frac{\pi}{3}} = \frac{1}{\frac{1}{2}} = 2$$

$$\cot \frac{\pi}{3} = \frac{1}{\tan \frac{\pi}{3}} = \frac{1}{\sqrt{3}} = \frac{\sqrt{3}}{3}$$

선생님 톡톡

$\csc \theta = \dfrac{1}{\sin \theta}$, $\sec \theta = \dfrac{1}{\cos \theta}$, $\cot \theta = \dfrac{1}{\tan \theta}$이니까 $\csc \theta$, $\sec \theta$, $\cot \theta$의 부호는 각각 $\sin \theta$, $\cos \theta$, $\tan \theta$의 부호와 같음을 알 수 있어.

## 0403　답 $2,\ -\dfrac{2\sqrt{3}}{3},\ -\sqrt{3}$

$$\csc \frac{5}{6}\pi = \frac{1}{\sin \frac{5}{6}\pi} = \frac{1}{\sin\left(\pi - \frac{\pi}{6}\right)}$$

$$= \frac{1}{\sin \frac{\pi}{6}} = \frac{1}{\frac{1}{2}} = 2$$

$$\sec \frac{5}{6}\pi = \frac{1}{\cos \frac{5}{6}\pi} = \frac{1}{\cos\left(\pi - \frac{\pi}{6}\right)}$$

$$= \frac{1}{-\cos \frac{\pi}{6}} = \frac{1}{-\frac{\sqrt{3}}{2}} = -\frac{2\sqrt{3}}{3}$$

$$\cot \frac{5}{6}\pi = \frac{1}{\tan \frac{5}{6}\pi} = \frac{1}{\tan\left(\pi - \frac{\pi}{6}\right)}$$

$$= \frac{1}{-\tan \frac{\pi}{6}} = \frac{1}{-\frac{\sqrt{3}}{3}} = -\sqrt{3}$$

## 0404  답 $-\sqrt{2}$, $-\sqrt{2}$, $1$

$$\csc\frac{5}{4}\pi=\frac{1}{\sin\frac{5}{4}\pi}=\frac{1}{\sin\left(\pi+\frac{\pi}{4}\right)}$$
$$=\frac{1}{-\sin\frac{\pi}{4}}=\frac{1}{-\frac{\sqrt{2}}{2}}=-\sqrt{2}$$
$$\sec\frac{5}{4}\pi=\frac{1}{\cos\frac{5}{4}\pi}=\frac{1}{\cos\left(\pi+\frac{\pi}{4}\right)}$$
$$=\frac{1}{-\cos\frac{\pi}{4}}=\frac{1}{-\frac{\sqrt{2}}{2}}=-\sqrt{2}$$
$$\cot\frac{5}{4}\pi=\frac{1}{\tan\frac{5}{4}\pi}=\frac{1}{\tan\left(\pi+\frac{\pi}{4}\right)}$$
$$=\frac{1}{\tan\frac{\pi}{4}}=\frac{1}{1}=1$$

## 0405  답 $-\dfrac{2\sqrt{3}}{3}$, $2$, $-\dfrac{\sqrt{3}}{3}$

$$\csc\frac{5}{3}\pi=\frac{1}{\sin\frac{5}{3}\pi}=\frac{1}{\sin\left(\frac{3}{2}\pi+\frac{\pi}{6}\right)}$$
$$=\frac{1}{-\cos\frac{\pi}{6}}=\frac{1}{-\frac{\sqrt{3}}{2}}=-\frac{2\sqrt{3}}{3}$$
$$\sec\frac{5}{3}\pi=\frac{1}{\cos\frac{5}{3}\pi}=\frac{1}{\cos\left(\frac{3}{2}\pi+\frac{\pi}{6}\right)}$$
$$=\frac{1}{\sin\frac{\pi}{6}}=\frac{1}{\frac{1}{2}}=2$$
$$\cot\frac{5}{3}\pi=\frac{1}{\tan\frac{5}{3}\pi}=\frac{1}{\tan\left(\frac{3}{2}\pi+\frac{\pi}{6}\right)}=\frac{1}{-\frac{1}{\tan\frac{\pi}{6}}}$$
$$=-\tan\frac{\pi}{6}=-\frac{\sqrt{3}}{3}$$

## 0406  답 $\sqrt{5}$, $\dfrac{\sqrt{5}}{2}$

$1+\cot^2\theta=\csc^2\theta$이므로
$$\csc^2\theta=1+\left(\frac{1}{\tan\theta}\right)^2=1+2^2=5$$
이때 $\theta$가 제1사분면의 각이므로 $\csc\theta>0$
$$\therefore\ \csc\theta=\sqrt{5}$$
$1+\tan^2\theta=\sec^2\theta$이므로
$$\sec^2\theta=1+\tan^2\theta=1+\left(\frac{1}{2}\right)^2=\frac{5}{4}$$
이때 $\theta$가 제1사분면의 각이므로 $\sec\theta>0$
$$\therefore\ \sec\theta=\frac{\sqrt{5}}{2}$$

## 0407  답 $1$

$$(1+\sec\theta)(1+\csc\theta)(1-\sec\theta)(1-\csc\theta)$$
$$=(1+\sec\theta)(1-\sec\theta)(1+\csc\theta)(1-\csc\theta)$$
$$=(1-\sec^2\theta)(1-\csc^2\theta)=(-\tan^2\theta)\cdot(-\cot^2\theta)$$
$$=\tan^2\theta\cot^2\theta$$
$$=\tan^2\theta\cdot\frac{1}{\tan^2\theta}=1$$

$1+\tan^2\theta=\sec^2\theta$에서 $1-\sec^2\theta=-\tan^2\theta$
$1+\cot^2\theta=\csc^2\theta$에서 $1-\csc^2\theta=-\cot^2\theta$

## 0408  답 $2$

$$\frac{\sin\theta}{\csc\theta-\cot\theta}+\frac{\sin\theta}{\csc\theta+\cot\theta}$$
$$=\frac{\sin\theta(\csc\theta+\cot\theta)+\sin\theta(\csc\theta-\cot\theta)}{(\csc\theta-\cot\theta)(\csc\theta+\cot\theta)}$$
$$=\frac{2\sin\theta\csc\theta}{\csc^2\theta-\cot^2\theta}=\frac{2\sin\theta\cdot\frac{1}{\sin\theta}}{1}=2$$

$1+\cot^2\theta=\csc^2\theta$에서
$\csc^2\theta-\cot^2\theta=1$

## 0409  답 $\dfrac{\sqrt{2}+\sqrt{6}}{4}$

$$\sin75°=\sin(30°+45°)=\sin30°\cos45°+\cos30°\sin45°$$
$$=\frac{1}{2}\cdot\frac{\sqrt{2}}{2}+\frac{\sqrt{3}}{2}\cdot\frac{\sqrt{2}}{2}=\frac{\sqrt{2}+\sqrt{6}}{4}$$

선생님 톡톡

$75°$, $\dfrac{\pi}{12}$와 같은 특수각이 아닌 각의 삼각함수의 값은 삼각함수의 덧셈정리를 이용하여 특수각의 합 또는 차로 나타내서 구할 수 있어.

## 0410  답 $\dfrac{\sqrt{2}-\sqrt{6}}{4}$

$$\cos105°=\cos(45°+60°)=\cos45°\cos60°-\sin45°\sin60°$$
$$=\frac{\sqrt{2}}{2}\cdot\frac{1}{2}-\frac{\sqrt{2}}{2}\cdot\frac{\sqrt{3}}{2}=\frac{\sqrt{2}-\sqrt{6}}{4}$$

## 0411  답 $2-\sqrt{3}$

$$\tan15°=\tan(45°-30°)=\frac{\tan45°-\tan30°}{1+\tan45°\tan30°}$$
$$=\frac{1-\frac{\sqrt{3}}{3}}{1+1\cdot\frac{\sqrt{3}}{3}}=2-\sqrt{3}$$

$15°=60°-45°$임을 이용하여 삼각함수의 값을 구할 수도 있다.

**0412** 답 $\dfrac{\sqrt{6}-\sqrt{2}}{4}$

$$\sin\dfrac{\pi}{12}=\sin\left(\dfrac{\pi}{3}-\dfrac{\pi}{4}\right)=\sin\dfrac{\pi}{3}\cos\dfrac{\pi}{4}-\cos\dfrac{\pi}{3}\sin\dfrac{\pi}{4}$$
$$=\dfrac{\sqrt{3}}{2}\cdot\dfrac{\sqrt{2}}{2}-\dfrac{1}{2}\cdot\dfrac{\sqrt{2}}{2}=\dfrac{\sqrt{6}-\sqrt{2}}{4}$$

**0413** 답 $\dfrac{\sqrt{6}-\sqrt{2}}{4}$

$$\cos\dfrac{5}{12}\pi=\cos\left(\dfrac{\pi}{6}+\dfrac{\pi}{4}\right)=\cos\dfrac{\pi}{6}\cos\dfrac{\pi}{4}-\sin\dfrac{\pi}{6}\sin\dfrac{\pi}{4}$$
$$=\dfrac{\sqrt{3}}{2}\cdot\dfrac{\sqrt{2}}{2}-\dfrac{1}{2}\cdot\dfrac{\sqrt{2}}{2}=\dfrac{\sqrt{6}-\sqrt{2}}{4}$$

**0414** 답 $-2-\sqrt{3}$

$$\tan\dfrac{7}{12}\pi=\tan\left(\dfrac{\pi}{4}+\dfrac{\pi}{3}\right)=\dfrac{\tan\dfrac{\pi}{4}+\tan\dfrac{\pi}{3}}{1-\tan\dfrac{\pi}{4}\tan\dfrac{\pi}{3}}$$
$$=\dfrac{1+\sqrt{3}}{1-1\cdot\sqrt{3}}=-2-\sqrt{3}$$

**0415** 답 $\dfrac{\sqrt{2}}{2}$

$$\sin15°\cos30°+\cos15°\sin30°=\sin(15°+30°)$$
$$=\sin45°=\dfrac{\sqrt{2}}{2}$$

**0416** 답 $\dfrac{\sqrt{2}}{2}$

$$\cos70°\cos25°+\sin70°\sin25°=\cos(70°-25°)$$
$$=\cos45°=\dfrac{\sqrt{2}}{2}$$

**0417** 답 $\sqrt{3}$

$$\dfrac{\tan10°+\tan50°}{1-\tan10°\tan50°}=\tan(10°+50°)$$
$$=\tan60°=\sqrt{3}$$

**0418** 답 $\dfrac{56}{65}$

$0<\alpha<\dfrac{\pi}{2}$, $0<\beta<\dfrac{\pi}{2}$에서 $\cos\alpha>0$, $\cos\beta>0$이므로

$$\cos\alpha=\sqrt{1-\sin^2\alpha}=\sqrt{1-\left(\dfrac{3}{5}\right)^2}=\dfrac{4}{5}$$
$$\cos\beta=\sqrt{1-\sin^2\beta}=\sqrt{1-\left(\dfrac{5}{13}\right)^2}=\dfrac{12}{13}$$
$$\therefore \sin(\alpha+\beta)=\sin\alpha\cos\beta+\cos\alpha\sin\beta$$
$$=\dfrac{3}{5}\cdot\dfrac{12}{13}+\dfrac{4}{5}\cdot\dfrac{5}{13}=\dfrac{56}{65}$$

**0419** 답 $\dfrac{63}{65}$

$$\cos(\alpha-\beta)=\cos\alpha\cos\beta+\sin\alpha\sin\beta$$
$$=\dfrac{4}{5}\cdot\dfrac{12}{13}+\dfrac{3}{5}\cdot\dfrac{5}{13}=\dfrac{63}{65}$$

**0420** 답 $\dfrac{56}{33}$

$$\tan\alpha=\dfrac{\sin\alpha}{\cos\alpha}=\dfrac{\dfrac{3}{5}}{\dfrac{4}{5}}=\dfrac{3}{4},\ \tan\beta=\dfrac{\sin\beta}{\cos\beta}=\dfrac{\dfrac{5}{13}}{\dfrac{12}{13}}=\dfrac{5}{12}\text{이므로}$$

$$\tan(\alpha+\beta)=\dfrac{\tan\alpha+\tan\beta}{1-\tan\alpha\tan\beta}$$
$$=\dfrac{\dfrac{3}{4}+\dfrac{5}{12}}{1-\dfrac{3}{4}\cdot\dfrac{5}{12}}=\dfrac{56}{33}$$

**0421** 답 $\dfrac{\sqrt{3}}{2}$

$$\lim_{x\to\frac{\pi}{3}}\sin x=\sin\dfrac{\pi}{3}=\dfrac{\sqrt{3}}{2}$$

**0422** 답 $\dfrac{3}{2}$

$$\lim_{x\to\frac{\pi}{6}}3\cos2x=3\cos\dfrac{\pi}{3}=3\cdot\dfrac{1}{2}=\dfrac{3}{2}$$

**0423** 답 $4$

$$\lim_{x\to\frac{\pi}{4}}(-4\tan3x)=-4\tan\dfrac{3}{4}\pi=-4\tan\left(\pi-\dfrac{\pi}{4}\right)$$
$$=-4\cdot\left(-\tan\dfrac{\pi}{4}\right)=-4\cdot(-1)=4$$

**0424** 답 $-3$

$$\lim_{x\to\frac{\pi}{4}}\dfrac{3\sin2x}{\tan3x}=\dfrac{3\sin\dfrac{\pi}{2}}{\tan\dfrac{3}{4}\pi}=\dfrac{3\sin\dfrac{\pi}{2}}{\tan\left(\pi-\dfrac{\pi}{4}\right)}=\dfrac{3\sin\dfrac{\pi}{2}}{-\tan\dfrac{\pi}{4}}$$
$$=\dfrac{3\cdot1}{-1}=-3$$

**0425** 답 $1$

$$\lim_{x\to0}\dfrac{\sin x}{\tan x}=\lim_{x\to0}\dfrac{\sin x}{\dfrac{\sin x}{\cos x}}=\lim_{x\to0}\cos x$$
$$=\cos0=1$$

**0426** 답 $1$

$$\lim_{x\to\frac{\pi}{2}}\tan x\cos x=\lim_{x\to\frac{\pi}{2}}\dfrac{\sin x}{\cos x}\cdot\cos x=\lim_{x\to\frac{\pi}{2}}\sin x$$
$$=\sin\dfrac{\pi}{2}=1$$

**0427** 답 $2$    $\sin^2x+\cos^2x=1$에서 $\sin^2x=1-\cos^2x$

$$\lim_{x\to0}\dfrac{\sin^2x}{1-\cos x}=\lim_{x\to0}\dfrac{1-\cos^2x}{1-\cos x}$$
$$=\lim_{x\to0}\dfrac{(1+\cos x)(1-\cos x)}{1-\cos x}$$
$$=\lim_{x\to0}(1+\cos x)=1+\cos0$$
$$=1+1=2$$

**0428** 답 $\dfrac{1}{2}$

$$\lim_{x \to \frac{3}{2}\pi} \frac{\sin x + 1}{\cos^2 x} = \lim_{x \to \frac{3}{2}\pi} \frac{\sin x + 1}{1 - \sin^2 x}$$

$\sin^2 x + \cos^2 x = 1$에서
$\cos^2 x = 1 - \sin^2 x$

$$= \lim_{x \to \frac{3}{2}\pi} \frac{\sin x + 1}{(1 + \sin x)(1 - \sin x)}$$

$$= \lim_{x \to \frac{3}{2}\pi} \frac{1}{1 - \sin x} = \frac{1}{1 - \sin \frac{3}{2}\pi}$$

$$= \frac{1}{1 - (-1)} = \frac{1}{2}$$

$\sin \dfrac{3}{2}\pi = \sin\left(\pi + \dfrac{\pi}{2}\right)$
$= -\sin \dfrac{\pi}{2} = -1$
또는 사인함수의 그래프를 이용하여 구할 수 있다.

**0429** 답 3

$$\lim_{x \to 0} \frac{\sin 3x}{x} = \lim_{x \to 0} \frac{\sin 3x}{3x} \cdot 3 = 1 \cdot 3 = 3$$

선생님 톡톡

$\lim\limits_{x \to 0} \dfrac{\sin 3x}{3x}$에서 $x \to 0$일 때 $3x \to 0$이므로 $\lim\limits_{\Box \to 0} \dfrac{\sin \Box}{\Box} = 1$로 생각할 수 있어!

**0430** 답 $\dfrac{2}{3}$

$$\lim_{x \to 0} \frac{\tan 2x}{3x} = \lim_{x \to 0} \frac{\tan 2x}{2x} \cdot \frac{2}{3}$$

$$= 1 \cdot \frac{2}{3} = \frac{2}{3}$$

**0431** 답 2

$$\lim_{x \to 0} \frac{\sin 2x + 4x}{3x} = \lim_{x \to 0} \left( \frac{\sin 2x}{3x} + \frac{4x}{3x} \right)$$

$$= \lim_{x \to 0} \left( \frac{\sin 2x}{2x} \cdot \frac{2}{3} + \frac{4}{3} \right)$$

$$= 1 \cdot \frac{2}{3} + \frac{4}{3} = 2$$

**0432** 답 4

$$\lim_{x \to 0} \frac{\sin 4x}{\sin x} = \lim_{x \to 0} \frac{\sin 4x}{4x} \cdot \frac{x}{\sin x} \cdot 4$$

$$= 1 \cdot 1 \cdot 4 = 4$$

**0433** 답 0

$$\lim_{x \to 0} \frac{\sin 2x - 2\tan x}{3x} = \lim_{x \to 0} \left( \frac{\sin 2x}{3x} - \frac{2\tan x}{3x} \right)$$

$$= \lim_{x \to 0} \left( \frac{\sin 2x}{2x} \cdot \frac{2}{3} - \frac{2}{3} \cdot \frac{\tan x}{x} \right)$$

$$= 1 \cdot \frac{2}{3} - \frac{2}{3} \cdot 1 = 0$$

**0434** 답 5

$$\lim_{x \to 0} \frac{\sin 2x + \tan 3x}{\sin x} = \lim_{x \to 0} \frac{\dfrac{\sin 2x + \tan 3x}{x}}{\dfrac{\sin x}{x}}$$

$$= \lim_{x \to 0} \frac{\dfrac{\sin 2x}{2x} \cdot 2 + \dfrac{\tan 3x}{3x} \cdot 3}{\dfrac{\sin x}{x}}$$

$$= \frac{1 \cdot 2 + 1 \cdot 3}{1} = 5$$

**0435** 답 $\dfrac{\pi}{180}$

$x° = \dfrac{\pi}{180}x$이므로

$$\lim_{x \to 0} \frac{\sin x°}{x} = \lim_{x \to 0} \frac{\sin \dfrac{\pi}{180}x}{x} = \lim_{x \to 0} \frac{\sin \dfrac{\pi}{180}x}{\dfrac{\pi}{180}x} \cdot \frac{\pi}{180}$$

$$= 1 \cdot \frac{\pi}{180} = \frac{\pi}{180}$$



(1) 1라디안 $= \dfrac{180°}{\pi}$      (2) $1° = \dfrac{\pi}{180}$라디안

**0436** 답 $\dfrac{1}{4}$

$$\lim_{x \to 0} \frac{\sin^2 x}{\tan^2 2x} = \lim_{x \to 0} \frac{\sin^2 x}{x^2} \cdot \frac{(2x)^2}{\tan^2 2x} \cdot \frac{1}{4}$$

$$= \lim_{x \to 0} \left( \frac{\sin x}{x} \right)^2 \cdot \left( \frac{2x}{\tan 2x} \right)^2 \cdot \frac{1}{4}$$

$$= 1^2 \cdot 1^2 \cdot \frac{1}{4} = \frac{1}{4}$$

**0437** 답 1

$\dfrac{1}{x} = t$라 하면 $x \to \infty$일 때 $t \to 0+$이므로

$$\lim_{x \to \infty} x \sin \frac{1}{x} = \lim_{t \to 0+} \frac{\sin t}{t} = 1$$

$t \to 0$이 아니라 $t \to 0+$임에 유의하자.

**0438** 답 $\dfrac{1}{4}$

$x - \dfrac{\pi}{4} = t$라 하면 $x \to \dfrac{\pi}{4}$일 때 $t \to 0$이므로

$$\lim_{x \to \frac{\pi}{4}} \frac{\tan\left(x - \dfrac{\pi}{4}\right)}{4x - \pi} = \lim_{t \to 0} \frac{\tan t}{4t} = \lim_{t \to 0} \frac{\tan t}{t} \cdot \frac{1}{4}$$

$$= 1 \cdot \frac{1}{4} = \frac{1}{4}$$

**0439** 답 $y' = 2\cos x$

**0440** 답 $y' = -3\sin x - 2$

**0441** 답 $y' = -\cos x + e^x$

**0442** 답 $y' = 4\cos x + 2\sin x$

$y' = 4\cos x - 2 \cdot (-\sin x) = 4\cos x + 2\sin x$

**0443** 답 $y' = \cos x - x\sin x$

$y' = \cos x + x \cdot (-\sin x) = \cos x - x\sin x$

**0444** 답 $y' = e^x(\sin x + \cos x)$

$y' = e^x \sin x + e^x \cos x = e^x(\sin x + \cos x)$

**0445** 답 $y' = 2(\cos^2 x - \sin^2 x)$

$y' = 2 \cdot \cos x \cdot \cos x + 2\sin x \cdot (-\sin x) = 2(\cos^2 x - \sin^2 x)$

## 0446  답 $y'=2\sin x\cos x$

$y=\sin^2 x=\sin x\sin x$이므로
$y'=\cos x\sin x+\sin x\cos x=2\sin x\cos x$

본문 072~087쪽

## 0447  답 ②

## 0448  답 ①

$1+\tan^2\theta=\sec^2\theta$이므로
$\tan^2\theta=\sec^2\theta-1=(\sqrt{3})^2-1=2$
또한, $1+\cot^2\theta=\csc^2\theta$이므로
$\csc^2\theta=1+\dfrac{1}{\tan^2\theta}=1+\dfrac{1}{2}=\dfrac{3}{2}$
$\therefore \tan^2\theta-\csc^2\theta=2-\dfrac{3}{2}=\dfrac{1}{2}$

● 다른 풀이 ●

$\cos\theta=\dfrac{1}{\sec\theta}=\dfrac{\sqrt{3}}{3}$이므로
$\sin^2\theta=1-\cos^2\theta=1-\left(\dfrac{\sqrt{3}}{3}\right)^2=\dfrac{2}{3}$
$\therefore \csc^2\theta=\dfrac{1}{\sin^2\theta}=\dfrac{3}{2}$

## 0449  답 ⑤

$\tan\theta\cdot\cot\theta=\tan\theta\cdot\dfrac{1}{\tan\theta}=1$이므로

$(\tan\theta+\cot\theta)^2=\tan^2\theta+2+\cot^2\theta$
$\qquad\qquad\qquad=\sec^2\theta-1+2+\csc^2\theta-1$
$\qquad\qquad\qquad=\sec^2\theta+\csc^2\theta$
$\therefore \csc^2\theta+\sec^2\theta=(\tan\theta+\cot\theta)^2$
$\qquad\qquad\qquad\quad=5^2=25$

● 다른 풀이 ●

$\tan\theta+\cot\theta=\dfrac{\sin\theta}{\cos\theta}+\dfrac{\cos\theta}{\sin\theta}=\dfrac{\sin^2\theta+\cos^2\theta}{\sin\theta\cos\theta}$
$\qquad\qquad\quad=\dfrac{1}{\sin\theta\cos\theta}$
따라서 $\dfrac{1}{\sin\theta\cos\theta}=5$이므로
$\csc^2\theta+\sec^2\theta=\dfrac{1}{\sin^2\theta}+\dfrac{1}{\cos^2\theta}=\dfrac{\sin^2\theta+\cos^2\theta}{\sin^2\theta\cos^2\theta}$
$\qquad\qquad\quad=\dfrac{1}{\sin^2\theta\cos^2\theta}=\left(\dfrac{1}{\sin\theta\cos\theta}\right)^2$
$\qquad\qquad\quad=5^2=25$

## 0450  답 ④

$\dfrac{\tan\theta+1}{\tan\theta-1}=3+2\sqrt{2}$에서
$\tan\theta+1=(3+2\sqrt{2})(\tan\theta-1),\ (2+2\sqrt{2})\tan\theta=4+2\sqrt{2}$
$\therefore \tan\theta=\dfrac{4+2\sqrt{2}}{2+2\sqrt{2}}=\sqrt{2}$

$\therefore \csc\theta(\sec\theta-\cos\theta)=\dfrac{1}{\sin\theta}\left(\dfrac{1}{\cos\theta}-\cos\theta\right)$
$\qquad\qquad\qquad\qquad=\dfrac{1-\cos^2\theta}{\sin\theta\cos\theta}=\dfrac{\sin^2\theta}{\sin\theta\cos\theta}$
$\qquad\qquad\qquad\qquad=\tan\theta=\sqrt{2}$

## 0451  답 ⑤

이차방정식의 근과 계수의 관계에 의하여
$\sin\theta+\cos\theta=\dfrac{1}{2},\ \sin\theta\cos\theta=-\dfrac{3}{8}$
$\therefore \tan^2\theta+\cot^2\theta=\sec^2\theta-1+\csc^2\theta-1$
$\qquad\qquad=\dfrac{1}{\cos^2\theta}+\dfrac{1}{\sin^2\theta}-2=\dfrac{\sin^2\theta+\cos^2\theta}{\sin^2\theta\cos^2\theta}-2$
$\qquad\qquad=\dfrac{1}{(\sin\theta\cos\theta)^2}-2=\dfrac{1}{\left(-\dfrac{3}{8}\right)^2}-2$
$\qquad\qquad=\dfrac{64}{9}-2=\dfrac{46}{9}$

## 0452  답 ④

## 0453  답 ①

$\tan\alpha=\tan\left\{\left(\alpha-\dfrac{\pi}{6}\right)+\dfrac{\pi}{6}\right\}$
$\qquad=\dfrac{\tan\left(\alpha-\dfrac{\pi}{6}\right)+\tan\dfrac{\pi}{6}}{1-\tan\left(\alpha-\dfrac{\pi}{6}\right)\tan\dfrac{\pi}{6}}$
$\qquad=\dfrac{\dfrac{4}{\sqrt{3}}+\dfrac{1}{\sqrt{3}}}{1-\dfrac{4}{\sqrt{3}}\cdot\dfrac{1}{\sqrt{3}}}=\dfrac{\dfrac{5}{\sqrt{3}}}{-\dfrac{1}{3}}=-5\sqrt{3}$

## 0454  답 ④

$\tan\dfrac{\pi}{5}+\cot\dfrac{2}{5}\pi=\dfrac{\sin\dfrac{\pi}{5}}{\cos\dfrac{\pi}{5}}+\dfrac{\cos\dfrac{2}{5}\pi}{\sin\dfrac{2}{5}\pi}$
$\qquad=\dfrac{\sin\dfrac{2}{5}\pi\sin\dfrac{\pi}{5}+\cos\dfrac{2}{5}\pi\cos\dfrac{\pi}{5}}{\sin\dfrac{2}{5}\pi\cos\dfrac{\pi}{5}}$
$\qquad=\dfrac{\cos\left(\dfrac{2}{5}\pi-\dfrac{\pi}{5}\right)}{\sin\dfrac{2}{5}\pi\cos\dfrac{\pi}{5}}=\dfrac{1}{\sin\dfrac{2}{5}\pi}=\csc\dfrac{2}{5}\pi$

## 0455  답 ④

$\sin\alpha+\cos\beta=\sqrt{2}$의 양변을 제곱하면
$\sin^2\alpha+2\sin\alpha\cos\beta+\cos^2\beta=2 \qquad\cdots\cdots$ ㉠
$\sin\beta+\cos\alpha=\dfrac{\sqrt{6}}{2}$의 양변을 제곱하면
$\sin^2\beta+2\sin\beta\cos\alpha+\cos^2\alpha=\dfrac{3}{2} \qquad\cdots\cdots$ ㉡
㉠+㉡을 하면 $2+2(\sin\alpha\cos\beta+\sin\beta\cos\alpha)=\dfrac{7}{2}$
$\therefore \sin\alpha\cos\beta+\cos\alpha\sin\beta=\dfrac{3}{4}$
$\therefore \sin(\alpha+\beta)=\sin\alpha\cos\beta+\cos\alpha\sin\beta=\dfrac{3}{4}$

**0456** 답 ②

$f^{-1}\left(\dfrac{1}{3}\right)+f^{-1}\left(\dfrac{1}{4}\right)=\theta$에서 $f^{-1}\left(\dfrac{1}{3}\right)=\alpha$, $f^{-1}\left(\dfrac{1}{4}\right)=\beta$라 하면

$\theta=\alpha+\beta$

또한, $f^{-1}\left(\dfrac{1}{3}\right)=\alpha$에서 $f(\alpha)=\tan\alpha=\dfrac{1}{3}$이고

$f^{-1}\left(\dfrac{1}{4}\right)=\beta$에서 $f(\beta)=\tan\beta=\dfrac{1}{4}$이므로

$$f(\theta)=\tan\theta=\tan(\alpha+\beta)=\dfrac{\tan\alpha+\tan\beta}{1-\tan\alpha\tan\beta}$$

$$=\dfrac{\dfrac{1}{3}+\dfrac{1}{4}}{1-\dfrac{1}{3}\cdot\dfrac{1}{4}}=\dfrac{7}{11}$$

**0457** 답 ①

**0458** 답 ④

$\sin\theta+2\cos\theta=0$에서 $\sin\theta=-2\cos\theta$

$\therefore\ \tan\theta=\dfrac{\sin\theta}{\cos\theta}=-2$

$\therefore\ \tan2\theta=\dfrac{2\tan\theta}{1-\tan^2\theta}=\dfrac{2\cdot(-2)}{1-(-2)^2}=\dfrac{4}{3}$

> $\cos\theta=0$이면
> $\sin^2\theta=1-\cos^2\theta=1$
> 즉, $\sin\theta=\pm1$이므로 모순이다.
> $\therefore\ \cos\theta\neq0$

**0459** 답 ②

$1+\tan^2\theta=\sec^2\theta$이므로

$\sec^2\theta=1+\tan^2\theta=1+\left(\dfrac{3}{4}\right)^2=\dfrac{25}{16}$

이때 $\theta$가 제1사분면의 각이므로

$\sec\theta>0$

즉, $\sec\theta=\dfrac{5}{4}$이므로 $\cos\theta=\dfrac{4}{5}$

$\therefore\ \sin^2\dfrac{\theta}{2}=\dfrac{1-\cos\theta}{2}=\dfrac{1-\dfrac{4}{5}}{2}=\dfrac{1}{10}$

따라서 $\sin\dfrac{\theta}{2}>0$이므로

> $\theta$가 제1사분면의 각이므로
> $0<\theta<\dfrac{\pi}{2}$ $\therefore\ 0<\dfrac{\theta}{2}<\dfrac{\pi}{4}$

$\sin\dfrac{\theta}{2}=\sqrt{\dfrac{1}{10}}=\dfrac{\sqrt{10}}{10}$

**0460** 답 ②

$2\cos2\theta=5\cos\theta+4$에서 $2(2\cos^2\theta-1)=5\cos\theta+4$

$4\cos^2\theta-5\cos\theta-6=0$, $(4\cos\theta+3)(\cos\theta-2)=0$

$\therefore\ \cos\theta=-\dfrac{3}{4}$ $(\because\ -1\leq\cos\theta\leq1)$

따라서 $1+\tan^2\theta=\sec^2\theta$이므로

$\tan^2\theta=\sec^2\theta-1=\left(\dfrac{1}{\cos\theta}\right)^2-1$

$=\left(-\dfrac{4}{3}\right)^2-1=\dfrac{7}{9}$

**0461** 답 ①

$y=\cos x-4\sin\dfrac{x}{2}+1$

$=1-2\sin^2\dfrac{x}{2}-4\sin\dfrac{x}{2}+1$

$=-2\sin^2\dfrac{x}{2}-4\sin\dfrac{x}{2}+2$ $\cdots\cdots$ ㉠

이때 $\sin\dfrac{x}{2}=t$라 하면 $-1\leq t\leq1$이고

㉠에서

$y=-2t^2-4t+2$

$\ \ =-2(t+1)^2+4$

따라서 주어진 함수는 $t=1$, 즉

$\sin\dfrac{x}{2}=1$일 때 최솟값 $-4$를 갖는다.

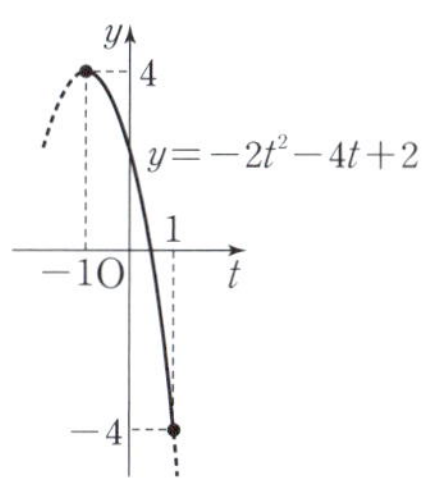


**0462** 답 ③

**0463** 답 ①

이차방정식의 근과 계수의 관계에 의하여

$\cot\alpha+\cot\beta=2$, $\cot\alpha\cot\beta=-5$

$\cot\alpha+\cot\beta=2$에서

$\dfrac{1}{\tan\alpha}+\dfrac{1}{\tan\beta}=2$ $\therefore\ \dfrac{\tan\alpha+\tan\beta}{\tan\alpha\tan\beta}=2$ $\cdots\cdots$ ㉠

$\cot\alpha\cot\beta=-5$에서

$\dfrac{1}{\tan\alpha}\cdot\dfrac{1}{\tan\beta}=-5$ $\therefore\ \tan\alpha\tan\beta=-\dfrac{1}{5}$ $\cdots\cdots$ ㉡

㉡을 ㉠에 대입하여 정리하면

$\tan\alpha+\tan\beta=-\dfrac{2}{5}$

$\therefore\ \cot(\alpha+\beta)=\dfrac{1}{\tan(\alpha+\beta)}=\dfrac{1-\tan\alpha\tan\beta}{\tan\alpha+\tan\beta}$

$$=\dfrac{1-\left(-\dfrac{1}{5}\right)}{-\dfrac{2}{5}}=-3$$

**0464** 답 ②

이차방정식의 근과 계수의 관계에 의하여

$\tan\alpha+\tan\beta=k$, $\tan\alpha\tan\beta=-1$

이므로

$\tan(\alpha+\beta)=\dfrac{\tan\alpha+\tan\beta}{1-\tan\alpha\tan\beta}$

$=\dfrac{k}{1-(-1)}=\dfrac{k}{2}=2$

$\therefore\ k=4$

**0465** 답 ②

이차방정식의 근과 계수의 관계에 의하여

$\tan\alpha+\tan\beta=3$, $\tan\alpha\tan\beta=1$

$(\tan\alpha-\tan\beta)^2=(\tan\alpha+\tan\beta)^2-4\tan\alpha\tan\beta$

$=3^2-4\cdot1=5$

이고, $\tan\alpha>\tan\beta$이므로

> $\tan\alpha>\tan\beta$이므로
> $\tan\alpha-\tan\beta>0$

$\tan\alpha-\tan\beta=\sqrt{5}$

$\therefore\ \tan(\alpha-\beta)=\dfrac{\tan\alpha-\tan\beta}{1+\tan\alpha\tan\beta}$

$=\dfrac{\sqrt{5}}{1+1}=\dfrac{\sqrt{5}}{2}$

**0466** 답 ③

이차방정식의 근과 계수의 관계에 의하여

$\tan\alpha+\tan\beta=\cos\theta$, $\tan\alpha\tan\beta=\sin\theta$

이므로

$$\tan(\alpha+\beta)=\frac{\tan\alpha+\tan\beta}{1-\tan\alpha\tan\beta}$$
$$=\frac{\cos\theta}{1-\sin\theta}=\frac{1}{2}$$

$2\cos\theta=1-\sin\theta$  $\therefore \sin\theta=1-2\cos\theta$  $\cdots\cdots$ ㉠

㉠을 $\sin^2\theta+\cos^2\theta=1$에 대입하면

$(1-2\cos\theta)^2+\cos^2\theta=1$, $5\cos^2\theta-4\cos\theta=0$

$\cos\theta(5\cos\theta-4)=0$

이때 $\cos\theta=0$이면 ㉠에서 $\sin\theta=1$이고, $x$에 대한 이차방정식

$x^2-x\cos\theta+\sin\theta=0$에서 $x^2+1=0$이므로 실근을 갖지 않는다.

$\therefore \cos\theta=\dfrac{4}{5}$

$\cos\theta=\dfrac{4}{5}$를 ㉠에 대입하면

$\sin\theta=1-2\cdot\dfrac{4}{5}=-\dfrac{3}{5}$

## 0467  답 ⑤

## 0468  답 ①

두 직선 $y=\dfrac{1}{2}x+1$, $y=2x-2$가 $x$축의 양의 방향과 이루는 각의

크기를 각각 $\alpha$, $\beta$라 하면

$\tan\alpha=\dfrac{1}{2}$, $\tan\beta=2$

$\therefore \tan\theta=|\tan(\alpha-\beta)|=\left|\dfrac{\tan\alpha-\tan\beta}{1+\tan\alpha\tan\beta}\right|$

$$=\left|\dfrac{\dfrac{1}{2}-2}{1+\dfrac{1}{2}\cdot2}\right|=\left|\dfrac{-\dfrac{3}{2}}{2}\right|=\dfrac{3}{4}$$

이때 $\sec\theta>0$이므로

$\sec\theta=\sqrt{1+\tan^2\theta}=\sqrt{1+\left(\dfrac{3}{4}\right)^2}=\dfrac{5}{4}$

$\sec^2\theta=1+\tan^2\theta$이므로

## 0469  답 ③

두 직선 $8x-2y+3=0$, $5x+3y-4=0$, 즉 $y=4x+\dfrac{3}{2}$,

$y=-\dfrac{5}{3}x+\dfrac{4}{3}$가 $x$축의 양의 방향과 이루는 각의 크기를 각각

$\alpha$, $\beta$라 하면

$\tan\alpha=4$, $\tan\beta=-\dfrac{5}{3}$

따라서 두 직선이 이루는 예각의 크기를 $\theta$라 하면

$\tan\theta=|\tan(\alpha-\beta)|=\left|\dfrac{\tan\alpha-\tan\beta}{1+\tan\alpha\tan\beta}\right|$

$$=\left|\dfrac{4-\left(-\dfrac{5}{3}\right)}{1+4\cdot\left(-\dfrac{5}{3}\right)}\right|=\left|\dfrac{\dfrac{17}{3}}{-\dfrac{17}{3}}\right|=1$$

$\therefore \theta=\dfrac{\pi}{4}\ \left(\because 0<\theta<\dfrac{\pi}{2}\right)$

## 0470  답 ②

두 직선 $mx-y+1=0$, $3x-y-3=0$, 즉 $y=mx+1$,

$y=3x-3$이 $x$축의 양의 방향과 이루는 각의 크기를 각각 $\alpha$, $\beta$라

하면

$\tan\alpha=m$, $\tan\beta=3$

---

두 직선이 이루는 예각의 크기가 $\dfrac{\pi}{4}$이어야 하므로

$|\tan(\alpha-\beta)|=\tan\dfrac{\pi}{4}$

$\left|\dfrac{\tan\alpha-\tan\beta}{1+\tan\alpha\tan\beta}\right|=1$

$\left|\dfrac{m-3}{1+3m}\right|=1$, $\left(\dfrac{m-3}{1+3m}\right)^2=1$

$m^2-6m+9=1+6m+9m^2$

$2m^2+3m-2=0$, $(m+2)(2m-1)=0$

$\therefore m=-2$ 또는 $m=\dfrac{1}{2}$

이차방정식의 근과 계수의 관계를 이용하여 모든 $m$의 값의 합이 $-\dfrac{3}{2}$임을 알 수도 있다.

따라서 모든 $m$의 값의 합은

$-2+\dfrac{1}{2}=-\dfrac{3}{2}$

## 0471  답 ③

두 역함수 $y=f^{-1}(x)$, $y=g^{-1}(x)$의 그래프는 두 함수 $y=f(x)$,

$y=g(x)$의 그래프를 각각 직선 $y=x$에 대하여 대칭이동한 것이

므로 두 역함수 $y=f^{-1}(x)$, $y=g^{-1}(x)$의 그래프가 이루는 예각

의 크기는 두 함수 $y=f(x)$, $y=g(x)$의 그래프가 이루는 예각의

크기와 같다.

두 함수 $y=f(x)$, $y=g(x)$의 그래프가 $x$축의 양의 방향과 이루

는 각의 크기를 각각 $\alpha$, $\beta$라 하면

$\tan\alpha=4$, $\tan\beta=-\dfrac{1}{2}$

$\therefore \tan\theta=|\tan(\alpha-\beta)|=\left|\dfrac{\tan\alpha-\tan\beta}{1+\tan\alpha\tan\beta}\right|$

$$=\left|\dfrac{4-\left(-\dfrac{1}{2}\right)}{1+4\cdot\left(-\dfrac{1}{2}\right)}\right|=\left|\dfrac{\dfrac{9}{2}}{-1}\right|=\dfrac{9}{2}$$

$\therefore \sec^2\theta=1+\tan^2\theta$

$$=1+\left(\dfrac{9}{2}\right)^2=\dfrac{85}{4}$$

● 다른 풀이 ●

두 함수 $y=f(x)$, $y=g(x)$의 그래프의 기울기가 각각 $4$, $-\dfrac{1}{2}$이

므로 두 역함수 $y=f^{-1}(x)$, $y=g^{-1}(x)$의 그래프의 기울기는 각각

$\dfrac{1}{4}$, $-2$이다.

두 역함수 $y=f^{-1}(x)$, $y=g^{-1}(x)$의 그래프가 $x$축의 양의 방향

과 이루는 각의 크기를 각각 $\alpha$, $\beta$라 하면

$\tan\alpha=\dfrac{1}{4}$, $\tan\beta=-2$

$\therefore \tan\theta=|\tan(\alpha-\beta)|=\left|\dfrac{\tan\alpha-\tan\beta}{1+\tan\alpha\tan\beta}\right|$

$$=\left|\dfrac{\dfrac{1}{4}-(-2)}{1+\dfrac{1}{4}\cdot(-2)}\right|=\left|\dfrac{\dfrac{9}{4}}{\dfrac{1}{2}}\right|=\dfrac{9}{2}$$

선생님 톡톡

일차함수 $f(x)=ax+b$의 역함수는 $f^{-1}(x)=\dfrac{1}{a}x-\dfrac{b}{a}$이므로 일차함수 $y=f(x)$의 그래프의 기울기가 $a$일 때, 그 역함수 $y=f^{-1}(x)$의 그래프의 기울기는 $\dfrac{1}{a}$임을 알 수 있어!

## 0472 답 ⑤

## 0473 답 ②

정사각형 $ABCD$의 한 변의 길이를 $a$라 하고,
$\angle CAB = \alpha$, $\angle MAB = \beta$라 하면

$$\tan \alpha = \frac{a}{a} = 1, \quad \tan \beta = \frac{\frac{a}{2}}{a} = \frac{1}{2}$$

$\theta = \alpha - \beta$이므로

$$\tan \theta = \tan(\alpha - \beta) = \frac{\tan \alpha - \tan \beta}{1 + \tan \alpha \tan \beta}$$

$$= \frac{1 - \frac{1}{2}}{1 + 1 \cdot \frac{1}{2}} = \frac{1}{3}$$

## 0474 답 ①

$\angle BAH = \alpha$, $\angle CAH = \beta$라 하고, $\overline{BH} = a$라 하면

$$\tan \alpha = \frac{a}{3}, \quad \tan \beta = \frac{1}{3}$$

$\theta = \alpha + \beta$이므로

$$\tan \theta = \tan(\alpha + \beta) = \frac{\tan \alpha + \tan \beta}{1 - \tan \alpha \tan \beta}$$

$$= \frac{\frac{a}{3} + \frac{1}{3}}{1 - \frac{a}{3} \cdot \frac{1}{3}} = \frac{3a + 3}{9 - a} = 3$$

$3a + 3 = 3(9 - a)$, $6a = 24$
$\therefore a = 4$

## 0475 답 ⑤

정사각형 $ABCD$의 한 변의 길이를 $4a$라 하면 $\overline{AP} = 3a$, $\overline{DP} = a$
이므로

$$\overline{BP} = \sqrt{(3a)^2 + (4a)^2} = 5a$$

$$\overline{CP} = \sqrt{a^2 + (4a)^2} = \sqrt{17}\,a$$

오른쪽 그림과 같이 점 P에서 변 BC에 내린
수선의 발을 H라 하고, $\angle BPH = \alpha$,
$\angle CPH = \beta$라 하면

$$\sin \alpha = \frac{3a}{5a} = \frac{3}{5}, \quad \cos \alpha = \frac{4a}{5a} = \frac{4}{5},$$

$$\sin \beta = \frac{a}{\sqrt{17}a} = \frac{\sqrt{17}}{17},$$

$$\cos \beta = \frac{4a}{\sqrt{17}a} = \frac{4\sqrt{17}}{17}$$

$\theta = \alpha + \beta$이므로

$$\cos \theta = \cos(\alpha + \beta) = \cos \alpha \cos \beta - \sin \alpha \sin \beta$$

$$= \frac{4}{5} \cdot \frac{4\sqrt{17}}{17} - \frac{3}{5} \cdot \frac{\sqrt{17}}{17} = \frac{13\sqrt{17}}{85}$$

## 0476 답 ④

$\cos \theta = \frac{3}{5}$에서 $\sec \theta = \frac{5}{3}$이고, $1 + \tan^2 \theta = \sec^2 \theta$이므로

$$\tan^2 \theta = \sec^2 \theta - 1 = \left(\frac{5}{3}\right)^2 - 1 = \frac{16}{9}$$

이때 $\cos \theta > 0$이므로 $\tan \theta > 0$

$\therefore \tan \theta = \frac{4}{3}$

---

두 직선 $y = ax$, $y = -ax$가 $x$축의 양의 방향과 이루는 각의 크기
를 각각 $\alpha$, $\beta$라 하면

$\tan \alpha = a$, $\tan \beta = -a$

$\theta = \beta - \alpha$이므로

$$\tan \theta = \tan(\beta - \alpha) = \frac{\tan \beta - \tan \alpha}{1 + \tan \beta \tan \alpha}$$

$$= \frac{-a - a}{1 + (-a) \cdot a} = \frac{-2a}{1 - a^2} = \frac{4}{3}$$

$-6a = 4 - 4a^2$, $2a^2 - 3a - 2 = 0$
$(2a + 1)(a - 2) = 0$ $\quad \therefore a = 2 \ (\because a > 0)$



## 0477 답 ①

## 0478 답 ③

$\sqrt{1^2 + (\sqrt{3})^2} = 2$이므로

$$\sin \theta + \sqrt{3} \cos \theta = 2\left(\frac{1}{2} \sin \theta + \frac{\sqrt{3}}{2} \cos \theta\right)$$

$$= 2\left(\sin \frac{\pi}{6} \sin \theta + \cos \frac{\pi}{6} \cos \theta\right)$$

$$= 2\left(\cos \theta \cos \frac{\pi}{6} + \sin \theta \sin \frac{\pi}{6}\right)$$

$$= 2 \cos\left(\theta - \frac{\pi}{6}\right)$$

$$\begin{aligned}
&= 2\left(\cos \frac{\pi}{3} \sin \theta + \sin \frac{\pi}{3} \cos \theta\right)\\
&= 2\left(\sin \theta \cos \frac{\pi}{3} + \cos \theta \sin \frac{\pi}{3}\right)\\
&= 2 \sin\left(\theta + \frac{\pi}{3}\right)
\end{aligned}$$
와 같이 나타낼 수도 있다.

## 0479 답 ④

$\sqrt{(4a)^2 + (3a)^2} = 5a$이므로 ($a > 0$이므로 $5a > 0$)

$$4a \sin \theta + 3a \cos \theta = 5a\left(\frac{4}{5} \sin \theta + \frac{3}{5} \cos \theta\right)$$

$$= 5a \sin(\theta + \alpha)$$

$$\left(\text{단, } \sin \alpha = \frac{3}{5}, \ \cos \alpha = \frac{4}{5}\right)$$

이때 $-1 \leq \sin(\theta + \alpha) \leq 1$이므로

$-5a \leq 5a \sin(\theta + \alpha) \leq 5a \ (\because a > 0)$

따라서 $5a \leq 10$, 즉 $a \leq 2$이어야 하므로 양수 $a$의 최댓값은 2이다.

## 0480 답 ①

$$y = \sin x + 2 \sin\left(x + \frac{\pi}{3}\right)$$

$$= \sin x + 2 \sin x \cos \frac{\pi}{3} + 2 \cos x \sin \frac{\pi}{3}$$

$$= \sin x + \sin x + \sqrt{3} \cos x$$

$$= 2 \sin x + \sqrt{3} \cos x \quad \cdots\cdots \ \unicode{x1D4D8}$$

$\sqrt{2^2 + (\sqrt{3})^2} = \sqrt{7}$이므로 ㉠에서

$$y = \sqrt{7}\left(\frac{2}{\sqrt{7}} \sin x + \frac{\sqrt{3}}{\sqrt{7}} \cos x\right)$$

$$= \sqrt{7} \sin(x + \alpha) \ \left(\text{단, } \sin \alpha = \frac{\sqrt{3}}{\sqrt{7}}, \ \cos \alpha = \frac{2}{\sqrt{7}}\right)$$

이때 $-1 \leq \sin(x+\alpha) \leq 1$이므로

$-\sqrt{7} \leq \sqrt{7}\sin(x+\alpha) \leq \sqrt{7}$

따라서 $M=\sqrt{7}$, $m=-\sqrt{7}$이므로

$Mm=\sqrt{7} \cdot (-\sqrt{7})=-7$

## 0481 답 ③

$\sqrt{(\sqrt{3})^2+1^2}=2$이므로

$y=\sqrt{3}\sin x+\cos x+3$

$\quad =2\left(\dfrac{\sqrt{3}}{2}\sin x+\dfrac{1}{2}\cos x\right)+3$

$\quad =2\left(\sin\dfrac{\pi}{3}\sin x+\cos\dfrac{\pi}{3}\cos x\right)+3$

$\quad =2\cos\left(x-\dfrac{\pi}{3}\right)+3$

ㄱ. 주기는 $2\pi$이다. (참) → 함수 $y=2\cos x$의 주기와 같다.

ㄴ. $-1 \leq \cos\left(x-\dfrac{\pi}{3}\right) \leq 1$이므로 $-2 \leq 2\cos\left(x-\dfrac{\pi}{3}\right) \leq 2$

$\quad \therefore 1 \leq 2\cos\left(x-\dfrac{\pi}{3}\right)+3 \leq 5$

즉, 최댓값은 5, 최솟값은 1이다. (거짓)

ㄷ. 함수 $y=2\cos\left(x-\dfrac{\pi}{3}\right)+3$의 그래프는 함수 $y=2\cos x$의

그래프를 $x$축의 방향으로 $\dfrac{\pi}{3}$만큼, $y$축의 방향으로 3만큼 평행

이동한 것이다. (참)

따라서 옳은 것은 ㄱ, ㄷ이다.

## 0482 답 ⑤

## 0483 답 ③

$\lim\limits_{x\to\frac{\pi}{2}}(\tan x-\sec x)=\lim\limits_{x\to\frac{\pi}{2}}\left(\dfrac{\sin x}{\cos x}-\dfrac{1}{\cos x}\right)$

$\quad =\lim\limits_{x\to\frac{\pi}{2}}\dfrac{\sin x-1}{\cos x}$

$\quad =\lim\limits_{x\to\frac{\pi}{2}}\dfrac{(\sin x-1)(\sin x+1)}{\cos x(\sin x+1)}$

$\quad =\lim\limits_{x\to\frac{\pi}{2}}\dfrac{\sin^2 x-1}{\cos x(\sin x+1)}$   $\sin^2 x+\cos^2 x=1$에서 $\sin^2 x-1=-\cos^2 x$

$\quad =\lim\limits_{x\to\frac{\pi}{2}}\dfrac{-\cos^2 x}{\cos x(\sin x+1)}$

$\quad =\lim\limits_{x\to\frac{\pi}{2}}\dfrac{-\cos x}{\sin x+1}$

$\quad =\dfrac{0}{1+1}=0$

## 0484 답 ②

$\lim\limits_{x\to\frac{\pi}{2}}\dfrac{2\cos x-\sin 2x}{\cos^3 x}=\lim\limits_{x\to\frac{\pi}{2}}\dfrac{2\cos x-2\sin x\cos x}{\cos x(1-\sin^2 x)}$

$\quad =\lim\limits_{x\to\frac{\pi}{2}}\dfrac{2\cos x(1-\sin x)}{\cos x(1+\sin x)(1-\sin x)}$

$\quad =\lim\limits_{x\to\frac{\pi}{2}}\dfrac{2}{1+\sin x}$

$\quad =\dfrac{2}{1+1}=1$

## 0485 답 ④

$\lim\limits_{x\to\frac{\pi}{4}}\dfrac{\tan 2x(1-\tan x)}{2}=\lim\limits_{x\to\frac{\pi}{4}}\dfrac{\dfrac{2\tan x}{1-\tan^2 x}(1-\tan x)}{2}$

$\quad =\lim\limits_{x\to\frac{\pi}{4}}\dfrac{2\tan x(1-\tan x)}{2(1+\tan x)(1-\tan x)}$

$\quad =\lim\limits_{x\to\frac{\pi}{4}}\dfrac{\tan x}{1+\tan x}$

$\quad =\dfrac{1}{1+1}=\dfrac{1}{2}$

## 0486 답 ①

$\lim\limits_{x\to 0}\dfrac{\sec x-1}{\sec 2x-1}=\lim\limits_{x\to 0}\dfrac{(\sec x-1)(\sec x+1)(\sec 2x+1)}{(\sec 2x-1)(\sec 2x+1)(\sec x+1)}$

$\quad =\lim\limits_{x\to 0}\dfrac{(\sec^2 x-1)(\sec 2x+1)}{(\sec^2 2x-1)(\sec x+1)}$   $1+\tan^2 x=\sec^2 x$ 임을 이용한다.

$\quad =\lim\limits_{x\to 0}\dfrac{\tan^2 x(\sec 2x+1)}{\tan^2 2x(\sec x+1)}$

$\quad =\lim\limits_{x\to 0}\dfrac{\tan^2 x(\sec 2x+1)}{\left(\dfrac{2\tan x}{1-\tan^2 x}\right)^2(\sec x+1)}$

$\quad =\lim\limits_{x\to 0}\dfrac{(1-\tan^2 x)^2(\sec 2x+1)}{4(\sec x+1)}$

$\quad =\dfrac{1^2 \cdot (1+1)}{4(1+1)}=\dfrac{1}{4}$

## 0487 답 ④

## 0488 답 ①

$\lim\limits_{x\to 0}\dfrac{\sin 3x}{x+\tan 2x}=\lim\limits_{x\to 0}\dfrac{\dfrac{\sin 3x}{x}}{\dfrac{x+\tan 2x}{x}}=\lim\limits_{x\to 0}\dfrac{\dfrac{\sin 3x}{3x}\cdot 3}{1+\dfrac{\tan 2x}{2x}\cdot 2}$

$\quad =\dfrac{1\cdot 3}{1+1\cdot 2}=1$

## 0489 답 ⑤

$x°=\dfrac{\pi}{180}x$이므로

$\lim\limits_{x\to 0}\dfrac{\sin 2x}{x°}=\lim\limits_{x\to 0}\dfrac{\sin 2x}{\dfrac{\pi}{180}x}$

$\quad =\lim\limits_{x\to 0}\dfrac{\sin 2x}{2x}\cdot\dfrac{360}{\pi}$

$\quad =1\cdot\dfrac{360}{\pi}=\dfrac{360}{\pi}$

## 0490 답 ②

$\lim\limits_{x\to 0}\dfrac{\sin(\sin 4x)}{2\sin 3x}=\lim\limits_{x\to 0}\dfrac{\sin(\sin 4x)}{\sin 4x}\cdot\dfrac{\sin 4x}{4x}\cdot\dfrac{3x}{\sin 3x}\cdot\dfrac{2}{3}$

$\quad =1\cdot 1\cdot 1\cdot\dfrac{2}{3}=\dfrac{2}{3}$

**선생님 톡톡**

$\lim\limits_{x\to 0}\dfrac{\sin(\sin 4x)}{\sin 4x}$에서 $x\to 0$일 때 $\sin 4x\to 0$이므로 $\lim\limits_{\square\to 0}\dfrac{\sin\square}{\square}=1$ 로 생각할 수 있어!

## 0491  답 ④

$$\lim_{x\to 0}\frac{f(\sin x)}{\sin f(x)}=\lim_{x\to 0}\frac{\sin^2 x-\sin x}{\sin (x^2-x)}=\lim_{x\to 0}\frac{\sin x(\sin x-1)}{\sin (x^2-x)}$$

$$=\lim_{x\to 0}\frac{x^2-x}{\sin (x^2-x)}\cdot\frac{\sin x(\sin x-1)}{x^2-x}$$

$$=\lim_{x\to 0}\frac{x^2-x}{\sin (x^2-x)}\cdot\frac{\sin x}{x}\cdot\frac{\sin x-1}{x-1}$$

$$=1\cdot 1\cdot\frac{-1}{-1}=1$$

( $x^2-x=x(x-1)$ 이므로 )

## 0492  답 ②

## 0493  답 ③

$$\lim_{x\to 0}\frac{x\tan 2x}{1-\cos x}=\lim_{x\to 0}\frac{x\tan 2x(1+\cos x)}{(1-\cos x)(1+\cos x)}$$

$$=\lim_{x\to 0}\frac{x\tan 2x(1+\cos x)}{1-\cos^2 x}$$

$$=\lim_{x\to 0}\frac{x\tan 2x(1+\cos x)}{\sin^2 x}$$

$$=\lim_{x\to 0}\frac{x^2}{\sin^2 x}\cdot\frac{\tan 2x}{2x}\cdot 2(1+\cos x)$$

$$=1^2\cdot 1\cdot 2(1+1)=4$$

## 0494  답 ①

$$\lim_{x\to 0}\frac{\cot x-\csc x}{x}=\lim_{x\to 0}\frac{\dfrac{\cos x}{\sin x}-\dfrac{1}{\sin x}}{x}$$

$$=\lim_{x\to 0}\frac{\cos x-1}{x\sin x}$$

$$=\lim_{x\to 0}\frac{(\cos x-1)(\cos x+1)}{x\sin x(\cos x+1)}$$

$$=\lim_{x\to 0}\frac{\cos^2 x-1}{x\sin x(\cos x+1)}$$

$$=\lim_{x\to 0}\frac{-\sin^2 x}{x\sin x(\cos x+1)}$$

$$=\lim_{x\to 0}\frac{-\sin x}{x(\cos x+1)}$$

$$=\lim_{x\to 0}(-1)\cdot\frac{\sin x}{x}\cdot\frac{1}{\cos x+1}$$

$$=(-1)\cdot 1\cdot\frac{1}{1+1}=-\frac{1}{2}$$

## 0495  답 ②

$$\lim_{x\to 0}\frac{\cos^2 x+2\cos x-3}{x^2}$$

$$=\lim_{x\to 0}\frac{(\cos x-1)(\cos x+3)}{x^2}$$

$$=\lim_{x\to 0}\frac{(\cos x-1)(\cos x+1)}{x^2(\cos x+1)}\cdot(\cos x+3)$$

$$=\lim_{x\to 0}\frac{\cos^2 x-1}{x^2(\cos x+1)}\cdot(\cos x+3)$$

$$=\lim_{x\to 0}\frac{-\sin^2 x}{x^2(\cos x+1)}\cdot(\cos x+3)$$

$$=\lim_{x\to 0}(-1)\cdot\frac{\sin^2 x}{x^2}\cdot\frac{\cos x+3}{\cos x+1}$$

$$=(-1)\cdot 1^2\cdot\frac{1+3}{1+1}=-2$$

● 다른 풀이 ●

$$\lim_{x\to 0}\frac{\cos^2 x+2\cos x-3}{x^2}$$

$$=\lim_{x\to 0}\frac{1-\sin^2 x+2\cos x-3}{x^2}$$

$$=\lim_{x\to 0}\frac{-\sin^2 x+2\cos x-2}{x^2}$$

$$=\lim_{x\to 0}\left\{-\frac{\sin^2 x}{x^2}+\frac{2(\cos x-1)}{x^2}\right\}$$

$$=\lim_{x\to 0}\left\{-\frac{\sin^2 x}{x^2}+\frac{2(\cos x-1)(\cos x+1)}{x^2(\cos x+1)}\right\}$$

$$=\lim_{x\to 0}\left\{-\frac{\sin^2 x}{x^2}+\frac{2(\cos^2 x-1)}{x^2(\cos x+1)}\right\}$$

$$=\lim_{x\to 0}\left\{-\frac{\sin^2 x}{x^2}-\frac{2\sin^2 x}{x^2(\cos x+1)}\right\}$$

$$=\lim_{x\to 0}\left(-\frac{\sin^2 x}{x^2}-\frac{\sin^2 x}{x^2}\cdot\frac{2}{\cos x+1}\right)$$

$$=-1^2-1^2\cdot\frac{2}{1+1}=-2$$

## 0496  답 ④

$$\lim_{x\to 0}\frac{2\sin x-\sin 2x}{\sin^3 x}=\lim_{x\to 0}\frac{2\sin x-2\sin x\cos x}{\sin^3 x}$$

$$=\lim_{x\to 0}\frac{2(1-\cos x)}{\sin^2 x}$$

$$=\lim_{x\to 0}\frac{2(1-\cos x)(1+\cos x)}{\sin^2 x(1+\cos x)}$$

$$=\lim_{x\to 0}\frac{2(1-\cos^2 x)}{\sin^2 x(1+\cos x)}$$

$$=\lim_{x\to 0}\frac{2\sin^2 x}{\sin^2 x(1+\cos x)}$$

$$=\lim_{x\to 0}\frac{2}{1+\cos x}$$

$$=\frac{2}{1+1}=1$$

● 다른 풀이 ●

$$\lim_{x\to 0}\frac{2\sin x-\sin 2x}{\sin^3 x}=\lim_{x\to 0}\frac{2\sin x-2\sin x\cos x}{\sin x(1-\cos^2 x)}$$

$$=\lim_{x\to 0}\frac{2\sin x(1-\cos x)}{\sin x(1+\cos x)(1-\cos x)}$$

$$=\lim_{x\to 0}\frac{2}{1+\cos x}$$

$$=\frac{2}{1+1}=1$$

## 0497  답 ②

## 0498  답 ⑤

$x-\dfrac{\pi}{2}=t$ 라 하면 $x\to\dfrac{\pi}{2}$ 일 때 $t\to 0$이므로

$$\lim_{x\to\frac{\pi}{2}}(\pi-2x)\tan x=\lim_{t\to 0}\left\{-2t\tan\left(\frac{\pi}{2}+t\right)\right\}$$

$$=\lim_{t\to 0}\left\{-2t\cdot\left(-\frac{1}{\tan t}\right)\right\}$$

$$=\lim_{t\to 0}\frac{2t}{\tan t}=2\lim_{t\to 0}\frac{t}{\tan t}$$

$$=2\cdot 1=2$$

## 0499  답 ④

$\dfrac{1}{x}=t$라 하면 $x \to \infty$일 때 $t \to 0+$이므로

$$\lim_{x \to \infty} x \cos\left(\dfrac{2}{x}-\dfrac{\pi}{2}\right)=\lim_{t \to 0+} \dfrac{1}{t}\cos\left(2t-\dfrac{\pi}{2}\right)$$
$$=\lim_{t \to 0+}\dfrac{\sin 2t}{t}=\lim_{t \to 0+}\dfrac{\sin 2t}{2t}\cdot 2$$
$$=1\cdot 2=2$$

## 0500  답 ②

$x-1=t$라 하면 $x \to 1$일 때 $t \to 0$이므로

$$\lim_{x \to 1}\dfrac{\sin(\sin \pi x)}{x-1}=\lim_{t \to 0}\dfrac{\sin\{\sin \pi(1+t)\}}{t}$$
$$=\lim_{t \to 0}\dfrac{\sin\{\sin \pi(1+t)\}}{\sin \pi(1+t)}\cdot\dfrac{\sin \pi(1+t)}{t}$$
$$=\lim_{t \to 0}\dfrac{\sin\{\sin \pi(1+t)\}}{\sin \pi(1+t)}\cdot\dfrac{-\sin \pi t}{t}$$
$$=\lim_{t \to 0}\dfrac{\sin\{\sin \pi(1+t)\}}{\sin \pi(1+t)}\cdot\dfrac{\sin \pi t}{\pi t}\cdot(-\pi)$$
$$=1\cdot 1\cdot(-\pi)=-\pi$$

## 0501  답 ①

$x-\dfrac{\pi}{4}=t$라 하면 $x \to \dfrac{\pi}{4}$일 때 $t \to 0$이므로

$$\lim_{x \to \frac{\pi}{4}}\dfrac{\sin x-\cos x}{\pi-4x}$$
$$=\lim_{t \to 0}\dfrac{\sin\left(t+\dfrac{\pi}{4}\right)-\cos\left(t+\dfrac{\pi}{4}\right)}{-4t}$$
$$=\lim_{t \to 0}\dfrac{\sin t \cos\dfrac{\pi}{4}+\cos t \sin\dfrac{\pi}{4}-\left(\cos t \cos\dfrac{\pi}{4}-\sin t \sin\dfrac{\pi}{4}\right)}{-4t}$$
$$=\lim_{t \to 0}\dfrac{\dfrac{\sqrt{2}}{2}(\sin t+\cos t)-\dfrac{\sqrt{2}}{2}(\cos t-\sin t)}{-4t}$$
$$=\lim_{t \to 0}\dfrac{\sqrt{2}\sin t}{-4t}=\lim_{t \to 0}\dfrac{\sin t}{t}\cdot\left(-\dfrac{\sqrt{2}}{4}\right)$$
$$=1\cdot\left(-\dfrac{\sqrt{2}}{4}\right)=-\dfrac{\sqrt{2}}{4}$$

● 다른 풀이 ●

$\sqrt{1^2+(-1)^2}=\sqrt{2}$이므로

$$\sin x-\cos x=\sqrt{2}\left(\dfrac{\sqrt{2}}{2}\sin x-\dfrac{\sqrt{2}}{2}\cos x\right)$$
$$=\sqrt{2}\sin\left(x-\dfrac{\pi}{4}\right)$$

$$\therefore \lim_{x \to \frac{\pi}{4}}\dfrac{\sin x-\cos x}{\pi-4x}=\lim_{x \to \frac{\pi}{4}}\dfrac{\sqrt{2}\sin\left(x-\dfrac{\pi}{4}\right)}{\pi-4x} \quad \cdots\cdots \text{㉠}$$

$x-\dfrac{\pi}{4}=t$라 하면 $x \to \dfrac{\pi}{4}$일 때 $t \to 0$이므로 ㉠에서

$$\lim_{x \to \frac{\pi}{4}}\dfrac{\sqrt{2}\sin\left(x-\dfrac{\pi}{4}\right)}{\pi-4x}=\lim_{t \to 0}\dfrac{\sqrt{2}\sin t}{-4t}=\lim_{t \to 0}\dfrac{\sin t}{t}\cdot\left(-\dfrac{\sqrt{2}}{4}\right)$$
$$=1\cdot\left(-\dfrac{\sqrt{2}}{4}\right)=-\dfrac{\sqrt{2}}{4}$$

## 0502  답 ⑤

## 0503  답 ⑤

$x \to -1$일 때 (분모) $\to 0$이고 극한값이 존재하므로 (분자) $\to 0$이다.

즉, $\lim_{x \to -1}\tan(x+a)=0$이므로

$$\tan(-1+a)=0$$

이때 $-\dfrac{\pi}{2}<a<\dfrac{\pi}{2}$이므로

$$-1+a=0 \quad \therefore a=1$$

$a=1$을 주어진 식에 대입하면

$$b=\lim_{x \to -1}\dfrac{\tan(x+1)}{3x+3}=\lim_{x \to -1}\dfrac{\tan(x+1)}{3(x+1)} \quad \cdots\cdots \text{㉠}$$

$x+1=t$라 하면 $x \to -1$일 때 $t \to 0$이므로 ㉠에서

$$b=\lim_{t \to 0}\dfrac{\tan t}{3t}=\lim_{t \to 0}\dfrac{\tan t}{t}\cdot\dfrac{1}{3}=1\cdot\dfrac{1}{3}=\dfrac{1}{3}$$

$$\therefore \dfrac{a}{b}=\dfrac{1}{\dfrac{1}{3}}=3$$

## 0504  답 ④

$x \to 0$일 때 (분모) $\to 0$이고 극한값이 존재하므로 (분자) $\to 0$이다.

즉, $\lim_{x \to 0}(a-b\cos x)=0$이므로

$$a-b=0 \quad \therefore b=a \quad \cdots\cdots \text{㉠}$$

㉠을 주어진 식에 대입하면

$$\lim_{x \to 0}\dfrac{a-a\cos x}{x^2}=\lim_{x \to 0}\dfrac{a(1-\cos x)}{x^2}$$
$$=\lim_{x \to 0}\dfrac{a(1-\cos x)(1+\cos x)}{x^2(1+\cos x)}$$
$$=\lim_{x \to 0}\dfrac{a(1-\cos^2 x)}{x^2(1+\cos x)}$$
$$=\lim_{x \to 0}\dfrac{a\sin^2 x}{x^2(1+\cos x)}$$
$$=\lim_{x \to 0}\dfrac{\sin^2 x}{x^2}\cdot\dfrac{a}{1+\cos x}$$
$$=1^2\cdot\dfrac{a}{1+1}=\dfrac{a}{2}=2$$

$$\therefore a=4$$

$a=4$를 ㉠에 대입하면

$$b=4$$

$$\therefore a+b=4+4=8$$

## 0505  답 ①

$x \to \dfrac{\pi}{4}$일 때 (분자) $\to 0$이고 0이 아닌 극한값이 존재하므로 (분모) $\to 0$이다.

즉, $\lim_{x \to \frac{\pi}{4}}\sin(a-4x)=0$이므로

$$\sin(a-\pi)=0$$

이때 $0<a<2\pi$이므로

$$a-\pi=0 \quad \therefore a=\pi$$

$a=\pi$를 주어진 식에 대입하면

$$b=\lim_{x \to \frac{\pi}{4}}\dfrac{\cos 2x}{\sin(\pi-4x)} \quad \cdots\cdots \text{㉠}$$

$x-\dfrac{\pi}{4}=t$라 하면 $x \to \dfrac{\pi}{4}$일 때 $t \to 0$이므로 ㉠에서

$$b=\lim_{t\to 0}\frac{\cos 2\left(\frac{\pi}{4}+t\right)}{\sin(-4t)}=\lim_{t\to 0}\frac{\cos\left(\frac{\pi}{2}+2t\right)}{\sin(-4t)}$$

$$=\lim_{t\to 0}\frac{\sin 2t}{\sin 4t}=\lim_{t\to 0}\frac{\sin 2t}{2t}\cdot\frac{4t}{\sin 4t}\cdot\frac{1}{2}$$

$$=1\cdot 1\cdot\frac{1}{2}=\frac{1}{2}$$

$$\therefore ab=\pi\cdot\frac{1}{2}=\frac{\pi}{2}$$

## 0506 답 ①

$f(x)=ax+b\ (a\neq 0)$라 하면

$$\lim_{x\to\frac{\pi}{2}}\frac{\sin\left(\frac{\pi}{2}+x\right)}{ax+b}=\frac{1}{3}$$

$x\to\dfrac{\pi}{2}$일 때 (분자) $\to 0$이고 0이 아닌 극한값이 존재하므로
(분모) $\to 0$이다.

즉, $\displaystyle\lim_{x\to\frac{\pi}{2}}(ax+b)=0$이므로

$$\frac{\pi}{2}a+b=0 \quad \therefore b=-\frac{\pi}{2}a \quad \cdots\cdots\ \bigcirc$$

$$\therefore f(x)=ax-\frac{\pi}{2}a=a\left(x-\frac{\pi}{2}\right)$$

즉, $\displaystyle\lim_{x\to\frac{\pi}{2}}\frac{\sin\left(\frac{\pi}{2}+x\right)}{a\left(x-\frac{\pi}{2}\right)}=\frac{1}{3}$에서 $x-\dfrac{\pi}{2}=t$라 하면

$x\to\dfrac{\pi}{2}$일 때 $t\to 0$이므로

$$\lim_{t\to 0}\frac{\sin(\pi+t)}{at}=\lim_{t\to 0}\frac{-\sin t}{at}=\lim_{t\to 0}\frac{\sin t}{t}\cdot\left(-\frac{1}{a}\right)$$

$$=1\cdot\left(-\frac{1}{a}\right)=-\frac{1}{a}=\frac{1}{3}$$

$$\therefore a=-3$$

$a=-3$을 $\bigcirc$에 대입하면 $b=\dfrac{3}{2}\pi$

따라서 $f(x)=-3x+\dfrac{3}{2}\pi$이므로 $f(k)=\pi$에서

$$-3k+\frac{3}{2}\pi=\pi,\ 3k=\frac{\pi}{2} \quad \therefore k=\frac{\pi}{6}$$

## 0507 답 ④

## 0508 답 ②

함수 $f(x)$가 $x=2$에서 연속이려면
$\displaystyle\lim_{x\to 2}f(x)=f(2)$이어야 하므로

$$\lim_{x\to 2}\frac{\sin\left(\frac{x}{2}-1\right)\pi}{2x-4}=k$$

$x-2=t$라 하면 $x\to 2$일 때 $t\to 0$이므로

$$k=\lim_{t\to 0}\frac{\sin\frac{\pi}{2}t}{2t}=\lim_{t\to 0}\frac{\sin\frac{\pi}{2}t}{\frac{\pi}{2}t}\cdot\frac{\pi}{4}=1\cdot\frac{\pi}{4}=\frac{\pi}{4}$$

## 0509 답 ⑤

$x\neq\pi$일 때 $x-\pi\neq 0$이므로

$$f(x)=\frac{\tan 4x}{x-\pi}$$

함수 $f(x)$가 $x=\pi$에서 연속이므로
$$\lim_{x\to\pi}f(x)=f(\pi)$$
$x-\pi=t$라 하면 $x\to\pi$일 때 $t\to 0$이므로

$$f(\pi)=\lim_{x\to\pi}\frac{\tan 4x}{x-\pi}=\lim_{t\to 0}\frac{\tan 4(\pi+t)}{t}$$

$$=\lim_{t\to 0}\frac{\tan(4\pi+4t)}{t}=\lim_{t\to 0}\frac{\tan 4t}{t}$$

$$=\lim_{t\to 0}\frac{\tan 4t}{4t}\cdot 4=1\cdot 4=4$$

## 0510 답 ②

함수 $f(x)$가 $x=0$에서 연속이려면
$\displaystyle\lim_{x\to 0}f(x)=f(0)$이어야 하므로

$$\lim_{x\to 0}\frac{a-\cos 2x}{x^2}=b \quad \cdots\cdots\ \bigcirc$$

$x\to 0$일 때 (분모) $\to 0$이고 극한값이 존재하므로 (분자) $\to 0$
이다.

즉, $\displaystyle\lim_{x\to 0}(a-\cos 2x)=0$이므로

$$a-1=0 \quad \therefore a=1$$

$a=1$을 $\bigcirc$에 대입하면

$$b=\lim_{x\to 0}\frac{1-\cos 2x}{x^2}=\lim_{x\to 0}\frac{(1-\cos 2x)(1+\cos 2x)}{x^2(1+\cos 2x)}$$

$$=\lim_{x\to 0}\frac{1-\cos^2 2x}{x^2(1+\cos 2x)}=\lim_{x\to 0}\frac{\sin^2 2x}{x^2(1+\cos 2x)}$$

$$=\lim_{x\to 0}\frac{\sin^2 2x}{4x^2}\cdot\frac{4}{1+\cos 2x}=\lim_{x\to 0}\left(\frac{\sin 2x}{2x}\right)^2\cdot\frac{4}{1+\cos 2x}$$

$$=1^2\cdot\frac{4}{1+1}=2$$

$$\therefore a+b=1+2=3$$

## 0511 답 ②

함수 $f(x)$가 구간 $\left(-\dfrac{\pi}{2},\ \dfrac{\pi}{2}\right)$에서 연속이려면 $x=0$에서 연속이
어야 하므로
$$\lim_{x\to 0}f(x)=f(0)$$

$$\therefore \lim_{x\to 0}\frac{2-a\cos 3x}{b\sin^2 x}=3 \quad \cdots\cdots\ \bigcirc$$

$x\to 0$일 때 (분모) $\to 0$이고 극한값이 존재하므로 (분자) $\to 0$
이다.

즉, $\displaystyle\lim_{x\to 0}(2-a\cos 3x)=0$이므로

$$2-a=0 \quad \therefore a=2$$

$a=2$를 $\bigcirc$에 대입하면

$$\lim_{x\to 0}\frac{2-2\cos 3x}{b\sin^2 x}=\lim_{x\to 0}\frac{2(1-\cos 3x)(1+\cos 3x)}{b\sin^2 x(1+\cos 3x)}$$

$$=\lim_{x\to 0}\frac{2(1-\cos^2 3x)}{b\sin^2 x(1+\cos 3x)}$$

$$=\lim_{x\to 0}\frac{2\sin^2 3x}{b\sin^2 x(1+\cos 3x)}$$

$$=\lim_{x\to 0}\frac{\sin^2 3x}{9x^2}\cdot\frac{x^2}{\sin^2 x}\cdot\frac{18}{b(1+\cos 3x)}$$

$$=\lim_{x\to 0}\left(\frac{\sin 3x}{3x}\right)^2\cdot\left(\frac{x}{\sin x}\right)^2\cdot\frac{18}{b(1+\cos 3x)}$$

$$=1^2\cdot 1^2\cdot\frac{18}{b(1+1)}=\frac{9}{b}=3$$

$\therefore b=3$

$\therefore a^2+b^2=2^2+3^2=13$

## 0512  답 ③

● 다른 풀이 ●

$\triangle ABH \backsim \triangle CAH$이므로

$\angle ABH=\angle CAH=\theta$

$\triangle ABH$에서

$\overline{AH}=\overline{AB}\sin\theta=\sin\theta$

이므로 $\triangle CAH$에서

$\overline{CH}=\overline{AH}\tan\theta=\sin\theta\tan\theta$

$$\therefore \lim_{\theta\to 0}\frac{\overline{CH}}{\theta^2}=\lim_{\theta\to 0}\frac{\sin\theta\tan\theta}{\theta^2}=\lim_{\theta\to 0}\frac{\sin\theta}{\theta}\cdot\frac{\tan\theta}{\theta}$$
$$=1\cdot 1=1$$

## 0513  답 ②

$\overline{OP}=8$이므로 삼각형 $OPH$에서

$\overline{OH}=\overline{OP}\cos\theta=8\cos\theta$

따라서 $\overline{AH}=\overline{OA}-\overline{OH}=8-8\cos\theta$이므로

$$\lim_{\theta\to 0+}\frac{\overline{AH}}{\theta^2}=\lim_{\theta\to 0+}\frac{8-8\cos\theta}{\theta^2}$$
$$=\lim_{\theta\to 0+}\frac{8(1-\cos\theta)(1+\cos\theta)}{\theta^2(1+\cos\theta)}$$
$$=\lim_{\theta\to 0+}\frac{8(1-\cos^2\theta)}{\theta^2(1+\cos\theta)}=\lim_{\theta\to 0+}\frac{8\sin^2\theta}{\theta^2(1+\cos\theta)}$$
$$=\lim_{\theta\to 0+}\frac{\sin^2\theta}{\theta^2}\cdot\frac{8}{1+\cos\theta}$$
$$=1^2\cdot\frac{8}{1+1}=4$$

## 0514  답 ④

사인법칙에 의하여

$$\frac{\overline{AC}}{\sin 4\theta}=\frac{\overline{AB}}{\sin 5\theta}\qquad \therefore \frac{\overline{AB}}{\overline{AC}}=\frac{\sin 5\theta}{\sin 4\theta}$$

$$\therefore \lim_{\theta\to 0+}\frac{\overline{AB}}{\overline{AC}}=\lim_{\theta\to 0+}\frac{\sin 5\theta}{\sin 4\theta}=\lim_{\theta\to 0+}\frac{\sin 5\theta}{5\theta}\cdot\frac{4\theta}{\sin 4\theta}\cdot\frac{5}{4}$$
$$=1\cdot 1\cdot\frac{5}{4}=\frac{5}{4}$$

● 다른 풀이 ●

꼭짓점 A에서 변 BC에 내린 수선의 발을 H라 하면

$$\overline{AB}=\frac{\overline{AH}}{\sin 4\theta},\quad \overline{AC}=\frac{\overline{AH}}{\sin 5\theta}$$

$$\therefore \frac{\overline{AB}}{\overline{AC}}=\frac{\dfrac{\overline{AH}}{\sin 4\theta}}{\dfrac{\overline{AH}}{\sin 5\theta}}=\frac{\sin 5\theta}{\sin 4\theta}$$

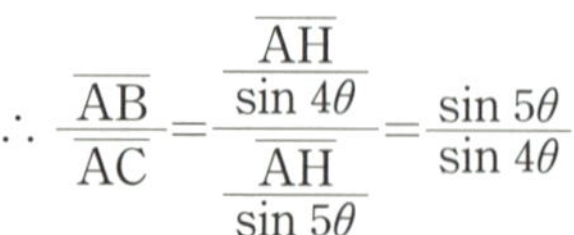
해설 속 칠판  **사인법칙**

삼각형 ABC의 외접원의 반지름의 길이를 $R$라 하면

$$\frac{a}{\sin A}=\frac{b}{\sin B}=\frac{c}{\sin C}=2R$$

## 0515  답 ③

오른쪽 그림과 같이 원의 반지름의 길이를 $r$라 하고, 점 O에서 선분 AP에 내린 수선의 발을 H라 하면

$\overline{AH}=r\cos\theta$

$$\therefore S_1=\frac{1}{2}\cdot\overline{AP}\cdot\overline{OA}\cdot\sin\theta$$
$$=\frac{1}{2}\cdot 2\overline{AH}\cdot\overline{OA}\cdot\sin\theta$$
$$=\frac{1}{2}\cdot 2r\cos\theta\cdot r\cdot\sin\theta$$
$$=r^2\sin\theta\cos\theta$$

$\angle POB=2\theta$이므로 $S_2=\dfrac{1}{2}r^2\cdot 2\theta=r^2\theta$

$$\therefore \lim_{\theta\to 0+}\frac{S_1}{S_2}=\lim_{\theta\to 0+}\frac{r^2\sin\theta\cos\theta}{r^2\theta}=\lim_{\theta\to 0+}\frac{\sin\theta\cos\theta}{\theta}$$
$$=\lim_{\theta\to 0+}\frac{\sin\theta}{\theta}\cdot\cos\theta=1\cdot 1=1$$

↳ 원주각과 중심각의 크기 사이의 관계에 의하여

해설 속 칠판  **도형의 넓이**

(1) 부채꼴의 넓이: 반지름의 길이가 $r$, 중심각의 크기가 $\theta$인 부채꼴의 넓이를 $S$라 하면

$$S=\frac{1}{2}r^2\theta$$

(2) 삼각형의 넓이: 삼각형 ABC의 넓이를 $S$라 하면

$$S=\frac{1}{2}bc\sin A=\frac{1}{2}ca\sin B=\frac{1}{2}ab\sin C$$

## 0516  답 ②

변 BC의 중점을 M이라 하면 $\overline{BM}=1$이므로

$\overline{AB}=\sec\theta$

내접원의 반지름의 길이를 $r$라 하면

$$\frac{1}{2}r(\overline{AB}+\overline{AC}+\overline{BC})=\frac{1}{2}\overline{AB}\cdot\overline{BC}\sin\theta$$
$$\frac{1}{2}r(2\sec\theta+2)=\frac{1}{2}\sec\theta\cdot 2\sin\theta$$

↳ 분모, 분자에 $\cos\theta$를 곱한다.

$$\therefore r=\frac{\sec\theta\sin\theta}{\sec\theta+1}=\frac{\sin\theta}{1+\cos\theta}$$

이때 사각형 OPBM에서 $\angle POM=\pi-\theta$이므로

$\angle POQ=2\pi-2(\pi-\theta)=2\theta$  → $\triangle ABM\backsim\triangle AOP$를 이용하여 구할 수도 있다.

따라서 $S(\theta)=\dfrac{1}{2}\cdot\left(\dfrac{\sin\theta}{1+\cos\theta}\right)^2\cdot 2\theta=\theta\cdot\left(\dfrac{\sin\theta}{1+\cos\theta}\right)^2$이므로

$$\lim_{\theta\to 0+}\frac{S(\theta)}{\theta^3}=\lim_{\theta\to 0+}\frac{\theta\cdot\left(\dfrac{\sin\theta}{1+\cos\theta}\right)^2}{\theta^3}=\lim_{\theta\to 0+}\frac{\sin^2\theta}{\theta^2(1+\cos\theta)^2}$$
$$=\lim_{\theta\to 0+}\frac{\sin^2\theta}{\theta^2}\cdot\frac{1}{(1+\cos\theta)^2}=1^2\cdot\frac{1}{(1+1)^2}=\frac{1}{4}$$

## 0517  답 ⑤

## 0518  답 ②

$f(x)=\cos^2 x-x\sin x=\cos x\cos x-x\sin x$에서

$f'(x)=(-\sin x)\cdot\cos x+\cos x\cdot(-\sin x)-\sin x-x\cos x$
$=-2\sin x\cos x-\sin x-x\cos x$

이므로

$$f'\left(\frac{\pi}{2}\right)=-2\cdot 1\cdot 0-1-\frac{\pi}{2}\cdot 0=-1$$

## 0519  답 ③

$$f'(x)=5\cos^2 x-5\sin^2 x+1$$
$$=5\cos^2 x-5(1-\cos^2 x)+1$$
$$=10\cos^2 x-4$$

이므로 $f'(\alpha)=\dfrac{7}{2}$에서

$$10\cos^2\alpha-4=\dfrac{7}{2},\ \cos^2\alpha=\dfrac{3}{4}$$

$$\cos\alpha=\dfrac{\sqrt{3}}{2}\left(\because 0\le\alpha\le\dfrac{\pi}{2}\right)$$

$$\therefore\ \alpha=\dfrac{\pi}{6}$$

● 다른 풀이 ●

$$f'(x)=5\cos^2 x-5\sin^2 x+1$$
$$=5(\cos^2 x-\sin^2 x)+1$$
$$=5\cos 2x+1$$

이므로 $f'(\alpha)=\dfrac{7}{2}$에서

$$5\cos 2\alpha+1=\dfrac{7}{2},\ \cos 2\alpha=\dfrac{1}{2}$$

$$2\alpha=\dfrac{\pi}{3}\ \left(\because 0\le 2\alpha\le\pi\right)$$

$$\therefore\ \alpha=\dfrac{\pi}{6}$$

## 0520  답 ②

$$\lim_{h\to 0}\dfrac{f(\pi+h)-f(\pi-2h)}{h}$$
$$=\lim_{h\to 0}\dfrac{f(\pi+h)-f(\pi)+f(\pi)-f(\pi-2h)}{h}$$
$$=\lim_{h\to 0}\left\{\dfrac{f(\pi+h)-f(\pi)}{h}+\dfrac{f(\pi-2h)-f(\pi)}{-2h}\cdot 2\right\}$$
$$=f'(\pi)+2f'(\pi)=3f'(\pi)$$
$$f'(x)=(2x+1)\cos x-(x^2+x)\sin x\text{이므로}$$
$$3f'(\pi)=3\{(2\pi+1)\cdot(-1)-(\pi^2+\pi)\cdot 0\}$$
$$=-6\pi-3$$

## 0521  답 ①

$$\lim_{x\to 0}\dfrac{f\left(\dfrac{\pi}{2}+\sin x\right)-f\left(\dfrac{\pi}{2}-\sin x\right)}{x}$$
$$=\lim_{x\to 0}\dfrac{f\left(\dfrac{\pi}{2}+\sin x\right)-f\left(\dfrac{\pi}{2}\right)+f\left(\dfrac{\pi}{2}\right)-f\left(\dfrac{\pi}{2}-\sin x\right)}{x}$$
$$=\lim_{x\to 0}\left\{\dfrac{f\left(\dfrac{\pi}{2}+\sin x\right)-f\left(\dfrac{\pi}{2}\right)}{\sin x}\cdot\dfrac{\sin x}{x}\right.$$
$$\left.+\dfrac{f\left(\dfrac{\pi}{2}-\sin x\right)-f\left(\dfrac{\pi}{2}\right)}{-\sin x}\cdot\dfrac{\sin x}{x}\right\}\quad\cdots\cdots\ \text{㉠}$$

$x\to 0$일 때 $\sin x\to 0$이므로 ㉠에서

$$f'\left(\dfrac{\pi}{2}\right)\cdot 1+f'\left(\dfrac{\pi}{2}\right)\cdot 1=2f'\left(\dfrac{\pi}{2}\right)$$

$$f'(x)=\cos x-2\sin x\text{이므로}$$

$$2f'\left(\dfrac{\pi}{2}\right)=2(0-2\cdot 1)=-4$$



## 0522  답 ②

## 0523  답 ③

함수 $f(x)$가 $x=\dfrac{\pi}{2}$에서 미분가능하려면 $x=\dfrac{\pi}{2}$에서 연속이어야 하므로

$$\lim_{x\to\frac{\pi}{2}+}(x\cos x+a)=\lim_{x\to\frac{\pi}{2}-}(b\cos x+3)=f\left(\dfrac{\pi}{2}\right)$$

$$\therefore\ a=3$$

또한, 함수 $f(x)$가 $x=\dfrac{\pi}{2}$에서 미분가능하려면 $f'\left(\dfrac{\pi}{2}\right)$가 존재해야 하므로

$$\lim_{h\to 0+}\dfrac{f\left(\dfrac{\pi}{2}+h\right)-f\left(\dfrac{\pi}{2}\right)}{h}$$
$$=\lim_{h\to 0+}\dfrac{\left\{\left(\dfrac{\pi}{2}+h\right)\cos\left(\dfrac{\pi}{2}+h\right)+a\right\}-a}{h}$$
$$=\lim_{h\to 0+}\dfrac{-\left(\dfrac{\pi}{2}+h\right)\sin h}{h}=\lim_{h\to 0+}\dfrac{\sin h}{h}\cdot\left\{-\left(\dfrac{\pi}{2}+h\right)\right\}$$
$$=1\cdot\left(-\dfrac{\pi}{2}\right)=-\dfrac{\pi}{2}$$

$$\lim_{h\to 0-}\dfrac{f\left(\dfrac{\pi}{2}+h\right)-f\left(\dfrac{\pi}{2}\right)}{h}$$
$$=\lim_{h\to 0-}\dfrac{\left\{b\cos\left(\dfrac{\pi}{2}+h\right)+3\right\}-3}{h}\quad(\because a=3)$$
$$=\lim_{h\to 0-}\dfrac{-b\sin h}{h}=\lim_{h\to 0-}\dfrac{\sin h}{h}\cdot(-b)$$
$$=1\cdot(-b)=-b$$

에서 $-\dfrac{\pi}{2}=-b$ $\quad\therefore\ b=\dfrac{\pi}{2}$

$$\therefore\ ab=3\cdot\dfrac{\pi}{2}=\dfrac{3}{2}\pi$$

● 다른 풀이 ●

함수 $f(x)$가 $x=\dfrac{\pi}{2}$에서 미분가능하려면 $f'\left(\dfrac{\pi}{2}\right)$가 존재해야 하므로

$$f'(x)=\begin{cases}\cos x-x\sin x & \left(x>\dfrac{\pi}{2}\right)\\[2mm] -b\sin x & \left(x<\dfrac{\pi}{2}\right)\end{cases}$$

에서 $\lim\limits_{x\to\frac{\pi}{2}+}(\cos x-x\sin x)=\lim\limits_{x\to\frac{\pi}{2}-}(-b\sin x)$

$$-\dfrac{\pi}{2}=-b\qquad\therefore\ b=\dfrac{\pi}{2}$$

## 0524  답 5

함수 $f(x)$가 모든 실수 $x$에서 미분가능하려면 $x=0$에서 미분가능해야 한다.

함수 $f(x)$가 $x=0$에서 미분가능하려면 $x=0$에서 연속이어야 하므로

$$\lim_{x\to 0+}(x^2+ax+b)=\lim_{x\to 0-}\{(x+1)\sin x+2\}=f(0)$$

$$\therefore\ b=2$$

또한, 함수 $f(x)$가 $x=0$에서 미분가능하려면 $f'(0)$이 존재해야 하므로

$$\lim_{h\to 0+}\dfrac{f(0+h)-f(0)}{h}=\lim_{h\to 0+}\dfrac{(h^2+ah+b)-b}{h}$$
$$=\lim_{h\to 0+}(h+a)=a$$

$$\lim_{h\to 0-}\frac{f(0+h)-f(0)}{h}$$
$$=\lim_{h\to 0-}\frac{\{(h+1)\sin h+2\}-2}{h}\ (\because b=2)$$
$$=\lim_{h\to 0-}\frac{\sin h}{h}\cdot(h+1)$$
$$=1\cdot 1=1$$
에서 $a=1$
$$\therefore a^2+b^2=1^2+2^2=5$$

● 다른 풀이 ●

함수 $f(x)$가 $x=0$에서 미분가능하려면 $f'(0)$이 존재해야 하므로
$$f'(x)=\begin{cases}2x+a & (x>0)\\ \sin x+(x+1)\cos x & (x<0)\end{cases}$$
에서 $\lim_{x\to 0+}(2x+a)=\lim_{x\to 0-}\{\sin x+(x+1)\cos x\}$
$$\therefore a=1$$

## 0525  답 ④

함수 $f(x)$가 모든 실수 $x$에서 미분가능하므로 $x=\pi$에서 미분가능하다.
함수 $f(x)$가 $x=\pi$에서 미분가능하면 $x=\pi$에서 연속이므로
$$\lim_{x\to \pi+}(a\sin x+b\cos x)=\lim_{x\to \pi-}e^{x-\pi}=f(\pi)$$
$$-b=1 \quad \therefore b=-1$$
또한, 함수 $f(x)$가 $x=\pi$에서 미분가능하면 $f'(\pi)$가 존재하므로
$$f'(x)=\begin{cases}a\cos x-b\sin x & (x>\pi)\\ e^{x-\pi} & (x<\pi)\end{cases}$$
에서 $\lim_{x\to \pi+}(a\cos x-b\sin x)=\lim_{x\to \pi-}e^{x-\pi}$
$$-a=1 \quad \therefore a=-1$$
따라서 $f(x)=\begin{cases}-\sin x-\cos x & (x\geq\pi)\\ e^{x-\pi} & (x<\pi)\end{cases}$ 이므로
$$f\left(\frac{7}{6}\pi\right)=-\sin\frac{7}{6}\pi-\cos\frac{7}{6}\pi$$
$$=\sin\frac{\pi}{6}+\cos\frac{\pi}{6}$$
$$=\frac{1}{2}+\frac{\sqrt{3}}{2}=\frac{1+\sqrt{3}}{2}$$

$\frac{7}{6}\pi=\pi+\frac{\pi}{6}$ 이므로
$\sin\left(\pi+\frac{\pi}{6}\right)=-\sin\frac{\pi}{6}$
$\cos\left(\pi+\frac{\pi}{6}\right)=-\cos\frac{\pi}{6}$

## 0526  답 ⑤

함수 $f(x)$가 실수 전체의 집합에서 미분가능하므로 $x=a$에서 미분가능하다.
함수 $f(x)$가 $x=a$에서 미분가능하면 $x=a$에서 연속이므로
$$\lim_{x\to a+}(2\sin x+3)=\lim_{x\to a-}b=f(a)$$
$$\therefore 2\sin a+3=b \quad\cdots\cdots\ ㉠$$
또한, 함수 $f(x)$가 $x=a$에서 미분가능하면 $f'(a)$가 존재하므로
$$f'(x)=\begin{cases}2\cos x & (x>a)\\ 0 & (x<a)\end{cases}$$
에서 $\lim_{x\to a+}2\cos x=\lim_{x\to a-}0$
$2\cos a=0$, $\cos a=0$
$$\therefore a=\frac{\pi}{2}\ (\because 0<a<\pi)$$
$a=\frac{\pi}{2}$를 ㉠에 대입하면 $b=2\cdot 1+3=5$
$$\therefore ab=\frac{\pi}{2}\cdot 5=\frac{5}{2}\pi$$

## 0527  답 ②

**One Point Lesson**
$\lim_{x\to 0}\dfrac{\sin x}{x}=1,\ \lim_{x\to 0}\dfrac{\tan x}{x}=1$임을 이용한다.

$$\lim_{x\to 0}\frac{x(2^x-1)}{\tan x\sin x}=\lim_{x\to 0}\frac{2^x-1}{x}\cdot\frac{x}{\tan x}\cdot\frac{x}{\sin x}$$
$$=\ln 2\cdot 1\cdot 1=\ln 2$$

## 0528  답 ①

**One Point Lesson**
$\csc\theta,\ \sec\theta,\ \cot\theta$의 정의와 $\tan\theta=\dfrac{\sin\theta}{\cos\theta}$임을 이용한다.

$\csc\theta\sec\theta=3$에서 $\dfrac{1}{\sin\theta}\cdot\dfrac{1}{\cos\theta}=3 \quad \therefore \sin\theta\cos\theta=\dfrac{1}{3}$
$$\therefore \tan\theta+\cot\theta=\frac{\sin\theta}{\cos\theta}+\frac{\cos\theta}{\sin\theta}=\frac{\sin^2\theta+\cos^2\theta}{\sin\theta\cos\theta}=\frac{1}{\frac{1}{3}}=3$$

## 0529  답 ④

**One Point Lesson**
$\lim_{\square\to 0}\dfrac{\sin\square}{\square}=1$임을 이용할 수 있도록 $\square$끼리 같아지게 식을 변형한다.

$x\to 0$일 때 (분모) $\to 0$이고 극한값이 존재하므로 (분자) $\to 0$ 이다.
즉, $\lim_{x\to 0}\ln(2x+a)=0$이므로
$\ln a=0 \quad \therefore a=1$
$a=1$을 주어진 식에 대입하면
$$\lim_{x\to 0}\frac{\ln(2x+1)}{\sin bx}=\lim_{x\to 0}\frac{\ln(1+2x)}{2x}\cdot\frac{bx}{\sin bx}\cdot\frac{2}{b}$$
$$=1\cdot 1\cdot\frac{2}{b}=\frac{2}{b}=\frac{1}{5}$$
$$\therefore b=10 \quad \therefore a+b=1+10=11$$

## 0530  답 ③

**One Point Lesson**
부분분수로의 변형을 이용하여 합을 구한다.

$$f(n)=\lim_{x\to 0}\frac{\sin x+\sin 2x+\sin 3x+\cdots+\sin nx}{x}$$
$$=\lim_{x\to 0}\left(\frac{\sin x}{x}+\frac{\sin 2x}{2x}\cdot 2+\frac{\sin 3x}{3x}\cdot 3+\cdots+\frac{\sin nx}{nx}\cdot n\right)$$
$$=1+1\cdot 2+1\cdot 3+\cdots+1\cdot n=1+2+3+\cdots+n$$
$$=\frac{n(n+1)}{2}$$
$$\therefore \sum_{n=1}^{15}\frac{1}{f(n)}=\sum_{n=1}^{15}\frac{2}{n(n+1)}=2\sum_{n=1}^{15}\left(\frac{1}{n}-\frac{1}{n+1}\right)$$
$$=2\left\{\left(1-\frac{1}{2}\right)+\left(\frac{1}{2}-\frac{1}{3}\right)+\left(\frac{1}{3}-\frac{1}{4}\right)+\cdots+\left(\frac{1}{15}-\frac{1}{16}\right)\right\}$$
$$=2\left(1-\frac{1}{16}\right)=\frac{15}{8}$$

# 0531  답 ⑤


$\sin x + \cos x = 0$이면 $\tan x = -1$이다.

$f'(x) = e^x \sin x + e^x \cos x = e^x(\sin x + \cos x)$이므로

$f'(x) = 0$에서 $e^x(\sin x + \cos x) = 0$

$e^x > 0$이므로 $\sin x + \cos x = 0$

$\sin x = -\cos x$, $\tan x = -1$ $(\because \cos x \neq 0)$

$\therefore x = \dfrac{3}{4}\pi$ 또는 $x = \dfrac{7}{4}\pi$ 또는 $x = \dfrac{11}{4}\pi$ 또는 $x = \dfrac{15}{4}\pi$

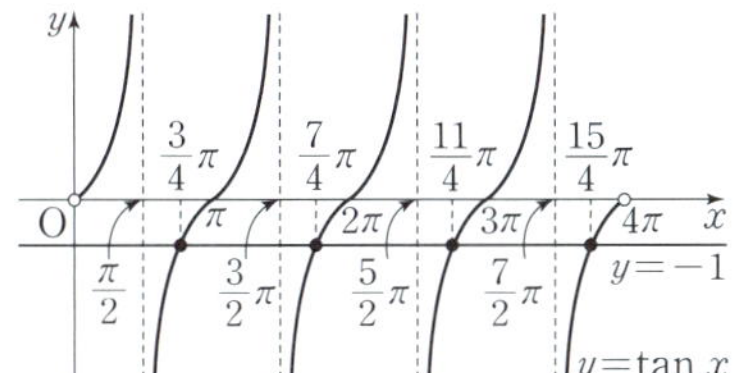

따라서 모든 $x$의 값의 합은

$\dfrac{3}{4}\pi + \dfrac{7}{4}\pi + \dfrac{11}{4}\pi + \dfrac{15}{4}\pi = 9\pi$

# 0532  답 ④


$\angle \mathrm{BOA} = \theta$라 하면 직선 OC의 기울기는 $\tan 2\theta$이다.

$\angle \mathrm{BOA} = \theta$라 하면 직선 OC의 기울기는 $\tan 2\theta$이므로

$\tan 2\theta = \dfrac{12}{5}$, $\dfrac{2\tan\theta}{1-\tan^2\theta} = \dfrac{12}{5}$

$10\tan\theta = 12 - 12\tan^2\theta$, $6\tan^2\theta + 5\tan\theta - 6 = 0$

$(2\tan\theta + 3)(3\tan\theta - 2) = 0$

$\therefore \tan\theta = -\dfrac{3}{2}$ 또는 $\tan\theta = \dfrac{2}{3}$

이때 $\theta$는 제1사분면의 각이므로 $\tan\theta > 0$

$\therefore \tan\theta = \dfrac{2}{3}$

따라서 직선 OB의 기울기는 $\dfrac{2}{3}$이다.
$\underset{= \tan\theta}{}$

# 0533  답 ②


두 각의 합, 차에 대한 삼각함수의 값이 주어지면 삼각함수의 덧셈정리를 이용한다.

$\sin(x+y) = \dfrac{1}{a}$에서

$\sin x \cos y + \cos x \sin y = \dfrac{1}{a}$ $\qquad \cdots\cdots\ \bigcirc$

$\sin(x-y) = \dfrac{5}{a}$에서

$\sin x \cos y - \cos x \sin y = \dfrac{5}{a}$ $\qquad \cdots\cdots\ \bigcirc\!\!\!\bigcirc$

$\bigcirc + \bigcirc\!\!\!\bigcirc$을 하면 $2\sin x \cos y = \dfrac{6}{a}$ $\quad \therefore \sin x \cos y = \dfrac{3}{a}$

$\bigcirc - \bigcirc\!\!\!\bigcirc$을 하면 $2\cos x \sin y = -\dfrac{4}{a}$ $\quad \therefore \cos x \sin y = -\dfrac{2}{a}$

$\therefore \dfrac{\tan x}{\tan y} = \dfrac{\dfrac{\sin x}{\cos x}}{\dfrac{\sin y}{\cos y}} = \dfrac{\sin x \cos y}{\cos x \sin y} = \dfrac{\dfrac{3}{a}}{-\dfrac{2}{a}} = -\dfrac{3}{2}$

# 0534  답 ①


삼각함수의 정의를 이용할 수 있도록 보조선을 그어 직각삼각형을 그려 본다.

점 B에서 선분 OC의 연장선에 내린 수선의 발을 H라 하면 두 삼각형 AOD와 BOH는 서로 합동이다.

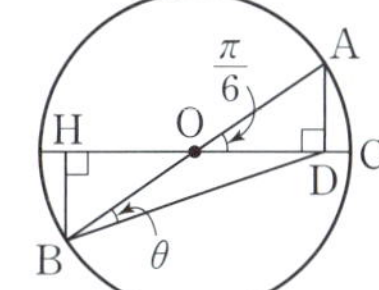

$\overline{\mathrm{OA}} = r$라 하면

$\overline{\mathrm{BH}} = \overline{\mathrm{AD}} = r\sin\dfrac{\pi}{6} = \dfrac{r}{2}$

$\overline{\mathrm{OH}} = \overline{\mathrm{OD}} = r\cos\dfrac{\pi}{6} = \dfrac{\sqrt{3}}{2}r$

즉, $\overline{\mathrm{DH}} = 2 \cdot \dfrac{\sqrt{3}}{2}r = \sqrt{3}r$이고 $\angle \mathrm{OAD} = \angle \mathrm{OBH} = \dfrac{\pi}{3}$이므로

직각삼각형 BDH에서

$\tan\left(\theta + \dfrac{\pi}{3}\right) = \dfrac{\overline{\mathrm{DH}}}{\overline{\mathrm{BH}}} = \dfrac{\sqrt{3}r}{\dfrac{r}{2}} = 2\sqrt{3}$
$\underset{= \angle \mathrm{DBH}}{}$

$\therefore \tan\theta = \tan\left\{\left(\theta + \dfrac{\pi}{3}\right) - \dfrac{\pi}{3}\right\} = \dfrac{\tan\left(\theta + \dfrac{\pi}{3}\right) - \tan\dfrac{\pi}{3}}{1 + \tan\left(\theta + \dfrac{\pi}{3}\right)\tan\dfrac{\pi}{3}}$

$= \dfrac{2\sqrt{3} - \sqrt{3}}{1 + 2\sqrt{3} \cdot \sqrt{3}} = \dfrac{\sqrt{3}}{7}$

# 0535  답 1


삼각형 $\mathrm{A_1B_1B_2}$, $\mathrm{B_2A_1A_2}$, $\mathrm{A_2B_2B_3}$, $\cdots$은 서로 닮음인 관계에 있다.

$\overline{\mathrm{A_1B_1}} = \overline{\mathrm{B_1C}}\cos\theta = \cos\theta$

$\overline{\mathrm{A_1B_2}} = \overline{\mathrm{A_1B_1}}\sin\theta = \cos\theta\sin\theta$

두 삼각형 $\mathrm{A_1B_1B_2}$와 $\mathrm{B_2A_1A_2}$는 서로 닮음이므로

$\angle \mathrm{B_2A_1A_2} = \theta$

$\therefore \overline{\mathrm{A_2B_2}} = \overline{\mathrm{A_1B_2}}\sin\theta = \cos\theta\sin^2\theta$

같은 방법으로

$\overline{\mathrm{A_2B_3}} = \overline{\mathrm{A_2B_2}}\sin\theta = \cos\theta\sin^3\theta$

이므로

$\overline{\mathrm{A_3B_3}} = \overline{\mathrm{A_2B_3}}\sin\theta = \cos\theta\sin^4\theta$

$\vdots$

$\therefore \overline{\mathrm{A_nB_n}} = \cos\theta(\sin^2\theta)^{n-1}$

$\therefore l(\theta) = \sum_{n=1}^{\infty} \overline{\mathrm{A_nB_n}} = \sum_{n=1}^{\infty} \cos\theta(\sin^2\theta)^{n-1}$

첫째항이 $\cos\theta$, 공비가 $\sin^2\theta$인 등비급수이다.

$= \dfrac{\cos\theta}{1-\sin^2\theta} = \dfrac{\cos\theta}{\cos^2\theta} = \dfrac{1}{\cos\theta}$

$\therefore \lim_{\theta \to \frac{\pi}{2}} l(\theta)\cot\theta = \lim_{\theta \to \frac{\pi}{2}} \dfrac{1}{\cos\theta} \cdot \dfrac{\cos\theta}{\sin\theta}$

$= \lim_{\theta \to \frac{\pi}{2}} \dfrac{1}{\sin\theta} = 1$

# 0536  답 12


함수 $f(x)$가 $x=0$에서 연속이면 $\lim\limits_{x\to 0+} f(x) = \lim\limits_{x\to 0-} f(x) = f(0)$이다.

함수 $f(x)$가 $x=0$에서 연속이려면

$\lim\limits_{x\to 0+} f(x) = \lim\limits_{x\to 0-} f(x) = f(0)$이어야 하므로

$$\lim_{x\to 0+}f(x)=\lim_{x\to 0+}\frac{\sin ax}{2x+\tan x}=\lim_{x\to 0+}\frac{\frac{\sin ax}{ax}\cdot a}{2+\frac{\tan x}{x}}=\frac{1\cdot a}{2+1}=\frac{a}{3}$$

$$\lim_{x\to 0-}f(x)=\lim_{x\to 0-}\frac{e^{3x}-1}{x}=\lim_{x\to 0-}\frac{e^{3x}-1}{3x}\cdot 3=1\cdot 3=3$$

$$f(0)=b$$

에서 $\dfrac{a}{3}=3$, $b=3$

따라서 $a=9$, $b=3$이므로

$$a+b=9+3=12$$

## 0537  답 ⑤



선분 AB의 중점을 이용하여 삼각형 OAB의 넓이를 구한다.

호 AB는 원의 둘레를 $n$등분하므로

$$\angle \mathrm{AOB}=\boxed{\dfrac{2\pi}{n}}$$

선분 AB의 중점을 M이라 하면

$$\angle \mathrm{AOM}=\dfrac{\pi}{n}\text{이므로}$$

$$\overline{\mathrm{OM}}=\boxed{r\cos\dfrac{\pi}{n}}$$

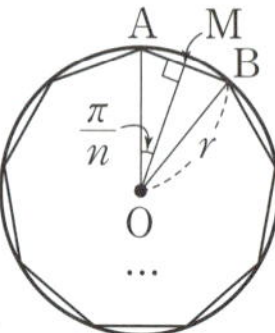

또한, $\overline{\mathrm{MA}}=r\sin\dfrac{\pi}{n}$에서 $\overline{\mathrm{AB}}=2r\sin\dfrac{\pi}{n}$이므로

$$S(n)=\dfrac{1}{2}\cdot\overline{\mathrm{AB}}\cdot\overline{\mathrm{OM}}=\dfrac{1}{2}\cdot 2r\sin\dfrac{\pi}{n}\cdot r\cos\dfrac{\pi}{n}$$

$$=\boxed{\dfrac{1}{2}r^2\sin\dfrac{2}{n}\pi}$$

$\rightarrow 2\sin\dfrac{\pi}{n}\cos\dfrac{\pi}{n}=\sin\dfrac{2}{n}\pi$이므로



문제의 과정은 삼각형의 넓이의 합을 이용하여 원의 넓이를 구하는 공식을 유도하는 과정이야.

## 0538  답 ③



등비급수의 합을 구하는 공식을 이용하여 $S(x)$를 구한다.

$0<x<\dfrac{\pi}{2}$에서 $0<\cos x<1$이므로

$\rightarrow$ 등비급수는 $|(공비)|<1$일 때 수렴한다.

$$S(x)=\sum_{n=1}^{\infty}\cos^n x=\dfrac{\cos x}{1-\cos x}$$

$$\therefore \lim_{x\to 0}f(x)S(x)=\lim_{x\to 0}\dfrac{f(x)\cos x}{1-\cos x}$$

$$=\lim_{x\to 0}\dfrac{f(x)\cos x(1+\cos x)}{(1-\cos x)(1+\cos x)}$$

$$=\lim_{x\to 0}\dfrac{f(x)\cos x(1+\cos x)}{1-\cos^2 x}$$

$$=\lim_{x\to 0}\dfrac{f(x)\cos x(1+\cos x)}{\sin^2 x}$$

$$=\lim_{x\to 0}\dfrac{x^2}{\sin^2 x}\cdot\dfrac{f(x)}{x^2}\cdot\cos x(1+\cos x)$$

$$=1^2\cdot\lim_{x\to 0}\dfrac{f(x)}{x^2}\cdot 1\cdot(1+1)$$

$$=2\lim_{x\to 0}\dfrac{f(x)}{x^2}=2$$

따라서 $\lim_{x\to 0}\dfrac{f(x)}{x^2}=1$이므로 $f(x)=x^2$

$$\therefore f(2)=2^2=4$$



$f(x)=ax^2+bx+c\ (a\neq 0)$라 하면 $\lim_{x\to 0}\dfrac{f(x)}{x^2}=1$에서

$$\lim_{x\to 0}\dfrac{ax^2+bx+c}{x^2}=1 \quad\cdots\cdots\ \text{㉠}$$

$x\to 0$일 때 (분모) $\to 0$이고 극한값이 존재하므로 (분자) $\to 0$에서 $c=0$임을 알 수 있어.

$c=0$을 ㉠에 대입하면

$$\lim_{x\to 0}\dfrac{ax^2+bx}{x^2}=\lim_{x\to 0}\dfrac{x(ax+b)}{x^2}=\lim_{x\to 0}\dfrac{ax+b}{x}=1$$

같은 방법으로 $b=0$

따라서 $f(x)=x^2$이어야 해.

## 0539  답 ②



$\lim_{t\to x}\dfrac{t\sin x-x\sin t}{t-x}$에서 $t$의 값이 $x$에 한없이 가까워질 때이므로 $x$를 상수로 생각한다.

$$f(x)=\lim_{t\to x}\dfrac{t\sin x-x\sin t}{t-x}$$

$$=\lim_{t\to x}\dfrac{(t-x)\sin x+x\sin x-x\sin t}{t-x}$$

$$=\lim_{t\to x}\dfrac{(t-x)\sin x-x(\sin t-\sin x)}{t-x}$$

$$=\lim_{t\to x}\left(\sin x-x\cdot\dfrac{\sin t-\sin x}{t-x}\right)$$

$$=\sin x-x(\sin x)'$$

$$=\sin x-x\cos x$$

$\rightarrow t-x=h$라 하면 $t\to x$일 때 $h\to 0$이므로 도함수의 정의에 의하여

$$\lim_{t\to x}\dfrac{\sin t-\sin x}{t-x}=\lim_{h\to 0}\dfrac{\sin(x+h)-\sin x}{h}=(\sin x)'$$

이므로

$$f'(x)=\cos x-\cos x+x\sin x=x\sin x$$

$$\therefore f'\left(\dfrac{\pi}{2}\right)=\dfrac{\pi}{2}\cdot 1=\dfrac{\pi}{2}$$

## 0540  답 ②



$\angle \mathrm{APO}=\alpha$, $\angle \mathrm{BPO}=\beta$, $\angle \mathrm{APB}=\theta$라 하면 $\tan\theta=\tan(\beta-\alpha)$이다.

실수 $t$에 대하여 $t>0$인 경우와 $t<0$인 경우는 서로 $x$축에 대하여 대칭이므로 $t>0$인 경우만 생각해도 된다.

$\angle \mathrm{APO}=\alpha$, $\angle \mathrm{BPO}=\beta$라 하면

$$\tan\alpha=\dfrac{\overline{\mathrm{OA}}}{\overline{\mathrm{OP}}}=\dfrac{3}{t}$$

$$\tan\beta=\dfrac{\overline{\mathrm{OB}}}{\overline{\mathrm{OP}}}=\dfrac{5}{t}$$

$\angle \mathrm{APB}=\theta$라 하면

$$\tan\theta=\tan(\beta-\alpha)=\dfrac{\tan\beta-\tan\alpha}{1+\tan\beta\tan\alpha}$$

$$=\dfrac{\dfrac{5}{t}-\dfrac{3}{t}}{1+\dfrac{5}{t}\cdot\dfrac{3}{t}}=\dfrac{2}{t+\dfrac{15}{t}} \quad\cdots\cdots\ \text{㉠}$$

$t>0$, $\dfrac{15}{t}>0$이므로 산술평균과 기하평균의 관계에 의하여

$$t+\dfrac{15}{t}\geq 2\sqrt{t\cdot\dfrac{15}{t}}=2\sqrt{15}$$

⊙에서

$$\tan\theta=\frac{2}{t+\dfrac{15}{t}}\leq\frac{2}{2\sqrt{15}}=\frac{\sqrt{15}}{15}$$

즉, $\tan\theta$는 $t=\sqrt{15}$일 때 최댓값 $\dfrac{\sqrt{15}}{15}$를 갖는다.

한편, $0<\beta-\alpha<\dfrac{\pi}{2}$, 즉 $0<\theta<\dfrac{\pi}{2}$이고 제1사분면에서 $\tan\theta$는
증가하므로 $\tan\theta$가 최대일 때 $\theta$도 최대이다.
따라서 $\angle\mathrm{APB}$의 크기가 최대일 때 $t^2$의 값은
$$t^2=(\sqrt{15})^2=15$$

## 0541  답 ⑤

> **One Point Lesson**
>
> 미분계수의 정의 $f'(a)=\lim\limits_{x\to a}\dfrac{f(x)-f(a)}{x-a}$를 이용한다.

$$\lim_{x\to\frac{\pi}{4}}\frac{\ln(\cos x)-\ln(\sin x)}{\cos x-\sin x}$$

$$=\lim_{x\to\frac{\pi}{4}}\frac{\ln(\cos x)-\ln\frac{\sqrt{2}}{2}+\ln\frac{\sqrt{2}}{2}-\ln(\sin x)}{\cos x-\sin x}$$

$$=\lim_{x\to\frac{\pi}{4}}\left\{\frac{\ln(\cos x)-\ln\frac{\sqrt{2}}{2}}{\cos x-\sin x}-\frac{\ln(\sin x)-\ln\frac{\sqrt{2}}{2}}{\cos x-\sin x}\right\}$$

$$=\lim_{x\to\frac{\pi}{4}}\left\{\frac{\ln(\cos x)-\ln\frac{\sqrt{2}}{2}}{\cos x-\frac{\sqrt{2}}{2}}\cdot\frac{\cos x-\frac{\sqrt{2}}{2}}{\cos x-\sin x}\right.$$

$$\left.-\frac{\ln(\sin x)-\ln\frac{\sqrt{2}}{2}}{\sin x-\frac{\sqrt{2}}{2}}\cdot\frac{\sin x-\frac{\sqrt{2}}{2}}{\cos x-\sin x}\right\}\quad\cdots\cdots\ ⊙$$

$x\to\dfrac{\pi}{4}$일 때 $\cos x\to\dfrac{\sqrt{2}}{2}$, $\sin x\to\dfrac{\sqrt{2}}{2}$이고, $f(x)=\ln x$라

하면 $f'(x)=\dfrac{1}{x}$이므로 ⊙에서

$$f'\!\left(\frac{\sqrt{2}}{2}\right)\lim_{x\to\frac{\pi}{4}}\frac{\cos x-\frac{\sqrt{2}}{2}}{\cos x-\sin x}-f'\!\left(\frac{\sqrt{2}}{2}\right)\lim_{x\to\frac{\pi}{4}}\frac{\sin x-\frac{\sqrt{2}}{2}}{\cos x-\sin x}$$

$$=f'\!\left(\frac{\sqrt{2}}{2}\right)\lim_{x\to\frac{\pi}{4}}\left(\frac{\cos x-\frac{\sqrt{2}}{2}}{\cos x-\sin x}-\frac{\sin x-\frac{\sqrt{2}}{2}}{\cos x-\sin x}\right)$$

$$=\sqrt{2}\lim_{x\to\frac{\pi}{4}}\frac{\cos x-\sin x}{\cos x-\sin x}$$

$$=\sqrt{2}\cdot1=\sqrt{2}$$

## 0542  답 ①

> **One Point Lesson**
>
> 원주각과 중심각의 크기 사이의 관계와 삼각형의 내심의 성질을 이용한다.

$\angle\mathrm{POB}=\theta$이므로  ← 호 PB에 대한 중심각

$\angle\mathrm{PAO}=\dfrac{\theta}{2}$  ← 호 PB에 대한 원주각

점 O에서 선분 AP에 내린 수선의 발
을 H라 하면

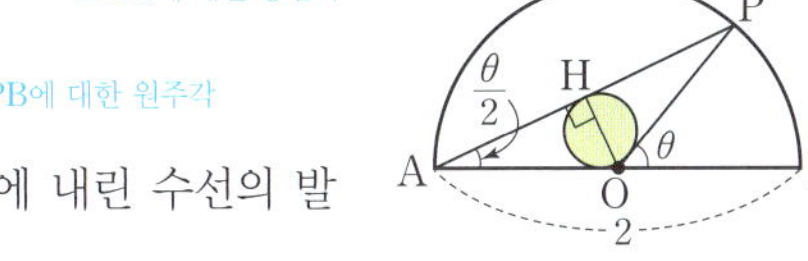

$$\overline{\mathrm{AH}}=\overline{\mathrm{AO}}\cos\frac{\theta}{2}=\cos\frac{\theta}{2}$$

$$\therefore\ \overline{\mathrm{AP}}=2\overline{\mathrm{AH}}=2\cos\frac{\theta}{2}$$

삼각형 PAO에 내접하는 원의 반지름의 길이를 $r$라 하면
$$\frac{1}{2}r\left(1+1+2\cos\frac{\theta}{2}\right)=\frac{1}{2}\cdot1\cdot1\cdot\sin(\pi-\theta)$$

$$\therefore\ r=\frac{\sin\theta}{2+2\cos\dfrac{\theta}{2}}$$

$$\therefore\ f(\theta)=\pi r^2=\pi\cdot\left(\frac{\sin\theta}{2+2\cos\dfrac{\theta}{2}}\right)^2$$

또한, $g(\theta)=1\cdot\theta=\theta$이므로

$$\lim_{\theta\to0+}\frac{f(\theta)}{\{g(\theta)\}^2}=\lim_{\theta\to0+}\frac{\pi\cdot\left(\dfrac{\sin\theta}{2+2\cos\dfrac{\theta}{2}}\right)^2}{\theta^2}$$

$$=\lim_{\theta\to0+}\frac{\sin^2\theta}{\theta^2}\cdot\frac{\pi}{\left(2+2\cos\dfrac{\theta}{2}\right)^2}$$

$$=1^2\cdot\frac{\pi}{(2+2)^2}=\frac{\pi}{16}$$

## 0543  답 5

> **One Point Lesson**
>
> 좌표평면 위에 문제 상황을 나타내어 본다.

$\mathrm{C}(5,\,2)$라 하고, $\angle\mathrm{BPC}=\alpha$,
$\angle\mathrm{APC}=\beta$라 하면
$$\tan\alpha=\frac{a-2}{5-t},\ \tan\beta=\frac{3}{5-t}$$
$$\therefore\ \tan f(t)=\tan(\beta-\alpha)$$

$$=\frac{\tan\beta-\tan\alpha}{1+\tan\beta\tan\alpha}$$

$$=\frac{\dfrac{3}{5-t}-\dfrac{a-2}{5-t}}{1+\dfrac{3}{5-t}\cdot\dfrac{a-2}{5-t}}$$

$$=\frac{(5-t)(-a+5)}{(5-t)^2+3(a-2)}\quad\cdots\cdots\ ⊙$$

이때 $\tan f(0)=\dfrac{5}{14}$이므로
$$\frac{5(-a+5)}{25+3(a-2)}=\frac{5}{14},\ \frac{-a+5}{3a+19}=\frac{1}{14}$$
$$-14a+70=3a+19,\ 17a=51$$
$$\therefore\ a=3$$
$a=3$을 ⊙에 대입하면
$$\tan f(t)=\frac{(5-t)\cdot2}{(5-t)^2+3}=\frac{2(5-t)}{(5-t)^2+3}$$
$\mathrm{D}(5,\,0)$이라 하고, $\angle\mathrm{BQD}=\gamma$, $\angle\mathrm{AQD}=\delta$라 하면
$$\tan\gamma=\frac{3}{5-t},\ \tan\delta=\frac{5}{5-t}$$
$$\therefore\ \tan g(t)=\tan(\delta-\gamma)=\frac{\tan\delta-\tan\gamma}{1+\tan\delta\tan\gamma}$$

$$=\frac{\dfrac{5}{5-t}-\dfrac{3}{5-t}}{1+\dfrac{5}{5-t}\cdot\dfrac{3}{5-t}}=\frac{2(5-t)}{(5-t)^2+15}$$

$$\therefore \lim_{t \to 5-} \frac{\tan f(t)}{\tan g(t)} = \lim_{t \to 5-} \frac{\dfrac{2(5-t)}{(5-t)^2+3}}{\dfrac{2(5-t)}{(5-t)^2+15}} = \lim_{t \to 5-} \frac{(5-t)^2+15}{(5-t)^2+3}$$

$$= \frac{15}{3} = 5$$

$f(t)=u$, $g(t)=v$라 하면 $t \to 5-$일 때 $u \to 0+$, $v \to 0+$이므로

$$\lim_{t \to 5-} \frac{f(t)}{g(t)} = \lim_{t \to 5-} \frac{\tan g(t)}{g(t)} \cdot \frac{f(t)}{\tan f(t)} \cdot \frac{\tan f(t)}{\tan g(t)}$$

$$= \lim_{t \to 5-} \frac{\tan g(t)}{g(t)} \cdot \lim_{t \to 5-} \frac{f(t)}{\tan f(t)} \cdot \lim_{t \to 5-} \frac{\tan f(t)}{\tan g(t)}$$

$$= \lim_{v \to 0+} \frac{\tan v}{v} \cdot \lim_{u \to 0+} \frac{u}{\tan u} \cdot \lim_{t \to 5-} \frac{\tan f(t)}{\tan g(t)}$$

$$= 1 \cdot 1 \cdot 5 = 5$$

## 0544　답 0

$-1 \le \sin \dfrac{1}{x} \le 1$이므로 ❶

(i) $x>0$일 때

$$-x \le x \sin \frac{1}{x} \le x$$

$\lim\limits_{x \to 0+} (-x)=0$, $\lim\limits_{x \to 0+} x=0$이므로 함수의 극한의 대소 관계에 의하여

$$\lim_{x \to 0+} x \sin \frac{1}{x} = 0$$

❷

(ii) $x<0$일 때

$$x \le x \sin \frac{1}{x} \le -x$$

(i)과 마찬가지로 $\lim\limits_{x \to 0-} x=0$, $\lim\limits_{x \to 0-} (-x)=0$이므로

$$\lim_{x \to 0-} x \sin \frac{1}{x} = 0$$

(i), (ii)에서 $\lim\limits_{x \to 0} x \sin \dfrac{1}{x} = 0$

❸

| 채점 기준 | 배점 비율 |
|---|---|
| ❶ $\sin \dfrac{1}{x}$의 값의 범위 알기 | 20% |
| ❷ $\lim\limits_{x \to 0+} x \sin \dfrac{1}{x}$의 값 구하기 | 40% |
| ❸ $\lim\limits_{x \to 0-} x \sin \dfrac{1}{x}$의 값을 구한 후 $\lim\limits_{x \to 0} x \sin \dfrac{1}{x}$의 값 구하기 | 40% |

## 0545　답 $8\sqrt{2}$

$\angle \mathrm{APB} = \dfrac{\pi}{2}$이므로 $\angle \mathrm{PAB} = \theta$라 하면

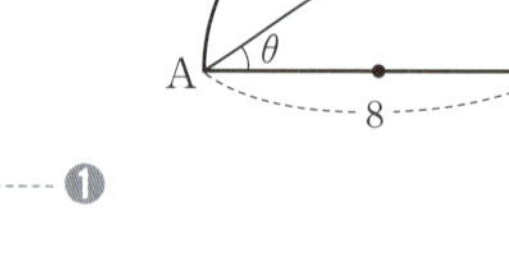

$$\overline{\mathrm{AP}} = \overline{\mathrm{AB}} \cos \theta = 8 \cos \theta$$
$$\overline{\mathrm{BP}} = \overline{\mathrm{AB}} \sin \theta = 8 \sin \theta$$

❶

$$\therefore \overline{\mathrm{AP}} + \overline{\mathrm{BP}} = 8(\cos \theta + \sin \theta)$$
$$= 8\sqrt{2}\left(\frac{1}{\sqrt{2}} \cos \theta + \frac{1}{\sqrt{2}} \sin \theta\right)$$
$$\scriptsize \sqrt{8^2+8^2}=8\sqrt{2}\text{이므로}$$
$$= 8\sqrt{2} \sin\left(\theta + \frac{\pi}{4}\right)$$

❷

$0 < \theta < \dfrac{\pi}{2}$에서 $\dfrac{\pi}{4} < \theta + \dfrac{\pi}{4} < \dfrac{3}{4}\pi$이므로

$$\frac{\sqrt{2}}{2} < \sin\left(\theta + \frac{\pi}{4}\right) \le 1 \quad \therefore \ 8 < 8\sqrt{2} \sin\left(\theta + \frac{\pi}{4}\right) \le 8\sqrt{2}$$

따라서 $\overline{\mathrm{AP}} + \overline{\mathrm{BP}}$의 최댓값은 $8\sqrt{2}$이다.

❸

| 채점 기준 | 배점 비율 |
|---|---|
| ❶ $\overline{\mathrm{AP}}$, $\overline{\mathrm{BP}}$를 삼각함수의 식으로 각각 나타내기 | 40% |
| ❷ $\overline{\mathrm{AP}} + \overline{\mathrm{BP}}$를 삼각함수의 식으로 나타내기 | 40% |
| ❸ $\overline{\mathrm{AP}} + \overline{\mathrm{BP}}$의 최댓값 구하기 | 20% |

## 0546　답 $n=3$, 극한값 : 2

$$\lim_{x \to 0} \frac{x^n}{\tan x - \sin x}$$

$$= \lim_{x \to 0} \frac{x^n}{\dfrac{\sin x}{\cos x} - \sin x}$$

$$= \lim_{x \to 0} \frac{x^n \cos x}{\sin x (1 - \cos x)}$$

$$= \lim_{x \to 0} \frac{x^n \cos x (1 + \cos x)}{\sin x (1 - \cos x)(1 + \cos x)}$$

$$= \lim_{x \to 0} \frac{x^n \cos x (1 + \cos x)}{\sin x (1 - \cos^2 x)}$$

$$= \lim_{x \to 0} \frac{x^n \cos x (1 + \cos x)}{\sin^3 x}$$

$$= \lim_{x \to 0} \frac{x^3}{\sin^3 x} \cdot x^{n-3} \cos x (1 + \cos x) \quad \cdots\cdots \ \text{㉠}$$

❶

㉠에서 $n>3$이면 극한값이 0이고, $n<3$이면 극한값이 존재하지 않으므로

$$n=3$$

❷

따라서 ㉠에서

$$\lim_{x \to 0} \frac{x^3}{\sin^3 x} \cdot \cos x (1 + \cos x) = 1^3 \cdot 1 \cdot (1+1) = 2$$

❸

| 채점 기준 | 배점 비율 |
|---|---|
| ❶ $\lim\limits_{x \to 0} \dfrac{\sin x}{x}=1$을 이용할 수 있도록 주어진 식 변형하기 | 50% |
| ❷ 조건을 만족시키는 $n$의 값 구하기 | 30% |
| ❸ 극한값 구하기 | 20% |

## 0547　답 $0 \le k \le 4$

$\sin^2 x + 4 \cos^2 \dfrac{x}{2} = k$에서

$$1 - \cos^2 x + 4 \cdot \frac{1 + \cos x}{2} = k$$

$$\cos^2 x - 2 \cos x + k - 3 = 0$$

❶

$\cos x = t$라 하면 $-1 \le t \le 1$이고
$$f(t) = t^2 - 2t + k - 3$$
이라 하면 $f(t)=0$을 만족시키는 $t$의 값이 $-1 \le t \le 1$에서 존재해야 하므로 사잇값의 정리에 의하여

$$f(-1)f(1) \le 0$$

❷

$$k(k-4) \le 0 \quad \therefore \ 0 \le k \le 4$$

❸

| 채점 기준 | 배점 비율 |
|---|---|
| ❶ $\cos x$에 대하여 식 정리하기 | 30% |
| ❷ $\cos x = t$로 치환하여 조건 구하기 | 60% |
| ❸ $k$의 값의 범위 구하기 | 10% |

> **해설 속 칠판** **사잇값의 정리**
>
> 함수 $f(x)$가 닫힌구간 $[a,\,b]$에서 연속이고 $f(a)f(b)<0$이면
> (1) $f(c)=0$인 $c$가 열린구간 $(a,\,b)$에 적어도 하나 존재한다.
> (2) 방정식 $f(x)=0$은 열린구간 $(a,\,b)$에서 적어도 하나의 실근을 갖는다.

## 0548 답 $-10$

함수 $f(x)$가 실수 전체의 집합에서 미분가능하므로 $x=0$에서 미분가능하다.

함수 $f(x)$가 $x=0$에서 미분가능하면 $x=0$에서 연속이므로

$$\lim_{x \to 0+} f(x) = \lim_{x \to 0-} f(x) = f(0)$$

조건 (가)에서

$$\lim_{x \to 0+} f(x) = \lim_{x \to 0+} \{a(\cos x + x \sin x) + 2x\} = a$$

이때 $f(0)=-2$이므로 $a=-2$ ❶

조건 (나)에서 $x_2 < x_1 < 0$인 모든 실수 $x_1$, $x_2$에 대한 평균변화율의 값이 $b$이므로 $x<0$에서

$$f(x) = bx + c \ (c\text{는 상수})$$

이때 $f(0)=-2$이므로

$$c = -2$$ ❷

또한, 함수 $f(x)$가 $x=0$에서 미분가능하면 $f'(0)$이 존재하므로

$$f'(x) = \begin{cases} -2x\cos x + 2 & (x>0) \\ b & (x<0) \end{cases}$$

$f(x)=-2(\cos x + x\sin x)+2x$이므로
$f'(x)=-2(-\sin x+\sin x+x\cos x)+2$
$=-2x\cos x+2$

에서 $\displaystyle\lim_{x \to 0+}(-2x\cos x+2) = \lim_{x \to 0-} b$

$$\therefore b=2$$ ❸

따라서 $f(x) = \begin{cases} -2(\cos x + x\sin x) + 2x & (x \geq 0) \\ 2x - 2 & (x<0) \end{cases}$ 이고,

$ab = (-2) \cdot 2 = -4$이므로

$f(ab) = f(-4)$ $\quad$ $-4<0$이므로
$\quad\quad = 2 \cdot (-4) - 2 = -10$ ❹

| 채점 기준 | 배점 비율 |
|---|---|
| ❶ $a$의 값 구하기 | 20% |
| ❷ $x<0$일 때 $f(x)$의 식 세우기 | 30% |
| ❸ $b$의 값 구하기 | 30% |
| ❹ $f(ab)$의 값 구하기 | 20% |

## 0549 답 $\dfrac{\pi}{4}$

오른쪽 그림과 같이 선분 OB의 연장선이 원과 만나는 점을 C라 하면

$\angle ABO = \dfrac{\pi}{2}$이므로 $\angle ABC = \dfrac{\pi}{2}$ 이다.

즉, 선분 AC는 원의 지름이고 $x$축에 수직이다.

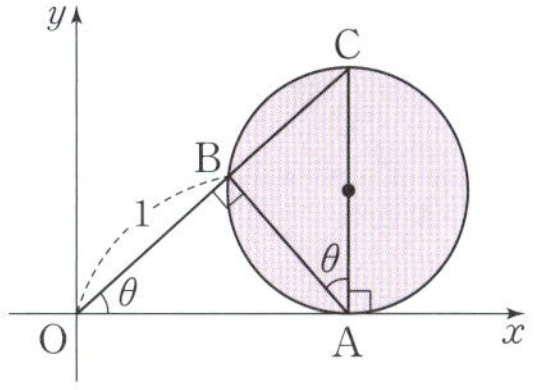


❶

$\angle BAC = \theta$이므로 $\quad$ $\angle BAO = \angle BCA$이므로

$\overline{AB} = \overline{OB} \tan \theta = \tan \theta$

$\overline{AC} = \overline{AB} \sec \theta = \tan \theta \sec \theta$ ❷

원의 반지름의 길이가 $\dfrac{1}{2}\overline{AC} = \dfrac{\tan \theta \sec \theta}{2}$이므로

$$S(\theta) = \pi \cdot \left(\frac{\tan \theta \sec \theta}{2}\right)^2$$ ❸

$$\begin{aligned} \therefore \lim_{\theta \to 0+} \frac{S(\theta)}{\theta^2} &= \lim_{\theta \to 0+} \frac{\pi \cdot \left(\dfrac{\tan \theta \sec \theta}{2}\right)^2}{\theta^2} \\ &= \lim_{\theta \to 0+} \frac{\pi \tan^2 \theta \sec^2 \theta}{4\theta^2} \\ &= \lim_{\theta \to 0+} \frac{\tan^2 \theta}{\theta^2} \cdot \frac{\pi \sec^2 \theta}{4} \\ &= 1^2 \cdot \frac{\pi \cdot 1^2}{4} = \frac{\pi}{4} \end{aligned}$$ ❹

| 채점 기준 | 배점 비율 |
|---|---|
| ❶ $\overline{OB}$의 연장선이 원과 만나는 점을 C라 할 때, $\overline{AC}$가 원의 지름임을 알기 | 30% |
| ❷ $\overline{AC}$를 $\theta$에 대한 식으로 나타내기 | 20% |
| ❸ $S(\theta)$ 구하기 | 30% |
| ❹ $\displaystyle\lim_{\theta \to 0+} \frac{S(\theta)}{\theta^2}$의 값 구하기 | 20% |

> **해설 속 칠판** **원의 접선과 현이 이루는 각**
>
> 원의 접선과 그 접점을 지나는 현이 이루는 각의 크기는 그 각의 내부에 있는 호에 대한 원주각의 크기와 같다.
> $\Rightarrow \angle BAT = \angle BCA$

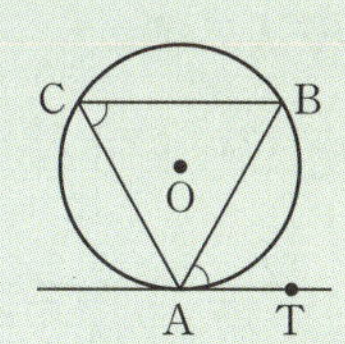

## 05 여러 가지 미분법

**0550** 답 $y'=-\dfrac{1}{(x-1)^2}$

$y'=-\dfrac{(x-1)'}{(x-1)^2}=-\dfrac{1}{(x-1)^2}$

**0551** 답 $y'=-\dfrac{2x+1}{(x^2+x)^2}$

$y'=-\dfrac{(x^2+x)'}{(x^2+x)^2}=-\dfrac{2x+1}{(x^2+x)^2}$

**0552** 답 $y'=-\dfrac{e^x}{(e^x+1)^2}$

$y'=-\dfrac{(e^x+1)'}{(e^x+1)^2}=-\dfrac{e^x}{(e^x+1)^2}$

**0553** 답 $y'=-\dfrac{\cos x+1}{(\sin x+x)^2}$

$y'=-\dfrac{(\sin x+x)'}{(\sin x+x)^2}=-\dfrac{\cos x+1}{(\sin x+x)^2}$

**0554** 답 $y'=\dfrac{2}{(x+1)^2}$

$y'=\dfrac{(2x)'(x+1)-2x(x+1)'}{(x+1)^2}$

$=\dfrac{2(x+1)-2x}{(x+1)^2}=\dfrac{2}{(x+1)^2}$

**0555** 답 $y'=\dfrac{3x^2-2x-3}{(3x-1)^2}$

$y'=\dfrac{(x^2+1)'(3x-1)-(x^2+1)(3x-1)'}{(3x-1)^2}$

$=\dfrac{2x(3x-1)-(x^2+1)\cdot 3}{(3x-1)^2}=\dfrac{3x^2-2x-3}{(3x-1)^2}$

**0556** 답 $y'=\dfrac{2x(1-\ln x)+1}{x(2x+1)^2}$

$y'=\dfrac{(\ln x)'(2x+1)-\ln x\cdot(2x+1)'}{(2x+1)^2}$

$=\dfrac{\dfrac{1}{x}(2x+1)-\ln x\cdot 2}{(2x+1)^2}$

$=\dfrac{2x+1-2x\ln x}{x(2x+1)^2}=\dfrac{2x(1-\ln x)+1}{x(2x+1)^2}$

**0557** 답 $y'=\dfrac{e^x(\sin x-\cos x-2)}{(\sin x-2)^2}$

$y'=\dfrac{(e^x)'(\sin x-2)-e^x(\sin x-2)'}{(\sin x-2)^2}$

$=\dfrac{e^x(\sin x-2)-e^x\cos x}{(\sin x-2)^2}=\dfrac{e^x(\sin x-\cos x-2)}{(\sin x-2)^2}$

**0558** 답 $y'=-2x^{-3}$

$y'=-2x^{-2-1}=-2x^{-3}$

**0559** 답 $y'=-6x^{-3}$

$y=3x(x^{-3}-x^{-1})=3x^{-2}-3$이므로

$y'=3\cdot(-2)x^{-2-1}=-6x^{-3}$

**0560** 답 $y'=-3x^{-4}$

$y=\dfrac{1}{x^3}=x^{-3}$이므로

$y'=-3x^{-3-1}=-3x^{-4}$

**0561** 답 $y'=-10x^{-6}+3x^{-4}$

$y=\dfrac{2-x^2}{x^5}=2x^{-5}-x^{-3}$이므로

$y'=2\cdot(-5)x^{-5-1}-(-3)x^{-3-1}=-10x^{-6}+3x^{-4}$

**0562** 답 $y'=\sec x(\sec x-2\tan x)$

$y'=\sec^2 x-2\sec x\tan x=\sec x(\sec x-2\tan x)$

**0563** 답 $y'=\csc x(3\csc x+\cot x)$

$y'=-(-\csc x\cot x)-3\cdot(-\csc^2 x)$

$\quad=\csc x\cot x+3\csc^2 x=\csc x(3\csc x+\cot x)$

**0564** 답 $y'=6(2x-1)^2$

$y'=3(2x-1)^2(2x-1)'=3(2x-1)^2\cdot 2=6(2x-1)^2$

**0565** 답 $y'=3x^2(x+3)^2(3x^4+6x^3-4x-6)$

$y'=\{(x^2+3x)^3\}'(x^3-2)+(x^2+3x)^3(x^3-2)'$

$\quad=3(x^2+3x)^2(x^2+3x)'(x^3-2)+(x^2+3x)^3\cdot 3x^2$

$\quad=3(x^2+3x)^2(2x+3)(x^3-2)+(x^2+3x)^3\cdot 3x^2$

$\quad=3(x^2+3x)^2\{(2x+3)(x^3-2)+x^2(x^2+3x)\}$

$\quad=3(x^2+3x)^2(3x^4+6x^3-4x-6)$

$\quad=3x^2(x+3)^2(3x^4+6x^3-4x-6)$

**0566** 답 $y'=-\dfrac{2(2x+3)}{(x-3)^4}$

$y'=\dfrac{(2x)'(x-3)^3-2x\{(x-3)^3\}'}{\{(x-3)^3\}^2}$

$=\dfrac{2(x-3)^3-2x\{3(x-3)^2(x-3)'\}}{(x-3)^6}$

$=\dfrac{2(x-3)^3-6x(x-3)^2}{(x-3)^6}$

$=\dfrac{2(x-3)-6x}{(x-3)^4}=-\dfrac{2(2x+3)}{(x-3)^4}$

**0567** 답 $y'=3\left(x+\dfrac{1}{x}\right)^2\left(1-\dfrac{1}{x^2}\right)$

$y'=3\left(x+\dfrac{1}{x}\right)^2\left(x+\dfrac{1}{x}\right)'=3\left(x+\dfrac{1}{x}\right)^2\left(1-\dfrac{1}{x^2}\right)$

**0568** 답 $y'=(-4x+1)e^{-2x^2+x+1}$

$y'=e^{-2x^2+x+1}(-2x^2+x+1)'=(-4x+1)e^{-2x^2+x+1}$

**0569** 달 $y'=\ln 2\cdot 2^{\sin x+1}\cos x$

$y'=2^{\sin x+1}\cdot\ln 2\cdot(\sin x+1)'=\ln 2\cdot 2^{\sin x+1}\cos x$

**0570** 달 $y'=5\sin^4 x\cos x$

$y'=5\sin^4 x\cdot(\sin x)'=5\sin^4 x\cos x$

**0571** 달 $y'=4\sec(4x+1)\tan(4x+1)$

$y'=\sec(4x+1)\tan(4x+1)\cdot(4x+1)'$
$\quad=4\sec(4x+1)\tan(4x+1)$

**0572** 달 $y'=\ln|x|+1$

$y'=(x)'\ln|x|+x(\ln|x|)'=\ln|x|+x\cdot\dfrac{1}{x}=\ln|x|+1$

**0573** 달 $y'=3+\dfrac{2}{x\ln 3}$

**0574** 달 $y'=\dfrac{6x}{3x^2+2}$

$y'=\dfrac{(3x^2+2)'}{3x^2+2}=\dfrac{6x}{3x^2+2}$

**0575** 달 $y'=-\tan x$

$y'=\dfrac{(\cos x)'}{\cos x}=-\dfrac{\sin x}{\cos x}=-\tan x$

**0576** 달 $y'=-\dfrac{3}{5}x^{-\frac{8}{5}}$

$y'=-\dfrac{3}{5}x^{-\frac{3}{5}-1}=-\dfrac{3}{5}x^{-\frac{8}{5}}$

**0577** 달 $y'=\sqrt{2}\,x^{\sqrt{2}-1}$

**0578** 달 $y'=-\dfrac{2}{3}x^{-\frac{5}{3}}$

$y=\dfrac{1}{\sqrt[3]{x^2}}=x^{-\frac{2}{3}}$이므로

$y'=-\dfrac{2}{3}x^{-\frac{2}{3}-1}=-\dfrac{2}{3}x^{-\frac{5}{3}}$

**0579** 달 $y'=\dfrac{2x}{\sqrt{2x^2-1}}$

$y=\sqrt{2x^2-1}=(2x^2-1)^{\frac{1}{2}}$이므로

$y'=\dfrac{1}{2}(2x^2-1)^{\frac{1}{2}-1}(2x^2-1)'$

$\quad=\dfrac{1}{2}(2x^2-1)^{-\frac{1}{2}}\cdot 4x=\dfrac{2x}{\sqrt{2x^2-1}}$

**0580** 달 $y=(x-1)^2$

$t=x-1$이므로 $y=t^2$에 대입하면
$y=(x-1)^2$

**0581** 달 $x^2+(y-1)^2=1$

$\cos\theta=x$, $\sin\theta=y-1$이므로 $\sin^2\theta+\cos^2\theta=1$에 대입하면
$x^2+(y-1)^2=1$

**0582** 달 $\dfrac{dy}{dx}=4t$

$\dfrac{dx}{dt}=1$, $\dfrac{dy}{dt}=4t$이므로

$\dfrac{dy}{dx}=\dfrac{\dfrac{dy}{dt}}{\dfrac{dx}{dt}}=\dfrac{4t}{1}=4t$

**0583** 달 $\dfrac{dy}{dx}=\dfrac{1}{te^t}$

$\dfrac{dx}{dt}=e^t$, $\dfrac{dy}{dt}=\dfrac{1}{t}$이므로

$\dfrac{dy}{dx}=\dfrac{\dfrac{dy}{dt}}{\dfrac{dx}{dt}}=\dfrac{\dfrac{1}{t}}{e^t}=\dfrac{1}{te^t}$

**0584** 달 $\dfrac{dy}{dx}=2\tan t$ (단, $\cos t\neq 0$)

$\dfrac{dx}{dt}=\cos t$, $\dfrac{dy}{dt}=2\sin t$이므로

$\dfrac{dy}{dx}=\dfrac{\dfrac{dy}{dt}}{\dfrac{dx}{dt}}=\dfrac{2\sin t}{\cos t}=2\tan t$ (단, $\cos t\neq 0$)

**0585** 달 (가) $2x$　(나) $6y^2$　(다) $-\dfrac{x}{3y^2}$

$x^2+2y^3=3$의 양변을 $x$에 대하여 미분하면

$\dfrac{d}{dx}(x^2)+\dfrac{d}{dx}(2y^3)=\dfrac{d}{dx}(3)$

$\boxed{2x}+\boxed{6y^2}\dfrac{dy}{dx}=0$

$\therefore\ \dfrac{dy}{dx}=\boxed{-\dfrac{x}{3y^2}}$ (단, $y\neq 0$)

**0586** 달 $\dfrac{dy}{dx}=-\dfrac{x}{y}$ (단, $y\neq 0$)

$x^2+y^2=1$의 양변을 $x$에 대하여 미분하면

$2x+2y\dfrac{dy}{dx}=0$　　$\therefore\ \dfrac{dy}{dx}=-\dfrac{x}{y}$ (단, $y\neq 0$)

**0587** 달 $\dfrac{dy}{dx}=-\dfrac{y}{x}$ (단, $x\neq 0$)

$xy=2$의 양변을 $x$에 대하여 미분하면

$y+x\dfrac{dy}{dx}=0$　　$\therefore\ \dfrac{dy}{dx}=-\dfrac{y}{x}$ (단, $x\neq 0$)

**0588** 달 $\dfrac{dy}{dx}=-\dfrac{x+y}{x-y}$ (단, $x-y\neq 0$)

$x^2+2xy-y^2+3=0$의 양변을 $x$에 대하여 미분하면

$2x+2y+2x\dfrac{dy}{dx}-2y\dfrac{dy}{dx}=0$, $(2x-2y)\dfrac{dy}{dx}=-(2x+2y)$

$\therefore\ \dfrac{dy}{dx}=-\dfrac{x+y}{x-y}$ (단, $x-y\neq 0$)

**0589** 답 $\dfrac{dy}{dx}=\dfrac{y\sin x-\sin y}{x\cos y+\cos x}$ (단, $x\cos y+\cos x\neq 0$)

$x\sin y+y\cos x=1$의 양변을 $x$에 대하여 미분하면

$\sin y+x\cos y\dfrac{dy}{dx}+\dfrac{dy}{dx}\cos x-y\sin x=0$

$(x\cos y+\cos x)\dfrac{dy}{dx}=y\sin x-\sin y$

$\therefore \dfrac{dy}{dx}=\dfrac{y\sin x-\sin y}{x\cos y+\cos x}$ (단, $x\cos y+\cos x\neq 0$)

**0590** 답 $\dfrac{dy}{dx}=\dfrac{2y}{x}-x^2$ (단, $x\neq 0$)

$\dfrac{y}{x^2}+x=0$의 양변을 $x$에 대하여 미분하면

$\dfrac{dy}{dx}\cdot\dfrac{1}{x^2}+y\cdot\left(-\dfrac{2x}{x^4}\right)+1=0,\quad \dfrac{1}{x^2}\cdot\dfrac{dy}{dx}=\dfrac{2y}{x^3}-1$

$\therefore \dfrac{dy}{dx}=\dfrac{2y}{x}-x^2$ (단, $x\neq 0$)

**0591** 답 $\dfrac{dy}{dx}=e^x y$

$\ln|y|=e^x$의 양변을 $x$에 대하여 미분하면

$\dfrac{1}{y}\cdot\dfrac{dy}{dx}=e^x \qquad \therefore \dfrac{dy}{dx}=e^x y$

**0592** 답 $\dfrac{dy}{dx}=\dfrac{1}{4\sqrt[4]{x^3}}$

$x=y^4$의 양변을 $y$에 대하여 미분하면 $\dfrac{dx}{dy}=4y^3$

$\therefore \dfrac{dy}{dx}=\dfrac{1}{\dfrac{dx}{dy}}=\dfrac{1}{4y^3}=\dfrac{1}{4(\sqrt[4]{x})^3}=\dfrac{1}{4\sqrt[4]{x^3}}$

$x=y^4$에서 $y>0$이므로 $y=\sqrt[4]{x}$

**0593** 답 $\dfrac{dy}{dx}=\dfrac{1}{3\sqrt[3]{(x-2)^2}}$

$y=\sqrt[3]{x-2}$의 양변을 세제곱하면 $y^3=x-2$

즉, $x=y^3+2$이므로 양변을 $y$에 대하여 미분하면 $\dfrac{dx}{dy}=3y^2$

$\therefore \dfrac{dy}{dx}=\dfrac{1}{\dfrac{dx}{dy}}=\dfrac{1}{3y^2}=\dfrac{1}{3\sqrt[3]{(x-2)^2}}$

**0594** 답 $y''=6x+6$

$y'=3x^2+6x-2$이므로

$y''=6x+6$

**0595** 답 $y''=12(x+2)^2$

$y'=4(x+2)^3(x+2)'=4(x+2)^3$이므로

$y''=4\cdot 3(x+2)^2(x+2)'=12(x+2)^2$

**0596** 답 $y''=\dfrac{2}{(x+1)^3}$

$y'=-\dfrac{1}{(x+1)^2}$이므로

$y''=-\left[-\dfrac{\{(x+1)^2\}'}{\{(x+1)^2\}^2}\right]=\dfrac{2(x+1)(x+1)'}{(x+1)^4}=\dfrac{2}{(x+1)^3}$

**0597** 답 $y''=4e^{2x}$

$y'=e^{2x}(2x)'=2e^{2x}$이므로

$y''=2e^{2x}(2x)'=4e^{2x}$

**0598** 답 $y''=-\dfrac{1}{x^2}$

$y'=\dfrac{1}{x}$이므로

$y''=-\dfrac{1}{x^2}$

**0599** 답 $y''=-9\cos 3x$

$y'=-\sin 3x\cdot(3x)'=-3\sin 3x$이므로

$y''=-3\cos 3x\cdot(3x)'=-9\cos 3x$

**0600** 답 $y''=(x+2)e^x$

$y'=(x)'e^x+x(e^x)'=e^x+xe^x=(x+1)e^x$이므로

$y''=(x+1)'e^x+(x+1)(e^x)'$
$\quad =e^x+(x+1)e^x=(x+2)e^x$

**0601** 답 $y''=(2-x^2)\sin x+4x\cos x$

$y'=(x^2)'\sin x+x^2(\sin x)'=2x\sin x+x^2\cos x$이므로

$y''=(2x)'\sin x+2x(\sin x)'+(x^2)'\cos x+x^2(\cos x)'$
$\quad =2\sin x+2x\cos x+2x\cos x-x^2\sin x$
$\quad =(2-x^2)\sin x+4x\cos x$

본문 094~107쪽

**0602** 답 ①

**0603** 답 ③

$f'(x)=-\dfrac{(\sin x-\cos x)'}{(\sin x-\cos x)^2}+1=-\dfrac{\cos x+\sin x}{(\sin x-\cos x)^2}+1$이므로

$f'\left(\dfrac{\pi}{2}\right)=-\dfrac{0+1}{(1-0)^2}+1=0$

**0604** 답 ⑤

$f'(x)=-\dfrac{(x-2)'}{(x-2)^2}+\dfrac{1}{x}=-\dfrac{1}{(x-2)^2}+\dfrac{1}{x}$

$\quad =\dfrac{-x+(x-2)^2}{x(x-2)^2}=\dfrac{x^2-5x+4}{x(x-2)^2}$

$\quad =\dfrac{(x-1)(x-4)}{x(x-2)^2}$

$f'(x)=0$에서 $x=1$ 또는 $x=4$

따라서 조건을 만족시키는 모든 실수 $x$의 값의 합은

$1+4=5$

**0605** 답 ④

$f(x)=x^{-1}+x^{-2}+x^{-3}+x^{-4}+x^{-5}$이므로

$f'(x)=-x^{-2}-2x^{-3}-3x^{-4}-4x^{-5}-5x^{-6}$

$\therefore f'(1)=-1-2-3-4-5=-15$

## 0606  답 ③

$g'(x)=-\dfrac{\{1+e^x f(x)\}'}{\{1+e^x f(x)\}^2}=-\dfrac{e^x f(x)+e^x f'(x)}{\{1+e^x f(x)\}^2}$ 이므로

$g'(0)=-\dfrac{f(0)+f'(0)}{\{1+f(0)\}^2}$

$\quad\ =-\dfrac{1+2}{(1+1)^2}\ (\because f(0)=1,\ f'(0)=2)$

$\quad\ =-\dfrac{3}{4}$

## 0607  답 ③

## 0608  답 ①

$\displaystyle\lim_{h\to 0}\dfrac{f(h)-f(0)}{h}=\lim_{h\to 0}\dfrac{f(0+h)-f(0)}{h}=f'(0)$

이때

$f'(x)=\dfrac{(2x+1)'(x^2-x+1)-(2x+1)(x^2-x+1)'}{(x^2-x+1)^2}$

$\quad\ =\dfrac{2(x^2-x+1)-(2x+1)(2x-1)}{(x^2-x+1)^2}$

$\quad\ =-\dfrac{2x^2+2x-3}{(x^2-x+1)^2}$

이므로 $f'(0)=\dfrac{3}{1^2}=3$

## 0609  답 ④

$f(x)=\dfrac{x^3-2x^2+4x-3}{x^5}=\dfrac{1}{x^2}-\dfrac{2}{x^3}+\dfrac{4}{x^4}-\dfrac{3}{x^5}$

$\quad\ \ =x^{-2}-2x^{-3}+4x^{-4}-3x^{-5}$

이므로

$f'(x)=-2x^{-3}+6x^{-4}-16x^{-5}+15x^{-6}$

$\quad\ =-\dfrac{2}{x^3}+\dfrac{6}{x^4}-\dfrac{16}{x^5}+\dfrac{15}{x^6}$

$\therefore f'(-1)=-\dfrac{2}{(-1)^3}+\dfrac{6}{(-1)^4}-\dfrac{16}{(-1)^5}+\dfrac{15}{(-1)^6}$

$\qquad\quad\ =2+6+16+15=39$

## 0610  답 ②

$f'(x)=\dfrac{(\cos^2 x)'(1+\cos x)-\cos^2 x(1+\cos x)'}{(1+\cos x)^2}$

$\quad\ =\dfrac{2\cos x\cdot(-\sin x)(1+\cos x)-\cos^2 x\cdot(-\sin x)}{(1+\cos x)^2}$

$\quad\ =-\dfrac{\sin x\cos x(\cos x+2)}{(1+\cos x)^2}$

$f'(x)=0$에서 $\sin x\cos x(\cos x+2)=0$이므로

$\sin x=0$ 또는 $\cos x=0\ (\because \cos x+2>0)$

$\therefore x=-\dfrac{\pi}{2}$ 또는 $x=0$ 또는 $x=\dfrac{\pi}{2}\ (\because -\pi<x<\pi)$

따라서 조건을 만족시키는 서로 다른 실근의 개수는 $-\dfrac{\pi}{2}$, $0$, $\dfrac{\pi}{2}$

의 3이다.

## 0611  답 ⑤

$g'(x)=\dfrac{(e^x)'\{e^x+xf(x)\}-e^x\{e^x+xf(x)\}'}{\{e^x+xf(x)\}^2}$

$\quad\ =\dfrac{e^x\{e^x+xf(x)\}-e^x\{e^x+f(x)+xf'(x)\}}{\{e^x+xf(x)\}^2}$

$\quad\ =\dfrac{e^x\{(x-1)f(x)-xf'(x)\}}{\{e^x+xf(x)\}^2}$

이므로

$g'(1)=\dfrac{-ef'(1)}{\{e+f(1)\}^2}$

$\quad\ =\dfrac{-e\cdot(-2e)}{(e+e)^2}\ (\because f(1)=e,\ f'(1)=-2e)$

$\quad\ =\dfrac{2e^2}{4e^2}=\dfrac{1}{2}$

## 0612  답 ③

## 0613  답 ③

$f'(x)=-(\cos x)'\cot x-\cos x(\cot x)'$

$\quad\ =\sin x\cot x+\cos x\csc^2 x$

이므로

$f'\left(\dfrac{\pi}{6}\right)=\dfrac{1}{2}\cdot\sqrt{3}+\dfrac{\sqrt{3}}{2}\cdot 2^2=\dfrac{5\sqrt{3}}{2}$

## 0614  답 ①

$f\left(\dfrac{\pi}{3}\right)=4\sqrt{3}$에서 $a\cdot\sqrt{3}+b\cdot\dfrac{\sqrt{3}}{3}=4\sqrt{3}$

$\therefore 3a+b=12\qquad\cdots\cdots\ \ㄱ$

또한, $f'(x)=a\sec^2 x-b\csc^2 x$이므로

$f'\left(\dfrac{\pi}{6}\right)=-8$에서 $a\cdot\left(\dfrac{2}{\sqrt{3}}\right)^2-b\cdot 2^2=-8$

$\dfrac{4}{3}a-4b=-8$

$\therefore a-3b=-6\qquad\cdots\cdots\ \ㄴ$

ㄱ, ㄴ을 연립하여 풀면

$a=3,\ b=3$

$\therefore a+b=3+3=6$

## 0615  답 ①

$f'(x)$

$=\dfrac{(\sec x)'(\csc x-\cos x)-\sec x(\csc x-\cos x)'}{(\csc x-\cos x)^2}$

$=\dfrac{\sec x\tan x(\csc x-\cos x)-\sec x(-\csc x\cot x+\sin x)}{(\csc x-\cos x)^2}$

$=\dfrac{\sec^2 x-2\tan x+\csc^2 x}{(\csc x-\cos x)^2}$

이므로

$f'\left(\dfrac{5}{4}\pi\right)=\dfrac{(-\sqrt{2})^2-2\cdot 1+(-\sqrt{2})^2}{\left\{-\sqrt{2}-\left(-\dfrac{1}{\sqrt{2}}\right)\right\}^2}$

$\qquad\quad\ =\dfrac{2-2+2}{\dfrac{1}{2}}=4$

## 0616 답 ②

$$\lim_{h\to 0}\frac{f(h)-f(-2h)}{h}$$

$$=\lim_{h\to 0}\frac{f(h)-f(0)-\{f(-2h)-f(0)\}}{h}$$

$$=\lim_{h\to 0}\frac{f(h)-f(0)}{h}+2\lim_{h\to 0}\frac{f(-2h)-f(0)}{-2h}$$

$$=f'(0)+2f'(0)$$

$$=3f'(0)$$

이때

$$f'(x)=-\frac{(e^x\tan x+\sec x)'}{(e^x\tan x+\sec x)^2}$$

$$=-\frac{e^x\tan x+e^x\sec^2 x+\sec x\tan x}{(e^x\tan x+\sec x)^2}$$

$$=-\frac{e^x(\tan x+\sec^2 x)+\sec x\tan x}{(e^x\tan x+\sec x)^2}$$

이므로

$$f'(0)=-\frac{1\cdot(0+1^2)+1\cdot 0}{(1\cdot 0+1)^2}=-1$$

$$\therefore 3f'(0)=3\cdot(-1)=-3$$


## 0617 답 ⑤


## 0618 답 ③

$g'(x)=3\{1+f(x)\}^2 f'(x)$이므로

$$g'(0)=3\{1+f(0)\}^2 f'(0)$$

$$=3\cdot\{1+(-2)\}^2\cdot 3=9$$


## 0619 답 ④

·$\{f(x)\}^2$의 도함수

$y'=g'(\{f(x)\}^2)\cdot 2f(x)f'(x)$이므로 $x=2$에서의 미분계수는

$$g'(\{f(2)\}^2)\cdot 2f(2)f'(2)=g'(1)\cdot 2\cdot 1\cdot 2=3\cdot 4=12$$


## 0620 답 ④

$h(x)=g(f(x))$라 하면 $f(0)=-1$, $g(-1)=5$에서

$$h(0)=g(f(0))=g(-1)=5$$

$$\therefore \lim_{x\to 0}\frac{g(f(x))-5}{x}=\lim_{x\to 0}\frac{h(x)-h(0)}{x-0}=h'(0)$$

이때 $h'(x)=g'(f(x))f'(x)$이므로

$$h'(0)=g'(f(0))f'(0)=g'(-1)\cdot 3$$

$$=4\cdot 3=12$$


## 0621 답 ②

$$\lim_{x\to -1}\frac{f(x)-1}{x+1}=-2 \qquad \cdots\cdots ㉠$$

㉠에서 $x\to -1$일 때 (분모) $\to 0$이고 극한값이 존재하므로 (분자) $\to 0$이다.

즉, $\lim_{x\to -1}\{f(x)-1\}=0$에서

$$f(-1)-1=0 \qquad \therefore f(-1)=1$$

$f(-1)=1$을 ㉠에 대입하면

$$\lim_{x\to -1}\frac{f(x)-1}{x+1}=\lim_{x\to -1}\frac{f(x)-f(-1)}{x-(-1)}$$

$$=f'(-1)=-2$$


## 0621 (계속)

$$\lim_{x\to 1}\frac{g(x)+4}{x-1}=-4 \qquad \cdots\cdots ㉡$$

㉡에서 $x\to 1$일 때 (분모) $\to 0$이고 극한값이 존재하므로 (분자) $\to 0$이다.

즉, $\lim_{x\to 1}\{g(x)+4\}=0$에서

$$g(1)+4=0 \qquad \therefore g(1)=-4$$

$g(1)=-4$를 ㉡에 대입하면

$$\lim_{x\to 1}\frac{g(x)+4}{x-1}=\lim_{x\to 1}\frac{g(x)-g(1)}{x-1}$$

$$=g'(1)=-4$$

이때 $h'(x)=g'(f(x))f'(x)$이므로

$$h'(-1)=g'(f(-1))f'(-1)=g'(1)\cdot(-2)$$

$$=(-4)\cdot(-2)=8$$

또한, $h(-1)=g(f(-1))=g(1)=-4$이므로

$$h(-1)+h'(-1)=-4+8=4$$


## 0622 답 ⑤


## 0623 답 ④

$$f'(x)=3\left(\frac{x^2}{2x+1}\right)^2\left(\frac{x^2}{2x+1}\right)'$$

$$=3\left(\frac{x^2}{2x+1}\right)^2\cdot\frac{(x^2)'(2x+1)-x^2(2x+1)'}{(2x+1)^2}$$

$$=3\left(\frac{x^2}{2x+1}\right)^2\cdot\frac{2x(2x+1)-2x^2}{(2x+1)^2}$$

$$=3\left(\frac{x^2}{2x+1}\right)^2\cdot\frac{2x(x+1)}{(2x+1)^2}$$

이므로 $f'(1)=3\cdot\left(\frac{1^2}{2\cdot 1+1}\right)^2\cdot\frac{2\cdot 1\cdot(1+1)}{(2\cdot 1+1)^2}=\frac{4}{27}$


## 0624 답 ①

$$f'(x)=4(x^2+ax+1)^3(x^2+ax+1)'$$

$$=4(x^2+ax+1)^3(2x+a)$$

이므로 $f'(0)=4$에서

$$4a=4 \qquad \therefore a=1$$

따라서 $f'(x)=4(x^2+x+1)^3(2x+1)$이므로

$$f'(-1)=4\cdot\{(-1)^2+(-1)+1\}^3\cdot\{2\cdot(-1)+1\}=-4$$


## 0625 답 ③

$h(x)=(g\circ f)(x)=g(f(x))$에서

$h'(x)=g'(f(x))f'(x)$이므로

$$h'(0)=g'(f(0))f'(0)=g'(2)f'(0) \ (\because f(0)=2)$$

이때

$$f'(x)=\frac{(x^2+2)'(x+1)-(x^2+2)(x+1)'}{(x+1)^2}$$

$$=\frac{2x(x+1)-(x^2+2)}{(x+1)^2}=\frac{x^2+2x-2}{(x+1)^2}$$

이므로 $f'(0)=\frac{-2}{1^2}=-2$

$$g'(x)=3x^2-4x$$

이므로 $g'(2)=3\cdot 2^2-4\cdot 2=4$

$$\therefore h'(0)=g'(2)f'(0)=4\cdot(-2)=-8$$

## 0626 답 ①

$f(g(x))=2x^3-4$의 양변을 $x$에 대하여 미분하면

$f'(g(x))g'(x)=6x^2$　$\cdots\cdots$ ㉠

이때 함수 $g(x)=x^3+3x$는 모든 실수 $x$에 대하여

$g'(x)=3x^2+3>0$이므로 증가함수이고 일대일대응이다.

즉, 구하는 값이 $f'(-4)$이므로 ㉠에서 $g(x)=-4$를 만족시키

는 $x$의 값을 구하면

$x^3+3x=-4$, $x^3+3x+4=0$

$(x+1)(x^2-x+4)=0$

$\therefore\ x=-1$

따라서 $x=-1$을 ㉠에 대입하면

$f'(g(-1))g'(-1)=6\cdot(-1)^2$

$f'(-4)g'(-1)=6$

$f'(-4)\cdot6=6\ (\because g'(-1)=6)$

$\therefore f'(-4)=1$


## 0627 답 ①


## 0628 답 ③

$y'=2\sin(2x+\pi)\cdot\{\sin(2x+\pi)\}'$

$\quad=2\sin(2x+\pi)\cdot2\cos(2x+\pi)$

$\quad=4\sin(2x+\pi)\cos(2x+\pi)$

이므로 $x=\dfrac{\pi}{4}$에서의 미분계수는

$4\sin\left(\dfrac{\pi}{2}+\pi\right)\cos\left(\dfrac{\pi}{2}+\pi\right)=4\cdot\left(-\sin\dfrac{\pi}{2}\right)\cdot\left(-\cos\dfrac{\pi}{2}\right)$

$\qquad\qquad\qquad\qquad\qquad=4\cdot(-1)\cdot0=0$


## 0629 답 ④

$f'(x)=\dfrac{(e^{3x})'(1+\cos4x)-e^{3x}(1+\cos4x)'}{(1+\cos4x)^2}$

$\qquad=\dfrac{3e^{3x}(1+\cos4x)-e^{3x}(-4\sin4x)}{(1+\cos4x)^2}$

이므로

$f'(0)=\dfrac{3\cdot e^0\cdot(1+1)-e^0\cdot0}{(1+1)^2}=\dfrac{3}{2}$

또한, $f(0)=\dfrac{e^0}{1+1}=\dfrac{1}{2}$이므로

$f(0)+f'(0)=\dfrac{1}{2}+\dfrac{3}{2}=2$


## 0630 답 ③

$(\cos^4x\sin4x)'$

$=(\cos^4x)'\sin4x+\cos^4x(\sin4x)'$

$=4\cos^3x\cdot(-\sin x)\sin4x+\cos^4x\cdot4\cos4x$

$=4\cos^3x(\cos4x\cos x-\sin4x\sin x)$

$=4\cos^3x\cos(4x+x)$　코사인함수의 덧셈정리를 이용한다.

$=4\cos^3x\cos5x$

이므로 $a=5$


## 0631 답 ③

$\displaystyle\lim_{x\to0}\dfrac{h(1+x)-h(1-x)}{x}$

$=\displaystyle\lim_{x\to0}\dfrac{h(1+x)-h(1)-\{h(1-x)-h(1)\}}{x}$

$=\displaystyle\lim_{x\to0}\dfrac{h(1+x)-h(1)}{x}+\lim_{x\to0}\dfrac{h(1-x)-h(1)}{-x}$

$=h'(1)+h'(1)=2h'(1)$

이때 $h(x)=(f\circ g)(x)=f(g(x))$에서

$h'(x)=f'(g(x))g'(x)$이므로

$h'(1)=f'(g(1))g'(1)=f'(0)g'(1)\ (\because g(1)=0)$

또한, $f'(x)=2^x\cdot\ln2$, $g'(x)=(2x-1)\cdot\cos(x^2-x)$이므로

$f'(0)g'(1)=\ln2\cdot1=\ln2$

따라서 $h'(1)=\ln2$이므로

$2h'(1)=2\ln2$


## 0632 답 ①


## 0633 답 ①

$f'(x)=\dfrac{(\cos x)'}{\cos x}=\dfrac{-\sin x}{\cos x}=-\tan x$이므로

$f'\left(\dfrac{\pi}{3}\right)=-\sqrt{3}$


## 0634 답 ①

$f(x)=\ln(\tan^2 ax)=\ln\{(\tan ax)^2\}=2\ln(\overset{>0}{\tan ax})$이므로

$f'(x)=\dfrac{2(\tan ax)'}{\tan ax}=\dfrac{2a\sec^2 ax}{\tan ax}\ \dfrac{\frac{2a}{\cos^2 ax}}{\frac{\sin ax}{\cos ax}}=\dfrac{\frac{2a}{\cos ax}}{\frac{\sin ax}{}}$

$\qquad=\dfrac{2a}{\sin ax\cos ax}=\dfrac{4a}{\sin2ax}$

에서 $a=2$　사인함수의 덧셈정리를 이용한다.


## 0635 답 ⑤

$y=\log_2\sqrt{\dfrac{1+\sin x}{1-\sin x}}=\log_2\left(\dfrac{1+\sin x}{1-\sin x}\right)^{\frac{1}{2}}$

$\quad=\dfrac{1}{2}\{\log_2(1+\sin x)-\log_2(1-\sin x)\}$

이므로

$y'=\dfrac{1}{2\ln2}\left\{\dfrac{(1+\sin x)'}{1+\sin x}-\dfrac{(1-\sin x)'}{1-\sin x}\right\}$

$\quad=\dfrac{1}{2\ln2}\left(\dfrac{\cos x}{1+\sin x}+\dfrac{\cos x}{1-\sin x}\right)$

$\quad=\dfrac{\cos x-\sin x\cos x+\cos x+\sin x\cos x}{2\ln2(1-\sin^2x)}$

$\quad=\dfrac{2\cos x}{2\ln2\cdot\cos^2x}=\dfrac{1}{\ln2\cos x}$

따라서 $x=\dfrac{\pi}{4}$에서의 미분계수는

$\dfrac{1}{\ln2\cdot\dfrac{\sqrt{2}}{2}}=\dfrac{\sqrt{2}}{\ln2}$


## 0636 답 ③

$f'(x)=\dfrac{(x^2-4)'}{x^2-4}=\dfrac{2x}{x^2-4}$이므로

$$\sum_{n=3}^{\infty}\frac{f'(n)}{n}=\sum_{n=3}^{\infty}\frac{2}{n^2-4}=\sum_{n=3}^{\infty}\frac{2}{(n-2)(n+2)}$$
$$=\frac{1}{2}\sum_{n=3}^{\infty}\left(\frac{1}{n-2}-\frac{1}{n+2}\right)$$
$$=\frac{1}{2}\lim_{n\to\infty}\sum_{k=3}^{n}\left(\frac{1}{k-2}-\frac{1}{k+2}\right)$$
$$=\frac{1}{2}\lim_{n\to\infty}\left\{\left(1-\frac{1}{5}\right)+\left(\frac{1}{2}-\frac{1}{6}\right)+\left(\frac{1}{3}-\frac{1}{7}\right)+\cdots\right.$$
$$\left.+\left(\frac{1}{n-3}-\frac{1}{n+1}\right)+\left(\frac{1}{n-2}-\frac{1}{n+2}\right)\right\}$$
$$=\frac{1}{2}\lim_{n\to\infty}\left(1+\frac{1}{2}+\frac{1}{3}+\frac{1}{4}-\frac{1}{n-1}-\frac{1}{n}\right.$$
$$\left.-\frac{1}{n+1}-\frac{1}{n+2}\right)$$
$$=\frac{1}{2}\cdot\frac{25}{12}=\frac{25}{24}$$

## 0637  답 ①

## 0638  답 ⑤

$y=x^x$의 양변의 절댓값에 자연로그를 취하면
$$\ln|y|=x\ln|x|$$
위의 식의 양변을 $x$에 대하여 미분하면
$$\frac{y'}{y}=\ln|x|+x\cdot\frac{1}{x}=\ln|x|+1$$
$$\therefore y'=y(\ln|x|+1)=x^x(\ln|x|+1)$$

선생님 톡톡

$y=x^x$의 양변을 $x$에 대하여 미분하면 $y=x\cdot x^{x-1}$이라 생각하면 안 돼.
$(x^n)'=nx^{n-1}$은 지수 $n$이 $x$와 관련이 없는 상수일 때 쓰는 공식이야.

## 0639  답 ③

$f(x)=(\sin x)^{\cos x}$의 양변의 절댓값에 자연로그를 취하면
$$\ln|f(x)|=\cos x\ln|\sin x|$$
위의 식의 양변을 $x$에 대하여 미분하면
$$\frac{f'(x)}{f(x)}=-\sin x\ln|\sin x|+\cos x\cdot\frac{\cos x}{\sin x}$$
$$\therefore f'(x)=f(x)\left(-\sin x\ln|\sin x|+\frac{\cos^2 x}{\sin x}\right)$$
$$=(\sin x)^{\cos x}\left(-\sin x\ln|\sin x|+\frac{\cos^2 x}{\sin x}\right)$$
$$\therefore f'\left(\frac{\pi}{2}\right)=1^0\cdot\left(-1\cdot 0+\frac{0^2}{1}\right)=0$$

## 0640  답 ②

$f(x)=\dfrac{e^x x^3(x-1)^2}{(x-2)^3}$의 양변의 절댓값에 자연로그를 취하면
$$\ln|f(x)|=x+3\ln|x|+2\ln|x-1|-3\ln|x-2|$$
위의 식의 양변을 $x$에 대하여 미분하면
$$\frac{f'(x)}{f(x)}=1+\frac{3}{x}+\frac{2}{x-1}-\frac{3}{x-2}$$
$$\therefore f'(x)=f(x)\left(1+\frac{3}{x}+\frac{2}{x-1}-\frac{3}{x-2}\right)$$
$$=\frac{e^x x^3(x-1)^2}{(x-2)^3}\left(1+\frac{3}{x}+\frac{2}{x-1}-\frac{3}{x-2}\right)$$

$f'(a)=-\dfrac{8}{27e}$이므로
$$\frac{e^a a^3(a-1)^2}{(a-2)^3}\left(1+\frac{3}{a}+\frac{2}{a-1}-\frac{3}{a-2}\right)=-\frac{8}{27e}$$
이때 $a$가 유리수이므로 $\dfrac{a^3(a-1)^2}{(a-2)^3}$, $1+\dfrac{3}{a}+\dfrac{2}{a-1}-\dfrac{3}{a-2}$도
각각 유리수이다.
따라서 $e^a=\dfrac{1}{e}=e^{-1}$이므로
$$a=-1$$

## 0641  답 0

$y=(f\circ g)(x)=f(g(x))$에서 $y'=f'(g(x))g'(x)$
이때 $f(x)=x^{\ln x}$의 양변의 절댓값에 자연로그를 취하면
$$\ln|f(x)|=\ln x\cdot\ln|x|=(\ln|x|)^2$$
위의 식의 양변을 $x$에 대하여 미분하면
$$\frac{f'(x)}{f(x)}=2\ln|x|\cdot\frac{1}{x}=\frac{2\ln|x|}{x}$$
$$\therefore f'(x)=f(x)\cdot\frac{2\ln|x|}{x}=\frac{2x^{\ln x}\cdot\ln|x|}{x}$$
또한, $g(x)=\tan x$에서 $g'(x)=\sec^2 x$
따라서 함수 $y=(f\circ g)(x)$의 $x=\dfrac{\pi}{4}$에서의 미분계수는
$$f'\left(g\left(\frac{\pi}{4}\right)\right)g'\left(\frac{\pi}{4}\right)=f'(1)\cdot(\sqrt{2})^2=\frac{2\cdot 1^0\cdot 0}{1}\cdot 2=0$$
$\tan\dfrac{\pi}{4}=1$

## 0642  답 ②

## 0643  답 ③

$$f'(x)=\frac{3}{2}(2x^2+1)^{\frac{1}{2}}\cdot 4x=6x(2x^2+1)^{\frac{1}{2}}=6x\sqrt{2x^2+1}$$
이므로 $f'(2)=6\cdot 2\cdot\sqrt{2\cdot 2^2+1}=36$

## 0644  답 ④

$y=(x+\sqrt{ax+1})^2=\{x+(ax+1)^{\frac{1}{2}}\}^2$이므로
$$y'=2\{x+(ax+1)^{\frac{1}{2}}\}\left\{1+\frac{1}{2}a(ax+1)^{-\frac{1}{2}}\right\}$$
$\{x+(ax+1)^{\frac{1}{2}}\}$의 도함수
$$=2(x+\sqrt{ax+1})\left(1+\frac{a}{2\sqrt{ax+1}}\right)$$
따라서 $x=0$에서의 미분계수는 $2\cdot 1\cdot\left(1+\dfrac{a}{2}\right)=2+a$이므로
$2+a=5$에서 $a=3$이다.

## 0645  답 ④

$f(x)=\dfrac{\sin x}{\sqrt{1+\tan x}}=\sin x(1+\tan x)^{-\frac{1}{2}}$이므로
$$f'(x)=\cos x(1+\tan x)^{-\frac{1}{2}}$$
$$+\sin x\cdot\left(-\frac{1}{2}\right)\cdot(1+\tan x)^{-\frac{3}{2}}\cdot\sec^2 x$$
$$=\frac{\cos x}{\sqrt{1+\tan x}}-\frac{\sin x\sec^2 x}{2(1+\tan x)\sqrt{1+\tan x}}$$
$$\therefore f'\left(\frac{\pi}{4}\right)=\frac{\frac{\sqrt{2}}{2}}{\sqrt{1+1}}-\frac{\frac{\sqrt{2}}{2}\cdot(\sqrt{2})^2}{2\cdot(1+1)\cdot\sqrt{1+1}}$$
$$=\frac{1}{2}-\frac{1}{4}=\frac{1}{4}$$

## 0646  답 ⑤

$y=f(\sqrt[3]{e^{x-1}+7})=f((e^{x-1}+7)^{\frac{1}{3}})$이므로

$y'=f'((e^{x-1}+7)^{\frac{1}{3}})\{(e^{x-1}+7)^{\frac{1}{3}}\}'$

$\quad=f'((e^{x-1}+7)^{\frac{1}{3}})\cdot\dfrac{1}{3}(e^{x-1}+7)^{-\frac{2}{3}}\cdot e^{x-1}$

$\quad=\dfrac{f'(\sqrt[3]{e^{x-1}+7})e^{x-1}}{3\sqrt[3]{(e^{x-1}+7)^2}}$

따라서 $x=1$에서의 미분계수는

$\dfrac{f'(\sqrt[3]{1+7})\cdot1}{3\sqrt[3]{(1+7)^2}}=\dfrac{f'(2)}{12}=\dfrac{a}{12}\ (\because f'(2)=a)$

이므로 $\dfrac{a}{12}$가 정수가 되도록 하는 자연수 $a$의 최솟값은 12이다.

## 0647  답 ②

## 0648  답 ①

$\dfrac{dx}{d\theta}=2\sin\theta\cos\theta,\ \dfrac{dy}{d\theta}=-2\sin\theta$이므로

$\dfrac{dy}{dx}=\dfrac{\dfrac{dy}{d\theta}}{\dfrac{dx}{d\theta}}=\dfrac{-2\sin\theta}{2\sin\theta\cos\theta}=-\sec\theta$ (단, $\sin\theta\cos\theta\neq0$)

따라서 $\theta=\dfrac{\pi}{3}$에서의 $\dfrac{dy}{dx}$의 값은

$-\sec\dfrac{\pi}{3}=-2$

## 0649  답 ③

$\dfrac{dx}{dt}=2at+2,\ \dfrac{dy}{dt}=6$이므로

$\dfrac{dy}{dx}=\dfrac{\dfrac{dy}{dt}}{\dfrac{dx}{dt}}=\dfrac{6}{2at+2}=\dfrac{3}{at+1}$ (단, $at+1\neq0$)

이때 $t=2$에서의 $\dfrac{dy}{dx}$의 값이 $\dfrac{1}{3}$이므로

$\dfrac{3}{2a+1}=\dfrac{1}{3},\ 2a+1=9$

$2a=8\qquad\therefore a=4$

## 0650  답 ①

$x=-t+3\sin t,\ y=t-\cos t$에 $t=\dfrac{\pi}{2}$를 대입하면

$x=-\dfrac{\pi}{2}+3\cdot1=-\dfrac{\pi}{2}+3,\ y=\dfrac{\pi}{2}-0=\dfrac{\pi}{2}$

$\therefore a=-\dfrac{\pi}{2}+3,\ b=\dfrac{\pi}{2}$

또한, $\dfrac{dx}{dt}=-1+3\cos t,\ \dfrac{dy}{dt}=1+\sin t$이므로

$\dfrac{dy}{dx}=\dfrac{\dfrac{dy}{dt}}{\dfrac{dx}{dt}}=\dfrac{1+\sin t}{-1+3\cos t}$ (단, $3\cos t-1\neq0$)

$t=\dfrac{\pi}{2}$에서의 $\dfrac{dy}{dx}$의 값은

$\dfrac{1+1}{-1+3\cdot0}=-2\qquad\therefore c=-2$

$\therefore a+b+c=\left(-\dfrac{\pi}{2}+3\right)+\dfrac{\pi}{2}+(-2)=1$

## 0651  답 ②

$\displaystyle\lim_{h\to0}\dfrac{f(1+h)-f(1)}{h}=f'(1)$

이때 $\dfrac{dx}{dt}=2e^t,\ \dfrac{dy}{dt}=e^t+te^t+\dfrac{1}{t+1}=(t+1)e^t+\dfrac{1}{t+1}$이므로

$\dfrac{dy}{dx}=\dfrac{\dfrac{dy}{dt}}{\dfrac{dx}{dt}}=\dfrac{(t+1)e^t+\dfrac{1}{t+1}}{2e^t}=\dfrac{t+1}{2}+\dfrac{1}{2e^t(t+1)}$

$\hfill$ (단, $t+1\neq0$)

또한, $x=2e^t-1$에서 $x=1$, 즉 $1=2e^t-1$일 때

$2e^t=2,\ e^t=1\qquad\therefore t=0$

$\quad$ → $f'(1)$의 값을 구하는 문제이니까 $x=1$일 때의 $t$의 값을 찾는 것이 핵심이다.

따라서 $f'(1)$의 값은 $t=0$에서의 $\dfrac{dy}{dx}$의 값이므로

$f'(1)=\dfrac{1}{2}+\dfrac{1}{2\cdot1\cdot1}=1$

## 0652  답 ①

## 0653  답 ⑤

$x^2\sin y+y^2\cos x-x=-1$의 양변을 $x$에 대하여 미분하면

$2x\sin y+x^2\cos y\dfrac{dy}{dx}+2y\dfrac{dy}{dx}\cos x+y^2\cdot(-\sin x)-1=0$

$(x^2\cos y+2y\cos x)\dfrac{dy}{dx}=y^2\sin x-2x\sin y+1$

$\therefore \dfrac{dy}{dx}=\dfrac{y^2\sin x-2x\sin y+1}{x^2\cos y+2y\cos x}$ (단, $x^2\cos y+2y\cos x\neq0$)

위의 식에 $x=1,\ y=0$을 대입하면

$\dfrac{dy}{dx}=\dfrac{1}{1^2\cdot1}=1$

## 0654  답 ②

$e^{x+y}+e^{x-y}=2$에서

$e^xe^y+e^xe^{-y}=2$

위의 식의 양변을 $x$에 대하여 미분하면

$e^xe^y+e^xe^y\dfrac{dy}{dx}+e^xe^{-y}+e^x\cdot(-e^{-y})\dfrac{dy}{dx}=0$

$(e^xe^y-e^xe^{-y})\dfrac{dy}{dx}=-e^xe^y-e^xe^{-y}$

$\therefore \dfrac{dy}{dx}=-\dfrac{e^xe^y+e^xe^{-y}}{e^xe^y-e^xe^{-y}}=-\dfrac{e^y+e^{-y}}{e^y-e^{-y}}$ (단, $e^y-e^{-y}\neq0$)

## 0655  답 ③

$ax=y+\sin xy\qquad\cdots\cdots\ \text{㉠}$

㉠에 $x=2,\ y=\dfrac{\pi}{2}$를 대입하면 → 점 $\left(2,\ \dfrac{\pi}{2}\right)$가 곡선 ㉠ 위의 점이므로

$2a=\dfrac{\pi}{2}+\sin\left(2\cdot\dfrac{\pi}{2}\right),\ 2a=\dfrac{\pi}{2}+\sin\pi$

$2a=\dfrac{\pi}{2}\qquad\therefore a=\dfrac{\pi}{4}$

$a=\dfrac{\pi}{4}$를 ㉠에 대입하면

$\dfrac{\pi}{4}x=y+\sin xy$

위의 식의 양변을 $x$에 대하여 미분하면

$\dfrac{\pi}{4}=\dfrac{dy}{dx}+\cos xy\cdot\left(y+x\dfrac{dy}{dx}\right)$ → $xy$의 도함수

$\dfrac{\pi}{4}=\dfrac{dy}{dx}+y\cos xy+x\cos xy\cdot\dfrac{dy}{dx}$

$$(x\cos xy+1)\frac{dy}{dx}=-y\cos xy+\frac{\pi}{4}$$

$$\therefore \frac{dy}{dx}=\frac{-y\cos xy+\frac{\pi}{4}}{x\cos xy+1}\ (\text{단},\ x\cos xy+1\neq0)$$

위의 식에 $x=2$, $y=\frac{\pi}{2}$를 대입하면

$$\frac{dy}{dx}=\frac{-\frac{\pi}{2}\cos\pi+\frac{\pi}{4}}{2\cos\pi+1}=\frac{-\frac{\pi}{2}\cdot(-1)+\frac{\pi}{4}}{2\cdot(-1)+1}=-\frac{3}{4}\pi$$

## 0656  답 ②

$x^2-y^2+axy+b=0$에 $x=1$, $y=1$을 대입하면

$1-1+a+b=0$ $\quad\therefore b=-a$ $\quad\cdots\cdots$ ㉠

$x^2-y^2+axy+b=0$의 양변을 $x$에 대하여 미분하면

$$2x-2y\frac{dy}{dx}+ay+ax\frac{dy}{dx}=0$$

$$(ax-2y)\frac{dy}{dx}=-2x-ay$$

$$\therefore \frac{dy}{dx}=-\frac{2x+ay}{ax-2y}\ (\text{단},\ ax-2y\neq0)$$

이때 점 $(1,\ 1)$에서의 $\frac{dy}{dx}$의 값이 3이므로 위의 식에

$x=1$, $y=1$을 대입하면

$$-\frac{2+a}{a-2}=3,\ 3(a-2)=-2-a$$

$4a=4$ $\quad\therefore a=1,\ b=-1\ (\because ㉠)$

$\therefore a^2+b^2=1^2+(-1)^2=2$

## 0657  답 ④

## 0658  답 ③

$\frac{dx}{dt}=3$, $\frac{dy}{dt}=\ln t+t\cdot\frac{1}{t}+2e^{t-1}=\ln t+2e^{t-1}+1$이므로

$$\frac{dy}{dx}=\frac{\frac{dy}{dt}}{\frac{dx}{dt}}=\frac{\ln t+2e^{t-1}+1}{3}$$

한편, $x=3t-2$에서 $x=1$, 즉 $1=3t-2$일 때

$3t=3$ $\quad\therefore t=1$

따라서 점 $(1,\ 2)$에서의 접선의 기울기는 $t=1$에서의 $\frac{dy}{dx}$의 값이

므로

$$\frac{2\cdot1+1}{3}=1$$

## 0659  답 ④

$2x^2-xy+y^2=4$에 $x=1$, $y=a$를 대입하면

$2-a+a^2=4$, $a^2-a-2=0$

$(a+1)(a-2)=0$ $\quad\therefore a=2\ (\because a>0)$

$2x^2-xy+y^2=4$의 양변을 $x$에 대하여 미분하면

$$4x-y-x\frac{dy}{dx}+2y\frac{dy}{dx}=0,\ (x-2y)\frac{dy}{dx}=4x-y$$

$$\therefore \frac{dy}{dx}=\frac{4x-y}{x-2y}\ (\text{단},\ x-2y\neq0)$$

따라서 점 $(1,\ 2)$에서의 접선의 기울기는

$$\frac{4\cdot1-2}{1-2\cdot2}=-\frac{2}{3}$$

## 0660  답 ④

$x+2y+a\sqrt{x}+b\sqrt{y}+1=0$에 $x=1$, $y=1$을 대입하면

$1+2+a+b+1=0$ $\quad\therefore a+b=-4$ $\quad\cdots\cdots$ ㉠

$x+2y+a\sqrt{x}+b\sqrt{y}+1=0$의 양변을 $x$에 대하여 미분하면

$$1+2\frac{dy}{dx}+\frac{a}{2\sqrt{x}}+\frac{b}{2\sqrt{y}}\cdot\frac{dy}{dx}=0$$

$$\left(\frac{b}{2\sqrt{y}}+2\right)\frac{dy}{dx}=-\frac{a}{2\sqrt{x}}-1$$

$$\therefore \frac{dy}{dx}=-\frac{\frac{a}{2\sqrt{x}}+1}{\frac{b}{2\sqrt{y}}+2}=-\frac{\sqrt{y}(a+2\sqrt{x})}{\sqrt{x}(b+4\sqrt{y})}\ \left(\text{단},\ \frac{b}{2\sqrt{y}}+2\neq0\right)$$

이때 점 $(1,\ 1)$에서의 접선의 기울기가 3이므로 위의 식에

$x=1$, $y=1$을 대입하면

$$-\frac{a+2}{b+4}=3,\ -(a+2)=3(b+4)$$

$\therefore a+3b=-14$ $\quad\cdots\cdots$ ㉡

㉠, ㉡을 연립하여 풀면

$a=1$, $b=-5$

$\therefore a-b=1-(-5)=6$

## 0661  답 ⑤

$\frac{dx}{d\theta}=\sec^2\theta$, $\frac{dy}{d\theta}=2\sec\theta\tan\theta$이므로

$$\frac{dy}{dx}=\frac{\frac{dy}{d\theta}}{\frac{dx}{d\theta}}=\frac{2\sec\theta\tan\theta}{\sec^2\theta}=2\sin\theta$$

이때 점 $(a,\ b)$에서의 접선의 기울기가 $\sqrt{2}$이므로

$2\sin\theta=\sqrt{2}$, $\sin\theta=\frac{\sqrt{2}}{2}$

$\therefore \theta=\frac{\pi}{4}$ 또는 $\theta=\frac{3}{4}\pi\ (\because 0\leq\theta<2\pi)$

즉, $x=\tan\theta$, $y=2\sec\theta$에 $\theta=\frac{\pi}{4}$ 또는 $\theta=\frac{3}{4}\pi$를 대입하면

$x=1$, $y=2\sqrt{2}$ 또는 $x=-1$, $y=-2\sqrt{2}$

$\therefore a=1$, $b=2\sqrt{2}\ (\because a>0,\ b>0)$

$\therefore ab=1\cdot2\sqrt{2}=2\sqrt{2}$

## 0662  답 ⑤

## 0663  답 ⑤

$x=\sqrt{y^2+3y+5}+1$의 양변을 $y$에 대하여 미분하면

$$\frac{dx}{dy}=\frac{2y+3}{2\sqrt{y^2+3y+5}}\qquad\therefore \frac{dy}{dx}=\frac{1}{\frac{dx}{dy}}=\frac{2\sqrt{y^2+3y+5}}{2y+3}$$

$x=\sqrt{y^2+3y+5}+1$에서 $x=4$, 즉 $4=\sqrt{y^2+3y+5}+1$일 때

$3=\sqrt{y^2+3y+5}$

위의 식의 양변을 제곱하면

$9=y^2+3y+5$, $y^2+3y-4=0$

$(y+4)(y-1)=0$ $\quad\therefore y=1\ \left(\because y>-\frac{3}{2}\right)$

따라서 $x=4$일 때의 $\frac{dy}{dx}$의 값은 $\dfrac{2\sqrt{1^2+3\cdot1+5}}{2\cdot1+3}=\dfrac{6}{5}$

$\phantom{x}$ ↳ $y=1$을 대입

## 0664 답 ②

$g(6)=k$라 하면 $f(k)=6$이므로
$k^2-2k+3=6,\ k^2-2k-3=0$
$(k+1)(k-3)=0$    $\therefore k=3\ (\because k>2)$
$\therefore g(6)=3$
이때 $f'(x)=2x-2$이므로
$f'(3)=2\cdot3-2=4$
$\therefore g'(6)=\dfrac{1}{f'(3)}=\dfrac{1}{4}$

## 0665 답 ④

$\displaystyle\lim_{h\to0}\frac{g(h)-g(-h)}{h}$
$=\displaystyle\lim_{h\to0}\frac{g(h)-g(0)-\{g(-h)-g(0)\}}{h}$
$=\displaystyle\lim_{h\to0}\frac{g(h)-g(0)}{h}+\lim_{h\to0}\frac{g(-h)-g(0)}{-h}$
$=g'(0)+g'(0)=2g'(0)$
이때 $g(0)=k$라 하면 $f(k)=0$이므로
$\dfrac{e^k-e^{-k}}{2}=0,\ e^k-e^{-k}=0$
$e^k=e^{-k}$    $\therefore k=0$
$\therefore g(0)=0$
이때 $f'(x)=\dfrac{e^x+e^{-x}}{2}$이므로
$f'(0)=\dfrac{1+1}{2}=1$
따라서 $g'(0)=\dfrac{1}{f'(0)}=1$이므로
$2g'(0)=2\cdot1=2$

## 0666 답 ④

$y'=f'(x)+g'(x)$이므로 $x=0$인 점에서의 접선의 기울기는
$f'(0)+g'(0)$
이때 $g(0)=k$라 하면 $f(k)=0$이므로
$\dfrac{k}{1-k^2}=0$    $\therefore k=0$
$\therefore g(0)=0$
이때 $f'(x)=\dfrac{(1-x^2)-x\cdot(-2x)}{(1-x^2)^2}=\dfrac{x^2+1}{(1-x^2)^2}$이므로
$f'(0)=1$
$\therefore\ f'(0)+g'(0)=1+\dfrac{1}{f'(0)}$
$\qquad\qquad\qquad\ =1+1=2$

## 0667 답 ③

## 0668 답 ④

함수 $f(x)$는 $x>0$에서 미분가능하다.

$f'(x)=2\ln x\cdot\dfrac{1}{x}=\dfrac{2\ln x}{x}$에서 $f'(1)=0$이므로
$\displaystyle\lim_{h\to0}\frac{f'(1+h)}{h}=\lim_{h\to0}\frac{f'(1+h)-f'(1)}{h}$
$\qquad\qquad\qquad\ =f''(1)$

이때 $f''(x)=\dfrac{\dfrac{2}{x}\cdot x-2\ln x}{x^2}=\dfrac{2-2\ln x}{x^2}$이므로
$f''(1)=\dfrac{2}{1^2}=2$

## 0669 답 ⑤

함수 $f(x)$는 $x>0$에서 미분가능하다.

$f'(x)=\dfrac{a}{x}+6x^2+b,\ f''(x)=-\dfrac{a}{x^2}+12x$이므로
$f'(1)=3$에서 $a+6+b=3$
$\therefore b=-a-3$    $\cdots\cdots$ ㉠
$f''(1)=10$에서 $-a+12=10$
$\therefore a=2,\ b=-5\ (\because$ ㉠$)$
따라서 $f(x)=2\ln x+2x^3-5x+1$이므로
$f(2)=2\ln 2+2\cdot2^3-5\cdot2+1=2\ln 2+7$

## 0670 답 ⑤

미분가능하다.

$f'(x)=e^x\sin x+e^x\cos x=e^x(\sin x+\cos x)$
$f''(x)=e^x(\sin x+\cos x)+e^x(\cos x-\sin x)=2e^x\cos x$
이때 $x=\alpha$가 방정식 $f''(x)=0$의 해이므로
$2e^\alpha\cos\alpha=0,\ \cos\alpha=0$    $\therefore \alpha=\dfrac{\pi}{2}\ (\because 0<\alpha<\pi)$
$\therefore \sin\alpha=\sin\dfrac{\pi}{2}=1$

## 0671 답 ③

$y'=f''(f(x))f'(x)$이므로 $x=0$에서의 미분계수는
$f''(f(0))f'(0)$
이때
$f'(x)=\dfrac{e^x-xe^x}{e^{2x}}+2x=\dfrac{1-x}{e^x}+2x,$
미분가능하다.
$f''(x)=\dfrac{-e^x-(1-x)e^x}{e^{2x}}+2=\dfrac{x-2}{e^x}+2$
이므로
$f''(f(0))f'(0)=f''(0)\cdot1=0\cdot1=0$

본문 108~111쪽

## 0672 답 ②

**One Point Lesson**
> $f'(x)$를 구하면 (분모)$\neq0$이므로 분자를 인수분해하여 방정식 $f'(x)=0$을 만족시키는 실근을 찾는다.

$f'(x)=\dfrac{6x^2\cdot2(x-2)^2-(2x^3-5)\cdot4(x-2)}{\{2(x-2)^2\}^2}$
$\qquad=\dfrac{3x^2(x-2)-(2x^3-5)}{(x-2)^3}$
$\qquad=\dfrac{x^3-6x^2+5}{(x-2)^3}$
$\qquad=\dfrac{(x-1)(x^2-5x-5)}{(x-2)^3}$

$$\begin{array}{r|rrrr}1 & 1 & -6 & 0 & 5\\ & & 1 & -5 & -5\\\hline & 1 & -5 & -5 & 0\end{array}$$

$f'(x)=0$에서 $x=1$ 또는 $x^2-5x-5=0$

이때 이차방정식 $x^2-5x-5=0$의 판별식을 $D$라 하면
$D=(-5)^2-4\cdot1\cdot(-5)=45>0$이므로 $x^2-5x-5=0$은 서로
다른 두 실근을 갖는다.
즉, 이차방정식의 근과 계수의 관계에 의하여 이차방정식
$x^2-5x-5=0$의 서로 다른 두 실근의 합은
$$-\frac{-5}{1}=5$$
따라서 조건을 만족시키는 서로 다른 모든 실근의 합은
$$1+5=6$$
$\hookrightarrow$ $x=1$일 때 방정식 $x^2-5x-5=0$이 성립하지 않으므로 1은 $x^2-5x-5=0$의 근이 아니다.

## 0673  답 ②

**One Point Lesson**
$\dfrac{dy}{dx}$를 $t$에 대한 식으로 나타낸 후 $t\to\infty$일 때의 극한값을 구한다.

$$\frac{dx}{dt}=\frac{2(t^2+1)-2t\cdot2t}{(t^2+1)^2}=\frac{-2t^2+2}{(t^2+1)^2},$$
$$\frac{dy}{dt}=\frac{(t^2+1)-(t+1)\cdot2t}{(t^2+1)^2}=\frac{-t^2-2t+1}{(t^2+1)^2}$$

이므로

$$\frac{dy}{dx}=\frac{\dfrac{dy}{dt}}{\dfrac{dx}{dt}}=\frac{\dfrac{-t^2-2t+1}{(t^2+1)^2}}{\dfrac{-2t^2+2}{(t^2+1)^2}}=\frac{t^2+2t-1}{2t^2-2}\ (\text{단, }2t^2-2\neq0)$$

$$\therefore \lim_{t\to\infty}\frac{dy}{dx}=\lim_{t\to\infty}\frac{t^2+2t-1}{2t^2-2}=\frac{1}{2}$$

## 0674  답 ①

**One Point Lesson**
주어진 함수의 이계도함수를 구한 후 $ky''+y=0$을 $x$에 대한 식으로 나타낸다.

$y'=4\cos(4x+2)$, $y''=-16\sin(4x+2)$이므로
$ky''+y=0$에 대입하면
$-16k\sin(4x+2)+\sin(4x+2)=0$
$(-16k+1)\sin(4x+2)=0$
위의 등식이 $x$의 값에 관계없이 항상 성립하므로
$$-16k+1=0 \qquad \therefore k=\frac{1}{16}$$

## 0675  답 ③

다항식 $A(x)$를 $B(x)$로 나누었을 때의 몫을 $Q(x)$, 나머지를 $R(x)$라 하면 $A(x)=B(x)Q(x)+R(x)$이고 $(B(x)$의 차수$)>(R(x)$의 차수$)$

**One Point Lesson**
몫과 나머지에 대한 항등식을 세우고 양변을 $x$에 대하여 미분한다.

$(2x^3-x)^5$을 $(x-1)^2$으로 나누었을 때의 몫을 $Q(x)$, 나머지를
$R(x)=ax+b$ ($a$, $b$는 상수)라 하면
$(2x^3-x)^5=(x-1)^2Q(x)+ax+b$ ······ ㉠
㉠의 양변에 $x=1$을 대입하면
$a+b=1$ ······ ㉡
㉠의 양변을 $x$에 대하여 미분하면
$5(2x^3-x)^4\cdot(6x^2-1)=2(x-1)Q(x)+(x-1)^2Q'(x)+a$
위의 식의 양변에 $x=1$을 대입하면
$5\cdot1\cdot5=a \qquad \therefore a=25$
$a=25$를 ㉡에 대입하면 $b=-24$
따라서 $R(x)=25x-24$이므로 $R(2)=25\cdot2-24=26$

## 0676  답 4

**One Point Lesson**
주어진 식을 $f(x)$에 대한 식으로 나타낸 후 연속의 정의와 미분계수의 정의를 이용하여 $f(1)$의 값을 구한다.

$x\neq1$일 때, $f(x)=\dfrac{e^{x^2+2x-3}-1}{x-1}$ ······ ㉠

함수 $f(x)$가 모든 실수 $x$에서 연속이므로 $x=1$에서도 연속이다.
즉, $\lim\limits_{x\to1}f(x)=f(1)$이다.
또한, ㉠에서 $g(x)=e^{x^2+2x-3}$이라 하면 $g(1)=1$이므로
$$f(1)=\lim_{x\to1}f(x)=\lim_{x\to1}\frac{g(x)-g(1)}{x-1}=g'(1)$$
이때 $g'(x)=(2x+2)e^{x^2+2x-3}$이므로
$g'(1)=(2\cdot1+2)\cdot e^0=4$

## 0677  답 ②

**One Point Lesson**
$g(0)=k$라 하고 $k$의 값을 구하여 주어진 식을 간단히 나타낸다.

$g(0)=k$라 하면 $f(k)=0$이므로
$\ln(\tan k)=0$, $\tan k=1$
$$\therefore k=\frac{\pi}{4}\ \left(\because 0<x<\frac{\pi}{2}\right)$$
즉, $g(0)=\dfrac{\pi}{4}$이므로
$$\lim_{h\to0}\frac{g(8h)-\dfrac{\pi}{4}}{h}=8\lim_{h\to0}\frac{g(8h)-g(0)}{8h}=8g'(0)$$
이때 $f'(x)=\dfrac{\sec^2x}{\tan x}$이므로
$$f'\left(\frac{\pi}{4}\right)=\frac{(\sqrt2)^2}{1}=2$$
따라서 $g'(0)=\dfrac{1}{f'\left(\dfrac{\pi}{4}\right)}=\dfrac{1}{2}$이므로
$$8g'(0)=8\cdot\frac{1}{2}=4$$

## 0678  답 ②

**One Point Lesson**
$g(x)=f(e^{2x})$, $h(x)=f(e^x)$이라 하고 주어진 식을 간단히 나타낸다.

$g(x)=f(e^{2x})$, $h(x)=f(e^x)$이라 하면 $g(0)=h(0)=f(1)$이므로
$$\lim_{x\to0}\frac{f(e^{2x})-f(e^x)}{x}=\lim_{x\to0}\frac{g(x)-g(0)-\{h(x)-h(0)\}}{x}$$
$$=\lim_{x\to0}\frac{g(x)-g(0)}{x-0}-\lim_{x\to0}\frac{h(x)-h(0)}{x-0}$$
$$=g'(0)-h'(0)$$
이때 $g'(x)=2e^{2x}f'(e^{2x})$, $h'(x)=e^xf'(e^x)$이고
$f'(x)=\pi\cos\pi x-\pi\sin\pi x$이므로
$$g'(0)-h'(0)=2\cdot1\cdot f'(1)-1\cdot f'(1)=f'(1)$$
$$=\pi\cdot(-1)-\pi\cdot0=-\pi$$

## 0679  답 1

**One Point Lesson**
함수 $f(x)$의 이계도함수를 구한 후 $f''(x)=0$을 만족시키는 $x$의 값을 구한다.

$$f'(x)=\frac{\dfrac{1}{x}\cdot x^n-\ln x\cdot nx^{n-1}}{x^{2n}}=\frac{1-n\ln x}{x^{n+1}}$$

$$f''(x)=\frac{-\dfrac{n}{x}\cdot x^{n+1}-(1-n\ln x)\cdot(n+1)x^n}{x^{2n+2}}$$

$$=\frac{-n-(1-n\ln x)(n+1)}{x^{n+2}}$$

$$=-\frac{2n+1-n(n+1)\ln x}{x^{n+2}}$$

$f''(x)=0$에서 $2n+1-n(n+1)\ln x=0$

$n(n+1)\ln x=2n+1$

$\ln x=\dfrac{2n+1}{n(n+1)}$  $\therefore x=e^{\frac{2n+1}{n(n+1)}}\,{\scriptstyle =e^{a_n}}$

따라서 $a_n=\dfrac{2n+1}{n(n+1)}$이므로

$$\sum_{n=1}^{\infty}\frac{a_n}{2n+1}=\sum_{n=1}^{\infty}\frac{\dfrac{2n+1}{n(n+1)}}{2n+1}=\sum_{n=1}^{\infty}\frac{1}{n(n+1)}$$

$$=\sum_{n=1}^{\infty}\left(\frac{1}{n}-\frac{1}{n+1}\right)=\lim_{n\to\infty}\sum_{k=1}^{n}\left(\frac{1}{k}-\frac{1}{k+1}\right)$$

$$=\lim_{n\to\infty}\left\{\left(1-\frac{1}{2}\right)+\left(\frac{1}{2}-\frac{1}{3}\right)+\left(\frac{1}{3}-\frac{1}{4}\right)+\cdots\right.$$
$$\left.+\left(\frac{1}{n}-\frac{1}{n+1}\right)\right\}$$

$$=\lim_{n\to\infty}\left(1-\frac{1}{n+1}\right)=1$$

## 0680  답 ④



$f(x)=\ln\dfrac{e^x+e^{2x}+e^{3x}+\cdots+e^{8x}}{8}$ 이라 하면 $f(0)=0$이므로

$$\lim_{h\to0}\frac{1}{h}\ln\frac{e^h+e^{2h}+e^{3h}+\cdots+e^{8h}}{8}=\lim_{h\to0}\frac{f(h)-f(0)}{h}=f'(0)$$

이때

$$f'(x)=\frac{(e^x+e^{2x}+e^{3x}+\cdots+e^{8x})'}{e^x+e^{2x}+e^{3x}+\cdots+e^{8x}}$$

$\qquad f(x)=\ln(e^x+e^{2x}+e^{3x}+\cdots+e^{8x})-\ln 8$
이므로 양변을 $x$에 대하여 미분하면 상수항 $-\ln 8$은 0이 된다.

$$=\frac{e^x+2e^{2x}+3e^{3x}+\cdots+8e^{8x}}{e^x+e^{2x}+e^{3x}+\cdots+e^{8x}}$$

이므로

$$f'(0)=\frac{1+2+3+\cdots+8}{1\cdot 8}=\frac{36}{8}=\frac{9}{2}$$

## 0681  답 ③



$$\lim_{x\to0}\frac{f(x)-1}{x}=2 \qquad \cdots\cdots\ \bigcirc$$

$\bigcirc$에서 $x\to0$일 때 (분모)$\to0$이고 극한값이 존재하므로 (분자)$\to0$이다.

즉, $\lim\limits_{x\to0}\{f(x)-1\}=0$에서

$\qquad$ 미분가능하면 연속이다.

$f(0)-1=0$  $\therefore f(0)=1$

---

$f(0)=1$을 $\bigcirc$에 대입하면

$$\lim_{x\to0}\frac{f(x)-1}{x}=\lim_{x\to0}\frac{f(x)-f(0)}{x-0}=f'(0)=2$$

또한,

$$g(0)=\frac{1}{0+f(0)}=1\ (\because f(0)=1)$$

이므로

$$\lim_{x\to0}\frac{g(x)-1}{x}=\lim_{x\to0}\frac{g(x)-g(0)}{x-0}=g'(0)$$

이때

$$g'(x)=-\frac{\{\sin x+\cos x\cdot f(x)\}'}{\{\sin x+\cos x\cdot f(x)\}^2}$$

$$=-\frac{\cos x-\sin x\cdot f(x)+\cos x\cdot f'(x)}{\{\sin x+\cos x\cdot f(x)\}^2}$$

이므로

$$g'(0)=-\frac{1+f'(0)}{\{f(0)\}^2}=-\frac{1+2}{1^2}=-3$$

## 0682  답 ②



$x^2-xy+2y^2=14$의 양변을 $x$에 대하여 미분하면

$$2x-y-x\frac{dy}{dx}+4y\frac{dy}{dx}=0$$

$$(x-4y)\frac{dy}{dx}=2x-y$$

$$\therefore \frac{dy}{dx}=\frac{2x-y}{x-4y}\ (\text{단},\ x-4y\neq0)$$

이때 두 점 P, Q에서의 접선의 기울기가 모두 1이므로

$$\frac{2x-y}{x-4y}=1,\ x-4y=2x-y$$

$$\therefore x=-3y \qquad \cdots\cdots\ \bigcirc$$

$\bigcirc$을 $x^2-xy+2y^2=14$에 대입하면

$$(-3y)^2-(-3y)\cdot y+2y^2=14$$

$14y^2=14$, $y^2=1$   $\therefore y=-1$ 또는 $y=1$

즉, $\bigcirc$에 의하여 두 점 P, Q는

P$(3,\,-1)$, Q$(-3,\,1)$ 또는 P$(-3,\,1)$, Q$(3,\,-1)$

따라서 선분 PQ의 길이는

$$\sqrt{(-3-3)^2+\{1-(-1)\}^2}=\sqrt{40}=2\sqrt{10}$$

$\quad\scriptstyle\sqrt{\{3-(-3)\}^2+\{(-1)-1\}^2}$으로 계산해도 답은 같다.

## 0683  답 21



$y'=f'\!\left(\dfrac{xf(x)}{2}\right)\cdot\dfrac{1}{2}\{f(x)+xf'(x)\}$이므로 $x=4$에서의 미분계수는 $f'(2f(4))\cdot\dfrac{1}{2}\{f(4)+4f'(4)\}$이다.

한편, 조건 (나)의 $f(x)+f(6-x)=6$의 양변에 $x=2$를 대입하면

$f(2)+f(4)=6$

$\therefore f(4)=6-f(2)$

$\qquad=6-4\ (\because f(2)=4)$

$\qquad=2$

$f(x)+f(6-x)=6$의 양변을 $x$에 대하여 미분하면

$f'(x)-f'(6-x)=0$

$\therefore f'(x)=f'(6-x)$

위의 식의 양변에 $x=2$를 대입하면

$f'(2)=f'(4)=3 \ (\because f'(2)=3)$

$\therefore f'(2f(4))\cdot\dfrac{1}{2}\{f(4)+4f'(4)\}=f'(2\cdot2)\cdot\dfrac{1}{2}\cdot(2+4\cdot3)$

$\qquad\qquad\qquad\qquad\qquad\qquad=f'(4)\cdot7$

$\qquad\qquad\qquad\qquad\qquad\qquad=3\cdot7=21$

## 0684　답 ⑤



$\displaystyle\sum_{n=1}^{\infty} g'(n^3+3n^2+5)$에서 $n^3+3n^2+5=f(n)$임을 이용한다.

$n^3+3n^2+5=k$라 하면 $f(x)=x^3+3x^2+5$에서 $f(n)=k$이므로

$g'(n^3+3n^2+5)=g'(k)=\dfrac{1}{f'(n)}$

$\qquad\qquad\qquad\qquad\quad=\dfrac{1}{3n^2+6n} \ (\because f'(x)=3x^2+6x)$

$\qquad\qquad\qquad\qquad\quad=\dfrac{1}{3n(n+2)}$

$\therefore \displaystyle\sum_{n=1}^{\infty} g'(n^3+3n^2+5)$

$=\displaystyle\sum_{n=1}^{\infty}\dfrac{1}{3n(n+2)}=\dfrac{1}{6}\sum_{n=1}^{\infty}\left(\dfrac{1}{n}-\dfrac{1}{n+2}\right)$

$=\dfrac{1}{6}\displaystyle\lim_{n\to\infty}\sum_{k=1}^{n}\left(\dfrac{1}{k}-\dfrac{1}{k+2}\right)$

$=\dfrac{1}{6}\displaystyle\lim_{n\to\infty}\left\{\left(1-\dfrac{1}{3}\right)+\left(\dfrac{1}{2}-\dfrac{1}{4}\right)+\left(\dfrac{1}{3}-\dfrac{1}{5}\right)+\cdots\right.$

$\qquad\qquad\qquad\left.+\left(\dfrac{1}{n-1}-\dfrac{1}{n+1}\right)+\left(\dfrac{1}{n}-\dfrac{1}{n+2}\right)\right\}$

$=\dfrac{1}{6}\displaystyle\lim_{n\to\infty}\left(1+\dfrac{1}{2}-\dfrac{1}{n+1}-\dfrac{1}{n+2}\right)$

$=\dfrac{1}{6}\cdot\dfrac{3}{2}$

$=\dfrac{1}{4}$

## 0685　답 ⑤



이차함수의 그래프가 갖는 다양한 성질을 이용한다.

ㄱ. $g(x)=g(-x)$이므로

$\{f(ax+b)\}^2=\{f(-ax+b)\}^2$

$\{f(ax+b)\}^2-\{f(-ax+b)\}^2=0$

$\{f(ax+b)+f(-ax+b)\}\{f(ax+b)-f(-ax+b)\}=0$

이때 $f(x)>0$이므로

$f(ax+b)-f(-ax+b)=0$

$f(ax+b)=f(-ax+b)$

$a\neq0$이므로 위의 식의 양변에 $x=\dfrac{b}{a}$를 대입하면

$f\left(a\cdot\dfrac{b}{a}+b\right)=f\left(-a\cdot\dfrac{b}{a}+b\right)$

$\therefore f(2b)=f(0)$

즉, 함수 $y=f(x)$의 그래프는 직선 $x=\dfrac{2b+0}{2}=b$에 대하여 대칭이다. (참)

ㄴ. 이차함수 $f(x)$가 모든 실수 $x$에 대하여 $f(x)>0$이고, ㄱ에서 이차함수 $y=f(x)$의 그래프가 직선 $x=b$에 대하여 대칭이므로 $f(x)$는 $x=b$에서 최솟값 $f(b)$를 갖는다.

이때 $g(0)=4$이므로

$g(0)=\{f(b)\}^2=4$

$\therefore f(b)=2 \ (\because f(b)>0)$

즉, 함수 $f(x)$의 최솟값은 2이다. (참)

ㄷ. $g'(x)=2f(ax+b)\cdot af'(ax+b)$이므로 양변에 $x=0$을 대입하면

$g'(0)=2af(b)f'(b) \qquad\cdots\cdots\ \boxdot$

한편, ㄱ에서 이차함수 $y=f(x)$의 그래프가 직선 $x=b$에 대하여 대칭이므로 $x=b$인 점에서의 접선의 기울기는 0이다.

$\therefore f'(b)=0$

$f'(b)=0$을 $\boxdot$에 대입하면 $g'(0)=0$ (참)

따라서 옳은 것은 ㄱ, ㄴ, ㄷ이다.

## 0686　답 2



주어진 곡선이 원점을 지남을 이용하여 그때의 $\theta$의 값을 구하고, 이를 이용하여 $a$, $b$에 대한 연립방정식을 세운다.

주어진 곡선이 원점을 지나므로 $x=-2\sin^2\theta+3\cos\theta$에 $x=0$을 대입하면

$0=-2\sin^2\theta+3\cos\theta$

$0=-2(1-\cos^2\theta)+3\cos\theta$

$2\cos^2\theta+3\cos\theta-2=0, \ (\cos\theta+2)(2\cos\theta-1)=0$

$\therefore \cos\theta=\dfrac{1}{2} \ (\because -1<\cos\theta\leq1)$

$\therefore \theta=\dfrac{\pi}{3} \ (\because 0\leq\theta<\pi)$

즉, $\theta=\dfrac{\pi}{3}$일 때 $y=0$이므로 $y=a\cos^2\theta+b\sin\dfrac{\theta}{2}$에 $\theta=\dfrac{\pi}{3}$, $y=0$을 대입하면

$0=a\cdot\left(\dfrac{1}{2}\right)^2+b\cdot\dfrac{1}{2}$

$\therefore a+2b=0 \qquad\cdots\cdots\ \boxdot$

한편,

$\dfrac{dx}{d\theta}=-4\sin\theta\cos\theta-3\sin\theta,$

$\dfrac{dy}{d\theta}=-2a\cos\theta\sin\theta+\dfrac{b}{2}\cos\dfrac{\theta}{2}$

이므로

$\dfrac{dy}{dx}=\dfrac{\dfrac{dy}{d\theta}}{\dfrac{dx}{d\theta}}=\dfrac{2a\cos\theta\sin\theta-\dfrac{b}{2}\cos\dfrac{\theta}{2}}{4\sin\theta\cos\theta+3\sin\theta}$

$$(\text{단, } 4\sin\theta\cos\theta+3\sin\theta\neq0)$$

원점, 즉 $\theta=\dfrac{\pi}{3}$일 때의 접선의 기울기가 1이므로

$\dfrac{2a\cdot\dfrac{1}{2}\cdot\dfrac{\sqrt{3}}{2}-\dfrac{b}{2}\cdot\dfrac{\sqrt{3}}{2}}{4\cdot\dfrac{\sqrt{3}}{2}\cdot\dfrac{1}{2}+3\cdot\dfrac{\sqrt{3}}{2}}=1, \ \dfrac{\sqrt{3}(2a-b)}{10\sqrt{3}}=1$

$\dfrac{2a-b}{10}=1$

$\therefore 2a-b=10 \qquad\cdots\cdots\ \boxdot$

㉠, ㉡을 연립하여 풀면
$a=4$, $b=-2$
$\therefore a+b=4+(-2)=2$

## 0687 답 ②


**One Point Lesson**
조건 (나)의 $g'(0)=-2$를 만족시키는 $a$의 값 중에서 $g'(1)=ke$ ($k$는 유리수)를 만족시키는 $a$의 값을 구한다.

조건 (가)의 $g(x)=\dfrac{f(x)}{f(x)+2}$에서

$$g'(x)=\frac{f'(x)\{f(x)+2\}-f(x)f'(x)}{\{f(x)+2\}^2}=\frac{2f'(x)}{\{f(x)+2\}^2}$$

이므로

$$g'(0)=\frac{2f'(0)}{\{f(0)+2\}^2}, \quad g'(1)=\frac{2f'(1)}{\{f(1)+2\}^2}$$

이때 $f'(x)=2xe^x+(x^2+a)e^x=(x^2+2x+a)e^x$이므로
$f'(0)=a$, $f'(1)=(a+3)e$
또한, $f(0)=a$, $f(1)=(a+1)e$이므로 조건 (나)에 의하여

$$g'(0)=\frac{2a}{(a+2)^2}=-2 \qquad \cdots\cdots ㉠$$

$$g'(1)=\frac{2(a+3)e}{\{(a+1)e+2\}^2}=ke \qquad \cdots\cdots ㉡$$

㉠에서 $(a+2)^2=-a$, $a^2+5a+4=0$
$(a+4)(a+1)=0$ $\quad\therefore a=-4$ 또는 $a=-1$

(i) $a=-4$일 때

㉡에서 $g'(1)=\dfrac{-2e}{(-3e+2)^2}$이므로 유리수 $k$에 대하여 $ke$ 꼴

이 아니다.

(ii) $a=-1$일 때

㉡에서 $g'(1)=\dfrac{4e}{4}=e$이므로 $k=1$이다.


(i), (ii)에서 $a=-1$
따라서 $f'(x)=(x^2+2x-1)e^x$이므로
$f'(2)=(2^2+2\cdot2-1)e^2=7e^2$

## 0688 답 $\dfrac{1}{3}$

**One Point Lesson**
두 함수 $f_1(x)$, $f_1'(x)$가 $x=0$에서 연속임을 이용하여 $f_1(0)$, $f_1'(0)$의 값을 각각 구한다.

조건 (나)에서 함수 $f_1(x)$는 $x>-1$인 모든 실수 $x$에서 연속이므로 $x=0$에서도 연속이다.

즉, $\lim\limits_{x\to0}f_1(x)=f_1(0)$이므로

$$f_1(0)=\lim_{x\to0}\ln(1+x)^{\frac{1}{x}}=\ln\left\{\lim_{x\to0}(1+x)^{\frac{1}{x}}\right\}$$

$$=\ln e=1$$

조건 (가)에 의하여
$f_2(x)=f(\ln f_1(x))$이므로 양변에 $x=0$을 대입하면
$f_2(0)=f(\ln f_1(0))=f(\ln 1)=f_1(0)=1$
$f_3(x)=f(\ln f_2(x))$이므로 양변에 $x=0$을 대입하면
$f_3(0)=f(\ln f_2(0))=f(\ln 1)=f_1(0)=1$

$f_4(x)=f(\ln f_3(x))$이므로 양변에 $x=0$을 대입하면
$f_4(0)=f(\ln f_3(0))=f(\ln 1)=f_1(0)=1$
$$\vdots$$
즉, 모든 자연수 $n$에 대하여 $f_n(0)=1$이다.

한편, $f_1(x)=\ln(1+x)^{\frac{1}{x}}=\dfrac{\ln(1+x)}{x}$ $(x\neq0)$이므로

$$f_1'(x)=\frac{\dfrac{1}{1+x}\cdot x-\ln(1+x)\cdot1}{x^2}$$
$$=\frac{1}{x(x+1)}-\frac{\ln(1+x)}{x^2}$$
$$=\frac{1}{x}-\frac{1}{x+1}-\frac{\ln(1+x)}{x^2}$$
$$=-\frac{1}{x+1}-\frac{\ln(1+x)}{x^2}+\frac{x}{x^2}$$
$$=-\frac{1}{x+1}-\frac{\ln(1+x)-x}{x^2}$$
$$=-\frac{1}{x+1}-\frac{\dfrac{\ln(1+x)-x}{x}}{x}$$
$$=-\frac{1}{x+1}-\frac{\dfrac{\ln(1+x)}{x}-1}{x}$$
$$=-\frac{1}{x+1}-\frac{f_1(x)-f_1(0)}{x-0} \quad(\because f_n(0)=1)$$

조건 (다)에서 함수 $f_1'(x)$는 $x>-1$인 모든 실수 $x$에서 연속이므로 $x=0$에서도 연속이다.

즉, $\lim\limits_{x\to0}f_1'(x)=f_1'(0)$이므로

$$f_1'(0)=\lim_{x\to0}\left\{-\frac{1}{x+1}-\frac{f_1(x)-f_1(0)}{x-0}\right\}$$
$$=-\lim_{x\to0}\frac{1}{x+1}-\lim_{x\to0}\frac{f_1(x)-f_1(0)}{x-0}$$
$$=-1-f_1'(0)$$

에서 $2f_1'(0)=-1$

$\therefore f_1'(0)=-\dfrac{1}{2}$

$\therefore a_1=f_1'(0)=-\dfrac{1}{2}$

또한, 두 함수 $f_n(x)$, $f_{n+1}(x)$가 $x>-1$인 모든 실수 $x$에서 미분가능하므로 $f_{n+1}(x)=f(\ln f_n(x))$의 양변을 $x$에 대하여 미분하면

$$f_{n+1}'(x)=f'(\ln f_n(x))\frac{f_n'(x)}{f_n(x)}$$

위의 식의 양변에 $x=0$을 대입하면

$$f_{n+1}'(0)=f'(\ln f_n(0))\frac{f_n'(0)}{f_n(0)}$$

$a_{n+1}=f_1'(0)\cdot\dfrac{a_n}{1}$ $(\because a_n=f_n'(0), f_n(0)=1)$

$\therefore a_{n+1}=-\dfrac{1}{2}a_n$ $\left(\because f_1'(0)=-\dfrac{1}{2}\right)$

따라서 수열 $\{a_n\}$은 첫째항이 $-\dfrac{1}{2}$, 공비가 $-\dfrac{1}{2}$인 등비수열이므로 수열 $\{a_n{}^2\}$은 첫째항이 $\dfrac{1}{4}$, 공비가 $\dfrac{1}{4}$인 등비수열이다.

$$\therefore \sum_{n=1}^{\infty}a_n{}^2=\frac{\dfrac{1}{4}}{1-\dfrac{1}{4}}=\frac{1}{3}$$

## 0689 답 18



함수 $f(x)$의 역함수 $y=g(x)$의 도함수가 $g'(x)=\dfrac{1}{f'(y)}$임을 이용한다.

$\displaystyle\lim_{x\to1}\dfrac{f(x)-3}{x-1}=-3$ $\quad\cdots\cdots\ \bigcirc$

$\bigcirc$에서 $x\to1$일 때 (분모) $\to0$이고 극한값이 존재하므로
(분자) $\to0$이다.

즉, $\displaystyle\lim_{x\to1}\{f(x)-3\}=0$이므로

$f(1)-3=0$

$\therefore f(1)=3$

함수 $f(x)$가 실수 전체의 집합에서 이계도함수를 가지므로 $f(x)$는 실수 전체의 집합에서 연속이다.

이때 함수 $f(x)$의 역함수가 $g(x)$이므로

$g(3)=1$

$f(1)=3$을 $\bigcirc$에 대입하면

$\displaystyle\lim_{x\to1}\dfrac{f(x)-3}{x-1}=\lim_{x\to1}\dfrac{f(x)-f(1)}{x-1}=f'(1)=-3$

이때 함수 $f(x)$의 역함수가 $g(x)$이므로

$g'(3)=\dfrac{1}{f'(1)}=-\dfrac{1}{3}$

또한,

$\displaystyle\lim_{x\to1}\dfrac{f'(x)+f(x)}{x-1}=\lim_{x\to1}\dfrac{f'(x)+3+\{f(x)-3\}}{x-1}$

$\displaystyle\qquad=\lim_{x\to1}\dfrac{f'(x)-f'(1)+\{f(x)-f(1)\}}{x-1}$

$\displaystyle\qquad=\lim_{x\to1}\dfrac{f'(x)-f'(1)}{x-1}+\lim_{x\to1}\dfrac{f(x)-f(1)}{x-1}$

$\qquad=f''(1)+f'(1)$

$\qquad=f''(1)-3=3$

이므로 $f''(1)=6$

한편, 함수 $y=g(x)$의 도함수가 $g'(x)=\dfrac{1}{f'(y)}$이므로 양변을 $x$에 대하여 미분하면

$g''(x)=-\dfrac{f''(y)}{\{f'(y)\}^2}\cdot\dfrac{dy}{dx}$

음함수의 미분법에 의하여 생긴다.

$\qquad=-\dfrac{f''(y)}{\{f'(y)\}^2}\cdot g'(x)$

$\qquad=-\dfrac{f''(y)}{\{f'(y)\}^3}\ \left(\because g'(x)=\dfrac{1}{f'(y)}\right)$

$\therefore g''(3)=-\dfrac{f''(1)}{\{f'(1)\}^3}=-\dfrac{6}{(-3)^3}=\dfrac{2}{9}$

$\therefore \dfrac{10g(3)}{g''(3)-g'(3)}=\dfrac{10\cdot1}{\dfrac{2}{9}-\left(-\dfrac{1}{3}\right)}=18$

## 0690 답 해설 참조

$y=\tan x=\dfrac{\sin x}{\cos x}$

함수의 몫의 미분법에 의하여

$y'=\dfrac{(\sin x)'\cos x-\sin x(\cos x)'}{\cos^2 x}$

$\quad=\dfrac{\cos x\cos x-\sin x\cdot(-\sin x)}{\cos^2 x}$

$\quad=\dfrac{\cos^2 x+\sin^2 x}{\cos^2 x}=\dfrac{1}{\cos^2 x}=\sec^2 x$

| 채점 기준 | 배점 비율 |
|---|---|
| ❶ $\tan x=\dfrac{\sin x}{\cos x}$임을 알기 | 30% |
| ❷ 함수의 몫의 미분법을 이용하여 $y'=\sec^2 x$임을 보이기 | 70% |

## 0691 답 $e^{-\frac{\pi}{2}}\left(1-\dfrac{\pi}{2}\right)$

$y=\dfrac{x^{\sin x}}{e^x}$의 양변의 절댓값에 자연로그를 취하면

$\ln|y|=\sin x\cdot\ln|x|-x$

위의 식의 양변을 $x$에 대하여 미분하면

$\dfrac{y'}{y}=\cos x\cdot\ln|x|+\sin x\cdot\dfrac{1}{x}-1$

$\therefore y'=y\left(\cos x\cdot\ln|x|+\dfrac{\sin x}{x}-1\right)$

$\qquad=\dfrac{x^{\sin x}}{e^x}\left(\cos x\cdot\ln|x|+\dfrac{\sin x}{x}-1\right)$

따라서 $x=\dfrac{\pi}{2}$에서의 미분계수는

$\dfrac{\left(\dfrac{\pi}{2}\right)^{\sin\frac{\pi}{2}}}{e^{\frac{\pi}{2}}}\cdot\left(\cos\dfrac{\pi}{2}\cdot\ln\dfrac{\pi}{2}+\dfrac{\sin\frac{\pi}{2}}{\dfrac{\pi}{2}}-1\right)$

$=\dfrac{\dfrac{\pi}{2}}{e^{\frac{\pi}{2}}}\cdot\left(\dfrac{1}{\dfrac{\pi}{2}}-1\right)=e^{-\frac{\pi}{2}}\left(1-\dfrac{\pi}{2}\right)$

| 채점 기준 | 배점 비율 |
|---|---|
| ❶ $y=\dfrac{x^{\sin x}}{e^x}$의 양변의 절댓값에 자연로그 취하기 | 30% |
| ❷ $y'$ 구하기 | 40% |
| ❸ $x=\dfrac{\pi}{2}$에서의 미분계수 구하기 | 30% |

## 0692 답 $-1$

$3x^2-2xy+y^2=6$에 $x=a$, $y=b$를 대입하면
$3a^2-2ab+b^2=6$ $\quad\cdots\cdots\ \bigcirc$

$3x^2-2xy+y^2=6$의 양변을 $x$에 대하여 미분하면

$6x-2y-2x\dfrac{dy}{dx}+2y\dfrac{dy}{dx}=0$

$(2y-2x)\dfrac{dy}{dx}=2y-6x$

$\therefore \dfrac{dy}{dx}=\dfrac{y-3x}{y-x}$ (단, $y-x\neq0$)

이때 점 $(a,\ b)$에서의 $\dfrac{dy}{dx}$의 값이 2이므로 위의 식에
$x=a$, $y=b$를 대입하면

$\dfrac{b-3a}{b-a}=2$, $2b-2a=b-3a$

$\therefore b=-a$ $\quad\cdots\cdots\ \bigcirc\!\bigcirc$

$\bigcirc\!\bigcirc$을 $\bigcirc$에 대입하면

$3a^2-2a\cdot(-a)+(-a)^2=6$, $6a^2=6$, $a^2=1$

$\therefore a=-1$, $b=1$ 또는 $a=1$, $b=-1$ $(\because \bigcirc\!\bigcirc)$

$\therefore ab=(-1)\cdot1=-1$

| 채점 기준 | 배점 비율 |
|---|---|
| ❶ 점 $(a, b)$가 주어진 곡선 위의 점임을 이용하여 $a$, $b$ 사이의 관계식 구하기 | 20% |
| ❷ 주어진 곡선 위의 점 $(a, b)$에서의 $\dfrac{dy}{dx}$의 값이 2임을 이용하여 $a$, $b$ 사이의 관계식 구하기 | 50% |
| ❸ $ab$의 값 구하기 | 30% |

## 0693  답 3

$\displaystyle\lim_{x\to2}\dfrac{x-2}{g(x)-2}=3$이므로 $\displaystyle\lim_{x\to2}\dfrac{g(x)-2}{x-2}=\dfrac{1}{3}$ ······ ㉠

㉠에서 $x\to2$일 때 (분모) $\to0$이고 극한값이 존재하므로
(분자) $\to0$이어야 한다.

즉, $\displaystyle\lim_{x\to2}\{g(x)-2\}=0$에서

$g(2)-2=0$ $\therefore g(2)=2$

이때 함수 $f(x)$의 역함수가 $g(x)$이므로

$f(2)=2$ ................................... ❶

또한, $g(2)=2$를 ㉠에 대입하면

$\displaystyle\lim_{x\to2}\dfrac{g(x)-2}{x-2}=\lim_{x\to2}\dfrac{g(x)-g(2)}{x-2}$

$\qquad\qquad\qquad=g'(2)=\dfrac{1}{3}$ .......... ❷

$\therefore f'(2)=\dfrac{1}{g'(2)}=\dfrac{1}{\frac{1}{3}}=3$ ............ ❸

| 채점 기준 | 배점 비율 |
|---|---|
| ❶ $f(2)$의 값 구하기 | 40% |
| ❷ $g'(2)$의 값 구하기 | 20% |
| ❸ 역함수의 미분법을 이용하여 $f'(2)$의 값 구하기 | 40% |

## 0694  답 $\dfrac{1}{36}$

$\dfrac{dx}{dt}=f'(t)=3t^2$, $\dfrac{dy}{dt}=\dfrac{1}{f'(y)}=\dfrac{1}{3y^2}=\dfrac{1}{3\{f^{-1}(t)\}^2}$이므로

$\dfrac{dy}{dx}=\dfrac{\frac{dy}{dt}}{\frac{dx}{dt}}=\dfrac{\frac{1}{3\{f^{-1}(t)\}^2}}{3t^2}=\dfrac{1}{9t^2\{f^{-1}(t)\}^2}$ ............ ❶

또한, $x=t^3+1$에서 $x=9$, 즉 $9=t^3+1$일 때

$t^3=8$ $\therefore t=2$

$t=2$일 때 $f^{-1}(2)=a$라 하면 $f(a)=2$이므로

$a^3+1=2$, $a^3=1$ $\therefore a=1$ ............ ❷

따라서 $x=9$인 점에서의 $\dfrac{dy}{dx}$의 값은

$\dfrac{1}{9\cdot2^2\cdot\{f^{-1}(2)\}^2}=\dfrac{1}{36\cdot1^2}=\dfrac{1}{36}$ ............ ❸

| 채점 기준 | 배점 비율 |
|---|---|
| ❶ $\dfrac{dy}{dx}$를 $t$에 대한 식으로 나타내기 | 40% |
| ❷ $x=9$일 때의 $t$, $f^{-1}(t)$의 값 각각 구하기 | 30% |
| ❸ $x=9$인 점에서의 $\dfrac{dy}{dx}$의 값 구하기 | 30% |

## 0695  답 $a=\dfrac{\sqrt{6}-\sqrt{2}}{48}\pi$, $b=2-\sqrt{3}$

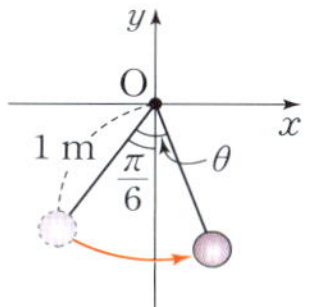

오른쪽 그림과 같이 추가 고정되어 있는 천장의 한 점을 원점으로 하고, 천장을 $x$축으로 하는 좌표평면을 생각하자.

시각 $t$에 따른 추의 좌표를 $\theta$에 대한 식으로 나타내면 추는 중심이 원점이고 반지름의 길이가 1인 부채꼴의 호 위의 점이다.

즉, $\theta=0$일 때의 추의 $x$좌표는 $\cos\left(-\dfrac{2}{3}\pi\right)=\cos\dfrac{4}{3}\pi$,

$\qquad$ $\cos\left(-\dfrac{2}{3}\pi\right)=\cos\left(-\dfrac{2}{3}\pi+2\pi\right)=\cos\dfrac{4}{3}\pi$

$y$좌표는 $\sin\left(-\dfrac{2}{3}\pi\right)=\sin\dfrac{4}{3}\pi$이므로 추의 좌표를 매개변수 $\theta$에 대한 함수로 나타내면

$\qquad$ $\sin\left(-\dfrac{2}{3}\pi\right)=\sin\left(-\dfrac{2}{3}\pi+2\pi\right)=\sin\dfrac{4}{3}\pi$

$x=\cos\left(\dfrac{4}{3}\pi+\theta\right)$, $y=\sin\left(\dfrac{4}{3}\pi+\theta\right)$ ............ ❶

또한, $t=3$일 때 $\theta=\dfrac{\pi}{108}(6t^2-t^3)$에서

$\theta=\dfrac{\pi}{108}(6\cdot3^2-3^3)$

$\therefore \theta=\dfrac{\pi}{4}$ ............ ❷

시각 $t$에 따른 지면에서부터 추의 높이의 변화율은 $\dfrac{dy}{dt}$이다.

$\dfrac{d\theta}{dt}=\dfrac{\pi}{108}(12t-3t^2)=\dfrac{\pi}{36}(4t-t^2)$,

$\dfrac{dy}{d\theta}=\cos\left(\dfrac{4}{3}\pi+\theta\right)$

이므로

$\dfrac{dy}{dt}=\dfrac{dy}{d\theta}\cdot\dfrac{d\theta}{dt}=\cos\left(\dfrac{4}{3}\pi+\theta\right)\cdot\dfrac{\pi}{36}(4t-t^2)$

즉, $\theta=\dfrac{\pi}{4}$일 때의 지면에서부터 추의 높이의 변화율 $a$는

$a=\cos\left(\dfrac{4}{3}\pi+\dfrac{\pi}{4}\right)\cdot\dfrac{\pi}{36}\cdot(4\cdot3-3^2)$

$=\dfrac{\pi}{12}\cdot\left\{-\cos\left(\dfrac{\pi}{3}+\dfrac{\pi}{4}\right)\right\}$

$\qquad$ $\cos\left\{\pi+\left(\dfrac{\pi}{3}+\dfrac{\pi}{4}\right)\right\}=-\cos\left(\dfrac{\pi}{3}+\dfrac{\pi}{4}\right)$

$=-\dfrac{\pi}{12}\cdot\left(\cos\dfrac{\pi}{3}\cos\dfrac{\pi}{4}-\sin\dfrac{\pi}{3}\sin\dfrac{\pi}{4}\right)$

$\qquad$ 코사인함수의 덧셈정리를 이용한다.

$=-\dfrac{\pi}{12}\cdot\left(\dfrac{1}{2}\cdot\dfrac{\sqrt{2}}{2}-\dfrac{\sqrt{3}}{2}\cdot\dfrac{\sqrt{2}}{2}\right)$

$=-\dfrac{\pi}{12}\cdot\dfrac{\sqrt{2}-\sqrt{6}}{4}$

$=\dfrac{\sqrt{6}-\sqrt{2}}{48}\pi$ ............ ❸

한편, 시각 $t$에 따른 추의 진행 경로가 그리는 곡선의 접선의 기울기는 $\dfrac{dy}{dx}$이다.

$\dfrac{dx}{d\theta}=-\sin\left(\dfrac{4}{3}\pi+\theta\right)$이므로

$\dfrac{dy}{dx}=\dfrac{\frac{dy}{d\theta}}{\frac{dx}{d\theta}}=\dfrac{\cos\left(\dfrac{4}{3}\pi+\theta\right)}{-\sin\left(\dfrac{4}{3}\pi+\theta\right)}$

$\qquad=-\cot\left(\dfrac{4}{3}\pi+\theta\right)$ $\left(\text{단, }\sin\left(\dfrac{4}{3}\pi+\theta\right)\neq0\right)$

즉, $\theta=\dfrac{\pi}{4}$일 때의 추의 진행 경로가 그리는 곡선의 접선의 기울기 $b$는

$$b=-\cot\left(\frac{4}{3}\pi+\frac{\pi}{4}\right)=-\cot\left(\frac{\pi}{3}+\frac{\pi}{4}\right)$$

$$=-\frac{1-\tan\frac{\pi}{3}\tan\frac{\pi}{4}}{\tan\frac{\pi}{3}+\tan\frac{\pi}{4}}$$

$$=-\frac{1-\sqrt{3}\cdot1}{\sqrt{3}+1}$$

$$=\frac{(\sqrt{3}-1)^2}{(\sqrt{3}+1)(\sqrt{3}-1)}$$

$$=\frac{4-2\sqrt{3}}{3-1}$$

$$=2-\sqrt{3}$$

$\quad\bullet\ -\cot\left(\frac{4}{3}\pi+\frac{\pi}{4}\right)=-\cot\left\{\pi+\left(\frac{\pi}{3}+\frac{\pi}{4}\right)\right\}$
$\qquad\qquad\qquad\qquad=-\cot\left(\frac{\pi}{3}+\frac{\pi}{4}\right)$

❹

| 채점 기준 | 배점 비율 |
|---|---|
| ❶ $x$, $y$를 매개변수 $\theta$에 대한 함수로 나타내기 | 30% |
| ❷ $t=3$일 때의 $\theta$의 값 구하기 | 10% |
| ❸ $\dfrac{dy}{dt}$를 이용하여 $a$의 값 구하기 | 30% |
| ❹ $\dfrac{dy}{dx}$를 이용하여 $b$의 값 구하기 | 30% |



---

## 06 접선의 방정식

본문 112쪽

**0696** 답 $y=-4x+5$

$f(x)=\dfrac{1}{4x-3}$이라 하면 $f'(x)=-\dfrac{4}{(4x-3)^2}$

점 $(1,\ 1)$에서의 접선의 기울기는

$f'(1)=-4$ → 미분계수의 기하적 의미에 의하여

이므로 구하는 접선의 방정식은

$y-1=-4(x-1)$　　$\therefore\ y=-4x+5$

**0697** 답 $y=\dfrac{1}{4}x+\dfrac{7}{4}$

$f(x)=\sqrt{x+3}$이라 하면 $f'(x)=\dfrac{1}{2\sqrt{x+3}}$

점 $(1,\ 2)$에서의 접선의 기울기는

$f'(1)=\dfrac{1}{2\cdot2}=\dfrac{1}{4}$

이므로 구하는 접선의 방정식은

$y-2=\dfrac{1}{4}(x-1)$　　$\therefore\ y=\dfrac{1}{4}x+\dfrac{7}{4}$

**0698** 답 $y=ex-e$

$f(x)=e^{x-1}$이라 하면 $f'(x)=e^{x-1}$

점 $(2,\ e)$에서의 접선의 기울기는

$f'(2)=e$

이므로 구하는 접선의 방정식은

$y-e=e(x-2)$　　$\therefore\ y=ex-e$

**0699** 답 $y=x-1+\ln5$

$f(x)=\ln5x=\ln5+\ln x$라 하면 $f'(x)=\dfrac{1}{x}$

점 $(1,\ \ln5)$에서의 접선의 기울기는

$f'(1)=1$

이므로 구하는 접선의 방정식은

$y-\ln5=x-1$　　$\therefore\ y=x-1+\ln5$

**0700** 답 $y=\sqrt{2}x-\dfrac{\sqrt{2}}{8}\pi+\dfrac{\sqrt{2}}{2}$

$f(x)=\sin2x$라 하면 $f'(x)=2\cos2x$

점 $\left(\dfrac{\pi}{8},\ \dfrac{\sqrt{2}}{2}\right)$에서의 접선의 기울기는

$f'\left(\dfrac{\pi}{8}\right)=2\cdot\dfrac{\sqrt{2}}{2}=\sqrt{2}$

이므로 구하는 접선의 방정식은

$y-\dfrac{\sqrt{2}}{2}=\sqrt{2}\left(x-\dfrac{\pi}{8}\right)$　　$\therefore\ y=\sqrt{2}x-\dfrac{\sqrt{2}}{8}\pi+\dfrac{\sqrt{2}}{2}$

**0701** 답 $y=3x-4$

$f(x)=x\sqrt{x}=x^{\frac{3}{2}}$이라 하면 $f'(x)=\dfrac{3}{2}x^{\frac{1}{2}}$

접점의 좌표를 $(t, t\sqrt{t})$라 하면 접선의 기울기가 3이므로
$$f'(t)=\frac{3}{2}t^{\frac{1}{2}}=3, \ t^{\frac{1}{2}}=2 \quad \therefore t=4$$
따라서 접점의 좌표는 $(4, 8)$이므로 구하는 직선의 방정식은
$$y-8=3(x-4) \quad \therefore y=3x-4$$

## 0702 $\quad$ 답 $y=2x+1$

$f(x)=e^{2x}$이라 하면 $f'(x)=2e^{2x}$
접점의 좌표를 $(t, e^{2t})$이라 하면 접선의 기울기가 2이므로
$$f'(t)=2e^{2t}=2, \ e^{2t}=1 \quad \therefore t=0$$
따라서 접점의 좌표는 $(0, 1)$이므로 구하는 직선의 방정식은
$$y-1=2x \quad \therefore y=2x+1$$

## 0703 $\quad$ 답 $y=\frac{1}{3}x-\frac{2}{3}+\ln 3$

$f(x)=\ln(x+1)$이라 하면 $f'(x)=\frac{1}{x+1}$

접점의 좌표를 $(t, \ln(t+1))$이라 하면 접선의 기울기가 $\frac{1}{3}$이므로
$$f'(t)=\frac{1}{t+1}=\frac{1}{3} \quad \therefore t=2$$
따라서 접점의 좌표는 $(2, \ln 3)$이므로 구하는 직선의 방정식은
$$y-\ln 3=\frac{1}{3}(x-2) \quad \therefore y=\frac{1}{3}x-\frac{2}{3}+\ln 3$$

## 0704 $\quad$ 답 $y=-x+\frac{\pi}{2}$

$f(x)=\cos x$라 하면 $f'(x)=-\sin x$
접점의 좌표를 $(t, \cos t)$라 하면 접선의 기울기가 $-1$이므로
$$f'(t)=-\sin t=-1, \ \sin t=1 \quad \therefore t=\frac{\pi}{2} \ (\because 0<t<\pi)$$

따라서 접점의 좌표는 $\left(\frac{\pi}{2}, 0\right)$이므로 구하는 직선의 방정식은
$$y=-\left(x-\frac{\pi}{2}\right) \quad \therefore y=-x+\frac{\pi}{2}$$

## 0705 $\quad$ 답 $y=-x+3$

$f(x)=\frac{1}{x-1}$이라 하면 $f'(x)=-\frac{1}{(x-1)^2}$

접점의 좌표를 $\left(t, \frac{1}{t-1}\right)$이라 하면 이 점에서의 접선의 기울기는
$$f'(t)=-\frac{1}{(t-1)^2}$$이므로 접선의 방정식은
$$y-\frac{1}{t-1}=-\frac{1}{(t-1)^2}(x-t) \quad \cdots\cdots \ \bigcirc$$
이 직선이 점 $(3, 0)$을 지나므로
$$-\frac{1}{t-1}=-\frac{1}{(t-1)^2}(3-t)$$
$$t-1=3-t \quad \therefore t=2$$
$t=2$를 $\bigcirc$에 대입하면 구하는 접선의 방정식은
$$y-1=-(x-2) \quad \therefore y=-x+3$$

## 0706 $\quad$ 답 $y=3ex$

$f(x)=3e^x$이라 하면 $f'(x)=3e^x$
접점의 좌표를 $(t, 3e^t)$이라 하면 이 점에서의 접선의 기울기는
$f'(t)=3e^t$이므로 접선의 방정식은
$$y-3e^t=3e^t(x-t) \quad \cdots\cdots \ \bigcirc$$

이 직선이 점 $(0, 0)$을 지나므로
$$-3e^t=3e^t\cdot(-t) \quad \therefore t=1$$
$t=1$을 $\bigcirc$에 대입하면 구하는 접선의 방정식은
$$y-3e=3e(x-1) \quad \therefore y=3ex$$

## 0707 $\quad$ 답 $y=\frac{1}{e\ln 5}x$

$f(x)=\log_5 x$라 하면 $f'(x)=\frac{1}{x\ln 5}$

접점의 좌표를 $(t, \log_5 t)$라 하면 이 점에서의 접선의 기울기는
$$f'(t)=\frac{1}{t\ln 5}$$이므로 접선의 방정식은
$$y-\log_5 t=\frac{1}{t\ln 5}(x-t) \quad \cdots\cdots \ \bigcirc$$
이 직선이 점 $(0, 0)$을 지나므로
$$-\log_5 t=\frac{1}{t\ln 5}\cdot(-t), \ \log_5 t=\frac{1}{\ln 5}$$
$$\log_5 t=\log_5 e \quad \therefore t=e$$ 로그의 밑의 변환에 의하여 $\frac{1}{\ln 5}=\log_5 e$
$t=e$를 $\bigcirc$에 대입하면 구하는 접선의 방정식은
$$y-\log_5 e=\frac{1}{e\ln 5}(x-e), \ y-\frac{1}{\ln 5}=\frac{1}{e\ln 5}x-\frac{1}{\ln 5}$$
$$\therefore y=\frac{1}{e\ln 5}x$$

## 0708 $\quad$ 답 (1) $\dfrac{dy}{dx}=\dfrac{2t^3}{t^2+1}$ $\quad$ (2) $x=0, \ y=1$ $\quad$ (3) $y=-x+1$

(1) $\dfrac{dx}{dt}=1+\dfrac{1}{t^2}, \ \dfrac{dy}{dt}=2t$이므로
$$\frac{dy}{dx}=\frac{\dfrac{dy}{dt}}{\dfrac{dx}{dt}}=\frac{2t}{1+\dfrac{1}{t^2}}=\frac{2t^3}{t^2+1} \quad \cdots\cdots \ \bigcirc$$

(2) $t=-1$일 때, $x=0, \ y=1$
(3) $t=-1$에 대응하는 점에서의 접선의 기울기는 $t=-1$을 $\bigcirc$에 대입한 값과 같으므로
$$\frac{dy}{dx}=\frac{2\cdot(-1)^3}{(-1)^2+1}=-1$$
따라서 구하는 접선의 방정식은
$$y-1=-x \quad \therefore y=-x+1$$

## 0709 $\quad$ 답 (1) $\dfrac{dy}{dx}=-\dfrac{x}{4y}$ (단, $y\neq 0$)

$\qquad\qquad$ (2) $-\dfrac{1}{2}$ $\quad$ (3) $y=-\dfrac{1}{2}x+\sqrt{2}$

(1) $\dfrac{x^2}{4}+y^2=1$의 양변을 $x$에 대하여 미분하면
$$\frac{x}{2}+2y\frac{dy}{dx}=0$$
$$\therefore \frac{dy}{dx}=-\frac{x}{4y} \ (\text{단}, \ y\neq 0) \quad \cdots\cdots \ \bigcirc$$

(2) $x=\sqrt{2}, \ y=\dfrac{\sqrt{2}}{2}$를 $\bigcirc$에 대입하면
$$\frac{dy}{dx}=-\frac{\sqrt{2}}{4\cdot\dfrac{\sqrt{2}}{2}}=-\frac{1}{2}$$

(3) 구하는 접선의 방정식은
$$y-\frac{\sqrt{2}}{2}=-\frac{1}{2}(x-\sqrt{2}) \quad \therefore y=-\frac{1}{2}x+\sqrt{2}$$

**0710** 답 ⑤

**0711** 답 ⑤

$f(x)=\dfrac{1}{x-2}$이라 하면

$$f'(x)=-\dfrac{1}{(x-2)^2}$$

점 $(3, 1)$에서의 접선의 기울기는 $f'(3)=-1$이므로 접선의 방정식은

$$y-1=-(x-3) \qquad \therefore y=-x+4$$

이 접선이 점 $(0, k)$를 지나므로

$$k=4$$

**0712** 답 ②

$f(x)=\sqrt{5x^2-1}$에서

$$f'(x)=\dfrac{10x}{2\sqrt{5x^2-1}}=\dfrac{5x}{\sqrt{5x^2-1}}$$

점 $(1, f(1))$, 즉 $(1, 2)$에서의 접선의 기울기는 $f'(1)=\dfrac{5}{2}$이므로 접선의 방정식은

$$y-2=\dfrac{5}{2}(x-1) \qquad \therefore y=\dfrac{5}{2}x-\dfrac{1}{2}$$

따라서 접선의 $y$절편은 $-\dfrac{1}{2}$이다.

$\rightarrow$ $x=0$일 때, $y$의 값

**0713** 답 ⑤

점 $(1, 2)$가 곡선 $y=\sqrt{k-\sin \pi x}$ 위의 점이므로

$$2=\sqrt{k-\sin \pi}, \sqrt{k}=2 \qquad \therefore k=4$$

$g(x)=\sqrt{4-\sin \pi x}$라 하면

$$g'(x)=-\dfrac{\pi \cos \pi x}{2\sqrt{4-\sin \pi x}}$$

점 $(1, 2)$에서의 접선의 기울기는 $g'(1)=-\dfrac{-\pi}{2\cdot 2}=\dfrac{\pi}{4}$이므로 접선의 방정식은

$$y-2=\dfrac{\pi}{4}(x-1) \qquad \therefore y=\dfrac{\pi}{4}x-\dfrac{\pi}{4}+2$$

따라서 $f(x)=\dfrac{\pi}{4}x-\dfrac{\pi}{4}+2$이므로

$$f(k)=f(4)=\dfrac{\pi}{4}\cdot 4-\dfrac{\pi}{4}+2=\dfrac{3}{4}\pi+2$$

**0714** 답 ②

$f(x)=\sin(\ln x)+2$라 하면

$$f'(x)=\cos(\ln x)\cdot \dfrac{1}{x}$$

점 $(1, 2)$에서의 접선의 기울기는 $f'(1)=1$이므로 접선 $l$의 방정식은

$$y-2=x-1 \qquad \therefore y=x+1$$

따라서 원점과 직선 $l$, 즉 $x-y+1=0$ 사이의 거리는

$$\dfrac{|1|}{\sqrt{1^2+(-1)^2}}=\dfrac{\sqrt{2}}{2}$$

$\rightarrow$ 점 $(x_1, y_1)$과 직선 $ax+by+c=0$ 사이의 거리는
$\dfrac{|ax_1+by_1+c|}{\sqrt{a^2+b^2}}$

**0715** 답 ①

**0716** 답 ②

$x+2y-1=0$에서 $y=-\dfrac{1}{2}x+\dfrac{1}{2}$이므로 이 직선에 수직인 직선의 기울기는 2이다.

$\rightarrow$ 수직인 두 직선의 기울기의 곱은 $-1$이다.

$f(x)=2\cos x+1$이라 하면 $f'(x)=-2\sin x$

접점의 좌표를 $(t, 2\cos t+1)$이라 하면 접선의 기울기가 2이므로

$$f'(t)=-2\sin t=2, \sin t=-1$$

$$\therefore t=\dfrac{3}{2}\pi \ (\because 0\leq t\leq 2\pi)$$

즉, 접점의 좌표는 $\left(\dfrac{3}{2}\pi, 1\right)$이므로 접선의 방정식은

$$y-1=2\left(x-\dfrac{3}{2}\pi\right) \qquad \therefore y=2x-3\pi+1$$

따라서 접선의 $y$절편은 $1-3\pi$이다.

**0717** 답 ⑤

$f(x)=\dfrac{ax}{x+1}$에서

$$f'(x)=\dfrac{a(x+1)-ax}{(x+1)^2}=\dfrac{a}{(x+1)^2}$$

점 $(2, f(2))$에서의 접선의 기울기가 $\dfrac{1}{3}$이므로

$$f'(2)=\dfrac{a}{(2+1)^2}=\dfrac{1}{3}, 3a=9$$

$$\therefore a=3$$

즉, 접점의 좌표는 $(2, 2)$이므로 접선의 방정식은

$$y-2=\dfrac{1}{3}(x-2) \qquad \therefore y=\dfrac{1}{3}x+\dfrac{4}{3}$$

$$\therefore b=\dfrac{4}{3}$$

$$\therefore ab=3\cdot \dfrac{4}{3}=4$$

**0718** 답 ②

직선 $y=2ex$를 $y$축의 방향으로 $k$만큼 평행이동한 직선의 방정식은

$$y=2ex+k \qquad \cdots\cdots \ \ominus$$

$f(x)=e^{2x-1}$이라 하면 $f'(x)=2e^{2x-1}$

접점의 좌표를 $(t, e^{2t-1})$이라 하면 $\ominus$에서 접선의 기울기가 $2e$이므로

$$f'(t)=2e^{2t-1}=2e, 2t-1=1$$

$$\therefore t=1$$

즉, 접점의 좌표는 $(1, e)$이므로 접선의 방정식은

$$y-e=2e(x-1) \qquad \therefore y=2ex-e \qquad \cdots\cdots \ \ominus\!\ominus$$

$\ominus$, $\ominus\!\ominus$에서 $k=-e$

$\rightarrow$ 직선 $\ominus$이 접점을 지나므로 접점의 좌표를 $\ominus\!\ominus$에 대입하여 $k$의 값을 구할 수도 있다.

**0719** 답 ②

곡선 $f(x)=\sqrt{3x^4-\dfrac{2}{3}x^2+p}$가 직선 $y=\dfrac{1}{3}$과 점 $\left(t, \dfrac{1}{3}\right) (t>0)$에서 접한다고 하면

$$f(t)=\sqrt{3t^4-\dfrac{2}{3}t^2+p}=\dfrac{1}{3} \qquad \cdots\cdots \ \ominus$$

또한, $f'(x)=\dfrac{12x^3-\dfrac{4}{3}x}{2\sqrt{3x^4-\dfrac{2}{3}x^2+p}}=\dfrac{18x^3-2x}{3\sqrt{3x^4-\dfrac{2}{3}x^2+p}}$이고,

점 $\left(t,\ \dfrac{1}{3}\right)$에서의 접선의 기울기가 0이므로

$f'(t)=\dfrac{18t^3-2t}{3\sqrt{3t^4-\dfrac{2}{3}t^2+p}}=\dfrac{2t(9t^2-1)}{3\sqrt{3t^4-\dfrac{2}{3}t^2+p}}=0$

$t>0$이므로 $9t^2-1=0$, $t^2=\dfrac{1}{9}$

$\therefore\ t=\dfrac{1}{3}$

$t=\dfrac{1}{3}$을 ㉠에 대입하면

$f\left(\dfrac{1}{3}\right)=\sqrt{3\cdot\left(\dfrac{1}{3}\right)^4-\dfrac{2}{3}\cdot\left(\dfrac{1}{3}\right)^2+p}=\dfrac{1}{3}$

$\sqrt{p-\dfrac{1}{27}}=\dfrac{1}{3}$, $p-\dfrac{1}{27}=\dfrac{1}{9}$

$\therefore\ p=\dfrac{4}{27}$

## 0720 답 ②

## 0721 답 ④

$f(x)=e^{2-x}$이라 하면 $f'(x)=-e^{2-x}$

접점의 좌표를 $(t,\ e^{2-t})$이라 하면 이 점에서의 접선의 기울기는

$f'(t)=-e^{2-t}$이므로 접선의 방정식은

$y-e^{2-t}=-e^{2-t}(x-t)$ $\quad$ …… ㉠

이 직선이 점 $(2,\ 0)$을 지나므로

$-e^{2-t}=-e^{2-t}(2-t)$ $\quad\therefore\ t=1$

$t=1$을 ㉠에 대입하면

$y-e=-e(x-1)$ $\quad\therefore\ y=-ex+2e$

따라서 $a=-e$, $b=2e$이므로

$a-b=-e-2e=-3e$

## 0722 답 ③

$f(x)=\ln x+a$라 하면 $f'(x)=\dfrac{1}{x}$

접점의 좌표를 $(t,\ \ln t+a)$라 하면 이 점에서의 접선의 기울기는

$f'(t)=\dfrac{1}{t}$이고, 접선의 기울기가 4이므로

$\dfrac{1}{t}=4$ $\quad\therefore\ t=\dfrac{1}{4}$

$\color{teal}\cdot\ln\dfrac{1}{4}=\ln 2^{-2}=-2\ln 2$

즉, 접점의 좌표는 $\left(\dfrac{1}{4},\ \underline{-2\ln 2+a}\right)$이므로 접선의 방정식은

$y-(-2\ln 2+a)=4\left(x-\dfrac{1}{4}\right)$

이 직선이 점 $(1,\ 3)$을 지나므로

$3+2\ln 2-a=4\cdot\dfrac{3}{4}$

$\therefore\ a=2\ln 2$

## 0723 답 ①

$f(x)=\dfrac{k}{x+2}$라 하면 $f'(x)=-\dfrac{k}{(x+2)^2}$

접점의 좌표를 $\left(t,\ \dfrac{k}{t+2}\right)$라 하면 이 점에서의 접선의 기울기는

$f'(t)=-\dfrac{k}{(t+2)^2}$이므로 접선의 방정식은

$y-\dfrac{k}{t+2}=-\dfrac{k}{(t+2)^2}(x-t)$ $\quad$ …… ㉠

이 직선이 원점을 지나므로

$-\dfrac{k}{t+2}=-\dfrac{k}{(t+2)^2}\cdot(-t)$

$-t-2=t$ $\quad\therefore\ t=-1$

$t=-1$을 ㉠에 대입하면

$y-k=-k(x+1)$ $\quad\therefore\ y=-kx$

$\therefore\ k=-2$

## 0724 답 ④

$f(x)=(x-1)e^x$이라 하면 $f'(x)=e^x+(x-1)e^x=xe^x$

접점의 좌표를 $(t,\ (t-1)e^t)$이라 하면 이 점에서의 접선의 기울기는 $f'(t)=te^t$이므로 접선의 방정식은

$y-(t-1)e^t=te^t(x-t)$

이 직선이 점 $(2,\ 0)$을 지나므로

$-(t-1)e^t=te^t(2-t)$

$(t^2-3t+1)e^t=0$

$\color{teal}$근의 공식을 이용하면 $t=\dfrac{3\pm\sqrt{5}}{2}$이므로

$e^t>0$이므로 $t^2-3t+1=0$ $\quad\color{teal}f'\left(\dfrac{3+\sqrt{5}}{2}\right)f'\left(\dfrac{3-\sqrt{5}}{2}\right)$로 답을 구할 수도 있다.

이 이차방정식의 두 근을 $\alpha$, $\beta$라 하면 이차방정식의 근과 계수의 관계에 의하여

$\alpha+\beta=3$, $\alpha\beta=1$

이때 두 접선의 기울기는 각각 $\alpha e^\alpha$, $\beta e^\beta$이므로 두 접선의 기울기의 곱은

$\alpha e^\alpha\cdot\beta e^\beta=\alpha\beta e^{\alpha+\beta}=e^3$

## 0725 답 ④

## 0726 답 ①

$\dfrac{dx}{dt}=\dfrac{e^t-e^{-t}}{2}$, $\dfrac{dy}{dt}=\dfrac{e^t+e^{-t}}{2}$이므로

$\dfrac{dy}{dx}=\dfrac{\dfrac{dy}{dt}}{\dfrac{dx}{dt}}=\dfrac{\dfrac{e^t+e^{-t}}{2}}{\dfrac{e^t-e^{-t}}{2}}=\dfrac{e^t+e^{-t}}{e^t-e^{-t}}$ (단, $t\neq 0$)

$t=\ln 2$일 때

$\color{teal}e^{\ln 2}+e^{-\ln 2}=e^{\ln 2}+e^{\ln\frac{1}{2}}=2^{\ln 2}+\left(\dfrac{1}{2}\right)^{\ln e}=2+\dfrac{1}{2}$

$x=\dfrac{e^{\ln 2}+e^{-\ln 2}}{2}=\dfrac{2+\dfrac{1}{2}}{2}=\dfrac{5}{4}$,

$y=\dfrac{e^{\ln 2}-e^{-\ln 2}}{2}=\dfrac{2-\dfrac{1}{2}}{2}=\dfrac{3}{4}$,

$\dfrac{dy}{dx}=\dfrac{e^{\ln 2}+e^{-\ln 2}}{e^{\ln 2}-e^{-\ln 2}}=\dfrac{2+\dfrac{1}{2}}{2-\dfrac{1}{2}}=\dfrac{5}{3}$

이므로 접선의 방정식은

$y-\dfrac{3}{4}=\dfrac{5}{3}\left(x-\dfrac{5}{4}\right)$ $\quad\therefore\ y=\dfrac{5}{3}x-\dfrac{4}{3}$

따라서 $a=\dfrac{5}{3}$, $b=-\dfrac{4}{3}$이므로

$ab=\dfrac{5}{3}\cdot\left(-\dfrac{4}{3}\right)=-\dfrac{20}{9}$

## 0727  답 ④

$1+2\cos\theta=0$에서

$\cos\theta=-\dfrac{1}{2}$

$\therefore \theta=\dfrac{2}{3}\pi$ 또는 $\theta=\dfrac{4}{3}\pi$

$\qquad\qquad\qquad\qquad\cdots\cdots$ ㉠

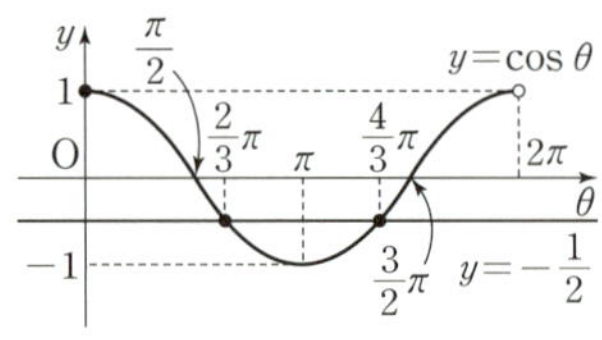

$\sin\theta=-\dfrac{\sqrt{3}}{2}$에서

$\theta=\dfrac{4}{3}\pi$ 또는 $\theta=\dfrac{5}{3}\pi$ $\cdots\cdots$ ㉡

㉠, ㉡에서 $\theta=\dfrac{4}{3}\pi$

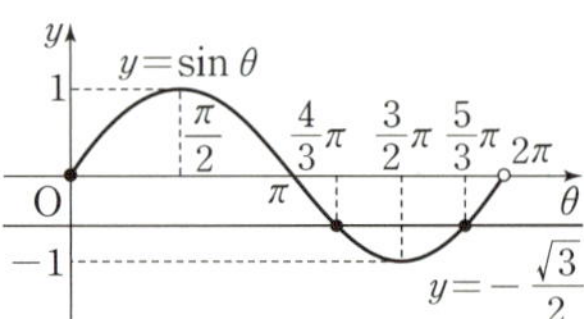

$\dfrac{dx}{d\theta}=-2\sin\theta$, $\dfrac{dy}{d\theta}=\cos\theta$이므로

$\dfrac{dy}{dx}=\dfrac{\dfrac{dy}{d\theta}}{\dfrac{dx}{d\theta}}=\dfrac{\cos\theta}{-2\sin\theta}$ (단, $\sin\theta\neq0$)

$\theta=\dfrac{4}{3}\pi$일 때

$\dfrac{dy}{dx}=\dfrac{-\dfrac{1}{2}}{-2\cdot\left(-\dfrac{\sqrt{3}}{2}\right)}=-\dfrac{\sqrt{3}}{6}$

이므로 접선의 방정식은

$y-\left(-\dfrac{\sqrt{3}}{2}\right)=-\dfrac{\sqrt{3}}{6}x$ $\quad\therefore y=-\dfrac{\sqrt{3}}{6}x-\dfrac{\sqrt{3}}{2}$

이 직선이 점 $(-6,\ a)$를 지나므로

$a=-\dfrac{\sqrt{3}}{6}\cdot(-6)-\dfrac{\sqrt{3}}{2}=\dfrac{\sqrt{3}}{2}$

## 0728  답 ②

$\dfrac{dx}{dt}=\dfrac{(t^2+1)-t\cdot2t}{(t^2+1)^2}=\dfrac{1-t^2}{(t^2+1)^2}$,

$\dfrac{dy}{dt}=\dfrac{2t(t^2+1)-(t^2-1)\cdot2t}{(t^2+1)^2}=\dfrac{4t}{(t^2+1)^2}$이므로

$\dfrac{dy}{dx}=\dfrac{\dfrac{dy}{dt}}{\dfrac{dx}{dt}}=\dfrac{\dfrac{4t}{(t^2+1)^2}}{\dfrac{1-t^2}{(t^2+1)^2}}=\dfrac{4t}{1-t^2}$ (단, $t\neq1$)

$t=k$일 때

$x=\dfrac{k}{k^2+1}$, $y=\dfrac{k^2-1}{k^2+1}$, $\dfrac{dy}{dx}=\dfrac{4k}{1-k^2}$

이므로 접선의 방정식은

$y-\dfrac{k^2-1}{k^2+1}=\dfrac{4k}{1-k^2}\left(x-\dfrac{k}{k^2+1}\right)$

$\therefore y=\dfrac{4k}{1-k^2}x+\dfrac{k^2+1}{k^2-1}$

이때 접선의 $y$절편이 3이므로

$\dfrac{k^2+1}{k^2-1}=3$, $k^2+1=3k^2-3$

$k^2=2$ $\quad\therefore k=\sqrt{2}$ ($\because k\geq0$)

따라서 접점의 $x$좌표 $a$는

$a=\dfrac{\sqrt{2}}{(\sqrt{2})^2+1}=\dfrac{\sqrt{2}}{3}$

$\therefore ak=\dfrac{\sqrt{2}}{3}\cdot\sqrt{2}=\dfrac{2}{3}$

## 0729  답 ②

곡선 $y=f(x)$가 점 $(2e,\ f(2e))$를 지나므로

$x=t^2+e$에서 $2e=t^2+e$

$\therefore t=\sqrt{e}$ ($\because t>0$)

$\dfrac{dx}{dt}=2t$, $\dfrac{dy}{dt}=2t+a\ln t+a$이므로

$\dfrac{dy}{dx}=\dfrac{\dfrac{dy}{dt}}{\dfrac{dx}{dt}}=\dfrac{2t+a\ln t+a}{2t}$ $\qquad\cdots\cdots$ ㉠

곡선 $y=f(x)$ 위의 점 $(2e,\ f(2e))$에서의 접선의 기울기가 $\dfrac{7}{4}$이

므로 $t=\sqrt{e}$를 ㉠에 대입하면

$\dfrac{2\sqrt{e}+\dfrac{a}{2}+a}{2\sqrt{e}}=\dfrac{7}{4}$, $4\sqrt{e}+3a=7\sqrt{e}$

$\therefore a=\sqrt{e}$

$\therefore f(2e)=(\sqrt{e})^2+\sqrt{e}\cdot\sqrt{e}\ln\sqrt{e}$

$\qquad\qquad=e+\dfrac{e}{2}=\dfrac{3}{2}e$

따라서 접선 $y=\dfrac{7}{4}x+b$가 점 $\left(2e,\ \dfrac{3}{2}e\right)$를 지나므로

$\dfrac{3}{2}e=\dfrac{7}{4}\cdot2e+b$ $\quad\therefore b=-2e$

$\therefore \dfrac{b}{a}=\dfrac{-2e}{\sqrt{e}}=-2\sqrt{e}$

## 0730  답 ④

## 0731  답 ③

$x^2y-4=0$의 양변을 $x$에 대하여 미분하면

$2xy+x^2\dfrac{dy}{dx}=0$ $\quad\therefore \dfrac{dy}{dx}=-\dfrac{2y}{x}$ (단, $x\neq0$)

즉, 점 $(1,\ 4)$에서의 접선의 기울기는

$\dfrac{dy}{dx}=-8$

이므로 접선의 방정식은

$y-4=-8(x-1)$ $\quad\therefore y=-8x+12$

따라서 접선의 $x$절편은 $\dfrac{3}{2}$이다.

$\qquad\qquad\qquad\qquad\uparrow$ $y=0$일 때, $x$의 값

## 0732  답 ④

$y^2=10-3xy$의 양변을 $x$에 대하여 미분하면

$2y\dfrac{dy}{dx}=-3y-3x\dfrac{dy}{dx}$, $(3x+2y)\dfrac{dy}{dx}=-3y$

$\therefore \dfrac{dy}{dx}=-\dfrac{3y}{3x+2y}$ (단, $3x+2y\neq0$)

즉, 점 $(-1,\ 5)$에서의 접선의 기울기는

$\dfrac{dy}{dx}=-\dfrac{3\cdot5}{3\cdot(-1)+2\cdot5}=-\dfrac{15}{7}$

이므로 접선의 방정식은

$y-5=-\dfrac{15}{7}(x+1)$ $\quad\therefore y=-\dfrac{15}{7}x+\dfrac{20}{7}$

이 직선이 점 $\left(p,\ \dfrac{5}{7}\right)$를 지나므로

$\dfrac{5}{7}=-\dfrac{15}{7}p+\dfrac{20}{7}$ $\quad\therefore p=1$

## 0733  답 ④

$e^x-e^y=y-1$의 양변을 $x$에 대하여 미분하면

$e^x-e^y\dfrac{dy}{dx}=\dfrac{dy}{dx}$, $(e^y+1)\dfrac{dy}{dx}=e^x$

$\therefore \dfrac{dy}{dx}=\dfrac{e^x}{e^y+1}$

즉, 점 $(1,\ 1)$에서의 접선의 기울기는

$\dfrac{dy}{dx}=\dfrac{e}{e+1}$

이므로 접선의 방정식은

$y-1=\dfrac{e}{e+1}(x-1)$  $\therefore y=\dfrac{e}{e+1}x+\dfrac{1}{e+1}$

따라서 $a=\dfrac{e}{e+1}$, $b=\dfrac{1}{e+1}$이므로

$\dfrac{a}{b}=\dfrac{\dfrac{e}{e+1}}{\dfrac{1}{e+1}}=e$

## 0734  답 ②

$\dfrac{1}{3}y^3-3y^2+11y-2x=0$의 양변을 $x$에 대하여 미분하면

$y^2\dfrac{dy}{dx}-6y\dfrac{dy}{dx}+11\dfrac{dy}{dx}-2=0$, $(y^2-6y+11)\dfrac{dy}{dx}=2$

$\therefore \dfrac{dy}{dx}=\dfrac{2}{y^2-6y+11}=\dfrac{2}{(y-3)^2+2}$

접선의 기울기는 $y=3$일 때 최대이고, 최댓값은 1이다.

한편, $y=3$을 곡선의 방정식에 대입하면

$\dfrac{1}{3}\cdot 3^3-3\cdot 3^2+11\cdot 3-2x=0$  $\therefore x=\dfrac{15}{2}$

즉, 점 $\left(\dfrac{15}{2},\ 3\right)$을 지나고 기울기가 1인 접선 $l$의 방정식은

$y-3=x-\dfrac{15}{2}$  $\therefore y=x-\dfrac{9}{2}$

따라서 접선 $l$의 $y$절편은 $-\dfrac{9}{2}$이다.

## 0735  답 ③

## 0736  답 ②

$f(x)=\dfrac{x+1}{x^2+1}$이라 하면

$f'(x)=\dfrac{(x^2+1)-(x+1)\cdot 2x}{(x^2+1)^2}=-\dfrac{x^2+2x-1}{(x^2+1)^2}$

점 $(1,\ 1)$에서의 접선의 기울기가

$f'(1)=-\dfrac{1^2+2\cdot 1-1}{(1^2+1)^2}=-\dfrac{1}{2}$

이므로 이 점에서의 접선과 수직인 직선의 기울기는 2이다.

즉, 점 $(1,\ 1)$을 지나고 기울기가 2인 직선의 방정식은

$y-1=2(x-1)$  $\therefore 2x-y-1=0$

따라서 $a=2$, $b=-1$이므로

$a-b=2-(-1)=3$

## 0737  답 18

$x^3+ax-y^3=b$의 양변을 $x$에 대하여 미분하면

$3x^2+a-3y^2\dfrac{dy}{dx}=0$  $\therefore \dfrac{dy}{dx}=\dfrac{3x^2+a}{3y^2}$ (단, $y\neq 0$)

직선 $x+3y+1=0$, 즉 $y=-\dfrac{1}{3}x-\dfrac{1}{3}$과 수직인 직선의 기울기는 3이므로 점 $\mathrm{P}(2,\ -1)$에서의 접선의 기울기는 3이다.

즉, $\dfrac{3\cdot 2^2+a}{3\cdot(-1)^2}=3$에서 $12+a=9$  $\therefore a=-3$

따라서 곡선 $x^3-3x-y^3=b$가 점 $\mathrm{P}$를 지나므로

$b=2^3-3\cdot 2-(-1)^3=3$  $\therefore a^2+b^2=(-3)^2+3^2=18$

## 0738  답 ②

$\dfrac{dx}{dt}=-e^{-t}\cos t-e^{-t}\sin t=-e^{-t}(\sin t+\cos t)$,

$\dfrac{dy}{dt}=-e^{-t}\sin t+e^{-t}\cos t=-e^{-t}(\sin t-\cos t)$이므로

$\dfrac{dy}{dx}=\dfrac{\dfrac{dy}{dt}}{\dfrac{dx}{dt}}=\dfrac{-e^{-t}(\sin t-\cos t)}{-e^{-t}(\sin t+\cos t)}$

$=\dfrac{\sin t-\cos t}{\sin t+\cos t}$ (단, $\sin t+\cos t\neq 0$)

직선 $l$의 기울기가 $-1$이므로 직선 $l$과 수직인 접선의 기울기는 1이다.

즉, $\dfrac{dy}{dx}=\dfrac{\sin t-\cos t}{\sin t+\cos t}=1$에서 $\sin t-\cos t=\sin t+\cos t$

$\cos t=0$  $\therefore t=\dfrac{\pi}{2}$ ($\because 0\leq t\leq \pi$)

$t=\dfrac{\pi}{2}$일 때

$x=e^{-\frac{\pi}{2}}\cdot 0=0$, $y=e^{-\frac{\pi}{2}}\cdot 1=e^{-\frac{\pi}{2}}$

이므로 직선 $l$의 방정식은

$y-e^{-\frac{\pi}{2}}=-x$  $\therefore y=-x+e^{-\frac{\pi}{2}}$

따라서 직선 $l$이 점 $(a,\ 0)$을 지나므로

$0=-a+e^{-\frac{\pi}{2}}$  $\therefore a=e^{-\frac{\pi}{2}}$

## 0739  답 ⑤

$f(x)=e^{2x}-2x$라 하면 $f'(x)=2e^{2x}-2$

점 $(t,\ e^{2t}-2t)$에서의 접선의 기울기는 $f'(t)=2e^{2t}-2$이므로 이 점에서의 접선과 수직인 직선의 기울기는 $-\dfrac{1}{2e^{2t}-2}$이다.

즉, 구하는 직선의 방정식은

$y-(e^{2t}-2t)=-\dfrac{1}{2e^{2t}-2}(x-t)$

$\therefore y=-\dfrac{1}{2e^{2t}-2}x+\dfrac{t}{2e^{2t}-2}+e^{2t}-2t$

따라서 $g(t)=\dfrac{t}{2e^{2t}-2}+e^{2t}-2t$이므로

$\lim\limits_{t\to 0}g(t)=\lim\limits_{t\to 0}\left(\dfrac{t}{2e^{2t}-2}+e^{2t}-2t\right)$

$=\lim\limits_{t\to 0}\left(\dfrac{2t}{e^{2t}-1}\cdot\dfrac{1}{4}+e^{2t}-2t\right)$

$=1\cdot\dfrac{1}{4}+1=\dfrac{5}{4}$

## 0740  답 ②

## 0741  답 ③

$f(x)=\dfrac{2-x}{x}=\dfrac{2}{x}-1$이라 하면 $f'(x)=-\dfrac{2}{x^2}$

접점의 좌표를 $\left(t, \dfrac{2-t}{t}\right)$라 하면 이 점에서의 접선의 기울기는

$f'(t)=-\dfrac{2}{t^2}$이므로 접선의 방정식은

$$y-\dfrac{2-t}{t}=-\dfrac{2}{t^2}(x-t)$$

이 직선이 점 $(1, -2)$를 지나므로

$$-2-\dfrac{2-t}{t}=-\dfrac{2}{t^2}(1-t),\ t^2+4t-2=0$$

$$\therefore t=-2\pm\sqrt{6}$$

따라서 접점의 개수가 2이므로 점 $(1, -2)$에서 그을 수 있는 접선의 개수는 2이다.

## 0742 답 ②

$\dfrac{dx}{dt}=\dfrac{1}{2\sqrt{t}},\ \dfrac{dy}{dt}=\dfrac{1}{2\sqrt{t+1}}$이므로

$$\dfrac{dy}{dx}=\dfrac{\frac{dy}{dt}}{\frac{dx}{dt}}=\dfrac{\frac{1}{2\sqrt{t+1}}}{\frac{1}{2\sqrt{t}}}=\dfrac{\sqrt{t}}{\sqrt{t+1}}$$

원점에서 곡선 $y=f(x)$에 그은 접선의 접점을 $t=a\ (a>0)$에 대응하는 점이라 하면 접점의 좌표는 $(\sqrt{a}+1,\ \sqrt{a+1})$이다.

이 점에서의 접선의 기울기는 $\dfrac{dy}{dx}=\dfrac{\sqrt{a}}{\sqrt{a+1}}$이므로 접선의 방정식은

$$y-\sqrt{a+1}=\dfrac{\sqrt{a}}{\sqrt{a+1}}\{x-(\sqrt{a}+1)\}$$

이 직선이 원점을 지나므로

$$-\sqrt{a+1}=-\dfrac{\sqrt{a}}{\sqrt{a+1}}(\sqrt{a}+1)$$

$$a+1=a+\sqrt{a},\ \sqrt{a}=1 \qquad \therefore a=1$$

따라서 접점의 개수가 1이므로 원점에서 그을 수 있는 접선의 개수는 1이다.

## 0743 답 ⑤

$f(x)=xe^x$이라 하면 $f'(x)=e^x+xe^x=(x+1)e^x$

접점의 좌표를 $(t, te^t)$이라 하면 이 점에서의 접선의 기울기는

$f'(t)=(t+1)e^t$이므로 접선의 방정식은

$$y-te^t=(t+1)e^t(x-t)$$

이 직선이 점 $(k, 0)$을 지나므로

$$-te^t=(t+1)e^t(k-t),\ e^t(t^2-kt-k)=0$$

$e^t>0$이므로 $t^2-kt-k=0$ $\qquad$ …… ㉠

점 $(k, 0)$에서 곡선 $y=xe^x$에 그은 접선이 존재하지 않으려면 이차방정식 ㉠의 실근이 존재하지 않아야 한다.

이차방정식 ㉠의 판별식을 $D$라 하면

$$D=(-k)^2-4\cdot1\cdot(-k)<0,\ k^2+4k<0$$

$$k(k+4)<0 \qquad \therefore -4<k<0$$

따라서 정수 $k$의 최댓값은 $-1$이다.

## 0744 답 ③

$f(x)=x^2e^{ax}$이라 하면 $f'(x)=2xe^{ax}+ax^2e^{ax}=(ax+2)xe^{ax}$

접점의 좌표를 $(t, t^2e^{at})$이라 하면 이 점에서의 접선의 기울기는

$f'(t)=(at+2)te^{at}$이므로 접선의 방정식은

$$y-t^2e^{at}=(at+2)te^{at}(x-t)$$

이 직선이 점 $(1, 0)$을 지나므로

$$-t^2e^{at}=(at+2)te^{at}(1-t),\ te^{at}\{at^2+(1-a)t-2\}=0$$

$e^{at}>0$이므로 $t\{at^2+(1-a)t-2\}=0$

$$\therefore t=0 \text{ 또는 } at^2+(1-a)t-2=0$$

점 $(1, 0)$에서 곡선 $y=x^2e^{ax}$에 그은 접선이 2개가 존재하려면 서로 다른 $t$의 값이 2개가 존재해야 한다.

즉, $t$에 대한 방정식

$$at^2+(1-a)t-2=0 \qquad \text{…… ㉠}$$

에서 $t\neq0$이므로 방정식 ㉠의 실근의 개수가 1이어야 한다.

(i) $a=0$일 때

$$t-2=0 \qquad \therefore t=2$$

(ii) $a\neq0$일 때

이차방정식 ㉠이 중근을 가져야 하므로 이차방정식 ㉠의 판별식을 $D$라 하면

$$D=(1-a)^2-4\cdot a\cdot(-2)=0$$

$$a^2+6a+1=0 \qquad \therefore a=-3\pm2\sqrt{2}$$

(i), (ii)에서 모든 실수 $a$의 값의 합은

$$0+(-3+2\sqrt{2})+(-3-2\sqrt{2})=-6$$

## 0745 답 ④

## 0746 답 ④

$f(x)=2\sin x$라 하면 $f'(x)=2\cos x$

점 $(0, 0)$에서의 접선의 기울기는 $f'(0)=2\cdot1=2$이므로 방정식은

$$y=2x$$

따라서 점 $(2, 0)$과 직선 $y=2x$, 즉 $2x-y=0$ 사이의 거리는

$$\dfrac{|2\cdot2|}{\sqrt{2^2+(-1)^2}}=\dfrac{4}{\sqrt{5}}=\dfrac{4\sqrt{5}}{5}$$

## 0747 답 ⑤

$f(x)=\dfrac{x}{x-1}$라 하면

$$f'(x)=\dfrac{1\cdot(x-1)-x\cdot1}{(x-1)^2}=-\dfrac{1}{(x-1)^2}$$

접점의 좌표를 $\left(t, \dfrac{t}{t-1}\right)$라 하면 이 점에서의 접선의 기울기는

$f'(t)=-\dfrac{1}{(t-1)^2}$이므로 접선의 방정식은

$$y-\dfrac{t}{t-1}=-\dfrac{1}{(t-1)^2}(x-t)$$

이 직선이 점 $(4, 0)$을 지나므로

$$-\dfrac{t}{t-1}=-\dfrac{1}{(t-1)^2}(4-t),\ t^2=4 \qquad \therefore t=\pm2$$

따라서 두 점 P, Q의 좌표는 $(2, 2),\ \left(-2, \dfrac{2}{3}\right)$이므로

$$\overline{\text{PQ}}=\sqrt{(-2-2)^2+\left(\dfrac{2}{3}-2\right)^2}=\dfrac{4\sqrt{10}}{3}$$

## 0748 답 ①

$f(x)=2x^2-\ln x$라 하면 $f'(x)=4x-\dfrac{1}{x}$

접점의 좌표를 $(t, 2t^2-\ln t)\ (t>0)$라 하면 접선의 기울기가 3이므로

$f'(t)=4t-\dfrac{1}{t}=3,\ 4t^2-3t-1=0$

$(4t+1)(t-1)=0 \qquad \therefore t=1\ (\because t>0)$

즉, 접점의 좌표는 $(1, 2)$이므로 접선의 방정식은

$y-2=3(x-1) \qquad \therefore y=3x-1$

따라서 $\mathrm{P}\!\left(\dfrac{1}{3},\,0\right)$, $\mathrm{Q}(0,\,-1)$이므로 삼각형

OPQ의 넓이는

$\dfrac{1}{2}\cdot\dfrac{1}{3}\cdot|-1|=\dfrac{1}{6}$

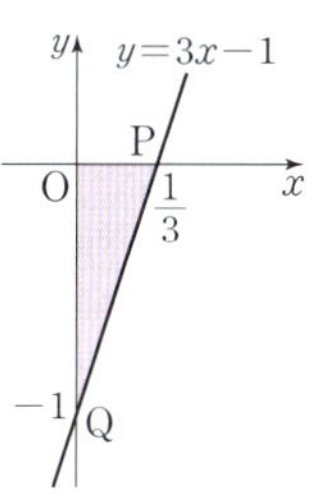

## 0749 답 ①

$f(x)=\ln(2x-1)$에서 $f'(x)=\dfrac{2}{2x-1}$

접점 B의 좌표를 $(t,\ \ln(2t-1))$이라 하면 접선 $l$의 기울기는

$f'(t)=\dfrac{2}{2t-1}$이므로 접선 $l$의 방정식은

$y-\ln(2t-1)=\dfrac{2}{2t-1}(x-t)$

이 직선이 점 $\mathrm{A}\!\left(\dfrac{1}{2},\,0\right)$을 지나므로

$-\ln(2t-1)=\dfrac{2}{2t-1}\left(\dfrac{1}{2}-t\right),\ -\ln(2t-1)=-1$

$2t-1=e \qquad \therefore t=\dfrac{e+1}{2}$

즉, 점 B의 좌표는 $\left(\dfrac{e+1}{2},\,1\right)$이고 접선 $l$의 기울기는 $\dfrac{2}{e}$이다.

이때 점 B를 지나고 접선 $l$에 수직인 직선의 기울기는 $-\dfrac{e}{2}$이므로 이 직선의 방정식은

$y-1=-\dfrac{e}{2}\left(x-\dfrac{e+1}{2}\right) \qquad \therefore y=-\dfrac{e}{2}x+\dfrac{e^2+e+4}{4}$

따라서 $\mathrm{C}\!\left(\dfrac{e^2+e+4}{2e},\,0\right)$이므로

삼각형 ABC의 넓이는

$\dfrac{1}{2}\left(\dfrac{e^2+e+4}{2e}-\dfrac{1}{2}\right)\cdot 1=\dfrac{e}{4}+\dfrac{1}{e}$

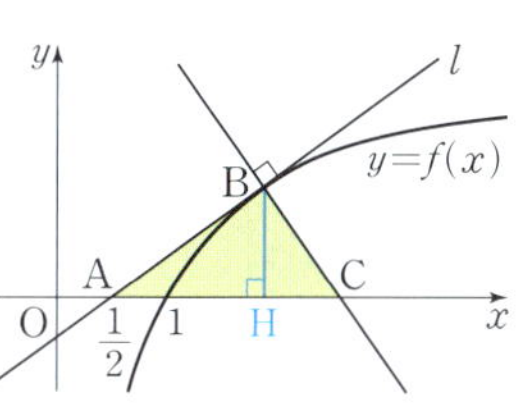

## 0750 답 ④

## 0751 답 ③

점 $(4, 1)$이 주어진 곡선 위의 점이므로

$t^2+3t=4$에서 $t^2+3t-4=0$

$(t+4)(t-1)=0 \qquad \therefore t=1\ (\because t>0)$

$\dfrac{dx}{dt}=2t+3,\ \dfrac{dy}{dt}=3t^2-6t-2$이므로

$\dfrac{dy}{dx}=\dfrac{\dfrac{dy}{dt}}{\dfrac{dx}{dt}}=\dfrac{3t^2-6t-2}{2t+3}$

$t=1$일 때 $\dfrac{dy}{dx}=-1$이므로 접선의 방정식은

$y-1=-(x-4) \qquad \therefore y=-x+5$

따라서 접선의 $x$절편이 5, $y$절편이 5이므로 구하는 도형의 넓이는

$\dfrac{1}{2}\cdot 5\cdot 5=\dfrac{25}{2}$

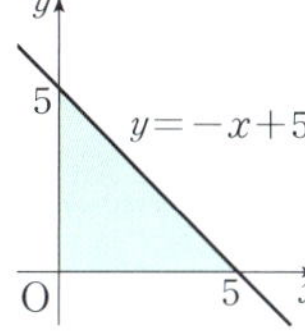

## 0752 답 ①

$\dfrac{dx}{d\theta}=\sin\theta,\ \dfrac{dy}{d\theta}=1-\cos\theta$이므로

$\dfrac{dy}{dx}=\dfrac{\dfrac{dy}{d\theta}}{\dfrac{dx}{d\theta}}=\dfrac{1-\cos\theta}{\sin\theta}\ (\text{단},\ \sin\theta\neq 0)$

$\theta=\dfrac{\pi}{2}$일 때, $x=1,\ y=\dfrac{\pi}{2}-1,\ \dfrac{dy}{dx}=1$이므로 접선의 방정식은

$y-\left(\dfrac{\pi}{2}-1\right)=x-1 \qquad \therefore y=x+\dfrac{\pi}{2}-2$

따라서 점 $(2, 0)$과 접선 $y=x+\dfrac{\pi}{2}-2$, 즉 $x-y+\dfrac{\pi}{2}-2=0$ 사이의 거리는

$\dfrac{\left|2+\dfrac{\pi}{2}-2\right|}{\sqrt{1^2+(-1)^2}}=\dfrac{\sqrt{2}}{4}\pi$

## 0753 답 ②

$\dfrac{dx}{dt}=\dfrac{1}{t},\ \dfrac{dy}{dt}=\dfrac{2t\cdot 2t-(t^2-1)\cdot 2}{(2t)^2}=\dfrac{t^2+1}{2t^2}$이므로

$\dfrac{dy}{dx}=\dfrac{\dfrac{dy}{dt}}{\dfrac{dx}{dt}}=\dfrac{\dfrac{t^2+1}{2t^2}}{\dfrac{1}{t}}=\dfrac{t^2+1}{2t}$

접선의 기울기가 1이므로

$\dfrac{dy}{dx}=\dfrac{t^2+1}{2t}=1,\ t^2-2t+1=0,\ (t-1)^2=0 \qquad \therefore t=1$

즉, $t=1$일 때 $x=1,\ y=0$이므로 점 P의 좌표는 $(1, 0)$이고, 접선 $l$의 방정식은

$y=x-1$

직선 $l$에 수직인 직선 $m$의 기울기는 $-1$이므로 직선 $m$의 방정식은

$y=-(x-1) \qquad \therefore y=-x+1$

따라서 두 직선 $l$, $m$과 $y$축으로 둘러싸인 도형의 넓이는

$\dfrac{1}{2}\cdot\{1-(-1)\}\cdot 1=1$

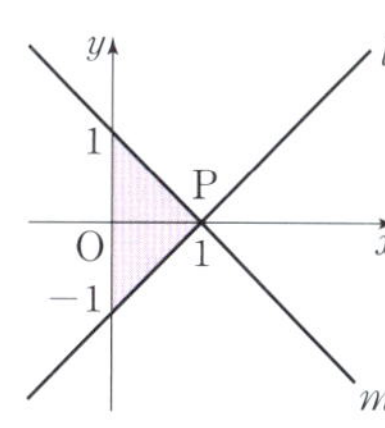

## 0754 답 3

$\dfrac{dx}{d\theta}=-\sin\theta+\sin\theta+\theta\cos\theta=\theta\cos\theta,$

$\dfrac{dy}{d\theta}=\cos\theta-\cos\theta+\theta\sin\theta=\theta\sin\theta$이므로

$\dfrac{dy}{dx}=\dfrac{\dfrac{dy}{d\theta}}{\dfrac{dx}{d\theta}}=\dfrac{\theta\sin\theta}{\theta\cos\theta}=\tan\theta\ (\text{단},\ \cos\theta\neq 0)$

$\theta=\dfrac{\pi}{4}$일 때

$x=\dfrac{\sqrt{2}}{2}+\dfrac{\pi}{4}\cdot\dfrac{\sqrt{2}}{2}=\dfrac{4\sqrt{2}+\sqrt{2}\pi}{8},$

$y=\dfrac{\sqrt{2}}{2}-\dfrac{\pi}{4}\cdot\dfrac{\sqrt{2}}{2}=\dfrac{4\sqrt{2}-\sqrt{2}\pi}{8},$

$\dfrac{dy}{dx}=1$

이므로 접선의 방정식은

$y-\dfrac{4\sqrt{2}-\sqrt{2}\pi}{8}=x-\dfrac{4\sqrt{2}+\sqrt{2}\pi}{8} \qquad \therefore y=x-\dfrac{\sqrt{2}}{4}\pi$

$\therefore Q\left(\dfrac{\sqrt{2}}{4}\pi,\ 0\right)$

점 P에서 $x$축에 내린 수선의
발을 H라 하면
$\overline{PH}=\dfrac{4\sqrt{2}-\sqrt{2}\pi}{8}$

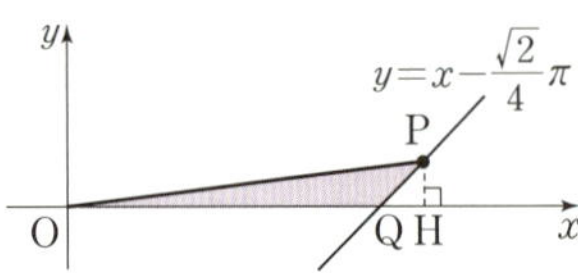

이므로 삼각형 OPQ의 넓이는
$\dfrac{1}{2}\cdot\overline{OQ}\cdot\overline{PH}=\dfrac{1}{2}\cdot\dfrac{\sqrt{2}}{4}\pi\cdot\dfrac{4\sqrt{2}-\sqrt{2}\pi}{8}=\dfrac{4\pi-\pi^2}{32}$

따라서 $a=4,\ b=-1$이므로
$a+b=4+(-1)=3$

## 0755 답 ①

## 0756 답 ①

$x^3+y^3-9xy+19=0$의 양변을 $x$에 대하여 미분하면
$3x^2+3y^2\dfrac{dy}{dx}-9y-9x\dfrac{dy}{dx}=0,\ (9x-3y^2)\dfrac{dy}{dx}=3x^2-9y$

$\therefore \dfrac{dy}{dx}=\dfrac{x^2-3y}{3x-y^2}$ (단, $3x-y^2\neq0$)

즉, 점 $(2,\ 3)$에서의 접선의 기울기는
$\dfrac{dy}{dx}=\dfrac{2^2-3\cdot3}{3\cdot2-3^2}=\dfrac{5}{3}$

이므로 접선의 방정식은
$y-3=\dfrac{5}{3}(x-2)$ $\therefore y=\dfrac{5}{3}x-\dfrac{1}{3}$

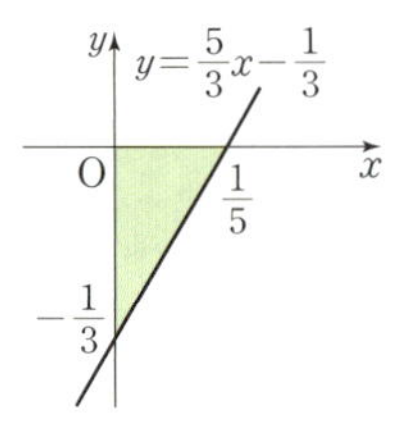

따라서 접선의 $x$절편이 $\dfrac{1}{5}$, $y$절편이 $-\dfrac{1}{3}$
이므로 구하는 도형의 넓이는
$\dfrac{1}{2}\cdot\dfrac{1}{5}\cdot\left|-\dfrac{1}{3}\right|=\dfrac{1}{30}$

## 0757 답 ④

$xy^3-8y=0$의 양변을 $x$에 대하여 미분하면
$y^3+3xy^2\dfrac{dy}{dx}-8\dfrac{dy}{dx}=0,\ (3xy^2-8)\dfrac{dy}{dx}=-y^3$

$\therefore \dfrac{dy}{dx}=-\dfrac{y^3}{3xy^2-8}$ (단, $3xy^2-8\neq0$)

즉, 점 $(2,\ 2)$에서의 접선의 기울기는
$\dfrac{dy}{dx}=-\dfrac{2^3}{3\cdot2\cdot2^2-8}=-\dfrac{1}{2}$

이므로 접선의 방정식은
$y-2=-\dfrac{1}{2}(x-2)$ $\therefore y=-\dfrac{1}{2}x+3$

따라서 원점과 접선 $y=-\dfrac{1}{2}x+3$, 즉 $x+2y-6=0$ 사이의
거리는
$\dfrac{|-6|}{\sqrt{1^2+2^2}}=\dfrac{6\sqrt{5}}{5}$

## 0758 답 ②

곡선 $a^2x^2+b^2y^2=1$은 점 $P(2\sqrt{2},\ 2)$를 지나므로
$8a^2+4b^2=1$ ...... ㉠
$a^2x^2+b^2y^2=1$의 양변을 $x$에 대하여 미분하면
$2a^2x+2b^2y\dfrac{dy}{dx}=0$ $\therefore \dfrac{dy}{dx}=-\dfrac{a^2x}{b^2y}$ (단, $y\neq0$)

즉, 곡선 $a^2x^2+b^2y^2=1$ 위의 점 P에서의 접선의 기울기는
$\dfrac{dy}{dx}=-\dfrac{2\sqrt{2}a^2}{2b^2}=-\dfrac{\sqrt{2}a^2}{b^2}$

$x^2-y^2=4$의 양변을 $x$에 대하여 미분하면
$2x-2y\dfrac{dy}{dx}=0$ $\therefore \dfrac{dy}{dx}=\dfrac{x}{y}$ (단, $y\neq0$)

즉, 곡선 $x^2-y^2=4$ 위의 점 P에서의 접선의 기울기는
$\dfrac{dy}{dx}=\dfrac{2\sqrt{2}}{2}=\sqrt{2}$

이때 두 접선이 서로 수직이므로
$-\dfrac{\sqrt{2}a^2}{b^2}\cdot\sqrt{2}=-1$

$\therefore 2a^2=b^2$ ...... ㉡

㉠, ㉡을 연립하여 풀면 $a^2=\dfrac{1}{16},\ b^2=\dfrac{1}{8}$

$\therefore b^2-a^2=\dfrac{1}{8}-\dfrac{1}{16}=\dfrac{1}{16}$

## 0759 답 ④

곡선 $x^2-2y^2+6=0$은 점 $P(a,\ b)$를 지나므로
$a^2-2b^2=-6$ ...... ㉠
$x^2-2y^2+6=0$의 양변을 $x$에 대하여 미분하면
$2x-4y\dfrac{dy}{dx}=0$ $\therefore \dfrac{dy}{dx}=\dfrac{x}{2y}$ (단, $y\neq0$)

즉, 점 P에서의 접선의 기울기는 $\dfrac{dy}{dx}=\dfrac{a}{2b}$이므로 접선의 방정식은
$y-b=\dfrac{a}{2b}(x-a)$ $\therefore y=\dfrac{a}{2b}x+\dfrac{3}{b}$ $(\because ㉠)$

$Q\left(-\dfrac{6}{a},\ 0\right)$, $R\left(0,\ \dfrac{3}{b}\right)$이고, $\overline{QR}=2$이어야 하므로

$\sqrt{\left(\dfrac{6}{a}\right)^2+\left(\dfrac{3}{b}\right)^2}=2,\ \dfrac{36}{a^2}+\dfrac{9}{b^2}=4$
$9a^2+36b^2=4a^2b^2$ ...... ㉡
㉠, ㉡에서 $9(2b^2-6)+36b^2=4b^2(2b^2-6)$
$4b^4-39b^2+27=0,\ (4b^2-3)(b^2-9)=0$

$\therefore b^2=\dfrac{3}{4}$ 또는 $b^2=9$

이때 $b^2=\dfrac{3}{4}$이면 ㉠에서
$a^2=2b^2-6=2\cdot\dfrac{3}{4}-6=-\dfrac{9}{2}<0$ ◂ $a$는 실수이고, $a>0$이므로 $a^2>0$
이므로 모순이다.
따라서 $b^2=9$, $a^2=2b^2-6=2\cdot9-6=12$이므로
$a=2\sqrt{3},\ b=3$ $(\because a>0,\ b>0)$ ◂ 점 P는 제1사분면 위에 있으므로
$\therefore ab=2\sqrt{3}\cdot3=6\sqrt{3}$

## 0760 답 ①

## 0761 답 ④

$f(x)=a-\sin x,\ g(x)=\cos^2 x$라 하면 ◂ $g'(x)=2\cos x(\cos x)'$
$f'(x)=-\cos x,\ g'(x)=-2\sin x\cos x$ $\quad\ \ =2\cos x(-\sin x)$
두 곡선이 $x=t$인 점에서 공통인 접선을 가지므로 $\quad\ \ =-2\sin x\cos x$
$f(t)=g(t)$에서 $a-\sin t=\cos^2 t$ ...... ㉠
$f'(t)=g'(t)$에서 $-\cos t=-2\sin t\cos t$
$\cos t(2\sin t-1)=0$

## 0761 (continued)

$0<t<\dfrac{\pi}{2}$에서 $\cos t>0$이므로

$$\sin t=\dfrac{1}{2}\qquad \therefore t=\dfrac{\pi}{6}$$

$t=\dfrac{\pi}{6}$를 ㉠에 대입하면

$$a-\dfrac{1}{2}=\left(\dfrac{\sqrt{3}}{2}\right)^2\qquad \therefore a=\dfrac{5}{4}$$

## 0762  답 ①

$f(x)=e^x$이라 하면 $f'(x)=e^x$

곡선 $y=f(x)$ 위의 점 $(1,\ e)$에서의 접선의 기울기는 $f'(1)=e$
이므로 접선의 방정식은

$$y-e=e(x-1)\qquad \therefore y=ex\qquad\cdots\cdots ㉠$$

$g(x)=\sqrt{2x-k}$라 하면 $g'(x)=\dfrac{1}{\sqrt{2x-k}}$

접점의 좌표를 $(t,\ \sqrt{2t-k})$라 하면 이 점에서의 접선의 기울기는

$g'(t)=\dfrac{1}{\sqrt{2t-k}}$이므로 접선의 방정식은

$$y-\sqrt{2t-k}=\dfrac{1}{\sqrt{2t-k}}(x-t)$$

$$\therefore y=\dfrac{1}{\sqrt{2t-k}}x+\dfrac{t-k}{\sqrt{2t-k}}\qquad\cdots\cdots ㉡$$

두 직선 ㉠, ㉡이 서로 일치하므로

$$\dfrac{1}{\sqrt{2t-k}}=e,\ \dfrac{t-k}{\sqrt{2t-k}}=0$$

$\dfrac{t-k}{\sqrt{2t-k}}=0$에서 $t=k$이므로 $t=k$를 $\dfrac{1}{\sqrt{2t-k}}=e$에 대입하면

$$\dfrac{1}{\sqrt{2k-k}}=e\qquad \therefore k=\dfrac{1}{e^2}$$

● 다른 풀이 ●

직선 $y=ex$가 곡선 $y=\sqrt{2x-k}$에 접하므로 방정식 $ex=\sqrt{2x-k}$,
즉 $e^2x^2-2x+k=0$은 중근을 갖는다.
이차방정식 $e^2x^2-2x+k=0$의 판별식을 $D$라 하면

$$\dfrac{D}{4}=(-1)^2-e^2k=0\qquad \therefore k=\dfrac{1}{e^2}$$

## 0763  답 73

$f(x)=3\sin^2 x+2,\ g(x)=\cos x+a$라 하면
$f'(x)=6\sin x\cos x,\ g'(x)=-\sin x$
두 곡선이 $x=t\,(0<t<\pi)$인 점에서 공통인 접선을 가진다고 하면
$f(t)=g(t)$에서 $3\sin^2 t+2=\cos t+a\qquad\cdots\cdots ㉠$
$f'(t)=g'(t)$에서 $6\sin t\cos t=-\sin t$
$\sin t(6\cos t+1)=0$
$0<t<\pi$에서 $\sin t>0$이므로

$$6\cos t+1=0\qquad \therefore \cos t=-\dfrac{1}{6}$$

$$\therefore \sin t=\sqrt{1-\cos^2 t}=\sqrt{1-\left(-\dfrac{1}{6}\right)^2}=\dfrac{\sqrt{35}}{6}$$

$\sin t=\dfrac{\sqrt{35}}{6},\ \cos t=-\dfrac{1}{6}$을 ㉠에 대입하면

$$3\cdot\left(\dfrac{\sqrt{35}}{6}\right)^2+2=-\dfrac{1}{6}+a\qquad \therefore a=\dfrac{61}{12}$$

따라서 $p=12,\ q=61$이므로
$p+q=12+61=73$

## 0764  답 4

$f(x)=e^{2x},\ g(x)=2e^{x-1}$이라 하면
$f'(x)=2e^{2x},\ g'(x)=2e^{x-1}$
두 곡선에 동시에 접하는 접선의 접점을 각각
$\mathrm{P}(\alpha,\ e^{2\alpha}),\ \mathrm{Q}(\beta,\ 2e^{\beta-1})$
이라 하면 점 $\mathrm{P}$에서의 접선의 방정식은
$y-e^{2\alpha}=2e^{2\alpha}(x-\alpha)$

$$\therefore y=2e^{2\alpha}x+e^{2\alpha}(1-2\alpha)\qquad\cdots\cdots ㉠$$

점 $\mathrm{Q}$에서의 접선의 방정식은
$y-2e^{\beta-1}=2e^{\beta-1}(x-\beta)$

$$\therefore y=2e^{\beta-1}x+2e^{\beta-1}(1-\beta)\qquad\cdots\cdots ㉡$$

두 직선 ㉠, ㉡이 서로 일치하므로

$2e^{2\alpha}=2e^{\beta-1}$에서 $2\alpha=\beta-1\qquad\cdots\cdots ㉢$

$e^{2\alpha}(1-2\alpha)=2e^{\beta-1}(1-\beta)$에서

$1-2\alpha=2(1-\beta)\ (\because ㉢)\qquad\cdots\cdots ㉣$

㉢, ㉣을 연립하여 풀면

$$a=-\dfrac{1}{2},\ \beta=0$$

즉, 구하는 접선의 방정식은

$$y=\dfrac{2}{e}x+\dfrac{2}{e}\quad\rightarrow\ \alpha=-\dfrac{1}{2}\text{을 ㉠에 대입하거나 }\beta=0\text{을 ㉡에 대입하여 구한다.}$$

따라서 $a=\dfrac{2}{e},\ b=\dfrac{2}{e}$이므로

$$e(a+b)=e\left(\dfrac{2}{e}+\dfrac{2}{e}\right)=4$$

본문 124~125쪽

## 0765  답 ③

**One Point Lesson**

역함수의 미분법을 이용하여 접선의 기울기를 구한다.

$g(2)=k$라 하면 $f(k)=2$이므로
$\sqrt{k^3+3k}=2,\ k^3+3k-4=0$
$(k-1)(k^2+k+4)=0\qquad \therefore k=1$
$\therefore g(2)=1$

$f(x)=\sqrt{x^3+3x}$에서 $f'(x)=\dfrac{3x^2+3}{2\sqrt{x^3+3x}}$이므로 곡선 $y=g(x)$

위의 점 $(2,\ 1)$에서의 접선의 기울기는

$$g'(2)=\dfrac{1}{f'(g(2))}=\dfrac{1}{f'(1)}$$

$$=\dfrac{1}{\dfrac{3+3}{2\cdot 2}}=\dfrac{2}{3}$$

즉, 구하는 접선의 방정식은

$$y-1=\dfrac{2}{3}(x-2)\qquad \therefore y=\dfrac{2}{3}x-\dfrac{1}{3}$$

따라서 $a=\dfrac{2}{3},\ b=-\dfrac{1}{3}$이므로

$$a-b=\dfrac{2}{3}-\left(-\dfrac{1}{3}\right)=1$$

# 0766 답 ②



두 직선이 서로 수직이면 기울기의 곱이 $-1$이다.

$f(x)=\dfrac{2x-1}{x}=2-\dfrac{1}{x}$에서 $f'(x)=\dfrac{1}{x^2}$

접점 P의 좌표를 $\left(t,\ 2-\dfrac{1}{t}\right)$ $(t>0)$이라 하면 접선의 기울기가 $1$이므로

$f'(t)=\dfrac{1}{t^2}=1$ $\quad\therefore\ t=1\ (\because\ t>0)$

즉, P$(1,\ 1)$이고, 직선 $l$과 수직인 직선의 기울기는 $-1$이므로 점 P를 지나고 기울기가 $-1$인 직선의 방정식은

$y-1=-(x-1)$ $\quad\therefore\ y=-x+2$

따라서 Q$(0,\ 2)$이므로

$\overline{PQ}=\sqrt{(-1)^2+(2-1)^2}=\sqrt{2}$

# 0767 답 ⑤



두 접선이 이루는 각의 크기가 주어져 있으므로 탄젠트함수의 덧셈정리를 이용하여 $t$의 값을 구한다.

$f(x)=\dfrac{2}{x}-1$에서 $f'(x)=-\dfrac{2}{x^2}$

두 점 P$(1,\ 1)$, Q$(t,\ f(t))$에서의 접선의 기울기는 각각

$f'(1)=-2,\ f'(t)=-\dfrac{2}{t^2}$

이므로 두 접선이 $x$축의 양의 방향과 이루는 각의 크기를 각각 $\alpha$, $\beta$라 하면

$\tan\alpha=-2,\ \tan\beta=-\dfrac{2}{t^2}$

두 직선이 이루는 예각의 크기가 $45°$이므로

$|\tan(\alpha-\beta)|=\tan45°,\ \left|\dfrac{\tan\alpha-\tan\beta}{1+\tan\alpha\tan\beta}\right|=1$

$\left|\dfrac{-2-\left(-\dfrac{2}{t^2}\right)}{1+(-2)\cdot\left(-\dfrac{2}{t^2}\right)}\right|=1,\ \left|\dfrac{-2t^2+2}{t^2+4}\right|=1,\ \left(\dfrac{-2t^2+2}{t^2+4}\right)^2=1$

$4t^4-8t^2+4=t^4+8t^2+16,\ 3t^4-16t^2-12=0$

$(3t^2+2)(t^2-6)=0,\ t^2=6$

$\therefore\ t=\sqrt{6}\ (\because\ t>1)$

$t$는 실수이므로 $t^2\geq0$

# 0768 답 ④



음함수의 미분법을 이용하여 삼각형 OAB의 넓이를 구한다.

곡선 $\sqrt{x}+\sqrt{y}=2$는 점 $(p,\ q)$를 지나므로

$\sqrt{p}+\sqrt{q}=2$ $\quad$ …… ㉠

$\sqrt{x}+\sqrt{y}=2$의 양변을 $x$에 대하여 미분하면

$\dfrac{1}{2\sqrt{x}}+\dfrac{1}{2\sqrt{y}}\dfrac{dy}{dx}=0$ $\quad\therefore\ \dfrac{dy}{dx}=-\dfrac{\sqrt{y}}{\sqrt{x}}$

즉, 점 $(p,\ q)$에서의 접선의 기울기는 $\dfrac{dy}{dx}=-\dfrac{\sqrt{q}}{\sqrt{p}}$이므로 접선의 방정식은

$y-q=-\dfrac{\sqrt{q}}{\sqrt{p}}(x-p)$ $\quad\therefore\ y=-\dfrac{\sqrt{q}}{\sqrt{p}}x+2\sqrt{q}\ (\because\ ㉠)$

접선의 $x$절편이 $2\sqrt{p}$, $y$절편이 $2\sqrt{q}$이므로 삼각형 OAB의 넓이는

$\dfrac{1}{2}\cdot2\sqrt{p}\cdot2\sqrt{q}=2\sqrt{pq}$ $\quad$ …… ㉡

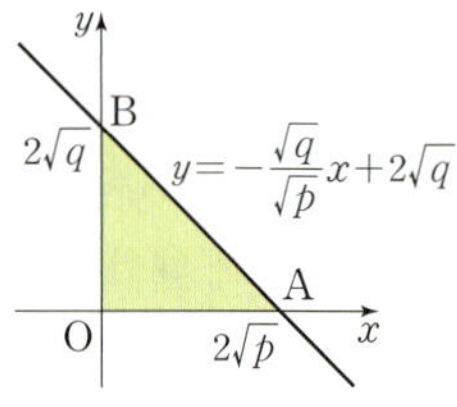


산술평균과 기하평균의 관계에 의하여

$2=\sqrt{p}+\sqrt{q}\geq2\sqrt{\sqrt{p}\cdot\sqrt{q}}=2\sqrt[4]{pq}$

$\sqrt[4]{pq}\leq1$

$\therefore\ \sqrt{pq}\leq1$ (단, 등호는 $\sqrt{p}=\sqrt{q}$, 즉 $p=q=1$일 때 성립)

따라서 ㉡에서 $2\sqrt{pq}\leq2$이므로 삼각형 OAB의 넓이의 최댓값은 $2$이다.

# 0769 답 4



접점의 좌표를 $(t,\ (t+k)e^{-t})$이라 하고 실근 $t$가 적어도 한 개 이상 존재할 조건을 구한다.

$f(x)=(x+k)e^{-x}$이라 하면

$f'(x)=e^{-x}-(x+k)e^{-x}=(-x+1-k)e^{-x}$

접점의 좌표를 $(t,\ (t+k)e^{-t})$이라 하면 이 점에서의 접선의 기울기는 $f'(t)=(-t+1-k)e^{-t}$이므로 접선의 방정식은

$y-(t+k)e^{-t}=(-t+1-k)e^{-t}(x-t)$

이 직선이 원점을 지나므로

$-(t+k)e^{-t}=(-t+1-k)e^{-t}\cdot(-t)$

$e^{-t}(t^2+kt+k)=0$

$e^{-t}>0$이므로 $t^2+kt+k=0$ $\quad$ …… ㉠

원점에서 곡선 $y=f(x)$에 적어도 한 개의 접선을 그을 수 있으려면 이차방정식 ㉠의 실근이 존재해야 한다.

이차방정식 ㉠의 판별식을 $D$라 하면

$D=k^2-4k\geq0,\ k(k-4)\geq0$

$\therefore\ k\leq0$ 또는 $k\geq4$

따라서 자연수 $k$의 최솟값은 $4$이다.

# 0770 답 ④



매개변수로 나타낸 함수의 미분법과 역함수의 미분법을 이용한다.

$t=1$일 때

$x=f(1)=5,\ y=g(1),\ \dfrac{dy}{dx}=\dfrac{g'(1)}{f'(1)}$

$g(1)=k$라 하면 $f(k)=1$이므로

$k^3+3k+1=1,\ k^3+3k=0$

$k(k^2+3)=0$ $\quad\therefore\ k=0$

$\therefore\ g(1)=0$

$f(x)=x^3+3x+1$에서 $f'(x)=3x^2+3$이므로

$f'(1)=6,\ g'(1)=\dfrac{1}{f'(g(1))}=\dfrac{1}{f'(0)}=\dfrac{1}{3}$

$\therefore\ \dfrac{dy}{dx}=\dfrac{\dfrac{1}{3}}{6}=\dfrac{1}{18}$

즉, 접선의 방정식은

$y=\dfrac{1}{18}(x-5)$ $\quad\therefore\ y=\dfrac{1}{18}x-\dfrac{5}{18}$

따라서 접선의 $y$절편은 $-\dfrac{5}{18}$이다.

● 다른 풀이 ●

$x=f(t)=t^3+3t+1$에서

$\dfrac{dx}{dt}=3t^2+3$

$y=g(t)$에서 $t=f(y)=y^3+3y+1$이므로 양변을 $y$에 대하여 미분하면

$\dfrac{dt}{dy}=3y^2+3$　　$\therefore \dfrac{dy}{dt}=\dfrac{1}{3y^2+3}$

$\therefore \dfrac{dy}{dx}=\dfrac{\dfrac{dy}{dt}}{\dfrac{dx}{dt}}=\dfrac{\dfrac{1}{3y^2+3}}{3t^2+3}=\dfrac{1}{9(t^2+1)(y^2+1)}$

$t=1$일 때

$x=f(1)=1+3+1=5$

$1=f(y)=y^3+3y+1,\ y^3+3y=0$

$y(y^2+3)=0$　　$\therefore y=0$

$\dfrac{dy}{dx}=\dfrac{1}{9(1^2+1)(0^2+1)}=\dfrac{1}{18}$

즉, 접선의 방정식은

$y=\dfrac{1}{18}(x-5)$　　$\therefore y=\dfrac{1}{18}x-\dfrac{5}{18}$

## 0771  답 ④



두 접선의 기울기를 각각 구한 후 그 곱이 $\dfrac{1}{e^3}$이 되도록 하는 방정식의 실근을 구한다.

$f(x)=xe^{-(x+k)}$이라 하면

$f'(x)=e^{-(x+k)}-xe^{-(x+k)}=e^{-(x+k)}(1-x)$

접점의 좌표를 $(t,\ te^{-(t+k)})$이라 하면 이 점에서의 접선의 기울기는 $f'(t)=e^{-(t+k)}(1-t)$이므로 접선의 방정식은

$y-te^{-(t+k)}=e^{-(t+k)}(1-t)(x-t)$

이 직선이 점 $(-1,\ 0)$을 지나므로

$-te^{-(t+k)}=e^{-(t+k)}(1-t)(-1-t)$

$-t=(1-t)(-1-t),\ -t=-1+t^2$

$t^2+t-1=0$　　$\cdots\cdots$ ㉠

이차방정식 ㉠의 두 근을 $\alpha,\ \beta$라 하면 이차방정식의 근과 계수의 관계에 의하여

$\alpha+\beta=-1,\ \alpha\beta=-1$

이때 $\alpha,\ \beta$는 접점의 $x$좌표이므로 두 접선의 기울기는 각각

$e^{-(\alpha+k)}(1-\alpha),\ e^{-(\beta+k)}(1-\beta)$

즉, 두 접선의 기울기의 곱은

$e^{-(\alpha+k)}(1-\alpha)\cdot e^{-(\beta+k)}(1-\beta)=e^{-\alpha-\beta-2k}(1-\alpha)(1-\beta)$

$=e^{-(\alpha+\beta)-2k}\{1-(\alpha+\beta)+\alpha\beta\}$

$=e^{1-2k}\{1-(-1)-1\}$

$=\dfrac{1}{e^{2k-1}}=\dfrac{1}{e^3}$

따라서 $2k-1=3$에서

$k=2$

## 0772  답 15



원점과 접선 사이의 거리를 삼각함수를 이용하여 나타낸다.

$\dfrac{dx}{d\theta}=-6\cos^2\theta\sin\theta,\ \dfrac{dy}{d\theta}=6\sin^2\theta\cos\theta$이므로

$\dfrac{dy}{dx}=\dfrac{\dfrac{dy}{d\theta}}{\dfrac{dx}{d\theta}}=\dfrac{6\sin^2\theta\cos\theta}{-6\cos^2\theta\sin\theta}$

$=-\dfrac{\sin\theta}{\cos\theta}=-\tan\theta$

점 P가 $\theta=t\left(0<t<\dfrac{\pi}{2}\right)$에 대응하는 점이라 하면

$P(2\cos^3 t,\ 2\sin^3 t),\ \dfrac{dy}{dx}=-\tan t$이므로 접선의 방정식은

$y-2\sin^3 t=-\tan t(x-2\cos^3 t)$

$\therefore y=-x\tan t+2\cos^2 t\sin t+2\sin^3 t$

$=-x\tan t+2\sin t(\cos^2 t+\sin^2 t)$

$=-x\tan t+2\sin t$ ・$\sin^2 t+\cos^2 t=1$

원점과 접선 $y=-x\tan t+2\sin t$, 즉

$x\tan t+y-2\sin t=0$ 사이의 거리는

$\dfrac{|-2\sin t|}{\sqrt{\tan^2 t+1^2}}=\dfrac{|-2\sin t|}{\sqrt{\sec^2 t}}$  ・$1+\tan^2 t=\sec^2 t$

$=2\sin t\cos t\left(\because 0<t<\dfrac{\pi}{2}\right)$

$=\sin 2t$  ・$\sec t=\dfrac{1}{\cos t}$이므로

$0<t<\dfrac{\pi}{2}$에서 $\sin 2t$가 최대가 되도록 하는 $t$의 값은 $\dfrac{\pi}{4}$이므로

$a=\dfrac{\pi}{4}$

$\therefore \dfrac{60a}{\pi}=\dfrac{60\cdot\dfrac{\pi}{4}}{\pi}=15$

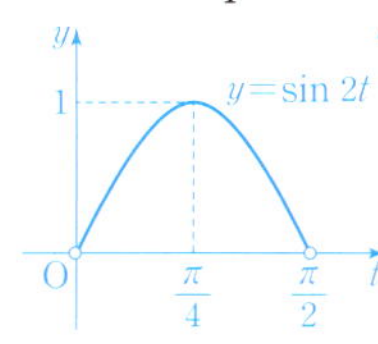


## 0773  답 ④



함수 $y=f(x)$의 그래프를 좌표평면 위에 나타낸 후 함수 $g(t)$가 $t=a$에서만 불연속이 되도록 하는 조건을 생각해 본다.

$x<0$일 때, $f(x)=-x^2-4x+a=-(x+2)^2+4+a$

$x>0$일 때, $f(x)=\ln\dfrac{\sqrt{e}}{x}=\dfrac{1}{2}-\ln x$

함수 $y=f(x)$의 그래프의 개형은 다음 그림과 같다.

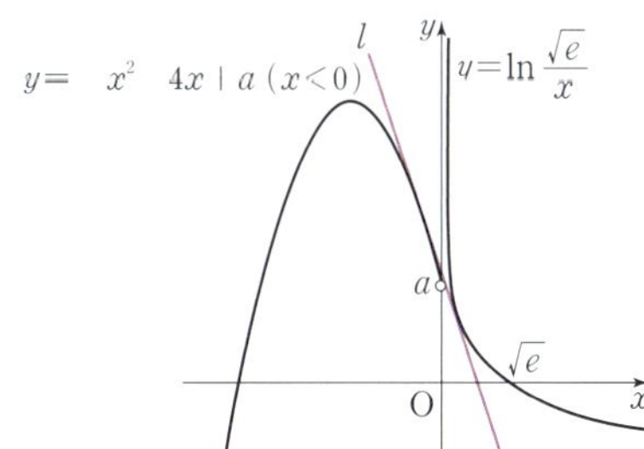


직선 $3x+y=t$, 즉 $y=-3x+t$의 기울기가 $-3$이므로 함수 $y=\ln\dfrac{\sqrt{e}}{x}$의 그래프에 접하고 기울기가 $-3$인 직선을 $l$이라 하면 함수 $g(t)$가 $t=a$에서만 불연속이므로

$g(t)=\begin{cases}2 & (t>a)\\1 & (t\leq a)\end{cases}$

즉, 직선 $l$이 두 함수 $y=\ln\dfrac{\sqrt{e}}{x}\ (x>0)$, $y=-x^2-4x+a\ (x<0)$의 그래프에 동시에 접한다.

직선 $l$의 방정식을 $y=-3x+k$라 하면 $x>0$일 때 $f'(x)=-\dfrac{1}{x}$
이므로
$$-\frac{1}{x}=-3 \qquad \therefore x=\frac{1}{3}$$
직선 $l$이 점 $\left(\dfrac{1}{3},\ \dfrac{1}{2}+\ln 3\right)$을 지나므로
$$\frac{1}{2}+\ln 3=-3\cdot\frac{1}{3}+k \qquad \therefore k=\frac{3}{2}+\ln 3$$
즉, 함수 $y=-x^2-4x+a\ (x<0)$의 그래프와 직선
$y=-3x+\dfrac{3}{2}+\ln 3$이 접하므로 방정식
$$-x^2-4x+a=-3x+\frac{3}{2}+\ln 3,\ \text{즉}\ x^2+x+\frac{3}{2}+\ln 3-a=0$$
이 중근을 갖는다.
이차방정식 $x^2+x+\dfrac{3}{2}+\ln 3-a=0$의 판별식을 $D$라 하면
$$D=1^2-4\left(\frac{3}{2}+\ln 3-a\right)=0$$
$$\frac{3}{2}+\ln 3-a=\frac{1}{4} \qquad \therefore a=\frac{5}{4}+\ln 3$$
따라서 $f(x)=\begin{cases} -x^2-4x+\dfrac{5}{4}+\ln 3 & (x<0) \\[2mm] \ln\dfrac{\sqrt{e}}{x} & (x>0) \end{cases},$

$g(t)=\begin{cases} 2 & \left(t>\dfrac{5}{4}+\ln 3\right) \\[2mm] 1 & \left(t\le\dfrac{5}{4}+\ln 3\right) \end{cases}$ 이므로

$f\left(-\dfrac{1}{2}\right)+g(1)=\left\{-\left(-\dfrac{1}{2}\right)^2-4\cdot\left(-\dfrac{1}{2}\right)+\dfrac{5}{4}+\ln 3\right\}+1$
$\qquad\qquad\qquad =(3+\ln 3)+1=4+\ln 3$
$\qquad\qquad\qquad =\ln 3e^4$


## 0774 $\quad$ 답 $y=\dfrac{2}{e}x,\ y=-\dfrac{2}{e}x$

$f(x)=\ln x^2$이라 하면 $f'(x)=\dfrac{2}{x}$
접점의 좌표를 $(t,\ \ln t^2)$이라 하면 이 점에서의 접선의 기울기는
$f'(t)=\dfrac{2}{t}$이므로 접선의 방정식은
$$y-\ln t^2=\frac{2}{t}(x-t) \qquad \cdots\cdots\ \unicode{x3innen}\ ㉠$$
❶

이 직선이 원점을 지나므로
$$-\ln t^2=\frac{2}{t}\cdot(-t),\ \ln t^2=2$$
$$t^2=e^2 \qquad \therefore t=\pm e$$
❷

이것을 ㉠에 각각 대입하면 구하는 접선의 방정식은
$$y-2=\frac{2}{e}(x-e),\ y-2=-\frac{2}{e}(x+e)$$
$$\therefore y=\frac{2}{e}x,\ y=-\frac{2}{e}x$$
❸

| 채점 기준 | 배점 비율 |
| --- | --- |
| ❶ 접점의 $x$좌표를 $t$라 하고 접선의 방정식 세우기 | 40% |
| ❷ $t$의 값 구하기 | 30% |
| ❸ 접선의 방정식 구하기 | 30% |


## 0775 $\quad$ 답 $\dfrac{\sqrt{85}}{17}$

$2x-9y+9=0$에서 $y=\dfrac{2}{9}x+1$이므로 구하는 거리의 최솟값은
기울기가 $\dfrac{2}{9}$인 접선의 접점과 직선 $2x-9y+9=0$ 사이의 거리와
같다.
$f(x)=\dfrac{2x}{x^2+2}$라 하면
$$f'(x)=\frac{2(x^2+2)-2x\cdot 2x}{(x^2+2)^2}=\frac{-2x^2+4}{(x^2+2)^2}$$
접점의 좌표를 $\left(t,\ \dfrac{2t}{t^2+2}\right)$라 하면 접선의 기울기가 $\dfrac{2}{9}$이므로
$$f'(t)=\frac{-2t^2+4}{(t^2+2)^2}=\frac{2}{9}$$
❶

$9(-t^2+2)=(t^2+2)^2,\ t^4+13t^2-14=0$
$(t^2+14)(t^2-1)=0,\ t^2=1$
$\therefore t=1\ (\because t\ge 0)$ $\quad$ ($t$는 실수이므로 $t^2\ge 0$)
즉, 접점의 좌표는 $\left(1,\ \dfrac{2}{3}\right)$이다.
❷

따라서 구하는 거리의 최솟값은 점 $\left(1,\ \dfrac{2}{3}\right)$와 직선
$2x-9y+9=0$ 사이의 거리이므로
$$\frac{\left|2\cdot 1-9\cdot\dfrac{2}{3}+9\right|}{\sqrt{2^2+(-9)^2}}=\frac{\sqrt{85}}{17}$$
❸

| 채점 기준 | 배점 비율 |
| --- | --- |
| ❶ 접선의 기울기를 이용하여 $t$에 대한 방정식 세우기 | 40% |
| ❷ 접점의 좌표 구하기 | 30% |
| ❸ 거리의 최솟값 구하기 | 30% |


## 0776 $\quad$ 답 1

$x^2-xy+y^2=k$의 양변을 $x$에 대하여 미분하면
$$2x-y-x\frac{dy}{dx}+2y\frac{dy}{dx}=0,\ (x-2y)\frac{dy}{dx}=2x-y$$
$$\therefore \frac{dy}{dx}=\frac{2x-y}{x-2y}\ (\text{단},\ x-2y\ne 0)$$
$\quad$ ($x=1$을 $x^2-xy+y^2=k$에 대입한다.)
❶

두 점 P, Q가 곡선 $x^2-xy+y^2=k$ 위의 점이므로 $y$에 대한 방정
식 $1-y+y^2=k$, 즉 $y^2-y+1-k=0$의 서로 다른 두 실근은 $p$,
$q\ (p\ne q)$이다.
이차방정식의 근과 계수의 관계에 의하여
$$p+q=1,\ pq=1-k \qquad \cdots\cdots\ ㉠$$
$$\therefore (p-q)^2=(p+q)^2-4pq$$
$$\qquad\qquad =1^2-4(1-k)$$
$$\qquad\qquad =4k-3 \qquad \cdots\cdots\ ㉡$$
두 점 P, Q에서의 접선의 기울기가 각각 $a$, $c$이므로
$$a=\frac{2-p}{1-2p},\ c=\frac{2-q}{1-2q}$$
$$\therefore a-c=\frac{2-p}{1-2p}-\frac{2-q}{1-2q}=\frac{3(p-q)}{1-2(p+q)+4pq}$$
$$\qquad\qquad =\frac{3(p-q)}{3-4k}\ (\because ㉠)$$
❷

이때 $|a-c|=3$이므로

$$\left|\frac{3(p-q)}{3-4k}\right|=3, \ (p-q)^2=(3-4k)^2$$

$$4k-3=(3-4k)^2 \ (\because \text{ⓛ})$$

$$4k^2-7k+3=0, \ (4k-3)(k-1)=0$$

$$\therefore k=\frac{3}{4} \ \text{또는} \ k=1$$

그런데 $k=\dfrac{3}{4}$이면 ⓛ에서

$$(p-q)^2=4\cdot\frac{3}{4}-3=0$$

이므로 $p\neq q$에 모순이다.

$$\therefore k=1$$

따라서 선분 PQ의 길이는

$$|p-q|=\sqrt{4k-3}=1$$

❸

| 채점 기준 | 배점 비율 |
|---|---|
| ❶ $\dfrac{dy}{dx}$ 구하기 | 20% |
| ❷ $a-c$를 $p$, $q$, $k$로 나타내기 | 40% |
| ❸ 선분 PQ의 길이 구하기 | 40% |

본문 126~127쪽

**0777** 답 구간 $(-\infty,\ 0]$에서 증가, 구간 $[0,\ \infty)$에서 감소

$f(x)=\dfrac{1}{x^2+1}$에서 $f'(x)=-\dfrac{2x}{(x^2+1)^2}$

$f'(x)=0$에서 $x=0$

각 구간의 특정한 값을 $f'(x)$에 대입하여 부호를 확인할 수 있다.

함수 $f(x)$의 증가와 감소를 표로 나타내면 다음과 같다.

| $x$ | $\cdots$ | 0 | $\cdots$ |
|---|---|---|---|
| $f'(x)$ | $+$ | 0 | $-$ |
| $f(x)$ | $\nearrow$ | | $\searrow$ |

따라서 함수 $f(x)$는 구간 $(\infty,\ 0]$에서 증가하고, 구간 $[0,\ \infty)$에서 감소한다.

**0778** 답 구간 $(-\infty,\ 0]$에서 감소, 구간 $[0,\ \infty)$에서 증가

$f(x)=x\sqrt[3]{x}=x^{\frac{4}{3}}$에서 $f'(x)=\dfrac{4\sqrt[3]{x}}{3}$

$f'(x)=0$에서 $x=0$

함수 $f(x)$의 증가와 감소를 표로 나타내면 다음과 같다.

| $x$ | $\cdots$ | 0 | $\cdots$ |
|---|---|---|---|
| $f'(x)$ | $-$ | 0 | $+$ |
| $f(x)$ | $\searrow$ | | $\nearrow$ |

따라서 함수 $f(x)$는 구간 $(-\infty,\ 0]$에서 감소하고, 구간 $[0,\ \infty)$에서 증가한다.

**0779** 답 구간 $\left(-\infty,\ \dfrac{1}{2}\right]$에서 감소, 구간 $\left[\dfrac{1}{2},\ \infty\right)$에서 증가

$f(x)=\sqrt{x^2-x+1}$에서 $f'(x)=\dfrac{2x-1}{2\sqrt{x^2-x+1}}$

$f'(x)=0$에서 $2x-1=0$ $\quad\therefore x=\dfrac{1}{2}$

함수 $f(x)$의 증가와 감소를 표로 나타내면 다음과 같다.

| $x$ | $\cdots$ | $\dfrac{1}{2}$ | $\cdots$ |
|---|---|---|---|
| $f'(x)$ | $-$ | 0 | $+$ |
| $f(x)$ | $\searrow$ | | $\nearrow$ |

따라서 함수 $f(x)$는 구간 $\left(-\infty,\ \dfrac{1}{2}\right]$에서 감소하고, 구간 $\left[\dfrac{1}{2},\ \infty\right)$에서 증가한다.

**0780** 답 구간 $(-\infty,\ -1]$, $[1,\ \infty)$에서 증가, 구간 $[-1,\ 0)$, $(0,\ 1]$에서 감소

$f(x)=x+\dfrac{1}{x}$에서 $x\neq 0$이고

$$f'(x)=1-\frac{1}{x^2}=\frac{x^2-1}{x^2}=\frac{(x+1)(x-1)}{x^2}$$

$f'(x)=0$에서 $x=-1$ 또는 $x=1$

$x\neq0$에서 함수 $f(x)$의 증가와 감소를 표로 나타내면 다음과 같다.

| $x$ | $\cdots$ | $-1$ | $\cdots$ | $(0)$ | $\cdots$ | $1$ | $\cdots$ |
|---|---|---|---|---|---|---|---|
| $f'(x)$ | $+$ | $0$ | $-$ | | $-$ | $0$ | $+$ |
| $f(x)$ | ↗ | | ↘ | | ↘ | | ↗ |

따라서 함수 $f(x)$는 구간 $(-\infty,\ -1]$, $[1,\ \infty)$에서 증가하고, 구간 $[-1,\ 0)$, $(0,\ 1]$에서 감소한다.

## 0781 답 구간 $(-\infty,\ 1]$에서 감소, 구간 $[1,\ \infty)$에서 증가

$f(x)=e^x-ex$에서 $f'(x)=e^x-e$

$f'(x)=0$에서 $e^x=e$  $\therefore x=1$

함수 $f(x)$의 증가와 감소를 표로 나타내면 다음과 같다.

| $x$ | $\cdots$ | $1$ | $\cdots$ |
|---|---|---|---|
| $f'(x)$ | $-$ | $0$ | $+$ |
| $f(x)$ | ↘ | | ↗ |

따라서 함수 $f(x)$는 구간 $(-\infty,\ 1]$에서 감소하고, 구간 $[1,\ \infty)$에서 증가한다.

## 0782 답 구간 $(-\infty,\ 1]$에서 감소, 구간 $[1,\ \infty)$에서 증가

$f(x)=e^{x^2-2x}+1$에서 $f'(x)=2(x-1)e^{x^2-2x}$

$f'(x)=0$에서 $x-1=0$  $\therefore x=1$

함수 $f(x)$의 증가와 감소를 표로 나타내면 다음과 같다.

| $x$ | $\cdots$ | $1$ | $\cdots$ |
|---|---|---|---|
| $f'(x)$ | $-$ | $0$ | $+$ |
| $f(x)$ | ↘ | | ↗ |

따라서 함수 $f(x)$는 구간 $(-\infty,\ 1]$에서 감소하고, 구간 $[1,\ \infty)$에서 증가한다.

## 0783 답 구간 $(0,\ 1]$에서 증가, 구간 $[1,\ \infty)$에서 감소

$f(x)=\ln x-x$에서 $x>0$이고 $f'(x)=\dfrac{1}{x}-1=\dfrac{1-x}{x}$

$f'(x)=0$에서 $1-x=0$  $\therefore x=1$

$x>0$에서 함수 $f(x)$의 증가와 감소를 표로 나타내면 다음과 같다.

| $x$ | $(0)$ | $\cdots$ | $1$ | $\cdots$ |
|---|---|---|---|---|
| $f'(x)$ | | $+$ | $0$ | $-$ |
| $f(x)$ | | ↗ | | ↘ |

따라서 함수 $f(x)$는 구간 $(0,\ 1]$에서 증가하고, 구간 $[1,\ \infty)$에서 감소한다.

## 0784 답 구간 $(-\infty,\ 0]$에서 감소, 구간 $[0,\ \infty)$에서 증가

$f(x)=\ln(x^2+1)$에서 $f'(x)=\dfrac{2x}{x^2+1}$

$f'(x)=0$에서 $x=0$

함수 $f(x)$의 증가와 감소를 표로 나타내면 다음과 같다.

| $x$ | $\cdots$ | $0$ | $\cdots$ |
|---|---|---|---|
| $f'(x)$ | $-$ | $0$ | $+$ |
| $f(x)$ | ↘ | | ↗ |

따라서 함수 $f(x)$는 구간 $(-\infty,\ 0]$에서 감소하고, 구간 $[0,\ \infty)$에서 증가한다.

## 0785 답 닫힌구간 $\left[0,\ \dfrac{2}{3}\pi\right]$에서 증가, 닫힌구간 $\left[\dfrac{2}{3}\pi,\ \pi\right]$에서 감소

$f(x)=x+2\sin x$에서 $f'(x)=1+2\cos x$

$f'(x)=0$에서 $\cos x=-\dfrac{1}{2}$  $\therefore x=\dfrac{2}{3}\pi\ (\because 0\leq x\leq\pi)$

$0\leq x\leq\pi$에서 함수 $f(x)$의 증가와 감소를 표로 나타내면 다음과 같다.

| $x$ | $0$ | $\cdots$ | $\dfrac{2}{3}\pi$ | $\cdots$ | $\pi$ |
|---|---|---|---|---|---|
| $f'(x)$ | | $+$ | $0$ | $-$ | |
| $f(x)$ | | ↗ | | ↘ | |

따라서 함수 $f(x)$는 닫힌구간 $\left[0,\ \dfrac{2}{3}\pi\right]$에서 증가하고, 닫힌구간 $\left[\dfrac{2}{3}\pi,\ \pi\right]$에서 감소한다.

## 0786 답 닫힌구간 $\left[0,\ \dfrac{\pi}{2}\right]$에서 증가, 닫힌구간 $\left[\dfrac{\pi}{2},\ \pi\right]$에서 감소

$f(x)=1+\sin^3 x$에서 $f'(x)=3\sin^2 x\cos x$

$f'(x)=0$에서 $\sin x=0$ 또는 $\cos x=0$

$\therefore x=0$ 또는 $x=\dfrac{\pi}{2}$ 또는 $x=\pi\ (\because 0\leq x\leq\pi)$

$0\leq x\leq\pi$에서 함수 $f(x)$의 증가와 감소를 표로 나타내면 다음과 같다.

| $x$ | $0$ | $\cdots$ | $\dfrac{\pi}{2}$ | $\cdots$ | $\pi$ |
|---|---|---|---|---|---|
| $f'(x)$ | $0$ | $+$ | $0$ | $-$ | $0$ |
| $f(x)$ | | ↗ | | ↘ | |

따라서 함수 $f(x)$는 닫힌구간 $\left[0,\ \dfrac{\pi}{2}\right]$에서 증가하고, 닫힌구간 $\left[\dfrac{\pi}{2},\ \pi\right]$에서 감소한다.

## 0787 답 극솟값 : $-1$

$f(x)=(x-1)e^x$에서 $f'(x)=e^x+(x-1)e^x=xe^x$

$f'(x)=0$에서 $x=0$

함수 $f(x)$의 증가와 감소를 표로 나타내면 다음과 같다.

| $x$ | $\cdots$ | $0$ | $\cdots$ |
|---|---|---|---|
| $f'(x)$ | $-$ | $0$ | $+$ |
| $f(x)$ | ↘ | 극소 | ↗ |

따라서 함수 $f(x)$는 $x=0$에서 극솟값 $f(0)=-1\cdot e^0=-1$을 갖는다.

## 0788 답 극댓값 : $\dfrac{1}{4}$

$f(x)=\dfrac{\sqrt{x}}{x^2+3}$에서 $x\geq0$이고

$$f'(x)=\dfrac{\dfrac{1}{2\sqrt{x}}(x^2+3)-\sqrt{x}\cdot2x}{(x^2+3)^2}=\dfrac{(x^2+3)-2x\cdot2x}{2\sqrt{x}(x^2+3)^2}$$

$$=\dfrac{-3x^2+3}{2\sqrt{x}(x^2+3)^2}=\dfrac{-3(x+1)(x-1)}{2\sqrt{x}(x^2+3)^2}$$

$f'(x)=0$에서 $x=1$ ($\because x\geq 0$)

$x\geq 0$에서 함수 $f(x)$의 증가와 감소를 표로 나타내면 다음과 같다.

| $x$ | 0 | $\cdots$ | 1 | $\cdots$ |
|---|---|---|---|---|
| $f'(x)$ | | $+$ | 0 | $-$ |
| $f(x)$ | 0 | $\nearrow$ | 극대 | $\searrow$ |

따라서 함수 $f(x)$는 $x=1$에서 극댓값 $f(1)=\dfrac{\sqrt{1}}{1^2+3}=\dfrac{1}{4}$을 갖는다.

## 0789 답 극솟값 : 3

$f(x)=x+\dfrac{4}{x^2}=x+4x^{-2}$에서 $x\neq 0$이고

$f'(x)=1-8x^{-3}=\dfrac{x^3-8}{x^3}=\dfrac{(x-2)(x^2+2x+4)}{x^3}$

$f'(x)=0$에서 $x=2$

이때 $f''(x)=24x^{-4}=\dfrac{24}{x^4}$에서 $f''(2)=\dfrac{24}{2^4}=\dfrac{3}{2}>0$이므로 함수 $f(x)$는 $x=2$에서 극솟값 $f(2)=3$을 갖는다.

## 0790 답 극댓값 : 1

$f(x)=\dfrac{1}{\sqrt{x^2+1}}=(x^2+1)^{-\frac{1}{2}}$에서

$f'(x)=-\dfrac{1}{2}(x^2+1)^{-\frac{3}{2}}\cdot 2x=-x(x^2+1)^{-\frac{3}{2}}$

$\qquad =-\dfrac{x}{(x^2+1)\sqrt{x^2+1}}$

$f'(x)=0$에서 $x=0$

이때

$f''(x)=-(x^2+1)^{-\frac{3}{2}}+\dfrac{3}{2}x(x^2+1)^{-\frac{5}{2}}\cdot 2x$

$\qquad =-\dfrac{1}{(x^2+1)\sqrt{x^2+1}}+\dfrac{3x^2}{(x^2+1)^2\sqrt{x^2+1}}$

에서 $f''(0)=-1<0$이므로 함수 $f(x)$는 $x=0$에서 극댓값 $f(0)=1$을 갖는다.

## 0791 답 극솟값 : $-1$

$f(x)=x\ln x-x$에서 $x>0$이고 $f'(x)=\ln x+x\cdot\dfrac{1}{x}-1=\ln x$

$f'(x)=0$에서 $x=1$

이때 $f''(x)=\dfrac{1}{x}$에서 $f''(1)=1>0$이므로 함수 $f(x)$는 $x=1$에서 극솟값 $f(1)=-1$을 갖는다.

## 0792 답 극댓값 : 1

$f(x)=\sin x$에서 $f'(x)=\cos x$

$f'(x)=0$에서 $x=\dfrac{\pi}{2}$ ($\because 0\leq x\leq\pi$)

이때 $f''(x)=-\sin x$에서 $f''\left(\dfrac{\pi}{2}\right)=-\sin\dfrac{\pi}{2}=-1<0$이므로 함수 $f(x)$는 $x=\dfrac{\pi}{2}$에서 극댓값 $f\left(\dfrac{\pi}{2}\right)=1$을 갖는다.

## 0793 답 아래로 볼록

$f(x)=x^4+x^2$이라 하면 $f'(x)=4x^3+2x$, $f''(x)=12x^2+2$

이때 모든 실수 $x$에 대하여 $f''(x)>0$이므로 곡선 $y=x^4+x^2$은 모든 실수 $x$에 대하여 아래로 볼록하다.

## 0794 답 아래로 볼록

$f(x)=\dfrac{1}{x^2}=x^{-2}$이라 하면 $f'(x)=-2x^{-3}$, $f''(x)=6x^{-4}=\dfrac{6}{x^4}$

이때 $x>0$에서 $f''(x)>0$이므로 곡선 $y=\dfrac{1}{x^2}$은 $x>0$에서 아래로 볼록하다.

## 0795 답 위로 볼록

$f(x)=\sqrt{1-x^2}=(1-x^2)^{\frac{1}{2}}$이라 하면

$f'(x)=\dfrac{1}{2}(1-x^2)^{-\frac{1}{2}}\cdot(-2x)=-x(1-x^2)^{-\frac{1}{2}}=-\dfrac{x}{\sqrt{1-x^2}}$

$f''(x)=-(1-x^2)^{-\frac{1}{2}}+\dfrac{1}{2}x(1-x^2)^{-\frac{3}{2}}\cdot(-2x)$

$\qquad =-(1-x^2)^{-\frac{1}{2}}-x^2(1-x^2)^{-\frac{3}{2}}$

$\qquad =-(1-x^2)(1-x^2)^{-\frac{3}{2}}-x^2(1-x^2)^{-\frac{3}{2}}$

$\qquad =-(1-x^2)^{-\frac{3}{2}}(1-x^2+x^2)$

$\qquad =-\dfrac{1}{(1-x^2)\sqrt{1-x^2}}$

이때 $-1<x<1$에서 $1-x^2>0$, 즉 $\sqrt{1-x^2}>0$이므로 $f''(x)<0$

따라서 곡선 $y=\sqrt{1-x^2}$은 $-1<x<1$에서 위로 볼록하다.

## 0796 답 아래로 볼록

$f(x)=e^x$이라 하면 $f'(x)=e^x$, $f''(x)=e^x$

이때 모든 실수 $x$에 대하여 $f''(x)>0$이므로 곡선 $y=e^x$은 모든 실수 $x$에 대하여 아래로 볼록하다.

## 0797 답 위로 볼록

$f(x)=\ln x$라 하면 $x>0$이고 $f'(x)=\dfrac{1}{x}$, $f''(x)=-\dfrac{1}{x^2}$

이때 $x>0$에서 $f''(x)<0$이므로 곡선 $y=\ln x$는 $x>0$에서 위로 볼록하다.

## 0798 답 위로 볼록

$f(x)=\sin x$라 하면 $f'(x)=\cos x$, $f''(x)=-\sin x$

이때 $0<x<\pi$에서 $f''(x)<0$이므로 곡선 $y=\sin x$는 $0<x<\pi$에서 위로 볼록하다.

## 0799 답 $(0,\ 0)$

$f(x)=x^3+x$라 하면 $f'(x)=3x^2+1$, $f''(x)=6x$

$f''(x)=0$에서 $x=0$

이때 $x=0$의 좌우에서 $f''(x)$의 부호가 바뀌므로 곡선 $y=x^3+x$의 변곡점의 좌표는 $(0,\ 0)$이다.

## 0800 답 $(2,\ 3\ln 2)$

$f(x)=\ln(x^2+4)$라 하면 $f'(x)=\dfrac{2x}{x^2+4}$

$$f''(x)=\frac{2(x^2+4)-2x\cdot 2x}{(x^2+4)^2}=\frac{-2x^2+8}{(x^2+4)^2}$$
$$=\frac{-2(x+2)(x-2)}{(x^2+4)^2}$$

$f''(x)=0$에서 $x=2$ $(\because x>0)$

이때 $x=2$의 좌우에서 $f''(x)$의 부호가 바뀌므로 곡선 $y=\ln(x^2+4)$의 변곡점의 좌표는 $(2,\ 3\ln 2)$이다.

## 0801 답 $\left(\dfrac{\pi}{2},\ 1\right)$

$f(x)=\cos x+1$이라 하면

$f'(x)=-\sin x,\ f''(x)=-\cos x$

$f''(x)=0$에서 $x=\dfrac{\pi}{2}$ $\left(\because\ 0\le x\le\pi\right)$

이때 $x=\dfrac{\pi}{2}$의 좌우에서 $f''(x)$의 부호가 바뀌므로 곡선

$y=\cos x+1$의 변곡점의 좌표는 $\left(\dfrac{\pi}{2},\ 1\right)$이다.

## 0802 답 해설 참조

$f(x)=4x\sqrt{x}-x^2=4x^{\frac{3}{2}}-x^2$에서 $x\ge 0$이고

$f'(x)=6x^{\frac{1}{2}}-2x=2\sqrt{x}(3-\sqrt{x})$

$f''(x)=3x^{-\frac{1}{2}}-2=\dfrac{3-2\sqrt{x}}{\sqrt{x}}$

$f'(x)=0$에서 $x=0$ 또는 $x=9$

$f''(x)=0$에서 $3-2\sqrt{x}=0$ $\quad\therefore x=\dfrac{9}{4}$

$x\ge 0$에서 함수 $f(x)$의 증가와 감소, 곡선 $y=f(x)$의 오목과 볼록을 표로 나타내면 다음과 같다.

| $x$ | 0 | $\cdots$ | $\dfrac{9}{4}$ | $\cdots$ | 9 | $\cdots$ |
|---|---|---|---|---|---|---|
| $f'(x)$ | | $+$ | $+$ | $+$ | 0 | $-$ |
| $f''(x)$ | | $+$ | 0 | $-$ | $-$ | $-$ |
| $f(x)$ | 0 | $\nearrow$ | $\dfrac{135}{16}$ | $\nearrow$ | 27 | $\searrow$ |

따라서 함수 $y=f(x)$의 그래프는 오른쪽 그림과 같다.

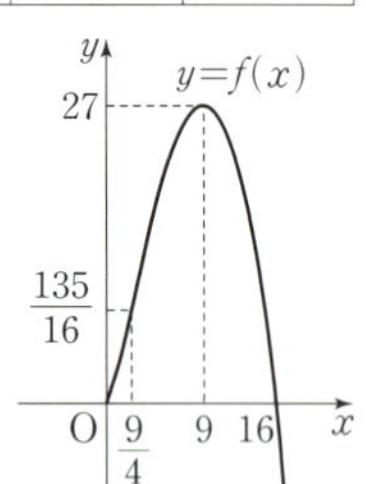

## 0803 답 해설 참조

$f(x)=e^{-x^2}$에서

$f'(x)=-2xe^{-x^2}$

$f''(x)=-2e^{-x^2}-2xe^{-x^2}\cdot(-2x)=2(2x^2-1)e^{-x^2}$
$\qquad=2(\sqrt{2}x+1)(\sqrt{2}x-1)e^{-x^2}$

$f'(x)=0$에서 $x=0$

$f''(x)=0$에서 $x=-\dfrac{\sqrt{2}}{2}$ 또는 $x=\dfrac{\sqrt{2}}{2}$

함수 $f(x)$의 증가와 감소, 곡선 $y=f(x)$의 오목과 볼록을 표로 나타내면 다음과 같다.

| $x$ | $\cdots$ | $-\dfrac{\sqrt{2}}{2}$ | $\cdots$ | 0 | $\cdots$ | $\dfrac{\sqrt{2}}{2}$ | $\cdots$ |
|---|---|---|---|---|---|---|---|
| $f'(x)$ | $+$ | $+$ | $+$ | 0 | $-$ | $-$ | $-$ |
| $f''(x)$ | $+$ | 0 | $-$ | $-$ | $-$ | 0 | $+$ |
| $f(x)$ | $\nearrow$ | $\dfrac{\sqrt{e}}{e}$ | $\nearrow$ | 1 | $\searrow$ | $\dfrac{\sqrt{e}}{e}$ | $\searrow$ |

이때 $\displaystyle\lim_{x\to\infty}f(x)=0,\ \lim_{x\to-\infty}f(x)=0$이므로 점근선은 $x$축이다.

따라서 함수 $y=f(x)$의 그래프는 오른쪽 그림과 같다.

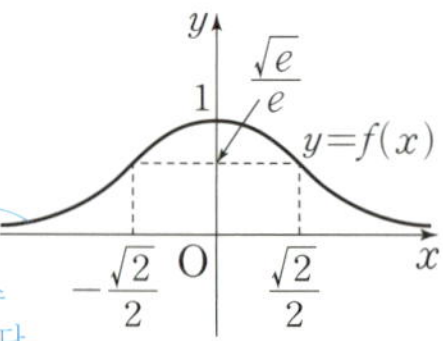



## 0804 답 해설 참조

$f(x)=\cos^4 x$에서

$f'(x)=4\cos^3 x\cdot(-\sin x)=-4\cos^3 x\sin x$

$f''(x)=-12\cos^2 x\cdot(-\sin x)\cdot\sin x-4\cos^3 x\cdot\cos x$
$\qquad=12\cos^2 x\sin^2 x-4\cos^4 x$
$\qquad=4\cos^2 x\,(3\sin^2 x-\cos^2 x)$
$\qquad=4\cos^2 x\,\{3\sin^2 x-(1-\sin^2 x)\}$
$\qquad=4\cos^2 x\,(4\sin^2 x-1)$

$f'(x)=0$에서 $\cos x=0$ 또는 $\sin x=0$

$\therefore x=0$ 또는 $x=\dfrac{\pi}{2}$ 또는 $x=\pi$ $(\because\ 0\le x\le\pi)$

$f''(x)=0$에서 $\cos x=0$ 또는 $\sin x=-\dfrac{1}{2}$ 또는 $\sin x=\dfrac{1}{2}$

$\therefore x=\dfrac{\pi}{6}$ 또는 $x=\dfrac{\pi}{2}$ 또는 $x=\dfrac{5}{6}\pi$ $(\because\ 0\le x\le\pi)$

$0\le x\le\pi$에서 함수 $f(x)$의 증가와 감소, 곡선 $y=f(x)$의 오목과 볼록을 표로 나타내면 다음과 같다.

| $x$ | 0 | $\cdots$ | $\dfrac{\pi}{6}$ | $\cdots$ | $\dfrac{\pi}{2}$ | $\cdots$ | $\dfrac{5}{6}\pi$ | $\cdots$ | $\pi$ |
|---|---|---|---|---|---|---|---|---|---|
| $f'(x)$ | | $-$ | $-$ | $-$ | 0 | $+$ | $+$ | $+$ | |
| $f''(x)$ | | $-$ | 0 | $+$ | 0 | $+$ | 0 | $-$ | |
| $f(x)$ | 1 | $\searrow$ | $\dfrac{9}{16}$ | $\searrow$ | 0 | $\nearrow$ | $\dfrac{9}{16}$ | $\nearrow$ | 1 |

따라서 함수 $y=f(x)$의 그래프는 오른쪽 그림과 같다.

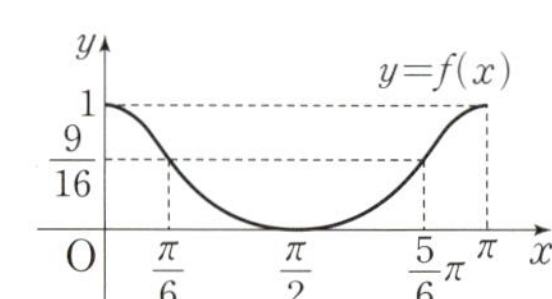

## 0805 답 최댓값 : 5, 최솟값 : 4

$f(x)=\dfrac{4}{x}+x$에서

$f'(x)=-\dfrac{4}{x^2}+1=\dfrac{x^2-4}{x^2}=\dfrac{(x+2)(x-2)}{x^2}$

$f'(x)=0$에서 $x=2$ $(\because\ 1\le x\le 4)$

닫힌구간 $[1,\ 4]$에서 함수 $f(x)$의 증가와 감소를 표로 나타내면 다음과 같다.

| $x$ | 1 | $\cdots$ | 2 | $\cdots$ | 4 |
|---|---|---|---|---|---|
| $f'(x)$ | | $-$ | 0 | $+$ | |
| $f(x)$ | 5 | $\searrow$ | 4 | $\nearrow$ | 5 |

따라서 함수 $f(x)$는 $x=1$ 또는 $x=4$에서 최댓값 5, $x=2$에서 최솟값 4를 갖는다.

## 0806 답 최댓값 : 2, 최솟값 : $-2$

$f(x)=(x-3)\sqrt{x}=x^{\frac{3}{2}}-3x^{\frac{1}{2}}$에서

$f'(x)=\dfrac{3}{2}x^{\frac{1}{2}}-\dfrac{3}{2}x^{-\frac{1}{2}}=\dfrac{3(x-1)}{2\sqrt{x}}$

$f'(x)=0$에서 $x=1$

닫힌구간 $[0, 4]$에서 함수 $f(x)$의 증가와 감소를 표로 나타내면 다음과 같다.

| $x$ | 0 | $\cdots$ | 1 | $\cdots$ | 4 |
|---|---|---|---|---|---|
| $f'(x)$ | | $-$ | 0 | $+$ | |
| $f(x)$ | 0 | $\searrow$ | $-2$ | $\nearrow$ | 2 |

따라서 함수 $f(x)$는 $x=4$에서 최댓값 2, $x=1$에서 최솟값 $-2$를 갖는다.

## 0807 답 최댓값 : 1, 최솟값 : 0

$f(x)=(\ln x)^2$에서 $f'(x)=2\ln x\cdot\dfrac{1}{x}=\dfrac{2\ln x}{x}$

$f'(x)=0$에서 $\ln x=0$ $\quad\therefore x=1$

닫힌구간 $\left[\dfrac{1}{e}, e\right]$에서 함수 $f(x)$의 증가와 감소를 표로 나타내면 다음과 같다.

| $x$ | $\dfrac{1}{e}$ | $\cdots$ | 1 | $\cdots$ | $e$ |
|---|---|---|---|---|---|
| $f'(x)$ | | $-$ | 0 | $+$ | |
| $f(x)$ | 1 | $\searrow$ | 0 | $\nearrow$ | 1 |

따라서 함수 $f(x)$는 $x=\dfrac{1}{e}$ 또는 $x=e$에서 최댓값 1, $x=1$에서 최솟값 0을 갖는다.

본문 128~143쪽

## 0808 답 ②

## 0809 답 ③

$f(x)=2x\sqrt{x}(x-1)=2x^{\frac{5}{2}}-2x^{\frac{3}{2}}$에서

$f'(x)=5x^{\frac{3}{2}}-3x^{\frac{1}{2}}=\sqrt{x}(5x-3)$

$f'(x)=0$에서 $x=0$ 또는 $x=\dfrac{3}{5}$

$x\geq0$에서 함수 $f(x)$의 증가와 감소를 표로 나타내면 다음과 같다.

| $x$ | 0 | $\cdots$ | $\dfrac{3}{5}$ | $\cdots$ |
|---|---|---|---|---|
| $f'(x)$ | 0 | $-$ | 0 | $+$ |
| $f(x)$ | | $\searrow$ | | $\nearrow$ |

따라서 함수 $f(x)$는 닫힌구간 $\left[0, \dfrac{3}{5}\right]$에서만 감소하므로

$\alpha=0$, $\beta=\dfrac{3}{5}$

$\therefore \beta-\alpha=\dfrac{3}{5}-0=\dfrac{3}{5}$

## 0810 답 ④

$f(x)=x^2+(1-x)e^x$에서

$f'(x)=2x-e^x+(1-x)e^x=x(2-e^x)$

$f'(x)=0$에서 $x=0$ 또는 $x=\ln 2$

함수 $f(x)$의 증가와 감소를 표로 나타내면 다음과 같다.

| $x$ | $\cdots$ | 0 | $\cdots$ | $\ln 2$ | $\cdots$ |
|---|---|---|---|---|---|
| $f'(x)$ | $-$ | 0 | $+$ | 0 | $-$ |
| $f(x)$ | $\searrow$ | | $\nearrow$ | | $\searrow$ |

즉, 함수 $f(x)$는 닫힌구간 $[0, \ln 2]$에서 증가하므로

$k\leq\ln 2$ 구간 $[0, k]$가 구간 $[0, \ln 2]$에 포함되어야 한다.

따라서 $e^k\leq e^{\ln 2}=2$이므로 $e^k$의 최댓값은 2이다.

## 0811 답 18

$f(x)=x^2-a\ln x$에서 $x>0$이고

$f'(x)=2x-\dfrac{a}{x}=\dfrac{2\left(x^2-\dfrac{a}{2}\right)}{x}=\dfrac{2\left(x+\sqrt{\dfrac{a}{2}}\right)\left(x-\sqrt{\dfrac{a}{2}}\right)}{x}$

$f'(x)=0$에서 $x=\sqrt{\dfrac{a}{2}}$ $(\because x>0)$

$x>0$에서 함수 $f(x)$의 증가와 감소를 표로 나타내면 다음과 같다.

| $x$ | $(0)$ | $\cdots$ | $\sqrt{\dfrac{a}{2}}$ | $\cdots$ |
|---|---|---|---|---|
| $f'(x)$ | | $-$ | 0 | $+$ |
| $f(x)$ | | $\searrow$ | | $\nearrow$ |

따라서 함수 $f(x)$는 구간 $\left(0, \sqrt{\dfrac{a}{2}}\right]$에서 감소하고 구간 $\left[\sqrt{\dfrac{a}{2}}, \infty\right)$에서 증가하므로 $\sqrt{\dfrac{a}{2}}=3$에서

$\dfrac{a}{2}=9$ $\quad\therefore a=18$

## 0812 답 45

$f(x)=\dfrac{\pi}{12}x-\cos\left(\dfrac{\pi}{6}x\right)$에서

$f'(x)=\dfrac{\pi}{12}+\dfrac{\pi}{6}\sin\left(\dfrac{\pi}{6}x\right)=\dfrac{\pi}{12}\left\{1+2\sin\left(\dfrac{\pi}{6}x\right)\right\}$

$f'(x)=0$에서 $\sin\left(\dfrac{\pi}{6}x\right)=-\dfrac{1}{2}$

$\therefore x=7$ 또는 $x=11$ $(\because 0\leq x\leq 12)$ $\dfrac{\pi}{6}x=t$라 하면 $0\leq x\leq12$이므로 $0\leq t\leq2\pi$이고, $\sin t=-\dfrac{1}{2}$이므로 $t=\dfrac{7}{6}\pi$ 또는 $t=\dfrac{11}{6}\pi$ $\therefore x=7$ 또는 $x=11$

$0\leq x\leq 12$에서 함수 $f(x)$의 증가와 감소를 표로 나타내면 다음과 같다.

| $x$ | 0 | $\cdots$ | 7 | $\cdots$ | 11 | $\cdots$ | 12 |
|---|---|---|---|---|---|---|---|
| $f'(x)$ | | $+$ | 0 | $-$ | 0 | $+$ | |
| $f(x)$ | | $\nearrow$ | | $\searrow$ | | $\nearrow$ | |

즉, 함수 $f(x)$는 닫힌구간 $[7, 11]$에서만 감소하므로

$A=\{x\,|\,7\leq x\leq 11\}$

따라서 닫힌구간 $A$에 포함되는 정수 $x$는 7, 8, 9, 10, 11이므로 그 합은

$7+8+9+10+11=45$

## 0813 답 ③

## 0814　답 ③

$f(x)=ax-\sin 3x$에서 $f'(x)=a-3\cos 3x$

함수 $f(x)$가 실수 전체의 집합에서 감소하려면 모든 실수 $x$에 대하여 $f'(x)\le 0$, 즉 $\cos 3x\ge\dfrac{a}{3}$이어야 한다.

이때 $-1\le\cos 3x\le 1$이므로

$\dfrac{a}{3}\le -1$　　∴ $a\le -3$

따라서 실수 $a$의 최댓값은 $-3$이다.

## 0815　답 ②

$f(x)=2ax\sqrt{x}-(3a+1)x+1=2ax^{\frac{3}{2}}-(3a+1)x+1$에서

$f'(x)=3ax^{\frac{1}{2}}-(3a+1)=3a(\sqrt{x}-1)-1$

함수 $f(x)$가 닫힌구간 $[4,\ 9]$에서 증가하려면 $4\le x\le 9$일 때 $f'(x)\ge 0$이어야 한다.

이때 함수 $y=f'(x)$의 그래프는 양수 $a$의 값에 관계없이 점 $(1,\ -1)$을 지나고 증가하므로 오른쪽 그림과 같다.

즉, $f'(4)\ge 0$이어야 하므로

$3a-1\ge 0$　　∴ $a\ge\dfrac{1}{3}$

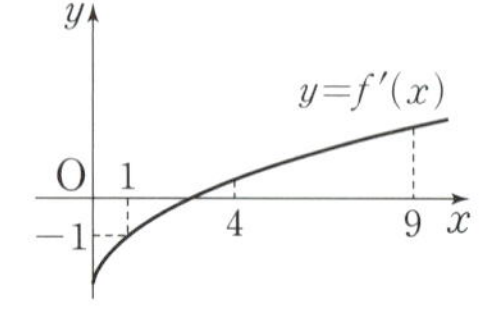

따라서 양수 $a$의 최솟값은 $\dfrac{1}{3}$이다.

## 0816　답 ①

$f(x)=\dfrac{ax^2+12}{x}=ax+\dfrac{12}{x}$에서 $f'(x)=a-\dfrac{12}{x^2}$

함수 $f(x)$가 닫힌구간 $[1,\ 2]$에서 감소하려면 $1\le x\le 2$일 때 $f'(x)\le 0$이어야 한다.

이때 $x^2=t$라 하면 $1\le t\le 4$이고, 함수 $f'(x)$를 $t$에 대한 함수 $g(t)$로 나타내면

$g(t)=a-\dfrac{12}{t}$

즉, 함수 $y=g(t)$의 그래프는 오른쪽 그림과 같고 $1\le t\le 4$일 때 $g(t)\le 0$이어야 하므로 $g(4)\le 0$에서

$a-3\le 0$　　∴ $a\le 3$

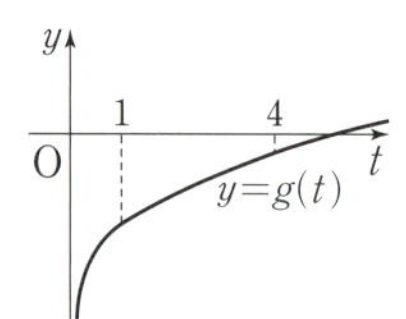

따라서 실수 $a$의 최댓값은 $3$이다.

## 0817　답 4

$f(x)=2\ln\dfrac{1}{x}-x^2+ax=-2\ln x-x^2+ax$에서 $x>0$이고

$f'(x)=-\dfrac{2}{x}-2x+a=\dfrac{-2x^2+ax-2}{x}$

함수 $f(x)$가 구간 $(0,\ \infty)$에서 감소하려면 모든 양의 실수 $x$에 대하여 $f'(x)\le 0$, 즉 $2x^2-ax+2\ge 0$이어야 한다.

이차방정식 $2x^2-ax+2=0$의 판별식을 $D$라 하면 $D\le 0$ 또는 $0$ 이하의 서로 다른 두 실근을 가져야 한다.

(i) $D\le 0$인 경우

　　$D=(-a)^2-4\cdot 2\cdot 2\le 0,\ a^2-16\le 0$

　　$(a+4)(a-4)\le 0$　　∴ $-4\le a\le 4$

(ii) $0$ 이하의 서로 다른 두 실근을 갖는 경우

　　• $D=(a+4)(a-4)>0$　　∴ $a<-4$ 또는 $a>4$

　　• (두 근의 합) $=\dfrac{a}{2}<0$　　∴ $a<0$

　　• (두 근의 곱) $=1>0$

　　즉, 이 경우를 만족시키는 실수 $a$의 값의 범위는

　　$a<-4$

(i), (ii)에서 조건을 만족시키는 실수 $a$의 값의 범위는

$a\le 4$

따라서 실수 $a$의 최댓값은 $4$이다.

> **해설 속 칠판**　**이차방정식의 실근의 부호**
>
> 이차방정식 $ax^2+bx+c=0$의 두 근을 $\alpha$, $\beta$라 하고 이 이차방정식의 판별식을 $D$라 할 때
> (1) 두 근이 모두 양수이려면 ➡ $D\ge 0$, $\alpha+\beta>0$, $\alpha\beta>0$
> (2) 두 근이 모두 음수이려면 ➡ $D\ge 0$, $\alpha+\beta<0$, $\alpha\beta>0$
> (3) 두 근이 서로 다른 부호이려면 ➡ $\alpha\beta<0$

## 0818　답 ③

## 0819　답 ④

$f(x)=4\sqrt{x}-x=4x^{\frac{1}{2}}-x$에서 $x\ge 0$이고

$f'(x)=2x^{-\frac{1}{2}}-1=\dfrac{2}{\sqrt{x}}-1$

$f'(x)=0$에서 $\dfrac{2}{\sqrt{x}}=1$　　∴ $x=4$

$x\ge 0$에서 함수 $f(x)$의 증가와 감소를 표로 나타내면 다음과 같다.

| $x$ | 0 | $\cdots$ | 4 | $\cdots$ |
|---|---|---|---|---|
| $f'(x)$ | | $+$ | 0 | $-$ |
| $f(x)$ | 0 | ↗ | 4 | ↘ |

따라서 함수 $f(x)$는 $x=4$에서 극댓값 $f(4)=4$를 가지므로

$a=4,\ b=4$　　∴ $a+b=4+4=8$

● 다른 풀이 ●

$f'(x)=0$에서 $x=4$

이때 $f''(x)=2\cdot\left(-\dfrac{1}{2}\right)\cdot x^{-\frac{3}{2}}=-\dfrac{1}{x\sqrt{x}}$에서

$f''(4)=-\dfrac{1}{4\sqrt{4}}=-\dfrac{1}{8}<0$이므로 함수 $f(x)$는 $x=4$에서 극댓값 $f(4)=4$를 갖는다.

## 0820　답 ⑤

$f(x)=\dfrac{2x-5}{x^2}$에서 $x\ne 0$이고

$f'(x)=\dfrac{2\cdot x^2-(2x-5)\cdot 2x}{x^4}=\dfrac{-2x+10}{x^3}$

$f'(x)=0$에서 $-2x+10=0$　　∴ $x=5$

$x\ne 0$에서 함수 $f(x)$의 증가와 감소를 표로 나타내면 다음과 같다.

| $x$ | $\cdots$ | (0) | $\cdots$ | 5 | $\cdots$ |
|---|---|---|---|---|---|
| $f'(x)$ | $-$ | | $+$ | 0 | $-$ |
| $f(x)$ | ↘ | | ↗ | 극대 | ↘ |

즉, 함수 $f(x)$는 $x=5$에서 극댓값을 가지므로

$b=5$

한편, $g(x)=\dfrac{2}{x-2\sqrt{x-a}}$에서 $g'(x)=\dfrac{-2\left(1-\dfrac{1}{\sqrt{x-a}}\right)}{(x-2\sqrt{x-a})^2}$

$g'(x)=0$에서 $1-\dfrac{1}{\sqrt{x-a}}=0$

$\sqrt{x-a}=1$ $\quad\therefore x=a+1\ (\because \sqrt{x-a}>0)$

함수 $g(x)$도 $x=5$에서 극값을 가지므로

$a+1=5$ $\quad\therefore a=4$

$\therefore a+b=4+5=9$

## 0821 답 3

$f(x)=x+\sqrt{a-x^2}$에서 $-\sqrt{a}\leq x\leq\sqrt{a}$이고

$f'(x)=1-\dfrac{x}{\sqrt{a-x^2}}=\dfrac{\sqrt{a-x^2}-x}{\sqrt{a-x^2}}$

$f'(x)=0$에서 $\sqrt{a-x^2}-x=0$

$\sqrt{a-x^2}=x$ $\quad\cdots\cdots\ \bigcirc$

$\bigcirc$의 양변을 제곱하면 $a-x^2=x^2$, $x^2=\dfrac{a}{2}$

이때 $\bigcirc$에서 $x\geq0$이므로 $x=\sqrt{\dfrac{a}{2}}$

즉, 함수 $f(x)$는 $x=\sqrt{\dfrac{a}{2}}$에서 극값 $f\left(\sqrt{\dfrac{a}{2}}\right)=2\sqrt{\dfrac{a}{2}}$를 가지므로

$2\sqrt{\dfrac{a}{2}}=2$에서 $\sqrt{\dfrac{a}{2}}=1$ $\quad\therefore a=2$

$a=2$를 $x=\sqrt{\dfrac{a}{2}}$에 대입하면 $x=1$ $\quad\therefore b=1$

$\therefore a+b=2+1=3$

## 0822 답 8

$f(x)=\dfrac{ax^2-8x+b}{x^2+1}$에서

$f'(x)=\dfrac{(2ax-8)(x^2+1)-(ax^2-8x+b)\cdot2x}{(x^2+1)^2}$

$\qquad=\dfrac{8x^2+2(a-b)x-8}{(x^2+1)^2}$

함수 $f(x)$가 $x=1$에서 극솟값 $0$을 가지므로

$f(1)=0$에서 $\dfrac{a-8+b}{2}=0$ $\quad$• $f(1)=0$이고 $f'(1)=0$

$\therefore a+b=8$ $\quad\cdots\cdots\ \bigcirc$

$f'(1)=0$에서 $\dfrac{a-b}{2}=0$

$\therefore a-b=0$ $\quad\cdots\cdots\ \bigcirc\!\bigcirc$

$\bigcirc$, $\bigcirc\!\bigcirc$을 연립하여 풀면 $a=4$, $b=4$

$\therefore f'(x)=\dfrac{8x^2-8}{(x^2+1)^2}=\dfrac{8(x+1)(x-1)}{(x^2+1)^2}$

$f'(x)=0$에서 $x=-1$ 또는 $x=1$

함수 $f(x)$의 증가와 감소를 표로 나타내면 다음과 같다.

| $x$ | $\cdots$ | $-1$ | $\cdots$ | $1$ | $\cdots$ |
|---|---|---|---|---|---|
| $f'(x)$ | $+$ | $0$ | $-$ | $0$ | $+$ |
| $f(x)$ | $\nearrow$ | $8$ | $\searrow$ | $0$ | $\nearrow$ |

따라서 함수 $f(x)$는 $x=-1$에서 극댓값 $f(-1)=8$을 갖는다.

## 0823 답 ③

## 0824 답 ③

$f(x)=(x-1)^2 e^{x+1}$에서

$f'(x)=2(x-1)e^{x+1}+(x-1)^2 e^{x+1}$

$\qquad=(x+1)(x-1)e^{x+1}$

$f'(x)=0$에서 $x=-1$ 또는 $x=1$

함수 $f(x)$의 증가와 감소를 표로 나타내면 다음과 같다.

| $x$ | $\cdots$ | $-1$ | $\cdots$ | $1$ | $\cdots$ |
|---|---|---|---|---|---|
| $f'(x)$ | $+$ | $0$ | $-$ | $0$ | $+$ |
| $f(x)$ | $\nearrow$ | $5$ | $\searrow$ | $1$ | $\nearrow$ |

따라서 함수 $f(x)$는 $x=-1$에서 극댓값 $f(-1)=5$, $x=1$에서 극솟값 $f(1)=1$을 가지므로 극댓값과 극솟값의 합은

$5+1=6$

## 0825 답 ①

$f(x)=ax^2+bx-5\ln x$에서

$f'(x)=2ax+b-\dfrac{5}{x}$

함수 $f(x)$가 $x=\dfrac{1}{2}$, $x=\dfrac{5}{2}$에서 극값을 가지므로

$f'\left(\dfrac{1}{2}\right)=0$에서 $a+b-10=0$

$\therefore a+b=10$ $\quad\cdots\cdots\ \bigcirc$

$f'\left(\dfrac{5}{2}\right)=0$에서 $5a+b-2=0$

$\therefore 5a+b=2$ $\quad\cdots\cdots\ \bigcirc\!\bigcirc$

$\bigcirc$, $\bigcirc\!\bigcirc$을 연립하여 풀면 $a=-2$, $b=12$

따라서 $f(x)=-2x^2+12x-5\ln x$이므로

$f(2)=-2\cdot2^2+12\cdot2-5\ln 2=16-5\ln 2$

## 0826 답 ④

$f(x)=ax-\dfrac{b}{x}-4\ln x+2$에서 $x>0$이고

$f'(x)=a+\dfrac{b}{x^2}-\dfrac{4}{x}=\dfrac{ax^2-4x+b}{x^2}$

함수 $f(x)$가 $x=1$에서 극댓값 $0$을 가지므로

$f(1)=0$에서 $a-b+2=0$

$\therefore a-b=-2$ $\quad\cdots\cdots\ \bigcirc$

$f'(1)=0$에서 $a-4+b=0$

$\therefore a+b=4$ $\quad\cdots\cdots\ \bigcirc\!\bigcirc$

$\bigcirc$, $\bigcirc\!\bigcirc$을 연립하여 풀면

$a=1$, $b=3$

$\therefore f'(x)=\dfrac{x^2-4x+3}{x^2}=\dfrac{(x-1)(x-3)}{x^2}$

$f'(x)=0$에서 $x=1$ 또는 $x=3$

$x>0$에서 함수 $f(x)$의 증가와 감소를 표로 나타내면 다음과 같다.

| $x$ | $(0)$ | $\cdots$ | $1$ | $\cdots$ | $3$ | $\cdots$ |
|---|---|---|---|---|---|---|
| $f'(x)$ | | $+$ | $0$ | $-$ | $0$ | $+$ |
| $f(x)$ | | $\nearrow$ | $0$ | $\searrow$ | $4-4\ln 3$ | $\nearrow$ |

따라서 함수 $f(x)$는 $x=3$에서 극솟값 $f(3)=4-4\ln 3$을 가지므로

$p=4$, $q=3$

$\therefore p+q=4+3=7$

$f'(x)=\dfrac{x^2-4x+3}{x^2}=\dfrac{(x-1)(x-3)}{x^2}$이므로

$f'(x)=0$에서 $x=1$ 또는 $x=3$

이때 $f''(x)=\dfrac{(2x-4)x^2-(x^2-4x+3)\cdot 2x}{x^4}=\dfrac{2(2x-3)}{x^3}$에서

$f''(3)=\dfrac{2\cdot 3}{27}=\dfrac{2}{9}>0$이므로 함수 $f(x)$는 $x=3$에서 극솟값

$f(3)=4-4\ln 3$을 갖는다.

## 0827 답 3

$f(x)=\dfrac{\ln ex}{ex}$에서 $x>0$이고

$f'(x)=\dfrac{\dfrac{e}{ex}\cdot ex-\ln ex\cdot e}{(ex)^2}=\dfrac{1-\ln ex}{ex^2}$

$f'(x)=0$에서 $1-\ln ex=0$, $ex=e$   $\therefore$ $x=1$

$x>0$에서 함수 $f(x)$의 증가와 감소를 표로 나타내면 다음과 같다.

| $x$ | $(0)$ | $\cdots$ | $1$ | $\cdots$ |
|---|---|---|---|---|
| $f'(x)$ | | $+$ | $0$ | $-$ |
| $f(x)$ | | $\nearrow$ | 극대 | $\searrow$ |

함수 $f(x)$는 $x=1$에서 극댓값을 가지므로

$b=1$

한편, $g(x)=(ax-1)e^{x^2-4x}$에서

$g'(x)=ae^{x^2-4x}+(ax-1)e^{x^2-4x}\cdot(2x-4)$

$\qquad =\{a+(ax-1)(2x-4)\}e^{x^2-4x}$

함수 $g(x)$도 $x=1$에서 극댓값을 가지므로

$g'(1)=0$에서 $(-a+2)e^{-3}=0$   $\therefore$ $a=2$

$\therefore$ $g'(x)=\{2+(2x-1)(2x-4)\}e^{x^2-4x}$

$\qquad\quad =2(x-1)(2x-3)e^{x^2-4x}$

$g'(x)=0$에서 $x=1$ 또는 $x=\dfrac{3}{2}$

함수 $g(x)$의 증가와 감소를 표로 나타내면 다음과 같다.

| $x$ | $\cdots$ | $1$ | $\cdots$ | $\dfrac{3}{2}$ | $\cdots$ |
|---|---|---|---|---|---|
| $g'(x)$ | $+$ | $0$ | $-$ | $0$ | $+$ |
| $g(x)$ | $\nearrow$ | 극대 | $\searrow$ | 극소 | $\nearrow$ |

함수 $g(x)$는 $x=\dfrac{3}{2}$에서 극솟값을 가지므로

$c=\dfrac{3}{2}$

$\therefore$ $abc=2\cdot 1\cdot\dfrac{3}{2}=3$

## 0828 답 ⑤

## 0829 답 ③

$f(x)=4\sin x+\cos 2x+1$에서

$f'(x)=4\cos x-2\sin 2x=4\cos x-4\sin x\cos x$

$\qquad =4\cos x(1-\sin x)$

$f'(x)=0$에서 $\cos x=0$ 또는 $\sin x=1$

$\therefore$ $x=\dfrac{\pi}{2}$ 또는 $x=\dfrac{3}{2}\pi$ ($\because$ $0<x<2\pi$)

열린구간 $(0,\ 2\pi)$에서 함수 $f(x)$의 증가와 감소를 표로 나타내면 다음과 같다.

| $x$ | $(0)$ | $\cdots$ | $\dfrac{\pi}{2}$ | $\cdots$ | $\dfrac{3}{2}\pi$ | $\cdots$ | $(2\pi)$ |
|---|---|---|---|---|---|---|---|
| $f'(x)$ | | $+$ | $0$ | $-$ | $0$ | $+$ | |
| $f(x)$ | | $\nearrow$ | $4$ | $\searrow$ | $-4$ | $\nearrow$ | |

따라서 함수 $f(x)$는 $x=\dfrac{\pi}{2}$에서 극댓값 $f\left(\dfrac{\pi}{2}\right)=4$, $x=\dfrac{3}{2}\pi$에서

극솟값 $f\left(\dfrac{3}{2}\pi\right)=-4$를 가지므로 극댓값과 극솟값의 합은

$4+(-4)=0$

## 0830 답 ④

$f(x)=a\sin x+b\cos 2x$에서 $f'(x)=a\cos x-2b\sin 2x$

함수 $f(x)$가 $x=\dfrac{\pi}{6}$에서 극값 3을 가지므로

$f\left(\dfrac{\pi}{6}\right)=3$에서 $a\sin\dfrac{\pi}{6}+b\cos\dfrac{\pi}{3}=3$

$\dfrac{a}{2}+\dfrac{b}{2}=3$   $\therefore$ $a+b=6$   $\cdots\cdots$ ㉠

$f'\left(\dfrac{\pi}{6}\right)=0$에서 $a\cos\dfrac{\pi}{6}-2b\sin\dfrac{\pi}{3}=0$

$\dfrac{\sqrt{3}}{2}a-\sqrt{3}b=0$   $\therefore$ $a-2b=0$   $\cdots\cdots$ ㉡

㉠, ㉡을 연립하여 풀면

$a=4$, $b=2$

$\therefore$ $ab=4\cdot 2=8$

## 0831 답 ②

$f(x)=a\cos^2 2x-a\cos 2x$에서

$f'(x)=-4a\cos 2x\sin 2x+2a\sin 2x$

$\qquad =-2a\sin 2x(2\cos 2x-1)$

$f'(x)=0$에서 $\sin 2x=0$ 또는 $\cos 2x=\dfrac{1}{2}$

$\therefore$ $x=\dfrac{\pi}{6}$ 또는 $x=\dfrac{\pi}{2}$ $\left(\because 0<x<\dfrac{3}{4}\pi\right)$

$0<x<\dfrac{3}{4}\pi$에서 함수 $f(x)$의 증가와 감소를 표로 나타내면 다음과 같다.

| $x$ | $(0)$ | $\cdots$ | $\dfrac{\pi}{6}$ | $\cdots$ | $\dfrac{\pi}{2}$ | $\cdots$ | $\left(\dfrac{3}{4}\pi\right)$ |
|---|---|---|---|---|---|---|---|
| $f'(x)$ | | $-$ | $0$ | $+$ | $0$ | $-$ | |
| $f(x)$ | | $\searrow$ | $-\dfrac{a}{4}$ | $\nearrow$ | $2a$ | $\searrow$ | |

따라서 함수 $f(x)$는 $x=\dfrac{\pi}{2}$에서 극댓값 $f\left(\dfrac{\pi}{2}\right)=2a$를 가지므로

$2a=3$에서 $a=\dfrac{3}{2}$

함수 $f(x)$는 $x=\dfrac{\pi}{6}$에서 극솟값 $f\left(\dfrac{\pi}{6}\right)=-\dfrac{a}{4}=-\dfrac{3}{8}$을 가지므로

$b=-\dfrac{3}{8}$

$\therefore$ $a+b=\dfrac{3}{2}+\left(-\dfrac{3}{8}\right)=\dfrac{9}{8}$

## 0832 답 14

$f(x)=3\tan x-12x$에서

$$f'(x)=3\sec^2 x-12=\frac{3(1-4\cos^2 x)}{\cos^2 x}$$
$$=\frac{-3(2\cos x+1)(2\cos x-1)}{\cos^2 x}$$

$f'(x)=0$에서 $\cos x=-\dfrac{1}{2}$ 또는 $\cos x=\dfrac{1}{2}$

$\therefore x=-\dfrac{\pi}{3}$ 또는 $x=\dfrac{\pi}{3}\left(\because -\dfrac{\pi}{2}<x<\dfrac{\pi}{2}\right)$

열린구간 $\left(-\dfrac{\pi}{2},\ \dfrac{\pi}{2}\right)$에서 함수 $f(x)$의 증가와 감소를 표로 나타
내면 다음과 같다.

| $x$ | $\left(-\dfrac{\pi}{2}\right)$ | $\cdots$ | $-\dfrac{\pi}{3}$ | $\cdots$ | $\dfrac{\pi}{3}$ | $\cdots$ | $\left(\dfrac{\pi}{2}\right)$ |
|---|---|---|---|---|---|---|---|
| $f'(x)$ | | $+$ | $0$ | $-$ | $0$ | $+$ | |
| $f(x)$ | | $\nearrow$ | $-3\sqrt{3}+4\pi$ | $\searrow$ | $3\sqrt{3}-4\pi$ | $\nearrow$ | |

즉, 함수 $f(x)$는 $x=-\dfrac{\pi}{3}$에서 극댓값 $f\left(-\dfrac{\pi}{3}\right)=-3\sqrt{3}+4\pi$,

$x=\dfrac{\pi}{3}$에서 극솟값 $f\left(\dfrac{\pi}{3}\right)=3\sqrt{3}-4\pi$를 가지므로

$\alpha=-3\sqrt{3}+4\pi,\ \beta=3\sqrt{3}-4\pi$

따라서 $\alpha-\beta=(-3\sqrt{3}+4\pi)-(3\sqrt{3}-4\pi)=8\pi-6\sqrt{3}$이므로

$a=8,\ b=6$

$\therefore a+b=8+6=14$

● 다른 풀이 ●

$f'(x)=0$에서 $x=-\dfrac{\pi}{3}$ 또는 $x=\dfrac{\pi}{3}\left(\because -\dfrac{\pi}{2}<x<\dfrac{\pi}{2}\right)$

이때 $f''(x)=6\sec x\sec x\tan x=6\tan x\sec^2 x$에서

$f''\left(-\dfrac{\pi}{3}\right)=6\cdot(-\sqrt{3})\cdot 4=-24\sqrt{3}<0$이므로 함수 $f(x)$는

$x=-\dfrac{\pi}{3}$에서 극댓값 $f\left(-\dfrac{\pi}{3}\right)=-3\sqrt{3}+4\pi$를 갖고,

$f''\left(\dfrac{\pi}{3}\right)=6\cdot\sqrt{3}\cdot 4=24\sqrt{3}>0$이므로 함수 $f(x)$는 $x=\dfrac{\pi}{3}$에서 극

솟값 $f\left(\dfrac{\pi}{3}\right)=3\sqrt{3}-4\pi$를 갖는다.

**선생님 톡톡**

$f(-x)=3\tan(-x)-12\cdot(-x)=-3\tan x+12x$
$\qquad =-(3\tan x-12x)=-f(x)$

이므로 함수 $y=f(x)$의 그래프는 원점에 대하여 대칭이야.
$0\leq x<\dfrac{\pi}{2}$에서 함수 $f(x)$의 증가와 감소를 조사하여 $-\dfrac{\pi}{2}<x\leq 0$에서
의 증가와 감소를 추론하는 것도 좋은 방법이야.

## 0833 답 ④

## 0834 답 ⑤

$f(x)=\ln(4x^2+1)+kx$에서

$f'(x)=\dfrac{8x}{4x^2+1}+k=\dfrac{4kx^2+8x+k}{4x^2+1}$

$f'(x)=0$에서 $4kx^2+8x+k=0$ $\quad\cdots\cdots$ ㉠

함수 $f(x)$가 극값을 가지려면 $f'(x)=0$을 만족시키는 실수 $x$의
좌우에서 $f'(x)$의 부호가 바뀌어야 한다.

(i) $k=0$인 경우

㉠에서 $8x=0$ $\quad\therefore x=0$

이때 $x=0$의 좌우에서 $f'(x)=8x$의 부호가 음에서 양으로
바뀌므로 극값을 갖는다.

(ii) $k\neq 0$인 경우

이차방정식 ㉠의 판별식을 $D$라 하면 $D>0$이어야 하므로

$\dfrac{D}{4}=4^2-4k\cdot k>0,\ 4k^2-16<0$

$4(k+2)(k-2)<0$ $\quad\therefore -2<k<2$

그런데 $k\neq 0$이므로 $-2<k<0$ 또는 $0<k<2$

(i), (ii)에서 실수 $k$의 값의 범위는

$-2<k<2$

## 0835 답 ④

$f(x)=\sin 4x+ax-1$에서 $f'(x)=4\cos 4x+a$

$f'(x)=0$에서 $\cos 4x=-\dfrac{a}{4}$

함수 $f(x)$가 극값을 가지려면 $f'(x)=0$을 만족시키는 실수 $x$의
좌우에서 $f'(x)$의 부호가 바뀌어야 한다.

이때 모든 실수 $x$에 대하여 $-1\leq\cos 4x\leq 1$이므로 $f'(x)=0$을
만족시키는 실수 $x$가 존재하고, 그 좌우에서 $f'(x)$의 부호가 바
뀌려면

$-1<-\dfrac{a}{4}<1$ $\quad\therefore -4<a<4$

따라서 정수 $a$의 개수는 $-3,\ -2,\ -1,\ 0,\ 1,\ 2,\ 3$의 7이다.

## 0836 답 ③

$f(x)=(2x+a)e^{x^2+3x}$에서

$f'(x)=2e^{x^2+3x}+(2x+a)e^{x^2+3x}\cdot(2x+3)$
$\qquad =\{4x^2+2(a+3)x+3a+2\}e^{x^2+3x}$

$f'(x)=0$에서 $4x^2+2(a+3)x+3a+2=0$ $\quad\cdots\cdots$ ㉠

함수 $f(x)$가 극값을 갖지 않으려면 모든 실수 $x$에 대하여
$f'(x)\geq 0$이어야 한다.

즉, 이차방정식 ㉠의 판별식을 $D$라 하면 $D\leq 0$이어야 하므로

$\dfrac{D}{4}=(a+3)^2-4(3a+2)\leq 0,\ a^2-6a+1\leq 0$

이때 이차부등식 $a^2-6a+1\leq 0$을 만족시키는 실수 $a$의 값의 범
위가 $\alpha\leq a\leq\beta$이므로 이차방정식 $a^2-6a+1=0$의 두 실근이 $\alpha$,
$\beta$이다.

따라서 이차방정식의 근과 계수의 관계에 의하여

$\alpha+\beta=6,\ \alpha\beta=1$

$\therefore \alpha^2+\beta^2=(\alpha+\beta)^2-2\alpha\beta=6^2-2\cdot 1=34$

## 0837 답 6

$f(x)=\dfrac{ax+4}{\sqrt{3x^2+4}}$에서

$$f'(x)=\frac{a\sqrt{3x^2+4}-(ax+4)\cdot\dfrac{6x}{2\sqrt{3x^2+4}}}{(\sqrt{3x^2+4})^2}$$
$$=\frac{a(3x^2+4)-3x(ax+4)}{(3x^2+4)\sqrt{3x^2+4}}$$
$$=\frac{-12x+4a}{(3x^2+4)\sqrt{3x^2+4}}$$

$f'(x)=0$에서 $x=\dfrac{a}{3}$

함수 $f(x)$가 열린구간 $(0, 2)$에서 극값을 갖지 않으려면 $(0, 2)$에 속하는 모든 실수 $x$에 대하여 $f'(x) \geq 0$ 또는 $f'(x) \leq 0$이어야 하므로

함수 $f(x)$는 $x = \dfrac{a}{3}$에서 극값을 가지므로

$\dfrac{a}{3} \leq 0$ 또는 $\dfrac{a}{3} \geq 2$ $\qquad \therefore a \leq 0$ 또는 $a \geq 6$

따라서 양수 $a$의 최솟값은 6이다.

## 0838 답 ④

## 0839 답 ①

$f(x) = e^{-x}(x^2 - 2x + 2)$에서
$f'(x) = -e^{-x}(x^2 - 2x + 2) + e^{-x}(2x - 2) = (-x^2 + 4x - 4)e^{-x}$
$f''(x) = (-2x + 4)e^{-x} - (-x^2 + 4x - 4)e^{-x}$
$\qquad = (x^2 - 6x + 8)e^{-x} = (x - 2)(x - 4)e^{-x}$
곡선 $y = f(x)$가 위로 볼록하려면 $f''(x) < 0$이어야 하므로
$(x - 2)(x - 4) < 0 \qquad \therefore 2 < x < 4$
따라서 $a = 2$, $b = 4$이므로 $a + b = 2 + 4 = 6$이다.

## 0840 답 ④

$f(x) = x^2 + 8x - 8x \ln x - 6 \ln x$에서
$f'(x) = 2x + 8 - 8 \ln x - 8x \cdot \dfrac{1}{x} - \dfrac{6}{x} = 2x - 8 \ln x - \dfrac{6}{x}$
$f''(x) = 2 - \dfrac{8}{x} + \dfrac{6}{x^2} = \dfrac{2x^2 - 8x + 6}{x^2} = \dfrac{2(x - 1)(x - 3)}{x^2}$
곡선 $y = f(x)$가 위로 볼록하려면 $f''(x) < 0$이어야 하므로
$(x - 1)(x - 3) < 0 \qquad \therefore 1 < x < 3$
따라서 $a$의 최솟값은 1, $b$의 최댓값은 3이므로 그 합은
$1 + 3 = 4$

## 0841 답 ①

$f(x) = \sin 2x + 8 \cos x - 2x$에서
$f'(x) = 2 \cos 2x - 8 \sin x - 2$
$f''(x) = -4 \sin 2x - 8 \cos x = -8 \sin x \cos x - 8 \cos x$
$\qquad = -8 \cos x(\sin x + 1)$
열린구간 $(0, 2\pi)$에서 곡선 $y = f(x)$가 아래로 볼록하려면
$f''(x) > 0$이어야 하므로 $\cos x < 0$ ($\because \sin x + 1 \geq 0$)
$\therefore \dfrac{\pi}{2} < x < \dfrac{3}{2}\pi$ ($\because 0 < x < 2\pi$)
따라서 $a = \dfrac{\pi}{2}$, $b = \dfrac{3}{2}\pi$이므로
$\dfrac{b}{a} = \dfrac{\dfrac{3}{2}\pi}{\dfrac{\pi}{2}} = 3$

## 0842 답 ①

$f(x) = (ax^2 - 1)e^{2x}$이라 하면
$f'(x) = 2axe^{2x} + 2(ax^2 - 1)e^{2x} = 2(ax^2 + ax - 1)e^{2x}$
$f''(x) = 2(2ax + a)e^{2x} + 4(ax^2 + ax - 1)e^{2x}$
$\qquad = 2(2ax^2 + 4ax + a - 2)e^{2x}$
곡선 $y = f(x)$가 실수 전체의 집합에서 위로 볼록하려면 모든 실수 $x$에 대하여 $f''(x) \leq 0$이어야 하므로 실수 전체의 집합에서
$2ax^2 + 4ax + a - 2 \leq 0 \qquad \cdots\cdots ㉠$
이어야 한다.

(i) $a > 0$일 때
㉠이 성립하지 않는다.
(ii) $a = 0$일 때
㉠에서 $-2 \leq 0$이므로 조건을 만족시킨다.
(iii) $a < 0$일 때
㉠에서 이차방정식 $2ax^2 + 4ax + a - 2 = 0$의 판별식을 $D$라 하면 $D \leq 0$이어야 하므로
$\dfrac{D}{4} = (2a)^2 - 2a \cdot (a - 2) \leq 0$, $2a^2 + 4a \leq 0$
$2a(a + 2) \leq 0 \qquad \therefore -2 \leq a \leq 0$
그런데 $a < 0$이므로 $-2 \leq a < 0$
(i), (ii), (iii)에서 실수 $a$의 값의 범위는 $-2 \leq a \leq 0$
따라서 실수 $a$의 최솟값은 $-2$이다.

## 0843 답 ②

## 0844 답 ①

$f(x) = \dfrac{2}{x^2} - \dfrac{15}{x} - 18 \ln x = 2x^{-2} - 15x^{-1} - 18 \ln x$라 하면
$x > 0$이고
$f'(x) = -4x^{-3} + 15x^{-2} - 18x^{-1}$
$\qquad = -\dfrac{18x^2 - 15x + 4}{x^3}$
$f''(x) = 12x^{-4} - 30x^{-3} + 18x^{-2}$
$\qquad = \dfrac{6(3x^2 - 5x + 2)}{x^4} = \dfrac{6(3x - 2)(x - 1)}{x^4}$
$f''(x) = 0$에서 $x = \dfrac{2}{3}$ 또는 $x = 1$
이때 $x = \dfrac{2}{3}$, $x = 1$의 좌우에서 $f''(x)$의 부호가 바뀌므로 곡선 $y = f(x)$의 두 변곡점의 $x$좌표는 $\dfrac{2}{3}$, 1이다.
따라서 모든 변곡점의 $x$좌표의 합은
$\dfrac{2}{3} + 1 = \dfrac{5}{3}$

● 다른 풀이 ●
$f''(x) = 0$에서 $3x^2 - 5x + 2 = 0$
이차방정식 $3x^2 - 5x + 2 = 0$의 판별식을 $D$라 하면
$D = (-5)^2 - 4 \cdot 3 \cdot 2 = 1 > 0$이므로 이 이차방정식은 서로 다른 두 실근을 갖는다.
두 실근을 $\alpha$, $\beta$라 하면 $x = \alpha$, $x = \beta$의 좌우에서 $f''(x)$의 부호가 바뀌므로 곡선 $y = f(x)$의 두 변곡점의 $x$좌표는 $\alpha$, $\beta$이다.
따라서 이차방정식의 근과 계수의 관계에 의하여 모든 변곡점의 $x$좌표의 합은
$\alpha + \beta = \dfrac{5}{3}$

## 0845 답 ③

$f(x) = x - \sin 2x$에서 $f'(x) = 1 - 2 \cos 2x$, $f''(x) = 4 \sin 2x$
$f''(x) = 0$에서 $\sin 2x = 0$
$\therefore x = \dfrac{\pi}{2}$ 또는 $x = \pi$ 또는 $x = \dfrac{3}{2}\pi$ ($\because 0 < x < 2\pi$)
이때 $x = \dfrac{\pi}{2}$, $x = \pi$, $x = \dfrac{3}{2}\pi$의 좌우에서 $f''(x)$의 부호가 바뀌므로 곡선 $y = f(x)$의 변곡점의 개수는 3이다.

## 0846  답 ②

$f(x)=\ln(x^2-2x+5)$라 하면

$f'(x)=\dfrac{2x-2}{x^2-2x+5}$

$f''(x)=\dfrac{2(x^2-2x+5)-(2x-2)^2}{(x^2-2x+5)^2}$

$\qquad=\dfrac{-2x^2+4x+6}{(x^2-2x+5)^2}$

$\qquad=\dfrac{-2(x+1)(x-3)}{(x^2-2x+5)^2}$

$f''(x)=0$에서 $x=-1$ 또는 $x=3$

이때 $x=-1$, $x=3$의 좌우에서 $f''(x)$의 부호가 바뀌므로 곡선 $y=f(x)$의 두 변곡점의 좌표는 $(-1,\ \ln 8)$, $(3,\ \ln 8)$이다.

따라서 두 변곡점 사이의 거리는 $|3-(-1)|=4$이다.

두 변곡점의 $y$좌표는 서로 같으므로

## 0847  답 5

$f(x)=\dfrac{x^2}{x^2+3}$이라 하면

$f'(x)=\dfrac{2x(x^2+3)-x^2\cdot 2x}{(x^2+3)^2}=\dfrac{6x}{(x^2+3)^2}$

$f''(x)=\dfrac{6(x^2+3)^2-6x\cdot 4x(x^2+3)}{(x^2+3)^4}$

$\qquad=\dfrac{-18x^2+18}{(x^2+3)^3}=\dfrac{-18(x+1)(x-1)}{(x^2+3)^3}$

$f''(x)=0$에서 $x=-1$ 또는 $x=1$

이때 $x=-1$, $x=1$의 좌우에서 $f''(x)$의 부호가 바뀌므로 곡선 $y=f(x)$의 두 변곡점의 좌표는 $\left(-1,\ \dfrac{1}{4}\right)$, $\left(1,\ \dfrac{1}{4}\right)$이다.

즉, 삼각형 $\mathrm{OAB}$의 넓이는

$\dfrac{1}{2}\cdot\{1-(-1)\}\cdot\dfrac{1}{4}=\dfrac{1}{4}$

두 변곡점의 $y$좌표는 서로 같으므로

따라서 $p=4$, $q=1$이므로 $p+q=4+1=5$이다.

## 0848  답 ①

## 0849  답 ①

$f(x)=\dfrac{x^3-a}{x^2+2}$에서

$f'(x)=\dfrac{3x^2(x^2+2)-(x^3-a)\cdot 2x}{(x^2+2)^2}=\dfrac{x^4+6x^2+2ax}{(x^2+2)^2}$

$f''(x)=\dfrac{(4x^3+12x+2a)(x^2+2)^2-(x^4+6x^2+2ax)\cdot 4x(x^2+2)}{(x^2+2)^4}$

$x=1$의 좌우에서 곡선 $y=f(x)$의 오목과 볼록이 바뀌므로 점 $(1,\ f(1))$은 곡선 $y=f(x)$의 변곡점이다.

즉, $f''(1)=0$에서

$\dfrac{(16+2a)\cdot 9-(7+2a)\cdot 12}{81}=0$, $\dfrac{60-6a}{81}=0$

$60-6a=0$ $\quad\therefore a=10$

## 0850  답 ③

$f(x)=ax^2+bx+\ln x$에서 $x>0$이고

$f'(x)=2ax+b+\dfrac{1}{x}$, $f''(x)=2a-\dfrac{1}{x^2}$

---

함수 $f(x)$가 $x=\dfrac{1}{4}$에서 극댓값을 가지므로

$f'\left(\dfrac{1}{4}\right)=0$에서 $\dfrac{1}{2}a+b+4=0$

$\therefore b=-\dfrac{1}{2}a-4$ $\quad\cdots\cdots$ ㉠

곡선 $y=f(x)$의 변곡점의 $x$좌표가 $\dfrac{1}{2}$이므로

$f''\left(\dfrac{1}{2}\right)=0$에서 $2a-4=0$ $\quad\therefore a=2$

$a=2$를 ㉠에 대입하면 $b=-5$

$\therefore f'(x)=4x-5+\dfrac{1}{x}=\dfrac{4x^2-5x+1}{x}=\dfrac{(4x-1)(x-1)}{x}$

$f'(x)=0$에서 $x=\dfrac{1}{4}$ 또는 $x=1$

$x>0$에서 함수 $f(x)$의 증가와 감소를 표로 나타내면 다음과 같다.

| $x$ | $(0)$ | $\cdots$ | $\dfrac{1}{4}$ | $\cdots$ | $1$ | $\cdots$ |
|---|---|---|---|---|---|---|
| $f'(x)$ | | $+$ | $0$ | $-$ | $0$ | $+$ |
| $f(x)$ | | ↗ | 극대 | ↘ | $-3$ | ↗ |

따라서 함수 $f(x)$는 $x=1$에서 극솟값 $f(1)=-3$을 갖는다.

## 0851  답 ③

$f(x)=a\sin x+b\cos x+cx$에서

$f'(x)=a\cos x-b\sin x+c$, $f''(x)=-a\sin x-b\cos x$

함수 $f(x)$가 $x=\dfrac{\pi}{2}$에서 극솟값을 가지므로

$f'\left(\dfrac{\pi}{2}\right)=0$에서 $a\cos\dfrac{\pi}{2}-b\sin\dfrac{\pi}{2}+c=0$

$-b+c=0$ $\quad\therefore b=c$ $\quad\cdots\cdots$ ㉠

곡선 $y=f(x)$의 변곡점의 좌표가 $\left(\dfrac{\pi}{4},\ \dfrac{\pi}{4}\right)$이므로

$f\left(\dfrac{\pi}{4}\right)=\dfrac{\pi}{4}$에서 $a\sin\dfrac{\pi}{4}+b\cos\dfrac{\pi}{4}+\dfrac{\pi}{4}c=\dfrac{\pi}{4}$

$\dfrac{\sqrt{2}}{2}a+\dfrac{\sqrt{2}}{2}b+\dfrac{\pi}{4}c=\dfrac{\pi}{4}$

$\therefore 2\sqrt{2}a+2\sqrt{2}b+\pi c=\pi$ $\quad\cdots\cdots$ ㉡

$f''\left(\dfrac{\pi}{4}\right)=0$에서 $-a\sin\dfrac{\pi}{4}-b\cos\dfrac{\pi}{4}=0$

$-\dfrac{\sqrt{2}}{2}a-\dfrac{\sqrt{2}}{2}b=0$ $\quad\therefore b=-a$ $\quad\cdots\cdots$ ㉢

㉢을 ㉡에 대입하면

$2\sqrt{2}a-2\sqrt{2}a+\pi c=\pi$, $\pi c=\pi$ $\quad\therefore c=1$

$c=1$을 ㉠에 대입하면 $b=1$

$b=1$을 ㉢에 대입하면 $a=-1$

$\therefore a-b+c=-1-1+1=-1$

## 0852  답 ⑤

$f(x)=(ax+b)e^{ax+c}$에서

$f'(x)=ae^{ax+c}+a(ax+b)e^{ax+c}=(a^2x+ab+a)e^{ax+c}$

$f''(x)=a^2e^{ax+c}+a(a^2x+ab+a)e^{ax+c}$

$\qquad=(a^3x+a^2b+2a^2)e^{ax+c}$

함수 $f(x)$가 $x=3$에서 극값을 가지므로

$f'(3)=0$에서 $(3a^2+ab+a)e^{3a+c}=0$

$3a^2+ab+a=0$, $3a+b+1=0$ $(\because a\neq 0)$

$\therefore 3a+b=-1$ $\qquad$ ……㉠

곡선 $y=f(x)$의 변곡점의 좌표가 $(1, -2)$이므로

$f(1)=-2$에서 $(a+b)e^{a+c}=-2$ $\qquad$ ……㉡

$f''(1)=0$에서 $(a^3+a^2b+2a^2)e^{a+c}=0$

$a^3+a^2b+2a^2=0$, $a+b+2=0$ $(\because a\neq 0)$

$\therefore a+b=-2$ $\qquad$ ……㉢

㉠, ㉢을 연립하여 풀면

$a=\dfrac{1}{2}$, $b=-\dfrac{5}{2}$

이므로 이를 ㉡에 대입하면

$\left(\dfrac{1}{2}-\dfrac{5}{2}\right)\cdot e^{\frac{1}{2}+c}=-2$, $e^{\frac{1}{2}+c}=1$

$\dfrac{1}{2}+c=0$ $\quad\therefore c=-\dfrac{1}{2}$

$\therefore a-b-c=\dfrac{1}{2}-\left(-\dfrac{5}{2}\right)-\left(-\dfrac{1}{2}\right)=\dfrac{7}{2}$

## 0853　답 ③

## 0854　답 ④

함수 $f'(x)$는 $x=-2$, $-1$, $1$, $2$, $3$, $4$에서 미분가능하지 않으므로 열린구간 $(-3, -2)$, $(-2, -1)$, $(-1, 1)$, $(1, 2)$, $(2, 3)$, $(3, 4)$, $(4, 5)$에서 함수 $f'(x)$의 증가와 감소를 이용하여 $f''(x)$의 부호를 표로 나타내면 다음과 같다.

| $x$ | $(-3)$ | $\cdots$ | $(-2)$ | $\cdots$ | $(-1)$ | $\cdots$ | $(1)$ | $\cdots$ | $(2)$ | $\cdots$ | $(3)$ | $\cdots$ | $(4)$ | $\cdots$ | $(5)$ |
|---|---|---|---|---|---|---|---|---|---|---|---|---|---|---|---|
| $f'(x)$ | | $\searrow$ | | $\searrow$ | | $\searrow$ | | $\nearrow$ | | $\nearrow$ | | $\searrow$ | | | |
| $f''(x)$ | | $-$ | | $-$ | | $-$ | | $+$ | | $+$ | | $-$ | | $0$ | |

함수 $y=f(x)$의 그래프의 모양이 아래로 볼록하려면 $f''(x)>0$이어야 하므로 구하는 구간은 $(1, 3)$이다.

따라서 $a=1$, $b=3$이므로

$a^2+b^2=1^2+3^2=10$

## 0855　답 5

오른쪽 그림과 같이 $a$, $b$, $c$, $d$, $e$를 정하자.

함수 $f'(x)$는 $x=0$, $x=d$에서 미분가능하지 않으므로 구간 $(-\infty, 0)$, $(0, d)$, $(d, \infty)$에서 함수 $f'(x)$의 증가와 감소를 이용하여 $f''(x)$의 부호를 표로 나타내면 다음과 같다.

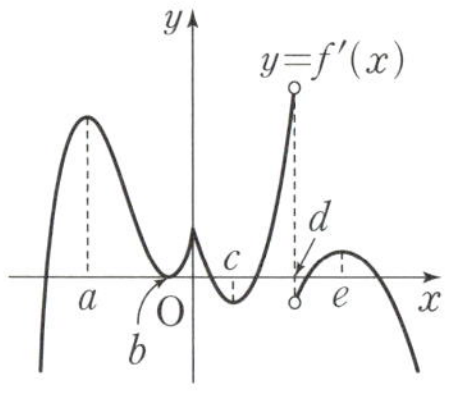


| $x$ | $\cdots$ | $a$ | $\cdots$ | $b$ | $\cdots$ | $(0)$ | $\cdots$ | $c$ | $\cdots$ | $(d)$ | $\cdots$ | $e$ | $\cdots$ |
|---|---|---|---|---|---|---|---|---|---|---|---|---|---|
| $f'(x)$ | $\nearrow$ | | $\searrow$ | | $\nearrow$ | | $\searrow$ | | $\nearrow$ | | | | $\searrow$ |
| $f''(x)$ | $+$ | $0$ | $-$ | $0$ | $+$ | | $-$ | $0$ | $+$ | | $+$ | $0$ | $-$ |

따라서 $x=a$, $x=b$, $x=0$, $x=c$, $x=e$의 좌우에서 $f''(x)$의 부호가 바뀌므로 곡선 $y=f(x)$의 변곡점의 개수는 5이다.



주어진 함수 $y=f'(x)$의 그래프가 $x=0$에서 꺾여 있으므로 함수 $f'(x)$는 $x=0$에서 미분가능하지 않아. 즉, $f''(0)$을 정의할 수 없어. 하지만 $x=0$의 좌우에서 함수 $f'(x)$가 증가하다가 감소하므로 $x=0$의 좌우에서 $f''(x)$의 부호는 양에서 음으로 바뀌어. 또한, 함수 $f(x)$가 $x=0$에서 연속이므로 점 $(0, f(0))$은 곡선 $y=f(x)$의 변곡점이야.

## 0856　답 7

오른쪽 그림과 같이 $a$, $b$, $c$, $d$, $e$, $f$를 정하자.

함수 $f(x)$는 $f'(x)=0$을 만족시키는 실수 $x$의 좌우에서 $f'(x)$의 부호가 바뀌면 극값을 갖는다.

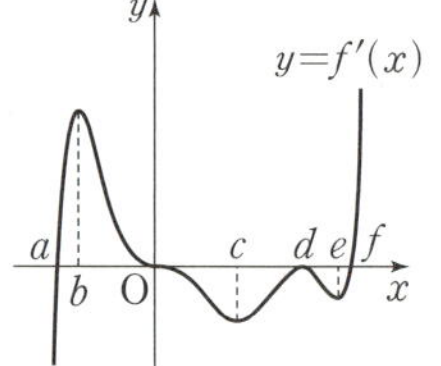


즉, $x=a$, $x=0$, $x=f$의 좌우에서 $f'(x)$의 부호가 바뀌므로 함수 $f(x)$가 극값을 갖는 $x$의 개수는 3이다.

$\therefore \alpha=3$

한편, 함수 $f'(x)$의 증가와 감소를 이용하여 $f''(x)$의 부호를 표로 나타내면 다음과 같다.

| $x$ | $\cdots$ | $b$ | $\cdots$ | $0$ | $\cdots$ | $c$ | $\cdots$ | $d$ | $\cdots$ | $e$ | $\cdots$ |
|---|---|---|---|---|---|---|---|---|---|---|---|---|
| $f'(x)$ | $\nearrow$ | | $\searrow$ | | $\searrow$ | | $\nearrow$ | | $\searrow$ | | $\nearrow$ |
| $f''(x)$ | $+$ | $0$ | $-$ | $0$ | $-$ | $0$ | $+$ | $0$ | $-$ | $0$ | $+$ |

즉, $x=b$, $x=c$, $x=d$, $x=e$의 좌우에서 $f''(x)$의 부호가 바뀌므로 곡선 $y=f(x)$의 변곡점의 개수는 4이다.

$\therefore \beta=4$

$\therefore \alpha+\beta=3+4=7$

## 0857　답 ③

## 0858　답 ⑤

$f(x)=x+16x^{-\frac{1}{2}}-12$에서

$f'(x)=1-8x^{-\frac{3}{2}}=1-\dfrac{8}{x\sqrt{x}}=\dfrac{x\sqrt{x}-8}{x\sqrt{x}}$

$f''(x)=12x^{-\frac{5}{2}}=\dfrac{12}{x^2\sqrt{x}}$

$f'(x)=0$에서 $x\sqrt{x}-8=0$, $x\sqrt{x}=8$

$x^3=64$, $x^3-64=0$

$(x-4)(x^2+4x+16)=0$ $\quad\therefore x=4$

$f''(x)=0$을 만족시키는 $x$의 값은 존재하지 않으므로 변곡점은 없다.

$x>0$에서 함수 $f(x)$의 증가와 감소, 곡선 $y=f(x)$의 오목과 볼록을 표로 나타내면 다음과 같다.

| $x$ | $(0)$ | $\cdots$ | $4$ | $\cdots$ |
|---|---|---|---|---|
| $f'(x)$ | | $-$ | $0$ | $+$ |
| $f''(x)$ | | $+$ | $+$ | $+$ |
| $f(x)$ | | $\searrow$ | $0$ | $\nearrow$ |

이때 $\lim\limits_{x\to 0+}f(x)=\infty$이므로 점근선은 $y$축이다.

즉, 곡선 $y=f(x)$는 오른쪽 그림과 같다.

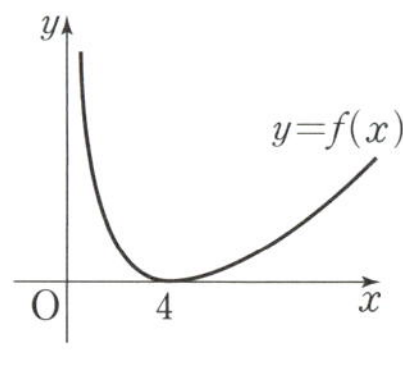


ㄱ. 함수 $f(x)$는 $x=4$에서 극솟값을 갖는다. (참)

ㄴ. $f(4)=0$이고 ㄱ에서 함수 $f(x)$는 $x=4$에서 극솟값을 가지므로 곡선 $y=f(x)$는 점 $(4, 0)$에서 $x$축에 접한다. (참)

ㄷ. $x>0$에서 $f''(x)>0$이므로 곡선 $y=f(x)$는 아래로 볼록하다. (참)

따라서 옳은 것은 ㄱ, ㄴ, ㄷ이다.

## 0859 답 ③

$\sqrt{x}$에서 $x\geq0$, $\dfrac{a}{\sqrt{x}}$에서 $x>0$이므로 $x>0$이다.

$f(x)=\ln\left(\sqrt{x}+\dfrac{a}{\sqrt{x}}\right)$에서 $x>0$이고

$$f'(x)=\dfrac{\dfrac{1}{2\sqrt{x}}+\left(-\dfrac{a}{2x\sqrt{x}}\right)}{\sqrt{x}+\dfrac{a}{\sqrt{x}}}=\dfrac{x-a}{2x^2+2ax}$$

함수 $f(x)$가 $x=2$에서 극값을 가지므로

$f'(2)=0$에서 $\dfrac{2-a}{8+4a}=0$ $\quad\therefore a=2$

즉, $f'(x)=\dfrac{x-2}{2x^2+4x}$이므로

$$f''(x)=\dfrac{1\cdot(2x^2+4x)-(x-2)(4x+4)}{(2x^2+4x)^2}=\dfrac{-2(x^2-4x-4)}{(2x^2+4x)^2}$$

$f'(x)=0$에서 $x=2$

$f''(x)=0$에서 $x^2-4x-4=0$

$\therefore x=2+2\sqrt{2}\ (\because x>0)$

$x>0$에서 함수 $f(x)$의 증가와 감소, 곡선 $y=f(x)$의 오목과 볼록을 표로 나타내면 다음과 같다.

| $x$ | $(0)$ | $\cdots$ | $2$ | $\cdots$ | $2+2\sqrt{2}$ | $\cdots$ |
|---|---|---|---|---|---|---|
| $f'(x)$ | | $-$ | $0$ | $+$ | $+$ | $+$ |
| $f''(x)$ | | $+$ | $+$ | $+$ | $0$ | $-$ |
| $f(x)$ | | $\searrow$ | 극소 | $\nearrow$ | 변곡점 | $\nearrow$ |

이때 $\lim\limits_{x\to0+}f(x)=\infty$이므로 점근선은 $y$축이다.

즉, 곡선 $y=f(x)$는 오른쪽 그림과 같다.

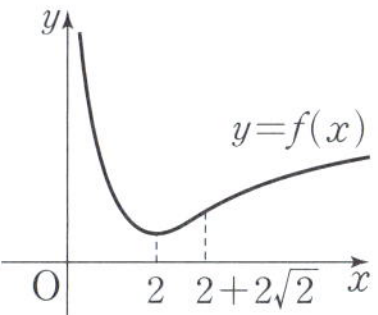

ㄱ. $f(1)=\ln 3$, $f(4)=\ln 3$이므로
　$f(1)=f(4)$ (참)

ㄴ. 함수 $f(x)$는 $x=2$에서 극솟값을 갖는
　다. (참)

ㄷ. $x=2+2\sqrt{2}$의 좌우에서 $f''(x)$의 부호가 바뀌므로 곡선
　$y=f(x)$의 변곡점은 $(2+2\sqrt{2},\ f(2+2\sqrt{2}))$이다. (거짓)

따라서 옳은 것은 ㄱ, ㄴ이다.


## 0860 답 ③

$f(x)=e^{x-a}+e^{-x+a}+b$에서 $f'(x)=e^{x-a}-e^{-x+a}$

함수 $f(x)$는 모든 실수 $x$에서 미분가능하고 곡선 $y=f(x)$가 점 $(3,\ 0)$에서 $x$축에 접하므로

미분계수가 0이다.

$f(3)=0$에서 $e^{3-a}+e^{-3+a}+b=0$ $\quad\cdots\cdots\ \bigcirc$

$f'(3)=0$에서 $e^{3-a}-e^{-3+a}=0$, $e^{3-a}=e^{-3+a}$

$3-a=-3+a$ $\quad\therefore a=3$

$a=3$을 $\bigcirc$에 대입하면 $1+1+b=0$ $\quad\therefore b=-2$

즉, $f'(x)=e^{x-3}-e^{-x+3}$이므로 $f''(x)=e^{x-3}+e^{-x+3}$

$f'(x)=0$에서 $e^{x-3}=e^{-x+3}$, $x-3=-x+3$ $\quad\therefore x=3$

$f''(x)=0$을 만족시키는 $x$의 값은 존재하지 않으므로 변곡점은 없다.

$e^{x-3}>0$, $e^{-x+3}>0$이므로 $f''(x)>0$

함수 $f(x)$의 증가와 감소, 곡선 $y=f(x)$의 오목과 볼록을 표로 나타내면 다음과 같다.

| $x$ | $\cdots$ | $3$ | $\cdots$ |
|---|---|---|---|
| $f'(x)$ | $-$ | $0$ | $+$ |
| $f''(x)$ | $+$ | $+$ | $+$ |
| $f(x)$ | $\searrow$ | $0$ | $\nearrow$ |

즉, 곡선 $y=f(x)$는 오른쪽 그림과 같다.

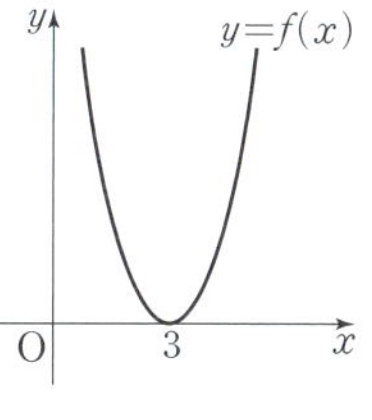

ㄱ. $a+b=3+(-2)=1$ (참)

ㄴ. 함수 $f(x)$는 $x=3$에서 극솟값을 갖는
　다. (거짓)

ㄷ. 모든 실수 $x$에 대하여 $f''(x)>0$이므
　로 곡선 $y=f(x)$는 구간 $(-\infty,\ \infty)$
　에서 아래로 볼록하다. (참)

따라서 옳은 것은 ㄱ, ㄷ이다.


## 0861 답 ③


## 0862 답 1

$f(x)=\dfrac{-x^2+4x+2}{x^2+1}$에서

$$f'(x)=\dfrac{(-2x+4)(x^2+1)-(-x^2+4x+2)\cdot 2x}{(x^2+1)^2}$$

$$=\dfrac{-4x^2-6x+4}{(x^2+1)^2}=\dfrac{-2(x+2)(2x-1)}{(x^2+1)^2}$$

$f'(x)=0$에서 $x=\dfrac{1}{2}\ (\because -1\leq x\leq3)$

닫힌구간 $[-1,\ 3]$에서 함수 $f(x)$의 증가와 감소를 표로 나타내면 다음과 같다.

| $x$ | $-1$ | $\cdots$ | $\dfrac{1}{2}$ | $\cdots$ | $3$ |
|---|---|---|---|---|---|
| $f'(x)$ | | $+$ | $0$ | $-$ | |
| $f(x)$ | $-\dfrac{3}{2}$ | $\nearrow$ | $3$ | $\searrow$ | $\dfrac{1}{2}$ |

따라서 함수 $f(x)$는 $x=\dfrac{1}{2}$에서 최댓값 $3$, $x=-1$에서 최솟값 $-\dfrac{3}{2}$을 가지므로

$a=\dfrac{1}{2}$, $M=3$, $b=-1$, $m=-\dfrac{3}{2}$

$\therefore a+b+M+m=\dfrac{1}{2}+(-1)+3+\left(-\dfrac{3}{2}\right)=1$


## 0863 답 ④

$f(x)=(x^2-5)\sqrt{x^2+x+1}$에서

$$f'(x)=2x\sqrt{x^2+x+1}+(x^2-5)\cdot\dfrac{2x+1}{2\sqrt{x^2+x+1}}$$

$$=\dfrac{4x(x^2+x+1)+(x^2-5)(2x+1)}{2\sqrt{x^2+x+1}}$$

$$=\dfrac{6x^3+5x^2-6x-5}{2\sqrt{x^2+x+1}}=\dfrac{(x-1)(x+1)(6x+5)}{2\sqrt{x^2+x+1}}$$

$f'(x)=0$에서 $x=1\ (\because 0\leq x\leq3)$

$0\leq x\leq3$에서 함수 $f(x)$의 증가와 감소를 표로 나타내면 다음과 같다.

| $x$ | $0$ | $\cdots$ | $1$ | $\cdots$ | $3$ |
|---|---|---|---|---|---|
| $f'(x)$ | | $-$ | $0$ | $+$ | |
| $f(x)$ | $-5$ | $\searrow$ | $-4\sqrt{3}$ | $\nearrow$ | $4\sqrt{13}$ |

따라서 함수 $f(x)$는 $x=3$에서 최댓값 $4\sqrt{13}$, $x=1$에서 최솟값 $-4\sqrt{3}$을 가지므로 $M=4\sqrt{13}$, $m=-4\sqrt{3}$

$\therefore \dfrac{1}{16}(M^2+m^2)=\dfrac{1}{16}\{(4\sqrt{13})^2+(-4\sqrt{3})^2\}=16$

## 0864  답 ②

$f(x)=\sqrt{2x}+\sqrt{6-x}$에서 $2x\geq 0$, $6-x\geq 0$이므로 $0\leq x\leq 6$이고

$f'(x)=\dfrac{2}{2\sqrt{2x}}+\dfrac{-1}{2\sqrt{6-x}}=\dfrac{2\sqrt{6-x}-\sqrt{2x}}{2\sqrt{2x}\sqrt{6-x}}$

$f'(x)=0$에서 $2\sqrt{6-x}-\sqrt{2x}=0$, $2\sqrt{6-x}=\sqrt{2x}$

$4(6-x)=2x$, $6x=24$  $\therefore x=4$

$0\leq x\leq 6$에서 함수 $f(x)$의 증가와 감소를 표로 나타내면 다음과 같다.

| $x$ | 0 | $\cdots$ | 4 | $\cdots$ | 6 |
|---|---|---|---|---|---|
| $f'(x)$ | | $+$ | 0 | $-$ | |
| $f(x)$ | $\sqrt{6}$ | $\nearrow$ | $3\sqrt{2}$ | $\searrow$ | $2\sqrt{3}$ |

따라서 함수 $f(x)$는 $x=4$에서 최댓값 $3\sqrt{2}$, $x=0$에서 최솟값 $\sqrt{6}$을 가지므로 최댓값과 최솟값의 곱은 $3\sqrt{2}\cdot\sqrt{6}=6\sqrt{3}$이다.

## 0865  답 ①

$f(x)=\dfrac{ax}{x^2+x+4}$에서

$f'(x)=\dfrac{a(x^2+x+4)-ax(2x+1)}{(x^2+x+4)^2}$

$\qquad=\dfrac{-ax^2+4a}{(x^2+x+4)^2}=\dfrac{-a(x+2)(x-2)}{(x^2+x+4)^2}$

$f'(x)=0$에서 $x=-2$ 또는 $x=2$

이때 $a>0$이므로 $-3\leq x\leq 3$에서 함수 $f(x)$의 증가와 감소를 표로 나타내면 다음과 같다.

| $x$ | $-3$ | $\cdots$ | $-2$ | $\cdots$ | 2 | $\cdots$ | 3 |
|---|---|---|---|---|---|---|---|
| $f'(x)$ | | $-$ | 0 | $+$ | 0 | $-$ | |
| $f(x)$ | $-\dfrac{3}{10}a$ | $\searrow$ | $-\dfrac{a}{3}$ | $\nearrow$ | $\dfrac{a}{5}$ | $\searrow$ | $\dfrac{3}{16}a$ |

즉, 함수 $f(x)$는 $x=2$에서 최댓값 $\dfrac{a}{5}$, $x=-2$에서 최솟값 $-\dfrac{a}{3}$를 갖는다.

함수 $f(x)$의 최솟값이 $-1$이므로

$-\dfrac{a}{3}=-1$  $\therefore a=3$

따라서 함수 $f(x)$의 최댓값은 $\dfrac{3}{5}$이다.

## 0866  답 ③

## 0867  답 ③

$f(x)=x^2(2\ln x-1)$에서

$f'(x)=2x(2\ln x-1)+x^2\cdot\dfrac{2}{x}=4x\ln x-2x+2x=4x\ln x$

$f'(x)=0$에서 $x=0$ 또는 $\ln x=0$  $\therefore x=1\left(\because \dfrac{1}{e}\leq x\leq e\right)$

$\dfrac{1}{e}\leq x\leq e$에서 함수 $f(x)$의 증가와 감소를 표로 나타내면 다음과 같다.

| $x$ | $\dfrac{1}{e}$ | $\cdots$ | 1 | $\cdots$ | $e$ |
|---|---|---|---|---|---|
| $f'(x)$ | | $-$ | 0 | $+$ | |
| $f(x)$ | $-\dfrac{3}{e^2}$ | $\searrow$ | $-1$ | $\nearrow$ | $e^2$ |

따라서 함수 $f(x)$는 $x=e$에서 최댓값 $e^2$, $x=1$에서 최솟값 $-1$을 가지므로 최댓값과 최솟값의 합은

$e^2+(-1)=e^2-1$

## 0868  답 ⑤

$f(x)=e^x-e^{2x}+1$에서 $f'(x)=e^x-2e^{2x}=e^x(1-2e^x)$

$f'(x)=0$에서 $e^x=\dfrac{1}{2}$  $\therefore x=-\ln 2$

함수 $f(x)$의 증가와 감소를 표로 나타내면 다음과 같다.

| $x$ | $\cdots$ | $-\ln 2$ | $\cdots$ |
|---|---|---|---|
| $f'(x)$ | $+$ | 0 | $-$ |
| $f(x)$ | $\nearrow$ | $\dfrac{5}{4}$ | $\searrow$ |

따라서 함수 $f(x)$는 $x=-\ln 2$에서 최댓값 $\dfrac{5}{4}$를 갖는다.

## 0869  답 ④

$f(x)=e^{x^2+ax+b}$에서 $f'(x)=(2x+a)e^{x^2+ax+b}$

$f'(x)=0$에서 $2x+a=0$  $\therefore x=-\dfrac{a}{2}$

함수 $f(x)$의 증가와 감소를 표로 나타내면 다음과 같다.

| $x$ | $\cdots$ | $-\dfrac{a}{2}$ | $\cdots$ |
|---|---|---|---|
| $f'(x)$ | $-$ | 0 | $+$ |
| $f(x)$ | $\searrow$ | $e^{-\frac{a^2}{4}+b}$ | $\nearrow$ |

즉, 함수 $f(x)$는 $x=-\dfrac{a}{2}$에서 최솟값 $e^{-\frac{a^2}{4}+b}$을 갖는다.

함수 $f(x)$가 $x=2$에서 최솟값 1을 가지므로

$-\dfrac{a}{2}=2$에서 $a=-4$

$e^{-4+b}=1$에서 $-4+b=0$  $\therefore b=4$

$\therefore b-a=4-(-4)=8$

## 0870  답 ③

$f(x)=\ln(x^2+a)-bx$에서

$f'(x)=\dfrac{2x}{x^2+a}-b=\dfrac{-bx^2+2x-ab}{x^2+a}$

$0\leq x\leq 3$일 때 함수 $f(x)$가 $x=0$에서 최댓값, $x=1$에서 최솟값을 가지므로 함수 $f(x)$는 $x=1$에서 극소이다.

즉, $f'(1)=0$이므로 （함수 $f(x)$가 열린구간 $(0,3)$에서 오직 하나의 극값을 가지므로）

$\dfrac{-b+2-ab}{1+a}=0$  $\therefore ab+b-2=0$  $\cdots\cdots\ \bigcirc$

또한, $\displaystyle\lim_{x\to 3-}f'(x)=0$에서 $\displaystyle\lim_{x\to 3-}\dfrac{-bx^2+2x-ab}{x^2+a}=0$이므로

$\dfrac{-9b+6-ab}{9+a}=0$  $\therefore ab+9b-6=0$  $\cdots\cdots\ \bigcirc\!\bigcirc$

$\bigcirc\!\bigcirc-\bigcirc$을 하면 $8b-4=0$  $\therefore b=\dfrac{1}{2}$

$b=\dfrac{1}{2}$을 $\bigcirc$에 대입하면 $\dfrac{1}{2}a+\dfrac{1}{2}-2=0$  $\therefore a=3$

$\therefore a+b=3+\dfrac{1}{2}=\dfrac{7}{2}$

## 0871  답 ③

## 0872 답 ③

$f(x)=2\sin x+\sin 2x$에서
$$f'(x)=2\cos x+2\cos 2x$$
$$=2\cos x+2(2\cos^2 x-1)$$
$$=2(2\cos^2 x+\cos x-1)$$
$$=2(\cos x+1)(2\cos x-1)$$

$f'(x)=0$에서 $\cos x=-1$ 또는 $\cos x=\dfrac{1}{2}$

$\therefore x=\dfrac{\pi}{3}$ 또는 $x=\pi$ $(\because 0\le x\le\pi)$

닫힌구간 $[0,\pi]$에서 함수 $f(x)$의 증가와 감소를 표로 나타내면
다음과 같다.

| $x$ | $0$ | $\cdots$ | $\dfrac{\pi}{3}$ | $\cdots$ | $\pi$ |
|---|---|---|---|---|---|
| $f'(x)$ | | $+$ | $0$ | $-$ | $0$ |
| $f(x)$ | $0$ | ↗ | $\dfrac{3\sqrt{3}}{2}$ | ↘ | $0$ |

따라서 함수 $f(x)$는 $x=\dfrac{\pi}{3}$에서 최댓값 $\dfrac{3\sqrt{3}}{2}$, $x=0$ 또는 $x=\pi$
에서 최솟값 $0$을 가지므로 최댓값과 최솟값의 차는

$$\left|\dfrac{3\sqrt{3}}{2}-0\right|=\dfrac{3\sqrt{3}}{2}$$

## 0873 답 ①



$f(x)=\dfrac{\sin x}{\cos x-2}$에서

$$f'(x)=\dfrac{\cos x(\cos x-2)-\sin x\cdot(-\sin x)}{(\cos x-2)^2}$$
$$=\dfrac{\cos^2 x-2\cos x+\sin^2 x}{(\cos x-2)^2}=\dfrac{1-2\cos x}{(\cos x-2)^2}$$

$f'(x)=0$에서 $1-2\cos x=0$ $\therefore \cos x=\dfrac{1}{2}$

$\therefore x=-\dfrac{\pi}{3}$ 또는 $x=\dfrac{\pi}{3}$ $(\because -\pi\le x\le\pi)$

$-\pi\le x\le\pi$에서 함수 $f(x)$의 증가와 감소를 표로 나타내면 다음
과 같다.

| $x$ | $-\pi$ | $\cdots$ | $-\dfrac{\pi}{3}$ | $\cdots$ | $\dfrac{\pi}{3}$ | $\cdots$ | $\pi$ |
|---|---|---|---|---|---|---|---|
| $f'(x)$ | | $+$ | $0$ | $-$ | $0$ | $+$ | |
| $f(x)$ | $0$ | ↗ | $\dfrac{\sqrt{3}}{3}$ | ↘ | $-\dfrac{\sqrt{3}}{3}$ | ↗ | $0$ |

따라서 함수 $f(x)$는 $x=-\dfrac{\pi}{3}$에서 최댓값 $\dfrac{\sqrt{3}}{3}$, $x=\dfrac{\pi}{3}$에서 최솟
값 $-\dfrac{\sqrt{3}}{3}$을 가지므로

$$M=\dfrac{\sqrt{3}}{3},\ m=-\dfrac{\sqrt{3}}{3}$$

$$\therefore M^2+m^2=\left(\dfrac{\sqrt{3}}{3}\right)^2+\left(-\dfrac{\sqrt{3}}{3}\right)^2=\dfrac{1}{3}+\dfrac{1}{3}=\dfrac{2}{3}$$

## 0874 답 ④

$f(x)=2x\sin 2x+\cos 2x+k$에서
$$f'(x)=2\sin 2x+4x\cos 2x-2\sin 2x=4x\cos 2x$$
$f'(x)=0$에서 $x=0$ 또는 $\cos 2x=0$

$\therefore x=0$ 또는 $x=\dfrac{\pi}{4}$ 또는 $x=\dfrac{3}{4}\pi$ $(\because 0\le x\le\pi)$

닫힌구간 $[0,\pi]$에서 함수 $f(x)$의 증가와 감소를 표로 나타내면
다음과 같다.

| $x$ | $0$ | $\cdots$ | $\dfrac{\pi}{4}$ | $\cdots$ | $\dfrac{3}{4}\pi$ | $\cdots$ | $\pi$ |
|---|---|---|---|---|---|---|---|
| $f'(x)$ | $0$ | $+$ | $0$ | $-$ | $0$ | $+$ | |
| $f(x)$ | $1+k$ | ↗ | $\dfrac{\pi}{2}+k$ | ↘ | $-\dfrac{3}{2}\pi+k$ | ↗ | $1+k$ |

즉, 함수 $f(x)$는 $x=\dfrac{\pi}{4}$에서 최댓값 $\dfrac{\pi}{2}+k$, $x=\dfrac{3}{4}\pi$에서 최솟값
$-\dfrac{3}{2}\pi+k$를 갖는다.

함수 $f(x)$의 최솟값이 $0$이므로 $-\dfrac{3}{2}\pi+k=0$ $\therefore k=\dfrac{3}{2}\pi$

따라서 함수 $f(x)$의 최댓값은 $\dfrac{\pi}{2}+\dfrac{3}{2}\pi=2\pi$이다.

## 0875 답 8

$f(x)=\sqrt{2}\sec ax-\tan ax+3$에서

$$f'(x)=\sqrt{2}a\sec ax\tan ax-a\sec^2 ax=\dfrac{a(\sqrt{2}\sin ax-1)}{\cos^2 ax}$$

$f'(x)=0$에서 $\sqrt{2}\sin ax-1=0$, $\sin ax=\dfrac{1}{\sqrt{2}}$

이때 $ax=t$라 하면 $0<x<\dfrac{\pi}{2a}$에서 $0<t<\dfrac{\pi}{2}$이고, $\sin t=\dfrac{1}{\sqrt{2}}$
이다.

즉, $t=\dfrac{\pi}{4}$이므로 $x=\dfrac{\pi}{4a}$

$0<x<\dfrac{\pi}{2a}$에서 함수 $f(x)$의 증가와 감소를 표로 나타내면 다음
과 같다.

| $x$ | $(0)$ | $\cdots$ | $\dfrac{\pi}{4a}$ | $\cdots$ | $\left(\dfrac{\pi}{2a}\right)$ |
|---|---|---|---|---|---|
| $f'(x)$ | | $-$ | $0$ | $+$ | |
| $f(x)$ | | ↘ | $f\left(\dfrac{\pi}{4a}\right)$ | ↗ | |

즉, 함수 $f(x)$는 $x=\dfrac{\pi}{4a}$에서 최솟값 $f\left(\dfrac{\pi}{4a}\right)$를 갖는다.

함수 $f(x)$가 $x=\dfrac{\pi}{2}$에서 최솟값 $b$를 가지므로

$\dfrac{\pi}{4a}=\dfrac{\pi}{2}$에서 $4a=2$ $\therefore a=\dfrac{1}{2}$

$f\left(\dfrac{\pi}{4a}\right)=f\left(\dfrac{\pi}{2}\right)=b$에서 $\sqrt{2}\sec\dfrac{\pi}{4}-\tan\dfrac{\pi}{4}+3=b$

$\sqrt{2}\cdot\sqrt{2}-1+3=b$ $\therefore b=4$

$\therefore \dfrac{b}{a}=\dfrac{4}{\frac{1}{2}}=8$

## 0876 답 ②

## 0877 답 ②

$f(x)=\sin^3 x+3\cos^2 x=\sin^3 x+3(1-\sin^2 x)$
$$=\sin^3 x-3\sin^2 x+3$$

$\sin x=t$라 하면 $-1\le t\le 1$이고, 함수 $f(x)$를 $t$에 대한 함수
$g(t)$로 나타내면 $g(t)=t^3-3t^2+3$

$\therefore g'(t)=3t^2-6t=3t(t-2)$

$g'(t)=0$에서 $t=0$ $(\because -1\le t\le 1)$
$-1\le t\le 1$에서 함수 $g(t)$의 증가와 감소를 표로 나타내면 다음과 같다.

| $t$ | $-1$ | $\cdots$ | $0$ | $\cdots$ | $1$ |
|---|---|---|---|---|---|
| $g'(t)$ | | $+$ | $0$ | $-$ | |
| $g(t)$ | $-1$ | $\nearrow$ | $3$ | $\searrow$ | $1$ |

따라서 함수 $g(t)$는 $t=0$에서 최댓값 $3$, $t=-1$에서 최솟값 $-1$을 가지므로
$M=3$, $m=-1$
$\therefore M-m=3-(-1)=4$



$f(x)=\sin^3 x+3\cos^2 x$에서
$f'(x)=3\sin^2 x\cos x-6\cos x\sin x$
$\qquad =3\sin x\cos x(\sin x-2)$
$f'(x)=0$에서 $\sin x=0$ 또는 $\cos x=0$
$\therefore x=\cdots,\ -\dfrac{3}{2}\pi,\ -\pi,\ -\dfrac{\pi}{2},\ 0,\ \dfrac{\pi}{2},\ \pi,\ \dfrac{3}{2}\pi,\ \cdots$
이와 같이 함수 $f(x)$를 직접 미분하여 방정식 $f'(x)=0$을 만족시키는 $x$의 값을 구한 후 $f(x)$의 최댓값과 최솟값을 구할 수도 있지만, 풀이 과정이 더욱 복잡해져.

## 0878 답 ②

$f(x)=\sqrt{1-x^2}-3\sqrt{1-x^2}(1-x^2)$
$\qquad =\sqrt{1-x^2}-3(\sqrt{1-x^2})^3$
에서 $1-x^2\ge 0$, 즉 $(x+1)(x-1)\le 0$이므로 $-1\le x\le 1$
$\sqrt{1-x^2}=t$라 하면 $-1\le x\le 1$에서 $0\le t\le 1$이고, 함수 $f(x)$를 $t$에 대한 함수 $g(t)$로 나타내면 $g(t)=t-3t^3$
$\therefore g'(t)=1-9t^2=-9\left(t+\dfrac{1}{3}\right)\left(t-\dfrac{1}{3}\right)$
$g'(t)=0$에서 $t=\dfrac{1}{3}$ $(\because 0\le t\le 1)$
$0\le t\le 1$에서 함수 $g(t)$의 증가와 감소를 표로 나타내면 다음과 같다.

| $t$ | $0$ | $\cdots$ | $\dfrac{1}{3}$ | $\cdots$ | $1$ |
|---|---|---|---|---|---|
| $g'(t)$ | | $+$ | $0$ | $-$ | |
| $g(t)$ | $0$ | $\nearrow$ | $\dfrac{2}{9}$ | $\searrow$ | $-2$ |

따라서 함수 $g(t)$는 $t=\dfrac{1}{3}$에서 최댓값 $\dfrac{2}{9}$를 갖는다.

## 0879 답 ③

$\dfrac{1}{x^4+2x^2+1}=\dfrac{1}{(x^2+1)^2}=\left(\dfrac{1}{x^2+1}\right)^2$이므로
$f(x)=\dfrac{1}{x^2+1}-\left(\dfrac{1}{x^2+1}\right)^2-\left(\dfrac{1}{x^2+1}\right)^3$



$\dfrac{1}{x^2+1}=t$라 하면 $0<\dfrac{1}{x^2+1}\le 1$에서 $0<t\le 1$이고, 함수 $f(x)$를 $t$에 대한 함수 $g(t)$로 나타내면
$g(t)=t-t^2-t^3$
$\therefore g'(t)=1-2t-3t^2=-(t+1)(3t-1)$
$g'(t)=0$에서 $t=\dfrac{1}{3}$ $(\because 0<t\le 1)$

$0<t\le 1$에서 함수 $g(t)$의 증가와 감소를 표로 나타내면 다음과 같다.

| $t$ | $(0)$ | $\cdots$ | $\dfrac{1}{3}$ | $\cdots$ | $1$ |
|---|---|---|---|---|---|
| $g'(t)$ | | $+$ | $0$ | $-$ | |
| $g(t)$ | | $\nearrow$ | $\dfrac{5}{27}$ | $\searrow$ | $-1$ |

따라서 함수 $g(t)$는 $t=\dfrac{1}{3}$에서 최댓값 $\dfrac{5}{27}$를 갖는다.

## 0880 답 32

$e^{2x}+e^{-2x}=(e^x+e^{-x})^2-2$이므로
$f(x)=(e^x+e^{-x})(e^{2x}-6e^x-6e^{-x}+e^{-2x}+2)$
$\qquad =(e^x+e^{-x})\{(e^{2x}+e^{-2x})-6(e^x+e^{-x})+2\}$
$\qquad =(e^x+e^{-x})\{(e^x+e^{-x})^2-6(e^x+e^{-x})\}$
$e^x+e^{-x}=t$라 하면 $e^x>0$, $e^{-x}>0$이므로 산술평균과 기하평균의 관계에 의하여
$t=e^x+e^{-x}\ge 2\sqrt{e^x\cdot e^{-x}}=2$ (단, 등호는 $e^x=e^{-x}$일 때 성립)
즉, $t\ge 2$이고 함수 $f(x)$를 $t$에 대한 함수 $g(t)$로 나타내면
$g(t)=t(t^2-6t)=t^3-6t^2$
$\therefore g'(t)=3t^2-12t=3t(t-4)$
$g'(t)=0$에서 $t=4$ $(\because t\ge 2)$
$t\ge 2$에서 함수 $g(t)$의 증가와 감소를 표로 나타내면 다음과 같다.

| $t$ | $2$ | $\cdots$ | $4$ | $\cdots$ |
|---|---|---|---|---|
| $g'(t)$ | | $-$ | $0$ | $+$ |
| $g(t)$ | $-16$ | $\searrow$ | $-32$ | $\nearrow$ |

따라서 함수 $g(t)$는 $t=4$에서 최솟값 $-32$를 가지므로
$m=-32$
$\therefore |m|=|-32|=32$

## 0881 답 ②

## 0882 답 ①

오른쪽 그림과 같이 직선 OA의 방정식은 $y=x$이고 $\overline{\text{OA}}=\sqrt{2}$이므로 곡선 $y=e^{2x}$ 위의 점 P에서 직선 $y=x$까지의 거리가 최소일 때 삼각형 OAP의 넓이도 최소이다.

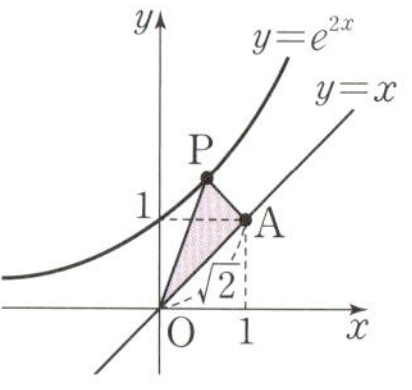


삼각형 OAP에서 $\overline{\text{OA}}$를 밑변으로 생각했을 때의 삼각형 OAP의 높이

점 P의 좌표를 $\text{P}(t,\ e^{2t})$라 하면 점 P와 직선 $x-y=0$ 사이의 거리는
$\dfrac{|t-e^{2t}|}{\sqrt{1^2+(-1)^2}}=\dfrac{e^{2t}-t}{\sqrt{2}}$ $(\because e^{2t}>t)$
삼각형 OAP의 넓이를 $S(t)$라 하면
$S(t)=\dfrac{1}{2}\cdot\sqrt{2}\cdot\dfrac{e^{2t}-t}{\sqrt{2}}=\dfrac{e^{2t}-t}{2}$
$S'(t)=\dfrac{2e^{2t}-1}{2}$
$S'(t)=0$에서 $e^{2t}=\dfrac{1}{2}$
$\therefore t=\dfrac{1}{2}\ln\dfrac{1}{2}=-\dfrac{1}{2}\ln 2$

함수 $S(t)$의 증가와 감소를 표로 나타내면 다음과 같다.

| $t$ | $\cdots$ | $-\dfrac{1}{2}\ln 2$ | $\cdots$ |
|---|---|---|---|
| $S'(t)$ | $-$ | $0$ | $+$ |
| $S(t)$ | $\searrow$ | $\dfrac{1}{4}+\dfrac{1}{4}\ln 2$ | $\nearrow$ |

따라서 함수 $S(t)$는 $t=-\dfrac{1}{2}\ln 2$에서 최솟값 $\dfrac{1}{4}+\dfrac{1}{4}\ln 2$를 가지므로 삼각형 OAP의 넓이의 최솟값은 $\dfrac{1}{4}+\dfrac{1}{4}\ln 2$이다.

## 0883 답 6

오른쪽 그림과 같이 정사각형 ABCD의 두 대각선 AC, BD의 교점을 M이라 하면 $\overline{AB}=a$이므로

$$\overline{AC}=\sqrt{2}a \qquad \therefore \overline{AM}=\dfrac{\sqrt{2}}{2}a$$

이때 $\overline{OA}=\overline{OC}=3\sqrt{3}$, $\overline{AC}=\sqrt{2}a$이므로 삼각형 OAC의 결정 조건에 의하여

▸삼각형의 세 변의 길이를 각각 $a$, $b$, $c$라 하면 다음이 성립한다. $a+b>c$, $b+c>a$, $c+a>b$

$$\sqrt{2}a<3\sqrt{3}+3\sqrt{3} \qquad \therefore a<3\sqrt{6}$$
$$\therefore 0<a<3\sqrt{6} \quad \text{▸}a\text{가 길이이므로}$$

직각삼각형 OAM에서 피타고라스 정리에 의하여

$$\overline{OM}=\sqrt{\overline{OA}^2-\overline{AM}^2}=\sqrt{(3\sqrt{3})^2-\left(\dfrac{\sqrt{2}}{2}a\right)^2}=\sqrt{27-\dfrac{a^2}{2}}$$

정사각뿔 O−ABCD의 부피를 $V(a)$라 하면

▸정사각뿔 O−ABCD의 높이

$$V(a)=\dfrac{1}{3}\cdot\overline{AB}^2\cdot\overline{OM}=\dfrac{1}{3}a^2\sqrt{27-\dfrac{a^2}{2}}$$

$$V'(a)=\dfrac{1}{3}\left\{2a\sqrt{27-\dfrac{a^2}{2}}+\dfrac{a^2\cdot(-a)}{2\sqrt{27-\dfrac{a^2}{2}}}\right\}$$

$$=\dfrac{-a^3+36a}{2\sqrt{27-\dfrac{a^2}{2}}}=\dfrac{-a(a+6)(a-6)}{2\sqrt{27-\dfrac{a^2}{2}}}$$

$V'(a)=0$에서 $a=6$ ($\because 0<a<3\sqrt{6}$)

$0<a<3\sqrt{6}$에서 함수 $V(a)$의 증가와 감소를 표로 나타내면 다음과 같다.

| $a$ | $(0)$ | $\cdots$ | $6$ | $\cdots$ | $(3\sqrt{6})$ |
|---|---|---|---|---|---|
| $V'(a)$ | | $+$ | $0$ | $-$ | |
| $V(a)$ | | $\nearrow$ | $36$ | $\searrow$ | |

따라서 함수 $V(a)$는 $a=6$에서 최댓값 36을 갖는다.
$$\therefore k=6$$

## 0884 답 ④

오른쪽 그림과 같이 반원의 중심 O에서 현 BQ에 내린 수선의 발은 현 BQ를 이등분하므로 ∠QOB를 이등분한다.

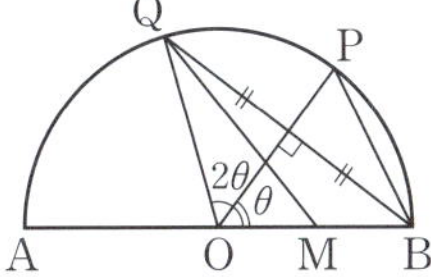

$\angle POB=\theta\left(0<\theta<\dfrac{\pi}{2}\right)$라 하면
$$\angle QOB=2\theta$$

삼각형 POB의 넓이를 $S_1(\theta)$라 하면 $\overline{OB}=\overline{OP}=2$이므로

$$S_1(\theta)=\dfrac{1}{2}\cdot2\cdot2\cdot\sin\theta=2\sin\theta$$

---

삼각형 QMB의 넓이를 $S_2(\theta)$라 하면 $\overline{OM}=\overline{BM}=1$이므로 삼각형 QMB의 넓이와 삼각형 QOM의 넓이는 서로 같다.

$$\therefore S_2(\theta)=\dfrac{1}{2}\cdot2\cdot1\cdot\sin 2\theta$$
▸BM, OM을 각각 밑변으로 생각하면 밑변과 높이가 서로 같으므로
$$=\sin 2\theta$$

즉, 삼각형 POB의 넓이와 삼각형 QMB의 넓이의 합을 $S(\theta)$라 하면
$$S(\theta)=2\sin\theta+\sin 2\theta$$
$$S'(\theta)=2\cos\theta+2\cos 2\theta$$
$$=2\cos\theta+2(2\cos^2\theta-1)$$
$$=4\cos^2\theta+2\cos\theta-2$$
$$=2(\cos\theta+1)(2\cos\theta-1)$$

$S'(\theta)=0$에서 $\cos\theta=-1$ 또는 $\cos\theta=\dfrac{1}{2}$

$$\therefore \theta=\dfrac{\pi}{3}\left(\because 0<\theta<\dfrac{\pi}{2}\right)$$

$0<\theta<\dfrac{\pi}{2}$에서 함수 $S(\theta)$의 증가와 감소를 표로 나타내면 다음과 같다.

| $\theta$ | $(0)$ | $\cdots$ | $\dfrac{\pi}{3}$ | $\cdots$ | $\left(\dfrac{\pi}{2}\right)$ |
|---|---|---|---|---|---|
| $S'(\theta)$ | | $+$ | $0$ | $-$ | |
| $S(\theta)$ | | $\nearrow$ | $\dfrac{3\sqrt{3}}{2}$ | $\searrow$ | |

따라서 함수 $S(\theta)$는 $\theta=\dfrac{\pi}{3}$에서 최댓값 $\dfrac{3\sqrt{3}}{2}$을 가지므로 삼각형 POB의 넓이와 삼각형 QMB의 넓이의 합의 최댓값은 $\dfrac{3\sqrt{3}}{2}$이다.

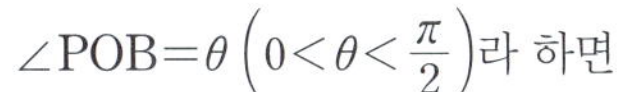


본문 144~147쪽

## 0885 답 ②

**One Point Lesson**

$f'(x)=0$을 만족시키는 $x=a$의 좌우에서 $f'(x)$의 부호가 바뀌면 함수 $f(x)$는 $x=a$에서 극값을 갖는다.

$f(x)=e^{-x}(\sin x+\cos x-1)$에서
$$f'(x)=-e^{-x}(\sin x+\cos x-1)+e^{-x}(\cos x-\sin x)$$
$$=-e^{-x}(2\sin x-1)$$

$f'(x)=0$에서 $\sin x=\dfrac{1}{2}$

$$\therefore x=\dfrac{\pi}{6} \text{ 또는 } x=\dfrac{5}{6}\pi \ (\because 0<x<2\pi)$$

$0<x<2\pi$에서 함수 $f(x)$의 증가와 감소를 표로 나타내면 다음과 같다.

| $x$ | $(0)$ | $\cdots$ | $\dfrac{\pi}{6}$ | $\cdots$ | $\dfrac{5}{6}\pi$ | $\cdots$ | $(2\pi)$ |
|---|---|---|---|---|---|---|---|
| $f'(x)$ | | $+$ | $0$ | $-$ | $0$ | $+$ | |
| $f(x)$ | | $\nearrow$ | $\dfrac{\sqrt{3}-1}{2e^{\frac{\pi}{6}}}$ | $\searrow$ | $-\dfrac{\sqrt{3}+1}{2e^{\frac{5}{6}\pi}}$ | $\nearrow$ | |

따라서 함수 $f(x)$는 $x=\dfrac{\pi}{6}$에서 극댓값 $f\left(\dfrac{\pi}{6}\right)=\dfrac{\sqrt{3}-1}{2e^{\frac{\pi}{6}}}$,

$x=\dfrac{5}{6}\pi$에서 극솟값 $f\left(\dfrac{5}{6}\pi\right)=-\dfrac{\sqrt{3}+1}{2e^{\frac{5}{6}\pi}}$을 가지므로 극댓값과 극솟값의 곱은

$$\dfrac{\sqrt{3}-1}{2e^{\frac{\pi}{6}}}\cdot\left(-\dfrac{\sqrt{3}+1}{2e^{\frac{5}{6}\pi}}\right)=-\dfrac{2}{4e^{\pi}}=-\dfrac{1}{2e^{\pi}}$$

## 0886　답 9



$f(x)=x^2-(a-2)x-\dfrac{a}{x}$에서

$f'(x)=2x-(a-2)+\dfrac{a}{x^2}=\dfrac{2x^3-(a-2)x^2+a}{x^2}$

$x>0$에서 정의된 함수 $f(x)$가 감소하는 구간이 존재하지 않으려면 모든 양의 실수 $x$에 대하여 $f'(x)\geq0$, 즉 $2x^3-(a-2)x^2+a\geq0$이어야 한다.

$g(x)=2x^3-(a-2)x^2+a$라 하면 $g(-1)=0$이므로 $x+1$은 $g(x)$의 인수이다.

조립제법을 이용하여 $g(x)$를 인수분해하면

$$
\begin{array}{r|rrrr}
-1 & 2 & -a+2 & 0 & a \\
   &   & -2 & a & -a \\
\hline
   & 2 & -a & a & 0
\end{array}
$$

$g(x)=(x+1)(2x^2-ax+a)$

즉, $(x+1)(2x^2-ax+a)\geq0$

이어야 하고 $x>0$일 때 $x+1>0$이므로 모든 양의 실수 $x$에 대하여 $2x^2-ax+a\geq0$이어야 한다.

이차방정식 $2x^2-ax+a=0$의 판별식을 $D$라 하면 $D\leq0$ 또는 $0$ 이하의 서로 다른 두 실근을 가져야 한다.

(ⅰ) $D\leq0$인 경우

$\quad D=(-a)^2-4\cdot2\cdot a\leq0,\ a^2-8a\leq0$

$\quad a(a-8)\leq0\quad\therefore\ 0\leq a\leq8$

(ⅱ) $0$ 이하의 서로 다른 두 실근을 갖는 경우

$\quad\bullet\ D=a(a-8)>0\quad\therefore\ a<0$ 또는 $a>8$

$\quad\bullet\ (두\ 근의\ 합)=\dfrac{a}{2}<0\quad\therefore\ a<0$

$\quad\bullet\ (두\ 근의\ 곱)=\dfrac{a}{2}>0\quad\therefore\ a>0$

$\quad$즉, 이 경우를 만족시키는 실수 $a$는 존재하지 않는다.

(ⅰ), (ⅱ)에서 조건을 만족시키는 실수 $a$의 값의 범위는 $0\leq a\leq8$

따라서 정수 $a$의 개수는 $0,\ 1,\ 2,\ 3,\ 4,\ 5,\ 6,\ 7,\ 8$의 9이다.

## 0887　답 2



$f(x)=\cos^3 x-3\cos x$에서

$f'(x)=3\cos^2 x\cdot(-\sin x)+3\sin x$

$\qquad=3(1-\sin^2 x)\cdot(-\sin x)+3\sin x=3\sin^3 x$

$f''(x)=9\sin^2 x\cos x$

$f''(x)=0$에서 $\sin x=0$ 또는 $\cos x=0$

$\therefore\ x=\dfrac{\pi}{2}$ 또는 $x=\pi$ 또는 $x=\dfrac{3}{2}\pi\ (\because\ 0<x<2\pi)$

이때 $x=\dfrac{\pi}{2}$, $x=\dfrac{3}{2}\pi$의 좌우에서 $f''(x)$의 부호가 바뀌지만 $x=\pi$의 좌우에서는 $f''(x)$의 부호가 바뀌지 않으므로 곡선 $y=f(x)$의 변곡점의 개수는 2이다.

## 0888　답 45



$f(x)=xe^{2x^2+ax+b}$에서

$f'(x)=e^{2x^2+ax+b}+x(4x+a)e^{2x^2+ax+b}$

$\qquad=(4x^2+ax+1)e^{2x^2+ax+b}$

함수 $f(x)$가 $x=1$에서 극값 $1$을 가지므로

$f(1)=1$에서 $e^{2+a+b}=1$

$\therefore\ b=-a-2\quad\cdots\cdots\ \bigcirc$

$f'(1)=0$에서 $(5+a)e^{2+a+b}=0$

$\therefore\ a=-5$

$a=-5$를 $\bigcirc$에 대입하면 $b=3$

$\therefore\ f'(x)=(4x^2-5x+1)e^{2x^2-5x+3}=(4x-1)(x-1)e^{2x^2-5x+3}$

$f'(x)=0$에서 $x=1\left(\because\ \dfrac{1}{2}\leq x\leq\dfrac{3}{2}\right)$

닫힌구간 $\left[\dfrac{1}{2},\ \dfrac{3}{2}\right]$에서 함수 $f(x)$의 증가와 감소를 표로 나타내면 다음과 같다.

| $x$ | $\dfrac{1}{2}$ | $\cdots$ | $1$ | $\cdots$ | $\dfrac{3}{2}$ |
|---|---|---|---|---|---|
| $f'(x)$ | | $-$ | $0$ | $+$ | |
| $f(x)$ | $\dfrac{e}{2}$ | $\searrow$ | $1$ | $\nearrow$ | $\dfrac{3}{2}$ |

따라서 함수 $f(x)$는 $x=\dfrac{3}{2}$에서 최댓값 $\dfrac{3}{2}$을 가지므로

$M=\dfrac{3}{2}\quad\therefore\ 30M=30\cdot\dfrac{3}{2}=45$

## 0889　답 16



$f(x)=ax-bx\ln x^2=ax-2bx\ln x$에서

$f'(x)=a-2b\ln x-2bx\cdot\dfrac{1}{x}=a-2b-2b\ln x$

$f'(x)=0$에서 $a-2b=2b\ln x$

$\ln x=\dfrac{a-2b}{2b}\quad\therefore\ x=e^{\frac{a-2b}{2b}}$

이때 $f''(x)=-\dfrac{2b}{x}$이고 열린구간 $(1,\ e^3)$에서 $f''(x)<0$이므로 곡선 $y=f(x)$는 열린구간 $(1,\ e^3)$에서 위로 볼록하다.

함수 $f(x)$가 열린구간 $(1,\ e^3)$에서 극값을 가지므로 $f(x)$는 $x=e^{\frac{a-2b}{2b}}$에서 극대이면서 최대이고, $f(x)$의 최댓값은 $4e^n$이므로

$f\left(e^{\frac{a-2b}{2b}}\right)=4e^n\quad\cdots\cdots\ \bigcirc$

닫힌구간 $[1,\ e^3]$에서 함수 $f(x)$의 최솟값은 $0$이므로

$f(1)=0$ 또는 $f(e^3)=0$

그런데 $f(1)=a>0$이므로 $f(e^3)=0$이다.

$(a-6b)e^3=0\quad\therefore\ a=6b$

$a=6b$를 ㉠에 대입하면
$f(e^2)=6be^2-2be^2\ln e^2=6be^2-4be^2=2be^2=4e^n$
이므로 $2b=4$, $e^2=e^n$ $\therefore b=2$, $n=2$
$b=2$를 $a=6b$에 대입하면 $a=12$
$\therefore a+b+n=12+2+2=16$



## 0890 답 ②

**One Point Lesson**
함수 $f(x)$에 대하여 $f'(x)=0$을 만족시키는 $x$의 값을 구할 수 없을 때에는 방정식 $f'(x)=0$의 근을 $\alpha$라 하고 해결한다.

$f(x)=5a\csc x-4a\cot x$에서
$f'(x)=-5a\csc x\cot x+4a\csc^2 x$

$\qquad =-\dfrac{5a\cos x}{\sin^2 x}+\dfrac{4a}{\sin^2 x}=\dfrac{a(4-5\cos x)}{\sin^2 x}$

$f'(x)=0$에서 $4-5\cos x=0$, $\cos x=\dfrac{4}{5}$

방정식 $\cos x=\dfrac{4}{5}$의 근을 $\alpha\left(0<\alpha<\dfrac{\pi}{2}\right)$라 하고 $0<x<\dfrac{\pi}{2}$에서

함수 $f(x)$의 증가와 감소를 표로 나타내면 다음과 같다.

| $x$ | $(0)$ | $\cdots$ | $\alpha$ | $\cdots$ | $\left(\dfrac{\pi}{2}\right)$ |
|---|---|---|---|---|---|
| $f'(x)$ | | $-$ | $0$ | $+$ | |
| $f(x)$ | | $\searrow$ | $f(\alpha)$ | $\nearrow$ | |

즉, 함수 $f(x)$는 $x=\alpha$에서 최솟값 $f(\alpha)$를 갖는다.
함수 $f(x)$가 $x=k$에서 최솟값 1을 가지므로
$\alpha=k$, $f(\alpha)=1$ $\qquad$ …… ㉠
이때 $\cos k=\dfrac{4}{5}$에서

$\sin k=\sqrt{1-\cos^2 k}=\sqrt{1-\left(\dfrac{4}{5}\right)^2}=\dfrac{3}{5}\left(\because 0<k<\dfrac{\pi}{2}\right)$

이므로 $\csc k=\dfrac{5}{3}$, $\cot k=\dfrac{4}{3}$

따라서 ㉠에서 $f(k)=1$이므로
$5a\csc k-4a\cot k=1$

$5\times a\times\dfrac{5}{3}-4\times a\times\dfrac{4}{3}=1$

$3a=1$ $\qquad\therefore a=\dfrac{1}{3}$

$\therefore a\times\cos k=\dfrac{1}{3}\times\dfrac{4}{5}=\dfrac{4}{15}$

## 0891 답 3

**One Point Lesson**
주어진 함수 $y=f'(x)$의 그래프의 증가와 감소를 이용하여 함수 $f(x)$의 증가와 감소, $f''(x)$의 부호의 변화를 추론한다.

오른쪽 그림과 같이 $a$, $b$를 정하고 함수 $f(x)$의 증가와 감소를 표로 나타내면 다음과 같다.

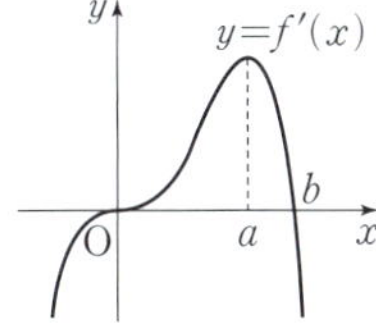

| $x$ | $\cdots$ | $0$ | $\cdots$ | $a$ | $\cdots$ | $b$ | $\cdots$ |
|---|---|---|---|---|---|---|---|
| $f'(x)$ | $-$ | $0$ | $+$ | $+$ | $+$ | $0$ | $-$ |
| $f(x)$ | $\searrow$ | $0$ | $\nearrow$ | $\nearrow$ | $\nearrow$ | $f(b)$ | $\searrow$ |

즉, 함수 $f(x)$는 $x=0$에서 극솟값 $f(0)=0$, $x=b$에서 극댓값 $f(b)>0$을 갖고, $x>b$에서 감소하므로 $f(c)=0$을 만족시키는 $b$보다 큰 상수 $c$가 존재한다.



$\therefore A=\{x\,|\,f(x)=0\}=\{0,\,c\}$
한편, 함수 $f'(x)$의 증가와 감소를 이용하여 $f''(x)$의 부호를 표로 나타내면 다음과 같다.

| $x$ | $\cdots$ | $0$ | $\cdots$ | $a$ | $\cdots$ | $b$ | $\cdots$ |
|---|---|---|---|---|---|---|---|
| $f'(x)$ | $\nearrow$ | | $\nearrow$ | | $\searrow$ | $\searrow$ | $\searrow$ |
| $f''(x)$ | $+$ | $0$ | $+$ | $0$ | $-$ | $-$ | $-$ |

즉, $x=a$의 좌우에서 $f''(x)$의 부호가 바뀌므로 곡선 $y=f(x)$의 변곡점의 $x$좌표는 $a$이다.
$\therefore B=\{x\,|\,$곡선 $y=f(x)$의 변곡점의 $x$좌표$\}=\{a\}$
따라서 $A\cup B=\{0,\,a,\,c\}$이므로 $n(A\cup B)=3$이다.

## 0892 답 ④

**One Point Lesson**
주어진 함수가 복잡하면 치환을 할 수 있는지 확인한다.

$x^4-4x^3+3x^2+2x+1=(x^4-4x^3+4x^2)-(x^2-2x)+1$
$\qquad\qquad\qquad\qquad\quad =(x^2-2x)^2-(x^2-2x)+1$

이므로 $f(x)=\dfrac{x^2-2x}{(x^2-2x)^2-(x^2-2x)+1}$

$x^2-2x=t$라 하면 $t=x^2-2x=(x-1)^2-1$이므로 $t\geq -1$이고, 함수 $f(x)$를 $t$에 대한 함수 $g(t)$로 나타내면



$g(t)=\dfrac{t}{t^2-t+1}$

$g'(t)=\dfrac{(t^2-t+1)-t(2t-1)}{(t^2-t+1)^2}$

$\qquad =\dfrac{-t^2+1}{(t^2-t+1)^2}=\dfrac{-(t+1)(t-1)}{(t^2-t+1)^2}$

$g'(t)=0$에서 $t=-1$ 또는 $t=1$
$t\geq -1$에서 함수 $g(t)$의 증가와 감소를 표로 나타내면 다음과 같다.

| $t$ | $-1$ | $\cdots$ | $1$ | $\cdots$ |
|---|---|---|---|---|
| $g'(t)$ | $0$ | $+$ | $0$ | $-$ |
| $g(t)$ | $-\dfrac{1}{3}$ | $\nearrow$ | $1$ | $\searrow$ |

이때 $t>0$인 모든 실수 $t$에서 함수 $g(t)$는 $g(t)>0$이고 $\lim\limits_{t\to\infty}g(t)=0$이므로 함수 $g(t)$는 $t=1$에서 최댓값 1, $t=-1$에서 최솟값 $-\dfrac{1}{3}$을 갖는다.

따라서 최댓값과 최솟값의 합은 $1+\left(-\dfrac{1}{3}\right)=\dfrac{2}{3}$이다.

## 0893 답 ③

**One Point Lesson**
삼각함수의 주기를 이용하여 방정식 $f'(x)=0$의 근을 미지수로 놓는다.

$f(x)=x+a\cos x$에서
$f'(x)=1-a\sin x$

$f'(x)=0$에서 $\sin x=\dfrac{1}{a}$



방정식 $\sin x=\dfrac{1}{a}\,(a>1)$의 한 근을 $\alpha\left(0<\alpha<\dfrac{\pi}{2}\right)$라 하면 다른 한 근은 $\pi-\alpha$이다.

열린구간 $(0, 2\pi)$에서 함수 $f(x)$의 증가와 감소를 표로 나타내면 다음과 같다.



| $x$ | $(0)$ | $\cdots$ | $\alpha$ | $\cdots$ | $\pi-\alpha$ | $\cdots$ | $(2\pi)$ |
|---|---|---|---|---|---|---|---|
| $f'(x)$ | | $+$ | $0$ | $-$ | $0$ | $+$ | |
| $f(x)$ | | $\nearrow$ | $f(\alpha)$ | $\searrow$ | $f(\pi-\alpha)$ | $\nearrow$ | |

즉, 함수 $f(x)$는 $x=\alpha$에서 극댓값 $f(\alpha)$, $x=\pi-\alpha$에서 극솟값 $f(\pi-\alpha)$를 갖는다.
함수 $f(x)$의 극솟값이 0이므로 $f(\pi-\alpha)=0$에서
$(\pi-\alpha)+a\cos(\pi-\alpha)=0$
$(\pi-\alpha)-a\cos\alpha=0$
$\therefore a\cos\alpha=\pi-\alpha$
따라서 함수 $f(x)$의 극댓값은
$f(\alpha)=\alpha+a\cos\alpha=\alpha+\pi-\alpha=\pi$

## 0894 답 ⑤



$\overline{\mathrm{OB}}=t\left(0<t<\dfrac{\pi}{2}\right)$라 하면
$\overline{\mathrm{BC}}=\pi-2t$, $\overline{\mathrm{AB}}=3\sin t$
직사각형 ABCD의 둘레의 길이를 $f(t)$라 하면
$f(t)=2(\pi-2t+3\sin t)$
$f'(t)=2(-2+3\cos t)$
$f'(t)=0$에서 $\cos t=\dfrac{2}{3}$



방정식 $\cos t=\dfrac{2}{3}$의 한 근을 $\alpha\left(0<\alpha<\dfrac{\pi}{2}\right)$라 하고 $0<t<\pi$에서 함수 $f(t)$의 증가와 감소를 표로 나타내면 다음과 같다.

| $t$ | $(0)$ | $\cdots$ | $\alpha$ | $\cdots$ | $(\pi)$ |
|---|---|---|---|---|---|
| $f'(t)$ | | $+$ | $0$ | $-$ | |
| $f(t)$ | | $\nearrow$ | $f(\alpha)$ | $\searrow$ | |

따라서 함수 $f(t)$는 $t=\alpha$에서 최댓값을 가지므로 $t=\alpha$일 때 선분 AB의 길이는
$\overline{\mathrm{AB}}=3\sin\alpha=3\sqrt{1-\cos^2\alpha}$
$\qquad=3\sqrt{1-\left(\dfrac{2}{3}\right)^2}\left(\because \cos\alpha=\dfrac{2}{3}\right)$
$\qquad=\sqrt{5}$



## 0895 답 6



$f(x)=x-\dfrac{a^2}{x}+4\ln x^2=x-a^2x^{-1}+8\ln x$에서 $x^2>0$이므로 $x\neq0$이고
$f'(x)=1+a^2x^{-2}+\dfrac{8}{x}=1+\dfrac{a^2}{x^2}+\dfrac{8}{x}=\dfrac{x^2+8x+a^2}{x^2}$
$f'(x)=0$에서 $x^2+8x+a^2=0$ $\cdots\cdots$ ㉠
함수 $f(x)$가 $x\neq0$인 실수에서 극댓값과 극솟값을 모두 가지려면 이차방정식 ㉠이 0이 아닌 서로 다른 두 실근을 가져야 한다.



(i) 이차방정식 ㉠의 판별식을 $D$라 하면 $D>0$이어야 하므로
$\dfrac{D}{4}=4^2-1\cdot a^2>0$, $a^2-16<0$
$(a+4)(a-4)<0$ $\therefore -4<a<4$
(ii) (두 근의 곱)$=a^2\neq0$ $\therefore a\neq0$
(i), (ii)에서 조건을 만족시키는 실수 $a$의 값의 범위는
$-4<a<0$ 또는 $0<a<4$
따라서 정수 $a$의 개수는 $-3$, $-2$, $-1$, $1$, $2$, $3$의 6이다.

## 0896 답 ⑤



오른쪽 그림과 같이 $a$, $b$, $c$를 정하고 함수 $f'(x)$의 증가와 감소를 이용하여 $f''(x)$의 부호를 표로 나타내면 다음과 같다.

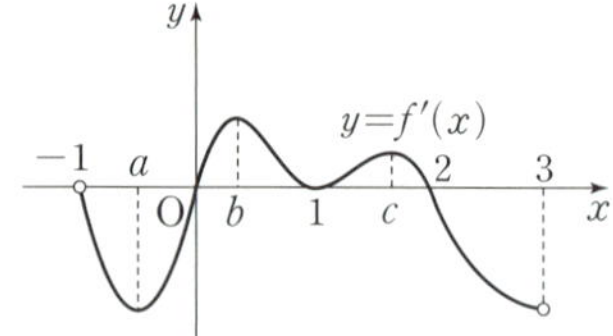


| $x$ | $(-1)$ | $\cdots$ | $a$ | $\cdots$ | $0$ | $\cdots$ | $b$ | $\cdots$ | $1$ | $\cdots$ | $c$ | $\cdots$ | $2$ | $\cdots$ | $(3)$ |
|---|---|---|---|---|---|---|---|---|---|---|---|---|---|---|---|
| $f'(x)$ | | $\searrow$ | | $\nearrow$ | $\nearrow$ | $\nearrow$ | | $\searrow$ | | $\nearrow$ | | $\searrow$ | $\searrow$ | $\searrow$ | |
| $f''(x)$ | | $-$ | $0$ | $+$ | $+$ | $+$ | $0$ | $-$ | $0$ | $+$ | $0$ | $-$ | $-$ | $-$ | |

ㄱ. 열린구간 $(0, 2)$에서 $f'(x)\geq0$이므로 함수 $f(x)$는 증가한다. (참)
ㄴ. 열린구간 $(2, 3)$에서 $f''(x)<0$이므로 곡선 $y=f(x)$는 위로 볼록하다. (참)
ㄷ. $x=1$의 좌우에서 $f''(x)$의 부호가 바뀌므로 점 $(1, f(1))$은 곡선 $y=f(x)$의 변곡점이다. (참)
따라서 옳은 것은 ㄱ, ㄴ, ㄷ이다.

## 0897 답 ③



조건 (가)에서 함수 $y=f(x)$의 그래프가 점 $(0, 2)$를 지나므로
$f(0)=2$에서 $a=2$
즉, $f(x)=2e^{-x}+bx$이므로 $f'(x)=-2e^{-x}+b$
조건 (나)에서 함수 $f(x)$는 구간 $(-\infty, 0)$에서 감소하고 열린구간 $(1, 2)$에서 증가하므로 $(-\infty, 0)$에서 $f'(x)\leq0$이고 $(1, 2)$에서 $f'(x)\geq0$이어야 한다.
함수 $y=f'(x)$의 그래프는 오른쪽 그림과 같아야 하므로

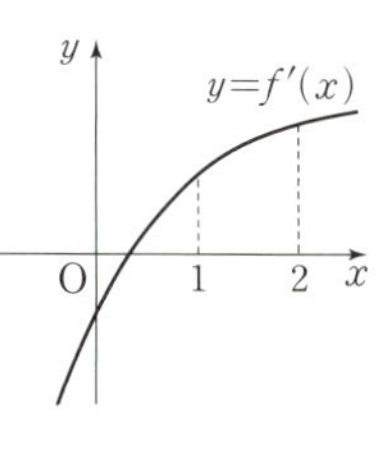


$f'(0)\leq0$에서
$-2+b\leq0$ $\therefore b\leq2$ $\cdots\cdots$ ㉠
$f'(1)\geq0$에서
$-\dfrac{2}{e}+b\geq0$ $\therefore b\geq\dfrac{2}{e}$ $\cdots\cdots$ ㉡
㉠, ㉡의 공통부분을 구하면 $\dfrac{2}{e}\leq b\leq2$
따라서 $M=2$, $m=\dfrac{2}{e}$이므로
$M\times m=2\times\dfrac{2}{e}=\dfrac{4}{e}$

## 0898  답 2

> **One Point Lesson**
>
> $(f \circ g)(x) = f(g(x))$에서 $g(x) = t$라 하고 함수 $f(t)$의 최댓값과 최솟값을 구한다.

$g(x) = 2\cos^3 x + 1$에서

$g'(x) = -6\cos^2 x \sin x$

$g'(x) = 0$에서

$\cos x = 0$ 또는 $\sin x = 0$

$\therefore x = 0$ 또는 $x = \dfrac{\pi}{2}$ 또는 $x = \pi$ 또는 $x = \dfrac{3}{2}\pi$ 또는 $x = 2\pi$

$$(\because 0 \le x \le 2\pi)$$

닫힌구간 $[0, 2\pi]$에서 함수 $g(x)$의 증가와 감소를 표로 나타내면 다음과 같다.

| $x$ | 0 | $\cdots$ | $\dfrac{\pi}{2}$ | $\cdots$ | $\pi$ | $\cdots$ | $\dfrac{3}{2}\pi$ | $\cdots$ | $2\pi$ |
|---|---|---|---|---|---|---|---|---|---|
| $g'(x)$ | 0 | $-$ | 0 | $-$ | 0 | $+$ | 0 | $+$ | 0 |
| $g(x)$ | 3 | $\searrow$ | 1 | $\searrow$ | $-1$ | $\nearrow$ | 1 | $\nearrow$ | 3 |

즉, 함수 $g(x)$는 $x=0$ 또는 $x=2\pi$에서 최댓값 3, $x=\pi$에서 최솟값 $-1$을 가지므로 $g(x)=t$라 하면 $-1 \le t \le 3$이다.

또한, $(f \circ g)(x) = f(g(x)) = f(t)$이므로

$f(t) = t + \dfrac{16}{t+3}$에서

$f'(t) = 1 + \dfrac{-16}{(t+3)^2}$

$f'(t) = 0$에서 $\dfrac{16}{(t+3)^2} = 1$

$(t+3)^2 = 16$, $t+3 = \pm 4$

$\therefore t = 1 \ (\because -1 \le t \le 3)$

$-1 \le t \le 3$에서 함수 $f(t)$의 증가와 감소를 표로 나타내면 다음과 같다.

| $t$ | $-1$ | $\cdots$ | 1 | $\cdots$ | 3 |
|---|---|---|---|---|---|
| $f'(t)$ | | $-$ | 0 | $+$ | |
| $f(t)$ | 7 | $\searrow$ | 5 | $\nearrow$ | $\dfrac{17}{3}$ |

즉, 함수 $f(t)$는 $t=-1$에서 최댓값 7, $t=1$에서 최솟값 5를 가지므로

$M = 7$, $m = 5$

$\therefore M - m = 7 - 5 = 2$

## 0899  답 4

> **One Point Lesson**
>
> 집합 $A \cap B$의 의미를 먼저 파악한다.

집합 $A \cap B$의 원소의 개수를 구해야 하므로 함수 $f(x)$를 $0 < x < 2\pi$인 실수 $x$에서만 고려하면 된다.

$f(x) = \sin 2x \cos^2 x = 2\sin x \cos x \cos^2 x = 2\sin x \cos^3 x$ 에서

*집합 $B$를 의미한다.*

$f'(x) = 2\cos x \cdot \cos^3 x + 2\sin x \cdot 3\cos^2 x \cdot (-\sin x)$

$\quad = 2\cos^2 x(\cos^2 x - 3\sin^2 x)$

$\quad = 2\cos^2 x(4\cos^2 x - 3) \ (\because \sin^2 x = 1 - \cos^2 x)$

$\quad = 2\cos^2 x(2\cos x + \sqrt{3})(2\cos x - \sqrt{3})$

$f'(x) = 0$에서 $\cos x = 0$ 또는 $\cos x = -\dfrac{\sqrt{3}}{2}$ 또는 $\cos x = \dfrac{\sqrt{3}}{2}$

$\therefore x = \dfrac{\pi}{6}$ 또는 $x = \dfrac{\pi}{2}$ 또는 $x = \dfrac{5}{6}\pi$ 또는 $x = \dfrac{7}{6}\pi$ 또는 $x = \dfrac{3}{2}\pi$

또는 $x = \dfrac{11}{6}\pi \ (\because 0 < x < 2\pi)$

$0 < x < 2\pi$에서 함수 $f(x)$의 증가와 감소를 표로 나타내면 다음과 같다.

| $x$ | (0) | $\cdots$ | $\dfrac{\pi}{6}$ | $\cdots$ | $\dfrac{\pi}{2}$ | $\cdots$ | $\dfrac{5}{6}\pi$ | $\cdots$ | $\dfrac{7}{6}\pi$ | $\cdots$ | $\dfrac{3}{2}\pi$ | $\cdots$ | $\dfrac{11}{6}\pi$ | $\cdots$ | $(2\pi)$ |
|---|---|---|---|---|---|---|---|---|---|---|---|---|---|---|---|
| $f'(x)$ | | $+$ | 0 | $-$ | 0 | $-$ | 0 | $+$ | 0 | $-$ | 0 | $-$ | 0 | $+$ | |
| $f(x)$ | | $\nearrow$ | 극대 | $\searrow$ | | $\searrow$ | 극소 | $\nearrow$ | 극대 | $\searrow$ | | $\searrow$ | 극소 | $\nearrow$ | |

따라서 함수 $f(x)$는 $x = \dfrac{\pi}{6}$ 또는 $x = \dfrac{7}{6}\pi$에서 극댓값,

$x = \dfrac{5}{6}\pi$ 또는 $x = \dfrac{11}{6}\pi$에서 극솟값을 가지므로

$A \cap B = \left\{ \dfrac{\pi}{6}, \ \dfrac{5}{6}\pi, \ \dfrac{7}{6}\pi, \ \dfrac{11}{6}\pi \right\}$

$\therefore n(A \cap B) = 4$

## 0900  답 35

> **One Point Lesson**
>
> $f(x)$에 대한 식으로 주어진 $g(x)$를 $x$에 대한 식으로 나타낸다.

$g(x) = f(1+x) + f(2-x)$

$\quad = (1+x)\ln(1+x) + (2-x)\ln(2-x)$

에서

$g'(x)$

$= \ln(1+x) + (1+x) \cdot \dfrac{1}{1+x} - \ln(2-x) + (2-x) \cdot \dfrac{-1}{2-x}$

$= \ln(1+x) - \ln(2-x) = \ln\dfrac{1+x}{2-x}$

$g'(x) = 0$에서 $\dfrac{1+x}{2-x} = 1$, $1+x = 2-x$ $\qquad \therefore x = \dfrac{1}{2}$

$-1 < x < 2$에서 함수 $g(x)$의 증가와 감소를 표로 나타내면 다음과 같다.

| $x$ | $(-1)$ | $\cdots$ | $\dfrac{1}{2}$ | $\cdots$ | $(2)$ |
|---|---|---|---|---|---|
| $g'(x)$ | | $-$ | 0 | $+$ | |
| $g(x)$ | | $\searrow$ | $\ln\dfrac{27}{8}$ | $\nearrow$ | |

즉, 함수 $g(x)$는 $x = \dfrac{1}{2}$에서 극솟값 $g\left(\dfrac{1}{2}\right) = \ln\dfrac{27}{8}$을 가지므로

$k = \ln\dfrac{27}{8}$

따라서 $e^k = e^{\ln\frac{27}{8}} = \dfrac{27}{8}$이므로

$p = 8$, $q = 27$

$\therefore p + q = 8 + 27 = 35$

● **다른 풀이** ●

$g'(x) = 0$에서 $x = \dfrac{1}{2}$

이때 $g''(x) = \dfrac{1}{1+x} - \dfrac{-1}{2-x} = \dfrac{1}{1+x} + \dfrac{1}{2-x}$에서

$g''\left(\dfrac{1}{2}\right) = \dfrac{1}{1+\frac{1}{2}} + \dfrac{1}{2-\frac{1}{2}} = \dfrac{4}{3} > 0$이므로 함수 $g(x)$는 $x = \dfrac{1}{2}$

에서 극솟값 $g\left(\dfrac{1}{2}\right) = \ln\dfrac{27}{8}$을 갖는다.

## 0901  답 60



부등식 $\dfrac{f(x_1)+f(x_2)}{2}>f\left(\dfrac{x_1+x_2}{2}\right)$의 의미를 먼저 파악한다.

$f(x)=\dfrac{a}{x^2}-\dfrac{a}{x}-6\ln x=ax^{-2}-ax^{-1}-6\ln x$에서

$f'(x)=-2ax^{-3}+ax^{-2}-\dfrac{6}{x}$

$\qquad=-\dfrac{2a}{x^3}+\dfrac{a}{x^2}-\dfrac{6}{x}$

$f''(x)=6ax^{-4}-2ax^{-3}+6x^{-2}$

$\qquad=\dfrac{6a}{x^4}-\dfrac{2a}{x^3}+\dfrac{6}{x^2}$

$\qquad=\dfrac{2(3x^2-ax+3a)}{x^4}$

열린구간 $(2,\ 4)$의 임의의 서로 다른 두 실수 $x_1$, $x_2$에 대하여 부등식 $\dfrac{f(x_1)+f(x_2)}{2}>f\left(\dfrac{x_1+x_2}{2}\right)$를 만족시키므로 곡선 $y=f(x)$는 열린구간 $(2,\ 4)$에서 아래로 볼록하다. ──▶해설 속 칠판 참조

열린구간 $(2,\ 4)$에 속하는 모든 실수 $x$에 대하여 $f''(x)\geq 0$, 즉 $3x^2-ax+3a\geq 0$이 성립해야 한다.

$g(x)=3x^2-ax+3a=3\left(x-\dfrac{a}{6}\right)^2-\dfrac{a^2}{12}+3a$라 하면 이차함수 $y=g(x)$의 그래프의 축의 방정식 $x=\dfrac{a}{6}$의 위치에 따라 다음과 같이 경우를 나눌 수 있다.

(i) $\dfrac{a}{6}<2$, 즉 $a<12$인 경우

함수 $y=g(x)$의 그래프는 오른쪽 그림과 같아야 하므로

$g(2)\geq 0$에서

$12-2a+3a\geq 0$

$\therefore\ a\geq -12$

그런데 $a<12$이므로 $-12\leq a<12$

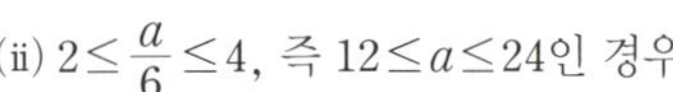

(ii) $2\leq\dfrac{a}{6}\leq 4$, 즉 $12\leq a\leq 24$인 경우

함수 $y=g(x)$의 그래프는 오른쪽 그림과 같아야 하므로 이차방정식 $3x^2-ax+3a=0$의 판별식을 $D$라 하면 $D\leq 0$이어야 한다.

$D=(-a)^2-4\cdot 3\cdot 3a\leq 0$, $a^2-36a\leq 0$

$a(a-36)\leq 0$

$\therefore\ 0\leq a\leq 36$

그런데 $12\leq a\leq 24$이므로 $12\leq a\leq 24$

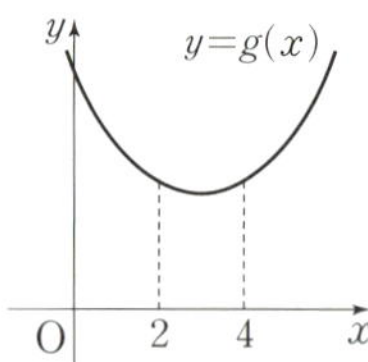

(iii) $\dfrac{a}{6}>4$, 즉 $a>24$인 경우

함수 $y=g(x)$의 그래프는 오른쪽 그림과 같아야 하므로

$g(4)\geq 0$에서

$48-4a+3a\geq 0$

$\therefore\ a\leq 48$

그런데 $a>24$이므로 $24<a\leq 48$

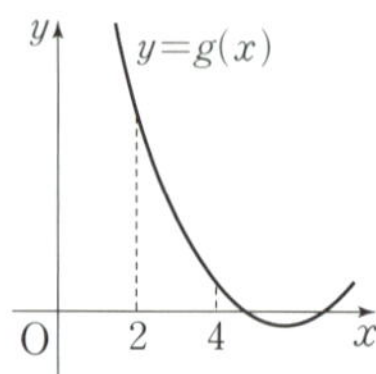

(i), (ii), (iii)에서 조건을 만족시키는 실수 $a$의 값의 범위는 $-12\leq a\leq 48$이므로 $a$의 최댓값과 최솟값의 차는

$48-(-12)=60$

---

 부등식 $\dfrac{f(a)+f(b)}{2}>f\left(\dfrac{a+b}{2}\right)$와 곡선의 오목·볼록

어떤 구간에 대하여 곡선 $y=f(x)$ 위의 임의의 두 점 $P(a,\ f(a))$, $Q(b,\ f(b))$를 생각하자.

오른쪽 그림과 같이 $a<x<b$에서 선분 $PQ$가 곡선 $y=f(x)$보다 위쪽에 있으면 부등식 $\dfrac{f(a)+f(b)}{2}>f\left(\dfrac{a+b}{2}\right)$가 성립하므로 곡선 $y=f(x)$는 이 구간에서 아래로 볼록하다.

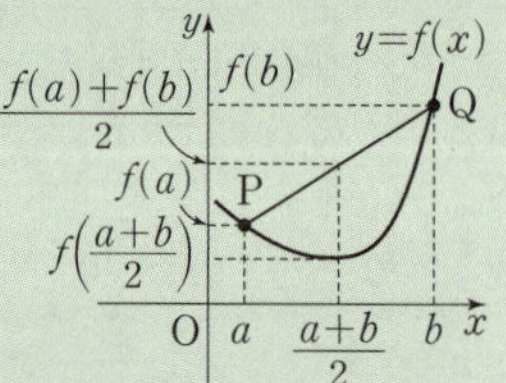

또한, 오른쪽 그림과 같이 $a<x<b$에서 선분 $PQ$가 곡선 $y=f(x)$보다 아래쪽에 있으면 부등식 $\dfrac{f(a)+f(b)}{2}<f\left(\dfrac{a+b}{2}\right)$가 성립하므로 곡선 $y=f(x)$는 이 구간에서 위로 볼록하다.

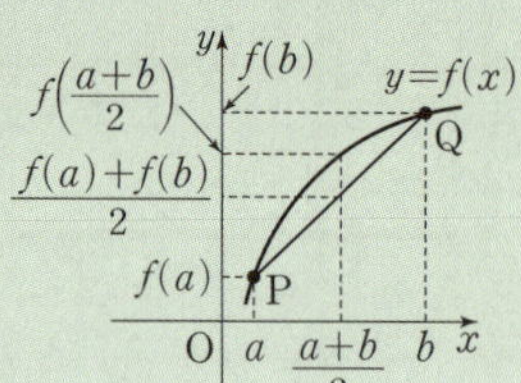

## 0902  답 51



$f'(x)$를 구한 후 $n$의 값에 따라 경우를 나누어 $a_n$의 값을 구한다.

$f(x)=\dfrac{(x+1)^n}{x^2}$에서

$f'(x)=\dfrac{n(x+1)^{n-1}\cdot x^2-(x+1)^n\cdot 2x}{x^4}$

$\qquad=\dfrac{(x+1)^{n-1}\{(n-2)x-2\}}{x^3}$ $\quad\cdots\cdots$ ㉠

이므로 $n=1$, $n=2$, $n\geq 3$인 경우로 나누어 생각할 수 있다.

(i) $n=1$인 경우 ▶㉠의 분자의 지수에 $(n-1)$, 식에 $(n-2)$가 있으므로

㉠에서 $f'(x)=\dfrac{-x-2}{x^3}$이므로

$f'(x)=0$에서 $x=-2$

$x\neq 0$에서 함수 $f(x)$의 증가와 감소를 표로 나타내면 다음과 같다.

| $x$ | $\cdots$ | $-2$ | $\cdots$ | $(0)$ | $\cdots$ |
|---|---|---|---|---|---|
| $f'(x)$ | $-$ | $0$ | $+$ | | $-$ |
| $f(x)$ | ↘ | 극소 | ↗ | | ↘ |

즉, 함수 $f(x)$는 $x=-2$에서 극소이므로

$a_1=1$

(ii) $n=2$인 경우

㉠에서 $f'(x)=\dfrac{-2(x+1)}{x^3}$이므로

$f'(x)=0$에서 $x=-1$

$x\neq 0$에서 함수 $f(x)$의 증가와 감소를 표로 나타내면 다음과 같다.

| $x$ | $\cdots$ | $-1$ | $\cdots$ | $(0)$ | $\cdots$ |
|---|---|---|---|---|---|
| $f'(x)$ | $-$ | $0$ | $+$ | | $-$ |
| $f(x)$ | ↘ | 극소 | ↗ | | ↘ |

즉, 함수 $f(x)$는 $x=-1$에서 극소이므로

$a_2=1$

(iii) $n \geq 3$인 경우

$\bigcirc$에 의하여 $f'(x)=0$에서 $x=-1$ 또는 $x=\dfrac{2}{n-2}$

- $n$이 홀수, 즉 $n-1$이 짝수일 때

$x \neq 0$에서 함수 $f(x)$의 증가와 감소를 표로 나타내면 다음과 같다.

| $x$ | $\cdots$ | $-1$ | $\cdots$ | $(0)$ | $\cdots$ | $\dfrac{2}{n-2}$ | $\cdots$ |
|---|---|---|---|---|---|---|---|
| $f'(x)$ | $+$ | $0$ | $+$ | | $-$ | $0$ | $+$ |
| $f(x)$ | $\nearrow$ | | $\nearrow$ | | $\searrow$ | 극소 | $\nearrow$ |

- $n$이 짝수, 즉 $n-1$이 홀수일 때

$x \neq 0$에서 함수 $f(x)$의 증가와 감소를 표로 나타내면 다음과 같다.

| $x$ | $\cdots$ | $-1$ | $\cdots$ | $(0)$ | $\cdots$ | $\dfrac{2}{n-2}$ | $\cdots$ |
|---|---|---|---|---|---|---|---|
| $f'(x)$ | $-$ | $0$ | $+$ | | $-$ | $0$ | $+$ |
| $f(x)$ | $\searrow$ | 극소 | $\nearrow$ | | $\searrow$ | 극소 | $\nearrow$ |

즉, 3 이상의 자연수 $n$에 대하여 $a_n = \begin{cases} 1 & (n은\ 홀수) \\ 2 & (n은\ 짝수) \end{cases}$

(i), (ii), (iii)에서 $a_n = \begin{cases} 1 & (n은\ 2\ 또는\ 홀수) \\ 2 & (n은\ 2보다\ 큰\ 짝수) \end{cases}$

한편, $\displaystyle\sum_{k=1}^{q} a_k = S_q$라 하면 자연수 $p$에 대하여

$\{a_n\}: 1,\ 1,\ 1,\ 2,\ 1,\ 2,\ \cdots$

$S_1 = 1$

$S_{2p} = 2 + 3 \cdot (p-1) = 3p - 1 \qquad \cdots\cdots \bigcirc\!\!\bigcirc$

$S_{2p+1} = 3 + 3 \cdot (p-1) = 3p \qquad \cdots\cdots \boxdot$

$\displaystyle\sum_{k=1}^{m} a_k = 33$에서 $33 = 3 \cdot 11$이므로 $\boxdot$에서

$\{S_n\}: 1,\ 2,\ 3,\ 5,\ 6,\ 8,\ \cdots$

$33 = 3 \cdot 11 = S_{2 \cdot 11 + 1} = S_{23} \qquad \therefore m = 23$

$\displaystyle\sum_{k=1}^{l} a_k = 41$에서 $41 = 3 \cdot 14 - 1$이므로 $\bigcirc\!\!\bigcirc$에서

$41 = 3 \cdot 14 - 1 = S_{2 \cdot 14} = S_{28} \qquad \therefore l = 28$

$\therefore m + l = 23 + 28 = 51$

## 0903　답 $-3$

$f(x) = \dfrac{ax^2 + 3x - 1}{x^2} = a + 3x^{-1} - x^{-2}$이라 하면

$f'(x) = -3x^{-2} + 2x^{-3} = \dfrac{-3x+2}{x^3}$

$f''(x) = 6x^{-3} - 6x^{-4} = \dfrac{6(x-1)}{x^4}$

$f''(x) = 0$에서 $x = 1$

$x=1$의 좌우에서 $f''(x)$의 부호가 바뀌므로 곡선 $y = f(x)$의 변곡점의 좌표는 $(1,\ f(1))$이다.　❶

이때 $f(1) = a+2$, $f'(1) = -1$이므로 점 $(1,\ f(1))$에서의 접선의 방정식은

$y = -(x-1) + a + 2 \qquad \therefore y = -x + a + 3 \qquad \cdots\cdots \bigcirc$　❷

직선 $\bigcirc$이 원점을 지나므로 $0 = a + 3 \qquad \therefore a = -3$　❸

| 채점 기준 | 배점 비율 |
|---|---|
| ❶ 주어진 곡선의 변곡점의 좌표 구하기 | $50\%$ |
| ❷ 주어진 곡선의 변곡점에서의 접선의 방정식 구하기 | $30\%$ |
| ❸ 상수 $a$의 값 구하기 | $20\%$ |

## 0904　답 $a \leq -2$ 또는 $a \geq 2$

$f(x) = (2x^2 + 2x + 1)e^{ax}$에서

$f'(x) = (4x+2)e^{ax} + a(2x^2+2x+1)e^{ax}$
$\quad = \{2ax^2 + 2(a+2)x + a + 2\}e^{ax} \qquad \cdots\cdots \bigcirc$　❶

함수 $f(x)$의 역함수가 존재하려면 $f(x)$는 실수 전체의 집합에서 증가하거나 감소해야 하므로 $f'(x) \geq 0$ 또는 $f'(x) \leq 0$이어야 한다.　❷

이때 $\bigcirc$에서 $e^{ax} > 0$이므로 실수 전체의 집합에서

$2ax^2 + 2(a+2)x + a + 2 \geq 0$ 또는 $2ax^2 + 2(a+2)x + a + 2 \leq 0$

이어야 한다.

(i) $a = 0$인 경우

$2ax^2 + 2(a+2)x + a + 2 = 4x + 2$이므로 실수 전체의 집합에서 $4x+2 \geq 0$ 또는 $4x+2 \leq 0$이 성립하지 않는다.

(ii) $a \neq 0$인 경우

이차방정식 $2ax^2 + 2(a+2)x + a + 2 = 0$의 판별식을 $D$라 하면 $D \leq 0$이어야 하므로

$\dfrac{D}{4} = (a+2)^2 - 2a(a+2) \leq 0$

$-a^2 + 4 \leq 0,\ (a+2)(a-2) \geq 0$

$\therefore a \leq -2$ 또는 $a \geq 2$

(i), (ii)에서 조건을 만족시키는 실수 $a$의 값의 범위는

$a \leq -2$ 또는 $a \geq 2$　❸

| 채점 기준 | 배점 비율 |
|---|---|
| ❶ 함수 $f(x)$의 도함수 $f'(x)$ 구하기 | $20\%$ |
| ❷ 실수 전체의 집합에서 역함수가 존재하기 위한 조건 파악하기 | $30\%$ |
| ❸ 실수 $a$의 값의 범위 구하기 | $50\%$ |

## 0905　답 해설 참조

$f(x) = \cos(\sin x)$에서 $f'(x) = -\sin(\sin x) \cdot \cos x$　❶

$f'(x) = 0$에서 $\sin(\sin x) = 0$ 또는 $\cos x = 0$

이때 $\sin(\sin x) = 0$에서 $\sin x = t$라 하면 $\dfrac{\pi}{6} < x < \dfrac{7}{6}\pi$에서 $-\dfrac{1}{2} < t \leq 1$이고, $\sin t = 0$이다.

$\therefore t = 0 \left( \because -\dfrac{1}{2} < t \leq 1 \right)$

즉, $\sin x = 0$에서 $x = \pi \left( \because \dfrac{\pi}{6} < x < \dfrac{7}{6}\pi \right)$

또한, $\cos x = 0$에서 $x = \dfrac{\pi}{2} \left( \because \dfrac{\pi}{6} < x < \dfrac{7}{6}\pi \right)$　❷

$\dfrac{\pi}{6} < x < \dfrac{7}{6}\pi$에서 함수 $f(x)$의 증가와 감소를 표로 나타내면 다음과 같다.

| $x$ | $\left(\dfrac{\pi}{6}\right)$ | $\cdots$ | $\dfrac{\pi}{2}$ | $\cdots$ | $\pi$ | $\cdots$ | $\left(\dfrac{7}{6}\pi\right)$ |
|---|---|---|---|---|---|---|---|
| $f'(x)$ | | $-$ | $0$ | $+$ | $0$ | $-$ | |
| $f(x)$ | | $\searrow$ | $\cos 1$ | $\nearrow$ | $1$ | $\searrow$ | |

❸

따라서 함수 $f(x)$는 $x = \pi$에서 극댓값 $f(\pi) = 1$, $x = \dfrac{\pi}{2}$에서 극솟값 $f\left(\dfrac{\pi}{2}\right) = \cos 1$을 갖는다.　❹

| 채점 기준 | 배점 비율 |
|---|---|
| ❶ 함수 $f(x)$의 도함수 $f'(x)$ 구하기 | 20% |
| ❷ 방정식 $f'(x)=0$의 해 구하기 | 30% |
| ❸ $\dfrac{\pi}{6}<x<\dfrac{7}{6}\pi$에서 함수 $f(x)$의 증가와 감소를 표로 나타내기 | 30% |
| ❹ 함수 $f(x)$의 극댓값과 극솟값 각각 구하기 | 20% |

## 0906  답 $a=-1,\ b=2,\ c=1,\ d=0$

$f(x)=\sqrt{(x-1)^2(x+2)}=|x-1|\sqrt{x+2}$이므로

$$f(x)=\begin{cases} -(x-1)\sqrt{x+2} & (-2<x<1) \\ (x-1)\sqrt{x+2} & (x\geq 1) \end{cases}$$

❶

이때 $g(x)=(x-1)\sqrt{x+2}$라 하면

$$g'(x)=\sqrt{x+2}+(x-1)\cdot\dfrac{1}{2\sqrt{x+2}}$$

$$=\dfrac{2(x+2)+(x-1)}{2\sqrt{x+2}}=\dfrac{3x+3}{2\sqrt{x+2}}$$

$g'(x)=0$에서 $3x+3=0$   $\therefore x=-1$

구간 $(-2,\ \infty)$에서 함수 $g(x)$의 증가와 감소를 표로 나타내면 다음과 같다.

| $x$ | $(-2)$ | $\cdots$ | $-1$ | $\cdots$ |
|---|---|---|---|---|
| $g'(x)$ | | $-$ | $0$ | $+$ |
| $g(x)$ | | $\searrow$ | $-2$ | $\nearrow$ |

즉, 함수 $y=g(x)$의 그래프에 대한 함수 $y=f(x)$의 그래프는 오른쪽 그림과 같다.

❷

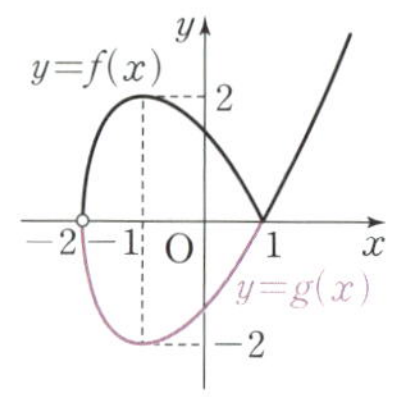

따라서 함수 $f(x)$는 $x=-1$에서 극댓값 $f(-1)=2$, $x=1$에서 극솟값 $f(1)=0$을 가지므로 $a=-1,\ b=2,\ c=1,\ d=0$

❸

| 채점 기준 | 배점 비율 |
|---|---|
| ❶ 함수 $f(x)$의 식의 형태 파악하기 | 20% |
| ❷ 함수 $y=f(x)$의 그래프 그리기 | 50% |
| ❸ $a,\ b,\ c,\ d$의 값 각각 구하기 | 30% |

## 0907  답 $k=2,\ m=\dfrac{25}{4}+\ln 4$

점 $P$의 좌표를 $P(t,\ \sqrt{\ln t})\ (t>1)$라 하면

$$\overline{AP}=\sqrt{\left(t-\dfrac{1}{2}\right)^2+(\sqrt{\ln t})^2},\ \overline{BP}=\sqrt{(t-4)^2+(\sqrt{\ln t})^2}$$

$\overline{AP}^2+\overline{BP}^2=f(t)$라 하면

$$f(t)=\left(t-\dfrac{1}{2}\right)^2+(\sqrt{\ln t})^2+(t-4)^2+(\sqrt{\ln t})^2$$

$$=2t^2-9t+2\ln t+\dfrac{65}{4}$$

❶

$$f'(t)=4t-9+\dfrac{2}{t}=\dfrac{4t^2-9t+2}{t}=\dfrac{(4t-1)(t-2)}{t}$$

$f'(t)=0$에서 $t=2\ (\because t>1)$

$t>1$에서 함수 $f(t)$의 증가와 감소를 표로 나타내면 다음과 같다.

| $t$ | $(1)$ | $\cdots$ | $2$ | $\cdots$ |
|---|---|---|---|---|
| $f'(t)$ | | $-$ | $0$ | $+$ |
| $f(t)$ | | $\searrow$ | $\dfrac{25}{4}+\ln 4$ | $\nearrow$ |

❷

따라서 함수 $f(t)$는 $t=2$에서 최솟값 $\dfrac{25}{4}+\ln 4$를 가지므로

$\overline{AP}^2+\overline{BP}^2$은 $x=2$일 때 최솟값 $\dfrac{25}{4}+\ln 4$를 갖는다.

$$\therefore k=2,\ m=\dfrac{25}{4}+\ln 4$$

❸

| 채점 기준 | 배점 비율 |
|---|---|
| ❶ 점 $P$의 $x$좌표를 $t$라 하고 $\overline{AP}^2+\overline{BP}^2$을 $t$에 대한 함수 $f(t)$로 나타내기 | 40% |
| ❷ 함수 $f(t)$의 증가와 감소를 표로 나타내기 | 40% |
| ❸ $k,\ m$의 값 각각 구하기 | 20% |

## 0908  답 $-4-2\sqrt{2}\leq a\leq -4+2\sqrt{2}$

$f(x)\geq xf'(t)-tf'(t)+f(t)$에서

$f(x)-f(t)\geq f'(t)(x-t)$

위의 부등식에서 $x=t$일 때 $0\geq 0$이므로 항상 성립한다.

$x>t$일 때 $f'(t)\leq\dfrac{f(x)-f(t)}{x-t}$,

$x<t$일 때 $f'(t)\geq\dfrac{f(x)-f(t)}{x-t}$

이므로 곡선 $y=f(x)$는 실수 전체의 집합에서 아래로 볼록하다.

❶

$f(x)=(x^2+ax-2a)e^x$에서

$f'(x)=(2x+a)e^x+(x^2+ax-2a)e^x$

$\qquad =\{x^2+(a+2)x-a\}e^x$

$f''(x)=(2x+a+2)e^x+\{x^2+(a+2)x-a\}e^x$

$\qquad =\{x^2+(a+4)x+2\}e^x$

곡선 $y=f(x)$가 아래로 볼록하려면 $f''(x)\geq 0$이어야 하므로 $x^2+(a+4)x+2\geq 0$

❷

이차방정식 $x^2+(a+4)x+2=0$의 판별식을 $D$라 하면 $D\leq 0$이어야 하므로

$D=(a+4)^2-4\cdot 1\cdot 2\leq 0,\ a^2+8a+8\leq 0$

이때 $a$에 대한 이차방정식 $a^2+8a+8=0$의 두 근이

$a=-4\pm 2\sqrt{2}$이므로 부등식 $a^2+8a+8\leq 0$의 해는

$-4-2\sqrt{2}\leq a\leq -4+2\sqrt{2}$

❸

| 채점 기준 | 배점 비율 |
|---|---|
| ❶ 주어진 조건의 의미 파악하기 | 40% |
| ❷ 곡선 $y=f(x)$가 아래로 볼록하기 위한 조건 구하기 | 30% |
| ❸ 실수 $a$의 값의 범위 구하기 | 30% |

**선생님 톡톡**

주어진 조건의 의미를 다음과 같은 방법으로 파악할 수도 있어.
$f(x)\geq xf'(t)-tf'(t)+f(t)=f'(t)(x-t)+f(t)$에서
$y=f'(t)(x-t)+f(t)$는 곡선 $y=f(x)$ 위의 점 $(t,\ f(t))$에서의 접선의 방정식이다.
즉, 오른쪽 그림과 같이 실수 $x=k$와 임의의 실수 $t$에 대하여
$f(k)\geq f'(t)(k-t)+f(t)$가 성립하려면
직선 $x=k$와 곡선 $y=f(x)$의 교점이 직선 $x=k$와 점 $(t,\ f(t))$에서의 접선의 교점보다 위쪽에 있어야 한다.
따라서 곡선 $y=f(x)$는 이 곡선 위의 임의의 점에서의 접선보다 위쪽에 그려져야 하므로 $y=f(x)$는 아래로 볼록하다.

## 08 도함수의 활용

### 0909 답 1

$f(x)=x-\sqrt{x}-1$이라 하면 $x\geq0$이고 $f'(x)=1-\dfrac{1}{2\sqrt{x}}$

$f'(x)=0$에서 $\dfrac{1}{2\sqrt{x}}=1$ $\quad\therefore x=\dfrac{1}{4}$

$x\geq0$에서 함수 $f(x)$의 증가와 감소를 표로 나타내면 다음과 같다.

| $x$ | 0 | $\cdots$ | $\dfrac{1}{4}$ | $\cdots$ |
|---|---|---|---|---|
| $f'(x)$ | | $-$ | 0 | $+$ |
| $f(x)$ | $-1$ | $\searrow$ | $-\dfrac{5}{4}$ | $\nearrow$ |

이때 $\lim\limits_{x\to\infty}f(x)=\infty$이므로 함수 $y=f(x)$의 그래프는 오른쪽 그림과 같다.
따라서 주어진 방정식의 실근의 개수는 1이다.

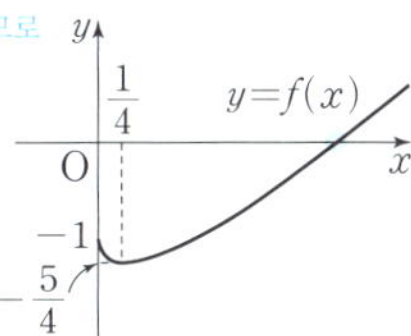

선생님 톡톡

$\lim\limits_{x\to\infty}f'(x)=\lim\limits_{x\to\infty}\left(1-\dfrac{1}{2\sqrt{x}}\right)=1$, 즉 $x\to\infty$일 때 함수 $f(x)$의 기울기가 1로 수렴하므로 $\lim\limits_{x\to\infty}f(x)=\infty$야.

### 0910 답 2

$f(x)=x+\dfrac{1}{x}-3$이라 하면 $x\neq0$이고 $f'(x)=1-\dfrac{1}{x^2}$

$f'(x)=0$에서 $\dfrac{1}{x^2}=1$ $\quad\therefore x=-1$ 또는 $x=1$

$x\neq0$에서 함수 $f(x)$의 증가와 감소를 표로 나타내면 다음과 같다.

| $x$ | $\cdots$ | $-1$ | $\cdots$ | $(0)$ | $\cdots$ | 1 | $\cdots$ |
|---|---|---|---|---|---|---|---|
| $f'(x)$ | $+$ | 0 | $-$ | | $-$ | 0 | $+$ |
| $f(x)$ | $\nearrow$ | $-5$ | $\searrow$ | | $\searrow$ | $-1$ | $\nearrow$ |

이때 $\lim\limits_{x\to0+}f(x)=\infty$, $\lim\limits_{x\to0-}f(x)=-\infty$,
$\lim\limits_{x\to\infty}f(x)=\infty$, $\lim\limits_{x\to-\infty}f(x)=-\infty$이므로 함수 $y=f(x)$의 그래프는 오른쪽 그림과 같다.
따라서 주어진 방정식의 서로 다른 실근의 개수는 2이다.

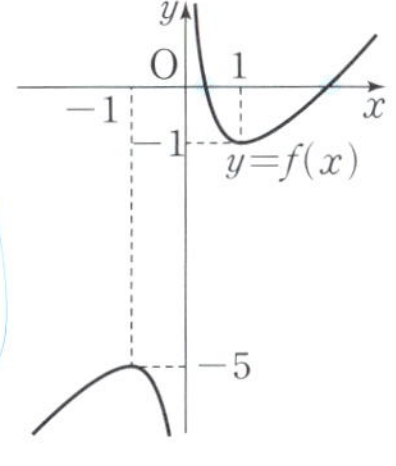

### 0911 답 1

방정식 $x+\sin x=1$의 서로 다른 실근의 개수는 곡선 $y=x+\sin x$와 직선 $y=1$의 교점의 개수와 같다.
$f(x)=x+\sin x$라 하면
$f'(x)=1+\cos x$
이때 $f'(x)\geq0$이므로 함수 $f(x)$는 실수 전체의 집합에서 증가한다.

또한, $\lim\limits_{x\to\infty}f(x)=\infty$, $\lim\limits_{x\to-\infty}f(x)=-\infty$
이므로 함수 $y=f(x)$의 그래프는 오른쪽 그림과 같다.
따라서 주어진 방정식의 실근의 개수는 1이다.

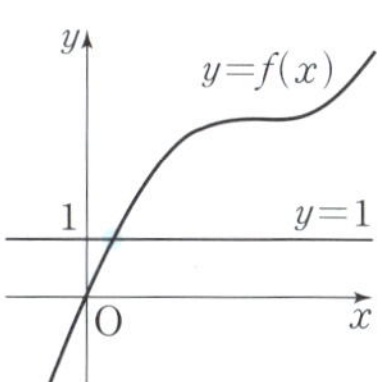

### 0912 답 2

$\ln x=x-2$에서 $\ln x-x+2=0$
$f(x)=\ln x-x+2$라 하면 $x>0$이고
$f'(x)=\dfrac{1}{x}-1$

$f'(x)=0$에서 $\dfrac{1}{x}=1$ $\quad\therefore x=1$

$x>0$에서 함수 $f(x)$의 증가와 감소를 표로 나타내면 다음과 같다.

| $x$ | $(0)$ | $\cdots$ | 1 | $\cdots$ |
|---|---|---|---|---|
| $f'(x)$ | | $+$ | 0 | $-$ |
| $f(x)$ | | $\nearrow$ | 1 | $\searrow$ |

이때 $\lim\limits_{x\to0+}f(x)=-\infty$,
$\lim\limits_{x\to\infty}f(x)=-\infty$이므로 함수 $y=f(x)$의 그래프는 오른쪽 그림과 같다.
따라서 주어진 방정식의 서로 다른 실근의 개수는 2이다.

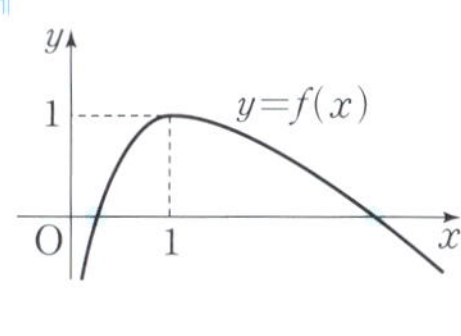

선생님 톡톡

방정식 $\ln x=x-2$의 서로 다른 실근의 개수는 두 함수 $y=\ln x$, $y=x-2$의 그래프의 교점의 개수로도 구할 수 있어.
즉, 오른쪽 그림과 같이 $x>0$에서 두 함수 $y=\ln x$, $y=x-2$의 그래프가 서로 다른 두 점에서 만나므로 주어진 방정식의 서로 다른 실근의 개수는 2야.

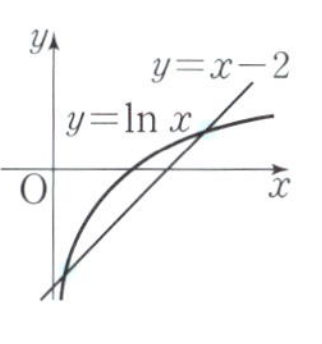

### 0913 답 (가) $x-\ln(x-1)$ (나) 2 (다) 2

$x\geq\ln(x-1)$에서 $x-\ln(x-1)\geq0$
$f(x)=\boxed{x-\ln(x-1)}$이라 하면
$f'(x)=1-\dfrac{1}{x-1}=\dfrac{x-2}{x-1}$

$f'(x)=0$에서 $x-2=0$ $\quad\therefore x=\boxed{2}$

구간 $(1,\infty)$에서 함수 $f(x)$의 증가와 감소를 표로 나타내면 다음과 같다.

| $x$ | $(1)$ | $\cdots$ | $\boxed{2}$ | $\cdots$ |
|---|---|---|---|---|
| $f'(x)$ | | $-$ | 0 | $+$ |
| $f(x)$ | | $\searrow$ | $\boxed{2}$ | $\nearrow$ |

함수 $f(x)$는 $x=\boxed{2}$에서 최솟값 $\boxed{2}$를 가지므로
$f(x)\geq\boxed{2}$ $\quad\therefore x-\ln(x-1)\geq0$
따라서 구간 $(1,\infty)$에서 부등식 $x\geq\ln(x-1)$이 성립한다.

### 0914 답 해설 참조

$e^x>x$에서 $e^x-x>0$
$f(x)=e^x-x$라 하면
$f'(x)=e^x-1$
$f'(x)=0$에서 $e^x=1$ $\quad\therefore x=0$

함수 $f(x)$의 증가와 감소를 표로 나타내면 다음과 같다.

| $x$ | $\cdots$ | 0 | $\cdots$ |
|---|---|---|---|
| $f'(x)$ | $-$ | 0 | $+$ |
| $f(x)$ | $\searrow$ | 1 | $\nearrow$ |

함수 $f(x)$는 $x=0$에서 최솟값 1을 가지므로
$$f(x) \geq 1 \qquad \therefore e^x - x > 0$$
따라서 모든 실수 $x$에 대하여 부등식 $e^x > x$가 성립한다.

$f(x) \geq 1$이므로 $f(x) > 0$
즉, $e^x - x > 0$이다.

## 0915 답 (1) 속도 : $-e^{-2}$, 속력 : $e^{-2}$
### (2) 가속도 : $e^{-2}$, 가속도의 크기 : $e^{-2}$

(1) 점 P의 시각 $t$에서의 속도를 $v$라 하면
$$v = \frac{dx}{dt} = -e^{-t}$$
따라서 $t=2$에서의 점 P의 속도는 $-e^{-2}$,
속력은 $|-e^{-2}| = e^{-2}$

(2) 점 P의 시각 $t$에서의 가속도를 $a$라 하면
$$a = \frac{dv}{dt} = -(-e^{-t}) = e^{-t}$$
따라서 $t=2$에서의 점 P의 가속도는 $e^{-2}$,
가속도의 크기는 $|e^{-2}| = e^{-2}$

## 0916 답 (1) 속도 : $(4, 1)$, 속력 : $\sqrt{17}$
### (2) 가속도 : $(2, 2)$, 가속도의 크기 : $2\sqrt{2}$

(1) $\dfrac{dx}{dt} = 2t+2$, $\dfrac{dy}{dt} = 2t-1$이므로 시각 $t$에서의 점 P의 속도는
$(2t+2, 2t-1)$
따라서 $t=1$에서의 점 P의 속도는 $(2\cdot1+2, 2\cdot1-1)$
즉, $(4, 1)$
속력은 $\sqrt{4^2+1^2} = \sqrt{17}$

(2) $\dfrac{d^2x}{dt^2} = 2$, $\dfrac{d^2y}{dt^2} = 2$이므로 시각 $t$에서의 점 P의 가속도는
$(2, 2)$
따라서 $t=1$에서의 점 P의 가속도는 $(2, 2)$
가속도의 크기는 $\sqrt{2^2+2^2} = 2\sqrt{2}$

## 0917 답 (1) 속도 : $(0, -2)$, 속력 : 2
### (2) 가속도 : $(-2, 0)$, 가속도의 크기 : 2

(1) $\dfrac{dx}{dt} = 2\cos t$, $\dfrac{dy}{dt} = -2\sin t$이므로 시각 $t$에서의 점 P의 속도는 $(2\cos t, -2\sin t)$
따라서 $t=\dfrac{\pi}{2}$에서의 점 P의 속도는
$\left(2\cos\dfrac{\pi}{2}, -2\sin\dfrac{\pi}{2}\right)$, 즉 $(0, -2)$
속력은 $\sqrt{0^2+(-2)^2} = 2$

(2) $\dfrac{d^2x}{dt^2} = -2\sin t$, $\dfrac{d^2y}{dt^2} = -2\cos t$이므로 시각 $t$에서의 점 P의 가속도는 $(-2\sin t, -2\cos t)$
따라서 $t=\dfrac{\pi}{2}$에서의 점 P의 가속도는
$\left(-2\sin\dfrac{\pi}{2}, -2\cos\dfrac{\pi}{2}\right)$, 즉 $(-2, 0)$
가속도의 크기는 $\sqrt{(-2)^2+0^2} = 2$

본문 149~158쪽

## 0918 답 ①

## 0919 답 1

방정식 $\dfrac{e^x+e^{-x}}{2} = k$가 오직 한 개의 실근을 가지려면 곡선
$y = \dfrac{e^x+e^{-x}}{2}$과 직선 $y=k$가 한 점에서 만나야 한다.
$f(x) = \dfrac{e^x+e^{-x}}{2}$이라 하면
$f'(x) = \dfrac{e^x-e^{-x}}{2}$
$f'(x)=0$에서 $e^x-e^{-x}=0$, $e^x=e^{-x}$ $\therefore x=0$

$x=-x$이므로 $2x=0$ $\therefore x=0$

함수 $f(x)$의 증가와 감소를 표로 나타내면 다음과 같다.

| $x$ | $\cdots$ | 0 | $\cdots$ |
|---|---|---|---|
| $f'(x)$ | $-$ | 0 | $+$ |
| $f(x)$ | $\searrow$ | 1 | $\nearrow$ |

이때 $\lim\limits_{x\to\infty} f(x) = \infty$, $\lim\limits_{x\to-\infty} f(x) = \infty$이므로 함수 $y=f(x)$의 그래프는 오른쪽 그림과 같다.

$f(x)$의 $e^x \to \infty$에 의하여

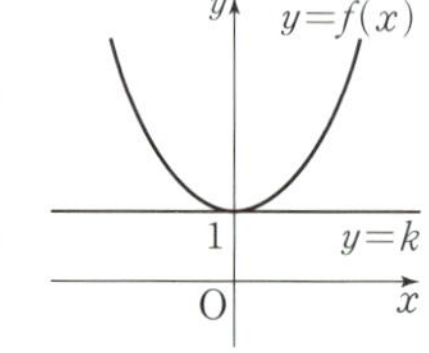

따라서 곡선 $y=f(x)$와 직선 $y=k$가 한 점에서 만나도록 하는 상수 $k$의 값은 1이다.

## 0920 답 ③

$\ln x - x - n + 10 = 0$에서 $\ln x - x + 10 = n$이므로 이 방정식이 서로 다른 두 실근을 가지려면 곡선 $y = \ln x - x + 10$과 직선 $y=n$이 서로 다른 두 점에서 만나야 한다.
$f(x) = \ln x - x + 10$이라 하면 $x > 0$이고
$f'(x) = \dfrac{1}{x} - 1$
$f'(x) = 0$에서 $\dfrac{1}{x} = 1$ $\qquad \therefore x = 1$

$x>0$에서 함수 $f(x)$의 증가와 감소를 표로 나타내면 다음과 같다.

| $x$ | (0) | $\cdots$ | 1 | $\cdots$ |
|---|---|---|---|---|
| $f'(x)$ | | $+$ | 0 | $-$ |
| $f(x)$ | | $\nearrow$ | 9 | $\searrow$ |

이때 $\lim\limits_{x\to0+} f(x) = -\infty$, $\lim\limits_{x\to\infty} f(x) = -\infty$이므로 함수 $y=f(x)$의 그래프는 오른쪽 그림과 같다.

$f'(x) \to -1$이므로

즉, 곡선 $y=f(x)$와 직선 $y=n$이 서로 다른 두 점에서 만나도록 하는 실수 $n$의 값의 범위는
$n < 9$
따라서 자연수 $n$의 개수는 $1, 2, 3, \cdots, 8$의 8이다.

선생님 톡톡

$f(x)$를 정할 때 구하는 미지수를 우변으로 넘기고 남은 나머지 항, 즉 $\ln x - x + 10 = n$에서 $\ln x - x + 10$을 $f(x)$라 하는 게 일반적인 방법이야.

## 0921  답 ③

$0 \leq x \leq 2\pi$에서 방정식 $x+2\cos x=2k$가 서로 다른 세 실근을
가지려면 곡선 $y=x+2\cos x$와 직선 $y=2k$가 서로 다른 세 점
에서 만나야 한다.

$f(x)=x+2\cos x$라 하면

$f'(x)=1-2\sin x$

$f'(x)=0$에서 $\sin x=\dfrac{1}{2}$

$\therefore x=\dfrac{\pi}{6}$ 또는 $x=\dfrac{5}{6}\pi \ (\because 0 \leq x \leq 2\pi)$

$0 \leq x \leq 2\pi$에서 함수 $f(x)$의 증가와 감소를 표로 나타내면 다음
과 같다.

| $x$ | $0$ | $\cdots$ | $\dfrac{\pi}{6}$ | $\cdots$ | $\dfrac{5}{6}\pi$ | $\cdots$ | $2\pi$ |
|---|---|---|---|---|---|---|---|
| $f'(x)$ | | $+$ | $0$ | $-$ | $0$ | $+$ | |
| $f(x)$ | $2$ | ↗ | $\dfrac{\pi}{6}+\sqrt{3}$ | ↘ | $\dfrac{5}{6}\pi-\sqrt{3}$ | ↗ | $2\pi+2$ |

함수 $y=f(x)$의 그래프는 오른쪽
그림과 같으므로 곡선 $y=f(x)$와
직선 $y=2k$가 서로 다른 세 점에
서 만나도록 하는 실수 $k$의 값의
범위는

$2 \leq 2k < \dfrac{\pi}{6}+\sqrt{3}$

$\therefore 1 \leq k < \dfrac{\pi}{12}+\dfrac{\sqrt{3}}{2}$

따라서 $\alpha=1$, $\beta=\dfrac{\pi}{12}+\dfrac{\sqrt{3}}{2}$이므로

$\alpha\beta=1 \cdot \left(\dfrac{\pi}{12}+\dfrac{\sqrt{3}}{2}\right)=\dfrac{\pi}{12}+\dfrac{\sqrt{3}}{2}$

## 0922  답 ④

$x\ln x+a-1=0$에서 $-x\ln x+1=a$이므로 이 방정식의 서로
다른 실근의 개수는 곡선 $y=-x\ln x+1$과 직선 $y=a$의 교점의
개수와 같다.

$f(x)=-x\ln x+1$이라 하면 $x>0$이고

$f'(x)=-\ln x-x \cdot \dfrac{1}{x}=-\ln x-1$

$f'(x)=0$에서 $\ln x=-1$  $\therefore x=\dfrac{1}{e}$

$x>0$에서 함수 $f(x)$의 증가와 감소를 표로 나타내면 다음과 같다.

| $x$ | $(0)$ | $\cdots$ | $\dfrac{1}{e}$ | $\cdots$ |
|---|---|---|---|---|
| $f'(x)$ | | $+$ | $0$ | $-$ |
| $f(x)$ | | ↗ | $\dfrac{1}{e}+1$ | ↘ |

이때 $\lim\limits_{x \to 0+} f(x)=1$, $\lim\limits_{x \to \infty} f(x)=-\infty$

이므로 함수 $y=f(x)$의 그래프는 오른
쪽 그림과 같다.

ㄱ. 곡선 $y=f(x)$와 직선 $y=0$, 즉 $x$
축은 한 점에서 만나므로 주어진
방정식은 오직 한 개의 실근을 갖
는다. (거짓)

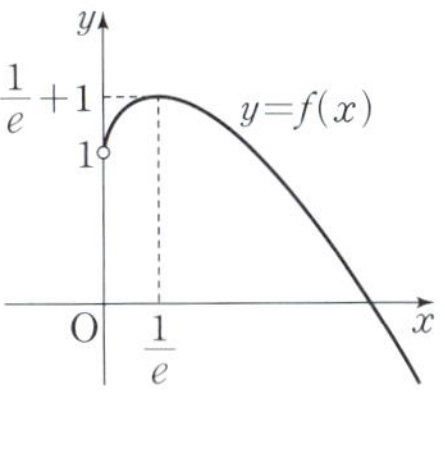

•단서 조건에 의하여 $\lim\limits_{x \to 0+}(-x\ln x+1)=0+1=1$

ㄴ. 곡선 $y=f(x)$와 직선 $y=1$이 한 점에서 만나므로 주어진 방
정식은 오직 한 개의 실근을 갖는다. (참)

ㄷ. 곡선 $y=f(x)$와 직선 $y=a$가 만나지 않으려면 $a>\dfrac{1}{e}+1$이어
야 하므로 주어진 방정식이 실근을 갖지 않으려면 $a>\dfrac{1}{e}+1$
이어야 한다.

즉, 정수 $a$의 최솟값은 2이다. (참)

$e=2.71 \times \times \times$이므로

$\dfrac{1}{e}<\dfrac{1}{2}$  $\therefore \dfrac{1}{e}+1<\dfrac{3}{2}$

따라서 옳은 것은 ㄴ, ㄷ이다.

## 0923  답 $\dfrac{1}{e}$

## 0924  답 ⑤

방정식 $e^{2x}=kx$가 오직 한 개의 실근을 가지
려면 오른쪽 그림과 같이 곡선 $y=e^{2x}$과 직선
$y=kx$가 한 점에서 만나야 한다.

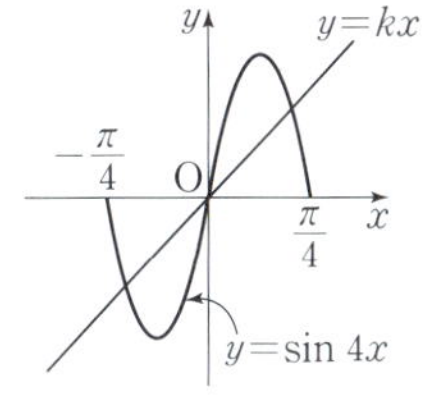

$f(x)=e^{2x}$, $g(x)=kx$라 하면

$f'(x)=2e^{2x}$, $g'(x)=k$

곡선 $y=f(x)$와 직선 $y=g(x)$가 접할 때의
접점의 $x$좌표를 $t$라 하면

$f(t)=g(t)$에서 $e^{2t}=kt$  $\cdots\cdots$ ㉠

$f'(t)=g'(t)$에서 $2e^{2t}=k$  $\cdots\cdots$ ㉡

㉠, ㉡을 연립하면

$e^{2t}=2e^{2t}t$  $\therefore t=\dfrac{1}{2}$

$\therefore k=2e$

$t=\dfrac{1}{2}$을 ㉡에 대입하면

$2e^{2 \cdot \frac{1}{2}}=k$  $\therefore k=2e$

## 0925  답 4

$-\dfrac{\pi}{4} \leq x \leq \dfrac{\pi}{4}$에서 방정식 $\sin 4x=kx$가

서로 다른 세 실근을 가지려면 오른쪽 그
림과 같이 곡선 $y=\sin 4x$와 직선 $y=kx$
가 서로 다른 세 점에서 만나야 한다.

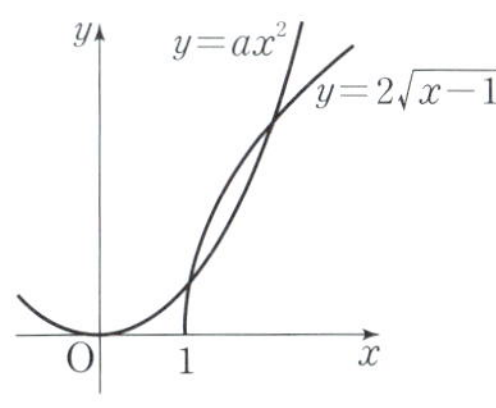

$y=\sin 4x$에서 $y'=4\cos 4x$이므로 곡
선 $y=\sin 4x$ 위의 점 $(0, 0)$에서의 접
선의 기울기는 $4 \cdot \cos 0=4$

즉, 곡선 $y=\sin 4x$ 위의 점 $(0, 0)$에서의 접선의 방정식은
$y=4x$이므로 곡선 $y=\sin 4x$와 직선 $y=kx$가 서로 다른 세 점
에서 만나도록 하는 실수 $k$의 값의 범위는

$0 \leq k < 4$

따라서 정수 $k$의 개수는 0, 1, 2, 3의 4이다.

## 0926  답 ③

방정식 $2\sqrt{x-1}=ax^2$이 서로 다른
두 실근을 가지려면 오른쪽 그림과
같이 두 곡선 $y=2\sqrt{x-1}$, $y=ax^2$이
서로 다른 두 점에서 만나야 한다.

$f(x)=2\sqrt{x-1}$, $g(x)=ax^2$이라
하면

$f'(x)=\dfrac{1}{\sqrt{x-1}}$, $g'(x)=2ax$

두 곡선 $y=f(x)$, $y=g(x)$가 접할 때의 접점의 $x$좌표를 $t$라 하면

$f(t)=g(t)$에서 $2\sqrt{t-1}=at^2$  $\cdots\cdots$ ㉠

$f'(t)=g'(t)$에서 $\dfrac{1}{\sqrt{t-1}}=2at$  $\cdots\cdots$ ㉡

㉠, ㉡을 연립하면

$2\sqrt{t-1}=\dfrac{t}{2\sqrt{t-1}}$, $4(t-1)=t$ $\quad \therefore t=\dfrac{4}{3}$

$\therefore a=\dfrac{3\sqrt{3}}{8}$

따라서 두 곡선 $y=f(x)$, $y=g(x)$가 서로 다른 두 점에서 만나도록 하는 실수 $a$의 값의 범위는

$0<a<\dfrac{3\sqrt{3}}{8}$ $\quad \therefore a=\dfrac{3\sqrt{3}}{8}$

● 다른 풀이 ●

$2\sqrt{x-1}=ax^2$에서 $x\geq1$이므로 양변을 $x^2$으로 나누면

$\dfrac{2\sqrt{x-1}}{x^2}=a$

방정식 $\dfrac{2\sqrt{x-1}}{x^2}=a$가 서로 다른 두 실근을 가지려면 곡선

$y=\dfrac{2\sqrt{x-1}}{x^2}$과 직선 $y=a$가 서로 다른 두 점에서 만나야 한다.

$f(x)=\dfrac{2\sqrt{x-1}}{x^2}$이라 하면

$f'(x)=\dfrac{\dfrac{x^2}{\sqrt{x-1}}-4x\sqrt{x-1}}{x^4}=\dfrac{-3x+4}{x^3\sqrt{x-1}}$

$f'(x)=0$에서 $x=\dfrac{4}{3}$

$x\geq1$에서 함수 $f(x)$의 증가와 감소를 표로 나타내면 다음과 같다.

| $x$ | 1 | $\cdots$ | $\dfrac{4}{3}$ | $\cdots$ |
|---|---|---|---|---|
| $f'(x)$ | | $+$ | $0$ | $-$ |
| $f(x)$ | $0$ | $\nearrow$ | $\dfrac{3\sqrt{3}}{8}$ | $\searrow$ |

이때 $\lim\limits_{x\to\infty}f(x)=0$이므로 함수 $y=f(x)$의 그래프는 오른쪽 그림과 같다.

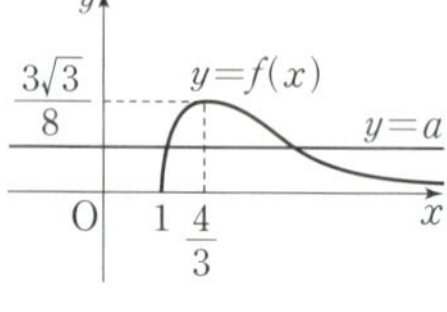

따라서 곡선 $y=f(x)$와 직선 $y=a$가 서로 다른 두 점에서 만나도록 하는 실수 $a$의 값의 범위는

$0<a<\dfrac{3\sqrt{3}}{8}$ $\quad \therefore a=\dfrac{3\sqrt{3}}{8}$

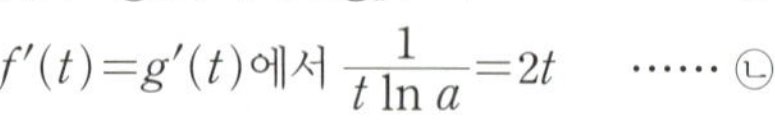
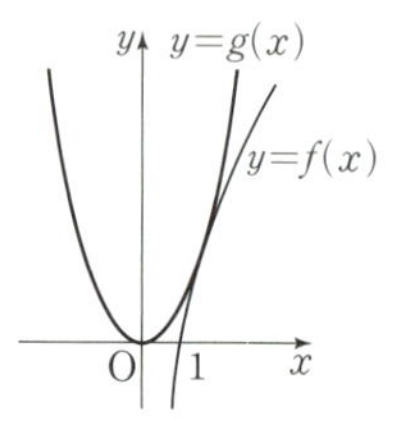


## 0927 답 ⑤

방정식 $\log_a x=x^2$의 서로 다른 실근의 개수는 두 곡선 $y=\log_a x$, $y=x^2$의 교점의 개수와 같다.

$f(x)=\log_a x$, $g(x)=x^2$이라 하면 $f'(x)=\dfrac{1}{x\ln a}$, $g'(x)=2x$

오른쪽 그림과 같이 두 곡선 $y=f(x)$, $y=g(x)$가 접할 때의 접점의 $x$좌표를 $t$ $(t>0)$라 하면

$f(t)=g(t)$에서 $\log_a t=t^2$ $\quad\cdots\cdots$ ㉠

$f'(t)=g'(t)$에서 $\dfrac{1}{t\ln a}=2t$ $\quad\cdots\cdots$ ㉡

㉠, ㉡을 연립하면

$\log_a t=\dfrac{1}{2\ln a}$, $\dfrac{\ln t}{\ln a}=\dfrac{1}{2\ln a}$, $\ln t=\dfrac{1}{2}$ $\quad \therefore t=e^{\frac{1}{2}}=\sqrt{e}$

$\therefore a=e^{\frac{1}{2e}}$

즉, $x>0$에서 방정식 $\log_a x=x^2$의 서로 다른 실근의 개수는

$1<a<e^{\frac{1}{2e}}$일 때 2, $a=e^{\frac{1}{2e}}$일 때 1, $a>e^{\frac{1}{2e}}$일 때 0

ㄱ. 두 곡선 $y=f(x)$, $y=g(x)$가 $x=\sqrt{e}$일 때 접하므로 주어진 방정식은 오직 한 개의 실근을 갖는다. (참)

ㄴ. $e>e^{\frac{1}{2e}}$이므로 주어진 방정식은 $a=e$일 때 실근을 갖지 않는다. (참)

ㄷ. $e<2^2<2^{2e}$에서 $e^{\frac{1}{2e}}<2^{\frac{1}{e}}<2$이므로

$1<a<e^{\frac{1}{2e}}<2$

즉, 주어진 방정식이 서로 다른 두 실근을 갖도록 하는 정수 $a$는 존재하지 않는다. (참)

따라서 옳은 것은 ㄱ, ㄴ, ㄷ이다.

## 0928 답 ②

## 0929 답 ②

$f(g(x))=3$에서 $g(x)=t$라 하면 $t$는 $t>0$인 모든 실수이고, $f(t)=3$이다.

방정식 $f(t)=3$의 서로 다른 실근의 개수는 $t>0$에서 곡선 $y=f(t)$와 직선 $y=3$의 교점의 개수와 같다.

$f(t)=e^t+e^{-t}$에서 $f'(t)=e^t-e^{-t}$

이때 $f'(t)>0$이므로 함수 $f(t)$는 $t>0$에서 증가한다.

또한, $\lim\limits_{t\to0+}f(t)=2$, $\lim\limits_{t\to\infty}f(t)=\infty$이므로 함수 $y=f(t)$의 그래프는 오른쪽 그림과 같다.

즉, 방정식 $f(t)=3$은 1개의 실근을 가지므로 실근을 $\alpha$라 하고, 방정식 $g(x)=\alpha$의 서로 다른 실근의 개수를 구하면 된다.

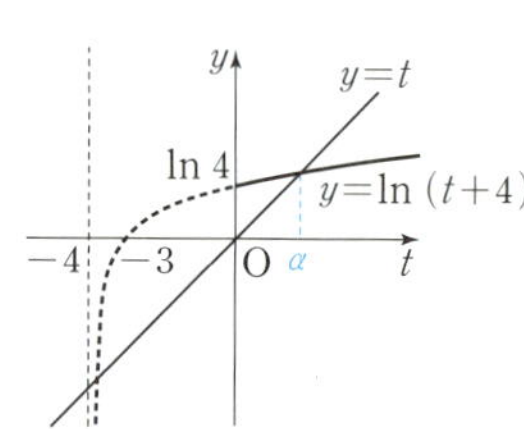

함수 $g(x)$가 일대일대응이므로 방정식 $g(x)=\alpha$는 1개의 실근을 갖는다.

따라서 방정식 $g(x)=t$가 1개의 실근을 가지므로 주어진 방정식도 1개의 실근을 갖는다.

## 0930 답 ②

$\ln\{f(x)+4\}=f(x)$에서 $f(x)=t$라 하면 $t=x^2-4x+4=(x-2)^2$이므로 $t$는 $t\geq0$인 모든 실수이고, $\ln(t+4)=t$이다.

방정식 $\ln(t+4)=t$의 서로 다른 실근의 개수는 $t\geq0$에서 곡선 $y=\ln(t+4)$와 직선 $y=t$의 교점의 개수와 같고, 함수 $y=\ln(t+4)$의 그래프는 오른쪽 그림과 같다.

즉, 방정식 $\ln(t+4)=t$는 1개의 실근을 가지므로 실근을 $\alpha$라 하고, 방정식 $f(x)=\alpha$의 서로 다른 실근의 개수를 구하면 된다.

$f(x)=\alpha$에서 $(x-2)^2=\alpha$ $\quad \therefore x=2-\sqrt{\alpha}$ 또는 $x=2+\sqrt{\alpha}$

방정식 $f(x)=t$의 실근은 $2-\sqrt{a}$, $2+\sqrt{a}$이므로 주어진 방정식의 실근도 $2-\sqrt{a}$, $2+\sqrt{a}$이다. $\underset{a>0이므로}{}$

따라서 서로 다른 모든 실근의 합은

$2-\sqrt{a}+2+\sqrt{a}=4$

## 0931 답 2

$2\sin(x^2+1)=x^2+1$에서 $f(x)=2\sin x$, $x^2+1=t$라 하면 $t$는 $t\geq1$인 모든 실수이고, $f(t)=t$이다.

방정식 $f(t)=t$의 서로 다른 실근의 개수는 $t\geq1$에서 곡선 $y=f(t)$와 직선 $y=t$의 교점의 개수와 같고, 함수 $y=f(t)$의 그래프는 오른쪽 그림과 같다.

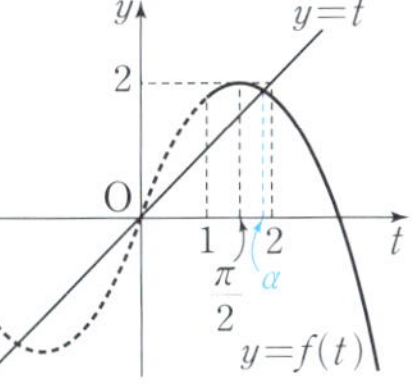

즉, 방정식 $f(t)=t$는 $1<t<2$에서 1개의 실근을 가지므로 실근을 $\alpha$ $(1<\alpha<2)$라 하고, 방정식 $x^2+1=\alpha$의 서로 다른 실근의 개수를 구하면 된다.

이때 함수 $y=x^2+1$의 그래프는 오른쪽 그림과 같으므로 방정식 $x^2+1=\alpha$의 서로 다른 실근의 개수는 2이다.

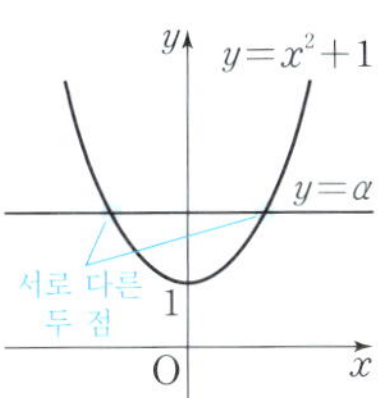


따라서 방정식 $x^2+1=t$의 서로 다른 실근의 개수는 2이므로 주어진 방정식의 서로 다른 실근의 개수도 2이다.

## 0932 답 4

$(x^2-3)^2=4e^{x^2-5}$에서 $x^2-3=t$라 하면 $t$는 $t\geq-3$인 모든 실수이고, $t^2=4e^{t-2}$이다.

$e^{t-2}>0$이므로 $t^2=4e^{t-2}$의 양변을 $e^{t-2}$으로 나누면

$t^2e^{2-t}=4$

방정식 $t^2e^{2-t}=4$의 서로 다른 실근의 개수는 $t\geq-3$에서 곡선 $y=t^2e^{2-t}$과 직선 $y=4$의 교점의 개수와 같다.

$f(t)=t^2e^{2-t}$이라 하면

$f'(t)=2te^{2-t}-t^2e^{2-t}=t(2-t)e^{2-t}$

$f'(t)=0$에서 $t=0$ 또는 $t=2$

$t\geq-3$에서 함수 $f(t)$의 증가와 감소를 표로 나타내면 다음과 같다.

| $t$ | $-3$ | $\cdots$ | $0$ | $\cdots$ | $2$ | $\cdots$ |
|---|---|---|---|---|---|---|
| $f'(t)$ | | $-$ | $0$ | $+$ | $0$ | $-$ |
| $f(t)$ | $9e^5$ | $\searrow$ | $0$ | $\nearrow$ | $4$ | $\searrow$ |

이때 $\lim\limits_{t\to\infty}f(t)=0$이므로 함수 $y=f(t)$의 그래프는 오른쪽 그림과 같다.

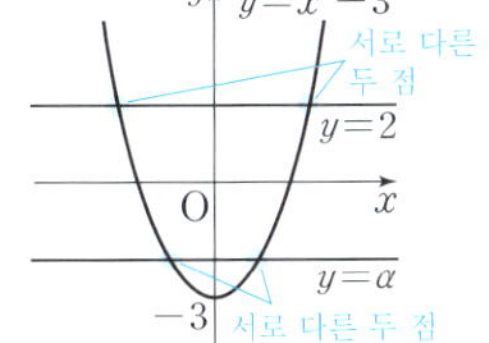


즉, 방정식 $f(t)=4$의 서로 다른 실근의 개수는 2이므로 두 실근을 2, $\alpha$ $(-3<\alpha<0)$라 하고, 두 방정식 $x^2-3=2$, $x^2-3=\alpha$의 서로 다른 실근의 개수를 각각 구하면 된다.

이때 함수 $y=x^2-3$의 그래프는 오른쪽 그림과 같으므로 방정식 $x^2-3=2$, $x^2-3=\alpha$의 서로 다른 실근의 개수는 각각 2이다.



따라서 방정식 $x^2-3=t$의 서로 다른 실근의 개수는 4이므로 주어진 방정식의 서로 다른 실근의 개수도 4이다.

## 0933 답 ②

## 0934 답 ②

$f(x)=\ln x-x+2$라 하면

$f'(x)=\dfrac{1}{x}-1$

$f'(x)=0$에서

$\dfrac{1}{x}=1$ $\quad\therefore x=1$

$x>0$에서 함수 $f(x)$의 증가와 감소를 표로 나타내면 다음과 같다.

| $x$ | $(0)$ | $\cdots$ | $1$ | $\cdots$ |
|---|---|---|---|---|
| $f'(x)$ | | $+$ | $0$ | $-$ |
| $f(x)$ | | $\nearrow$ | $1$ | $\searrow$ |

함수 $f(x)$는 $x=1$에서 최댓값 1을 가지므로 $x>0$인 모든 실수 $x$에 대하여 부등식 $f(x)\leq a$가 성립하려면

$a\geq1$

따라서 실수 $a$의 최솟값은 1이다.

## 0935 답 ①

$f(x)=(x-1)^2e^x$이라 하면

$f'(x)=2(x-1)e^x+(x-1)^2e^x$
$\quad\quad=(x-1)e^x(2+x-1)$
$\quad\quad=(x+1)(x-1)e^x$

$f'(x)=0$에서

$x=-1$ 또는 $x=1$

$x\leq1$에서 함수 $f(x)$의 증가와 감소를 표로 나타내면 다음과 같다.

| $x$ | $\cdots$ | $-1$ | $\cdots$ | $1$ |
|---|---|---|---|---|
| $f'(x)$ | $+$ | $0$ | $-$ | $0$ |
| $f(x)$ | $\nearrow$ | $\dfrac{4}{e}$ | $\searrow$ | $0$ |

함수 $f(x)$는 $x=-1$에서 최댓값 $\dfrac{4}{e}$를 가지므로 $x\leq1$인 모든 실수 $x$에 대하여 부등식 $f(x)<n$을 만족시키려면

$n>\dfrac{4}{e}$ $\quad\underset{\frac{1}{4}<\frac{1}{e}<\frac{1}{2}\quad\therefore 1<\frac{4}{e}<2}{e=2.71\times\times\times이므로}$

따라서 자연수 $n$의 최솟값은 2이다.

## 0936 답 ④

$f(x)=\dfrac{\ln x}{x}$라 하면

$f'(x)=\dfrac{1-\ln x}{x^2}$

$f'(x)=0$에서

$\ln x=1$ $\quad\therefore x=e$

$\dfrac{1}{e}\leq x\leq e^2$에서 함수 $f(x)$의 증가와 감소를 표로 나타내면 다음과 같다.

| $x$ | $\dfrac{1}{e}$ | $\cdots$ | $e$ | $\cdots$ | $e^2$ |
|---|---|---|---|---|---|
| $f'(x)$ | | $+$ | $0$ | $-$ | |
| $f(x)$ | $-e$ | $\nearrow$ | $\dfrac{1}{e}$ | $\searrow$ | $\dfrac{2}{e^2}$ |

$\underset{e>1이므로\ \frac{1}{e}<1,\ \frac{1}{e}<1}{}$

함수 $|f(x)|$는 $x=\dfrac{1}{e}$에서 최댓값 $|-e|=e$를 가지므로

$\dfrac{1}{e}\leq x\leq e^2$인 모든 실수 $x$에 대하여 부등식 $|f(x)|\leq k$가 성립하려면

$k\geq e$

따라서 실수 $k$의 최솟값은 $e$이다.

## 0937 답 ③

$f(x)=2\sin 2x+\cos 4x$라 하면
$$f'(x)=4\cos 2x-4\sin 4x$$
$$=4\cos 2x-8\sin 2x\cos 2x$$
$$=4\cos 2x(1-2\sin 2x)$$

$4\sin 4x=4\sin(2x+2x)$
$=4\cdot 2\sin 2x\cos 2x$
$=8\sin 2x\cos 2x$

$f'(x)=0$에서 $\cos 2x=0$ 또는 $\sin 2x=\dfrac{1}{2}$

$\therefore x=\dfrac{\pi}{12}$ 또는 $x=\dfrac{\pi}{4}$ 또는 $x=\dfrac{5}{12}\pi\left(\because 0\leq x\leq\dfrac{\pi}{2}\right)$

$0\leq x\leq\dfrac{\pi}{2}$에서 함수 $f(x)$의 증가와 감소를 표로 나타내면 다음과 같다.

| $x$ | 0 | $\cdots$ | $\dfrac{\pi}{12}$ | $\cdots$ | $\dfrac{\pi}{4}$ | $\cdots$ | $\dfrac{5}{12}\pi$ | $\cdots$ | $\dfrac{\pi}{2}$ |
|---|---|---|---|---|---|---|---|---|---|
| $f'(x)$ | | $+$ | 0 | $-$ | 0 | $+$ | 0 | $-$ | |
| $f(x)$ | 1 | $\nearrow$ | $\dfrac{3}{2}$ | $\searrow$ | 1 | $\nearrow$ | $\dfrac{3}{2}$ | $\searrow$ | 1 |

함수 $f(x)$는 $x=\dfrac{\pi}{12}$ 또는 $x=\dfrac{5}{12}\pi$에서 최댓값 $\dfrac{3}{2}$, $x=0$ 또는 $x=\dfrac{\pi}{4}$ 또는 $x=\dfrac{\pi}{2}$에서 최솟값 1을 가지므로 $0\leq x\leq\dfrac{\pi}{2}$인 모든 실수 $x$에 대하여 부등식 $a\leq f(x)\leq b$가 성립하려면

$a\leq 1$, $b\geq\dfrac{3}{2}$

따라서 $b-a\geq\dfrac{3}{2}-1=\dfrac{1}{2}$이므로 $b-a$의 최솟값은 $\dfrac{1}{2}$이다.

## 0938 답 ⑤

## 0939 답 ③

$x>0$인 모든 실수 $x$에 대하여 부등식 $x\ln x+1\geq ax$를 만족시키려면 오른쪽 그림과 같이 곡선 $y=x\ln x+1$이 직선 $y=ax$보다 위쪽에 있거나 곡선과 직선이 접해야 한다.

단서 조건에 의하여
$\lim_{x\to 0+}(x\ln x+1)=0+1=1$

$f(x)=x\ln x+1$, $g(x)=ax$라 하면
$f'(x)=\ln x+1$, $g'(x)=a$

곡선 $y=f(x)$와 직선 $y=g(x)$가 접할 때의 접점의 $x$좌표를 $t$라 하면
$f(t)=g(t)$에서 $t\ln t+1=at$ $\cdots\cdots$ ㉠
$f'(t)=g'(t)$에서 $\ln t+1=a$ $\cdots\cdots$ ㉡
㉠, ㉡을 연립하면
$t\ln t+1=(\ln t+1)t$, $t\ln t+1=t\ln t+t$ $\therefore t=1$
$\therefore a=1$  $t=1$을 ㉡에 대입하면 $1=a$

즉, $x>0$인 모든 실수 $x$에 대하여 부등식 $f(x)\geq g(x)$를 만족시키려면
$a\leq 1$

따라서 실수 $a$의 최댓값은 1이다.

---



$x\ln x+1\geq ax$에서 $x>0$이므로 양변을 $x$로 나누면

$\ln x+\dfrac{1}{x}\geq a$

$f(x)=\ln x+\dfrac{1}{x}$이라 하면

$f'(x)=\dfrac{1}{x}-\dfrac{1}{x^2}=\dfrac{x-1}{x^2}$

$f'(x)=0$에서 $x=1$

$x>0$에서 함수 $f(x)$의 증가와 감소를 표로 나타내면 다음과 같다.

| $x$ | (0) | $\cdots$ | 1 | $\cdots$ |
|---|---|---|---|---|
| $f'(x)$ | | $-$ | 0 | $+$ |
| $f(x)$ | | $\searrow$ | 1 | $\nearrow$ |

함수 $f(x)$는 $x=1$에서 최솟값 1을 가지므로 $x>0$인 모든 실수 $x$에 대하여 부등식 $f(x)\geq a$가 성립하려면 $a\leq 1$

따라서 실수 $a$의 최댓값은 1이다.

## 0940 답 ④

$0<x<\pi$인 모든 실수 $x$에 대하여 부등식 $\sin 2x<ax$를 만족시키려면 오른쪽 그림과 같이 곡선 $y=\sin 2x$가 직선 $y=ax$보다 아래쪽에 있어야 한다.

$y=\sin 2x$에서 $y'=2\cos 2x$이므로 곡선 $y=\sin 2x$ 위의 점 $(0, 0)$에서의 접선의 기울기는 $2\cdot\cos 0=2$

즉, 곡선 $y=\sin 2x$ 위의 점 $(0, 0)$에서의 접선의 방정식은 $y=2x$이므로 $0<x<\pi$인 모든 실수 $x$에 대하여 부등식 $\sin 2x<ax$를 만족시키려면

$a\geq 2$

따라서 실수 $a$의 최솟값은 2이다.

## 0941 답 ③

$x\geq 0$인 모든 실수 $x$에 대하여 부등식 $\sin x\leq ke^x$이 성립하려면 오른쪽 그림과 같이 곡선 $y=\sin x$가 곡선 $y=ke^x$보다 아래쪽에 있거나 두 곡선이 접해야 한다.

$f(x)=\sin x$, $g(x)=ke^x$이라 하면
$f'(x)=\cos x$, $g'(x)=ke^x$

두 곡선 $y=f(x)$, $y=g(x)$가 접할 때의 접점의 $x$좌표를 $t$라 하면
$f(t)=g(t)$에서 $\sin t=ke^t$ $\cdots\cdots$ ㉠
$f'(t)=g'(t)$에서 $\cos t=ke^t$ $\cdots\cdots$ ㉡
㉠, ㉡을 연립하면
$\sin t=\cos t$, $\tan t=1$

$\cos t=0$이면 $\sin t=\pm 1$이므로 $\sin t\neq\cos t$ 즉, $\cos t\neq 0$이므로 양변을 $\cos t$로 나눈다.

$\therefore t=n\pi+\dfrac{\pi}{4}$ $(n=0, 1, 2, \cdots)$

이때 $n\geq 1$이면 접점의 $x$좌표보다 작은 $x$에서 두 곡선 $y=f(x)$, $y=g(x)$가 만나므로 주어진 부등식이 성립하지 않는다.

즉, $n=0$일 때 $t=\dfrac{\pi}{4}$이므로 $k=\dfrac{\sqrt{2}}{2}e^{-\frac{\pi}{4}}$

따라서 $x\geq 0$인 모든 실수 $x$에 대하여 부등식 $f(x)\leq g(x)$가 성립하기 위한 실수 $k$의 값의 범위는

$k\geq\dfrac{\sqrt{2}}{2}e^{-\frac{\pi}{4}}$ $\therefore a=\dfrac{\sqrt{2}}{2}$

$t=\dfrac{\pi}{4}$를 ㉠에 대입하면
$\sin\dfrac{\pi}{4}=ke^{\frac{\pi}{4}}$, $\dfrac{\sqrt{2}}{2}=ke^{\frac{\pi}{4}}$
$\therefore k=\dfrac{\sqrt{2}}{2}e^{-\frac{\pi}{4}}$

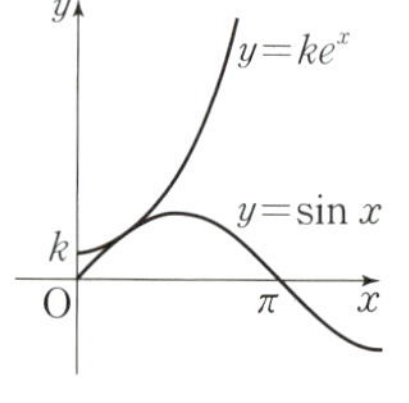

## 0942  답 15

$\dfrac{1}{4}\ln x^n=\dfrac{n}{4}\ln x$이므로 $x>0$인 모

든 실수 $x$에 대하여 부등식

$\sqrt{x}\geq\dfrac{n}{4}\ln x$를 만족시키려면 오른쪽

그림과 같이 곡선 $y=\sqrt{x}$가 곡선

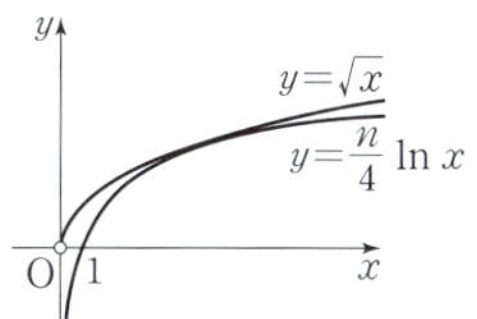

$y=\dfrac{n}{4}\ln x$보다 위쪽에 있거나 두 곡선이 접해야 한다.

$f(x)=\sqrt{x}$, $g(x)=\dfrac{n}{4}\ln x$라 하면

$f'(x)=\dfrac{1}{2\sqrt{x}}$, $g'(x)=\dfrac{n}{4x}$

두 곡선 $y=f(x)$, $y=g(x)$가 접할 때의 접점의 $x$좌표를 $t$라 하면

$f(t)=g(t)$에서 $\sqrt{t}=\dfrac{n}{4}\ln t$ $\qquad$ …… ㉠

$f'(t)=g'(t)$에서 $\dfrac{1}{2\sqrt{t}}=\dfrac{n}{4t}$ $\qquad$ …… ㉡

㉠, ㉡을 연립하면

$\sqrt{t}=\dfrac{\sqrt{t}}{2}\ln t$, $\ln t=2$ $\quad\therefore t=e^2$

$\therefore n=2e$ ㉡에서 $\dfrac{\sqrt{t}}{2}=\dfrac{n}{4}$이므로 이를 ㉠에 대입하면 된다.

즉, $x>0$인 모든 실수 $x$에 대하여 부등식 $f(x)\geq g(x)$를 만족시

키려면 $t=e^2$을 ㉠에 대입하면

$0<n\leq 2e=5.43\times\times\times$ $\sqrt{e^2}=\dfrac{n}{4}\ln e^2$, $e=\dfrac{n}{2}$ $\quad\therefore n=2e$

따라서 자연수 $n$은 1, 2, 3, 4, 5이므로 그 합은

$1+2+3+4+5=15$


## 0943  답 (가) $x^2-2\ln x$ (나) 1 (다) 1


## 0944  답 ①

$xe^{2x}\geq x$에서 $xe^{2x}-x\geq 0$

$f(x)=xe^{2x}-x$라 하면

$f'(x)=e^{2x}+2xe^{2x}-1=\boxed{(1+2x)e^{2x}-1}$ $x>0$일 때 $(1+2x)e^{2x}>1$, $x<0$일 때 $(1+2x)e^{2x}<1$

$f'(x)=0$에서 $(1+2x)e^{2x}=1$ $\quad\therefore x=\boxed{0}$ 이므로 방정식 $f'(x)=0$을 해는 0뿐이다.

함수 $f(x)$의 증가와 감소를 표로 나타내면 다음과 같다.

| $x$ | $\cdots$ | $\boxed{0}$ | $\cdots$ |
|---|---|---|---|
| $f'(x)$ | $-$ | $0$ | $+$ |
| $f(x)$ | $\searrow$ | $0$ | $\nearrow$ |

함수 $f(x)$는 $x=\boxed{0}$에서 $\boxed{최솟값}$ 0을 가지므로

$f(x)\geq 0$ $\quad\therefore xe^{2x}-x\geq 0$

따라서 모든 실수 $x$에 대하여 부등식 $xe^{2x}\geq x$가 성립한다.


## 0945  답 $9\pi$

$3x\geq\sin 3x$에서 $3x-\sin 3x\geq 0$

$f(x)=\boxed{3x-\sin 3x}$라 하면

$f'(x)=3-3\cos 3x$

이때 $-1\leq\cos 3x\leq 1$에서 $-\boxed{3}\leq -3\cos 3x\leq\boxed{3}$이므로

$0\leq 3-3\cos 3x\leq 6$

즉, $f'(x)\geq 0$이므로 함수 $f(x)$는 $x\geq 0$인 모든 실수 $x$에서 증가한다.

함수 $f(x)$는 $x=\boxed{0}$에서 최솟값 0을 가지므로

$f(x)\geq 0$ $\quad\therefore 3x-\sin 3x\geq 0$

따라서 $x\geq 0$인 모든 실수 $x$에 대하여 부등식 $3x\geq\sin 3x$가 성립한다.

따라서 $g(x)=3x-\sin 3x$, $a=3$, $b=0$이므로

$g(a\pi+b)=g(3\pi)=3\cdot 3\pi-\sin(3\cdot 3\pi)=9\pi$


## 0946  답 ④


## 0947  답 ①

점 P의 시각 $t$에서의 속도를 $v$, 가속도를 $a$라 하면

$v=\dfrac{dx}{dt}=4\cos t+2t$, $a=\dfrac{dv}{dt}=-4\sin t+2$

$a=-2$에서 $-4\sin t+2=-2$, $-4\sin t=-4$

$\sin t=1$ $\quad\therefore t=\dfrac{\pi}{2}$ $(\because 0\leq t\leq 2\pi)$

따라서 $t=\dfrac{\pi}{2}$에서의 점 P의 속도는

$4\cdot\cos\dfrac{\pi}{2}+2\cdot\dfrac{\pi}{2}=\pi$


## 0948  답 ⑤

$v(t)=\ln(t^2-2t+2)-\ln 2$에서

$v'(t)=\dfrac{2t-2}{t^2-2t+2}=\dfrac{2(t-1)}{t^2-2t+2}$

$v'(t)=0$에서 $t-1=0$ $\quad\therefore t=1$

$0\leq t\leq 4$에서 함수 $v(t)$의 증가와 감소를 표로 나타내면 다음과 같다.

| $t$ | $0$ | $\cdots$ | $1$ | $\cdots$ | $4$ |
|---|---|---|---|---|---|
| $v'(t)$ | | $-$ | $0$ | $+$ | |
| $v(t)$ | $0$ | $\searrow$ | $-\ln 2$ | $\nearrow$ | $\ln 5$ |

따라서 점 P의 속력 $|v(t)|$는 $t=4$일 때 최댓값 $\ln 5$를 가지므로 구하는 시각은 4이다.


## 0949  답 ④

점 P의 시각 $t$에서의 속도를 $v$라 하면

$v=\dfrac{dx}{dt}=-2\sin 2t-2\sin t=-4\sin t\cos t-2\sin t$

$\quad=-2\sin t(2\cos t+1)$

$v=0$에서 $2\cos t+1=0$ $0<t<\pi$에서 $0<\sin t\leq 1$이므로 $\sin t=0$일 수 없다.

$\cos t=-\dfrac{1}{2}$ $\quad\therefore t=\dfrac{2}{3}\pi$ $(\because 0<t<\pi)$

점 P의 시각 $t$에서의 가속도를 $a$라 하면

$a=\dfrac{dv}{dt}=-4\cos 2t-2\cos t$

즉, $t=\dfrac{2}{3}\pi$에서의 점 P의 가속도는

$-4\cdot\cos\dfrac{4}{3}\pi-2\cdot\cos\dfrac{2}{3}\pi=-4\cdot\left(-\dfrac{1}{2}\right)-2\cdot\left(-\dfrac{1}{2}\right)$

$\qquad\qquad =2+1=3$

따라서 점 P의 가속도의 크기는

$|3|=3$

## 0950  답 ③

$v(t)=-2t\ln t\ (0<t\le e)$에서

$v'(t)=-2\ln t-2t\cdot\dfrac{1}{t}$

$\qquad\ =-2\ln t-2$

$v'(t)=0$에서 $\ln t=-1$ $\qquad \therefore t=\dfrac{1}{e}$

$0\le t\le e$에서 함수 $v(t)$의 증가와 감소를 표로 나타내면 다음과 같다.

| $t$ | $0$ | $\cdots$ | $\dfrac{1}{e}$ | $\cdots$ | $e$ |
|---|---|---|---|---|---|
| $v'(t)$ | | $+$ | $0$ | $-$ | |
| $v(t)$ | $0$ | $\nearrow$ | $\dfrac{2}{e}$ | $\searrow$ | $-2e$ |

즉, 함수 $v(t)$의 그래프는 오른쪽 그림과 같다.

ㄱ. 점 P의 속도는 $t=\dfrac{1}{e}$일 때 최댓값 $\dfrac{2}{e}$를 갖는다. (참)

ㄴ. 점 P의 속력 $|v(t)|$는 $t=e$일 때 최댓값 $|-2e|=2e$를 가지므로 속도의 최댓값과 속력의 최댓값은 서로 다르다. (거짓)

ㄷ. 점 P의 시각 $t$에서의 가속도를 $a(t)$라 하면 $a(t)=v'(t)=-2\ln t-2$이므로

$a'(t)=-\dfrac{2}{t}$

즉, $0<t\le e$에서 $a'(t)<0$이므로 점 P의 가속도는 감소한다. (참)

따라서 옳은 것은 ㄱ, ㄷ이다.

## 0951  답 ②

## 0952  답 ②

$\dfrac{dx}{dt}=\dfrac{1}{\sqrt{t}},\ \dfrac{dy}{dt}=2\sqrt{2}$이므로 시각 $t$에서의 점 P의 속도는

$\left(\dfrac{1}{\sqrt{t}},\ 2\sqrt{2}\right)$

점 P의 속력이 $3$이므로

$\sqrt{\left(\dfrac{1}{\sqrt{t}}\right)^2+(2\sqrt{2})^2}=3,\ \sqrt{\dfrac{1}{t}+8}=3$

$\dfrac{1}{t}+8=9,\ \dfrac{1}{t}=1$ $\qquad\therefore t=1$

따라서 구하는 시각은 1이다.

## 0953  답 ①

$\dfrac{dx}{dt}=\ln t+t\cdot\dfrac{1}{t}+3=\ln t+4,$

$\dfrac{dy}{dt}=ae^{t-1}+ate^{t-1}=a(1+t)e^{t-1}$

이므로 시각 $t$에서의 점 P의 속도는

$(\ln t+4,\ a(1+t)e^{t-1})$

시각 $t=b$에서의 점 P의 속도가 $(4,\ 4)$이므로

$\ln b+4=4$에서

$\ln b=0$ $\qquad\therefore b=1$



$a(1+1)e^{1-1}=4$에서

$2a=4$ $\qquad\therefore a=2$

$\therefore a+b=2+1=3$

## 0954  답 ①

$\dfrac{dx}{dt}=\cos t,\ \dfrac{dy}{dt}=-\sin t+1$이므로 시각 $t$에서의 점 P의 속도는

$(\cos t,\ -\sin t+1)$

속력은

$\sqrt{(\cos t)^2+(-\sin t+1)^2}=\sqrt{\cos^2 t+\sin^2 t-2\sin t+1}$
$\qquad\qquad\qquad\qquad\qquad =\sqrt{2-2\sin t}$

이때 $-1\le\sin t\le 1$이므로 $-2\le-2\sin t\le 2$

$\therefore 0\le 2-2\sin t\le 4$

따라서 점 P의 속력의 최댓값은

$\sqrt{4}=2$

## 0955  답 ⑤

점 P의 위치가 $(\pi,\ 2)$이므로

$\tan 2t+2=2$에서

$\tan 2t=0$ $\qquad\therefore t=\dfrac{\pi}{2}\ (\because 0<t<\pi)$

$a\cdot\dfrac{\pi}{2}\cdot\sin\dfrac{\pi}{2}=\pi$에서

$\dfrac{1}{2}a=1$ $\qquad\therefore a=2$

즉, $x=2t\sin t,\ y=\tan 2t+2$이므로

$\dfrac{dx}{dt}=2\sin t+2t\cos t=2(\sin t+t\cos t)$

$\dfrac{dy}{dt}=2\sec^2 2t$

따라서 시각 $t$에서의 점 P의 속도는

$(2(\sin t+t\cos t),\ 2\sec^2 2t)$

이므로 $t=\dfrac{\pi}{2}$에서의 점 P의 속력은

$\sqrt{\left\{2\cdot\left(\sin\dfrac{\pi}{2}+\dfrac{\pi}{2}\cdot\cos\dfrac{\pi}{2}\right)\right\}^2+(2\cdot\sec^2\pi)^2}=\sqrt{2^2+2^2}=2\sqrt{2}$

## 0956  답 ④

## 0957  답 ③

$x=\dfrac{8}{3}t\sqrt{t}=\dfrac{8}{3}t^{\frac{3}{2}},\ y=t^2$에서

$\dfrac{dx}{dt}=\dfrac{8}{3}\cdot\dfrac{3}{2}\cdot t^{\frac{1}{2}}=4\sqrt{t},\ \dfrac{dy}{dt}=2t$

$\dfrac{d^2x}{dt^2}=\dfrac{2}{\sqrt{t}},\ \dfrac{d^2y}{dt^2}=2$

이므로 시각 $t$에서의 점 P의 가속도는

$\left(\dfrac{2}{\sqrt{t}},\ 2\right)$

점 P의 가속도의 크기가 $\sqrt{5}$이므로

$\sqrt{\left(\dfrac{2}{\sqrt{t}}\right)^2+2^2}=\sqrt{5},\ \sqrt{\dfrac{4}{t}+4}=\sqrt{5}$

$\dfrac{4}{t}+4=5,\ \dfrac{4}{t}=1$ $\qquad\therefore t=4$

따라서 구하는 시각은 4이다.

## 0958  답 ②

$\dfrac{dx}{dt}=-2a\sin 2t,\ \dfrac{dy}{dt}=3\cos 3t-4t$

$\dfrac{d^2x}{dt^2}=-4a\cos 2t,\ \dfrac{d^2y}{dt^2}=-9\sin 3t-4$

이므로 시각 $t$에서의 점 P의 가속도는

$(-4a\cos 2t,\ -9\sin 3t-4)$

시각 $t=b$에서의 점 P의 가속도가 $(12,\ 5)$이므로

$-9\sin 3b-4=5$에서

$\sin 3b=-1\qquad \therefore b=\dfrac{\pi}{2}\left(\because 0<t<\dfrac{2}{3}\pi\right)$

$-4a\cos \pi=12$에서 $\quad$·$-4a\cos 2t$에 $t=\frac{\pi}{2}$를 대입

$4a=12\qquad \therefore a=3$

$\therefore ab=3\cdot\dfrac{\pi}{2}=\dfrac{3}{2}\pi$

## 0959  답 ①

$\dfrac{dx}{dt}=-e^{-t}-t+3,\ \dfrac{dy}{dt}=-e^{-t}+4$

$\dfrac{d^2x}{dt^2}=e^{-t}-1,\ \dfrac{d^2y}{dt^2}=e^{-t}$

이므로 시각 $t$에서의 점 P의 가속도는

$(e^{-t}-1,\ e^{-t})$

가속도의 크기는

$\sqrt{(e^{-t}-1)^2+(e^{-t})^2}=\sqrt{2e^{-2t}-2e^{-t}+1}$

이때 $e^{-t}=X$라 하면 $t>0$에서 $0<X<1$이고

$\sqrt{2X^2-2X+1}=\sqrt{2\left(X-\dfrac{1}{2}\right)^2+\dfrac{1}{2}}$

따라서 점 P의 가속도의 크기는 $X=\dfrac{1}{2}$, 즉 $t=\ln 2$일 때 최솟값

$\sqrt{\dfrac{1}{2}}=\dfrac{\sqrt{2}}{2}$를 갖는다. $\quad$·$e^{-t}=\frac{1}{2},\ -\ln e^{-t}=-\ln 2$

$\therefore t=\ln 2$

## 0960  답 2

$\dfrac{dx}{dt}=ae^{bt}+abte^{bt}=a(1+bt)e^{bt},\ \dfrac{dy}{dt}=\dfrac{2t}{t^2+1}$

이므로 시각 $t$에서의 점 P의 속도는

$\left(a(1+bt)e^{bt},\ \dfrac{2t}{t^2+1}\right)$

점 P의 속도가 $\left(4e,\ \dfrac{3}{5}\right)$이므로

$\dfrac{2t}{t^2+1}=\dfrac{3}{5}$에서

$3t^2+3=10t,\ 3t^2-10t+3=0$

$(3t-1)(t-3)=0\qquad \therefore t=3\left(\because t>\dfrac{1}{3}\right)$

$a(1+3b)e^{3b}=4e\qquad\qquad \cdots\cdots\ \text{㉠}$

점 P의 위치의 $x$좌표가 $6e$이므로

$3ae^{3b}=6e\qquad \therefore ae^{3b}=2e\qquad \cdots\cdots\ \text{㉡}$

㉠, ㉡을 연립하면

$(1+3b)\cdot 2e=4e$

$1+3b=2\qquad \therefore b=\dfrac{1}{3}$

$b=\dfrac{1}{3}$을 ㉡에 대입하면

$a=2$

---

즉, $\dfrac{dx}{dt}=2\left(1+\dfrac{1}{3}t\right)e^{\frac{t}{3}}$이므로

$\dfrac{d^2x}{dt^2}=2\left\{\dfrac{1}{3}e^{\frac{t}{3}}+\dfrac{1}{3}\left(1+\dfrac{1}{3}t\right)e^{\frac{t}{3}}\right\}=\dfrac{2}{3}\left(2+\dfrac{1}{3}t\right)e^{\frac{t}{3}}$

따라서 $t=3$에서의 점 P의 가속도의 $x$좌표는

$\dfrac{2}{3}\cdot 3\cdot e=2e\qquad \therefore k=2$

## 0961  답 ③

## 0962  답 ③

스쿠버 다이버의 시각 $t$에서의 속도를 $v$, 가속도를 $a$라 하면

$v=f'(t)=-\dfrac{-\sin t}{\cos t+2}=\dfrac{\sin t}{\cos t+2}$

$a=f''(t)=\dfrac{\cos t(\cos t+2)-\sin t\cdot(-\sin t)}{(\cos t+2)^2}$

$\quad=\dfrac{\cos^2 t+2\cos t+\sin^2 t}{(\cos t+2)^2}=\dfrac{2\cos t+1}{(\cos t+2)^2}$

$a=0$에서 $2\cos t+1=0,\ \cos t=-\dfrac{1}{2}$

$\therefore t=\dfrac{2}{3}\pi,\ \dfrac{4}{3}\pi,\ \dfrac{8}{3}\pi,\ \cdots(\because t\geq 0)$

따라서 스쿠버 다이버가 출발한 후 처음으로 가속도가 0이 될 때

의 시각은 $\dfrac{2}{3}\pi$이므로 이때의 스쿠버 다이버의 깊이는

$\ln 3-\ln\left(\cos\dfrac{2}{3}\pi+2\right)=\ln 3-\ln\left(-\dfrac{1}{2}+2\right)$

$\qquad\qquad =\ln\dfrac{3}{\frac{3}{2}}=\ln 2$

## 0963  답 ②

$\dfrac{dx}{dt}=\dfrac{1}{\sqrt{t}},\ \dfrac{dy}{dt}=\dfrac{2}{t+1}$이므로 시각 $t$에서의 연의 속도는

$\left(\dfrac{1}{\sqrt{t}},\ \dfrac{2}{t+1}\right)$

연이 지면의 출발점으로부터 $2\sqrt{3}$만큼 떨어진 지점의 수직 방향에

있으므로 $2\sqrt{t}=2\sqrt{3}\qquad \therefore t=3$

따라서 $t=3$에서의 연의 속력은

$\sqrt{\left(\dfrac{1}{\sqrt{3}}\right)^2+\left(\dfrac{2}{3+1}\right)^2}=\sqrt{\dfrac{1}{3}+\dfrac{1}{4}}=\dfrac{\sqrt{21}}{6}$

## 0964  답 10

$\dfrac{dx}{dt}=20\cos\theta,\ \dfrac{dy}{dt}=20\sin\theta-10t$이므로 시각 $t$에서의 공의

속도는

$(20\cos\theta,\ 20\sin\theta-10t)$

$\dfrac{dy}{dt}=0$일 때 공의 높이가 최고이므로

$20\sin\theta-10t=0\qquad \therefore t=2\sin\theta$

즉, $t=2\sin\theta$일 때 공의 높이가 15 m이므로

$40\sin\theta\sin\theta-20\sin^2\theta=15,\ \sin^2\theta=\dfrac{3}{4}$

$\sin\theta=\dfrac{\sqrt{3}}{2}\qquad \therefore \theta=\dfrac{\pi}{3}\left(\because 0<\theta<\dfrac{\pi}{2}\right)$

따라서 $t=2\cdot\sin\dfrac{\pi}{3}=\sqrt{3}$에서의 공의 속력 $a$는

$$a=\sqrt{\left(20\cdot\cos\dfrac{\pi}{3}\right)^2+\left(20\cdot\sin\dfrac{\pi}{3}-10\sqrt{3}\right)^2}$$

$$=\sqrt{\left(20\cdot\dfrac{1}{2}\right)^2+\left(20\cdot\dfrac{\sqrt{3}}{2}-10\cdot\sqrt{3}\right)^2}$$

$$=\sqrt{10^2+0^2}=10$$

## 0965 답 $\pi^2$

$\dfrac{dx}{dt}=9\cos\left(\dfrac{\pi}{3}\sin t\right)\cdot\dfrac{\pi}{3}\cos t=3\pi\cos t\cos\left(\dfrac{\pi}{3}\sin t\right)$,

$\dfrac{dy}{dt}=9\sin\left(\dfrac{\pi}{3}\sin t\right)\cdot\dfrac{\pi}{3}\cos t=3\pi\cos t\sin\left(\dfrac{\pi}{3}\sin t\right)$

이므로 시각 $t$에서의 바이킹의 중심의 속도는

$\left(3\pi\cos t\cos\left(\dfrac{\pi}{3}\sin t\right),\ 3\pi\cos t\sin\left(\dfrac{\pi}{3}\sin t\right)\right)$

바이킹의 중심의 속력이 $3\pi$이므로

$\sqrt{\left\{3\pi\cos t\cos\left(\dfrac{\pi}{3}\sin t\right)\right\}^2+\left\{3\pi\cos t\sin\left(\dfrac{\pi}{3}\sin t\right)\right\}^2}=3\pi$

$3\pi|\cos t|\sqrt{\cos^2\left(\dfrac{\pi}{3}\sin t\right)+\sin^2\left(\dfrac{\pi}{3}\sin t\right)}=3\pi$

$\therefore\ |\cos t|=1$ ...... ㉠

$\dfrac{d^2x}{dt^2}=-3\pi\sin t\cos\left(\dfrac{\pi}{3}\sin t\right)-\pi^2\cos^2 t\sin\left(\dfrac{\pi}{3}\sin t\right)$,

$\dfrac{d^2y}{dt^2}=-3\pi\sin t\sin\left(\dfrac{\pi}{3}\sin t\right)+\pi^2\cos^2 t\cos\left(\dfrac{\pi}{3}\sin t\right)$

이므로 시각 $t$에서의 바이킹의 중심의 가속도는

$\left(-3\pi\sin t\cos\left(\dfrac{\pi}{3}\sin t\right)-\pi^2\cos^2 t\sin\left(\dfrac{\pi}{3}\sin t\right),\right.$

$\left.\qquad -3\pi\sin t\sin\left(\dfrac{\pi}{3}\sin t\right)+\pi^2\cos^2 t\cos\left(\dfrac{\pi}{3}\sin t\right)\right)$

이때 ㉠에서 $|\cos t|=1$이므로 $\sin t=0$
이때의 바이킹의 중심의 가속도는
$(-3\pi\cdot0\cdot\cos 0-\pi^2\cdot1^2\cdot\sin 0,\ -3\pi\cdot0\cdot\sin 0+\pi^2\cdot1^2\cdot\cos 0)$
즉, $(0,\ \pi^2)$
따라서 바이킹의 중심의 가속도의 크기는 $\sqrt{0^2+(\pi^2)^2}=\pi^2$이다.

본문 159~161쪽

## 0966 답 ①


$p$가 $q$이기 위한 **충분조건**이면 명제 $p\longrightarrow q$가 참이다.

$p$가 $q$이기 위한 충분조건이므로 명제 $p\longrightarrow q$가 참이다.
즉, $x\geq0$일 때 $2x-a\sin 2x\geq0$이어야 한다.
$2x-a\sin 2x\geq0$에서 $2x\geq a\sin 2x$이
므로 $x\geq0$인 모든 실수 $x$에 대하여 부등
식 $2x\geq a\sin 2x$를 만족시키려면 오른
쪽 그림과 같이 직선 $y=2x$가 곡선
$y=a\sin 2x$보다 위쪽에 있거나 직선과
곡선이 접해야 한다.

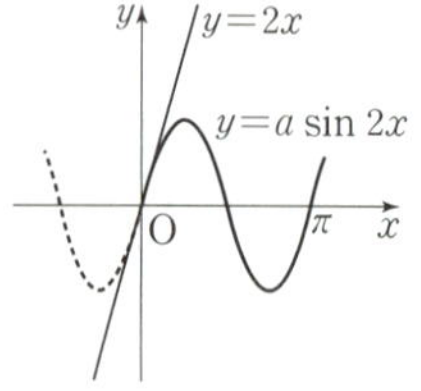

$y=a\sin 2x$에서 $y'=2a\cos 2x$이므로 곡선 $y=a\sin 2x$ 위의
점 $(0,\ 0)$에서의 접선의 기울기는
$2a\cdot\cos 0=2a$
즉, 곡선 $y=a\sin 2x$ 위의 점 $(0,\ 0)$에서의 접선의 방정식은
$y=2ax$이므로 $x\geq0$인 모든 실수 $x$에 대하여 부등식
$2x\geq a\sin 2x$를 만족시키려면
$2a\leq2$ $\therefore a\leq1$
따라서 양수 $a$의 값의 범위는 $0<a\leq1$이다.


(1) $p$는 $q$이기 위한 **충분조건** $\Rightarrow$ 명제 $p\longrightarrow q$가 참
(2) $p$는 $q$이기 위한 **필요조건** $\Rightarrow$ 명제 $q\longrightarrow p$가 참
(3) $p$는 $q$이기 위한 **필요충분조건** $\Rightarrow$ 두 명제 $p\longrightarrow q$, $q\longrightarrow p$가 모두 참

## 0967 답 ⑤


$x=f(t)$, $y=g(t)$라 하고 두 함수 $f(t)$, $g(t)$가 각각 최댓값, 최솟값을
갖는 $t$의 값을 구한다.

$x=f(t)=2\cos t+t$, $y=g(t)=\sin 2t-t$라 하면
$\dfrac{dx}{dt}=f'(t)=-2\sin t+1$, $\dfrac{dy}{dt}=g'(t)=2\cos 2t-1$
$\dfrac{d^2x}{dt^2}=f''(t)=-2\cos t$, $\dfrac{d^2y}{dt^2}=g''(t)=-4\sin 2t$
$f'(t)=0$에서 $\sin t=\dfrac{1}{2}$
$\therefore\ t=\dfrac{\pi}{6}$ 또는 $t=\dfrac{5}{6}\pi$ ($\because\ 0\leq t\leq\pi$)
$0\leq t\leq\pi$에서 함수 $f(t)$의 증가와 감소를 표로 나타내면 다음과
같다.

| $t$ | 0 | $\cdots$ | $\dfrac{\pi}{6}$ | $\cdots$ | $\dfrac{5}{6}\pi$ | $\cdots$ | $\pi$ |
|---|---|---|---|---|---|---|---|
| $f'(t)$ | | $+$ | 0 | $-$ | 0 | $+$ | |
| $f(t)$ | 2 | ↗ | $\dfrac{\pi}{6}+\sqrt{3}$ | ↘ | $\dfrac{5}{6}\pi-\sqrt{3}$ | ↗ | $\pi-2$ |

함수 $f(t)$는 $t=\dfrac{\pi}{6}$에서 최댓값 $\dfrac{\pi}{6}+\sqrt{3}$을 가지므로 이때의 점 P의
가속도의 크기 $a_1$은

$a_1=\sqrt{\left(-2\cdot\cos\dfrac{\pi}{6}\right)^2+\left(-4\cdot\sin\dfrac{\pi}{3}\right)^2}$

$=\sqrt{(-\sqrt{3})^2+(-2\sqrt{3})^2}=\sqrt{15}$

또한, $g'(t)=0$에서 $\cos 2t=\dfrac{1}{2}$

$\therefore\ t=\dfrac{\pi}{6}$ 또는 $t=\dfrac{5}{6}\pi$ ($\because\ 0\leq t\leq\pi$)

$0\leq t\leq\pi$에서 함수 $g(t)$의 증가와 감소를 표로 나타내면 다음과
같다.

| $t$ | 0 | $\cdots$ | $\dfrac{\pi}{6}$ | $\cdots$ | $\dfrac{5}{6}\pi$ | $\cdots$ | $\pi$ |
|---|---|---|---|---|---|---|---|
| $g'(t)$ | | $+$ | 0 | $-$ | 0 | $+$ | |
| $g(t)$ | 0 | ↗ | $\dfrac{\sqrt{3}}{2}-\dfrac{\pi}{6}$ | ↘ | $-\dfrac{\sqrt{3}}{2}-\dfrac{5}{6}\pi$ | ↗ | $-\pi$ |

함수 $g(t)$는 $t=\dfrac{5}{6}\pi$에서 최솟값 $-\dfrac{\sqrt{3}}{2}-\dfrac{5}{6}\pi$를 가지므로 이때의
점 P의 가속도의 크기 $a_2$는

$$a_2=\sqrt{\left(-2\cdot\cos\dfrac{5}{6}\pi\right)^2+\left(-4\cdot\sin\dfrac{5}{3}\pi\right)^2}$$
$$=\sqrt{(\sqrt{3})^2+(2\sqrt{3})^2}$$
$$=\sqrt{15}$$
$$\therefore a_1a_2=\sqrt{15}\cdot\sqrt{15}=15$$

## 0968　답 ②



$xe^{ax}+1\geq0$에서 $xe^{ax}\geq-1$이므로 $f(x)=xe^{ax}$이라 하자.
$a=0$일 때 $f(x)=x$이므로 부등식 $f(x)\geq-1$이 모든 실수 $x$에서 성립하지는 않고, $a<0$일 때 $\displaystyle\lim_{x\to-\infty}f(x)=-\infty$이므로 부등식 $f(x)\geq-1$이 성립하지 않는다.
· 단서 조건에 의하여
$\therefore a>0$
$f(x)=xe^{ax}$에서
$f'(x)=e^{ax}+axe^{ax}=(1+ax)e^{ax}$
$f'(x)=0$에서 $x=-\dfrac{1}{a}$

함수 $f(x)$의 증가와 감소를 표로 나타내면 다음과 같다.

| $x$ | $\cdots$ | $-\dfrac{1}{a}$ | $\cdots$ |
|---|---|---|---|
| $f'(x)$ | $-$ | $0$ | $+$ |
| $f(x)$ | $\searrow$ | $-\dfrac{1}{ae}$ | $\nearrow$ |

함수 $f(x)$는 $x=-\dfrac{1}{a}$에서 최솟값 $-\dfrac{1}{ae}$을 가지므로 모든 실수 $x$에 대하여 부등식 $f(x)\geq-1$이 성립하려면
$$-\dfrac{1}{ae}\geq-1\qquad\therefore a\geq\dfrac{1}{e}$$
따라서 실수 $a$의 최솟값은 $\dfrac{1}{e}$이다.

## 0969　답 ①



$y=e^x$에서 $y'=e^x$이므로 곡선 $y=e^x$ 위의 점 $(1,\ e)$에서의 접선의 기울기는 $e$
즉, 곡선 $y=e^x$ 위의 점 $(1,\ e)$에서의 접선의 방정식 $y=f(x)$는
$y=e(x-1)+e\qquad\therefore y=ex$
방정식 $ex=2\sqrt{x-k}$가 서로 다른 두 실근을 가지려면 오른쪽 그림과 같이 직선 $y=ex$와 곡선 $y=2\sqrt{x-k}$가 서로 다른 두 점에서 만나야 한다.

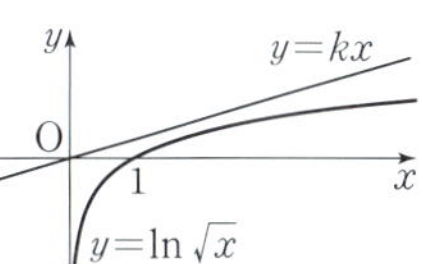

$f(x)=ex$이고, $g(x)=2\sqrt{x-k}$라 하면
$f'(x)=e,\ g'(x)=\dfrac{1}{\sqrt{x-k}}$
직선 $y=f(x)$와 곡선 $y=g(x)$가 접할 때의 접점의 $x$좌표를 $t$라 하면
$f(t)=g(t)$에서 $et=2\sqrt{t-k}$ $\cdots\cdots$ ㉠
$f'(t)=g'(t)$에서 $e=\dfrac{1}{\sqrt{t-k}}$ $\cdots\cdots$ ㉡

㉠, ㉡을 연립하면
· ㉡에서 $\sqrt{t-k}=\dfrac{1}{e}$이므로 이를 ㉠에 대입하면 된다.
$$et=\dfrac{2}{e}\qquad\therefore t=\dfrac{2}{e^2}$$
· $t=\dfrac{2}{e^2}$를 ㉡에 대입하면
$$\therefore k=\dfrac{1}{e^2}$$
· $e=\dfrac{1}{\sqrt{\frac{2}{e^2}-k}}$, $\dfrac{2}{e^2}-k=\dfrac{1}{e^2}$ $\therefore k=\dfrac{1}{e^2}$

따라서 직선 $y=f(x)$와 곡선 $y=g(x)$가 서로 다른 두 점에서 만나도록 하는 실수 $k$의 값의 범위는
$$0\leq k<\dfrac{1}{e^2}$$

## 0970　답 ④



(i) 방정식 $\ln\sqrt{x}=kx$가 실근을 갖지 않으려면 오른쪽 그림과 같이 곡선 $y=\ln\sqrt{x}$와 직선 $y=kx$가 만나지 않아야 한다.

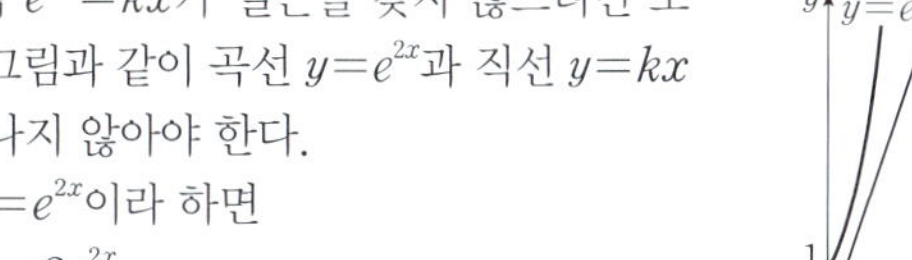

$f(x)=\ln\sqrt{x}$, $g(x)=kx$라 하면
$f'(x)=\dfrac{1}{2x},\ g'(x)=k$
곡선 $y=f(x)$와 직선 $y=g(x)$가 접할 때의 접점의 $x$좌표를 $t_1$이라 하면
$f(t_1)=g(t_1)$에서 $\ln\sqrt{t_1}=kt_1$ $\cdots\cdots$ ㉠
$f'(t_1)=g'(t_1)$에서 $\dfrac{1}{2t_1}=k$ $\cdots\cdots$ ㉡

㉠, ㉡을 연립하면
· ㉡에서 $kt_1=\dfrac{1}{2}$이므로 이를 ㉠에 대입하면 된다.
$$\ln\sqrt{t_1}=\dfrac{1}{2}\qquad\therefore t_1=e\qquad\therefore k=\dfrac{1}{2e}$$
· $t_1=e$를 ㉡에 대입하면 $\dfrac{1}{2e}=k$

즉, 곡선 $y=f(x)$와 직선 $y=g(x)$가 만나지 않도록 하는 실수 $k$의 값의 범위는 $k>\dfrac{1}{2e}$이다.

(ii) 방정식 $e^{2x}=kx$가 실근을 갖지 않으려면 오른쪽 그림과 같이 곡선 $y=e^{2x}$과 직선 $y=kx$가 만나지 않아야 한다.

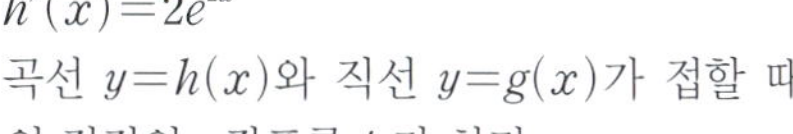

$h(x)=e^{2x}$이라 하면
$h'(x)=2e^{2x}$
곡선 $y=h(x)$와 직선 $y=g(x)$가 접할 때의 접점의 $x$좌표를 $t_2$라 하면
$h(t_2)=g(t_2)$에서 $e^{2t_2}=kt_2$ $\cdots\cdots$ ㉢
$h'(t_2)=g'(t_2)$에서 $2e^{2t_2}=k$ $\cdots\cdots$ ㉣

㉢, ㉣을 연립하면
$$2kt_2=k\qquad\therefore t_2=\dfrac{1}{2}\qquad\therefore k=2e$$
· $t_2=\dfrac{1}{2}$을 ㉣에 대입하면 $2e=k$
· ㉢을 ㉣에 대입하면 된다.

즉, 곡선 $y=h(x)$와 직선 $y=g(x)$가 만나지 않도록 하는 실수 $k$의 값의 범위는 $k<2e$이다.

(i), (ii)의 공통부분을 구하면 $\dfrac{1}{2e}<k<2e$

따라서 조건을 만족시키는 정수 $k$의 개수는 $1,\ 2,\ 3,\ 4,\ 5$의 5이다.
· $0<\dfrac{1}{2e}<1,\ 5<2e<6$이므로

## 0971　답 ⑤

$4\pi \cos x^2 = x^2$에서 $x^2 = t$라 하면 $t$는 $t \geq 0$인 모든 실수이고, $4\pi \cos t = t$이다.

$4\pi \cos t = t$의 양변을 $4\pi$로 나누면

$\cos t = \dfrac{1}{4\pi} t$

방정식 $\cos t = \dfrac{1}{4\pi} t$의 서로 다른 실근의 개수는 $t \geq 0$에서 곡선

$y = \cos t$와 직선 $y = \dfrac{1}{4\pi} t$의 교점의 개수와 같다.

$f(t) = \cos t$, $g(t) = \dfrac{1}{4\pi} t$라 하면

$f'(t) = -\sin t$, $g'(t) = \dfrac{1}{4\pi}$

이때 $f(4\pi) = 1$, $g(4\pi) = 1$이므로 두 함수 $y = f(t)$, $y = g(t)$의 그래프는 모두 점 $(4\pi, 1)$을 지나고

$f'(4\pi) = 0$, $g'(4\pi) = \dfrac{1}{4\pi}$

이므로 두 함수 $y = f(t)$, $y = g(t)$의 그래프는 다음 그림과 같다.

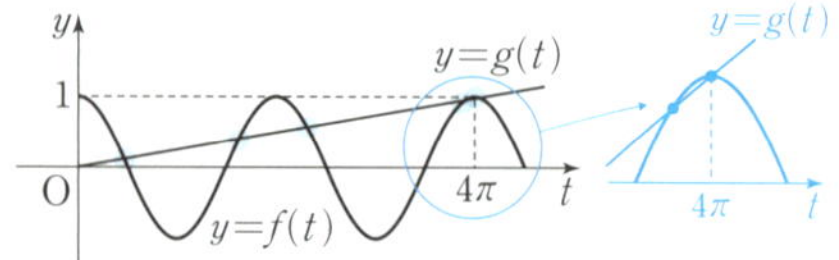

즉, 방정식 $\cos t = \dfrac{1}{4\pi} t$는 $t > 0$에서 서로 다른 실근 5개를 갖는다.

따라서 각 실근 $t$에 대하여 방정식 $x^2 = t$는 서로 다른 실근을 2개씩 가지므로 주어진 방정식의 서로 다른 실근의 개수는 $2 \cdot 5 = 10$이다.

5개의 실근 중 한 실근을 $t_1$이라 하면 방정식 $x^2 = t_1$을 만족시키는 서로 다른 실근 $x$의 개수를 구하면 된다. $t_1 > 0$이므로 오른쪽 그림과 같이 함수 $y = x^2$의 그래프와 직선 $y = t_1$은 서로 다른 두 점에서 만난다.

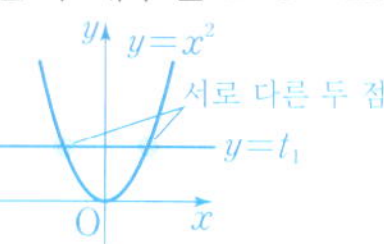

## 0972 답 ④



함수 $f(x)$의 최솟값과 함수 $g(x)$의 최댓값을 이용한다.

임의의 두 실수 $x_1$, $x_2$에 대하여 부등식 $f(x_1) \geq g(x_2)$가 성립하려면 함수 $f(x)$의 최솟값이 함수 $g(x)$의 최댓값보다 크거나 같아야 한다.

$x_1$, $x_2$가 임의의 실수이므로 $f(x)$의 모든 함숫값이 $g(x)$의 모든 함숫값보다 크거나 같아야 한다.

$f(x) = xe^x$에서

$f'(x) = e^x + xe^x = (1+x)e^x$

$f'(x) = 0$에서 $x = -1$

함수 $f(x)$의 증가와 감소를 표로 나타내면 다음과 같다.

| $x$ | $\cdots$ | $-1$ | $\cdots$ |
|---|---|---|---|
| $f'(x)$ | $-$ | $0$ | $+$ |
| $f(x)$ | $\searrow$ | $-\dfrac{1}{e}$ | $\nearrow$ |

함수 $f(x)$는 $x = -1$에서 최솟값 $-\dfrac{1}{e}$을 갖는다.

한편, $-1 \leq \sin x \leq 1$이므로 함수 $g(x) = \sin x - k$의 최댓값은 $1 - k$이다.

즉, 조건을 만족시키려면 $-\dfrac{1}{e} \geq 1 - k$이어야 하므로

$k \geq 1 + \dfrac{1}{e}$

따라서 실수 $k$의 최솟값은 $1 + \dfrac{1}{e}$이다.

## 0973 답 ③



함수 $f(x) = \dfrac{(x-1)^3}{x^2}$의 그래프를 이용한다.

$(x-1)^3 = kx^2$에서 $x = 0$일 때 $-1 \neq 0$이므로 이 방정식은 $x = 0$을 해로 갖지 않는다.

즉, $x \neq 0$이므로 $(x-1)^3 = kx^2$의 양변을 $x^2$으로 나누면

$\dfrac{(x-1)^3}{x^2} = k$

방정식 $\dfrac{(x-1)^3}{x^2} = k$가 서로 다른 세 실근을 가지려면 곡선

$y = \dfrac{(x-1)^3}{x^2}$과 직선 $y = k$가 서로 다른 세 점에서 만나야 한다.

$f(x) = \dfrac{(x-1)^3}{x^2}$이라 하면

$f'(x) = \dfrac{3(x-1)^2 \cdot x^2 - (x-1)^3 \cdot 2x}{x^4}$

$\qquad = \dfrac{x(x+2)(x-1)^2}{x^4} = \dfrac{(x+2)(x-1)^2}{x^3}$

$f'(x) = 0$에서 $x = -2$ 또는 $x = 1$

$x \neq 0$에서 함수 $f(x)$의 증가와 감소를 표로 나타내면 다음과 같다.

| $x$ | $\cdots$ | $-2$ | $\cdots$ | $(0)$ | $\cdots$ | $1$ | $\cdots$ |
|---|---|---|---|---|---|---|---|
| $f'(x)$ | $+$ | $0$ | $-$ | | $+$ | $0$ | $+$ |
| $f(x)$ | $\nearrow$ | $-\dfrac{27}{4}$ | $\searrow$ | | $\nearrow$ | $0$ | $\nearrow$ |

이때 $\displaystyle\lim_{x \to 0+} f(x) = -\infty$, (분모) $\to 0+$, (분자) $\to -1$이므로

$\displaystyle\lim_{x \to 0-} f(x) = -\infty$, $\displaystyle\lim_{x \to \infty} f(x) = \infty$이므로 분자, 분모를 각각 $x^2$으로 나누어 계산한다.

$\displaystyle\lim_{x \to -\infty} f(x) = -\infty$이므로 함수 $y = f(x)$의 그래프는 오른쪽 그림과 같다.

즉, 곡선 $y = f(x)$와 직선 $y = k$가 서로 다른 세 점에서 만나도록 하는 실수 $k$의 값의 범위는

$k < -\dfrac{27}{4}$

따라서 정수 $k$의 최댓값은 $-7$이다.



이 문제와 같이 두 함수 $y = (x-1)^3$, $y = kx^2$의 그래프를 비교해서 풀기 어려울 때에는 $f(x) = k$ 꼴로 바꾸어 푸는 게 더 좋은 방법일 수 있어.

## 0974 답 3



곡선 $y = f(x)$와 직선 $y = t$의 교점의 개수를 이용하여 $g(t)$를 구한다.

방정식 $f(x) = t$의 서로 다른 실근의 개수는 곡선 $y = f(x)$와 직선 $y = t$의 교점의 개수와 같다.

$f(x) = |x^2 - 3|e^x$에서 $h(x) = (x^2 - 3)e^x$이라 하면

$|h(x)| = f(x)$

모든 실수 $x$에 대하여 $e^x > 0$이므로 $|h(x)| = |(x^2-3)e^x| = |x^2-3|e^x = f(x)$

$h(x) = (x^2 - 3)e^x$에서

$h'(x) = 2xe^x + (x^2 - 3)e^x$

$\qquad = (x^2 + 2x - 3)e^x$

$\qquad = (x+3)(x-1)e^x$

$h'(x) = 0$에서 $x = -3$ 또는 $x = 1$

함수 $h(x)$의 증가와 감소를 표로 나타내면 다음과 같다.

| $x$ | $\cdots$ | $-3$ | $\cdots$ | $1$ | $\cdots$ |
|---|---|---|---|---|---|
| $h'(x)$ | $+$ | $0$ | $-$ | $0$ | $+$ |
| $h(x)$ | ↗ | $\dfrac{6}{e^3}$ | ↘ | $-2e$ | ↗ |

이때 $\lim\limits_{x\to\infty} h(x)=\infty$, $\lim\limits_{x\to-\infty} h(x)=0$이므로 함수 $y=h(x)$의 그래프에 대한 함수 $y=f(x)$의 그래프는 다음 그림과 같다.

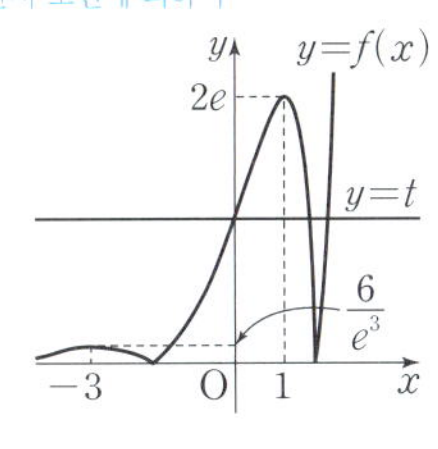

즉, 곡선 $y=f(x)$와 직선 $y=t$의 교점의 개수 $g(t)$와 그에 따른 함수 $y=g(t)$의 그래프는 각각 다음과 같다.

$$g(t)=\begin{cases} 0 & (t<0) \\ 2 & (t=0) \\ 5 & \left(0<t<\dfrac{6}{e^3}\right) \\ 4 & \left(t=\dfrac{6}{e^3}\right) \\ 3 & \left(\dfrac{6}{e^3}<t<2e\right) \\ 2 & (t=2e) \\ 1 & (t>2e) \end{cases}$$

따라서 함수 $g(t)$의 불연속인 점의 개수는 $0$, $\dfrac{6}{e^3}$, $2e$의 3이다.

## 0975 답 ②



점 P가 출발한 후 운동 방향을 바꾸지 않으려면 점 P의 속도가 계속 증가하거나 계속 감소해야 한다.

점 P의 시각 $t$에서의 속도를 $v(t)$라 하면 점 P가 출발한 후 운동 방향을 바꾸지 않으므로 $v(t)\geq 0$ 또는 $v(t)\leq 0$이어야 한다.

$0<t<2$일 때 $v(t)=x'(t)=e^{t-2}$이므로 $v(t)>0$

$t>2$일 때

$$v(t)=x'(t)=\frac{a(2t-4)}{t^2-4t+5}+1=\frac{t^2+2(a-2)t+5-4a}{t^2-4t+5}$$

에서 $v(t)\geq 0$이어야 한다.

이때 $t^2-4t+5=(t-2)^2+1>0$이므로 $t>2$에서 $t^2+2(a-2)t+5-4a\geq 0$을 만족시켜야 한다.

이차함수 $y=t^2+2(a-2)t+5-4a$의 그래프의 축의 방정식 $t=2-a$에 대하여

(i) $2-a\geq 2$, 즉 $a\leq 0$인 경우

이차방정식 $t^2+2(a-2)t+5-4a=0$의 판별식을 $D$라 하면 $D\leq 0$이어야 하므로

$$\frac{D}{4}=(a-2)^2-(5-4a)\leq 0, \quad a^2-1\leq 0$$

$$(a+1)(a-1)\leq 0$$

$$\therefore -1\leq a\leq 1$$

그런데 $a\leq 0$이므로 $-1\leq a\leq 0$

(ii) $2-a<2$, 즉 $a>0$인 경우

이차함수 $y=t^2+2(a-2)t+5-4a$는 $t\geq 2$일 때 증가하므로 $t=2$에서 최솟값 $1$을 갖는다.

즉, 이 경우는 $t>2$인 모든 실수 $t$에 대하여 $t^2+2(a-2)t+5-4a>0$

(i), (ii)에서 조건을 만족시키는 실수 $a$의 값의 범위는 $a\geq -1$이므로 실수 $a$의 최솟값은 $-1$이다.

## 0976 답 ①



방정식 $g'(x)=8$을 $h(x)=k$ 꼴로 변형하여 곡선 $y=h(x)$와 직선 $y=k$의 서로 다른 교점의 개수를 이용한다.

$g(x)=f(f(x))$의 양변을 $x$에 대하여 미분하면

$$g'(x)=f'(f(x))f'(x)$$

$f(x)=x^2+8x+k$에서 $f'(x)=2x+8$이므로

$$f'(f(x))=2(x^2+8x+k)+8=2x^2+16x+2k+8$$

$$\therefore g'(x)=(2x^2+16x+2k+8)(2x+8)$$
$$=4(x+4)(x^2+8x+k+4)$$

방정식 $g'(x)=8$에서 $4(x+4)(x^2+8x+k+4)=8$이므로 양변을 $4(x+4)$로 나누면

$$x^2+8x+k+4=\frac{2}{x+4}$$

$$\therefore \frac{2}{x+4}-x^2-8x-4=k$$

방정식 $\dfrac{2}{x+4}-x^2-8x-4=k$를 만족시키는 서로 다른 실근의 개수가 2이려면 곡선 $y=\dfrac{2}{x+4}-x^2-8x-4$와 직선 $y=k$가 서로 다른 두 점에서 만나야 한다.

$h(x)=\dfrac{2}{x+4}-x^2-8x-4$라 하면

$$h'(x)=-\frac{2}{(x+4)^2}-2x-8$$
$$=-\frac{2+2x(x+4)^2+8(x+4)^2}{(x+4)^2}$$
$$=-\frac{2+2(x+4)^3}{(x+4)^2}$$

$h'(x)=0$에서

$$2+2(x+4)^3=0, \quad (x+4)^3=-1$$

$$x+4=-1 \qquad \therefore x=-5$$

$x\neq -4$에서 함수 $h(x)$의 증가와 감소를 표로 나타내면 다음과 같다.

| $x$ | $\cdots$ | $-5$ | $\cdots$ | $(-4)$ | $\cdots$ |
|---|---|---|---|---|---|
| $h'(x)$ | $+$ | $0$ | $-$ | | $-$ |
| $h(x)$ | ↗ | $9$ | ↘ | | ↘ |

이때 $\lim\limits_{x\to-4+} h(x)=\infty$,

$\lim\limits_{x\to-4-} h(x)=-\infty$, $\lim\limits_{x\to\infty} h(x)=-\infty$,

$\lim\limits_{x\to-\infty} h(x)=-\infty$이므로 함수 $y=h(x)$의 그래프는 오른쪽 그림과 같다.

따라서 곡선 $y=h(x)$와 직선 $y=k$가 서로 다른 두 점에서 만나도록 하는 실수 $k$의 값은 9이다.

## 0977　답 1



$f(x)=kx^2a^{-x}$에서
$f'(x)=2kxa^{-x}-kx^2a^{-x}\ln a=kxa^{-x}(2-x\ln a)$
$f'(x)=0$에서 $x=0$ 또는 $x=\dfrac{2}{\ln a}$

함수 $f(x)$의 증가와 감소를 표로 나타내면 다음과 같다.

| $x$ | $\cdots$ | 0 | $\cdots$ | $\dfrac{2}{\ln a}$ | $\cdots$ |
|---|---|---|---|---|---|
| $f'(x)$ | $-$ | 0 | $+$ | 0 | $-$ |
| $f(x)$ | $\searrow$ | 0 | $\nearrow$ | $f\!\left(\dfrac{2}{\ln a}\right)$ | $\searrow$ |

이때 $\lim\limits_{x\to\infty}f(x)=0$, $\lim\limits_{x\to-\infty}f(x)=\infty$
이므로 함수 $y=f(x)$의 그래프의 개형은 오른쪽 그림과 같다.

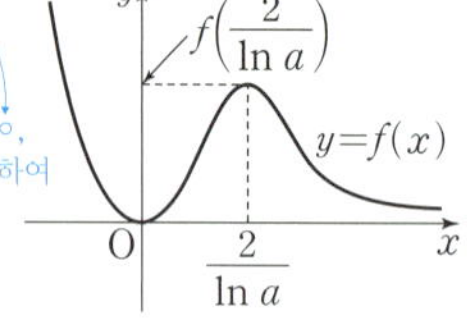


함수 $h(x)=\begin{cases} f(x) & (f(x)\geq g(x)) \\ g(x) & (f(x)<g(x)) \end{cases}$
에 대하여 방정식 $h(x)=f(x)$의 양의 실근이 $x=a$로 오직 한 개이므로 오른쪽 그림과 같이 $x>0$에서 $f(x)>g(x)$인 경우는 존재하지 않고, 두 곡선 $y=f(x)$, $y=g(x)$는 $x=a$인 점에서 접한다.

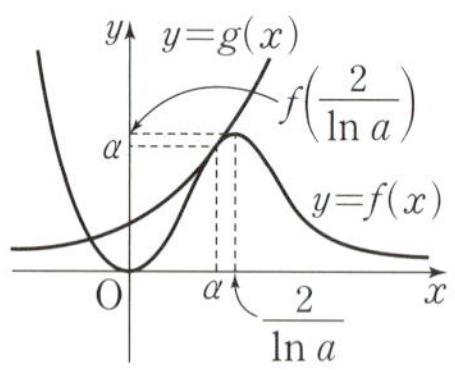


즉, 두 함수 $y=f(x)$, $y=h(x)$의 그래프는 오른쪽 그림과 같다.
곡선 $y=h(x)$ 위의 점 $(a, a)$에서의 접선의 기울기가 1이므로 $f'(a)=1$에서
$kaa^{-a}(2-a\ln a)=1$
$\qquad\qquad\cdots\cdots\ \bigcirc$

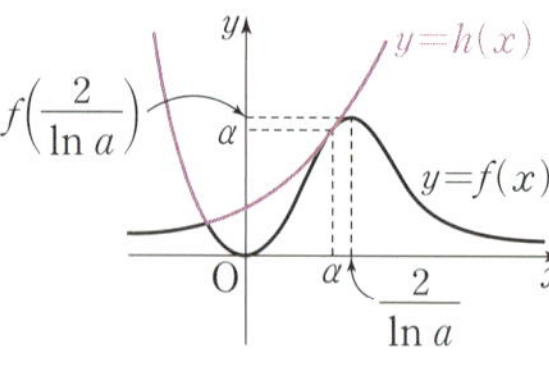


이때 점 $(a, a)$는 직선 $y=x$ 위의 점이므로 곡선 $y=f(x)$ 위의 점 $(a, a)$에서의 접선은 원점도 지난다. 즉,
$f'(a)=\dfrac{f(a)-0}{a-0}=\dfrac{ka^2a^{-a}}{a}=kaa^{-a}=1 \qquad\cdots\cdots\ \bigcirc\!\bigcirc$

$\bigcirc$, $\bigcirc\!\bigcirc$을 연립하면
$kaa^{-a}(2-a\ln a)=kaa^{-a}$
$2-a\ln a=1 \qquad \therefore\ a=\dfrac{1}{\ln a} \qquad\cdots\cdots\ \bigcirc\!\bigcirc\!\bigcirc$

또한, $g'(a)=1$에서 $e^{a-\sqrt{e}}=1$
$a-\sqrt{e}=0 \qquad \therefore\ a=\sqrt{e} \qquad\cdots\cdots\ \textcircled{e}$

$\bigcirc\!\bigcirc\!\bigcirc$, $\textcircled{e}$에서 $\dfrac{1}{\ln a}=\sqrt{e}$

한편, 함수 $y=h(x)$의 그래프는 점 $(\sqrt{e}, \sqrt{e})$를 지나므로
$g(\sqrt{e})=\sqrt{e}$에서 $e^{\sqrt{e}-\sqrt{e}}+b=\sqrt{e}$
$1+b=\sqrt{e} \qquad \therefore\ b=\sqrt{e}-1$
$\therefore\ \dfrac{1}{\ln a}-b=\sqrt{e}-(\sqrt{e}-1)=1$

## 0978　답 해설 참조

$\ln|x|<x^2-\dfrac{1}{2}$에서 $x^2-\dfrac{1}{2}-\ln|x|>0$

❶

---

$f(x)=x^2-\dfrac{1}{2}-\ln|x|$라 하면
$f'(x)=2x-\dfrac{1}{x}=\dfrac{2x^2-1}{x}=\dfrac{2\left(x+\frac{\sqrt{2}}{2}\right)\left(x-\frac{\sqrt{2}}{2}\right)}{x}$
$f'(x)=0$에서 $x=-\dfrac{\sqrt{2}}{2}$ 또는 $x=\dfrac{\sqrt{2}}{2}$

$x\neq0$에서 함수 $f(x)$의 증가와 감소를 표로 나타내면 다음과 같다.

| $x$ | $\cdots$ | $-\dfrac{\sqrt{2}}{2}$ | $\cdots$ | $(0)$ | $\cdots$ | $\dfrac{\sqrt{2}}{2}$ | $\cdots$ |
|---|---|---|---|---|---|---|---|
| $f'(x)$ | $-$ | 0 | $+$ | | $-$ | 0 | $+$ |
| $f(x)$ | $\searrow$ | $\dfrac{\ln 2}{2}$ | $\nearrow$ | | $\searrow$ | $\dfrac{\ln 2}{2}$ | $\nearrow$ |

❷

함수 $f(x)$는 $x=-\dfrac{\sqrt{2}}{2}$ 또는 $x=\dfrac{\sqrt{2}}{2}$에서 최솟값 $\dfrac{\ln 2}{2}$를 가지므로
$f(x)\geq\dfrac{\ln 2}{2} \qquad \therefore\ x^2-\dfrac{1}{2}-\ln|x|>0$

따라서 $x\neq0$인 모든 실수 $x$에 대하여 부등식 $\ln|x|<x^2-\dfrac{1}{2}$이 성립한다.

❸

| 채점 기준 | 배점 비율 |
|---|---|
| ❶ 주어진 부등식을 $f(x)>0$ 꼴로 변형하기 | 20% |
| ❷ 함수 $f(x)$의 증가와 감소를 표로 나타내기 | 50% |
| ❸ 주어진 부등식이 성립함을 보이기 | 30% |

## 0979　답 시각: 1, 속도: $(0, 2)$

$\dfrac{dx}{dt}=2t-2$, $\dfrac{dy}{dt}=\sqrt{t}+\dfrac{1}{\sqrt{t}}$이므로 시각 $t$에서의 점 P의 속도는
$\left(2t-2, \sqrt{t}+\dfrac{1}{\sqrt{t}}\right)$

❶

---

점 P의 속력이 2이므로
$\sqrt{(2t-2)^2+\left(\sqrt{t}+\dfrac{1}{\sqrt{t}}\right)^2}=2$, $\sqrt{4t^2-7t+6+\dfrac{1}{t}}=2$
$4t^2-7t+6+\dfrac{1}{t}=4$, $4t^3-7t^2+2t+1=0 \ (\because\ t>0)$

조립제법을 이용하여 $4t^3-7t^2+2t+1=0$을 인수분해하면

$$\begin{array}{r|rrrr} 1 & 4 & -7 & 2 & 1 \\ & & 4 & -3 & -1 \\ \hline & 4 & -3 & -1 & 0 \end{array}$$

$(t-1)(4t^2-3t-1)=0$
$(t-1)^2(4t+1)=0 \qquad \therefore\ t=1 \ (\because\ t>0)$

❷

따라서 $t=1$에서의 점 P의 속도는
$(2\cdot1-2, 1+1)$, 즉 $(0, 2)$

❸

| 채점 기준 | 배점 비율 |
|---|---|
| ❶ 시각 $t$에서의 점 P의 속도 구하기 | 30% |
| ❷ 조건을 만족시키는 시각 구하기 | 50% |
| ❸ 조건을 만족시키는 속도 구하기 | 20% |

## 0980　답 $x=3\cos\theta t$, $y=3\sin\theta t$, 속력: $3\theta$, 가속도의 크기: $3\theta^2$

점 P는 반지름의 길이가 3이고 중심이 O인 원 위의 점이고, 선분 OP와 $x$축의 양의 방향이 이루는 각의 크기는 $\theta t$이다.

점 P에서 $x$축에 내린 수선의 발을 H라 하면
$$x=\overline{\mathrm{OH}}=3\cos\theta t,\ y=\overline{\mathrm{PH}}=3\sin\theta t$$
❶

$\dfrac{dx}{dt}=-3\theta\sin\theta t,\ \dfrac{dy}{dt}=3\theta\cos\theta t$이므로 시각 $t$에서의 점 P의 속도는
$$(-3\theta\sin\theta t,\ 3\theta\cos\theta t)$$
속력은
$$\sqrt{(-3\theta\sin\theta t)^2+(3\theta\cos\theta t)^2}=\sqrt{3^2\theta^2(\sin^2\theta t+\cos^2\theta t)}$$
$$=3\theta$$
❷

$\dfrac{d^2x}{dt^2}=-3\theta^2\cos\theta t,\ \dfrac{d^2y}{dt^2}=-3\theta^2\sin\theta t$이므로 시각 $t$에서의 점 P의 가속도는
$$(-3\theta^2\cos\theta t,\ -3\theta^2\sin\theta t)$$
가속도의 크기는
$$\sqrt{(-3\theta^2\cos\theta t)^2+(-3\theta^2\sin\theta t)^2}=\sqrt{3^2\theta^4(\cos^2\theta t+\sin^2\theta t)}$$
$$=3\theta^2$$
❸

| 채점 기준 | 배점 비율 |
| --- | --- |
| ❶ $x$와 $y$를 $t$에 대한 식으로 나타내기 | 40% |
| ❷ 시각 $t$에서의 점 P의 속력 구하기 | 30% |
| ❸ 시각 $t$에서의 점 P의 가속도의 크기 구하기 | 30% |

## 0981  답 $\{-2,\ 2\}$

$f(x)=kx^2+4\cos x$에서
$$f'(x)=2kx-4\sin x,\ f''(x)=2k-4\cos x$$
❶

$f''(x)=0$에서 $\cos x=\dfrac{k}{2}$

이때 $-1\le\cos x\le1$이므로 방정식 $f''(x)=0$, 즉 $\cos x=\dfrac{k}{2}$의 실근이 존재하려면
$$-1\le\dfrac{k}{2}\le1\qquad\therefore\ -2\le k\le2$$
$$\therefore\ A=\{k\,|\,-2\le k\le2\}$$
❷

또한, $k=-2$일 때 $f''(x)=-4-4\cos x\le0$, $k=2$일 때 $f''(x)=4-4\cos x\ge0$이므로 이 경우에는 $f''(x)=0$을 만족시키는 실수 $x$의 좌우에서 $f''(x)$의 부호가 바뀌지 않는다.
즉, 곡선 $y=f(x)$의 변곡점이 존재하지 않으므로
$$B=\{k\,|\,-2<k<2\}$$
❸

$$\therefore\ A-B=\{-2,\ 2\}$$
❹

| 채점 기준 | 배점 비율 |
| --- | --- |
| ❶ 함수 $f(x)$의 이계도함수 구하기 | 10% |
| ❷ 집합 $A$ 구하기 | 40% |
| ❸ 집합 $B$ 구하기 | 40% |
| ❹ 집합 $A-B$ 구하기 | 10% |

## 0982  답 12

방정식 $f(x)=\dfrac{1}{n}x$, 즉 $\dfrac{\ln|x|}{x}=\dfrac{1}{n}x$의 서로 다른 실근의 개수는

곡선 $y=\dfrac{\ln|x|}{x}$와 직선 $y=\dfrac{1}{n}x$의 서로 다른 교점의 개수와 같다.

$f(x)=\dfrac{\ln|x|}{x}$에서 $x\ne0$이고
$$f'(x)=\dfrac{1-\ln|x|}{x^2}$$
$f'(x)=0$에서
$$1-\ln|x|=0,\ |x|=e$$
$$\therefore\ x=-e\ \text{또는}\ x=e$$
$x\ne0$에서 함수 $f(x)$의 증가와 감소를 표로 나타내면 다음과 같다.

| $x$ | $\cdots$ | $-e$ | $\cdots$ | $(0)$ | $\cdots$ | $e$ | $\cdots$ |
| --- | --- | --- | --- | --- | --- | --- | --- |
| $f'(x)$ | $-$ | $0$ | $+$ | | $+$ | $0$ | $-$ |
| $f(x)$ | $\searrow$ | $-\dfrac{1}{e}$ | $\nearrow$ | | $\nearrow$ | $\dfrac{1}{e}$ | $\searrow$ |

이때 $\displaystyle\lim_{x\to0+}f(x)=-\infty$,
$\displaystyle\lim_{x\to0-}f(x)=\infty,\ \lim_{x\to\infty}f(x)=0$,
$\displaystyle\lim_{x\to-\infty}f(x)=0$이므로 함수
$y=f(x)$의 그래프는 오른쪽 그림

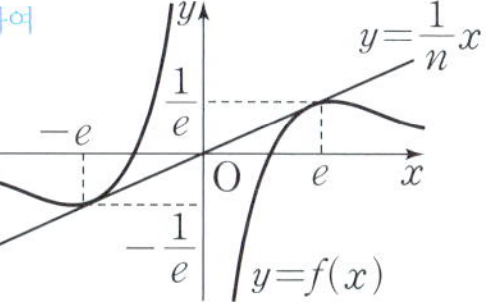

과 같고, 곡선 $y=f(x)$와 직선 $y=\dfrac{1}{n}x$의 서로 다른 교점의 개수를 구하면 된다.
❶

$g(x)=\dfrac{1}{n}x$라 하면 $g'(x)=\dfrac{1}{n}$

곡선 $y=f(x)$와 직선 $y=g(x)$가 접할 때의 접점의 $x$좌표를 $t$라 하면
$$f(t)=g(t)\text{에서}\ \dfrac{\ln|t|}{t}=\dfrac{1}{n}t\qquad\cdots\cdots\ \text{㉠}$$
$$f'(t)=g'(t)\text{에서}\ \dfrac{1-\ln|t|}{t^2}=\dfrac{1}{n}\qquad\cdots\cdots\ \text{㉡}$$

㉠, ㉡을 연립하면
$$\dfrac{\ln|t|}{t}=\dfrac{1-\ln|t|}{t},\ \ln|t|=1-\ln|t|$$
$$\ln|t|=\dfrac{1}{2}\qquad\therefore\ t=\pm e^{\frac{1}{2}}$$
$$\therefore\ n=2e$$
❷

즉, $x\ne0$에서 방정식 $f(x)=g(x)$의 서로 다른 실근의 개수는
$n<2e$일 때 0, $n=2e$일 때 2, $n>2e$일 때 4이므로
$$a_1=a_2=a_3=a_4=a_5=0,\ a_6=a_7=a_8=\cdots=4$$
$$\therefore\ \sum_{n=1}^{8}a_n=a_1+a_2+a_3+\cdots+a_8$$
$$=0\cdot5+4\cdot3=12$$
❸

| 채점 기준 | 배점 비율 |
| --- | --- |
| ❶ 함수 $y=f(x)$의 그래프 그리기 | 40% |
| ❷ 곡선 $y=f(x)$와 직선 $y=\dfrac{1}{n}x$가 접할 때의 $n$의 값 구하기 | 30% |
| ❸ $\sum\limits_{n=1}^{8}a_n$의 값 구하기 | 30% |

## 0983  답 $\dfrac{27}{16e^3}$

$f(x)=x^2e^{-x}$에서
$$f'(x)=2xe^{-x}-x^2e^{-x}=(-x^2+2x)e^{-x}$$이므로
$$x=f'(t)=(-t^2+2t)e^{-t},$$
$$y=f(t)-tf'(t)=t^2e^{-t}-t(-t^2+2t)e^{-t}$$
$$=(t^3-t^2)e^{-t}$$

즉,
$$\frac{dx}{dt}=(-2t+2)e^{-t}-(-t^2+2t)e^{-t}=(t^2-4t+2)e^{-t},$$
$$\frac{dy}{dt}=(3t^2-2t)e^{-t}-(t^3-t^2)e^{-t}=(-t^3+4t^2-2t)e^{-t}$$
이므로
$$\frac{dy}{dx}=\frac{\dfrac{dy}{dt}}{\dfrac{dx}{dt}}=\frac{-t(t^2-4t+2)e^{-t}}{(t^2-4t+2)e^{-t}}=-t \ (단, \ t^2-4t+2\neq0)$$

따라서 주어진 곡선 위의 점 $(x, y)$에서의 접선의 방정식은
$$y=-t\{x-f'(t)\}+f(t)-tf'(t)$$
$$\therefore \ y=-tx+f(t)$$

직선 $y=-tx+f(t)$의 $x$절편은 $\dfrac{f(t)}{t}$, $y$절편은 $f(t)$이므로 곡선 위의 점에서의 접선과 $x$축 및 $y$축으로 둘러싸인 도형의 넓이 $S(t)$는
$$S(t)=\frac{1}{2}\cdot\frac{f(t)}{t}\cdot f(t)=\frac{\{f(t)\}^2}{2t}$$
$$=\frac{(t^2e^{-t})^2}{2t}=\frac{1}{2}t^3e^{-2t}$$

$$S'(t)=\frac{3}{2}t^2e^{-2t}-t^3e^{-2t}=t^2\Big(\frac{3}{2}-t\Big)e^{-2t}$$

$$S'(t)=0에서 \ t=\frac{3}{2} \ (\because \ t>0)$$

$t>0$에서 함수 $S(t)$의 증가와 감소를 표로 나타내면 다음과 같다.

| $t$ | $(0)$ | $\cdots$ | $\dfrac{3}{2}$ | $\cdots$ |
|---|---|---|---|---|
| $S'(t)$ | | $+$ | $0$ | $-$ |
| $S(t)$ | | $\nearrow$ | $\dfrac{27}{16e^3}$ | $\searrow$ |

함수 $S(t)$는 $t=\dfrac{3}{2}$에서 최댓값 $\dfrac{27}{16e^3}$을 가지므로 $t>0$인 모든 실수 $t$에 대하여 부등식 $S(t)\leq k$를 만족시키려면
$$k\geq\frac{27}{16e^3}$$
따라서 실수 $k$의 최솟값은 $\dfrac{27}{16e^3}$이다.

| 채점 기준 | 배점 비율 |
|---|---|
| ❶ $\dfrac{dy}{dx}$ 구하기 | 40 % |
| ❷ 접선의 방정식을 이용하여 $S(t)$ 구하기 | 30 % |
| ❸ 조건을 만족시키는 실수 $k$의 최솟값 구하기 | 30 % |

# 09  여러 가지 함수의 부정적분



**0984** 답 $\dfrac{4}{7}x\sqrt[4]{x^3}+C$

$$\int x^{\frac{3}{4}}\,dx=\frac{4}{7}x^{\frac{7}{4}}+C=\frac{4}{7}x\sqrt[4]{x^3}+C$$

**0985** 답 $-\dfrac{1}{x^2}+C$

$$\int \frac{2}{x^3}\,dx=2\int x^{-3}\,dx=-x^{-2}+C=-\frac{1}{x^2}+C$$

**0986** 답 $\dfrac{5}{9}x\sqrt[5]{x^4}+C$

$$\int \sqrt[5]{x^4}\,dx=\int x^{\frac{4}{5}}\,dx=\frac{5}{9}x^{\frac{9}{5}}+C=\frac{5}{9}x\sqrt[5]{x^4}+C$$

**0987** 답 $-\dfrac{1}{3x^3}+C$

$$\int x^{-4}\,dx=-\frac{1}{3}x^{-3}+C=-\frac{1}{3x^3}+C$$

**0988** 답 $\dfrac{2}{3}x\sqrt{x}-\dfrac{5}{x}+C$

$$\int \Big(\sqrt{x}+\frac{5}{x^2}\Big)\,dx=\int (x^{\frac{1}{2}}+5x^{-2})\,dx$$
$$=\int x^{\frac{1}{2}}\,dx+5\int x^{-2}\,dx$$
$$=\frac{2}{3}x^{\frac{3}{2}}-5x^{-1}+C$$
$$=\frac{2}{3}x\sqrt{x}-\frac{5}{x}+C$$

> **해설 속 칠판** **부정적분의 성질**
>
> 두 함수 $f(x)$, $g(x)$에 대하여
> (1) $\displaystyle\int kf(x)\,dx=k\int f(x)\,dx$ (단, $k$는 0이 아닌 상수)
> (2) $\displaystyle\int \{f(x)\pm g(x)\}\,dx=\int f(x)\,dx\pm\int g(x)\,dx$ (복부호동순)

**0989** 답 $\dfrac{1}{2}x^2-\ln|x|-\dfrac{1}{3x^3}+C$

$$\int \Big(x-\frac{1}{x}+\frac{1}{x^4}\Big)\,dx=\int \Big(x-\frac{1}{x}+x^{-4}\Big)\,dx$$
$$=\int x\,dx-\int \frac{1}{x}\,dx+\int x^{-4}\,dx$$
$$=\frac{1}{2}x^2-\ln|x|-\frac{1}{3}x^{-3}+C$$
$$=\frac{1}{2}x^2-\ln|x|-\frac{1}{3x^3}+C$$

**0990** 📑 $4 \ln|x| - \dfrac{3}{x} + C$

$$\int \frac{4x+3}{x^2}\,dx = \int \left(\frac{4}{x} + \frac{3}{x^2}\right)dx$$
$$= \int \left(\frac{4}{x} + 3x^{-2}\right)dx$$
$$= 4\int \frac{1}{x}\,dx + 3\int x^{-2}\,dx$$
$$= 4\ln|x| - 3x^{-1} + C$$
$$= 4\ln|x| - \frac{3}{x} + C$$

**0991** 📑 $3\ln|x| - \dfrac{2}{\sqrt{x}} + C$

$$\int \left(\frac{3}{x} + \frac{1}{x\sqrt{x}}\right)dx = \int \left(\frac{3}{x} + x^{-\frac{3}{2}}\right)dx$$
$$= 3\int \frac{1}{x}\,dx + \int x^{-\frac{3}{2}}\,dx$$
$$= 3\ln|x| - 2x^{-\frac{1}{2}} + C$$
$$= 3\ln|x| - \frac{2}{\sqrt{x}} + C$$

**0992** 📑 $\dfrac{1}{3}x^3 + 2x - \dfrac{1}{x} + C$

$$\int \left(x + \frac{1}{x}\right)^2 dx = \int \left(x^2 + 2 + \frac{1}{x^2}\right)dx$$
$$= \int (x^2 + 2 + x^{-2})\,dx$$
$$= \int x^2\,dx + 2\int 1\,dx + \int x^{-2}\,dx$$
$$= \frac{1}{3}x^3 + 2x - x^{-1} + C$$
$$= \frac{1}{3}x^3 + 2x - \frac{1}{x} + C$$

**0993** 📑 $\ln|x| - \dfrac{4}{\sqrt{x}} - \dfrac{1}{x} + C$

$$\int \frac{(\sqrt{x}+1)^2}{x^2}\,dx = \int \frac{x + 2\sqrt{x} + 1}{x^2}\,dx$$
$$= \int \left(\frac{1}{x} + \frac{2}{x\sqrt{x}} + \frac{1}{x^2}\right)dx$$
$$= \int \left(\frac{1}{x} + 2x^{-\frac{3}{2}} + x^{-2}\right)dx$$
$$= \int \frac{1}{x}\,dx + 2\int x^{-\frac{3}{2}}\,dx + \int x^{-2}\,dx$$
$$= \ln|x| - 4x^{-\frac{1}{2}} - x^{-1} + C$$
$$= \ln|x| - \frac{4}{\sqrt{x}} - \frac{1}{x} + C$$

**0994** 📑 $3e^x + C$

$$\int 3e^x\,dx = 3\int e^x\,dx = 3e^x + C$$

**0995** 📑 $e^{x-2} + C$

$$\int e^{x-2}\,dx = \int e^x \cdot e^{-2}\,dx = e^{-2}\int e^x\,dx$$
$$= e^{-2} \cdot e^x + C = e^{x-2} + C$$

**0996** 📑 $\dfrac{2 \cdot 3^x}{\ln 3} + C$

$$\int 2 \cdot 3^x\,dx = 2\int 3^x\,dx = \frac{2 \cdot 3^x}{\ln 3} + C$$

**0997** 📑 $\dfrac{16^x}{\ln 16} + C$

$$\int 4^{2x}\,dx = \int 16^x\,dx = \frac{16^x}{\ln 16} + C$$

**0998** 📑 $e^{x+3} + \dfrac{6^{x-1}}{\ln 6} + C$

$$\int (e^{x+3} + 6^{x-1})\,dx = \int (e^x \cdot e^3 + 6^x \cdot 6^{-1})\,dx$$
$$= e^3\int e^x\,dx + 6^{-1}\int 6^x\,dx$$
$$= e^3 \cdot e^x + 6^{-1} \cdot \frac{6^x}{\ln 6} + C$$
$$= e^{x+3} + \frac{6^{x-1}}{\ln 6} + C$$

**0999** 📑 $\dfrac{9^x}{\ln 9} - \dfrac{2 \cdot 3^x}{\ln 3} + x + C$

$$\int (3^x - 1)^2\,dx = \int (9^x - 2 \cdot 3^x + 1)\,dx$$
$$= \int 9^x\,dx - 2\int 3^x\,dx + \int 1\,dx$$
$$= \frac{9^x}{\ln 9} - \frac{2 \cdot 3^x}{\ln 3} + x + C$$

**1000** 📑 $-3\cos x - 2\sin x + C$

$$\int (3\sin x - 2\cos x)\,dx = 3\int \sin x\,dx - 2\int \cos x\,dx$$
$$= -3\cos x - 2\sin x + C$$

**1001** 📑 $4\tan x + C$

$$\int 4\sec^2 x\,dx = 4\int \sec^2 x\,dx = 4\tan x + C$$

**1002** 📑 $\tan x + \sec x + C$

$$\int \sec x(\sec x + \tan x)\,dx = \int (\sec^2 x + \sec x \tan x)\,dx$$
$$= \int \sec^2 x\,dx + \int \sec x \tan x\,dx$$
$$= \tan x + \sec x + C$$

**1003** 📑 $-3\cot x + 2x + C$

$$\int \frac{3 + 2\sin^2 x}{\sin^2 x}\,dx = \int \left(\frac{3}{\sin^2 x} + 2\right)dx$$
$$= \int (3\csc^2 x + 2)\,dx$$
$$= 3\int \csc^2 x\,dx + 2\int 1\,dx$$
$$= -3\cot x + 2x + C$$

## 1004 📗 $2\sin x-\cos x+C$

$$\int(2+\tan x)\cos x\,dx=\int\left(2\cos x+\frac{\sin x}{\cos x}\cdot\cos x\right)dx$$
$$=\int(2\cos x+\sin x)\,dx$$
$$=2\int\cos x\,dx+\int\sin x\,dx$$
$$=2\sin x-\cos x+C$$

## 1005 📗 $\sin x+\tan x+C$

$$\int(1+\sec^3 x)\cos x\,dx=\int(\cos x+\sec^3 x\cdot\cos x)\,dx$$
$$=\int(\cos x+\sec^2 x)\,dx$$
$$=\int\cos x\,dx+\int\sec^2 x\,dx$$
$$=\sin x+\tan x+C$$

## 1006 📗 $-\cot x-x+C$

$$\int\cot^2 x\,dx=\int(\csc^2 x-1)\,dx \quad {\scriptstyle 1+\cot^2 x=\csc^2 x\text{에서}\atop \scriptstyle \cot^2 x=\csc^2 x-1}$$
$$=\int\csc^2 x\,dx-\int 1\,dx$$
$$=-\cot x-x+C$$

## 1007 📗 $x-\cos x+C$

$$\int\frac{\cos^2 x}{1-\sin x}\,dx=\int\frac{1-\sin^2 x}{1-\sin x}\,dx \quad {\scriptstyle \sin^2 x+\cos^2 x=1\text{에서}\atop \scriptstyle \cos^2 x=1-\sin^2 x}$$
$$=\int\frac{(1-\sin x)(1+\sin x)}{1-\sin x}\,dx$$
$$=\int(1+\sin x)\,dx$$
$$=\int 1\,dx+\int\sin x\,dx$$
$$=x-\cos x+C$$

## 1008 📗 $\dfrac{1}{18}(3x+2)^6+C$

$3x+2=t$라 하면 $\dfrac{dt}{dx}=3$이므로

$$\int(3x+2)^5\,dx=\int t^5\cdot\frac{1}{3}\,dt=\frac{1}{18}t^6+C=\frac{1}{18}(3x+2)^6+C$$

## 1009 📗 $-\dfrac{1}{4}\cos(3+4x)+C$

$3+4x=t$라 하면 $\dfrac{dt}{dx}=4$이므로

$$\int\sin(3+4x)\,dx=\int\sin t\cdot\frac{1}{4}\,dt=-\frac{1}{4}\cos t+C$$
$$=-\frac{1}{4}\cos(3+4x)+C$$

## 1010 📗 $-\dfrac{2}{3}(2-x)\sqrt{2-x}+C$

$2-x=t$라 하면 $\dfrac{dt}{dx}=-1$이므로

$$\int\sqrt{2-x}\,dx=\int\sqrt{t}\cdot(-1)\,dt=-\int t^{\frac{1}{2}}\,dt$$
$$=-\frac{2}{3}t^{\frac{3}{2}}+C=-\frac{2}{3}t\sqrt{t}+C$$
$$=-\frac{2}{3}(2-x)\sqrt{2-x}+C$$

## 1011 📗 $\dfrac{1}{6}e^{6x+1}+C$

$6x+1=t$라 하면 $\dfrac{dt}{dx}=6$이므로

$$\int e^{6x+1}\,dx=\int e^t\cdot\frac{1}{6}\,dt=\frac{1}{6}e^t+C=\frac{1}{6}e^{6x+1}+C$$

## 1012 📗 $2\sqrt{x^4+2}+C$

$x^4+2=t$라 하면 $\dfrac{dt}{dx}=4x^3$이므로

$$\int\frac{4x^3}{\sqrt{x^4+2}}\,dx=\int\frac{1}{\sqrt{t}}\,dt=\int t^{-\frac{1}{2}}\,dt$$
$$=2t^{\frac{1}{2}}+C=2\sqrt{t}+C$$
$$=2\sqrt{x^4+2}+C$$

## 1013 📗 $\dfrac{1}{4}e^{x^4}+C$

$x^4=t$라 하면 $\dfrac{dt}{dx}=4x^3$이므로

$$\int x^3 e^{x^4}\,dx=\int e^t\cdot\frac{1}{4}\,dt=\frac{1}{4}e^t+C=\frac{1}{4}e^{x^4}+C$$

## 1014 📗 $\dfrac{1}{2}(\ln x)^2+C$

$\ln x=t$라 하면 $\dfrac{dt}{dx}=\dfrac{1}{x}$이므로

$$\int\frac{\ln x}{x}\,dx=\int t\,dt=\frac{1}{2}t^2+C=\frac{1}{2}(\ln x)^2+C$$

## 1015 📗 $-\dfrac{1}{3}\cos^3 x+C$

$\cos x=t$라 하면 $\dfrac{dt}{dx}=-\sin x$이므로

$$\int\sin x\cos^2 x\,dx=\int t^2\cdot(-1)\,dt$$
$$=-\frac{1}{3}t^3+C$$
$$=-\frac{1}{3}\cos^3 x+C$$

## 1016 📗 $\ln|x^3-2x+5|+C$

$(x^3-2x+5)'=3x^2-2$이므로

$$\int\frac{3x^2-2}{x^3-2x+5}\,dx=\int\frac{(x^3-2x+5)'}{x^3-2x+5}\,dx$$
$$=\ln|x^3-2x+5|+C$$

## 1017 📗 $\ln|\sin x|+C$

$(\sin x)'=\cos x$이므로

$$\int\frac{\cos x}{\sin x}\,dx=\int\frac{(\sin x)'}{\sin x}\,dx=\ln|\sin x|+C$$

**1018** 답 $\dfrac{1}{3}\ln\left|\dfrac{x}{x+3}\right|+C$

$\dfrac{1}{x^2+3x}=\dfrac{1}{x(x+3)}=\dfrac{1}{3}\left(\dfrac{1}{x}-\dfrac{1}{x+3}\right)$이므로

$\displaystyle\int\dfrac{1}{x^2+3x}\,dx=\dfrac{1}{3}\int\left(\dfrac{1}{x}-\dfrac{1}{x+3}\right)dx$

$\qquad\qquad=\dfrac{1}{3}\left(\ln|x|-\ln|x+3|\right)+C$

$\qquad\qquad=\dfrac{1}{3}\ln\left|\dfrac{x}{x+3}\right|+C$

**1019** 답 $\ln|x+1|+\ln|x-2|+C$

$\dfrac{2x-1}{(x+1)(x-2)}=\dfrac{a}{x+1}+\dfrac{b}{x-2}$라 하면

$\dfrac{2x-1}{(x+1)(x-2)}=\dfrac{a(x-2)+b(x+1)}{(x+1)(x-2)}=\dfrac{(a+b)x-(2a-b)}{(x+1)(x-2)}$

위의 등식은 $x$에 대한 항등식이므로

$a+b=2,\ 2a-b=1$

위의 두 식을 연립하여 풀면

$a=1,\ b=1$

$\therefore\displaystyle\int\dfrac{2x-1}{(x+1)(x-2)}\,dx=\int\left(\dfrac{1}{x+1}+\dfrac{1}{x-2}\right)dx$

$\qquad\qquad=\ln|x+1|+\ln|x-2|+C$

**1020** 답 $x+2\ln|x+1|+C$

$\dfrac{x+3}{x+1}=\dfrac{(x+1)+2}{x+1}=1+\dfrac{2}{x+1}$이므로

$\displaystyle\int\dfrac{x+3}{x+1}\,dx=\int\left(1+\dfrac{2}{x+1}\right)dx=x+2\ln|x+1|+C$

**1021** 답 $\dfrac{1}{2}x^2+2x+9\ln|x-2|+C$

$\dfrac{x^2+5}{x-2}=\dfrac{(x+2)(x-2)+9}{x-2}=x+2+\dfrac{9}{x-2}$이므로

$\displaystyle\int\dfrac{x^2+5}{x-2}\,dx=\int\left(x+2+\dfrac{9}{x-2}\right)dx$

$\qquad\qquad=\dfrac{1}{2}x^2+2x+9\ln|x-2|+C$

**1022** 답 $xe^{x+1}-e^{x+1}+C$

$f(x)=x,\ g'(x)=e^{x+1}$이라 하면

$f'(x)=1,\ g(x)=e^{x+1}$이므로

$\displaystyle\int xe^{x+1}\,dx=xe^{x+1}-\int 1\cdot e^{x+1}\,dx$

$\qquad\qquad=xe^{x+1}-\int e^{x+1}\,dx$

$\qquad\qquad=xe^{x+1}-e^{x+1}+C$

**1023** 답 $x\ln x-x+C$

$f(x)=\ln x,\ g'(x)=1$이라 하면

$f'(x)=\dfrac{1}{x},\ g(x)=x$이므로

$\displaystyle\int\ln x\,dx=(\ln x)\cdot x-\int\dfrac{1}{x}\cdot x\,dx$

$\qquad\qquad=x\ln x-\int 1\,dx$

$\qquad\qquad=x\ln x-x+C$

**1024** 답 $\dfrac{1}{3}x^3\ln x-\dfrac{1}{9}x^3+C$

$f(x)=\ln x,\ g'(x)=x^2$이라 하면

$f'(x)=\dfrac{1}{x},\ g(x)=\dfrac{1}{3}x^3$이므로

$\displaystyle\int x^2\ln x\,dx=(\ln x)\cdot\dfrac{1}{3}x^3-\int\dfrac{1}{x}\cdot\dfrac{1}{3}x^3\,dx$

$\qquad\qquad=\dfrac{1}{3}x^3\ln x-\int\dfrac{1}{3}x^2\,dx$

$\qquad\qquad=\dfrac{1}{3}x^3\ln x-\dfrac{1}{9}x^3+C$

**1025** 답 $(x-3)\sin x+\cos x+C$

$f(x)=x-3,\ g'(x)=\cos x$라 하면

$f'(x)=1,\ g(x)=\sin x$이므로

$\displaystyle\int(x-3)\cos x\,dx=(x-3)\sin x-\int 1\cdot\sin x\,dx$

$\qquad\qquad=(x-3)\sin x-\int\sin x\,dx$

$\qquad\qquad=(x-3)\sin x+\cos x+C$

**P** attern 유형 마스터

본문 166~178쪽

**1026** 답 ④

**1027** 답 ①

$F(x)=\displaystyle\int f(x)\,dx=\int\left(x+\dfrac{1}{x^2}\right)^2 dx$

$\qquad=\displaystyle\int\left(x^2+\dfrac{2}{x}+\dfrac{1}{x^4}\right)dx=\int\left(x^2+\dfrac{2}{x}+x^{-4}\right)dx$

$\qquad=\dfrac{1}{3}x^3+2\ln|x|-\dfrac{1}{3}x^{-3}+C$

$\qquad=\dfrac{1}{3}x^3+2\ln|x|-\dfrac{1}{3x^3}+C$

$F(e)=\dfrac{1}{3}\left(e^3-\dfrac{1}{e^3}\right)$이므로 $\dfrac{1}{3}e^3+2-\dfrac{1}{3e^3}+C=\dfrac{1}{3}\left(e^3-\dfrac{1}{e^3}\right)$

$\therefore C=-2$

따라서 $F(x)=\dfrac{1}{3}x^3+2\ln|x|-\dfrac{1}{3x^3}-2$이므로

$F(1)=\dfrac{1}{3}-\dfrac{1}{3}-2=-2$

**1028** 답 ⑤

$f'(x)=\dfrac{x^2+\sqrt{x}}{x}$이므로

$f(x)=\displaystyle\int f'(x)\,dx=\int\dfrac{x^2+\sqrt{x}}{x}\,dx$

$\qquad=\displaystyle\int\left(x+\dfrac{1}{\sqrt{x}}\right)dx=\int\left(x+x^{-\frac{1}{2}}\right)dx$

$\qquad=\dfrac{1}{2}x^2+2x^{\frac{1}{2}}+C=\dfrac{1}{2}x^2+2\sqrt{x}+C$

$f(1)=\dfrac{3}{2}$이므로 $\dfrac{1}{2}+2+C=\dfrac{3}{2}$

$\therefore C=-1$ ← 곡선 $y=f(x)$가 점 $\left(1,\dfrac{3}{2}\right)$을 지나므로

따라서 $f(x)=\dfrac{1}{2}x^2+2\sqrt{x}-1$이므로

$f(4)=\dfrac{1}{2}\cdot 4^2+2\sqrt{4}-1=11$

## 1029 답 ②

$h(x)=f(x)-g(x)$라 하면

$h'(x)=f'(x)-g'(x)$

$\quad =\dfrac{x^2}{x^2+x}-\dfrac{1}{x^2+x}=\dfrac{x^2-1}{x^2+x}$

$\quad =\dfrac{(x+1)(x-1)}{x(x+1)}=\dfrac{x-1}{x}=1-\dfrac{1}{x}$

$\therefore h(x)=\displaystyle\int h'(x)\,dx$

$\quad =\displaystyle\int\left(1-\dfrac{1}{x}\right)dx$

$\quad =x-\ln|x|+C$

$f(1)=g(1)+1$에서 $f(1)-g(1)=1$, 즉 $h(1)=1$이므로

$1+C=1$　$\therefore C=0$

따라서 $h(x)=x-\ln|x|$이므로

$g(e)-f(e)=-h(e)=-(e-1)=-e+1$

## 1030 답 ①

$F(x)=xf(x)+x^3+2\ln x$의 양변을 $x$에 대하여 미분하면

$f(x)=f(x)+xf'(x)+3x^2+\dfrac{2}{x}$

$\therefore f'(x)=-3x-\dfrac{2}{x^2}$

$\therefore f(x)=\displaystyle\int f'(x)\,dx=\int\left(-3x-\dfrac{2}{x^2}\right)dx$

$\quad =\displaystyle\int(-3x-2x^{-2})\,dx=-\dfrac{3}{2}x^2+2x^{-1}+C$

$\quad =-\dfrac{3}{2}x^2+\dfrac{2}{x}+C$

$f(1)=0$이므로 $-\dfrac{3}{2}+2+C=0$

$\therefore C=-\dfrac{1}{2}$

따라서 $f(x)=-\dfrac{3}{2}x^2+\dfrac{2}{x}-\dfrac{1}{2}$이므로

$f(2)=-\dfrac{3}{2}\cdot 2^2+1-\dfrac{1}{2}=-\dfrac{11}{2}$

## 1031 답 ③

## 1032 답 ①

$f(x)=\displaystyle\int f'(x)\,dx=\int(e^x+\sqrt{x})\,dx$

$\quad =\displaystyle\int\left(e^x+x^{\frac{1}{2}}\right)dx=e^x+\dfrac{2}{3}x^{\frac{3}{2}}+C$

$\quad =e^x+\dfrac{2}{3}x\sqrt{x}+C$

$f(1)=\dfrac{2}{3}$이므로 $e+\dfrac{2}{3}+C=\dfrac{2}{3}$

$\therefore C=-e$

따라서 $f(x)=e^x+\dfrac{2}{3}x\sqrt{x}-e$이므로

$f(0)=1-e$

## 1033 답 23

$f(x)=\displaystyle\int(2^x+1)(4^x-2^x+1)\,dx$

$\quad =\displaystyle\int(8^x+1)\,dx$

$\quad =\dfrac{8^x}{\ln 8}+x+C$

$f(0)=\dfrac{1}{3\ln 2}$이므로 $\dfrac{1}{\ln 8}+C=\dfrac{1}{3\ln 2}$

$\dfrac{1}{3\ln 2}+C=\dfrac{1}{3\ln 2}$

$\therefore C=0$

따라서 $f(x)=\dfrac{8^x}{\ln 8}+x$이므로

$f(-1)=\dfrac{1}{8\ln 8}-1=\dfrac{1}{24\ln 2}-1$

즉, $m=24$, $n=-1$이므로

$m+n=24+(-1)=23$

## 1034 답 ②

$\displaystyle\lim_{h\to 0}\dfrac{f(x)-f(x+h)}{h}=-\lim_{h\to 0}\dfrac{f(x+h)-f(x)}{h}=-f'(x)$

이므로

$-f'(x)=\dfrac{1-x\cdot 3^x}{x}$

$\therefore f'(x)=\dfrac{x\cdot 3^x-1}{x}=3^x-\dfrac{1}{x}$

$\therefore f(x)=\displaystyle\int f'(x)\,dx$

$\quad =\displaystyle\int\left(3^x-\dfrac{1}{x}\right)dx$

$\quad =\dfrac{3^x}{\ln 3}-\ln|x|+C$

$f(1)=\dfrac{3}{\ln 3}$이므로 $\dfrac{3}{\ln 3}+C=\dfrac{3}{\ln 3}$

$\therefore C=0$

따라서 $f(x)=\dfrac{3^x}{\ln 3}-\ln|x|$이므로

$f(-1)=\dfrac{3^{-1}}{\ln 3}=\dfrac{1}{3\ln 3}$

## 1035 답 ②

$f(x)=\displaystyle\int 2^{-x+1}\,dx=\int 2\cdot 2^{-x}\,dx$

$\quad =2\cdot\left(-\dfrac{2^{-x}}{\ln 2}\right)+C=-\dfrac{2^{-x+1}}{\ln 2}+C$

$f(2)=-\dfrac{1}{2\ln 2}$이므로 $-\dfrac{2^{-1}}{\ln 2}+C=-\dfrac{1}{2\ln 2}$

$-\dfrac{1}{2\ln 2}+C=-\dfrac{1}{2\ln 2}$

$\therefore C=0$

따라서 $f(x)=-\dfrac{2^{-x+1}}{\ln 2}$이므로

$\displaystyle\sum_{n=1}^{\infty}f(n)=\sum_{n=1}^{\infty}\left(-\dfrac{2^{-n+1}}{\ln 2}\right)=-\dfrac{1}{\ln 2}\sum_{n=1}^{\infty}\left(\dfrac{1}{2}\right)^{n-1}$

$\quad =-\dfrac{1}{\ln 2}\cdot\dfrac{1}{1-\dfrac{1}{2}}=-\dfrac{2}{\ln 2}$

## 1036  답 ④

## 1037  답 ②

$$F(x)=\int f(x)\,dx=\int (1-\tan^2 x)\,dx$$
$$=\int \{1-(\sec^2 x-1)\}\,dx=\int (2-\sec^2 x)\,dx$$
$$=2x-\tan x+C$$

$F(0)=\dfrac{\pi}{2}$이므로 $C=\dfrac{\pi}{2}$

따라서 $F(x)=2x-\tan x+\dfrac{\pi}{2}$이므로

$$F\left(\dfrac{\pi}{4}\right)=2\cdot\dfrac{\pi}{4}-1+\dfrac{\pi}{2}=\pi-1$$

## 1038  답 ④

$$f(x)=\int f'(x)\,dx=\int 2\cos x\,dx=2\sin x+C$$

이때 $-1\le \sin x\le 1$에서

$$-2+C\le 2\sin x+C\le 2+C$$

즉, 함수 $f(x)=2\sin x+C$의 최솟값은 $-2+C$이므로

$-2+C=3$    $\therefore C=5$

따라서 $f(x)=2\sin x+5$이므로 함수 $f(x)$의 최댓값은

$2+5=7$

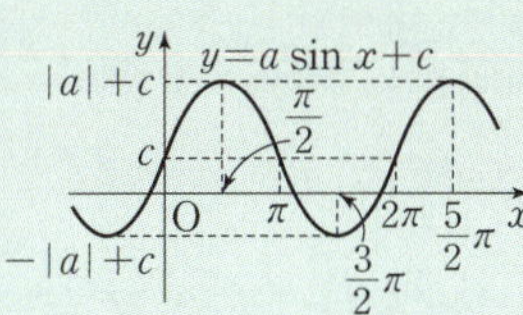



함수 $y=a\sin x+c$의 최댓값은 $|a|+c$, 최솟값은 $-|a|+c$이다.

## 1039  답 ②

$$\lim_{h\to 0}\dfrac{f(x+h)-f(x+2h)}{h\cos x}$$
$$=\dfrac{1}{\cos x}\lim_{h\to 0}\dfrac{f(x+h)-f(x)-f(x+2h)+f(x)}{h}$$
$$=\dfrac{1}{\cos x}\left\{\lim_{h\to 0}\dfrac{f(x+h)-f(x)}{h}-\lim_{h\to 0}\dfrac{f(x+2h)-f(x)}{2h}\cdot 2\right\}$$
$$=\dfrac{1}{\cos x}\{f'(x)-2f'(x)\}$$
$$=-\dfrac{1}{\cos x}f'(x)$$

즉, $-\dfrac{1}{\cos x}f'(x)=\tan x-2$이므로

$$f'(x)=\cos x(2-\tan x)$$

따라서

$$f(x)=\int f'(x)\,dx$$
$$=\int \cos x(2-\tan x)\,dx$$
$$=\int (2\cos x-\sin x)\,dx$$
$$=2\sin x+\cos x+C$$

이므로

---

$$f\left(\dfrac{\pi}{3}\right)-f\left(\dfrac{\pi}{6}\right)=\left(2\cdot\dfrac{\sqrt{3}}{2}+\dfrac{1}{2}+C\right)-\left(2\cdot\dfrac{1}{2}+\dfrac{\sqrt{3}}{2}+C\right)$$
$$=\dfrac{\sqrt{3}-1}{2}$$

## 1040  답 ②

$\dfrac{d}{dx}\{f(x)\sin x\}=\dfrac{1}{1+\sin x}$에서

$$\int\left[\dfrac{d}{dx}\{f(x)\sin x\}\right]dx=\int \dfrac{1}{1+\sin x}\,dx$$
$$f(x)\sin x+C_1=\int \dfrac{1}{1+\sin x}\,dx$$
$$=\int \dfrac{1-\sin x}{(1+\sin x)(1-\sin x)}\,dx$$
$$=\int \dfrac{1-\sin x}{1-\sin^2 x}\,dx$$
$$=\int \dfrac{1-\sin x}{\cos^2 x}\,dx$$
$$=\int \left(\dfrac{1}{\cos^2 x}-\dfrac{\sin x}{\cos^2 x}\right)dx$$
$$=\int (\sec^2 x-\sec x\tan x)\,dx$$
$$=\tan x-\sec x+C_2$$

$\therefore f(x)\sin x=\tan x-\sec x+C$

$f\left(\dfrac{\pi}{3}\right)=2$이므로 $2\cdot\dfrac{\sqrt{3}}{2}=\sqrt{3}-2+C$

$\sqrt{3}=\sqrt{3}-2+C$    $\therefore C=2$

따라서 $f(x)\sin x=\tan x-\sec x+2$이므로 양변에 $x=-\dfrac{\pi}{6}$를

대입하면

$$f\left(-\dfrac{\pi}{6}\right)\cdot\left(-\dfrac{1}{2}\right)=-\dfrac{1}{\sqrt{3}}-\dfrac{2}{\sqrt{3}}+2$$
$$-\dfrac{1}{2}f\left(-\dfrac{\pi}{6}\right)=-\sqrt{3}+2$$
$$\therefore f\left(-\dfrac{\pi}{6}\right)=2\sqrt{3}-4$$



(1) $\dfrac{d}{dx}\left\{\int f(x)\,dx\right\}=f(x)$

(2) $\int \left\{\dfrac{d}{dx}f(x)\right\}dx=f(x)+C$

## 1041  답 ⑤

## 1042  답 ⑤

$x^3+x+1=t$라 하면 $\dfrac{dt}{dx}=3x^2+1$이므로

$$f(x)=\int \dfrac{3x^2+1}{(x^3+x+1)^2}\,dx=\int \dfrac{1}{t^2}\,dt=\int t^{-2}\,dt$$
$$=-t^{-1}+C=-\dfrac{1}{t}+C=-\dfrac{1}{x^3+x+1}+C$$

$f(0)=3$이므로 $-1+C=3$

$\therefore C=4$

따라서 $f(x)=-\dfrac{1}{x^3+x+1}+4$이므로

$$f(-1)=-\dfrac{1}{-1-1+1}+4=5$$

## 1043  답 ③

$3x-1=t$라 하면 $\dfrac{dt}{dx}=3$이므로

$$f(x)=\int \frac{1}{(3x-1)^5}\,dx=\int \frac{1}{t^5}\cdot\frac{1}{3}\,dt$$

$$=\frac{1}{3}\int t^{-5}\,dt=-\frac{1}{12}t^{-4}+C$$

$$=-\frac{1}{12t^4}+C=-\frac{1}{12(3x-1)^4}+C$$

$$\therefore\ f(1)-f(0)=\left(-\frac{1}{12\cdot 2^4}+C\right)-\left(-\frac{1}{12}+C\right)$$

$$=\frac{1}{12}\left(-\frac{1}{16}+1\right)=\frac{5}{64}$$

## 1044  답 ③

$ax-3=t$라 하면 $\dfrac{dt}{dx}=a$이므로

$$F(x)=\int f(x)\,dx=\int (ax-3)^4\,dx$$

$$=\int t^4\cdot\frac{1}{a}\,dt=\frac{1}{5a}t^5+C$$

$$=\frac{1}{5a}(ax-3)^5+C$$

이때 $F(x)$의 최고차항의 계수가 5이므로

$$\frac{1}{5a}\cdot a^5=5,\ a^4=25$$

$$\therefore\ a=\sqrt5\ (\because a>0)$$

## 1045  답 ②

$$f'(x)=(x-1)(x^2-2x-3)^2$$
$$=(x-1)(x+1)^2(x-3)^2$$

$f'(x)=0$에서 $x=-1$ 또는 $x=1$ 또는 $x=3$

함수 $f(x)$의 증가와 감소를 표로 나타내면 다음과 같다.

| $x$ | $\cdots$ | $-1$ | $\cdots$ | $1$ | $\cdots$ | $3$ | $\cdots$ |
|---|---|---|---|---|---|---|---|
| $f'(x)$ | $-$ | $0$ | $-$ | $0$ | $+$ | $0$ | $+$ |
| $f(x)$ | $\searrow$ | | $\searrow$ | 극소 | $\nearrow$ | | $\nearrow$ |

즉, 함수 $f(x)$는 $x=1$에서 극솟값을 갖는다.

한편,

$$f(x)=\int f'(x)\,dx$$

$$=\int (x-1)(x^2-2x-3)^2\,dx$$

에서 $x^2-2x-3=t$라 하면 $\dfrac{dt}{dx}=2x-2$이므로

$$f(x)=\int (x-1)(x^2-2x-3)^2\,dx=\int t^2\cdot\frac{1}{2}\,dt$$

$$=\frac{1}{6}t^3+C=\frac{1}{6}(x^2-2x-3)^3+C$$

$f(1)=\dfrac{1}{3}$이므로 $\dfrac{1}{6}\cdot(-4)^3+C=\dfrac{1}{3}$

$$-\frac{32}{3}+C=\frac{1}{3}$$



$$\therefore\ C=11$$

따라서 $f(x)=\dfrac{1}{6}(x^2-2x-3)^3+11$이므로

$$f(0)=\frac{1}{6}\cdot(-3)^3+11=\frac{13}{2}$$

## 1046  답 ②

## 1047  답 2

$4-x^2=t$라 하면 $\dfrac{dt}{dx}=-2x$이므로

$$F(x)=\int f(x)\,dx=\int \frac{x}{\sqrt{4-x^2}}\,dx$$

$$=\int \frac{1}{\sqrt t}\cdot\left(-\frac{1}{2}\right)dt=-\frac{1}{2}\int t^{-\frac{1}{2}}\,dt$$

$$=-t^{\frac{1}{2}}+C=-\sqrt t+C$$

$$=-\sqrt{4-x^2}+C$$

$F(0)=0$이므로 $-\sqrt4+C=0$

$$\therefore\ C=2$$

따라서 $F(x)=-\sqrt{4-x^2}+2$이므로
$F(2)=2$

## 1048  답 2

$e^x+1=t$라 하면 $\dfrac{dt}{dx}=e^x$이므로

$$f(x)=\int \frac{e^{2x}}{\sqrt{e^x+1}}\,dx=\int \frac{t-1}{\sqrt t}\,dt$$

$$=\int \left(\sqrt t-\frac{1}{\sqrt t}\right)dt=\int (t^{\frac{1}{2}}-t^{-\frac{1}{2}})\,dt$$

$$=\frac{2}{3}t^{\frac{3}{2}}-2t^{\frac{1}{2}}+C=\frac{2}{3}t\sqrt t-2\sqrt t+C$$

$$=\frac{2}{3}(e^x+1)\sqrt{e^x+1}-2\sqrt{e^x+1}+C$$

$$=\frac{2}{3}(e^x-2)\sqrt{e^x+1}+C$$

$f(0)=-\dfrac{2\sqrt2}{3}$이므로 $\dfrac{2}{3}\cdot(-1)\cdot\sqrt2+C=-\dfrac{2\sqrt2}{3}$

$$\therefore\ C=0$$

$$\therefore\ f(x)=\frac{2}{3}(e^x-2)\sqrt{e^x+1}$$

$f(x)=0$에서 $\dfrac{2}{3}(e^x-2)\sqrt{e^x+1}=0$

$e^x-2=0\ (\because e^x>0)$

$e^x=2\quad\therefore\ x=\ln 2$

따라서 구하는 실수 $k$의 값은 2이다.

## 1049  답 ⑤

$$F(x)=(x+1)f(x)-\sqrt[3]{x+1}$$
$$=(x+1)f(x)-(x+1)^{\frac{1}{3}}$$

이므로 

위의 식의 양변을 $x$에 대하여 미분하면

$$f(x)=f(x)+(x+1)f'(x)-\frac{1}{3}(x+1)^{-\frac{2}{3}}$$



$$(x+1)f'(x)=\frac{1}{3}(x+1)^{-\frac{2}{3}}$$

$$\therefore\ f'(x)=\frac{1}{3}(x+1)^{-\frac{5}{3}}$$

$$f(x)=\int f'(x)\,dx=\int \frac{1}{3}(x+1)^{-\frac{5}{3}}\,dx$$

$x+1=t$라 하면 $\dfrac{dt}{dx}=1$이므로

$$f(x)=\int \frac{1}{3}t^{-\frac{5}{3}}\,dt=-\frac{1}{2}t^{-\frac{2}{3}}+C$$

$$=-\frac{1}{2\sqrt[3]{t^2}}+C=-\frac{1}{2\sqrt[3]{(x+1)^2}}+C$$

$f(0)=-\dfrac{1}{2}$이므로 $-\dfrac{1}{2}+C=-\dfrac{1}{2}$

$\therefore C=0$

따라서 $f(x)=-\dfrac{1}{2\sqrt[3]{(x+1)^2}}$이므로

$$f(7)=-\frac{1}{2\sqrt[3]{8^2}}=-\frac{1}{2\cdot 4}=-\frac{1}{8}$$

## 1050  답 ②

$$\frac{x}{\sqrt{x^2+1}-\sqrt{x^2-1}}=\frac{x(\sqrt{x^2+1}+\sqrt{x^2-1})}{(\sqrt{x^2+1}-\sqrt{x^2-1})(\sqrt{x^2+1}+\sqrt{x^2-1})}$$

$$=\frac{x(\sqrt{x^2+1}+\sqrt{x^2-1})}{(x^2+1)-(x^2-1)}$$

$$=\frac{1}{2}x(\sqrt{x^2+1}+\sqrt{x^2-1})$$

이므로

$$f(x)=\int \frac{x}{\sqrt{x^2+1}-\sqrt{x^2-1}}\,dx$$

$$=\frac{1}{2}\int x(\sqrt{x^2+1}+\sqrt{x^2-1})\,dx$$

$$=\frac{1}{2}\left(\int x\sqrt{x^2+1}\,dx+\int x\sqrt{x^2-1}\,dx\right)$$

$x^2+1=t,\ x^2-1=s$라 하면 $\dfrac{dt}{dx}=2x,\ \dfrac{ds}{dx}=2x$이므로

$$f(x)=\frac{1}{2}\left(\int \sqrt{t}\cdot\frac{1}{2}\,dt+\int \sqrt{s}\cdot\frac{1}{2}\,ds\right)$$

$$=\frac{1}{4}\left(\int t^{\frac{1}{2}}\,dt+\int s^{\frac{1}{2}}\,ds\right)$$

$$=\frac{1}{6}(t^{\frac{3}{2}}+s^{\frac{3}{2}})+C$$

$$=\frac{1}{6}(t\sqrt{t}+s\sqrt{s})+C$$

$$=\frac{1}{6}\{(x^2+1)\sqrt{x^2+1}+(x^2-1)\sqrt{x^2-1}\}+C$$

$f(1)=\sqrt{2}$이므로 $\dfrac{1}{6}\cdot 2\sqrt{2}+C=\sqrt{2}$  $\therefore C=\dfrac{2\sqrt{2}}{3}$

따라서 $f(x)=\dfrac{1}{6}\{(x^2+1)\sqrt{x^2+1}+(x^2-1)\sqrt{x^2-1}\}+\dfrac{2\sqrt{2}}{3}$

이므로


$$f(\sqrt{3})=\frac{1}{6}(4\sqrt{4}+2\sqrt{2})+\frac{2\sqrt{2}}{3}=\frac{4}{3}+\sqrt{2}$$

## 1051  답 ③

## 1052  답 ④

$\dfrac{2}{x}=t$라 하면 $\dfrac{dt}{dx}=-\dfrac{2}{x^2}$이므로

$$f(x)=\int \frac{e^{\frac{2}{x}}}{x^2}\,dx=\int e^t\cdot\left(-\frac{1}{2}\right)dt$$

$$=-\frac{1}{2}e^t+C=-\frac{1}{2}e^{\frac{2}{x}}+C$$

$$\therefore f(2)-f(1)=\left(-\frac{1}{2}e+C\right)-\left(-\frac{1}{2}e^2+C\right)=\frac{e^2-e}{2}$$

## 1053  답 ②

$$f(x)=\int f'(x)\,dx=\int e^x(e^x-1)^4\,dx$$

$e^x-1=t$라 하면 $\dfrac{dt}{dx}=e^x$이므로

$$f(x)=\int e^x(e^x-1)^4\,dx=\int t^4\,dt$$

$$=\frac{1}{5}t^5+C=\frac{1}{5}(e^x-1)^5+C$$

$f(0)=0$이므로 $C=0$ 

따라서 $f(x)=\dfrac{1}{5}(e^x-1)^5$이므로

$$f(\ln 2)=\frac{1}{5}\cdot(2-1)^5=\frac{1}{5}$$

## 1054  답 ③

$\sqrt{x}=t$라 하면 $\dfrac{dt}{dx}=\dfrac{1}{2\sqrt{x}}$이므로

$$f(x)=\int f'(x)\,dx=\int \frac{e^{\sqrt{x}}}{\sqrt{x}}\,dx$$

$$=\int e^t\cdot 2\,dt=2e^t+C$$

$$=2e^{\sqrt{x}}+C$$

$f(1)=e$이므로 $2e+C=e$

$\therefore C=-e$

따라서 $f(x)=2e^{\sqrt{x}}-e$이므로

$$f(4)=2e^{\sqrt{4}}-e=2e^2-e$$

## 1055  답 ①

곡선 $y=f(x)$ 위의 $x=-1$인 점에서의 접선의 기울기와 $x=1$인 점에서의 접선의 기울기가 서로 같으므로

$$f'(-1)=f'(1)$$

$$-\frac{1}{a}=e \quad \therefore a=-\frac{1}{e}$$

( i ) $x>0$일 때

$f'(x)=xe^{x^2}$이므로

$$f(x)=\int xe^{x^2}\,dx$$

$x^2=t$라 하면 $\dfrac{dt}{dx}=2x$이므로

$$f(x)=\int xe^{x^2}\,dx=\int e^t\cdot\frac{1}{2}\,dt$$

$$=\frac{1}{2}e^t+C_1=\frac{1}{2}e^{x^2}+C_1$$

(ii) $x<0$일 때

$f'(x)=-ex$이므로

$$f(x)=\int (-ex)\,dx=-\frac{e}{2}x^2+C_2$$

( i ), (ii)에서 $f(x)=\begin{cases} \dfrac{1}{2}e^{x^2}+C_1 & (x>0) \\[2mm] -\dfrac{e}{2}x^2+C_2 & (x<0) \end{cases}$


이때 함수 $f(x)$는 $x=0$에서 연속이므로


$$f(0)=\lim_{x\to 0+}\left(\frac{1}{2}e^{x^2}+C_1\right)=\lim_{x\to 0-}\left(-\frac{e}{2}x^2+C_2\right)$$에서

$$\frac{1}{2}+C_1=C_2$$

$$\therefore C_2-C_1=\frac{1}{2}$$

$$\therefore f(-1)-f(1)=\left(-\frac{e}{2}+C_2\right)-\left(\frac{e}{2}+C_1\right)$$
$$=C_2-C_1-e=\frac{1}{2}-e$$

## 1056 답 ⑤

## 1057 답 ④

$$F(x)=\int f(x)\,dx=\int \frac{\cos(\ln x)}{x}\,dx$$

$\ln x=t$라 하면 $\dfrac{dt}{dx}=\dfrac{1}{x}$이므로

$$F(x)=\int \frac{\cos(\ln x)}{x}\,dx=\int \cos t\,dt$$
$$=\sin t+C=\sin(\ln x)+C$$

$F(1)=0$이므로 $C=0$

따라서 $F(x)=\sin(\ln x)$이므로

$$F(e^{\frac{\pi}{3}})=\sin\frac{\pi}{3}=\frac{\sqrt{3}}{2}$$

## 1058 답 ③

$$\lim_{h\to 0}\frac{f(x+h)-f(x)}{2h}=\lim_{h\to 0}\frac{f(x+h)-f(x)}{h}\cdot\frac{1}{2}$$
$$=\frac{1}{2}f'(x)$$

미분계수의 정의

즉, $\dfrac{1}{2}f'(x)=\dfrac{1}{x\sqrt{\ln x+5}}$이므로

$$f'(x)=\frac{2}{x\sqrt{\ln x+5}}$$

$$\therefore f(x)=\int f'(x)\,dx=\int \frac{2}{x\sqrt{\ln x+5}}\,dx$$

$\ln x+5=t$라 하면 $\dfrac{dt}{dx}=\dfrac{1}{x}$이므로

$$f(x)=\int \frac{2}{x\sqrt{\ln x+5}}\,dx=\int \frac{1}{\sqrt{t}}\cdot 2\,dt$$
$$=2\int t^{-\frac{1}{2}}\,dt=4t^{\frac{1}{2}}+C$$
$$=4\sqrt{t}+C=4\sqrt{\ln x+5}+C$$

$f\left(\dfrac{1}{e}\right)=8$이므로 $4\sqrt{4}+C=8$

$$\therefore C=0$$

따라서 $f(x)=4\sqrt{\ln x+5}$이므로

$$f(e)=4\sqrt{1+5}=4\sqrt{6}$$

## 1059 답 ⑤

$\ln(\sin x)=t$라 하면 $\dfrac{dt}{dx}=\dfrac{\cos x}{\sin x}=\dfrac{1}{\tan x}$이므로

$$f(x)=\int \frac{\ln(\sin x)}{\tan x}\,dx=\int t\,dt$$
$$=\frac{1}{2}t^2+C=\frac{1}{2}\{\ln(\sin x)\}^2+C$$

$$\therefore f\left(\frac{\pi}{6}\right)-f\left(\frac{\pi}{2}\right)=\left\{\frac{1}{2}\left(\ln\frac{1}{2}\right)^2+C\right\}-\left\{\frac{1}{2}(\ln 1)^2+C\right\}$$
$$=\frac{1}{2}(\ln 2)^2$$

## 1060 답 ③

$(x^2+1)f'(x)=x\ln(x^2+1)$에서

$$f'(x)=\frac{x}{x^2+1}\ln(x^2+1)$$

$$f(x)=\int f'(x)\,dx=\int \frac{x}{x^2+1}\ln(x^2+1)\,dx$$

$\ln(x^2+1)=t$라 하면 $\dfrac{dt}{dx}=\dfrac{2x}{x^2+1}$이므로

$$f(x)=\int \frac{x}{x^2+1}\ln(x^2+1)\,dx=\int t\cdot\frac{1}{2}\,dt$$
$$=\frac{1}{4}t^2+C=\frac{1}{4}\{\ln(x^2+1)\}^2+C$$

$f(0)=0$이므로 $C=0$

즉, $f(x)=\dfrac{1}{4}\{\ln(x^2+1)\}^2$이므로

$f(x)=\dfrac{1}{4}$에서 $\dfrac{1}{4}\{\ln(x^2+1)\}^2=\dfrac{1}{4}$

$$\{\ln(x^2+1)\}^2=1$$

$\ln(x^2+1)=1\ (\because \ln(x^2+1)\geq 0)$

$x^2+1=e,\ x^2=e-1$

$$\therefore x=\sqrt{e-1}\ \text{또는}\ x=-\sqrt{e-1}$$

따라서 모든 실수 $x$의 값의 곱은

$$\sqrt{e-1}\cdot(-\sqrt{e-1})=1-e$$

## 1061 답 ④

## 1062 답 2

$1+\sin 2x=t$라 하면 $\dfrac{dt}{dx}=2\cos 2x$이므로

$$f(x)=\int (1+\sin 2x)^3\cos 2x\,dx$$
$$=\int t^3\cdot\frac{1}{2}\,dt$$
$$=\frac{1}{8}t^4+C=\frac{1}{8}(1+\sin 2x)^4+C$$

$f(0)=\dfrac{1}{8}$이므로 $\dfrac{1}{8}+C=\dfrac{1}{8}$

$$\therefore C=0$$

따라서 $f(x)=\dfrac{1}{8}(1+\sin 2x)^4$이므로

$$f\left(\frac{\pi}{4}\right)=\frac{1}{8}\cdot 2^4=2$$

## 1063 답 ④

$$g(x)=\int e^{f(x)}[\{f(x)\}^2+1]\,dx$$
$$=\int e^{\tan x}(\tan^2 x+1)\,dx$$
$$=\int e^{\tan x}\sec^2 x\,dx$$

$\tan x=t$라 하면 $\dfrac{dt}{dx}=\sec^2 x$이므로

$$g(x)=\int e^{\tan x}\sec^2 x\,dx=\int e^t\,dt$$
$$=e^t+C=e^{\tan x}+C$$

$g(0)=1$이므로 $1+C=1$ $\quad \therefore C=0$

$$\therefore g(x)=e^{\tan x}$$

$\ln g(x)=1$에서 $\tan x=1$

$\therefore x=\dfrac{\pi}{4}\left(\because -\dfrac{\pi}{2}<x<\dfrac{\pi}{2}\right)$

## 1064 답 ③

$f(x)=\displaystyle\int f'(x)\,dx$

$\quad=\displaystyle\int \dfrac{\cos^3 x}{1-\sin x}\,dx$

$\quad=\displaystyle\int \dfrac{\cos^2 x\cdot\cos x}{1-\sin x}\,dx$

$\quad=\displaystyle\int \dfrac{(1-\sin^2 x)\cos x}{1-\sin x}\,dx$

$\quad=\displaystyle\int \dfrac{(1-\sin x)(1+\sin x)\cos x}{1-\sin x}\,dx$

$\quad=\displaystyle\int (1+\sin x)\cos x\,dx$

$\sin^2 x+\cos^2 x=1$에서 $\cos^2 x=1-\sin^2 x$

$\sin x=t$라 하면 $\dfrac{dt}{dx}=\cos x$이므로

$f(x)=\displaystyle\int (1+\sin x)\cos x\,dx=\int (1+t)\,dt$

$\quad=t+\dfrac{1}{2}t^2+C=\sin x+\dfrac{1}{2}\sin^2 x+C$

$f(\pi)=1$이므로 $C=1$

따라서 $f(x)=\sin x+\dfrac{1}{2}\sin^2 x+1$이므로

$f\left(-\dfrac{\pi}{6}\right)=-\dfrac{1}{2}+\dfrac{1}{2}\cdot\left(-\dfrac{1}{2}\right)^2+1=\dfrac{5}{8}$

## 1065 답 4

$f(x)=\displaystyle\int \sin^3 2x\cos 2x\,dx+\int \cos^3 2x\sin 2x\,dx$

$\quad=\displaystyle\int (\sin^3 2x\cos 2x+\cos^3 2x\sin 2x)\,dx$

$\quad=\displaystyle\int \sin 2x\cos 2x(\sin^2 2x+\cos^2 2x)\,dx$

$\quad=\displaystyle\int \sin 2x\cos 2x\,dx$

$\sin^2 2x+\cos^2 2x=1$

$\sin 2x=t$라 하면 $\dfrac{dt}{dx}=2\cos 2x$이므로

$f(x)=\displaystyle\int \sin 2x\cos 2x\,dx$

$\quad=\displaystyle\int t\cdot\dfrac{1}{2}\,dt$

$\quad=\dfrac{1}{4}t^2+C=\dfrac{1}{4}\sin^2 2x+C$

$f\left(\dfrac{\pi}{2}\right)=0$이므로 $C=0$

$\therefore f(x)=\dfrac{1}{4}\sin^2 2x$

$g(x)=\ln f(x)$에서

$g'(x)=\dfrac{f'(x)}{f(x)}$

이때 $f'(x)=\sin 2x\cos 2x$이므로

$g'(x)=\dfrac{\sin 2x\cos 2x}{\dfrac{1}{4}\sin^2 2x}$

$\quad=\dfrac{4\cos 2x}{\sin 2x}$

$\therefore g'\left(\dfrac{\pi}{8}\right)=\dfrac{4\cos\dfrac{\pi}{4}}{\sin\dfrac{\pi}{4}}=\dfrac{4\cdot\dfrac{\sqrt{2}}{2}}{\dfrac{\sqrt{2}}{2}}=4$

## 1066 답 ①

## 1067 답 ④

$(2^x+1)'=2^x\ln 2$이므로

$f(x)=\displaystyle\int f'(x)\,dx$

$\quad=\displaystyle\int \dfrac{2^x\ln 8}{2^x+1}\,dx$

$\quad=3\displaystyle\int \dfrac{2^x\ln 2}{2^x+1}\,dx$

$\quad=3\displaystyle\int \dfrac{(2^x+1)'}{2^x+1}\,dx$

$\quad=3\ln(2^x+1)+C\ (\because 2^x+1>0)$

$f(0)=6\ln 2$이므로

$3\ln 2+C=6\ln 2$

$\therefore C=3\ln 2$

따라서 $f(x)=3\ln(2^x+1)+3\ln 2$이므로

$f(-1)=3\ln\dfrac{3}{2}+3\ln 2=3\ln 3$

## 1068 답 ④

$f'(x)=\tan x=\dfrac{\sin x}{\cos x}$이므로

$f(x)=\displaystyle\int f'(x)\,dx$

$\quad=\displaystyle\int \dfrac{\sin x}{\cos x}\,dx$

$\quad=-\displaystyle\int \dfrac{(\cos x)'}{\cos x}\,dx$

$\quad=-\ln(\cos x)+C\left(\because -\dfrac{\pi}{2}<x<\dfrac{\pi}{2}$에서 $\cos x>0\right)$

$f(0)=0$이므로 $C=0$

곡선 $y=f(x)$가 원점을 지나므로

따라서 $f(x)=-\ln(\cos x)$이므로

$f\left(\dfrac{\pi}{4}\right)=-\ln\dfrac{1}{\sqrt{2}}=\dfrac{1}{2}\ln 2$

## 1069 답 ①

$(e^x+e^{-x})'=e^x-e^{-x}$이므로

$f(x)=\displaystyle\int f'(x)\,dx$

$\quad=\displaystyle\int \dfrac{e^x-e^{-x}}{e^x+e^{-x}}\,dx$

$\quad=\displaystyle\int \dfrac{(e^x+e^{-x})'}{e^x+e^{-x}}\,dx$

$\quad=\ln(e^x+e^{-x})+C\ (\because e^x+e^{-x}>0)$

$f'(x)=0$에서

$\dfrac{e^x-e^{-x}}{e^x+e^{-x}}=0,\ \dfrac{e^{2x}-1}{e^{2x}+1}=0$

$e^{2x}-1=0\ (\because e^{2x}+1>0)$

$e^{2x}=1\quad\therefore x=0$

함수 $f(x)$의 증가와 감소를 표로 나타내면 다음과 같다.

| $x$ | $\cdots$ | $0$ | $\cdots$ |
|---|---|---|---|
| $f'(x)$ | $-$ | $0$ | $+$ |
| $f(x)$ | $\searrow$ | 극소 | $\nearrow$ |

함수 $f(x)$는 $x=0$에서 극소이면서 최소이므로
$$f(0)=\ln 2+C=\ln 4 \quad \therefore C=\ln 2$$
따라서 $f(x)=\ln(e^x+e^{-x})+\ln 2$이므로
$$f(\ln 2)=\ln\left(2+\frac{1}{2}\right)+\ln 2=\ln 5$$

## 1070　답 ⑤

$f(x+y)=3f(x)f(y)$의 양변에 $x=0$, $y=0$을 대입하면
$$f(0)=3\{f(0)\}^2,\ f(0)\{3f(0)-1\}=0$$
$$\therefore f(0)=\frac{1}{3}\ (\because f(x)>0)$$
이때
$$\begin{aligned}
f'(x)&=\lim_{h\to 0}\frac{f(x+h)-f(x)}{h}\\
&=\lim_{h\to 0}\frac{3f(x)f(h)-f(x)}{h}\\
&=\lim_{h\to 0}\frac{3f(x)\left\{f(h)-\dfrac{1}{3}\right\}}{h}\\
&=\lim_{h\to 0}\frac{3f(x)\{f(0+h)-f(0)\}}{h}\left(\because f(0)=\frac{1}{3}\right)\\
&=3f(x)f'(0)\\
&=5f(x)\left(\because f'(0)=\frac{5}{3}\right)
\end{aligned}$$
이므로 $f'(x)=5f(x)$에서 $\dfrac{f'(x)}{f(x)}=5$
$\displaystyle\int \frac{f'(x)}{f(x)}\,dx=\int 5\,dx$에서
$\ln f(x)=5x+C\ (\because f(x)>0)$
$\therefore f(x)=e^{5x+C}$
$f(0)=\dfrac{1}{3}$이므로 $e^C=\dfrac{1}{3}$

따라서 $f(x)=e^{5x+C}=e^{5x}\cdot e^C=\dfrac{1}{3}e^{5x}$이므로
$$f(\ln 3)=\frac{1}{3}e^{5\ln 3}=\frac{1}{3}\cdot 243=81$$

## 1071　답 ④

## 1072　답 ②

$\dfrac{3}{x^2+x-2}=\dfrac{3}{(x-1)(x+2)}=\dfrac{1}{x-1}-\dfrac{1}{x+2}$이므로
$$\begin{aligned}
f(x)&=\int \frac{3}{x^2+x-2}\,dx\\
&=\int\left(\frac{1}{x-1}-\frac{1}{x+2}\right)dx\\
&=\ln|x-1|-\ln|x+2|+C\\
&=\ln\left|\frac{x-1}{x+2}\right|+C
\end{aligned}$$
$$\begin{aligned}
\therefore f(2)-f(-1)&=\left(\ln\frac{1}{4}+C\right)-(\ln 2+C)\\
&=-\ln 4-\ln 2=-3\ln 2
\end{aligned}$$

## 1073　답 ①

$\dfrac{2x}{(x+1)(x+3)}=\dfrac{a}{x+1}+\dfrac{b}{x+3}$ 라 하면
$$\frac{2x}{(x+1)(x+3)}=\frac{a(x+3)+b(x+1)}{(x+1)(x+3)}=\frac{(a+b)x+3a+b}{(x+1)(x+3)}$$
위의 등식은 $x$에 대한 항등식이므로
$a+b=2,\ 3a+b=0$
위의 두 식을 연립하여 풀면
$a=-1,\ b=3$
$$\begin{aligned}
f(x)&=\int\left(-\frac{1}{x+1}+\frac{3}{x+3}\right)dx\\
&=-\ln|x+1|+3\ln|x+3|+C
\end{aligned}$$
$f(0)=3\ln 3$이므로 $3\ln 3+C=3\ln 3$
$\therefore C=0$
따라서 $f(x)=-\ln|x+1|+3\ln|x+3|$이므로
$$f(-5)=-\ln 4+3\ln 2=\ln 2$$

## 1074　답 ①

$\dfrac{x}{4-x^2}=\dfrac{a}{2-x}+\dfrac{b}{2+x}$ 라 하면
$$\frac{x}{4-x^2}=\frac{a(2+x)+b(2-x)}{(2-x)(2+x)}=\frac{(a-b)x+2a+2b}{(2-x)(2+x)}$$
위의 등식은 $x$에 대한 항등식이므로
$a-b=1,\ 2a+2b=0$
위의 두 식을 연립하여 풀면
$a=\dfrac{1}{2},\ b=-\dfrac{1}{2}$
$$\begin{aligned}
\therefore f(x)&=\int f'(x)\,dx\\
&=\int\left\{\frac{1}{2(2-x)}-\frac{1}{2(2+x)}\right\}dx\\
&=\frac{1}{2}\int\left(\frac{1}{2-x}-\frac{1}{2+x}\right)dx\\
&=\frac{1}{2}(-\ln|2-x|-\ln|2+x|)+C
\end{aligned}$$
$f(0)=0$이므로 $\dfrac{1}{2}(-\ln 2-\ln 2)+C=0$
곡선 $y=f(x)$가 원점을 지나므로
$\therefore C=\ln 2$
따라서 $f(x)=\dfrac{1}{2}(-\ln|2-x|-\ln|2+x|)+\ln 2$이므로
$$f(6)=\frac{1}{2}(-\ln 4-\ln 8)+\ln 2=-\frac{3}{2}\ln 2$$

## 1075　답 ⑤

조건 (나)에서
$$\lim_{h\to 0}\frac{f(x+h)-f(x)}{2h}=\lim_{h\to 0}\frac{f(x+h)-f(x)}{h}\cdot\frac{1}{2}$$
$$=\frac{1}{2}f'(x)$$
미분계수의 정의
이므로
$$\frac{1}{2}f'(x)=\frac{x+7}{x^2+2x-3} \qquad \therefore f'(x)=\frac{2x+14}{x^2+2x-3}$$
$\dfrac{2x+14}{x^2+2x-3}=\dfrac{a}{x-1}+\dfrac{b}{x+3}$ 라 하면
$$\frac{2x+14}{x^2+2x-3}=\frac{a(x+3)+b(x-1)}{(x-1)(x+3)}=\frac{(a+b)x+3a-b}{(x-1)(x+3)}$$

위의 등식은 $x$에 대한 항등식이므로
$a+b=2$, $3a-b=14$
위의 두 식을 연립하여 풀면
$a=4$, $b=-2$
$$f(x)=\int f'(x)\,dx$$
$$=\int\left(\frac{4}{x-1}-\frac{2}{x+3}\right)dx$$
$$=4\ln|x-1|-2\ln|x+3|+C$$
$f(2)=0$이므로 $-2\ln 5+C=0$
$\therefore C=2\ln 5$
따라서 $f(x)=4\ln|x-1|-2\ln|x+3|+2\ln 5$이므로
$f(-4)=4\ln 5+2\ln 5=6\ln 5$

## 1076 답 ④

## 1077 답 ④

$f'(x)=\dfrac{3x^2+2x+3}{x^2+1}=\dfrac{3(x^2+1)+2x}{x^2+1}=3+\dfrac{2x}{x^2+1}$이므로
$$f(x)=\int f'(x)\,dx$$
$$=\int\left(3+\frac{2x}{x^2+1}\right)dx$$
$$=\int\left\{3+\frac{(x^2+1)'}{x^2+1}\right\}dx=3x+\ln|x^2+1|+C$$
$f(0)=0$이므로 $C=0$ • 곡선 $y=f(x)$가 원점을 지나므로
따라서 $f(x)=3x+\ln|x^2+1|$이므로
$f(2)=6+\ln|2^2+1|=6+\ln 5$

## 1078 답 ⑤

$y=\dfrac{2x+1}{x-1}$이라 하면
$xy-y=2x+1$, $x(y-2)=y+1$
$\therefore x=\dfrac{y+1}{y-2}$
$x$와 $y$를 서로 바꾸면 $y=\dfrac{x+1}{x-2}$
$\therefore g(x)=\dfrac{x+1}{x-2}$
이때 $\dfrac{x+1}{x-2}=\dfrac{(x-2)+3}{x-2}=1+\dfrac{3}{x-2}$이므로
$$G(x)=\int g(x)\,dx$$
$$=\int\left(1+\frac{3}{x-2}\right)dx$$
$$=x+3\ln|x-2|+C$$
$G(6)=2G(0)$에서 $6+3\ln 4+C=2(3\ln 2+C)$
$6+6\ln 2+C=6\ln 2+2C$
$\therefore C=6$
따라서 $G(x)=x+3\ln|x-2|+6$이므로
$G(1)=1+6=7$

## 1079 답 ④

$f'(x)=\dfrac{3x^2+2x+1}{x+1}=\dfrac{(3x-1)(x+1)+2}{x+1}=3x-1+\dfrac{2}{x+1}$
이므로

$$f(x)=\int f'(x)\,dx$$
$$=\int\left(3x-1+\frac{2}{x+1}\right)dx$$
$$=\frac{3}{2}x^2-x+2\ln|x+1|+C$$
$\therefore f(3)-f(1)$
$$=\left(\frac{3}{2}\cdot 3^2-3+2\ln 4+C\right)-\left(\frac{3}{2}-1+2\ln 2+C\right)$$
$$=10+2\ln 2$$
따라서 $p=10$, $q=2$이므로
$p+q=10+2=12$

## 1080 답 2

$$\frac{x^3+x^2+kx}{x^2-1}=\frac{(x+1)(x^2-1)+(k+1)x+1}{x^2-1}$$
$$=x+1+\frac{(k+1)x+1}{x^2-1}$$
$\dfrac{(k+1)x+1}{x^2-1}=\dfrac{p}{x-1}+\dfrac{q}{x+1}$ 라 하면
$\dfrac{(k+1)x+1}{x^2-1}=\dfrac{p(x+1)+q(x-1)}{(x-1)(x+1)}=\dfrac{(p+q)x+(p-q)}{x^2-1}$
위의 등식은 $x$에 대한 항등식이므로
$p+q=k+1$, $p-q=1$
위의 두 식을 연립하여 풀면
$p=\dfrac{k+2}{2}$, $q=\dfrac{k}{2}$
$$f(x)=\int\left\{x+1+\frac{k+2}{2(x-1)}+\frac{k}{2(x+1)}\right\}dx$$
$$=\frac{1}{2}x^2+x+\frac{k+2}{2}\ln|x-1|+\frac{k}{2}\ln|x+1|+C$$
$f(0)=0$이므로 $C=0$
따라서
$$f(x)=\frac{1}{2}x^2+x+\frac{k+2}{2}\ln|x-1|+\frac{k}{2}\ln|x+1|$$
이므로
$$f(2)=\frac{1}{2}\cdot 2^2+2+\frac{k}{2}\ln 3=4+\frac{k}{2}\ln 3$$
즉, $\dfrac{k}{2}=1$이므로
$k=2$

## 1081 답 ④

## 1082 답 ③

$u(x)=x+1$, $v'(x)=e^{2x}$이라 하면
$u'(x)=1$, $v(x)=\dfrac{1}{2}e^{2x}$이므로
$$F(x)=\int(x+1)e^{2x}\,dx$$
$$=\frac{1}{2}(x+1)e^{2x}-\int\frac{1}{2}e^{2x}\,dx$$
$$=\frac{1}{2}(x+1)e^{2x}-\frac{1}{4}e^{2x}+C$$
$F(-1)=-\dfrac{1}{4e^2}$이므로 $-\dfrac{1}{4}e^{-2}+C=-\dfrac{1}{4e^2}$
$\therefore C=0$

따라서 $F(x)=\dfrac{1}{2}(x+1)e^{2x}-\dfrac{1}{4}e^{2x}$이므로

$F(1)=\dfrac{1}{2}\cdot 2e^2-\dfrac{1}{4}e^2=\dfrac{3}{4}e^2$

## 1083 답 ⑤

$f(x)=\displaystyle\int f'(x)\,dx=\int xe^{-x}\,dx$

$u(x)=x,\ v'(x)=e^{-x}$이라 하면

$u'(x)=1,\ v(x)=-e^{-x}$이므로

$f(x)=-xe^{-x}+\displaystyle\int e^{-x}\,dx=-xe^{-x}-e^{-x}+C$

$f(-1)=2$이므로 $e-e+C=2$

$\therefore C=2$

$\therefore f(x)=-xe^{-x}-e^{-x}+2$

$f'(x)=0$에서 $xe^{-x}=0$

$\therefore x=0\ (\because e^{-x}>0)$

함수 $f(x)$의 증가와 감소를 표로 나타내면 다음과 같다.

| $x$ | $\cdots$ | 0 | $\cdots$ |
|---|---|---|---|
| $f'(x)$ | $-$ | 0 | $+$ |
| $f(x)$ | $\searrow$ | 극소 | $\nearrow$ |

함수 $f(x)$는 $x=0$에서 극소이면서 최소이므로 최솟값은

$f(0)=-1+2=1$

함수 $f(x)$의 한 부정적분이 $F(x)$이므로 $F'(x)=f(x)$

## 1084 답 ⑤

$F(x)=xf(x)-x^2\ln x$의 양변을 $x$에 대하여 미분하면

$f(x)=f(x)+xf'(x)-2x\ln x-x^2\cdot\dfrac{1}{x}$

$xf'(x)=2x\ln x+x$   ← 함수의 곱의 미분법

$\therefore f'(x)=2\ln x+1$

$f(x)=\displaystyle\int f'(x)\,dx$

$\quad\ =\displaystyle\int(2\ln x+1)\,dx$

$\quad\ =2\displaystyle\int \ln x\,dx+\int 1\,dx$

$u(x)=\ln x,\ v'(x)=1$이라 하면

$u'(x)=\dfrac{1}{x},\ v(x)=x$이므로

$f(x)=2\left(x\ln x-\displaystyle\int 1\,dx\right)+\int 1\,dx$

$\quad\ =2x\ln x-\displaystyle\int 1\,dx$

$\quad\ =2x\ln x-x+C$

$F(x)=xf(x)-x^2\ln x$의 양변에 $x=1$을 대입하면

$F(1)=f(1)$

이때 $F(1)=1$이므로 $f(1)=1$에서 $-1+C=1$

$\therefore C=2$

따라서 $f(x)=2x\ln x-x+2$이므로

$f(e)=2e-e+2=e+2$

## 1085 답 ④

$f(x)=\displaystyle\int f'(x)\,dx=\int x^3 e^{x^2}\,dx$

$x^2=t$라 하면 $\dfrac{dt}{dx}=2x$이므로

$f(x)=\displaystyle\int x^3 e^{x^2}\,dx=\int x\cdot x^2 e^{x^2}\,dx=\dfrac{1}{2}\int te^t\,dt$

$u(t)=t,\ v'(t)=e^t$이라 하면

$u'(t)=1,\ v(t)=e^t$이므로

$f(x)=\dfrac{1}{2}\left(te^t-\displaystyle\int e^t\,dt\right)=\dfrac{1}{2}te^t-\dfrac{1}{2}\int e^t\,dt$

$\quad\ =\dfrac{1}{2}te^t-\dfrac{1}{2}e^t+C=\dfrac{1}{2}(t-1)e^t+C$

$\quad\ =\dfrac{1}{2}(x^2-1)e^{x^2}+C$

$f'(x)=0$에서 $x^3 e^{x^2}=0$

$\therefore x=0\ (\because e^{x^2}>0)$

$-2\le x\le 3$에서 함수 $f(x)$의 증가와 감소를 표로 나타내면 다음과 같다.

| $x$ | $-2$ | $\cdots$ | 0 | $\cdots$ | 3 |
|---|---|---|---|---|---|
| $f'(x)$ | | $-$ | 0 | $+$ | |
| $f(x)$ | | $\searrow$ | 극소 | $\nearrow$ | |

함수 $f(x)$는 $x=0$에서 극소이면서 최소이므로

$f(0)=\dfrac{1}{2}\cdot(-1)\cdot 1+C=\dfrac{1}{2}$

$\therefore C=1$

$\therefore f(x)=\dfrac{1}{2}(x^2-1)e^{x^2}+1$

이때

$f(-2)=\dfrac{1}{2}\{(-2)^2-1\}e^{(-2)^2}+1=\dfrac{3}{2}e^4+1,$

$f(3)=\dfrac{1}{2}(3^2-1)e^{3^2}+1=4e^9+1$

  ← $f(-2),\ f(3)$ 중 큰 값이 최댓값이다.

이므로 함수 $f(x)$의 최댓값은 $4e^9+1$이다.

## 1086 답 ①

## 1087 답 ⑤

$F(x)=\displaystyle\int x^2\sin x\,dx$에서

$u(x)=x^2,\ v'(x)=\sin x$라 하면

$u'(x)=2x,\ v(x)=-\cos x$이므로

$F(x)=\displaystyle\int x^2\sin x\,dx$

$\quad\ =-x^2\cos x+\displaystyle\int 2x\cos x\,dx$

$\quad\ =-x^2\cos x+2\displaystyle\int x\cos x\,dx$   $\cdots\cdots$ ㉠

$\displaystyle\int x\cos x\,dx$에서 $s(x)=x,\ t'(x)=\cos x$라 하면

$s'(x)=1,\ t(x)=\sin x$이므로

$\displaystyle\int x\cos x\,dx=x\sin x-\int \sin x\,dx$   $\cdots\cdots$ ㉡

㉡을 ㉠에 대입하면

$F(x)=-x^2\cos x+2\left(x\sin x-\displaystyle\int \sin x\,dx\right)$

$\quad\ =-x^2\cos x+2x\sin x-2\displaystyle\int \sin x\,dx$

$\quad\ =-x^2\cos x+2x\sin x+2\cos x+C$

$\quad\ =(2-x^2)\cos x+2x\sin x+C$

$F\left(\dfrac{\pi}{2}\right)=\pi$이므로 $\pi+C=\pi$

$\therefore C=0$

따라서 $F(x)=(2-x^2)\cos x+2x\sin x$이므로

$F(\pi)=(2-\pi^2)\cdot(-1)=\pi^2-2$

## 1088  답 ②

$u(x)=\cos x,\ v'(x)=e^x$이라 하면

$u'(x)=-\sin x,\ v(x)=e^x$이므로

$f(x)=\displaystyle\int e^x\cos x\,dx=e^x\cos x+\int e^x\sin x\,dx$ $\quad$…… ㉠

$\displaystyle\int e^x\sin x\,dx$에서 $s(x)=\sin x,\ t'(x)=e^x$이라 하면

$s'(x)=\cos x,\ t(x)=e^x$이므로

$\displaystyle\int e^x\sin x\,dx=e^x\sin x-\int e^x\cos x\,dx$ $\quad$…… ㉡

㉡을 ㉠에 대입하면

$f(x)=e^x\cos x+e^x\sin x-\displaystyle\int e^x\cos x\,dx$

이때 $f(x)=\displaystyle\int e^x\cos x\,dx$이므로

$2\displaystyle\int e^x\cos x\,dx=e^x(\cos x+\sin x)$

$\displaystyle\int e^x\cos x\,dx=\dfrac{1}{2}e^x(\cos x+\sin x)$

$\therefore f(x)=\dfrac{1}{2}e^x(\cos x+\sin x)+C$

$f(0)=\dfrac{1}{2}$이므로 $\dfrac{1}{2}+C=\dfrac{1}{2}$

$\therefore C=0$

따라서 $f(x)=\dfrac{1}{2}e^x(\cos x+\sin x)$이므로

$f(\pi)=\dfrac{1}{2}e^\pi\cdot(-1)=-\dfrac{1}{2}e^\pi$

## 1089  답 ②

$u(x)=x^2+x,\ v'(x)=e^{-x}$이라 하면

$u'(x)=2x+1,\ v(x)=-e^{-x}$이므로

$f(x)=\displaystyle\int (x^2+x)e^{-x}\,dx$

$\quad=-(x^2+x)e^{-x}+\displaystyle\int (2x+1)e^{-x}\,dx$ $\quad$…… ㉠

$\displaystyle\int (2x+1)e^{-x}\,dx$에서 $s(x)=2x+1,\ t'(x)=e^{-x}$이라 하면

$s'(x)=2,\ t(x)=-e^{-x}$이므로

$\displaystyle\int (2x+1)e^{-x}\,dx=-(2x+1)e^{-x}+2\int e^{-x}\,dx$ $\quad$…… ㉡

㉡을 ㉠에 대입하면

$f(x)=-(x^2+x)e^{-x}-(2x+1)e^{-x}+2\displaystyle\int e^{-x}\,dx$

$\quad=-(x^2+x)e^{-x}-(2x+1)e^{-x}-2e^{-x}+C$

$\quad=-(x^2+3x+3)e^{-x}+C$

$f(0)=-3$이므로 $-3+C=-3$

$\therefore C=0$

$\therefore f(x)=-(x^2+3x+3)e^{-x}$

$f(x)=xe^{-x}$에서 $-(x^2+3x+3)e^{-x}=xe^{-x}$

$(x^2+4x+3)e^{-x}=0$

$\therefore x^2+4x+3=0\ (\because e^{-x}>0)$

따라서 이차방정식의 근과 계수의 관계에 의하여 방정식 $f(x)=xe^{-x}$의 모든 실근의 합은 $-4$이다.

## 1090  답 ③

$u(x)=(\ln x)^2,\ v'(x)=x$라 하면

$u'(x)=\dfrac{2}{x}\ln x,\ v(x)=\dfrac{1}{2}x^2$이므로

$\displaystyle\int x(\ln x)^2\,dx=\dfrac{1}{2}x^2(\ln x)^2-\int x\ln x\,dx$ $\quad$…… ㉠

$\displaystyle\int x\ln x\,dx$에서 $s(x)=\ln x,\ t'(x)=x$라 하면

$s'(x)=\dfrac{1}{x},\ t(x)=\dfrac{1}{2}x^2$이므로

$\displaystyle\int x\ln x\,dx=\dfrac{1}{2}x^2\ln x-\int \dfrac{1}{2}x\,dx$

$\quad=\dfrac{1}{2}x^2\ln x-\dfrac{1}{2}\displaystyle\int x\,dx$ $\quad$…… ㉡

㉡을 ㉠에 대입하면

$\displaystyle\int x(\ln x)^2\,dx=\dfrac{1}{2}x^2(\ln x)^2-\left(\dfrac{1}{2}x^2\ln x-\dfrac{1}{2}\int x\,dx\right)$

$\quad=\dfrac{1}{2}x^2(\ln x)^2-\dfrac{1}{2}x^2\ln x+\dfrac{1}{2}\displaystyle\int x\,dx$

$\quad=\dfrac{1}{2}x^2(\ln x)^2-\dfrac{1}{2}x^2\ln x+\dfrac{1}{4}x^2+C$

따라서 $f(x)=\dfrac{1}{2}x^2,\ g(x)=-\dfrac{1}{2}x^2,\ p=\dfrac{1}{4}$이므로

$f(p)-g(p)=f\left(\dfrac{1}{4}\right)-g\left(\dfrac{1}{4}\right)$

$\quad=\dfrac{1}{2}\cdot\left(\dfrac{1}{4}\right)^2-\left\{-\dfrac{1}{2}\cdot\left(\dfrac{1}{4}\right)^2\right\}=\dfrac{1}{16}$

본문 179~181쪽

## 1091  답 ④

**One Point Lesson**

삼각함수의 덧셈정리를 이용하여 주어진 식을 변형한다.

$f(x)=\displaystyle\int f'(x)\,dx=\int \dfrac{1}{1+\cos 2x}\,dx$

$\quad=\displaystyle\int \dfrac{1}{1+(\cos^2 x-\sin^2 x)}\,dx$

$\quad=\displaystyle\int \dfrac{1}{1+\cos^2 x-(1-\cos^2 x)}\,dx$

$\quad=\displaystyle\int \dfrac{1}{2\cos^2 x}\,dx$

$\quad=\dfrac{1}{2}\displaystyle\int \sec^2 x\,dx$

$\quad=\dfrac{1}{2}\tan x+C$

$f(0)=\dfrac{1}{2}$이므로 $C=\dfrac{1}{2}$

따라서 $f(x)=\dfrac{1}{2}\tan x+\dfrac{1}{2}$이므로

$f\left(\dfrac{\pi}{4}\right)=\dfrac{1}{2}+\dfrac{1}{2}=1$

## 1092  답 ②


$\dfrac{d}{dx}\{e^x f(x)\}=e^x f(x)+e^x f'(x)$임을 이용한다.

$\dfrac{d}{dx}\{e^x f(x)\}=e^x f(x)+e^x f'(x)$  → 함수의 곱의 미분법
$$=e^x\{f(x)+f'(x)\}$$
$$=e^x+e^{-x}$$

이므로 함수 $e^x f(x)$는 $e^x+e^{-x}$의 한 부정적분이다.

$$\therefore\ e^x f(x)=\int (e^x+e^{-x})\,dx$$
$$=e^x-e^{-x}+C$$

$f(1)=1$이므로
$$e=e-e^{-1}+C$$
$$\therefore\ C=e^{-1}=\frac{1}{e}$$

따라서 $e^x f(x)=e^x-e^{-x}+\dfrac{1}{e}$이므로

$$e^{-1}f(-1)=e^{-1}-e+\frac{1}{e}=\frac{2}{e}-e$$
$$\therefore\ f(-1)=2-e^2$$

## 1093  답 ③


$f'(x)=0$인 $x$의 값을 찾고, 그 값의 좌우에서 $f'(x)$의 부호를 조사하여 함수 $f(x)$의 최솟값을 구한다.

$e^x-2=t$라 하면 $\dfrac{dt}{dx}=e^x$이므로

$$f(x)=\int e^x(e^x-2)^3\,dx=\int t^3\,dt$$
$$=\frac{1}{4}t^4+C=\frac{1}{4}(e^x-2)^4+C$$

$f(\ln 3)=0$이므로 $\dfrac{1}{4}(3-2)^4+C=0$

$$\frac{1}{4}+C=0\qquad\therefore\ C=-\frac{1}{4}$$
$$\therefore\ f(x)=\frac{1}{4}(e^x-2)^4-\frac{1}{4}$$

$f'(x)=0$에서 $e^x(e^x-2)^3=0$
$e^x-2=0\ (\because\ e^x>0)$
$e^x=2\qquad\therefore\ x=\ln 2$

$0<x<e^2$에서 함수 $f(x)$의 증가와 감소를 표로 나타내면 다음과 같다.

| $x$ | $(0)$ | $\cdots$ | $\ln 2$ | $\cdots$ | $(e^2)$ |
|---|---|---|---|---|---|
| $f'(x)$ | | $-$ | $0$ | $+$ | |
| $f(x)$ | | $\searrow$ | 극소 | $\nearrow$ | |

따라서 함수 $f(x)$는 $x=\ln 2$에서 극소이면서 최소이므로 최솟값은
$$f(\ln 2)=\frac{1}{4}(2-2)^4-\frac{1}{4}=-\frac{1}{4}$$

## 1094  답 ③


주어진 식의 양변을 $x$에 대하여 미분하여 $\dfrac{f'(x)}{f(x)}$ 꼴이 되도록 식을 변형한다.

$x^2 f(2x)=\displaystyle\int x^2 f'(2x)\,dx$의 양변을 $x$에 대하여 미분하면

$$2xf(2x)+x^2\cdot 2f'(2x)=x^2 f'(2x)$$
$$2xf(2x)=-x^2 f'(2x)$$  → 함수의 곱의 미분법
$$\frac{f'(2x)}{f(2x)}=-\frac{2}{x}\ (\because\ x>0,\ f(2x)>0)$$

$2x=t$라 하면 $\dfrac{f'(t)}{f(t)}=-\dfrac{4}{t}$

$$\int \frac{f'(t)}{f(t)}\,dt=\int\left(-\frac{4}{t}\right)dt$$
$$\ln f(t)=-4\ln t+C$$  $f(t)>0,\ t>0$이므로

$f(1)=e$이므로 $1=0+C$
$$\therefore\ C=1$$

따라서 $\ln f(t)=-4\ln t+1$이므로
$$\ln f(e)=-4+1=-3$$
$$\therefore\ f(e)=e^{-3}=\frac{1}{e^3}$$

## 1095  답 7


$\ln x=t$라 하면 $x\geq 1$일 때 $t\geq 0$이다.

조건 (나)에서 $\ln x=t$라 하면 $\dfrac{dt}{dx}=\dfrac{1}{x}$이므로

$$f(x)=\int \frac{\sin(\ln x)}{x}\,dx$$
$$=\int \sin t\,dt$$
$$=-\cos t+C=-\cos(\ln x)+C$$

조건 (가)에서 $f(1)=0$이므로
$$-1+C=0$$
$$\therefore\ C=1$$

즉, $f(x)=-\cos(\ln x)+1$이므로
$f(x)=0$에서 $-\cos(\ln x)+1=0$
$$\cos(\ln x)=1$$

이때 $x\geq 1$이므로 $\ln x\geq 0$
$\therefore\ \ln x=2n\pi$ (단, $n$은 음이 아닌 정수)
$$\therefore\ x=e^{2n\pi}$$

따라서 $\alpha_m=e^{2(m-1)\pi}$ ($m$은 자연수)이므로
$$\alpha_m\alpha_{m+1}\alpha_{m+2}\alpha_{m+3}=e^{2(m-1)\pi}\cdot e^{2m\pi}\cdot e^{2(m+1)\pi}\cdot e^{2(m+2)\pi}$$
$$=e^{2\{(m-1)+m+(m+1)+(m+2)\}\pi}$$
$$=e^{(8m+4)\pi}=e^{60\pi}$$

에서 $8m+4=60$
$$\therefore\ m=7$$

## 1096  답 ③


곡선 $y=f(x)$ 위의 임의의 점 $(x,\ f(x))$에서의 접선의 기울기는 $f'(x)$이다.

$f'(x)=\dfrac{1}{1+e^{-x}}$이므로

$$f(x)=\int f'(x)\,dx=\int \frac{1}{1+e^{-x}}\,dx$$

$1+e^{-x}=t$라 하면 $\dfrac{dt}{dx}=-e^{-x}$이므로  $=-(t-1)$

$$f(x)=\int \frac{1}{1+e^{-x}}\,dx$$

$$=-\int \frac{1}{t(t-1)}\,dt$$

$$=-\int \left(\frac{1}{t-1}-\frac{1}{t}\right)dt$$

$$=-\ln(t-1)+\ln t+C$$

$$=\ln\left(\frac{t}{t-1}\right)+C=\ln\left(\frac{1+e^{-x}}{e^{-x}}\right)+C$$

$f(0)=\ln 2$이므로 $\ln 2+C=\ln 2$

$\therefore C=0$   → 곡선 $y=f(x)$가 점 $(0,\ln 2)$를 지나므로

따라서 $f(x)=\ln\left(\dfrac{1+e^{-x}}{e^{-x}}\right)$이므로

$$f(\ln 2)=\ln\left(\frac{1+\frac{1}{2}}{\frac{1}{2}}\right)=\ln 3$$

## 1097   답 ③


부분적분법을 이용하여 $I_n(x)$를 구한 후 $I_{n-2}(x)$와 $I_n(x)$ 사이의 관계식을 구한다.

$I_n(x)=\displaystyle\int \sin^n x\,dx=\int \sin x\cdot\sin^{n-1}x\,dx$에서

$u(x)=\sin^{n-1}x,\ v'(x)=\sin x$라 하면

$u'(x)=(n-1)\sin^{n-2}x\cos x,\ v(x)=-\cos x$이므로

$I_n(x)$

$$=\int \sin x\cdot\sin^{n-1}x\,dx$$

$$=-\sin^{n-1}x\cos x+\int (n-1)\sin^{n-2}x\cos^2 x\,dx$$

  → $\sin^2 x+\cos^2 x=1$에서 $\cos^2 x=1-\sin^2 x$

$$=-\sin^{n-1}x\cos x+(n-1)\int \sin^{n-2}x(1-\sin^2 x)\,dx$$

$$=-\sin^{n-1}x\cos x+(n-1)\left(\int \sin^{n-2}x\,dx-\int \sin^n x\,dx\right)$$

$$=-\sin^{n-1}x\cos x+(n-1)\{I_{n-2}(x)-I_n(x)\}+C$$

$$\therefore nI_n(x)-(n-1)I_{n-2}(x)=-\sin^{n-1}x\cos x+C$$

## 1098   답 ③


$g(x)=e^x f(x)$의 양변을 $x$에 대하여 미분한 후 부분적분법을 두 번 적용하여 함수 $g(x)$를 구한다.

$g(x)=e^x f(x)$의 양변을 $x$에 대하여 미분하면

$g'(x)=e^x f(x)+e^x f'(x)$   → 함수의 곱의 미분법

$\quad\ =e^x\{f(x)+f'(x)\}$

$\quad\ =e^x(1+\sin x)$

$$\therefore g(x)=\int g'(x)\,dx$$

$$=\int e^x(1+\sin x)\,dx$$

$$=\int e^x\,dx+\int e^x \sin x\,dx$$

$\displaystyle\int e^x \sin x\,dx$에서 $u(x)=\sin x,\ v'(x)=e^x$이라 하면

$u'(x)=\cos x,\ v(x)=e^x$이므로

$$\int e^x \sin x\,dx=e^x \sin x-\int e^x \cos x\,dx \quad\cdots\cdots\ \bigcirc$$

또한, $\displaystyle\int e^x \cos x\,dx$에서 $s(x)=\cos x,\ t'(x)=e^x$이라 하면

$s'(x)=-\sin x,\ t(x)=e^x$이므로

$$\int e^x \cos x\,dx=e^x \cos x+\int e^x \sin x\,dx \quad\cdots\cdots\ \bigcirc$$

$\bigcirc$을 $\bigcirc$에 대입하면

$$\int e^x \sin x\,dx=e^x \sin x-\left(e^x \cos x+\int e^x \sin x\,dx\right)$$

$$=e^x \sin x-e^x \cos x-\int e^x \sin x\,dx$$

$$\therefore \int e^x \sin x\,dx=\frac{1}{2}e^x(\sin x-\cos x)+C_1$$

즉,

$$g(x)=\int e^x\,dx+\frac{1}{2}e^x(\sin x-\cos x)+C_1$$

$$=e^x+\frac{1}{2}e^x(\sin x-\cos x)+C$$

$$=\frac{1}{2}e^x(\sin x-\cos x+2)+C$$

$f(0)=\dfrac{1}{2}$이므로 $g(x)=e^x f(x)$에서

$g(0)=f(0)=\dfrac{1}{2}$

$\dfrac{1}{2}(-1+2)+C=\dfrac{1}{2}$   $\therefore C=0$

따라서 $g(x)=\dfrac{1}{2}e^x(\sin x-\cos x+2)$이므로

$$f(x)=\frac{1}{2}(\sin x-\cos x+2)$$

$$\therefore f(\pi)=\frac{1}{2}\{-(-1)+2\}=\frac{3}{2}$$

## 1099   답 ②


주어진 조건을 이용하여 $k$의 값을 구한 후 함수 $f(x)$를 구한다.

조건 (가)에서 $x\to 0$일 때, (분모) $\to 0$이고 극한값이 존재하므로 (분자) $\to 0$이다. 즉,

$$\lim_{x\to 0}f(x)=0$$

$$\therefore f(0)=0$$

또한, $\displaystyle\lim_{x\to 0}\frac{f(x)}{x}=\lim_{x\to 0}\frac{f(x)-f(0)}{x-0}=f'(0)$이므로

$f'(0)=2$   → 미분계수의 정의

조건 (나)의 양변을 $x$에 대하여 미분하면

$f'(x)=(x^2+1)\sqrt[3]{x^3+3x+k}$

양변에 $x=0$을 대입하면

$f'(0)=\sqrt[3]{k}$, 즉 $\sqrt[3]{k}=2$

$\therefore k=2^3=8$

$$\therefore f(x)=\int (x^2+1)\sqrt[3]{x^3+3x+8}\,dx$$

$x^3+3x+8=t$라 하면 $\dfrac{dt}{dx}=3x^2+3$이므로

$$f(x)=\int (x^2+1)\sqrt[3]{x^3+3x+8}\,dx=\int \sqrt[3]{t}\cdot\frac{1}{3}\,dt$$

$$=\frac{1}{3}\int t^{\frac{1}{3}}\,dt=\frac{1}{4}t^{\frac{4}{3}}+C=\frac{1}{4}t\sqrt[3]{t}+C$$

$$=\frac{1}{4}(x^3+3x+8)\sqrt[3]{x^3+3x+8}+C$$

$f(0)=0$이므로 $\dfrac{1}{4}\cdot 8\sqrt[3]{8}+C=0$

$\therefore C=-4$

따라서 $f(x)=\dfrac{1}{4}(x^3+3x+8)\sqrt[3]{x^3+3x+8}-4$이므로

$f\left(-\dfrac{3}{2}\right)$

$=\dfrac{1}{4}\left\{\left(-\dfrac{3}{2}\right)^3+3\cdot\left(-\dfrac{3}{2}\right)+8\right\}\sqrt[3]{\left(-\dfrac{3}{2}\right)^3+3\cdot\left(-\dfrac{3}{2}\right)+8}-4$

$=-\dfrac{255}{64}$

$\therefore k+f\left(-\dfrac{3}{2}\right)=8-\dfrac{255}{64}=\dfrac{257}{64}$

## 1100  답 ⑤



$f'(x)=\begin{cases}\dfrac{1}{2}e^{x+a} & (|x|>1)\\ 3x^2-2 & (|x|<1)\end{cases}$ 에서

$f'(x)=\begin{cases}\dfrac{1}{2}e^{x+a} & (x<-1)\\ 3x^2-2 & (-1<x<1)\\ \dfrac{1}{2}e^{x+a} & (x>1)\end{cases}$

$\therefore f(x)=\begin{cases}\dfrac{1}{2}e^{x+a}+C_1 & (x<-1)\\ x^3-2x+C_2 & (-1<x<1)\\ \dfrac{1}{2}e^{x+a}+C_3 & (x>1)\end{cases}$ ← $f'(x)$를 구간별로 각각 적분한다.

함수 $f(x)$는 $x=-1$에서 연속이므로 ← 함수 $f(x)$가 실수 전체의 집합에서 연속이므로 $x=-1$에서도 연속이다.

$f(-1)=\lim\limits_{x\to-1+}f(x)=\lim\limits_{x\to-1-}f(x)$에서

$(-1)^3-2\cdot(-1)+C_2=\dfrac{1}{2}e^{-1+a}+C_1$

$\therefore C_1=-\dfrac{1}{2}e^{-1+a}+1+C_2$ ······ ㉠

또한, 함수 $f(x)$는 $x=1$에서 연속이므로

$f(1)=\lim\limits_{x\to1+}f(x)=\lim\limits_{x\to1-}f(x)$에서 ← 함수 $f(x)$가 실수 전체의 집합에서 연속이므로 $x=1$에서도 연속이다.

$\dfrac{1}{2}e^{1+a}+C_3=1-2+C_2$

$\therefore C_2=\dfrac{1}{2}e^{1+a}+1+C_3$ ······ ㉡

한편, 함수 $f(x)$가 $x=-1$에서 미분가능하므로

$f'(-1)=\lim\limits_{x\to-1+}(3x^2-2)=\lim\limits_{x\to-1-}\dfrac{1}{2}e^{x+a}$

$1=\dfrac{1}{2}e^{-1+a}$, $2=e^{-1+a}$

$\ln 2=-1+a$ $\therefore a=1+\ln 2$

㉠, ㉡에 $a=1+\ln 2$를 각각 대입하면

$C_1=-\dfrac{1}{2}e^{\ln 2}+1+C_2$ $\therefore C_1=C_2$

$C_2=\dfrac{1}{2}e^{2+\ln 2}+1+C_3$ $\therefore C_2=e^2+1+C_3$

$f(2)=e^3$이므로 $\dfrac{1}{2}e^{3+\ln 2}+C_3=e^3$

$e^3+C_3=e^3$ $\therefore C_3=0$

$\therefore C_1=C_2=e^2+1$

$\therefore f(x)=\begin{cases}\dfrac{1}{2}e^{x+1+\ln 2}+e^2+1 & (x<-1)\\ x^3-2x+e^2+1 & (-1\le x<1)\\ \dfrac{1}{2}e^{x+1+\ln 2} & (x\ge 1)\end{cases}$

$\therefore f(3)\{f(-5)-1\}=\dfrac{1}{2}e^{4+\ln 2}\cdot\left(\dfrac{1}{2}e^{-4+\ln 2}+e^2+1-1\right)$

$=e^4(e^{-4}+e^2)$

$=1+e^6$

## 1101  답 ④



조건 (다)에서 $f'(x)=\csc f(x)=\dfrac{1}{\sin f(x)}$이므로

$f'(x)\sin f(x)=1$

위의 식의 양변을 $x$에 대하여 적분하면

$\displaystyle\int f'(x)\sin f(x)\,dx=\int 1\,dx$

$\displaystyle\int f'(x)\sin f(x)\,dx$에서

$f(x)=t$라 하면 $\dfrac{dt}{dx}=f'(x)$이므로

$\displaystyle\int f'(x)\sin f(x)\,dx=\int \sin t\,dt$

$=-\cos t+C_1$

$=-\cos f(x)+C_1$

즉, $-\cos f(x)+C_1=\displaystyle\int 1\,dx$에서

$-\cos f(x)+C_1=x+C_2$

$\therefore \cos f(x)=-x+C$ ← $C=C_1-C_2$

조건 (가)에서 $f\left(\dfrac{1}{2}\right)=\dfrac{\pi}{3}$이므로 위의 식의 양변에 $x=\dfrac{1}{2}$을 대입하면

$\cos\dfrac{\pi}{3}=-\dfrac{1}{2}+C$, $\dfrac{1}{2}=-\dfrac{1}{2}+C$

$\therefore C=1$

$\therefore \cos f(x)=-x+1$

위의 식의 양변에 $x=\dfrac{3}{2}$을 대입하면

$\cos f\left(\dfrac{3}{2}\right)=-\dfrac{3}{2}+1=-\dfrac{1}{2}$

조건 (나)에서 $0<f(x)<\pi$이므로 $f\left(\dfrac{3}{2}\right)=\dfrac{2}{3}\pi$

$f'(x)=\dfrac{1}{\sin f(x)}$이므로

$f'\left(\dfrac{3}{2}\right)=\dfrac{1}{\sin f\left(\dfrac{3}{2}\right)}=\dfrac{1}{\sin\dfrac{2}{3}\pi}=\dfrac{1}{\dfrac{\sqrt{3}}{2}}=\dfrac{2\sqrt{3}}{3}$

즉, 곡선 $y=f(x)$ 위의 점 $\left(\dfrac{3}{2},\ \dfrac{2}{3}\pi\right)$에서의 접선의 방정식은

$y-\dfrac{2}{3}\pi=\dfrac{2\sqrt{3}}{3}\left(x-\dfrac{3}{2}\right)$

$\therefore y=\dfrac{2\sqrt{3}}{3}x-\sqrt{3}+\dfrac{2}{3}\pi$

따라서 구하는 $y$절편은 $-\sqrt{3}+\dfrac{2}{3}\pi$이다.

조건 (다)에서 $f'(x)=\csc f(x)=\dfrac{1}{\sin f(x)}$ 이므로

$$\frac{dy}{dx}=\frac{1}{\sin f(x)}$$

$\dfrac{1}{\dfrac{dy}{dx}}=\dfrac{dx}{dy}$ 이므로 $\dfrac{dx}{dy}=\sin f(x)=\sin y$

→ 역함수의 미분법

위의 식의 양변을 $y$에 대하여 적분하면

$$\int \frac{dx}{dy}\,dy=\int \sin y\,dy$$

$x=-\cos y+C$　　$\therefore x=-\cos f(x)+C$

조건 (가)에서 $f\left(\dfrac{1}{2}\right)=\dfrac{\pi}{3}$ 이므로 위의 식의 양변에 $x=\dfrac{1}{2}$ 을 대입

하면

$\dfrac{1}{2}=-\dfrac{1}{2}+C$　　$\therefore C=1$

따라서 $x=-\cos f(x)+1$ 이므로 양변에 $x=\dfrac{3}{2}$ 을 대입하면

$\dfrac{3}{2}=-\cos f\left(\dfrac{3}{2}\right)+1,\ \cos f\left(\dfrac{3}{2}\right)=-\dfrac{1}{2}$

조건 (나)에서 $0<f(x)<\pi$ 이므로 $f\left(\dfrac{3}{2}\right)=\dfrac{2}{3}\pi$

$f'(x)=\dfrac{1}{\sin f(x)}$ 이므로

$$f'\left(\frac{3}{2}\right)=\frac{1}{\sin f\left(\frac{3}{2}\right)}=\frac{1}{\sin \frac{2}{3}\pi}=\frac{1}{\frac{\sqrt{3}}{2}}=\frac{2\sqrt{3}}{3}$$

## 1102  답 37

> **One Point Lesson**
>
> 주어진 조건을 이용하여 두 함수 $f(x)$, $g(x)$ 사이의 관계식을 구한 후, 그 관계식을 이용하여 두 함수 $f(x)$, $g(x)$를 각각 구한다.

조건 (가)에서 $f'(x)=g(x)$　　$\cdots\cdots$ ㉠

㉠의 양변을 $x$에 대하여 미분하면

$f''(x)=g'(x)=f(x)$ $(\because$ 조건 (가)에서 $f''(x)=f(x))$

$\therefore f(x)=g'(x)$　　$\cdots\cdots$ ㉡

㉠$+$㉡을 하면

$f'(x)+f(x)=g(x)+g'(x)$

$f(x)-g(x)=-\{f'(x)-g'(x)\}$

$\dfrac{f'(x)-g'(x)}{f(x)-g(x)}=-1$

위의 식의 양변을 $x$에 대하여 적분하면

$$\int \frac{f'(x)-g'(x)}{f(x)-g(x)}\,dx=\int (-1)\,dx$$

$$\int \frac{\{f(x)-g(x)\}'}{f(x)-g(x)}\,dx=-x+C_1$$

$\ln\{f(x)-g(x)\}=-x+C_1$

　　　　　　$(\because$ 조건 (다)에서 $f(x)-g(x)>0)$

위의 식의 양변에 $x=0$을 대입하면

$\ln(20-16)=C_1$　　$\therefore C_1=\ln 4$

따라서 $\ln\{f(x)-g(x)\}=-x+\ln 4$ 이므로

$f(x)-g(x)=e^{-x+\ln 4}=4e^{-x}$　　$\cdots\cdots$ ㉢

한편, ㉠$-$㉡을 하면

$f'(x)-f(x)=g(x)-g'(x)$

$f(x)+g(x)=f'(x)+g'(x)$

$\dfrac{f'(x)+g'(x)}{f(x)+g(x)}=1$

위의 식의 양변을 $x$에 대하여 적분하면

$$\int \frac{f'(x)+g'(x)}{f(x)+g(x)}\,dx=\int 1\,dx$$

$$\int \frac{\{f(x)+g(x)\}'}{f(x)+g(x)}\,dx=x+C_2$$

$\ln\{f(x)+g(x)\}=x+C_2$ $(\because$ 조건 (다)에서 $f(x)+g(x)>0)$

위의 식의 양변에 $x=0$을 대입하면

$\ln(20+16)=C_2$　　$\therefore C_2=\ln 36$

따라서 $\ln\{f(x)+g(x)\}=x+\ln 36$ 이므로

$f(x)+g(x)=e^{x+\ln 36}=36e^x$　　$\cdots\cdots$ ㉣

$\dfrac{1}{2}$(㉢$+$㉣)을 하면

$f(x)=18e^x+2e^{-x}$

$\therefore f(\ln 2)=18e^{\ln 2}+2e^{-\ln 2}=18\cdot 2+2\cdot\dfrac{1}{2}=37$

## 1103  답 10

$y=\dfrac{\ln x+3}{2}$ 이라 하면

$2y=\ln x+3$

$\ln x=2y-3$

$\therefore x=e^{2y-3}$

$x$와 $y$를 서로 바꾸면 $y=e^{2x-3}$

$\therefore g(x)=e^{2x-3}$

❶

$$G(x)=\int g(x)\,dx=\int e^{2x-3}\,dx$$

$2x-3=t$라 하면 $\dfrac{dt}{dx}=2$이므로

$$G(x)=\int e^{2x-3}\,dx$$
$$=\int e^t\cdot\frac{1}{2}\,dt$$
$$=\frac{1}{2}e^t+C=\frac{1}{2}e^{2x-3}+C$$

$G(2)=e$이므로 $\dfrac{e}{2}+C=e$

$\therefore C=\dfrac{e}{2}$

$\therefore G(x)=\dfrac{1}{2}e^{2x-3}+\dfrac{e}{2}$

❷

이때 $G(0)=\dfrac{1}{2}e^{-3}+\dfrac{e}{2}=\dfrac{e^{-3}+e}{2}$ 이므로

$a=-3,\ b=1$ $(\because a<b)$

$\therefore a^2+b^2=(-3)^2+1^2=10$

❸

| 채점 기준 | 배점 비율 |
| --- | --- |
| ❶ $g(x)$ 구하기 | 30% |
| ❷ $G(x)$ 구하기 | 50% |
| ❸ $a^2+b^2$의 값 구하기 | 20% |

## 1104  답 2

$u(x)=\ln(x+1),\ v'(x)=2x$라 하면

$u'(x)=\dfrac{1}{x+1},\ v(x)=x^2$이므로

$$f(x)=\int 2x\ln(x+1)\,dx$$

$$=x^2\ln(x+1)-\int \frac{x^2}{x+1}\,dx$$

$$=x^2\ln(x+1)-\int\left(x-1+\frac{1}{x+1}\right)dx$$

$$=x^2\ln(x+1)-\left(\frac{1}{2}x^2-x+\ln|x+1|\right)+C$$

$$=x^2\ln(x+1)-\frac{1}{2}x^2+x-\ln|x+1|+C$$

❶

$f(0)=C,$

$f(1)=\ln 2-\dfrac{1}{2}+1-\ln 2+C=\dfrac{1}{2}+C$

이므로 $f(0)=2f(1)$에서

$C=1+2C$

$\therefore C=-1$

$\therefore f(x)=x^2\ln(x+1)-\dfrac{1}{2}x^2+x-\ln|x+1|-1$

❷

$f(2)=4\ln 3-\dfrac{1}{2}\cdot 2^2+2-\ln 3-1$

$\qquad =3\ln 3-1$

따라서 $p=3$, $q=-1$이므로

$p+q=3+(-1)=2$

❸

| 채점 기준 | 배점 비율 |
| --- | --- |
| ❶ 부분적분법을 이용하여 부정적분 구하기 | 50% |
| ❷ $f(0)=2f(1)$임을 이용하여 $f(x)$ 구하기 | 30% |
| ❸ $p+q$의 값 구하기 | 20% |

## 1105 답 $-\dfrac{3}{\pi}$

$f'(x)=\begin{cases} k+\sin x & (x>0) \\ 1 & (x<0) \end{cases}$에서

$f(x)=\begin{cases} kx-\cos x+C_1 & (x>0) \\ x+C_2 & (x<0) \end{cases}$  → $f'(x)$를 구간별로 각각 적분한다.

                    …… ㉠

❶

함수 $f(x)$는 $x=0$에서 연속이므로

$f(0)=\lim\limits_{x\to 0+}f(x)=\lim\limits_{x\to 0-}f(x)$  → 함수 $f(x)$가 실수 전체의 집합에서 연속 이므로 $x=0$에서도 연속이다.

$\lim\limits_{x\to 0+}(kx-\cos x+C_1)=\lim\limits_{x\to 0-}(x+C_2)$

$-1+C_1=C_2$       …… ㉡

❷

㉡을 ㉠에 대입하면

$f(x)=\begin{cases} kx-\cos x+C_1 & (x>0) \\ x-1+C_1 & (x<0) \end{cases}$

이때 $f(-1)=f(\pi)$에서

$-2+C_1=k\pi+1+C_1$

$k\pi=-3$

$\therefore k=-\dfrac{3}{\pi}$

❸

| 채점 기준 | 배점 비율 |
| --- | --- |
| ❶ $f(x)$ 구하기 | 30% |
| ❷ 함수 $f(x)$가 연속임을 이용하여 $C_1$, $C_2$ 사이의 관계식 구하기 | 50% |
| ❸ $k$의 값 구하기 | 20% |

## 1106 답 17

(i) $0\le x<1$일 때

$\lim\limits_{n\to\infty}x^{n-1}=\lim\limits_{n\to\infty}x^n=\lim\limits_{n\to\infty}x^{n+1}=0$이므로

$f(x)=\lim\limits_{n\to\infty}\dfrac{2x^{n+1}-ax^{n-1}+\sqrt{x}}{x^n+1}=\sqrt{x}$

(ii) $x=1$일 때

$f(x)=\lim\limits_{n\to\infty}\dfrac{2x^{n+1}-ax^{n-1}+\sqrt{x}}{x^n+1}=\dfrac{2-a+1}{1+1}$

$\qquad =\dfrac{3-a}{2}$

(iii) $x>1$일 때

$\lim\limits_{n\to\infty}x^{n-1}=\lim\limits_{n\to\infty}x^n=\lim\limits_{n\to\infty}x^{n+1}=\infty$이므로

$f(x)=\lim\limits_{n\to\infty}\dfrac{2x^{n+1}-ax^{n-1}+\sqrt{x}}{x^n+1}=\lim\limits_{n\to\infty}\dfrac{2x-\dfrac{a}{x}+\dfrac{\sqrt{x}}{x^n}}{1+\dfrac{1}{x^n}}$

$\qquad =2x-\dfrac{a}{x}$

한편, 함수 $f(x)$는 $x=1$에서 연속이므로

$f(1)=\lim\limits_{x\to 1+}f(x)=\lim\limits_{x\to 1-}f(x)$  → 함수 $f(x)$가 $x\ge 0$에서 연속이므로 $x=1$에서도 연속이다.

$\dfrac{3-a}{2}=2-a=1 \qquad \therefore a=1$

$\therefore f(x)=\begin{cases} \sqrt{x} & (0\le x<1) \\ 2x-\dfrac{1}{x} & (x\ge 1) \end{cases}$

❶

즉,

$g(x)=\int f(x)\,dx=\begin{cases} \dfrac{2}{3}x\sqrt{x}+C_1 & (0<x<1) \\ x^2-\ln x+C_2 & (x>1) \end{cases}$  → 함수 $f(x)$를 구간별로 각각 적분한다.

이고 함수 $g(x)$가 $x=1$에서 연속이므로

$g(1)=\lim\limits_{x\to 1+}g(x)=\lim\limits_{x\to 1-}g(x)$

$1+C_2=\dfrac{2}{3}+C_1$

$\therefore C_1-C_2=\dfrac{1}{3} \qquad$ …… ㉠

$g(e)=e^2$이므로 $e^2-1+C_2=e^2$

$\therefore C_2=1 \qquad$ …… ㉡

㉡을 ㉠에 대입하면 $C_1-1=\dfrac{1}{3}$

$\therefore C_1=\dfrac{4}{3}$

$\therefore g(x)=\begin{cases} \dfrac{2}{3}x\sqrt{x}+\dfrac{4}{3} & (0\le x<1) \\ x^2-\ln x+1 & (x\ge 1) \end{cases}$

❷

$\therefore 12g\left(\dfrac{1}{4}\right)=12\left(\dfrac{2}{3}\cdot\dfrac{1}{4}\sqrt{\dfrac{1}{4}}+\dfrac{4}{3}\right)=12\cdot\dfrac{17}{12}=17$

❸

| 채점 기준 | 배점 비율 |
| --- | --- |
| ❶ $x$의 값의 범위에 따른 $f(x)$ 구하기 | 40% |
| ❷ $g(x)$ 구하기 | 40% |
| ❸ $12g\left(\dfrac{1}{4}\right)$의 값 구하기 | 20% |

## 1107 답 137

함수 $f(x)$의 역함수가 $g(x)$이므로 $f(g(x))=x$

또한, 두 함수 $f(x)$, $g(x)$가 미분가능하므로 $f(g(x))=x$의 양변을 $x$에 대하여 미분하면

$f'(g(x))g'(x)=1$ → 합성함수의 미분법

$\therefore g'(x)=\dfrac{1}{f'(g(x))}$

$f'(x)=\sqrt{\dfrac{1}{4f(x)+8}}$ 에서

$f'(g(x))=\sqrt{\dfrac{1}{4f(g(x))+8}}=\sqrt{\dfrac{1}{4x+8}}=\dfrac{1}{2\sqrt{x+2}}$

$\therefore g(x)=\displaystyle\int g'(x)\,dx=\int \dfrac{1}{f'(g(x))}\,dx=\int 2\sqrt{x+2}\,dx$

$x+2=t$라 하면 $\dfrac{dt}{dx}=1$이므로

$g(x)=\displaystyle\int 2\sqrt{x+2}\,dx=2\int \sqrt{t}\,dt$

$\qquad =2\displaystyle\int t^{\frac{1}{2}}\,dt=\dfrac{4}{3}t^{\frac{3}{2}}+C$

$\qquad =\dfrac{4}{3}t\sqrt{t}+C=\dfrac{4}{3}(x+2)\sqrt{x+2}+C$

$f\left(\dfrac{5}{6}\right)=-1$에서 $g(-1)=\dfrac{5}{6}$이므로 $\dfrac{4}{3}+C=\dfrac{5}{6}$

$\therefore C=-\dfrac{1}{2}$

$\therefore g(x)=\dfrac{4}{3}(x+2)\sqrt{x+2}-\dfrac{1}{2}$ ❶

$f(4)=k$ ($k$는 상수)라 하면 $g(k)=4$

$\dfrac{4}{3}(k+2)\sqrt{k+2}-\dfrac{1}{2}=4$, $(k+2)\sqrt{k+2}=\dfrac{27}{8}$

$(k+2)^{\frac{3}{2}}=\left(\dfrac{3}{2}\right)^3$, $k+2=\left(\dfrac{3}{2}\right)^2=\dfrac{9}{4}$

$\therefore k=\dfrac{1}{4}$

한편, $g(2)=\dfrac{4}{3}\cdot 4\sqrt{4}-\dfrac{1}{2}=\dfrac{61}{6}$이므로

$f(4)+g(2)=\dfrac{1}{4}+\dfrac{61}{6}=\dfrac{125}{12}$ ❷

따라서 $p=12$, $q=125$이므로
$p+q=12+125=137$ ❸

| 채점 기준 | 배점 비율 |
| --- | --- |
| ❶ 역함수의 미분법과 치환적분법을 이용하여 $g(x)$ 구하기 | 60% |
| ❷ $f(4)+g(2)$의 값 구하기 | 30% |
| ❸ $p+q$의 값 구하기 | 10% |

## 1108 답 2

$f'(x)=\begin{cases} -3x^2-6x & (x<0) \\ -\pi\sin\pi x & (0<x<2) \end{cases}$ 에서

$f(x)=\begin{cases} -x^3-3x^2+C_1 & (x<0) \\ \cos\pi x+C_2 & (0<x<2) \end{cases}$ → $f'(x)$를 구간별로 각각 적분한다.

$f(-1)=-1$이므로 $-(-1)^3-3\cdot(-1)^2+C_1=-1$

$1-3+C_1=-1$ $\quad \therefore C_1=1$

한편, 함수 $f(x)$는 $x=0$에서 연속이므로

$f(0)=\displaystyle\lim_{x\to 0+} f(x)=\lim_{x\to 0-} f(x)$에서 → 함수 $f(x)$가 $x<2$에서 연속이므로 $x=0$에서도 연속이다.

$1+C_2=1$

$\therefore C_2=0$

$\therefore f(x)=\begin{cases} -x^3-3x^2+1 & (x<0) \\ \cos\pi x & (0\le x<2) \end{cases}$ ❶

(i) $x<0$일 때

$\quad f'(x)=0$에서 $-3x^2-6x=0$

$\quad -3x(x+2)=0$

$\quad \therefore x=-2$

(ii) $0\le x<2$일 때

$\quad f'(x)=0$에서 $-\pi\sin\pi x=0$

$\quad \therefore x=0$ 또는 $x=1$

(i), (ii)에서 $x=-2$ 또는 $x=0$ 또는 $x=1$

$x<2$에서 함수 $f(x)$의 증가와 감소를 표로 나타내면 다음과 같다.

| $x$ | $\cdots$ | $-2$ | $\cdots$ | $0$ | $\cdots$ | $1$ | $\cdots$ | $(2)$ |
| --- | --- | --- | --- | --- | --- | --- | --- | --- |
| $f'(x)$ | $-$ | $0$ | $+$ | $0$ | $-$ | $0$ | $+$ | |
| $f(x)$ | ↘ | $-3$ | ↗ | $1$ | ↘ | $-1$ | ↗ | |

오른쪽 그림에서 방정식 $f(x)=k$ 의 서로 다른 실근의 개수가 4가 되려면 함수 $y=f(x)$의 그래프와 직선 $y=k$가 서로 다른 네 개의 점에서 만나야 하므로 모든 실수 $k$의 값의 범위는
$-1<k<1$ ❷

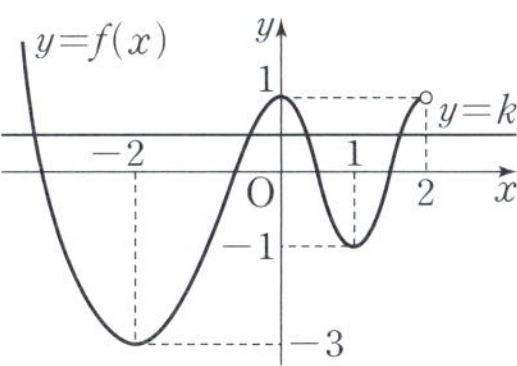

따라서 $\alpha=-1$, $\beta=1$이므로
$\beta-\alpha=1-(-1)=2$ ❸

| 채점 기준 | 배점 비율 |
| --- | --- |
| ❶ $f(x)$ 구하기 | 40% |
| ❷ 실수 $k$의 값의 범위 구하기 | 40% |
| ❸ $\beta-\alpha$의 값 구하기 | 20% |

본문 182~183쪽

**1109** 답 $1$

$$\int_1^e \frac{1}{x}\,dx=\Big[\ln|x|\Big]_1^e=\ln e-0=1$$

**1110** 답 $1$

$$\int_{\frac{1}{2}}^1 \frac{1}{x^2}\,dx=\Big[-x^{-1}\Big]_{\frac{1}{2}}^1=-1-(-2)=1$$

**1111** 답 $\dfrac{14}{3}$

$$\int_1^4 \sqrt{x}\,dx=\Big[\frac{2}{3}x^{\frac{3}{2}}\Big]_1^4=\frac{16}{3}-\frac{2}{3}=\frac{14}{3}$$

**1112** 답 $2$

$$\int_1^4 \frac{1}{\sqrt{x}}\,dx=\Big[2x^{\frac{1}{2}}\Big]_1^4=4-2=2$$

**1113** 답 $e-1$

$$\int_0^1 e^x\,dx=\Big[e^x\Big]_0^1=e-1$$

**1114** 답 $\dfrac{8}{\ln 3}$

$$\int_0^2 3^x\,dx=\Big[\frac{3^x}{\ln 3}\Big]_0^2=\frac{9}{\ln 3}-\frac{1}{\ln 3}=\frac{8}{\ln 3}$$

**1115** 답 $1$

$$\int_0^{\frac{\pi}{2}}\cos x\,dx=\Big[\sin x\Big]_0^{\frac{\pi}{2}}=1-0=1$$

**1116** 답 $1$

$$\int_0^{\frac{\pi}{4}}\sec^2 x\,dx=\Big[\tan x\Big]_0^{\frac{\pi}{4}}=1-0=1$$

**1117** 답 $\dfrac{1}{3}$

$$\int_0^1 \sqrt{x}\,(2\sqrt{x}-1)\,dx=\int_0^1 (2x-\sqrt{x})\,dx=\Big[x^2-\frac{2}{3}x^{\frac{3}{2}}\Big]_0^1$$
$$=\frac{1}{3}-0=\frac{1}{3}$$

**1118** 답 $\ln 2+\dfrac{1}{2}$

$$\int_1^2 \frac{x+1}{x^2}\,dx=\int_1^2\Big(\frac{1}{x}+\frac{1}{x^2}\Big)dx=\Big[\ln|x|-x^{-1}\Big]_1^2$$
$$=\Big(\ln 2-\frac{1}{2}\Big)+1=\ln 2+\frac{1}{2}$$

**1119** 답 $1-\dfrac{\pi}{4}$

$$\int_0^{\frac{\pi}{4}}\tan^2 x\,dx=\int_0^{\frac{\pi}{4}}(\sec^2 x-1)\,dx$$
$$=\Big[\tan x-x\Big]_0^{\frac{\pi}{4}}$$
$$=\Big(1-\frac{\pi}{4}\Big)-0=1-\frac{\pi}{4}$$

**1120** 답 $2e^2-\dfrac{2}{e}$

$$\int_{-1}^2 (e^x+x)\,dx+\int_{-1}^2 (e^x-x)\,dx=\int_{-1}^2 2e^x\,dx=\Big[2e^x\Big]_{-1}^2$$

적분 구간이 서로 같다.
$$=2e^2-\frac{2}{e}$$

**1121** 답 $4$

$$\int_0^{\frac{\pi}{2}}(\sin x+1)^2\,dx+\int_{\frac{\pi}{2}}^0 (\sin x-1)^2\,dx$$
$$=\int_0^{\frac{\pi}{2}}(\sin x+1)^2\,dx-\int_0^{\frac{\pi}{2}}(\sin x-1)^2\,dx$$

적분 구간이 서로 같다.
$$=\int_0^{\frac{\pi}{2}}(\sin^2 x+2\sin x+1)\,dx-\int_0^{\frac{\pi}{2}}(\sin^2 x-2\sin x+1)\,dx$$
$$=\int_0^{\frac{\pi}{2}}4\sin x\,dx$$
$$=\Big[-4\cos x\Big]_0^{\frac{\pi}{2}}$$
$$=0-(-4)=4$$

**1122** 답 $-1$

$$\int_1^2\Big(\frac{1}{\sqrt{x}}-1\Big)dx+\int_2^4\Big(\frac{1}{\sqrt{x}}-1\Big)dx=\int_1^4\Big(\frac{1}{\sqrt{x}}-1\Big)dx$$

피적분함수가 서로 같다.
$$=\Big[2x^{\frac{1}{2}}-x\Big]_1^4$$
$$=0-1=-1$$

**1123** 답 $2\ln 2+\dfrac{3}{2}$

$$\int_{\frac{1}{2}}^3 (x^{-1}+1)\,dx-\int_2^3 (x^{-1}+1)\,dx$$
$$=\int_{\frac{1}{2}}^3\Big(\frac{1}{x}+1\Big)dx+\int_3^2\Big(\frac{1}{x}+1\Big)dx$$

피적분함수가 서로 같다.
$$=\int_{\frac{1}{2}}^2\Big(\frac{1}{x}+1\Big)dx$$
$$=\Big[\ln|x|+x\Big]_{\frac{1}{2}}^2$$
$$=(\ln 2+2)-\Big(\ln \frac{1}{2}+\frac{1}{2}\Big)$$
$$=2\ln 2+\frac{3}{2}$$

**1124** 답 $2e-\dfrac{2}{e}$

$f(x)=e^x+e^{-x}$이라 하면
$f(-x)=e^{-x}+e^x=f(x)$이므로

$y$축에 대하여 대칭

$$\int_{-1}^{1}(e^x+e^{-x})\,dx=2\int_0^1(e^x+e^{-x})\,dx=2\Big[e^x-e^{-x}\Big]_0^1$$
$$=2\left\{\left(e-\frac{1}{e}\right)-0\right\}=2e-\frac{2}{e}$$

## 1125  답 2

$f(x)=\cos x$, $g(x)=\sin x$라 하면 $-\dfrac{\pi}{2}\le x\le\dfrac{\pi}{2}$에서

$f(-x)=\cos(-x)=\cos x=f(x)$, → $y$축에 대하여 대칭

$\underline{g(-x)=\sin(-x)=-\sin x=-g(x)}$ → 원점에 대하여 대칭

이므로

$$\int_{-\frac{\pi}{2}}^{\frac{\pi}{2}}(\cos x+\sin x)\,dx=\int_{-\frac{\pi}{2}}^{\frac{\pi}{2}}\cos x\,dx+\underbrace{\int_{-\frac{\pi}{2}}^{\frac{\pi}{2}}\sin x\,dx}_{=0}$$
$$=2\int_0^{\frac{\pi}{2}}\cos x\,dx$$
$$=2\Big[\sin x\Big]_0^{\frac{\pi}{2}}$$
$$=2(1-0)=2$$

## 1126  답 12

오른쪽 그림과 같이 함수
$y=|\sin x|$는 주기가 $\pi$인 주기함수
이므로

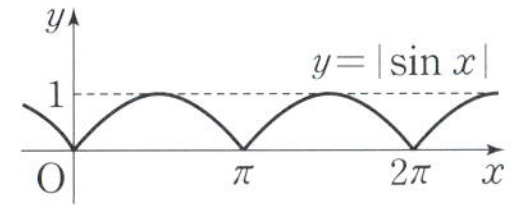

$$\int_0^{\pi}|\sin x|\,dx=\int_{\pi}^{2\pi}|\sin x|\,dx=\int_{2\pi}^{3\pi}|\sin x|\,dx=\cdots$$
$$=\int_{5\pi}^{6\pi}|\sin x|\,dx$$

$\therefore \displaystyle\int_0^{6\pi}|\sin x|\,dx=6\int_0^{\pi}|\sin x|\,dx$    $0\le x\le\pi$에서
$\sin x\ge0$이므로

$$=6\int_0^{\pi}\sin x\,dx$$
$$=6\Big[-\cos x\Big]_0^{\pi}$$
$$=6\{1-(-1)\}=12$$

## 1127  답 $10\pi-20$

오른쪽 그림과 같이 함수
$y=1-|\cos x|$는 주기가 $\pi$인 주기
함수이므로

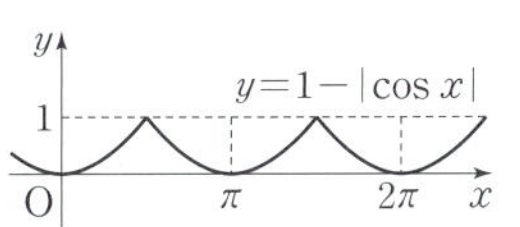

$$\int_0^{\pi}(1-|\cos x|)\,dx=\int_{\pi}^{2\pi}(1-|\cos x|)\,dx$$
$$=\int_{2\pi}^{3\pi}(1-|\cos x|)\,dx=\cdots$$
$$=\int_{9\pi}^{10\pi}(1-|\cos x|)\,dx$$

$\therefore \displaystyle\int_0^{10\pi}(1-|\cos x|)\,dx$

$$=10\int_0^{\pi}(1-|\cos x|)\,dx$$

$|\cos x|=\begin{cases}\cos x & \left(0\le x\le\frac{\pi}{2}\right)\\ -\cos x & \left(\frac{\pi}{2}\le x\le\pi\right)\end{cases}$

$$=10\left\{\int_0^{\frac{\pi}{2}}(1-\cos x)\,dx+\int_{\frac{\pi}{2}}^{\pi}(1+\cos x)\,dx\right\}$$

$x=\dfrac{\pi}{2}$를 기준으로 함수식이 다르다.

$$=10\left(\Big[x-\sin x\Big]_0^{\frac{\pi}{2}}+\Big[x+\sin x\Big]_{\frac{\pi}{2}}^{\pi}\right)$$
$$=10\left[\left\{\left(\frac{\pi}{2}-1\right)-0\right\}+\left\{\pi-\left(\frac{\pi}{2}+1\right)\right\}\right]$$
$$=10(\pi-2)=10\pi-20$$

## 1128  답 $\dfrac{2}{5}$

$x-1=t$라 하면 $\dfrac{dt}{dx}=1$이고,

$x=0$일 때 $t=-1$, $x=2$일 때 $t=1$이므로

$$\int_0^2(x-1)^4\,dx=\int_{-1}^1 t^4\,dt$$

이때 $f(t)=t^4$이라 하면    → $y$축에 대하여 대칭

$\underline{f(-t)=(-t)^4=t^4=f(t)}$이므로

$$\int_{-1}^1 t^4\,dt=2\int_0^1 t^4\,dt$$
$$=2\Big[\frac{1}{5}t^5\Big]_0^1$$
$$=2\left(\frac{1}{5}-0\right)=\frac{2}{5}$$

## 1129  답 18

$x+2=t$라 하면 $\dfrac{dt}{dx}=1$이고,

$x=-2$일 때 $t=0$, $x=7$일 때 $t=9$이므로

$$\int_{-2}^7\sqrt{x+2}\,dx=\int_0^9\sqrt{t}\,dt$$
$$=\Big[\frac{2}{3}t^{\frac{3}{2}}\Big]_0^9$$
$$=18-0=18$$

## 1130  답 9

$x^2-1=t$라 하면 $\dfrac{dt}{dx}=2x$이고,

$x=-1$일 때 $t=0$, $x=2$일 때 $t=3$이므로

$$\int_{-1}^2 2x(x^2-1)^2\,dx=\int_0^3 t^2\,dt$$
$$=\Big[\frac{1}{3}t^3\Big]_0^3$$
$$=9-0=9$$

## 1131  답 $\dfrac{1}{2}\ln 3$

$x^2+2=t$라 하면 $\dfrac{dt}{dx}=2x$이고,

$x=1$일 때 $t=3$, $x=\sqrt{7}$일 때 $t=9$이므로

$$\int_1^{\sqrt{7}}\frac{x}{x^2+2}\,dx=\int_3^9\frac{1}{t}\cdot\frac{1}{2}\,dt$$
$$=\frac{1}{2}\Big[\ln|t|\Big]_3^9$$
$$=\frac{1}{2}(\ln 9-\ln 3)=\frac{1}{2}\ln 3$$

## 1132  답 2

$\ln x=t$라 하면 $\dfrac{dt}{dx}=\dfrac{1}{x}$이고,

$x=1$일 때 $t=0$, $x=e^2$일 때 $t=2$이므로

$$\int_1^{e^2}\frac{\ln x}{x}\,dx=\int_0^2 t\,dt$$
$$=\Big[\frac{1}{2}t^2\Big]_0^2$$
$$=2-0=2$$

## 1133 답 $\ln 2$

$e^x+1=t$라 하면 $\dfrac{dt}{dx}=e^x$이고,

$x=0$일 때 $t=2$, $x=\ln 3$일 때 $t=4$이므로

$$\int_0^{\ln 3} \frac{e^x}{e^x+1}\,dx=\int_2^4 \frac{1}{t}\,dt$$
$$=\Big[\ln|t|\Big]_2^4$$
$$=\ln 4-\ln 2=\ln 2$$

## 1134 답 $\dfrac{1}{2}$

$\sin x=t$라 하면 $\dfrac{dt}{dx}=\cos x$이고,

$x=0$일 때 $t=0$, $x=\dfrac{\pi}{2}$일 때 $t=1$이므로

$$\int_0^{\frac{\pi}{2}} \sin x \cos x\,dx=\int_0^1 t\,dt$$
$$=\Big[\frac{1}{2}t^2\Big]_0^1$$
$$=\frac{1}{2}-0=\frac{1}{2}$$

## 1135 답 $\ln 2$

$\tan x=\dfrac{\sin x}{\cos x}$이므로

$\cos x=t$라 하면 $\dfrac{dt}{dx}=-\sin x$이고

$x=0$일 때 $t=1$, $x=\dfrac{\pi}{3}$일 때 $t=\dfrac{1}{2}$이므로

$$\int_0^{\frac{\pi}{3}} \tan x\,dx=\int_0^{\frac{\pi}{3}} \frac{\sin x}{\cos x}\,dx$$
$$=\int_1^{\frac{1}{2}} \frac{1}{t}\cdot(-1)\,dt$$
$$=\Big[-\ln|t|\Big]_1^{\frac{1}{2}}$$
$$=-\ln\frac{1}{2}-0=\ln 2$$

## 1136 답 (가) $\cos\theta$  (나) $0$  (다) $\dfrac{\pi}{2}$

$x=\sin\theta\left(-\dfrac{\pi}{2}\leq\theta\leq\dfrac{\pi}{2}\right)$라 하면 $\dfrac{dx}{d\theta}=\boxed{\cos\theta}$이고,

$x=0$일 때 $\theta=\boxed{0}$, $x=1$일 때 $\theta=\boxed{\dfrac{\pi}{2}}$이므로

$$\int_0^1 \frac{1}{\sqrt{1-x^2}}\,dx=\int_{\boxed{0}}^{\boxed{\frac{\pi}{2}}} \frac{1}{\sqrt{1-\sin^2\theta}}\times\boxed{\cos\theta}\,d\theta$$
$$=\int_0^{\frac{\pi}{2}} \frac{\cos\theta}{\sqrt{\cos^2\theta}}\,d\theta$$
$$=\int_0^{\frac{\pi}{2}} \frac{\cos\theta}{\cos\theta}\,d\theta$$
$$=\int_0^{\frac{\pi}{2}} 1\,d\theta$$
$$=\Big[\theta\Big]_0^{\frac{\pi}{2}}$$
$$=\frac{\pi}{2}-0=\frac{\pi}{2}$$

## 1137 답 $1$

$f(x)=x$, $g'(x)=e^x$이라 하면

$f'(x)=1$, $g(x)=e^x$이므로

$$\int_0^1 xe^x\,dx=\Big[xe^x\Big]_0^1-\int_0^1 e^x\,dx$$
$$=(e-0)-\Big[e^x\Big]_0^1$$
$$=e-(e-1)=1$$

## 1138 답 $2\ln 2-\dfrac{3}{4}$

$f(x)=\ln x$, $g'(x)=x$라 하면

$f'(x)=\dfrac{1}{x}$, $g(x)=\dfrac{1}{2}x^2$이므로

$$\int_1^2 x\ln x\,dx=\Big[\frac{1}{2}x^2\ln x\Big]_1^2-\int_1^2 \frac{1}{2}x\,dx$$
$$=(2\ln 2-0)-\Big[\frac{1}{4}x^2\Big]_1^2$$
$$=2\ln 2-\left(1-\frac{1}{4}\right)$$
$$=2\ln 2-\frac{3}{4}$$

## 1139 답 $2$

$f(x)=x+1$, $g'(x)=\sin x$라 하면

$f'(x)=1$, $g(x)=-\cos x$이므로

$$\int_0^{\frac{\pi}{2}} (x+1)\sin x\,dx=\Big[-(x+1)\cos x\Big]_0^{\frac{\pi}{2}}+\int_0^{\frac{\pi}{2}} \cos x\,dx$$
$$=\{0-(-1)\}+\Big[\sin x\Big]_0^{\frac{\pi}{2}}$$
$$=1+(1-0)=2$$

## 1140 답 $1$

$f(x)=\ln x$, $g'(x)=1$이라 하면

$f'(x)=\dfrac{1}{x}$, $g(x)=x$이므로

$$\int_1^e \ln x\,dx=\Big[x\ln x\Big]_1^e-\int_1^e 1\,dx$$
$$=(e-0)-\Big[x\Big]_1^e$$
$$=e-(e-1)=1$$

## 1141 답 $f(x)=e^x-2$

$\displaystyle\int_0^x f(t)\,dt=e^x-2x-1$의 양변을 $x$에 대하여 미분하면

$f(x)=e^x-2$

## 1142 답 $f(x)=-\sin x+\dfrac{1}{(x+1)^2}$

$\displaystyle\int_0^x f(t)\,dt=\cos x-\dfrac{1}{x+1}$의 양변을 $x$에 대하여 미분하면

$f(x)=-\sin x+\dfrac{1}{(x+1)^2}$

## 1143 답 $f(x)=\ln(x+1)-1$

$\displaystyle\int_0^{x-1} f(t)\,dt=x\ln x-2x+2$의 양변을 $x$에 대하여 미분하면

$f(x-1)=\ln x+x\cdot\dfrac{1}{x}-2=\ln x-1$

이때 $x-1=s$라 하면 $x=s+1$이므로

$f(s)=\ln(s+1)-1$

$\therefore f(x)=\ln(x+1)-1$

> **해설 속 칠판**
>
> 함수 $f(x)$의 한 부정적분을 $F(x)$라 하면
> $\displaystyle\int_a^{x+b} f(t)\,dt=\Big[F(t)\Big]_a^{x+b}=F(x+b)-F(a)$ (단, $a$, $b$는 실수)
> 이므로
> $\dfrac{d}{dx}\displaystyle\int_a^{x+b} f(t)\,dt=\dfrac{d}{dx}\{F(x+b)-F(a)\}$
> $\qquad\qquad\qquad\quad =F'(x+b)=f(x+b)$

## 1144 답 1

$f(t)=\cos\pi t+2t$라 하고 $f(x)$의 한 부정적분을 $F(x)$라 하면

$\displaystyle\lim_{x\to 1}\dfrac{1}{x-1}\int_1^x (\cos\pi t+2t)\,dt=\lim_{x\to 1}\dfrac{1}{x-1}\int_1^x f(t)\,dt$

$\qquad\qquad =\lim_{x\to 1}\dfrac{F(x)-F(1)}{x-1}$

$\qquad\qquad =F'(1)=f(1)$

$\qquad\qquad =-1+2=1$

> **해설 속 칠판**
>
> 함수 $f(x)$의 한 부정적분을 $F(x)$라 하면
> $\displaystyle\lim_{x\to a}\dfrac{1}{x-a}\int_a^x f(t)\,dt=\lim_{x\to a}\dfrac{1}{x-a}\cdot\Big[F(t)\Big]_a^x=\lim_{x\to a}\dfrac{F(x)-F(a)}{x-a}$
> $\qquad\qquad\qquad\qquad\quad =F'(a)=f(a)$

## 1145 답 7

$f(t)=3^t-\dfrac{4}{t}$라 하고 $f(x)$의 한 부정적분을 $F(x)$라 하면

$\displaystyle\lim_{x\to 0}\dfrac{1}{x}\int_2^{x+2}\Big(3^t-\dfrac{4}{t}\Big)\,dt=\lim_{x\to 0}\dfrac{1}{x}\int_2^{x+2} f(t)\,dt$

$\qquad\qquad =\lim_{x\to 0}\dfrac{F(x+2)-F(2)}{(x+2)-2}$

$\qquad\qquad =F'(2)=f(2)$

$\qquad\qquad =3^2-2=7$

> **해설 속 칠판**
>
> 함수 $f(x)$의 한 부정적분을 $F(x)$라 하면
> $\displaystyle\lim_{x\to 0}\dfrac{1}{x}\int_a^{x+a} f(t)\,dt=\lim_{x\to 0}\dfrac{1}{x}\cdot\Big[F(t)\Big]_a^{x+a}=\lim_{x\to 0}\dfrac{F(x+a)-F(a)}{x}$
> $\qquad\qquad\qquad\qquad\quad =F'(a)=f(a)$

## 1146 답 ②

## 1147 답 ②

$\dfrac{x^2}{x+1}=\dfrac{(x-1)(x+1)+1}{x+1}=x-1+\dfrac{1}{x+1}$이므로

$\displaystyle\int_0^2 \dfrac{x^2}{x+1}\,dx=\int_0^2\Big(x-1+\dfrac{1}{x+1}\Big)dx$

$\qquad\qquad =\Big[\dfrac{1}{2}x^2-x+\ln|x+1|\Big]_0^2$

$\qquad\qquad =\ln 3-0=\ln 3$

## 1148 답 ⑤

$\displaystyle\int_0^1 (ax+\sqrt{x})^2\,dx+\int_1^0 (ax-\sqrt{x})^2\,dx$

$=\displaystyle\int_0^1 (ax+\sqrt{x})^2\,dx-\int_0^1 (ax-\sqrt{x})^2\,dx$

$=\displaystyle\int_0^1 (a^2x^2+2ax\sqrt{x}+x)\,dx-\int_0^1 (a^2x^2-2ax\sqrt{x}+x)\,dx$

$=\displaystyle\int_0^1 4ax\sqrt{x}\,dx$

$=\Big[\dfrac{8}{5}ax^{\frac{5}{2}}\Big]_0^1$

$=\dfrac{8}{5}a-0$

$=\dfrac{8}{5}a=8$

에서

$a=5$

## 1149 답 ①

$\displaystyle\int_0^a \dfrac{e^{2x}}{e^x+1}\,dx+\int_a^b \dfrac{1}{e^x+1}\,dx-\int_0^b \dfrac{1}{e^x+1}\,dx$

$=\displaystyle\int_0^a \dfrac{e^{2x}}{e^x+1}\,dx+\int_a^b \dfrac{1}{e^x+1}\,dx+\int_b^0 \dfrac{1}{e^x+1}\,dx$

$=\displaystyle\int_0^a \dfrac{e^{2x}}{e^x+1}\,dx+\int_a^0 \dfrac{1}{e^x+1}\,dx$

$=\displaystyle\int_0^a \dfrac{e^{2x}}{e^x+1}\,dx-\int_0^a \dfrac{1}{e^x+1}\,dx$

$=\displaystyle\int_0^a \dfrac{e^{2x}-1}{e^x+1}\,dx$

$=\displaystyle\int_0^a \dfrac{(e^x+1)(e^x-1)}{e^x+1}\,dx$

$=\displaystyle\int_0^a (e^x-1)\,dx$

$=\Big[e^x-x\Big]_0^a$

$=(e^a-a)-1$

$=\dfrac{1}{e}$

에서 $e^a-a-1=e^{-1}$

$\therefore a=-1$

## 1150  답 ①

$$\int_{\frac{\pi}{3}}^{\frac{\pi}{2}} \csc x\, dx - \int_{\frac{\pi}{3}}^{\frac{\pi}{2}} \cos x \cot x\, dx$$

$$= \int_{\frac{\pi}{3}}^{\frac{\pi}{2}} \left( \frac{1}{\sin x} - \frac{\cos^2 x}{\sin x} \right) dx$$

적분 구간이 서로 같다.

$$= \int_{\frac{\pi}{3}}^{\frac{\pi}{2}} \frac{1-\cos^2 x}{\sin x}\, dx$$

$\sin^2 x + \cos^2 x = 1$ 에서
$1 - \cos^2 x = \sin^2 x$

$$= \int_{\frac{\pi}{3}}^{\frac{\pi}{2}} \frac{\sin^2 x}{\sin x}\, dx$$

$$= \int_{\frac{\pi}{3}}^{\frac{\pi}{2}} \sin x\, dx$$

$$= \Big[ -\cos x \Big]_{\frac{\pi}{3}}^{\frac{\pi}{2}}$$

$$= 0 - \left( -\frac{1}{2} \right) = \frac{1}{2}$$

## 1151  답 ④

## 1152  답 ④

$$|\sin x + \cos x| = \begin{cases} \sin x + \cos x & \left( 0 \le x \le \frac{3}{4}\pi \right) \\ -\sin x - \cos x & \left( \frac{3}{4}\pi \le x \le \pi \right) \end{cases} \ 이므로$$

$$\int_0^\pi |\sin x + \cos x|\, dx$$

$$= \int_0^{\frac{3}{4}\pi} (\sin x + \cos x)\, dx + \int_{\frac{3}{4}\pi}^{\pi} (-\sin x - \cos x)\, dx$$

$$= \Big[ -\cos x + \sin x \Big]_0^{\frac{3}{4}\pi} + \Big[ \cos x - \sin x \Big]_{\frac{3}{4}\pi}^{\pi}$$

$x = \frac{3}{4}\pi$ 를 기준으로 함수식이 다르다.

$$= \{ \sqrt{2} - (-1) \} + \{ -1 - (-\sqrt{2}) \} = 2\sqrt{2}$$

## 1153  답 ③

$\sqrt{e^{2x} - 2e^x + 1} = \sqrt{(e^x - 1)^2} = |e^x - 1|$ 이고,

$$|e^x - 1| = \begin{cases} e^x - 1 & (x \ge 0) \\ -e^x + 1 & (x \le 0) \end{cases} \ 이므로$$

$$\int_{-1}^1 \sqrt{e^{2x} - 2e^x + 1}\, dx = \int_{-1}^1 |e^x - 1|\, dx$$

$$= \int_{-1}^0 (-e^x + 1)\, dx + \int_0^1 (e^x - 1)\, dx$$

$$= \Big[ -e^x + x \Big]_{-1}^0 + \Big[ e^x - x \Big]_0^1$$

$x = 0$ 을 기준으로 함수식이 다르다.

$$= \{ -1 - (-e^{-1} - 1) \} + \{ (e-1) - 1 \}$$

$$= e + \frac{1}{e} - 2$$

따라서 $a = 1$, $b = 1$, $c = -2$ 이므로
$a + b + c = 1 + 1 + (-2) = 0$

## 1154  답 ②

$$\left| \frac{x-1}{x+1} \right| = \begin{cases} -\dfrac{x-1}{x+1} & (0 \le x \le 1) \\[2mm] \dfrac{x-1}{x+1} & (1 \le x \le 2) \end{cases} \ 이므로$$

$$\int_0^2 \left| \frac{x-1}{x+1} \right| dx$$

$x = 1$ 을 기준으로 함수식이 다르다.

$$= \int_0^1 \left( -\frac{x-1}{x+1} \right) dx + \int_1^2 \frac{x-1}{x+1}\, dx$$

$\dfrac{x-1}{x+1} = \dfrac{(x+1)-2}{x+1} = 1 - \dfrac{2}{x+1}$

$$= \int_0^1 \left( -1 + \frac{2}{x+1} \right) dx + \int_1^2 \left( 1 - \frac{2}{x+1} \right) dx$$

$$= \Big[ -x + 2\ln|x+1| \Big]_0^1 + \Big[ x - 2\ln|x+1| \Big]_1^2$$

$$= \{ (-1 + 2\ln 2) - 0 \} + \{ (2 - 2\ln 3) - (1 - 2\ln 2) \}$$

$$= 4\ln 2 - 2\ln 3$$

## 1155  답 56

$$|x\sqrt{x} - 8| = \begin{cases} -x\sqrt{x} + 8 & (0 \le x \le 4) \\ x\sqrt{x} - 8 & (x \ge 4) \end{cases} \ 이므로$$

$$\int_1^9 |x\sqrt{x} - 8|\, dx = \int_1^4 (-x\sqrt{x} + 8)\, dx + \int_4^9 (x\sqrt{x} - 8)\, dx$$

$$= \Big[ -\frac{2}{5} x^{\frac{5}{2}} + 8x \Big]_1^4 + \Big[ \frac{2}{5} x^{\frac{5}{2}} - 8x \Big]_4^9$$

$x = 4$ 를 기준으로 함수식이 다르다.

$$= \left( \frac{96}{5} - \frac{38}{5} \right) + \left\{ \frac{126}{5} - \left( -\frac{96}{5} \right) \right\} = 56$$

## 1156  답 ④

## 1157  답 ①

$f(x) = \dfrac{(x+1)(x-1)}{(x+2)(x-2)}$ 이라 하면 $x \ne \pm 2$ 인 모든 실수 $x$ 에 대하여

$$f(-x) = \frac{(-x+1)(-x-1)}{(-x+2)(-x-2)} = \frac{(x+1)(x-1)}{(x+2)(x-2)} = f(x)$$

이므로

$y$ 축에 대하여 대칭

$$\int_{-1}^1 \frac{(x+1)(x-1)}{(x+2)(x-2)}\, dx = 2\int_0^1 \frac{(x+1)(x-1)}{(x+2)(x-2)}\, dx$$

$\dfrac{3}{x^2-4} = \dfrac{3}{(x-2)(x+2)} = \dfrac{3}{4}\left( \dfrac{1}{x-2} - \dfrac{1}{x+2} \right)$

$$= 2\int_0^1 \frac{x^2 - 1}{x^2 - 4}\, dx = 2\int_0^1 \left( 1 + \frac{3}{x^2 - 4} \right) dx$$

$\dfrac{x^2-1}{x^2-4} = \dfrac{(x^2-4)+3}{x^2-4} = 1 + \dfrac{3}{x^2-4}$

$$= 2\int_0^1 \left\{ 1 + \frac{3}{4} \left( \frac{1}{x-2} - \frac{1}{x+2} \right) \right\} dx$$

$$= 2\Big[ x + \frac{3}{4} \ln|x-2| - \frac{3}{4} \ln|x+2| \Big]_0^1$$

$$= 2\left\{ \left( 1 - \frac{3}{4} \ln 3 \right) - 0 \right\} = 2 - \frac{3}{2} \ln 3$$

## 1158  답 ④

$f(x) = 2e^{2x} + 2e^{-2x}$, $g(x) = e^x - e^{-x}$ 이라 하면

$f(-x) = 2e^{-2x} + 2e^{2x} = f(x)$,

$y$ 축에 대하여 대칭

$g(-x) = e^{-x} - e^x = -(e^x - e^{-x}) = -g(x)$

원점에 대하여 대칭

이므로

$$\int_{-1}^1 (2e^{2x} + e^x - e^{-x} + 2e^{-2x})\, dx$$

$$= \int_{-1}^1 (2e^{2x} + 2e^{-2x})\, dx + \int_{-1}^1 (e^x - e^{-x})\, dx$$

$= 0$

$$= 2\int_0^1 (2e^{2x} + 2e^{-2x})\, dx = 4\int_0^1 (e^{2x} + e^{-2x})\, dx$$

$$= 4\Big[ \frac{1}{2} e^{2x} - \frac{1}{2} e^{-2x} \Big]_0^1 = 4\left\{ \left( \frac{1}{2} e^2 - \frac{1}{2} e^{-2} \right) - 0 \right\} = 2e^2 - \frac{2}{e^2}$$

## 1159   답 220

$$f(x)=\sum_{n=1}^{10}\{(2n-1)\sin x+2n\cos x\}$$
$$=\sin x\sum_{n=1}^{10}(2n-1)+\cos x\sum_{n=1}^{10}2n$$
$$=\sin x\cdot\left(2\cdot\frac{10\cdot11}{2}-10\right)+\cos x\cdot2\cdot\frac{10\cdot11}{2}$$
$$=100\sin x+110\cos x$$

$g(x)=\sin x$, $h(x)=\cos x$라 하면 $-\dfrac{\pi}{2}\leq x\leq\dfrac{\pi}{2}$에서

$g(-x)=\sin(-x)=-\sin x=-g(x)$, → 원점에 대하여 대칭

$h(-x)=\cos(-x)=\cos x=h(x)$ → $y$축에 대하여 대칭

이므로

$$\int_{-\frac{\pi}{2}}^{\frac{\pi}{2}}f(x)\,dx=100\int_{-\frac{\pi}{2}}^{\frac{\pi}{2}}\sin x\,dx+110\int_{-\frac{\pi}{2}}^{\frac{\pi}{2}}\cos x\,dx$$
$$=220\int_{0}^{\frac{\pi}{2}}\cos x\,dx$$
$$=220\Big[\sin x\Big]_{0}^{\frac{\pi}{2}}$$
$$=220(1-0)=220$$

## 1160   답 ③

$$\int_{-a}^{a}(x+1)\sqrt{|x|}\,dx=\int_{-a}^{a}(x\sqrt{|x|}+\sqrt{|x|})\,dx$$
$$=\int_{-a}^{a}x\sqrt{|x|}\,dx+\int_{-a}^{a}\sqrt{|x|}\,dx$$

$f(x)=x\sqrt{|x|}$, $g(x)=\sqrt{|x|}$라 하면

$f(-x)=-x\sqrt{|-x|}=-x\sqrt{|x|}=-f(x)$, → 원점에 대하여 대칭

$g(-x)=\sqrt{|-x|}=\sqrt{|x|}=g(x)$ → $y$축에 대하여 대칭

이므로

$$\int_{-a}^{a}x\sqrt{|x|}\,dx+\int_{-a}^{a}\sqrt{|x|}\,dx=2\int_{0}^{a}\sqrt{|x|}\,dx$$
$$=2\int_{0}^{a}\sqrt{x}\,dx$$
$$=2\left[\frac{2}{3}x^{\frac{3}{2}}\right]_{0}^{a}$$
$$=\frac{4}{3}a^{\frac{3}{2}}=36$$

에서 $a^{\frac{3}{2}}=27=3^{3}$

$a^{3}=(3^{3})^{2}=(3^{2})^{3}$

$\therefore a=3^{2}=9$

## 1161   답 14

## 1162   답 9

$$\int_{0}^{6}f(x)\,dx=\int_{-1}^{5}f(x)\,dx$$

이고, $f(x+2)=f(x)$에서 $f(x)$는 주기가 2인 주기함수이므로

$$\int_{-1}^{1}f(x)\,dx=\int_{1}^{3}f(x)\,dx=\int_{3}^{5}f(x)\,dx$$

이때 $-1\leq x\leq1$에서

$$f(-x)=2^{-x}+\left(\frac{1}{2}\right)^{-x}=\left(\frac{1}{2}\right)^{x}+2^{x}=f(x)$$ → $y$축에 대하여 대칭

이므로

$$\int_{0}^{6}f(x)\,dx=3\int_{-1}^{1}f(x)\,dx$$
$$=6\int_{0}^{1}\left\{2^{x}+\left(\frac{1}{2}\right)^{x}\right\}\,dx$$
$$=6\int_{0}^{1}(2^{x}+2^{-x})\,dx$$
$$=6\left[\frac{2^{x}}{\ln 2}-\frac{2^{-x}}{\ln 2}\right]_{0}^{1}$$
$$=6\left(\frac{3}{2\ln 2}-0\right)$$
$$=\frac{9}{\ln 2}$$

$\therefore k=9$

## 1163   답 ③

$f(x)=|\sin x|$, $g(x)=|\cos x|$라 하면 오른쪽 그림과 같이 두 함수 $f(x)$, $g(x)$는 각각 주기가 $\pi$인 주기함수이므로

$$\int_{-\pi}^{0}|\sin x|\,dx$$
$$=\int_{0}^{\pi}|\sin x|\,dx=\int_{\pi}^{2\pi}|\sin x|\,dx$$
$$=\cdots=\int_{(k-1)\pi}^{k\pi}|\sin x|\,dx$$
$$\int_{-\pi}^{0}|\cos x|\,dx=\int_{0}^{\pi}|\cos x|\,dx=\int_{\pi}^{2\pi}|\cos x|\,dx=\cdots$$
$$=\int_{(k-1)\pi}^{k\pi}|\cos x|\,dx$$

따라서

$$\int_{-\pi}^{k\pi}(|\sin x|+|\cos x|)\,dx$$
$$=\int_{-\pi}^{k\pi}|\sin x|\,dx+\int_{-\pi}^{k\pi}|\cos x|\,dx$$
$$=(k+1)\int_{0}^{\pi}|\sin x|\,dx+(k+1)\int_{0}^{\pi}|\cos x|\,dx$$
$$=(k+1)\left\{\int_{0}^{\pi}\sin x\,dx+\int_{0}^{\frac{\pi}{2}}\cos x\,dx+\int_{\frac{\pi}{2}}^{\pi}(-\cos x)\,dx\right\}$$
$$=(k+1)\left(\Big[-\cos x\Big]_{0}^{\pi}+\Big[\sin x\Big]_{0}^{\frac{\pi}{2}}+\Big[-\sin x\Big]_{\frac{\pi}{2}}^{\pi}\right)$$
$$=(k+1)[\{1-(-1)\}+(1-0)+\{0-(-1)\}]$$
$$=4(k+1)$$
$$=36$$

에서 $k+1=9$

$\therefore k=8$

## 1164   답 ①

$f(x-1)=f(x+1)$에서 → $x$ 대신 $x+1$을 대입한다.

$f(x)=f(x+2)$

즉, $f(x)$는 주기가 2인 주기함수이므로

$$\int_{0}^{2}f(x)\,dx=\int_{2}^{4}f(x)\,dx=\int_{4}^{6}f(x)\,dx=\cdots=\int_{2n-2}^{2n}f(x)\,dx$$

$$\therefore \int_{0}^{2n}f(x)\,dx=n\int_{0}^{2}f(x)\,dx$$

한편,
$$\int_0^2 f(x)\,dx=\int_0^1 \sqrt{x}\,dx+\int_1^2 (2-x)\,dx$$
$$=\left[\frac{2}{3}x^{\frac{3}{2}}\right]_0^1+\left[2x-\frac{1}{2}x^2\right]_1^2$$
$$=\left(\frac{2}{3}-0\right)+\left(2-\frac{3}{2}\right)=\frac{7}{6}$$

에서
$$\int_0^{2n} f(x)\,dx=\frac{7}{6}n$$

따라서 정적분 $\int_0^{2n} f(x)\,dx$의 값이 정수가 되도록 하는 가장 작은 자연수 $n$의 값은 6이다.

## 1165　답 10

$f(-x)=f(x)$에서 함수 $y=f(x)$의 그래프는 $y$축에 대하여 대칭이다.

$f(0)=0$이고 함수 $f(x)$는 $x=0$에서 미분가능하므로
$$f'(0)=\lim_{x\to 0+}\frac{f(x)}{x}=\lim_{x\to 0-}\frac{f(x)}{x}$$

한편, $\displaystyle\lim_{x\to 0-}\frac{f(x)}{x}=\lim_{x\to 0-}\frac{f(-x)}{x}$이므로 $-x=t$라 하면

$x\to 0-$일 때 $t\to 0+$이므로
$$\lim_{x\to 0-}\frac{f(x)}{x}=\lim_{x\to 0-}\frac{f(-x)}{x}=\lim_{t\to 0+}\frac{f(t)}{-t}=-\lim_{t\to 0+}\frac{f(t)}{t}$$

이때 $\displaystyle\lim_{x\to 0+}\frac{f(x)}{x}=\lim_{x\to 0-}\frac{f(x)}{x}=a$ ($a$는 상수)라 하면

$a=-a$　$\therefore a=0$

즉,
$$\lim_{x\to 0+}\frac{f(x)}{x}=\lim_{x\to 0+}\frac{ax-\sin x}{x}=\lim_{x\to 0+}\left(a-\frac{\sin x}{x}\right)=a-1=0$$

에서 $a=1$이다.

$\therefore f(x)=x-\sin x$

또한, $f(x+4\pi)=f(x)$에서 $f(x)$는 주기가 $4\pi$인 주기함수이므로
$$\int_{-2\pi}^{8\pi} f(x)\,dx=\int_{-2\pi}^{2\pi} f(x)\,dx+\int_{2\pi}^{6\pi} f(x)\,dx+\int_{6\pi}^{8\pi} f(x)\,dx$$
$$=\int_{-2\pi}^{2\pi} f(x)\,dx+\int_{-2\pi}^{2\pi} f(x)\,dx+\int_{-2\pi}^{0} f(x)\,dx$$
$$=2\int_{-2\pi}^{2\pi} f(x)\,dx+\int_{-2\pi}^{0} f(x)\,dx$$
$$=4\int_{0}^{2\pi} f(x)\,dx+\int_{0}^{2\pi} f(x)\,dx$$
$$=5\int_{0}^{2\pi} f(x)\,dx$$
$$=5\int_{0}^{2\pi} (x-\sin x)\,dx$$
$$=5\left[\frac{1}{2}x^2+\cos x\right]_0^{2\pi}$$
$$=5\{(2\pi^2+1)-1\}=10\pi^2$$

$\therefore k=10$

## 1166　답 ②

## 1167　답 ④

$$\int_0^1 \frac{12}{4x^2+4x+1}\,dx=\int_0^1 \frac{12}{(2x+1)^2}\,dx$$

이때 $2x+1=t$라 하면 $\dfrac{dt}{dx}=2$이고,

$x=0$일 때 $t=1$, $x=1$일 때 $t=3$이므로
$$\int_0^1 \frac{12}{(2x+1)^2}\,dx=\int_1^3 \frac{1}{t^2}\cdot 6\,dt=6\left[-\frac{1}{t}\right]_1^3$$
$$=6\left\{-\frac{1}{3}-(-1)\right\}=4$$

## 1168　답 ⑤

$2x^2+1=t$라 하면 $\dfrac{dt}{dx}=4x$이고,

$x=0$일 때 $t=1$, $x=1$일 때 $t=3$이므로
$$\int_0^1 \frac{ax}{(2x^2+1)^5}\,dx=\int_1^3 \frac{1}{t^5}\cdot\frac{a}{4}\,dt=\frac{a}{4}\left[-\frac{1}{4}t^{-4}\right]_1^3$$
$$=\frac{a}{4}\left\{-\frac{1}{324}-\left(-\frac{1}{4}\right)\right\}$$
$$=\frac{5}{81}a=\frac{5}{9}$$

에서 $a=9$

## 1169　답 ⑤

$2x+1=t$라 하면 $\dfrac{dt}{dx}=2$이고,

$x=0$일 때 $t=1$, $x=1$일 때 $t=3$이므로
$$\int_0^1 \frac{x+1}{(2x+1)^3}\,dx=\int_1^3 \frac{\frac{t-1}{2}+1}{t^3}\cdot\frac{1}{2}\,dt$$
$$=\frac{1}{4}\int_1^3 \frac{t+1}{t^3}\,dt=\frac{1}{4}\int_1^3 \left(\frac{1}{t^2}+\frac{1}{t^3}\right)dt$$
$$=\frac{1}{4}\left[-t^{-1}-\frac{1}{2}t^{-2}\right]_1^3$$
$$=\frac{1}{4}\left\{-\frac{7}{18}-\left(-\frac{3}{2}\right)\right\}=\frac{5}{18}$$

## 1170　답 29

$$\int_0^1 \frac{(1-x)^n}{(1+x)^{n+2}}\,dx=\int_0^1 \frac{1}{(1+x)^2}\left(\frac{1-x}{1+x}\right)^n dx$$

이때 $\dfrac{1-x}{1+x}=t$라 하면 $\dfrac{dt}{dx}=-\dfrac{2}{(1+x)^2}$이고,

$x=0$일 때 $t=1$, $x=1$일 때 $t=0$이므로
$$\int_0^1 \frac{1}{(1+x)^2}\left(\frac{1-x}{1+x}\right)^n dx=\int_1^0 t^n\cdot\left(-\frac{1}{2}\right)dt$$
$$=\frac{1}{2}\int_0^1 t^n\,dt$$
$$=\frac{1}{2}\left[\frac{1}{n+1}t^{n+1}\right]_0^1$$
$$=\frac{1}{2}\left(\frac{1}{n+1}-0\right)$$
$$=\frac{1}{2(n+1)}=\frac{1}{60}$$

에서 $2(n+1)=60$

$n+1=30$

$\therefore n=29$

## 1171　답 ③

## 1172　답 ③

$x^2+1=t$라 하면 $\dfrac{dt}{dx}=2x$이고,

$x=0$일 때 $t=1$, $x=1$일 때 $t=2$이므로

$$\int_0^1 \frac{4x^3}{x^2+1}\,dx=\int_0^1 \frac{2x\cdot x^2}{x^2+1}\cdot 2\,dx$$
$$=2\int_1^2 \frac{t-1}{t}\,dt$$
$$=2\int_1^2 \left(1-\frac{1}{t}\right)dt$$
$$=2\Big[t-\ln|t|\Big]_1^2$$
$$=2\{(2-\ln 2)-1\}=2-2\ln 2$$

## 1173　답 ③

$x^2+1=t$라 하면 $\dfrac{dt}{dx}=2x$이고,

$x=0$일 때 $t=1$, $x=3$일 때 $t=10$이므로

$$\int_0^3 \frac{3x}{\sqrt{x^2+1}}\,dx=\int_1^{10} \frac{1}{\sqrt{t}}\cdot \frac{3}{2}\,dt$$
$$=\frac{3}{2}\Big[2t^{\frac{1}{2}}\Big]_1^{10}$$
$$=\frac{3}{2}(2\sqrt{10}-2)=3\sqrt{10}-3$$

따라서 $a=-3$, $b=3$이므로

$b-a=3-(-3)=6$

## 1174　답 ⑤

$$\int_0^{a^2} \frac{1}{x(\sqrt{x}+2)+\sqrt{x}}\,dx=\int_0^{a^2} \frac{1}{\sqrt{x}\,(x+2\sqrt{x}+1)}\,dx$$
$$=\int_0^{a^2} \frac{1}{\sqrt{x}\,(\sqrt{x}+1)^2}\,dx$$

이때 $\sqrt{x}+1=t$라 하면 $\dfrac{dt}{dx}=\dfrac{1}{2\sqrt{x}}$이고,

$x=0$일 때 $t=1$, $x=a^2$일 때 $t=a+1$이므로

$$\int_0^{a^2} \frac{1}{\sqrt{x}\,(\sqrt{x}+1)^2}\,dx=\int_1^{a+1} \frac{1}{t^2}\cdot 2\,dt$$

$a>0$이므로 $\sqrt{a^2}+1=a+1$

$$=2\Big[-\frac{1}{t}\Big]_1^{a+1}$$
$$=2\left\{-\frac{1}{a+1}-(-1)\right\}$$
$$=\frac{5}{3}$$

에서 $-\dfrac{1}{a+1}+1=\dfrac{5}{6}$

$\dfrac{1}{a+1}=\dfrac{1}{6}$, $a+1=6$

$\therefore a=5$

## 1175　답 8

$$\int_1^a \frac{1}{x^3+x}\,dx=\int_1^a \frac{x}{x^4+x^2}\,dx$$

이때 $x^2=t$라 하면 $\dfrac{dt}{dx}=2x$이고,

$x=1$일 때 $t=1$, $x=a$일 때 $t=a^2$이므로

$$\int_1^a \frac{x}{x^4+x^2}\,dx=\int_1^{a^2} \frac{1}{t^2+t}\cdot \frac{1}{2}\,dt$$

$\dfrac{1}{t^2+t}=\dfrac{1}{t(t+1)}=\dfrac{1}{t}-\dfrac{1}{t+1}$

$$=\frac{1}{2}\int_1^{a^2}\left(\frac{1}{t}-\frac{1}{t+1}\right)dt$$
$$=\frac{1}{2}\Big[\ln|t|-\ln|t+1|\Big]_1^{a^2}$$
$$=\frac{1}{2}\left\{\ln\frac{a^2}{a^2+1}-(-\ln 2)\right\}$$
$$=\frac{1}{2}\ln\frac{2a^2}{a^2+1}$$
$$=\ln\frac{4}{3}$$

에서 $\dfrac{2a^2}{a^2+1}=\dfrac{16}{9}$

$18a^2=16a^2+16$, $2a^2=16$

$\therefore a^2=8$

## 1176　답 ①

## 1177　답 ②

$$\int_1^e \frac{\ln x}{x\ln x+x}\,dx=\int_1^e \frac{\ln x}{x(\ln x+1)}\,dx$$

이때 $\ln x=t$라 하면 $\dfrac{dt}{dx}=\dfrac{1}{x}$이고,

$x=1$일 때 $t=0$, $x=e$일 때 $t=1$이므로

$$\int_1^e \frac{\ln x}{x(\ln x+1)}\,dx=\int_0^1 \frac{t}{t+1}\,dt$$

$\dfrac{t}{t+1}=\dfrac{(t+1)-1}{t+1}=1-\dfrac{1}{t+1}$

$$=\int_0^1 \left(1-\frac{1}{t+1}\right)dt$$
$$=\Big[t-\ln|t+1|\Big]_0^1$$
$$=(1-\ln 2)-0=1-\ln 2$$

● 다른 풀이 ●

$\ln x+1=t$라 하면 $\dfrac{dt}{dx}=\dfrac{1}{x}$이고,

$x=1$일 때 $t=1$, $x=e$일 때 $t=2$이므로

$$\int_1^e \frac{\ln x}{x\ln x+x}\,dx=\int_1^e \frac{\ln x}{x(\ln x+1)}\,dx$$
$$=\int_1^2 \frac{t-1}{t}\,dt$$
$$=\int_1^2 \left(1-\frac{1}{t}\right)dt$$
$$=\Big[t-\ln|t|\Big]_1^2$$
$$=(2-\ln 2)-1=1-\ln 2$$

## 1178　답 9

$\sqrt{x}-1=t$라 하면 $\dfrac{dt}{dx}=\dfrac{1}{2\sqrt{x}}$이고,

$x=1$일 때 $t=0$, $x=a$일 때 $t=\sqrt{a}-1$이므로

$$\int_1^a \frac{e^{\sqrt{x}-1}}{\sqrt{x}}\,dx=\int_0^{\sqrt{a}-1} e^t\cdot 2\,dt$$
$$=2\Big[e^t\Big]_0^{\sqrt{a}-1}=2(e^{\sqrt{a}-1}-1)$$
$$=2e^{\sqrt{a}-1}-2=2e^2-2$$

에서 $\sqrt{a}-1=2$

$\sqrt{a}=3$

$\therefore a=9$

## 1179 답 ②

$$\int_0^1 xe^{f(x)}\,dx-\int_0^1 e^{f(x)}\,dx=\int_0^1 (x-1)e^{f(x)}\,dx$$
$$=\int_0^1 (x-1)e^{2x^2-4x}\,dx$$

이때 $2x^2-4x=t$라 하면 $\dfrac{dt}{dx}=4x-4$이고,

$x=0$일 때 $t=0$, $x=1$일 때 $t=-2$이므로

$$\int_0^1 (x-1)e^{2x^2-4x}\,dx=\int_0^{-2} e^t\cdot\dfrac{1}{4}\,dt$$
$$=\dfrac{1}{4}\Big[e^t\Big]_0^{-2}$$
$$=\dfrac{1}{4}(e^{-2}-1)$$
$$=\dfrac{1-e^2}{4e^2}$$

## 1180 답 ④

$$\int_0^1 \dfrac{1}{e^x+1}\,dx=\int_0^1 \dfrac{e^{-x}}{e^{-x}(e^x+1)}\,dx=\int_0^1 \dfrac{e^{-x}}{1+e^{-x}}\,dx$$

이때 $1+e^{-x}=t$라 하면 $\dfrac{dt}{dx}=-e^{-x}$이고,

$x=0$일 때 $t=2$, $x=1$일 때 $t=1+\dfrac{1}{e}$이므로

$$\int_0^1 \dfrac{e^{-x}}{1+e^{-x}}\,dx=\int_2^{1+\frac{1}{e}} \dfrac{1}{t}\cdot(-1)\,dt$$
$$=\Big[-\ln|t|\Big]_2^{1+\frac{1}{e}}$$
$$=-\ln\Big(1+\dfrac{1}{e}\Big)-(-\ln 2)$$
$$=\ln\dfrac{2e}{e+1}$$

● 다른 풀이 1 ●

$$\int_0^1 \dfrac{1}{e^x+1}\,dx=\int_0^1 \dfrac{(e^x+1)-e^x}{e^x+1}\,dx=\int_0^1 \Big(1-\dfrac{e^x}{e^x+1}\Big)dx$$

이때 $e^x+1=t$라 하면 $\dfrac{dt}{dx}=e^x$이고,

$x=0$일 때 $t=2$, $x=1$일 때 $t=e+1$이므로

$$\int_0^1 \Big(1-\dfrac{e^x}{e^x+1}\Big)dx=\int_0^1 1\,dx-\int_0^1 \dfrac{e^x}{e^x+1}\,dx$$
$$=\int_0^1 1\,dx-\int_2^{e+1} \dfrac{1}{t}\,dt$$
$$=\Big[x\Big]_0^1-\Big[\ln|t|\Big]_2^{e+1}$$
$$=(1-0)-\{\ln(e+1)-\ln 2\}$$
$$=\ln\dfrac{2e}{e+1}$$

● 다른 풀이 2 ●

$e^x=t$라 하면 $\dfrac{dt}{dx}=e^x$이고,

$x=0$일 때 $t=1$, $x=1$일 때 $t=e$이므로

$$\int_0^1 \dfrac{1}{e^x+1}\,dx=\int_0^1 \dfrac{e^x}{e^x(e^x+1)}\,dx$$
$$=\int_1^e \dfrac{1}{t(t+1)}\,dt$$
$$=\int_1^e \Big(\dfrac{1}{t}-\dfrac{1}{t+1}\Big)dt$$
$$=\Big[\ln|t|-\ln|t+1|\Big]_1^e$$
$$=\{1-\ln(e+1)\}-(-\ln 2)$$
$$=\ln\dfrac{2e}{e+1}$$

## 1181 답 ③

## 1182 답 ③

$\sec x=t$라 하면 $\dfrac{dt}{dx}=\sec x\tan x$이고,

$x=0$일 때 $t=1$, $x=\dfrac{\pi}{4}$일 때 $t=\sqrt{2}$이므로

$$\int_0^{\frac{\pi}{4}} \sec^4 x\tan x\,dx=\int_0^{\frac{\pi}{4}} \sec^3 x\cdot\sec x\tan x\,dx$$
$$=\int_1^{\sqrt{2}} t^3\,dt$$
$$=\Big[\dfrac{1}{4}t^4\Big]_1^{\sqrt{2}}$$
$$=1-\dfrac{1}{4}=\dfrac{3}{4}$$

● 다른 풀이 ●

$$\int_0^{\frac{\pi}{4}} \sec^4 x\tan x\,dx=\int_0^{\frac{\pi}{4}} \dfrac{\sin x}{\cos^5 x}\,dx$$

이때 $\cos x=t$라 하면 $\dfrac{dt}{dx}=-\sin x$이고,

$x=0$일 때 $t=1$, $x=\dfrac{\pi}{4}$일 때 $t=\dfrac{\sqrt{2}}{2}$이므로

$$\int_0^{\frac{\pi}{4}} \dfrac{\sin x}{\cos^5 x}\,dx=\int_1^{\frac{\sqrt{2}}{2}} \dfrac{1}{t^5}\cdot(-1)\,dt$$
$$=\Big[\dfrac{1}{4}t^{-4}\Big]_1^{\frac{\sqrt{2}}{2}}$$
$$=1-\dfrac{1}{4}=\dfrac{3}{4}$$

## 1183 답 ④

$$\int_0^{\frac{\pi}{2}} \cos^3 x\,dx=\int_0^{\frac{\pi}{2}} \cos x\cdot\cos^2 x\,dx$$
$$=\int_0^{\frac{\pi}{2}} \cos x(1-\sin^2 x)\,dx$$



이때 $\sin x=t$라 하면 $\dfrac{dt}{dx}=\cos x$이고,

$x=0$일 때 $t=0$, $x=\dfrac{\pi}{2}$일 때 $t=1$이므로

$$\int_0^{\frac{\pi}{2}} \cos x(1-\sin^2 x)\,dx=\int_0^1 (1-t^2)\,dt$$
$$=\Big[t-\dfrac{1}{3}t^3\Big]_0^1$$
$$=\dfrac{2}{3}-0=\dfrac{2}{3}$$

## 1184　답 8

$2-\cos^2 x=t$라 하면 $\dfrac{dt}{dx}=2\cos x\sin x$이고,

$x=0$일 때 $t=1$, $x=\dfrac{\pi}{2}$일 때 $t=2$이므로

$$\int_0^{\frac{\pi}{2}}\frac{\sin 2x}{\sqrt{2-\cos^2 x}}\,dx=\int_0^{\frac{\pi}{2}}\frac{2\sin x\cos x}{\sqrt{2-\cos^2 x}}\,dx$$
$$=\int_1^2\frac{1}{\sqrt{t}}\,dt$$
$$=\left[2t^{\frac{1}{2}}\right]_1^2$$
$$=2\sqrt{2}-2$$

따라서 $a=-2$, $b=2$이므로
$a^2+b^2=(-2)^2+2^2=8$

## 1185　답 ①

$\sin x=t$라 하면 $\dfrac{dt}{dx}=\cos x$이고,

$x=0$일 때 $t=0$, $x=\dfrac{\pi}{6}$일 때 $t=\dfrac{1}{2}$이므로

$$\int_0^{\frac{\pi}{6}}\frac{\cos x\cos 2x}{1-\sin^2 x}\,dx=\int_0^{\frac{\pi}{6}}\frac{\cos x\,(1-2\sin^2 x)}{1-\sin^2 x}\,dx$$
$$=\int_0^{\frac{1}{2}}\frac{1-2t^2}{1-t^2}\,dt$$
$$=\int_0^{\frac{1}{2}}\left(2-\frac{1}{1-t^2}\right)dt$$
$$=\int_0^{\frac{1}{2}}\left\{2-\frac{1}{2}\left(\frac{1}{1-t}+\frac{1}{1+t}\right)\right\}dt$$
$$=\left[2t+\frac{1}{2}\ln|1-t|-\frac{1}{2}\ln|1+t|\right]_0^{\frac{1}{2}}$$
$$=\left(1-\frac{1}{2}\ln 3\right)-0=1-\frac{1}{2}\ln 3$$

$\dfrac{1-2t^2}{1-t^2}=\dfrac{2(1-t^2)-1}{1-t^2}=2-\dfrac{1}{1-t^2}$

$\dfrac{1}{1-t^2}=\dfrac{1}{(1-t)(1+t)}$
$\qquad=\dfrac{1}{2}\left(\dfrac{1}{1-t}+\dfrac{1}{1+t}\right)$

## 1186　답 ①

## 1187　답 ④

$(2x\sqrt{x}+2)'=3\sqrt{x}$이므로

$$\int_0^4\frac{3\sqrt{x}}{2x\sqrt{x}+2}\,dx=\int_0^4\frac{(2x\sqrt{x}+2)'}{2x\sqrt{x}+2}\,dx$$
$$=\left[\ln|2x\sqrt{x}+2|\right]_0^4$$
$$=\ln 18-\ln 2$$
$$=\ln 9$$
$$=2\ln 3$$

## 1188　답 ⑤

$(x^2+a)'=2x$이므로

$$\int_1^7\frac{2x}{x^2+a}\,dx=\int_1^7\frac{(x^2+a)'}{x^2+a}\,dx$$
$$=\left[\ln|x^2+a|\right]_1^7$$
$$=\ln(49+a)-\ln(1+a)$$
$$=\ln\frac{49+a}{1+a}$$
$$=2\ln 3$$

에서 $\dfrac{a+49}{a+1}=9$

$a+49=9a+9$, $8a=40$

$\therefore a=5$

## 1189　답 ④

$(1-\sin^2 x)'=-2\sin x\cos x$이므로

$$\int_0^{\frac{\pi}{3}}\frac{\sin 2x}{1-\sin^2 x}\,dx=\int_0^{\frac{\pi}{3}}\frac{2\sin x\cos x}{1-\sin^2 x}\,dx$$
$$=\int_0^{\frac{\pi}{3}}\left\{-\frac{(1-\sin^2 x)'}{1-\sin^2 x}\right\}dx$$
$$=\left[-\ln|1-\sin^2 x|\right]_0^{\frac{\pi}{3}}$$
$$=-\ln\frac{1}{4}-0=2\ln 2$$

● 다른 풀이 ●

$\sin x=t$라 하면 $\dfrac{dt}{dx}=\cos x$이고,

$x=0$일 때 $t=0$, $x=\dfrac{\pi}{3}$일 때 $t=\dfrac{\sqrt{3}}{2}$이므로

$$\int_0^{\frac{\pi}{3}}\frac{\sin 2x}{1-\sin^2 x}\,dx=\int_0^{\frac{\pi}{3}}\frac{2\sin x\cos x}{1-\sin^2 x}\,dx=\int_0^{\frac{\sqrt{3}}{2}}\frac{2t}{1-t^2}\,dt$$

이때 $(1-t^2)'=-2t$이므로

$$\int_0^{\frac{\sqrt{3}}{2}}\frac{2t}{1-t^2}\,dt=\int_0^{\frac{\sqrt{3}}{2}}\left\{-\frac{(1-t^2)'}{1-t^2}\right\}dt$$
$$=\left[-\ln|1-t^2|\right]_0^{\frac{\sqrt{3}}{2}}$$
$$=-\ln\frac{1}{4}-0=2\ln 2$$

## 1190　답 ③

$$\int_{\frac{\pi}{6}}^{\frac{\pi}{3}}\frac{1}{\sin x\cos x}\,dx=\int_{\frac{\pi}{6}}^{\frac{\pi}{3}}\frac{\sin^2 x+\cos^2 x}{\sin x\cos x}\,dx$$
$$=\int_{\frac{\pi}{6}}^{\frac{\pi}{3}}\left(\frac{\sin x}{\cos x}+\frac{\cos x}{\sin x}\right)dx$$

이때 $(\cos x)'=-\sin x$, $(\sin x)'=\cos x$이므로

$$\int_{\frac{\pi}{6}}^{\frac{\pi}{3}}\left(\frac{\sin x}{\cos x}+\frac{\cos x}{\sin x}\right)dx=\int_{\frac{\pi}{6}}^{\frac{\pi}{3}}\left\{-\frac{(\cos x)'}{\cos x}+\frac{(\sin x)'}{\sin x}\right\}dx$$
$$=\left[-\ln|\cos x|+\ln|\sin x|\right]_{\frac{\pi}{6}}^{\frac{\pi}{3}}$$
$$=\ln\sqrt{3}-\ln\frac{1}{\sqrt{3}}=\ln 3$$

따라서 $k=\ln 3$이므로
$e^k=3$

● 다른 풀이 1 ●

$$\int_{\frac{\pi}{6}}^{\frac{\pi}{3}}\frac{1}{\sin x\cos x}\,dx=\int_{\frac{\pi}{6}}^{\frac{\pi}{3}}\frac{\sec^2 x}{\sin x\cos x\cdot\sec^2 x}\,dx$$
$$=\int_{\frac{\pi}{6}}^{\frac{\pi}{3}}\frac{\sec^2 x}{\dfrac{\sin x}{\cos x}}\,dx$$
$$=\int_{\frac{\pi}{6}}^{\frac{\pi}{3}}\frac{\sec^2 x}{\tan x}\,dx$$

이때 $(\tan x)'=\sec^2 x$이므로

$$\int_{\frac{\pi}{6}}^{\frac{\pi}{3}} \frac{\sec^2 x}{\tan x}\, dx = \int_{\frac{\pi}{6}}^{\frac{\pi}{3}} \frac{(\tan x)'}{\tan x}\, dx$$

$$=\Big[\ln|\tan x|\Big]_{\frac{\pi}{6}}^{\frac{\pi}{3}}$$

$$=\ln\sqrt{3}-\ln\frac{1}{\sqrt{3}}=\ln 3$$

● 다른 풀이 2 ●

$$\int_{\frac{\pi}{6}}^{\frac{\pi}{3}} \frac{1}{\sin x \cos x}\, dx = \int_{\frac{\pi}{6}}^{\frac{\pi}{3}} \frac{2}{\sin 2x}\, dx = \int_{\frac{\pi}{6}}^{\frac{\pi}{3}} \frac{2\sin 2x}{\sin^2 2x}\, dx$$

$$=\int_{\frac{\pi}{6}}^{\frac{\pi}{3}} \frac{2\sin 2x}{1-\cos^2 2x}\, dx$$

$\cos 2x=t$라 하면 $\dfrac{dt}{dx}=-2\sin 2x$이고,

$x=\dfrac{\pi}{6}$일 때 $t=\dfrac{1}{2}$, $x=\dfrac{\pi}{3}$일 때 $t=-\dfrac{1}{2}$이므로

$$\int_{\frac{\pi}{6}}^{\frac{\pi}{3}} \frac{2\sin 2x}{1-\cos^2 2x}\, dx = \int_{\frac{1}{2}}^{-\frac{1}{2}} \frac{1}{1-t^2}\cdot(-1)\, dt$$

$$=\frac{1}{2}\int_{\frac{1}{2}}^{-\frac{1}{2}} \left(\frac{1}{t-1}-\frac{1}{t+1}\right) dt$$

$$=\frac{1}{2}\Big[\ln|t-1|-\ln|t+1|\Big]_{\frac{1}{2}}^{-\frac{1}{2}}$$

$$=\frac{1}{2}\left(\ln 3-\ln\frac{1}{3}\right)=\ln 3$$

## 1191  답 ④

## 1192  답 ②

$x=2\sqrt{2}\sin\theta\left(-\dfrac{\pi}{2}\le\theta\le\dfrac{\pi}{2}\right)$라 하면 $\dfrac{dx}{d\theta}=2\sqrt{2}\cos\theta$이고,

$x=2$일 때 $\sin\theta=\dfrac{\sqrt{2}}{2}$에서 $\theta=\dfrac{\pi}{4}$,

$x=2\sqrt{2}$일 때 $\sin\theta=1$에서 $\theta=\dfrac{\pi}{2}$이므로

$$\int_{2}^{2\sqrt{2}} \frac{8+x}{\sqrt{8-x^2}}\, dx = \int_{\frac{\pi}{4}}^{\frac{\pi}{2}} \frac{8+2\sqrt{2}\sin\theta}{\sqrt{8(1-\sin^2\theta)}}\cdot 2\sqrt{2}\cos\theta\, d\theta$$

$$=\int_{\frac{\pi}{4}}^{\frac{\pi}{2}} \frac{8+2\sqrt{2}\sin\theta}{\sqrt{8\cos^2\theta}}\cdot 2\sqrt{2}\cos\theta\, d\theta$$

$$=\int_{\frac{\pi}{4}}^{\frac{\pi}{2}} (8+2\sqrt{2}\sin\theta)\, d\theta$$

$$=\Big[8\theta-2\sqrt{2}\cos\theta\Big]_{\frac{\pi}{4}}^{\frac{\pi}{2}}$$

$$=4\pi-(2\pi-2)=2+2\pi$$

따라서 $a=2$, $b=2$이므로

$a+b=2+2=4$

## 1193  답 ②

$f(x)=\dfrac{1}{x^2+1}$이라 하면

$$f(-x)=\frac{1}{(-x)^2+1}=\frac{1}{x^2+1}=f(x)$$

이므로

$$\int_{-1}^{1} \frac{1}{x^2+1}\, dx = 2\int_{0}^{1} \frac{1}{x^2+1}\, dx$$

$x=\tan\theta\left(-\dfrac{\pi}{2}<\theta<\dfrac{\pi}{2}\right)$라 하면 $\dfrac{dx}{d\theta}=\sec^2\theta$이고,

$x=0$일 때 $\tan\theta=0$에서 $\theta=0$,

$x=1$일 때 $\tan\theta=1$에서 $\theta=\dfrac{\pi}{4}$이므로

$$2\int_{0}^{1} \frac{1}{x^2+1}\, dx = 2\int_{0}^{\frac{\pi}{4}} \frac{\sec^2\theta}{\tan^2\theta+1}\, d\theta$$

$$=2\int_{0}^{\frac{\pi}{4}} \frac{\sec^2\theta}{\sec^2\theta}\, d\theta$$

$$=2\int_{0}^{\frac{\pi}{4}} 1\, d\theta$$

$$=2\Big[\theta\Big]_{0}^{\frac{\pi}{4}}$$

$$=2\left(\frac{\pi}{4}-0\right)$$

$$=\frac{\pi}{2}$$

## 1194  답 ③

$$\int_{0}^{2} \sqrt{4x-x^2}\, dx = \int_{0}^{2} \sqrt{4-(x^2-4x+4)}\, dx$$

$$=\int_{0}^{2} \sqrt{4-(x-2)^2}\, dx$$

이때 $x-2=2\sin\theta\left(-\dfrac{\pi}{2}\le\theta\le\dfrac{\pi}{2}\right)$라 하면 $\dfrac{dx}{d\theta}=2\cos\theta$이고,

$x=0$일 때 $\sin\theta=-1$에서 $\theta=-\dfrac{\pi}{2}$,

$x=2$일 때 $\sin\theta=0$에서 $\theta=0$이므로

$$\int_{0}^{2} \sqrt{4-(x-2)^2}\, dx = \int_{-\frac{\pi}{2}}^{0} \sqrt{4(1-\sin^2\theta)}\cdot 2\cos\theta\, d\theta$$

$$=\int_{-\frac{\pi}{2}}^{0} \sqrt{4\cos^2\theta}\cdot 2\cos\theta\, d\theta$$

$$=4\int_{-\frac{\pi}{2}}^{0} \cos^2\theta\, d\theta$$

$$=4\int_{-\frac{\pi}{2}}^{0} \frac{1+\cos 2\theta}{2}\, d\theta$$

$$=2\int_{-\frac{\pi}{2}}^{0} (1+\cos 2\theta)\, d\theta$$

$$=2\Big[\theta+\frac{1}{2}\sin 2\theta\Big]_{-\frac{\pi}{2}}^{0}$$

$$=2\left\{0-\left(-\frac{\pi}{2}\right)\right\}$$

$$=\pi$$

선생님 톡톡

곡선 $y=\sqrt{r^2-x^2}$은 중심이 원점이고 반지름의 길이가 $r$인 원에서 $y\ge 0$인 부분과 같아. 즉, $-r\le a<b\le r$인 두 상수 $a$, $b$에 대하여 정적분 $\displaystyle\int_{a}^{b}\sqrt{r^2-x^2}\,dx$의 값은 오른쪽 그림과 같이 곡선 $y=\sqrt{r^2-x^2}$과 $x$축 및 두 직선 $x=a$, $x=b$로 둘러싸인 부분의 넓이와 같음을 알 수 있어. 1191번, 1194번 모두 같은 꼴의 식인 것을 알 수 있지? 예를 들어 1194번의 경우 곡선 $y=\sqrt{4x-x^2}$, 즉 $y=\sqrt{4-(x-2)^2}$은 점 $(2,0)$을 중심으로 하고 반지름의 길이가 2인 원에서 $y\ge 0$인 부분과 같고, 정적분 $\displaystyle\int_{0}^{2}\sqrt{4x-x^2}\,dx$의 값은 곡선 $y=\sqrt{4x-x^2}$과 $x$축 및 두 직선 $x=0$, $x=2$로 둘러싸인 영역의 넓이와 같으므로 반지름의 길이가 2인 사분원의 넓이와 같아.

## 1195 답 3

$x=\tan\theta\left(-\dfrac{\pi}{2}<\theta<\dfrac{\pi}{2}\right)$라 하면 $\dfrac{dx}{d\theta}=\sec^2\theta$이고,

$x=0$일 때 $\theta=0$, $x=\dfrac{\sqrt{3}}{3}$일 때 $\theta=\dfrac{\pi}{6}$이므로

$$\int_0^{\frac{\sqrt{3}}{3}}\frac{1}{\sqrt{1+x^2}}\,dx=\int_0^{\frac{\pi}{6}}\frac{\sec^2\theta}{\sqrt{1+\tan^2\theta}}\,d\theta$$

$$=\int_0^{\frac{\pi}{6}}\frac{\sec^2\theta}{\sqrt{\sec^2\theta}}\,d\theta$$

$0\le\theta\le\dfrac{\pi}{6}$에서 $\sec\theta\ge0$

$$=\int_0^{\frac{\pi}{6}}\sec\theta\,d\theta$$

$$=\int_0^{\frac{\pi}{6}}\frac{1}{\cos\theta}\,d\theta$$

$$=\int_0^{\frac{\pi}{6}}\frac{\cos\theta}{\cos^2\theta}\,d\theta$$

$\sin^2\theta+\cos^2\theta=1$에서 $\cos^2\theta=1-\sin^2\theta$

$$=\int_0^{\frac{\pi}{6}}\frac{\cos\theta}{1-\sin^2\theta}\,d\theta$$

이때 $\sin\theta=t$라 하면 $\dfrac{dt}{d\theta}=\cos\theta$이고,

$\theta=0$일 때 $t=0$, $\theta=\dfrac{\pi}{6}$일 때 $t=\dfrac{1}{2}$이므로

$$\int_0^{\frac{\pi}{6}}\frac{\cos\theta}{1-\sin^2\theta}\,d\theta=\int_0^{\frac{1}{2}}\frac{1}{1-t^2}\,dt$$

$\dfrac{1}{1-t^2}=\dfrac{1}{(1-t)(1+t)}=\dfrac{1}{2}\left(\dfrac{1}{1-t}+\dfrac{1}{1+t}\right)$

$$=\frac{1}{2}\int_0^{\frac{1}{2}}\left(\frac{1}{1-t}+\frac{1}{1+t}\right)dt$$

$$=\frac{1}{2}\Big[-\ln|1-t|+\ln|1+t|\Big]_0^{\frac{1}{2}}$$

$$=\frac{1}{2}(\ln 3-0)$$

$$=\frac{1}{2}\ln 3=\ln\sqrt{3}$$

따라서 $k=\sqrt{3}$이므로
$k^2=3$

## 1196 답 ②

## 1197 답 ②

$f(x)=x$, $g'(x)=\cos 2x$라 하면

$f'(x)=1$, $g(x)=\dfrac{1}{2}\sin 2x$이므로

$$\int_0^{\frac{\pi}{2}}x\cos 2x\,dx=\left[\frac{1}{2}x\sin 2x\right]_0^{\frac{\pi}{2}}-\int_0^{\frac{\pi}{2}}\frac{1}{2}\sin 2x\,dx$$

$$=(0-0)-\left[-\frac{1}{4}\cos 2x\right]_0^{\frac{\pi}{2}}$$

$$=-\left\{\frac{1}{4}-\left(-\frac{1}{4}\right)\right\}=-\frac{1}{2}$$

## 1198 답 ②

$$\int_0^{\frac{\pi}{4}}\frac{x}{1-\sin^2 x}\,dx=\int_0^{\frac{\pi}{4}}\frac{x}{\cos^2 x}\,dx$$

$$=\int_0^{\frac{\pi}{4}}x\sec^2 x\,dx$$

이때 $f(x)=x$, $g'(x)=\sec^2 x$라 하면
$f'(x)=1$, $g(x)=\tan x$이므로

$$\int_0^{\frac{\pi}{4}}x\sec^2 x\,dx=\Big[x\tan x\Big]_0^{\frac{\pi}{4}}-\int_0^{\frac{\pi}{4}}\tan x\,dx$$

$$=\left(\frac{\pi}{4}-0\right)-\int_0^{\frac{\pi}{4}}\frac{\sin x}{\cos x}\,dx$$

$$=\frac{\pi}{4}-\Big[-\ln|\cos x|\Big]_0^{\frac{\pi}{4}}$$

$$=\frac{\pi}{4}-\left(-\ln\frac{1}{\sqrt{2}}-0\right)$$

$$=\frac{\pi}{4}-\frac{1}{2}\ln 2$$

## 1199 답 ④

$f(x)=\ln x$, $g'(x)=\dfrac{1}{\sqrt{x}}$이라 하면

$f'(x)=\dfrac{1}{x}$, $g(x)=2\sqrt{x}$이므로

$$\int_1^4\frac{\ln x}{\sqrt{x}}\,dx=\Big[2\sqrt{x}\ln x\Big]_1^4-\int_1^4\frac{2}{\sqrt{x}}\,dx$$

$$=(4\ln 4-0)-\Big[4\sqrt{x}\Big]_1^4$$

$$=8\ln 2-(8-4)$$

$$=8\ln 2-4$$

따라서 $a=-4$, $b=8$이므로
$a+b=-4+8=4$

● 다른 풀이 ●

$$\int_1^4\frac{\ln x}{\sqrt{x}}\,dx=\int_1^4\frac{2\ln\sqrt{x}}{\sqrt{x}}\,dx$$

이때 $\sqrt{x}=t$라 하면 $\dfrac{dt}{dx}=\dfrac{1}{2\sqrt{x}}$이고,

$x=1$일 때 $t=1$, $x=4$일 때 $t=2$이므로

$$\int_1^4\frac{2\ln\sqrt{x}}{\sqrt{x}}\,dx=\int_1^2\ln t\cdot 4\,dt=4\int_1^2\ln t\,dt$$

$u(t)=\ln t$, $v'(t)=1$이라 하면

$u'(t)=\dfrac{1}{t}$, $v(t)=t$이므로

$$4\int_1^2\ln t\,dt=4\left(\Big[t\ln t\Big]_1^2-\int_1^2 1\,dt\right)$$

$$=4\left\{(2\ln 2-0)-\Big[t\Big]_1^2\right\}$$

$$=4\{2\ln 2-(2-1)\}$$

$$=8\ln 2-4$$

## 1200 답 ③

$\sqrt{x+2}=t$라 하면 $\dfrac{dt}{dx}=\dfrac{1}{2\sqrt{x+2}}$이고,

$x=-2$일 때 $t=0$, $x=2$일 때 $t=2$이므로

$$\int_{-2}^2 e^{\sqrt{x+2}}\,dx=\int_{-2}^2 2\sqrt{x+2}\cdot e^{\sqrt{x+2}}\cdot\frac{1}{2\sqrt{x+2}}\,dx$$

$$=2\int_0^2 te^t\,dt$$

이때 $f(t)=t$, $g'(t)=e^t$이라 하면
$f'(t)=1$, $g(t)=e^t$이므로

$$2\int_0^2 te^t\,dt=2\left(\Big[te^t\Big]_0^2-\int_0^2 e^t\,dt\right)$$

$$=2\left\{(2e^2-0)-\Big[e^t\Big]_0^2\right\}$$

$$=2\{2e^2-(e^2-1)\}=2e^2+2$$

## 1201  답 ③

## 1202  답 ③

$f(x)=x^2+1,\ g'(x)=e^{-x}$이라 하면

$f'(x)=2x,\ g(x)=-e^{-x}$이므로

$$\int_{-1}^{0}(x^2+1)e^{-x}\,dx=\Big[-(x^2+1)e^{-x}\Big]_{-1}^{0}+\int_{-1}^{0}2xe^{-x}\,dx$$

$$=\{-1-(-2e)\}+2\int_{-1}^{0}xe^{-x}\,dx$$

$$=-1+2e+2\int_{-1}^{0}xe^{-x}\,dx\quad\cdots\cdots\ \text{㉠}$$

$\displaystyle\int_{-1}^{0}xe^{-x}\,dx$에서 $u(x)=x,\ v'(x)=e^{-x}$이라 하면

$u'(x)=1,\ v(x)=-e^{-x}$이므로

$$\int_{-1}^{0}xe^{-x}\,dx=\Big[-xe^{-x}\Big]_{-1}^{0}+\int_{-1}^{0}e^{-x}\,dx$$

$$=(0-e)+\Big[-e^{-x}\Big]_{-1}^{0}$$

$$=-e+\{-1-(-e)\}=-1\quad\cdots\cdots\ \text{㉡}$$

㉡을 ㉠에 대입하면

$$\int_{-1}^{0}(x^2+1)e^{-x}\,dx=-1+2e+2\cdot(-1)=2e-3$$

선생님 톡톡

다음과 같이 치환적분법을 이용하여 주어진 식을 변형한 후, 부분적분법을 이용하여 풀 수도 있어.

$-x=t$라 하면 $\dfrac{dt}{dx}=-1$이고,

$x=-1$일 때 $t=1$, $x=0$일 때 $t=0$이므로

$\displaystyle\int_{-1}^{0}(x^2+1)e^{-x}\,dx=-\int_{1}^{0}\{(-t)^2+1\}e^{t}\,dt=\int_{0}^{1}(t^2+1)e^{t}\,dt$

## 1203  답 ③

$f(x)=(\ln x)^2,\ g'(x)=1$이라 하면

$f'(x)=\dfrac{2\ln x}{x},\ g(x)=x$이므로

$$\int_{1}^{e}(\ln x)^2\,dx=\Big[x(\ln x)^2\Big]_{1}^{e}-\int_{1}^{e}2\ln x\,dx$$

$$=(e-0)-2\int_{1}^{e}\ln x\,dx$$

$$=e-2\int_{1}^{e}\ln x\,dx\quad\cdots\cdots\ \text{㉠}$$

$\displaystyle\int_{1}^{e}\ln x\,dx$에서 $u(x)=\ln x,\ v'(x)=1$이라 하면

$u'(x)=\dfrac{1}{x},\ v(x)=x$이므로

$$\int_{1}^{e}\ln x\,dx=\Big[x\ln x\Big]_{1}^{e}-\int_{1}^{e}1\,dx$$

$$=(e-0)-\Big[x\Big]_{1}^{e}$$

$$=e-(e-1)=1\quad\cdots\cdots\ \text{㉡}$$

㉡을 ㉠에 대입하면

$$\int_{0}^{e}(\ln x)^2\,dx=e-2\cdot1=e-2$$

## 1204  답 ⑤

$f(x)=\sin x,\ g'(x)=e^{x}$이라 하면

$f'(x)=\cos x,\ g(x)=e^{x}$이므로

$$\int_{0}^{\pi}e^{x}\sin x\,dx=\Big[e^{x}\sin x\Big]_{0}^{\pi}-\int_{0}^{\pi}e^{x}\cos x\,dx$$

$$=(0-0)-\int_{0}^{\pi}e^{x}\cos x\,dx$$

$$=-\int_{0}^{\pi}e^{x}\cos x\,dx\quad\cdots\cdots\ \text{㉠}$$

$\displaystyle\int_{0}^{\pi}e^{x}\cos x\,dx$에서 $u(x)=\cos x,\ v'(x)=e^{x}$이라 하면

$u'(x)=-\sin x,\ v(x)=e^{x}$이므로

$$\int_{0}^{\pi}e^{x}\cos x\,dx=\Big[e^{x}\cos x\Big]_{0}^{\pi}+\int_{0}^{\pi}e^{x}\sin x\,dx$$

$$=(-e^{\pi}-1)+\int_{0}^{\pi}e^{x}\sin x\,dx\quad\cdots\cdots\ \text{㉡}$$

㉡을 ㉠에 대입하면

$$\int_{0}^{\pi}e^{x}\sin x\,dx=-(-e^{\pi}-1)-\int_{0}^{\pi}e^{x}\sin x\,dx$$

$$2\int_{0}^{\pi}e^{x}\sin x\,dx=e^{\pi}+1$$

$$\therefore\int_{0}^{\pi}e^{x}\sin x\,dx=\frac{e^{\pi}+1}{2}$$

따라서 $a=\dfrac{1}{2},\ b=\dfrac{1}{2}$이므로

$$a+b=\frac{1}{2}+\frac{1}{2}=1$$

## 1205  답 8

$\sqrt{x}=t$라 하면 $\dfrac{dt}{dx}=\dfrac{1}{2\sqrt{x}}$이고,

$x=0$일 때 $t=0$, $x=4$일 때 $t=2$이므로

$$\int_{0}^{4}\sqrt{x}\,e^{\sqrt{x}}\,dx=\int_{0}^{4}2\sqrt{x}\cdot\sqrt{x}\,e^{\sqrt{x}}\cdot\frac{1}{2\sqrt{x}}\,dx=2\int_{0}^{2}t^2e^{t}\,dt$$

이때 $f(t)=t^2,\ g'(t)=e^{t}$이라 하면

$f'(t)=2t,\ g(t)=e^{t}$이므로

$$2\int_{0}^{2}t^2e^{t}\,dt=2\left(\Big[t^2e^{t}\Big]_{0}^{2}-\int_{0}^{2}2te^{t}\,dt\right)$$

$$=2\left\{(4e^2-0)-2\int_{0}^{2}te^{t}\,dt\right\}$$

$$=8e^2-4\int_{0}^{2}te^{t}\,dt\quad\cdots\cdots\ \text{㉠}$$

$\displaystyle\int_{0}^{2}te^{t}\,dt$에서 $u(t)=t,\ v'(t)=e^{t}$이라 하면

$u'(t)=1,\ v(t)=e^{t}$이므로

$$\int_{0}^{2}te^{t}\,dt=\Big[te^{t}\Big]_{0}^{2}-\int_{0}^{2}e^{t}\,dt$$

$$=(2e^2-0)-\Big[e^{t}\Big]_{0}^{2}$$

$$=2e^2-(e^2-1)=e^2+1\quad\cdots\cdots\ \text{㉡}$$

㉡을 ㉠에 대입하면

$$2\int_{0}^{2}t^2e^{t}\,dt=8e^2-4(e^2+1)=4e^2-4$$

따라서 $a=4,\ b=-4$이므로

$$a-b=4-(-4)=8$$

## 1206  답 3

## 1207  답 ⑤

$\displaystyle\int_{0}^{1}f(t)\,dt=k\ (k\text{는 상수})$라 하면

$f(x)=\sqrt{1-x}-k$이므로

$$\int_0^1 (\sqrt{1-t}-k)\,dt = \left[-\frac{2}{3}(1-t)^{\frac{3}{2}}-kt\right]_0^1$$
$$=-k-\left(-\frac{2}{3}\right)$$
$$=-k+\frac{2}{3}=k$$

에서 $2k=\dfrac{2}{3}$ $\quad\therefore k=\dfrac{1}{3}$

따라서 $f(x)=\sqrt{1-x}-\dfrac{1}{3}$이므로

$f(-3)=\sqrt{1-(-3)}-\dfrac{1}{3}=\dfrac{5}{3}$

## 1208 답 ④

$\displaystyle\int_0^{\frac{\pi}{4}} f(t)\,dt=k$ ($k$는 상수)라 하면

$f(x)=4\sin 2x+k\cos 2x$이므로

$$\int_0^{\frac{\pi}{4}} (4\sin 2t+k\cos 2t)\,dt=\left[-2\cos 2t+\frac{k}{2}\sin 2t\right]_0^{\frac{\pi}{4}}$$
$$=\frac{k}{2}-(-2)$$
$$=\frac{k}{2}+2=k$$

에서 $\dfrac{k}{2}=2$ $\quad\therefore k=4$

따라서 $f(x)=4\sin 2x+4\cos 2x$이므로

$f\left(\dfrac{\pi}{8}\right)=4\cdot\dfrac{\sqrt{2}}{2}+4\cdot\dfrac{\sqrt{2}}{2}=4\sqrt{2}$

## 1209 답 ②



$\displaystyle\int_0^1 e^{-t}f(t)\,dt=k$ ($k$는 상수)라 하면

$f(x)=e^x+k$이므로

$$\int_0^1 e^{-t}(e^t+k)\,dt=\int_0^1 (1+ke^{-t})\,dt$$
$$=\left[t-ke^{-t}\right]_0^1$$
$$=\left(1-\frac{k}{e}\right)-(-k)$$
$$=1-\frac{k}{e}+k=k$$

에서 $1=\dfrac{k}{e}$

$\therefore k=e$

따라서 $f(x)=e^x+e$이므로

$f(1)=e+e=2e$

## 1210 답 ⑤



$f(x)=\ln x-\displaystyle\int_1^e \frac{f(t)}{x}\,dt=\ln x-\frac{1}{x}\int_1^e f(t)\,dt$

$\displaystyle\int_1^e f(t)\,dt=k$ ($k$는 상수)라 하면

$f(x)=\ln x-\dfrac{k}{x}$이므로

$$\int_1^e \left(\ln t-\frac{k}{t}\right)dt=\int_1^e \ln t\,dt-\int_1^e \frac{k}{t}\,dt$$

이때 $\displaystyle\int_1^e \ln t\,dt$에서 $u(t)=\ln t$, $v'(t)=1$이라 하면

$u'(t)=\dfrac{1}{t}$, $v(t)=t$이므로

$$\int_1^e \ln t\,dt-\int_1^e \frac{k}{t}\,dt=\left[t\ln t\right]_1^e-\int_1^e 1\,dt-\left[k\ln|t|\right]_1^e$$
$$=(e-0)-\left[t\right]_1^e-(k-0)$$
$$=e-(e-1)-k$$
$$=1-k=k$$

에서 $2k=1$ $\quad\therefore k=\dfrac{1}{2}$

따라서 $f(x)=\ln x-\dfrac{1}{2x}$이므로

$f(2)=\ln 2-\dfrac{1}{4}$

## 1211 답 4

## 1212 답 ④

주어진 식의 양변에 $x=\pi$를 대입하면 

$0=b\pi-2\pi$ $\quad\therefore b=2$

$\therefore \displaystyle\int_\pi^x f(t)\,dt=a\sin 2x+2x-2\pi$

위의 식의 양변을 $x$에 대하여 미분하면

$f(x)=2a\cos 2x+2$

$f(0)=0$이므로 $0=2a+2$

$\therefore a=-1$

따라서 $f(x)=-2\cos 2x+2$이므로

$f\left(\dfrac{\pi}{6}\right)=-2\cdot\dfrac{1}{2}+2=1$

## 1213 답 ①

주어진 식의 양변에 $x=0$을 대입하면 

$f(0)=0$

주어진 식의 양변을 $x$에 대하여 미분하면

$e^x f(x)+e^x f'(x)=2+e^x f(x)$

$e^x f'(x)=2$

$\therefore f'(x)=\dfrac{2}{e^x}=2e^{-x}$ 

$\therefore f(x)=\displaystyle\int 2e^{-x}\,dx=-2e^{-x}+C$

$f(0)=0$이므로 $0=-2+C$

$\therefore C=2$

따라서 $f(x)=-2e^{-x}+2$이므로

$f(1)=-\dfrac{2}{e}+2$

## 1214 답 ④

주어진 식의 양변에 $x=2$를 대입하면 

$f(2)=6$

주어진 식의 양변을 $x$에 대하여 미분하면

$f(x)+(x-1)f'(x)=3+f(x)$

$(x-1)f'(x)=3$

$\therefore f'(x)=\dfrac{3}{x-1}$ $(\because x>1)$

$\therefore f(x)=\displaystyle\int \frac{3}{x-1}\,dx=3\ln|x-1|+C$ 

$f(2)=6$이므로 $6=0+C$

$\therefore C=6$

$$\therefore f(x) = 3\ln|x-1| + 6$$

한편, 주어진 식의 양변에 $x=e+1$을 대입하면 → 구하는 값이 $\int_2^{e+1} f(x)\,dx$이므로

$$ef(e+1) = 3(e+1) + \int_2^{e+1} f(t)\,dt$$

$$\int_2^{e+1} f(x)\,dx = ef(e+1) - 3(e+1)$$

이때 $f(e+1) = 3+6 = 9$이므로

$$\int_2^{e+1} f(x)\,dx = ef(e+1) - 3(e+1)$$
$$= 9e - 3e - 3 = 6e - 3$$

**선생님 톡톡**

$\int_2^{e+1} f(x)\,dx = \int_2^{e+1} (3\ln|x-1|+6)\,dx$의 값을 부분적분법을 이용하여 계산해도 되지만 $\int_2^x f(t)\,dt$에 $x=e+1$을 대입하면 더 쉽게 해결할 수 있어.

## 1215 답 ③

주어진 식의 양변에 $x=1$을 대입하면 → 우변의 $\int_1^x f(t)\,dt$의 값이 0이 되므로

$$f(1) = e^{-1} = \frac{1}{e}$$

주어진 식의 양변을 $x$에 대하여 미분하면
$$f(x) + xf'(x) = 2xe^{-x} - x^2 e^{-x} + f(x)$$
$$xf'(x) = x(2-x)e^{-x}$$
$$\therefore f'(x) = (2-x)e^{-x}$$
$$\therefore f(x) = \int (2-x)e^{-x}\,dx \quad → = \int f'(x)\,dx$$

$\int (2-x)e^{-x}\,dx$에서
$u(x) = 2-x,\ v'(x) = e^{-x}$이라 하면
$u'(x) = -1,\ v(x) = -e^{-x}$이므로
$$\int (2-x)e^{-x}\,dx = -(2-x)e^{-x} - \int e^{-x}\,dx$$
$$= xe^{-x} - 2e^{-x} + e^{-x} + C$$
$$= (x-1)e^{-x} + C$$
$$\therefore f(x) = (x-1)e^{-x} + C$$

$f(1) = \dfrac{1}{e}$이므로 $\dfrac{1}{e} = 0 + C$

$$\therefore C = \frac{1}{e}$$

따라서 $f(x) = (x-1)e^{-x} + \dfrac{1}{e}$이므로

$$f(0) = -1 + \frac{1}{e}$$

## 1216 답 8

## 1217 답 3

주어진 식의 양변에 $x=1$을 대입하면 → 좌변이 0이 되므로
$$0 = a+b+1$$
$$\therefore a+b = -1 \quad \cdots\cdots ㉠$$

이때 $\int_1^x (x-t)f(t)\,dt = ax\sqrt{x} + bx + 1$에서 → 적분변수가 $t$이므로 피적분함수를 $t$에 대한 식으로 나타낸다.

$$x\int_1^x f(t)\,dt - \int_1^x tf(t)\,dt = ax\sqrt{x} + bx + 1$$

위의 식의 양변을 $x$에 대하여 미분하면

$$\left\{ \int_1^x f(t)\,dt + xf(x) \right\} - xf(x) = \frac{3}{2}a\sqrt{x} + b$$

$$\therefore \int_1^x f(t)\,dt = \frac{3}{2}a\sqrt{x} + b$$

위의 식의 양변에 $x=1$을 대입하면 → 좌변이 0이 되므로

$$0 = \frac{3}{2}a + b \quad \cdots\cdots ㉡$$

㉠, ㉡을 연립하여 풀면 $a=2,\ b=-3$

$$\therefore \int_1^x f(t)\,dt = 3\sqrt{x} - 3$$

$$\therefore \int_4^9 f(x)\,dx = \int_1^9 f(x)\,dx - \int_1^4 f(x)\,dx$$
$$= (3\sqrt{9} - 3) - (3\sqrt{4} - 3) = 3$$

● 다른 풀이 ●

$\int_1^x f(t)\,dt = 3\sqrt{x} - 3$의 양변을 $x$에 대하여 미분하면

$$f(x) = \frac{3}{2\sqrt{x}}$$

$$\therefore \int_4^9 f(x)\,dx = \int_4^9 \frac{3}{2\sqrt{x}}\,dx = \left[ 3\sqrt{x} \right]_4^9$$
$$= 9 - 6 = 3$$

## 1218 답 ⑤

주어진 식의 양변에 $x=4$를 대입하면 → 좌변이 0이 되므로
$$0 = 8a + 4b - 6a + 28$$
$$\therefore a + 2b = -14 \quad \cdots\cdots ㉠$$

이때 $\int_4^x (x-t)f'(t)\,dt = ax\sqrt{x} + bx - 3a\sqrt{x} + 28$에서 → 적분변수가 $t$이므로 피적분함수를 $t$에 대한 식으로 나타낸다.

$$x\int_4^x f'(t)\,dt - \int_4^x tf'(t)\,dt = ax\sqrt{x} + bx - 3a\sqrt{x} + 28$$

위의 식의 양변을 $x$에 대하여 미분하면

$$\left\{ \int_4^x f'(t)\,dt + xf'(x) \right\} - xf'(x) = \frac{3}{2}a\sqrt{x} + b - \frac{3}{2\sqrt{x}}a$$

$$\therefore \int_4^x f'(t)\,dt = \frac{3}{2}a\sqrt{x} + b - \frac{3}{2\sqrt{x}}a$$

위의 식의 양변에 $x=4$를 대입하면 → 좌변이 0이 되므로

$$0 = 3a + b - \frac{3}{4}a$$
$$\therefore 9a + 4b = 0 \quad \cdots\cdots ㉡$$

㉠, ㉡을 연립하여 풀면 $a=4,\ b=-9$

$$\therefore \int_4^x f'(t)\,dt = 6\sqrt{x} - \frac{6}{\sqrt{x}} - 9$$

이때
$$f'(x) = \frac{d}{dx} \int_4^x f'(t)\,dt$$
$$= \frac{d}{dx}\left( 6\sqrt{x} - \frac{6}{\sqrt{x}} - 9 \right)$$

이므로
$$f(x) = \int \left\{ \frac{d}{dx}\left( 6\sqrt{x} - \frac{6}{\sqrt{x}} - 9 \right) \right\}dx \quad → = \int f'(x)\,dx$$
$$= 6\sqrt{x} - \frac{6}{\sqrt{x}} + C \quad → 적분상수가 생긴다.$$

$f(1) = 1$이므로 $1 = 6 - 6 + C$ $\quad \therefore C = 1$

따라서 $f(x) = 6\sqrt{x} - \dfrac{6}{\sqrt{x}} + 1$이므로

$$f(4) = 6\sqrt{4} - \frac{6}{\sqrt{4}} + 1 = 10$$

## 1219  답 3

주어진 식의 양변에 $x=a$를 대입하면
$0=\cos a+a^2 b-2a^2 b+a^2 b+1$
$\cos a=-1$
$\therefore a=\pi\ (\because\ 0<a<2\pi)$  ← 적분변수가 $t$이므로 피적분함수를 $t$에 대한 식으로 나타낸다.
이때 $\displaystyle\int_\pi^x (x-t)f(t)\,dt=\cos x+bx^2-2b\pi x+b\pi^2+1$에서
$x\displaystyle\int_\pi^x f(t)\,dt-\int_\pi^x tf(t)\,dt=\cos x+bx^2-2b\pi x+\pi^2 b+1$
위의 식의 양변을 $x$에 대하여 미분하면
$\left\{\displaystyle\int_\pi^x f(t)\,dt+xf(x)\right\}-xf(x)=-\sin x+2bx-2b\pi$
$\therefore \displaystyle\int_\pi^x f(t)\,dt=-\sin x+2bx-2b\pi$
위의 식의 양변에 $x=0$을 대입하면
$\displaystyle\int_\pi^0 f(t)\,dt=-2b\pi$
이때 $\displaystyle\int_0^\pi f(x)\,dx=2\pi$이므로
$2b\pi=2\pi$  $\therefore b=1$
$\therefore \displaystyle\int_\pi^x f(t)\,dt=-\sin x+2x-2\pi$
위의 식의 양변을 $x$에 대하여 미분하면
$f(x)=-\cos x+2$
$\therefore f(a)=f(\pi)=-(-1)+2=3$

## 1220  답 2
적분변수가 $t$이므로 피적분함수를 $t$에 대한 식으로 나타낸다.

조건 (나)의 $\displaystyle\int_a^x (x-t)f(t)\,dt=(x-a)(e^{x-a}-b)$에서
$x\displaystyle\int_a^x f(t)\,dt-\int_a^x tf(t)\,dt=(x-a)(e^{x-a}-b)$
위의 식의 양변을 $x$에 대하여 미분하면
$\left\{\displaystyle\int_a^x f(t)\,dt+xf(x)\right\}-xf(x)=(e^{x-a}-b)+(x-a)e^{x-a}$
$\therefore \displaystyle\int_a^x f(t)\,dt=(x-a+1)e^{x-a}-b$  ……㉠
㉠의 양변에 $x=a$를 대입하면  ← 좌변이 0이 되므로
$0=1-b$  $\therefore b=1$
㉠의 양변을 $x$에 대하여 미분하면
$f(x)=e^{x-a}+(x-a+1)e^{x-a}=(x-a+2)e^{x-a}$
조건 (가)에서 $f(2a)=4e^a$이므로 $4e^a=(a+2)e^a$
$a+2=4$  $\therefore a=2$
㉠에 $a=2$, $b=1$을 대입하면
$\displaystyle\int_2^x f(t)\,dt=(x-1)e^{x-2}-1$  ……㉡
즉, $\displaystyle\int_a^{2a} f(x)\,dx=\int_2^4 f(x)\,dx$이므로 ㉡의 양변에 $x=4$를 대입하면
$\displaystyle\int_2^4 f(x)\,dx=(4-1)e^{4-2}-1=3e^2-1$
따라서 $p=-1$, $q=3$이므로
$p+q=-1+3=2$

● 다른 풀이 ●
㉡의 양변을 $x$에 대하여 미분하면
$f(x)=e^{x-2}+(x-1)e^{x-2}=xe^{x-2}$
$\therefore \displaystyle\int_a^{2a} f(x)\,dx=\int_2^4 xe^{x-2}\,dx$
$\displaystyle\int_2^4 xe^{x-2}\,dx$에서 $u(x)=x$, $v'(x)=e^{x-2}$이라 하면
$u'(x)=1$, $v(x)=e^{x-2}$이므로
$\displaystyle\int_2^4 xe^{x-2}\,dx=\left[xe^{x-2}\right]_2^4-\int_2^4 e^{x-2}\,dx$
$\qquad =(4e^2-2)-\left[e^{x-2}\right]_2^4$
$\qquad =4e^2-2-(e^2-1)$
$\qquad =3e^2-1$

## 1221  답 ①

## 1222  답 ③

$f(x)=\displaystyle\int_0^x (2\sin 2\theta-1)\,d\theta$에서  ← 양변을 $x$에 대하여 미분한다.
$f'(x)=2\sin 2x-1$
$f'(x)=0$에서 $2\sin 2x-1=0$
$\sin 2x=\dfrac{1}{2}$  $\therefore x=\dfrac{\pi}{12}$ 또는 $x=\dfrac{5}{12}\pi$
$0\le x\le\pi$에서 함수 $f(x)$의 증가와 감소를 표로 나타내면 다음과 같다.

| $x$ | 0 | $\cdots$ | $\dfrac{\pi}{12}$ | $\cdots$ | $\dfrac{5}{12}\pi$ | $\cdots$ | $\pi$ |
|---|---|---|---|---|---|---|---|
| $f'(x)$ | | $-$ | 0 | $+$ | 0 | $-$ | |
| $f(x)$ | | ↘ | 극소 | ↗ | 극대 | ↘ | |

함수 $f(x)$는 $x=\dfrac{\pi}{12}$에서 극솟값을 가지고, $x=\dfrac{5}{12}\pi$에서 극댓값을 가지므로
$M=f\left(\dfrac{5}{12}\pi\right)$, $m=f\left(\dfrac{\pi}{12}\right)$
$\therefore M-m=f\left(\dfrac{5}{12}\pi\right)-f\left(\dfrac{\pi}{12}\right)$
$\qquad =\displaystyle\int_0^{\frac{5}{12}\pi}(2\sin 2\theta-1)\,d\theta-\int_0^{\frac{\pi}{12}}(2\sin 2\theta-1)\,d\theta$
$\qquad =\displaystyle\int_{\frac{\pi}{12}}^{\frac{5}{12}\pi}(2\sin 2\theta-1)\,d\theta$
$\qquad =\left[-\cos 2\theta-\theta\right]_{\frac{\pi}{12}}^{\frac{5}{12}\pi}$
$\qquad =\left(\dfrac{\sqrt{3}}{2}-\dfrac{5}{12}\pi\right)-\left(-\dfrac{\sqrt{3}}{2}-\dfrac{\pi}{12}\right)=\sqrt{3}-\dfrac{\pi}{3}$

## 1223  답 18

$f(x)=\displaystyle\int_0^x (t^2-3t+k)e^t\,dt$에서  ← 양변을 $x$에 대하여 미분한다.
$f'(x)=(x^2-3x+k)e^x$
한편, 함수 $f(x)$가 $x=2$에서 극솟값을 가지므로  ← $f'(2)=0$
$0=(k-2)e^2$  $\therefore k=2$
$\therefore f'(x)=(x^2-3x+2)e^x=(x-1)(x-2)e^x$
$f'(x)=0$에서 $x=1$ 또는 $x=2$
함수 $f(x)$의 증가와 감소를 표로 나타내면 다음과 같다.

| $x$ | $\cdots$ | 1 | $\cdots$ | 2 | $\cdots$ |
|---|---|---|---|---|---|
| $f'(x)$ | $+$ | 0 | $-$ | 0 | $+$ |
| $f(x)$ | ↗ | 극대 | ↘ | 극소 | ↗ |

한편, $\displaystyle\int_0^x (t^2-3t+2)e^t\,dt$에서

$u(t)=t^2-3t+2$, $v'(t)=e^t$이라 하면

$u'(t)=2t-3$, $v(t)=e^t$이므로

$$\int_0^x (t^2-3t+2)e^t\,dt=\Big[(t^2-3t+2)e^t\Big]_0^x-\int_0^x (2t-3)e^t\,dt$$
$$\cdots\cdots\ \text{㉠}$$

$\displaystyle\int_0^x (2t-3)e^t\,dt$에서 $s(t)=2t-3$, $w'(t)=e^t$이라 하면

$s'(t)=2$, $w(t)=e^t$이므로

$$\int_0^x (2t-3)e^t\,dt=\Big[(2t-3)e^t\Big]_0^x-\int_0^x 2e^t\,dt\qquad\cdots\cdots\ \text{㉡}$$

㉡을 ㉠에 대입하면

$$\int_0^x (t^2-3t+2)e^t\,dt$$
$$=\Big[(t^2-3t+2)e^t\Big]_0^x-\left(\Big[(2t-3)e^t\Big]_0^x-\int_0^x 2e^t\,dt\right)$$
$$=\{(x^2-3x+2)e^x-2\}-\{(2x-3)e^x-(-3)\}+\Big[2e^t\Big]_0^x$$
$$=(x^2-5x+5)e^x-5+(2e^x-2)=(x^2-5x+7)e^x-7$$
$$\therefore f(x)=(x^2-5x+7)e^x-7$$

따라서 함수 $f(x)$의 극댓값과 극솟값의 합은

$$f(1)+f(2)=\underset{\text{극댓값}}{\{(1-5+7)e-7\}}+\underset{\text{극솟값}}{\{(2^2-5\cdot2+7)e^2-7\}}$$
$$=e^2+3e-14$$

$\therefore a=1$, $b=3$, $c=-14$

$\therefore a+b-c=1+3-(-14)=18$



## 1224  답 1

$f(x)=\displaystyle\int_a^x (6\sqrt{t}-2t-4)\,dt$에서 — 양변을 $x$에 대하여 미분한다.

$f'(x)=6\sqrt{x}-2x-4$

$f'(x)=0$에서 $6\sqrt{x}-2x-4=0$

$6\sqrt{x}-2(\sqrt{x})^2-4=0$, $(\sqrt{x})^2-3\sqrt{x}+2=0$

$(\sqrt{x}-1)(\sqrt{x}-2)=0$ $\quad\therefore x=1$ 또는 $x=4$

$x>0$에서 함수 $f(x)$의 증가와 감소를 표로 나타내면 다음과 같다.

| $x$ | (0) | $\cdots$ | 1 | $\cdots$ | 4 | $\cdots$ |
|---|---|---|---|---|---|---|
| $f'(x)$ | | $-$ | 0 | $+$ | 0 | $-$ |
| $f(x)$ | | ↘ | 극소 | ↗ | 극대 | ↘ |

함수 $f(x)$는 $x=1$에서 극솟값 0을 가지므로  ($f(1)=0$)

$$\int_a^1 (6\sqrt{t}-2t-4)\,dt=\Big[4t\sqrt{t}-t^2-4t\Big]_a^1$$
$$=-1-(4a\sqrt{a}-a^2-4a)=0$$
$$\therefore 4a\sqrt{a}-a^2-4a=-1\qquad\cdots\cdots\ \text{㉠}$$

따라서 함수 $f(x)$의 극댓값은

$$f(4)=\int_a^4 (6\sqrt{t}-2t-4)\,dt=\Big[4t\sqrt{t}-t^2-4t\Big]_a^4$$
$$=0-(4a\sqrt{a}-a^2-4a)=0-(-1)=1\ (\because\ \text{㉠})$$



## 1225  답 ②

$f(x)=\displaystyle\int_1^x \{2t^{-2}-(2a+1)t^{-3}+at^{-4}\}\,dt$에서  — 양변을 $x$에 대하여 미분한다.

$f'(x)=2x^{-2}-(2a+1)x^{-3}+ax^{-4}$

$f'(x)=0$에서 $2x^{-2}-(2a+1)x^{-3}+ax^{-4}=0$

$x^{-4}\{2x^2-(2a+1)x+a\}=0$

$x^{-4}(x-a)(2x-1)=0$

$\therefore x=a$ 또는 $x=\dfrac{1}{2}\ \left(\because 0<a<\dfrac{1}{2}\right)$

$x>0$에서 함수 $f(x)$의 증가와 감소를 표로 나타내면 다음과 같다.

| $x$ | (0) | $\cdots$ | $a$ | $\cdots$ | $\dfrac{1}{2}$ | $\cdots$ |
|---|---|---|---|---|---|---|
| $f'(x)$ | | $+$ | 0 | $-$ | 0 | $+$ |
| $f(x)$ | | ↗ | 극대 | ↘ | 극소 | ↗ |

함수 $f(x)$는 $x=\dfrac{1}{2}$에서 극솟값 $-\dfrac{5}{18}$를 가지므로

$$\int_1^{\frac{1}{2}} \{2t^{-2}-(2a+1)t^{-3}+at^{-4}\}\,dt\qquad\left(f\!\left(\tfrac{1}{2}\right)=\tfrac{5}{18}\right)$$
$$=\left[-2t^{-1}+\frac{2a+1}{2}t^{-2}-\frac{1}{3}at^{-3}\right]_1^{\frac{1}{2}}$$
$$=\left(\frac{4}{3}a-2\right)-\left(\frac{2}{3}a-\frac{3}{2}\right)$$
$$=\frac{2}{3}a-\frac{1}{2}=-\frac{5}{18}$$

에서 $\dfrac{2}{3}a=\dfrac{2}{9}$ $\quad\therefore a=\dfrac{1}{3}$

$$\therefore f(x)=\int_1^x \left(2t^{-2}-\frac{5}{3}t^{-3}+\frac{1}{3}t^{-4}\right)dt$$

따라서 함수 $f(x)$의 극댓값은

$$f\!\left(\frac{1}{3}\right)=\int_1^{\frac{1}{3}} \left(2t^{-2}-\frac{5}{3}t^{-3}+\frac{1}{3}t^{-4}\right)dt$$
$$=\left[-2t^{-1}+\frac{5}{6}t^{-2}-\frac{1}{9}t^{-3}\right]_1^{\frac{1}{3}}$$
$$=\left(-\frac{3}{2}\right)-\left(-\frac{23}{18}\right)=-\frac{2}{9}$$

## 1226  답 ①

## 1227  답 ④

주어진 식의 양변을 $x$에 대하여 미분하면

$f'(x)=xe^{x+1}$

$f'(x)=0$에서 $x=0$

$-1\le x\le 1$에서 함수 $f(x)$의 증가와 감소를 표로 나타내면 다음과 같다.

| $x$ | $-1$ | $\cdots$ | 0 | $\cdots$ | 1 |
|---|---|---|---|---|---|
| $f'(x)$ | | $-$ | 0 | $+$ | |
| $f(x)$ | $f(-1)$ | ↘ | $f(0)$ | ↗ | $f(1)$ |

함수 $f(x)$는 $x=0$에서 극소이면서 최소이므로 최솟값은

$$f(0)=\int_{-1}^0 te^{t+1}\,dt$$

$u(t)=t$, $v'(t)=e^{t+1}$이라 하면

$u'(t)=1$, $v(t)=e^{t+1}$이므로

$$\int_{-1}^{0} te^{t+1}\,dt=\left[te^{t+1}\right]_{-1}^{0}-\int_{-1}^{0} e^{t+1}\,dt$$
$$=\{0-(-1)\}-\left[e^{t+1}\right]_{-1}^{0}$$
$$=1-(e-1)=2-e$$

한편,



$$f(-1)=\int_{-1}^{-1} te^{t+1}\,dt=0,$$
$$f(1)=\int_{-1}^{1} te^{t+1}\,dt$$
$$=\left[te^{t+1}\right]_{-1}^{1}-\int_{-1}^{1} e^{t+1}\,dt$$
$$=\{e^2-(-1)\}-\left[e^{t+1}\right]_{-1}^{1}$$
$$=e^2+1-(e^2-1)=2$$



이므로 최댓값은 2이다.

따라서 함수 $f(x)$의 최댓값과 최솟값의 합은

$$\underset{\text{최댓값}}{f(1)}+\underset{\text{최솟값}}{f(0)}=2+2-e=4-e$$

## 1228 답 ③

주어진 식의 양변을 $x$에 대하여 미분하면

$$f'(x)=1-\frac{4}{x^2}$$

$f'(x)=0$에서 $1-\dfrac{4}{x^2}=0$

$x^2-4=0$, $(x+2)(x-2)=0$

$\therefore x=2 \;(\because 1\le x\le 6)$

닫힌구간 $[1,\,6]$에서 함수 $f(x)$의 증가와 감소를 표로 나타내면 다음과 같다.

| $x$ | 1 | $\cdots$ | 2 | $\cdots$ | 6 |
|---|---|---|---|---|---|
| $f'(x)$ | | $-$ | 0 | $+$ | |
| $f(x)$ | $f(1)$ | $\searrow$ | $f(2)$ | $\nearrow$ | $f(6)$ |

함수 $f(x)$는 $x=2$에서 극소이면서 최소이고 최솟값이 0이므로

$$f(2)=\int_{a}^{2}\left(1-\frac{4}{t^2}\right)dt$$
$$=\left[t+\frac{4}{t}\right]_{a}^{2}$$
$$=4-\left(a+\frac{4}{a}\right)=0$$

에서 $a^2-4a+4=0$

$(a-2)^2=0 \qquad \therefore a=2$

$$\therefore f(x)=\int_{2}^{x}\left(1-\frac{4}{t^2}\right)dt$$

한편,

$$f(1)=\int_{2}^{1}\left(1-\frac{4}{t^2}\right)dt=\left[t+\frac{4}{t}\right]_{2}^{1}=5-4=1,$$
$$f(6)=\int_{2}^{6}\left(1-\frac{4}{t^2}\right)dt=\left[t+\frac{4}{t}\right]_{2}^{6}=\frac{20}{3}-4=\frac{8}{3}$$



이므로 최댓값은 $\dfrac{8}{3}$이다.

따라서 $M=\dfrac{8}{3}$이므로

$$a+M=2+\frac{8}{3}=\frac{14}{3}$$

## 1229 답 27

주어진 식의 양변을 $x$에 대하여 미분하면

$$f'(x)=\frac{x-1}{\sqrt{x}}$$

$f'(x)=0$에서 $x=1$

$0<x\le a$에서 함수 $f(x)$의 증가와 감소를 표로 나타내면 다음과 같다.



| $x$ | (0) | $\cdots$ | 1 | $\cdots$ | $a$ |
|---|---|---|---|---|---|
| $f'(x)$ | | $-$ | 0 | $+$ | |
| $f(x)$ | | $\searrow$ | $f(1)$ | $\nearrow$ | $f(a)$ |

따라서 함수 $f(x)$는 $x=1$에서 극소이면서 최소이고 최솟값이

$-\dfrac{4}{3}$이므로

$$f(1)=\int_{b}^{1}\frac{t-1}{\sqrt{t}}\,dt=\int_{b}^{1}\left(\sqrt{t}-\frac{1}{\sqrt{t}}\right)dt$$
$$=\left[\frac{2}{3}t^{\frac{3}{2}}-2t^{\frac{1}{2}}\right]_{b}^{1}=-\frac{4}{3}-\left(\frac{2}{3}b^{\frac{3}{2}}-2b^{\frac{1}{2}}\right)$$
$$=-\frac{4}{3}-\frac{2}{3}b\sqrt{b}+2\sqrt{b}=-\frac{4}{3}$$

에서 $-\dfrac{2}{3}b\sqrt{b}+2\sqrt{b}=0$

$$-\frac{2}{3}\sqrt{b}\,(b-3)=0$$

$\therefore b=3 \;(\because b>0)$

$$\therefore f(x)=\int_{3}^{x}\frac{t-1}{\sqrt{t}}\,dt=\int_{3}^{x}\left(\sqrt{t}-\frac{1}{\sqrt{t}}\right)dt$$
$$=\left[\frac{2}{3}t^{\frac{3}{2}}-2t^{\frac{1}{2}}\right]_{3}^{x}=\left(\frac{2}{3}x^{\frac{3}{2}}-2x^{\frac{1}{2}}\right)-0$$
$$=\frac{2}{3}x\sqrt{x}-2\sqrt{x}$$

한편, $\displaystyle\lim_{x\to 0+}f(x)=\lim_{x\to 0+}\left(\frac{2}{3}x\sqrt{x}-2\sqrt{x}\right)=0$이므로

함수 $f(x)$는 $x=a$에서 최대이다.



즉, $f(a)=\dfrac{2}{3}a\sqrt{a}-2\sqrt{a}=12$에서 $\sqrt{a}=t \;(t>0)$라 하면

$$\frac{2}{3}t^3-2t-12=0, \quad t^3-3t-18=0$$
$$(t-3)(t^2+3t+6)=0$$

$\therefore t=3 \;(\because t^2+3t+6>0)$

따라서 $\sqrt{a}=3$이므로 $a=9$

$\therefore ab=9\cdot 3=27$

## 1230 답 ③

주어진 식의 양변을 $x$에 대하여 미분하면

$$f'(x)=4x\ln\frac{1}{x}=-4x\ln x$$

$f'(x)=0$에서 $-4x\ln x=0$

$\therefore x=1 \;(\because 0<x\le 3)$

$0<x\le 3$에서 함수 $f(x)$의 증가와 감소를 표로 나타내면 다음과 같다.

| $x$ | (0) | $\cdots$ | 1 | $\cdots$ | 3 |
|---|---|---|---|---|---|
| $f'(x)$ | | $+$ | 0 | $-$ | |
| $f(x)$ | | $\nearrow$ | $f(1)$ | $\searrow$ | $f(3)$ |

함수 $f(x)$는 $x=1$에서 극대이면서 최대이므로 최댓값은 $f(1)$이다.

한편, $f(2)=\displaystyle\int_2^2 4t \ln \dfrac{1}{t}\, dt=0$이므로 $f(3)<0$이다.

또한, $\displaystyle\lim_{x\to 0+} f(x)>0$이므로 함수 $f(x)$의 최솟값은 $f(3)$이다.

따라서 최댓값과 최솟값의 차는

$$f(1)-f(3)=\int_2^1 4t \ln \dfrac{1}{t}\, dt-\int_2^3 4t \ln \dfrac{1}{t}\, dt$$
$$=\int_2^1 4t \ln \dfrac{1}{t}\, dt+\int_3^2 4t \ln \dfrac{1}{t}\, dt$$
$$=\int_3^1 4t \ln \dfrac{1}{t}\, dt=4\int_1^3 t \ln t\, dt$$

$\displaystyle\int_1^3 t \ln t\, dt$에서 $u(t)=\ln t,\ v'(t)=t$라 하면

$u'(t)=\dfrac{1}{t},\ v(t)=\dfrac{1}{2}t^2$이므로

$$4\int_1^3 t \ln t\, dt=4\left(\left[\dfrac{1}{2}t^2 \ln t\right]_1^3-\int_1^3 \dfrac{1}{2}t\, dt\right)$$
$$=4\left\{\left(\dfrac{9}{2}\ln 3-0\right)-\left[\dfrac{1}{4}t^2\right]_1^3\right\}$$
$$=4\left\{\dfrac{9}{2}\ln 3-\left(\dfrac{9}{4}-\dfrac{1}{4}\right)\right\}$$
$$=4\left(\dfrac{9}{2}\ln 3-2\right)=18\ln 3-8$$

## 1231  답 ④

## 1232  답 ⑤

$f(x)=\sqrt{x}\ln x,\ F'(x)=f(x)$라 하면

$$\lim_{x\to e}\dfrac{1}{x-e}\int_{e^2}^{x^2}\sqrt{t}\ln t\, dt=\lim_{x\to e}\dfrac{1}{x-e}\int_{e^2}^{x^2} f(t)\, dt$$
$$=\lim_{x\to e}\dfrac{F(x^2)-F(e^2)}{x-e}$$
$$=\lim_{x\to e}\left\{\dfrac{F(x^2)-F(e^2)}{(x-e)(x+e)}\cdot(x+e)\right\}$$
$$=\lim_{x\to e}\left\{\dfrac{F(x^2)-F(e^2)}{x^2-e^2}\cdot(x+e)\right\}$$
$$=2eF'(e^2)=2ef(e^2)$$
$$=2e\sqrt{e^2}\ln e^2=4e^2$$

## 1233  답 4

$f(x)=1+\dfrac{1}{3}\cos x,\ F'(x)=f(x)$라 하면

$$\lim_{x\to 0}\dfrac{1}{x}\int_{-x}^{2x}\left(1+\dfrac{1}{3}\cos t\right) dt$$
$$=\lim_{x\to 0}\dfrac{1}{x}\int_{-x}^{2x} f(t)\, dt$$
$$=\lim_{x\to 0}\dfrac{F(2x)-F(-x)}{x}$$
$$=\lim_{x\to 0}\dfrac{F(2x)-F(0)-F(-x)+F(0)}{x}$$
$$=\lim_{x\to 0}\dfrac{F(2x)-F(0)}{2x-0}\cdot 2+\lim_{x\to 0}\dfrac{F(-x)-F(0)}{(-x)-0}$$
$$=2F'(0)+F'(0)$$
$$=3F'(0)=3f(0)$$
$$=3\left(1+\dfrac{1}{3}\right)=4$$

## 1234  답 ②

$F'(x)=f(x)$라 하면

$$\lim_{x\to 0}\dfrac{1}{x}\int_{1-x}^{1+x} f(t)\, dt$$
$$=\lim_{x\to 0}\dfrac{F(1+x)-F(1-x)}{x}$$
$$=\lim_{x\to 0}\dfrac{F(1+x)-F(1)-F(1-x)+F(1)}{x}$$
$$=\lim_{x\to 0}\dfrac{F(1+x)-F(1)}{x}+\lim_{x\to 0}\dfrac{F(1-x)-F(1)}{-x}$$
$$=F'(1)+F'(1)$$
$$=2F'(1)=2f(1)$$
$$=2(1+a)=1$$

에서 $1+a=\dfrac{1}{2}$

$\therefore a=-\dfrac{1}{2}$

## 1235  답 6

$F'(x)=f(x)$라 하면

$$\lim_{x\to \frac{\pi}{3}}\dfrac{1}{3x-\pi}\int_{\frac{\pi}{3}}^x f(t)\, dt=\lim_{x\to \frac{\pi}{3}}\dfrac{F(x)-F\left(\dfrac{\pi}{3}\right)}{3x-\pi}$$
$$=\lim_{x\to \frac{\pi}{3}}\dfrac{F(x)-F\left(\dfrac{\pi}{3}\right)}{x-\dfrac{\pi}{3}}\cdot\dfrac{1}{3}$$
$$=\dfrac{1}{3}F'\left(\dfrac{\pi}{3}\right)$$
$$=\dfrac{1}{3}f\left(\dfrac{\pi}{3}\right)$$

이때

$$f\left(\dfrac{\pi}{3}\right)=\int_0^{\frac{\pi}{3}}\dfrac{1+\sin^2\theta}{1-\sin^2\theta}\, d\theta$$
$$=\int_0^{\frac{\pi}{3}}\dfrac{2-(1-\sin^2\theta)}{1-\sin^2\theta}\, d\theta$$
$$=\int_0^{\frac{\pi}{3}}\left(\dfrac{2}{1-\sin^2\theta}-1\right) d\theta$$
$$=\int_0^{\frac{\pi}{3}}\left(\dfrac{2}{\cos^2\theta}-1\right) d\theta$$
$$=\int_0^{\frac{\pi}{3}}(2\sec^2\theta-1)\, d\theta$$
$$=\left[2\tan\theta-\theta\right]_0^{\frac{\pi}{3}}$$
$$=\left(2\sqrt{3}-\dfrac{\pi}{3}\right)-0$$
$$=2\sqrt{3}-\dfrac{\pi}{3}$$

$$\therefore \lim_{x\to \frac{\pi}{3}}\dfrac{1}{3x-\pi}\int_{\frac{\pi}{3}}^\pi f(t)\, dt=\dfrac{1}{3}f\left(\dfrac{\pi}{3}\right)$$
$$=\dfrac{1}{3}\left(2\sqrt{3}-\dfrac{\pi}{3}\right)$$
$$=\dfrac{2}{3}\sqrt{3}-\dfrac{\pi}{9}$$

따라서 $a=\dfrac{2}{3},\ b=-\dfrac{1}{9}$이므로

$$\left|\dfrac{a}{b}\right|=\left|\dfrac{2}{3}\cdot(-9)\right|=6$$

## 1236 답 ②


(분자의 차수)≥(분모의 차수)인 경우에는 분자를 분모로 나누어 몫과 나머지의 꼴로 나타낸다.

$\dfrac{2x^3+3x}{x^2+1}=\dfrac{2x(x^2+1)+x}{x^2+1}=2x+\dfrac{x}{x^2+1}$ 이므로

$$\int_0^1 \dfrac{2x^3+3x}{x^2+1}\,dx=\int_0^1\left(2x+\dfrac{x}{x^2+1}\right)dx$$
$$=\int_0^1\left(2x+\dfrac{2x}{x^2+1}\cdot\dfrac{1}{2}\right)dx$$
$$=\left[x^2+\dfrac{1}{2}\ln|x^2+1|\right]_0^1$$
$$=\left(1+\dfrac{1}{2}\ln 2\right)-0$$
$$=1+\dfrac{1}{2}\ln 2$$

## 1237 답 ②


부분적분법을 이용하여 정적분의 값을 구한다.

$u(x)=\ln x,\ v'(x)=\dfrac{1}{x^2}$ 이라 하면

$u'(x)=\dfrac{1}{x},\ v(x)=-\dfrac{1}{x}$ 이므로

$$\int_1^e \dfrac{\ln x}{x^2}\,dx=\left[-\dfrac{1}{x}\ln x\right]_1^e+\int_1^e \dfrac{1}{x^2}\,dx$$
$$=\left(-\dfrac{1}{e}-0\right)+\left[-\dfrac{1}{x}\right]_1^e$$
$$=-\dfrac{1}{e}+\left\{-\dfrac{1}{e}-(-1)\right\}$$
$$=1-\dfrac{2}{e}$$

## 1238 답 ②


근호 전체를 치환하는 것보다 근호 안의 식을 치환하여 해결하는 것이 더 간편하다.

$x^2+2=t$ 라 하면 $\dfrac{dt}{dx}=2x$ 이고,

$x=0$ 일 때 $t=2$, $x=4$ 일 때 $t=18$ 이므로

$$\int_0^4 \dfrac{x^3}{\sqrt{x^2+2}}\,dx=\int_0^4 \dfrac{x^2\cdot x}{\sqrt{x^2+2}}\,dx$$
$$=\dfrac{1}{2}\int_2^{18}\dfrac{t-2}{\sqrt{t}}\,dt$$
$$=\dfrac{1}{2}\int_2^{18}\left(\sqrt{t}-\dfrac{2}{\sqrt{t}}\right)dt$$
$$=\dfrac{1}{2}\left[\dfrac{2}{3}t^{\frac{3}{2}}-4t^{\frac{1}{2}}\right]_2^{18}$$
$$=\dfrac{1}{2}\left\{24\sqrt{2}-\left(-\dfrac{8}{3}\sqrt{2}\right)\right\}=\dfrac{40}{3}\sqrt{2}$$

따라서 $p=3$, $q=40$ 이므로
$p+q=3+40=43$

## 1239 답 ④


주어진 조건을 이용하여 함수 $f(x)$의 대칭성과 주기성을 추론한다.

조건 (나)에서 함수 $f(x)$는 주기가 2인 주기함수이므로

$$\int_{-3}^{-1} f(x)\,dx=\int_{-1}^{1} f(x)\,dx=\int_1^3 f(x)\,dx$$
$$=\int_3^5 f(x)\,dx=\int_5^7 f(x)\,dx=\int_7^9 f(x)\,dx$$

$\int_{-3}^{-1} f(x)\,dx=\int_{-3+2n}^{-1+2n} f(x)\,dx$

이때 $-1\le x\le 1$ 에서
$f(-x)=|e^{-x}-e^x|=|e^x-e^{-x}|=f(x)$ → $y$축에 대하여 대칭
이므로

$$\int_{-3}^9 f(x)\,dx=6\int_{-1}^1 f(x)\,dx$$
$$=12\int_0^1 f(x)\,dx$$
$$=12\int_0^1 |e^x-e^{-x}|\,dx$$
$$=12\int_0^1 (e^x-e^{-x})\,dx$$
$$=12\left[e^x+e^{-x}\right]_0^1$$
$$=12\{(e+e^{-1})-2\}$$
$$=12e+12e^{-1}-24$$

$0\le x\le 1$ 에서 $e^x-e^{-x}\ge 0$

따라서 $a=12$, $b=12$, $c=-24$ 이므로
$a+b-c=12+12-(-24)=48$

## 1240 답 ④


$\dfrac{1}{a^2+x^2}$ 꼴의 함수의 정적분은 $x=a\tan\theta\left(-\dfrac{\pi}{2}<\theta<\dfrac{\pi}{2}\right)$ 로 치환한다.

$\sin x=t$ 라 하면 $\dfrac{dt}{dx}=\cos x$ 이고,

$x=0$ 일 때 $t=0$, $x=\dfrac{\pi}{3}$ 일 때 $t=\dfrac{\sqrt{3}}{2}$ 이므로

$$\int_0^{\frac{\pi}{3}} \dfrac{\cos x}{1+4\sin^2 x}\,dx=\int_0^{\frac{\sqrt{3}}{2}} \dfrac{1}{1+4t^2}\,dt$$

이때 $t=\dfrac{1}{2}\tan\theta\left(-\dfrac{\pi}{2}<\theta<\dfrac{\pi}{2}\right)$ 라 하면 $\dfrac{dt}{d\theta}=\dfrac{1}{2}\sec^2\theta$ 이고,

$t=0$ 일 때 $\theta=0$, $t=\dfrac{\sqrt{3}}{2}$ 일 때 $\theta=\dfrac{\pi}{3}$ 이므로

$$\int_0^{\frac{\sqrt{3}}{2}} \dfrac{1}{1+4t^2}\,dt=\int_0^{\frac{\pi}{3}} \dfrac{1}{1+\tan^2\theta}\cdot\dfrac{1}{2}\sec^2\theta\,d\theta$$
$$=\dfrac{1}{2}\int_0^{\frac{\pi}{3}} \dfrac{\sec^2\theta}{\sec^2\theta}\,d\theta$$
$$=\dfrac{1}{2}\int_0^{\frac{\pi}{3}} 1\,d\theta=\dfrac{1}{2}\left[\theta\right]_0^{\frac{\pi}{3}}$$
$$=\dfrac{1}{2}\left(\dfrac{\pi}{3}-0\right)=\dfrac{\pi}{6}$$

따라서 $\alpha=\dfrac{\pi}{6}$ 이므로

$\sin\alpha=\sin\dfrac{\pi}{6}=\dfrac{1}{2}$

## 1241 답 ④


부분적분법을 이용하여 주어진 정적분의 값을 $k$로 나타낸다.

$\int_0^{\frac{\pi}{2}} e^{\frac{x}{2}}\left(\sin\dfrac{x}{2}+\cos\dfrac{x}{2}\right)dx$에서 $\dfrac{x}{2}=t$라 하면 $\dfrac{dt}{dx}=\dfrac{1}{2}$이고,

$x=0$일 때 $t=0$, $x=\dfrac{\pi}{2}$일 때 $t=\dfrac{\pi}{4}$이므로

$$\int_0^{\frac{\pi}{2}} e^{\frac{x}{2}}\left(\sin\dfrac{x}{2}+\cos\dfrac{x}{2}\right)dx=2\int_0^{\frac{\pi}{4}} e^t(\sin t+\cos t)\,dt$$

$\int_0^{\frac{\pi}{4}} e^t(\sin t+\cos t)\,dt$에서

$f(t)=\sin t+\cos t$, $g'(t)=e^t$이라 하면

$f'(t)=\cos t-\sin t$, $g(t)=e^t$이므로

$2\displaystyle\int_0^{\frac{\pi}{4}} e^t(\sin t+\cos t)\,dt$

$=2\left\{\left[e^t(\sin t+\cos t)\right]_0^{\frac{\pi}{4}}-\int_0^{\frac{\pi}{4}} e^t(\cos t-\sin t)\,dt\right\}$

$=2\left\{(\sqrt{2}\,e^{\frac{\pi}{4}}-1)+\displaystyle\int_0^{\frac{\pi}{4}} e^t(\sin t-\cos t)\,dt\right\}$

$=2(\sqrt{2}\,e^{\frac{\pi}{4}}-1+k)=2\sqrt{2}\,e^{\frac{\pi}{4}}-2+2k$

## 1242  답 10



$f(x)=\displaystyle\int_{e+1}^{x} 4t\ln(t-1)\,dt$에서

$f'(x)=4x\ln(x-1)$

$f'(x)=0$에서 $4x\ln(x-1)=0$

$x-1=1$ $\therefore x=2\ (\because x>1)$

$x>1$에서 함수 $f(x)$의 증가와 감소를 표로 나타내면 다음과 같다.

| $x$ | (1) | $\cdots$ | 2 | $\cdots$ |
|---|---|---|---|---|
| $f'(x)$ | | $-$ | 0 | $+$ |
| $f(x)$ | | $\searrow$ | $f(2)$ | $\nearrow$ |

함수 $f(x)$는 $x=2$에서 극소이면서 최소이므로 최솟값은

$f(2)=\displaystyle\int_{e+1}^{2} 4t\ln(t-1)\,dt$

$t-1=s$라 하면 $\dfrac{ds}{dt}=1$이고,

$t=e+1$일 때 $s=e$, $t=2$일 때 $s=1$이므로

$f(2)=\displaystyle\int_e^1 4(s+1)\ln s\,ds=4\left(\int_e^1 s\ln s\,ds+\int_e^1 \ln s\,ds\right)$

$u(s)=\ln s$, $v'(s)=s$라 하면

$u'(s)=\dfrac{1}{s}$, $v(s)=\dfrac{1}{2}s^2$이고,

$u(s)=\ln s$, $w'(s)=1$이라 하면

$u'(s)=\dfrac{1}{s}$, $w(s)=s$이므로

$4\left(\displaystyle\int_e^1 s\ln s\,ds+\int_e^1 \ln s\,ds\right)$

$=4\left(\left[\dfrac{1}{2}s^2\ln s\right]_e^1-\int_e^1 \dfrac{1}{2}s\,ds+\left[s\ln s\right]_e^1-\int_e^1 1\,ds\right)$

$=4\left\{\left(0-\dfrac{1}{2}e^2\right)-\left[\dfrac{1}{4}s^2\right]_e^1+(0-e)-\left[s\right]_e^1\right\}$

$=4\left\{-\dfrac{1}{2}e^2-\left(\dfrac{1}{4}-\dfrac{1}{4}e^2\right)-e-(1-e)\right\}$

$=-5-e^2$

따라서 $a=-5$, $b=-1$, $c=2$이므로

$abc=(-5)\cdot(-1)\cdot 2=10$

## 1243  답 ③



$\displaystyle\int_0^a f(x+2f(x))\,dx=\int_0^a e^{\frac{1}{2}\{x+2f(x)\}}\,dx$

$\qquad\qquad\qquad\quad=\displaystyle\int_0^a e^{\frac{x}{2}+f(x)}\,dx$

$\qquad\qquad\qquad\quad=\displaystyle\int_0^a e^{\frac{x}{2}}\cdot e^{f(x)}\,dx$

$f(x)=t$라 하면 $e^{\frac{x}{2}}=t$에서 $\dfrac{dt}{dx}=\dfrac{1}{2}e^{\frac{x}{2}}$이고,

$x=0$일 때 $t=1$, $x=a$일 때 $t=e^{\frac{a}{2}}$이므로

$\displaystyle\int_0^a e^{\frac{x}{2}}\cdot e^{f(x)}\,dx=2\int_1^{e^{\frac{a}{2}}} e^t\,dt=2\left[e^t\right]_1^{e^{\frac{a}{2}}}$

$\qquad\qquad\qquad\qquad=2(e^{e^{\frac{a}{2}}}-e)$

$\qquad\qquad\qquad\qquad=b(e^2-e)$

에서 $e^{\frac{a}{2}}=2$, $b=2$

$\dfrac{a}{2}=\ln 2$, $a=2\ln 2$

$\therefore ab=2\ln 2\cdot 2=4\ln 2$

## 1244  답 ②



$f(x)=\displaystyle\int_a^x \dfrac{1}{1+t^2}\,dt$에서 $f'(x)=\dfrac{1}{1+x^2}$

$\displaystyle\int_0^1 f(x)g'(x)\,dx=\left[f(x)g(x)\right]_0^1-\int_0^1 f'(x)g(x)\,dx$

이므로

$\{f(1)g(1)-f(0)g(0)\}-\displaystyle\int_0^1 \dfrac{x\ln(1+x^2)}{1+x^2}\,dx$

$=f(1)\ln 2-\displaystyle\int_0^1 \dfrac{x\ln(1+x^2)}{1+x^2}\,dx\ (\because g(0)=0,\ g(1)=\ln 2)$

이때 $1+x^2=s$라 하면 $\dfrac{ds}{dx}=2x$이고,

$x=0$일 때 $s=1$, $x=1$일 때 $s=2$이므로

$f(1)\ln 2-\displaystyle\int_0^1 \dfrac{x\ln(1+x^2)}{1+x^2}\,dx=f(1)\ln 2-\dfrac{1}{2}\int_1^2 \dfrac{\ln s}{s}\,ds$

이때 $\ln s=k$라 하면 $\dfrac{dk}{ds}=\dfrac{1}{s}$이고,

$s=1$일 때 $k=0$, $s=2$일 때 $k=\ln 2$이므로

$f(1)\ln 2-\dfrac{1}{2}\displaystyle\int_1^2 \dfrac{\ln s}{s}\,ds=f(1)\ln 2-\dfrac{1}{2}\int_0^{\ln 2} k\,dk$

$\qquad\qquad\qquad\qquad=f(1)\ln 2-\dfrac{1}{2}\left[\dfrac{1}{2}k^2\right]_0^{\ln 2}$

$\qquad\qquad\qquad\qquad=f(1)\ln 2-\dfrac{1}{4}\{(\ln 2)^2-0\}$

$\qquad\qquad\qquad\qquad=0$

에서 $f(1)\ln 2=\dfrac{1}{4}(\ln 2)^2$

$\therefore f(1)=\dfrac{1}{4}\ln 2$

## 1245  답 54


$f(0)=3$임을 이용하여 주어진 식을 정리한다.

$g(x)=x\sqrt{2x+3}$, $G'(x)=g(x)$라 하면
$f(0)=3$, $f'(x)=6e^{2x}$이므로

$$\lim_{x\to0}\frac{1}{x}\int_{3}^{f(x)}t\sqrt{2t+3}\,dt$$
$$=\lim_{x\to0}\frac{1}{x}\int_{f(0)}^{f(x)}g(t)\,dt$$
$$=\lim_{x\to0}\frac{G(f(x))-G(f(0))}{x-0}$$
$$=\lim_{x\to0}\left\{\frac{G(f(x))-G(f(0))}{f(x)-f(0)}\cdot\frac{f(x)-f(0)}{x-0}\right\}$$
$$=\lim_{x\to0}\frac{G(f(x))-G(f(0))}{f(x)-f(0)}\cdot\lim_{x\to0}\frac{f(x)-f(0)}{x-0}$$
$$=G'(f(0))\cdot f'(0)$$
$$=g(f(0))\cdot f'(0)$$
$$=g(3)\cdot f'(0)$$
$$=3\sqrt{2\cdot3+3}\cdot6$$
$$=54$$

## 1246  답 ⑤


$f(x)=e^{x}-e^{-x}$, $g(x)=e^{x}+e^{-x}$이라 하면
$f'(x)=e^{x}+e^{-x}=g(x)$, $g'(x)=e^{x}-e^{-x}=f(x)$이고,
$f(-x)=e^{-x}-e^{x}=-f(x)$, $g(-x)=e^{-x}+e^{x}=g(x)$이다.

ㄱ. $f(1)=\dfrac{1}{2}\displaystyle\int_{-1}^{1}x(e^{x}-e^{-x})\,dx$

$\displaystyle\int_{-1}^{1}x(e^{x}-e^{-x})\,dx$에서

$u(x)=x$, $v'(x)=e^{x}-e^{-x}$이라 하면
$u'(x)=1$, $v(x)=e^{x}+e^{-x}$이므로

$$f(1)=\frac{1}{2}\left\{\left[x(e^{x}+e^{-x})\right]_{-1}^{1}-\int_{-1}^{1}(e^{x}+e^{-x})\,dx\right\}$$
$$=\frac{1}{2}\{(e+e^{-1})-(-e^{-1}-e)\}-\frac{1}{2}\left[e^{x}-e^{-x}\right]_{-1}^{1}$$
$$=(e+e^{-1})-\frac{1}{2}\{(e-e^{-1})-(e^{-1}-e)\}$$
$$=(e+e^{-1})-(e-e^{-1})=2e^{-1}$$
$$=\frac{2}{e}\ (참)$$

ㄴ. $f(2n)=\dfrac{1}{2}\displaystyle\int_{-1}^{1}x^{2n}(e^{x}-e^{-x})\,dx$에서

$g(x)=x^{2n}(e^{x}-e^{-x})$이라 하면
$$g(-x)=(-x)^{2n}(e^{-x}-e^{x})$$
$$=x^{2n}(e^{-x}-e^{x})$$
$$=-x^{2n}(e^{x}-e^{-x})=-g(x)\ \text{←원점에 대하여 대칭}$$
이므로
$$\int_{-1}^{1}g(x)\,dx=0$$
$$\therefore f(2n)=0\ (참)$$

ㄷ. $f(m)=\dfrac{1}{2}\displaystyle\int_{-1}^{1}x^{m}(e^{x}-e^{-x})\,dx$에서

$h(x)=x^{m}(e^{x}-e^{-x})$이라 하면
$$h(-x)=(-x)^{m}(e^{-x}-e^{x})$$
$$=-x^{m}(e^{-x}-e^{x})\ (\because m\text{은 홀수})$$
$$=x^{m}(e^{x}-e^{-x})=h(x)\ \text{←}y\text{축에 대하여 대칭}$$
이므로
$$f(m)=\frac{1}{2}\int_{-1}^{1}x^{m}(e^{x}-e^{-x})\,dx=\int_{0}^{1}x^{m}(e^{x}-e^{-x})\,dx$$

$\displaystyle\int_{0}^{1}x^{m}(e^{x}-e^{-x})\,dx$에서

$s(x)=x^{m}$, $w'(x)=e^{x}-e^{-x}$이라 하면
$s'(x)=mx^{m-1}$, $w(x)=e^{x}+e^{-x}$이므로

$$f(m)=\left[x^{m}(e^{x}+e^{-x})\right]_{0}^{1}-\int_{0}^{1}mx^{m-1}(e^{x}+e^{-x})\,dx$$
$$=\{(e+e^{-1})-0\}-\int_{0}^{1}mx^{m-1}(e^{x}+e^{-x})\,dx$$
$$=e+e^{-1}-\int_{0}^{1}mx^{m-1}(e^{x}+e^{-x})\,dx\qquad\cdots\cdots\ ㉠$$

$\displaystyle\int_{0}^{1}mx^{m-1}(e^{x}+e^{-x})\,dx$에서

$p(x)=mx^{m-1}$, $q'(x)=e^{x}+e^{-x}$이라 하면
$p'(x)=m(m-1)x^{m-2}$, $q(x)=e^{x}-e^{-x}$이므로

$\displaystyle\int_{0}^{1}mx^{m-1}(e^{x}+e^{-x})\,dx$

$$=\left[mx^{m-1}(e^{x}-e^{-x})\right]_{0}^{1}-m(m-1)\int_{0}^{1}x^{m-2}(e^{x}-e^{-x})\,dx$$
$$=\{m(e-e^{-1})-0\}-m(m-1)\int_{-1}^{1}\frac{1}{2}x^{m-2}(e^{x}-e^{-x})\,dx$$
$$=m(e-e^{-1})-m(m-1)f(m-2)\qquad\cdots\cdots\ ㉡$$

㉡을 ㉠에 대입하면
$$f(m)=e+e^{-1}-m(e-e^{-1})+m(m-1)f(m-2)$$
$$=(1-m)e+\frac{1+m}{e}+m(m-1)f(m-2)\ (참)$$

따라서 옳은 것은 ㄱ, ㄴ, ㄷ이다.

## 1247  답 7


치환적분법을 이용하여 주어진 함수를 간단히 한다.

$$\int_{0}^{1}f'(x)\,dx=\left[f(x)\right]_{0}^{1}$$
$$=f(1)-f(0)$$
$$=f(1)-1=1$$
에서
$$f(1)=2\qquad\cdots\cdots\ ㉠$$

한편, $\displaystyle\int_{0}^{1}x^{2}f'(x\sqrt{x})\,dx=\dfrac{1}{6}$에서

$x\sqrt{x}=t$라 하면 $\dfrac{dt}{dx}=\dfrac{3}{2}\sqrt{x}$이고,

$x=0$일 때 $t=0$, $x=1$일 때 $t=1$이므로

$$\int_{0}^{1}x^{2}f'(x\sqrt{x})\,dx=\int_{0}^{1}x\sqrt{x}\cdot\sqrt{x}\,f'(x\sqrt{x})\,dx$$
$$=\frac{2}{3}\int_{0}^{1}tf'(t)\,dt$$

$\displaystyle\int_{0}^{1}tf'(t)\,dt$에서 $u(t)=t$, $v'(t)=f'(t)$라 하면
$u'(t)=1$, $v(t)=f(t)$이므로

$$\frac{2}{3}\int_0^1 tf'(t)\,dt=\frac{2}{3}\left\{\left[tf(t)\right]_0^1-\int_0^1 f(t)\,dt\right\}$$
$$=\frac{2}{3}\left[\{f(1)-0\}-\int_0^1 f(t)\,dt\right]$$
$$=\frac{2}{3}\left\{2-\int_0^1 f(t)\,dt\right\}\ (\because \text{㉠})$$
$$=\frac{1}{6}$$

에서 $2-\displaystyle\int_0^1 f(t)\,dt=\frac{1}{4}$    $\therefore \displaystyle\int_0^1 f(t)\,dt=\frac{7}{4}$

이때 $\displaystyle\int_0^1 f(x)\,dx=\int_0^1 f(t)\,dt$이므로

변수를 $x$ 대신 다른 문자를 사용하여 나타내어도 그 값은 변하지 않는다.

$$\int_0^1 4f(x)\,dx=4\int_0^1 f(x)\,dx=7$$

## 1248　답 ④

**One Point Lesson**

$e^{f(x)}$ 꼴을 포함한 함수의 정적분은 $f(x)=t$로 치환한다.

$\sqrt{x}+1=t$라 하면 $\dfrac{dt}{dx}=\dfrac{1}{2\sqrt{x}}$이고,

$x=1$일 때 $t=2$, $x=9$일 때 $t=4$이므로

$$\int_1^9 \sqrt{x}\,e^{\sqrt{x}+1}\,dx=\int_1^9 \frac{xe^{\sqrt{x}+1}}{\sqrt{x}}\,dx=2\int_2^4 (t-1)^2 e^t\,dt$$

$\displaystyle\int_2^4 (t-1)^2 e^t\,dt$에서 $u(t)=(t-1)^2$, $v'(t)=e^t$이라 하면

$u'(t)=2(t-1)$, $v(t)=e^t$이므로

$$2\int_2^4 (t-1)^2 e^t\,dt=2\left\{\left[(t-1)^2 e^t\right]_2^4-\int_2^4 2(t-1)e^t dt\right\}$$
$$=2(9e^4-e^2)-4\int_2^4 (t-1)e^t\,dt$$
$$=18e^4-2e^2-4\int_2^4 (t-1)e^t\,dt\quad\cdots\cdots\text{㉠}$$

$\displaystyle\int_2^4 (t-1)e^t\,dt$에서 $s(t)=t-1$, $w'(t)=e^t$이라 하면

$s'(t)=1$, $w(t)=e^t$이므로

$$\int_2^4 (t-1)e^t\,dt=\left[(t-1)e^t\right]_2^4-\int_2^4 e^t\,dt$$
$$=(3e^4-e^2)-\left[e^t\right]_2^4$$
$$=3e^4-e^2-(e^4-e^2)=2e^4\quad\cdots\cdots\text{㉡}$$

㉡에 ㉠을 대입하면

$$2\int_2^4 (t-1)^2 e^t\,dt=18e^4-2e^2-4\cdot 2e^4=10e^4-2e^2$$

따라서 $a=-2$, $b=10$이므로

$$|a-b|=|-2-10|=12$$

## 1249　답 13

**One Point Lesson**

삼각함수의 덧셈정리를 이용하여 주어진 식을 간단히 한다.

$$\frac{1-\cos 2x}{\sin 2x-\cos 2x+1}=\frac{1-(1-2\sin^2 x)}{2\sin x\cos x-(1-2\sin^2 x)+1}$$
$$=\frac{2\sin^2 x}{2\sin x\cos x+2\sin^2 x}$$
$$=\frac{\sin x}{\sin x+\cos x}$$

이므로

$$\int_{\frac{\pi}{6}}^{\frac{\pi}{3}}\frac{1-\cos 2x}{\sin 2x-\cos 2x+1}\,dx=\int_{\frac{\pi}{6}}^{\frac{\pi}{3}}\frac{\sin x}{\sin x+\cos x}\,dx$$

$\dfrac{\pi}{2}-x=t$라 하면 $\dfrac{dt}{dx}=-1$이고,

$x=\dfrac{\pi}{6}$일 때 $t=\dfrac{\pi}{3}$, $x=\dfrac{\pi}{3}$일 때 $t=\dfrac{\pi}{6}$이므로

$$\int_{\frac{\pi}{6}}^{\frac{\pi}{3}}\frac{\sin x}{\sin x+\cos x}\,dx=-\int_{\frac{\pi}{3}}^{\frac{\pi}{6}}\frac{\sin\left(\frac{\pi}{2}-t\right)}{\sin\left(\frac{\pi}{2}-t\right)+\cos\left(\frac{\pi}{2}-t\right)}\,dt$$
$$=\int_{\frac{\pi}{6}}^{\frac{\pi}{3}}\frac{\cos t}{\cos t+\sin t}\,dt$$

이때 $\displaystyle\int_{\frac{\pi}{6}}^{\frac{\pi}{3}}\frac{\sin x}{\sin x+\cos x}\,dx=k$라 하면

$$\int_{\frac{\pi}{6}}^{\frac{\pi}{3}}\frac{\cos t}{\cos t+\sin t}\,dt=\int_{\frac{\pi}{6}}^{\frac{\pi}{3}}\frac{\sin x}{\cos x+\sin x}\,dx=k$$

이므로

$$2k=\int_{\frac{\pi}{6}}^{\frac{\pi}{3}}\frac{\sin x}{\sin x+\cos x}\,dx+\int_{\frac{\pi}{6}}^{\frac{\pi}{3}}\frac{\cos t}{\cos t+\sin t}\,dt$$
$$=\int_{\frac{\pi}{6}}^{\frac{\pi}{3}}\frac{\sin x}{\sin x+\cos x}\,dx+\int_{\frac{\pi}{6}}^{\frac{\pi}{3}}\frac{\cos x}{\sin x+\cos x}\,dx$$

적분 구간이 서로 같다.

$$=\int_{\frac{\pi}{6}}^{\frac{\pi}{3}}\frac{\sin x+\cos x}{\sin x+\cos x}\,dx$$
$$=\int_{\frac{\pi}{6}}^{\frac{\pi}{3}} 1\,dx$$
$$=\left[x\right]_{\frac{\pi}{6}}^{\frac{\pi}{3}}$$
$$=\frac{\pi}{3}-\frac{\pi}{6}=\frac{\pi}{6}$$

에서 $k=\dfrac{\pi}{12}$

따라서 $p=12$, $q=1$이므로

$$p+q=12+1=13$$

**선생님 톡톡**

$\cos 2x=2\cos^2 x-1$로 놓고 풀어도 결과는 같아.

$$\frac{1-\cos 2x}{\sin 2x-\cos 2x+1}=\frac{1-(2\cos^2 x-1)}{2\sin x\cos x-(2\cos^2 x-1)+1}$$
$$=\frac{2(1-\cos^2 x)}{2\sin x\cos x+2(1-\cos^2 x)}$$
$$=\frac{2\sin^2 x}{2\sin x\cos x+2\sin^2 x}$$
$$=\frac{\sin x}{\sin x+\cos x}$$

## 1250　답 ②

**One Point Lesson**

정적분의 성질에 의하여 $\displaystyle\int_{-1}^1 f(x)\,dx=\int_{-1}^0 f(x)\,dx+\int_0^1 f(x)\,dx$이다.

$$\int_{-1}^1 f(x)\,dx=\int_{-1}^0 f(x)\,dx+\int_0^1 f(x)\,dx$$에서

$-x=t$라 하면 $\dfrac{dt}{dx}=-1$이고,

$x=-1$일 때 $t=1$, $x=0$일 때 $t=0$이므로

$$\int_{-1}^0 f(x)\,dx=-\int_1^0 f(-t)\,dt=\int_0^1 f(-x)\,dx$$

$$\therefore \int_{-1}^{1} f(x)\,dx = \int_{-1}^{0} f(x)\,dx + \int_{0}^{1} f(x)\,dx$$

$$= \int_{0}^{1} f(-x)\,dx + \int_{0}^{1} f(x)\,dx$$

$$= \int_{0}^{1} \{f(-x)+f(x)\}\,dx$$



$$= \int_{0}^{1} \tan \frac{\pi}{6}x \sin \frac{\pi}{6}x \,dx$$

이때 $\dfrac{\pi}{6}x=\theta$라 하면 $\dfrac{d\theta}{dx}=\dfrac{\pi}{6}$이고

$x=0$일 때 $\theta=0$, $x=1$일 때 $\theta=\dfrac{\pi}{6}$이므로

$$\int_{0}^{1} \tan \frac{\pi}{6}x \sin \frac{\pi}{6}x \,dx = \frac{6}{\pi}\int_{0}^{\frac{\pi}{6}} \tan\theta \sin\theta \,d\theta$$



$$= \frac{6}{\pi}\int_{0}^{\frac{\pi}{6}} \frac{\sin^2\theta}{\cos\theta}\,d\theta$$

$$= \frac{6}{\pi}\int_{0}^{\frac{\pi}{6}} \frac{\sin^2\theta \cos\theta}{\cos^2\theta}\,d\theta$$

$$= \frac{6}{\pi}\int_{0}^{\frac{\pi}{6}} \frac{\sin^2\theta \cos\theta}{1-\sin^2\theta}\,d\theta$$

이때 $\sin\theta=k$라 하면 $\dfrac{dk}{d\theta}=\cos\theta$이고,

$\theta=0$일 때 $k=0$, $\theta=\dfrac{\pi}{6}$일 때 $k=\dfrac{1}{2}$이므로

$$\frac{6}{\pi}\int_{0}^{\frac{\pi}{6}} \frac{\sin^2\theta \cos\theta}{1-\sin^2\theta}\,d\theta$$

$$= \frac{6}{\pi}\int_{0}^{\frac{1}{2}} \frac{k^2}{1-k^2}\,dk$$



$$= \frac{6}{\pi}\int_{0}^{\frac{1}{2}} \left(\frac{1}{1-k^2}-1\right)dk$$

$$= \frac{6}{\pi}\int_{0}^{\frac{1}{2}} \left\{\frac{1}{2}\left(\frac{1}{1-k}+\frac{1}{1+k}\right)-1\right\}dk$$

$$= \frac{6}{\pi}\left[-\frac{1}{2}\ln|1-k|+\frac{1}{2}\ln|1+k|-k\right]_{0}^{\frac{1}{2}}$$

$$= \frac{6}{\pi}\left\{\left(\frac{1}{2}\ln 3-\frac{1}{2}\right)-0\right\}=\frac{3\ln 3-3}{\pi}$$

## 1251　답 20



주어진 식의 양변을 $x$에 대하여 미분하여 $f(x)$를 구한다.



$f(x)=\displaystyle\int_{1}^{x} t(t-k)e^t\,dt$에서 $f'(x)=x(x-k)e^x$

$f'(x)=0$에서 $x=0$ 또는 $x=k$ $(\because k>0,\ e^x>0)$

이때 함수 $f(x)$의 증가와 감소를 표로 나타내면 다음과 같다.

| $x$ | $\cdots$ | $0$ | $\cdots$ | $k$ | $\cdots$ |
|---|---|---|---|---|---|
| $f'(x)$ | $+$ | $0$ | $-$ | $0$ | $+$ |
| $f(x)$ | ↗ | 극대 | ↘ | 극소 | ↗ |

한편,

$$f(x)=\int_{1}^{x} t(t-k)e^t\,dt=\int_{1}^{x} (t^2-kt)e^t\,dt$$

에서 $u(t)=t^2-kt$, $v'(t)=e^t$이라 하면

$u'(t)=2t-k$, $v(t)=e^t$이므로

$$f(x)=\int_{1}^{x} (t^2-kt)e^t\,dt=\left[(t^2-kt)e^t\right]_{1}^{x}-\int_{1}^{x}(2t-k)e^t\,dt$$

$$= \{(x^2-kx)e^x-(1-k)e\}-\int_{1}^{x}(2t-k)e^t\,dt \quad\cdots\cdots\ \ominus$$

$\displaystyle\int_{1}^{x}(2t-k)e^t\,dt$에서 $s(t)=2t-k$, $w'(t)=e^t$이라 하면

$s'(t)=2$, $w(t)=e^t$이므로

$$\int_{1}^{x}(2t-k)e^t\,dt=\left[(2t-k)e^t\right]_{1}^{x}-\int_{1}^{x}2e^t\,dt$$

$$= \{(2x-k)e^x-(2-k)e\}-\left[2e^t\right]_{1}^{x}$$

$$= (2x-k)e^x-(2-k)e-(2e^x-2e)$$

$$= (2x-2-k)e^x+ke \quad\cdots\cdots\ \bigcirc$$

$\bigcirc$을 $\ominus$에 대입하면

$$f(x)=\int_{1}^{x} (t^2-kt)e^t\,dt$$

$$= \{(x^2-kx)e^x-(1-k)e\}-\{(2x-2-k)e^x+ke\}$$

$$= \{x^2-(k+2)x+k+2\}e^x-e$$

이때 극댓값과 극솟값의 차가 4이므로

$$f(0)-f(k)=(k+2)-e-(-k+2)e^k+e$$

$$= (k-2)e^k+(k+2)=4$$

$k$는 0이 아닌 유리수이므로 $k-2=0$, $k+2=4$

$$\therefore k=2$$

$$\therefore f(x)=\int_{1}^{x} t(t-2)e^t\,dt=(x^2-4x+4)e^x-e$$

따라서 극댓값과 극솟값의 합은

$$f(0)+f(2)=(4-e)-e=4-2e$$

$$\therefore a=4,\ b=-2$$

$$\therefore a^2+b^2=4^2+(-2)^2=16+4=20$$



극댓값과 극솟값의 차가 4라는 조건을 이용하여 $k$의 값을 먼저 구해도 되지만 뒤이어 극댓값과 극솟값의 합을 구해야 하기 때문에 $f(x)$를 먼저 구하는 것이 더 나아.

## 1252　답 8



$f'(x)$가 실수 전체의 집합에서 연속임을 이용하여 $f'(0)$의 값을 구한다.

주어진 식의 양변에 $x=\pi$를 대입하면



$0=b\pi+4\pi$　$\therefore b=-4$



$\displaystyle\int_{\pi}^{x} (x+t)f(t)\,dt=a\sin 2x-4x\cos 2x+2x+2\pi$에서

$$x\int_{\pi}^{x} f(t)\,dt+\int_{\pi}^{x} tf(t)\,dt=a\sin 2x-4x\cos 2x+2x+2\pi$$

위의 식의 양변을 $x$에 대하여 미분하면

$$\left\{\int_{\pi}^{x} f(t)\,dt+xf(x)\right\}+xf(x)$$

$$= 2a\cos 2x-4\cos 2x+8x\sin 2x+2$$

$$\int_{\pi}^{x} f(t)\,dt+2xf(x)=8x\sin 2x+2(a-2)\cos 2x+2 \quad\cdots\cdots\ \ominus$$

이때 $\displaystyle\int_{0}^{\pi} f(x)\,dx=0$에서 $\displaystyle\int_{\pi}^{0} f(x)\,dx=0$이므로 $\ominus$의 양변에 $x=0$을 대입하면



$0=2(a-2)+2$, $2a-2=0$　$\therefore a=1$

$$\therefore \int_{\pi}^{x} f(t)\,dt+2xf(x)=8x\sin 2x-2\cos 2x+2$$

위의 식의 양변을 $x$에 대하여 미분하면

$$f(x)+2f(x)+2xf'(x)=8\sin 2x+16x\cos 2x+4\sin 2x$$

$$3f(x)+2xf'(x)=12\sin 2x+16x\cos 2x$$

위의 식의 양변에 $x=0$을 대입하면

$3f(0)=0$ $\quad\therefore f(0)=0$ $\qquad\qquad\cdots\cdots\text{ⓛ}$

한편, $2xf'(x)=12\sin 2x+16x\cos 2x-3f(x)$에서 $x\neq 0$일 때

$$2f'(x)=\frac{12\sin 2x+16x\cos 2x-3f(x)}{x}$$

$$=\frac{12\sin 2x}{x}+16\cos 2x-3\cdot\frac{f(x)}{x}$$

함수 $f'(x)$가 연속이므로 $\displaystyle\lim_{x\to 0}f'(x)=f'(0)$

$$\lim_{x\to 0}2f'(x)=\lim_{x\to 0}\left\{\frac{12\sin 2x}{x}+16\cos 2x-3\cdot\frac{f(x)}{x}\right\}$$

$$=\lim_{x\to 0}\frac{12\sin 2x}{2x}\cdot 2+\lim_{x\to 0}16\cos 2x$$

$$\qquad\qquad-3\lim_{x\to 0}\frac{f(x)-f(0)}{x-0}\ (\because\text{ⓛ})$$

$$=12\cdot 2+16-3f'(0)$$

$$=40-3f'(0)$$

$$=2f'(0)$$

에서 $5f'(0)=40$

$\therefore f'(0)=8$

## 1253   탑 ③

**One Point Lesson**

주어진 식의 양변을 $x$에 대하여 미분하여 $f'(x)$, $f''(x)$를 각각 구한다.

주어진 식의 양변에 $x=0$을 대입하면

$f(0)=2$     우변의 $\displaystyle\int_1^{\frac{x}{2}+1}e^t f(t)\,dt$의 값이 $0$이 되므로

$g(x)=e^x f(x)$, $G'(x)=g(x)$라 하면

$$f(x)=2+a\int_1^{\frac{x}{2}+1}g(t)\,dt$$

$$=2+a\Big[G(t)\Big]_1^{\frac{x}{2}+1}$$

$$=2+a\Big\{G\Big(\frac{x}{2}+1\Big)-G(1)\Big\}$$

$$=aG\Big(\frac{x}{2}+1\Big)-aG(1)+2$$

위의 식의 양변을 $x$에 대하여 미분하면

$$f'(x)=\frac{a}{2}G'\Big(\frac{x}{2}+1\Big)=\frac{a}{2}g\Big(\frac{x}{2}+1\Big)$$

$$=\frac{a}{2}e^{\frac{x}{2}+1}f\Big(\frac{x}{2}+1\Big)$$

위의 식의 양변에 $x=-2$를 대입하면

$$f'(-2)=\frac{a}{2}\cdot 1\cdot f(0)=\frac{a}{2}\cdot 1\cdot 2$$

$$=a$$

이때 $f'(-2)=3$이므로 $a=3$

$$\therefore f'(x)=\frac{3}{2}e^{\frac{x}{2}+1}f\Big(\frac{x}{2}+1\Big)$$

위의 식의 양변을 $x$에 대하여 미분하면

$$f''(x)=\frac{3}{4}e^{\frac{x}{2}+1}f\Big(\frac{x}{2}+1\Big)+\frac{3}{4}e^{\frac{x}{2}+1}f'\Big(\frac{x}{2}+1\Big)$$

$$=\frac{3}{4}e^{\frac{x}{2}+1}\Big\{f\Big(\frac{x}{2}+1\Big)+f'\Big(\frac{x}{2}+1\Big)\Big\}$$

위의 식의 양변에 $x=-2$를 대입하면

$$f''(-2)=\frac{3}{4}\cdot 1\cdot\{f(0)+f'(0)\}=\frac{3}{4}\cdot 1\cdot(2+3)=\frac{15}{4}$$

$$\therefore\frac{f''(-2)}{a}=\frac{15}{4}\cdot\frac{1}{3}=\frac{5}{4}$$

## 1254   탑 $\ln(2+\sqrt{3})$

$$\int_0^{\frac{\pi}{3}}\sec x\,dx=\int_0^{\frac{\pi}{3}}\frac{1}{\cos x}\,dx$$

$$=\int_0^{\frac{\pi}{3}}\frac{\cos x}{\cos^2 x}\,dx$$

$$=\int_0^{\frac{\pi}{3}}\frac{\cos x}{1-\sin^2 x}\,dx$$

    $\sin^2 x+\cos^2 x=1$에서 $\cos^2 x=1-\sin^2 x$   ❶

$\sin x=t$라 하면 $\dfrac{dt}{dx}=\cos x$이고,

$x=0$일 때 $t=0$, $x=\dfrac{\pi}{3}$일 때 $t=\dfrac{\sqrt{3}}{2}$이므로

$$\int_0^{\frac{\pi}{3}}\frac{\cos x}{1-\sin^2 x}\,dx=\int_0^{\frac{\sqrt{3}}{2}}\frac{1}{1-t^2}\,dt$$

$$=\frac{1}{2}\int_0^{\frac{\sqrt{3}}{2}}\Big(\frac{1}{1+t}+\frac{1}{1-t}\Big)\,dt$$

$$=\frac{1}{2}\Big[\ln|1+t|-\ln|1-t|\Big]_0^{\frac{\sqrt{3}}{2}}$$

$$=\frac{1}{2}\{\ln(2+\sqrt{3})^2-0\}$$

$$=\ln(2+\sqrt{3})$$

  ❷

| 채점 기준 | 배점 비율 |
|---|---|
| ❶ $\sec x=\dfrac{1}{\cos x}$임을 이용하여 주어진 식 정리하기 | 40% |
| ❷ $\sin x=t$로 치환하여 정적분 $\displaystyle\int_0^{\frac{\pi}{3}}\sec x\,dx$의 값 구하기 | 60% |

● 다른 풀이 ●

$$\int_0^{\frac{\pi}{3}}\sec x\,dx=\int_0^{\frac{\pi}{3}}\frac{\sec x(\sec x+\tan x)}{\sec x+\tan x}\,dx$$

$$=\int_0^{\frac{\pi}{3}}\frac{\sec x\tan x+\sec^2 x}{\sec x+\tan x}\,dx$$

  ❶

이때 $(\sec x+\tan x)'=\sec x\tan x+\sec^2 x$이므로

$$\int_0^{\frac{\pi}{3}}\frac{\sec x\tan x+\sec^2 x}{\sec x+\tan x}\,dx=\int_0^{\frac{\pi}{3}}\frac{(\sec x+\tan x)'}{\sec x+\tan x}\,dx$$

$$=\Big[\ln|\sec x+\tan x|\Big]_0^{\frac{\pi}{3}}$$

$$=\ln(2+\sqrt{3})-0$$

$$=\ln(2+\sqrt{3})$$

  ❷

| 채점 기준 | 배점 비율 |
|---|---|
| ❶ 분자와 분모에 각각 $\sec x+\tan x$를 곱하여 주어진 식 정리하기 | 40% |
| ❷ $(\sec x+\tan x)'=\sec x\tan x+\sec^2 x$임을 이용하여 정적분 $\displaystyle\int_0^{\frac{\pi}{3}}\sec x\,dx$의 값 구하기 | 60% |

## 1255   탑 $3\ln 3-4\ln 2$

$$\int_1^2\frac{2x-1}{x^2+x}\,dx=\int_1^2\frac{(2x+1)-2}{x^2+x}\,dx$$

$$=\int_1^2\Big\{\frac{2x+1}{x^2+x}-\frac{2}{x(x+1)}\Big\}\,dx$$

  ❶

$(x^2+x)'=2x+1$이고,

$$\frac{2}{x(x+1)}=2\left(\frac{1}{x}-\frac{1}{x+1}\right)$$

이므로

$$\int_1^2 \frac{2x-1}{x^2+x}\,dx=\int_1^2\left\{\frac{(x^2+x)'}{x^2+x}-2\left(\frac{1}{x}-\frac{1}{x+1}\right)\right\}dx$$

$$=\left[\ln|x^2+x|-2\ln|x|+2\ln|x+1|\right]_1^2$$

$$=(3\ln 3-\ln 2)-3\ln 2$$

$$=3\ln 3-4\ln 2$$

 ❷

| 채점 기준 | 배점 비율 |
| --- | --- |
| ❶ 주어진 함수를 적분하기 쉬운 적당한 함수로 변형하기 | 30% |
| ❷ 정적분 $\int_1^2 \dfrac{2x-1}{x^2+x}\,dx$의 값 구하기 | 70% |

## 1256　답 $\dfrac{32}{3}$

$f(x)=x(x-3)^2$에서

$$f'(x)=(x-3)^2+2x(x-3)$$
$$=(x-3)(3x-3)$$
$$=3(x-1)(x-3)$$

$f'(x)=0$에서 $x=1$ 또는 $x=3$

$$\therefore\ |f'(x)|=\begin{cases} f'(x) & (0\le x\le 1) \\ -f'(x) & (1\le x\le 3) \end{cases}$$

 ❶

$$\therefore \int_0^3 |f'(x)|\sqrt{f(x)}\,dx$$

•$x=1$을 기준으로 함수식이 다르다.

$$=\int_0^1 f'(x)\sqrt{f(x)}\,dx+\int_1^3 \{-f'(x)\}\sqrt{f(x)}\,dx$$

 ❷

이때 $f(x)=t$라 하면 $\dfrac{dt}{dx}=f'(x)$이고,

$x=0$일 때 $t=0$, $x=1$일 때 $t=4$, $x=3$일 때 $t=0$이므로

$$\int_0^3 |f'(x)|\sqrt{f(x)}\,dx=\int_0^4 \sqrt{t}\,dt+\int_4^0 (-\sqrt{t})\,dt$$

$$=\int_0^4 \sqrt{t}\,dt+\int_0^4 \sqrt{t}\,dt$$

$$=2\int_0^4 \sqrt{t}\,dt$$

$$=2\left[\frac{2}{3}t^{\frac{3}{2}}\right]_0^4$$

$$=2\left(\frac{16}{3}-0\right)=\frac{32}{3}$$

 ❸

| 채점 기준 | 배점 비율 |
| --- | --- |
| ❶ $|f'(x)|$ 구하기 | 30% |
| ❷ 절댓값 기호 안의 식이 0이 되는 $x$의 값에서 적분 구간을 나누어 나타내기 | 20% |
| ❸ $f(x)=t$라 하고 치환적분법을 이용하여 정적분 $\int_0^3 |f'(x)|\sqrt{f(x)}\,dx$의 값 구하기 | 50% |

## 1257　답 96

$$f(x)=\frac{6}{x^3}+8\int_{\frac{1}{2}}^1 (3x-t)f(t)\,dt$$

치환할 수 있도록 상수 부분을 분리한다.

$$=\frac{6}{x^3}+\left\{24x\int_{\frac{1}{2}}^1 f(t)\,dt-8\int_{\frac{1}{2}}^1 tf(t)\,dt\right\}$$

에서 $\int_{\frac{1}{2}}^1 f(t)\,dt=a$, $\int_{\frac{1}{2}}^1 tf(t)\,dt=b$라 하면

$$f(x)=\frac{6}{x^3}+24ax-8b$$

•상수이므로 치환할 수 있다.

 ❶

한편,

$$a=\int_{\frac{1}{2}}^1 f(t)\,dt$$

$$=\int_{\frac{1}{2}}^1 \left(\frac{6}{t^3}+24at-8b\right)dt$$

$$=\left[-\frac{3}{t^2}+12at^2-8bt\right]_{\frac{1}{2}}^1$$

$$=(-3+12a-8b)-(-12+3a-4b)$$

$$=9a-4b+9$$

에서 $8a-4b=-9$ $\quad\cdots\cdots$ ㉠

또한,

$$b=\int_{\frac{1}{2}}^1 tf(t)\,dt$$

$$=\int_{\frac{1}{2}}^1 \left(\frac{6}{t^2}+24at^2-8bt\right)dt$$

$$=\left[-\frac{6}{t}+8at^3-4bt^2\right]_{\frac{1}{2}}^1$$

$$=(-6+8a-4b)-(-12+a-b)$$

$$=7a-3b+6$$

에서 $7a-4b=-6$ $\quad\cdots\cdots$ ㉡

㉠, ㉡을 연립하여 풀면

$$a=-3,\ b=-\frac{15}{4}$$

 ❷

따라서 $f(x)=\dfrac{6}{x^3}-72x+30$이므로

$$f(-1)=-6+72+30=96$$

 ❸

| 채점 기준 | 배점 비율 |
| --- | --- |
| ❶ $\int_{\frac{1}{2}}^1 f(t)\,dt=a$, $\int_{\frac{1}{2}}^1 tf(t)\,dt=b$라 하고 $f(x)$를 $a$, $b$에 대한 식으로 나타내기 | 30% |
| ❷ $a$, $b$의 값 구하기 | 60% |
| ❸ $f(-1)$의 값 구하기 | 10% |

## 1258　답 $\dfrac{1}{3}$

$$f(x)\cos x=2\sin^2 x\cos^2 x-\int_0^x f(t)\sin t\,dt$$

$\sin^2 x+\cos^2 x=1$에서 $\cos^2 x=1-\sin^2 x$

$$=2\sin^2 x(1-\sin^2 x)-\int_0^x f(t)\sin t\,dt$$

$$=2\sin^2 x-2\sin^4 x-\int_0^x f(t)\sin t\,dt \quad\cdots\cdots ㉠$$

•우변의 $\int_0^x f(t)\sin t\,dt$의 값이 $0$이 되므로

㉠의 양변에 $x=0$을 대입하면 $f(0)=0$

 ❶

㉠의 양변을 $x$에 대하여 미분하면

$$f'(x)\cos x-f(x)\sin x$$
$$=4\sin x\cos x-8\sin^3 x\cos x-f(x)\sin x$$
$$f'(x)\cos x=4\sin x\cos x-8\sin^3 x\cos x$$
$$=\cos x(4\sin x-8\sin^3 x)$$
$$\therefore\ f'(x)=4\sin x-8\sin^3 x$$

 ❷

$$\therefore f(x)=\int(4\sin x-8\sin^3 x)\,dx$$
$$=\int\{4\sin x-8\sin x(1-\cos^2 x)\}\,dx$$
$$=\int\sin x(8\cos^2 x-4)\,dx$$

이때 $\cos x=t$라 하면 $\dfrac{dt}{dx}=-\sin x$이므로

$$f(x)=\int\sin x(8\cos^2 x-4)\,dx$$
$$=-\int(8t^2-4)\,dt$$
$$=-\frac{8}{3}t^3+4t+C$$
$$=-\frac{8}{3}\cos^3 x+4\cos x+C$$

$f(0)=0$이므로

$$0=-\frac{8}{3}+4+C$$
$$\therefore C=-\frac{4}{3}$$
$$\therefore f(x)=-\frac{8}{3}\cos^3 x+4\cos x-\frac{4}{3}$$

———————————————————— ❸

$$\therefore f\left(\frac{\pi}{3}\right)=-\frac{8}{3}\cdot\left(\frac{1}{2}\right)^3+4\cdot\frac{1}{2}-\frac{4}{3}=\frac{1}{3}$$

———————————————————— ❹

| 채점 기준 | 배점 비율 |
|---|---|
| ❶ 주어진 식의 양변에 $x=0$을 대입하여 $f(0)$의 값 구하기 | 20% |
| ❷ 주어진 식의 양변을 $x$에 대하여 미분하여 $f'(x)$ 구하기 | 30% |
| ❸ $f(0)=0$임을 이용하여 $f(x)$ 구하기 | 40% |
| ❹ $f\left(\frac{\pi}{3}\right)$의 값 구하기 | 10% |

## 1259 답 $\dfrac{e^{\frac{\pi}{4}}+2}{5}$

$\ln x^2=t$라 하면 $\dfrac{dt}{dx}=\dfrac{2}{x}$이고,

$x=1$일 때 $t=0$, $x=e^{\frac{\pi}{4}}$일 때 $t=\dfrac{\pi}{2}$이므로

$$\int_1^{e^{\frac{\pi}{4}}}\sin(\ln x^2)\,dx=\int_1^{e^{\frac{\pi}{4}}}\frac{x}{2}\cdot\sin(\ln x^2)\cdot\frac{2}{x}\,dx$$
$$=\frac{1}{2}\int_0^{\frac{\pi}{2}}e^{\frac{t}{2}}\sin t\,dt$$



———————————————————— ❶

이때 $f(t)=\sin t$, $g'(t)=e^{\frac{t}{2}}$이라 하면

$f'(t)=\cos t$, $g(t)=2e^{\frac{t}{2}}$이므로

$$\frac{1}{2}\int_0^{\frac{\pi}{2}}e^{\frac{t}{2}}\sin t\,dt=\frac{1}{2}\left(\left[2e^{\frac{t}{2}}\sin t\right]_0^{\frac{\pi}{2}}-\int_0^{\frac{\pi}{2}}2e^{\frac{t}{2}}\cos t\,dt\right)$$
$$=\frac{1}{2}\left\{(2e^{\frac{\pi}{4}}-0)-2\int_0^{\frac{\pi}{2}}e^{\frac{t}{2}}\cos t\,dt\right\}$$
$$=e^{\frac{\pi}{4}}-\int_0^{\frac{\pi}{2}}e^{\frac{t}{2}}\cos t\,dt \quad\cdots\cdots\ \text{㉠}$$

$\displaystyle\int_0^{\frac{\pi}{2}}e^{\frac{t}{2}}\cos t\,dt$에서

$u(t)=\cos t$, $v'(t)=e^{\frac{t}{2}}$이라 하면
$u'(t)=-\sin t$, $v(t)=2e^{\frac{t}{2}}$이므로

$$\int_0^{\frac{\pi}{2}}e^{\frac{t}{2}}\cos t\,dt=\left[2e^{\frac{t}{2}}\cos t\right]_0^{\frac{\pi}{2}}+\int_0^{\frac{\pi}{2}}2e^{\frac{t}{2}}\sin t\,dt$$
$$=(0-2)+2\int_0^{\frac{\pi}{2}}e^{\frac{t}{2}}\sin t\,dt$$
$$=-2+2\int_0^{\frac{\pi}{2}}e^{\frac{t}{2}}\sin t\,dt \quad\cdots\cdots\ \text{㉡}$$

———————————————————— ❷

㉡을 ㉠에 대입하면

$$\frac{1}{2}\int_0^{\frac{\pi}{2}}e^{\frac{t}{2}}\sin t\,dt=e^{\frac{\pi}{4}}+2-2\int_0^{\frac{\pi}{2}}e^{\frac{t}{2}}\sin t\,dt$$
$$\frac{5}{2}\int_0^{\frac{\pi}{2}}e^{\frac{t}{2}}\sin t\,dt=e^{\frac{\pi}{4}}+2$$
$$\therefore \int_0^{\frac{\pi}{2}}e^{\frac{t}{2}}\sin t\,dt=\frac{2}{5}(e^{\frac{\pi}{4}}+2)$$
$$\therefore \int_1^{e^{\frac{\pi}{4}}}\sin(\ln x^2)\,dx=\frac{1}{2}\int_0^{\frac{\pi}{2}}e^{\frac{t}{2}}\sin t\,dt$$
$$=\frac{1}{2}\cdot\frac{2}{5}(e^{\frac{\pi}{4}}+2)$$
$$=\frac{e^{\frac{\pi}{4}}+2}{5}$$

———————————————————— ❸

| 채점 기준 | 배점 비율 |
|---|---|
| ❶ $\ln x^2=t$라 하고 치환적분법을 이용하여 주어진 함수를 $t$에 대한 식으로 나타내기 | 20% |
| ❷ 부분적분법 2번 적용하기 | 60% |
| ❸ 정적분 $\int_1^{e^{\frac{\pi}{4}}}\sin(\ln x^2)\,dx$의 값 구하기 | 20% |

본문 206~207쪽

## 1260  답 (가) $\dfrac{2\pi}{n}$  (나) 1

반지름의 길이가 1인 원에 내접하는 정$n$각형은 이등변삼각형 OAB와 합동인 $n$개의 삼각형으로 나눌 수 있다.

$\angle \text{AOB} = \boxed{\dfrac{2\pi}{n}}$ 이므로 삼각형 OAB의 넓이는

$$\dfrac{1}{2} \cdot 1^2 \cdot \sin \dfrac{2\pi}{n} = \dfrac{1}{2} \sin \boxed{\dfrac{2\pi}{n}}$$

이다.

따라서 정$n$각형의 넓이를 $S_n$이라 하면

$$S_n = n \cdot \dfrac{1}{2} \sin \dfrac{2\pi}{n} = \dfrac{n}{2} \sin \boxed{\dfrac{2\pi}{n}}$$

이때 $\lim\limits_{n \to \infty} \dfrac{\sin \frac{1}{n}}{\frac{1}{n}} = \boxed{1}$ 이므로 구하는 원의 넓이를 $S$라 하면

$$S = \lim_{n \to \infty} S_n = \lim_{n \to \infty} \left( \dfrac{n}{2} \sin \dfrac{2\pi}{n} \right)$$

$$= \lim_{n \to \infty} \dfrac{\sin \frac{2\pi}{n}}{\frac{2\pi}{n}} \cdot \pi = \pi \lim_{n \to \infty} \dfrac{\sin \frac{2\pi}{n}}{\frac{2\pi}{n}}$$

$$= \pi \cdot 1 = \pi$$

## 1261  답 $\dfrac{1}{3}$

$f(x) = x^2$, $a = 0$, $b = 1$로 놓으면

$\Delta x = \dfrac{b-a}{n} = \dfrac{1}{n}$, $x_k = a + k\Delta x = \dfrac{k}{n}$이므로

정적분과 급수의 합 사이의 관계에 의하여

$$\lim_{n \to \infty} \sum_{k=1}^{n} f\left( \dfrac{k}{n} \right) \dfrac{1}{n} = \int_0^1 f(x)\,dx = \int_0^1 x^2\,dx$$

$$= \left[ \dfrac{1}{3} x^3 \right]_0^1 = \dfrac{1}{3} - 0 = \dfrac{1}{3}$$

## 1262  답 $\dfrac{26}{3}$

$f(x) = x^2$, $a = 1$, $b = 3$으로 놓으면

$\Delta x = \dfrac{b-a}{n} = \dfrac{2}{n}$, $x_k = a + k\Delta x = 1 + \dfrac{2k}{n}$이므로

정적분과 급수의 합 사이의 관계에 의하여

$$\lim_{n \to \infty} \sum_{k=1}^{n} f\left( 1 + \dfrac{2k}{n} \right) \dfrac{2}{n} = \int_1^3 f(x)\,dx = \int_1^3 x^2\,dx$$

$$= \left[ \dfrac{1}{3} x^3 \right]_1^3 = 9 - \dfrac{1}{3} = \dfrac{26}{3}$$

● 다른 풀이 ●

$f(x) = x^2$, $a = 0$, $b = 2$로 놓으면

$\Delta x = \dfrac{b-a}{n} = \dfrac{2}{n}$, $x_k = a + k\Delta x = \dfrac{2k}{n}$이므로

---

정적분과 급수의 합 사이의 관계에 의하여

$$\lim_{n \to \infty} \sum_{k=1}^{n} f\left( 1 + \dfrac{2k}{n} \right) \dfrac{2}{n} = \int_0^2 f(1+x)\,dx = \int_0^2 (1+x)^2\,dx$$

$$= \int_0^2 (1 + 2x + x^2)\,dx$$

$$= \left[ x + x^2 + \dfrac{1}{3} x^3 \right]_0^2$$

$$= \dfrac{26}{3} - 0 = \dfrac{26}{3}$$



무엇을 적분변수로 정하느냐에 따라 여러 가지 정적분으로 나타낼 수 있어. 이때 적분 구간은 달라져도 극한값은 항상 같다는 것을 알 수 있겠지?

## 1263  답 $\dfrac{1}{5}$

$$\lim_{n \to \infty} \dfrac{1}{n^5} (1^4 + 2^4 + 3^4 + \cdots + n^4)$$

$$= \lim_{n \to \infty} \dfrac{1}{n} \left\{ \left( \dfrac{1}{n} \right)^4 + \left( \dfrac{2}{n} \right)^4 + \left( \dfrac{3}{n} \right)^4 + \cdots + \left( \dfrac{n}{n} \right)^4 \right\}$$

$$= \lim_{n \to \infty} \sum_{k=1}^{n} \left( \dfrac{k}{n} \right)^4 \dfrac{1}{n}$$

이때 $f(x) = x^4$, $a = 0$, $b = 1$로 놓으면

$\Delta x = \dfrac{b-a}{n} = \dfrac{1}{n}$, $x_k = a + k\Delta x = \dfrac{k}{n}$이므로

정적분과 급수의 합 사이의 관계에 의하여

$$\lim_{n \to \infty} \sum_{k=1}^{n} \left( \dfrac{k}{n} \right)^4 \dfrac{1}{n} = \int_0^1 f(x)\,dx = \int_0^1 x^4\,dx$$

$$= \left[ \dfrac{1}{5} x^5 \right]_0^1 = \dfrac{1}{5} - 0 = \dfrac{1}{5}$$

## 1264  답 2

$$\lim_{n \to \infty} \dfrac{\pi \sin \frac{\pi}{n} + \pi \sin \frac{2}{n}\pi + \pi \sin \frac{3}{n}\pi + \cdots + \pi \sin \frac{n}{n}\pi}{n}$$

$$= \lim_{n \to \infty} \dfrac{\pi}{n} \left( \sin \dfrac{\pi}{n} + \sin \dfrac{2}{n}\pi + \sin \dfrac{3}{n}\pi + \cdots + \sin \dfrac{n}{n}\pi \right)$$

$$= \lim_{n \to \infty} \sum_{k=1}^{n} \sin \left( \dfrac{k\pi}{n} \right) \cdot \dfrac{\pi}{n}$$

이때 $f(x) = \sin x$, $a = 0$, $b = \pi$로 놓으면

$\Delta x = \dfrac{b-a}{n} = \dfrac{\pi}{n}$, $x_k = a + k\Delta x = \dfrac{k\pi}{n}$이므로

$$\lim_{n \to \infty} \sum_{k=1}^{n} \sin \left( \dfrac{k\pi}{n} \right) \cdot \dfrac{\pi}{n} = \int_0^\pi f(x)\,dx = \int_0^\pi \sin x\,dx$$

$$= \left[ -\cos x \right]_0^\pi$$

$$= 1 - (-1) = 2$$

## 1265  답 $\ln 2$

$$\int_1^2 \dfrac{1}{x}\,dx = \left[ \ln |x| \right]_1^2$$

$$= \ln 2 - 0$$

$$= \ln 2$$

닫힌구간 $[1, 2]$에서 $y = \dfrac{1}{x} > 0$이므로

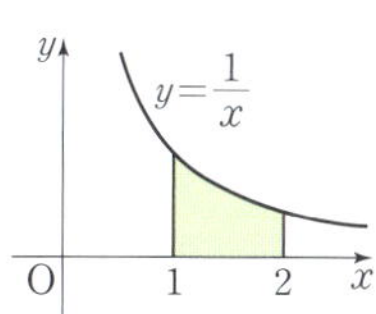



## 1266  답 4

곡선 $y = \sin x$와 $x$축의 교점의 $x$좌표는

$\sin x = 0$에서

$x = 0$ 또는 $x = \pi$ 또는 $x = 2\pi$ ($\because 0 \leq x \leq 2\pi$)

따라서 구하는 도형의 넓이를 $S$라 하면
$$S=\int_0^{2\pi} |\sin x|\, dx$$
$$=\int_0^{\pi} \sin x\, dx+\int_{\pi}^{2\pi} (-\sin x)\, dx$$
$$=\Big[-\cos x\Big]_0^{\pi}+\Big[\cos x\Big]_{\pi}^{2\pi}$$
$$=\{1-(-1)\}+\{1-(-1)\}=4$$

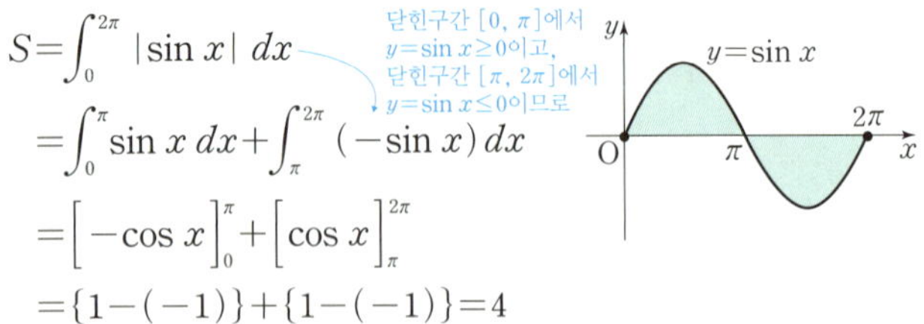


## 1267  답 $e-1$

$y=\ln x$에서 $x=e^y$
따라서 구하는 도형의 넓이를 $S$라 하면
$$S=\int_0^1 e^y\, dy$$
$$=\Big[e^y\Big]_0^1$$
$$=e-1$$

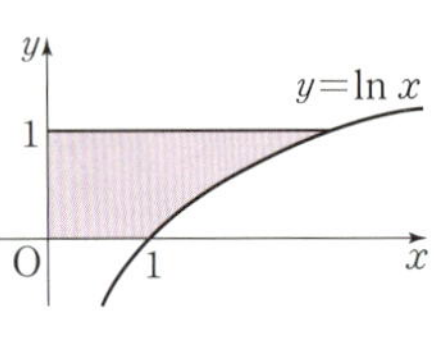


## 1268  답 $8$

곡선 $y=-\sqrt{\dfrac{x}{3}}$ 와 $x$축의 교점의 $x$좌표는
$-\sqrt{\dfrac{x}{3}}=0$에서 $x=0$
$y=-\sqrt{\dfrac{x}{3}}$ 에서 $y^2=\dfrac{x}{3}$ $\quad\therefore x=3y^2$
따라서 구하는 도형의 넓이를 $S$라 하면
$$S=\int_{-2}^0 3y^2\, dy$$
$$=\Big[y^3\Big]_{-2}^0$$
$$=0-(-8)=8$$

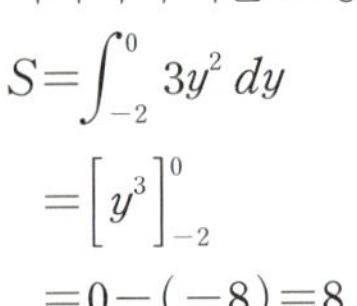


## 1269  답 $\dfrac{11}{6}$

두 곡선 $y=e^x$, $y=e^{-x}$의 교점의 $x$좌표는
$e^x=e^{-x}$에서 $e^{2x}=1$
$\therefore x=0$
따라서 구하는 도형의 넓이를 $S$라 하면
$$S=\int_{-\ln 2}^{\ln 3} |e^x-e^{-x}|\, dx$$
$$=\int_{-\ln 2}^0 (-e^x+e^{-x})\, dx$$
$$\qquad +\int_0^{\ln 3} (e^x-e^{-x})\, dx$$
$$=\Big[-e^x-e^{-x}\Big]_{-\ln 2}^0+\Big[e^x+e^{-x}\Big]_0^{\ln 3}$$
$$=\left\{-2-\left(-\dfrac{5}{2}\right)\right\}+\left(\dfrac{10}{3}-2\right)$$
$$=\dfrac{11}{6}$$

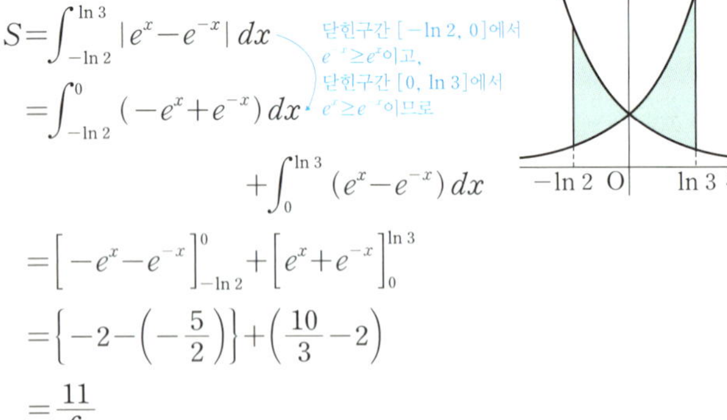


## 1270  답 $\dfrac{1}{3}$

두 곡선 $y=x^2$, $y=\sqrt{x}$의 교점의 $x$좌표는
$x^2=\sqrt{x}$에서 $x^4=x$,
$x(x^3-1)=0$, $x(x-1)(x^2+x+1)=0$
$\therefore x=0$ 또는 $x=1$ $(\because x^2+x+1>0)$

따라서 구하는 도형의 넓이를 $S$라 하면
$$S=\int_0^1 |x^2-\sqrt{x}|\, dx$$
$$=\int_0^1 (-x^2+\sqrt{x})\, dx$$
$$=\Big[-\dfrac{1}{3}x^3+\dfrac{2}{3}x^{\frac{3}{2}}\Big]_0^1$$
$$=\dfrac{1}{3}-0=\dfrac{1}{3}$$

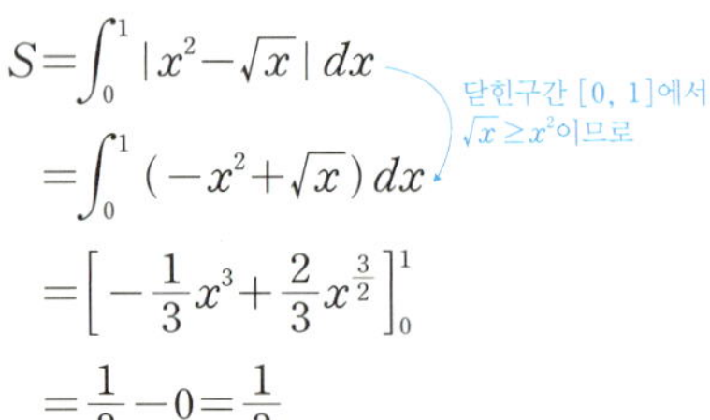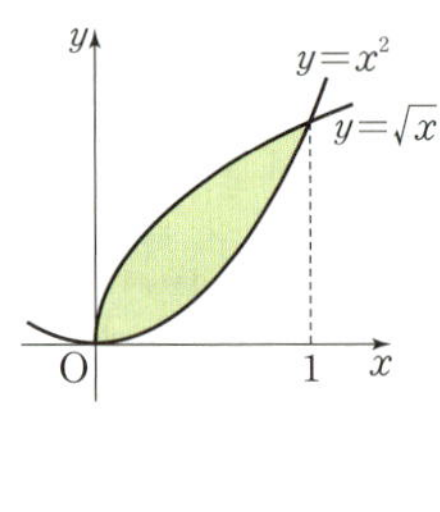


## 1271  답 (가) $x^2$ (나) $h$

사각뿔의 꼭짓점 O에서 밑면 ABCD에 내린 수선의 발을 H, 꼭짓점 O로부터의 거리가 $x$인 지점에서 밑면에 평행한 평면으로 자른 단면의 넓이를 $S(x)$라 하면 자른 단면과 밑면은 닮음비가 $x:h$인 닮은 도형이므로 넓이의 비는 $x^2:h^2$이다. 즉,
$$S(x):a=\boxed{x^2}:h^2$$
$$\therefore S(x)=\dfrac{a}{h^2}\times \boxed{x^2}$$
따라서 구하는 사각뿔의 부피를 $V$라 하면
$$V=\int_0^{\boxed{h}} S(x)\, dx=\int_0^h \dfrac{a}{h^2}x^2\, dx$$
$$=\dfrac{a}{h^2}\int_0^h x^2\, dx=\dfrac{a}{h^2}\Big[\dfrac{1}{3}x^3\Big]_0^h$$
$$=\dfrac{a}{h^2}\times\left(\dfrac{1}{3}h^3-0\right)=\dfrac{1}{3}ah$$

## 1272  답 $\dfrac{1}{4}$

$$0+\int_0^{\frac{\pi}{6}} \sin 2t\, dt=\Big[-\dfrac{1}{2}\cos 2t\Big]_0^{\frac{\pi}{6}}=-\dfrac{1}{4}-\left(-\dfrac{1}{2}\right)=\dfrac{1}{4}$$

$t=0$에서의 위치가 0이므로

## 1273  답 $1$

$$\int_0^{\frac{\pi}{2}} \sin 2t\, dt=\Big[-\dfrac{1}{2}\cos 2t\Big]_0^{\frac{\pi}{2}}=\dfrac{1}{2}-\left(-\dfrac{1}{2}\right)=1$$

## 1274  답 $\dfrac{3}{4}$

닫힌구간 $\Big[0,\dfrac{\pi}{3}\Big]$에서 $v(t)=\sin 2t\geq 0$이므로
$$\int_0^{\frac{\pi}{3}} |\sin 2t|\, dt=\int_0^{\frac{\pi}{3}} \sin 2t\, dt=\Big[-\dfrac{1}{2}\cos 2t\Big]_0^{\frac{\pi}{3}}$$
$$=\dfrac{1}{4}-\left(-\dfrac{1}{2}\right)=\dfrac{3}{4}$$

## 1275  답 $4$

$\dfrac{dx}{dt}=1$, $\dfrac{dy}{dt}=\sqrt{3}$이므로 구하는 거리를 $s$라 하면
$$s=\int_0^2 \sqrt{1^2+(\sqrt{3})^2}\, dt=\int_0^2 2\, dt$$
$$=\Big[2t\Big]_0^2=4-0=4$$

## 1276  답 $\sqrt{2}$

$\dfrac{dx}{dt}=2t$, $\dfrac{dy}{dt}=-2t$이므로 구하는 곡선의 길이를 $l$이라 하면
$$l=\int_0^1 \sqrt{(2t)^2+(-2t)^2}\, dt=\int_0^1 2\sqrt{2}\,t\, dt$$
$$=\Big[\sqrt{2}\,t^2\Big]_0^1=\sqrt{2}-0=\sqrt{2}$$

**1277**　답　$\dfrac{3}{2}+\dfrac{1}{4}\ln 2$

$\dfrac{dy}{dx}=x-\dfrac{1}{4x}$ 이므로 구하는 곡선의 길이를 $l$이라 하면

$l=\displaystyle\int_1^2\sqrt{1+\left(x-\dfrac{1}{4x}\right)^2}\,dx=\int_1^2\sqrt{1+x^2-\dfrac{1}{2}+\dfrac{1}{16x^2}}\,dx$

$\quad=\displaystyle\int_1^2\sqrt{x^2+\dfrac{1}{2}+\dfrac{1}{16x^2}}\,dx=\int_1^2\sqrt{\left(x+\dfrac{1}{4x}\right)^2}\,dx$

$\quad=\displaystyle\int_1^2\left(x+\dfrac{1}{4x}\right)dx=\left[\dfrac{1}{2}x^2+\dfrac{1}{4}\ln x\right]_1^2$

$\quad=\left(2+\dfrac{1}{4}\ln 2\right)-\dfrac{1}{2}$

$\quad=\dfrac{3}{2}+\dfrac{1}{4}\ln 2$

본문 208~219쪽

**1278**　답　①

**1279**　답　②

$S_n$은 밑변의 길이가 $\dfrac{1}{n}$, 높이가 $\left(\dfrac{0}{n}\right)^3+1$, $\left(\dfrac{1}{n}\right)^3+1$, $\left(\dfrac{2}{n}\right)^3+1$,

$\cdots$, $\left(\dfrac{n-1}{n}\right)^3+1$인 $n$개의 직사각형의 넓이의 합이므로

$S_n=\dfrac{1}{n}\left\{\left(\dfrac{0}{n}\right)^3+1\right\}+\dfrac{1}{n}\left\{\left(\dfrac{1}{n}\right)^3+1\right\}+\dfrac{1}{n}\left\{\left(\dfrac{2}{n}\right)^3+1\right\}+\cdots$

$\qquad\qquad\qquad\qquad\qquad\qquad+\dfrac{1}{n}\left\{\left(\dfrac{n-1}{n}\right)^3+1\right\}$

$\quad=\displaystyle\sum_{k=1}^n\dfrac{1}{n}\left\{1+\left(\boxed{\dfrac{k-1}{n}}\right)^3\right\}$

$\quad=n\cdot\dfrac{1}{n}+\displaystyle\sum_{k=1}^n\dfrac{1}{n}\left(\dfrac{k-1}{n}\right)^3$

$\quad=1+\dfrac{1}{n^4}\displaystyle\sum_{k=1}^n(k-1)^3$　$\scriptstyle\sum\limits_{k=1}^n(k-1)^3=0^3+1^3+2^3+\cdots+(n-1)^3=\sum\limits_{k=1}^{n-1}k^3$

$\quad=1+\dfrac{1}{n^4}\displaystyle\sum_{k=1}^{n-1}k^3$

$\quad=1+\dfrac{1}{n^4}\cdot\left\{\dfrac{(n-1)\cdot n}{2}\right\}^2$

$\quad=1+\boxed{\dfrac{(n-1)^2}{4n^2}}$

$\therefore S=\displaystyle\lim_{n\to\infty}S_n=\lim_{n\to\infty}\left\{1+\dfrac{(n-1)^2}{4n^2}\right\}=1+\dfrac{1}{4}=\dfrac{5}{4}$

따라서 $f(k)=k-1$, $g(n)=\dfrac{(n-1)^2}{4n^2}$ 이므로

$\dfrac{f(10)}{g(4)}=9\cdot\dfrac{4\cdot 4^2}{(4-1)^2}=64$

**1280**　답　④

원뿔을 자른 단면의 반지름의 길이는 위에서부터 차례대로 $\dfrac{r}{n}$, $\dfrac{2r}{n}$,

$\dfrac{3r}{n}$, $\cdots$, $\dfrac{\boxed{n}\times r}{n}$이고 높이가 $\boxed{\dfrac{1}{n}}\times h$이므로 $n$개의 원기둥의 부

피의 합을 $V_n$이라 하면

$V_n=\dfrac{h}{n}\times\pi\left(\dfrac{r}{n}\right)^2+\dfrac{h}{n}\times\pi\left(\dfrac{2r}{n}\right)^2+\dfrac{h}{n}\times\pi\left(\dfrac{3r}{n}\right)^2+\cdots$

$\qquad\qquad\qquad\qquad\qquad\qquad\qquad+\dfrac{h}{n}\times\pi\left(\dfrac{nr}{n}\right)^2$

$\quad=\displaystyle\sum_{k=1}^n\dfrac{\pi h}{n}\left(\dfrac{kr}{n}\right)^2$

$\quad=\dfrac{\pi r^2 h}{n^3}\displaystyle\sum_{k=1}^n k^2$

$\quad=\dfrac{\pi r^2 h}{n^3}\times\boxed{\dfrac{n(n+1)(2n+1)}{6}}$

$\therefore V=\displaystyle\lim_{n\to\infty}V_n=\lim_{n\to\infty}\dfrac{\pi r^2 h}{n^3}\times\dfrac{n(n+1)(2n+1)}{6}$

$\qquad=\pi r^2 h\displaystyle\lim_{n\to\infty}\dfrac{n(n+1)(2n+1)}{6n^3}=\dfrac{1}{3}\pi r^2 h$

따라서 $f(n)=n$, $g(n)=\dfrac{1}{n}$, $u(n)=\dfrac{n(n+1)(2n+1)}{6}$ 이므로

$f(2)\times g(3)\times u(4)=2\times\dfrac{1}{3}\times\dfrac{4\times 5\times 9}{6}=20$

**1281**　답　②

**1282**　답　②

$\displaystyle\lim_{n\to\infty}\sum_{k=1}^n\dfrac{2}{n+2k}=\lim_{n\to\infty}\sum_{k=1}^n\dfrac{1}{1+\dfrac{2k}{n}}\cdot\dfrac{2}{n}$

이때 $f(x)=\dfrac{1}{x}$, $a=1$, $b=3$으로 놓으면

$\Delta x=\dfrac{b-a}{n}=\dfrac{2}{n}$, $x_k=a+k\Delta x=1+\dfrac{2k}{n}$ 이므로

정적분과 급수의 합 사이의 관계에 의하여

$\displaystyle\lim_{n\to\infty}\sum_{k=1}^n\dfrac{1}{1+\dfrac{2k}{n}}\cdot\dfrac{2}{n}=\int_1^3 f(x)\,dx=\int_1^3\dfrac{1}{x}\,dx$

$\qquad\qquad\qquad\qquad\quad=\left[\ln|x|\right]_1^3=\ln 3-0=\ln 3$

**1283**　답　④

$\displaystyle\lim_{n\to\infty}\sum_{k=1}^n\left\{\left(\dfrac{k}{n}\right)^2-2\left(1+\dfrac{k}{n}\right)+4\right\}\dfrac{1}{n}=\lim_{n\to\infty}\sum_{k=1}^n\left\{\left(\dfrac{k}{n}\right)^2-\dfrac{2k}{n}+2\right\}\dfrac{1}{n}$

이때 $f(x)=x^2-2x+2$, $a=0$, $b=1$로 놓으면

$\Delta x=\dfrac{b-a}{n}=\dfrac{1}{n}$, $x_k=a+k\Delta x=\dfrac{k}{n}$ 이므로

정적분과 급수의 합 사이의 관계에 의하여

$\displaystyle\lim_{n\to\infty}\sum_{k=1}^n\left\{\left(\dfrac{k}{n}\right)^2-\dfrac{2k}{n}+2\right\}\dfrac{1}{n}=\int_0^1 f(x)\,dx$

$\qquad\qquad\qquad\qquad\qquad=\int_0^1(x^2-2x+2)\,dx$

$\qquad\qquad\qquad\qquad\qquad=\left[\dfrac{1}{3}x^3-x^2+2x\right]_0^1$

$\qquad\qquad\qquad\qquad\qquad=\dfrac{4}{3}-0=\dfrac{4}{3}$

**1284**　답　②

$\displaystyle\lim_{n\to\infty}\dfrac{1}{n}\sum_{k=1}^n f'\left(\dfrac{3k}{n}\right)=\dfrac{1}{3}\lim_{n\to\infty}\sum_{k=1}^n f'\left(\dfrac{3k}{n}\right)\dfrac{3}{n}$

이때 $a=0$, $b=3$으로 놓으면

$\Delta x=\dfrac{b-a}{n}=\dfrac{3}{n}$, $x_k=a+k\Delta x=\dfrac{3k}{n}$ 이므로

정적분과 급수의 합 사이의 관계에 의하여

$$\frac{1}{3}\lim_{n\to\infty}\sum_{k=1}^{n}f'\left(\frac{3k}{n}\right)\frac{3}{n}=\frac{1}{3}\int_{0}^{3}f'(x)\,dx=\frac{1}{3}\Big[f(x)\Big]_{0}^{3}$$

$$=\frac{1}{3}\{f(3)-f(0)\}$$

$$=\frac{1}{3}(-3-0)=-1$$

$$f(0)=0,\ f(3)=3\sin\frac{3}{2}\pi=-3$$

### 1285  답 ③

$$\lim_{n\to\infty}\sum_{k=1}^{n}\frac{\left|e^{\frac{2k}{n}}-e\right|}{n}=\frac{1}{2}\lim_{n\to\infty}\sum_{k=1}^{n}\left|e^{\frac{2k}{n}}-e\right|\frac{2}{n}$$

이때 $f(x)=|e^x-e|$, $a=0$, $b=2$로 놓으면

$$\Delta x=\frac{b-a}{n}=\frac{2}{n},\ x_k=a+k\Delta x=\frac{2k}{n}$$ 이므로

정적분과 급수의 합 사이의 관계에 의하여

$$\frac{1}{2}\lim_{n\to\infty}\sum_{k=1}^{n}\left|e^{\frac{2k}{n}}-e\right|\frac{2}{n}=\frac{1}{2}\int_{0}^{2}f(x)\,dx=\frac{1}{2}\int_{0}^{2}|e^x-e|\,dx$$

이때 $|e^x-e|=\begin{cases} e^x-e & (x\geq1) \\ -e^x+e & (x<1) \end{cases}$ 이므로

$e^x-e=0$에서 $e^x=e$ $\therefore x=1$

$$\frac{1}{2}\int_{0}^{2}|e^x-e|\,dx=\frac{1}{2}\left\{\int_{0}^{1}(-e^x+e)\,dx+\int_{1}^{2}(e^x-e)\,dx\right\}$$

$$=\frac{1}{2}\left(\Big[-e^x+ex\Big]_{0}^{1}+\Big[e^x-ex\Big]_{1}^{2}\right)$$

$$=\frac{1}{2}[\{0-(-1)\}+\{(e^2-2e)-0\}]$$

$$=\frac{1}{2}e^2-e+\frac{1}{2}$$

따라서 $p=-1$, $q=\frac{1}{2}$ 이므로

$$q-p=\frac{1}{2}-(-1)=\frac{3}{2}$$

### 1286  답 ④

### 1287  답 ④

$\dfrac{4}{x^2-4}=\dfrac{4}{(x-2)(x+2)}=\dfrac{1}{x-2}-\dfrac{1}{x+2}$ 이므로 도형의 넓이를

$S$라 하면  닫힌구간 $[3,6]$에서 $y=\dfrac{4}{x^2-4}>0$이므로

$$S=\int_{3}^{6}\left|\frac{4}{x^2-4}\right|dx=\int_{3}^{6}\frac{4}{x^2-4}\,dx$$

$$=\int_{3}^{6}\left(\frac{1}{x-2}-\frac{1}{x+2}\right)dx=\Big[\ln|x-2|-\ln|x+2|\Big]_{3}^{6}$$

$$=\ln\frac{1}{2}-(-\ln5)=\ln\frac{5}{2}$$

$$\therefore k=\frac{5}{2}$$

### 1288  답 ④

$y=x^2-2x+2$에서

$y=(x-1)^2+1$, $(x-1)^2=y-1$

$x-1=-\sqrt{y-1}$ $(\because x\leq1)$

$\therefore x=-\sqrt{y-1}+1$

곡선 $x=-\sqrt{y-1}+1$과 $y$축의 교점의 $y$좌표는

$-\sqrt{y-1}+1=0$에서

$\sqrt{y-1}=1$, $y-1=1$

$\therefore y=2$

따라서 구하는 도형의 넓이를 $S$라 하면

$$S=\int_{1}^{5}|-\sqrt{y-1}+1|\,dy$$

닫힌구간 $[1,2]$에서 $x=-\sqrt{y-1}+1\geq0$이고, 닫힌구간 $[2,5]$에서 $x=-\sqrt{y-1}+1\leq0$이므로

$$=\int_{1}^{2}(-\sqrt{y-1}+1)\,dy$$

$$+\int_{2}^{5}(\sqrt{y-1}-1)\,dy$$

$$=\left[-\frac{2}{3}(y-1)^{\frac{3}{2}}+y\right]_{1}^{2}+\left[\frac{2}{3}(y-1)^{\frac{3}{2}}-y\right]_{2}^{5}$$

$$=\left(\frac{4}{3}-1\right)+\left\{\frac{1}{3}-\left(-\frac{4}{3}\right)\right\}=2$$

### 1289  답 ③

$f(x)=ax-2a\sqrt{x}$라 하면

$$f'(x)=a-\frac{a}{\sqrt{x}}$$

$f'(x)=0$에서 $a-\dfrac{a}{\sqrt{x}}=0$

$a\left(1-\dfrac{1}{\sqrt{x}}\right)=0$, $1-\dfrac{1}{\sqrt{x}}=0$ $(\because a>0)$

$\sqrt{x}=1$ $\therefore x=1$

$x\geq0$에서 함수 $f(x)$의 증가와 감소를 표로 나타내면 다음과 같다.

| $x$ | $0$ | $\cdots$ | $1$ | $\cdots$ |
|---|---|---|---|---|
| $f'(x)$ | | $-$ | $0$ | $+$ |
| $f(x)$ | $0$ | $\searrow$ | 극소 | $\nearrow$ |

한편, 곡선 $y=ax-2a\sqrt{x}$ 와 $x$축의 교점의 $x$좌표는

$ax-2a\sqrt{x}=0$에서 $a(x-2\sqrt{x})=0$

$x-2\sqrt{x}=0$ $(\because a>0)$

$x^2=4x$, $x(x-4)=0$

$\therefore x=0$ 또는 $x=4$

이때 오른쪽 그림에서 색칠된 도형의 넓이가 $16$이므로

$$\int_{0}^{4}|ax-2a\sqrt{x}|\,dx$$

닫힌구간 $[0,4]$에서 $y=ax-2a\sqrt{x}\leq0$이므로

$$=\int_{0}^{4}(-ax+2a\sqrt{x})\,dx$$

$$=\left[-\frac{1}{2}ax^2+\frac{4}{3}ax^{\frac{3}{2}}\right]_{0}^{4}$$

$$=\frac{8}{3}a-0=16$$

에서 $\dfrac{8}{3}a=16$

$\therefore a=6$

선생님 톡톡

1289번과 같이 그래프의 개형을 바로 알 수 없는 함수의 경우에는 도함수를 이용하여 함수의 증가와 감소, 극대와 극소 등을 구하면 그래프의 개형을 알 수 있어.

### 1290  답 ②

$f(x)=\dfrac{\ln x}{x}$라 하면

$$f'(x)=\frac{\dfrac{1}{x}\cdot x-\ln x\cdot1}{x^2}=\frac{1-\ln x}{x^2}$$

$f'(x)=0$에서 $\dfrac{1-\ln x}{x^2}=0$

$1-\ln x=0$, $\ln x=1$

$\therefore x=e$

$x>0$에서 함수 $f(x)$의 증가와 감소를 표로 나타내면 다음과 같다.

| $x$ | $(0)$ | $\cdots$ | $e$ | $\cdots$ |
|---|---|---|---|---|
| $f'(x)$ | | $+$ | $0$ | $-$ |
| $f(x)$ | | $\nearrow$ | 극대 | $\searrow$ |

또한, 곡선 $y=\dfrac{\ln x}{x}$와 $x$축의 교점의 $x$좌표는

$\dfrac{\ln x}{x}=0$에서 $\ln x=0$　　$\therefore x=1$

따라서 구하는 도형의 넓이를 $S$라 하면

$S=\displaystyle\int_{\frac{1}{e}}^{e}\left|\dfrac{\ln x}{x}\right|dx$

$\quad=\displaystyle\int_{\frac{1}{e}}^{1}\left(-\dfrac{\ln x}{x}\right)dx+\int_{1}^{e}\dfrac{\ln x}{x}\,dx$

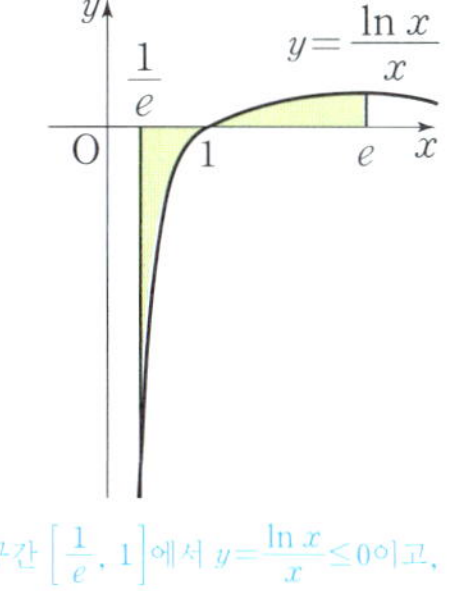

$\ln x=t$라 하면 $\dfrac{dt}{dx}=\dfrac{1}{x}$이고,

$x=\dfrac{1}{e}$일 때 $t=-1$, $x=1$일 때 $t=0$,

$x=e$일 때 $t=1$이므로



$S=\displaystyle\int_{-1}^{0}(-t)\,dt+\int_{0}^{1}t\,dt$

$\quad=\left[-\dfrac{1}{2}t^2\right]_{-1}^{0}+\left[\dfrac{1}{2}t^2\right]_{0}^{1}$

$\quad=\left\{0-\left(-\dfrac{1}{2}\right)\right\}+\left(\dfrac{1}{2}-0\right)=1$

## 1291　답 ③

## 1292　답 ①

곡선 $y=x\sqrt{x}$와 직선 $y=x$의 교점의 $x$좌표는

$x\sqrt{x}=x$에서 $x^3=x^2$

$x^2(x-1)=0$　　$\therefore x=0$ 또는 $x=1$

따라서 구하는 도형의 넓이를 $S$라 하면

$S=\displaystyle\int_{0}^{1}|x\sqrt{x}-x|\,dx$

$\quad=\displaystyle\int_{0}^{1}(x-x\sqrt{x})\,dx$

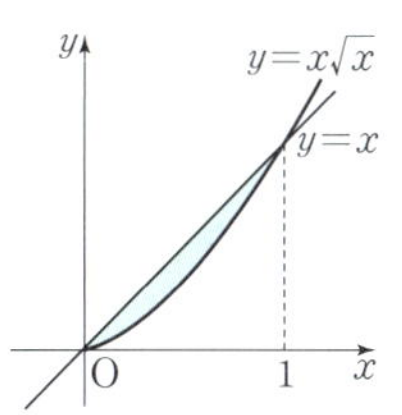



$\quad=\left[\dfrac{1}{2}x^2-\dfrac{2}{5}x^{\frac{5}{2}}\right]_{0}^{1}=\dfrac{1}{10}-0=\dfrac{1}{10}$

## 1293　답 ②

$f(x)=(x+1)e^x$이라 하면

$f'(x)=e^x+(x+1)e^x=(x+2)e^x$

$f'(x)=0$에서 $(x+2)e^x=0$

$x+2=0$ ($\because e^x>0$)

$\therefore x=-2$

함수 $f(x)$의 증가와 감소를 표로 나타내면 다음과 같다.

| $x$ | $\cdots$ | $-2$ | $\cdots$ |
|---|---|---|---|
| $f'(x)$ | $-$ | $0$ | $+$ |
| $f(x)$ | $\searrow$ | 극소 | $\nearrow$ |

한편, 곡선 $y=(x+1)e^x$과 직선 $y=x+1$의 교점의 $x$좌표는

$(x+1)e^x=(x+1)$에서 $(x+1)(e^x-1)=0$

$\therefore x=-1$ 또는 $x=0$

따라서 구하는 도형의 넓이를 $S$라 하면

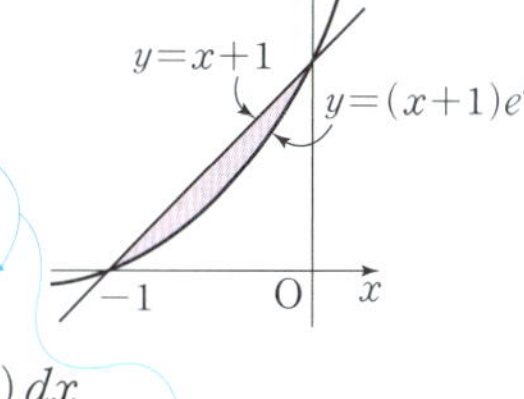



$S=\displaystyle\int_{-1}^{0}|(x+1)e^x-(x+1)|\,dx$

$\quad=\displaystyle\int_{-1}^{0}\{-(x+1)e^x+(x+1)\}\,dx$

$\quad=-\displaystyle\int_{-1}^{0}(x+1)e^x\,dx+\int_{-1}^{0}(x+1)\,dx$

$\displaystyle\int_{-1}^{0}(x+1)e^x\,dx$에서



$u(x)=x+1$, $v'(x)=e^x$이라 하면

$u'(x)=1$, $v(x)=e^x$이므로

$S=-\left(\left[(x+1)e^x\right]_{-1}^{0}-\displaystyle\int_{-1}^{0}e^x\,dx\right)+\left[\dfrac{1}{2}x^2+x\right]_{-1}^{0}$

$\quad=-\left\{(1-0)-\left[e^x\right]_{-1}^{0}\right\}+\left\{0-\left(-\dfrac{1}{2}\right)\right\}$

$\quad=-\{1-(1-e^{-1})\}+\dfrac{1}{2}=\dfrac{1}{2}-\dfrac{1}{e}$

## 1294　답 ③

$y=\ln x$에서 $y'=\dfrac{1}{x}$

접점의 좌표를 $(t,\,\ln t)$라 하면 이 점에서의 접선의 기울기는 $\dfrac{1}{t}$

이므로 접선의 방정식은

$y-\ln t=\dfrac{1}{t}(x-t)$

$\therefore y=\dfrac{1}{t}x+\ln t-1$　　$\cdots\cdots$ ㉠

직선 ㉠이 원점을 지나므로

$0=\ln t-1$, $\ln t=1$

$\therefore t=e$

$\therefore y=\dfrac{1}{e}x$



이때 도형의 넓이를 $S$라 하면

$S=\dfrac{1}{2}\cdot e\cdot 1-\displaystyle\int_{1}^{e}\ln x\,dx$

$\quad=\dfrac{e}{2}-\displaystyle\int_{1}^{e}\ln x\,dx$

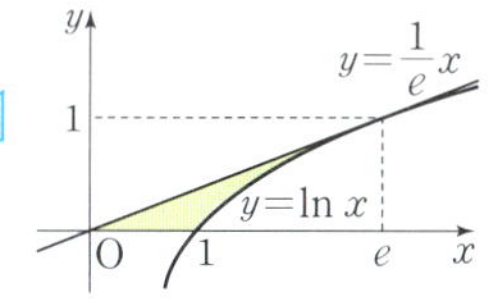



$\displaystyle\int_{1}^{e}\ln x\,dx$에서 $u(x)=\ln x$, $v'(x)=1$이라 하면

$u'(x)=\dfrac{1}{x}$, $v(x)=x$이므로

$S=\dfrac{e}{2}-\left(\left[x\ln x\right]_{1}^{e}-\displaystyle\int_{1}^{e}1\,dx\right)=\dfrac{e}{2}-\left\{(e-0)-\left[x\right]_{1}^{e}\right\}$

$\quad=\dfrac{e}{2}-\{e-(e-1)\}=\dfrac{e}{2}-1$

따라서 $p=\dfrac{1}{2}$, $q=-1$이므로

$10|pq|=10\left|\dfrac{1}{2}\cdot(-1)\right|=5$

## 1295　답 ③

$f(x)=(x-4)e^x$이라 하면

$f'(x)=e^x+(x-4)e^x=(x-3)e^x$

$f'(x)=0$에서 $(x-3)e^x=0$

$\therefore x=3 \ (\because e^x>0)$

함수 $f(x)$의 증가와 감소를 표로 나타내면 다음과 같다.

| $x$ | $\cdots$ | 3 | $\cdots$ |
|---|---|---|---|
| $f'(x)$ | $-$ | 0 | $+$ |
| $f(x)$ | $\searrow$ | 극소 | $\nearrow$ |

한편, 곡선 $y=(x-4)e^x$ 위의 접점의 좌표를 $(t,\ (t-4)e^t)$이라 하면 이 점에서의 접선의 기울기는 $(t-3)e^t$이므로 접선의 방정식은

$y-(t-4)e^t=(t-3)e^t(x-t)$

$\therefore y=(t-3)e^t x-(t^2-4t+4)e^t \quad \cdots\cdots \ \bigcirc$

직선 $\bigcirc$이 원점을 지나므로

$0=-(t^2-4t+4)e^t,\ (t^2-4t+4)e^t=0$

$(t-2)^2 e^t=0$

$\therefore t=2 \ (\because e^t>0)$

$\therefore y=-e^2 x \ \longrightarrow \bigcirc$에 $t=2$ 대입

따라서 구하는 도형의 넓이를 $S$라 하면

$S=\displaystyle\int_0^2 |(x-4)e^x-(-e^2 x)|\,dx$

$=\displaystyle\int_0^2 \{-(x-4)e^x-e^2 x\}\,dx$

$=-\displaystyle\int_0^2 (x-4)e^x\,dx-\int_0^2 e^2 x\,dx$

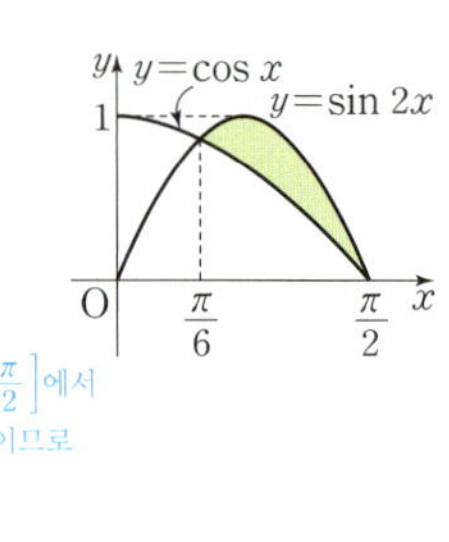

$\displaystyle\int_0^2 (x-4)e^x\,dx$에서

$u(x)=x-4,\ v'(x)=e^x$이라 하면

$u'(x)=1,\ v(x)=e^x$이므로

$S=-\left(\Big[(x-4)e^x\Big]_0^2-\displaystyle\int_0^2 e^x\,dx\right)-\left[\dfrac{e^2}{2}x^2\right]_0^2$

$=-\left[\{-2e^2-(-4)\}-\Big[e^x\Big]_0^2\right]-(2e^2-0)$

$=-\{(-2e^2+4)-(e^2-1)\}-2e^2$

$=e^2-5$

## 1296  답 ④

## 1297  답 ①

두 곡선 $y=\dfrac{2}{x},\ y=\sqrt{x+3}$의 교점의 $x$좌표는

$\dfrac{2}{x}=\sqrt{x+3}$에서 $\dfrac{4}{x^2}=x+3$

$x^3+3x^2-4=0,\ (x-1)(x+2)^2=0$

$\therefore x=1 \ (\because x>0)$

따라서 구하는 도형의 넓이를 $S$라 하면

$S=\displaystyle\int_1^6 \left|\dfrac{2}{x}-\sqrt{x+3}\right|\,dx$

$=\displaystyle\int_1^6 \left(-\dfrac{2}{x}+\sqrt{x+3}\right)dx$

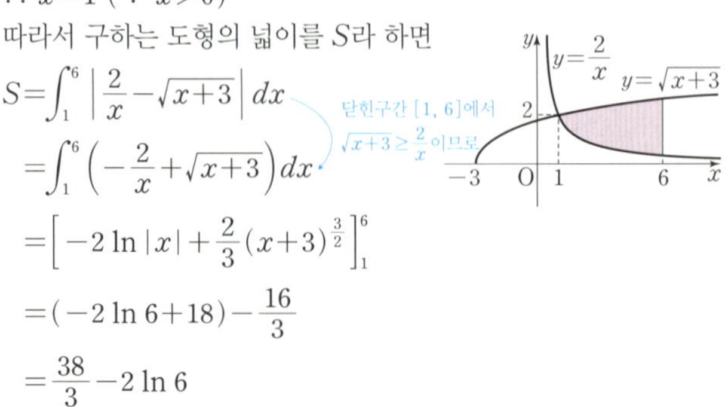

$=\left[-2\ln|x|+\dfrac{2}{3}(x+3)^{\frac{3}{2}}\right]_1^6$

$=(-2\ln 6+18)-\dfrac{16}{3}$

$=\dfrac{38}{3}-2\ln 6$

## 1298  답 ②

두 곡선 $y=\sin 2x,\ y=\cos x$의 교점의 $x$좌표는

$\sin 2x=\cos x$에서

$2\sin x\cos x=\cos x,\ \cos x(2\sin x-1)=0$

$\therefore \cos x=0$ 또는 $\sin x=\dfrac{1}{2}$

이때 $0\le x\le \dfrac{\pi}{2}$이므로

(i) $\cos x=0$일 때, $x=\dfrac{\pi}{2}$

(ii) $\sin x=\dfrac{1}{2}$일 때, $x=\dfrac{\pi}{6}$

(i), (ii)에서 $x=\dfrac{\pi}{6}$ 또는 $x=\dfrac{\pi}{2}$

따라서 구하는 도형의 넓이를 $S$라 하면

$S=\displaystyle\int_{\frac{\pi}{6}}^{\frac{\pi}{2}} |\sin 2x-\cos x|\,dx$

$=\displaystyle\int_{\frac{\pi}{6}}^{\frac{\pi}{2}} (\sin 2x-\cos x)\,dx$

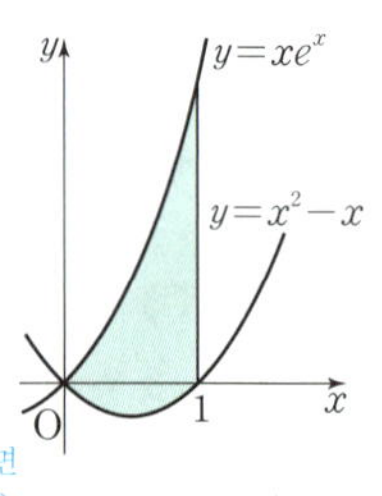

$=\left[-\dfrac{1}{2}\cos 2x-\sin x\right]_{\frac{\pi}{6}}^{\frac{\pi}{2}}$

$=-\dfrac{1}{2}-\left(-\dfrac{3}{4}\right)=\dfrac{1}{4}$

## 1299  답 ④

두 곡선 $y=xe^x,\ y=x^2-x$의 교점의 $x$좌표는

$xe^x=x^2-x$에서 $x(e^x-x+1)=0$

$\therefore x=0$

따라서 구하는 도형의 넓이를 $S$라 하면

$S=\displaystyle\int_0^1 |xe^x-(x^2-x)|\,dx$

$=\displaystyle\int_0^1 \{xe^x-(x^2-x)\}\,dx$

$=\displaystyle\int_0^1 xe^x\,dx-\int_0^1 (x^2-x)\,dx$

$\displaystyle\int_0^1 xe^x\,dx$에서

$u(x)=x,\ v'(x)=e^x$이라 하면

$u'(x)=1,\ v(x)=e^x$이므로

$S=\left(\Big[xe^x\Big]_0^1-\displaystyle\int_0^1 e^x\,dx\right)-\left[\dfrac{1}{3}x^3-\dfrac{1}{2}x^2\right]_0^1$

$=\left\{(e-0)-\Big[e^x\Big]_0^1\right\}-\left(-\dfrac{1}{6}-0\right)$

$=\{e-(e-1)\}+\dfrac{1}{6}=\dfrac{7}{6}$

## 1300  답 ①

두 곡선 $y=\ln x,\ y=\dfrac{2-2x}{x}$의 교점의 $x$좌표는

$x=1$

이때 $y=\ln x$에서 $x=e^y$,

$y=\dfrac{2-2x}{x}$에서 $y=\dfrac{2}{x}-2,\ y+2=\dfrac{2}{x}$

즉, $x=\dfrac{2}{y+2}$이므로 도형의 넓이를 $S$라 하면

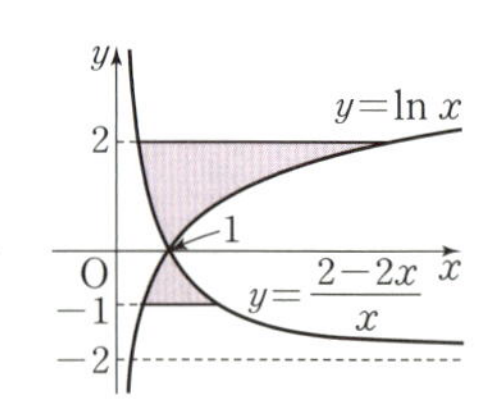

$$S=\int_{-1}^{2}\left|e^{y}-\frac{2}{y+2}\right|dy$$

닫힌구간 $[-1,\,0]$에서 $\frac{2}{y+2}\geq e^{y}$이고, 닫힌구간 $[0,\,2]$에서 $e^{y}\geq\frac{2}{y+2}$이므로

$$=\int_{-1}^{0}\left(-e^{y}+\frac{2}{y+2}\right)dy+\int_{0}^{2}\left(e^{y}-\frac{2}{y+2}\right)dy$$

$$=\left[-e^{y}+2\ln|y+2|\right]_{-1}^{0}+\left[e^{y}-2\ln|y+2|\right]_{0}^{2}$$

$$=\left\{(-1+2\ln 2)-\left(-\frac{1}{e}\right)\right\}+\left\{(e^{2}-2\ln 4)-(1-2\ln 2)\right\}$$

$$=e^{2}+\frac{1}{e}-2$$

$$\therefore k=-2$$

## 1301  답 ④

## 1302  답 ⑤

$S_1=S_2$이므로 $\int_{0}^{1}\{e^{x}-(-2x+k)\}dx=0$이다. 즉,

$$\int_{0}^{1}\{e^{x}-(-2x+k)\}dx=\int_{0}^{1}(e^{x}+2x-k)dx$$

$$=\left[e^{x}+x^{2}-kx\right]_{0}^{1}$$

$$=(e+1-k)-1=0$$

에서 $e-k=0$

$$\therefore k=e$$

## 1303  답 2

곡선 $y=\dfrac{1}{x}$과 $x$축 및 두 직선

$x=\dfrac{1}{3}$, $x=12$로 둘러싸인 도형의

넓이를 $S_1$이라 하면

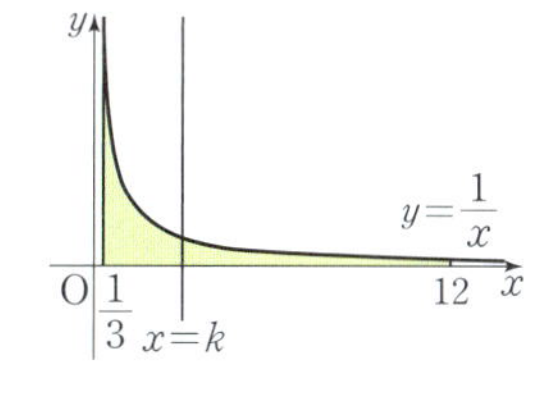

$$S_1=\int_{\frac{1}{3}}^{12}\frac{1}{x}\,dx=\left[\ln|x|\right]_{\frac{1}{3}}^{12}$$

$$=\ln 12-\ln\frac{1}{3}=\ln 36$$

한편, 곡선 $y=\dfrac{1}{x}$과 $x$축 및 두 직선 $x=\dfrac{1}{3}$, $x=k$로 둘러싸인 도형의 넓이를 $S_2$라 하면

$$S_2=\int_{\frac{1}{3}}^{k}\frac{1}{x}\,dx=\left[\ln|x|\right]_{\frac{1}{3}}^{k}=\ln k-\ln\frac{1}{3}=\ln 3k$$

이때 $S_2=\dfrac{1}{2}S_1$이므로

$$\ln 3k=\frac{1}{2}\ln 36,\ \ln 3k=\ln 6$$

$$3k=6$$

$$\therefore k=2$$

## 1304  답 ④

곡선 $y=\ln x^2+2$와 $x$축 및 두 직선 $x=1$, $x=e$로 둘러싸인 도형의 넓이를 $S_1$이라 하면

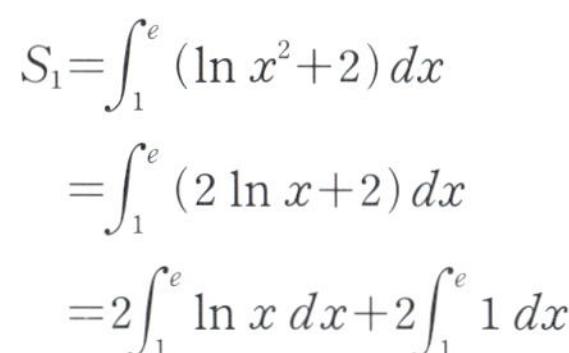

$$S_1=\int_{1}^{e}(\ln x^2+2)\,dx$$

$$=\int_{1}^{e}(2\ln x+2)\,dx$$

$$=2\int_{1}^{e}\ln x\,dx+2\int_{1}^{e}1\,dx$$

---

$\int_{1}^{e}\ln x\,dx$에서 $u(x)=\ln x$, $v'(x)=1$이라 하면

$u'(x)=\dfrac{1}{x}$, $v(x)=x$이므로

$$S_1=2\left(\left[x\ln x\right]_{1}^{e}-\int_{1}^{e}1\,dx\right)+2\left[x\right]_{1}^{e}$$

$$=2\left\{(e-0)-\left[x\right]_{1}^{e}\right\}+2(e-1)$$

$$=2\{e-(e-1)\}+2(e-1)=2e$$

한편, 곡선 $y=k\ln\sqrt{x}$와 $x$축 및 두 직선 $x=1$, $x=e$로 둘러싸인 도형의 넓이를 $S_2$라 하면

$$S_2=\int_{1}^{e}k\ln\sqrt{x}\,dx=\frac{k}{2}\int_{1}^{e}\ln x\,dx$$

$$=\frac{k}{2}\left(\left[x\ln x\right]_{1}^{e}-\int_{1}^{e}1\,dx\right)$$

$$=\frac{k}{2}\left\{(e-0)-\left[x\right]_{1}^{e}\right\}$$

$$=\frac{k}{2}\{e-(e-1)\}=\frac{k}{2}$$

이때 $S_2=\dfrac{1}{2}S_1$이므로

$$\frac{k}{2}=\frac{1}{2}\cdot 2e$$

$$\therefore k=2e$$

## 1305  답 3

두 곡선 $y=\sin x$, $y=a\cos x$의 교점의 $x$좌표를 $\theta\left(0<\theta<\dfrac{\pi}{2}\right)$라 하면

$\sin\theta=a\cos\theta$에서

$\dfrac{\sin\theta}{\cos\theta}=a$, 즉 $\tan\theta=a$

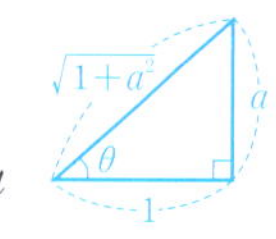

$$\therefore \sin\theta=\frac{a}{\sqrt{1+a^2}},\ \cos\theta=\frac{1}{\sqrt{1+a^2}} \quad\cdots\cdots\ \bigcirc$$

곡선 $y=\sin x$와 두 직선 $y=0$, $x=\dfrac{\pi}{2}$로 둘러싸인 도형의 넓이를 $S_1$이라 하면

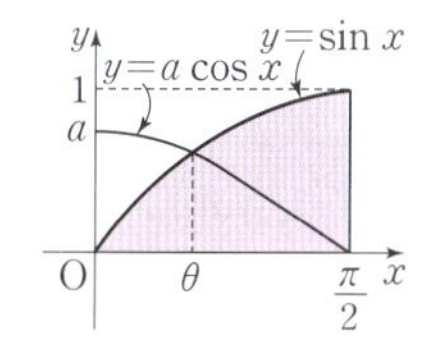

$$S_1=\int_{0}^{\frac{\pi}{2}}\sin x\,dx=\left[-\cos x\right]_{0}^{\frac{\pi}{2}}$$

$$=0-(-1)=1$$

한편, 두 곡선 $y=\sin x$, $y=a\cos x$와 직선 $x=\dfrac{\pi}{2}$로 둘러싸인 도형의 넓이를 $S_2$라 하면

닫힌구간 $\left[\theta,\,\dfrac{\pi}{2}\right]$에서 $\sin x\geq a\cos x$이므로

$$S_2=\int_{\theta}^{\frac{\pi}{2}}|\sin x-a\cos x|\,dx=\int_{\theta}^{\frac{\pi}{2}}(\sin x-a\cos x)\,dx$$

$$=\left[-\cos x-a\sin x\right]_{\theta}^{\frac{\pi}{2}}=-a-(-\cos\theta-a\sin\theta)$$

$$=-a+\cos\theta+a\sin\theta$$

$$=-a+\frac{1}{\sqrt{1+a^2}}+a\cdot\frac{a}{\sqrt{1+a^2}}\quad(\because\ \bigcirc)$$

$$=-a+\frac{1+a^2}{\sqrt{1+a^2}}$$

$$=-a+\sqrt{1+a^2}$$

이때 $S_2=\dfrac{1}{2}S_1$이므로

$$-a+\sqrt{1+a^2}=\frac{1}{2},\ 1+2a=2\sqrt{1+a^2}$$

$$1+4a+4a^2=4+4a^2\quad\therefore 4a=3$$

$\sin\theta = a\cos\theta$, 즉 $a = \dfrac{\sin\theta}{\cos\theta}$이므로

$\underbrace{-a+\cos\theta}_{} + a\sin\theta = \dfrac{1}{2}$에서

$\underbrace{-\dfrac{\sin\theta}{\cos\theta}+\cos\theta}_{S_2} + \underbrace{\dfrac{\sin\theta}{\cos\theta}\cdot\sin\theta}_{\frac{1}{2}S_1} = \dfrac{1}{2}$

위의 식의 양변에 $2\cos\theta$를 곱하면

$-2\sin\theta + 2\cos^2\theta + 2\sin^2\theta = \cos\theta$

$-2\sin\theta + 2 = \cos\theta$

위의 식의 양변을 제곱하면

$4\sin^2\theta - 8\sin\theta + 4 = \cos^2\theta$

$4\sin^2\theta - 8\sin\theta + 4 = 1 - \sin^2\theta$

$5\sin^2\theta - 8\sin\theta + 3 = 0,\ (5\sin\theta - 3)(\sin\theta - 1) = 0$

$\therefore \sin\theta = \dfrac{3}{5}\ \left(\because 0 < \theta < \dfrac{\pi}{2}\right)$

따라서 $\cos\theta = \sqrt{1-\left(\dfrac{3}{5}\right)^2} = \dfrac{4}{5}$이므로

$a = \dfrac{\sin\theta}{\cos\theta} = \dfrac{\frac{3}{5}}{\frac{4}{5}} = \dfrac{3}{4}\qquad \therefore 4a = 3$

## 1306  답 ②

## 1307  답 ③

오른쪽 그림과 같이 함수 $f(x)$는 닫힌 구간 $[0,\ 3]$에서 증가하고, 두 곡선 $y=f(x)$, $y=g(x)$는 직선 $y=x$에 대하여 대칭이므로 두 곡선의 교점의 $x$좌표는 곡선 $y=f(x)$와 직선 $y=x$의 교점의 $x$좌표와 같다.

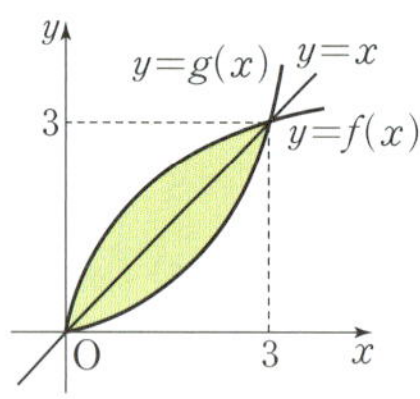

즉, $-\dfrac{4}{x+1}+4 = x$에서

$-4 = (x+1)(x-4),\ -4 = x^2 - 3x - 4$

$x^2 - 3x = 0,\ x(x-3) = 0$

$\therefore x = 0\ 또는\ x = 3$

이때 두 곡선 $y=f(x)$, $y=g(x)$로 둘러싸인 도형의 넓이는 곡선 $y=f(x)$와 직선 $y=x$로 둘러싸인 도형의 넓이의 2배와 같으므로 구하는 도형의 넓이를 $S$라 하면

$S = 2\displaystyle\int_0^3 \left|x-\left(-\dfrac{4}{x+1}+4\right)\right|dx$

$= 2\displaystyle\int_0^3 \left\{-x+\left(-\dfrac{4}{x+1}+4\right)\right\}dx$

$= 2\displaystyle\int_0^3 \left(-x-\dfrac{4}{x+1}+4\right)dx$

$= 2\left[-\dfrac{1}{2}x^2 - 4\ln(x+1) + 4x\right]_0^3$

$= 2\left\{\left(\dfrac{15}{2}-4\ln 4\right)-0\right\} = 15 - 16\ln 2$

## 1308  답 16

$f(x) = \ln(x+1)$에서 $f'(x) = \dfrac{1}{x+1}$

이때 $f(0) = 0,\ f'(0) = 1$이므로 원점에서 곡선 $y=f(x)$에 그은 접선의 방정식은 $y = x$이다.

한편, 오른쪽 그림과 같이 두 곡선 $y=f(x)$, $y=g(x)$는 직선 $y=x$에 대하여 대칭이므로 두 곡선 $y=f(x)$, $y=g(x)$ 및 두 직선 $x=1$, $y=1$로 둘러싸인 도형의 넓이는 곡선 $y=f(x)$와 두 직선 $y=x$, $x=1$로 둘러싸인 도형의 넓이의 2배와 같다.

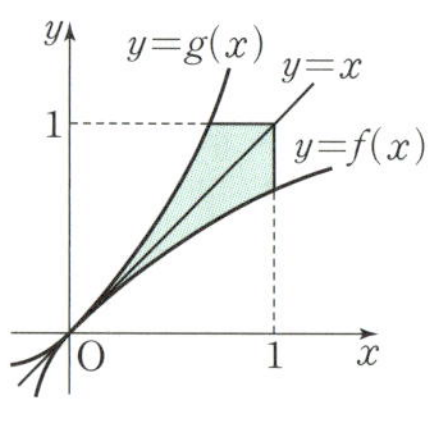

따라서 도형의 넓이를 $S$라 하면

$S = 2\left(\dfrac{1}{2}\cdot 1\cdot 1 - \displaystyle\int_0^1 \ln(x+1)\,dx\right) = 1 - 2\displaystyle\int_0^1 \ln(x+1)\,dx$

$\displaystyle\int_0^1 \ln(x+1)\,dx$에서 $u(x) = \ln(x+1)$, $v'(x) = 1$이라 하면

$u'(x) = \dfrac{1}{x+1},\ v(x) = x$이므로

$S = 1 - 2\left(\Big[x\ln(x+1)\Big]_0^1 - \displaystyle\int_0^1 \dfrac{x}{x+1}\,dx\right)$

$= 1 - 2\left\{(\ln 2 - 0) - \displaystyle\int_0^1 \left(1-\dfrac{1}{x+1}\right)dx\right\}$

$= 1 - 2\left(\ln 2 - \Big[x - \ln|x+1|\Big]_0^1\right)$

$= 1 - 2\big[\ln 2 - \{(1-\ln 2) - 0\}\big]$

$= 1 - 2(2\ln 2 - 1)$

$= 3 - 4\ln 2 = 3 - \ln 16$

$\therefore k = 16$

## 1309  답 ①

오른쪽 그림과 같이 두 곡선 $y=f(x)$, $y=g(x)$는 직선 $y=x$에 대하여 대칭이므로 색칠한 도형의 넓이를 $S_1$, 빗금 친 도형의 넓이를 $S_2$라 하면

$S_1 = S_2$

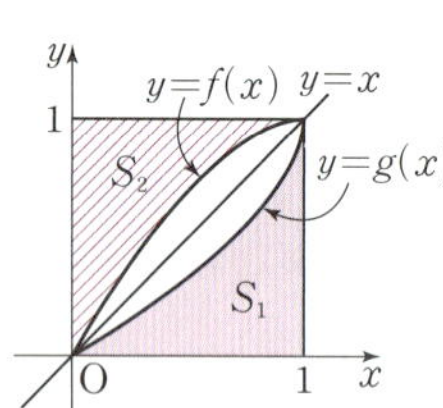

이때 $\displaystyle\int_0^1 f(x)\,dx + S_2 = 1$이고

$\displaystyle\int_0^1 f(x)\,dx = \displaystyle\int_0^1 \sin\dfrac{\pi}{2}x\,dx = \left[-\dfrac{2}{\pi}\cos\dfrac{\pi}{2}x\right]_0^1$

$= 0 - \left(-\dfrac{2}{\pi}\right) = \dfrac{2}{\pi}$

이므로

$S_2 = 1 - \dfrac{2}{\pi}$

따라서 곡선 $y=g(x)$와 $x$축 및 직선 $x=1$로 둘러싸인 도형의 넓이는

$\displaystyle\int_0^1 g(x)\,dx = S_1 = S_2 = 1 - \dfrac{2}{\pi}$

## 1310  답 ④

$f(x) = (x+1)e^x$에서

$f'(x) = e^x + (x+1)e^x = (x+2)e^x$

즉, $x \geq 0$에서 $f'(x) > 0$이므로 함수 $f(x)$는 증가한다.

오른쪽 그림과 같이 두 곡선 $y=f(x)$, $y=g(x)$는 직선 $y=x$에 대하여 대칭이므로 색칠한 도형의 넓이를 $S_1$, 빗금 친 도형의 넓이를 $S_2$라 하면

$S_1 = S_2$

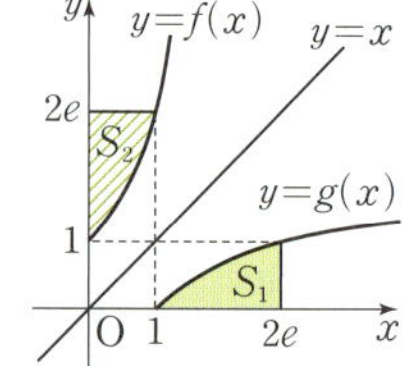

$$\therefore \int_0^1 f(x)\,dx+\int_1^{2e} g(x)\,dx=\int_0^1 f(x)\,dx+S_1$$
$$=\int_0^1 f(x)\,dx+S_2$$
$$=1\cdot 2e=2e$$

## 1311  답 ④

## 1312  답 ③

단면의 넓이를 $S(x)$라 하면 $S(x)=\dfrac{x}{x^2+1}$이므로 입체도형의 부피를 $V$라 하면

$$V=\int_0^5 S(x)\,dx=\int_0^5 \frac{x}{x^2+1}\,dx$$
$$=\frac{1}{2}\int_0^5 \frac{2x}{x^2+1}\,dx=\frac{1}{2}\Big[\ln|x^2+1|\Big]_0^5$$
$$=\frac{1}{2}(\ln 26-0)=\ln\sqrt{26}$$
$$\therefore k=\sqrt{26}$$

## 1313  답 ⑤

수면의 넓이를 $S(x)$라 하면 $S(x)=\dfrac{1}{9-x}$이므로 이 물통의 부피를 $V\ \mathrm{cm}^3$라 하면

$$V=\int_0^8 S(x)\,dx=\int_0^8 \frac{1}{9-x}\,dx$$
$$=\Big[-\ln|9-x|\Big]_0^8=0-(-\ln 9)$$
$$=\ln 9=2\ln 3$$

물의 양의 $\dfrac{1}{2}$만큼을 덜어내고 난 후의 수면의 높이를 $k\ \mathrm{cm}$라 하면

$$\int_0^k \frac{1}{9-x}\,dx=\frac{V}{2}=\ln 3$$

이때

$$\int_0^k \frac{1}{9-x}\,dx=\Big[-\ln|9-x|\Big]_0^k=-\ln|9-k|+\ln 9$$

이므로

$$-\ln|9-k|+\ln 9=\ln 3$$
$$\ln|9-k|=\ln 3,\ |9-k|=3$$
$$\therefore k=6\ (\because 0\le k\le 8)$$

## 1314  답 ②

단면의 넓이를 $S(x)$라 하면 $S(x)=3\sqrt{ax+1}$
이때 입체도형의 부피가 26이므로

$$\int_0^4 S(x)\,dx=\int_0^4 3\sqrt{ax+1}\,dx$$
$$=\Big[\frac{2}{a}(ax+1)^{\frac{3}{2}}\Big]_0^4$$
$$=\frac{2}{a}(4a+1)^{\frac{3}{2}}-\frac{2}{a}=26$$

에서 $\dfrac{2}{a}\{(4a+1)^{\frac{3}{2}}-1\}=26$

$$(4a+1)^{\frac{3}{2}}=13a+1,\ (4a+1)^3=(13a+1)^2$$
$$64a^3-121a^2-14a=0$$
$$a(64a+7)(a-2)=0$$
$$\therefore a=2\ (\because a>0)$$

## 1315  답 ③

$V(0)=0$에서 $0=b-2$  $\therefore b=2$
물의 깊이가 $x$일 때의 수면의 넓이를 $S(x)$라 하면

$$V(x)=\int_0^x S(x)\,dx$$

위의 식의 양변을 $x$에 대하여 미분하면

$$V'(x)=S(x)$$
$$V(x)=(2x+a)\sin x에서$$
$$V'(x)=2\sin x+(2x+a)\cos x$$
$$\therefore S(x)=2\sin x+(2x+a)\cos x$$

물의 깊이가 $\dfrac{\pi}{4}\ \mathrm{cm}$일 때의 수면의 넓이가 $\sqrt{2}\pi\ \mathrm{cm}^2$이므로

$$S\Big(\frac{\pi}{4}\Big)=\sqrt{2}\pi$$
$$2\cdot\frac{\sqrt{2}}{2}+\Big(2\cdot\frac{\pi}{4}+a\Big)\cdot\frac{\sqrt{2}}{2}=\sqrt{2}\pi,\ \sqrt{2}+\frac{\sqrt{2}}{4}\pi+\frac{\sqrt{2}}{2}a=\sqrt{2}\pi$$
$$4+\pi+2a=4\pi,\ 2a=3\pi-4$$
$$\therefore a=\frac{3}{2}\pi-2$$
$$\therefore (a+b)b=\Big(\frac{3}{2}\pi-2+2\Big)\cdot 2=3\pi$$

## 1316  답 ③

## 1317  답 ②

밑면으로부터의 높이가 $x$일 때 단면의 넓이를 $S(x)$라 하면

$$S(x)=\frac{\sqrt{3}}{4}(2e^{\frac{x}{4}})^2=\sqrt{3}e^{\frac{x}{2}}$$

따라서 구하는 입체도형의 부피를 $V$라 하면

$$V=\int_0^{\ln 9} S(x)\,dx=\int_0^{\ln 9}\sqrt{3}e^{\frac{x}{2}}\,dx=\Big[2\sqrt{3}e^{\frac{x}{2}}\Big]_0^{\ln 9}$$
$$=6\sqrt{3}-2\sqrt{3}=4\sqrt{3}$$

## 1318  답 ②

오른쪽 그림과 같이 $x$축 위의 점
$\mathrm{P}(x,\ 0)\ (0\le x\le\pi)$을 지나고 $x$축에
수직인 직선이 곡선 $y=2\sin x\sqrt{\sin x}$
와 만나는 점을 $\mathrm{Q}$라 하면
$\mathrm{Q}(x,\ 2\sin x\sqrt{\sin x})$이다.

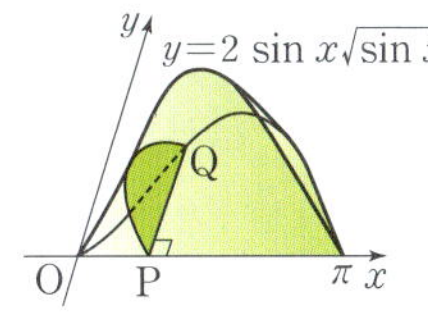


점 $\mathrm{P}$를 지나고 $x$축에 수직인 평면으로 입체도형을 자른 단면은
반지름의 길이가 $\dfrac{1}{2}\overline{\mathrm{PQ}}$인 반원이므로 그 넓이를 $S(x)$라 하면

$$S(x)=\frac{1}{2}\cdot\pi\Big(\frac{1}{2}\overline{\mathrm{PQ}}\Big)^2=\frac{1}{2}\cdot\pi(\sin x\sqrt{\sin x})^2=\frac{\pi}{2}\sin^3 x$$

따라서 구하는 입체도형의 부피를 $V$라 하면

$$V=\int_0^\pi S(x)\,dx=\int_0^\pi \frac{\pi}{2}\sin^3 x\,dx$$
$$=\frac{\pi}{2}\int_0^\pi \sin^2 x\cdot\sin x\,dx=\frac{\pi}{2}\int_0^\pi (1-\cos^2 x)\sin x\,dx$$

$\cos x=t$라 하면 $\dfrac{dt}{dx}=-\sin x$이고,

$x=0$일 때 $t=1$, $x=\pi$일 때 $t=-1$이므로

$$V=\frac{\pi}{2}\int_1^{-1}(1-t^2)\cdot(-1)\,dt=\frac{\pi}{2}\int_{-1}^1 (1-t^2)\,dt$$
$$=\frac{\pi}{2}\Big[t-\frac{1}{3}t^3\Big]_{-1}^1=\frac{\pi}{2}\Big\{\frac{2}{3}-\Big(-\frac{2}{3}\Big)\Big\}=\frac{2}{3}\pi$$

오른쪽 그림과 같이 밑면의 중심을 원점, 어떤 한 지름을 $x$축으로 정하고, $x$축 위의 점 $\mathrm{P}(x,\,0)\,(-3\le x\le 3)$을 지나고 $x$축에 수직인 평면으로 입체도형을 자른 단면을 $\triangle \mathrm{QRS}$라 하자.

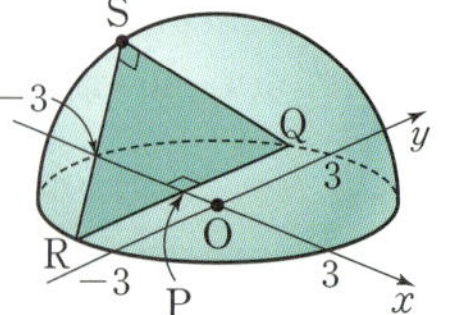

이때 밑면은 원점을 중심으로 하고 반지름의 길이가 3인 원이므로 원의 방정식은 $x^2+y^2=9$이다.

$y^2=9-x^2$에서 $y=\pm\sqrt{9-x^2}$

$\therefore \overline{\mathrm{QR}}=2\sqrt{9-x^2}$

즉, $\triangle \mathrm{QRS}$는 빗변의 길이가 $2\sqrt{9-x^2}$인 직각이등변삼각형이므로 그 넓이를 $S(x)$라 하면

$$S(x)=\frac{1}{2}\left(\frac{2\sqrt{9-x^2}}{\sqrt{2}}\right)^2=9-x^2$$

따라서 구하는 입체도형의 부피를 $V$라 하면

$$V=\int_{-3}^{3}S(x)\,dx=\int_{-3}^{3}(9-x^2)\,dx$$
$$=\left[9x-\frac{1}{3}x^3\right]_{-3}^{3}=18-(-18)=36$$

## 1320　답 ①

오른쪽 그림과 같이 포물선의 대칭축을 $y$축, 대칭축에 수직인 선분을 $x$축으로 정하고, 포물선이 $x$축과 만나는 점을 각각 A, B라 하자.

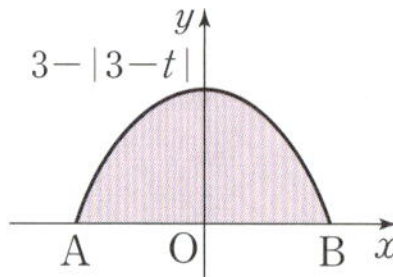

이때 조건 (나)에서 $\overline{\mathrm{AB}}=2$이므로 두 점 A, B의 좌표는 각각 $(-1,\,0)$, $(1,\,0)$이다.

또한, 포물선의 꼭짓점의 좌표가 $(0,\,3-|3-t|)$이므로 포물선의 방정식은

$$y=(3-|3-t|)(1+x)(1-x)=(3-|3-t|)(1-x^2)$$

이때 $g(t)=3-|3-t|$라 하면 단면의 넓이는 곡선 $y=g(t)(1-x^2)$와 $x$축으로 둘러싸인 도형의 넓이와 같으므로 단면의 넓이를 $S(t)$라 하면

$$S(t)=\int_{-1}^{1}g(t)(1-x^2)\,dx$$
$$=g(t)\cdot\int_{-1}^{1}(1-x^2)\,dx$$
$$=g(t)\cdot\left[x-\frac{1}{3}x^3\right]_{-1}^{1}$$
$$=g(t)\cdot\left\{\frac{2}{3}-\left(-\frac{2}{3}\right)\right\}$$
$$=\frac{4}{3}g(t)$$

따라서 구하는 입체도형의 부피를 $V$라 하면

$$V=\int_{0}^{6}S(t)\,dt=\int_{0}^{6}\frac{4}{3}g(t)\,dt$$

$3-|3-t|=\begin{cases} t & (0\le t<3) \\ 6-t & (3\le t\le 6)\end{cases}$

$$=\frac{4}{3}\left(\int_{0}^{3}t\,dt+\int_{3}^{6}(6-t)\,dt\right)$$
$$=\frac{4}{3}\left(\left[\frac{1}{2}t^2\right]_{0}^{3}+\left[6t-\frac{1}{2}t^2\right]_{3}^{6}\right)$$
$$=\frac{4}{3}\left\{\left(\frac{9}{2}-0\right)+\left(18-\frac{27}{2}\right)\right\}$$
$$=\frac{4}{3}\left(\frac{9}{2}+\frac{9}{2}\right)=12$$

## 1321　답 ②

## 1322　답 ④

점 P가 점 A에서 출발하여 점 A로 다시 돌아오는 시각을 $k$라 하면 시각 $t=0$에서 $t=k$까지 점 P의 위치의 변화량이 0이므로

$$\int_{0}^{k}\left(4-\sqrt{\frac{2}{3}t}\right)dt=\left[4t-\left(\frac{2}{3}t\right)^{\frac{3}{2}}\right]_{0}^{k}=\left\{4k-\left(\frac{2}{3}k\right)^{\frac{3}{2}}\right\}-0=0$$

에서 $4k=\left(\frac{2}{3}k\right)^{\frac{3}{2}}$

$16k^2=\frac{8}{27}k^3$, $8k^2\left(\frac{k}{27}-2\right)=0$

$\therefore k=54$

└→ $t=0$에서의 점 P의 위치가 0이므로

## 1323　답 ⑤

$t=k\,(0<k\le 6)$에서 점 P의 위치는

$$0+\int_{0}^{k}\cos 3t\,dt=\left[\frac{1}{3}\sin 3t\right]_{0}^{k}=\frac{1}{3}\sin 3k-0=\frac{1}{3}\sin 3k$$

점 P가 원점을 지나려면 $\frac{1}{3}\sin 3k=0$에서

$\sin 3k=0$

이때 $0<3k\le 18$이므로 방정식을 만족시키는 $k$의 개수는 $\frac{\pi}{3}$, $\frac{2}{3}\pi$, $\pi$, $\frac{4}{3}\pi$, $\frac{5}{3}\pi$의 5이다.

따라서 점 P는 원점을 5번 지난다.

## 1324　답 ④

점 P가 원점을 지날 때의 시각을 $k$라 하면

$$0=4+\int_{0}^{k}(3-t)e^t\,dt \quad\cdots\cdots\;\bigcirc$$

└→ $t=0$에서의 점 P의 위치가 4이므로

$\int_{0}^{k}(3-t)e^t\,dt$에서 $u(t)=3-t$, $v'(t)=e^t$이라 하면

$u'(t)=-1$, $v(t)=e^t$이므로

$$\int_{0}^{k}(3-t)e^t\,dt=\left[(3-t)e^t\right]_{0}^{k}+\int_{0}^{k}e^t\,dt$$
$$=\{(3-k)e^k-3\}+\left[e^t\right]_{0}^{k}$$
$$=(3-k)e^k-3+(e^k-1)$$
$$=(4-k)e^k-4$$

즉, $\bigcirc$에 의하여 $(4-k)e^k=0$　$\therefore k=4\;(e^k>0)$

따라서 시각 $t=0$에서 $t=4$까지 점 P가 움직인 거리를 $s$라 하면

$$s=\int_{0}^{4}|(3-t)e^t|\,dt$$
$$=\int_{0}^{3}(3-t)e^t\,dt+\int_{3}^{4}\{-(3-t)e^t\}\,dt$$
$$=\int_{0}^{3}(3-t)e^t\,dt-\int_{3}^{4}(3-t)e^t\,dt$$
$$=\left(\left[(3-t)e^t\right]_{0}^{3}+\int_{0}^{3}e^t\,dt\right)-\left(\left[(3-t)e^t\right]_{3}^{4}+\int_{3}^{4}e^t\,dt\right)$$
$$=\left\{(0-3)+\left[e^t\right]_{0}^{3}\right\}-\left\{(-e^4-0)+\left[e^t\right]_{3}^{4}\right\}$$
$$=\{-3+(e^3-1)\}-\{-e^4+(e^4-e^3)\}=2e^3-4$$

## 1325　답 ④

시각 $t=3$에서 $t=k$까지 점 P가 움직인 거리는

$$\int_{3}^{k}|v(t)|\,dt$$

한편, 조건 (나)에서 함수 $v(t)$는 주기가 2인 주기함수이므로 함수 $y=|v(t)|$의 그래프는 다음 그림과 같다.

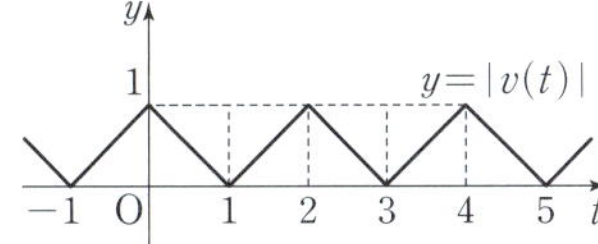

이때
$$\cdots=\int_{-1}^{0}|v(t)|\,dt=\int_{0}^{1}|v(t)|\,dt=\int_{1}^{2}|v(t)|\,dt=\cdots=\frac{1}{2}$$
이므로
$$\int_{3}^{k}|v(t)|\,dt=(k-3)\int_{0}^{1}|v(t)|\,dt=\frac{k-3}{2}=3$$
에서 $k=9$이다.

## 1326  답 ④

## 1327  답 ③

$\dfrac{dx}{dt}=e^{t}-1,\ \dfrac{dy}{dt}=2e^{\frac{t}{2}}$이므로 구하는 거리를 $s$라 하면

$$s=\int_{0}^{1}\sqrt{(e^{t}-1)^{2}+(2e^{\frac{t}{2}})^{2}}\,dt$$
$$=\int_{0}^{1}\sqrt{e^{2t}-2e^{t}+1+4e^{t}}\,dt$$
$$=\int_{0}^{1}\sqrt{e^{2t}+2e^{t}+1}\,dt$$
$$=\int_{0}^{1}\sqrt{(e^{t}+1)^{2}}\,dt$$
$$=\int_{0}^{1}(e^{t}+1)\,dt=\Big[e^{t}+t\Big]_{0}^{1}$$
$$=(e+1)-1=e$$

## 1328  답 ⑤

$\dfrac{dx}{dt}=\dfrac{3}{2}\sqrt{2t+1},\ \dfrac{dy}{dt}=\dfrac{3}{2}\sqrt{t}$이고, 시각 $t=0$에서 $t=a$까지 점 P가 움직인 거리가 21이므로

$$\int_{0}^{a}\sqrt{\left(\frac{3}{2}\sqrt{2t+1}\right)^{2}+\left(\frac{3}{2}\sqrt{t}\right)^{2}}\,dt=\int_{0}^{a}\sqrt{\frac{9}{4}(2t+1)+\frac{9}{4}t}\,dt$$
$$=\int_{0}^{a}\sqrt{\frac{9}{4}(3t+1)}\,dt$$
$$=\int_{0}^{a}\frac{3}{2}\sqrt{3t+1}\,dt$$
$$=\Big[\frac{1}{3}(3t+1)^{\frac{3}{2}}\Big]_{0}^{a}$$
$$=\frac{1}{3}(3a+1)^{\frac{3}{2}}-\frac{1}{3}$$
$$=21$$

에서 $(3a+1)^{\frac{3}{2}}=64$

$3a+1=16$

$\therefore a=5$

## 1329  답 ①

$\dfrac{dx}{dt}=at,\ \dfrac{dy}{dt}=at^{2}$이고, 시각 $t=0$에서 $t=2\sqrt{2}$까지 점 P가 움직인 거리가 104이므로

$$\int_{0}^{2\sqrt{2}}\sqrt{(at)^{2}+(at^{2})^{2}}\,dt=\int_{0}^{2\sqrt{2}}\sqrt{a^{2}t^{2}+a^{2}t^{4}}\,dt$$
$$=\int_{0}^{2\sqrt{2}}\sqrt{a^{2}t^{2}(1+t^{2})}\,dt$$
$$=\int_{0}^{2\sqrt{2}}at\sqrt{1+t^{2}}\,dt\ (\because\ a>0,\ t>0)$$

$1+t^{2}=k$라 하면 $\dfrac{dk}{dt}=2t$이고,

$t=0$일 때 $k=1$, $t=2\sqrt{2}$일 때 $k=9$이므로

$$\int_{0}^{2\sqrt{2}}at\sqrt{1+t^{2}}\,dt=\int_{1}^{9}\frac{a}{2}\sqrt{k}\,dk=\Big[\frac{a}{3}k^{\frac{3}{2}}\Big]_{1}^{9}$$
$$=9a-\frac{a}{3}=\frac{26}{3}a$$
$$=104$$

에서 $a=12$

## 1330  답 ③

$\dfrac{dx}{dt}=2\sin t\cos t=\sin 2t,\ \dfrac{dy}{dt}=-\sin 2t$이므로 시각 $t$에서의 점 P의 속력은

$$\sqrt{(\sin 2t)^{2}+(-\sin 2t)^{2}}=\sqrt{2\sin^{2}2t}=\sqrt{2}\,|\sin 2t|$$

점 P가 원점을 출발하여 처음으로 속력이 0이 되는 시각을 $t=k$라 하면

$\sqrt{2}\,|\sin 2k|=0,\ \sin 2k=0$

$\therefore k=\dfrac{n}{2}\pi$ (단, $n$은 자연수)

점 P가 원점을 출발하여 처음으로 속력이 0이 되는 시각은 $n=1$일 때, 즉 $k=\dfrac{\pi}{2}$일 때이므로 시각 $t=0$에서 $t=\dfrac{\pi}{2}$까지 점 P가 움직인 거리를 $s$라 하면

$$s=\int_{0}^{\frac{\pi}{2}}\sqrt{2}\,|\sin 2t|\,dt=\int_{0}^{\frac{\pi}{2}}\sqrt{2}\sin 2t\,dt$$
$$=\Big[-\frac{\sqrt{2}}{2}\cos 2t\Big]_{0}^{\frac{\pi}{2}}=\frac{\sqrt{2}}{2}-\left(-\frac{\sqrt{2}}{2}\right)=\sqrt{2}$$



## 1331  답 ③

## 1332  답 ③

$\dfrac{dx}{dt}=\dfrac{1}{t},\ \dfrac{dy}{dt}=\dfrac{1}{2}\left(1-\dfrac{1}{t^{2}}\right)$이므로 구하는 곡선의 길이를 $l$이라 하면

$$l=\int_{1}^{2}\sqrt{\left(\frac{1}{t}\right)^{2}+\left\{\frac{1}{2}\left(1-\frac{1}{t^{2}}\right)\right\}^{2}}\,dt$$
$$=\int_{1}^{2}\sqrt{\frac{1}{t^{2}}+\frac{1}{4}\left(1-\frac{2}{t^{2}}+\frac{1}{t^{4}}\right)}\,dt$$
$$=\int_{1}^{2}\sqrt{\frac{1}{4}\left(1+\frac{2}{t^{2}}+\frac{1}{t^{4}}\right)}\,dt=\int_{1}^{2}\sqrt{\left\{\frac{1}{2}\left(1+\frac{1}{t^{2}}\right)\right\}^{2}}\,dt$$
$$=\int_{1}^{2}\frac{1}{2}\left(1+\frac{1}{t^{2}}\right)dt=\frac{1}{2}\Big[t-\frac{1}{t}\Big]_{1}^{2}$$
$$=\frac{1}{2}\left(\frac{3}{2}-0\right)=\frac{3}{4}$$

## 1333  답 ⑤

$y=\dfrac{2}{3}x\sqrt{x}$에서 $y'=\sqrt{x}$

이때 $x=0$에서 $x=a$까지의 곡선의 길이가 42이므로

$$\int_0^a \sqrt{1+(\sqrt{x})^2}\,dx=\int_0^a \sqrt{1+x}\,dx=\left[\frac{2}{3}(x+1)^{\frac{3}{2}}\right]_0^a$$
$$=\frac{2}{3}(a+1)^{\frac{3}{2}}-\frac{2}{3}=42$$

에서 $(a+1)^{\frac{3}{2}}=64$

$a+1=16$

$\therefore a=15$

## 1334 답 ④

$y=\int_0^x \sqrt{t^2+2t}\,dt$에서 $y'=\sqrt{x^2+2x}$

이때 $x=0$에서 $x=a$까지의 곡선의 길이가 12이므로

$$\int_0^a \sqrt{1+(\sqrt{x^2+2x})^2}\,dx=\int_0^a \sqrt{1+x^2+2x}\,dx$$
$$=\int_0^a \sqrt{(x+1)^2}\,dx$$
$$=\int_0^a (x+1)\,dx=\left[\frac{1}{2}x^2+x\right]_0^a$$
$$=\frac{1}{2}a^2+a=12$$

에서 $a^2+2a=24$

$a^2+2a-24=0$, $(a+6)(a-4)=0$

$\therefore a=4\ (\because a>0)$

## 1335 답 10

$\dfrac{dx}{dt}=k(\cos t-\sin 3t)$, $\dfrac{dy}{dt}=k(-\sin t+\cos 3t)$이고 $t=0$에서

$t=\pi$까지의 곡선의 길이가 5이므로

$$\int_0^\pi k\sqrt{(\cos t-\sin 3t)^2+(-\sin t+\cos 3t)^2}\,dt$$
$$=\int_0^\pi k\sqrt{2-2(\sin 3t\cos t+\cos 3t\sin t)}\,dt$$
$$=\int_0^\pi k\sqrt{2-2\sin 4t}\,dt$$

에서 $\displaystyle\int_0^\pi k\sqrt{2-2\sin 4t}\,dt=5$

이때 $f(t)=\sqrt{2-2\sin 4t}$라 하면 함수 $f(t)$는 주기가 $\dfrac{2\pi}{4}=\dfrac{\pi}{2}$인

주기함수이므로

$$\int_0^\pi k\sqrt{2-2\sin 4t}\,dt=\int_\pi^{2\pi} k\sqrt{2-2\sin 4t}\,dt$$

따라서 $t=0$에서 $t=2\pi$까지의 곡선의 길이는

$$\int_0^{2\pi} k\sqrt{2-2\sin 4t}\,dt=2\int_0^\pi k\sqrt{2-2\sin 4t}\,dt$$
$$=2\cdot5=10$$

본문 220~222쪽

## 1336 답 ②



정적분과 급수의 합 사이의 관계를 이용하여 주어진 식을 변형한다.

$$\lim_{n\to\infty}\frac{\ln\left(1+\frac{1}{n}\right)\left(1+\frac{2}{n}\right)\left(1+\frac{3}{n}\right)\cdots\left(1+\frac{2n}{n}\right)}{n}$$
$$=\lim_{n\to\infty}\sum_{k=1}^{2n}\frac{\ln\left(1+\frac{k}{n}\right)}{n}$$
$$=\lim_{n\to\infty}\sum_{k=1}^{2n}\ln\left(1+\frac{2k}{2n}\right)\cdot\frac{2}{2n} \longrightarrow \text{부분이 같아지도록 식을 변형한다.}$$

이때 $f(x)=\ln x$, $a=1$, $b=3$으로 놓으면

$\Delta x=\dfrac{b-a}{2n}=\dfrac{2}{2n}$, $x_k=a+k\Delta x=1+\dfrac{2k}{2n}$이므로

정적분과 급수의 합 사이의 관계에 의하여

$$\lim_{n\to\infty}\sum_{k=1}^{2n}\ln\left(1+\frac{2k}{2n}\right)\cdot\frac{2}{2n}=\int_1^3 f(x)\,dx$$
$$=\int_1^3 \ln x\,dx$$

$\displaystyle\int_1^3 \ln x\,dx$에서 $u(x)=\ln x$, $v'(x)=1$이라 하면

$u'(x)=\dfrac{1}{x}$, $v(x)=x$이므로

$$\int_1^3 \ln x\,dx=\left[x\ln x\right]_1^3-\int_1^3 1\,dx$$
$$=(3\ln 3-0)-\left[x\right]_1^3$$
$$=3\ln 3-(3-1)$$
$$=3\ln 3-2$$

## 1337 답 ④



먼저 삼각함수의 덧셈정리를 이용하여 주어진 함수를 간단히 한다.

$$y=\sin x+\cos x$$
$$=\sqrt{2}\left(\frac{1}{\sqrt{2}}\sin x+\frac{1}{\sqrt{2}}\cos x\right)$$
$$=\sqrt{2}\left(\cos\frac{\pi}{4}\sin x+\sin\frac{\pi}{4}\cos x\right)$$
$$=\sqrt{2}\sin\left(x+\frac{\pi}{4}\right)$$

곡선 $y=\sqrt{2}\sin\left(x+\dfrac{\pi}{4}\right)$와 $x$축의 교점의 $x$좌표는

$\sqrt{2}\sin\left(x+\dfrac{\pi}{4}\right)=0$에서

$\sin\left(x+\dfrac{\pi}{4}\right)=0$

$\therefore x=\dfrac{3}{4}\pi\ (\because 0<x<\pi)$

따라서 구하는 도형의 넓이를 $S$라 하면

$$S=\int_0^\pi \left|\sqrt{2}\sin\left(x+\frac{\pi}{4}\right)\right|dx$$
$$=\int_0^{\frac{3}{4}\pi} \sqrt{2}\sin\left(x+\frac{\pi}{4}\right)dx$$
$$+\int_{\frac{3}{4}\pi}^\pi \left\{-\sqrt{2}\sin\left(x+\frac{\pi}{4}\right)\right\}dx$$
$$=\left[-\sqrt{2}\cos\left(x+\frac{\pi}{4}\right)\right]_0^{\frac{3}{4}\pi}+\left[\sqrt{2}\cos\left(x+\frac{\pi}{4}\right)\right]_{\frac{3}{4}\pi}^\pi$$
$$=\{\sqrt{2}-(-1)\}+\{-1-(-\sqrt{2})\}$$
$$=2\sqrt{2}$$

오른쪽 그림과 같이 좌표평면 위에
점 P(1, 1)을 잡고 동경 OP가 $x$축의 양의
방향과 이루는 각의 크기가 $\dfrac{\pi}{4}$이므로

$\cos \dfrac{\pi}{4} = \dfrac{1}{\sqrt{2}}$, $\sin \dfrac{\pi}{4} = \dfrac{1}{\sqrt{2}}$

이다. 따라서

$\begin{aligned}
\sin x + \cos x &= \sqrt{2}\left( \dfrac{1}{\sqrt{2}} \sin x + \dfrac{1}{\sqrt{2}} \cos x \right) \\
&= \sqrt{2}\left( \cos \dfrac{\pi}{4} \sin x + \sin \dfrac{\pi}{4} \cos x \right) \\
&= \sqrt{2} \sin\left( x + \dfrac{\pi}{4} \right)
\end{aligned}$

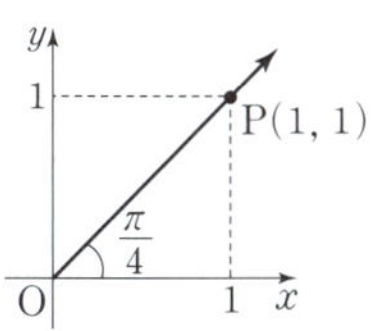

## 1338　답 ⑤



곡선 $y=f(x)$와 $x$축 및 직선 $x=2$로 둘러싸인 두 도형의 넓이가 같으므로 $\displaystyle\int_0^2 f(x)\,dx=0$이다.

$S_1 = S_2$이므로

$\displaystyle\int_0^2 f(x)\,dx=0$ ······ ㉠

$\displaystyle\int_0^2 (x+1)f'(x)\,dx$에서 $u(x)=x+1$, $v'(x)=f'(x)$라 하면
$u'(x)=1$, $v(x)=f(x)$이므로

$\begin{aligned}
\int_0^2 (x+1)f'(x)\,dx &= \Big[ (x+1)f(x) \Big]_0^2 - \int_0^2 f(x)\,dx \\
&= \Big[ (x+1)f(x) \Big]_0^2 \ (\because ㉠) \\
&= 3f(2) - f(0) \\
&= 3 \cdot 2 \\
&= 6
\end{aligned}$

$f(0)=0,\ f(2)=2$

## 1339　답 ④



직선 $y=(\ln k)x+1$은 실수 $k$의 값에 관계없이 점 $(0,\,1)$을 지난다.

곡선 $y=\ln(x+1)+1$과 $x$축 및 두
직선 $x=0$, $x=1$로 둘러싸인 도형
의 넓이를 $S$라 하면

$\begin{aligned}
S &= \int_0^1 \{\ln(x+1)+1\}\,dx \\
&= \int_0^1 \ln(x+1)\,dx + \int_0^1 1\,dx
\end{aligned}$

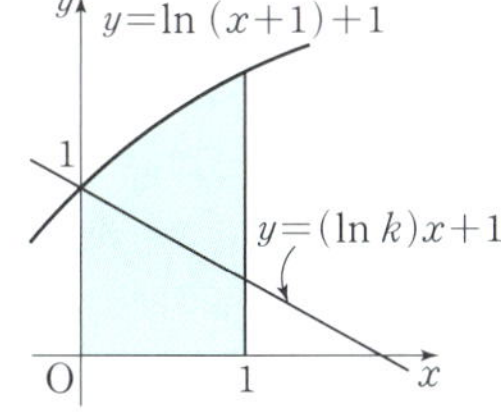


$\displaystyle\int_0^1 \ln(x+1)\,dx$에서 $u(x)=\ln(x+1)$, $v'(x)=1$이라 하면

$u'(x)=\dfrac{1}{x+1}$, $v(x)=x$이므로

$\begin{aligned}
S &= \int_0^1 \ln(x+1)\,dx + \int_0^1 1\,dx \\
&= \Big[ x\ln(x+1) \Big]_0^1 - \int_0^1 \dfrac{x}{x+1}\,dx + \int_0^1 1\,dx \\
&= (\ln 2 - 0) + \int_0^1 \dfrac{1}{x+1}\,dx \\
&= \ln 2 + \Big[ \ln|x+1| \Big]_0^1 \\
&= \ln 2 + (\ln 2 - 0) \\
&= 2\ln 2
\end{aligned}$

정적분의 성질에 의하여
$-\displaystyle\int_0^1 \dfrac{x}{x+1}\,dx + \int_0^1 1\,dx$
$=\displaystyle\int_0^1 \left( -\dfrac{x}{x+1}+1 \right)dx$
$=\displaystyle\int_0^1 \dfrac{1}{x+1}\,dx$

---

이때 직선 $y=(\ln k)x+1$은 실수 $k$의 값에 관계없이 항상 점
$(0,\,1)$을 지나므로 두 직선 $y=(\ln k)x+1$, $x=1$ 및 $x$축, $y$축
으로 둘러싸인 도형의 넓이는 $\dfrac{1}{2}S$, 즉 $\ln 2$이다.

$\dfrac{1}{2}\big(\ln k+1+1\big)\cdot 1=\ln 2$

윗변의 길이가 $\ln k+1$,
아랫변의 길이가 1,
높이가 1인 사다리꼴의 넓이

$\ln k+2=2\ln 2$

$\ln k=2\ln 2-2$

$\ln k=\ln \dfrac{4}{e^2}$

$\therefore k=\dfrac{4}{e^2}$

## 1340　답 8



점 P가 원점으로 다시 돌아오는 시각을 $k$라 하고 부분적분법을 두 번 이용
하여 $k$의 값을 구한다.

점 P가 원점으로 다시 돌아오는 시각을 $k\ (k>0)$라 하면

$0=0+\displaystyle\int_0^k v(t)\,dt$

$t=0$일 때 점 P의 위치가 0이므로

$\therefore \displaystyle\int_0^k (t^2-2)e^t\,dt=0$ ······ ㉠

$\displaystyle\int_0^k (t^2-2)e^t\,dt$에서 $u(t)=t^2-2$, $v'(t)=e^t$이라 하면
$u'(t)=2t$, $v(t)=e^t$이므로

$\begin{aligned}
\int_0^k (t^2-2)e^t\,dt &= \Big[ (t^2-2)e^t \Big]_0^k - \int_0^k 2te^t\,dt \\
&= \Big[ (t^2-2)e^t \Big]_0^k - 2\int_0^k te^t\,dt \quad \cdots\cdots ㉡
\end{aligned}$

$\displaystyle\int_0^k te^t\,dt$에서 $s(t)=t$, $w'(t)=e^t$이라 하면
$s'(t)=1$, $w(t)=e^t$이므로

$\displaystyle\int_0^k te^t\,dt = \Big[ te^t \Big]_0^k - \int_0^k e^t\,dt$ ······ ㉢

㉢을 ㉡에 대입하면

$\begin{aligned}
\int_0^k (t^2-2)e^t\,dt &= \{(k^2-2)e^k-(-2)\} - 2\left( \Big[ te^t \Big]_0^k - \int_0^k e^t\,dt \right) \\
&= (k^2-2)e^k+2-2\left\{ (ke^k-0) - \Big[ e^t \Big]_0^k \right\} \\
&= (k^2-2)e^k+2-2\{ke^k-(e^k-1)\} \\
&= (k^2-2)e^k+2-2\{(k-1)e^k+1\} \\
&= (k^2-2k)e^k
\end{aligned}$

$\therefore \displaystyle\int_0^k (t^2-2)e^t\,dt=(k^2-2k)e^k$ ······ ㉣

즉, ㉠, ㉣에 의하여 $(k^2-2k)e^k=0$이므로

$k(k-2)e^k=0$

$\therefore k=2\ (\because k>0)$

따라서 시각 $t=0$에서 $t=2$까지 점 P가 움직인 거리를 $s$라 하면

$\begin{aligned}
s &= \int_0^2 |(t^2-2)e^t|\,dt \\
&= \int_0^{\sqrt{2}} \{-(t^2-2)e^t\}\,dt + \int_{\sqrt{2}}^2 (t^2-2)e^t\,dt \\
&= -(2-2\sqrt{2})e^{\sqrt{2}} + \{0-(2-2\sqrt{2})e^{\sqrt{2}}\} \ (\because ㉣) \\
&= (4\sqrt{2}-4)e^{\sqrt{2}}
\end{aligned}$

$\therefore p=4,\ q=-4$

$\therefore p-q=4-(-4)=8$

㉣에서 적분 구간을 일반화하면
$$\int_a^b (t^2-2)e^t\,dt=\left[(t^2-2)e^t\right]_a^b-2\left(\left[te^t\right]_a^b-\int_a^b e^t\,dt\right)$$
$$=\left[(t^2-2)e^t\right]_a^b-2\left[te^t\right]_a^b+2\left[e^t\right]_a^b$$
$$=\left[(t^2-2t)e^t\right]_a^b$$

이므로 피적분함수가 같을 때에는 부분적분법을 여러 번 사용하지 않아도 적분 값을 쉽게 구할 수 있어.

## 1341  답 ①



치환적분법을 이용하여 $V_2$를 $V_1$에 대한 식으로 나타낸다.

$S_1(x)=f(x)$에서 $V_1=\int_0^3 f(x)\,dx$

$S_2(x)=(3x-3)f(x^2-2x)$에서 $V_2=\int_0^3 (3x-3)f(x^2-2x)\,dx$

$\int_0^3 (3x-3)f(x^2-2x)\,dx$에서

$x^2-2x=t$라 하면 $\dfrac{dt}{dx}=2x-2$이고,

$x=0$일 때 $t=0$, $x=3$일 때 $t=3$이므로

$V_2=\dfrac{3}{2}\int_0^3 f(t)\,dt=\dfrac{3}{2}V_1$   $\therefore \dfrac{V_1}{V_2}=\dfrac{2}{3}$

## 1342  답 ①



사잇값의 정리를 이용하여 곡선 $y=f(x)$의 개형을 추론한다.

$f(k)<0$인 실수 $k$의 값이 존재한다고 가정하면 함수 $f(x)$가 닫힌구간 $[0, k]$ 또는 $[k, 0]$에서 연속이고 $f(0)f(k)<0$이므로 사잇값의 정리에 의하여 방정식 $f(x)=0$은 열린구간 $(0, k)$ 또는 $(k, 0)$에서 적어도 하나의 실근을 갖는다.

그런데 조건 (나)에서 방정식 $f(x)=0$의 실근이 존재하지 않으므로 주어진 조건에 모순이다.

따라서 모든 실수 $x$에 대하여 $f(x)>0$이므로

$F(t)=\int_0^t |f(x)|\,dx=\int_0^t f(x)\,dx$   $\cdots\cdots$ ㉠

$\int_{-1}^2 \dfrac{xf(x^2)}{2}\,dx$에서 $x^2=t$라 하면 $\dfrac{dt}{dx}=2x$이고,

$x=-1$일 때 $t=1$, $x=2$일 때 $t=4$이므로

$\int_{-1}^2 \dfrac{xf(x^2)}{2}\,dx=\int_1^4 \dfrac{f(t)}{4}\,dt=\dfrac{1}{4}\int_1^4 f(t)\,dt$
$$=\dfrac{1}{4}\left\{\int_0^4 f(x)\,dx-\int_0^1 f(x)\,dx\right\}$$
$$=\dfrac{1}{4}\{F(4)-F(1)\}\ (\because ㉠)$$
$$=\dfrac{1}{4}(7-3)=1$$

$F(1)=3,\ F(4)=7$

## 1343  답 ①



$-1\le\sin t\le1$임을 이용하여 점 P가 점 $(0, 1)$로 다시 돌아오는 시각을 추론한다.

점 P가 점 $(0, 1)$을 출발한 후 점 $(0, 1)$로 다시 돌아오는 시각을 $k\ (k>0)$라 하면 시각 $t=k$에서 점 P의 위치가 $(0, 1)$이므로

$\sin(\sin k)=0,\ \cos(\sin k)=1$

$\therefore \sin k=0\ (\because -1\le\sin k\le1)$

$\therefore k=n\pi$ (단, $n$은 자연수)

점 P가 처음으로 점 $(0, 1)$로 다시 돌아오는 시각은 $n=1$일 때,

즉 $k=\pi$일 때이다.

이때 $\dfrac{dx}{dt}=\cos(\sin t)\cos t$, $\dfrac{dy}{dt}=-\sin(\sin t)\cos t$이므로

시각 $t=0$에서 $t=\pi$까지 점 P가 움직인 거리를 $s$라 하면

$s=\int_0^\pi \sqrt{\{\cos(\sin t)\cos t\}^2+\{-\sin(\sin t)\cos t\}^2}\,dt$
$$=\int_0^\pi \sqrt{\cos^2 t\,\{\cos^2(\sin t)+\sin^2(\sin t)\}}\,dt$$
$$=\int_0^\pi \sqrt{\cos^2 t}\,dt=\int_0^\pi |\cos t|\,dt$$
$$=\int_0^{\frac{\pi}{2}} \cos t\,dt+\int_{\frac{\pi}{2}}^\pi (-\cos t)\,dt$$
$$=\left[\sin t\right]_0^{\frac{\pi}{2}}+\left[-\sin t\right]_{\frac{\pi}{2}}^\pi$$
$$=(1-0)+\{0-(-1)\}=2$$

$|\cos t|=\begin{cases}\cos t & \left(0\le t<\frac{\pi}{2}\right)\\ -\cos t & \left(\frac{\pi}{2}\le t\le\pi\right)\end{cases}$

## 1344  답 ③



절댓값 기호 안의 식이 0이 되는 $x$의 값을 기준으로 범위를 나누어 각각의 범위에서 두 곡선의 교점을 구한다.

$\left|\dfrac{6}{x}-2\right|=\begin{cases}\dfrac{6}{x}-2 & (0<x\le3)\\ -\dfrac{6}{x}+2 & (x>3)\end{cases}$ 이므로

두 곡선 $y=\left|\dfrac{6}{x}-2\right|$, $y=-x^2+8x-11$의 교점의 $x$좌표는

(i) $0<x\le3$일 때

$\dfrac{6}{x}-2=-x^2+8x-11$에서

$x^3-8x^2+9x+6=0$, $(x-2)(x^2-6x-3)=0$

$\therefore x=2\ (\because x^2-6x-3<0)$

(ii) $x>3$일 때

$-\dfrac{6}{x}+2=-x^2+8x-11$에서

$x^3-8x^2+13x-6=0$

$(x-6)(x-1)^2=0$

$\therefore x=6\ (\because x>3)$

따라서 도형의 넓이를 $S$라 하면

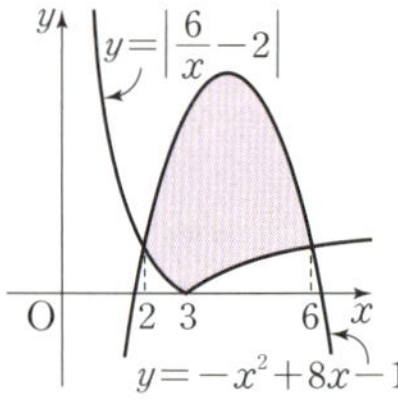

$S=\int_2^3 \left\{(-x^2+8x-11)-\left(\dfrac{6}{x}-2\right)\right\}dx$
$$+\int_3^6 \left\{(-x^2+8x-11)-\left(-\dfrac{6}{x}+2\right)\right\}dx$$
$$=\int_2^3 \left(-x^2+8x-9-\dfrac{6}{x}\right)dx+\int_3^6 \left(-x^2+8x-13+\dfrac{6}{x}\right)dx$$
$$=\left[-\dfrac{1}{3}x^3+4x^2-9x-6\ln|x|\right]_2^3$$
$$+\left[-\dfrac{1}{3}x^3+4x^2-13x+6\ln|x|\right]_3^6$$
$$=\left\{-6\ln3-\left(-\dfrac{14}{3}-6\ln2\right)\right\}$$
$$+\{(-6+6\ln6)-(-12+6\ln3)\}$$
$$=\dfrac{32}{3}+6\ln\dfrac{4}{3}$$

닫힌구간 $[2, 3]$에서 $-x^2+8x-11\ge\dfrac{6}{x}-2$이고,
닫힌구간 $[3, 6]$에서 $-x^2+8x-11\ge-\dfrac{6}{x}+2$이므로

$$\therefore k=\frac{32}{3}$$

## 1345 답 ③



두 직선 $y=kx$, $y=\dfrac{1}{k}x$는 직선 $y=x$에 대하여 대칭이므로 서로 역함수 관계이다.

곡선 $y=\dfrac{4}{x}$는 직선 $y=x$에 대하여 대칭이고, 두 직선 $y=kx$, $y=\dfrac{1}{k}x$는 서로 직선 $y=x$에 대하여 대칭이다.

따라서 곡선 $y=\dfrac{4}{x}$와 두 직선 $y=kx$, $y=\dfrac{1}{k}x$로 둘러싸인 도형의 넓이는 곡선 $y=\dfrac{4}{x}$와 두 직선 $y=x$, $y=\dfrac{1}{k}x$로 둘러싸인 도형의 넓이의 2배와 같다.

곡선 $y=\dfrac{4}{x}$와 직선 $y=x$의 교점의 $x$좌표는

$\dfrac{4}{x}=x$에서 $x^2=4$

$x^2-4=0,\ (x+2)(x-2)=0$

$\therefore x=2\ (\because x>0)$

또한, 곡선 $y=\dfrac{4}{x}$와 직선 $y=\dfrac{1}{k}x$의 교점의 $x$좌표는

$\dfrac{4}{x}=\dfrac{1}{k}x$에서 $x^2=4k$

$x^2-4k=0,\ (x+2\sqrt{k})(x-2\sqrt{k})=0$

$\therefore x=2\sqrt{k}\ (\because x>0)$

이때 색칠된 도형의 넓이가 8이므로

$$2\left(\int_0^2 \left|x-\frac{1}{k}x\right|dx+\int_2^{2\sqrt{k}}\left|\frac{4}{x}-\frac{1}{k}x\right|dx\right)$$

닫힌구간 $[0,\,2]$에서 $x\geq\dfrac{1}{k}x$이고,

닫힌구간 $[2,\,2\sqrt{k}\,]$에서 $\dfrac{4}{x}\geq\dfrac{1}{k}x$이므로

$$=2\left\{\int_0^2\left(x-\frac{1}{k}x\right)dx+\int_2^{2\sqrt{k}}\left(\frac{4}{x}-\frac{1}{k}x\right)dx\right\}$$

$$=2\left(\left[\frac{1}{2}x^2-\frac{1}{2k}x^2\right]_0^2+\left[4\ln|x|-\frac{1}{2k}x^2\right]_2^{2\sqrt{k}}\right)$$

$$=2\left[\left\{\left(2-\frac{2}{k}\right)-0\right\}+\left\{\left(4\ln 2\sqrt{k}-2\right)-\left(4\ln 2-\frac{2}{k}\right)\right\}\right]$$

$$=8(\ln 2\sqrt{k}-\ln 2)$$

$$=4\ln k$$

$$=8$$

에서 $\ln k=2$

$\therefore k=e^2$

## 1346 답 ②



$\displaystyle\int_0^t \sqrt{1+\{f'(x)\}^2}\,dx=s(t)$임을 이용한다.

조건 (가)에서 $f(0)=0$ → 원점을 지나므로

또한, 조건 (나)에서 $x\geq 0$일 때 $f'(x)\geq 0$

$0\leq x\leq t$에서 곡선 $y=f(x)$의 길이가 $s(t)$이므로

$$\int_0^t \sqrt{1+\{f'(x)\}^2}\,dx=s(t)$$

위의 식의 양변을 $t$에 대하여 미분하면

$$\sqrt{1+\{f'(t)\}^2}=s'(t)$$

$$=2t^2+2t+\frac{1}{2(2t+1)^2}+\frac{1}{2}$$

$$=\frac{1}{2}\left\{4t^2+4t+\frac{1}{(2t+1)^2}+1\right\}$$

$$=\frac{1}{2}\left\{(2t+1)^2+\frac{1}{(2t+1)^2}\right\}$$

위의 식의 양변을 제곱하면

$$1+\{f'(t)\}^2=\frac{1}{4}\left\{(2t+1)^2+\frac{1}{(2t+1)^2}\right\}^2$$

$$\{f'(t)\}^2=\frac{1}{4}\left\{(2t+1)^2+\frac{1}{(2t+1)^2}\right\}^2-1$$

$$=\frac{1}{4}\left\{(2t+1)^4+2+\frac{1}{(2t+1)^4}-4\right\}$$

$$=\frac{1}{4}\left\{(2t+1)^4-2+\frac{1}{(2t+1)^4}\right\}$$

$$=\frac{1}{4}\left\{(2t+1)^2-\frac{1}{(2t+1)^2}\right\}^2$$

$$\therefore f'(t)=\frac{1}{2}\left\{(2t+1)^2-\frac{1}{(2t+1)^2}\right\}\ (\because 2t+1\geq 1)$$

즉,

$$f(t)=\int f'(t)\,dt$$

$$=\int \frac{1}{2}\left\{(2t+1)^2-\frac{1}{(2t+1)^2}\right\}dt$$

$$=\frac{1}{2}\int\left\{(2t+1)^2-\frac{1}{(2t+1)^2}\right\}dt$$

$$=\frac{1}{2}\left\{\frac{1}{6}(2t+1)^3+\frac{1}{2(2t+1)}\right\}+C$$

$f(0)=0$이므로 $\dfrac{1}{2}\left(\dfrac{1}{6}+\dfrac{1}{2}\right)+C=0$

$\dfrac{1}{3}+C=0$

$\therefore C=-\dfrac{1}{3}$

따라서 $f(t)=\dfrac{1}{12}(2t+1)^3+\dfrac{1}{4(2t+1)}-\dfrac{1}{3}$이므로

$$f(1)=\frac{3^3}{12}+\frac{1}{4\cdot 3}-\frac{1}{3}=2$$

## 1347 답 ①



선분 $OQ_k$의 길이는 접선의 $y$절편과 같다.

$y=\sin\dfrac{\pi}{3}x$에서

$y'=\dfrac{\pi}{3}\cos\dfrac{\pi}{3}x$이므로 곡선 $y=f(x)$

위의 점 $P_k\left(\dfrac{k}{n},\ \sin\dfrac{k\pi}{3n}\right)$에서의 접선의

기울기는 $\dfrac{\pi}{3}\cos\dfrac{k\pi}{3n}$이고, 접선의 방정식은

$$y-\sin\frac{k\pi}{3n}=\frac{\pi}{3}\cos\frac{k\pi}{3n}\left(x-\frac{k}{n}\right)$$

$$\therefore y=\frac{\pi}{3}\cos\frac{k\pi}{3n}\left(x-\frac{k}{n}\right)+\sin\frac{k\pi}{3n}$$

$$=\left(\frac{\pi}{3}\cos\frac{k\pi}{3n}\right)x+\sin\frac{k\pi}{3n}-\frac{k\pi}{3n}\cos\frac{k\pi}{3n}$$

이때 이 접선이 $y$축과 만나는 점의 $y$좌표는 접선의 $y$절편과 같으므로 점 $\mathrm{Q}_k$의 좌표는 $\left(0,\ \sin\dfrac{k\pi}{3n}-\dfrac{k\pi}{3n}\cos\dfrac{k\pi}{3n}\right)$이다.

$$\therefore \overline{\mathrm{OQ}_k}=\sin\frac{k\pi}{3n}-\frac{k\pi}{3n}\cos\frac{k\pi}{3n}$$

$$\therefore \lim_{n\to\infty}\frac{1}{n}\sum_{k=1}^{n}\overline{\mathrm{OQ}_k}=\lim_{n\to\infty}\frac{1}{n}\sum_{k=1}^{n}\left(\sin\frac{k\pi}{3n}-\frac{k\pi}{3n}\cos\frac{k\pi}{3n}\right)$$
$$=\frac{3}{\pi}\lim_{n\to\infty}\sum_{k=1}^{n}\left(\sin\frac{k\pi}{3n}-\frac{k\pi}{3n}\cos\frac{k\pi}{3n}\right)\frac{\pi}{3n}$$

이때 $f(x)=\sin x-x\cos x$, $a=0$, $b=\dfrac{\pi}{3}$로 놓으면

$\Delta x=\dfrac{b-a}{n}=\dfrac{\pi}{3n}$, $x_k=a+k\Delta x=\dfrac{k\pi}{3n}$이므로

정적분과 급수의 합 사이의 관계에 의하여

$$\frac{3}{\pi}\lim_{n\to\infty}\sum_{k=1}^{n}\left(\sin\frac{k\pi}{3n}-\frac{k\pi}{3n}\cos\frac{k\pi}{3n}\right)\frac{\pi}{3n}$$
$$=\frac{3}{\pi}\int_0^{\frac{\pi}{3}}(\sin x-x\cos x)\,dx$$
$$=\frac{3}{\pi}\left(\int_0^{\frac{\pi}{3}}\sin x\,dx-\int_0^{\frac{\pi}{3}}x\cos x\,dx\right)$$

$\int_0^{\frac{\pi}{3}}x\cos x\,dx$에서 $u(x)=x$, $v'(x)=\cos x$라 하면

$u'(x)=1$, $v(x)=\sin x$이므로

$$\frac{3}{\pi}\left(\int_0^{\frac{\pi}{3}}\sin x\,dx-\int_0^{\frac{\pi}{3}}x\cos x\,dx\right)$$
$$=\frac{3}{\pi}\left\{\left[-\cos x\right]_0^{\frac{\pi}{3}}-\left(\left[x\sin x\right]_0^{\frac{\pi}{3}}-\int_0^{\frac{\pi}{3}}\sin x\,dx\right)\right\}$$
$$=\frac{3}{\pi}\left[\left\{\left(-\frac{1}{2}\right)-(-1)\right\}-\left(\frac{\sqrt{3}}{6}\pi-0\right)+\left[-\cos x\right]_0^{\frac{\pi}{3}}\right]$$
$$=\frac{3}{\pi}\left[\frac{1}{2}-\frac{\sqrt{3}}{6}\pi+\left\{\left(-\frac{1}{2}\right)-(-1)\right\}\right]$$
$$=\frac{3}{\pi}\left(1-\frac{\sqrt{3}}{6}\pi\right)$$
$$=\frac{3}{\pi}-\frac{\sqrt{3}}{2}$$
$$\therefore a=-\frac{\sqrt{3}}{2}$$

## 1348 답 $-4$

$f(x)=-x^3$이라 하면 함수 $f(x)$는 닫힌구간 $[0,\ 2]$에서 연속이므로 급수의 합이 존재한다.

이때 $a=0$, $b=2$로 놓으면 정적분과 급수의 합 사이의 관계에 의하여

$$\int_0^2 f(x)\,dx=\lim_{n\to\infty}\sum_{k=1}^{n}f\left(0+\frac{2-0}{n}k\right)\frac{2-0}{n}=\lim_{n\to\infty}\sum_{k=1}^{n}f\left(\frac{2k}{n}\right)\frac{2}{n}$$
❶

$$\therefore \lim_{n\to\infty}\sum_{k=1}^{n}f\left(\frac{2k}{n}\right)\frac{2}{n}=\lim_{n\to\infty}\sum_{k=1}^{n}\left(-\frac{8k^3}{n^3}\right)\frac{2}{n}$$
$$=\lim_{n\to\infty}\sum_{k=1}^{n}\left(-\frac{16k^3}{n^4}\right)$$
$$=\lim_{n\to\infty}\left(-\frac{16}{n^4}\right)\sum_{k=1}^{n}k^3$$
$$=\lim_{n\to\infty}\left(-\frac{16}{n^4}\right)\cdot\left\{\frac{n(n+1)}{2}\right\}^2$$
$$=\lim_{n\to\infty}\left\{-\frac{16n^2(n+1)^2}{4n^4}\right\}$$
$$=-4$$
❷

| 채점 기준 | 배점 비율 |
| --- | --- |
| ❶ 주어진 정적분을 급수의 합으로 나타내기 | 40 % |
| ❷ 자연수의 거듭제곱의 합을 이용하여 정적분의 값 구하기 | 60 % |

## 1349 답 $2+2\pi$

$0\le x\le\pi$에서

$2\le\sin x+2\le3$, $-1\le-\cos 2x\le1$

이므로 $\sin x+2\ge-\cos 2x$
❶

따라서 구하는 도형의 넓이를 $S$라 하면

$$S=\int_0^{\pi}|(\sin x+2)-(-\cos 2x)|\,dx$$
$$=\int_0^{\pi}\{(\sin x+2)-(-\cos 2x)\}\,dx$$
$$=\int_0^{\pi}(\sin x+2+\cos 2x)\,dx$$
$$=\left[-\cos x+2x+\frac{1}{2}\sin 2x\right]_0^{\pi}$$
$$=(1+2\pi)-(-1)=2+2\pi$$

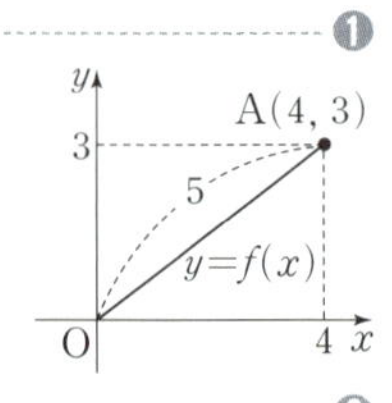


닫힌구간 $[0,\ \pi]$에서
$\sin x+2\ge-\cos 2x$이므로
❷

| 채점 기준 | 배점 비율 |
| --- | --- |
| ❶ 주어진 두 곡선의 위치 관계 알기 | 40 % |
| ❷ 도형의 넓이 구하기 | 60 % |

## 1350 답 $\dfrac{3}{2}$

$\int_0^4\sqrt{1+\{f'(x)\}^2}\,dx$는 $x=0$에서 $x=4$까지의 곡선 $y=f(x)$의 길이와 같다.
❶

한편, 조건 (가)에서 $f(0)=0$, $f(4)=3$이므로 오른쪽 그림과 같이 점 A의 좌표를 $(4,\ 3)$이라 하면 $\overline{\mathrm{OA}}=5$이므로 조건 (나)에서 곡선 $y=f(x)$는 닫힌구간 $[0,\ 4]$에서 두 점 O, A를 지나는 직선과 같다.
❷

두 점 $\mathrm{O}(0,\ 0)$, $\mathrm{A}(4,\ 3)$을 지나는 직선의 기울기가 $\dfrac{3-0}{4-0}=\dfrac{3}{4}$

이므로 직선의 방정식은 $y=\dfrac{3}{4}x$이다.

따라서 $f(x)=\dfrac{3}{4}x$이므로

$$f(2)=\frac{3}{4}\cdot 2=\frac{3}{2}$$
❸

| 채점 기준 | 배점 비율 |
| --- | --- |
| ❶ $\int_0^4\sqrt{1+\{f'(x)\}^2}\,dx$의 의미 알기 | 30 % |
| ❷ 곡선 $y=f(x)$가 두 점 O, A를 지나는 직선과 같음을 알기 | 40 % |
| ❸ $f(2)$의 값 구하기 | 30 % |

## 1351 답 $1$

$y=\ln x$에서 $x=e^y$

따라서 도형의 넓이 $S_n$은

$$S_n=\int_{\frac{1}{n+1}}^{\frac{1}{n}}e^y\,dy=\left[e^y\right]_{\frac{1}{n+1}}^{\frac{1}{n}}=e^{\frac{1}{n}}-e^{\frac{1}{n+1}}$$
❶

$$\therefore \lim_{n\to\infty} n^2 S_n = \lim_{n\to\infty} n^2 \left(e^{\frac{1}{n}} - e^{\frac{1}{n+1}}\right)$$
$$= \lim_{n\to\infty} n^2 e^{\frac{1}{n+1}} \left(e^{\frac{1}{n} - \frac{1}{n+1}} - 1\right)$$
$$= \lim_{n\to\infty} n^2 e^{\frac{1}{n+1}} \left(e^{\frac{1}{n(n+1)}} - 1\right)$$
$$= \lim_{n\to\infty} e^{\frac{1}{n+1}} \cdot \frac{e^{\frac{1}{n^2+n}} - 1}{\dfrac{1}{n^2+n}} \cdot \frac{n^2}{n^2+n}$$
$$= 1 \cdot 1 \cdot 1 = 1 \left(\because \lim_{x\to 0} \frac{e^x - 1}{x} = 1\right)$$

❷

| 채점 기준 | 배점 비율 |
|---|---|
| ❶ $S_n$을 $n$에 대한 식으로 나타내기 | 50 % |
| ❷ $\lim\limits_{n\to\infty} n^2 S_n$의 값 구하기 | 50 % |

## 1352 답 $\dfrac{\pi^2}{4} - 1$

곡선 $y=f(x)$와 직선 $y=x$의 교점의 $x$좌표는
$x \sin x = x$에서
$x \sin x - x = 0$, $x(\sin x - 1) = 0$
$\therefore x=0$ 또는 $x=\dfrac{\pi}{2}$  → $\sin x - 1 = 0$에서 $\sin x = 1$
$\therefore x = \dfrac{\pi}{2} \left(\because 0 \le x \le \dfrac{\pi}{2}\right)$
즉, 방정식 $f(x)=x$의 근은 $x=0$, $x=\dfrac{\pi}{2}$이다.

❶

$\displaystyle\int_0^{\frac{\pi}{2}} f(x)\,dx = A$, $\displaystyle\int_0^{\frac{\pi}{2}} g(x)\,dx = B$라
하면 오른쪽 그림과 같이 두 곡선
$y=f(x)$, $y=g(x)$는 직선 $y=x$에 대
하여 대칭이므로 빗금친 도형의 넓이
$B'$이 $B$와 같다.

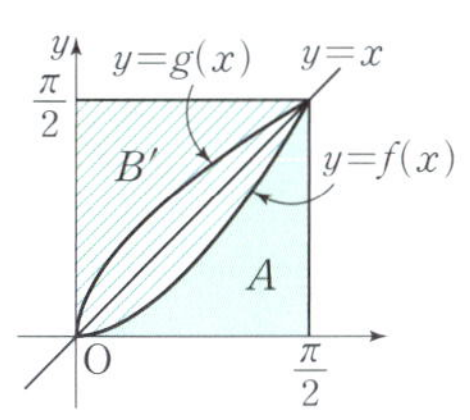

$\therefore A+B' = A+B = \dfrac{\pi}{2} \cdot \dfrac{\pi}{2} = \dfrac{\pi^2}{4}$

❷

즉, $B = \dfrac{\pi^2}{4} - A$이므로
$$B = \dfrac{\pi^2}{4} - \int_0^{\frac{\pi}{2}} x \sin x\,dx$$
$\displaystyle\int_0^{\frac{\pi}{2}} x \sin x\,dx$에서 $u(x)=x$, $v'(x)=\sin x$라 하면
$u'(x)=1$, $v(x)=-\cos x$이므로
$$B = \dfrac{\pi^2}{4} - \left\{\left[-x\cos x\right]_0^{\frac{\pi}{2}} - \int_0^{\frac{\pi}{2}} (-\cos x)\,dx\right\}$$
$$= \dfrac{\pi^2}{4} - \left\{(0-0) - \left[-\sin x\right]_0^{\frac{\pi}{2}}\right\}$$
$$= \dfrac{\pi^2}{4} + (-1-0) = \dfrac{\pi^2}{4} - 1$$
$$\therefore \int_0^{\frac{\pi}{2}} g(x)\,dx = \dfrac{\pi^2}{4} - 1$$

❸

| 채점 기준 | 배점 비율 |
|---|---|
| ❶ 방정식 $f(x)=x$의 근 구하기 | 30 % |
| ❷ $\displaystyle\int_0^{\frac{\pi}{2}} f(x)\,dx=A$, $\displaystyle\int_0^{\frac{\pi}{2}} g(x)\,dx=B$라 하고 $A$, $B$ 사이의 관계식 찾기 | 30 % |
| ❸ $A$, $B$ 사이의 관계식을 이용하여 $\displaystyle\int_0^{\frac{\pi}{2}} g(x)\,dx$의 값 구하기 | 40 % |

## 1353 답 $\dfrac{4}{3}\pi + \dfrac{16}{3} - 3\sqrt{3}$

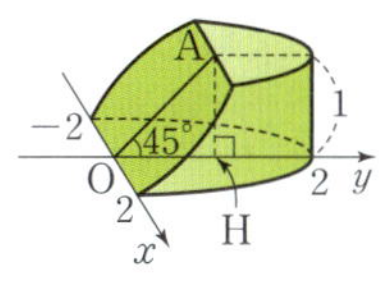

오른쪽 그림과 같이 밑면의 중심을 원점
O, 자른 평면과 밑면의 교선을 $x$축, 원점
O를 지나 $x$축에 수직인 직선을 $y$축으로
정하면 $y$축을 포함하는 평면으로 입체도형
을 자른 단면은 사다리꼴이다.

이때 자른 단면인 사다리꼴에서 점 A를 잡고 점 A에서 아랫변에
내린 수선의 발을 H라 하면 삼각형 AOH는 직각이등변삼각형이
므로
$$\overline{\text{OH}} = \overline{\text{AH}} = 1$$
즉, H$(0, 1)$이므로 점 H를 지나고 $y$축에 수직인 평면으로 입체
도형을 자를 때 생기는 입체도형 중 $x$축과 만나지 않는 입체도형
을 $T_1$, $x$축과 만나는 입체도형을 $T_2$라 하자.

❶

먼저, $T_1$의 부피를 구해 보자.
주어진 입체도형의 밑면은 원점을 중심으로 하고 반지름의 길이
가 2인 원이므로 원의 방정식은
$$x^2 + y^2 = 4$$
오른쪽 그림과 같이 원 $x^2+y^2=4$와 직
선 $y=1$의 교점을 각각 S, T라 하면
$x^2 + 1^2 = 4$에서 $x^2 = 3$

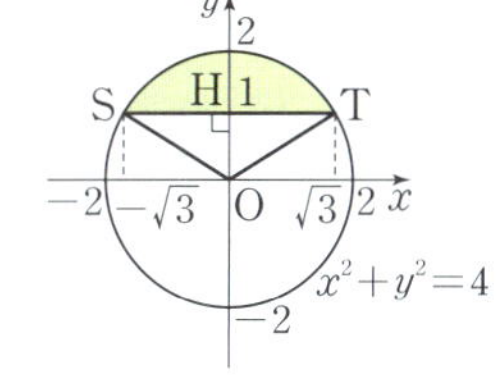

$\therefore x = -\sqrt{3}$ 또는 $x = \sqrt{3}$
즉, $\overline{\text{SH}} = \overline{\text{TH}} = \sqrt{3}$,
$\angle \text{SOH} = \angle \text{TOH} = \dfrac{\pi}{3}$이고 $T_1$은 밑면이 활꼴인 기둥이므로 밑
면의 넓이를 $S(x)$라 하면
$S(x) = (\text{부채꼴 SOT의 넓이}) - (\text{삼각형 SOT의 넓이})$
$$= \dfrac{1}{2} \cdot 2^2 \cdot \dfrac{2}{3}\pi - \dfrac{1}{2} \cdot 2\sqrt{3} \cdot 1$$
$$= \dfrac{4}{3}\pi - \sqrt{3}$$

따라서 $T_1$의 부피를 $V_1$이라 하면
$$V_1 = \left(\dfrac{4}{3}\pi - \sqrt{3}\right) \cdot 1 = \dfrac{4}{3}\pi - \sqrt{3}$$
→ 주어진 입체도형의 높이가 1이므로

❷

다음으로 $T_2$의 부피를 구해 보자.
오른쪽 그림과 같이 $x$축 위의 점 P$(x, 0)$
$(-2 \le x \le 2)$을 지나고 $x$축에 수직인 평
면으로 입체도형 $T_2$를 자른 단면을 삼각형
PQR라 하자.

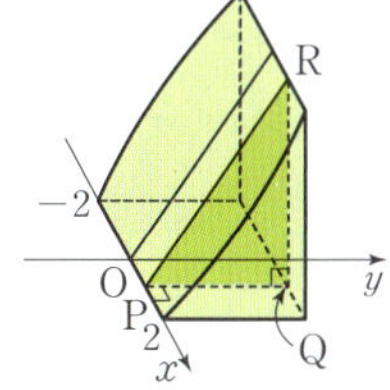

(i) $\sqrt{3} \le |x| \le 2$인 경우
　$x^2 + y^2 = 4$에서
　$y^2 = 4 - x^2$
　$\therefore y = \sqrt{4-x^2} \ (\because y \ge 0)$
　즉, 삼각형 PQR는 $\overline{\text{PQ}} = \overline{\text{QR}} = \sqrt{4-x^2}$인 직각이등변삼각형
　이므로 단면의 넓이를 $S(x)$라 하면
$$S(x) = \dfrac{1}{2}\left(\sqrt{4-x^2}\right)^2$$
$$= \dfrac{1}{2}(4-x^2) = 2 - \dfrac{1}{2}x^2$$

(ii) $0 \le |x| \le \sqrt{3}$인 경우
　삼각형 PQR는 $\overline{\text{PQ}} = \overline{\text{QR}} = 1$인 직각이등변삼각형이므로 단
　면의 넓이를 $S(x)$라 하면
$$S(x) = \dfrac{1}{2} \cdot 1^2 = \dfrac{1}{2}$$

(i), (ii)에서 $T_2$의 부피를 $V_2$라 하면

$$V_2 = \int_{-2}^{2} S(x)\,dx$$

$$= \int_{-2}^{-\sqrt{3}} \left(2 - \frac{1}{2}x^2\right)dx + \int_{-\sqrt{3}}^{\sqrt{3}} \frac{1}{2}\,dx + \int_{\sqrt{3}}^{2} \left(2 - \frac{1}{2}x^2\right)dx$$

$$= \left[2x - \frac{1}{6}x^3\right]_{-2}^{-\sqrt{3}} + \left[\frac{1}{2}x\right]_{-\sqrt{3}}^{\sqrt{3}} + \left[2x - \frac{1}{6}x^3\right]_{\sqrt{3}}^{2}$$

$$= \left\{-\frac{3\sqrt{3}}{2} - \left(-\frac{8}{3}\right)\right\} + \left\{\frac{\sqrt{3}}{2} - \left(-\frac{\sqrt{3}}{2}\right)\right\} + \left(\frac{8}{3} - \frac{3\sqrt{3}}{2}\right)$$

$$= \frac{16}{3} - 2\sqrt{3}$$

❸

따라서 구하는 입체도형의 부피를 $V$라 하면

$$V = V_1 + V_2$$

$$= \left(\frac{4}{3}\pi - \sqrt{3}\right) + \left(\frac{16}{3} - 2\sqrt{3}\right)$$

$$= \frac{4}{3}\pi + \frac{16}{3} - 3\sqrt{3}$$

❹

| 채점 기준 | 배점 비율 |
|---|---|
| ❶ 작은 쪽의 입체도형의 밑면을 좌표평면 위에 나타내고, $y$축에 수직인 평면으로 잘라 두 개의 입체도형 $T_1$, $T_2$로 나누기 | 20% |
| ❷ 입체도형 $T_1$의 부피 구하기 | 30% |
| ❸ $x$의 값의 범위를 나누어 입체도형 $T_2$의 부피 구하기 | 40% |
| ❹ 입체도형의 부피 구하기 | 10% |

MEMO

MEMO

메가스터디 문제기본서
CPR
미적분

메가스터디 **문제기본서**

# *CPR*

## 미적분

| | |
|---|---|
| **초판 4쇄** | 2024년 1월 19일 |
| **초판 1쇄** | 2019년 1월 10일 |
| **펴낸곳** | 메가스터디(주) |
| **펴낸이** | 손은진 |
| **개발 책임** | 배경윤 |
| **개발** | 김민, 오성한, 신상희, 성기은 |
| **디자인** | 이정숙 |
| **마케팅** | 엄재욱, 김세정 |
| **제작** | 이성재, 장병미 |
| **주소** | 서울시 서초구 효령로 304(서초동) 국제전자센터 24층 |
| **대표전화** | 1661-5431 (내용 문의 02-6984-6901 / 구입 문의 02-6984-6868,9) |
| **홈페이지** | http://www.megastudybooks.com |
| **출판사 신고 번호** | 제 2015-000159호 |
| **출간제안/원고투고** | 메가스터디북스 홈페이지 <투고 문의>에 등록 |

**메가스터디BOOKS**

'메가스터디북스'는 메가스터디㈜의 출판 전문 브랜드입니다.

유아/초등 학습서, 중고등 수능/내신 참고서는 물론, 지식, 교양, 인문 분야에서 다양한 도서를 출간하고 있습니다.